湖北省学术著作出版专项资金资助项目

中国科举文化通志　主编　陈文新

历代制举史料汇编

李舜臣　欧阳江琳　编著

武汉大学出版社
WUHAN UNIVERSITY PRESS

《中国科举文化通志》总序

陈文新

（一）

科举是中国古代最为健全的文官制度。它渊源于汉，始创于隋，确立于唐，完备于宋，兴盛于明、清两代。如果从隋大业元年（605）的进士科算起，到清光绪三十一年（1905）被废除，科举制度在中国有整整1300年的历史。科举制度还曾"出口"越南、朝鲜等国，扩大了汉文化的影响。始于19世纪的西方文官考试制度，其创立也与中国科举的启发相关。孙中山在《五权宪法》等演讲中反复强调：中国的科举制度是世界各国中所用以拔取真才之最古最好的制度。胡适也说："中国文官制度影响之大，及其价值之被人看重"，"是我们中国对世界文化贡献的一件可以自夸的事"。①

科举制度具有如此强大的生命力，其原因在于，它在保证"程序的公正"方面具有空前的优越性。官员选拔的理想境界是"实质的公正"，即将所有优秀的人才选拔到最合适的岗位上。但这个境界人类至今未达到过。不得已而求其次，"程序的公正"就成为优先选择。"中国古代独特的社会结构是家族宗法制，家长统治、任人唯亲、帮派活动、裙带关系皆为家族宗法制的派生物，在重人情与关系的社会文化背景下，若没有可以操作的客观标准，任何立意美妙的选举制度都会被异化为植党营私、任人唯亲的工具，汉代的察举推荐和魏晋南北朝的九品官人法走向求才的死胡同便是明证。""古往今来科举考试一再起死回生的历史说明：自古以来，中国就是一个人情社会，人情与关系在社会生活中起着重要的作用，为了防止人情的泛滥，使社会不至于陷入无序的状态，中国人发明了考试，以考试作为维护社会公平和社会秩序的调节阀。悠久的科举历史与普遍的考试现实一再雄辩地证明，考试选才具有恒久的价值。"② 从这一角度看，科举制度不但在诞生之初有着巨大的进步意义，而且在整个中国历史和世界历史上，都是一个了不起的创造。较之前代的选官制度，如汉代的察举、征辟制和魏文帝时开始推行的九品中正制等，科举制度都更加公正合理。

---

① 胡适：《考试与教育》，《胡适文集》第12册，北京大学出版社1998年版，第508页。
② 刘海峰：《科举学导论》，华中师范大学出版社2005年版，第113、136页。

作为一项从整体上影响国民生活的官员选拔制度，科举制度对于维护我们这个幅员辽阔的多民族国家的统一稳定，其作用是无论怎样估计也不会过高的。胡适这位新文化运动的领袖，虽然一再愤愤不平地说到中国文化的种种不是，但在《考试与教育》一文中，他也毫不含糊地指出：在古代那种交通极为不便的情形下，中央可以不用武力来维持国家的统一是由于考试制度的公开和公平。胡适所说的公平，包括三种含义：一是公开考选，标准客观。二是顾及各地的文化水准，录取的人员，并不偏于一方或一省，而是遍及全国。三是实行回避制度，"就是本省的人不能任本省的官吏，而必须派往其他省份服务。有时候江南的人，派到西北去，有时候西北的人派到东南来。这种公道的办法，大家没有理由可以反对抵制。所以政府不用靠兵力和其他工具来统治地方，这是考试制度影响的结果"①。这些话出于胡适之口，足以说明，即使是文化激进主义者，只要具有清明的理性，也不难看出科举制度的合理性。

　　作为一项从整体上影响国民生活的官员选拔制度，科举制度不仅具有历史研究的价值，而且有助于我们思考当今人事制度的改革问题。2005年，任继愈曾在《古代中国科举考试制度值得借鉴》一文中提出设立"国家博士"学位的设想。其立论前提是：我国目前由各高校授予的博士学位缺少权威性和公正性。之所以不够权威和公正，不外下述几个原因。其一，"各校有自己的土标准，执行起来宽严标准不一，取得学位后，它的头衔在社会上流通价值都是同等的"，这当然不公平。其二，研究生入学后，第一年大部分时间用在外语上，第二年大部分时间忙于在规定的某种等级的刊物上发论文，第三年忙于找工作，这样的情形，怎么可能培养出货真价实的博士？其三，几乎所有名牌大学都招收"在职博士生"，有的博士研究生派秘书代他上课，甚至不上课而拿文凭，这样的博士能说是名副其实的吗？只有设立"国家博士"学位，采用统一标准选拔人才，这样的"博士学位"才具有权威性和公正性。而国家在高级人才的选拔方面统一把关，不仅可以避免"跑"博士点和博士生扩招带来的许多弊病，有助于社会风气的改善，而且，由于只管考而不必太多地管教，还可以节省大量开支。就这一点而言，中国古代的科举制度的确是值得参考借鉴的。任继愈的这篇文章现已收入《皓首学术随笔·任继愈卷》（中华书局2006年版），有心的读者不妨一阅。

　　与任继愈的呼吁相得益彰，早在1951年，钱穆就发表了《中国历史上的考试制度》一文。针对民国年间（1911—1949）人事管理腐败混乱的状况，他痛心疾首地指出：科举制"因有种种缺点，种种流弊，自该随时变通，但清末人却一意想变法，把此制度也连根拔去。民国以来，政府用人，便全无标准，人事奔竞，派系倾轧，结党营私，偏枯偏荣，种种病象，指不胜屈。不可不说我们把历史看轻了，认为以前一切要不得，才聚九州铁铸成大错"②。钱穆的意思是明确的：参考借鉴科举制度，有助于人事管理的规范化和公正性。1955年，他在《中国历代政治得失》一书中进一步指出："无

---

① 胡适：《胡适文集》第12册，北京大学出版社1998年版，第506页。
② 钱穆：《国史新论》，东大图书公司1984年版，第114~115页。

论如何，考试制度，是中国政治制度中一项比较重要的制度，又且由唐迄清绵历了一千年以上的长时期。中间递有改革，递有演变，在历史进程中逐渐发展，这绝不是偶然的。直到晚清，西方人还知采用此制度来弥缝他们政党选举之偏陷，而我们却对以往考试制度在历史上有过上千年以上根柢的，一口气吐弃了，不再重视，抑且不再留丝毫顾惜之余地。那真是一件可诧怪的事。"① 现代中国的人事管理理应借鉴源远流长的科举制度，这是毫无疑问的。至于如何借鉴，则是我们需要认真思考的问题。

（二）

作为一项从整体上影响国民生活的官员选拔制度，科举制度以其"程序的公正"为国家选拔了大量行政官员，在提高全民族的文化水准和维护我们这个多民族国家的统一稳定方面，发挥了直接而巨大的作用，这是其显而易见的功能；它还有其他不那么显著却同样值得重视的功能，即意识形态功能和人文教育功能：科举制度以其对社会的整体影响力将儒家经典维持世道人心的作用发挥到极致。我们试就此略作讨论。

明清时代有一项重要规定：科举以《四书》《五经》为基本考试内容。这一规定是耐人寻味的。《论语》《孟子》等儒家经典是秦汉以来中国传统社会维系人心、培育道德感的主要读物。我们经常表彰"中国的脊梁"，一个毋庸置疑的事实是，秦汉以降，"中国的脊梁"大多是在儒家经典的教育下成长起来的。以文天祥为例，这位南宋末年的民族英雄，曾在《过零丁洋》诗中说："人生自古谁无死？留取丹心照汗青。""丹心"，就是蕴蓄着崇高的道德感的心灵。他还有一首《正气歌》，开头一段是："天地有正气，杂然赋流形。下则为河岳，上则为日星。于人曰浩然，沛乎塞苍冥。皇路当清夷，含和吐明庭。时穷节乃见，一一垂丹青。"身在治世，正气表现为安邦定国的情志；身在乱世，则表现为忠贞坚毅的气节。即文天祥所说："当其贯日月，生死安足论。"1282年，他在元大都（今属北京）英勇就义，事前他在衣带中写下了这样的话："孔曰'成仁'，孟曰'取义'。惟其义尽，所以仁至。读圣贤书，所学何事？而今而后，庶几无愧。"《四书》《五经》的教诲，确乎是他的立身之本。

文天祥是宝祐四年（1256）状元。这是一个值得关注的事实。它表明：进士阶层在实践儒家的人格理想方面，其自觉性远远高于社会的平均水平。宋代如此，明代如此，甚至连元代也是如此。清代史学家赵翼曾论及"元末殉难者多进士"这一现象："元代不重儒术，延祐中始设科取士，顺帝时又停二科始复。其时所谓进士者，已属积轻之势矣，然末年仗节死义者，乃多在进士出身之人。"（赵翼《廿二史劄记》卷三十《元末殉难者多进士》）接下来，赵翼列举了余阙、泰不华、李齐、李黼、王士元、赵琏、周镗、聂炳元、刘耕孙、丑闾、彭庭坚、普颜不花、月鲁不花、迈里古思等死难进

---

① 钱穆：《中国历代政治得失》，三联书店2001年版，第89页。

士,最后归结说:"诸人可谓不负科名者哉,而国家设科取士亦不徒矣。"① 在元末殉难的进士中,余阙(1303—1358)是最早战死的封疆大臣。他的朋友蒋良,一次和他谈起国难,余阙推心置腹地说:"余荷国恩,以进士及第,历省居馆阁,每愧无报。今国家多难,授予兵戎重寄,岂余所堪。然古人有言:'为子死孝,为臣死忠。'万一不幸,吾知尽吾忠而已。"余阙殉难后,蒋良作《余忠宣公死节记》,开篇即强调说:"有元设科取士,中外文武著功社稷之臣历历可纪。至正辛卯,兵起淮、颍,城邑尽废,江、汉之间能捍御大郡、全尽名节者,守豫帅余公廷心一人而已。"② 在余阙"擢高科"的履历与他忠勇殉节的人格境界之间,人们确认有其内在联系。无独有偶,《元史·泰不华传》在记叙元末另一著名的死节之臣泰不华(1305—1352)时,也着重指出:其人生信念的基本依据是他作为"书生"所受的儒家经典教育。在与方国珍决战前夕,泰不华曾对部从说过一番词气慷慨的话:"吾以书生登显要,诚虑负所学。今守海隅,贼甫招徕,又复为变。君辈助我击之,其克则汝众功也,不克则我尽死以报国耳。""书生""所学"与捐躯"报国"之间关系如此密切,足见以《四书》《五经》作为基本考试教材的科举制度,它在维持世道人心方面的作用的确是巨大而深远的。

儒家经典维持世道人心的功能不仅泽及宋元,泽及明清,甚至泽及已经废除了科举制度的现代。其实这并不令人感到奇怪。原因在于,不少现代名流的少年时光是在科举时代度过的,他们系统地受过这种教育,耳濡目染,其人生观在早年即已确立并足以支配一生。儒家经典的生命力由此可见。科举制度的余泽亦由此可见。

这里我想特别提及五四新文化运动的领袖胡适,并有意多引他的言论。之所以关注他,是因为,世人眼中的胡适,只是一个文化激进主义者,以高倡"打倒孔家店"著称。人们很少注意到,胡适在表面上高呼"打倒孔家店",但在内心里仍对孔子和儒家保留了足够的敬意,是儒家人生哲学的虔诚信奉者和实行者。唐德刚编译《胡适口述自传》,第二章有胡适的如下自白:"有许多人认为我是反孔非儒的。在许多方面,我对那经过长期发展的儒教的批判是很严厉的。但是就全体来说,我在我的一切著述上,对孔子和早期的'仲尼之徒'如孟子,都是相当尊崇的。我对十二世纪'新儒学'(Neo-Confucianism)('理学')的开山宗师的朱熹,也是十分崇敬的。""在这场伟大的'新儒学'(理学)的运动里,对那(道德、知识;也就是《中庸》里面所说的'诚则明矣,明则诚矣'的)两股思潮,最好的表达,便是程颐所说的:'涵养须用敬,进学则在致知。'后世学者都认为'理学'的真谛,此一语足以道破。"同一章还有唐德刚的一段插话:"'要提高你的道德标准,你一定要在"敬"字上下功夫;要学识上有长进,你一定要扩展你的知识到最大极限。'适之先生对这两句话最为服膺,他老人家不断向我传教的也是这两句。一次我替他照相,要他在录音机边作说话状,他说的便是这两句。所以胡适之先生骨子里实在是位理学家。他反对佛教、道教乃至基督教,都

---

① 赵翼著,王树民校证:《廿二史劄记校证》,中华书局1984年版,第706页。
② 杨讷等编:《元代农民战争史料汇编》中编第一分册,中华书局1985年版,第268页。

是从'理学'这条道理上出发的。他开口闭口什么实验主义的,在笔者看来,都是些表面账。吾人如用胡先生自己的学术分期来说,则胡适之便是他自己所说的'现代期'的最后一人。"① 胡适是在少年时代接受儒家经典教育的,在经历了废止科举、"打倒孔家店"等种种变故后,儒家的人生哲学仍能贯彻其生命的始终,由此不难想见,在中国传统社会尤其是科举时代,儒家经典对社会精神风貌的塑造可以发挥多么强大的功能。虽然生活中确有教育目标与实际状况两歧的情形,但正面的成效仍是不容忽视的。

"精神文明"是中国人常用的一个概念。"精神文明"是相对物质文明而言的,就个人而言,需要长期的修养,就民族而言,需要长期的培育。中国古人对这一点体会很深,所以常常强调"潜移默化",经由耳濡目染的长期熏陶,价值内化,成为一种道德规范。如果这种道德规范大体近于人情,既"止乎礼义"而又"发乎性情",它对社会的稳定,对人类精神境界的提升,都将发挥重要作用。这就是文化的功能。目前教育界所说的"深厚的人文知识素养,有助于塑造高尚的精神世界,提高健康的审美能力",与这个意思是相通的。《四书》《五经》作为科举时代的基本读物,人文教育功能是其不容抹杀的价值,并因制度的保障而得到了充分的发挥。

美国学者罗兹曼认为:科举制在中国传统社会结构中居于中心的地位,是维系儒家意识形态和儒家价值体系正统地位的根本手段。科举制在1905年被废止,从而使这一年成为新旧中国的分水岭:它标志着一个时代的结束和另一个时代的开始,其划时代的重要性甚至超过辛亥革命;就其现实和象征性的意义而言,科举革废代表着中国已与过去一刀两断,这种转折大致相当于1861年沙俄废奴和1868年的日本明治维新后不久的废藩。② 罗兹曼的意见也许是对的。而我想要补充的问题是:在科举制废止之后,如何保证《四书》《五经》的人文教育功能继续得到发挥?

(三)

科举制度曾经有过辉煌的历史,科举制度对现代中国的发展更有足资借鉴的意义。整理与研究历代科举文献,其意义也需要从历史与现实两个角度加以说明:一方面是传承文化,传承文明,让这份丰厚的遗产充分发挥塑造民族精神的作用,另一方面是去粗取精,古为今用,让它在现实的中国社会重放异彩,成为人事制度改革的重要智力资源。这是我们编纂出版《中国科举文化通志》的初衷,也是我们不辞劳苦从事这一学术工作的动力。

《中国科举文化通志》重点包括下述内容:

1. 整理、研究反映科举制度沿革、影响及历代登科情形的文献。

---

① 胡适:《胡适文集》第1册,北京大学出版社1998年版,第418、433页。
② [美]吉尔伯特·罗曼兹主编,国家社会科学基金"比较现代化"课题组译:《中国的现代化》中译本,江苏人民出版社1988年版,第335、635页。

从《新唐书》开始，历代正史多有《选举志》。历代《会要》、《实录》、《纪事本末》等史传、政书之中，相当一部分是关于科举制度沿革的资料。还有黄佐《翰林记》、陆深《科场条贯》、张朝瑞《明贡举考》、冯梦祯《历代贡举志》、董其昌《学科考略》、陶福履《常谈》等一批专书。历代《登科录》和杂录类书籍，也保存了大量关于科举的材料。唐代登科记多已散失亡佚，有清代徐松的《登科记考》可供参考。宋元登科记保存稍多，明清有关文献尤为繁富。

2. 整理、研究与历代考试文体相关的教材、试卷、程文及论著等。

八股文是最引人注目的考试文体。八股文集有选本、稿本之分。重要的选本，明代有艾南英编《明文定》、《明文待》，杨廷枢编《同文录》，马世奇编《澹宁居文集》，黎淳编《国朝试录》等；清朝有纪昀《房行书精华》，王步青编《八法集》；还有《百二十名家集》，选文3000篇，以明代为主；《钦定四书文》，明文4集，选文480余篇，清文1集，选文290余篇。稿本为个人文集。明清著名的八股大家，如明代的王鏊、钱福、唐顺之、归有光、艾南英，清代的刘子壮、熊伯龙、李光地、方苞、王步青、袁枚、翁方纲等人，均有稿本传世。相关著述数量也不少。清梁章钜《制义丛话》等，是研究八股文的重要论著。其他考试文体，如试策、试律等，也在我们关注的范围之内。这些科举文献，一般读者不易见到，或只能零零星星地见到一些，或虽然见到了也难以读懂，亟待系统地整理出版，以供研究和阅读。

《中国科举文化通志》包括以下数种：《历代制举史料汇编》、《历代律赋校注》、《唐代试律试策校注》、《八股文总论八种》、《七史选举志校注》、《四书大全校注》、《游戏八股文集成》、《明代科举与文学编年》、《明代状元史料汇编》、《钦定四书文校注》、《翰林掌故五种》、《贡举志五种》、《〈游艺塾文规〉正续编》、《钦定学政全书校注》、《梁章钜科举文献二种校注》、《〈清实录〉科举史料汇编》、《二十世纪科举研究论文选编》、《明代科举与文学编年》、《〈礼部韵略〉与宋代科举》、《元明科举与文学考论》、《游戏八股文研究》、《明代八股文选家考论》、《唐代科举与试赋》、《〈儒林外史〉的现代误读》、《科举废止前后的晚清社会与文学》等。我们这套《中国科举文化通志》，以涵盖面广和分量厚重为显著特征，可以从多方面满足阅读和研究之需。而在整理、研究方面投入的心力之多，更是有目共睹。我们的目的是为推进学术作出力所能及的贡献。

《中国科举文化通志》是一项规模宏大、任务艰巨、意义深远的大型出版文化工程。编纂任务主要由武汉大学专家承担，并根据需要从中国人民大学、南京大学、中国艺术研究院、厦门大学、华中师范大学、陕西师范大学、扬州大学、中南民族大学、中南财经政法大学等高校或科研院所聘请了若干学者。南京大学卞孝萱先生、中华书局傅璇琮先生、中国社会科学院邓绍基先生等在学术上给我们提供了若干指导；参与这一工程的各位专家不辞辛苦，努力工作，保证了编纂进度和质量；武汉大学出版社鼎立支持《中国科举文化通志》的出版；所有这些，我们将永远铭记在心。

2015年4月13日
于武汉大学

目 录

前　言 ··· 1
凡　例 ··· 1

正　编

第一部分：隋唐五代卷

诏令 ·· 3

举贤良诏 ·· 隋文帝　3
二科举人诏 ··· 隋文帝　3
令内外官各举所知诏 ·· 隋文帝　3
搜扬贤哲诏 ··· 隋文帝　3
十科举人诏 ··· 隋炀帝　4
京官及总管刺史举人诏 ··· 唐高祖　5
赐孝义高年粟帛诏 ·· 唐太宗　5
遣使巡行天下诏 ··· 唐太宗　6
荐举贤能诏 ··· 唐太宗　6
采访孝悌儒术等诏 ·· 唐太宗　7
求访贤良限来年二月集泰山诏 ·· 唐太宗　7
举孝廉茂才等诏 ··· 唐太宗　7
举贤良诏 ·· 李　治　8
搜访才能诏 ··· 许敬宗　8
令京师长官上都督府诸州举人诏 ··· 唐高宗　8
河南河北江淮采访才杰诏 ·· 唐高宗　9
采访武勇诏 ··· 唐高宗　9

1

搜访四科举人诏	唐高宗	9
罢三十六州造船安抚百姓诏	唐高宗	10
举行封禅所司集岳下诏	唐高宗	10
举鸿儒硕学之士诏	唐高宗	10
诏习礼乐诏	唐高宗	11
五品以上各举所知诏	唐高宗	11
京官五品以上及诸州都督刺史举人诏	唐高宗	11
访孝悌德行诏	唐高宗	11
求猛士诏	唐高宗	12
京文武三品以上官每年各举所知诏	唐高宗	12
令洛州举人诏	唐高宗	12
天下岳牧及京官五品以上举人诏	唐高宗	12
减大理丞废刑部狱制	武则天	13
举贤制	唐高宗	13
求访贤良诏	武则天	13
名堂灾告庙制	武则天	14
搜访贤良诏	武则天	14
举贤良方正直言极谏之士诏	唐中宗	15
举孝悌廉让制	唐中宗	15
举天下鸿儒硕学之士诏	唐中宗	15
举堪任刺史县令诏	唐中宗	15
诫励风俗敕	唐睿宗	15
博采通经史书学兵法诏	唐睿宗	16
举才堪将军及边州都督、刺史一人诏	唐睿宗	16
文武官及朝集使举堪将帅诏	唐玄宗	16
诸州举实才诏	唐玄宗	16
遣毕构等慰抚诸道制	唐玄宗	17
搜访怀才隐逸等敕	苏 颋	17
求直谏昌言弘益政理者诏	唐玄宗	17
遣杨虚受江东道安抚敕	唐玄宗	18
大明宫成放免囚徒等制	唐玄宗	18
举怀才抱器等诏	唐玄宗	18
遣王志愔等各巡察本管内制	唐玄宗	18
举嘉遁幽栖、养高不仕者诏	唐玄宗	19
巡幸东都赐贲屃从赦天下制	苏 颋	19
遣御史大夫王晙等巡按诸道制	唐玄宗	19

有司引应制举人见敕	唐玄宗	20
有司置食应制举人敕	唐玄宗	20
求访武士诏	唐玄宗	20
幸太原府赦境内制	唐玄宗	21
南郊赦	唐玄宗	21
求儒学诏	唐玄宗	21
求贤才诏	唐玄宗	22
令草泽有文武高才自举制	唐玄宗	22
四科取人诏	唐玄宗	22
藉田赦书	张九龄	22
令孝悌力田举人自疏事迹诏	唐玄宗	23
敕亲祀东郊德音	唐玄宗	23
孝悌力田举人不令考试词策敕	唐玄宗	23
命有司置食敕	唐玄宗	24
令举人乘传赴京制	唐玄宗	24
册尊号赦敕	孙 逖	24
处分高蹈不仕举人敕	唐玄宗	24
荐各科举人诏	唐玄宗	25
玄元皇帝临降制	唐玄宗	25
改元天宝赦	唐玄宗	26
亲祭九宫坛大赦天下制	孙 逖	26
处分制举人敕	唐玄宗	26
南郊礼毕制	唐玄宗	27
册尊号赦	唐玄宗	27
南郊赦	唐玄宗	27
册尊号赦	唐玄宗	27
肃宗即位赦	唐肃宗	28
访至孝友悌诏	唐肃宗	28
搜访天下贤俊制	贾 至	28
收复两京大赦	唐肃宗	29
南郊赦	唐肃宗	29
立成王为皇太子德音	唐肃宗	29
举贤良方正直言极谏一人诏	唐肃宗	29
改元上元赦	唐肃宗	30
南郊赦	唐肃宗	30
处分举荐人诏	唐肃宗	30

册尊号赦	唐肃宗	30
搜举遗逸诏	唐代宗	31
改元永泰赦	唐代宗	31
改元大历赦	唐代宗	31
大历五年大赦册	唐代宗	31
即位大赦册	唐德宗	32
奉天改元大赦制	陆贽	32
放制科举人诏	唐德宗	32
访习天文历算诏	唐德宗	33
求贤诏	唐德宗	33
南郊赦	陆贽	33
求贤制	唐德宗	33
诸州准荐人制	唐德宗	34
即位赦	唐顺宗	34
尚书省试制科举人敕	唐宪宗	34
放制举人敕	唐宪宗	34
南郊赦	唐宪宗	35
制举试讫止宿敕	唐宪宗	35
册尊号赦	唐宪宗	35
中书门下、尚书省策试制举人敕	唐穆宗	36
处分幽州德音	元稹	36
南郊改元赦	唐穆宗	36
辽阳八州举士诏	唐穆宗	36
制举试期诏	唐穆宗	36
试制科举人敕	唐穆宗	37
放制举人诏	唐穆宗	37
除制举人官敕	唐穆宗	37
即位大赦册	唐敬宗	38
南郊赦	唐敬宗	38
制举试期诏	唐敬宗	38
试制举人诏	唐敬宗	39
放制举人诏	唐敬宗	39
改元赦	唐文宗	39
亲试制举人敕	唐文宗	40
放制举人敕	唐文宗	40
南郊赦	唐文宗	40

德音册	唐文宗	41
开成改元赦	唐文宗	41
平潞州德音	唐武宗	41
搜访兵术贤才诏	唐僖宗	42
改元天复赦	唐昭宗	42
改元天祐册	唐昭宗	43
搜访贤良诏	梁太祖	43
至西京下诏	梁太祖	43
改元大赦诏	唐庄宗	43
求贤诏	唐庄宗	44
南郊赦	唐庄宗	44
绝请托侥幸之门敕	唐明宗	44
搜访遗逸敕	唐明宗	45
即位赦	晋高祖	45
求贤诏	晋高祖	45
准窦贞固求贤奏	晋高祖	46
求贤诏	晋高祖	46
即位大赦制	晋出帝	46
改元制	汉高祖	46
即位制	汉隐帝	46
即位制	周太祖	47
祀圜丘礼毕赦制	周太祖	47
即位大赦制	周世宗	47
举令录官诏	周世宗	47
举文学之吏等人诏	周世宗	48
举贤良方正能直言极谏等科举人诏	周世宗	48

奏议 49

上宰相荐皇甫湜书	韦处厚	49
论选举疏	薛登	49
贡举人至元日引见当列于方物前	刘承庆	51
议学校贡举疏	杨玚	52
条奏贡举疏	杨绾	52
议杨绾条奏贡举疏	贾至	53
论今年权停举选状	韩愈	54
论制科人状近日内外官除改及制科人等事宜	白居易	55

停罢制科奏	赵宗儒	56
贡举奏状	中书门下	56
请旌刘蕡直言疏	李邰	57
请权停贡选奏	中书门下	57
请举贤人奏	窦贞固	57
取士从严奏	卢贾	58

制策 ... 59

光宅元年"词标文苑"科制策 ... 59
- 策问 ... 59
- 房晋对策 ... 59
- 皇甫琼对策 ... 59

永昌元年"贤良方正"科制策 ... 60
- 策问第一道 ... 60
- 张柬之对策 ... 60
- 策问第二道 ... 62
- 张柬之对策 ... 62

载初元年"词标文苑"科制策 ... 62
- 策问第一道 ... 62
- 张说对策 ... 63
- 策问第二道 ... 63
- 张说对策 ... 64
- 策问第三道 ... 64
- 张说对策 ... 64

长寿三年"临难不顾徇节宁邦"科制策 ... 65
- 策问第一道 ... 65
- 薛稷对策 ... 65
- 策问第二道 ... 66
- 薛稷对策 ... 66
- 策问第三道 ... 66
- 薛稷对策 ... 67

证圣元年"长才广度沉迹下僚"科制策 ... 67
- 策问 ... 67
- 张倚对策 ... 68

天册万岁二年"贤良方正"科制策 ... 69
- 策问第一道 ... 69

崔沔对策	69
策问第二道	70
崔沔对策	70
策问第三道	70
崔沔对策	71
重试一道	71
崔沔对策	71

神龙二年"才高位下"科制策 … 72
 策问 … 72
 冯万石对策 … 73

神龙三年"贤良方正"科制策 … 73
 策问 … 73
 苏晋对策 … 74

"贤良方正"科制策 … 75
 策问 … 75
 阙名对策 … 75

"沉谋秘略"科制策 … 76
 策问第一道 … 76
 王昇对策 … 77
 策问第二道 … 77
 王昇对策 … 77
 策问第三道 … 78
 王昇对策 … 78

景云二年"文可以经国"科制策 … 78
 策问 … 78
 晁良贞对策 … 79
 郑少微对策 … 79
 雍惟良对策 … 79

景云三年"道侔伊吕"科制策 … 80
 策问 … 80
 张九龄对策 … 80

开元二年"贤良方正"科制策 … 81
 策问 … 81
 孙逖对策 … 82
 李玄成对策 … 83
 沈谅对策 … 84

开元七年"文词雅丽"科制策 ································· 86
 策问 ·· 86
 彭殷贤对策 ·· 86
 邢巨对策 ·· 89
 张楚对策 ·· 90
 苗晋卿对策 ·· 91
 孟万石对策 ·· 92
 孙翃对策 ·· 93
开元九年"智合孙吴可以运筹决胜"科制策 ············ 94
 策问 ·· 94
 杨若虚对策 ·· 95
 张仲宣对策 ·· 96
开元十四年"神岳举贤良方正"科制策 ·················· 98
 袁映对策 ·· 98
 尹畅对策 ·· 100
天宝十三载"洞晓玄经"科制策 ·························· 101
 策问 ·· 101
 独孤及对策 ·· 101
建中元年"贤良方正直言极谏"科制策 ················ 103
 策问 ·· 103
 姜公辅对策 ·· 103
建中元年"文词清丽"科《指佞赋》 ······················ 104
 梁肃赋 ·· 104
 沈封赋 ·· 105
 郑辕赋 ·· 105
贞元元年"贤良方正直言极谏"科制策 ················ 106
 策问 ·· 陆贽 106
 穆质对策 ·· 106
贞元元年"博通坟典达于教化"科策问 ········· 陆贽 109
贞元元年"识洞韬略堪任将帅"科策问 ········· 陆贽 110
贞元四年"贤良方正"科策问 ························ 唐德宗 110
贞元二十一年"茂才异等"科制策 ······················ 111
 策问 ·· 111
 杜元颖对策 ·· 112
元和元年"才识兼茂明于体用"科制策 ················ 114
 策问 ·· 唐宪宗 114

元稹对策	115
韦处厚对策	117
独孤郁对策	120
白居易对策	122
罗让对策	125
元和三年"贤良方正能直言极谏"科制策	127
策问	127
皇甫湜对策	128
长庆元年"贤良方正能直言极谏"科制策	132
策问	132
沈亚之对策	132
庞严对策	136
宝历元年"贤良方正能直言极谏"科制策	138
策问	138
舒元褒对策	139
太和二年三月"贤良方正能直言极谏"科制策	143
策问	143
刘蕡对策	143
沈亚之对策	148

登科 150
　　武德元年戊寅 150
　　贞观元年丁亥 150
　　贞观六年壬辰 151
　　贞观七年癸巳 151
　　贞观十四年庚子 151
　　永徽元年庚戌 151
　　永徽三年壬子 152
　　永徽四年癸丑 152
　　永徽五年甲寅 152
　　显庆二年丁巳 152
　　显庆三年戊午 153
　　显庆四年己未 153
　　显庆六年、龙朔元年辛酉 154
　　麟德元年甲子 154
　　麟德三年、乾封元年丙寅 155

乾封二年丁卯	156
咸亨五年、上元元年甲戌	156
上元二年乙亥	156
上元三年、仪凤元年丙子	157
仪凤二年丁丑	157
仪凤三年戊寅	158
仪凤四年、调露元年己卯	158
调露二年、永隆元年庚辰	158
永隆二年、开耀元年辛巳	159
嗣圣元年、光宅元年甲申	159
垂拱四年戊子	160
永昌元年己丑	160
载初元年庚寅	161
天授二年辛卯	162
天授三年壬辰	162
长寿三年甲午	162
证圣元年、天册万岁元年乙未	163
天册万岁二年丙申	163
万岁通天二年丁酉	164
圣历元年戊戌	164
圣历二年己亥	165
圣历三年庚子	165
大足元年辛丑	165
长安二年壬寅	166
神龙元年乙巳	166
神龙二年丙午	166
神龙三年丁未	167
景龙三年己酉	168
景云二年辛亥	169
景云三年壬子	169
先天二年癸丑	171
开元二年甲寅	172
开元五年丁巳	173
开元六年戊午	174
开元七年己未	174
开元九年辛酉	175

开元十年壬戌	175
开元十二年甲子	175
开元十四年丙寅	176
开元十五年丁卯	176
开元十七年己巳	177
开元十九年辛未	178
开元二十一年癸酉	178
开元二十二年甲戌	178
开元二十三年乙亥	178
开元二十五年丁丑	179
开元二十六年戊寅	179
开元二十九年辛巳	180
天宝元年壬午	181
天宝二年癸未	181
天宝四年乙酉	181
天宝六年丁亥	182
天宝八年己丑	182
天宝十年辛卯	182
天宝十三年甲午	183
天宝十五年丙申	184
至德二年丁酉	185
乾元二年己亥	185
乾元三年庚子	185
大历二年丁未	185
大历六年辛亥	186
建中元年庚申	186
贞元元年乙丑	188
贞元二年丙寅	189
贞元四年戊辰	190
贞元十年甲戌	191
贞元十一年乙亥	193
贞元二十一年乙酉	193
元和元年丙戌	194
元和三年戊子	195
元和十一年丙申	197
元和十五年庚子	197

长庆元年辛丑	197
长庆二年壬寅	198
长庆三年癸卯	198
宝历元年乙巳	199
宝历二年丙午	200
大和二年戊申	200
大中六年壬申	201
天祐四年丁卯	201
隋唐不系年制举登科名录	202

艺文 ……………………………………………… 221

送于十八应四子举落第还嵩山	李 白	221
送王伯伦应制授正字归	岑 参	221
答高三十五留别便呈于十一	李 颀	221
送路少府使东京便应制举	刘长卿	221
送郭秀才制举下第南游	钱 起	222
喻友	元 结	222
送钱塘路少府赴制举	皇甫冉	222
送韦秀才道冲赴制举	刘禹锡	222
送裴处士应制举	刘禹锡	223
上大理崔大卿应制举启	柳宗元	223
祭穆质给事文	柳宗元	224
送韦正字枒贯赴制举	张 祜	225
中桥北送穆质兄弟应制戏赠萧二策	李 益	225
送薛蔓应举	王 建	225
自荐表	史 青	225

杂录 ……………………………………………………… 226

太宗与封德彝论举人	王钦若	226
太宗举贤不避亲	王钦若	226
太宗与魏征议得人之理	王钦若	226
举人所答乖旨	王钦若	226
倒讽案牍	刘 肃	227
高宗令宰臣举荐有才之儿侄	王钦若	227
高宗与许圉师议举人	王钦若	228
李巢等对策上第	王钦若	228

高宗试岳牧举	王钦若	228
李安期进举逸贤策	王钦若	228
青钱学士	彭大翼	229
张说应制举	刘肃	229
张文成以词学知名	刘肃	229
举张柬之	彭大翼	229
张柬之为武则天用	刘肃	230
杨盈川登制举	钱易	230
开元十五年试文武举人	王钦若	230
魏奉古强记博闻	刘肃	230
熊执易助樊泽应制举	李肇	231
举席建侯	彭大翼	231
九登科选	彭大翼	231
拽帛	王定保	231
制举试诗赋始	王钦若	231
征君	李昉	232
韦夏卿兄弟同日制科登第	钱易	232
韩昆因高第遇隆恩	钱易	232
于邵善知人	钱易	232
崔元翰登第	钱易	233
裴次元同日登制策、宏词高第	钱易	233
摘抉细隐	彭大翼	233
指陈阙失	彭大翼	233
八中科名	彭大翼	233
唐德宗重制科	王谠	234
策举穆裴	彭大翼	234
韦乾度不知牛僧孺	李昉	234
刘蕡下第	洪迈	234
策过晁董	彭大翼	235
举人限制条	王溥	235
梁太祖求贤	薛居正	235
隋举贤良十科、四科、二科	王应麟	236
制举	杜佑	236
唐制举	欧阳修	236
唐制科	王谠	236
唐制举 制举科目图 茂才	王应麟	237

唐宋由制科而登宰相人数	王应麟	239
唐宏词之论制举之策传世者	王应麟	239
唐制举科目	洪 迈	239
贞元制科	洪 迈	239
唐制举科目	陆 深	240
唐制举科目	李日华	241
行礼歌诗	彭大翼	241
科目	顾炎武	241
制科	顾炎武	242
唐制举科目	秦蕙田	242
《登科记考》凡例	徐 松	243

第二部分：两宋卷（附金辽）

诏令 244

复制举诏	宋太祖	244
举孝悌诏	宋太祖	244
举贤良方正各一人诏	宋真宗	244
贤良方正举限诏	宋真宗	245
复置贤良方正直言极谏等六科诏	宋真宗	245
开封府应制举人待以客礼诏	宋真宗	245
令赵宗古等依例赴中书试诏	宋真宗	245
试贤良方正能直言极谏诏	宋真宗	246
举遗逸诏	宋 庠	246
复制举六科增高蹈丘园等三科并置书判		
拔萃科及试武举诏	宋仁宗	246
应制科人遇科场许投牒诏	宋仁宗	247
制科应举人限诏	宋仁宗	247
制科赐食诏	宋仁宗	248
举知雅乐音律得失、测候之法者诏	宋仁宗	248
幕职、州县官应制科不及三考者亦许取应诏	宋仁宗	248
制科随贡举诏	宋仁宗	248
代制以上奏举应制科人诏	宋仁宗	248
定制科进士推恩诏	宋仁宗	249
陈舜俞秘书丞制	王安石	249
国子监直讲编校集贤院书籍钱藻大理寺丞制	王安石	249

应才识兼茂明于体用科守河南府福昌县主簿
苏轼大理评事制……………………………………………… 王安石　249
应才识兼茂明于体用科新授河南府渑池县主簿
苏辙可试秘校充商州军事推官……………………………… 沈　遘　250
令赵高等人赴秘阁就试制科诏……………………………… 宋英宗　250
制科入等者一任回依例与差遣诏…………………………… 宋神宗　250
制科"调"字号卷再进呈手诏……………………………… 宋神宗　250
制科随礼部贡举诏…………………………………………… 宋仁宗　251
复置贤良方正能直言极谏科诏……………………………… 宋哲宗　251
处分进士、制科举人诏……………………………………… 宋哲宗　251
限秘阁试制科出题诏………………………………………… 宋哲宗　251
绍兴元年正月一日德音……………………………………… 宋高宗　251
举贤良方正能直言极谏诏…………………………………… 宋高宗　253
举贤良方正能直言极谏诏…………………………………… 宋高宗　253
举贤良方正诏………………………………………………… 宋高宗　253
举贤良方正能直言极谏之士诏……………………………… 宋高宗　254
举贤良方正能直言极谏之士诏……………………………… 宋高宗　254
举贤良方正能直言极谏之士诏……………………………… 宋高宗　254
举贤良方正能直言极谏之士诏……………………………… 宋高宗　254
举贤良方正能直言极谏之士诏……………………………… 宋高宗　255
举贤良方正之士诏…………………………………………… 宋高宗　255
举贤良方正之士诏…………………………………………… 宋高宗　255
举贤良方正之士诏…………………………………………… 宋高宗　256
举贤良方正之士诏…………………………………………… 宋孝宗　256
举贤良方正之士诏…………………………………………… 宋孝宗　256
举贤良方正诏………………………………………………… 周必大　257
科举诏………………………………………………………… 周必大　257
举贤良方正诏………………………………………………… 宋孝宗　257
举贤良方正诏………………………………………………… 宋孝宗　258
举贤良方正诏………………………………………………… 宋孝宗　258
举贤良方正诏………………………………………………… 宋孝宗　258
举贤良方正诏………………………………………………… 宋光宗　259
求直言诏……………………………………………………… 郑　獬　259
戒谕郡国举贤良诏…………………………………………… 郑　獬　259
举贤良方正诏………………………………………………… 周必大　260
令侍从举贤良诏……………………………………………… 周必大　260

奏议 261

- 请设四科奏 .... 盛　度　261
- 上太宗论选举 .... 梁　颢　261
- 上真宗论选举 .... 李　谘　262
- 奉诏集议贡举条例奏 .... 章得象　262
- 议贡举奏 .... 夏　竦　263
- 上真宗论制科当依汉制取人 .... 田　锡　263
- 上真宗请复设制科 .... 孙　何　264
- 上仁宗论制科之设不专因灾异宜随科举下诏 .... 吴　育　265
- 论制策等第状 .... 司马光　265
- 上仁宗乞施行制策所言 .... 司马光　266
- 乞以十科举士札子 .... 司马光　266
- 论举选状 .... 司马光　267
- 不举贤良为非议 .... 刘　敞　268
- 奏乞州郡辟选人为教授 .... 刘　敞　269
- 请罢制科奏 .... 唐　询　270
- 上哲宗乞复置制科 .... 刘　挚　271
- 乞令州郡长吏奏举人才疏 .... 刘　挚　271
- 上哲宗乞别详定制科考格 .... 王　存　272
- 上哲宗论制科取士乞加立策等增取人数 .... 苏　颂　272
- 议贡举法 .... 苏　颂　273
- 时政十议·议制科 .... 李　淑　275
- 上执政书 .... 范仲淹　276
- 上时相议制举书 .... 范仲淹　276
- 应制科上省使叶道卿书 .... 苏舜钦　277
- 甲建议请依汉举孝弟力田者复其身难者以为古今不同恐生侥幸 .... 余　靖　278
- 上丞相吕许公 .... 张方平　278
- 选举论 .... 张方平　279
- 论馆阁取士 .... 欧阳修　280
- 贤良等科廷试设次札子 .... 宋　庠　281
- 乞应制科者并听奏举奏 .... 孙　抃　282
- 上仁宗乞革科举之法令牧守监司举士 .... 富　弼　282
- 议贡举状 .... 韩　维　283
- 上神宗论制科之士不可以直言弃黜 .... 韩　维　284
- 乞复六科制举奏 .... 鲜于侁　284

论制科	洪舜俞	284
乞改科条制札子	王安石	285
答诏问黜孔文仲事奏	王安石	285
上田正言书	王安石	286
上仁宗皇帝言事书	王安石	287
论荐士求直言疏	郑獬	287
论举遗逸状	郑獬	288
论求遗逸状	郑獬	288
应制举上诸公书	吕陶	289
又应制举上诸公书	吕陶	290
议学校贡举状	苏轼	291
应制举上两制书	苏轼	293
论御试策题札子二首	苏辙	294
乞十科外增才堪治人能拨烦一科奏	上官均	296
再乞十科外增才堪治人能拨烦一科奏	上官均	296
制举论	华镇	297
任举论	华镇	298
论董仲舒对策	晁补之	299
试制举人	晁补之	299
郑涵考定制举人	晁补之	300
言科举书	李新	300
与张君实书	李新	301
与张君实第二书	李新	302
论举直言极谏之士札子	李纲	303
问制科	陆九渊	303
参稽制科旧制奏	阙名	304
制科免用注疏出题奏	李巘	305
论用人札子	蔡戡	305
千虑策·人才（上）	杨万里	306
法度·制科	叶适	307
制举	陈亮	308
论选人举状	周必大	309
同王内翰荐李塾试贤良札子	周必大	309
举李塾贤良不应格待罪札子	周必大	310
为礼部尚书乞增选台谏状	李光	310
乞罢何致奏	刘德秀、李壁	311

举荐 …… 313

考制策毕学士院赐宴谢状 …… 杨　亿　313
谢贤良登科查正言启 …… 杨　亿　313
答集贤丁、孙二寺丞启 …… 杨　亿　313
贺试中贤良启 …… 杨　亿　314
贺试中贤良启 …… 杨　亿　314
贺试中贤良启 …… 阙　名　314
贺试中贤良启 …… 张钦夫　314
贺试中贤良启 …… 朱廷瑞　315
上章圣皇帝乞应制举书 …… 夏　竦　315
举丘良孙应制科状 …… 范仲淹　316
举张伯玉应制科状 …… 范仲淹　316
举张问、孙复状 …… 范仲淹　316
荐李觏并录进礼论等状 …… 范仲淹　317
代郓州通判李屯田荐士建中表 …… 石　介　317
应贤良方正科太常博士苏绅可尚书祠部员外郎充通判、
应茂才异等科张方平可秘书省校书郎充知县制 …… 宋　庠　318
贤良等科廷试设次札子 …… 宋　庠　318
荐刘绛状 …… 宋　祁　319
荐张定方乞收试状 …… 宋　祁　319
奏荐李觏 …… 余　靖　320
上吴舍人书 …… 李　觏　320
上叶学士书 …… 李　觏　320
举孔文仲等 …… 文彦博　321
荐布衣苏洵状 …… 欧阳修　322
举苏轼应制科状 …… 欧阳修　322
举王安国奏状 …… 王　珪　322
谢贤良方正登科 …… 张方平　323
谢茂材异等登科 …… 张方平　323
举朱寀充馆阁职名 …… 张方平　324
回贤良李秘书启 …… 蔡　襄　324
回贤良范秘丞启 …… 蔡　襄　325
回李清臣范百禄谢中贤良启 …… 曾　巩　325
举张咸贤良札子 …… 范祖禹　325
论谢悰赐进士出身不当事 …… 刘安世　326

荐汪辅之状	郑 獬	326
荐陈舜俞状	郑 獬	327
谢荐举启二首	吕 陶	327
答诸官谢荐举启	吕 陶	328
谢登制科启	吕 陶	328
制举投献第一书	蒋之奇	329
制举投献第二书	蒋之奇	330
谢制科启二首	苏 轼	331
谢馆职启	苏 轼	332
举眉州布衣程俟应贤良方正科同安抚司奏状	杨万里	332
上文太师干求举贤良书	冯 澥	333
谢元城刘待制举文章典丽可备著述科启	许 翰	334
回李贤良壀启	周必大	335
奏荐滕贤良	叶 适	335

制策 …… 336

咸平四年四月十三日"贤良方正"科制策	宋真宗	336
咸平四年四月试"贤良方正"科策二道	杨 亿	336
咸平四年八月试"贤良方正"科策一道	杨 亿	337
试草泽柳察策二道	杨 亿	338
景德二年三月试草泽刘牧二道	杨 亿	339
景德二年三月二日试草泽策一道	杨 亿	339
景德二年九月十七日"贤良方正直言极谏"科制策	晁 迥	339
景德三年九月试"贤良方正能直言极谏"科制策一道	杨 亿	340
景德四年闰五月初七日"贤良方正能直言极谏"科制策	宋真宗	341
崇政殿御试"贤良方正能直言极谏"科制策	夏 竦	342
中书试论四篇	夏 竦	346
天圣八年七月二十五日"贤良方正"科制策	宋仁宗	349
天圣八年二十五日"茂材异等"科制策	宋仁宗	349
景祐元年六月二十一日"贤良方正"科制策	宋仁宗	350
秘阁试论六篇	张方平	350
景祐五年七月二十七日"贤良方正直言极谏"科制策	宋仁宗	354
策问	宋仁宗	354
张方平对策		355
庆历二年八月六日"才识兼茂明于体用"科制策	宋仁宗	361
庆历六年八月十六日"贤良方正能直言"科制策	宋仁宗	362

皇祐元年八月十四日"贤良方正能直言极谏"科制策 …………… 宋仁宗 362
皇祐五年八月十五日"贤良方正能直言极谏"科制策 …………… 宋仁宗 363
嘉祐二年八月十九日试贤良王彰、夏噩策 …………………………… 胡　宿 364
嘉祐四年八月十三日试贤良方正钱藻、汪辅之策 ……………… 宋仁宗 364
秘阁试论六首 ……………………………………………………………… 苏　轼 365
秘阁试论六首 ……………………………………………………………… 苏　辙 369
嘉祐六年八月二十五日"贤良方正直言极谏"科制策 ………… 宋仁宗 373
御试制策 ……………………………………………………………………… 苏　轼 374
御试制策 ……………………………………………………………………… 苏　辙 379
问贤良方正策 ……………………………………………………………… 王　珪 384
制科策 ………………………………………………………………………… 范百禄 385
李清臣对策 ………………………………………………………………………… 386
贤良策问一首 ……………………………………………………………… 司马光 392
拟试制科王平甫策问一道 ……………………………………………… 曾　巩 392
熙宁三年九月二十四日"贤良方正直言极谏"科制策 ………… 宋神宗 393
御试对策 ……………………………………………………………………… 孔文仲 393
御试对策 ……………………………………………………………………… 吕　陶 400
元祐三年九月"贤良方正直言极谏"科制策 …………………… 宋哲宗 406
元祐六年"贤良方正直言极谏"科制策 ………………………… 宋哲宗 407
乾道七年"贤良方正能直言极谏"科制策 ……………………… 宋孝宗 407
淳熙六年十月九日试太学正刘光祖 …………………………………… 周必大 408

登科 ……………………………………………………………………………… 409

乾德二年四月 ……………………………………………………………………… 409
咸平四年四月 ……………………………………………………………………… 409
咸平四年八月 ……………………………………………………………………… 410
景德二年九月 ……………………………………………………………………… 410
景德四年闰五月 …………………………………………………………………… 411
天圣八年七月 ……………………………………………………………………… 411
景祐元年六月 ……………………………………………………………………… 412
景祐五年七月 ……………………………………………………………………… 412
庆历二年八月 ……………………………………………………………………… 413
庆历六年七月 ……………………………………………………………………… 413
皇祐元年八月 ……………………………………………………………………… 414
嘉祐二年八月 ……………………………………………………………………… 414
嘉祐四年八月 ……………………………………………………………………… 414

嘉祐六年八月	415
治平二年九月	416
熙宁三年八月	417
元祐三年九月	418
元祐六年九月	418
绍圣元年九月	419
乾道七年十一月	419

艺文 ······ 421

安道登茂材异等科	石　介	421
元均首登贤良科因寄	石　介	421
安道再登制科	石　介	421
崇政殿试贤良晚归	欧阳修	422
送苏贤良之任豫章	胡　宿	422
诏复制科有谓予应诏者	宋　祁	422
送黄士安应贤良方正序	张　俞	422
简韩丕茂才	田　锡	423
送吴春卿赴都	张方平	423
谢范天章荐应制科	张方平	423
试制举人呈同舍诸公二首	苏　辙	423
某与鲜于绰元勋共约同习制科	李　廌	424
景福殿东厢诗	司马光	424
送丘贤良序	蔡　襄	426
被诏考制科呈胡武平内翰三首	王　珪	427
吴侍郎挽词二首	刘　敞	427
送子高知润州	刘　敞	427
送邵贤良序	刘　敞	428
送陈舜俞制科东归	王安石	428
送陈圣俞寿州从事	沈　遘	428
吴正肃公挽歌辞三首	沈　遘	428
有诏举贤良方正作诗勉钱申伯使继世科	李　纲	429
申伯见和拙句且示七言律诗两章有未肯承当制科之意次韵报之	李　纲	429
申伯和篇举叔易自代叔诗复推申伯要之二子皆当由此科取重名于世恨吾资妄高不得偕二子鸣跃其间复次前韵以兼勉之	李　纲	429
申伯叔易再和诗将有从吾言之意而仲辅作诗梗之以故未果复次前韵既助其决且戒勿与仲辅谋也	李　纲	430

诗三复往而二子之意犹未决吾知之矣复次前韵以辟之	李　纲	430
别傅教授景仁	王十朋	430
香溪集序	陈岩肖	430
送张君实赴制举	李　新	431
文庄集序	宋敏求	431

杂录 …… 433

颖挚应诏举	433
陶穀等应制科不称旨	433
咸平四年四月十三日策试贤良方正	433
咸平四年八月十日策试贤良方正	433
真宗与寇准议选人	434
考定制科试卷	434
景德二年九月十七日试贤良方正	434
制科策问宜用经义参之时务	434
景德四年五月初七日试贤良方正	435
刘夔应制举遭罢	435
覆考富弼等人试策	435
天圣八年七月二十五日制科试	435
制科举人须缘贡举许准诏投文就试	436
景祐元年制科试	436
景祐五年六月制科试	436
庆历二年制科试	436
庆历六年制科试	437
皇祐元年制科试	437
皇祐五年制科试	438
嘉祐二年制科试	438
嘉祐四年制科试	438
嘉祐六年制科试	438
治平二年制科试	439
熙宁三年制科试	439
命邓绾、刘攽等考试制科	440
熙宁七年罢制科	440
元祐议复置制科	440
制科应举条制	440
元祐三年制科试	441

元祐六年制科试	441
绍圣元年制科试	441
绍圣元年罢制科	442
乾道五年制科试	442
淳熙四年制科试	443
淳熙四年议阁试六论	444
淳熙十三年至十五年制科试	444
制举登科试卷焚于真宗影殿前 …… 欧阳修	445
制科六科目之始 …… 欧阳修	445
樊知古荐查道 …… 吴　曾	445
大中祥符八年议制科 …… 李　焘	445
儒志学业传 …… 陈　谦	446
夏竦应制举 …… 吴处厚	446
夏竦应制科赋诗 …… 吴处厚	447
夏竦应制举 …… 司马光	447
制科登第无第三等 …… 司马光	447
制科沿革 …… 司马光	447
吴育、丁度异位 …… 司马光	448
夏竦应制举 …… 魏　泰	448
孔文仲狂躁 …… 魏　泰	448
宋仁宗明鉴二苏制策 …… 高晦叟	449
王安石论苏轼制策 …… 邵　博	449
父子兄弟皆登制科 …… 王辟之	449
孙固奏请孔文仲制策推恩 …… 王辟之	449
孙洙奏论天下争传 …… 王辟之	450
误占久虚之等 …… 叶梦得	450
制科试策论 …… 叶梦得	450
本朝制科得人少 …… 叶梦得	450
王安石罢制科 …… 叶梦得	451
本朝制科不试诗赋之始 …… 叶梦得	451
"祗授"贤良 …… 徐　度	451
制科词赋三经宏博 …… 叶绍翁	451
贤良 …… 叶绍翁	452
庆元二年戒饬场屋付叶翥以下御笔 …… 叶绍翁	455
科举为党议发策 …… 叶绍翁	455
制科试期因二苏改 …… 潘永因	457

宋制科题无一人合格	潘永因	457
张贤良梦	岳　珂	457
孔文仲制科落第	曾敏行	458
制策入等	杨　慎	458
贾易诋苏辙制科文	杨　慎	458
杂说九首	刘　敞	458
制科六论以记问为主	叶梦得	459
制科试诗赋	叶梦得	459
孙巨源以制科见任	叶梦得	460
国朝制科	徐　度	460
制科第三等人一任回召试馆职	徐　度	461
南宋制科	俞文豹	461
宋代制科	马端临	461
制科	黄　震	466
明庶吉士之选不若宋之制科	王　鏊	467
读苏集	章　懋	467
宋制科	脱　脱	467
制科宰执数	李心传	470
状元举制科	李心传	470
制科	李心传	470
乾道制科本末恩数	李心传	471
制六科题	李心传	472
制策入三等	李心传	473
开禧召试制科	李心传	473
制举科目	岳　珂	474
祖宗制科取人	彭百川	477
宋制科	顾炎武	482
金代制举	脱　脱	483

第三部分：清代卷

诏令 484
康熙十七年正月乙未谕吏部	康熙	484
康熙十七年十一月初一日谕吏部	康熙	484
康熙十八年正月十七日谕吏部	康熙	484
康熙十八年三月甲子谕吏部	康熙	485

雍正十一年四月初八日谕内阁	雍　正	485
雍正十三年二月二十七日谕内阁	雍　正	485
雍正十三年十一月初十日谕内阁	雍　正	486
乾隆元年二月二十四日谕内阁	乾　隆	486
谕军机处会同兵部议荣禄设武备科折	光　绪	487
谕总理衙门会同礼部奏贵州学政严修请设转科折	光　绪	487
着总理衙门议恽毓鼎奏经济特科宜议登进之途一折	光　绪	488
准荣禄、高燮曾等奏请设武备特科折	光　绪	488
请办理宋伯鲁奏经济特科折	光　绪	488
谕特科、童岁科改试策论折	光　绪	489
准总理衙门议特科折	光　绪	489
准郑思赞特科一折	光　绪	489
着停罢经济特科	慈　禧	489
光绪二十七年四月十七日上谕	慈　禧	490
经济特科考试章程	总理衙门	490
钦定经济特科阅卷大臣名单	慈　禧	491
处分取中经济特科人员敕	慈　禧	491

奏议 492
  吏部议得考试之期 492
  吏部议所取人员 492
  吏部议所取人员 493

上内阁言被荐人才试期	施闰章	494
奏请设经济特专科折	严　修	495
请设武备特科折	高燮曾	497
公车上书请变通科举折	梁启超等	497
奏请经济岁举归并正科并各省岁科试迅即改试策论折	宋伯鲁	499
遵议开设经济特科折	总理衙门	500
奏特科大典请严定滥保处分折	郑思赞	502
请参酌中外兵制设武备特科片	荣　禄	502
总署议覆经济特科并章程折	总理衙门	503
特科荐举人员造具清册奏	寿　全、奎　英等	505

荐举 506

| 奉辞征檄揭子 | 毛奇龄 | 506 |
| 再辞征檄揭子 | 毛奇龄 | 506 |

三辞征檄揭子	毛奇龄	508
覆谢福建吴观察荐举书	毛奇龄	509
上鄂制台	李 颙	510
辞征	李 颙	511
与当事论出处	李 颙	512
寄子	李 颙	513
答友人	李 颙	514
李因笃《陈情表》	金 农	514
与李湘北书	顾炎武	515
与叶讱庵书	顾炎武	516
答李子德	顾炎武	516
答子德书	顾炎武	516
答次耕书	顾炎武	517
与次耕书	顾炎武	518
与李中孚书	顾炎武	518
上兵部尚书王公书	汪懋麟	518
上工部尚书陈公书	汪懋麟	519
再上王公书	汪懋麟	520
与陈介眉庶常书	黄宗羲	520
上大司农梁公辞征召书	徐 钪	521
辞荐举呈词	范鄗鼎	522
丙辰词科举目	杭世骏	524
与厉樊榭劝应制科书	全祖望	530
答姚薏田书	全祖望	530
与赵谷林兄弟书	全祖望	531
辞启	唐绍祖	532
辞启	秦蕙田	533
辞苏先生启	沈 埏	534
谢从子钦启	梁 机	536
辞兵部侍郎署江苏巡抚顾公琮荐启	胡期颐	537
辞宁夏赵银台荐启	陈 撰	538
谢绍兴叶郡守启	周大枢	538
谢眉庵少司马启	华希闵	539
谢少司农临川李公诗并启	赵 昱	540
经济特科同征录	张一麐	541
经济特科各省荐举名录	袁玉元	545

举尹恭保应特科奏	黄槐春	548
奏请罗度等辞特科	岑春煊	549
辞保荐经济特科书	唐佩员	549

制策 550

康熙己未博学鸿儒科试题		550
省耕	王鸿绪	550
璇玑玉衡赋	王鸿绪	550
御试省耕诗二十韵	尤侗	552
御试璇玑玉衡赋	尤侗	552
御试省耕诗二十韵	朱彝尊	553
省耕诗	施闰章	553
璇玑玉衡赋	施闰章	554
御试省耕	彭孙遹	554
璇玑玉衡赋	彭孙遹	555
省耕应制二十韵	张英	556
璇玑玉衡赋	张英	556
省耕	汤斌	557
璇玑玉衡赋	汤斌	558
璇玑玉衡赋	张玉书	559
御试省耕诗	潘耒	561
御试璇玑玉衡赋	潘耒	561
康熙十八年三月御试省耕诗	徐嘉炎	562
御试璇玑玉衡赋	徐嘉炎	562
御试省耕诗二十韵	方象瑛	563
璇玑玉衡赋	方象瑛	564
省耕二十韵	韩菼	565
璇玑玉衡赋	陈维崧	565
御试省耕诗二十韵	严绳孙	567
乾隆丙辰博学鸿儒科试题		567
五六天地之中合赋	刘纶	568
赋得山鸡舞镜	刘纶	569
黄钟为万事根本论	刘纶	570
史论	刘纶	570
经解	刘纶	571
五六天地之中合赋	于振	573

赋得山鸡舞镜	于　振	573
黄钟为万事根本论	于　振	574
史论	于　振	575
经解	于　振	576
山鸡舞镜	周长发	577
五六天地之中合赋	周长发	578
黄钟为万事根本论	周长发	579
史论	周长发	579
经解	周长发	582
五六天地之中合赋	杭世骏	584
黄钟为万事根本论	杭世骏	585
赋得山鸡舞镜	杭世骏	586
史论	杭世骏	587
经解	杭世骏	591
五六天地之中合赋	刘　藻	594
经解	刘　藻	596
赋得山鸡舞镜	沈廷芳	598
黄钟为万事根本论	沈廷芳	599
史论	沈廷芳	599
经解	沈廷芳	600
御试五六天地之中合赋	沈廷芳	602
五六天地之中合赋	汪士锽	603
赋得山鸡舞镜	汪士锽	604
黄钟为万事根本论	汪士锽	604
史论	汪士锽	605
经解	汪士锽	606
五六天地之中合赋	齐召南	608
赋得山鸡舞镜	齐召南	609
黄钟为万事根本论	齐召南	609
史论	齐召南	610
经解	齐召南	612
赋得良玉比君子	张　汉	614
五六天地中和赋	周大枢	614
赋得山鸡舞镜	周大枢	615
黄钟为万事根本论	周大枢	615
山鸡舞镜诗	王祖庚	616

山鸡舞镜诗	厉鹗	617
山鸡舞镜诗	桑调元	617
山鸡舞镜诗	凌之调	617
良玉比君子诗	查祥	617
山鸡舞镜诗	曹庭枢	618
山鸡舞镜诗	沈德潜	618
丙辰博学鸿儒科钦命补试题		618
复见天心论	万松龄	619
指佞草赋	万松龄	620
赋得良玉比君子	万松龄	620
指佞草赋	朱荃	621
赋得良玉比君子	朱荃	621
癸卯经济特科首场试题		622
李熙答卷		622
胡玉缙答卷		624
刘体仁答卷		626
熊元锷答卷		627
袁嘉谷答卷		629
单镇答卷		632
胡均答卷		634
吴廷锡答卷		636
陈问咸答卷		638
顾祖彭答卷		639
赵录绩答卷		641
尹彦铢答卷		643
王季烈答卷		645
张通谟答卷		648
邵启贤答卷		650
连文澂答卷		652
刘邦骥答卷		654
王镛答卷		656
许岳钟答卷		658
华世芳答卷		659
张一麐答卷		661
癸卯特科次场试题		663
张一麐答卷		663

登科

康熙己未博学鸿儒科题名录	李　集、李富孙	665
丙辰博学鸿儒科征士题名录	李富孙	675
钦定经济特科考取人员名单	慈　禧	689

艺文

送孙豹人归扬州序	施闰章	691
应召入都留别亲旧	施闰章	691
送邓孝威	施闰章	692
己未京邸守岁同耦长用欢字	施闰章	692
午门谢颁月廪	施闰章	693
诏赐被荐诸臣月廪恭纪	施闰章	693
己未二月朔同被征诸臣集试体仁阁上赐食且宣谕曰馆选廷试例不给馔嘉尔等学行名儒优以旷典是日治南馔张椅坐盖前所未有也恭赋纪恩	施闰章	693
三月一日入直史馆见玉河水色次韵陈其年	施闰章	693
应诏入都呈司农公二首	徐　釚	693
赴召言怀四首	尤　侗	694
同举诸公公宴	尤　侗	694
三月朔日太和殿御试赐饭体仁阁恭纪二律	尤　侗	694
阅邸报见群公荐表滥及野老姓名将修辞启先成二首	孙枝蔚	694
见征入京后作	孙枝蔚	695
出京	孙枝蔚	695
吏部奉旨议授布衣六人正字职衔枝蔚与焉因纪此	孙枝蔚	695
奉酬王贻上侍读见贺授正字职衔放归故山次来韵	孙枝蔚	696
部议初授布衣及生员贡监生年老者六人为司经局正字疏上上特命进内阁中书舍人复增未与试者二人同授是官再纪二诗	孙枝蔚	696
和黄山谷拟省题二首	孙枝蔚	696
处士三人被召不至美之以诗各一绝	孙枝蔚	697
李容斋学士招饮是夕闻荐举之令	方象瑛	698
上谕荐举博学鸿辞恭纪和李学士韵	方象瑛	698
初入翰林呈同馆诸君	方象瑛	698
送李天生奉旨归养	方象瑛	699
北征马上作	严绳孙	699
送李天生同年侍养归秦中	严绳孙	700

秋日赐翰林詹事官太液池藕	严绳孙	700
诏添日讲起居注官引见乾清门	严绳孙	700
后六日再引见	严绳孙	700
拜命后作	严绳孙	701
和其年清明日遊萬柳堂忆故园风景	彭孙遹	701
戊午应召入都留别里中亲友	汤 斌	701
康熙十八年二月蒙恩转侍读学士恭纪二章	张 英	701
送李天生检讨还秦中	张 英	702
送邓孝威授正字归海陵再示豹人	王士禛	702
送姜西溟归慈溪	王士禛	702
钱学士诗序	朱彝尊	703
丛碧山房诗序	朱彝尊	703
戊午九月予谬以入荐赴都奉谒李学士蒙赐晋接兼屡有请召陪侍燕集谨赋长律一十六韵志谢	毛奇龄	704
万柳堂赋	毛奇龄	704
赠傅青主征君二首	冯 溥	705
戊午春正月捧诵求贤上谕恭纪	冯 溥	705
次湘北学士韵纪盛	冯 溥	706
同诸老荐举文学次韵	冯 溥	706
再叠前韵	冯 溥	707
傅青主征君二首	冯 溥	707
赠别己未诸子	冯 溥	708
告求举博学鸿儒者	郑 梁	708
《汤子遗书》提要	纪 昀	708
《尧峰文钞》提要	纪 昀	709
《松桂堂全集》提要	纪 昀	709
《曝书亭集》提要	纪 昀	710
《世恩堂集》提要	纪 昀	710
《己未词科录》序	吴 骞	711
《己未词科录》凡例	秦 瀛	711
再送畬西麓南归序	方 苞	712
家训斋广文举孝廉方正科赋赠	周长发	713
春雪诗	周长发	713
北征录别	周长发	713
与吴阁学书	刘大櫆	714
再与吴阁学书	刘大櫆	714

与高督盐书	刘大櫆	715
吴青然诗集序	刘大櫆	715
诏征博学鸿词赴都道中述怀	刘大櫆	716
送赵意林归浙江序	李绂	716
五月朔日随应制科诸臣谢恩颁月给餐钱恭纪	沈廷芳	717
十月五日养心殿引见授翰林院庶吉士赐圣制日知荟说全帙恭纪二十韵	沈廷芳	717
散馆后引见特授编修感恩恭纪一首	沈廷芳	717
挽族兄东甫征君	沈廷芳	718
词科同年录后序	沈廷芳	718
制科齿录后序	齐召南	719
胡稚威集序	齐召南	719
赴召集序	张熷	720
《词科余话》载鸿博酬答诗	杭世骏	721
绳庵内外集序	钱文端	728
鹤征前录序	李集	728
鹤征录续辑序	李富孙	729
鹤征前录跋	沈懋德	730
鹤征录叙	冯集梧	730
鹤征录凡例	李富孙	731
鹤征后录序	法式善	732
鹤征后录序	李富孙	732
鹤征后录跋	李超孙	733
鹤征后录跋	沈懋德	733
清代征士记序	秦光玉	734
清代征士记叙	袁丕元	734

杂录 …… 736

词科杂录	毛奇龄	736
史馆兴辍录	毛奇龄	738
鸿博史馆论诗	毛奇龄	738
己未博学鸿儒科	王应奎	739
隐逸之士应词科	王应奎	739
施闰章改置二等	王应奎	740
己未博学鸿词之盛典	刘廷玑	740
己未词科未取之名士	戴璐	740

己未博学鸿词科	金 农	741
平湖陆葇	金 农	741
姜宸英	金 农	741
严绳孙难进易退	小横香室主	742
营谋荐鸿博科	小横香室主	742
鸿博科征聘不至	小横香室主	742
傅征君不应鸿儒之试	小横香室主	742
孙豹人对于吏部集验之措词	小横香室主	743
荐举优异	王士祯	743
四布衣	王士祯	743
上赐	王士祯	744
明史开局	王士祯	744
征聘不至	王士祯	744
荐隐逸	王士祯	745
傅山父子	王士祯	745
应、徐二高士	王士祯	745
汉印	王士祯	746
特达	王士祯	746
梅异	王士祯	746
日者	王士祯	746
钱葆酚	王士祯	747
吴雯诗	王士祯	747
王士祯、魏象枢举汤斌	王士祯	747
《己未词科录》丛话	秦 瀛	748
汤斌行略	冯 溥	755
自为墓志铭	毛奇龄	756
朱竹垞家书之一	朱彝尊	757
承德郎日讲官起居注右春坊右中允兼翰林院编修严君墓志铭	朱彝尊	757
《朱竹垞先生年谱》纪朱彝尊应征事	杨 谦	758
《李因笃年谱》纪博学鸿儒科事		759
《稼书先生年谱》纪陆陇其应征事	陆宸微 李 铉	760
《傅青主年谱》纪傅山应征事	丁宝铨	761
《悔庵年谱》自纪应征事	尤 侗	762
《愚山先生年谱》纪施闰章应征事	施念曾	764
故明中宪大夫太常寺少卿兵科给事中来君（集之）墓碑铭	毛奇龄	765
吴征君德配傅孺人墓志铭	毛奇龄	765

文华殿大学士太子太傅兼刑部尚书易斋冯公（溥）年谱	毛奇龄	766
万文贞先生传	全祖望	766
吏牍钞存	戴璐	766
李二曲隐居读书	徐珂	769
应潜斋却征	徐珂	770
彭羡门为康熙制科第一	徐珂	770
康熙制科有佳山堂六子	徐珂	771
杜傅得制科美授	徐珂	771
魏文毅羡康熙制科	徐珂	771
姜西溟不获举制科	徐珂	771
预各项特科之难	徐珂	771
圣祖诏开博学宏儒科	徐珂	772
圣祖优礼宏博举子	徐珂	772
康熙朝试宏博之宽	徐珂	773
丙辰词科四布衣	杭世骏	773
秦松龄因逋粮案拔官	小横香室主	774
《鹤征后录》杂缀	李富孙	774
《沈归愚自订年谱》纪应征事	沈德潜	776
刘纶应鸿词科	汤纬堂	777
祖孙同应制科	徐珂	777
刘海峰制科不第	徐珂	777
刘文定为乾隆制科首选	徐珂	777
胡天游试制科不第	徐珂	778
厉樊榭试制科不第	徐珂	778
汪后来以武人被荐制科	徐珂	778
高宗优礼宏博举子	徐珂	778
乾隆制科给银两	徐珂	779
乾隆制科试五题	徐珂	779
陈兆仑三次通籍	徐珂	779
世宗诏举孝廉方正	徐珂	780
论设特科为国家自强之本	阙名	780
恭读四月十七日上谕谨注	阙名	781
恭读正月初六日上谕再谨注	阙名	782
论再开经济特科事	阙名	783
论经济		784
条陈特科	阙名	785

详记考试特科事	阙　名	785
《大公报》记特科事	阙　名	786
特科纪事	吕佩芬	795
《陈石遗先生年谱》纪特科事	陈声暨等	797
《朱征君年谱》纪特科事	周　云	798
《三水梁燕孙先生年谱》纪特科事	凤冈及门弟子	799
《冒鹤亭先生年谱》纪特科事	冒苏怀	800
《严修日记》纪特科事	严　修	800
《荣庆日记》纪特科事	荣　庆	803
德宗御书经济特科题	徐　珂	803
张文襄阅经济特科卷	徐　珂	803
王文勤恶经济特科	徐　珂	804
周树模劾经济特科	徐　珂	804
宋恕未应经济特科	徐　珂	804
停经济特科	徐　珂	804
复经济特科	徐　珂	804
德宗诏开经济特科	徐　珂	805
经济特科覆试题	徐　珂	805
词科	张廷玉	805
纪制科特举	王庆云	811
词科摭言	全祖望	812
词科缘起	全祖望	813
博学鸿词科	吴振棫	814
博学鸿词科考	沈德潜	815
特科得人之盛	小横香室主人	816
制科	柯劭忞	817
特科	徐　珂	819
各项特科之得人	徐　珂	819
大科词科	徐　珂	819

附编：两汉魏晋南北朝卷

西汉 ……… 823

求贤诏	汉高祖	823
举贤良方正能直言极谏者诏	汉文帝	823
至言	贾　山	823

举贤良方正能直言极谏者诏	汉文帝	826
汉文帝十五年九月"贤良"科制策		826
策问	汉文帝	826
对策	晁 错	826
举贤良方正直言极谏者诏	汉武帝	829
东方朔自荐贤良方正	班 固	829
举贤良诏	汉武帝	829
元光元年五月"贤良"科制策		830
第一策策问	汉武帝	830
对策	董仲舒	830
第二策策问	汉武帝	832
对策	董仲舒	833
第三策策问	汉武帝	834
对策	董仲舒	834
元光五年五月"贤良文学"科制策		837
策问	汉武帝	837
对策	公孙弘	837
察茂材异等诏	汉武帝	838
举贤良诏	汉昭帝	838
举贤良文学诏	汉昭帝	838
令有司问郡国所举贤良文学诏	汉昭帝	839
举文学诏	汉宣帝	839
地震诏	汉宣帝	839
赐鳏寡举贤良诏	汉宣帝	839
贤良进言诏	汉宣帝	840
举孝悌等诏	汉宣帝	840
博举吏民诏	汉宣帝	840
赦天下诏	汉元帝	840
日食举茂材贤良诏	汉元帝	841
求直言诏	汉元帝	841
举贤良方正诏	汉成帝	841
举贤良方正诏	汉成帝	841
贤良方正制策		842
对策	谷 永	842
对策	杜 钦	843
河平四年白虎殿"贤良"科制策		844

策问	汉成帝	844
对策	杜　钦	844
令举可充博士者诏	汉成帝	844
令举敦厚有行义能直言诏	汉成帝	845
日蚀赦天下诏	汉哀帝	845
对策	杜　邺	845
元始元年贤良对策	申屠刚	846
西汉举贤良文学	马端临	847
西汉贤良方正登科		847
汉文帝十五年		847
武帝建元元年		848
武帝元光元年		848
成帝建始三年		848
哀帝元寿元年正月		849
平帝元始元年		849

东汉　　　　　　　　　　　　　　　　852

因日食下诏	光武帝	852
举贤良方正诏	光武帝	852
四科取士诏	光武帝	852
日食求言诏	汉明帝	852
日食诏	汉明帝	853
地震举贤良方正诏	汉章帝	853
日食举直言极谏诏	汉章帝	853
求贤诏	汉章帝	853
选举诏	汉和帝	854
举贤良诏	汉和帝	854
永元六年"贤良方正"科制策	养　奋	854
因日食举士诏	汉安帝	855
举明习阴阳灾异者	汉安帝	855
永初三年"贤良方正"科制策	鲁　丕	855
举有道术达于政化之士诏	汉安帝	856
举敦厚质直者诏	汉安帝	856
举有道之士诏	汉安帝	856
举贤良方正能直言极谏诏	汉顺帝	856
举敦朴士对策	李　固	856

37

地震求直言诏	汉顺帝	857
对策	李 固	857
举贤良方正、能探赜索隐者诏	汉顺帝	858
举贤良方正对策	皇甫规	858
严选举诏	汉桓帝	859
因地震举贤良方正诏	汉桓帝	859
举贤良方正诏	汉桓帝	859
因地震举贤良方正诏	汉桓帝	859
举贤良方正诏	汉桓帝	860
日蚀举贤良方正对策	刘 淑	860
举贤良方正上书陈事	刘 瑜	860
延熹九年举至孝对策	荀 淑	861
阳嘉二年举敦朴对策	马 融	862
永康元年举贤良方正对诏	皇甫规	863
东汉举贤良文学	马端临	863
章帝建初元年		863
和帝永元六年		864
和帝永元九年		864
桓帝永兴二年		864
桓帝延熹八年		864
桓帝延熹九年		864
桓帝永康元年		865

三国 ······ 867

求贤令	魏武帝	867
求贤令	魏武帝	867
卫尉官各举所知诏	魏武帝	867
取士不必限年诏	魏文帝	867
举天下儁德茂才诏	魏文帝	868
公卿近臣举良将	魏明帝	868
公卿举贤良诏	魏明帝	868
公卿举贤良笃行之士诏	魏明帝	868

两晋 ······ 869

举贤良方正直言之士诏	晋武帝	869
诏诸贤良方正直言会东堂	晋武帝	869

东堂策问贤良方正直言夏侯湛等十七人	晋武帝	869
对策	挚 虞	869
策问贤良郤诜	晋武帝	870
对策	郤 诜	870
策问贤良阮种等	晋武帝	872
对策	阮 种	872
武帝庭诏	晋武帝	873
对策	阮 种	874
举贤良直言之士诏	晋成帝	874
举贺循为贤良、杜夷为方正疏	王 敦	874
举贤	傅 玄	874
奏霍原应举寒素	李 重	875
录吴名臣后诏	晋明帝	876
举贤良直言之士诏	晋成帝	876
举贤良诏	晋成帝	876
诏百官	简文帝	876
两晋贤良登科录		877
泰始四年		877
泰始七年		877

梁朝 879

| 南郊诏 | 梁武帝 | 879 |
| 举贤良方正直言之士诏 | 梁武帝 | 879 |

北魏 880

举人诏	魏太宗	880
征卢玄崔绰等诏	魏武帝	880
禁州郡逼遣贤良诏	魏武帝	880
举才堪专对者诏	魏献帝	880
举力田孝悌等人诏	魏献帝	881
举孝悌廉义文武应求者诏	魏献帝	881
举孝悌廉义文武应求者诏	魏献帝	881
举孝悌廉义文武应求者诏	魏献帝	881
久旱得雨诏	魏献帝	881
令一品至五品各举所知诏	魏明帝	882
求德行文艺政事强直者诏	魏庄帝	882

北周 …… 883

二十四军举贤良诏 …… 周武帝 883
三公以下各举所知 …… 周武帝 883
公卿以下各举所知诏 …… 周武帝 883
令六府各举贤良清正之人诏 …… 周武帝 883
诏诸畿郡各举贤良 …… 周武帝 883
令山东诸州各举人诏 …… 周武帝 883
举人诏 …… 周静帝 884

北齐 …… 885

举贤良诏 …… 文襄帝 885
搜访贤良诏 …… 孝昭帝 885
大使巡行天下诏 …… 武成帝 885

征引书目 …… 886
附录：20世纪以来制举研究论著、论文索引 …… 893

前　言

　　制举，属科举取士科目之一，通常是由天子制诏并亲试举人，用以擢拔特殊人才，又称特科、制科、大科、贤良科等。① 因制举由天子主持，待遇优渥，名臣硕彦，多出此选，故自唐以来即颇得士人重视，古代载籍亦留存了丰富的相关史料。整理和研究这些史料，不仅有助于人们深入系统地考察制举之沿革，而且对推动古代政治、经济、文化等领域的研究也将起到积极的作用。

一

　　"制举"一词，其源甚远。《管子》中云："'怀绳与准钩，多备规轴，减溜大成，是唯时德之节'。夫绳扶拨以为正，准坏险以为平，钩入枉而出直，此言圣君贤相之制举也。"唐房玄龄注曰："言制以举贤之法，用钩也。"② 可见，"制举"向来即与举贤任仁有关。然此处之"制举"仍属泛称，与后世作为科举科目之一的"制举"意义不尽相同。最早述及科举之制举者，是唐杜佑的《通典》：

　　　　其制诏举人，不有常科，皆标其目而搜扬之。试之日，或在殿廷，天子亲临观之。试已，糊其名于中考之，文策高者特授以美官，其次与出身。③

又《新唐书·选举志》云：

　　　　所谓制举者，其来远矣。自汉以来，天子常称制诏道其所欲问而亲策之。唐兴，世崇儒学，虽其时君贤愚好恶不同，而乐善求贤之意未始少怠，故自京师外至州县，有司常选之士，以时而举。而天子又自诏四方德行、才能、文学之士，或高

---

① 彭大翼《山堂肆考》卷八十五《科第·制科》："汉、唐、宋取士之制有贤良方正、茂才异等六科，乃天子自诏以待非常之才，故曰制举，亦曰大科，通谓之贤良。"《四库全书》本。
② 房玄龄注《管子》卷四，《四库全书》本。
③ 杜佑《通典》卷十五《选举三·历代制下》，中华书局1984年版，第84页。

蹈幽隐与其不能自达者，下至军谋将略、翘关拔山、绝艺奇伎，莫不兼取。其为名目，随其人主临时所欲，而列为定科者，如贤良方正直言极谏、博通坟典达于教化、军谋宏远堪任将率、详明政术可以理人之类，其名最著。而天子巡狩、行幸、封禅太山梁父，往往会见行在。其所以待之之礼甚优，而宏材伟论非常之人亦时出于其间，不为无得也。①

据以上两段材料，"制举"至少应具备如下四个特征：其一，是科举制中不定期举行的一种取士方式，与进士、明经等常科相对，故又称"特科"；其二，由天子亲自制诏，以搜罗特殊人才，故又称"制科"；其三，制举亦具有一定的科目，常见的有贤良方正直言极谏、博通坟典达于教化诸科；其四，制举亦具备了相应的考试程序，由天子亲临之，并依据考生的成绩授予官职。这四个方面是制举区别于其他取士方式的主要特征，基本能概括出其本质内涵，② 因此后世对"制举"的解释，如马端临《文献通考》卷三十三《选举考六》、彭大翼《山堂肆考》卷八十五《制科》、顾炎武《日知录》卷十六《制科》，亦多祖述《通典》与《新唐书》中的说法。

然因制举非定期举行，较贡举更显随意，故在具体的实施过程中，历朝历代所试的方法和内容又不尽相同。例如，唐制举一般只需应考人自举和有司奏闻，即可在规定时间内赴京参加御试；而宋代制举除这些程序外，还需通过阁试，方能取得御试资格。再如，唐制举一般不定期举行，但宋仁宗年间，制举一度随进士科设之，每三年开科，几等同于常科。③ 制举所试文体以策论为主，亦偶试诗赋。据《旧唐书·杨绾传》载，制举试诗赋始于天宝十三载；④ 这一制度沿至北宋仁宗年间，其后则废，⑤ 清康熙己未博学鸿儒科则专试诗赋。元明以后，制举渐衰，独尊进士科，即便有临时之荐举，亦多

---

① 欧阳修《新唐书》卷四十四《志第三十四·选举志》，中华书局1975年版，第1169~1170页。
② 陈飞在分析这两段材料时认为，制举有八大要素，即"诏制求才"、"临时开科"、"随意设目"、"相对定科"、"典礼举人"、"殿廷考试"、"君主亲临"、"诏制录取"。请详参其《唐代试策考述》，中华书局2002年版，第224~226页。
③ 唐询《请罢制科奏》（庆历六年）："自陛下即位，增修六科，以来多士，今两省若少卿监以上各得奏举。又只用贤良、茂才二科，随进士科设之。"见徐松《宋会要辑稿》选举一〇，中华书局2006年版，第五册，第四四二四页。
④ 刘昫《旧唐书》卷一一九《列传第六十九·杨绾》："天宝十三年，玄宗御勤政楼，试博通坟典、洞晓玄经、辞藻宏丽、军谋出众等举人，命有司供食，既暮而罢。取辞藻宏丽外，别试诗、赋各一首。制举试诗、赋，自此始也。"中华书局1975年版，第3429页。
⑤ 叶梦得《石林燕语》卷八："富公（弼）以茂材异等登科，后召试馆职，以不习诗赋求免。仁宗特命试以策论，后遂为故事。制科不试诗赋，自富公始。至苏子瞻又去策，只试论三篇。熙宁初罢制举，其事皆废。"中华书局1984年版，第112页。

不需诏试,故人们又常以制举称进士科,实际已乖离了制举的本义。① 可见,无论从考试程序、所试文体还是制举词义本身来看,制举与古代其他典章制度一样,也经历一个不断发展、演变的过程。

制举所设科目,亦"随其人主临时所欲"而定,历朝历代也有很大变化。徐松据《旧唐书》、《唐会要》、《册府元龟》等书,认为唐代制举"设科之名无虑百数",② 宋代制举初置三科,继增六科,再益为十科,虽较唐为略,但亦皆随天子而定。故李日华说,制举科目"皆率意命名,非有别异,亦恐先有欲举之人而创名以网之耳"。③ 这些名目繁杂的科目,有的随时间推移,逐渐脱离了制举的范畴。这其中尤以"博学宏词科"与"拔萃科"最易混淆。《唐会要》卷七十六《贡举中·制举科》、《册府元龟》卷六四五《贡举部·科目》均记载:"大足元年理选使孟诜试拔萃科,崔翘、郑少微及第","(开元)十九年,博学宏词科郑昉、陶翰及第"。④ 但后来它们都逐渐演变为属吏部铨选中的特殊选。"拔萃科"又称"书判拔萃科","博学宏词科"又称"宏词"或"宏辞"。《新唐书·选举志下》云:"选未满而试文三篇,谓之宏辞;试判三条,谓之拔萃。中者即授官。"王勋成解释说,"选未满",是指守选年数还没有满者;而"守选"则是指及第举子"在家守候吏部的铨选期限"。⑤ 可见,宏词、拔萃两科每年都举行,与不定期举行、天子下诏的制举有本质之别。至宋代,宏词科、拔萃科基本沿袭了唐代的模式,《宋会要辑稿》一二之一曰:"真宗景德三年(1006),龙图阁待制陈彭年奏请条制贡部宏词科,采择经术,许流内选应宏词、拔萃科,明经人投状自荐,策试经义,以劝学者。"祝尚书认为,"此当是措置吏部科目选"⑥。又,宋仁宗天圣七年曾颁有《复制举六科增高蹈丘园等三科并置书判拔萃科及试武举诏》,是将制举六科与拔萃科、武举并置,显见拔萃科确不属制科。但《宋史·选举志》却将它们杂叙于制举一节,遂使后世文献"一误再误,致一代典制,真相不明"。⑦ 如清人沈廷芳《隐拙斋文钞》云:"顾唐时制举,其名随时更易,所谓博学鸿词者,开元中尝举之,与贤良方正直言极谏、博通坟典、词藻宏丽、才识兼茂诸目,俱称制科。"⑧ 沈氏所论本康熙己未

---

① 秦瀛《己未词科录》"纪事"案曰:"自元明专用进士一科,不用制科,即有荐举擢用,如贤良方正等,皆不经诏试。有荐举而无科目,因误以进士科为制科。"《续修四库全书》第537册,第118页。黄虞稷《千顷堂书目》卷三十二所列"制举类"书目,实际皆八股程文类书籍。可见在明清人看来,制举实际等同于进士科。

② 徐松《登科记考·凡例》,中华书局1984年版,第6页。

③ 李日华《六研斋笔记·二笔》卷四,《四库全书》第867册,第651页。

④ 王溥《唐会要》卷七十六《贡举中·制举科》,中华书局1955年版,第1387、1388页。

⑤ 王勋成《唐代铨选与文学》,中华书局2001年版,第273页。

⑥ 祝尚书《宋代科举与文学考论》之《宋代词科制度考论》,大象出版社2006年版,第159页。

⑦ 聂崇岐《宋代制举考略》,原载《史学年报》第二卷第五期,又见其《宋史丛考》,中华书局1980年版,第174页。

⑧ 沈廷芳《隐拙斋文钞》卷三十七,《四库全书存目补遗》第10册,第486~487页。

博学鸿词科，确属制举，然殊不知该科与唐宋属吏部试项的博学宏词科，大异其趣。《清史稿·选举志四》"制科荐擢"记载，康熙十七年、雍正十一年、乾隆元年曾三次诏举博学鸿儒。清代文献又称此三科为"博学鸿儒科"、"词科"、"博学弘辞科"等，名目甚为繁杂。① 这适足反映了制举科目沿革的复杂性。

　　制举"试之日，或在殿廷，天子亲临观之"。这与贡举中的殿试颇为相似，也很容易混淆。顾炎武《日知录》卷十六即云："今以殿试进士，亦谬谓之制科。"② 唐代有关殿试最早的记载，也是杜佑的《通典》，其云："武太后载初元年二月，策问贡人于洛城殿，数日方了。殿前试人自此始。"③ 关于此次殿前所试科目，究竟是常科还是制科，学者们亦有分歧。吴宗国、王勋成均认为，此次所试对象是应制举人，而不是进士、明经等贡士；因为"在唐代，只有制科才有资格举行殿试，其他任何科考试都无权在殿廷举行"。④但陈飞则认为，载初元年之前已有君主御殿临轩亲试的先例，杜佑之所以要作特别说明，恰恰是因为此科并非制举，而属常科。⑤ 关于这问题，我们认为关键在于对殿试理解。"殿试"作为科举制中的专用词，通常是指皇帝对会试合格者在殿廷上所举行的考试，始于宋初。《宋史·选举志》载，乾德六年，因翰林学士李昉知贡举徇私作弊，而宋太祖为尽革其弊而亲试之，"殿试遂为常制"。⑥ 因此，杜佑所说的"殿前试人"，其意义非后世所称之"殿试"，故亦不宜将制举等同于殿试。此外，殿试与制举也有明显之别，天子试贡士一定在宫殿，但据前引《新唐书·选举志》，亲试制举人可以在宫殿，亦可在巡行、封禅的行在。

　　由上所述，古代制举的沿革、流变，颇为复杂，很容易引起歧见。近来，陈飞不满于制举的传统释义，提出了"广义制举"概念，很值得注意。他认为，制举应"扩大到所有常科以外的与天子关系密切的举人活动"，既包括通常意义的"有明确诏制、科目、试制的制举"，还包括"一些习惯上不被视为制举的取士形式诸如'征举'、'荐举'"。⑦ "广义制举"的概念，是基于包括礼部、吏部、中书门下省等部门的"大科举"语境下而言的，这为我们考察古代除贡举之外的特殊选拔人才的方式，提供了一个全新的视角。因为从目前所存留的史料来看，很多疑似制举的个例，确实难以符合制举的四个基本特征。比如，《唐会要》卷七十六《制举科》和《册府元龟》卷六四五《贡举部·科目》所载有唐一代的制举，不少诏令、策论都已失考，今人不宜因此而否

---

① 参见张亚权《康熙博学鸿儒科研究》《正名第二——"博学鸿儒科"正名》，南京大学 2003 年博士学位论文。
② 顾炎武《日知录》卷十六，《四部丛刊》本。
③ 杜佑《通典》卷十五《选举三·历代制下》，第 83 页。按，据杜佑上下文的文意，似当言进士科。
④ 王勋成《唐代铨选与文学》，第 241 页。
⑤ 陈飞《唐代试策考述》，第 281 页。
⑥ 脱脱《宋史》卷一五五《选举一·科目上》，中华书局 1977 年版，第 3606 页。
⑦ 陈飞《唐代试策考述》，第 227~247 页。

定其制举的性质；而列于《唐大诏令集》卷一百二十、一百二十一《政事·荐举》中的诏令，很多实际都近似于制举。若采用"广义制举"概念，打破传统制举与荐举等选举方式的分野，很多问题则可得到更为合理的解释，从而为研究带来更多的便利。

不过"制举"概念的扩充，亦可能模糊其本身所具有的特性。例如，根据广义制举的概念，唐代的上书拜官一项也属制举，但实际上书拜官很多时候既不需应诏进献，更无需天子亲自策试，即可授官。虽封演有言："常举外，复有通五经、一史及进献文章以上著述之辈，或付本司，或付中书考试，亦同制举。"① 但此处的"亦同制举"，按我们的理解当指上书拜官的形式与制举差略相同，并不意味着上书拜官属于制举。我们认为，根据"广义的制举"，适当将一些荐举纳入到制举范畴，不仅是可行的也是必要的，这有助于考察制举的性质，但也不宜无限制的扩充。因为制举不仅是有别常科的一种取士方式，它更主要的特征在于天子的亲诏、亲试。据《唐会要》卷七十六载，元和十五年二月唐穆宗不欲亲试，而令中书门下、尚书省四品以上官员试制科举人，但吏部尚书赵宗儒奏曰："伏以制科所试，本在亲临，南省策试，亦非旧典。况今山陵日近，公务繁迫，待问之士，就试非多，臣商量且宜停罢。"② 这一故实颇能说明问题，赵宗儒认为制举不仅天子亲自下诏，还必须亲临策试，否则即宜停罢。③ 此外还需说明的是，既然制举是天子亲自主持的考试，则它还应与吏部铨选科目若博学宏词科、拔萃科等区别开来。

二

一般以为，制举起源于汉代。前引《新唐书·选举志》即说："所谓制举，其来远矣。汉以来，天子常称制诏道其所欲问而亲策之。"清人吴骞亦云："制科之兴，肇于汉贤良方正、文学异等诸科，而名目之繁，莫过于唐。"④

汉代的贤良方正诸科，滥觞于汉高祖十一年的"求贤令"，其后文帝十五年诏举贤良能直言极谏者，至汉武帝采纳董仲舒之议，于元光五年下令郡国举孝察廉，从此察举遂成为定制。⑤ "察举"又名"乡举里选"，乃州郡岁举孝廉、秀才。若遇有大事，天子思闻说论，以补时政阙失，故每下诏令举之，其科目略有"孝悌力田"、"贤良方正"、"直言极谏"、"文学"、"茂才"等，此皆为唐宋制举中的主要制目"贤良方正直言极谏"、"茂才异等"、"孝悌力田闻于乡闾"诸科所本。

汉代的贤良方正诸科，虽形式、科名与后世制举略似，但仍不宜将其视为制举。其

---

① 封演《封氏闻见记》，中华书局2005年版，第20页。
② 王溥《唐会要》卷七十六《贡举中·制举科》，第1394页。
③ 据王勋成所考，有唐一代，制举皇帝不亲试者惟三次，但皆因一些特殊情况，非属常制。请详参《唐代铨选与文学》，第240~241页。
④ 吴骞《〈己未词科录〉序》，见秦瀛《己未词科录》卷首，第109页。
⑤ 马端临《文献通考》卷二十八《选举考一·举士》，中华书局1986年版，第264页。

原因有二：其一，察举与制举仍有不小差异，唐以后的制举皆有淘汰、黜落，而汉代察举则只论高下，并无淘汰，一概录用。叶梦得《石林燕语》卷九曾指出："汉举贤良，文帝二年对策者百人，晁错为高第，武帝元光五年对策者亦百余人，公孙弘为第一，当时未有黜落法，对者皆预选，但有高下耳。至唐始对策一道，而有中否。"① 其二，目前学界关于科举起源的众说当中，以"源于隋，确立于唐"最为通行，而制举属科举制范畴，故不宜将汉代贤良方正诸科视为制举，而称其为制举草创期，似更为稳妥。清人沈廷芳《隐拙斋文钞》云："制举之行，仿于汉，而以名其科则仿于唐。"即比较准确。

制举正式成为科举科目，始于唐代。赵彦卫《云麓漫钞》卷六记载，永徽三年（652）即有制科及第者;② 徐松《登科记》中认为，制举始于唐高祖武德五年（622），③ 赵文润则认为，唐制举最早有明文记载的是唐高宗显庆三年（685）二月所设的志烈秋霜科;④ 而陈飞基于"广义制举"的概念，将唐代制举上溯至大业十三年（617）。此盖因对制举概念理解之异而产生的歧见。关于这一问题，因文献阙失，确难判断，傅璇琮的说法显得很灵活："唐代初期高祖、太宗两朝，制举科是从沿袭传统到衍变为有唐设科取士的发展时期，到高宗初，就与进士、明经科一样，成为科举的一部分，而'列为定科'。"⑤

唐代是制举兴盛的时期，《唐会要》记载了显庆三年至大中元年53次制诏举人，《册府元龟》则记载了显庆元年至宝历元年70余次制诏以遴选非常之才。唐代制举科目亦很繁多，《玉海》卷一一五《选举》记载了59科，高似孙《纬略》卷三《唐科》及《唐科名记》辑录了63科，《困学纪闻》卷十四《考史》记有68科，南宋人赵彦卫《云麓漫钞》卷六则记有108科，⑥ 从这些数字不难看出有唐一代制举之兴盛。

唐代制举不惟科目繁多，且地位颇为尊崇，四方之士无不奔走相竞。《通典》记载道："开元以后，四海宴清，士无贤不肖，耻不以文章达，其应诏而举者，多则二千人，少犹不减千人，所收百才有一。"⑦ 历朝天子也都殷勤顾问，颇重视此科。《唐语林》卷三载，唐德宗"试制科于宣德殿。……其称旨者，必吟诵嗟叹；翊日，遍示宰相学士，曰：'此皆朕之门生。'"⑧ 天子不仅试前亲自赐食应制举人，且对中高第者更是赏赐有加，授予美官。大历中，韩昆中制科第三等敕头，唐代宗颇异之，"诏下

---

① 叶梦得《石林燕语》卷九，中华书局1984年版，第133页。
② 赵彦卫撰，傅根清校《云麓漫钞》卷五，中华书局1998年版，第99页。
③ 徐松《登科记考》，第4页。
④ 赵文润《略论唐代的制举与殿试》，载《唐都学刊》1997年第1期。
⑤ 傅璇琮《唐代科举与文学》，陕西人民出版社2003年版，第136~137页。
⑥ 参见傅璇琮《唐代科举与文学》，第139页。
⑦ 杜佑《通典》卷十五《选举三·历代制下》，第84页。
⑧ 王谠撰，周勋初校《唐语林校证》卷三，中华书局1997年版，第277页。

日，坐以采舆翠笼，命近臣持采杖鞭，厚锡缯帛，以示殊泽"。① 又范摅《云溪友议》载："元公德秀，明经，制策入仕。其一篇《自述》云：'延英对引绿衣郎，红砚宣毫各别床。天子下帘亲自问，宫人手里裹茶汤。'是时贵族竞应制科，用为男子荣进，莫若兹乎。"②

唐代制举，最为得人。王应麟《困学纪闻》卷十四云："唐制举之名多至八十有六，凡七十六科，至宰相者七十二人。本朝制科四十人，至宰相者，富弼一人而已；中兴复制科，止得李垕一人。"③ 唐代制举不仅得人殊多，且能补常科之阙，故常称为"高科"。贞元元年，穆质应贤良方正直言极谏科，在对策中亦云："国家取贤之道，其礼部、吏部失之远矣，则制策之科，最为高科。"④ 清人程晋芳更云："盖有唐三百年中，风气浇漓，不逮汉晋远甚。其未得科第，则干渎而不耻；既得之，则矜诩而不休。至于谤訾主司，讥斥同辈，相习为故。然幸而制科频举，不专用此途，故能尽人之才。不然，唐之为唐，未可知也。……由宋至明，考核之法益密，而制科益希，又莫若唐矣。"⑤ 此言虽过，但不难看出制举对唐代社会发展所产生的重要影响。

五代时期，科举沿袭唐制，"洎梁氏以降，皆奉而行之，纵或小有厘革，亦不出其轨辙"。但五代战争频仍，虽科举年年不废，但应试者寥寥，制举则尤少。《旧五代史》载：周世宗显德四年八月，兵部尚书张昭上疏，请仿唐朝故事，置制举以罩英才。十月，遂颁诏设三科取士，分别是贤良方正能直言极谏科、经学优深可为师法科、详闲吏理达于教化科。⑥ 然此科之设，"惟抵周之亡，迄无一人应诏"。⑦

宋代的制举，据《宋史·选举二》说："制举无常科，所以待天下之才杰，天子每亲策之。然宋之得才，多由进士，而以是科应诏者少。"⑧ 宋代制举，程序较唐代更为复杂，考生不仅需投牒自荐，还需经过阁部六试，方可参加御试，难度甚高，故应考者不多。例如，"景祐四年诏举贤良方正之士，至者数十人。明年，有司试其艺，独二人应科"。⑨ 宋代制科分五等，"二等皆虚，惟以下三等取人。然中选者亦皆第四等，独吴正肃公尝入第三等，后未有继者。至嘉祐中苏子瞻、子由乃始皆入第三等。已而子由以言太直，为考官胡武平所驳，欲黜落，复降为第四等。设科以来，止吴正肃与子瞻入

---

① 钱易撰，万寿成校《南部新书》（甲），中华书局2002年版，第1页。
② 范摅《云溪友议》卷下，《四库全书》第1035册，第610页。
③ 王应麟《困学纪闻》卷十四，《四库全书》第854册，第412页。
④ 穆质《贞元元年贤良方正直言极谏科对策》，见《文苑英华》卷四八六，中华书局1966年版，第2480页。
⑤ 程晋芳《勉行堂文集》卷二《〈唐摭言〉后序》，《续修四库全书》第1433册，第315页。
⑥ 薛居正《旧五代史》卷一一七《周书第八·世宗四》，中华书局1976年版，第1561~1562页。
⑦ 聂崇岐《宋代制科考略》，第172页。
⑧ 脱脱《宋史》卷一五六《选举二》，第3645页。
⑨ 刘敞《公是集》卷四十一《不举贤良为非议（并序）》，《四库全书》第1095册，第758页。

第三等而已"。① 宋代制举登高第者，亦寥寥无几，故宋人亦不如唐人重视此科，"谓制举之法反密于科举，徒立法以困天下，泛然能记诵者，豪杰不屑也。故哲宗以为今进士策有过此者，而制科再废，其幸而取者，往往不迨科举之俊，且其为急官爵计耳"。② 总之，由于考题刁钻古怪、取人太窄和过多地卷入党争等原因，"时置时罢，几经周折，很不稳定"，总体上没有超过唐代的制举。③

与两宋长年对峙的北方辽、金二朝，典章制度多因袭宋代，亦分科取士，制举也时而行之。若咸雍六年五月设贤良科，应是科者令先以所业十万言进；咸雍十年六月、乾统二年又两策贤良。金朝则从金章宗明昌元年始，设有贤良方正能直言极谏、博学宏材达于从政二科，程序亦仿于宋。御试之前，"先投所业策论三十道于学士院，视其词理优者，委官以群经子史内出题，一日试论三道，如可，则廷试策一道，不拘常务，取其无不通贯者，优等迁擢之"。④ 不过，辽、金制举，无论从规模还是影响看，又不如两宋。

元明两代，独尊进士科，制举之典几乎废止⑤。至清康熙十七年，圣祖为统纳人才，开博学鸿儒科，前后近二百人参试，录取者达到50余人，得人极盛，若李因笃、朱彝尊、潘耒、严绳孙等皆以布衣入选，堪称一代抡才大典。继之雍正十一年、乾隆元年复诏举博学鸿儒之士，然成效远不如己未科，徒为承平盛世鼓吹而已。至清末光绪年间，内外交困，贵州学政严修首倡经济特科，以擢拔非常人才，但因遭到顽固派的阻扰，虎头蛇尾，很快淹没于革命的号角声中。有清一代，除此四科之外，康熙、乾隆数次南巡江浙、山东期间，诏试诸生，得人亦不少。⑥

总之，制举渊源于汉代的察举制，至唐初始形成了较为成熟的选士制度，并蔚为大观；两宋之后，承唐之余绪，仍有所发展，但总体上都没有超过唐代，惟有康熙己未博学鸿儒科盛况空前，是制举发展史上的"回光返照"。清人吴骞《〈己未词科录〉序》中说：

> 制科之兴，肇于汉贤良方正、文学异等诸科，而名目之繁，莫过于唐。以《新》、《旧》史及《太平御览》、《文献通考》等考之，不下七十余目，若《云麓漫钞》所列则多至一百有余。中惟开元十九年博学鸿词科，号为得人。迨乎宋代，

---

① 叶梦得《石林燕语》卷二，中华书局1984年版，第26页。
② 黄震《黄氏日抄》卷六十八《读文集十·叶水心文集》，《四库全书》第708册，第664页。
③ 参见祝尚书《宋代科举与文学考论》，第151～157页。
④ 脱脱《金史·志第三十二·选举一》，中华书局1975年版，第1150页。
⑤ 明洪武永乐年间，曾数次下诏征举贤良隐逸之士，但所得人才甚少，影响不大。《明史》卷七十一云："自后科举日重，荐举日益轻。能文之士率由场屋进以为荣，有司虽数奉求贤之诏，而人才既衰，第应故事而已。"
⑥ 小横香室主人编《清朝野史大观》第二册《清朝史料》卷三，上海书店1981年影印本，第133页。

虽间亦用制科、鸿词等取士，大要与科举无大相远，且名分五等，而所取惟列下三等，上一、二等仍虚其位，故士亦不甚以为重。元明以来，此科遂废。……圣祖仁皇帝以康熙己未年，特开博学鸿词科，以收罗天下贤隽。奇才异能之士，虽布衣韦带，岩穴幽隐，莫不征求辟荐。……盖自设科取士，立贤无方，风云际会之盛，从古罕观。①

至清末，随着封建体制的土崩瓦解，科举制走完了一千三百余年的历史进程，徐徐落下帷幕，制举亦退出了历史舞台。

三

科举制广泛地渗透到古代的政治、经济、文化、思想等领域，对中国古代社会的发展产生了深远影响。近年不少学者正大力倡导建立一门新学问——科举学，目的就是想通过对科举制系统而深入的研究以了解传统文化。作为科举取士的重要科目之一，制举亦属科举学的重要分支，对它进行全面的研究，不仅可以使我们系统地了解历朝历代选拔人才的状况，同时亦可将古代政治史、思想史、文学史、士人心态史的研究引向深入。

历朝制举的开设和科目的设定，表面上是"随其人主临时所欲"，但实际上与当时的国势紧密相关。北宋庆历六年，唐询上书请罢制科，列举了大量事实，指出汉唐制举"虽用其科，而不常置。若天见灾异，政有阙失，则诏有位使荐之于朝，冀闻谠言，亡有所讳"。② 此说虽遭到吴育等人的反对，但唐询所言确属事实。再如，北宋边警急促，与金兵作战，屡不得力，急需智谋之士以挽颓势，故真宗景德二年所设制科六科中，即有武足安边、洞明韬略运筹决胜、军谋宏远材任边寄三科，而历次策问中亦几乎皆涉及边境问题，由此显示出朝廷忧虑所在。再如，康熙十八年己未博学鸿儒科，康熙在制诏中虽声称是"思得博学之士，用资典学"，但从所荐士人看，已仕清者仅占18%，余皆未释褐之人，③ 其中更不乏像傅山、李颙、魏禧、顾炎武、黄宗羲等著名遗民，因此孟森曾精辟地指出，己未博学鸿儒科实"为消弭士人鼎革后避世之心"，"清一代之科目，与国运相关者，莫如制科"。④

制科有时还清晰地反映了朝野政治力量的消长。唐宪宗元和三年，皇甫湜应贤良方正直言极谏科，在对策中揭露宦官当权、朝纲腐败、土地危机等问题，言辞尤为峻烈，

---

① 见秦瀛《己未词科录》卷首，《续修四库全书》第537册，第109～110页。
② 唐询《请罢制科奏》，《宋会要辑稿》选举一〇，第四四二五页。
③ 参见孔定芳《论康熙"博学鸿儒科"之旨在笼络明遗民》，《唐都学刊》2006年第3期。
④ 孟森《己未词科录外录》，见其《明清史论著集刊》，中华书局2006年版，第488页。

史书多认为攻击的对象即李德裕的父亲、时相李吉甫,这直接导致了后来的"牛李党争"。① 唐文宗大和二年,刘蕡应贤良方正直言极谏科,对策中言"阍寺持废立之权","四凶在朝,虽强必诛"。时论以为其所对策"汉魏以来,无与为比",考官冯宿、贾悚、庞严皆叹服,但慑于宦官专横,不敢录用。再如,北宋嘉祐六年,苏轼应贤良方正直言极谏科,制策言辞峻直,然王安石却说:"全类战国文章,若安石为考官,必黜之。"② 熙宁三年,孔文仲应贤良方正直言极谏科,本拟定第三等,但在对策中极言新党推行的青苗、免役诸法之弊,王安石"见而恶之,密启于上,以御批点之,遂下诏发还本任"。③ 兹事在当时引起极大争议,韩维、范镇等人皆力争之。后来哲宗策士,"因语近臣曰:'进士试策,文理有过于制科者。'大臣皆熙宁党,遂力主罢制科议"。④ 元祐间,旧党得势,复制科,绍圣初再罢,绍兴初再置,此皆与宋代新、旧党势力之消长密切相关。

既然制举与时政有着如此紧密之关系,故通过对某次制举开科的深入研究,实际亦可反观当时的政治形势与社会状况。

制举策试中,天子所访多为"皇王之要道,邦家之大务",⑤ 且策题中常有类如"毕志直书,无有所隐"、"悉意以陈,无挠执事"云云,故耿亮率直之士常利用这一难得的机会,在对策中不避权贵,大胆针砭时弊,提出改革政治的主张,并影响一时之风气。例如,武则天垂拱四年词林文苑科,张说即公开抨击酷吏"以刻为明,以苛为察,以剥下为利,以附上为诚",提出了"刑在必澄,不在必惨,政在必信,不在必苛"⑥ 的名言。《大唐新语》载:"则天初革命,大搜遗逸,四方之士应制者向万人。则天御洛阳城南门,亲自临试。张说对策为天下第一。则天以近古以来未有甲科,乃屈为第二等。其警句曰:'昔三监玩常,有司既纠之以猛;今四罪咸服,陛下宜济之以宽。'拜太子校书。仍令写策本于尚书省,颁示朝集及蕃客等,以光大国得贤之美。"⑦ 再如,唐文宗大和二年直言极谏科,刘蕡的对策更是"言论激切,士林感动",被广为传抄,"守道正人传读其文,至有相对垂泣者"。⑧

制举考试有时对文学风尚也会产生重要的影响。《旧唐书》认为元稹、刘蕡的对策

---

① 傅璇琮《唐代科举与文学》与《李德裕年谱》中认为,通过对皇甫湜对策的深入分析,"牛李党争"并非始于这次制科策试。另,岑仲勉、罗联添亦有相同的结论,可参看。
② 邵博《闻见后录》卷十四,《四库全书》第1039册,第283页。
③ 曾敏行《独醒杂志》卷四,《四库全书》第1039册,第545页。
④ 叶绍翁撰,沈锡麟、冯惠民点校《四朝闻见录》甲集,中华书局1997年版,第18页。
⑤ 吴育《上仁宗论制科之设不专因灾异宜随科举下诏》,见《宋会要辑稿》选举一〇,第四四二五页。
⑥ 见《文苑英华》卷四七七,第2434~2436页。
⑦ 刘肃撰,许德楠、李鼎霞校《大唐新语》卷八《文章第十八》,中华书局1997年版,第127页。
⑧ 《旧唐书》卷一九〇下《刘蕡传》,第5077页。

堪与王维、杜甫的诗歌相提并论，是唐代文苑的代表作。① 《旧唐书·白居易传》称："观元之制策，白之奏议，极文章之壶奥，尽治乱之根荄。非徒谣颂之片言，盘盂之小说。……赞曰：文章新体，建安、永明。沈、谢既往，元、白挺生。但留金石，长有菁英。不习孙、吴，焉知用兵。"② 可见，元白的制策、奏议等对当时的散文风气产生了重要的影响。诗赋一项，在制举中的地位不如策论，但并不意味制举与诗文创作关系不甚密切。事实上，围绕制举为中心，文人们留下了大量的诗赋作品，而且在某些特定的时候，对诗文风气产生重要的影响。比如，康熙己未"博学鸿儒科"开科之后，很多遗民、布衣如朱彝尊、严绳孙、潘耒等一变为朝廷词臣，这使得当时的诗坛创作力量的消长发生了很大的变化，即遗民诗群的消退与新朝诗人的成长，由此而形成了一个规模可观的博学鸿儒诗人群，这些诗人聚集于京师，彼此唱和，互相切磋，使清初的诗风发生了一个重要转向，创作主题：从故国悲歌转向盛世赓歌；诗歌风格：从抗激之音转向庙堂雅音。因此研究康熙己未博学鸿儒科，将有助于人们更加深入地认识清初诗坛、学术的走向。

尽管制举与科举制中的其他选士方式，都业已退出了历史舞台，成为了历史陈迹，但深入探讨它的内在特质和运作规律，有利于建立起更为完善、科学的当代教育考试制度。与常科相比，制举不拘一格，立贤无方，无论草泽之士还是名儒硕彦，多预其选，故是科得人最多。例如，北宋嘉祐六年苏轼、苏辙应贤良方正直言极谏科，试期本为八月中，但苏辙不幸染病，韩琦即上书云："今岁制科之士，惟苏轼、苏辙最有声望，今闻辙偶病，未可试，如此人兄弟中，一人不得就试，甚非众望，须展限以待之。"仁宗看到奏章后，竟同意破例延期二十天，自此宋代制科即由八月中旬推迟到九月。③ 这种不拘一格、立贤无方的选材模式，至今仍有不少可资借鉴之处。例如，推行了近三十余年的高考模式日趋僵化，不少有识之士都呼吁必须进行改革，其中上海一些重点高校开始实行面试录取，根据考生的德行、学业综合成绩，单独实行专家面试，择优录取，从而突破了惟分数至上的通常的高考模式。此种做法与古代的制科殊为相似。从这个例子，我们可以看出，认真研究古代制科流变，探讨制科考试规律，对当前的各级考试的改革仍有重要的借鉴意义。

自20世纪上半叶以来，即有不少学者对古代制举展开了相关的研究，像20世纪20年代孟森撰有《己未词科录外录》，其后聂崇歧撰有《宋代制科考略》一文，都堪称这方面的代表作。然而，囿于人们对科举制总体认识的偏差，这方面的成果仍凤毛麟角。80年代后，在新的学术意识的推动下，历朝历代的制举及相关的问题，逐渐被学者们所重视。傅璇琮《唐代科举与文学》、吴宗国《唐代科举制度研究》、王勋成《唐

---

① 《旧唐书·文苑传序》言："元稹、刘蕡之对策，王维、杜甫之雕虫，并非肄业使然，自是天机秀绝，若隋珠色泽，无假淬磨，孔玑翠羽，自成华彩，置之文苑，实焕缃图。"第4982页。
② 《旧唐书》卷一六六《白居易传》，第4360页。
③ 潘永因撰，刘卓英点校《宋稗类钞》卷一，书目文献出版社1985年版，第77~78页。

代铨选与文学》、陈飞《唐代试策考述》、龚延明《中国古代职官科举研究》、祝尚书《宋代科举与文学考论》等著述，对唐宋制举进行了较为深入的研究。但也无可讳言，这些研究与丰富的制举史料相比，仍显不够，诸如宏观梳理古代制举演变，考察制举与政治、经济、文化等方面的关系等问题，还没有得到系统而深入的展开，因此，有关古代制举的研究仍是一个颇具前景、意义重大的课题。

四

为了更进一步推动研究的深入，我们觉得有必要对历代制举史料进行系统的清理。所谓历代制举史料，是指载籍中留存下来的与制举相关的诏令、奏议、制策、处分敕、登科记、轶闻、艺文以及应制举人的碑传等。作为古代的重要取士方式之一，制举渗透到社会的方方面面，浩如烟海的史书、政书、类书、笔记、别集、总集、诗话、词话、地方志等文献中均散存有大量的制举史料。

考诸历代书目史志，专门记载制举文献之典籍不可谓不多。《新唐书·艺文志四》注录《元和制策》三卷；专收元和元年元稹、白居易、独孤郁等应"才识兼茂明于体用科"对策。赵希弁《郡斋读书后志》卷一注录《唐制举科目图》，云："不题撰人，凡七十六科，仕至宰相者七十二人，唯刘蕡名最高而官最不达。"① 是书当专录制举科第，不涉他科，惜撰者不详。据《宋史》卷二百三《艺文志二》："蔡元翰《唐制举科目图》一卷。"② 宋祁《景文集》卷七有《送蔡元翰贤良昆仲》诗，或即此人，为宋初人。又，《文献通考》卷一九八"《唐制举科目图》一卷"条引巽岩李氏曰："宝元间蔡元翰编集。某家有《制科登第录》一卷，不著撰人氏字，只用年代次序登第者姓名，或不暇遍举，且自敬宗以后阙不复录。而元翰所记科目，以类相从，姓名具列，又间出其更历始终，比某家本为优。然而尚多脱遗，如天授中，祝钦明中英才杰出、业奥大经科，而此无之。盖元翰独据《旧唐书》，故所见有不尽博采别条，乃可备一家言耳。"③ 蔡元翰所撰当系补续无名氏《制科登第录》而成，而《制科登第录》则可能为唐人之撰述。唐宋制科专书，因年代久远，多已亡佚。较之唐宋，仅数次开科之清代，反存留下了几部重要撰述。朱彝尊晚年思成《鹤征录》一书，欲厘略康熙己未博学鸿儒科征士之人品学问而诸天下后世，惜未竟而卒。然有意于此业者，尚有嘉兴李良年、其孙李集、富孙兄弟，数年掇拾，终成于嘉庆间。稍后，又有秦松龄之孙秦瀛成《己未词科录》，较《鹤征录》征引更富。乾隆丙辰科，应是科征士杭世骏据亲身所历，撰成《词科掌录》、《词科余话》，专载诏令、举目、征士生平、艺文、佳话，收罗颇富。李富孙亦仿《鹤征录》之例，缀辑遗闻轶事，并杂采诸家所著，汇而录之，成《鹤征后

---

① 赵希弁《郡斋读书后志》卷一，《四库全书》第674册，第387页。
② 脱脱《宋史》卷二〇三《艺文志二》，第5120页。
③ 马端临《文献通考》卷一九八，第1663页。

录》，与杭氏并行，尤具考校价值。清末经济特科，有是科第一名袁家谷之子袁丕元所撰《清代征士记》，是书不惟载经济特科征士名录、籍贯、举主，亦稽录己未、丙辰二科征士名目，可补《鹤征录》之阙遗。

另，古人众多的登科记亦常载及制举登科名录。如洪适《大宋登科记》，其序称："《国朝登科记》……吴兴学官有镂板，混然不分卷第，所纪但进士而已，制举辞科，顾泯没不传。……某始仿唐姚康所作《科第录》，凡以是进者，毕书之。"① 又陈振孙《直斋书录解题》卷七云："《大宋登科记》三十二卷。洪适编，始吴兴郡学有镂板，不分卷第，只述进士一科。适始仿姚康录制举、词科。……"② 据傅璇琮推考，姚康《科第录》亡佚于南宋中叶，但其中记载了制举史料当为事实。这样的史料，在宋代依然很多，郑樵《通志》中"科第"收录了二十三部一百十五卷，惜多已佚失。尤为值得一提的是，清人徐松《登科记考》，收录了有唐一代制举诏令、奏议、策问、对策等，博稽详列，条理秩然，其史料价值，已为文史学界所推重。

总之，制科史料向来缺乏必要之整理，除以上所述诸书，目前稍具系统性的制举文献很难及见。诚如梁启超所言："我国史界浩如烟海之资料，苟无法以整理之耶？则诚如一堆瓦砾，只觉其可厌。苟有法之整理之耶？则如在矿之金，采之不竭；学者任研治其一部分，皆可以名家；而其所贡献于世界者皆可以极大。"③ 我们希望通过整理历代制举史料这项工作，能对学者的研究有所助益。

---

① 洪适《盘洲文集》卷三十四《大宋登科记序》，《四库全书》第1158册，第476页。
② 陈振孙《直斋书录解题》卷七，《四库全书》第674册，第655页。
③ 梁启超《中国历史研究法》"自序"，河北教育出版社2002年版，第4页。

凡　　例

一、根据古代制举沿革的实际情况和对史料的普查，本编分《正编》、《附编》两大部分。《正编》又分三卷：隋唐五代卷、两宋卷和清代卷，收此时限内之制举史料。《附编》则收前科举时代与制举相仿之史料（若贤良、方正、直言等），始于西汉，迄于陈朝。

二、《正编》诸卷，原则上分七个细目（因隋唐五代的荐举史料甚少，故《隋唐五代卷》仅列六个细目），以统编材料：（1）诏令：包括由朝廷正式颁布的与制举相关的诏令。（2）奏议：收录官员所作有关制举之奏议。（3）荐举：包括举人的举状和应举人谢启、辞状等。（4）制策：收录历代制举的策问与答卷。（5）登科：收录历次制举登科名录。（6）艺文：收录与制科考试相关的唱和诗词、赠序、书信等文献。（7）杂录：包括各卷时限内有关制举的综合性评论、叙说，记载有关制举的遗闻、轶事。这七个细目中的史料，亦略以时间先后排次。若该卷某个细目材料阙失，则亦附之阙如，如唐代荐举材料甚少，则隋唐五代卷不设"荐举类"。而宋制举登科录，因无完整文献，故据史传、碑铭，仿徐松《登科记考》略予次之。

三、《附编》所录史料，因缺失较多，不宜再分细目，故仅以时间先后排列。"登科名录"，亦仿徐松《登科记考》之例，略以考证排列；登科时间难考者，则节录其传记材料，俟高明者考之。

四、所录史料时限，一般为民国以前。唐代制举登科名录，今人如岑仲勉、陈尚君、孟二冬等先生据新出土墓志、碑铭，在徐松《登科记考》的基础上，多有补益。今略据孟二冬《登科记考补正》，亦酌情收录。

五、制举专门书籍（如秦瀛《己未词科录》、杭世骏《词科掌录》）中之史料，根据本书所分细目，重新编排，且收录与制举相关之史料，否则不录。

六、同一则史料，若同时出现于别集、总集、类书中，一般以别集为主；若同出现于正史和野史中，则以正史为准。材料出处，均以小五仿宋体，标于该则史料之末尾；所具版本，尽量择取善本，若有今人整理本，则先行依之，且标明页码，以便读者核查。若遇有明显讹误，则径改之。

七、所录史料，若原无题名，编者将根据其内容，自拟标题，并在题后注明"（题拟）"，以宋体小五号行之。

八、所录史料，若有明确系年，则于题后以宋体小五号标明。

九、中国第一历史档案馆目前存有1903年经济特科考试卷104份，卷宗号12-15。因篇幅过长，仅选录21份。

十、清人李调元撰《淡墨录》已有辽宁教育出版社点校本，为节省篇幅，本书未收录此书中的材料。

十一、附录为《20世纪以来制举研究论著、论文索引》，以供研究者利用。

十二、制举史料关涉范围很广，凡政治、经济、史学、经学、文学、官制、天文、地理、音乐、术数等，几无不涉及。编者水平十分有限，错漏肯定不少，愿识者教之。

正编

第一部分：隋唐五代卷

诏令

举贤良诏 开皇二年正月

隋文帝

甲戌诏举贤良。《隋书》卷一《高祖纪上》，第16页；《册府元龟》卷六十七《帝王部·求贤》作"三年"。

二科举人诏 开皇十八年七月

隋文帝

丙午，诏京官五品以上，总管、刺史，以志行修谨、平清干济二科举人。《隋书》卷二《高祖纪下》，第43页；《册府元龟》卷六十七《帝王部·求贤》。

令内外官各举所知诏（题拟）仁寿二年七月

隋文帝

秋七月丙戌，诏内外官各举所知。《隋书》卷二《高祖纪下》，第47页；《册府元龟》卷六十七《帝王部·求贤》。

搜扬贤哲诏 仁寿三年七月

隋文帝

秋七月丁卯诏：日往月来，唯天所以运序；山镇川流，唯地所以宣气。运序则寒暑无差，宣气则云雨有作，故能成天地之大德，育万物而为功。况以一人君于四海，睹物欲运，独见致治，不藉群才，未之有也。是以唐尧钦明，命羲、和以居岳；虞舜敬德，升元、凯而作相。伊尹鼎俎之媵，为殷之阿衡；吕望鱼钓之夫，为周之尚父。此则鸣鹤在阴，其子必和。风云之从龙虎，贤哲之应圣明，君德不回，臣道以正，故能通天地之和，顺阴阳之序，岂不由元首而有股肱乎？

自王道衰，人风薄，居上莫能公道以御物，为下必踵私法以希时。上下相蒙，君臣义失，义失则政乖，政乖则人困。盖同德之风不嗣，离德之轨乃追，则任者不休，休者不任，众口铄金，戮辱之祸不测。是以行歌避代，辞位灌园，卷而可怀，黜而无愠，放逐江湖之上，沉赴河海之流，所以自洁而不悔者也。至于闾阎秀异之士，乡曲博雅之儒，言足以佐时，行足以厉俗，遗弃于草野，淹灭而无闻，岂胜道哉！所以览古而叹息者也。

方今区宇一家，烟火万里，百姓乂安，四夷宾服，岂是人功，实乃天意。朕惟夙夜祗惧，将所以上嗣明灵。是以小心厉己，日慎一日。以遗黎在念，忧兆庶未康，以庶政为怀，虑一物失所。虽求傅岩，莫见幽人，徒想崆峒，未闻至道。唯恐商歌于长夜，抱关于夷门，远迹犬羊之间，屈身僮仆之伍。其令州县搜扬贤哲，皆取明知今古，通识治乱，究政教之本，达礼乐之源。不限多少，不得不举。限以三旬，咸令进路，征召将送，必须以礼。（时苏夔为太子舍人，仁寿末，天下举达礼乐之源者，晋王时为雍州牧，举夔应之诏，诸州所举五十余人谒见高祖，望夔谓侍臣曰："唯此一人，称吾所举。"于是拜晋王友。）《隋书》卷二《高祖纪下》，第50～51页；《册府元龟》卷六十七《帝王部·求贤》；《文苑英华》卷四六二《诏敕四》。

十科举人诏 大业三年四月

隋炀帝

甲午，诏曰：天下之重，非独治所安，帝王之功，岂一士之略。自古明君哲后，立政经邦，何尝不选贤与能，收采幽滞。周称多士，汉号得人，常想前风，载怀钦伫。朕负扆凤兴，冕旒待旦，引领岩谷，置以周行，冀与群才，共康庶绩。而汇茅寂寞，投竿罕至，岂美璞韬采，未值良工，将介石在怀，确乎难拔？垂鉴则哲，怃然兴叹！凡厥在位，譬诸股肱，若济巨川，义同舟楫。岂得保兹宠禄，晦尔所知，优游卒岁，甚非谓也。祁大夫之举善，良史以为至公；臧文仲之蔽贤，尼父讥其窃位。欲求往古，非无褒贬，宜思进善，用匡寡薄。

夫孝悌有闻，人伦之本；德行敦厚，立身之基。或节义可称，或操履清洁，所以激贪励俗，有益风化。强毅正直，执宪不挠，学业优敏，文才美秀，并为廊庙之用，实乃瑚琏之资。才堪将略，则拔之以御侮；膂力骁壮，则任之以爪牙。爰及一艺可取，亦宜采录，众善毕举，与时无弃。以此求治，庶几非远。文武有职事者，五品以上，宜依令十科举人。有一于此，不必求备。朕当待以不次，随才升擢。其见任九品以上官者，不在举送之限。《隋书》卷三《炀帝纪上》，第67～68页；《册府元龟》卷六十七《帝王部·求贤一》。

京官及总管刺史举人诏 武德五年三月

唐高祖

唐高祖武德五年诏："择善任能，救民之要术；推贤进士，奉上之良规。自古哲王，弘风阐教，设官分职，唯才是与。然而岩穴幽居，草莱僻陋，被褐怀珠，无因自达。实资选众之举，固藉左右之容，义在搜扬，理宜精擢。是以贡士有适，爰致加锡之隆；无益于时，必贻贬黜之名。末叶浇伪，名实相乖，取非其人，滥居班秩，流品所以未穆，庶职于是隳废。朕膺图驭宇，宁济兆民，思得贤能，用清治本。招选之道，宜革前弊，惩劝之方，式加常典。苟有才艺，所贵适时，洁己登朝，无嫌自进。宜令京官五品以上及诸州总管、刺史各举一人，其有志行可录，才用未申，亦听自己，具陈艺能，当加显擢，授以不次。赏罚之科，并依别格。所司颁下，详加搜引，务在奖纳，称朕意焉。"《册府元龟》卷六十七《帝王部·求贤一》，第755页；《唐大诏令集》卷一〇二《政事·举荐上》；《登科记考》卷一："按此为制举之始。"

赐孝义高年粟帛诏 贞观三年四月

唐太宗

百行之本，孝道维先；一言终身，恕而已矣。春生夏长，宽裕之令行焉；齐礼道德，耻格之义斯具。朕爰自幼年，夙禀庭训，岂徒学闻《诗》、《礼》，因令匡定家国。是以提三尺之剑，起一旅之师，戮鲸鲵于原野，救蒸人于涂炭。云雷缔构，备尝夷险，仁发于心，义形于色。大敌必勇，匪为身谋；大怼必诛，志安天下。太上皇留情姑射，尚想轩辕，驻跸大安，使朕正居紫极。顾惟虚薄，辞不获免，祗奉制诰，负扆当朝。乃眷宫宇，载怀冰谷，未明求衣，乙夜忘寝。思齐七政，言念九功，何以答上帝之心，称严君之志。庶欲勤恤典刑，举直错枉，允厘人瘼，任贤用能，拯济困穷，抑损浇伪，开直言之路，广不讳之门，闻所未闻，日慎一日，望人皆见德，变于至道。若一物失所，一人有恶，则朕躬之责，训道不明也。

朕闻《书》曰"至诚动神"，况于兆庶乎？比闻远近黔黎，耻为盗贼，州县囹圄，多并空虚，岂由德教至此，自是人心厌乱。因其迁善，可以化之。朕往因征伐，行天下多矣。每见村落丘墟，未尝不抚膺叹息。自登九五，不许横役一人，惟冀遐迩休息，得相存养，长幼有序，敬让兴行。其孝义之家，赐粟五石；高年八十以上，赐粟二石；九十以上三石；百岁加绢二匹。妇人正月以来生男，粟一石。鳏寡茕独不能自存，逃户初还，郊无粮贮，州县长官量加赈恤。诸州官吏，或正直廉平，刑清讼息；或贪婪货贿，害政损人：宜令都督、刺史以名封进。白屋之内，闾阎之人，但有文武材能，灼然可取；或言忠行谨，堪理时务；或在昏乱而肆情，遇太平而克己，亦录名状，与官人同申。泣辜慎罚，前王所重，枉系一日，苦等三秋。州县法司，特宜存恤。布告天下，知朕意焉。（贞观三年四月）《唐大诏令集》卷八十《典礼·养老》，第415～416页；《册府元龟》卷六十七《帝王部·求贤》；《文苑英华》卷四四〇《德音七》；《登科记考》卷一："按此诏所言，即制举科目之始。"

遣使巡行天下诏 贞观八年正月
唐太宗

昔者明王之御天下也，内列公卿，允厘庶绩，外建侯伯，司牧黎元。唯其淳化未敷，名教或替，故有巡狩之典。黜陟幽明，存省方俗，遐迩遂性，情伪无遗。时雍之宜，率由此道。朕祗膺宝命，临御帝图，禀过庭之义方，荷上玄之嘉祉，四荒八表，无思不服。而夙兴夕惕，勤躬约己，日慎一日，虽休勿休。欲万国欢心，兆民有赖，推诚待物，近取诸身，实谓群官受拜，咸能自励。乃闻连帅刺举，或乖共治之寄；县司主吏，尚多黩货之罪。有一于此，责在朕躬。是用中夜怵然，旰景辍食。宜遣大使，分行四方，申谕朕心，延问疾苦，观风俗之得失，察政刑之苛弊。耆年旧齿，孝悌力田，义夫节妇之家，疾废茕嫠之室，须有旌贤赈赡，听以仓库敕赐之。若有鸿材异等，留滞末班，哲人奇士，隐沦屠钓，宜精加搜访，进以殊礼。务尽使乎之旨，俾若朕亲觌焉。《唐大诏令集》卷一三〇《政事·按察上》，第478页。

荐举贤能诏 贞观十年二月
唐太宗

朕遐想千载，旁览九流，详求布政之方，莫若荐贤之典。是以元、凯就列，侧微可以立帝功；管、隰为臣，中人可以成霸业。朕缅怀曩烈，虚己英奇。断断之士，必升于廊庙；九九之术，不弃于闾阎。犹恐在阴弗和，独善难夺，永言髦杰，无忘鉴寐。是以去夏之中，爰动翰墨，披雾丹腑，畴咨海内。尺木既树，思睹游露之群；云罗宏举，伫降翔庭之翼。而诸州所举，十有一人。朕载怀侧席，引入内殿，借以温颜，密访政道，莫能对扬，相顾结舌。朕仍以其未睹阙庭，能无战栗？令于内省，更以墨对，虽构思弥日，终不达问旨。理既乖违，词亦庸陋，岂可饰丹漆于朽质，假风云于决起者哉！宜并放还，各从本色。其举主以举非其人罪论，仍加一等。然则今之天下，犹古之天下也。宁容仲舒、伯起之流，偏钟美于往代，彦和、广基之侣，独绝响于今辰？故其见知也，则平津与乐安并进；其不用也，则敬通与亭伯同非。此淮阴所以兴言，子长所以贻叹。因斯论之，良由俊造难进，或固栖迟之节，牧宰循常，未尽搜扬之道。抚事长息，弥增怃然。今州县依前荐举，皆集今冬。奇伟必收，浮华勿采。无使巴人之调，滥吹于箫韶；魏邦之珍，沉光于汉水。务尽报国之义，以副钦贤之怀。《唐大诏令集》卷一〇二《政事·举荐上》，第472页；《册府元龟》卷六四三《贡举部·考试一》作"贞观十八年"。

采访孝悌儒术等诏 贞观十一年四月

唐太宗

十一年四月诏曰："朕以寡薄，嗣守鸿基，实资多士，共康庶政。虚己侧席，为日已久，投竿舍筑，罕值其人。自亲巡东夏，观省风俗，兴言至治，夕惕兢怀。然则齐赵魏鲁，礼仪自出；江淮吴会，英髦斯在。山川所感，古今宁殊，载伫凤兽，实劳梦想。宜令河北、淮南诸州长官，于所部之内，精加采访，其孝悌淳笃、兼娴时务，儒术该通、可为师范，文词秀美、才堪著述，明识治体、可委字民，并志行修立、为乡闾所推者，举送洛阳。官给传乘，优礼发遣，当随其器能，擢以不次。若有老病不堪入朝者，具以名闻。庶岩穴靡遗，俊乂可致，务尽搜扬之道，称朕意焉。"《册府元龟》卷六十七《帝王部·求贤一》，第756页；《唐大诏令集》卷一〇二《政事·举荐上》。

求访贤良限来年二月集泰山诏 贞观十五年六月

唐太宗

十五年六月诏曰："朕逖观前载，历选列辟，莫不贵在得人，崇兹多士，犹股肱之佐元首，譬舟楫之济巨川。若夫构大厦者，采众材于山岳；善为国者，求异人于管库。是以陶唐有虞，揖让之圣帝也，非元、凯不能成功；商汤姬发，革命之明主也，非伊、吕无以定其祸乱。况乎齐桓中人之才，器非濬哲，汉武嗣业之主，志在骄奢，犹赖管仲、隰朋之相，平津、博陆之辅，既为五霸之长，亦称万代之宗。是知得士则昌，失人则乱。朕凝旒夙夜，虚心政道。虽天地效祉，宗社降灵，区宇晏如，俊乂咸事，尚恐山林薮泽，藏荆隋之宝；卜筑屠钓，韬萧张之奇。是以躬抚黎庶，亲观风俗，临河渭而伫英杰，眺箕颍而怀隐沦。驱移日月，空劳梦寝，而骊龙莫兆，商歌寂寥。岂混迹驽骀，未逢良乐之顾；将毓德岩穴，方追禽向之游！望云长想，其可叹息。可令天下诸州，搜扬所部。士庶之内，或识达公方，学综今古，廉洁正直，可以经国佐时；或孝悌淳笃，节义昭显，始终不移，可以敦风励俗；或儒术通明，学堪师范；或文章秀异，才足著述：并宜荐举，具以名闻，限来年二月，总集泰山。庶独往之夫，不遗于板筑；藏器之士，方升于廊庙。务得奇伟，称朕意焉。"《册府元龟》卷六十七《帝王部·求贤一》，第756页；《唐大诏令集》卷一〇二《政事·举荐上》。

举孝廉茂才等诏（题拟）贞观十七年五月

唐太宗

十七年五月诏曰："朕观前烈，建国君临，未有不藉忠良而能济其功业者也。朕显承宗祀，获奉鸿基，侧席求贤，有年载矣。而山林莫致，珍玩必臻，岂朕好恶之情，未达于下？其令州县举孝廉茂才、好学异能卓荦之士。"《册府元龟》卷六十七《帝王部·求贤一》，第757页。

举贤良诏（题拟）贞观十九年二月

李 治

仰惟圣训，奉以周旋，虚想异人，共康神化。式遵顿纤，分驾翘车，企觐英灵，钦闻政道。宜颁下州郡，妙简贤良。其有理识清通、执心贞固，才高位下、德重位轻；或孝弟力行，素行高于州里；或鸿笔丽藻，美誉陈于天庭；或学术该通，博闻千载；或政事明允，才为时新。如斯之伦，并堪经务，而韬光勿用，仕进无阶，委身蓬荜，深为可叹。所在官僚，精加访采，庶使垂纶必察，操筑无遗。一善弓旌，咸宜举送。《册府元龟》卷二五九《储官部·监国》，第3077~3078页。

搜访才能诏 贞观二十一年六月

许敬宗

贞观二十一年手诏："高明之天，资星辰以丽象；博厚之地，藉川岳而成形。况于帝王体元立极，临驭万物，字养生灵者乎？所以致治之君，远谗佞，近忠良，屈己以伸人，故能成其化；为乱之主，亲不肖，疏贤臣，虐下以恣情，用能成其乱。明君遵彼而兴国，暗主行此以亡身。是以驭朽临冰，铭心自戒，宵兴旰食，侧席思贤。庶欲博访丘园，搜采英俊，弼我王道，臻于大化焉。可令天下诸州，明扬侧陋。所部之内，不限吏人，其有服道栖仁，澄心砺操，出片言而标物范，备百行以综人师，质高视于琳琅，人不间于曾、闵，洁志丘园，扬名里闾；或甄明政术，晓达公方，禀木铎于孔门，受金科于郑相，奇谋间发，明略可以佐时，识鉴精通，伟才堪于干国；或含章杰出，命世挺生，丽藻道文，驰楚泽而方驾，钩深睹奥，振梁苑以先鸣，业擅专门，词高载笔；或辨雕春囿，谈莹秋天，发研几于一言，起飞电于三寸。蓄斯奔箭，未遂扬庭，并宜推择，咸同举荐，以礼将送，具表状闻，限以今冬并与考使同赴。庶使焚林之举，咸矫翼于岩廊；尺木之阶，方振鳞于游雾。翘心俊乂，称朕意焉。"《册府元龟》卷六十七《帝王部·求贤一》，第757页；《唐大诏令集》卷一〇二《政事·举荐上》；《全唐文》卷八题此诏名为"令天下诸州举人手诏"；《文苑英华》卷四六二作"贞观二年正月六日"，撰者"许敬宗"。

令京师长官上都督府诸州举人诏 贞观二十三年九月

唐高宗

高宗以贞观二十三年即位，九月诏曰：殷宗迈德，化致升平；周王显仁，政称刑措。太祖文皇帝神明配德，灵武兼资，扫欃枪而王区夏，混阴阳而作天地。以此大业，留属微躬。虽复琯变星霜，而心婴荼毒。州郡之长，能修厥职，礼义兴行，奸回自屏，刑宪不苛，孤茕是赖。有司询访，宜以名闻，有一于此，当超不次。其有经明行修，谈讲精熟，具此严才，堪教胄子者；志节高妙，识用清通，博闻强正，终堪卿辅者；游情文藻，下笔成章，援心处事，端平可纪者；疾恶扬善，依忠履义，执持典宪，终然不移者：京司长官、上都督府及上州各举二人，中下州刺史各举一人。前代忠鲠，身死王门，子孙才堪任官而留滞停移者，慨想遗风，尤宜旌举。《册府元龟》卷六十七《帝王部·求贤一》，第757页。

河南河北江淮采访才杰诏 永徽七年、显庆元年十月
唐高宗

显庆元年十月手诏："朕受命上玄，嗣膺下武，每肃恭冕旒，延想英奇，俯振鹭而企贞臣，仰飞鸿而慕良辅。云台侧席，玉管屡移；宣室整衣，金壶亟改。寂寥靡觌，鉴寐兴怀。比年虽常进举，遂无英俊，犹恐栖岩穴而韬奇，乐丘园而晦影。宜令河南、河北、江淮以南州县：或伟俗之英，声驰管、乐；或济时之器，价逸萧、张；学宰帝师，材堪栋辅者，必当任之不次。可明加采访，务尽才杰。州县以礼发遣。"《册府元龟》卷六十七《帝王部·求贤一》，第757~758页；《唐大诏令集》卷一○二《政事·举荐上》。

采访武勇诏 显庆二年二月
唐高宗

（显庆）二年二月诏曰："济时兴国，实伫九功；御敌安边，亦资七德。朕端拱宣室，思弘景化，将欲分忧俊义，共逸岩廊。而比贡寂英奇，举非勇杰，岂称居安虑危之志，处存思乱之心！如不旌贲远近，则爪牙何寄？宜令京官五品以上及诸州牧守，各举所知：或勇冠三军，翘关拔山之力；智兼百胜，纬地经天之才；蕴奇策于良、平，驰功绩于卫、霍；踪二起于吴、白，轨双李于牧、广，赏纤善而万众悦，罚片恶而一军惧。如有此色，可精加采访，各以奏闻。"《册府元龟》卷六十七《帝王部·求贤一》，第758页；《唐大诏令集》卷一○二《政事·举荐上》，系为"显庆二年六月"。

搜访四科举人诏（题拟）显庆五年六月
唐高宗

（显庆）五年六月诏："内外官四科举人，或孝悌可称，德行夙著，通涉经史，堪居繁剧；或游泳儒术，沉研册府，下帷不倦，博物驰声；或藻思清华，词锋秀逸，举标

文雅，材堪远大；或廉平处事，强直为心，洞晓刑书，兼苞文艺者，精加搜访，各以名荐。"《册府元龟》卷六十七《帝王部·求贤一》，第758页。

罢三十六州造船安抚百姓诏 龙朔三年八月

唐高宗

朕以寡昧，纂承鸿烈，肃展岩廊之上，凝襟华裔之表。驭奔深于日慎，储祉存于勿休，勉己励精，详求大化。往为奉成先志，雪耻黎元，是以数年之间，称兵辽海。虽除凶戡暴，义匪诸身，疲人竭财，役兴于下。泛沧流而遐济，践危途而远袭。风涛竞骇，或取沦亡；锋镝交挥，非无陨仆。顾惟菲德，事有乖于七旬；在躬延责，情致惭于四海。汤年罪己，鉴寐斯存，汉载富人，周回切念。日者翘车联映，赍帛相辉，庖鼎之前，犹潜秀异，关柝之下，未尽英奇。仵延翰于西雍，牣殊珍于东序。比王师荐发，戎务实繁，州县官寮，缘兹生过，力役无度，财贿公行，蠹政伤风，莫斯为甚！前令三十六州造船以备东行者，即宜并停讫。凡百在位，宜极言得失，悉心无隐，以匡不逮。仍分遣按察大使问人疾苦，黜陟官吏，兼司元太常伯窦元德往河南道，并即持节分往。其内外官五品以上，各举岩薮幽素之士，广加询访，旁求谣俗，式企英材，允毗阙政。必使八纮之内，咸得朕心；万宇之中，同夫亲览。宜速颁示率土，知此意焉。（龙朔三年八月）《唐大诏令集》卷一一一《政事·赋敛》，第530~531页；《册府元龟》卷六十七《帝王部·求贤一》。

举行封禅所司集岳下诏 麟德元年七月

唐高宗

麟德元年七月丁未朔诏："宜以三年正月，式尊故实，有事于岱宗。所思详求茂典，以从折衷。其诸州都督、刺史，以二年十二月便集岳下，诸王十月集东都，缘边州府襟要之处，不在集限。天下诸州，明扬才彦，或销声幽薮，或藏器下僚，并随岳牧举送。"《册府元龟》卷三十六《帝王部·封禅二》，第393页。

举鸿儒硕学之士诏（题拟）乾封二年十月

唐高宗

十月，令天下诸州，举鸿儒硕学、博闻强记之士。《册府元龟》卷六十七《帝王部·求贤一》，第759页。

诏习礼乐诏 咸亨二年十月

唐高宗

咸亨二年十月景帝诏曰:"礼乐之道,其来尚矣。朕诞膺明命,克光正历,思隆颂声,以康至道。而曲台阐训,犹乖揖让之容;太乐登歌,徒纪铿锵之韵。良以教亏绵蕝,学阙瞽宗。兴言盛业,寤叹盈抱。然则幽诚所著,纵九皋而必闻;忠信且存,在十室而无弃。但虑习俎之彦,韫迹于闾阎;辨铎之英,韬深于林薮。夫良玉无胫,求之斯来,真龙难睹,好之而至。其四方士庶,及丘园栖隐,有能明习《礼经》,详究音律,于行无违,在艺可录者,宜令州县搜扬博访,具以名闻。"《册府元龟》卷六十七《帝王部·求贤一》,第759页;《唐大诏令集》卷八一《政事·礼乐》;《全唐文》题为"令州县举明习礼乐诏"。

五品以上各举所知诏（题拟）咸亨五年八月①

唐高宗

五年八月诏,五品以上各举所知。《册府元龟》卷六十七《帝王部·求贤一》,第759页。

京官五品以上及诸州都督刺史举人诏（题拟）上元三年闰三月

唐高宗

上元三年闰三月,令京官五品以上及诸州都督刺史,各举所知一人。《册府元龟》卷六十七《帝王部·求贤一》,第759页。

访孝悌德行诏 仪凤元年十二月

唐高宗

仪凤元年十二月诏曰:"山东江左,人物甚众,虽每充宾荐,而未尽英髦。或孝悌通神,遐迩惟敬;或德行光裕,邦邑崇仰;或学统九流,垂帷睹奥;或文高六艺,下笔成章;或备晓八音,洞该七曜;或射能穿札,力可翘关;或丘园秀异,志存栖隐;或将帅子孙,素称勇烈:委巡抚大使,咸加采访,伫申褒奖。亦有婆娑乡曲,负材傲俗,为讥议所斥,陷于跅弛之流者,亦宜推择,各以名闻。"《册府元龟》卷六十七《帝王部·求贤一》,第759页;《唐大诏令集》卷一○二《政事·荐举》;《全唐文》卷三题为"令山东江左采访人

---

① 按,"咸亨"仅有四年,《册府元龟》作此诏为"咸亨五年",疑为"三年"之误。参见陈飞《唐代试策考述》,第318页。

物诏"。

求猛士诏仪凤二年十二月
唐高宗

朕君临宇宙，司牧黎元，普天之下，罔不率服。蕞尔吐蕃，僻居遐裔，吐谷浑是其邻国，遂乃夺其土宇。往者暂遣偏神，欲复浑王故地，义存拯救，事匪称兵。辄肆昏迷，潜相掩袭，既无备豫，颇丧师徒，因兹鸱张，每思狼顾。除凶伐叛，王者所急。前岁将发六军，问其罪戾，复以小寇，无劳大举，按甲息兵，庶其改过。不思惠养，更起回邪，敢纵狂惑，专为寇盗。或攻围镇戍，或驱抄羊马，烽燧频举，烟尘不息，候隙乘间，倏来忽往。比者止令镇遏，未能即事剪除，莫怀宽大之恩，遂长包藏之计。恶盈祸稔，当自覆灭。今欲分命将帅，穷其巢穴，克清荒服，心寄英奇。但秦、雍之郊，俗称劲勇；汾、晋之壤，人擅骁雄。宜令关西、河东诸州，广求猛士。在京者，令中书门下于庙堂选试；外州，委使人与州县相知拣。有臂力雄果、弓马灼然者，咸宜甄采，即以猛士为名。《唐大诏令集》卷一〇二《政事·荐举上》，第474页。

京文武三品以上官每年各举所知诏仪凤三年十二月
唐高宗

（仪凤）三年十二月诏："京文武职事三品以上官，每年各举所知。或才蕴廊庙，器均瑚琏，体王佐之嘉猷，资公辅之宏量；或奇谋异算，决胜千里；或投石拔距，勇冠三军；或謇谔忠亮，志存规弼；或绳违纠恶，不避权豪；或威惠仁明，堪居牧守之重；或公正廉直，足膺令长之任：咸宜搜访，具录封进。朕当详览，量加奖擢。"《册府元龟》卷六十七《帝王部·求贤》第759页；《唐大诏令集》卷一〇二《政事·荐举上》系"仪凤二年十二月"；《旧唐书·高宗本纪》"仪凤二年十二月"亦略叙此事。

令洛州举人诏（题拟）调露元年七月
唐高宗

调露元年七月诏：令洛州明扬侧陋。或孝弟纯至，感于神明；或文武兼资，才堪将相；或学艺该博，业标儒首；或藻思宏赡，思擅文宗；或洞晓音律，识均牙、旷；或深明历数，妙同京、管者：咸令荐举。《册府元龟》卷六十七《帝王部·求贤一》，第759页。

天下岳牧及京官五品以上举人诏（题拟）永淳二年七月
唐高宗

永淳二年七月庚申诏："以今年十月有事于嵩岳，宜令礼官学士等审定仪注，务展诚敬。仍令天下岳牧及京官五品以上，各举所知有孝行、儒学文武之士。"【略】《册府元龟》卷三十六《封禅第二》，第 395 页；《唐会要》卷七《封禅》。

减大理丞废刑部狱制 嗣圣元年、文明元年、光宅元年九月
武则天

鸾台：朕闻上皇建极，体元气以育群生；大圣承天，法开阳而陶庶类。与时舒卷，叶三正而推移；随道污隆，应五乾以通变。故能牢笼宇宙，埏埴人灵，符景运而财成，契休期以光宅。【略】又济时之道，求贤是务。其官人、百姓等，或器标瑚琏、材堪栋干，或在职清慎，或抱德幽栖，或武艺驰名，或文藻流誉：宜令京官九品以上，诸州长官各举一人，咸以名荐。务取得贤之实，无贻滥次之讥。【略】《文苑英华》卷四六三《诏敕五》，第 2361～2363 页；《唐大诏令集》卷三《帝王·改元上》题为"改元光宅诏"。

举贤制 光宅二年五月①
唐高宗

鸾台：朕闻璧月珠星，实为丽天之象；苍波翠岳，爰标纪地之形。是知正位辨方，体元建极，不凭群彦，孰赞皇猷？事总万机，心覃亿兆。恒靡遑于寝食，诚罔惮于忧勤，伫贤良则终宵失寝，询政道则竟日停餐。岂直未明求衣，昃暑忘食而已？比者屡垂旌帛，频访丘园，虽志切于旁求，然未逢于俊乂。待舟航而涉水，思羽翼而陵虚。今者更启搜扬，庶得不遗草泽。其有文可以经邦国，武可以定边疆，蕴梁栋之宏材，堪将相之重任，无隔士庶，具以名闻。若举得其人，必当擢以不次。如妄相推荐，亦置科绳，所冀多士袭于隆周，得人逾于盛汉。布告遐迩，知朕意焉。《文苑英华》卷四六二《诏敕四》，第 2354 页。

求访贤良诏 永昌元年、载初元年六月
武则天

鸾台：上之临下，道莫贵于求贤；臣之事君，功岂逾于进善。所以允凝庶绩，式静群方，成大厦之凌云，济巨川之沃日。故周称多士，著美风谣；汉号得人，垂芳竹素。历观前代，罔不由兹。朕虽宵分辍寝，日旰忘食，勉思政术，不惮劬劳，而九域之至广，岂一人之独化？必伫材能，共成羽翼。虽复群龙在位，振鹭充庭，仍恐屠钓或违，蒿轴尚隐，未殚岩穴之美，或委丘园之秀。所以屡回旌帛，频遣搜扬。推荐之道相寻，而虚伫之怀未惬，永言于此，寤寐以之。宜令文武官五品以上，各举所知：其有抱梁栋

---

① 按，此诏原未系年，据徐松《登科记考》卷三系于本年。

之才，可以丹青神化；蕴韬钤之略，可以振耀天威；资道德之方，可以奖训风俗；践孝友之行，可以劝率生灵；抱儒素之业，可以师范国胄；蓄文藻之思，可以方驾词人；守贞亮之节，可以直言无隐；履清白之操，可以守职不渝。凡此八科，实谈三道。取人以器，求才务适。所司仍具为限程，副朕意焉。主者施行。《文苑英华》卷四六二《诏敕四》，第2354页。

名堂灾告庙制证圣元年正月①
武则天

朕君临紫极，抚育苍生，期普大泽之流，为启无疆之福，神宫之后，式建尊容。顷缘内作，工徒宿火，误烧麻主，遂涉明堂。然朕昧旦忧勤，不遑寝食，虑亏至道，未副天心，内省厥躬，伏增寅畏。槐省棘署，百僚庶尹，宜竭乃诚，各扬其职。内作工匠，可即放还。刺史、县令，风化之首，宜矜恤鳏寡，敦劝农桑，均平赋役，稽察奸盗。里闾妖讹，尤加禁止。远近冤讼，令早决断。见禁囚徒，速为处分。老病之色，征镇之家，亦令州县，加意抚存。诸作非要切者，量事宜停。所司供进之物，并宜节减。其长才广度、沉迹下僚，据德依仁、韬声幽闭，怀王佐之器，乏知己之容：宜令京官职事五品以下及刺史、上佐、县令等，各准状荐举。仍遣内外文武百官九品以上，各上封事，极言正议，无有所隐。《唐大诏令集》卷七十三《典礼·明堂》，第373页。

搜访贤良诏长安二年壬寅②
武则天

鸾台：朕闻文武之道，凭经纬而开国；春秋之功，藉生杀而成岁。虽复车书混一，中黄之雄气谅存；温煦方滋，太白之高星必应。事既不昧，理乃固然。朕自临御天下，忧劳兆庶。宵衣伫旦，望调东户之风；盱食忘眠，希缉南薰之化。故得中外禔福，遐迩乂安，控蟠桃于滋穴之墟，通细柳于炎洲之域。楚锋越刃，俱铄大农之冶；侠客雄儿，皆服鸿都之肆。今若循其至理，任彼无为，则取夬之道有余，止戈之义不足。况金方起暴，玉河未静，偷安榆鬼之乡，窃险麻奴之地。然而北幽向化，已事和亲之礼；而西璟（原注：疑作"煲"）负恩，不习用师之备。随时之义，宁可自然？当土宇旷修，人物繁富，三门九地之秘，岂谢前规；白猨苍兕之奇，何惭曩烈？或英谋冠代，雄略过人，总韩、白以先驱，掩孙、吴而得俊；或力能拔距，勇绝蒙轮，冒白刃其如归，扫苍璧而不顾；或迹隐鄽肆，身托村间，行虽犯于俗流，器乃堪于拯难；或捷如迅电，走若追风，

---

① 按，此诏原未系年，此据徐松《登科记考》。
② 《登科记考》系此诏于长安二年，云："正月，初令天下诸州有联系武艺者，每年准明经、进士举送。……此诏年月无考，而所举皆练习武艺之事，疑在是年。"

弯弧则七札洞开，奔陈则重围自溃，并有思于制命，俱未遇于时须：可令文武内外官五品及七品以上清官，及外官刺史、都督等，于当管部内，即令具举。且十室之邑，忠信尚存；三人同行，我师犹在。会须搜访，不得称无。荐若不虚，自从褒异之典；举非其士，岂漏贬责之科。所司明为条例，布告远近，知朕意焉。《文苑英华》卷四六二《诏敕四》，第2354~2355页。

举贤良方正直言极谏之士诏（题拟）神龙元年二月
唐中宗

中宗神龙元年二月诏，九品以上及朝集使，举贤良方正直言极谏之士。《册府元龟》卷六十七《帝王部·求贤一》，第759页；《旧唐书》卷七《中宗本纪》。

举孝悌廉让制（题拟）神龙元年九月
唐中宗

九月制，内外文武五品以上官，并县令、京师清官九品以上，各举孝悌廉让一人。《册府元龟》卷六十七《帝王部·求贤一》，第759~760页。

举天下鸿儒硕学之士诏（题拟）景龙元年二月
唐中宗

景龙元年二月，令举天下鸿儒硕学之士。《册府元龟》卷六十七《帝王部·求贤一》，第760页。

举堪任刺史县令诏（题拟）景龙三年三月
唐中宗

（景龙）三年三月，令内外五品以上，举堪任刺史县令者。《册府元龟》卷六十七《帝王部·求贤一》，第760页。

诫励风俗敕 唐隆元年七月十九日
唐睿宗

门下：朕克缵丕业，诞膺景命，宪章昔典，钦若前王。克己励精，缅思至道；宵衣旰食，勤修庶政。夙夜寅畏，匪遑底宁，若涉泉冰，罔知攸济。顷属殷忧启运，多难兴邦，礼章载复，品物咸乂。思欲致万姓于仁寿，归六合于升平，永言政途，庶几沿革。

犹恐学校多阙，贤俊罕登。牧宰不存政理，农桑未加劝导，樽俎之仪不习，冠婚之礼莫修。朕所以当宁兴叹，载怀兢惕者矣！庠序者，风化之本，人伦之先。仰州县劝导，令知礼节，每年贡明经、进士，不须限数，贵在得人。先圣庙及州县学，即令修理，《春秋》释菜，使敦讲诵之风。天下有奇才异行，沉伏不能自达，及官人百姓有能谏言时政得失者，并令本州责状封进。【略】《文苑英华》卷四六五《诏敕七》，第2374页；《唐大诏令集》卷一〇二《政事·荐举上》有节文，题为"访天下奇士异行制"。

博采通经史书学兵法诏 景云元年十二月

唐睿宗

景云元年十二月，制曰："才生于代，必以经邦；官得其人，故能理物。朕恭膺大宝，慎择庶僚，延伫时英，无忘终食。思欲萧艾咸采，葑菲不遗，而商山幽旷，渭滨寂寞。夫以贵耳贱目，殊通方之论；舍近谋远，非应务之术。今四方选举，群才辐凑，操斧伐柯，求之不远。其有能明三经、通大义者，能综一史、知本末者，通三教宗旨、究精微者，善六书文字、辨声象者，度雅曲、和六律五音者，韬略孙吴、识天时人事者，畅于词气、聪于受领、善敷奏吐纳者：咸令所司，博采明试，朕亲览焉。"《册府元龟》卷六十八《帝王部·求贤二》，第761页；《唐大诏令集》卷一〇二《政事·荐举上》。

举才堪将军及边州都督、刺史一人诏（题拟）太极元年二月

唐睿宗

太极元年二月，命文武官五品以上，各举才堪将军及边州都督、刺史一人。《册府元龟》卷六十八《帝王部·求贤二》，第761页。

文武官及朝集使举堪将帅诏 先天元年十二月

唐玄宗

玄宗先天元年十二月，制曰："将帅之任，军国斯重；御侮捍城，良才是急。顷者武臣多阙，戎政莫修，聆鼙鼓以载怀，筮熊罴而未遇。古今一也，何代无人？南仲、方叔之俦，亦在用人而已。宜令文武官及朝集使五品以上，各举堪将帅者一人，明扬幽侧，无限年位，务求实用，以副予怀。"《册府元龟》卷六十八《帝王部·求贤二》，第761页；《唐大诏令集》卷一〇二《政事·荐举上》。

诸州举实才诏 先天二年六月

唐玄宗

二年六月诏曰："致化之道，必于求贤；得人之要，在于征实。顷虽屡存贲帛，无

辍翘车，而骏骨空珍，真龙罕觏。岂才之难遇，将举或未精？且人匪易知，取不求备，瑰琦失于俗誉，韬晦嗟于后时。宜其博询州里，明扬幽侧，使管库无遗，蔺轴咸举。其诸州有抱器怀才、不求闻达者，命所在长官访名奏闻。武勇者具言谋略，文学者指陈艺业。务求实用，以副予怀。"《册府元龟》卷六十八《帝王部·求贤二》，第761页；《唐大诏令集》卷一〇二《政事·荐举》。

遣毕构等慰抚诸道制 先天二年七月

唐玄宗

昔者明王之治天下也，内有公卿，允厘庶绩，外有侯伯，司牧群黎，犹惧至道不孚，淳风或替。故有巡狩之典，黜陟幽明；行人之官，省方察俗。用能遐迩清宁，情伪无作，于变时雍，率其道也。朕祇膺嗣德，恭守帝图，上禀过庭之谋，下凭庶士之力，竭精思理，两载于兹，冀逮小康，渐及至化。而区宇遐远，风教未同，负扆长怀，责深在己。近者奸回究切，衅起萧墙，宗社降灵，应时殄殄。今又恭承圣训，总统大猷，率彼百官，齐兹七政。恐仓廪不实，礼节未兴，吏靡息于贪贱，人或及于幽枉。永言于此，明发疚心。今卜征未习，远迈非宜，分命轺轩，慰抚黎庶。毕构等操履公清，识具明允，茂绩彰于历试，嘉誉满于周行。宜膺行李，载光原隰，所至之处，申谕朕心。并合屏绝浮华，敦崇仁厚，务修孝悌，勤事农桑。耆老鳏茕、妇人家口不自存者，咸加恤问。举以言扬，唯贤是急。若有良材异等，藏器下僚，哲人奇士，隐沦屠钓，审知才行灼然者，各以名闻。凡百牧宰，泊乎吏人，咸知朕心，各敬乃事。勤则不匮，仁远乎哉！勉以勖之，以副朕意。（先天二年七月）《唐大诏令集》卷一一五《政事·抚慰上》，第550页；《册府元龟》卷一六二《帝王部·命使第二》；《文苑英华》卷四四〇《德音七》。

搜访怀才隐逸等敕 先天二年十一月四日

苏颋

敕：立政之本，惟贤是切。朕祇膺大历，殷监远图，扬于王庭，生此王国，朕之所望久矣。岂征辟为事，未极于岩薮，而高尚绝尘，见遗于草泽。将何以举逸而劝，贲然来思？且才之或偏，器罔求备。固非臧文之智则尚其言，收曲逆之奇则捐其行，过而能改，仁远乎哉！天下诸州有怀才隐逸、跅弛不调及失职冤人等，并令诸道检察使博访，具以名闻。副朕饥渴之怀，庶广搜扬之义。（先天二年十一月四日）《文苑英华》卷四六二《诏敕四》，第2353页；《唐大诏令集》卷一〇二《政事·荐举》。

求直谏昌言弘益政理者诏 （题拟）开元二年正月

唐玄宗

（开元）二年春正月制："求直谏昌言、弘益政理者，名山大川并令祈祭。"《旧唐书》卷八《玄宗本纪上》，中华书局1975年，第172页。

遣杨虚受江东道安抚敕 开元二年四月十一日
唐玄宗

淮海维扬，是称溪险，山川重复，水陆殷凑。去岁田收，稍乖丰稔，念兹人庶，颇致饥乏。朕为人父母，深用惕然。近闻雨泽应节，秔稻有望。目前之困，糊口犹切，思从蠲省，用救荒弊。宜令给事中杨虚受往江东道安抚存问。观察疾苦，详理冤滞，委使详理。百姓间有伟识异才，藏鳞载羽，隐沦屠钓，栖迟闾阎；官人内有贪冒苟得，背公徇私，或修已自守，养望充位者，还日各以名闻。所至之州，具令宣布，求瘼恤隐，称朕意焉。《册府元龟》卷一六二《帝王部·命使第二》，第1951页；《唐大诏令集》卷一一五《政事·慰抚上》。

大明宫成放免囚徒等制 开元二年六月八日
唐玄宗

【略】其有茂才异等、拔众超群，缘无绍介、久不闻达者，咸令自举，朕当亲问。其应宣抚使名闻，举人试第四等，宜准旧例，别加优奖。见任人各量与改转，前资常选人至，各依选例与处分，其未出身者并授散官。【略】《唐大诏令集》卷一百八《政事·营缮》，第513页；《册府元龟》卷六十八《帝王部·求贤第二》。

举怀才抱器等诏（题拟）开元三年十月
唐玄宗

（开元）三年十月诏曰："有怀才抱器、沉沦草泽、不能自达者，具以名闻。"《册府元龟》卷六十八《帝王部·求贤第二》，第761页。

遣王志愔等各巡察本管内制 开元四年七月
唐玄宗

【略】朕每置旌告善，仄席翘贤，恐闾阎有愁苦之声，草泽无明哲之主。吏或慢法，官或非才，因之致理，且未为得。其何以廉败政，恤冤刑，问茕嫠，招茂异，宽赋敛，节更徭，使天下为无为、事无事也？顷分连率，则曰使臣，将求人瘼，克宣朕命。诸道按察使、扬州长史王志愔，广州都督宋璟，蒲州刺史程行谌，汴州刺史倪若水，魏州刺史杨茂谦，灵州都督强循，润州刺史李浚，荆州刺史任昭理，秦州都督张嘉贞，洪州都督杨虚受，梁州都督张守洁，并迈迹垂宪，伟才通识，有其直方，无所回避。宜令各巡本管内官人，有清介独立可以标映士林，或文理兼优可以润益邦政者；百姓中有文儒异等，道极专门，或武力超伦，声侔敌国者：并精访择，具以名闻。【略】（开元四年七月六日）《唐大诏令集》卷一〇四《政事·按察下》，第484~485页。按，此条多以四库本《唐大诏令集》校正。

举嘉遁幽栖、养高不仕者诏（题拟）开元五年二月

唐玄宗

（开元）五年二月诏："有嘉遁幽栖、养高不仕者，州牧各以名闻。"《册府元龟》卷六十八《帝王部·求贤第二》，第761~762页。

巡幸东都赐赉扈从赦天下制 开元五年五月

苏颋

朕自临天下，未至于洛。虽二京出游，盖惟常典；五载来巡，肇于即事。念兹扈从，特有加恩。南北衙应从官三品以上，各赐物四十段，四品三十段，五品二十段，六品、七品十五段，八品、九品十段。从飞骑、万骑，各赐物五段，马家小儿赐物三段。三卫检校监门直长引驾等，发京宿卫，执当不阙者，简日优量。其置顿、营幕、桥道等使并制官，各赐物，递加从官一等，仍与中上考。缘路刺史、上佐县令、祗承顷事并专知官，各准从官例与赐，亦与中上考。卫士、掌闲幕士等，各赐两段。大赦天下，惟谋反大逆，不在赦限，余并宥之。河南府百姓给复一年，河北遭涝及蝗涝处，无出今年租。武德、贞观以来，勋臣子孙无名在位，更详求其后奏闻。有嘉遁幽栖、养高不仕者，州牧各以名荐。（开元五年五月）《唐大诏令集》卷七十九《典礼·巡幸》，第408~409页；《册府元龟》卷八十五《帝王部·赦宥第四》。

遣御史大夫王晙等巡按诸道制 开元八年八月

唐玄宗

苟慝不作，人斯无怨；宽猛相济，政是以和。故《周礼》以官刑纠邦理，以官叙正群吏。允迪前烈，式惟旧章。且夫寰宇至大，不可以周览；黎氓至殷，不可以独化。熙我庶政，实惟具寮，苟非其才，难以称理。是以夙夜，不遑晏宁。开元之初，分道遣使按部，纠摘奸犯，颇闻惩息。以其事久则烦，寻亦从其停废，绵以岁月，浸成宽弛。今闻在外具寮，多违宪法，牧守则寄任滋重，令长则禄秩且优，亟闻侵窃，屡有章奏。虽赐金为惠，未愧张武之心；还珠表德，罕见孟尝之政。岂敦谕之意，未孚于就列；将贞高之节，有谢于前修？永怀于此，良用沉叹！且政宽而慢，法弊则穷，弛而张之，其可致理。御史大夫王晙等，并识通政要，位以才达，茂其声实，宏此宪章，宜分命巡

按，以时纠察。巡内有长吏贪扰，狱讼冤抑，暗儒尸禄，苛虐在官，即仰随事按举所犯状，并推鞫准格断覆讫闻奏，仍便覆囚。夫牧宰之职，教道是先；录曹之任，纲纪斯在。其有政理殊尤、清直独立者，咸以名荐。余官有清白著称及诸色不善，各别为科目，同状奏闻。其寻常平状，并不须通。俾夫善取其尤，罚无所滥，疏而不漏，察不为苛，必将正其源流，宏彼纲目。不可总此烦碎，扰其吏人。应是州县当务，事非损益者，使人更不干预。其百姓有不支济，应须处置；有不便于人，须厘革者，与州县商量，处分讫奏闻。宜体虚伫之怀，以光澄清之举。《唐大诏令集》卷一〇四《政事·按察下》，第485~486页。

有司引应制举人见敕（题拟）开元九年五月

唐玄宗

（开元）五月壬戌，有司引应制举见敕："兴化立理，急于俊贤；呈才效用，属在文武。朕恭默思道，寤寐旁求，长想幽仄，屡申征贲。今边隅未静，师旅时兴，属听鼓鼙，载怀屠钓。广求百夫之特，以作四方之守。总夫戎政，爰诏武臣；弘我风教，谅惟儒林。卿等或谋虑深远，或学艺该通，来应旌招，深副虚伫。并宜朝堂坐食讫，且归私第，即当有试期也。"《册府元龟》卷六四三《贡举部·考试一》，第7710页。

有司置食应制举人敕（题拟）开元九年五月

唐玄宗

乙亥，亲试应制举人于含元殿，命有司置食，敕曰："卿等知蕴韬略，学综古今，乔木将迁，虚钟待扣。既膺旁求之辟，伫闻明试之言。各整尔能，对扬所问。古有三道，朕今减其二策；近无甲科，朕将存其上第。务收贤俊，用宁军国。并宜即存，缓详思之。"《册府元龟》卷六四三《贡举部·考试一》，第7710页。

求访武士诏 开元九年九月

唐玄宗

（开元）九年九月诏曰："武有七德，所以安人禁暴；臣称三杰，所以战胜攻取。蜀乃一方之主，尚得孔明；齐为九合之君，斯由管仲。况宇宙至广，人物至多，岂乏英贤，无闻韬略？盖用与不用，知与不知。今边境未清，统边须将。顷林胡暂扰，柳城非捷；北虏忽惊，西军莫振。罪由失律，过在无谋。曹刿不言，宁知登轼之效；毛遂缄口，岂彰处囊之奇？长想古人，是思擢士。其有虽沾簪绂，犹晦迹于下流；或蕴智谋，尚沉名于大泽。不加精访，何以甄收？其两京、中都及天下诸州官人百姓，有智合孙吴可以运筹决胜，有勇齐贲育可以斩将搴旗，或坐镇行军足拟万人之敌，或临戎却寇堪为一堡之雄：各听自举，务通其实。仍令州县具以名进，所司速立限期，随表赴集。朕当亲试，不次用之。其有身充见在诸军统押者，但录所能奏闻，未须赴集。"《册府元龟》卷六十八《帝王部·求贤第二》，第762页；《唐大诏令集》卷一〇二《政事·举荐上》，作"开元九年九月"。

幸太原府赦境内制 开元十一年正月

唐玄宗

朕恭承宝位，十有余年，荷累圣之昌图，膺三灵之眷命，日慎一日，虽休勿休。今问俗观风，肆觐群后，陈诗纳贡，亲问百年，虽念劳人，事资展礼。太原旧国，王业所兴。乃眷成周，西巡丰镐；曰惟嗣汉，东至沛乡。皆会彼旧都，眷兹枌社。况兴王始封之地，鸿图创业之初，肇育生灵，大造区宇，永惟丕构，顾惭贻厥。且地称用武，戎役是殷，爰锡怀旧之恩，以顺发生之泽。【略】其有沉沦草泽，抱德栖迟，及武德功臣并元德子孙，才堪文武未有官者，并委府县搜扬，具以名荐。《唐大诏令集》卷七十九《典礼·巡幸》，第410页；《册府元龟》卷八十五《帝王部·赦宥第四》。

南郊赦 开元十一年正月

唐玄宗

门下：朕获主三灵，于今一纪。听政中昃，每不敢康；观书乙夜，将求诸道。频年以来，每思至理，或远人不率，或嗣岁不登。淳朴未还，惕厉斯在，为人上而惭德，奉天明以畏威。【略】自古圣帝明王，忠臣烈士，名山大川，并令所管致祭。其已得替官人，并转累未得处分，非老弱疾病，犹堪处事者，量加收录，使免失职。其差贬官，非逆人五服内亲，及犯赃贿名教者，所司勘实奏闻，量移近处。其官人有清白政术，堪任刺史县令，及抱器怀才，不求闻达者，州长具以名荐。宗室中有孝悌才术，为众所知，仍在俾任者，委宗正具以名奏。君臣一体，休戚共焉。【略】《唐大诏令集》卷六十八《典礼·南郊二》，第347~348页；《册府元龟》卷八十五《帝王部·求贤二》。

求儒学诏 开元十四年六月

唐玄宗

（开元）十四年六月敕曰："朕闻以道得人者谓之儒，切问近思者谓之学。故以阳礼教，让则下不争；以阴礼教，亲则远无怨。岂非习无不利，教所由生者乎？朕所以厚儒林，辟书殿，讨论《易》象，研核道源，冀淳朴大行，华胥非远。而承平日久，趋竞岁积。谓儒士为冗列，视之若遗；谓吏职为要津，求如不及。顷亦开献书之路，观扬己之人，阙下之奏徒盈，席上之珍盖寡。岂弘奖之义或有未孚，将敦本之人隐而未见？

天下官人百姓，有精于经史，道德可遵，工于著述，文质兼美者，宜令本司、本州长官指陈艺业，录状送闻。其吏部选人，亦令所司铨择，各以名荐。朕当明试，用观其能。若行业可甄，待以不次。如妄相褒进，必加明罚。"《册府元龟》卷六十八《帝王部·求贤第二》，第762页；《唐大诏令集》卷一○五《政事·求直》。

求贤才诏（题拟）开元十四年十月

唐玄宗

十月诏："朕梦想贤才，咨谋列岳，遂因封祀，发诏搜扬。昨所临御道场，亲加策问，不称所荐，其数则多。乃闻膏粱之人，递相招致；丘园之俊，罕见褒升。岂朕劳求之意也？宜令都督、刺史，审更访择，具以名荐。"《册府元龟》卷六十八《帝王部·求贤第二》，第763页。

令草泽有文武高才自举制（题拟）开元十五年二月

唐玄宗

（开元）十五年二月制曰："草泽中有文武高才者，听诣阙自举。"《册府元龟》卷六十八《帝王部·求贤第二》，第763页；《旧唐书》卷八《本纪第八·玄宗上》作"正月"。

四科取人诏（题拟）开元二十二年三月

唐玄宗

（开元）二十二年三月诏曰："博学、多才、道术、医药举人等，先令所司表荐，兼自闻达，敕限以满，须加考试。博学、多才举人，限今年四月内集。道术、医药举人，限闰三月内集。其博学科，试明三经、两史以上，取帖试稍通者；多才科，试经国商略大策三道，并试杂文三道，取其词气高者；道术、医药举，取艺业优长、试练有效者。宜令所由，依节限处分。"《册府元龟》卷六三九《贡举部·条制》，第7671页。

藉田赦书 开元二十三年正月

张九龄

【略】朕身临天下，二纪于兹，不敢荒宁，日加兢惕。而灾眚未弭，黎人未康，若有由而然，则在余之责。有能直言极谏者，具以状闻。每渴贤良，无忘鉴昧，顷虽虚伫，未副广求。其才有王霸之略，学究天人之际，智勇堪将帅之选，政能当牧宰之举者，五品以上清官及将军都督刺史，各举孝悌力田乡闾推挹者，本州长官勘实，有才堪应务者，各以名奏。致仕官久历清资，终始著称，年渐衰迈，情有可矜，量与改职，依前致仕。宗子中有才行著闻，比尚沉屈者，委宗正勘实奏闻。唐元两营，立功官任折冲，郎将改与中郎。其亡失官爵，量加收叙。五岳四渎，名山大川及自古圣帝明王、忠臣良相，并宜所在长官，以礼致祭。赦书有所未该者，所司比类闻奏。亡命山泽，挟藏军器，百日不首，复罪如初。敢以赦前事相告言者，以其罪罪之。都城内赐酺三日。赦书日行五百里。布告遐迩，咸使闻知。《唐大诏令集》卷七十四《典礼·藉田》，第 376~377 页；《册府元龟》卷六十八《帝王部·求贤第二》；张九龄《曲江集》卷六《制书》；《文苑英华》卷四六二《诏敕四》作"藉田制"。

令孝悌力田举人自疏事迹诏（题拟）开元二十三年十月

唐玄宗

（开元）二十三年十月诏曰："文学政事，必在考言；孝悌力田，必须审行。顷从一概，何谓四科？其孝悌力田举人，宜各自疏比来事迹为乡闾所委者，朕当案覆，别有处分。"《册府元龟》卷六三九《贡举部·条制一》，第 7671 页。

赦亲祀东郊德音 开元二十六年正月

唐玄宗

【略】古者乡有序，党有塾，将以弘长儒教，诱进学徒，化人成俗，率由于是。斯道久废，朕用悯焉。宜令天下州县每一乡之内，别各置学，仍择师资，令其教授。其诸州乡贡进士，每年引见讫，并令就国子监谒先师，所司设食，学官等为之开讲，质问疑义。且公侯之嗣，皆禀义方，学《礼》闻《诗》，不应失坠。容其徼幸，是长慢游。如闻近来弘文馆学士，缘是贵胄子孙，多有不专经业，便与及第，深谓不然。自今以后，宜一依令式考试。朕之爵位，惟待贤能。虽选士命官，则有常调，而安卑遁迹，尚虑遗才。其内外八品以下官，及草泽间有学业精博，蔚为儒首，文词雅丽，通于政术，为众所推者，各委本州、本司长官精加搜择，具以闻奏。【略】《唐大诏令集》卷七十三《典礼》，第 370 页；《册府元龟》卷六三九《贡举部·条制一》。

孝悌力田举人不令考试词策敕 开元二十六年正月

唐玄宗

（开元二十六年正月）壬辰诏曰："孝悌力田，风化之本，苟有其实，未必求名。比来将同举人考试词策，便与及第，以为常科。是开侥幸之门，殊乖敦劝之意。自今以后，不得更然。其兼著状迹殊尤者，委所由长官，特以名荐。朕当别有处分，更不须随考试例申送。"《册府元龟》卷六三九《贡举部·条制一》，第 7672 页；《唐大诏令集》卷一〇六《政事·制举》。

命有司置食敕（题拟）开元二十六年八月
唐玄宗

（开元）二十六年八月甲申，亲试文词雅丽举人，命有司置食，敕曰："古者求士，必择其才，考之以文，施于有政。自非体要，何用甄明？顷年以来，亦常亲试，对策者众，而登科者少。盖由宿构之词，不与所问相对，所以然也。卿等博达古今，聿膺推荐。朕之所问，皆有节目，宜指事而对，勿措游辞。并宜坐食，食讫就试。"有郭纳、姚子彦等二十四人升第，皆量资授官。《册府元龟》卷六四三《贡举部·考试一》，第7710～7711页。

令举人乘传赴京制（题拟）开元二十七年正月
唐玄宗

（开元）二十七年正月制："令诸州举德行尤异，不求闻达者。"《册府元龟》卷六四五《贡举部·科目》，第7730页。

册尊号赦敕 开元二十七年二月
孙 逖

【略】古者三载考绩，黜陟幽明，允叶大猷，以劝天下。比来诸道所通善状，但优仕进之辈，与为选调之资，责实循名，或乖古义。自今日以后，诸道使更不须通善状，每至三年，朕当自择使臣，观察风俗。有清白政理著闻者，当别擢用。宗庙致敬，必先于如在；神人所依，无取于非族。深惟至理，用切因心。其应缘太庙五享，宜于宗子及嗣郡王中，拣择有德望者，令摄三公行事。其异姓官吏，不须令摄。其草泽间有殊才异行，文堪经国，为众所推知，不求闻达者，所由州长官，以礼征送。【略】《唐大诏令集》卷九《帝王册·尊号赦上》，第47页；《册府元龟》卷八十六《帝王部·赦宥第五》；《文苑英华》卷四二二《赦书三·尊号赦书一》署"孙逖"。

处分高蹈不仕举人敕
唐玄宗

古之贤君，贵重真隐者，将以励激浮躁，敦厚风俗。《传》不云乎，"举逸人，天下之人归心焉"，盖谓此者。朕缅稽古训，思弘致理。以为道之为体，先崇于静退；政之所急，实仗于贤才。是用求诸岩薮，假以轺传，虚伫之怀，亦云久矣。卿等各因旌贲，来赴阙庭，诚合尽收，以光是举。然孔门荷蓧，唯数七人；商山采芝，空传四老。

今之应辟,其数颇多。朕顷缘幸汤,粗令探赜。或全诚抗迹,固辞避于呈试;或含光隐器,不耀颖于文词。未测津涯,难于处置,适然之际,用舍遂殊。其弟子春等,并别有处分;自余人等,宜各赐物十段。用成难进之美,以全至高之节。宜皆坐食,食讫好去,仍依前给公乘还贯。其华阴郡李岗等十六人,虽所举有名,或称疾不到,宜令本部取诸色官物,各赐二十段,以充药物之资。《唐大诏令集》卷一○六《政事·贡举》,第503页。

荐各科举人诏（题拟）开元二十九年正月

唐玄宗

开元二十九年正月诏曰:"朕所求才,待之若渴,既旌于岩穴,亦贲于丘园。片善必收,冀无遗逸。然士人藏器,众何以知?岂若父子之间,自相推荐。昔祁奚之举祁午,谢安之任谢玄,良史书之,咸以为美。贤彦之士,何代无人,宁恨嫌疑,致有拘忌。其内外官有亲伯叔及兄弟并子侄中,灼然有才术异能,风标节行,通闲政理,据资历堪充刺史、县令者,各任以名荐。其卑官所举人,听于所由长官处通状,一时录奏。其考试通人任用之后,如后有亏犯典宪,名实不相副者,所举之人与其同罚。如政绩著闻,终始廉谨,为众所知者,其所举人与其同赏。"《册府元龟》卷六十八《帝王部·求贤第二》,第763页。

玄元皇帝临降制 开元二十九年五月

唐玄宗

大道混成,乃先于天地,圣人立教,用明其宗极。故能发挥妙本,弘济生灵,使秉志者信征,迷方者知复。以此救物,故无弃人。其孰当之?莫若我烈祖玄元皇帝矣。朕缵承宝业,重阐玄猷,自临御以来,罔不夙夜,每涤虑凝想,斋心服形,礼谒于尊容,未明而毕事,将三十载矣。盖为天下苍生,以祈多福,不谓微诚上达,睿祖垂鉴。顷因假寐,忽梦真容,既觉之后,昭然以观。瞻奉逾时,殊相自然,与梦相协,诚谓密降仙府,永镇人寰。告我以无疆之休,德音在听;表我以非常之庆,灵贶有期。乃昊穹幽赞,宗社储祉,岂朕虚薄,能致兹事!若使寝之,乃乖祗敬。宜令所司,即写真容,分使送诸道采访使,令当道、州转送开元观安置。所在道士、女冠等,皆具威仪法事迎候,像到七日夜设斋行道,仍各赐钱,用充斋庆之费。自今以后,常令讲习《道经》,以畅微旨。所置道学,须倍加敦劝,使有成益。是知真理深远,弘之在人,不有激扬,何以励俗?诸色人有能明《道德经》及《庄子》、《列子》、《文子》者,委所由长官访择,具以名闻,朕当亲试,别加甄奖。【略】《唐大诏令集》卷一一三《政事·道释》,第540~541页。

改元天宝赦 天宝元年正月

唐玄宗

古先哲王之致理也，皆上顺天心，下稽人事。时令赞发生之德，灵符叶纪年之称。考彼前载，斯为大猷。恭惟烈祖玄元皇帝，天宝锡庆，象帝之先，垂裕后人，重光五圣。自朕嗣守丕业，洎三十年，实赖宗社降灵，昊穹孚佑，万方无事，六府惟修，寰宇晏如，庶臻于理。然则乾元在上，仁覆为首；皇王临下，惠化攸先。思弘善贷，用广滋育，尊道宝而建元，畅玄风于不宰。【略】国之急务，莫若求才。顷者虽屡搜扬士庶，尚虑遗逸，更宜精访，以副虚怀。其前资及白身人中，有儒学博通及文词秀逸，或有军谋越众，或武艺绝伦者，委所在长官，具以名荐。若乃弘我风化，实惟方岳，必待其人，以膺其理。其京文武官五品以上清资并郎官，据资历人才，堪为刺史者，各任封状自举。【略】《唐大诏令集》卷四《帝王·改元中》，第18～19页；《册府元龟》卷八十六《帝王部·赦宥第五》；《文苑英华》卷四二一《赦书二·改元赦书》。

亲祭九宫坛大赦天下制 天宝三年十二月

孙 逖

（天宝）三载十二月祀九宫礼毕，制曰："朕惟熙庶绩，博访逸人，岂惟振拔滞淹，以期于大用，间亦欲褒崇高尚，将敦于风俗。虚伫之怀，盖在于此。其高蹈不仕、遁迹丘园、为远近知闻、未经荐举者，委所在长官，以礼征送。"《册府元龟》卷六十八《帝王部·求贤二》，第764页；《唐大诏令集》卷七四《典礼》；《文苑英华》卷四二五《赦书六》。

处分制举人敕 天宝四年五月

唐玄宗

君子之道，所以正心志，全贞吉也；逸人之举，所以励天下，激浮躁也。朕钦崇先训，以道化人，思致栖真之士，用光咸在之列。是以频降旌帛，冀空岩薮，虚怀式伫，明发不忘。卿等来膺辟命，远至城阙。文王多士，既周于旁求；虞舜畴咨，亦在于佥议。爰命台省，询于道业。或善行无迹，名实难窥；或大器晚成，春秋高杪。津涯未测，轮桷何施？事且隔于行藏，道遂分于出处。其马尚曾、常广心、贺兰迪等三人，宜待后处分。崔从一、王元瞻、韩宣、胡贲、赵元奖等五人，年鬓既高，稍宜优异，各赐绿衣一副，物二十段。余并赐物十段。不夺隐沦之志，以成高尚之美。并宜坐食，食讫好去。依前给公乘还乡。《唐大诏令集》卷一〇六《政事·制举》，第494页；《册府元龟》卷九十八《帝王部·征聘》此诏前有"天宝四载五月，引诸州高蹈不仕举人见"。

南郊礼毕制 天宝六年正月
唐玄宗

（天宝）六载正月丁亥南郊礼毕，制："选贤推能，常虑不广。三府之辟，则唯采于大名；四科之荐，盖不通于小学。今承平日久，士进多端，必欲远贲弓旌，载空岩穴，片善必录，末技无遗。天下诸色人通一艺以上，各任荐举，仍委所在郡县长官，精加试练。灼然超绝流辈，远近所推者，具名送省，仍委尚书及左右丞诸司，委御史中丞，更加对试。务取名实相副者，一时奏闻。"《册府元龟》卷六十八《帝王部·求贤第二》，第764页。

册尊号赦 天宝七年五月
唐玄宗

【略】古者乡有塾，党有序，所以明尊卑之仪，正长幼之序。风化之道，义在于兹。先置乡学，务令敦劝。如闻郡县之间，不时训诱，闾巷之内，多亏礼节，致使言词鄙亵，少长相凌，有玷清猷，何成雅俗？自今以后，宜令郡县长官，申明条式，切加训导。如有礼仪兴行及纲纪不立者，委采访使明为褒贬，具状闻奏。道教之设，风俗之源，必在弘闻，以敦风俗。须列四经之科，冠九流之首。虽及门求道，颇有其人，而睹奥穷微，罕闻达者。岂专精难就，为劝奖未弘？天下诸色人中，有通明《道德经》及《南华》等四经，任于所在自举，各委长官，考试申送。【略】《唐大诏令集》卷九《帝王·册尊号赦上》，第47~49页；《册府元龟》卷六四〇《贡举部·条制第二》。

南郊赦 天宝十年正月
唐玄宗

（天宝）十载正月诏："朕每搜罗贤俊，旌贲丘园，犹虑遁迹藏名，安卑守位。朕言及此，寤寐思焉。其诸色人中，有怀才抱器，未经荐举者，委所在长官审加访择，具名录奏。"《册府元龟》卷八十六《帝王部·求贤二》，第764页；《唐大诏令集》卷六八《典礼·南郊》。

册尊号赦 天宝十三年二月
唐玄宗

（天宝）十三载二月诏："自临御以来，四十余年，械朴延想，寤寐求贤，林薮无遗，旌招不绝。犹虑升平已久，学业增多，至于征求，或遗僻陋。其博通坟典、洞晓玄经、清白著闻、词藻宏丽、军谋出众、武艺绝伦者，任于所在自举，仍委郡县长官精加铨择，必取才实相副者奏闻。"《册府元龟》卷八十六《帝王部·求贤二》，第764页；《唐大诏令集》卷九《帝王·册尊号赦上》。

肃宗即位赦 至德元年七月
唐肃宗

肃宗至德元年七月即位于灵武，诏："有直言极谏，才能牧宰，文词博达，武艺绝伦，孝悌力田，沉沦草泽，委所在长官闻奏荐诣阙，自陈者亦听。"《册府元龟》卷八十六《帝王部·求贤二》，第764页；《唐大诏令集》卷二《帝王·即位赦上》。

访至孝友悌诏 至德二年正月
唐肃宗

至和育物，大孝安亲，古之哲王，必由斯道。朕往在春宫，尝事先后，问安靡阙，侍膳无忘。及同气天伦，联华棣萼，居尝共被，食必分甘，古今皇帝，奉而行之，未尝失坠。每有衔命而来，戒途将发，必肃恭拜跪，涕泗交连，左右侍臣，罔不感动。间者旭日抱戴，瑞亦自天，白狼之瑞，接武荐臻，此皆皇帝圣敬之符，孝友之感也。故能诞敷德教，弘乎四海，信可以光宅寰宇，永绥黎元者矣！其天下有至孝友悌、行著乡闾，堪旌表者，命县长官采听闻奏，孝子顺孙，乐于元化也。（至德二年正月）《唐大诏令集》卷一〇三《政事·举荐下》，第476页。

搜访天下贤俊制 至德二年四月八日
贾 至

朕闻唯理乱在庶官，是以先王旁求俊彦，思皇多士，以倡九牧，阜成兆人。顷者奸臣执权，专利冒宠，惟正直是丑，惟邪佞是能。此壅塞贤路，罔蔽天听，使忠臣不得进其谋，才士不得展其用。废三载之黜陟，寝九德之推择，多有老于郎署，滞于丘园，吏称无人，才不给位。朕以薄质，嗣守大宝，寇戎未珍，王业维艰，兢兢乾乾，日慎一日。缅惟尧舜求贤之意，周公吐握之义。思欲广进髦乂，辅宁邦家，实赖公卿大夫，弘我视听。《易》曰"方以类聚"，《语》曰"举尔所知"。凡宰相王臣，宜加搜择。其常参官及郡县长吏、上佐等，皆从历试而践通荣，如各知其密行异能，博学深识，才堪济代，术可利人，名不彰闻，位不充量，湮沦屠钓，流落风波者，一善可录，便宜公举。远则封表附驿，近则进状奏闻，勿避亲仇，无限侪伍。其有独负奇才，未逢知己，即仰投匦，并所在陈状自论，长官登时与奏。夫兹荐士，非止一举，永为恒典，有即登闻。昔荀桓子立翟之功，士伯受瓜衍之邑，柳下惠贤而不举，臧文仲被窃位之名。《春秋》

书之，千载不朽！凡百在位，可不勉钦！宜宣示中外，令知朕意。（至德二载四月八日）
《唐大诏令集》卷一〇三《政事·举荐下》，第476页；《文苑英华》卷四六二《诏敕四》署"贾至"。

收复两京大赦 至德二年十二月
唐肃宗

至德二年十二月诏："郡县官有灼然清白、理行尤异，百姓忠孝力田、不求闻达者，委采访使闻奏。其文经邦国，学究天下，博于经史，工于词赋，善于著述，精于法理，军谋制胜，武艺绝伦，并任于所在陈白，委郡守铨择奏闻，不限人数。"《册府元龟》卷六十八《帝王部·求贤第二》，第764页；《唐大诏令集》卷一二三《政事·平乱上》。

南郊赦 乾元元年四月
唐肃宗

乾元元年四月郊祀礼毕，竖日，御丹凤门，大赦天下，诏曰："草泽及卑位之间，有不求闻达，未经推荐者，一艺以上，恐遗俊乂，令兵部、吏部作征召条目奏闻。"《册府元龟》卷六十八《帝王部·求贤二》，第764页；《唐大诏令集》卷六九《典礼·南郊三》。

立成王为皇太子德音 乾元元年十月
唐肃宗

（乾元元年）十月甲辰，帝御宣政殿，册成王为皇太子，诏大赦天下：京官五品以上，各举忠正孝友、文儒周慎、堪任东宫官者，务取实才，不得虚荐。又曰：为政之要，求贤是急。比令中外荐举，多非实才，所以询事考言，登科盖寡，犹虑岩穴之内，尚有沉沦。宜令所在州县更加搜择，其怀才抱器、隐遁丘园，并以礼征送。如或不赴，具以名闻。凡与前诏科目相当，一切委内外文武五品以上官有所知者，不限人数，任各荐闻。如自举者，亦听于所在投状，有堪任用，不限常资。《册府元龟》卷六十八《帝王部·求贤第二》，第764页；《唐大诏令集》卷二九《皇太子·册太子赦》。

举贤良方正直言极谏一人诏（题拟） 乾元二年三月
唐肃宗

昔公卿面谏，载在简册；令仆陛奏，亦惟旧章。所以下竭其忠，上闻其过，君臣同德，岂不盛欤！公卿以下，有能论时政之非，箴朕躬之阙，有益于国，有利于人，宜尽昌言，以救时敝。朕必当行，终无讳者。朝廷用一人，擢一职，或有不当，亦任奏论。

京文武五品以上正员清资官，各举贤良方正直言极谏一人，任自封进。两省官十日一上封事，直论得失，无假文言，冀成殿最，用存沮劝。《册府元龟》卷一〇二《帝王部·招谏》，第1225页；《旧唐书》卷十《肃宗本纪》作"四月"。

改元上元赦_{乾元三年闰四月}
唐肃宗

（乾元）三年闰四月，御明凤门，诏："宜令中外五品以上文武正员官，各举贤良方正直言极谏一人，武艺文才俱堪济理者，亦任状举。其或文乏词策，武非骑射，但权谋可以集事，才力可以临戎，方圆可收，亦任通举。并限制到一月内奏毕。"《册府元龟》卷六十八《帝王部·求贤第二》，第765页；《唐大诏令集》卷四《帝王·改元中》。

南郊赦_{宝应元年}
唐肃宗

（宝应）元年建卯月敕书："诸色流人及左降官，其中有行业夙著、情状可矜、久践朝班、曾经任用者，委在朝五品以上清望官及郎中、御史，于流贬人中素相谙委、为众所推者，各以名荐，须当才实。文武不坠，道弘于人，务在搜扬，俾其展效。其诸道人中，有词学高深、兼通政理、军谋制胜、明习韬钤者，委所在刺史拣择闻荐，京官四品以上正员文武官，任各举一人。"《册府元龟》卷六十八《帝王部·求贤第二》，第765页；《唐大诏令集》卷六十九《典礼·南郊三》。

处分举荐人诏_{宝应元年七月}
唐肃宗

推荐之道，必务于至公；赏罚之间，亦资于不滥。其诸色举人等，须有处分，令荐所知。实伫才能，用施政理，自宜慎择，以副虚怀。古者效官，三岁考绩，善恶既著，褒贬斯存。举之得人，必受旌能之赏；举之失选，亦加惩过之罚。赏罚之典，期于勉行。凡百具寮，宜知朕意。（宝应元年七月）《唐大诏令集》卷一〇三《政事·举荐下》，第476~477页；《册府元龟》卷六十四《帝王部·发号令第三》。

册尊号赦_{广德元年七月}
唐肃宗

广德元年七月诏曰："河南、河北有怀材抱器、安贞守节、素在丘园不仕、为众所知者，委所在长官具名闻荐。诸色人中有孝悌力田、经术通博、文词雅丽、政理优长，本州各以名荐。"《册府元龟》卷六十八《帝王部·求贤第二》，第765页；《唐大诏令集》卷九《帝王册·尊号赦上》。

搜举遗逸诏（题拟）广德元年十二月
唐代宗

（广德元年）十二月诏："理道同归，求贤是急；非人不乂，辟士是勤。招以弓车，设其坛席，且忧薖轴，如待神明。朕临御多方，诞敷至化，虑遗岩穴，载伫云津。知白珩之非宝，降玄纁于下体。一自鸣銮关外，驻跸陕郭，每念明扬，深劳寤寐。听正言以除国病，思硕德以定人讹。而犹高士鸿冥，幽人豹隐，将朕之不德，而礼或有遗？望干旄之忠告，仰少微以叹息，眇然惕励，周览河山，蕨食薇歌，往而不返，永怀贤者，朕甚恧焉。今将意达巢居，诚通卜兆，一麾必起，四皓爰来，敦其素风，成我王道。宜令行在侧近府州长官，搜举遗逸。其有怀才抱器、高道不仕，精加访择，必以名荐。仍须以礼资遣，送赴行在，贲于丘园，待以郎署。务令申劝，悉朕意焉。"《册府元龟》卷六十八《帝王部·求贤第二》，第766页。

改元永泰赦 永泰元年正月
唐代宗

永泰元年正月制曰："孝悌力田，怀才抱器，遗逸未经荐达者，各委州府闻奏，亲当策试，量能叙用。"《册府元龟》卷六十八《帝王部·求贤第二》，第766页；《唐大诏令集》卷四《帝王·改元中》。

改元大历赦 大历元年十一月
唐代宗

大历元年十一月制曰："周征俊造，汉辟贤良，垂之典谟，永代作则。天下有安贫乐道，孝悌力田，未经荐用者，委所在长官，具以名闻。朕当亲自策试，量才叙用。"《册府元龟》卷六十八《帝王部·求贤第二》，第766页；《唐大诏令集》卷四《帝王·改元中》。

大历五年大赦册 大历五年六月
唐代宗

（大历）五年六月诏曰："内外文武官及前资官六品以下，并草泽中有硕德专门、茂才异等、智谋经武、讽谏主文者，仰所在州府观察、牧宰，精求表荐。如所由搜扬未尽、遗逸林间者，即宜诣阙自举。亲当策试，量能擢用。"《册府元龟》卷六十八《帝王部·求贤第二》，第766页；《唐大诏令集》卷八十四《政事·恩宥二》。

即位大赦册 大历十四年六月
唐德宗

德宗以大历十四年即位，六月诏："天下有才业尤著、高蹈丘园及直言极谏之士，所在具以名闻。其诸色人中有孝悌力田、经学优深、文词清丽、军谋宏远、武艺殊伦者，亦具以名闻。能诣阙自陈者亦听。仍限今年十二月内到，朕当亲试。诏中书、门下省、御史台五品以上，尚书省四品以上，诸司三品以上长官，各举可任刺史、京令者一人，中书门下量才进拟，后有犯者，举人同罪。"《册府元龟》卷六十八《帝王部·求贤第二》，第766页。

奉天改元大赦制 平朱泚后，改建中五年为兴元元年
陆 贽

致理兴化，必在推诚；忘己济人，不吝改过。朕嗣服丕构，君临万邦，失守宗祧，越在草莽。不念率德，诚莫追于既往；永言思咎，期有补于将来。明征厥初，以示天下。【略】又尚德者，教化之所先；求贤者，邦家之大本。永言兹道，梦想劳怀。而浇薄之风，趋竞不息，幽栖之士，寂寞无闻。盖诚所未孚，故求之不至。天下有隐居行义、才德高远、晦迹丘园、不求闻达者，委所在长吏具名闻奏，朕当备礼邀至。诸色人中，有贤良方正能直言极谏及博通坟典达于教化，并识洞韬略堪任将帅者，委常参官及所在长吏闻荐。【略】《唐大诏令集》卷五《帝王·改元下》，第23～24页；陆贽《翰苑集》卷一《制诰·赦宥上》；《文苑英华》卷四二一《赦书二·改元赦书》。

放制科举人诏 贞元元年九月
唐德宗

贞元元年九月丁巳诏曰：朕祇膺祖宗之业，猥临亿兆之上，任大守重，不敢康宁。永怀万事之统，惧有所阙，夕惕若厉，中夜以兴。求贤审官，期于致理，而政化犹郁，太平未臻。思得海内忠良，竭陈规谏，洎经术之士、才略之臣，以明教化，以立武事。惟兹三者，政之大经。虑岩穴之间，尚多遗逸，故科别条目，广延异能。贤良方正能直言极谏韦执谊等，达于理道，甚用嘉之，位以旌能，宜升秩叙。其第三等人，委中书门下即超资与处分；第四等人，即优与处分；第五等人，即与处分。嗟乎！强学以待问，进德以及时。昔公孙弘，犹闻十上，失之正鹄，必反诸身。凡为多士，宜各自勉。《册府元龟》卷六十八《帝王部·求贤第二》，第766～767页；《唐大诏令集》卷一〇六《政事·制举》。

访习天文历算诏 贞元三年二月
唐德宗

南正北正，司天地之职；羲氏和氏，统日月之官。盖所以幽赞神明，发挥历象，经百王而不易，涉千古而无替。慎灶叠迹于前，甘石比踪于后，莫不仰稽次舍，俯察机祥。克穷盈缩之端，备极阴阳之际。朕临御区宇，多历岁年，睹彼清台，罕闻其妙。岂人不逮昔，将求之未尽？虽天道难知，固以不言示教，而时君取戒，宁可遐弃厥司。宜令诸州及诸司，访解占天文及历算等人，务取有景行审密者，并以礼发遣。《唐大诏令集》卷一〇二《政事·举荐上》，第473页。

求贤诏（题拟）贞元四年正月
唐德宗

（贞元）四年正月诏曰："贤良方正能直言极谏者，高蹈不仕隐居岩穴，孝悌力田闻于乡里，所在长官，具名闻荐。诸色有清白政术堪任刺史、县令，常参官各举所知。朕当亲自策试之。"《册府元龟》卷六十八《帝王部·求贤第二》，第767页。

南郊赦 贞元九年十一月
陆贽

【略】《书》叙"明四目，达四聪，垂拱而理"，《诗》称"济济多诗，文王以宁"。舍己从人，故能通天下之志；弃瑕录用，故能尽天下之才。昔在太宗，勤求理道，纳谏如响，任贤勿疑，致俗于太平，垂范于永代。朕获承鸿绪，追纂往猷，书之座隅，恒自儆励。朝夕翘想，庶闻嘉言，梦寐劳怀，思得良士。凡厥在位，所宜共成，诸司有便宜陈者，各尽所见，条疏封进；事有冤滞，政有阙遗，悉当极言，无或隐避；诏敕不便于时，所司执奏以闻。天下有蕴德怀才，隐居不仕，委所在观察使表荐，当以礼邀致。诸色人中，有贤良方正能直言极谏，或博通坟典达于教化，或详练故事长于著述，或精集律令晓畅法理，或该明吏术可以理人，或洞识韬略堪任将相，委所在州县长吏及台省常参官，详录行能举奏，仍牒报吏部。其所举人，并限来年七月内到京，朕当亲试，缘大礼职掌行事。《唐大诏令集》卷七十《典礼·南郊四》，第355～357页；陆贽《翰苑集》卷三《制诰·赦宥下》；《文苑英华》卷四二六《赦书七·禋祀赦书三》。

求贤制（题拟）贞元十一年九月
唐德宗

（贞元）十一年九月制曰："天下有才德高远、为众所知，及隐居丘园、不求闻达者，委所在州县长吏，具名迹闻荐。诸色人中，有贤良方正能直言极谏，或博通坟典达于教化，或详明政术可以理人者，委常参官及州府长吏，各举所知奏闻。朕当亲自策试。"《册府元龟》卷六十八《帝王部·求贤第二》，第767页。

诸州准荐人制（题拟）贞元十二年三月
唐德宗

（贞元）十二年三月诸州准制："荐隐丘园、不求闻达蔡武等九人，并授试官，令给公乘赴京，到日量才叙用。"《册府元龟》卷六十八《帝王部·求贤第二》，第767页。

即位赦 贞元二十一年
唐顺宗

顺宗贞元二十一年即位制："诸色人中，有才识兼茂明于体用者，经术精深可为师法者，达于吏治可使从政者，宜委常参官各举所知。其在外者，长吏精加访择，具以名闻，仍优礼发遣。朕当询事考言，审其才识。如无人论荐者，即任自诣阙廷。"《册府元龟》卷六十八《帝王部·求贤第二》，第767页；《唐大诏令集》卷二《帝王·即位赦上》。

尚书省试制科举人敕 元和元年四月
唐宪宗

宪宗元和元年四月丙午，命宰臣以下监试应制举人于尚书省，以制举人皆先朝所征，故不亲试。制曰："朕以寡薄，获奉睿图，严恭寅畏，不敢暇逸，永惟万邦之广，庶务之殷。而烛理未明，体道未至。思欲复三代之盛烈，显十圣之耿光，是用详求正言，思继先志。子大夫等藏器斯久，贲然而来，白驹就维，洪钟待扣，膺兹献纳，朕甚嘉之。言观国光，宜有廷试，本将询事，岂忘临轩！园邑有期，营奉是切，求言诚感，未暇躬亲。爰命公相，洎于卿士，亲谕朕意，延访嘉谋。至于兴化之源，才识攸重，练达吏理，详明儒术，当是三道，副朕旁求。意或开予，靡有所隐，条列所问，毕志尽规。当酌古而参今，使文约而意备。朕将亲览，择善而行。并宜坐食，食讫就试。"《册府元龟》卷六四四《贡举部·考试第二》，第7713~7714页；《唐大诏令集》卷一〇六《政事·制举》。

放制举人敕 元和元年四月
唐宪宗

（元和元年四月）辛酉诏曰："构大厦者，必总于群材；成大川者，亦资于百谷。

故思理之主，求贤罔遗，所以昭宣令图，广大前绪，观文缉化，其在兹乎！朕以寡昧，获奉丕业，虚己问政，实始于兹，考言求益，敢不祗若？故命左右辅弼，洎有位之臣，会于中台，必究其论。间密以献，省自朕躬，果获贤能，副予饥渴。才识兼茂明于体用科人第三次等元稹、韦惇，第四等独孤郁、白居易、曹京伯、韦庆复，第四次等崔韶、罗让、崔护、元修、薛存庆、韦珩，第五上等萧俛、李蟠、沈传师、柴宿；达于吏理可使从政科第五上等陈岵等：咸以待问之美，观光而来，询以三道之要，复于九变之选，得失之间，粲然可观。宜膺德茂之典，式叶言扬之举；其第三次等人，委中书门下优与处分，第四等、第四次等、第五上等，中书门下即与处分。"《册府元龟》卷六四四《贡举部·考试第二》，第7714页；《唐大诏令集》卷一〇六《政事·制举》。

南郊赦 元和二年正月

唐宪宗

宪宗元和二年正月制曰："天下诸色人中，有贤良方正能直言极谏、博通坟典达于教化、军谋宏远堪任将帅、详明吏术可以理人，委内外官各举所知，当亲策试。"《册府元龟》卷六十八《帝王部·求贤第二》，第767页；《唐大诏令集》卷七十《典礼·南郊四》；《文苑英华》卷四二二《赦书三·尊号赦书一》。

制举试讫止宿敕（题拟）元和三年三月

唐宪宗

制举人试讫，有逼夜纳策，计不得归者，并于光宅寺止宿。应巡检勾当官吏并随从人等，待举人纳策毕，并赴保寿寺止宿。仍各仰金吾卫使差人监引；送至宿所。如勾当，勿令喧杂。《唐会要》卷七十六《制举科》，第1393页；《文献通考》卷三三《选举考六·贤良方正》。

册尊号赦 元和十四年七月

唐宪宗

（元和）十四年七月乙丑，帝御宣政殿，册尊号礼毕，大赦天下："天下诸色人中，有贤良方正能直言极谏，博通坟典达于教化，军谋宏远堪任将帅，详明政术可以理人者，委内外官各举所知，当亲自策试。"《册府元龟》卷六十八《帝王部·求贤二》，第767页；《唐大诏令集》卷十《帝王·册尊号赦下》。

中书门下、尚书省策试制举人敕（题拟）元和十五年二月
唐穆宗

先帝所征贤良方正能直言极谏等科目，朕不欲亲试。宜令中书门下、尚书省四品以上官就尚书省同试。《唐会要》卷七十六《制举科》，第1394页。

处分幽州德音 元和十五年十一月
元　稹

穆宗元和十五年即位，十一月制曰："如有隐于山谷、退在丘园，行义素高、名节可尚，或才兼文武、卓然可奖者，具名荐闻。"《册府元龟》卷六十八《帝王部·求贤第二》，第767页；《白氏长庆集》卷四十。

南郊改元赦 长庆元年正月
唐穆宗

长庆元年正月辛丑，郊禋礼毕，大赦。制："天下诸色人中，有贤良方正能直言极谏，博通坟典达于教化，军谋宏远堪任将帅，政术详明可以理人者，委有司各举所知，限今年十月到上都。"《册府元龟》卷六十八《帝王部·求贤第二》，第767页；《唐大诏令集》卷七十《典礼·南郊四》。

辽阳八州举士诏（题拟）长庆元年三月
唐穆宗

（长庆元年）三月制："以刘总献辽阳八州之地，其管内官吏有奉职清勤，及有贤才隐于山谷，退在丘园，并具荐闻。"《册府元龟》卷六十八《帝王部·求贤第二》，第767~768页。

制举试期诏（题拟）长庆元年十月
唐穆宗

（长庆元年）十月诏："文武常参官及诸州府准制举荐贤良方正人等，以十一月二十五日御宣政殿策试，宜令所司准式。"《册府元龟》卷六四四《贡举部·考试第二》，第7715页。

试制科举人敕 长庆元年十一月
唐穆宗

（长庆元年）十一月戊午，御宣政殿试制科举人，制曰："古人有言，常引一代之人，以理一代之务。虽俊贤茂彦，不乏于时，然亦在敷纳以言，精核其实。若决川渎以导其气，考金石以求其音，使抱忠义者必尽其诚，知古今者必先其虑。朕纂承鸿业，以抚兆人，尝欲效三代之礼，修列祖之法。犹念和气之未洽，休祥之未臻，百姓之未安，五兵之未戢。故详延修洁之士，庶得乎未闻，将以达天地之心，究俗化之变，研安危之虑，探理乱之言。子大夫覃思于六经，驰骛于百氏，得不讲求至论，以沃朕心？方直者举朕之阙，政术者体时之要，慕玄远者神其论，赡文词者抑其华，言经者折衷于圣人，以明教化，论将者先之以仁义，无效纵横。於戏！子大夫当朕之时，必思自达。且古之翼其君者，尚委辂纳说，荷担吐奇，由壶关之上言，自南昌而讽刺。况文陛之下，负扆亲临，若藏器不耀，结囊而去，顾朕深志，复何望焉！当体予衷，无惧后害，宜坐食，食讫就试。"《册府元龟》卷六四四《贡举部·考试第二》，第7715～7716页；《唐大诏令集》卷一〇六《政事·制举》，题为"长庆二年试制科举人敕"，末署"十月二十三日"。

放制举人诏 长庆元年十二月
唐穆宗

（长庆元年）十二月辛未，制曰："朕自郊上玄，御端门，发大号，与天下更始，思得贤俊，标明四科。令群公卿士暨守土之臣，详延下位，周于草泽，成列待问，副予虚求，昧爽临轩，俾究其论。正辞良术，精义宏谋，绎之旬时，深见忠益，言刘其楚，列而第之。贤良方正能直言极谏第三等人庞严，第三次等人吕术，第四等人韦署、姚中立、李躔，第四次等人崔嘏、崔龟从、任畹，第五上等人韦正贯、崔知白、陈玄锡；博通坟典达于教化第四等人李思玄；详明政术可以理人第四次等人崔郢；军谋宏达堪任将帅第三等人吴思，第五等人李商卿：咸以懿学茂识，扬于明庭，况当短晷之晨，颇著论思之美，璨然高论，深沃朕心。永言藏器之规，岂忘縶驹之义！宠之命秩，允答嘉猷。其第三等人、第四次等人，委中书门下优与处分；其第四等人、第四次等人、第五上等人，中书门下即与处分。"《册府元龟》卷六四四《贡举部·考试第二》，第7716～7717页；《唐大诏令集》卷一〇六《政事·制举》。

除制举人官敕 长庆元年十二月
唐穆宗

（长庆元年十二月）甲申，以登制科人前试弘文馆校书郎庞严为左拾遗，前试秘书省校书郎张述为右拾遗,前试太常寺协律郎吴思为右拾遗,供奉京兆府富平县尉韦曙为左拾遗,内供奉前乡贡进士姚中立、李躔、崔碬并可秘书省校书郎,同州参军崔龟从为京兆府鄠县尉,太子正字任晼为京兆府兴平尉,草泽韦正贯为太子校书郎,前乡贡士进士崔知白为秘书省正字,前乡贡进士崔郢为太子校书郎,前乡贡进士李商卿为崇文馆校书郎。制曰:"昔仲尼之门,以四科品第诸生,所得十哲。今吾征四海九州之士,而登名者十有五人。搜罗简拔,非不勤至,以今况古,可谓才难。是用诏爵以嘉奖其忠,超擢以光明其道。俾岩石之下,人思自奋;晁、董之盛,远以为邻,延登谏垣,式仵忠益。譬书结绶,皆曰显途;修其秩次,亦视科等。服我远命,勖哉我獶。可依前件。"
《册府元龟》卷六四四《贡举部·考试第二》,第7717页;《唐大诏令集》卷一百六《政事·制举》。

即位大赦册长庆四年三月

唐敬宗

敬宗长庆四年即位,三月壬子赦书:"诸色人中,有贤良方正能言直极谏,经术优深可为人师,详闲吏理达于教化,军谋宏远堪任边将者,委常参官并诸道节度观察使、诸州刺史,各举所知,限来年正月到上都。"《册府元龟》卷六十八《帝王部·求贤二》,第768页。

南郊赦宝历元年正月

唐敬宗

门下:朕以眇薄,纂承洪构,祗见九庙,肇祀二仪,外饰备物,中惟尽敬。昆虫草木之实,致丰于蠲洁;哀乐和愉之感,庶交乎神明。四海奔走,众祇授职,冀下观而化,皆内诚乎心。百王之礼乐在陈,列圣之声诗合奏,敬极严配,道备飨亲。虔奉成式,惕焉惴惧。而今而后,不敢满假,庶无大悔,以贻祖考之羞。因体元以统历,遂颁恩而大宥,可大赦天下,改长庆五年为宝历元年。【略】澄清教化,莫尚乎太学;明治心术,必本乎六经。天下诸色人中,有能精通一经堪为师法者,委国子祭酒访择,具以名闻奏。天下州县,各委刺史、县令招延儒学,明加训诱,名登科第,即免征徭。【略】《唐大诏令集》卷七十《典礼·南郊四》,第359~361页;《文苑英华》卷四二七《赦书八·禋祀赦书四》。

制举试期诏 (题拟)宝历元年三月

唐敬宗

敬宗宝历元年三月辛酉诏:"常参及诸州府准去年三月三日制举诸色科目见到总三百一十九人,今月二十八日御宣政殿临试,宜付所司准式。"《册府元龟》卷六四四《贡举部·考试第二》，第7717页。

试制举人诏 宝历元年三月

唐敬宗

（宝历元年三月）辛未，帝御宣政殿试制举人，诏曰："朕闻心术顺道，天下可一言而兴；聪明壅途，堂上有千里之远。故唐虞而降，则考试观俗；汉魏之际，则诏策求贤。朕缵绍丕图，抚临方夏，实惧诚有所偏信，鉴有所未周。乃前岁诏六官、九卿、方岳、尹正有位之士，逮于庶僚，高悬四科，博荐群彦，将访众政之阙，酌至论之中。子大夫庭列俨然，可应其品，是用宵兴前殿，永日渴求。条列坦明，咸本经史。固子大夫之所讲磨矣，当竭诚虑，无有蕴藏。宜坐食，食讫就试。"以中书舍人郑涵、吏部郎中李虞仲并充考制策官。《册府元龟》卷六四四《贡举部·考试第二》，第7717～7718页；《唐大诏令集》卷一〇六《政事·制举》，末署"二月二十八日"。

放制举人诏 宝历元年三月

唐敬宗

（宝历元年三月）丁亥，制曰："朕深居法宫，高处宸极，常虑天下多务壅于上闻，朝廷大猷阙于中兴。至于伏陛叩颡，造膝犯颜，皆骤迁显荣，宠以优锡，尤思物不得茂遂，道有所郁堙。是用虚中访贤，侧席前殿，缄密以献，阅自朕躬。切弼予违，无所回忌，第于上下，扬于正朝。吾之不吝，亦可谓信于海内矣。贤良方正能直言极谏科举人第三等唐伸、韦端符、舒元褒，第四等萧敞、杨鲁士、杨俭、来择、赵柷、裴恽，第四次等韦繇、李昌实、严荆、田邕、崔璜，第五上等李沔、萧夷中、冯球、元晦；详闲吏理达于教化科第五上等韦正贯；军谋宏远材任边将科第三等裴俦，第四次等侯云章：咸以谠言正词，兵符教本，应问如响，不穷如泉，著之于篇，烂然尽在。宜膺中鹄之选，用叶縻爵之经。其第三等人，委中书门下优与处分；第四等、第四次等、第五上等，中书门下即与处分。"后不数日，帝谓宰相曰："韦端符、杨鲁士皆涉物议，宜与外官，端符授同州白水县尉，鲁士授兴元府城固县委。"宰臣等竟请罪名，不得。《册府元龟》卷六四四《贡举部·考试第二》，第7718页；《唐大诏令集》卷一〇六《政事·制举》。

改元赦 太和元年正月

唐文宗

文宗太和元年正月赦书："诸色人中，有贤良方正能直言极谏者，及经学优深可为师法，详闲吏理达于教化，军谋宏远堪任将帅者，常参官及方牧郡守各举所知。无人举者，亦听自举，并限来年正月到上都。"《册府元龟》卷六十八《帝王部·求贤第二》，第768

页;《唐大诏令集》卷五《帝王·改元下》。

亲试制举人敕 太和二年三月
唐文宗

文宗太和二年三月辛巳,御宣政殿亲策试制举人,诏曰:"志本于道,盖道以致君为先;代实生才,盖才以济理为务。不索何以获其实,不言何以知其志?故帝尧重询众之训,殷宗首沃心之术,其传曰'嘉言罔攸伏',又曰'俊民用彰'。汉魏以还,诏策时作,暨于我唐,遵为故事。由是善政惟义,魁能间出。朕祗荷大宝,勤恤兆人,明不烛于幽昧,惠未流于鳏寡,御朽兢虑,求思永图。是以诏命有司会群材,列稽疑,延阙政。子大夫达学通识,俨然来思,操觚濡翰,条悔宿滞,慰我虚伫,必引嘉猷。故临轩命书策以审访,继烛俟奏,其悉乃辞。各宜坐食,食毕就试。"左散骑常侍冯宿、太常少卿贾𬭚、库部郎中庞严,宜并充考策官。是日,宰臣等以监侍制举人及夜,并宿于中书省。《册府元龟》卷六四四《贡举部·考试第二》,第7718页;《唐大诏令集》卷一〇六《政事·制举》。

放制举人敕 太和二年三月
唐文宗

(太和二年三月)甲午诏曰:"王者谨天戒,酌人言,叶时凝命,资贤赞理,斯为令典也。朕以菲德,祗膺大统,岁属凶旱,人思底宁。庶察弊以勤理,因举能而询众。科别条问,临轩致试,载搜尤才,果副虚伫。贤良方正能直极谏科举人第三等裴休、裴素,第三次等李郃,第四等南卓、李甘、杜牧、马植、郑亚、崔玙,第四次等崔谠、王式、罗绍京、崔蕖、崔慎繇、苗愔、韦昶、崔樗,第五上等崔涣、韩宾;详闲吏理达于教化科举人第四次等宋昆;军谋宏远堪任将帅科举人第四次等郑冠、李栻等:皆直躬遵道,博古知微,敷其远猷,志在弘益。实能攻朕阙政,究天人交际之理,极皇王通变之义,指切精洽,粲然可观。既效才于明试,宜旌能于受禄。其第三等、第三次等人委中书门下优与处分,第四等、第四次等、第五上等人中书门下即与处分。"时有刘蕡应直言极谏科,条对激切,凡数千言,虽不中第,其文本行于时。《册府元龟》卷六四四《贡举部·考试第二》,第7718~7719页;《唐大诏令集》卷一〇六《政事·制举》。

南郊赦 太和三年十一月十八日
唐文宗

王者祗见宗庙,情极于孝思;肃事郊丘,义崇于严配。诸侯骏奔以助祭,百灵胼蚃而降祥,感达神明,斯为茂范。朕以冲昧,获嗣丕图,奉累圣之耿光,承上天之眷命,以简易弘宣政本，以勤俭调顺化源。宵旰励心，思臻至道，兢业寅畏，于今四年。属兴伐叛之师，未暇燔柴之礼，赖祖宗保佑，上帝监临，氛氲澄清，弓戈櫜戢。今因南至，有事圜丘，荐诚敬于二仪，申感慕于九庙。群祀来享，至诚必通，既陈信以告虔，宜覃恩而广泽，可大赦天下。【略】量能授用，允属于群材；举善推贤，是先乎公族。经学可以弘教本，高尚可以观时风。宗子中有才行著明、文学优异者，委宗正寺具名闻荐，比类加奖。诸色人中，有精究经术、洞该今古，求志不期闻达，委所在长吏具以名闻。【略】《唐大诏令集》卷七一《典礼·南郊》，第362～363页；《文苑英华》卷四二八《赦书九·禋祀赦书五》。

德音册 太和四年正月
唐文宗

【略】天下诸色人中，有贤良方正能直言极谏及经术优深可为师法，详明吏理达于教化等科，委常叅官及方牧郡守各举所知。草泽无人举者，亦听自举。限来年正月至上都。【略】《唐会要》卷七十六《制科举》，第1394页。

改元开成赦 开成元年正月
唐文宗

朕以寡昧，祗奉昌图，兢业为心，不敢自息，庶乎播祖宗之光烈，致区宇之康平。推诚不疑，惟才是用。岂谓奸凶背德，宗社将危，中外叶谋，咸加显戮。知人则哲，虽在帝以犹难；罪己兴怀，诚为君之不易。缅惭上理，良用惕然。是用因元正御正殿，首明罪己，乃布鸿恩。【略】内外文武官及诸色人，任上封事，极言得失，有补时政者，必加升擢，待以不次。其有藏器待时、终身岩穴、奇节特行、可激风俗者，委常参官及所在长吏，各以名闻。文武之道，合而兼济。勋臣子弟，有能修词务学、应进士明经及通诸科者，委有司先加奖引。河朔节将以州县归国者，张茂昭、田弘正、程权各与一子官。子弟堪任使者，委中书门下量加引用。应内外文武官进阶加爵有差。《唐大诏令集》卷五《帝王·改元下》，第26～27页。

平潞州德音 会昌四年九月十八日
唐武宗

朕闻覆载之内，逆命者必灭其身；日月所临，乱常者必覆其族。矧有恩孤亭毒，义背君亲，罪恶贯盈，人神共弃，咎将自执，祸岂能逃？逆贼刘稹，包祖父之奸谋，肆豺狼之狠戾，动干纪律，力逞凶顽，招亡命而为心腹，凭山川而为险固，胁从百姓，残忍一方，积恶成殃，擢发难数！朕恭承宝位，祗畏上天，每戒佳兵，常思去杀。然事关除暴，理合兴师，遂命戎臣，会兵攻伐。鼙鼓震雷霆之怒，戈鋋行原野之诛。恶党既诛，元戎就戮，载驰驿骑，传首上闻，又献捷音，降书既至。是用丕变弊俗，洗荡妖氛，式布新恩，获全旧土。【略】其诸色人内，如有文学节行，比来藏避从谏，隐迹山林者，并以搜访，具以名闻。【略】《唐大诏令集》卷一二五《政事》，第617~618页。

搜访兵术贤才诏 光启元年正月

唐僖宗

僖宗光启元年正月诏曰：朕每念艰难之本，思拯济之图，治少乱多，古犹今也。盖搜扬之未至，非爵赏之不行。况自乡里沽名，物情贾怨，朝市有争先之党，山林多独往之人。彼岂自穷而莫返？其有文包经纬，道贯儒玄，贞遁自腴，浮名不染，岂无加等之命，以待非常之流！

今委使臣，远近征访，必行备礼，以耸群方。且几贵研深，用惟体要。运当无事，固垂拱而可待；时属多虞，非拔奇而不振。或有材优将略，业洞兵钤，辨胜负于风云，计短长于主客，妙得神传之诀，耻成儿戏之名，不俟临机，方期制变。或销声于屠钓，或屈志于风尘，勿愧自媒，当期致用。至乃旁规国病，动适时宜，深探货殖之源，备得富强之术，排于浮议，郁彼良图。又有志擅纵横，久潜缁褐，材推超异，见辱侪流，苟全一艺之工，不必万夫之敌。亦有推研历象，校步星辰，言必效于机先，术岂疑于亿中。是资奇器，孰曰异端，亦在勤求，伫加殊赏。

嘻！功名可慕，少壮几何，在君亲则忠孝相资，于国家则安危同切。勿甘流落，犹徇晏安。并委使臣榜示访求，长吏津置发遣。同心体国，无使淹延，悬赏俟能，必期升擢。朕虽踵艰否，亦谓忧勤。高祖、太宗之在天，固当垂佑；社稷、生灵之有主，夫岂乏贤！达我敷求，咨尔将命，勿虚翘瞩，苟自因循。其间儒学优游，军谋弘远，密陈时务，愿就制科者，已从别敕处分。跅弛遗才，沉沦末位，不碍文武，并须升闻。布告天下，咸使知悉。《册府元龟》卷六十八《帝王部·求贤第二》，第768页；《唐大诏令集》卷一〇三《政事·举荐下》作"光启五年五月"。

改元天复赦 光化四年、天复元年四月

唐昭宗

【略】汉征极谏，晁、董陈理乱之端；晋策能言，诜、玄贡阙遗之政。乃登道广，请举公平，诚在得人，以匡不逮。应天下诸色人中，有贤良方正能直言极谏，博通坟典达于教化，军谋宏远政术详明者，文武常参官及诸道节度、观察等使，具姓名闻奏荐，至十一月到京，朕当亲临策试，择其可否施行【略】《唐大诏令集》卷五《帝王·改元下》，第27~30页。

改元天祐册 天复四年、天祐元年闰四月
唐昭宗

昭宗车驾至洛阳，改天复四年为天祐元年，敕书："倘有怀才抱德、隐遁山林、武艺绝伦、湮沉卑贱者，仰所在处长吏察访奏荐。如得才实，当待以不次之位。"《册府元龟》卷六十八《帝王部·求贤二》，第768页。

搜访贤良诏 后梁开平三年十一月
梁太祖

梁太祖开平三年制："其有卓荦不羁，沉潜用晦，负王霸之业，蕴经济之谋，究古今刑政之源，达礼乐质文之奥，机筹可以制变，经术可以辨疑，旋具奏闻。然后试其所长，待以不次。"《册府元龟》卷六四五《贡举部·科目》，第7732~7733页。

至西京下诏 开平四年九月
梁太祖

开平四年诏曰："朕闻历代帝王，首推尧、舜；为人父母，孰比禹、汤？睿谋高出于古先，圣德普闻于天下，尚或卑躬待士，屈己求贤。俯仰星云，虑一民之遗逸；网罗岩穴，恐片善之韬藏。延爵禄以征求，设丹青而访召，使其为政，乐在进贤。盖由国有万机，朝称百揆，非才不治，得士则昌。自朕光宅中区，迄今三载，宵分辍寐，日旰忘餐，思共力于庙谋，庶永清于王道。而乃朝廷之内，或未尽于昌言；军旅之间，亦罕闻于奇策。眷言方岳，下及山林，岂无英奇，副我延伫！诸道都督、观察、防御使等，或勋高翊世，或才号知人，必于途巷之贤，备察苎莸之士。诏到，可精搜郡邑，博访贤良，谕之以千载一时，约之以高官美秩。谅无求备，惟在得人。如有卓荦不羁，沉潜自负，通霸王之上略，达文武之大纲，究古今刑政之源，识礼乐质文之变，朕则待之不次，委以非常。用佐经纶，岂劳阶级。如或一言拔俗，一事出群，亦当舍短从长，随才授任。大小方圆之器，宁限九流；温良恭俭之人，难诬十室。勉思荐举，勿至因循。俟尔发扬，慰予翘渴。仍从别敕处分。"《旧五代史》卷五《梁书第五·太祖纪五》；《册府元龟》卷二一三《闰位部·求贤》。

改元大赦诏 后唐同光元年四月
唐庄宗

后唐庄宗同光元年四月己巳，即位于魏州，升告礼毕，御应天门，改元肆赦，制

曰："法天取象，令王以降衷下民；秉箓承乾，哲后以膺图受命。莫不运推历数，道济艰难，经纶于草昧之中，式遏于乱略之始。君临兆庶，子惠万邦，寿域将登，眚灾是宥。朕顾惭凉德，诚愧前修，祗荷鸿休，恭修清问，将布维新之政，是覃革故之恩，遐按彝章，溥颁成宪。爰自丕承丕构，世奉本朝，誓雪耻于君亲，欲再安于庙社。所以躬提义旅，力殄凶徒，渐致小康，永清中夏。俄属列藩，群后不谋，同辞咸称，伪逆干天，宗祧乏享，眷命所属，主鬯攸归。以朕籍系郑王，志存唐室，合中兴于景祚，须再造于洪基。推戴既坚，让辞靡获，既难违众，遂命有司，乃择元辰，率尊前典，寻升坛而奠玉，仍即位以建元。钦若旧章，敬敷霈泽，宜改天祐二十年为同光元年，可大赦天下。【略】内外文武官及诸色人任封事，兼有贤良方正，抱器怀能，或利害可陈，无所隐讳，直言极谏，将一一行之，亦委诸道长吏，具姓名申奏。或所在有义行颇高，为乡里所推者，并仰准例举选，所司量才任使。"【略】《册府元龟》卷九十二《帝王部·赦宥第十一》，第1098~1101页。

求贤诏（题拟）同光元年十月

唐庄宗

同光元年十月，诏曰："侧席求贤，将臻至理，悬旌进善，式赞鸿猷。应名德有称，才艺可取，或隐朝市，遁迹林泉，并委逐处长吏遍加搜扬，津致赴阙，朕当量才任使。兼伪庭僭逆以来，凡有冤抑沉滞之人，并宜特与申雪，仍加迁陟。"《册府元龟》卷六十八《帝王部·求贤第二》，第769页。

南郊赦 同光二年二月

唐庄宗

（同光）二年二月南郊毕，制曰："事主之道，以立节为先；致理之方，以赏善为本。应怀才抱器，不事伪朝，众所闻知，显有节行，仰所在长吏将所著事状，具姓名闻奏。当别甄奖，兼授官秩。"《册府元龟》卷六十八《帝王部·求贤第二》，第769页。

绝请托侥幸之门敕（题拟）长兴二年五月

唐明宗

（长兴二年）五月敕："国赖贤良，虽务搜扬之道；官由请托，实开侥幸之门。盖任不当材，则民将受弊，稍乖抡择，大紊纪纲。近闻百执事等，或亲居内职，或贵列廷臣，或因宣达君恩，或因勾当公事，经由列镇，干扰诸侯，指射职员，安排亲昵。或潜申意旨，或显发书题。苟徇私情，罔循公道，争能峻阻，须至强行。遂使受命者负势以临人，得替者衔冤而去职。既亏慎举，渐益躁求，务要肃清，当行厘革。自今以后，应内外臣僚，不计在朝出使，并不得辄发书题，及行所属于诸处乱安排人。宜令三司兼诸道节度、防御、团练、刺史等，或更有人不畏新敕，犹蹑旧踪者，并仰密具姓名闻奏，发荐人贬所在官，求荐人配流边远州县，常知所在。如逐处长吏自徇人情，显违敕命，只仰被替本人诣阙上诉。勘问不虚，长吏罚两月俸罚，荐人比前条更加一等，被替人不准是何职掌，却令依旧勾当；仍从再勾当，后三年内除别显有罪名外，不得妄有替移。其余长兴二年五月一日以前所犯，不在上诉之限。兼敕到后，但是州府，并于管驿处粉壁具录敕命晓示，每令修护，永使闻知。况国家悬爵待人，惟贤是举，稍闻俊乂，必令奖升，其有端士正人，雄文大学，言可以经纶王道，行可以规矩人伦者，但当显陈表章，明具论荐。名如得正，工不弃财，所务绝彼幸人，岂可滞诸贤者。"《册府元龟》卷六十六《帝王部·发号令第五》，第735页。

搜访遗逸敕（题拟）长兴二年七月
唐明宗

明宗长兴二年七月敕："朝臣相次敷陈，请搜沉滞。簪缨之内，甚有美贤；山泽之中，非无俊彦？若令终老，乃是遗才。郑云叟顷自乱离，久从隐逸，近颁特敕，除授拾遗。不来赴京，自缘抱病。非朝廷之不录，在遐迩以皆知。宜令诸道藩侯，专切搜访，如有隐逸之士，艺行可称者，当具奏闻，必宜量才任使。"《册府元龟》卷六十八《帝王部·求贤第二》，第769页。

即位赦 天福元年十一月
晋高祖

晋高祖初即位赦制曰："弓旌聘士，岩穴征贤，式光振鹭之班，将起维驹之咏。应山林草莱、贤良方正、隐逸之士，委逐处长吏切加搜访，咸以名闻，当议量才叙用。"《册府元龟》卷六十八《帝王部·求贤第二》，第769页。

求贤诏 天福元年闰十一月
晋高祖

天福元年闰十一月壬午敕："应有怀才抱器，隐遁山林，方切务于旁求，宜遍行于搜访。委所在长吏备达朝旨，具以名闻。又明宗朝亲属之内，宿旧之中，或功名曾著于舆情，或才器可裨于公政，宜委中书门下量才叙录。士流之内，有怀才抱器、硕学殊能者，委中书门下搜访任使，勿拘门地资历。应致仕官，或筋力未衰、才能可任者，将表乞言之敬，难从归老之心，委中书门下商量奏闻，当议升擢。"《册府元龟》卷六十八《帝王部·求贤第二》，第769页。

准窦贞固求贤奏 天福三年八月
晋高祖

进贤受赏，备有前文，得士则昌，斯为急务。窦贞固名参国籍，职在禁庭，贡章疏以倾心，请班行而荐士。于可否之际，分赏罚之科，无愧当仁，无或旷职。今后宜许文武百僚于缙绅之内，草泽之中，知灼然有才器者，列名以奏。纳其章疏，记彼姓名，否臧尽达于予怀，用舍免私于公议。仍付所司。《册府元龟》卷六十八《帝王部·求贤第二》，第769~770页。

求贤诏 天福六年八月
晋高祖

（天福）六年八月壬寅诏曰："擢文武之才，今之急务；旌孝义之行，古有明文。赞治道以克隆，致人伦之式序。山林草泽内，文才武艺为众所推者，委长吏切加搜访，具以名闻，当议量才叙用。"《册府元龟》卷六十八《帝王部·求贤第二》，第770页。

即位大赦制 天福七年七月
晋出帝

少帝天福七年六月即位，七月庚子制："山林逸士，草泽逸贤，将裨教化之风，且广搜罗之道。应有怀才抱器、隐遁丘园者，委随处长吏切加搜访，具以名闻。"《册府元龟》卷六十八《帝王部·求贤第二》，第770页。

改元制 乾祐元年正月
汉高祖

汉高祖乾祐元年正月诏："朕昔在藩邸，颇熟臣僚。文武之才，尝备观其梗概；方圆之用，宜更察于精微。俾取质于众多，庶无遗于俊造。应文武常参官，仰准唐建中年故事，上任后三日表举一人自代。征聘丘园，免遗才彦，恢张名教，俾厚人伦。应有蕴蓄器能，精通理道，文理该博，武略纵横，而退遁于家，高尚其事者，委所在访寻，当俟征用。"《册府元龟》卷六十八《帝王部·求贤第二》，第770页。

即位制 乾祐元年二月
汉隐帝

隐帝以乾祐元年二月辛巳即位，癸巳制曰："【略】任贤勿二，得士者昌。仰稽圣谟，敷求时彦，访诸贞遁，庶无遗才。天下有贤良方正，文才武略，不求进达，处于沉滞者，仰所在搜访以闻。名实相得，当加擢任。【略】"《册府元龟》卷九十五《帝王部·赦宥一四》，第1136~1139页。

即位制 广顺元年正月
周太祖

周太祖即位制曰："山林草泽之间，怀才抱器之士，切加搜访，免致遗贤。"《册府元龟》卷六十八《帝王部·求贤第二》，第770页。

祀圜丘礼毕赦制 显德元年正月
周太祖

显德元年正月丙子祀圜丘礼毕赦制："应山林隐逸，草泽才能，所属长吏搜访，具以名闻。"《册府元龟》卷六十八《帝王部·求贤第二》，第770页。

即位大赦制 显德元年三月
周世宗

世宗是月（显德元年正月）丙申即位，三月赦制："应有怀才抱器，出众超群，或养素于衡门，或屈迹于末位，孤寒难进，志业何伸，咸用搜罗，待以爵秩。诸隐遁不仕及卑官下位中，有文武干略，灼然可称者，所在具以名闻。"《册府元龟》卷六十八《帝王部·求贤第二》，第770~771页。

举令录官诏 显德二年正月
周世宗

（显德）二年正月辛卯诏曰："令录之官，政理之本，亲民总务，在干与廉。虽铨衡旧规，每常慎择，而缙绅多士，难以具知。爰开举善之门，以广用才之道。应在朝文武官、翰林学士、两省官内，有曾历藩郡宾职州县官者，宜令各举堪为令录者一人，务在强明清慎，公平勤恪。其中有以曾任令录，亦许称举，并当擢任，不拘选限资叙。虽姻族近亲，亦无妨嫌。只须举状内，具言除官之日，仍署举主姓名。若在官贪浊不公，懦弱不理，或职务废阙，或处断乖违，并量事状重轻，连坐举主。仍令御史台催促本官，旋具奏闻，限两月内举状齐足，如出使在外者，候回日准此指挥。务在称扬循吏，激劝官途，庶符用乂之方，共布惟和之政。"《册府元龟》卷六十八《帝王部·求贤第二》，第771页。

举文学之吏等人诏 显德四年正月

周世宗

显德四年正月诏曰:"应有文学之吏,武勇之人,或幕府州县官等,临事强明,在任有所振举,为众称举者,宜令所在长吏具名奏闻,在朝文武臣寮于知识人中有如此者,亦可公举,并当擢用,待之厚禄。"《册府元龟》卷六十八《帝王部·求贤第二》,第771页。

举贤良方正能直言极谏等科举人诏（题拟）显德四年十月

周世宗

周显德四年十月,诏曰:"制策悬科,前朝盛事,莫不访贤良于侧陋,求谠正于箴规,殿庭之间,帝王亲试。其或大裨于国政,有益于时机,则必待以优恩,縻之好爵。拔奇取异,无尚于兹,得士者昌,于是乎在。爰从近代,久废此科,怀才抱器者郁而不伸,隐耀韬光者晦而不出。遂致翘翘之楚,多致于弃捐;皎皎之驹,莫就于縻絷。遗才滞用,罪孰甚焉。应天下诸色人中,有贤良方正能直言极谏,经学优深可为师法,详闲吏理达于教化者,不限前资见任职官,黄衣草泽,并许应诏。其逐处州府依每年贡举人式例,差官考试,解送尚书吏部,仍量试策论三道,共三千字已上,当日内取文理具优,人物爽秀,方得解送。取来年十月集上都,其登朝官亦许表自举。"先是兵部尚书张昭上章,请设制科,故有此诏。王溥《五代会要》卷二二,上海古籍出版社1978年,第356~357页。

奏议

上宰相荐皇甫湜书

韦处厚

相公阁下：伏以燕国张公说登翊圣明，底宁泰阶，推心旁求，虚己下纳。房太尉由布衣振起于门下，张曲江自蓬户发挥于岭底，而继播休名，袭佩相印，克懋勋德，不忝揄扬，后之朝望，因以兴劝，不多二公。而推燕国者，以杂居群伦，齐齿下辈。崇构栋干，则秒忽方轻；琢饰珪璋，则蒙昧未耀。器用既光，持之于耳目之前，垂后而无配名节，兼大用之于身世之后，希古而绝伦。夫岂推策考步之为乎？藏往知来之兆乎？盖合以尺牍片言，申以考迹，定貌灵异，五行之钟粹也，文章心灵之造形也。著诚居业，本隐以之显；观心择术，自粗以之微。以是而求，则坐决万方之内，立断百代之下。其术既定，其道甚明。

窃见前进士皇甫湜年三十二，学穷古训，词秀人文，脱落章句，简斥枝叶，游百氏而旁览，折之以归正；囊六义以疾驰，讽之以合雅。苟坚其持操，不恐于嚣嚣之讪；修其践立，不诱于藉藉之誉。孟轲黜杨、墨之心，扬雄尊孔、颜之志，形乎既立，果于将然。至于用心合论，操毫注简，排百氏之杂说，判九流之纷荡，摘其舛驳，趋于夷途，征会理轴，遣训词波，无不蹈正超常，曲畅精旨。置之石渠，必有刘向之刊正群言；列之东观，必有孟坚之勒成汉史；施之奏议，必有贾谊之兼对诸生。天既委明于斯人，苟回险其道，未得按轮而驱，则必混翼乎天池，殚精于沉潜。秉矰缴者，从而道之，固无及矣。倘得游门下，信其才能，相公得徇公之名，有撼奇之实。后进幸甚！舍人骖御贱役也，犹能达扫门之事；祢衡雕虫薄技也，犹能遇非常之荐。

今某辱奉恩顾，实百于舍人之侪，皇甫湜蕴积才志，固百于正平之量，处厚百舍人之势，不能达百正平之心。方切恃私于门馆，明者观之，其耻非一也。惧愚瞽不尽，谨缮其书论赋合八首，用卜可否。轻渎严威，下情不任战惧之至。姚玄《唐文粹》卷八十六，《四库全书》第1344册，第298~299页。

论选举疏_{天授三年}

薛 登

臣闻国以得贤为宝，臣以举贤为忠。是以子皮之让国侨，鲍叔之推管仲，燕昭委兵于乐毅，苻坚托政于王猛。子产受国人之谤，夷吾贪共贾之材，昭王锡辂马以正谏，永固戮樊世以除谮。处猜嫌而益信，行间毁而无疑，此由默而识之，至而察之深也。至若宰我见遇于宣尼，逄萌被知于文叔，韩信无闻于项氏，毛遂不齿于平原，此失士之故也。是以人主受不肖之士则政乖，得贤良之佐则时泰。故尧资八元而庶绩其理，周任十乱则天下和平。由是言之，则知士不可不察，而官不可妄授也。何者？比来举荐，多不以才，假誉驰声，互相推奖，希润身之小计，忘臣子之大猷，非所以报国求贤，副陛下翘翘之望者也！

臣窃窥古之取士，实异于今。先观名行之源，考其乡邑之誉，崇礼让以励己，明节义以标信，以敦朴为先最，以雕虫为后科。故人崇劝让之风，士去轻浮之行，希仕者必修贞确不拔之操，行难进易退之规，众议以定其高下，郡将难诬于曲直。故计贡之贤愚，即州将之荣辱；秽行之彰露，亦乡人之厚颜。是以李陵降而陇西惭，干木隐而西河美。故名胜于利，则小人之道消；利胜于名，则贪暴之风扇。是知化俗之本，须摈轻浮。昔冀缺以礼让升朝，则晋人知礼；文翁以儒术奖俗，则蜀土崇儒。燕昭好马，则骏马来庭；叶公好龙，则真龙入室。由是言之，未有上之所好而下不从其化者也。

自七国之季，虽杂纵横，而汉代求材，犹征百行。是以礼节之士，敏德自修，闾里推高，然后为府寺所辟。魏氏取人，尤爱放达；晋宋之后，只重门资。奖为人求官之风，乖授职惟贤之义。有梁荐士，雅好属词；陈氏简贤，特珍赋咏。故其俗以诗酒为重，不以修身为务。逮至隋室，余风尚在。开皇中李谔论之于文帝曰："魏之三祖，更好文词，忽君人之大道，好雕虫之小艺。连篇累牍，不出月露之形；积案盈箱，惟是风云之状。代俗以此相高，朝廷以兹擢士，故文笔日繁，其政日乱。"帝纳李谔之策，由是下制禁断文笔浮词。其年，泗州刺史司马幼之以表不典实得罪。于是风俗改励，政化大行。炀帝嗣兴，又变前法，置进士等科。于是后生之徒，复相仿效，因陋就寡，赴速邀时，缉缀小文，名之策学，不以指实为本，而以浮虚为贵。

有唐纂历，虽渐革于故非；陛下君临，思察才于共理。树本崇化，惟在旌贤，今之举人，有乖事实。乡议决小人之笔，行修无长者之论。策第喧竞于州府，祈恩不胜于拜伏。或明制才出，试遣搜扬，驱驰府寺之门，出入王公之第。上启陈诗，惟希咳唾之泽；摩顶至足，冀荷提携之恩。故俗号举人，皆称"觅举"。觅为自求之意，未是人知之辞。察其行而度其材，则人品于兹见矣。徇己之心切，则至公之理乖；贪仕之性彰，则廉洁之风薄。是知府命虽高，异叔度勤勤之让；黄门已贵，无秦嘉耿耿之辞。纵不能抑己推贤，亦不肯待于三命。岂与夫白驹皎皎，不杂风尘，束帛戋戋，荣高物表，校量其广狭也！是以耿介之士，羞自拔而致其辞；循常之人，舍其疏而取其附。故选司补署，喧然于礼闱；州贡宾王，争讼于阶闼。谤议纷合，浸以成风。夫竞荣者必有竞利之心，谦逊者亦无贪贿之累。自非上智，焉能不移；既在中人，理由习俗。若重谨厚之士，则怀禄者必崇德以修名；若开趋竞之门，则邀仕者皆戚施而附会。附会则百姓罹其弊，洁己则兆庶蒙其福。故风化之渐，靡不由兹。今访乡闾之谈，惟只归于里正，纵使名亏礼则，罪挂刑章，则冒籍以偷资，或邀勋与窃级，假其不义之赂，即是无犯乡闾。岂得比郭有道之铨量，茅容望重，裴逸人之赏拔，夏少名高，语其优劣也！

只如才应经邦之流，惟令试策；武能制敌之例，只验弯弧。若其文擅清奇，便充甲第，藻思微减，便即告归。以此收人，恐乖事实。何者？乐广假笔于潘岳，灵运词高于穆之，平津文劣于长卿，子建笔丽于荀彧。若以射策为最，则潘、谢、曹、马必居孙、乐之右；若使协赞机猷，则安仁、灵运亦无裨附之益。由此言之，不可一概而取也。至如武艺，则赵云虽勇，资诸葛之指挥；周勃虽雄，乏陈平之计略。若使樊哙居萧何之任，必失指纵之机；使萧何入戏下之军，亦无免主之效。斗将长于摧锋，谋将审于料事。是以文泉聚米，知隗嚣之可图；陈汤屈指，识乌孙之自解。八难之谋设，高祖追惭于郦生；九拒之计穷，公输息心于伐宋。谋将不长于弓马，良将宁资于射策。岂与夫元长自表，妄饰词锋，曹植题章，虚飞丽藻，校量其可否也！

伏愿陛下降明制，颁峻科。千里一贤，尚不能少，徼幸冒进，须立提防。断浮虚之饰词，收实用之良策，不取无稽之说，必求忠告之言。文则试以效官，武则令其守御，始既察言观行，终亦循名责实，自然徼幸滥吹之伍，无所藏其妄庸。故晏婴云："举之以语，考之以事。寡其言而多其行，拙于文而工于事。"此取人得贤之道也。其有武艺超绝，文锋挺秀，有效伎之偏用，无经国之大才，为军锋之爪牙，作词赋之标准。自可试凌云之策，练穿札之工，承上命而赋《甘泉》，禀中军而令赴敌。既有随材之任，必无负乘之忧。臣谨按吴起临战，左右进剑，吴子曰："夫提鼓挥桴，临难决疑，此将事也。一剑之任，非将事也。"谨按诸葛亮临戎，不亲戎服，领蜀兵于渭南，宣王持剑，卒不敢当，此岂弓矢之用也！谨按杨得意诵长卿之文，武帝曰："恨不得与此人同时。"及相如至，终于文园令，不以公卿之位处之者，盖非其所任故也。

谨按汉法，所举之主，终身保任。扬雄之坐田仪，责其冒荐；成子之居魏相，酬于得贤。赏责之令行，则请谒之心绝；退让之义著，则贪竞之路消。自然朝廷无争禄之人，选司有谦挹之仕。仍请宽立年限，容其采访简汰，堪用者令其试守，以观能否，参验行事，以别是非。不实免王丹之官，得人加翟璜之赏，自然见贤不隐，食禄不专，则荀彧进钟繇、郭嘉，刘陶荐李膺、朱穆，势不云远。有称职者受荐贤之赏，滥举者抵欺罔之罪，自然举得贤行，则君子之道长矣。《旧唐书》卷一○一《薛登传》，第3136～3141页；《文苑英华》卷六九六；《册府元龟》卷四七四。

贡举人至元日引见当列于方物前（题拟）长寿二年十月

刘承庆

（长寿二年）十月左拾遗刘承庆上疏曰："伏见比年以来，天下诸州所贡物，至元日皆陈在御前。惟贡人独于朝堂列拜，但孝廉秀异，国之英才，既随方物，以充岁贡，宜同珍币列见王庭。岂得金帛羽毛升于玉陛之下，贤良文学弃彼金门之外？恐所谓贵财而贱义，重物而轻人，甚不副陛下好道之心、尊贤之意。伏请贡举人至元日引见，列在方物之前，以播充庭之礼。"从之。《册府元龟》卷六三九《贡举部·条制第一》，第7669页；《唐会要》卷七十六。

议学校贡举疏开元十七年三月

杨玚

杨玚为国子祭酒，开元十七年三月上言曰："太学者，教人务礼乐，敦诗书也。古制，卿大夫子弟及诸侯岁贡小学之异者，咸造焉。故曰十五入大学，学先圣礼乐，而知朝廷君臣之礼。班以品类，分以师长，三德以训之，四教以睦之。人既知劝，且务通经，学成业著，然后爵命加焉。以之效职，则知礼节，以之莅人，使识廉让，则《械朴》之咏兴也。

伏闻承前之例，监司每年应举者常有千数，简试取其尤精，上者不过二三百人，省司重试，但经明行修，即与擢第，不限其数。自数年以来，省司定限，天下明经、进士及第，每年不过百人，两监惟得一二十人。若常以此数而取，臣恐三千学徒虚废官廪，两监博士滥縻天禄。臣窃见流外入仕，诸色出身，每岁尚二千余人，方于明经、进士，多十余倍。自然服勤道业之士，不及胥吏浮虚之徒，以其效官，岂识于先王之礼义？国家大启庠序，广置教道，厚之以政始，训之以士先，岂徒然哉，将有以也。陛下设学校，务以劝进之；有司为限约，务以黜退之。臣之微诚，实所未晓。

臣伏见承前以来制举遁迹丘园、孝悌力田者，或试时务策一道，或通一经，粗明文义，即放出身，亦有与官者，此国家恐其遗才。至于明经、进士，服道日久，请益无倦，经策既广，文辞极难。监司课试，十已退其八九；考功及第，十又不收其一二。若长以为限，恐儒风渐坠，小道将兴。若以出身人多，应须诸色都减，岂在独抑明经、进士也！"《册府元龟》卷六〇四《学校部·奏议第三》，第7250～7251页。

条奏贡举疏宝应二年六月

杨绾

国之选士，必藉贤良，盖取孝友纯备，言行敦实，居常育德，动不违仁，体忠信之资，履谦恭之操，藏器则未尝自伐，虚心而所应必诚。夫如是，故能率己从政，化人镇俗者也。自叔叶浇诈，兹道浸微，争尚文辞，互相矜炫。马卿浮薄，竟不周于任用；赵壹虚诞，终取摈于乡闾。自时厥后，其道弥盛，不思实行，皆徇空名，败俗伤教，备载前史。古人比文章于《郑》、《卫》，盖有由也。

近炀帝始置进士之科，当时犹试策而已。至高宗朝，刘思立为考功员外郎，又奏进士加杂文，明经填帖，从此积弊，浸转成俗。幼能就学，皆诵当代之诗；长而博文，不越诸家之集。递相党与，用致虚声，六经则未尝开卷，三史则皆同挂壁。况复征以孔门之道，责其君子之儒者哉！祖习既深，奔竞为务，矜能者曾无愧色，勇进者但欲凌人，以毁訾为常谈，以向背为己任。投刺干谒，驱驰于要津；露才扬己，喧腾于当代。古之贤良方正，岂有如此者乎！朝之公卿，以此待士；家之长老，以此垂训。欲其返淳朴，怀礼让，守忠信，识廉隅，何可得也！譬之于水，其流已浊，若不澄本，何当复清！方今圣德御天，再宁寰宇，四海之内，颙颙向化，皆延颈举踵，思圣朝之理也。不以此时而理之，则太平之政又乖矣。

凡国之大柄，莫先择士，古先哲后，皆侧席待贤。今之取人，令投牒自举，非经国之体也。望请依古制，县令察孝廉，审知其乡闾有孝友信义廉耻之行，加以经业，才堪策试者，以孝廉为名，荐之于州。刺史当以礼待之，试其所通之学，其通者送名于省。自县至省，不得令举人辄自陈牒。比来有到状、保辨、识牒等，一切并停。其所习经，取《左传》、《公羊》、《谷梁》、《礼记》、《周礼》、《仪礼》、《尚书》、《毛诗》、《周易》，任通一经，务取深义奥旨，通诸家之义。试日，差诸司官有儒学者对问，每经问义十条，问毕对策三道。其策皆问古今理体及当时要务，取堪行用者。其经义并策全通为上第，望付吏部便与官。其经义通八，策通二为中第，与出身。下第罢归。其明经比试帖经，例非古义，皆诵帖括，冀图侥幸。并近有道举，亦非理国之体，望请与明经、进士并停。其国子监举人，亦请准此。如有行业不著，所由妄相推荐，请量加贬黜。所冀数年之间，人伦一变，既归实学，当识大猷。居家者必修德业，从政者皆知廉耻，浮竞自止，敦庞自劝，教人之本，实在兹焉。事若施行，即别立条例。《旧唐书》卷一一九《杨绾传》，第3430~3432页；《唐文粹》卷二十八。

议杨绾条奏贡举疏 宝应二年六月

贾 至

礼部奏每岁贡人依乡举里选，敕令议者。谨按夏之政尚忠，殷之政尚敬，周之政尚文，然则文与忠、敬，皆统人之行也。且夫谥号述行，美极于文，文兴则忠敬存焉。是故前代以文取士，本文行也；由辞以观行，则及辞也。宣父称颜子不迁怒，不贰过，谓之好学。至乎修《春秋》，则游、夏之徒不能措一辞，不亦明乎？

间者礼部取人，有乖斯义。《易》曰："观乎人文，以化成天下。"《关雎》之义曰："先王以是经夫妇，成孝敬，厚人道，美教化，移风俗。"盖王政之所由废兴也，故延陵听《诗》，知诸侯之存亡。今试学者，以帖字为精通，而不穷旨义，岂能知迁怒、贰过之道乎？考文者，以声病为是非，而务择浮艳，岂能知移风易俗、化天下之事乎？是以上失其源，而下袭其流，乘流波荡，不知所止，先王之道，莫能行也。夫先王之道消，则小人之道长；小人之道长，则乱臣贼子由是生焉。臣弑其君，子弑其父，非一朝一夕之故，其所由来者渐矣。渐者何？谓忠信之陵颓，耻尚之失所，末学之驰骋，儒道之不举，四者皆由取士之失也。

夫一国之士，系一人之本，谓之风。赞扬其风，系卿大夫也，卿大夫何常不出于士乎？今取士试之小道，而不以远者、大者，使干禄之徒，趋驰末术，是诱导之差也。夫以蜗蚓之饵，杂垂沧海，而望吞舟之鱼，至不亦难乎？所以食垂饵者皆小鱼，就科目者皆小艺。四人之业，士最关于风化。近代趋仕，靡然向风，致使禄山一呼，而四海震荡；思明再乱，而十年不复。向使礼让之道弘，仁义之风著，则忠臣孝子，比屋可封，逆节不得而萌也，人心不得而摇也。

且夏有天下四百载，禹之道丧，而殷始兴焉。殷有天下六百祀，汤之法弃，而周始兴焉。周有天下八百年，文、武之政废，而秦始并焉。观三代之选士任贤，皆考实行，故能风俗淳一，运祚长远。秦坑儒士，二代而亡。汉兴，杂三代之政，弘四科之举，西京始振经术之学，东都终持名节之行。至有近戚窃位，强臣擅权，弱主孤立，母后专政，而社稷不陨，终彼四百，岂非学行扇化于乡里哉！厥后文章道弊，尚于浮侈，取士术异，苟济一时。自魏至隋，仅四百载，三光分景，九州阻域，窃号僭位，德义不修。是以子孙速颠，享国咸促。国家革魏、晋、梁、隋之弊，承夏、殷、周、汉之业，四隩既宅，九州攸同，覆焘亭育，合德天地。安有舍皇王举士之道，从乱代取人之术？此公卿大夫之辱也。杨绾所奏，实为正论。

然自典午覆败，中原版荡，戎狄乱华，衣冠迁徙，南北分裂，人多侨处。圣朝一平区宇，尚复因循，版图则张，阊井未设，士居乡土，百无一二。因缘官族，所在耕筑，地望系之数百年之外，而身皆东西南北之人焉。今欲依古制，乡举里选，犹恐取士之未尽也。请兼广学校，以弘训诱。今两京有太学，州县有小学，兵革一动，生徒流离。儒臣师氏，禄廪无向，贡士不称行实，胄子何尝讲习？独礼部每岁擢甲乙之第，谓弘奖擢，不甚谬哉！只足长浮薄之风，启徼幸之路矣。其国子博士等，望加员数，厚其禄秩，选通儒硕生闲居其职。十道大郡，量置太学馆，令博士出外，兼领郡官，召置生徒，依乎故事。保桑梓者，乡里举焉；在流寓者，庠序推焉。朝而行之，夕见其效。如此则青青不复兴刺，扰扰由其归本矣。人伦之始，王化之先，不是过也。谨议。《全唐文》卷三六八，第3735页；《唐文粹》卷二十八；《历代名臣奏议》卷一六三。

论今年权停举选状 贞元十九年六月

韩　愈

右臣伏见今月十日敕，今年诸色举选宜权停者。道路相传，皆云以岁之旱，陛下怜悯京师之人，虑其乏食，故权停举选，以绝其来者，所以省费而足食也。臣伏思之，窃以为十口之家，益之以一二人，于食未有所费。今京师之人，不啻百万，都计举者不过五七千人，并其僮仆畜马，不当京师百分之一。以十口之家计之，诚未为有所损益。又今年虽旱，去岁大丰，商贾之家，必有储蓄。举选者皆赍持资用，以有易无，未见其弊。今若暂停举选，或恐所害实深。一则远近惊惶，二则人士失业。臣闻古之求雨之词曰"人失职欤"，然则人之失职，足以致旱。今缘旱而停举选，是使人失职而召灾也。臣又闻君者阳也，臣者阴也，独阳为旱，独阴为水。今者陛下圣明在上，虽尧舜无以加之。而群臣之贤，不及于古，又不能尽心于国，与陛下同心，助陛下为理。有君无臣，是以久旱。以臣之愚，以为宜求纯信之士，骨鲠之臣，忧国如家、忘身奉上者，超其爵位，置在左右。如殷高宗之用傅说，周文王之举太公，齐桓公之拔宁戚，汉武帝之取公孙弘。清闲之余，时赐召问，必能辅宣王化，销珍旱灾。臣虽非朝官，月受俸钱，岁受禄粟，苟有所知，不敢不言。谨诣光顺门奉状以闻，伏听圣旨。韩愈《韩昌黎文集》卷三十七，中国书店1998年，第442~443页。

论制科人状近日内外官除改及制科人等事宜 元和三年四月

白居易

右臣伏见内外官近日除改，人心甚警，远近之情，不无忧惧，喧喧道路，异口同音。皆云：制举人牛僧孺等三人，以直言时事，恩奖登科。被落第人怨谤加诬，惑乱中外，谓为狂妄，斥而逐之，故并出为关外官。扬于陵以考策敢收直言者，故出为广府节度。韦贯之同所坐，故出为果州刺史。裴垍以覆策又不退直言者，故免内职，除户部侍郎。王涯同所坐，出为虢州司马。卢坦以数事举为人所恶，因其弹奏小误，得以为名，故黜为左庶子。王播同之，亦停知杂。臣伏以裴垍、王涯、卢坦、韦贯之等，皆公忠正直，内外咸知，所宜授以要权，致之近地。故比来众情私相谓曰："此数人者，皆人之望也；若数人进，则必君子之道长；若数人退，则必小人之道行。"欲卜时事之否臧，在数人之进退也。则数人者，自陛下嗣位以来，并蒙奖用，或任之耳目，或委以腹心。天下人情，日望致理。今忽一旦悉疏弃之，或降于散班，或斥于远郡。设令有过，犹可优容；况且无瑕，岂宜黜退？所以前月以来，上自朝廷，下至衢路，众心汹汹，惊惧不安。直道者疚心，直言者杜口。不审陛下得知之否？凡此除改，传者纷然。皆云：裴垍等不能委曲顺时，或以正直忤物，为人之所媒蘗，本非圣意罪之。不审陛下得闻之否？臣未知此说虚实，但献所闻：所闻皆虚，陛下得不明辨之乎？所闻皆实，陛下得不深虑之乎？虚之与实，皆恐陛下要知。臣若不言，谁当言者？臣今言出身戮，亦所甘心。何者？臣之命至轻，朝廷之事至大故也。

臣又闻：君圣则臣忠，上明则下直。故尧之圣也，天下已太平矣，尚求诽谤，以广聪明。汉文之明也，海内已理矣，贾谊犹比之倒悬，可谓痛哭。二君皆容纳之，所以得称圣明也。今陛下明下诏令，征求直言，反以为罪，此臣所以未谕也。陛下视今日之理，何如尧与汉文之时乎？若以为及之，则诽谤痛哭，尚含容而纳之，况征之直言，索之极谏乎？若以为未及，则僧孺等之言，固宜然也，陛下纵未能推而行之，又何忍罪而斥之乎？此臣所以为陛下流涕而痛惜也。德宗皇帝初即位年，亦征天下直言极谏之士，亲自临试，问以天旱。穆质对云："两汉故事，三公当免。卜式著议，宏羊可烹。"此皆指言当时在权位而有恩宠者。德宗深嘉之，自第四等拔为第三等，自畿尉擢为左补阙，书之国史，以示子孙。今僧孺等对策之中，切直指陈之言亦未过于穆质，而遽斥之，臣恐非嗣祖宗承耿光之道也。书诸史策，后嗣何观焉？陛下得不再三省之乎？臣昨在院，与裴垍、王涯等覆策之时，日奉宣令臣等精意考覆。臣上不敢负恩，下不忍负心，唯秉至公，以为取舍。虽有仇怨，不敢弃之；虽有亲故，不敢避之。唯求直言，以副圣意。故皇甫湜虽是王涯外甥，以其言直合收，涯亦不敢以私嫌自避。当时有状，具以陈奏。不意群心嗷嗷，构成祸端，圣心以此察之，则或可悟矣。

倘陛下察臣肝胆，知臣精诚，以臣此言可以听采，则乞俯回圣览，特示宽恩：僧孺等准任例与官，裴垍等依旧职奖用，使内外人意，欢然再安。若以臣此言，理非允当；以臣覆策，事涉乖宜，则臣等见在四人亦宜各加黜责，岂可六人同事，唯罪两人？虽圣造优容，且过朝夕，在臣惧惕，岂可苟安，敢不自陈，以待罪庚！臣今职为学士，官是拾遗，日草诏书，月请谏纸，臣若默默，惜身不言，岂唯上孤圣恩，实亦下负神道。所以密缄手疏，潜吐血诚，苟合天心，虽死无恨。无任忧惧激切之至！白居易撰，顾学颉校点《白居易集》卷五十八，中华书局1997年，第1230~1231页。

停罢制科奏（题拟）元和十五年三月

赵宗儒

（元和十五年）三月戊午，吏部尚书赵宗儒等奏："应制科人等，伏奉今月十一日敕'比者先朝征集应制人等，已及时限。恐皆来自远方，难于久住，酌宜审事，遂委有司定日就试。如闻所集之人多已分散，须知审的，然议裁定。其令所司，商量闻奏'者。伏以制科所设，本在亲临，南省策试，亦非旧典。今覃恩既毕，庶政惟新，况山陵日近，庶务繁迫，待问之士，就试非多。臣等商量，恐须停罢。"从之。《册府元龟》卷六四四《贡举部·考试第二》，第7715页。

贡举奏状 太和元年十月

中书门下

应礼部诸色贡举人及吏部诸色科目选人等，凡未有出身、未有官，如有文学，只合于礼部应举。有出身、有官，合于吏部赴科目选。近年以来，格文差斥，多有白身及用散试官并称乡贡者，并赴科目选。及注拟之时，即妄论资次，曾无格例，有司不知所守，其宏词、拔萃、学究一经，则有定制，然亦请不在用散试官限。其三礼、三传、一史、三史、明习律令第，如白身并令国子监及州府同明经、进士荐送。如考试及第，明习律令同明经；一史、三礼、三传同进士；三史常年阙送吏部，便授第二任官。如有出身及有正员官，本是吏部常选人，则任于吏部，不限选数。应科目选，仍须检勘出身及授官无逾滥否，缘取学艺，其余文状错缪，则不在驳放限。如考试登科，并依资注与好官。惟三史则超一资授官。如制举人，既诸色人中，皆得选试，则无出身、官人并可以请，不用散试官。伏以散试偶于诸道甄录处得便第二、第三任官，既用虚衔及授官，则胜进士及诸色及第登科人授官，实恐侥幸。《册府元龟》卷六三一《铨选部·条制》，第7567页；《唐会要》卷七十七《贡举下·科目杂录》。

请旌刘蕡直言疏 太和二年

李邰

陛下御正殿，求直言，使人得自奋。臣才志懦劣，不能质今古是非，使陛下闻未闻之言，行未行之事，忽忽内思，愧羞神明。今蕡所对，敢空臆尽言，至皇王之成败，陛下所防闲，时政之安危，不私所料。又引《春秋》为据。汉、魏以来，无与蕡比。有司以言涉忤忏，不敢闻。自诏书下，万口籍籍，叹其诚鲠，至于垂泣，谓蕡指切左右，畏近臣衔怒，变兴非常，朝野惴息，诚恐忠良道穷，纲纪遂绝，季汉之乱，复兴于今！以陛下仁圣，近臣故无害忠良之谋；以宗庙威严，近臣故无速败亡之祸。指事取验，何惧直言？且陛下以直言召天下士，蕡以直言副陛下所问，虽讦必容，虽过当奖，书于史策，千古光明。使万有一蕡不幸死，天下必曰陛下阴杀谠直，结仇海内，忠义之士，皆惮诛夷，人心一摇，无以自解。况臣所对，不及蕡远甚，内怀愧耻，自谓贤良，奈人言何！乞回臣所授，以旌蕡直。臣逃苟且之惭，朝有公正之路，陛下免天下之疑，顾不美哉！《新唐书》卷一七八《刘蕡传》，第5305～5306页。

请权停贡选奏（题拟）同光二年十月

中书门下

同光二年十月，中书门下奏："献可效忠，前经之令典；因时建议，有国之明规。道既务于化成，事亦敷于竞劝，敢俾宸听，辄罄刍言。伏惟陛下，业茂经纶，功成理定。五材七德，威冠于伐谋；百氏三坟，义彰于知教。爰自中兴启运，下武膺期，照临而日月光华，鼓舞而乾坤交泰。英明取士，睿哲崇儒，诚宜便广于搜罗，岂可尚令于淹抑？但以今春贡士，就试不多，即目选人，磨勘未毕。宗伯莫臻于俊乂，天官难辨于妍媸。况已过秋期，将行公事，侧闻道路，悉是家贫。比及到京，多逾程限，文闱选部，皆碍条流。伏请权停贡选一年，俟迁莺者更励进修，希干禄者益加循省。然后精求良干，博采异能，免有遗贤，庶同乐圣。举选二门，国朝重事，俱要精确，难议权停宜，准常例处分。"《册府元龟》卷六四一《贡举部·条制第三》，第7688页。

请举贤人奏（题拟）天福三年八月

窦贞固

天福三年八月丙申，翰林学士、中书舍人窦贞固奏："臣伏睹先降御札，令文武百僚各进封事。臣闻举善为公，知人则哲。圣君在位，薮泽莫有于隐沦；昭代用才，政理自无于紊乱。求贤若渴，从谏如流，郑所以举子皮，鲁所以讥文仲。为国之要，进贤是先，庶遵理治之风，宜举仁人之器。臣欲请降敕命，指挥文武百僚，每一司之内，共集议商擢，其一士奏荐，述其人有某能，改为某官某职，便请朝廷据奏荐任用。若能符荐，果谓当才，即请量加奖赏。或有乖其举，兼涉徇私，亦请量加殿罚。所贵官由德序，位以才升。三人同行，尚闻择善；十目所视，必不滥知。臣职在论思，位参近侍，每谢匪躬之节，常惭濡翼之讥。将赎贪叨，聊陈狂狷。"《册府元龟》卷六十八《帝王部·求贤第二》，第769~770页。

取士从严奏（题拟）乾元三年

卢 贾

隐帝乾元三年，兵部侍郎卢贾上言："臣读《唐史》，见薛登上疏云：'古之取士实异于今。先观名行之原，考其乡曲之誉，崇礼让以厉己，取名节以标言，以敦朴为先最，以雕文为后科，故人从礼让之风，士去轻浮之行，希进者必修贞确不拔之操，行难进易退之规。'臣因览前书，睹兹旧事，望于圣代，复用此言，则有才者皆务造修，无行者不宜推择。"从之。《册府元龟》卷六十八《帝王部·求贤二》，第770页。

制策

光宅元年"词标文苑"科制策

策问

朕闻北辰端扆,伫众彦以经邦;南面居尊,俟群材而纬俗。是知九官分职,熏风之咏载敷;八元匡朝,就日之规方远。历选列辟,遐考前修,并建明扬之躅,式广旁求之义。故康衢扣角,授相越于齐班;海上牧羊,封侯超于汉秩。洎乎淳风陵替,雅道湮沉,仕必因基,官非材进,官虽备职,位匪得人。遂使七辅之材,销声于岩穴;六佐之彦,晦迹于丘园。寤寐以之,载劳虚伫。今欲革因循之弊,蹑稽古之踪,此志虽勤,其途未遂。为是旌贲爽于前代,英杰寡于今晨。伫尔昌言,朕将亲览。

房晋对策

惟德动天,文云开其五色;惟贤济俗,大运符其半千。是知广厦将崇,必伫群材之用;巨川方济,良资舟楫之功。俾作股肱,方之羽翼。自风姜御辨之始,树以后王群公;云鸟分司之初,承以大夫师长,莫不投竿入相,舍筑称师。五臣光就日之朝,八凯翊熏风之代,阴阳由其燮理,百姓用以平康。善佐必藉于贤臣,辅国或伫于良佐。国家旁求俊乂,束帛之礼荐陈;物色异人,丘园之彦咸萃。登坛对楚,连城之宝不足称;置馆求燕,照乘之珍无以贵。多士迈隆周之日,得人光炎汉之朝。犹以为官匪材升,仕因基进,显革因循之弊,用追稽古之风。诚愿察彼山苗之词,求夫纵壑之论。材或可纪,超升于槐棘之班;德或可褒,擢任于公卿之位。开其上赏之路,颂以中和之诗,则淳于髡之进贤,一朝而见七士;许子将之举德,少选而收二俊。自然词人阔步,才子长鸣,公理息《昌言》之篇,节信罢《潜夫》之作。谨对。

皇甫琼对策《登科记》作"皇甫伯琼"

珠衡上列,圣人居曜魄之尊;玉理旁融,元后握乾坤之柄。膺宝历而推五胜,皇纲居混沌之先;悬玉镜而运三千,帝系出氤氲之上。莫不辟天关以统业,横地轴而开基,象列宿而环北辰,制诸侯而向南面。柱州巢氏之际,晦声迹于龙图;结绳炼石之余,摛景曜于龟象。未有巨川已济,不资舟楫之功;大厦已成,不假栋梁之力。至于远电流祉,既委任于三台;就日居尊,亦金谋于四岳。道德为富,魏文侯之式庐;礼义可尊,燕昭王之拥篲。孔明佐蜀，叶鱼水以陈谋；仲父相齐，假鸿毛以康俗。洎嬴晖掩镜，汉道亡珠，位以恩升，荣非德进。挂网罗者则黄鹄高飞，縻爵禄者则青凫竞至。自钦明抚运，宪章稽古，司光凤纪，位映龙名。振鹭来仪，袭宪飙而鼓舞；白驹萃止，食苗场以縶系。所以绳准百王，牢笼万代。

伏惟圣母皇帝陛下，辟阴阳之一气，独化初皇；启日月之三光，混成太极。灵祇禽忽，出震宫而齐巽圉；云雨氤氲，辨天垓而通地坼。慕崩沙之灵运，符润石之休期。忧在进贤，道叶《采苓》之化；恩无不逮，德合《樛木》之风。掩娲后以称尊，迈姬任而立政。吹尘钓璜之侣，接武于阶墀；骑星弄电之夫，肩随于廊庙。虽良骏充厩，逾怀买骨之谋；真龙在堂，更仂丹青之玩。应休珽之独坐，鸟雀来庭；尹叔良之闲居，螨蛸在户。傍加策问，亲览政途，词丽汾州，声侔沛邑。掩鹏图而该魏网，漆园无控地之词；飞鹤板而征汉臣，九皋有闻天之誉。凡曰群生，孰不幸甚！臣中庸贱逸，下泽幽微，忝预明扬，谬承推择。驰心日路，冀三舍以矜魂；累息天门，瞻九重而惕虑。谨对。《文苑英华》卷四八一，第2458~2459页。

永昌元年"贤良方正"科制策

策问第一道

朕闻经国体野，取则于天文；设官分职，用立于人纪。名实相副，自古称难；则哲之方，深所不易。朕以薄德，谬荷昌图，思欲追逸轨于上皇，拯群生于季俗，澄源正本，式启惟新。俾用才委能，靡失其序，以事效职，各得其长。至于考课之方，犹迷于去取；黜陟之义，尚惑于古今。未知何帝之法制可遵，何代之沿革斯衷？此虽戋戋束帛，每贲于丘园；翘翘错薪，未获于英楚。并何方启塞，以致于兹？仁尔深谋，朕将亲览。

张柬之对策

臣闻仲尼之作《春秋》也，法五始之要，正王道之端，微显阐幽，昭隆大业。澶洛之功既备，范围之理益深。伏惟陛下，受天明命，统辑黎元，载黄屋，负黼扆，居紫宫之邃，坐明堂之上。顺阳和以布政，摄三吏而论道，雍容高拱，金声玉振。征求无厌，误及厮贱。微臣材朽学浅，诚不足以膺严旨，扬天休。虽然，敢不尽苫荛、罄狂瞽，悉心竭节，昧死上对？

臣闻天者群物之祖，王者受命于天，故则天而布列职。天生蒸民，树之君长，以司牧之，自非聪明睿哲，齐圣广深，不能使人乐其生，家安其业。陛下德自天纵，慈悯元元，既乐其生，且安其业。臣闻瑞者，上天所以申命人主也，故使麒麟游于囿，凤凰集于庭，庆云出，神龙见，其余草木烟露之祥，不可胜纪。陛下日慎一日，虽休勿休，故天申之以祯石，告之以神文。大矣哉！圣人之鸿业也。臣闻河图、洛书之不至也久矣。孔子曰："凤鸟不至，河不出图，吾已矣夫。"师说曰："圣人自伤己有能致之资，而天不致也。"陛下有能致之资而天蕴者，所以扶助圣德，抚宁兆人也。臣观今朝廷含章瞻博之士，鲠言正议之臣，陛下诱而进之。并践丹地，伏青规，颙颙昂昂，云属雾委，鸾骞凤振，佩金鸣玉，曳朱纹，扬翠帗，充牣于阶庭者矣。昔舜举十六相，去四凶人，有大功二十，而为天子。前史美之，称曰尽善尽美。虽甚盛德，无以加此。陛下彰善去恶，昭德塞违，万万于虞舜。自托薄德，愚臣何足以望清光，而敢有议哉！

　　制策曰："思欲追逸轨于上皇，拯群生于季俗，澄源正本，式启惟新。"臣闻善言古者，必考之于今；善谈今者，必求之于古。臣窃以当今之务而稽之往古，以往古之迹而比之当今，以为三皇神圣，其臣不能及。故于（原注：疑）亲之。陛下刊列格，正爰书，修本业，著新诫，建总章以申严配，置法甄以济穷冤，此前圣所不能为，非群臣之所及也。今朝廷之政，上令下行，如身之使臂，臂之使手。百僚师师，罔不咸义。此群臣之能奉职也。《书》曰："元首明哉，股肱良哉。庶事康哉！"故臣以为陛下有三皇之位，而能隆三皇之业也。臣以今之刺史，古之十二牧也；今之县令，古之百里君也。有官联焉，有社稷焉，可谓重矣。任非其材，其害亦重矣。昔周宣王欲训其人，问于樊仲曰："吾欲训人，诸侯谁可者？"仲曰："鲁侯肃恭明神，敬事耆老，必咨于故实，问于遗训。"乃立之。晋之名臣亦言：舍人、洗马，一时之高选，台郎、御史，万邦之俊哲。若出于宰牧，颂声兴矣。由此言之，则古牧州宰县者，不易其人也。自非惠训不倦，动简天心者，未可委以五符之重，百里之寄。今则不然多矣，门资擢授，或以勋阶苴职，莫计清浊，无选艺能。负违圣诫，安肯肃恭明神？轻理慢法，安肯敬事耆老？取舍自便，安能求之故实？举错纵欲，安能问之遗训？选异一时之高材，非万邦之俊杰。于是多其仆妾，广其资产，齿角两兼，足翼双备，蹈瑕履秽，不顾廉耻，抵网触罗，覆车相次。孔子曰："既得之，患失之。苟患失之，无所不至矣。"故臣以为陛下有三皇之人，无三皇之吏也。

　　制策曰："俾用才委能，靡失其序，以事效力，各得其长。至于考课之方，犹迷于去取；黜陟之义，尚惑于古今。未知何帝之法制可遵，何代之沿革斯衷？"臣闻皇王之制，殊条共贯，虽有改制之名，无不相因而立事。孔子曰："殷因于夏礼，所损益可知；周因于殷礼，所损益可知。其或继周者，虽百代可知也。"然则虞帝之三考黜陟，周王之六廉察士，虽有沿革，所取不殊，期于不滥而已。陛下取人之法甚明，考绩之规甚著。臣以为犹舟浮于水，车转于陆，虽百王无易也。今丘园已贡，英楚云集，启塞之路，岂愚臣所能轻云也。谨对。

策问 第二道

朕闻轨物垂训,必随正于因生;开国承家,理崇光于敦本。故七叶貂珥,表金室之荣;十纪羽仪,峻班门之躅。保姓受氏,义先于睦亲;翼子谋孙,事隆于长发。朕以塞昧,叨奉先灵,坠典咸新,遗章毕睹。思欲甄明谱系,澄汰簪裾,派别淄渑,区分士庶。至如陈、田互出,虢、郭俱开。束皙改汉传之宗,辅果易晋卿之号。巨君之姓,曾非驭鹤之苗;元海之家,谅非扰龙之族。永言纰缪,良用忱然。子大夫十室推英,三冬富学,允迪褒然之举,宜扬锵尔之词。至若北郭、南宫,本因何义?三鸟、五鹿,起自何人?公孙之由,司马之姓,咸加辨析,且显指归。式副对扬,朕将亲览。

张柬之对策

臣闻保姓受氏,明乎典训。或因地以赐姓,或因官而命氏。或官以代功,亦以官族;或所居之地,因以为氏。诸侯之子称为公子,公子之子称为公孙,公孙之子乃以其王父字为氏。后代因之,亦以为姓。田、陈、虢、郭,以声近而遂分;辅果、束皙,以避难而更改。王莽以田王为氏,元海因汉甥立族。骚括分南北之号,充宗为五鹿之先。应氏著书,具表三鸟之始。司马、司徒,是曰因官;公孙、叔孙,《春秋》备载。陛下尽六艺之英,穷百氏之要,淑问扬天地,玄情贯幽显。黄竹清歌,词穷五际;白云高唱,文苞万象。昔曹门三祖,道愧由庚;刘氏四叶,仁非解愠。岂若睿思琼敷,同雨露之霑渐;神机苕发,等曦望之照临?起帝典而孤立,孕皇坟而独秀。臣沐浴淳和,叨承至训,名闻于圣听,言奏于阙前。谨对。《文苑英华》卷四八二,第2459~2461页。

载初元年"词标文苑"科制策①

策问 第一道

朕闻立极开基之主,经文纬武之君,莫不象法殊流,污隆异制。至于安人导俗,咸即运以垂芳;缉化宣风,各因时而播美。是以道孚绳木,爰膺九翼之年;图秘龟龙,用启六爻之代。穷桑御历,押威凤以分司;轩后列位,因景云而命职。征汾阳之迹,则十政方凝;俯河滨之化,则四门攸辟。祥披玉斗,理九土以兴功;祚徙金精,调五声而作教。周崇六礼,仁义之道为先;汉设三章,王霸之图斯杂。皆所以牢笼八际,櫽括三

---

① 《文苑英华》作"永昌元年"。

灵，齐四大以居尊，叶五神而称正。且随时之义，既不相沿；师古之言，又闻前诰。朕钦承先圣，顾越上玄。当宁兴怀，真切推沟之虑；凝旒结想，方深驭朽之情。思所以式展宏猷，勉康庶绩，而抚兹薄德，昧此永图。尔等积学多闻，含章独秀，未显畴庸之德，宜申待扣之音。适时之务何先，经国之图何取？帝皇之道奚是，王霸之理奚非？伫听良谟，朕将亲览。

张说对策

臣闻舜命昌言，汉征极谏，尝览千古，贤哉二君。今陛下发德音，下明制，选空岩穴，访匦舆台，大哉邈乎，过之远矣。臣以草莽之贱，谬当车乘之招，诚不足以庶几王庭，充塞大问。伏读圣旨，乃知天情之所在焉。臣闻昔者鸟迹代绳，龟文演卦，水土迁王，时更万祀，金木互兴，人非一姓。暨乎三皇五帝氏往，夏商周汉氏作，或导人以礼乐，或驱俗以政刑，或革弊以忠敬，或沿风以文武。非师古之诰有殊，盖随时之义且异。伏惟圣母神皇陛下，诞受鸿基，光膺骏命。若曰立极格天之业，论道布政之典，任贤克暴之功，出洛飞云之瑞，此并藏纬玉册，勒休金版，郁映于前古，扬光于后叶者矣。至于创业垂统之则，宏猷永图之义，重光三圣，载清六合，可不谓然乎？犹或惕虑推沟，劳谦驭朽，谢文明于薄德，想畴庸于清问。此陛下之至让也，愚臣何足以知之。

策曰："适时之务何先，经国之图何取？"臣闻古者因人以立法，乘时以设教，以义制事，以礼制心。夫人者，理得则气和，业安则心固，崇让则不竞，知耻则远刑。若强人之所不能，虽令不劝；禁人之所必犯，虽罚且违。故曰政不欲烦，烦则数改，数改无定，人怀苟免之心；网不欲密，密则深文，深文多伤，下有非辜之惧。窃见今之俗吏，或匪正人，以刻为明，以苛为察，以剥下为利，以附上为诚。综核之司，考课专于刀笔；抚字之宰，职务具为簿书。陛下日昃虽勤，守宰风化多阙。臣以为将行美政，必先择人。失政谓之虐人，失人谓之伤政，舍人为政，虽勤何为？伏愿陛下进经术之士，退掊刻之吏，崇简易之化，流恺悌之风。画一成歌，此适时之务也；慎贤而用，此经国之图也。苟能英才不弃，大化方隆，而犹曰朝谢垂衣，野非击壤，则文武之道，尚何言哉，尧、舜之君，徒虚语耳！

策曰"帝皇之道奚是，王霸之理奚非"者。布在方册，臣闻之矣。圣人御历，上淳而下信；帝者膺期，君明而臣哲。周用王道，教化一而人从；汉杂霸道，刑政严而俗伪。故亲誉优于畏侮，文景劣于成、康。谨对。

策问 第二道

朕礼崇三典，方弘慎罚之规；《书》著五刑，不以深文为义。朕君临赤县，子育黔黎。夏日贻忧，惧青牛之结气；秋荼轸念，虑丹笔之成冤。然以人尚挂于汤罗，情倍深于禹泣。顷者荆郊起衅，淮甸兴祅，朕惟罪彼元凶，余党并从宽宥。今敬真之辈，犹蕴狼心，不荷再生之恩，重构三藩之逆，还婴巨衅，便犯严科。岂止杀之方，乖于折衷，将小慈之泽，爽彼大猷？子大夫等学富三冬，才高十室，刑政之要，实所明闲。倾此虚襟，伫闻良说。

张说对策

臣闻刑以助教，德以闲邪。先王慎于好生，大《易》诚于缓死。今陛下母临黔首，子育苍生，孚佑下人，克配上帝。然有东南小侵，荆蛮远郊。虽圣德泣辜，尚用防风之戮；天心罪己，仍劳淮甸之师。其有违误闾阎，胁从井邑，陛下愍孤孺于海淮，衋困穷于江汉，舍从宽宥，此陛下之恩也。而蕞尔余孽，蠢兹顽凶，思弄兵于汉地之下，将构衅于戎狄之域。罪盈稔贯，祸得萌芽。此又陛下之明也。今陛下乃赐臣策曰："岂止杀之方，乖于折衷；将小慈之泽，爽彼大猷。"臣实见折衷大猷之规，不知小乖微爽之义也。

策曰"刑政之要，实所明闲"。臣闻政同水火，刑譬阴阳。顷者三监乱常，有司既纠之以猛；于今四罪咸服，陛下宜济之以宽。明肆赦之渥恩，安万人之反侧，布深仁于罗鸟，收至察于泉鱼，岂不大哉，天下幸甚！且夫人者，眂也，暗而不可罔；庶者，众也，愚而不可欺。是以刑在必澄，不在必惨；政在必信，不在必苛。故明王之理天下也，刑一则人畏而不干，政简则俗齐而不伪。于是祸乱不作，灾害不生，君安于上，臣悦于下，百姓日用，不知其然。四海之内风行，惟帝之则，道畅钟石，声流舞咏。其行己也非他，所理者以此。刑政之要，庶几一隅。谨对。

策问 第三道

朕闻仰观乾象，房心为布政之宫；俯察坤元，河洛建受图之所。是以上稽珠纬，得风雨之和；下表圭臬，均远近之节。定都考室，斯焉是崇。顾以庸虚，谬膺大宝。乾乾夕惕，每轸纳隍之怀；栗栗宵兴，恒劳驭朽之念。而昊穹眷命，灵贶屡彰，云构既隆，天城斯毕。是用内省多愧，上答愈勤，将欲殷荐有常，严配不坠。光启惟新之躅，申明祀典之方。顺四时以布和风，考五物以作正气。盛礼之要，犹虑未弘。尔等并积学基身，含章表质。或远从宾荐，声满于州闾；或遐应搜扬，誉光于朝选。采皇王之奥旨，援周汉之前踪，蕴彼胸襟，咸应备晓。未知何代之政，参酌适中？何礼之规，施用为切？务从必简之道，式崇可久之基。陈彼嘉谋，尔其扬榷。思擢太常之第，副朕求贤之怀。

张说对策

伏惟陛下，则天法地，畏命重人，据河洛之规模，总风雨之交会。轩后鱼图之水，建邦设都；周公龟墨之地，考堂作室。灵祇降福，嘉祥荐祉，制同神造，力以子来。时以殷荐上帝，至德也；严配先王，至孝也。加以八风攸序，四时克谐，无得而称，能事毕矣。犹复执劳谦之不已，惧盛礼之未弘，访末学之臣，询稽古之政。斯事体大，臣何足言？然而敢不钦承，以竭涓滴耳。

策曰"何代之政，参详适中？何礼之规，施用为切"。臣谨错综三五，明征典坟，窃以纬武经文，布方策而非远；英风显号，流颂声而可袭。未有反义背德，而致升平之政；弃礼违经，以克永终之禄。莫不发号施令，法乾坤而动静；执契悬衡，顺金木之刑德。是故青阳玄室，遵季孟而观风；白辂朱旗，乘《离》《兑》而布政。养老用上庠之礼，教胄取《大学》之义，环水著辟雍之名，向阳表明堂之位。盖所以享群瑞，朝诸侯，班正朔，调景纬，成简易之业，崇久大之基也。皇王奥旨，庶此详探；周、汉前踪，固难守用。臣才智驽劣，草莽鲰生，至如军国务广，政刑理急，但至敬无文，信言不美。陛下欲听其说，必观于事；将逆其谋，先求诸道。危言抵禁，破胆寒心，伏惟圣主，稽留天听。谨对。《文苑英华》卷四七七，第2434~2436页；张说《张燕公集》卷十五。

长寿三年"临难不顾徇节宁邦"科制策

策问 第一道

若济巨川，必凭舟楫之势；将兴大厦，实伫栾栌之材。圣皇提象膺符，顺天革命，变浇风于易简，济薄俗于醇醲。未明求衣，昃旰忘食，无遗庖鼎，不弃苔莞。闻逆耳之言，欣然启齿；听犯鳞之说，假以温颜。缅怀六圣之规，劳求五臣之俊。至如临难不顾，知无不为，献替帷幄，匡过补缺，爰洎御命之流，并应搜扬之旨。子大夫博古强学，见贤思齐，一善或同，千载相遇。肇自汉魏，以及梁陈，若斯之人者，布在方策。宜具载年代，各叙徽猷，无惮米盐，用旌多识。

薛稷对策

后克艰厥后，臣克艰厥臣。是群龙无首，虚己明庭之上；鼹鼠全身，深穴神丘之下。故有劳于一馈，不辍子高之耕；待以三旌，无过屠羊之肆。怀乎朽驭，既识为君之难；局此春冰，未见为臣之易。然而梦弼降佐，风起云从；其天佑之，俊乂将至。当今制贤以禄，制爵以庸，设言不违，式化厥训。霸王骐骥，翼天驷而齐衡；社稷元龟，升帝宝而负兆。犹是幽芳在采，云逸来羁，垂倒影之悬光，烛重泉之沉隐。故远臣得离山草，比献野芹，瞻望天台，数迹对日。帝德广运，六臣参其业；天道大明，五帝陈其序。犹黼黻之章五色，鼎鼐之饪五味，五灵之效祯祥，五音之和雅乐。若乃同义变力，古人中求，则纪信诳项以免君，王经刎颈以纾国。九乡居府，王修从赴难之义；二国合围,路中无返言之失。汉帝之惮汲黯,陈王之畏柳庄,社稷之臣,于是乎在。恪居尔位,勤不告劳,则萧公堂堂,吴汉纠纠,冯豹伏于阁下,黄公宿于台上。忧公奉国,可以不谓忠乎!《书》诫面从,《诗》咏司直,犯颜无隐,求福不回。周昌之比汉高,同乎桀、纣;刘毅之方晋武,类彼桓、灵。申屠刚之轫车,钟离意之排阁,史鱼是慕,直在其中。圣人谟议,君子谋道。张良之翼汉王,郭嘉之协魏主,宋武之得穆之,齐高之得褚彦,定策决胜,谋夫孔多。蓬矢桑弧,有志四海;飞旌插羽,道好二同。胶柱岂调弦之术,饮冰实将命之难。陆贾南行,责蛮夷之失礼;陈汤西讨,诛单于之暴慢。终令赵佗贡职,郅支传首,竹帛所载,斯其庶乎。谨对。

策问 第二道

自周星攒耀,汉日通辉,象教聿兴,苾刍郁起。眷兹和众,因果为先,伊此法门,栋梁攸属。我皇光膺天授,托降阎浮,弘八解之要津,启四禅之幽键,济含生于彼岸,证圆果于中天。绀宇巍巍,缁徒翼翼,莫不誉高澄什,声重安远,振三鼗于辨囿,悟两谛于谈筵。飞锡烟蒸,乘杯雾委,兰艾因而或揉,玉石由是难甄,迹虽选于玄关,名乃编于白屋。若欲令沙汰,促以金科,将恐乖智海之弘规,匪提河之遗范。然则经行之所,在释氏而含容;朱紫分区,谈王化而期切。驰张之术,去就何从?

薛稷对策

窃惟善本无生,兹缘常寂。舍身舍智,涅槃之行可观;不动不定,般若之名已立。尊容圣质,剖碧玉而恒传;宝相灵模,镂紫金而尚在。运二仪而回掌,巍乎宝力;极万物之濡足,皇矣能仁。是以付受有归,郁兴尊记。知来之鉴,远明于万劫;祚圣之符,大启于九部。始则江汉广被,终以关河积学。由是名僧辈出,贤众肩隆。道行息心,顾澄什而服侣,戒梵禅结,视安远而俯孩。虽葱岭伽蓝,涉流沙而西极;白木聚落,浮涨海而东驰。圣教之兴,为期为感。(原注:此句疑)但敬重坚固,有悲忍之大权;循习护持,有烦恼之深浅。物情以之勤切,俗慕由是恳到。苟求利养,或滋贪浊,滥名窃服,行伪学非。鱼目叨珍,遂入摩尼之宝;乌鹊借类,便假伽蓝之翼。谓宜宥而勿罚,限其自新,卷迹缁林之游,反服白衣之役,则慭愚受智,宽令四飞,辨是决嫌,浮食一变。九色扬翰,不谬于楚鸡;六管流声,岂混于齐士。庶人无量,在释典而维弘;出家有限,凭国经而必恪。维摩之人诸心藏,尚为居士之身;菩萨之惠其神通,由持在家之诫。未亏平等,何妨慎择?谨对。

策问 第三道

神农王曰:"金城千里,汤池百步,而无粟者,不能守也。"然则师出以律,咸资于糗粮；兵虽尚奇，必藉于流衍。皇周八纮有截，四海无虞，折冲樽俎之间，旅军衽席之上。而吐蕃小丑，时扰于沙场；默啜遗凶，偷生于玉塞。由是任以精卒，寄以边陲，车徒置骑，实赖防御。飞刍运粟，挽转之弊尤深；疆理屯田，播植之功难就。欲使人无忧于半菽，岁有积于如坻，强国富甿，伫聆良策。

薛稷对策

持人之术，地著为本；应敌之道，糗粮为先。故李悝尽地力而创谋，本能强魏；卫鞅开阡陌而急战，终以霸秦。当今三壤既平，九税有职，仓庾陈积，稆秸充仞，山川效祉而咸叙，阴阳感化而致和。狁戎黠羌，不讨之日久矣！天有星象，以分其区；地有山河，以致其险。素野退旷，玄国寒凉。塞下三春，未辨重重之树；河边九月，已落青青之草。我后恻隐岩廊之下，垂拱衽席之上，圣智备天地，神武动山岳。悠然远览，白露凉秋，建日月朱鸟之旗，树风雨苍牛之艳。将帅良猛，谋虑深长，犹重息人，未修伐鬼。而犬羊无检，时惊边柝。定远侯之功略，还出玉门；戍校尉之七营，更连金郡。麻奴小丑，敢怀凌斥之心；榆鬼残妖，仍延晷刻之命。结山豪而啸聚，驱毂马而陆梁。百万之师，糗粮易尽；空虚之地，转饷难集。良可追踪垦草，取彼大田，修充国之旧图，采威明之远算。将军素励，爰兴断河之术；都尉垂强，毕尽通沟之利。举农夫而休战士，息转输而用耕牛。智效其谋，勇奋其力。资虏金之如粟，藉边马之如羊。赏士犒师，选骑馆毂。或休垣罢障，城灭途殚。然后坐凤凰之台，验麒麟之贡，王旅凯入，岂不休哉！清问徒训，危言每竭，短才杼轴，景夕贻忧。谨对。《文苑英华》卷四七九，第2443～2445页。

证圣元年"长才广度沉迹下僚"科制策

策问

四岳畴庸，羲和代掌其任；九官命职，稷禹不易其能。逢化久以康时，藉功深而成务。洎乎嬴、刘以降，曹、马承流，罕为官以择人，直循资而就列。或十旬而登三事，或一日而致九迁，遂开趋竞之门，莫守代工之美。国家网罗群彦，驱驾时英，其政洽于至和，其人淳于太古。今欲削汉、魏之遗法，复尧、禹之远图，能其事者永守其官，称其职者不迁其任。增秩赐爵，用申劝善之规；金帛玺书，载表优贤之义。变通之理，尚或多端，用舍之途，伫闻良策。

张倚对策 《登科记》作"漪"

昔者明王之御天下也,奉若天道,建邦设都,树之以后王,化之以师长,用人弗及私昵,建官惟在贤才。夫难知非独在于今日,故曰:"知人则哲,惟帝难之。"自生人以来,有国之主,莫不得贤则治,失贤则乱。此乃自然之义,百王不能易也。是知贤人君子,国之所急。《诗》曰:"南山有台,北山有莱,乐只君子,邦家之基。"言人君得其贤臣,所以成其美化,广其基业也。退观历代圣王之求贤哲也,义匪一途,或精选以取之,或降访以得之,有营之经载而始获,有求之不日而便至,迟速之理虽异,辅弼之职不殊。黄帝劳于梦想而感力牧,诚之至也;唐尧务于畴咨而致夔龙,访之审也。至唐虞之黜陟幽明,三载就绩;夏禹之顾盼空谷,七起成名。殷宗托梦于傅岩,姬文游心于渭水。此六君者,可谓勤于求贤,而善于用人也。故能使元、凯就绩,申、甫登朝,道济五臣,功宣十乱。康良作诵,喜起成歌,人无险诐之情,代有雍熙之乐。《由庚》入咏,《天保》为诗,下怀报主之心,上荷受天之禄。《书》曰:"百僚师师,百工惟时,庶绩其凝。"此之谓也。斯并政符大道,理合至公,委质能臣之一德。所以天工可代,人爵攸宜,凭久化以济寰瀛,藉深功而安宇宙。

暨战国之代,王道浸微,各伫英贤,或杂或霸。楚襄劳持金之聘,燕昭躬拥篲之礼,空闻僭号之议,未睹升平之业。虽桓公之有仲父,晋侯之获赵文,委任责成,共登霸道,唯勤斗争之理,不务淳和之绩,而动乖王度,举违帝典。故五尺童子,耻之不论,况所由龌龊,何其卑也!秦皇不仁,虐乱是极。儒生填于坑井,诗书灭于烟火。忠贞清白,以为徒苦;谄佞邪媚,谓之至公。卒以覆亡,为后代诫,实由远贤近佞使之然也。汉高祖虽不好儒,然亦任用英杰,登坛而礼韩信,辍洗而迎郦生,委萧、曹以股肱,寄张、陈以社稷。至孝、武之代,儒学渐该,采董仲舒之策,始令郡国贡举。于是贤良方正之士,雾委云集,其晁错、公孙弘、匡衡、萧望之辈,并继踵而至,故当文、景之代,号为得人。《诗》称:"济济多士,文王以宁。"汉所以宁者,亦士之力也。光武仗吴、邓以立功,任贾、寇以起事,拔奇取异,决自于心。爰至显宗中兴,于兹为盛。由此而两汉之代数百年间,陟正黜邪,褒善贬恶,虽不袭唐、虞之法,亦去烦芟乱,几乎大成矣!逮献、灵之际,奸猾纵横,升必以财,进不由道。于是缙绅洁白之士,疾之若仇,乃曰:"举秀才,不知《书》;察孝廉,父别居。寒素清白浊如泥,高第良将怯如龟。"乃至悬爵而卖之,列价而争之。守正道者以为陆沉,由斜径者谓之智变。衣冠为之失序,贤哲由是潜藏,遂使社稷丧亡,后嗣覆灭,悲夫!此《伐檀》所以兴刺,《麦秀》所以劳歌,无他故焉,贤人不得进也。及乎当途启运,典午开基,陈群制九品之条,刘毅兴八损之权,故曹羲疾其阔远,孙楚以为鬼录。遂令权要归于中正,威福去于天朝,臧否任情,品藻乖次。宋、齐之季,梁、隋之末,聘士求贤,罕闻稽古,栋桡鼎折,唯见陵夷。既同自郐之讥,讵劳更仆之说。

圣上览百王之得失,立万代之规模,大开举尔之科,广陈训迪之典。用与不用,贤否各称其能；材与不材，轮桷并当其任。小人去位，疾之犹若寇仇；君子盈朝，求之恒如不及。故得百僚无滥，九有升平，不闻濡翼之讥，永绝烂头之诮。仲长亡越级之论，贾生无调下之悲。今欲远服尧、禹之踪，近弃刘、曹之法，增秩令其永任，锡帛许其不迁，使官不易能，职遵代掌，虽优贤之义有所会通，而随时之谈或恐未可。何则？太古敦朴，务静人希。敦朴则易淳，务静人希则易理，故不劳而功可就。今圣明抚运，才多俗阜，俗阜则事烦，才多则理剧。必资明哲独任，不以避嫌。但使委得其人，数迁何妨化理？如其用失其理，久任岂废功亏！愚管所窥，以为如此。大体期于不滥，所务在于得贤。苟违此途，未知其可。谨对。《文苑英华》卷四七九，第2446～2448页。

天册万岁二年"贤良方正"科制策①

策问 第一道

隆周御历，多士如林，扬己露才，干时求进。宁知媒衒之丑，不顾廉耻之规。风驰景轶，云集雾委，攘袂于选曹，盱衡于会府。吏员仍旧，人物实繁，优游窘于退飞，声最疲于点额。量能受职，无阙以供；料官列位，择才斯众。欲令九流式叙，一艺不遗，伫闻芳话，弘兹盛烈。且夫署行议年，殷、姬取人之道；门调户选，魏、晋持衡之术。因宜适变，何者为先？

崔沔对策

昔者贤良方正之士，应务之际，沔虽固陋，尝亟闻之。莫不修辞立诚，难进易退，言不苟合，道不苟容，舍之则藏，义然后取。安肯负媒衒之丑，弃廉耻之规！若此之类，其可多乎？至夫扬己露才，干时求进，盱衡攘袂以徇速者，斯皆小子趋附之徒，岂足以厕我周行，置于多士。屏而勿用，夫何疑哉？主上钦若庶官，明扬沉隐，是使群英雾委，多士景轶。而秉钧当轴之隽，察言观行之风，不能审枢机，定名实，惩鲁儒之虚服，辨齐竽之滥吹。至令累最为伪名交战，谬功与实效相参，而谓滞才由乎少官，无位供乎有德。嗟乎！事有大谬，一至于此。明主昧旦丕显，每叹才难；而群士扬于王庭，反忧多士。君臣之同德，其若是乎？天子有司，谈何容易。今懿纲遐布，淳风殷流，家识廉隅，人知礼节。苟能上尊王制，下绝吏奸，闭请托之源，塞虚诈之路，使得怀才见用，以道周旋。无令椒兰信芳，独屈樵夫之手；骐骥虽骏，不贵屠者之门。则虚位待人，犹持固让；怀宝深藏，何患不达！九流式叙，庶莫远焉。一艺罔遗，谅其所也。沔

---

① 《文苑英华》作"神功元年"，题名为"应封神岳举对贤良方正策"。

又闻人能弘道，非道弘人，有济治之臣，无不弊之法。往古虽载其陈迹，行用实在乎主司。观夫署行议年，殷姬令典；门调户选，魏晋良图。无非致远之规，咸有理乱之兆，所以允厘百揆，铨综百官。及谗虐官朝则君子在野，贪佞窃柄则以货售才，典故虽存，而官政已紊。然则随时通变，观象因宜。近取诸身，一言斯蔽；远求于古，两无适从。所以轻进狂言，犹冀或逢善听。谨对。（原注：此篇用"治"字，第二篇用"世"字，武后虽已革命，疑未应便，用唐讳。）

策问第二道

屠钓关柝之流，鸣鸡犬吠之伍，集于都邑，盖八万计。然则人无求备，物各异宜；十哲殊科，八能异术。咸资对策，则绛、灌之器或沉；必俟公求，则许、郭之才难遇。选贤取士，应有良规。

崔沔对策

《传》曰："文以足言，言以足志。言或可察，志隐于漠。"是知文者言之藻绘，志之筌蹄。有贞实者或忘藻绘，得鱼兔者必弃筌蹄，则存言舍文，合于淳古，以言考德，必洞精微。故《书》云"明试以言"，盖用此道也。今之对策，其试言之流欤！昔姬氏既衰，先王道丧。秦政虐戾，乱彼天纲，废古烧书，以愚黔首。穷兵骋诈，时无文焉。故绛、灌之徒，韩、彭之佐，雄姿虽茂，而道法不足。向使伊人，薄见方策，早闻师范，当亦略通大体，抑扬宏议。岂止决胜于境外，而不能专议于君前乎！故《抱朴子》曰"古之试良将者，亦问以策"，即其义矣。国家树万世之基，迁九流之弊，坟索奥业洋溢于时，缙绅先生蕴藉无缺。安有倜傥之杰，瑰玮之才，承明主之渥恩，逢生人之大庆，而不能抽其秘思，效其长策欤！然则谋而不行，信而不用者，抑可知也。今之考言取士者，必以绮饰为工；视学论文者，暗于心而必升；晓政达幽者，失其数而咸退。譬千金之璧，以微瑕而毁之，百丈之材，睹小节而弃之，亦良可悲矣。诚理达而义举者勿以文害言，词婉而论深者勿以言害意，则可以包括群品，网罗众途，察微知彰，以文用武矣。昔许子将、郭林宗徒以布衣之交，俯仰之际，而能拔奇旌异，因言揣心。况乎擅英博之姿，受明试之寄，享厚禄，居尊官，而不能抚腕足于吴阪，指潜璧于荆山。至使有公辅之才，而无许、郭之鉴者，斯则卿士之罪也，小子何足以知之？至如怀一能，负一偏，彼鸣梭抗履之汇，声律鼎饪之俦，事虽易于缥缃，功不资于翰墨，则方以类聚，各有司存。谨对。

策问第三道

至于衢室、总章，重屋、阳馆，姬氏明堂之制，炎灵汶上之规，三雍、五室之名，宗庙、容台之目,蔡邕之论,袁准之谈,历代繁省之仪,前贤是非之说,咸宜详释,以判群疑。

崔沔对策

我皇帝慈理广运,文思稽古,绍兴绝典,重光大壮。合宫云构,明庭天耸,列辟轨仪,群工制度,可以即事而见,观象而察。今犹远访先典,曲垂下问者,岂不欲揣其敏思,征其博物。臣实菲薄,何足当之？昔哀公问儒,而仲尼请更仆,况此大体,其可率尔言乎！虽敢略谈之,然未臻其极也。若夫尧之衢室,舜之总章,夏之重屋,殷之阳馆,皆所以取象天地,昭配阴阳,致孝于先,布政于下。历运虽改,此道不移。八窗四达,上圆下方,度堂以筵,度室以几,周之制也。昆仑茅屋,周流璧水,汉之图也。明堂、辟雍、灵台,三雍也。太庙、青阳、总章、明堂,（原注,疑脱"玄堂"二字。）五室也。取其宗祀祖考,则曰宗庙；取其修饰礼物,则曰容台。蔡邕之论,所以合异说；袁准之谈,所以别众事。历代繁省,其仪不一；先贤是非,其书甚众。非斯须之述所能尽,非造次之言所能精。自我皇创制之前,今臣定议之外,教明礼备,得繁省之中者,其姬宗乎；词寡理举处,是非之要者,其蔡氏乎！谨对。

重试一道

不其才难于今,所叹知人未易,自古病诸。以貌取言,既其不可；观声考度,又或非宜。故皇帝清问,有司藻核,公孙异之于天子,晁错褒然为孝廉,贤才训迪,其道弘矣。多历年所,兹率典常。国家谒报上玄,展礼中岳,降非常之制,求希代之宝。将以润色云封,增辉柴燎。龙门既陟,方纵鳞于巨壑；鸿干斯渐,忽垂翅于风路。良由梦石之木,犹参杞梓之行；冠玉之姿,尚忝琳琅之序。更令宪府,重撼词林,承凤绋之明威,俟龙泉之断割。其何以搴秀长楚,审词众好,辨是与非,惩忿窒欲？聊耳陈事,冀获嘉谋。至若柳庄黜殡,用事之差也；石建阙马,为字之失也。寻其后句,末韵或犯于前声；览以终篇,答难不伦于次序。一简之内,贫富不侔；三道之中,妍媸顿别。取瑕则颇惭于卞氏,擢用则致嫌于葛龚。赠孟孙之言,膏肓莫愈；学嗣宗之默,长短何分？进退之礼奚宜,用舍之方安在？又旁求疏议,纷披风谣,威势压于权衡,黩货通于主守。不同吾党,无嫌小子之词；翻乃倩人,云竭老夫之思。始令行而诈起,终策出而奸生。何方可以静流竞之来,何法可以杜讹谬之人？仁神不逮,无惭话言。

崔沔对策

夫铅刀均锋,剑之耻也；蹇驴齐足,骥之耻也。朗璞蒙垢,玉人之过也；鸣丝绝弦,伶官之罪也。借如承明旨,献嘉猷,而愚智纠纷,臧否错揉,斯亦士君子之所恨,岂独为政之忧哉！沔实陋才,良不足算。凭藉休庆,谬偕旌拔,狂言虽立,鄙道未孚。

蕴杂熏莸，沉蔽玉石，重参群彦之末，再承议贤之问。进思自励，其何补欤！退欲鸣谦，岂获无咎？审词众好，傥或择善而行，辨是与非，请思即事而对。

策曰："柳庄黜殡，用事之差也；石建阙马，为字之失也。"窃谓议人者贵知其心，论道者务存其意。心惧未信，则援古以自明；道隐未光，即托文而后显。故事以明心为本，字以显道为公。事有小差，而心术著矣；字有小失，而道数存焉。斯则夜光之瑕，明月之颣，固不可得而弃也。事与类相反，字与义相违。证乖而心不可弘，象毁而道不可见。一至于此，亦无取云。

策曰："寻其后句，末韵或犯于前声；览以终篇，答难不伦于次序。"窃谓明试以言，古之道也；征言以策，今之制也。言有声韵，盖其浮饰；策之次序，固非典要。切问存于答难，次叙岂效谋谟；精诚尽于对扬，声韵何寻献替。稽之于古，揣之于情，末韵或犯于前声，其来久矣。答难不伦于次叙，为病良深。

策曰："一简之内，贫富不侔；三道之中，妍媸顿别。取瑕则颇惭于卞氏，擢用则致嫌于葛龚。"窃谓万有一失，圣人不免；舍过举能，先师是训。道不可以纯备，才不可以周给，断可知矣。是以国家稽通塞之迹，列甲乙之科，亦不可废善以取瑕，疑于擢用矣。

策曰："赠孟孙之言，膏肓莫愈；学嗣宗之默，长短何分？进退之礼奚宜，用舍之方安在？"仲尼有言："不在其位，不谋其政。"进退之礼，用舍之宜，允非小人之所及也。然则览古昔之遗事，敢不荐其闻乎？窃谓日中必熭，操刀必割。惩奸以察，何俟赠言？致身于朝，不可以默。固当参刑礼以定枉直，体明智以辨情伪。见利不亏其分，见死不更其守。属聪明不讳之时，居执宪绳违之任，何至持疑于果断，逡巡于正色哉！

策曰："旁求疏议，纷披风谣，威势压于权衡，黩货通于主守。不同吾党，嫌小子之词；翻乃倩人，云竭老夫之思。始令行而诈起，终策出而奸生。"甚矣诚哉！不期所以然也。今所虑怙威黩货者，其类犹存；假手借词者，其人不远。但能察其言象，揆而度之，精核问试，优而柔之，则窃宝之名自分，滥吹之竽自遁矣。其道甚著，人焉廋哉！

策曰："何方可以静流竞之来，何法可以杜诡谬之人？"窃谓任良在主，弘道在人。以执事之明，遵大君之惠，敷明智以考往迹，扬清机以鉴群情，则知诡谬不兴，流竞永息。俯惭诹议，良非话言。谨对。《文苑英华》卷四八一，第2453~2456页。

神龙二年"才高位下"科制策①

策问

选贤举能，秀造参用。今之所荐，诚为得人。未闻含声待扣，乃有不耕而获。十室

---

① 按，此策问，《文苑英华》原无系年，徐松《登科记考》系于本年，并云："按此疑系才高位下策问，附俟考。"《登科记考》引《文苑英华》录此对策，注云："按今本脱名，据《永乐大典》引补。"

忠信，理亦难诬。若遂践于清朝，仗何材而济物？又二老归周，见称何德？八元佐舜，见述何功？兹泉以何术见称？莘邑以何辞作相？云台画象述其先，麟阁称名标其道。

冯万石对策

昔者圣人之立极也，选众举能，列官分职，以通天地之德，以类亨毒之功。臣哉邻哉，时用远矣！主上重光缵曜，绍开中兴，拜辎轩于受命之初，希俊贤于御极之日。兹乃羲、轩之志，尧、禹之心，勤求道要，（原注：阙）所望于清光哉！故邓林有必至之才，昆山无藏价之宝，可不谓然乎？臣以妄庸，艺无兼采，缪从卑列，应此嘉荐，诚非钝朽所能塞充。然天休震动，虚求秀逸，扬于王庭，亦俛俛矣！顾当参明试，献嘉猷，竭谀闻，敷大体。言用身退，以酬万一，岂所谓不耕而获，邀名幸时而已哉！今见属有司，恭承下问，悬陈常务，自谓无奇。若得饬躬召见，对扬天休，下学上达，舒愤竭情，则亦引谕阴阳，较明时政之要，感激狂直，甄摭授受之宜，效其涓埃，以增海岳耳。若遂践清朝，济时成务，其道甚大，惟变所适。俾闻后命，则藏器而动，顾以更仆，亦何尽言！曲学鲰生，居今志古。若乃忠为令德，功实佐时，披卷怀人，恨为异代。虽惭非博物，敢不扬言。则夫西伯善养，夷、齐以让国归老；帝舜举能，元、凯以通才授职。维师尚父，韬钤乃适道之功；相时阿衡，鼎任为献君之术。云台纪绩，吴、邓懿其元勋，麟阁图功，卫、霍流其茂实。谨对。《文苑英华》卷五〇二，第2573~2574页。

神龙三年"贤良方正"科制策[①]

策问

妙尽黄间，期于百发；术该玄女，宁无七纵。声苟中律，不惮撞钟之求；服必称儒，何辞解衣之试。况今征上意匠，搴秀谈丛，枭鸾即事于分区，牛骥仝从于别皁。谓其凌厉顾盼，以雪陈琳之耻；何乃罔敢迁延，不答马卿之难？岂时英所病，共设于翟酺，将高尚在怀，不屈于周党？荐举之法，抑有多途；取舍之方，莫能折衷。何则？含光隐迹，不盗处士之名；介立寡徒，安获知己之荐。举逸之法，应有通规；取舍之言，非为尽善。文武之道，方册所不坠；德怨之报，人情之大纲。射为诸侯，杜预无穿札之力；士为知己，崔洪有挽弓之悔。相圃泽宫，失之远矣；子皮、鲍叔，夫何言哉？举贤受赏，非才有罚；国柄所加，期乎必当。验之从政，效无限断之年；试以文才，智有迟速之别。知而不举，闻讥窃位，举而非人，宁当显戮。臧孙之犯，既是虚刑；子闻之辜，复当何典？内外齐举，援亲岂不致嫌；师锡具陈，行庆又谁为首？凡此歧路，罔识

---

① 《文苑英华》作"神龙二年"，此从《登科记考》。

攸从，迟冀如律，弘其利涉。

苏晋对策

物以类升，方以类降，故小大趋舍，未始离乎类也。所谓同声相应，同气相求，云从龙，风从虎，时其效欤！矧惟生人，怀五常，含好恶，自然之势也，安可处非其类乎？斯固士君子砥行立名，伸首抗迹，思欲奋迅泥滓，凌迈云汉，与鸾凤为伍矣。岂不能折其锋，沮其目？诚谓类有聚，群有分，下流不可久居。且无其时，犹欲干进之若此，况乎师旷倾耳，卞氏拭目，将欲察异音，求奇彩，苟有留者，谁肯迁延于解衣之试哉！

策曰"荐举之法，抑有多途；取舍之方，莫能折衷。何则？含光隐迹，不盗处士之名；介立寡徒，安获知己之荐。举逸之法，应有通规；取舍之言，非无尽善"者。夫人洪（原注：疑）然则渊其心，饰其状，不可知以貌，不可穷以言，将为辨者不可也。求乎其端，或有可知矣。夫天之岩乎其上者，施人以气；地之坎乎其下者，成人以形。高下之间，不可逃者，形气而已矣。气之积者彰乎形，形之动者感乎物。彰于形，故可以象察；感于物，故可以类求。察其象，长短之材可量矣；求其类，邪正之气可识矣。虽则含光隐迹，介立不群，终不能以形逃，不能以气隐明矣！子曰："视其所以，观其所由，察其所安，人焉廋哉，人焉廋哉！"古圣王之观人也，未尝越于是。取舍之言，非不尽善也，但夫怀诈饰伪，举世有之。干禄者不尽善，举人者不尽智，或以势逼，或以利兴。观象察言，以难其识，附威藉利，谀媚其心。有于此者，则取舍之方，何所施矣！呜呼！负舟登山，诚难事也。

策曰："文武之道，方册所不坠；德怨之报，人情之大纲。射为诸侯，杜预无穿札之力；士为知己，崔洪有挽弓之悔。相圃泽宫，失之远矣；子皮、鲍叔，夫何有哉？"夫射者，先王所以定人之心，和人之志，亦以示其威仪耳。以为诸侯分我茅土，育我黎蒸，抚有威衡，持秉生杀，当审心定志，敷德遵和，故为其立饮射之法，以导达其志，不在穿札贯的矣。子曰"射不主皮"，即其义也。则夫丽龟贯石者，将武夫之伎耳，非不侮鳏寡，保其社稷之业。夫有大功者获大赏，异哉言阳，诚无间然矣。古之君子，冠业而立于朝，则必有益于时矣。以为益时者，莫先于进贤，苟得其人，则没齿无怨矣，又何可顾望默识乎？子曰："定其交而后求。"夫古之人定其交者，将弘济时务，克清世几，恐夫道不吾行，才为时弃。是用定其交，求其达，岂徒局促存于情之所好哉？若以情之所好相求，则是便僻比周之人，岂得为文雅君子乎？崔侯必不以挽弓为悔。假使子皮荐国产，叔牙举夷吾，终不能光兴郑邦，匡合齐社，亦未足以纷昭载籍矣。

策曰："举贤受赏，非才有罚，国柄所加，期乎必当。验之从政，效无限断之年；试以文才，智有迟速之别。知而不举，闻讥窃位；举非其人，宁当显戮。臧孙之犯，既是虚刑；子文之辜，复当何典？内外齐举，援亲岂不致嫌；师锡具陈，行庆又谁为首？"夫天之平分万物，体不俱举。有其才（原注：疑）者童其首，挥其翼者两其足，德不必备，才难尽善。其人善于政者，不必有其文；工于词者，不必敏其事。《书》曰"无求备于一人"，详矣。先王均其曲直，任之事宜，物各有所长，工拙不相害矣。故《书》曰"明试以言，车服以庸"，则尧试其人以官，备在方册矣。夫政有序，化有渐，时有险夷，功有隐显，为政者当责其岁晚，不可中道而废也。施政立德，不过乎三年，人情大可见也。孔子曰："期月而化成。"《书》曰："三载考绩。"何得无限断之年欤？夫文者，贵其能书理论（原注：四字疑），宣道其业，非得意之实，乃无意之筌欤。夫《传》曰："言以足志，文以足言。"又曰："非文无以自达。"苟欲考之文词，求之迟速，则志有可得，在政斯亨，言之无文，用亦何害？且夫官爵者，至公之器也；荐贤者，至公之道也。君子持至公之道，守至公之器，进思尽忠，何可回隐复佹，荐嫌疑亲仇之间哉？昔者先王之立制，进贤受上赏，蔽贤蒙显戮。举非其实，置其阿党之诛；荐得其人，介以汇征之赏。行庆之典，不偏于师锡矣。时理则德存，世乱则道丧，难乎鲁无君子，楚不足征。使子文安居，臧氏无咎，痛哉政不难矣！不有仲尼，蔫贾之喻，千载之后，何知其过焉？谨对。《文苑英华》卷四八〇，第2448~2450页。

"贤良方正"科制策①

策问

朕闻处域中之大，据天下之图，莫不设篥以思贤，解琴而愿化。虽君唱臣和，而明鲜晦多。所任者或非其人，所行者倪乖其道，归於浸弊，罔弗由兹。朕寅畏上玄，负荷先构，静言为国，有若涉川，风俗未淳，政教犹郁，黎元寡遂，鸾凤不臻。当伫永怀，良深愧叹。子大夫讲圣人之高议，明王事之大纲，蓄愤谋忠，历年载矣！何施而反本于古？何用而救末于今？何术而人物阜安？何德而神灵滋液？尔其无隐无忽，悉之究之，通其条贯，朕当亲览。

阙名对策

臣闻圣人法天而理，察道而行，心膂俊贤，子惠黎献，使恭尔位，人乐其业，朝无粃政，俗咏康哉！《书》曰："惟天聪明，惟圣时宪，惟臣钦若，惟人从乂。"此其谓也。虽根英异辙，火木殊途，革去故而鼎就新，变咸池而歌大夏。然而无易兹典，其故何哉？盖以因天人之和，顺阴阳之数，不可替也。皇上道高西圣，德迈南薰，黄龙荐图，翠凤为宝。至于膺正历，享灵符，朗七曜于铜仪，安万人于宝历，延祥降福，陟酌

---

① 按，此策系年及对策者皆失考，《文苑英华》卷四八〇附于苏晋对策后，姑从之。

（原注：疑）登封。八表黎元，歌皇风而周地络，四夷酋长，颂玄化而建天枢。此皆以刻於玉版，载于金匮，为帝者之祖宗，与乾元而始终。至于坐衢室，端冕旒，寂然不动，感而遂通，赫赫明明之美，无声无臭之化，固以荣竟宇宙，发扬神人，振古以来，未有如斯之盛矣！犹复寅畏上帝，忧念下人，思反朴于鹑居，伫迁讹于鸿古，夕惕勤止，良以深焉。爰降纶言，俯询舆议，此陛下冲谦之道也。愚臣何足以知之。然而忝迹明时，敢忘披露。

臣闻帝王之道，藉英彦以张风；邦国之图，资谟明以垂化。故能庶征有序，美政无亏。当今制礼作乐，悬章布宪，可谓文物大备，刑政中和。而紫宸弘卷舒之风，黔首罕阜安之业者，良以官僚空旷，守宰荒宁，不能宣裕皇明，洗蒸徒之耳目，发挥神化，变浇薄于闾阎。夫迁物化人，著诚去伪，岂惟君上之道，实亦官联之职。故文翁好儒，蜀学比于齐鲁；毛玠崇质，魏士素其裘裳。是知易俗移风，使天下回心而向道者，非俗吏之所能为也。故董生云："黎人未济，皆吏不明，使至于此也。"贾谊亦云："下之有过，吏之罪也。"夫闻伯夷之风者，贪夫以廉；见柳下之迹者，鄙人能恭。故曰：教人莫若垂范，垂范必仰良材；阜俗莫若兴农，兴农必由循吏。且择贤而处，其弊犹滥，负乘为政，何以克堪？今若选英杰而实百僚，自朝廷而及州县，咸令法易简之道，慎德刑之教。赏以春夏，慎其滥矣；罚以秋冬，敬其刑矣。夫赏刑中则庶人安，庶人安则财用足，财用足则百志诚，百志诚则天人和，天人和则神灵滋液矣。然后垂训而理，勤法而行，宣九式以均财，修六礼以节性，明七教以兴德，齐八政以兴邦，道格元亨，风还太古，时雍之和可致，济俗之义可弘，唐虞之美可逾，文景之声可越。谨对。《文苑英华》卷四八〇，第2450~2451页。

"沉谋秘略"科制策①

策问第一道

西自临洮，东洎沧海，延袤万里，控扼三边，林胡不宾，犬戎犹梗。守之冲要，备其窥窬，聚多则戍卒不充，布少则敌人莫御。用舍之理，扬榷而言。立镇屯兵，其来非久；悬道分列，自昔犹安。李牧守边，匈奴窜伏；魏尚为郡，郊垒乂宁。今欲悉罢军城，委之牧宰，敬达嘉话，将献吾君。

---

① 按，此策系年失考，《文苑英华》卷四八〇系于苏晋、阙名对策后，姑从之。另《文苑英华》作对策者为"王昂"，然据《登科记考》，知"王昂"为"王昇"之误。

王昇对策

昔者大刑甲兵，陈诸原野；次刑鞭扑，致之市朝。将以闲邪防淫，禁暴御乱，乃觌千古，兹率厥常。我后光膺宝命，诞敷文德，建皇王之中，协时雍之化，声教远洎，无思不洽。犹恐至道未孚，边亭或耸。爰招集谋画之士，议诸疆塞之虞，斯诚居安虑危之深策也。顾以蒙陋，庶能无闻，将何以副沉秘之求，奉对扬之列。恭承清问，敢不荐其闻矣。

臣闻夫为国之道，必在任贤；保境之方，必先择将。国家授武秩，设边防，东自榆林，西连蒲海，可谓制度秘远，典章大备。而犹以辽霭未清，湟烽或照者，但未得其人耳。今若垂旌扬之期，崇奖激之道，用不求备，任惟其材，举吴起则舍其贪，推稷直则略其贱，务升智术，勿限资年，则将得其人矣。既得其众，必能抚其人，必能尽其力。将得其材，以之东镇则林胡清，以之西征则犬戎息，何忧乎制御之不足，多少之为患也！若乃布化宣威，实资牧宰；守全保固，亦在城池。则知牧者邦国之先，而疆场之主也。疆场无主，则启戎心，戎心之生，人慢其政，国之患也。今者选建良牧，委之临人，修缉军城，足以御敌，则可以捍我中宇，缓彼边甿。何以废城，然后为得？谨对。

策问 第二道

用兵制敌，先资良将；搜奇掇异，昔贤病诸。厚貌深情，最为难辨；受金善盗，终而有益。至如清言要理，行之则违，强力暗通，口不宣意，临问定职，何以分之？李将军简易便人，程不识刁斗严卫，张飞勤于礼士，关羽接于常流。四子所施，幸甄优劣。两适为用，何斯短长？今边烽未亡，善将悬急，试可淹于岁月，拔萃昧于玄黄。子其直言，以祛未悟。且三全五事，十过九差，何所废兴？何所施用？理国之贵，何首爱人之道？何为各书名数？伫济邦国。

王昇对策

登坛分阃之杰，行己应物之际，顾虽愚蒙，尝闻之矣。莫不蹈仁履义以修其身，奉公灭私以树其政。但人无求备，用各有宜，十哲分科，八能殊术。吴汉则讷于词理，卫玠则善于清言。今若取陈平之谋，须舍盗金之行；用杜预之智，岂资穿札之能！虽厚貌深情，古人所病，而收长弃短，先达格言。伏愿征之以九征，求之于五德，甄其操履，行以智谋，虽言貌难分，而华实不昧，择能而用，斯则可矣。亦何忧良材之采掇，官职之不分者哉！夫简以临人，严以应物。严则劳而后济，简则逸而能通。劳逸既殊，得失斯在。孟德择士而礼，云长接于常流，为道不广，固宜劣于张飞，出门重礼，诚合优乎关羽，各随时而任用。夫何择于先后？当今边隅尚警，征役未息，必资良将，方立奇功。若拾奇佣保之中，拔异沦滞之位，则玄黄可辨，卫、霍斯在。夫兵之术语，圣人所止，后代故作谲书，以寄胜于天道也。故曰：天地鬼神，视之而不见，听之而不闻，指虚无之形，不足以制胜。故人存而不务也，则知吉凶之兆，尽在乎人。今若任皓皓之良，收断断之善，使明法审令，贵功养劳，则不时日而事吉，不卜筮而事利，亦何必访韬钤之谋、孙吴之诀，然后为得哉？亦敢不陈其梗概。至若军国著三全之称，天地操五事之名，勇急廉智，将之十过也，十百万千一（原注：疑）之九差也。理国贵于仁礼，爱人在于不劳。昔霍骠骑不读兵书，犹言暗合；项将军素闲兵法，亦叹天亡。况事涉玄微，艺殊经诰，岂伊蒙浅所能详哉！谨对。

策问 第三道

料敌多途，应变无算。览去病之对，顾在方略；读孔明之书，虞于备预。至如烈风猛火，烟焰赫然，雨水奔流，弥漫无际，修何人事以却天时？或有暴兵卒来，我则未暇，敌人非远，静然无闻。何法以知敌情？何方以收我众？如其争先不远，我怯须勇，列军甚严，彼强使弱，善战不阵，抑有前人未战屈人？伫听嘉话。四轻二重，于将谋而何施？三礼五才，于兵形而何要？幸存升降，曲尽所宜。

王昇对策

观夫古之良将之行兵也，莫不救灾恤患以和其人，先谋后动而制其敌。军有渴而不饮，军未饭而不食，举不失德，赏不失劳。故人悦忘疲，士感知死。夫如是以之守则固，以之战则克，安有不肯蹈兹烈火，遏彼奔流？斥堠素明，暴兵安可卒至？法制素习，敌人何由能迩？我将贾（原注：疑）勇，宁见士怯？我固常胜，安有敌强？未战屈人，谋其所以，善战不阵，夫何远矣！至四轻二重之施，三礼五才之人，所用斯并事关幽秘，理绝探求，徒罄蒙襟，岂酬高问！谨对。《文苑英华》卷四八〇，第2451~2453页。

景云二年"文可以经国"科制策

策问

三雄鼎立，四海瓜分，魏氏独跨于中原，孙、刘割据于南土。五胜更袭，唯受命以当途；四大居尊，咸仗义而称帝。二十八宿，指躔次于何方？三十六郡，列封疆于何所？醇化懿纲，非无宽猛之规；爱国治人，自有弛张之度。皇皇祖考，并建鸿名；眇眇子孙，俱闻失德。为功业之厚薄，而存亡之后先。至如献纳忠规，纵横武节，既自方于乐毅，或见比于张良。各有其人，详诸史传，所行事迹，咸请缕陈。

晁良贞对策

汉代崩离，三光分景；齐甿荡析，九土殊方。权、备割据于岷、吴，莽、丕篡图于冀、兖。火行土德，则有攸归；紫色蛙声，岂无兼峙！

策曰："二十八宿，指躔次于何方？三十六郡，列封疆于何所？"至若毕昴为大魏之郊，井络应庸蜀之分，星纪直奎吴之野，婺女寄虚越之精，此其躔次也。至若常山、巨鹿，孟德之设教；会稽、豫章，文台之建国。考广汉犍为之地，实夜郎玄德之邦。星土之殊，于是乎在。

策曰"醇化懿纲，非无宽猛之规；爱国治人，自有弛张之度。皇皇祖考，并建鸿名；眇眇子孙，俱闻失德。为功业之厚薄，而存亡之后先"者。且夫天命不谄，帝图难僭，刘既备矣，当禅与人。此乃事本于元符，何止功殊于厚薄。祚穷安乐，不亦宜哉！至于魏主以雄猜之姿，虎噬河朔；吴王以英威之略，凤起江南。欺孤有言，贻讥于石勒；令图发论，见称于陆机。蜀灭于前，吴亡于后，物之理也。夫何足疑！

策曰"至如献纳忠规，纵横武节，既自方于乐毅，或见比于张良。各有其人，详诸史传，所行事迹，咸请缕陈"者。山川出云，贤豪择木。英英文若，见比于留侯；桓桓孔明，自方于昌国。闻九锡而殊议，节表纯臣；荷三顾而知恩，身归奥主。命毕空器，不其惜哉！威余返旗，盖亦奇矣。大者远者，斯焉取斯。谨对。

郑少微对策_{第二人}

汉氏失德，魏图爰启；孙、刘建号，唇齿相依。咸能廓帝绪以定业，振皇纲而握纪。虽数有五胜，运钟当途，而土无二王，终殊霸业。然则封疆画界，俯稽于地理；瞻星揆景，仰焕于天文。东井发曜于梁岷，傍分属汉；南斗连辉于吴会，远接荆衡。详魏土之分野，当毕昴之躔次，伊洛列山川之郡，曹公居四隩之中，毗陵在吴，华阳惟蜀，疆里所得，其在兹乎。至于开国基，行政令，咸垂统履顺，永传来叶，创业兴绪，克昌后昆，终数代而一何伦比。虽鸿名休德，将崇贻厥之谋；而继代守文，颇著聿修之美。是以堂构始于祖考，功业由于厚薄；负荷因其子孙，存亡以之先后。至于忠规动俗，武节冠时。异代齐名，孔明自方于乐毅；死而可作，文若偶比于张良。怀独见之明，既一谋于匡济；行暗合之策，终不谢于孙吴。谨备诸前，庶几万一。谨对。

雍惟良对策

天命靡常，地变其宗，三雄鼎据，分割乾坤。或利近江海，银铜之凑；或邑居河洛，桑梓之余。用能仗风云，采松竹，开物成务，广运靖人。至如仰纬星躔，傍分列郡，成都应乎井络，建邺开于斗牛。若乃发迹谯墟，图光毕昴，竟能一紫宙之意，兆黄精之符。然而物运弛张，得失成败，此关诸天意也，谅非人事也。岂功业之厚薄，何存亡之先后。长想前修，载述古迹。且为人臣者，善指事之要，专切直之言。然则荀氏之比张良，沉机已迅；葛侯之方乐毅，希古自高。俱能明允克诚，兴光大化，代收其器，人献其谋，观国以取肃军容，退恶以力扶王室。其理甚博，厥美惟先，画为九州，时更七代。徒勤短思，有愧缕陈。谨对。《文苑英华》卷四七九，第2445～2446页。

景云三年"道侔伊吕"科制策

策问

兴化致理，必俟得人；求贤审官，莫先任举。欲远循汉魏之规，复存州郡之选，虑牧守之明不能必鉴。次及越骑佽飞，皆出畿内。欲均井田于要服，遵邱赋于革车，并安人重谷，编户农桑之事。① 洪迈《容斋续笔》卷十二，《四库全书》第851册，第497页。

张九龄对策

第一道

嗣鲁王道坚所举道侔伊吕科，征仕郎、行秘书省校书郎张九龄伏览睿问。大哉国体！九品流弊，尝所懵焉。幸因对扬，庶言其可。

古者诸侯贡士，司徒论士，必讲礼观能，乡举里选。故十五、十八之岁，大学、小学之节，诵习以时，教化以礼，则孝悌之行可知于乡里，政事之业可升于国朝。先王务教，此其大者。及周既衰，斯文将丧，秦氏灭学，唯力是视，仁义大坏，俊造亦亡。汉高以马上非理，复修三代之事；魏武以军中是务，权立九品之仪。后代因循，莫能改作，纷纷横调，滔滔皆是，天下公器，可谓伤心！

伏惟殿下，以神启睿图，天佐明德，物不终否则受之以泰，弊不遂极乃鼎之以新。涤瑕荡秽，今其时也。伏愿图之。夫正其本者万事理，劳于求者逸于用。岂有大明御寓，虑此假权之人；循良择人，安得谢恩之义？是则外台会府，真若漏于网中；济理适时，复何殊于掌上者也。且有备无患，忘战必危。是以振旅、茇舍之仪，羽林、佽飞之卫，汉家征选，咸出五陵，周制供王，不逾千里。此以均其远近，会其中正。王者之制，岂虚乎哉！必开井赋于要服，俾衷益于畿甸，虽经始之规何施不可，而图远之业犹

---

① 按，此策问失载，徐松以为《容斋续笔》此段为此问之节略。

愿勿遵。且将振九品之颓纲,维百姓之绝纽,使官有位次,贤有等才,苟不侔时所勿取。使夫能者代上帝之理,议者息高门之谈。吏精其心,人享其利,流通不日而来复,耕桑何忧乎不稔?动之斯应,绥之斯来。若唯作法于末途,非救弊之本意,盛德大业,孰与归乎?九龄怖慄尘埃,栖栖非得言之地;慷慨禾秀,拳拳因献策之时。何敢望焉,尽心而已。谨对。

第二道

王道务德,不来不强臣;霸道尚功,不伏不偃甲。由此劳逸异数,得失可明。故曰务广德者昌,务广地者亡。是则汉武事胡,岂比重华之干羽;秦皇戍越,岂比公刘之橐兵。虽古人有言,引之者有同于秦、汉;而王者大化,行之者必本于唐、虞。不亦然乎?此其开基之大者也。国家因已有之地,广无私之仁,犬戎即叙,肃慎入贡。若力不能救,岂惟桓公之耻;征在其苏,是必成汤之怨。然而《春秋》所贵,惟义所在,内诸夏而外夷狄,此明中国恐弊,不兴异域之功,下人苟安,何惜救兵之举?则知吊伐之义,随时之道也。今颇凋弊,抑非其时。至如守塞则侯应之言为得,斥地则蒙恬之弊可知,前事昭昭,足为明戒者也。必欲系单于之颈,裂匈奴之肩,奚霤背恩,受制于北虏,小人发愤,请议于东征。谨对。

第三道

伏惟殿下,德盛问安,教存齿学。则孝悌之感元良之旨,咏《子衿》之诗,义形乎辞,真吾君之子也。天下幸甚!伏以化凭于势,声若顺风之远;或因于时,德甚置邮之速。则何草不偃,何心不应?而曰未能动俗,殿下之至谦也,尚何术之务而舍此乎!今又降意微言,征诸坠典。至如炎帝斲木,盖取诸意;文王演卦,乃言其象。虽成象之时不同,而得意之言一也。周公制礼,夏正得天,纵损益可知,而因循不改。去圣既远,《礼经》残缺,遗文苟存,群儒纷揉。故丧服异制,诸家殊轨。故王肃之旨,约情以断,郑玄之言,引经取决。吕氏因封侯之余俗,采礼官之旧仪,故戴圣采十二纪之首为十二月令,存周礼之典,其故匪他。仲尼以尊鲁而取美于《颂》,穆公以尊周而见序于《书》,《左氏》以艳富称诬,《谷梁》以文清为婉。范宁序事,其义则详。《乐书》因秦而遂亡,空有河间之制;夹氏在传而不见,唯余班固之说。谨对。《文苑英华》卷四七八,第2438~2439页;张九龄《曲江集》卷十六。

开元二年"贤良方正"科制策《登科记》作"哲人奇士隐沦屠钓科"

策问

朕闻理国莫尚乎任贤,命官必资乎选众。尧舜以声不以度,考核良难;殷周取德兼取言，征求匪易。朕所以载怀经术之彦，夕遗其寝；虚伫艺能之士，朝忘其饥。子大夫光我弓旌，膺斯扬择。为政作法，岂无前范，安人济时，亦有令躅。宜叙立身之志，各言从官之才。至如七辅、八元，施何纲纪？十臣、四老，正何得失？并陈事迹，兼详名氏。夫朝会古礼，祭享旧章，九仪式辨其赐，六贽各明所执。雍畤起自何年？亳社立于何代？天士、地士，此何所封？诸布、诸严，彼何所主？又穆邦家而济生死，三圣之教何长？利动植而益黎元，五材之用何要？工商两业，在俗何先？文武二柄，适时何急？凡此数科，不获双美，必去者方于去食，可存者同夫存信。朕将亲览，尔等明言。

孙逖对策

伏惟陛下，文明有赫，元圣广运，勌激极乎宇宙，察微穷乎物象。至如选众任能之术，礼经享物之要，三圣五材之短长，文武工商之用舍，斯并独断圣虑，悬衡睿谋，百辟端委而颙若，庶绩不言而潜运矣。犹以为立政图大，试言务重，弗躬弗亲，庶人不信。降清问于穹昊，俨神威于咫尺，斯亦尧咨舜吁，同德比义。臣愚敢不拜手稽首，对扬天子之休命。

制策曰"子大夫光我弓旌，膺斯扬择。为政作法，岂无前范，安人济时，亦有令躅。宜叙立身之志，各言从官之才"者。臣闻邦有道，贫且贱焉，耻也。今神化阴骘，要道光被，设序塾以教于乡，立胶庠以训于国，制为禄秩，以劝其从，则含生禀灵者，孰不刻意于仁义，饬躬于闻达。所谓尧舜之代，比屋可封也。臣以一介，能行无取，思勉进以追群，顾观光而知愧。尝亦自强不息，有闻而行，驰颜、闵之极挚，伏周、孔之轨躅。学古庶乎叶道，慎行期乎润身，非有志于干禄，苟求仁于寡过。立身之志，允或在兹；从官之才，则愚岂敢。何则仲尼有言曰："如有所誉，其有所试。必也临事，难乎预谋。"昔孔明之自比管、乐，时人未许；仲由因之以师旅，夫子哂之。祇奉睿问，惧深殒越，其敢腼冒，轻议天工。陛下若不弃菅蒯，无遗蕴藻，考片言而察所以，效一官而视所由，安敢庚哉，取则不远。知人则哲。陛下允迪于圣君，扬己自媒，微臣敢辞于丑行。

制策曰"七辅、八元，施何纲纪？十臣、四老，正何得失？并陈事迹，兼详名氏"者。《书》曰："惟后非贤不乂，惟贤非后不食。"故君明臣忠，予违汝弼，时闻间出，代有其人。昔者黄帝之首出庶物也，时则有若七辅，股肱舟楫；虞舜之宾于四门也，时则有若八元，忠肃恭懿。周文之心德同济，始用十臣；汉储之羽翼已成，初闻四老。陈其事迹，斯亦庶乎；详其名氏，固可量也。七辅则风、牧共贯，八元乃伯、仲同归，语十臣之伦，则太颠、闳夭，稽四老之类，则绮季、园公。昔郯子之叙古官，劳于倾盖；鲁公之问儒行，疲于更仆。况实繁有众，急景不留，聊举凡以见意，岂遽数而周物。

制策曰"夫朝会古礼，祭享旧章，九仪式辨其赐，六贽各明所执。雍畤起自何年？亳社立于何代？天士、地士，此何所封？诸布、诸严，彼何所主"者。《传》曰："朝有定制，会有表仪。"《书》曰："享多仪，仪不及物，曰不享。"斯盖曲为之防，事为之制。经礼三百，仪礼三千，载在祀典，藏之史籍。九仪谓一命受职，再命受服，三命受位，四命受器，五命赐则，六命赐官，七命赐国，八命作牧，九命作伯。六贽谓孤执皮币，卿执羔，大夫执雁，士执雉，庶人执鹜，工商执鸡。雍畤起于秦年，亳社立于周代。天士、地士者，汉武之宠方士，将军始受其封。诸布、诸严者，班史之记小祠，先儒不详所出。

制策曰"穆邦家而济生死，三圣之教何长？利动植而益黎元，五材之用何要？工商两业，在俗何先？文武二柄，适时何急"者。夫人生而静，天之性也；感物而动，情之欲也。天禀其性而不能节，圣人能为之节而不能绝。故务恬朴，贵清净，同术于汤之益谦，合志于尧之克让，此道教所长也；若乃不杀伐，证因果，包太空以为言，化群有而归寂，此释教所长也。皆能惩窒嗜欲，静镇纷揉，王侯得之，以贞天下。至于辨贵贱，立君臣，示之以好恶，因之以诛赏，使礼乐刑政灿然可观，则为善不同，其味相反，系风捕影，荡而无适。故知孔氏之立教，乃为邦之所急也。《传》曰："天生五材，废一不可。"断之于阴阳，效之于气物，示休咎以垂诫，因兴衰以运行。若可废，则乾坤之道其或息矣。然土爱稼穑，居中履正，应我皇之休运，弼大化以阜成。利动植而益黎元，先金火而逾水木，必不得已，斯其一隅。又国有六职，实载工商；时之二柄，莫先文武。同唯阿之相去，何是非之足征。然舜命共工之职，周有《考工》之记，车服器械，斯焉取斯，岂与夫乘时射利，滞财居逐者，若兹之琐琐焉。文德者，政之所专也；武威者，文之所助也。然则士农之末，作巧贤于鬻货；升平之岁，经国先于定功。臣学昧稽古，思迷政途，谋适不用，空愧绕朝之策，道之将行，犹委仲尼之命。谨对。

李玄成对策

臣闻大圣有国，将兴至理，总庶官以匡化，览群议以登贤。所以奉若天纪，作为人极。观尧、舜之兴，则四岳佥举，九载陟明，考核之端立矣；鉴殷、周之策，则三驾访德，六廉察事，征求之道行矣。非睿哲明虑，深体化源，亦安能董正理官，推仗贤杰者也？今陛下缵兴圣业，昭布天光，举良弼以谋至道，综群才以康庶绩。故乃岳生维翰，星降士师，嘉猷日闻，正言弥启，肃然在位，灿然盈朝矣。且犹郡邑公选，岩穴敷求，遗寝载怀，比岁临问，伫经术以佑职，想艺能以建官。则古之坐明堂，议衢室，安可以侔清问之深也。固将卓立化首，廓开政先，岂唯绍明恒训，践修常轨而已。臣素微经艺之术，谬忝弓旌之召，诚不足以登进王庭，恭承明策。至若为政作法之要，安人济时之体，臣虽愚鄙，窃有志焉。

臣闻政务利人，法期济物，布法由道，行政在官。官必其才，则人沐于化；法必于正，则物赖其安。故庇人以和，所以兴其义；率人以礼，所以致其淳；赋之必均，所以绥其业；役之必度，所以务其时；恤其转死，所以保其命；薄其收入，所以全其生。此安人之画，济时之要，总其大趣，存其至心，而臣节无隐者尔。故王者安人则审政，兴政则任官，任官必良则为政皆善，善政溥合则黎人用康，德之本也。是以深居而情鉴万里，高拱而明照八极，其在任人之术欤！

夫至公克守于鸣谦，臣节必存乎无隐。况王心虚镜，容光必察，询其立身之志，考其从官之才，臣之愚衷，具以上达。若蒙饬躬召入，程器收用，使得履文石以献议，瞻法座以陈诚，序安人之大训，言济时之良政，抗恒节以忠主，申远图以戴君，臣之宿心永愿毕矣。立身之志，实在于斯；从官之才，安敢自必！

盖无善不应，有开必先。七辅立于先（原注：疑）朝，充四目以鉴远；八元翼于舜日，播五典以弘风。或理历茂时，天道以叙；或辨方宁乱，地纪用章；或内平外成，树稼而蒸人乃粒；或忠肃恭懿，敷教而理训克从。言其纪纲，较然明著。十臣佐命，周道蔚兴；四老为宾，汉储底定。文武以济，灵台光偃伯之期；羽翼既成，宠子罢夺宗之计。匡正得失，格言斯在。风后、力牧，膺七辅之名；伯奋、仲戡，居八元之列；周公、吕尚，为十臣之宗；园公、绮里，参四老之目。八元尽高辛之裔，十臣有文王之子。事迹斯辨，名氏可征矣。

夫朝会者，所以正君臣之位；登享者，所以尽诚敬之极。故物称其礼，举之表仪；功被于人，施之祀典。盖辨其位序而不多其玉帛，先其敬意而不繁其樽俎，明王道之制也。自道远圣逝，侈及嬴、刘，荐币兴利，视金迫罚。祭非其鬼，妖望其祥，瞻古语事，斯谬甚矣。《周官》大宗伯之职，以九仪之命，正邦国之位。一命受职，再命受服，三命受位，四命受器，五命赐则，六命赐官，七命赐国，八命作牧，九命作伯。盖以懋功训德，审官义人也。又以禽作六贽，以等诸臣，孤执皮币，卿执羔，大夫执雁，士执雉，庶人执鹜，工商执鸡。盖象事以明等威，以示礼也。秦修雍祠，而古有雍畤焉；周祭亳社，宜社有属亭焉。孝武祈仙，封于栾大，将以通天地之道也。故天士、地士，悬以五利之名焉。汉氏广祷，主于小祠，将以期纯嘏之集也。故诸布、诸严，设于群望之祭焉。

夫谷神不死，道宗于玄默。至觉而生，释归于清净。书于圣典，固在儒流。然练神虚心，释道以空慧为法，可以济于生死矣。兴政致理，周孔以礼义为训，可以穆于邦家矣。教之攸设，儒则为长。天生五材，利溥群物。火炎水润，动植以滋，刲木范金，黎甿攸济。禀于玄象，土德厚载而居多；施于物宜，五行废一而不可。工以缮器，商以通财，财则聚人，器则周用。疾其浮侈，商以政而当遏；资于器械，工在俗而为先。圣人睹天地以成文，象震曜以兴武，文次九序，武标七德，利用开物，禁暴夷凶。二柄所资，百代无易，两参王政，互为国经。若寰海晏如，则武备都偃；干戈日扬，则文教式衰。自有偏废之辰，皆无必去之道。理旷者不可以言极，道深者不可以意明。乾象照临，圣模广运，臣材非秀茂，学非敏博，对越天旨，诚无足观。谨对。

沈谅对策

臣闻时雨作解，靡物不滋；春雷发声，群蛰渐觉。间者明诏咨九牧，辟四门，光烛岩薮，恩覃侧陋。葵藿仰惠以纳景，山川有开而出云。使草茅微臣，幽贱朽质，辱旌贲，陈刍荛，瞻璃台之穆然，预烟阙而伏对。此臣之鸿造也，敢不沥诚哉！

臣闻尧之光宅也，以亲九族，以命百官；舜之登庸也，以察万人，以齐七政。大禹拜皋陶、伯益，惟其昌言；武王问黄帝、颛顼，存乎至道。此四君者，文思睿哲，恭俭高明，仁以创制，慎乎体国，思借力以任重，简远（原注：阙）以安人。故选贤以居位，（原注：阙）事而后爵。则考绩以庸，取人必才，赋纳献可，声度言状，庶存兹矣。休惟陛下，丰功厚利，资始万物以统天；执契含元，富有八方而纂圣。家道以正，庶绩咸宁，师师满云火之庭，济济盛龙光之列。尚纡神睠，更睟天仪，思仁寿之登域，缅前王以作镜。虽轩辕之徇齐藏用，重华之好问察言，未足以扶毂大明，骖乘元圣。臣闻之游大海者难为水，窥圣门者难为言。陛下倖造化而作法，尊道德以垂范，敬宗庙以示厚，爱臣子以兴仁，怀蛮夷以广德，抑祯祥以崇理。礼经大备，四海共职而朝宗；乐物至和，百兽来庭而率舞。至于为政安人之躅，则微臣何足以知之！其余备父母之体以立身，钦圣人之化以从官之问，则愿竭其愚。臣惟忠孝可以从官，奉陛下之法以自理，守陛下之职以自安，以之居处则庄，以之战阵则勇。是陛下轶尧、舜之上，愚臣忝比屋之封。臣虽不才，则亦有志矣。

昔者风后、力牧，仲容、庭坚，相与谋谟于有熊之朝，弼违于纳麓之运，讲信而修睦，肆直而惠和。垂衣裳，作舟楫，分州土，叙星辰，其纪纲也如此。其后闳、散、周、召、园、黄、绮季，镐京得之为心膂，汉储得之为羽翼。终能牧野清明，惠皇不废，其救失也如彼。

夫国有五服，朝聘申其贡；礼有五经，享祠肃其首。职方品其远近，宗伯辨其瑞玉。乃开封壝，是设方明，锡之以肇络衮裳，执之以圭璧羔雁。秦之立雍畤也，将以禘其自出；周之居亳社也，亦以戒于不臧。臣又闻先王之制礼法也，以劳定国。汰哉汉武，曾是黩神，采少君以端信乐道之贞，列帐甲乙，树红头，望峷山，祈石室，天士、地士，不殆于昏淫；诸布、诸严，何惮于风雨乎？

圣策以三教立言，历代弥勤，成轨制以化时，较醇醨而景俗。此圣君合悬解之旨，而小臣惭默识之明。然臣亦尝闻之矣，夫礼者始诸饮食，盛于冠婚，分而为阴阳，转而为太一。失之者死，得之者生。二氏包虚无而含寂灭，长性灵而已，宜去于斯。《传》曰：" 仁义礼智，以信为主；貌言视听，以心为正。" 则士德优矣。若乃神农之肇皇业，揉木为耒，弦木为弧。黄帝之开帝功，致天下之人，聚天下之货，器以成务，稼惟人天，利以通财，阜国周用。苟能全人，天可违乎？故臣愿抑商而进工也。

大哉！武之为功；赫矣！师之所处。象震耀而举，垂云雷以扬，宣威而山河荡容，训誓而烟尘动色。可以定祸乱，可以翦暴强。顷者牝鸡之晨，陛下潜龙或跃，提白蛇之剑，揭翠凤之旗，入于北军，兵皆袒左。氛祲殄灭，日月光华，此神武之壮观也。谨对。《文苑英华》卷四八三，第2464~2468页。

开元七年"文词雅丽"科制策

策问

朕闻至道虽微，不言而化，皇天阴骘，相叶其彝。信寒暑而生成，施云雨而沐润。垂范作训，树君育人，时有浇淳，教垂繁略。成汤既圣，禹道云亡，《桑扈》、《谷风》，屡动诗人之刺，塞门、反坫，时贻宣父之嫌。我国家振彼颓纲，开兹盛业，朕以不德，袭号乘时，而皇极之道未敷，谟明之轨尚阙。思弘厥理，其义安从？至如视听貌言，恒若时若，会极归极，作哲作乂。一以贯之，何方而可？夫礼以饰情，情疏则礼略；乐以通感，感至则神和。理内为同，修外为异，同异之用，有昧其功。人俗未融，伫明斯要。又《四时》《武德》，制自何君？《五行》《文始》，本之谁代？《昭德》《盛德》，莫辨所尊；《昭容》《礼容》，未详所出。悉情以对，用释余疑。

彭殷贤对策

臣闻孔子云："大道之行，三代之英，丘未之逮也，而有志焉。"又颜回对孔子云："回愿得明王圣主而辅相之。"此二者皆伤，不可得而见也。况臣生大道淳风之运，属圣主立政之秋，不能有所建明，以佐大化，此微臣夙心愧耻，窃有惭焉。日者圣敕颁宣，远覃幽隐，振废滞，收介特，本州征臣，克赋于王庭。陛下温颜，屡赐宴见，司飨行食，群事颁冰，亦可谓厚德矣。自顾性识愚驽，智术微浅，既蒙清问，敢不具素所闻乎！

臣闻伏羲、神农氏往，黄帝、尧、舜氏作，莫不体道以育物，立德以兴化，用阐无为之教，以弘不宰之功，齐饮啄于鹑居，绝往来于犬吠。岂不以我清净而人自正，我无欲而人自朴乎？迨乎政及三王，君临万国，亦承奉天地，燮赞阴阳，顺四时之气，理五行之叙，总仁义以安庶类，先博爱以悦群生。使人迁善远恶，而不知其所以然也。观夫三王之为君也，谨其所好恶而已，故君好之则人为之，上行之则下效之，莫不清心以率物，正身以御下。九女序列于内，三公分职于外，度数有恒，徭役不作。其取人赋也薄，而役人力也寡；其育物也广，而兴利也厚。故征伐有道，《大明》咏其功；什一而税，《大田》歌其事。所以家给人足，而理安兴矣。《易》曰"圣人久于其道，而天下化"，其斯之谓乎！

爰及末俗，政渐浇伪，而礼乐弥烦，奸盗滋起。桀、纣昏乱于上，幽、厉纵逸于下。崇台榭之峻，恐其不高也；广宫室之居，恐其不大也；聚淫色之美，恐其不多也；穷声音之巧，恐其不乐也。其敛人财也厚，而使人力也众；其害物也博，而兴利也寡。

其后兴役无常，《桑柔》病而叹之。故其诗曰："自西徂东，靡所定处。"盖言其役之甚也。征发无度，下人劳病，《南山》疾而刺之。故其诗曰："赫赫师尹，不平谓何？"盖言其政之乱也。自兹厥后，强凌弱，众暴寡，千官树奸于朝廷，百贾穷伪于市邑，财用匮竭，寇攘不止。《大东》又刺之曰："大东小东，杼轴其空。"言小大俱尽也。又云："东人之子，职劳不来；西人之子，粲粲衣服。"孰有为人上者不平若此，而可久安天下哉？此则上失其道，政逐多门，故天下败而不之觉。乃至所以为夏者，转而为殷也；所以为周者，转而为秦也。《诗》云："高岸为谷，深谷为陵。三代之后，于今为庶。"此史墨所载，社稷无常奉，君臣无常位，自古以言。

及秦始皇平定六国，隋炀帝富有四海，不务廉耻，唯存战伐。内造阿房，继以骊山之作；外征林邑，重以辽东之戍。凿驰道则隐以金椎，通鸿沟则树以柳杞。役及闾左，人不聊生；曲泛龙舟，声多哀思。倾天下之赋，不足以周其事；殚帑藏之财，不足以盈其欲。是以众怨难犯，人自为战。所以陈胜、吴广奋梃以挞之，王充、李密扬声以逼之，衅起郊垒而祸生左右。望夷宫中，不免阎乐之难；江都城内，卒死裴通之手。故《易》曰："天之所助者，信也；人之所助者，顺也。"此二君者，动为之际，不由信顺，失天人之所助，能无及此乎？然则合大中之道者如彼，失皇极之用者如此，古之兴败，备在典谟。

迨隋室道消，数锺百六，衣冠礼乐，扫地无余，贤人君子，稽天并浸。此乃大人利见之日，圣主驱除之时。我太宗志在救焚，心存拯溺，因兹感激，投袂而起，车及于平阳之郊，剑及于盟津之会。既而戡翦多难，克清中夏，建非常之功，定不拔之业。洎位登九五，富有万国，制礼以示其让，作乐以兴其和，兼爱以厚其仁，节用以崇其义。非先王之服不敢服，非先王之言不敢道，言必本于风雅，行务去乎枝叶。明刑赏，严号令，赏当其功则劳臣劝勉，罚当其罪则奸人畏惧。名器不妄假，必俟其能；爵禄不虚授，必先有德。是以四海之内，靡然向风。我太宗以至道之心为天下也，所征无不克，所向无不成，孝弟通于神明，易简合于天地。如此则天地德之，鬼神佑之，使风雨以序，灾害不作，万国莫不欢心，四夷莫不咸赖。良由不僭不滥，无怠无荒，所以享国久长，多历年数。

陛下禀天然之姿，定不伐之略，披肝胆以决大计，殄宫闱之氛祲，除诈伪之昏狡，日月载廓，宗社以安。深思祸乱之原，乃皇天所以开圣人也。自南面临天下，九年于兹，封候无警，干戈再戢。置鼓以招谏，设木以待贤，故得近臣尽规，远人献政。出宫女则使心不乱，属大旱则引咎自责，盖禹、汤之罪己，实尧、舜之用心。《书》云："一人有庆，兆民赖之。"其斯之谓欤！深合太宗之宏略，远符贞观之故事。

赐愚臣制策云"朕以不德，袭号乘时，而皇极之道未敷，谟明之轨尚阙"者。微臣何以识陛下之深远，而辄欲议之。或恐日月有遗照，圣智所不及，略陈其愚，伏惟陛下留听。臣闻《书》云"惟先格王正厥事"，言灾害之起，事有不正者也。去岁水旱不时，咎征屡作；匈奴侵轶，边将气沮。天其或者正训我也，欲令陛下知爵禄之虚授，冗散之职多欤？乐荡志欤？服失度欤？何皇极之不建，遂至于此也！臣闻省官不如省事，省事不如清心。诚能克己复礼,正身率物,表有功而彰明德,复古而贵能变,禁异服,革慢声,远便佞,近忠谠,断断之士必擢于庙堂,九九之术不遗于管库,可谓虚其心而众象应,正其本而万事理焉。《书》云"天既付命正厥德",言正德以顺天也。若舍此道,是不知其所从矣!

制策曰"视听貌言,恒若时若,会极归极,作哲作义。一以贯之,何方而可"者。臣闻《易》曰:"崇高莫大乎富贵,备物致用,立成器以为天下利,莫大乎圣人。"古之王者,享圣人之资,乘大宝之位,北辰居正,南面而理,亦可谓富贵乎?当须存至公之行,立大中之道,覆焘同于天地,通明合乎日月,志远迩之化,存易简之功。庶征顺序,五纪和叶,百谷用成,六畜遂字者,无不由焉。《传》曰"皇极其建",其斯之谓矣。若貌之不恭,是谓不肃,厥罚雨,其极恶;若得其道,则攸好德以应之,言不之从,是谓不义,厥罚旸,其极忧;若得其道,则康宁以应之,视之不明,是谓不哲,厥罚燠,其极疾;若得其道,则寿以应之,听之不聪,是谓不谋,厥罚寒,其极贫;若得其道,则富以应之,思之不睿,是谓不圣,厥罚风,其极凶短折;若得其道,则考终命以应之,皇之不极,是谓不建,厥罚阴,其极弱。故《经》曰:"向用五福,威用六极。"斯之谓矣。臣闻貌言视听,以心为主。故有正心者,必有正德,正德临人,犹树直表而望影之曲也,得乎?《大雅》云:"仪刑文王,万邦作孚。"此之谓矣;有邪心者,必有枉行,枉行临人,犹树曲表而望影之直也,得乎?孔子云:"《诗》三百,一言以蔽之,曰思无邪。"盖戒此也。故王者修身以道,修道以仁。仁也者,亲亲为大;义也者,尊贤为大。是以君子先正身,而后及于天下。如此则六沴不作,五福相生,贻厥孙谋,永无极矣。

制策曰"夫礼以饰情,情疏则礼略;乐以通感,感至则神和。理内为同,修外为异,同异之用,有昧其功。人俗未融,伫明斯要"者。臣闻拨乱反正之主,继体守文之君,抚驭之道虽殊,礼乐之用为急。自土鼓蒉桴之后,始自无声;污樽杯饮之初,彰乎有用。既而莫不曲谐九变,信合四时。是知大乐与天地同和,大礼与天地同节。移风易俗,义切于钟鼓;安上理人,事寝乎揖让。既而祀历三王,时更七国,经籍道息,飏宣榭之烟埃,儒生数穷,赴秦坑而歇灭。迨乎断蛇立极,乘牛设位,纪绵蕝之仪,鸣鼓舞之节,必欲乐宣惩懲,礼释回邪,取其不肃而成,必在既富而教。我唐功高邃古,德迈往圣,坐宣室而访道,登明堂以思政。六乐为驭,利则不争;五礼有经,思而无犯。思闻同异,下访刍荛。臣闻古之明君之御天下也,身坐九重,心遍四海,礼以导其志,乐以防其淫。乐以理内为同,礼以修外为异。礼乐之不悖,内外之相亲,可以感于神明,通于天地矣。《诗》云:"肃雍和鸣,先祖是听。"夫肃肃,敬也;雍雍,和也。既敬且和,何事不行?其斯之谓矣。

制策曰"《四时》、《武德》,制自何君?《五行》、《文始》,本之谁代?《昭德》、《盛德》,莫辨所尊?《昭容》、《礼容》,未详所出,悉情以对,用释予疑"者。臣闻皇王御寓,步骤相仍,莫不作乐以飨其德,立谥以明其行。此五帝之常道,百王之所不易也。且《咸池》、《六英》、《韶》、《濩》两听,尽善尽美,窃无间然。自秦失盛位,汉杂霸道，文、景相袭，刑措不用。武、宣承统，华夷再清，乐舞居（原注：疑）功，可略言也。《武德》舞者，高祖作之，定祸乱也；《四时》舞者，孝武作之，示和平也。《五行》者，本周曲也；《文始》者，本舜舞也。孝景采《武德》为《昭德》，以尊太宗也；孝宣采《昭德》为盛德，以尊武帝也。《昭容》、《礼容》犹古《韶》、《夏》，绍之于汉祖，备之于《乐志》矣。臣材非多士，不游六合之间；梦异赵君，总睹九天之上。启处无地，战汗不宁，况承谘问，敢以轻议。谨对。

邢巨对策

臣闻太祖文皇之御天下也，广直言之路，开纳善之门，近臣尽规，庶人毕议，可谓至矣。今皇天眷命陛下，绍复先业，齐心法宫之中，冕旒正殿之上，详延秀异，询及刍荛。若乃敷皇极以作则，弘礼乐以垂训，彝伦攸序，群德毕举，斯太宗之盛事也。岂前王访九畴之要，贞三极之本，能望清光哉！天文昭回，万物尽睹，臣谬以黄绶之末，预闻赤墀之议，将何以塞厚问，扬天休？

臣闻诸仲尼曰："大道之行，与三代之英，丘未之逮也，而有志焉。"自上皇不归，大道悠久，圣人顺天地之性，究变化之元，虽损益以文质，或沿袭以忠敬。至于饰礼容以昭贲，崇乐舞以立象，树君牧人，茂时育物，其致一也。夫务本于道，则浮竞可以镇静；习俗于变，即纯一或以伪迁。故轻乐见诮于《国风》，昧礼贻训于圣典，盖有由焉。唐兴百有余载，高祖以武功定鼎，纽天纲于八纮，太宗以睿圣握符，纂天光于三象，荡亡隋之颓靡，弘圣唐之简易，盛德大业与三代同风。伏惟陛下，诞受天休，光膺景命，粤若昭德殷荐之礼，感和通神之教，敬事眷圣之微，顺时布德之典。将以登格皇穹，鸿业也；启迪王命，大猷也；风雨时若，休征也；人俗康宁，至教也。五辉叶训，八方顺轨，尧、舜之盛无以加焉，成、康之道复何足数！而犹曰皇道未敷，谟明尚阙，发天章于圣藻，采至言于舆词，陛下之谦让也。愚臣何足以知之？

制策曰"至如视听貌言，恒若时若，会极归极，作哲作乂。一以贯之，何方而可"者。臣闻王政之端，本于性也；至化之极，归于理也。能尽其性而合乎理，则休征至；不尽其性而悖乎理，则咎征至。故圣人法天以立性，畏天以作则，见天道之在五行，人事应之，彰彰类矣。自非统性命之理，求天人之端，孰能从言以作乂，因事以求哲，旸顺而会其极，蒙恒而返其通？适于数，故虽以五事明，宗其极，则可以一理贯。臣又闻圣心镜物，必采于至妙；大道虚象，垂契于理先。然即继圣业者其道同，遵王度者其化一。陛下体周武之盛德，访唐尧之遗事，龟图灵文，天光垂象。伏愿沐时雨于动植，散祥风于涵泳，则大中之道，何以尚兹？

制策曰："夫礼以饰情，情疏则礼略；乐以通感，感至则神和。理内为同，修外为异，同异之用，有昧其功。人俗未融，伫明斯义。《四时》、《武德》，制自何君？《五行》、《文始》，本之谁代？《昭德》、《盛德》，莫辨所尊？《昭容》、《礼容》，未详所出。"臣闻礼乐，其所由来尚矣！先王所以美教化，厚人伦，以致太平也，必将考其理，求其端。故揖让之教末，而安上存乎至简；舞咏之功浅，而移风归乎至易。夫辨升降，彰采服，此礼之所以饰情也；登金石，翔景瑞，此乐之所以通感也。故感发于内，乐由衷以致和；情见乎表，礼自外以为异。虽清浊之资，考性则殊，而教化之端，在理斯一。况今懿纲被遐裔，至道冠生灵，和理日跻，同乎大顺，非礼乐之化，其孰能至此乎？夫崇德垂范，此同异之用也；教齐化密，此人俗之融也。至如《武德》之盛，武之业也；《文德》之盛，顺之至也。神道设教，制四时于炎历；德徽可崇，增五行于黉序。尊三德于清庙，表三容于盛礼。圣问昭闳，与天道以元亨；狂言鄙贱，仰天文而知愧。谨对。《文苑英华》卷四八四，第2470~2474页。

张楚对策（第五名）

臣闻昔在上皇之抚运也，政宽事明，法简心一，仰察天道，中顺人情，至于不言，混然而化。故上玄所以眷命，罔违于德；下人安定厥居，俾获其利。暑往寒来以信之，云行雨施以从之。于是乎疫疾不生，祯祥洊至，巍巍荡荡，盖无德而称焉。

自大道既隐，淳原且散，或救弊以忠敬，亦随时而损益。成、康已往，颂声不作，俗薄礼废，政荒人亡。故其《诗》曰："交交桑扈，率场啄粟。习习谷风，以阴以雨。"此则刺上不能行政者也。仲尼生周末，伤道不行，乃删《诗》、《书》，定《礼》、《乐》，立君臣上下之节，明奢俭揖让之序，尚不敢救当代变于陪臣，而称曰"邦君树塞门，管氏亦树塞门。邦君为两君之好，有反坫，管氏亦有反坫。管氏而知礼，孰不知礼"者矣。自兹厥后，颓波浸流，不有圣哲之君、聪明之后，岂能振彼凋弊，张其纪纲？不有我唐兴建鸿业，乂宁黔首，则扫地将尽，求野多遗。

陛下统皇纲，纂休运，德泽汪濊，仁风洋溢。不宝远物则远人格，所宝惟贤则迩人安。劝农桑，恤刑狱，不夺三时之务，且惜十家之产，左右伊、吕，郡县龚、黄。是以驱俗于雍熙，纳人于轨物者也。岂不征贤人，论政要，所以达四聪也；临前殿，察群言，所以收九术也；梓匠舒幕，所以礼贤也；凌人散冰，所以救渴也！臣窃以自古求贤之盛，未若今日者矣。

赐臣制策曰"皇极之道未敷，谟明之轨尚阙。思弘厥理，其义安从"者。臣实见可久可大之规，非有未敷尚阙之事。此陛下让之至也，愚臣安敢奏之。若乃考前古之庶征，究礼乐之同异，辨皇王之制度，详宗庙之礼仪，此则陛下悬镜九流，常览百氏，索隐探异，钩深致远，已在圣断，岂有眹而疑者欤！今下问愚臣，远议其事，陛下岂不欲广于明试，察臣微才。臣幸对扬，敢不悉情以对。

制策曰"视听貌言，恒若时若，会极归极，作哲作乂。一以贯之，何方而可"者。臣闻王者立极，必本于天，天事著于上，人事应于下。昔者禹平水土，天告成功，锡之以《洪范》《九畴》，彝伦攸叙。又皇天降其极，皇大极中也。言王者能行大中之道，则阴阳和，风雨时，百谷用成，俊义用章也。如是则视曰明，听曰聪，貌曰恭，言曰从，则无恒若之生，自去咎征之应矣。今天瑞降，地灵集，所有动作，光乎化先，则一以贯之,道斯不远矣。

制策曰"礼以饰情,情疏则礼略;乐以通感,感至则神和。理内为同,修外为异,同异之用,有昧其功。人俗未融,伫明斯要"者。臣闻夫礼由阴作,乐以阳来,乐与天地同和,礼与天地同节,诚能感神动物,安上移风。或以理内为同,或以修外为异。率由和敬,靡不从之者乎?施之人俗,靡不尽善者乎?

制策曰"《四时》、《武德》,制自何君?《五行》、《文始》,本之谁代?《昭德》、《武德》,莫辨所尊;《昭容》、《礼容》,未详所出"者。臣闻嬴政失御,汉皇乘极,文、景致刑措之美,武、宣当雄富之盛。故有《四时》、《武德》之乐,《五行》、《文始》之舞。《昭德》、《盛德》因之而尊,《昭容》、《礼容》自兹而备。臣才识愚劣,学业虚浅,猥当圣问,茫然有失。谨对。

苗晋卿对策

陛下顷与三事大夫议于朝,以计天下,有奇才异行、含光而不扬其辉,诏诸侯咸举之。臣实至愚,不通大识,循才审行,不副高求。臣闻《论语》曰:"天何言哉,四时行焉,百物生焉。"《孝经》曰:"王者则天之明,因地之利,以理天下。"是以其教不肃而成,其政不严而理。所谓天地设位,圣人成能,而保大定,功勋业,盖时也。逮金石斯缅,步骤不同,时有浇淳,教随繁略。《桑扈》、《谷风》之刺,三归、八佾之嫌,人用僭忒,一至于此。孔子曰:"上失其道,人散久矣。"《传》曰:"国家之弊,恒必由之。"陛下嗣守丕绪,茂昭大德,能使百官承式,万邦作乂。所谓孕虞育夏,甄殷陶周,革弊移风,自前代未有也。陛下乃赐臣策曰"皇极之道未敷,谟明之轨尚阙"者,岂不以采刍荛之义,诚考试之端,不宰其功,俯垂下问,实陛下谦德也,微臣何足以知之?

制策曰"至如视听貌言,恒若时若,会极归极,作哲作乂。一以贯之,何方而可"者。臣闻刘歆以为伏羲氏继天而王,受河图则而画之,《八卦》是也;禹理洪水,天赐洛书,法而陈之,《洪范》是也。故《河图》、《洛书》相为经纬,《八卦》、《九畴》相为表里,圣人行道,各保其真。若人有乖方,数必征于错逆;政惟协雅,理必应于调和。考之咎征,粲然著矣。陛下随阳泽以著恩,慎严霜以肃威,鹰隼未击,罻罗不施,草木未零,山林不伐,足可使垂景星而降甘露,腾休气而涌醴泉。臣以为一以贯之,其道久矣。

制策曰"礼以饰情,情疏则礼略;乐以通感,感至则神和。理内为同,修外为异,同异之用,有昧其功。人俗未融,伫明斯要"者。臣闻六经之道同归,礼乐之用为急。孔子曰:"安上理人,莫善于礼;移风易俗,莫善于乐。"董仲舒对策曰,"王者欲有所为,宜求其端于天。天道大者在于阴阳,阳之为德,阴之为刑","王者承天意以从事,故务德教而省刑罚"。陛下修先王之好生,存《大易》之缓死,顷者省囹圄,去桎梏,此则修省刑罚之谓也。臣闻乐以理内为同,礼以修外为异,同则和亲,异则畏敬。和亲则无怨,畏敬则不争,二者并行,合为一体。揖让而理天下者,礼乐之谓也。适时之要,斯并存焉。

制策曰"《四时》、《武德》,制自何君?《五行》、《文始》,本之谁代?《昭德》、《武德》,莫辨所尊?《昭容》、《礼容》,未详所出。悉情以对,用释余疑"者。臣以为斯并汉主之乐,载于班氏之书,必使究其明征,考其敏博,既劳更仆,何易尽言。虽敢略而陈之,尚未臻其极也。臣闻《易》曰:"先王以作乐崇德,殷荐上帝,以配祖考。"古者制宗庙,太祝迎神于庙门,其义也。《四时》、《武德》者,汉文所作,以示天下之安和也,而《武德》奏于高庙焉。《五行》舞者,本之周武也,秦始皇二十五年更为《五行》也,汉高祖六年更名曰《文始》,以示不相袭也。《昭德》、《盛德》,宣之所以尊宗庙。《昭容》、《礼容》者,出《武德》、《文始》、《五行》之舞也。谨对。

孟万石对策(第六名)

臣尝黾勉读书,夙夜匪懈。观前代之事,稽王者之风,欲树文明,必招俊乂。所以平章百姓,昭畅万人,负黼扆而海宇清,垂衣裳而天下理。今陛下朝盈多士,野无遗贤,犹复发德音,下明制,张云罗以掩俊,设天网以顿奇,片善不遗,有能皆进。故得飞飞丹凤,栖翼于帝梧;皎皎白驹,连食于场藿。纵夷、齐、巢、许,咸届于兹。臣既庸妄,岂敢当此。且声非入异,誉不出凡,文律未明,才用无取,谬参推择,滥赴搜扬,安敢避直饰词,向华乖实。但丹诚有厉,至敬无文,敢竭鄙闻,用当明试。然将涓滴以足海,用纤埃以增岳,虽寡攸助,谁能默哉!

臣闻建国兴邦,必以黎元为本;康时训代,必以政术为先。轨谟虽异,理化皆一。昔者太上之君,崇道以致化,立德以养物。人必欲寿,敦礼教而不伤;人必欲富,薄赋敛而不困;人必欲逸,则省力而不劳;人不欲危,即扶持而使固。不强人之所恶,不禁人之所欲,故能无为而理,不言而化。及至中古,行仁履义,克己厉身,拯溺于人,博施于物,即能阴阳不错,风雨以时,疾疫必除,妖孽莫起。洎乎末代,政令不作,刑法聿修,奢侈是崇,礼乐非雅,时无美善之说,俗有奸邪之衅。岂不由君失其道,臣非其人,浇薄浸兴,淳朴离散者也?今陛下出号施令,罔有不臧;齐物正人,各得其所。然犹综核古今,稽谋政教,视先王之得失,崇今日之高明。以此天聪,尚云不德,巍巍至化,谦尊而光,非臣愚昧,所能涯际。

制策曰"皇极之道未敷,谟明之轨尚阙。思弘厥理,其义安从"者。臣以为皇极将立,莫先择俊。得人则政和,非人则政失。人贤化远,岂不谬哉?至如因能任官,量贤受禄,即百僚济济,万姓安安。去无用之言,除无用之器,即情实斯得,谬说不繁。使人以时,谨身节用,即仓廪储积,黎庶完丰。进有德而退无良,即庶位允厘,庶官不旷。尊有功之子,弃无功之人,即营事者不惜其身,制作者能竭其力。罚必当罪,即奸回自除;赏必中贤,则人臣自劝。夫是则海内行大中之道,天下有幸甚之言,何忧夫皇极之道未敷者也?若乃列张辅佐,建立官司,询忠直之言,开进谏之路,用能献可替否，补过弼违，外藏主之非，内正君之失。今陛下乃顺时而动，非道不行，事无不嘉，人欲何说。故献纳之职，谏诤之词，但可略言，莫知所议。大哉至德！实冠古今。且朝无妄臣，纵朱云重生，安能折槛？人不妄从，虽辛毗不死，曷闻牵裾？天子圣明，是故群臣无事，亦何忧文轨之阙哉！

制策曰"视听貌言，恒若时若，会极归极，作哲作乂。一以贯之，何方而可"者。臣闻王者法乾理物，观象裁规，敬顺天时，恭行月令，恒若时若，罔有咎征矣。尊《九畴》之仪，修八政之规，事不失仪，动不违制，出处语默，皆归于仁，依乎中庸，远弃偏党，垂至道于万国，寄良政于百官，直道而行，不可则止，会极归极，作哲作乂，不日而致矣。视听貌言，无从而失也。

制策曰"礼以饰情，情疏则礼略；乐以通感，感至则神和。理内为同，修外为异。同异之用，有昧其功。人俗未融，伫明斯要"者。臣闻化难将美，人各有心，不违制节，必有放纵。故先王作典礼以防之，兴雅乐以感之，用能移风易俗，安上理人矣。今陛下行宗庙之礼，故能配天地之神；履直言之议，故能立上下之敬；听宫商之变，故能分善恶之俗。捐郑、卫之音，奏《箫》、《韶》之乐，正疏略之弊，敦揖让之仪，州郡大行，朝廷式序，同异斯达，内外罔差。既合尽美之端，何问不才之子。若罄愚而说，则陛下无有昧之咨；若驻笔而述，则陛下钟伫明之访。实迷海游，何足知之？臣闻大乐与天地同和，大礼与天地同节。既列同异之因，将分内外之殊。皇王是尊，古贤所重，俱为时用，其功一焉。

制策曰"《四时》、《武德》，制自何君？《五行》、《文始》，本之谁代"者。臣闻《四时》、《武德》，制之以周王；《五行》、《文始》，本之于汉帝。

制策曰"《昭德》、《武德》，莫辨所尊，《昭容》、《礼容》，未详所出"者。臣闻《昭德》、《武德》，实有攸尊之道；《昭容》、《礼容》，出于刘氏之代。昔者鲁哀公问儒行，宣尼有更仆之劳；孔父访鸟官，郯子生倾盖之倦。然且富学沧海，犹龟勉于一隅；况乎道谢桂林，岂对扬于庶事。徒周游于文苑，终展转于迷津。谨对。

孙翃对策

臣闻登衡霍者，嗟培塿之微；泛涨海者，鄙潢污之陋。臣草茅孤贱，才无足取，属丝纶明扬，州闾选辟，谬得接武群彦，比肩时英。而文物昭回，宸颜咫尺，退思愚劣，甚不称圣朝求贤之意也。揆拙竞颜，心愧失守，将何以充塞大问，对扬天休？闻之于师，请言其略。

制策曰："皇极之道未敷，谟明之轨尚阙。思弘厥理，其义安从？"伏惟皇帝陛下，开元立极，地平天成，祖述尧、舜，宪章文、武。夔龙咸事，阴阳以和，圣德动天，无远不届。麟凤在郊薮，河洛出图书。弓旌累降，征搜是急，日昃视朝，文武并进。既尽美矣，无德而称。犹且罪己为心，在予兴叹，此陛下之至让也，小臣何足以当哉？然忭舞德音，悉列明试，敢不沥肝胆献所闻乎！臣恭惟政理之间，传诸长者之口，以先朝之事一二明之。

　　昔贞观、永徽之间，恭默而天下理，家给而人足，时和而岁丰，外户不扃，牛羊被野，太仓之粟陈陈相因，中府之钱贯朽莫校。然而戎车屡驾，不无事矣。于是度辽之师，鬼方之讨，贺兰之战，高昌之伐，而军人无损，帑藏如初。国家富有海内百余年，士庶之多，如曩时之兼倍；征戍之役，当今日之无何。岂往得而今失，将政繁而俗变，其故何哉？良有由也。议者以为赋敛厚，徭役繁，风俗奢，利息倍。今若息其宫室，爱人节用，省无事之官，罢不急之务，三年政成，臣窃迟之。愚心晓然，谓在此矣。

　　制策曰"视听貌言，恒若时若，会极归极，作哲作义。一以贯之，何方而可"者。伏惟陛下躬神武之姿，广聪明之德，思弘至道，励精为政，乃支通奏，甲夜观书，励神聪于《九畴》，留睿情于百氏。臣闻智小不可谋大，绠短难于汲深。窥圣谋之莫测，谓宸衷之不凡。致远恐泥，不其难乎！夫视者明也，审邪正与曲直；听者聪也，察善恶与是非。貌者容止，可观俨恪之所谓；言者词令，斯在荣辱之所由。乂时旸若，肃时雨若。察休咎之（原注：阙）会，归于皇建；惟睿哲之作圣，系彼道枢。故曰"无反无侧，王道正直。无党无偏，王道平平"。一以贯之，此其义也。

　　制策曰"礼以饰情，情疏则礼略；乐以通感，感至则神和。理内为同，修外为异。同异之用，有昧其功。人俗未融，伫明斯要"者。夫大礼与天地同节，大乐与天地同和。岂惟明尊卑，辨等列，动天地，感鬼神而已哉！岂不繁于钟鼓，谅无征于玉帛。乐自外作，必假器以明仪；礼由中起，故备物以饰容。盖有国之典章，生人之冕服，均五材之并用，废一不可，类三者之何先，尤宜去食。故孔子曰："安上理人，莫善于礼；移风易俗，莫善于乐。"去同即异，离之则多伤；相须而成，兼之则双美。一彼一此，何后何先。

　　制策曰："《四时》、《武德》，制自何君？《五行》、《文始》，本之谁代？《昭德》、《盛德》，莫辨所尊；《昭容》、《礼容》，未详所出。悉情以对，用释予疑。"臣闻暴秦失政，皇汉创业，爰作乐以尊先，聿释享以追孝。《四时》、《武德》，用之于高祖，所以恢武功也；《文始》、《五行》，陈之于文庙，所以昭文德也。盖舞以尽意，歌以崇德，制自炎汉之君，本乎孝武之代。《昭德》、《盛德》，郊庙之乐也；《昭容》、《礼容》，质文之辨也。臣学不师古，才非敏赡，惭琐琐之陋，无足言哉。仰苍苍之高，茫然自失。谨对。《文苑英华》卷四八五，第 2474~2478 页。

开元九年"智合孙吴可以运筹决胜"科制策

策问

　　朕闻武以保大定功，刑以禁邪止杀。轩辕三皇之圣，莫能去兵；陶唐五帝之聪，时犹振旅。故知体国经野，宜有吊伐；居安虑危，可无预备？朕纂承丕业，虔守大宝，因祖宗之既康，恐文武之将坠，兢兢戒慎，翼翼忧勤。而德教诞敷，烽燧尚警，三边每劳于征伐，百姓不歌于耕凿。言念于役，深轸于怀，所以日旰忘餐，中宵辍寐。思谋臣以制敌，折冲于樽俎；索名将以守边，降伏其戎寇。行何法也，得致斯人哉？子等藏器待时，呈才应命，尽陈古今之事，备详攻守之策，至时贤著述，往彦勋庸。兵法有五十三家，宜分其四种；汉臣有二十八将，自比夫几人？景略可逮于孔明，张辽得齐于关羽？斛律光、贺若弼，近代之用谁优？我李勣与李靖，先朝之光谁最？又邛南一方之地，碛西万里之域，将弃之以促境，宁守之以劳人？镇梁州至于流沙，军陇坂至于积石，险阻要害，予疑汝明。秦中岁役于防水，若为厘革？代北年疲于御塞，奚所变通？蓟门屯田，何术以休其弊？柳城梗涩，何等以系其虏？凡此边廷，今为重镇，何经何见，何履何历？若兵不获已，用何奇谋，贞我师旅，使有征无战？必文可来之，施何异政，柔彼夷狄，使怀惠畏威？咸述尔能，直言其事，当有升坛之拜，伫伸推毂之宠。

杨若虚对策

臣沐清化，忝纡黄绶。属陛下听鼓鼙之音，载怀将率；恤边鄙之耸，思辑军容。臣窃叹三隅未宁，为日久矣！不以庸菲，谬膺推荐，恭承大问，俯蹐玉陛，咫尺天休，以抒情素。

臣闻古先哲王，鲜不征伐，禁暴止乱，咸以为人，思患预防，实为善政。伏惟陛下，允恭克让，虞守四表，俊乂咸理，以孚于人。犹恤彼勤劳，求兹政道，实天下幸甚！臣闻事适于务则理有成，法宜于时则功可建。是以广采舆诵，询于刍言，不以人废言，不以欲违众。故计济事立，利倍功大，完军保胜，道泰人安，虽三边未清，而百姓不弊。

臣闻或多难以启其疆土，或无难以丧其守宇。天其启此边难，以警陛下，勤于政理，以致和平，因定荒乱之宜，以为子孙之业也。不然者，岂圣明之时，屡有斯寇？今若以明视远，以聪听德，钦崇天意，允厘庶绩，制以官刑，儆于有位，爱敬立于亲长，始终协于家邦，崇礼以致贤，修德以来远。言合于道，虽贱必行；议乖于政，虽贵必罚。谋得其要，必申瓜衍之赏；刑当其理，不贻戮仆之怨。则在廷之官，足以致化。臣闻燕昭立馆，以报强仇；越践自勤，竟雪深耻。景略用而秦道霸，孔明起而蜀业成。岂明明之朝，不如区区之国！其珠玉无足，爱之必至；贤良思用，求之必来。惟陛下知与不知，用与不用。苟得其任，何忧制敌降戎而已哉！必资听之不滥，择之无失；审甄其操履，明试以言。谋之以八征，求之以五听，穰苴进于晏子，韩信用自萧何。是以君人劳于求才，逸于任使，舍人求胜，臣以为难。

臣闻自古用兵，成败相半，贤者得其大，愚者得其小，莫不同用于法焉。至于战胜攻取，无出三事，类文校义，分为四种，记之金策，具于玉韬。汉臣以之拨乱辅时，上应列宿，振威耀武，咸得其才。以臣之愚，何以堪此？然守终持满，窃仰邓禹之能；勍敌伸谋，颇怀冯异之略。至隐若敌国，思其奉上之故，亦采于一善，未致其全。

若景略比于孔明，功当术浅；张辽比于关羽，壮劣情优。斛律光著破虏之功，贺若弼有平陈之绩。论其攻战，则可齐肩；语其才雄，此或先驾。彼亡隋之任士，内用宠戚，外阶朋党，忠言死于逆耳，国命出于谗言，政以贿易，功以财成。雁门之围，兵士以微而不赏；浪河之败，许公以亲而不诛。天下分崩，人受涂炭。是以李勣与李靖为国家用，因隋亡之臣致有周之业。靖则克胜其任，匈奴于是破亡；勣则能达其谋，高丽以之终灭。谋功比事，勣可同年；以功取人，靖以居上。

臣闻惇德允元，柔远能迩，王者无外，守在四夷。张网弃兵，竟和南国；充国不战，亦定西夷。若李牧以居边，魏尚而为牧，远和迩镇，固障持边。远和则不劳，迩镇则居逸。是谓释远谋近，逸而有终。然后明其伍候，守其交礼，谨其走集，诫以不虞，足以辑和士庶，羁縻夷狄。何必弃南邛之戎，舍碛西之地，隳先朝之业，致将来之消焉？蹙国挫威，臣所不取。臣又闻华夏者，国之心腹；边陲者，国之支体。若心腹充盈，则支体无害。古既守之不损，今御之而何失？古以之足，今以之虚，非古今有殊理，实授非其任。然东自榆林，西至蒲海，限之以亭塞，隔之以山河，启玉关、金微之险，有临洮、墨鸡之阨。飞狐、白石，爰在并、汾；木峡、土门，出于幽、蓟。李靖距颉利于峡口，终绝南侵；李杰败王师于榆关，遂贻东难。险阻不异，成败乃殊。以是言之，非才莫可。今若渐收塞上之士，申晁错之谋，安辑云中之人，晓严尤之术，保以邑落，守以城池，求贤良以为守，习农桑以为教。敌至则收其积聚，使野无所遗；贼去则伺其虚危，使兵不失利。则秦川岁减于冬戍，代北不惧于秋犯。

臣见蓟门屯田，防军寇之乘，攻守余暇，务耕耨之积，省两河之粟，资三军之费。但使役之无扰，何忧兵以致弊？军既未息，此安可停！臣闻取乱侮亡，《书》之明义；固险而守，国之恒政。若柳城之寇不虐于边人，鸿胪之宾未绝于来使，则养士卒以待其衰也。必若虐暴边隅，须申致寇之略；如其毒痛于下，方兴问罪之师。任之以智能，申之以谋策，明赏必罚，教人以信。山林水泽之阵，识以权宜；父子兄弟之军，赴汤蹈火。然后扬兵耀武，示之以威，则师旅以贞，夷狄柔服，惠怀无战，其在于兹。若但行以秋霜之严，而无时雨之泽，不计而动，离怨在心，驱以合敌，贪以取败，既轻有生之命，求幸白刃之中，使天威挫刃者，臣窃恨焉。《易》曰："差之毫厘，缪以千里。"此之谓也。

臣以不才，展效州郡，每怀报国，屡上微言。神龙二年进状，论沙场丧败。开元四载投匦，言降户得失。銮驾西幸，又于河中府上表，并进《柔远论》一首。而才微理拙，不蒙顾问。制问曰"何经何历"，敢不尽言。臣识浅才微，罔知攸据。至若升坛之拜，推毂之宠，岂可一策所能及。愚臣暗昧，不足以当之。俯伏惶恐，若履冰谷。谨对。

张仲宣对策

臣闻玉弩垂芒，耀明威于紫纬；金方戒序，凝杀气于丹霄。然则负扆登枢，规七衡而立辟；垂旒御辨，法四选以详刑。是故黄运披图，静妖氛于涿鹿；丹陵启业，耀佳兵于洞庭。伏惟陛下，陟上帝之耿命，顺下人之乐推，总不测之谓神，包混成而为道。然后运天地日月以临之，泄雷雨水火以育之，宣道德仁义以绥之，张礼乐刑政以肃之。然则宿离无忒，天清也；海外无波，地平也；左学上庠，文明也；保大定功，武威也。由是东西沉潜，朔南浃洽，草木咸若，昆虫无夭，犹且日慎一日，虽休勿休。俯狥谦光，循《易》象之明义；降询得失，追汉策之高踪。所以广访刍荛，旁求道路。臣戎旃贱伍，樗散陋容，策蹇以忘疲，励弱而知倦，猥兹庸菲，充赋阙庭，奉诏惭惶，启处无地。所冀齐庭设炬，九九之术先收；燕馆初开，先尊郭隗而已。敢缘斯议，庶竭丹诚。

制策曰："思谋臣以制敌，折冲于樽俎；索名将以持边，降伏于戎寇。行何法也，得致斯人哉！"臣闻晋谋元帅，汉召材官，必资悦礼之英，咸选良家之子。诚请秋风授律，吉日拜将，收不疑之十计，问子明之五策，赏必以功，罚必以信，则良将斯至矣，大功可举矣！

制策曰："兵法有五十三家，宜分其四种。"臣闻习手足，便器械，积虞关，具攻守，伎巧之兵也；权德刑，随斗系，因五胜，解鬼神，阴阳之兵也；雷动风举，后发先至，离合向背，而应变无常，刑会之兵也。守正而用奇，详形而计战，兼伎巧，包阴阳，权宜之兵也。然后愤之以仁义，信之以赏罚，以我直而权其曲，以我智而薄其愚，以我和而制其离，以我治而乘其乱。故虽孙吴再生，亦不知为敌人计矣。

制策曰："汉臣有二十八将，自比夫几人？"臣闻汉有二十八将者，上应二十八宿也。或以文雅光国，邓禹有决胜之奇；或以武能威人，吴汉有绥边之略。功论树下，冯异之绩弥彰；冰结河中，王霸之诚尤著。臣以卑贱，夙无器业，窃循运合圣恩，不次得参贤俊之末，安敢自强而比哉！清问猥及，臣当万死。

制策曰："景略可逮于孔明，张辽得齐于关羽？斛律光、贺若弼，近代之用谁优？"臣闻景略之功也，孔明之绩也，张辽之谋也，关羽之烈也，斛律光之勇也，贺若弼之略也，广论之则耀灵不驻，略谈之又书不尽言。景略之佐秦坚，才骋如熊之捷；孔明之匡蜀主，克著卧龙之名。张辽运筹之方，可以归之于先轨；关羽搴旗之效，可以论之于后尘。贺若弼之破陈军，功先诸将；斛律光之扶齐国，名劣众人。以次而言，断可知矣。

制策曰"我李勣与李靖之功谁最"者。臣闻李勣者，智也，仁也，勇也，严也，躬教可以图始，心教可以保众，自伐三韩，克清九族，所以东夷之人不敢西向也。至于李靖者，安可同年而语哉！大征北狄，讵见绝其余氛；授钺南蛮，宁见殄其遗寇？所以蛮胡猾夏，边鄙亟耸者，良由此也。

制策曰："邛南一方之地，碛西万里之域，将弃之以促境，宁守之以劳人？镇凉州至于流沙，军陇坂至于积石，险阻要害，予疑汝明。秦中岁役于防水，若为厘革？代比年疲于御塞，奚所变通？蓟门屯田，何术以休其弊？柳城梗涩，何筹以系其虏？凡此边庭，今为重镇，何经何见，何履何历？"臣闻膜拜憬裔，既崇于吊伐；昧谷饯方，实资于镇抚。薇亦柔止，犹闻遣戍之诗；瓜时在期，尚起践要之役。今欲明守边之术，开斥地之制，缅惟经算，俯访刍荛，谀闻鄙术，何足以观之？夫先王驭道也，必专其边守，疆以戎索，恃吾有以备，怀其所以来，招携以礼，怀远以德。今丸山在境，犹发渡辽之师；葱河卷浸，仍开拜井之屯。劳人远役，其何以哉？若乃务广其土，以疲其人，宿兵于无用之地，劳师于不御之俗，圣王之道，未足前闻。

制策曰："若兵不获已，用何奇谋，贞我师旅，使有征无战？必文可来之，施何异政，柔彼夷狄，使怀惠畏威？"臣闻季梁在随，楚朝罢议；仲尼居卫，晋国折谋。语曰："死诸葛走生仲达"。陛下诚然，德音发于帷幄，清风翔于无外，大启爵命，以示四方，拔将选才，各尽其用，急善同于饥渴，用人疾于应响，杜邪佞之门，废郑卫之乐，混清六合，实由乎此。虽西有不羁之寇，北有不宾之虏，征之则劳师，待之则无益。故班固曰："有其田不可耕而食，得其人不可臣而藩。""来则惩而御之，去则备而守之。"盖怀惠畏威也。但以日暮途远，汲深绠短，文不逮意，书何尽言。谨对。《文苑英华》卷四七八，第 2439～2443 页。

开元十四年"神岳举贤良方正"科制策①

袁映对策

臣闻天矜于人，人必所从。（原注：此句疑）臣谬黩吹万，僻生草莽，幸陶无为之风，得守忠蹇之节。常愿拜守宸极，敷献乃诚，危言匪躬，少答亭育。昔仲尼称"凤鸟不至，河不出图"，盖伤衰周之运，不见圣明之代也。臣今舆颂刍言，肃祇眷命，陪圣跸于神岳，奉金策于玉宸，赓歌泰清，咫尺旒扆。是天纵聪明而超于孔丘，不图幸之至于斯也！况周颂禹膳，列坐尧衢，此优贤之至也。愚臣何足以充塞，敢不布其腹心，竭尽闻见。

臣伏惟皇穹有成命，圣唐受之，崇高配天，广大配地，天地合德，而陛下大明于其中。有以观高祖之耿光，有以恢太宗之鸿烈。乐成于郊祀而昭升上帝，礼备于脽上而敷问后祇，于是柴于岱宗，望于秩首，三光全而五行序，八荒协而万国谐，皇灵丕应，象物昭格，无疆惟休，能事毕矣。况阴阳燮理则贤相尽规，风俗敦庬则良牧宣政，百揆时叙，庶物咸亨。诚已郁映华胥，迈续尧舜，岂夷吾所记七十二之凉德而望清光哉！而犹恭默思道，励精图政，帝阙峥嵘而下临，天问昭回而尽睹。乃赐臣策曰："延想无为之理，聿修太和之化，匪曰能致，将与图之。"所以谋广聪明，询于仄陋，使君子道长，俊乂用彰，陛下执谦之至也。天下幸甚，天下幸甚！愚臣无得而称焉。

制策曰"夫原疾而授药者，良医也；因时而救弊者，权政也。今塞垣犹守，府兵云耗，闲人轻去，冗食难归"者。臣闻先王之理，布在方策，乘时司契，其道深乎！

---

① 此策失问，《文苑英华》载此袁映、尹畅此二策，并注云："策问阙"、"未审何年"。徐松《登科记考》系于本年，姑从之。

陛下窥览万化之原，独运安危之兆，执大象，鼓洪炉，知微其神，惟睿作圣。九门尝药，致苍生于福寿；七政齐衡，得玄珠于利见。虽讲信修睦，寰区大同，而安不忘危，故塞垣仍守；虽道德齐礼，黔庶康济，而宽以厚载，故闲人或浮。臣又闻之，兵戈者威不轨而昭文德也，兆庶者忘帝功而畏苛政也。边鄙预备，谁能去军？参决违方，时闻失业。总寰瀛而观偃伯，则三边之戍役不足多也；据天下而览兆人，则万一之逋逃不足怪也。况国家皇极作乂，七政有伦，增新军以保厘，革浮惰而绥辑，何忧乎府兵之耗，何有乎冗食不归？虽休勿休，惟陛下之圣虑也。

制策曰："膏粱无耻于侥幸，蓬荜未敦于退让。选举殷凑，官员不给。效职者或禄仕而养资，试言者多浮华而背实。"当今士食旧德，农服先畴。结绶登朝，咸遵揖让；被褐在野，尽归廉洁。臣实睹还淳返素之风，不知无耻未敦之事。尊谦俯问，臣何敢奉！钦若帝唐之有天下也，久于其德，人文化成，敦《诗》、《书》，说《礼》、《乐》，济济多士，开元以宁。日者十铨分镜，群材焯叙，观行考言，责名征实，克黜浮薄，登延俊秀，大革宿弊，其命惟新，则推让之风行，尸素之源灭。其肯养资禄仕，以速官谤者！使会府持衡，守而勿失，将恐咏彼空谷，叹此才难。岂有员不给官，殷烦乎选士；言而背实，浮华于举才！臣虽庸愚，有以知其不然也。

制策曰"岂风之不臧？何草之难偃也！澄源正本，厥路何由？闻乎古者，井田有助，公私取给，诸侯贡士，赏罚存焉。改辙欲从，迷津尚伫"者。臣闻人无恒德，实从上教，草顺风而靡偃，水随器而方圆。陛下神谋玄行，德如天覆，驱今之代，归于寿域。深源固本，政事惟醇，俗既分于土宜，人亦同于上好。又何取乎井田古制，力助前规，赏罚于岁贡之士，增削于诸侯之地，若斯而已哉！夫五帝不沿乐，三皇不袭礼，非故相反，盖取随时，泥以从钧，车难改辙。臣诚庸妄，不识大体，窃愿陛下，神而化之，使人宜之，正如当今之代也。

策曰"文质再复，忠敬何适于时？齐鲁一变，亲贤何近于道"者。大哉圣问！臣敢扬之。臣闻之质再而复文，正朔三而改。殷因于夏，周因于殷，人（原注：疑）德齐庄，夏尚忠厚。殷人质也，周人文也，文质虽变，忠敬咸宜。不敬则礼节遂乖，不忠则弼谐斯替。匡朝阐化，适时惟一。然则敬自外饰，忠由内淳，必也奚先，请同去食。若乃亲亲而尊尊者，其有周公之余化乎？举贤而尚忠者，其有太公之遗风乎？孔子曰："齐一变至于鲁，鲁一变至于道。"鲁由旧章，斯焉殆庶。

制策曰"择何典而淳俗，乘何法而安人？何功而天地和平，何德而黎元富寿"者。臣闻诸玄元皇帝曰："我无欲而人朴。"大哉至道，不可多言。伏愿陛下，克修圣祖，恢维化纲，崇帝象之风，返皇人之始，俗已淳矣，人斯安矣。三事允理，六府孔修，则地平天成矣。轻徭薄赋，慎罚措刑，则既富且寿矣。岂臣庸鲰，克堪预焉。伏以垂政立范，因时变通，布陈前载，简在帝聪。今乃下问愚鄙，征其辨述，岂不欲观其末学，收其微才。臣狂妄斐然，非相如、子云之流也。幸属千龄大庆，五载修封，遂得献颂皇衢，骖陪銮宸。惭考言之无取，念天奖而何阶。忠比魏臣，空思捧日，梦非秦后，谬至钧天。跼影天庭，若临冰谷。谨对。《文苑英华》卷四八一，第2456~2458页。

尹畅对策

臣闻非才难，遭时难。况躬忝观光之举，不俟媒扬之地，俨身天阙，用感良辰。伏惟陛下，建初立元，创业垂统，夷凶靖难，圣敬日跻，格上下而无忧内治，光四表而谊德昭振。故能荷天之休，福应尤盛，殷荐严配，升中告成，十数年间而功业大备。岂非徇齐之德，神化所致哉！虽少康复夏，宣王兴周，比之当今，万分不及。而犹赐臣策曰"常恐上尘五圣之耿光，下辱万方之瞻戴，日昃观政，夜分思理"者，可谓无念增德，勿休熙载，履众美而不足，躬圣明而流谦。而臣愚荞菲，误自充赋，虽言及之，将何以承奉清问，对扬天休乎？

然臣闻立德之谓道，体道之谓仁，固无宏逸，安敢讹滥。是以古之善为士者，必将微妙玄通，岂独重于偏才迂诞而已。如此则黄帝之功济生人，素王之道遵先圣，离朱、喫诟，奚得议其浅深，夷、齐、尹、惠，抑可语其同异。何者？食薇绝粟，终惭淑媛之言；丑夏归殷，卒致成汤之业。寓言庄叟，良未足征；侧讯蒙矜，诚将异尔。无贪至理，宁副虚怀。若乃喜怒哀乐之四端，貌言视听思之五事，虽扩充之在我，谅休咎之关天。殷臣格言，已贯之于皇极，邹子戏论，亦颇存乎昭应。讵兹辨志，方用沃心。

伏惟陛下，事天明，事地察，无文咸秩，群望毕举。故祈谷汾、睢，荐宝鼎于宗庙；燔柴岱岭，霭飞烟于云日。神歆效其如答，灵贶昭而必闻。虽飘风乍起，曾不终朝，大雨时行，旁沾数郡，亦未闻偃拔包襄之甚也。陛下忧勤，夕惕若厉，信禹、汤之罪己，实尧、舜之用心。盖天灾流行，国家代有，屠龙牲马，亦何为？《书》称"安人则惠"，《易》翼"损上益下"，谓宜开仓廪以赒给，选牧宰以宠绥，散利薄征，息役施舍。襄修之道，何莫由斯！《传》曰："德胜不祥，义厌不惠。"谓此物也。虽归诸天道，亦以人事。故周官六职，水旱则宗伯是司；汉宰三公，灾眚则丞相是主。不然何以昭燮赞之术，开劝戒之端哉？大体若兹，详征何有。

臣闻夫大理之后，有易乱之人者，安宁无故，骄心起也；大乱之后，有易理之人者，创艾避灾，思乐生也。当今海服清晏，太平无虞，众宜曲折，万事纤妙，文理至详，不可复加矣！陛下享已成之功，居崇高之位，入有后庭声色之务，出有苑囿游观之乐。志得无满乎，欲得无极乎？古语曰"行百里者半于九十"，言末路之难也。此言虽微，可以喻大。是以圣人，乾乾日惕，莫敢或遑，虽休勿休，尽善尽美。伏愿陛下，慎终如始，以成德政，使鸿图盛烈，作唐龙光，不骞不亏，永永无极，此适时务之所当先也。

臣又闻善为政者，在能其事，能其事而不知所以少其吏者，则竭而不足。臣窃惟今国家所使分威权、御黎庶、干府库、理刑狱者，皆天下长吏也。而其俸禄各有差等，以劝其徒。百官以理，万人以察，天下幸甚。然而都内冗散、叨假名器者，不可胜数。或倡优杂伎之伍，弁射夷貊之流，纡紫怀金，出入周卫；浆酒藿肉，乘坚策肥者，奉一人犹闻不给。今官此辈，何所取资？狐鼠既托于城社，粟帛载殚于仓库，非所谓侍御、仆从罔非正人,爵勿及恶,德惟其贤者矣。此救弊之所急也。臣草莽诸生,地卑识浅,陛下诱而进之,访以时政,将承汝弼,安敢面从!轻陈末议,伏深殒越。谨对。《文苑英华》卷四八三,第2468~2469页。

天宝十三载"洞晓玄经"科制策①

策问

大象无体,玄功阴骘,虽禀生之类万殊,而含道之原一致。是以至人垂训,将以利物,演为真宗,贻厥后学,包括六艺,周流八表。或因事以立言,或寓言以诠意。至如交乐于天,交食于地,不相与为事,不期与为谋,善无所私,恶无所弃,施之于教,何以劝勉?《经》曰"不争善胜,不言善应","正直如绳,平易如水",常务斯道,何往不臻。又曰:"善建不拔,善抱不脱,子孙以祭祀不辍。"斯言信矣。昔放勋钦明,光宅天下,人歌《击壤》,政叶雍熙,可谓善乎建抱,善乎拔脱。宜其帝绪蕃远,贻厥孙谋,绵绵瓜瓞,迈德垂裕。何丹朱之不嗣,而祭祀辍乎?又"天无二日,民无二王",若以天下观,天下岂有二君乎?夫君为元首,臣为股肱,君无贤臣,谁与共理?粤若舜举八元,致垂拱之化;汉用三杰,成霸王之业。夏、殷之末,任佞去贤,宗社沦亡,为无匡辅。经称不尚贤者,其旨何也?圣人立教,专气致柔。故刑不欲劳,往不欲竭,深根固蒂,可以常存。则有朝穆肆任,劳逸过度,促龄损性,却以为然。又有惟静惟清,守贞守朴。二经之说,何取则焉?又闻善摄生者,动与吉会,武不措爪,兵难容刃。单豹岩居水饮,身代俱损,寿永色孺,不免噬搏。何卫生之不异,而利害之顿殊?子既洞晓玄经,探微索隐,矛盾若此,何以会明?侧席虚心,伫闻启沃。

独孤及对策

臣闻道之为物,无名无形。盖圣人酌而用之,推而弘之,取其精以修身,用其粗以救物,从本降迹,散朴为器。于是有可道之道,忘言之言。其大略虽以冲寂为宗,虚极为体,然妙用无朕,故不可致诘。今陛下诘其体,探其宗,岂不欲因言演教,其教遗有。夫长风吹而众窍号,则大无不动,细无不应。况陛下用为大道,以鼓群有。臣则吹万之一音也,敢不唱于众窍之末。

臣谨按,天有施,地有利。用天之施,以处其和,谓之交乐;分地之利,以养其正,谓之交食。夫相与生于有为,有为生于有事,有事则谋名存矣;善恶生于公私,公私生于用,用则弃名立矣。然圣人有为不为焉,有事无事焉,有谋不谋焉,有善无善

---

① 原署"天宝末",按独孤及应此策及第为天宝十三年,故系于此年。

焉，有恶无恶焉。泯善恶于一致，合同异于万殊，则妙门可存，教父斯立。

臣又按，《道德经》云："天网恢恢，疏而不失。"常有司杀者杀之，此不争善胜之应也。文宣王称："天何言哉，四时行焉，百物生焉。"此不言善应之验也。《周书》云："无偏无党，王道荡荡。"此正直如绳之效也。《经》又云："居善地，心善泉，与善仁，言善信。"此平易如水之证也。

陛下弘其言，抱其道，以为天下式，三十有二载矣。且复推功外名，不有不恃，考言询事，若冲若缺。诏臣等曰"常务斯道，曷往不臻"。臣鲰生也，焉知其辨。虽然，有一于此，愿陛下守而勿失，与神为一，使神不远于人，人不远于天，天人合并，如影响交应，则甚夷之道，焉往而不臻。

夫有国者，必善建皇极，善抱至道。道之不存，倾其宗、迁其社之谓拔，桀放南巢，受死牧野是也。极之不建，失其器、亡其国之谓脱，太康去洛汭，幽王败骊山，厉王流彘是也。至如尧知天历在躬，故以至公官天下，天下戴之而不辞。知丹朱不肖，又以至公禅天下，天下去之而不怨，可谓迈德矣。其后裔更霸迭王，重之以御龙、唐杜之代禄，可谓垂裕矣。陛下兴废继绝，立五帝祠，即春秋备其祭典，亦可谓祭祀不辍矣。方之拔脱，臣谓不同。

《经》曰："不尚贤，使民不争。"大哉，圣人之知微知彰乎！夫尚贤者，国家之所当先。然古先圣人曰："虽求贤审官，其用未始不无为也。"而圣人能无为于求贤，不能使无为无迹存，则有为者尚之以为利。于是有饰智以惊愚，修身以明污。其渐起于一时之名，其弊存乎千载之后。不尚贤者，非谓废股肱之任，绝臣辅之力也。盖欲因时致功，功成则遗而遗之；因义立事，事遂则有而无之。无之则迹灭，迹灭则争息，争息则于为无为，于事无事。虽八元以翼唐弼虞，三杰之戡秦灭项，其无为无事一也。

若夫齐天地，冥万物，莫大于全真。专气致柔，全真之本也；惟清惟静，全真之中也；各然其所然，各可其所可，全真之末也。设教者三，合其道一以贯之。虽逍遥与道养殊途，然性静与力命同辙。苟因其合而较其分，则子产不得不劳于刑政，朝穆不得不逸于肆任。若矫其肆任之性，以徇刑政之端，是续凫截鹤，亏其全矣。故圣人以大猷御六气之辨，以大方合二经之旨。明应变无方，立言不一。学者宜忘言以究其体统，不可执言以滞其筌蹄。经不云乎，"返者道之动，惟动而常静"。静可以取则，权足以合义，义无反经。

凡养生者，以本为精，以物为粗。闭其外，慎其内。迹不践凶危之境，故兵不能容其刃；心不居冯暴之地，故虎安得措其爪。苟守其精而遗其粗，故得于内而丧其外。外内无以持其分，则卫生之经悖矣。谓之不异，臣窃异之。

至如希微大体，徼妙玄键，陛下得黄帝之遗珠久矣，虽广成无所陈其至精，傅说无所用其舟楫。启沃之问，岂臣及之。有黩睿谋，惧陨越于下，谨对。《文苑英华》卷四七七，第 2436~2438 页。

建中元年"贤良方正直言极谏"科制策

策问

朕闻古之善为国者,未尝不求正士,博采直言,勤而行之,辅成教化者也。朕临御日浅,政理多阙,每期忠义,切投药石。子大夫戢翼藏器,思奋俟时,今启乃沃予,当有犯而无隐。朕窃不自揣,敢慕前王,上法羲、轩,下遵尧、舜,还已散之淳朴,振将颓之纪纲,使礼让兴行,刑罚不用。而人犹轻犯,吏尚徇私,为盗者未奔,不仁者未远。岂臣非稷、契而致是乎?为君谢禹、汤使之然也?设何谋而可以西戎即叙?施何化而可以外户不扃?五谏安从,三仁孰最?周昌比汉高于桀、纣,刘毅方晋武于桓、灵,但见含容,两无猜怒。故君不失圣,臣不失忠。子既其侪,应详往行,四贤优劣,伫辨深疑。在于朕躬,所有不逮,条问之外,委悉书之。必无面从,以重不德。

姜公辅对策

臣闻尧舜之驭寓也,以至理理万邦,以美利利天下,百姓犹惧其未化也,万邦犹惧其未安也。乃复设谤木询谠议,不敢满假,不敢荒宁。伏惟陛下,玄德统天,文思居业,慎重光之丕绪,返淳古之休风。光启宪章,畴咨营蒯,锡臣之策,思以启沃。臣狂简,不知化源,谨昧死稽颡,辄陈愚虑。

制策曰:"朕窃不自揣,敢慕前王,欲上法羲、轩,下遵尧、舜,还已散之淳朴,振将颓之纪纲,使礼让兴行,刑罚不用。而人犹轻犯,吏尚徇私,为盗者未奔,不仁者未远,岂臣非稷、契而致是乎?为君谢禹、汤使之然也?"大矣哉,陛下之言乎!臣闻禹称善人,不善者远矣。伏见陛下征隐逸于空山,拔夔龙于下位,聘名士,礼贤者,善无欲之徒,发惟新之诏,使吏肃人悦,法明令张。而犹曰"君谢禹、汤,臣非稷、契",此陛下让之至也,臣何敢间焉?夫中于道者易以兴化,失其道者难以从宜。事爽其分,则一毫以乖事;审其分,则殊途同归。计岁者非一时而可用,致理者非一日而成功。但立法于制事之初,望化于经年之外,使损益鉴于兴替,寒暑渐于春秋,何忧不均理于羲、轩,同光于尧、舜!

制策曰"设何谋而可以西戎即叙,施何术而可以外户不扃"者。陛下孚惠,心和戎狄,相彼君长,解辫户庭。应以地僻遐荒,未知圣造。伏以戎狄轻而寡信,贪而无亲,视边戍申严则请通国好,睹疆场无备则屡启贪心。固难可以礼义和,难可以恩泽抚。取今之要,莫过于智将悍卒,设险边隅。臣伏以陛下,且以恤下为心,不以西戎为虑。今请制其边,兵有常数,将有常务,分其土而居之,给其畜而业之,因其业也而为之城池,因其将焉而为之牧守。又申严其令,使获虏马者赏以马,使获虏羊者赏以羊。

人皆固业，战自力倍，则可少安。今积甲日深，兴戎岁广，黎人抗弊，未可勤师。伏望利物之原，息人之道，使广庶类，农桑以时，弘济济之士于朝，盛洋洋之化于野，使其来也慕斯文物之盛，居其边也杜其利欲之求。然后欤塞而可即叙矣！夫奸邪生于豪杰，廉耻生于礼义。礼义立，孰有不耻且格乎？衣食足，孰有背义趋利者乎？臣以为遂其富利之业，申其仁义之化，则外户不扃矣。

制策曰"五谏安从，三仁谁最"者。夫谏者，以讽为先。乱国非无直言也，直言不用，故谄谀胜矣；理国非无谄谀也，谄谀不用，则直言胜矣。时逢否闭，仲尼或守其主文；今日昭明，微臣请从其直谏。臣之职也，敢二事乎？昔商纣不君，虐弃天物，三仁弼谏，藩捍宗彝，退八百之师，抑三分之众。均其忧乱，俱可称仁；较其持危，或非同德。比干知死亡之义，且曰陷君；微子去父母之邦，或云智免。进退不失其正，在于太师乎。

制策曰："周昌比汉高于桀、纣，刘毅方晋武于桓、灵，俱见含容，两无猜怒。故君不失圣，臣不失忠。子既其俦，应详往行，四贤优劣，伫辨深疑。"臣闻君明则臣直。二圣以乘时开国，参佐昌图；二臣以委质造邦，克扶兴运。开忠谠之路，成不讳之朝，固拟议先伦，比方不怍。将以感君之未寤，致理于升平，绝好恶之门，传和睦之代。名高终古，传在策书，巍巍三代，斯为盛美。臣素无学术，谬窃对扬，若变其微，斯言之玷。使臣以礼，晋武宁劣于汉高；鼓怒抗辞，周昌不优于刘毅。

制策曰"在乎朕躬，有所不逮，条问之外，委悉书之。必无面从，以重不德"者。臣固凡陋，越在侧微。仰天地之大全，空忻化育；体阴阳之广运，每荷陶甄。岂意圣诏荐临，猥垂下问，心虑殒越，夏虫不睹于春冰，曲士宁知于天道。欲申微素，进退忧惶。伏见陛下，以道生成，以德覆载，赏以春夏，刑以秋冬。捐金玉于江湖，反珍奇于薮泽，委符瑞为草莽，用忠良为灵庆，临群下以正德，惠兆人以厚生。诚太平之道也，刑措之渐也。臣不胜其忭，愿陛下俯仰必于是，寤寐必于是。《诗》云："靡不有初，鲜克有终。"抑臣以为知终终之可以存义者，其惟圣人乎！伏惟陛下终之，臣不胜葵藿倾心之至。谨对。《文苑英华》卷四九一，第2512~2513页。

建中元年"文词清丽"科《指佞赋》以"灵草无心、有佞必指"为韵

梁肃赋

圣泽濡煦兮动植斯形，相彼瑞草兮逢时效灵。体嘉生于浩气，秉直道于彤庭。昔在尧帝，至化惟馨，伊屈轶之芳贞，协王猷与国经。有皇睿后，德动杳冥，二气畅而群生遂，百祥来而万宇宁。矧夫佞者，小人之道；直者，为国之宝。虽纠正于邦宪，实发明于瑞草。象恭言伪，于是焉去而勿疑；叶布茎分，何患乎辨之不早。若乃一人当宁，超黄越虞，百辟来朝，日临云趋，风力论道，伊咎陈谟，瑞草在前，畴敢以谀？故曰：物

生于有，有生于无；感此变化，发为祯符。不然彼植物之何知，乃同功于帝俞。天道不言，圣人无心，寓形阐教，其用则深。禾颖降于周王，芝房发于汉后，信呈丰兮告庆，并垂美于不朽。彼直指以去邪，谅于功乎何有？我明主所以超三英之躅，彼灵草所以为百瑞之首，有由然也。史鱼守直，宣父恶佞，佞直不分，邦家靡定，惟草所指，惟皇所听，指归乎一，听戒乎失。苟君道之不弘，徒倚瑞以自必。重曰：晔彼草兮直而指佞，圣之瑞兮时之礼，颂皇休兮无极已。

沈封赋

伊嘉卉兮昔生轩庭，盖历代而莫观其状，至我后而方睹其形。对右平与左墄，间朱草与彤庭，薰风昼洒，湛露宵零，所以彰吾君之睿圣，所以表吾君之德馨，匪然何以于昭其异？有赫厥灵，根茎觫擢，枝叶静好，恶夫佞允，叶乎圣心，作乎祥特，异于灵草。况今勤施五至，克奉三无，多忠良之士，绝谗佞之夫。非斯草之助化，何以臻于此乎？指佞之为德也广，指佞之为瑞也深。逢圣斯生，介一人之景福；有佞必指，俾百寮而革心。故能殊众芳之质，标群瑞之首。彼獬豸之触邪抵罪，在法则严；伊平露之倾叶知方，于人何有？孰若我应明圣，指邪佞。昔之辅德，告轩后之功成；今也呈祥，赞吾君之理定。一名屈轶，千载挺出，有佞则指，孰云无必。岂比夫蓂蒲空扇于尧厨，芝房徒歌于汉室哉！足以彰至理，荐嘉祉。君子在位，我则恭默以倾心；佞人入朝，我则无私以直指。信可以美芳声于雅颂，垂不朽于国史。

郑辕赋

旒宸肃诚，天地降灵，尽臣咸造，屈轶生庭。翠影如植，皇心以宁。暑屏寒生，感蓂蒲之代谢；日来月往，异蕡荚之飘零。焉奕玄造，诞生厥草，表忠謇之不迟，惧壬佞之何早。宵承湛露，密叶如倾，昼偃薰风，纤茎若扫。猗那且都，歌咏难模。其生也则一，其道也乃殊。育于轩阶，其指或有；生于圣代，其用则无。是灵草之无心，以圣人之为心，对危行而不侮，觌巧言而则侵。荣乎砌阴，实为龟为镜；肃我皇度，式如玉如金。冠卉之首，绵代旷有。茅三春之可封，芝九茎而延寿；曷若兹草之盛，莫之与并。类貂蝉之性洁，均獬豸之质劲，得诗人之无邪，行孔门之远佞。于铄屈轶，邈乎迥出；遇唐复生，应时作实。经百王而影戢，历千祀而宥密；如执法之不回，奉直道而自必。所以野退宵人，朝多髦士，同鱼水之合契，绝蟏蛸之莫指。封思齐于大夫，名可比于君子；谢有香之兰荪，恶无言之桃李。《文苑英华》卷八十八，第399～400页。

贞元元年"贤良方正直言极谏"科制策

策问

陆 贽

皇帝若曰：盖闻上古有道之君，垂拱无为，以临四海，不理而人化，不劳而事成也，星辰轨道，风雨时若。邈乎其不可继，何施而臻此欤？三代以来，制作滋广，异文质之辨，明利害之乡，威之以刑，导之以礼，敦其俗而弥薄，防其人而益偷。岂浇淳必系于时耶，将圣贤间生而莫之振也？朕祗膺累圣之业，猥居兆人之上。虔恭刻厉，如恐坠失，忧济庶类，夕惕晨兴。永惟前王之典谟，是宪是则，师大禹以崇俭，法高宗以求贤，兴夏启之征，作周文之伐。旌孝弟，举直言，养高年，敦本业，平均徭税，黜陟幽明，励精孜孜，勤亦至矣。而浮靡不革，理化不行，暴乱不惩，奸犯不息，五教犹郁，七臣未臻。乡党废尚齿之仪，蒸黎无安土之志，赋入日减而私室愈贫，廉察日增而吏道愈滥，意者朕不明欤，势不可欤？（四字据穆质策文补）何古今之事同，而得失之效异也？思欲划革前弊，创立新规，施之于事而易从，考之于文而有据。备其本末，将举而行，无或惮烦，略于条对。自顷阴阳舛候，浸沴荐兴，仍岁旱蝗，稼穑不稔。上天作孽，必有由然，屡为凶灾，其咎安在？《传》曰："时之不义，厥罚恒旸。"又曰："尧、汤水旱，数之常也。"二者相反，其谁云从？今人靡盖藏，国无廪积。朕屡延卿士，询访谟猷，至乃减冗食之徒，罢不急之务。既闻嘉话，亦已遵行。而停废之余，所费尚广。欲转输于江徼则远不及期，将搜粟于关中则扰而无获。节军食则功臣怀怨，省吏员则多士靡归。中心浩然，罔知攸济。子大夫蕴蓄材器，通明古今，副我虚求，森然就列，匡朕之寡昧，拯时之难灾，毕志直书，无有所隐。（九月二十五日）《文苑英华》卷四八六，第2479页；陆贽《翰苑集》卷六。

穆质对策 《登科记》作"贽第二人"

臣闻帝王之理殊途，而谏诤之道一致；五谏之要同归，而直谏之用为急。今朝廷之不闻直声久矣！伏惟陛下，采唐尧师锡之义，降禹、汤罪己之词，详延直臣，博求失政。自近古以来，忧劳思理，未有如此其至者，且何患乎不得为尧、舜而已？若欲陛下之德与天比崇，欲陛下之名与天无极，斯乃天之意也，臣之志也。不然者，臣当退从作者七人之八耳，孰为来哉！

制策曰："上古有道之君，垂拱无为，以临四海，不理而人化，不劳而事成，星辰轨道，风雨时若。邈乎其不可继，何施而臻此欤？三代以来，制作滋广。异文质之辨，明利害之乡，威之以刑，导之以礼，敦其俗而弥薄，防其人而益偷。岂浇淳必系于时耶,将圣贤间生而莫之振也?"臣闻三皇以道化,五帝以德化。故曰:修己以安百姓,垂衣而化天下。天何言哉,帝何力哉,无为而已,遂性而已。至道既往,至德浸衰,而三代之主,先之以礼义,故有法度之制,质文之变。高其堤防,崇其刑辟,不臻大化,迄可小康。上古之君,三代之主,教道既异,劳逸自殊,则知理之盛衰,皆德所致效。在德有优劣,非时有浇淳。继三代者,其降杀可知矣。

制策曰:"朕祗膺累圣之业,猥居兆人之上。虔恭刻厉,如恐坠失,忧济庶务,夕惕晨兴。"臣闻舜、禹日兢,汤、武日业,皆前代帝王之所以为理,忧勤之至也。窃闻陛下忧劳大道,勤绩庶务,无大无小,必躬必亲,靡不关心,靡不经手。勤亦至矣,忧亦至矣,然神太用则竭,形太劳则弊。古人云,"人生处代,如白驹过隙耳"。何忽自苦如此。又陛下一则罪己,二则罪己。若然者,复何用宰相乎?何用有司乎?

制策曰:"永惟前王之典谟,是宪是则。师大禹以崇俭,法高宗以求贤,兴夏启之征,作周文之伐,旌孝弟,举直言,养高年,敦本业,均平徭赋,黜陟幽明。励精孜孜,勤亦至矣。然而浮靡不革,理化不行,暴乱不惩,奸犯不息,五教犹郁,七臣未臻。乡党废尚齿之仪,蒸黎无安土之志。赋入日减而私室愈贫,廉察日增而吏道愈滥。意者朕不明欤,势不可欤?何古今之事同,而得失之效异也?思欲划革前弊,创立新规,施之事而易从,考之于文而有据。备陈本末,将举而行。"臣闻事不师古,以克永世,匪说攸闻。陛下追惟前王之典谟,是稽古之道也。然陛下师古为理也,欲何为乎?为皇乎,为帝乎,为王乎?驱天下之人,欲令归忠耶,归敬耶,归文耶?汉文帝以清净为宗,近称刑措;汉宣帝以刑名律下,亦谓中兴。自古以来,未有不举纲而目正,不澄源而流清者矣,此亦陛下熟闻之矣。是宪是则之,宜更申明之,使在下者有所趋也。臣闻大禹称三王首者,以其卑宫室,菲饮食,裕人克己,俭之至也,其道淹没不嗣久矣。惟陛下独能师而行之,苟纶言之可复,则天下之可化。所谓其身正,不令而行;其身不正,虽令不从者也。

臣闻自古求贤,各以类至。三皇师其臣,五帝友其臣,三王臣其臣。取其师之礼,黜位而朝之;取其友之礼,以身先焉;取大臣之礼,以皮币先焉。陛下(《文苑英华》阙以上三十一字,据贺复征《文章辨体汇选》卷一八七补)欲为皇,则行事师之礼;欲为帝,则行取友之礼;欲为王,则行取臣之礼。自昔哲王,则有感梦而行,傅岩惟肖;则有协卜而出,渭滨亲载;则有卑辞以厚礼,汤命五返于处士;则有可就不可屈,备独三顾于草庐。此皆陛下备闻之矣。臣窃见国家取贤之道,其礼部、吏部失之远矣,则制策之举,最为高科。以臣言之,不得无弊,且陛下弓旌不出,玄纁深藏。无聘问之先,有投刺自媒者;无软轮之礼,有蹑屩而来者。支离于京阙,会计于有司。又广张节文,妄设条格,禁御约束,邻诸盗贼,防贤之意,甚于防奸。崎岖困辱,旷日永久,然则一睹天颜,一承圣问。臣恐皇王佐略,不可由此而致也。今之所得者,乃臣辈琐琐者耳,强名曰贤,贤者固如是耶?厚颜包羞,臣窃自笑。则高宗求贤之意,似或不然。此乃国家最弊之务,伏惟陛下加思,重而慎之。

陛下文可经天地,武可定祸乱。我武载张,则河壖亡命之寇既以指朝自灭;我文载修，则淮濒逋逃之丑可以不日自来。道冠古今，功格上下，夏启、周发，曾何足云！陛下旌孝弟而孝弟未能化人，旌之未得其实也；举直言而直言未得上达，举之不以其人也。养高年则废礼已久，未有闻焉；敦本业则失农者多，鲜有劝者。平均徭税而怨嗟日生，奸赃之吏未去也；黜陟幽明而善恶同贯，考课之法未精也。陛下师崇俭之遗训，则浮靡何患不革？前王之典谟必用，则理化何患不行？化行则暴乱惩，奸犯息，然后礼义可浃，五教自宣矣。七臣者，岂非《孝经》所谓天子有争臣七人乎？今朝廷列官致位，有以谏为名者，左右前后，拾遗补阙，其数甚众，不止七人。使陛下有未臻之叹，其过将有所归矣。以陛下养高年之礼著于上，则乡党不废尚齿之仪；均徭之法行于吏，则蒸黎有安土之志。安土则乐业，乐业则务本，务本则兴农，兴农则家给，家给则赋不减而人不贫矣。吏道愈淫者，吏不精也。臣窃见吏部课最者遗其实，以资历为优；试材者失其本，以书判为上。加以检验滋章，简牍繁揉，聩眊淹滞，吏缘为奸，事壅于上，权移于下，胥徒末品，得擅官府。所以财贿公行，不殊市道，量职求直，价若平准。古则为官择人，今则为财择官。反古害今，其弊如是。又有通经之目，试文之科，不同归于吏部，选之至于此，虽廉察日增，固不及也。若划革前弊，明诏固当疾行；创立新规，微臣以为不可。且烈祖之宪章未改，前王之法度粲然，德辎如毛，在克己而已，何必改作，然后成功？因人之欲，顺天之时则易从；行古之道，得理之中则有据。

　　制策曰："自顷阴阳舛候，浸沴洊兴，仍岁旱蝗，稼穑不稔。上天作孽，必有由然，屡为凶灾，其咎安在？《传》曰：'时之不乂，厥罚恒旸。'又曰：'尧汤水旱，数之常也。'二者相反，其谁云从？今（原无"今"，据策问补）人靡盖藏，国无虞积。朕屡延卿士，询访谋猷。至乃减冗食之徒，罢不急之务，既闻嘉话，亦已遂行。而停废之余，所费犹广。欲转输于江徼则远不及期，将搜粟于关中则扰而无获。节军食则功臣怀怨，省吏员则多士靡归。中心浩然，罔知攸济。"臣闻旱蝗者，稽诸《洪范》，为言不乂之罚也。言之不乂，令之不信也。言者，西方金也，金失其性，为木所伤。木，东方少阳，古云阳腾，所以为旱。阳既亢极，气又嚣蒸，则介虫为孽，螽斯为害。臣见比年，旱魃为害已甚矣，则《洪范》之征亦明矣。无乃陛下诏令不信乎！抑又闻军旅之后，必有凶年。其握兵者，不本乎仁义，贪于残戮，人用愁苦，怨气积下，以伤阴阳之和也。则国家兵先于河北，旱蝗适之；次及河南，旱蝗亦随后；次关中，关中又蝗。旱既仍岁，蝗亦比年，无乃陛下用兵者不详其道也。臣谨稽古典，参于历代，禳除异术，祈祷多门。至若贬食省用，稼穑圭璧，求邪于幻术，觊福于释流，土龙矫首于通衢，群巫分袖而鼓舞，此又从人之欲也。至若两汉旧仪，三公当免，卜式著议，弘羊可烹，此又一时之事也，然俱非救旱之本。去灾之道，则有一郡一邑，一宰一牧，勤恤人隐，精达神明，或以身禳，或以心祷，蝗且出境，旱不为灾。牧宰之微，尚或臻此，况陛下尊为天子，德为圣人，神动而天从，气使而时变，至诚所感，何往不通？臣伏见陛下去年八月二日所下德音，避正殿而不居，损常膳而不御，议狱缓死，掩骼埋胔。诏文始书，害气将究；诏书始下，和气自生。故不旬朝之间，凶渠奸殄，兵革偃息，甘雨荐降，氛灾自销。天之监人也，明矣速矣。然则陛下之德有以动天，天且不违，况于鬼神乎？若尧、汤之灾，阴阳之数，此则先儒之言略矣，小臣不敢传疑，惟《洪范》之征信也，谨而言之，陛下鉴之可也。臣闻尧之水，汤之旱，而国无捐瘠者，蓄积多而备先具也。今国家或时不雨，一岁不登，尧汤比之悬矣。人至困竭，国为空虚者，备之不早。顷所以赋敛无极，怨仇日盈，权须诡求，朝令夕具，岂不以兵食乎？今蒲同劳师既还，关辅生人才息，不急军食，不烦军须，则搜粟关中，重扰未可，转输江徼，虽远可期。关兵食以廪储，虽节食犹虑费用者多，则功臣何因而怀怨；择贤才以实官，虽省员犹虑旷职者众，则多士何忧而靡归？臣闻方内之理乱，由君上之所执，上有所执，则下有所守。臣窃观国理，似或不然。无可久之图，无常备之制，用无本末，举无条纲，任运而行，应急而化。若虚舟之触，用济江河；如乱丝之棼，望成纶綍。所以遇运则福至，遇厄则祸生，遇岁恶则劳，遇岁丰则逸，坐迎天命，不关人谋。圣心浩然，罔知攸济者，乃彝伦不叙之故。

制策曰："子大夫蕴蓄才器，通明古今，副我虚求，森然就列，匡朕之寡昧，拯时之难灾。毕志直书，无有所隐。"此乃陛下厚礼众君子之意，臣微曷足以当之。若臣者生为唐人，马牛之齿甫以壮矣，道不得行，身不得遂，陋矣贱矣，与蝼蚁何异。然《诗》、《书》天人之际，皇王经纬之道，三坟六经，九流百氏，前王沿革之要，历代兴王所由，既尝经之于心，颇亦备之于学。虽未之究，可略而言。至若时政之损益，任贤之得失，刑辟之有轻有重，生人之或利或病，臣又耳或有所妄闻。身远与寡，莫为之先，且无因至陛下言之尔。皇天后土，宗庙社稷，实宜知臣之心。每用愤发悃款，隐忧臆激于肝，血藏于髓，思有以一陈之久矣。蒙陛下开天地之德，降雷雨之施，深诏执事，旁延郡国，俾有贤良方正直言极谏之举。臣也幸苟有志，人乃举之，此亦上天降祐皇唐，使陛下锡臣此便，得有路索言之于上也。若贤与良，则臣岂敢，惟谏与直，或有可观。言不直，谏不极，是微臣不忠之罪，孤陛下虚听之德也。如至忌讳挟诛，诽谤附律，脯醢淫戮，鼎镬滥刑，此乃昏主暴君亡国之具，亦陛下之所明知，故臣不复有虞于圣朝耳。是敢竭虑极愚，指陈其切。是耶纳而行之，非也容而宥之，所谓言之无罪，闻之者足以戒也。谨对。《文苑英华》卷四八六，第2479～2482页；贺复征《文章辨体汇选》卷一八七。

贞元元年"博通坟典达于教化"科策问

陆　贽

皇帝若曰：朕承祖宗之鸿休，获主神器，任大守重，惧不克堪。思与贤士大夫共康理道，虚襟以伫，侧席以求，而群议纷然，所见异指。或率古议而不变，或趋时会而不经，依违以来，七年于兹矣。国制多阙，朕甚恶焉。今子大夫博习典坟，深明教化，襃然充举，咸造于庭。其极虑精思，以谕朕之未寤。仲尼叙《礼》、《乐》，删《诗》《书》，修《春秋》，广《易》道。六经之义，所尚各殊，岂学者修行，理当区别？将圣人立意，本异宗源？施之于时，孰为先后？考之于道，何者深浅？差次等伦，指明其义。夫知本乃能通于变,学古所以行于今,今之教人则异于是。工祝陈乐之器而不知其情,生徒诵礼之文而不究其事,欲人无惑,其可得耶?将革前非,固有良术。尧舜率天下以义,比屋可封;桀纣率天下以暴,比屋可戮。然则上之化下,罔或不从。而三仁、四凶,较然同异,有教无类,岂虚言耶?作乐移风,闻诸昔典。夫至味必淡,至音必希,文侯列国之贤君,犹曰则惟恐寐,矧彼流俗,其能化乎?将使天地同和,灾诊不作,黎人丕变,奸慝不萌。何施何为,以至于此?王者制理,必因其时。故忠敬质文,更变迭救。三代之际,罔不由之。自秦划古法,汉杂霸道,纷纶千纪,王教不兴。国家接周、隋之余,俗未淳一。处都邑者,利巧而无耻;躬田亩者,朴野而近愚。尚文则弥长其浇风,复质则莫救其鄙俗。立教之本,将安所从?自昔哲王,唯此三正互用;后之术士,乃言五运相生。汉应火行,则周为木德。礼犹尚赤,义则颇乖。永言于义,莫识厥理。九流得失之论,历代兴亡之由,王、郑释礼之异同,《公》、《谷》传经之优劣,精心考究,用沃虚怀。《文苑英华》卷四七三,第2418页;陆贽《翰苑集》卷六;《唐大诏令集》卷一〇六。

贞元元年"识洞韬略堪任将帅"科策问

陆 贽

皇帝若曰:朕遐览典谟,详求至理,三代之制,粲然可征。未尝不文武并兴,农战兼务。故能居则足食,动则足兵。足兵则暴乱息,足食则教化行。兴国之本,实在于此。秦、汉以降,王制不修,选士废射御之仪,教人无蒐狩之礼,即戎者不知其稼穑,力本者罕习于干戈。于是异文武之人,分农战之道,守则乏食,征则鲜兵。历兹千年,竟莫能复。抑知之者盖寡,将行之者惟艰欤?朕念之甚勤,思继前躅,良以军旅之事,戎戍靡宁,勋庸既多,爵秩咸贵,俾服田亩,虑兴怨咨,仰于县官,不可胜计。由是版图岁减,阡陌日荒,水旱小愆,廪饷咸竭。欲使军人悦归于耒耜,儒者兼达于韬钤,田莱尽耕,攻取必胜。诱人甚易,其术安施?王者之师,本于立德;兵家之法,方务出奇。德以信成,奇以诈胜。理有违反,将何适从?宋襄成列而败军,见嘉鲁册;韩信决囊以摧敌,取贵汉朝。然则丧国亡家,岂伯王之道;冒危乘险,非仁义之心。所宜讨论,以定褒贬。夫众寡不敌,克必以谋。乐生下齐,孙子破楚,魏武之胜袁绍,宋高之灭姚泓,成败之由,备陈本末。古人有言曰:"诛伐不可偃于天下。"又曰:"善为国者不师。"二端异焉,其有深旨?子房次序兵法,任宏论撰军书,指明异同,详录名氏,所闻高略,择善而行。《文苑英华》卷四七三,第2418~2419页;陆贽《翰苑集》卷六;《唐大诏令集》卷一〇六《政事·制举》。

贞元四年"贤良方正"科制策

唐德宗

皇帝若曰:朕闻王者统御寰宇,司牧黎元,一人之聪不足以周听,一人之目不足以遍观，敷求贤良，用辅闻见。朕以寡德，纂承丕绪，托于人上，十载于兹。虽多难仅宁，而升平未复。永惟前古之理，布在方册，宪章典礼，可得而详。考之则易遵，行之则难至，中夜忘寝，莫知所以。然子大夫学觉该通，待问斯久，敛襟应召，朕甚嘉焉。各启尔心，以祛予惑。成王致理，刑措不用；孝文励精，断狱四百。太宗皇帝萧勺群慝，削平八隅，囹圄空虚，又逾前代，一岁所决，二十九人。今者官署尚存，法令明具，封域之内，可谓小康。而黔首上僚，尚资科禁，循源究本，其故何哉？岂朕教之不明，将或人之多僻？伫敷旨要，当酌其宜。文王建邦，经制斯备；周公立政，礼乐增修。然而朝命六卿，揆分百度，乡闾有长，林泽有官，计以职员，动以万数。农夫不充于缉伍，编籍不给于虞衡，以是制人，义或安在？永言师效，良用为疑。唐虞设规，九载三考，俾安其位，将尽其能。列授群司，寄之众务。一官不理，事有所隳；一吏非人，官有所废。罚宁俟于终日，赏不待于逾时。若官废而后求人，事废而后变法，政将滞浇，其道如何？今欲济天下于太和，致群生于仁寿，劝农务本，何术为先？敦学崇儒，何礼为切？何方可以顺风雨，何典可以序神祇？成汤遇灾，何七年而后祷？高祖伐叛，何历载而不宾？辨于古者通于今，鉴于事者明于理。备陈终始，朕亲览焉。《唐大诏令集》卷一百六，第496~497页；《全唐文补编》卷五十。

贞元二十一年"茂才异等"科制策①

策问

大禹求贤而夏德长茂，文王多士而周道缉熙。然则为政在人，人存政举。朕德薄化浅，嗣膺宝业，夙兴寅畏，若涉大川，求思至谟，庶答天诫。子大夫志行修洁，学术通赡，储思于天下之际，研精于大道之极，俨然就辟，良用嘉焉。乃者夷夏多虞，烽鞞屡警，因之以荒馑，生人荡析，比屋榛芜。今八表甫清，万兵未戢，朕恭承丕绪，实济横流，期致和平，维新制度。而成汤受夏，周武定殷，刘矫嬴弊，魏乘汉俗，以乱为理，以安易危，必有至政，存乎令典。同符今日，可举而行，精辩所长，著之于策。《禹谟》之六府、三事，周法之八政、五纪，有守有为，是彝是训。经纶远古，用彰得失，

---

① 据孟二冬《登科记考补正》卷十五云：此策问徐松《登科记考》原载元和十一年（816），徐氏考云："按策言去岁以彗星征，考《新书·天文志》，元和十年三月，有长星于太微尾至轩辕，盖以十一年策制举。唐受命至是年为一百九十九年，故策曰近二百年。"按徐松此言彗星之征及"近百年"云云，系据杜元颖对策所言，虽有其据，然未足征信。策问所言"朕德薄化浅，嗣膺宝业"、"朕恭承丕绪，实济横流，期致和平，惟新制度"、"改制征物，厘创建正"云云，又云颖对策所言"近陛下嗣圣御极，孝理君临"云云，实有关本年八月改元永贞、宪宗即位之事。又明年即元和元年（806）策才识兼茂、明于体用科问亦有"我国家光宅四海，年将二百"云云，其事亦合。又今考知杜元颖登制科在本年，故移正。

111

国志详载，天官必书。成务济时，莫斯为急。并宜明敕功利，别白条流，较圣王之损益，揆今代之用舍，沿革之要，茂对所宜。今欲废关市之征，轻什一之法，归逾年之戍，罢无事之官，则国用靡资，军食尚歉，人多胥怨，边有侵轶，匠无良画，明示谋谟。其法令或不便于时，吏人将未适其任，贤士见沉于负俗，遗纲有补于化源，可以均沃塉于原田，便工商于市肆，改制征物，厘创建正，复务官曹，澄清流品。使朝有济理之士，边有死难之臣，而返俗廉隅，还风朴略。必书效实，指陈利害，授简之外，尚有令图，各罄所闻，备申谠议，虚怀固久，勿隐予违。

杜元颖对策

臣元颖案《周易》：君道下济，臣志上通，谓之泰，其繇曰"小往大来"。臣历观书契以还，君德定位，未有遗斯道而能达聪明目，光极鸿业者也。伏惟陛下，诞膺明命，克敷文德，亲降大问，询于微臣。愚臣智识庸鄙，经术短浅，不足以充明诏之言。而隐罪大矣，敢不俯罄愚衷，仰谢万一？

制策曰"朕躬承丕绪，实济横流，期致和平，维新制度。且成汤受夏，周武定殷，刘矫嬴弊，魏乘汉俗，必有至政，存乎令典"者。臣闻汤革夏政野以质，武革殷政鬼以文，秦暴以亡，汉宽以矫，此皆古王之令典也。比东汉既衰，皇纲幅裂，曹操挟天子以令诸侯，用汉法以取威权，中原粗平，遂偷神器，其政刑、典礼，蠹驳前世，固非萧、曹画一，文、景更令之比也。虽曰革命，固无足采。陛下承匕鬯以取大器，赫雷电以扫群凶，功高一戎，业定再造。欲维新制度，以救生灵，幽明动植，罔不称庆，实天下幸甚。然臣之私心，有愿献替，不惮斧钺，以干龙鳞，伏惟陛下少留意焉。臣闻自古王者易姓受氏，告成于天，则维新制度，以改人视听，所以示亡王之骄僻也，所以扬造邦之耿光也。其余少康复夏，武丁兴殷，武王兴周，光武绍汉，则皆举用旧典，以昭其先朝之休德淳茂也，以辩其凶逆之滔天干纪也，以志其昭前之光而纂修其德也。我高祖勤恤人隐，始除暴乱而建王业。我太宗叶赞经纶，增辉先圣，皇天眷祐，祚以名臣。于是酌之人心，参之典礼，立我王度，为万代业。陛下诚宜恭以守之，勤以行之，克配彼天，立我人极。矧乎周秦汉魏造邦之事，非臣之所宜言也。臣又伏见去岁征臣等诏书，圣旨殷勤，忧天谪见。今制书首章则曰"求思至谟，以答天诫"，次曰"期致和平，维新制度"，下曰"改制征物，厘创建正"。臣伏念圣上，岂不以彗有布新之道，明欲承顺天意，旌于国章乎？臣愚以为自古灾眚多矣，大者天地震裂，次者日月薄蚀，小者星辰变谪，皆或应或否，系于其君之德也。夫严风不能凋翠叶，凝寒不能冰醇酎。何则？不当凋者风则何有，不当冰者寒亦胡为？然则灾眚者，天道之常，无德者当之，不为有道者害，亦已明矣。陛下若欲寅畏上天，大为恭御，则德为之实而禳为之华，居其实不居其华，此社稷之景福也。

制策曰"《禹谟》之六府、三事，周法之八政、五纪，有守有为，是彝是训。经纶远古，用彰得失，国志详载，天官必书。成务济时，莫斯为急。宜明敕功利，别白条流"者。臣闻夏禹之弼成五服也，肇谟六府、三事；周武之诞敷明命也，实成八政、五纪。语其功利，其六府者人仰以生，三事者德据以成。八政为经国之用，五纪为岁天之道。别其条流，则曲直木也，从革金也，水以润下育物，火以炎上同天，土顺则五稼阜滋，谷登则烝人乃粒，直己以正德，理财以利用，务本以厚生。此九功所以惟叙也。八政，食所以生人也，货所以聚人也，祀所以仁鬼神也，司空实平水土，司寇实诘奸慝，司徒实敷五教，宾以叶多方，师以具七德。此先王保乂万有也。周星者岁之纪，合朔者月之纪，信旬者日之纪，星辰以察乾象，历数以授人时。此先王所以合德二仪也。得其道者王，失其道者亡，古今虽殊，其致一也。陛下执古之道，驭今之有，降此彝训，以及于臣，但禀师说，难副睿问。

制策曰"较前王之损益，揆今代之用舍，沿革之要，茂对所宜"者。臣闻贯古今、蔽天壤而不可易者，道与德也；时损益而皆便于理者，名与物也。所以无体之礼，无声之乐，倚道之主，莫不袭行。其余正朔服色，声名文物，则三代以降，逮乎陈、隋，各从其所尚尔。伏惟陛下，视其善者用之，其不善者舍之。此沿革之要也。

制策曰"废关市之征，轻什一之赋"者。臣以征关市、税什一者，古今通典，苟不逾辙，无害于人。诚宜取之以资国用。陛下明欲废之轻之，以息黔首，甚大惠也。然臣以为百姓之患者不生于此，生于法令不一，赋敛迭兴，名目滋彰，杼轴皆尽尔。今王畿之内外地州县亦不当赋毿者何？有镇守、团练等使，数州又置节度、度支使，皆多聚强兵，增置部伍，车禾斗米，皆出于人，计其诛求，十倍王府。至于睚眦之际，不戢自焚，杀长吏，夷城郭者，又亦多矣。卒然边陲有难，羽檄交驰，必不得一人尺铁，以资天讨。伏望陛下下旷然之诏，使内地州县悉依平时，旧帅故老尽罢，以息疲人，则天下赋税十减七八矣。

制策曰"归逾年之戍，罢无事之官"者。臣闻王卒以旧，楚子所以败也；将骄卒惰，项梁所以亡也。今缘边将士，功已高，位已重，进不求赏，退不畏刑。伏望申命将帅，言于军中，有思归者内以新卒代之，愿充军者复以师律整之。夫如是则军政必行，军政必行则边无侵轶矣。臣又闻赏功以贵，任能以职，古之道也。伏见比岁诏旨，诸员外兼试等官，才者、能者改授正员，其余并依本资数进。陛下已得八柄驭功之道矣，微臣又何间焉？

制策曰"法有或不便于时，吏有或不适其任，贤士见沉于负俗，遗纲有补于化源"者。此皆经国大体，则当与朝之众君子议焉。臣位卑职寡，何足裨补。然臣以为令合于经而人悦之者，可存也；令为救弊而作，行已久而犹未安之者，可省也。若乃申黜幽陟明之典，则吏人砥节矣；遵弃瑕录能之义，则俊乂救职矣。若王纲者，布于方册，顾在陛下行与不行，何谓之遗矣！

制策曰"均沃堵于原田，便工商于市肆"者。臣闻度土功，因地利，所以惠众人也；禁末作，绝奇货，所以惠工商也。其要在于申明田令，与不扰市人耳。

制策曰"改制征物，厘创建正"者。伏以国家受命向二百年，宪章典礼，并吞千古。今陛下嗣圣御极，孝理君临，华夏既平，临欲改制。此皆先圣旧典，臣窃惜之。臣又闻夏以木德王而正以人统，殷以金德王而正以地统，周以火德王而正以天统。孔子曰"夏正为得天"，此不易之道也。

制策曰"复务官曹，澄清流品"者。臣闻设官分职，以葳王事，犹列宿定位，同拱北辰也。伏见艰虞以来，增制使额类，官有二事，人无底从，销钱销食，十场十扰。今陛下欲使复务于官，人志所底，此为政之本也。臣闻政以贿成则廉者贪，匪直其道则贪者廉，此仕进之情也。今圣虑及此，孰不洁其源而浚其流乎？

制策曰"朝有济理之士，边有死难之臣"者。臣闻舜举皋陶，汤举伊尹，则仁者至矣。今贤才夹辅，俊乂扬庭，犹沧海之富珠玑，昆山之积琼玉，但恐未察耳。伏望听政之暇，引备顾问，则十六相不专美于尧代矣。臣又闻子骄者不志孝，臣骄者不志忠。伏望陛下训将帅以礼，示师徒以义，则伏节犯难者，孰变其功乎？

制策曰"致俗廉隅，还风朴略"者。臣以为非理（原注：疑作"难"）也，其化（原注：疑作"始"）也，于朝廷公卿大夫，孰不尚退让，崇节俭，而率土之士畴不从风而靡乎？

制策曰"授简之外，傥有令图"者。臣以为当今所务者，在于兴礼乐，务耕稼，禁游食，抑奢侈，其余则诏书所以问臣纤悉矣。谨对。《文苑英华》卷四九一，第2513～2516页。

元和元年"才识兼茂明于体用"科制策

策问

唐宪宗

皇帝若曰：朕观古之王者，受命君人，兢兢业业，承天顺地，靡不思贤能以济其理，求谠直以闻其过。故禹拜昌言而嘉猷罔伏，汉征极谏而文学稍进，匡时济俗，罔不率繇。厥后相循，有名无实。而又设以科条，增求茂异，舍斥已之至论，进无用之虚文，指切著明，罕称于代。兹朕所以叹息郁悼，思索其真。是用发恳恻之诚，咨体用之要，庶乎言之可行，行之不倦。上获其益，下输其情，君臣之间，欢然相与。子大夫得不勉思朕言而茂明之。

我国家光宅四海，年将二百，十圣弘化，万方怀仁。三王之礼靡不讲，六代之乐罔不举，浸泽于下，升中于天。周、汉以还，莫斯为盛。自祸阶漏壤，兵宿中原，生人困竭，耗其太半。农战非古，衣食罕储，兹念疲氓，未遂富庶。督耕植之业，而人无恋本之心；峻榷酤之科，而下有重敛之困。举何方而可以复其盛？用何道而可以济其艰？既往之失，何者宜惩？将来之虞，何者当戒？昔主父惩患于晁错，而用推恩；夷吾致霸于齐桓，而行寓令。精求古人之意，启迪未注著之怀，眷兹洽闻，固所详究。又执契之道，垂衣不言，委之于下则人用其私，专之于上则下无其功。汉元优游于儒术，盛业竟衰；光武责课于公卿，峻政非美。二途取舍，未获所从，余心浩然，益所疑惑。子大夫熟究其言旨，属之于篇，兴自朕躬，无悼后害。四月二十八日。

元稹对策

臣方病近古之策不行，而陛下幸及之，是天下人人之福也，微臣其敢忍意而不言乎！且臣闻之，古者以言赋纳，岂虚美哉，盖用之也。是以益赞禹而班师，说复王而作命，斯皆用言之大略也。洎汉文帝德不若尧舜，始以策求士，而天下郡国有贤良之贡入焉，塞诏者晁错而已。至武帝时，董仲舒出，然而卒不能选用条对，施之天下。夫用其策不弃其人，以其利于时也；得其人而弃其策，又何为乎？若此则徒设试言之科，而不得用言之实矣。降及魏晋，朝成而暮改之不暇，又恶足言其策哉！我唐列圣君临，策天下之士者多矣，异时莫不光扬其名声，宠绥其爵禄。然而曾不闻天下之人曰"某日天子降某问，得某士，行某策，济某功"，抑不知直言之诏屡下，而直言之士不出耶？亦不知直言之士屡出，而直言之策不用耶？今陛下肇临海内，务切黎元，求斥已之正言，贵著明之确论，实命说代言之盛意也，微臣何足以奉之。然臣所以上愚对，皆以指病陈术而为典要，不以举凡体论而饰文词。事苟便人，虽繁必献；言苟谐理，虽鄙必书。固不足以副陛下恳恻之诚，庶可以尽微臣体用之目。伏愿陛下，以臣此策委之有司，苟或可观，施之天下，使天下之人曰"惜哉！汉文虽以策求士，迨我明天子然后能以策济人"，则臣始终之愿毕矣。如或言不适用，策不便时，则臣有瞀圣欺天之罪，将置于典刑，陛下固不得而宥之矣，亦臣之所甘心。

伏读圣策，乃见陛下悼礼乐之寝微，恤黎人之重困，责复盛济艰之术，酌推恩寓令之宜。斯皆当今之急病也，微臣敢不别白而书之。昔我高祖武皇帝掇去乱政，我太宗文皇帝韬橐干戈，被之以仁风，润之以膏露，戢天下之役而天下之人安，省天下之刑而天下之人寿，通天下之志而天下之气和，总天下之众而天下之众理。理故敬让之节著，和故欢爱之化行，是以革三王之所因，兼六代之所举，称至德者举文皇以代尧舜。岂异事哉？有诚信以将之也。明皇帝即位，实号中兴，方其任姚、宋而右贤能也，虽禹、汤、文、武之俗不能过焉。四十年间刑罚不试，人用滋植，四海大和。于是举升中告禅之仪，则封泰山而秩嵩华；念岁巡时迈之典，则宅咸镐而朝洛阳。礼既毕行，物亦随耗。天宝之后，徭戍聿兴，气盛而微，理固然也。曩时之乳哺而有之者，一朝为兵歼之。兵兴以来，至今为梗。兵兴则户减，户减则地荒，地荒则赋重，赋重则人贫，人贫则逋役逃征之罪多，而权宜之法用矣。

今陛下躬亲本务，首问群儒，念礼乐之不兴，叹升平之未复，斯诚天下之人将绝复完之日也，微臣何幸而对扬之。微臣以为将欲兴礼乐，必先富黎人；将欲富黎人，必先息兵革。息兵革之术，臣请备言之。夫古所谓销兵革者，非谓幅裂其旗章，销铄其锋刃而已也。盖诚信著于上，则忠孝行于下；敬让立于内，则夷狄和于外。夷狄和则边鄙之兵息，敬让立则争夺之志销，争夺之志销则和顺之心作，和顺之心作而礼乐之道兴矣。

此先王修政戢兵，兴礼乐，富黎人之大略也。陛下必欲责臣以详究之术，臣又请指事以明之。夫食力之不克，虽神农设教，天下不能无馁殍之人矣。是以古之不农而食之者，四而已矣。吏有断狱之明则食之，军有临敌之勇则食之，工有便人之巧则食之，商有通物之智则食之。是四者，率皆明者、勇者、巧者、智者之事也，百天下之人无一二焉。苟不能于此者，不耕则不得食，不织则不得衣。人之情，衣食迫于中则作业兴于外，是以游食者恒寡，而务本者恒多。岂强之哉？彼易图而此难及也。今之事则不然。吏理无考课之明，卒伍废简稽之实，百货极淫巧之工，列肆尽兼并之贾。加以依浮图者无去华绝俗之贞，而有抗役逃刑之宠；戎服者无超乘挽强之勇，而有横击诟吏之骄。是以十天下之人九为游食，蠢朴愚谨不能自迁者而后依于农。此又非他，彼逸而易安，此劳而难处也。以惰游之户转增，而耕桑之赋愈重，曩时之十室共输而犹不给者，今且聚之于一夫矣。虽有慈惠之长、仁隐之吏，尚不能存，若惨断击搏之，则将转移于沟壑矣。今之课吏者，以赋敛无逋负为上。以臣观之，足陛下之赋者，诚所以害陛下之人耳。若然则农桑之赋既如彼，惰游之众又如此。耕桑之赋重则恋本之心薄，惰游之户众则富庶之道乖，此必然之理也。今陛下诚能明考课之法，减冗食之徒，绝雕虫不急之功，罢商贾兼并之业，洁浮图之行，峻简稽之书，薄农桑之徭，兴耕战之术，则惰游之户尽归，而恋本之心固矣。恋本之心固，则富庶之道兴矣，而贞观、开元之盛复矣。若此则既往之失由前，将来之虞由后，在陛下悠悠惩之戒之慎之久之而已。至于主父偃乘七图并吞之后，将分裂而矫推恩，管夷吾当诸侯争夺之时，先诈力而行寓令，皆一时之权术也，岂可谓明白四达，与日月齐明于圣朝哉。臣虽贱庸，尚不敢陈王道于帝皇之日，况权术乎！此臣之所甚羞也，故不及详究言之。

臣伏读圣策，又见陛下以为执契则群下用情，躬亲则庶官无党，以汉文尚学而衰盛业，谓光武课吏职而昧通方。以臣思之，皆不然也。夫委之于下而用其情，盖考绩之科废而清浊之流滥也；尚儒术而衰盛业，盖章句之学兴而经纬之道丧也；课吏职而昧通方，盖苛察之法行而会计之期速也。臣请条列而言之。夫神农之斲耒耜，教耕耨，所以垦良田而殖嘉谷也。然而不能遏稂莠之滋焉。其所以待之者，芟夷钱镈之而已。唐尧之辟朝廷，宅百揆，亦所以殖禹舜而种皋陶也，又不能遏共工、驩兜之逆焉。其所以遏之者，放弃殛诛之而已。神农不以稂莠滋而废耒耜之用，故能存用器之方；唐尧不以四罪进而夺舜禹之任，故能终任贤之道。若此则陛下之所任顾何如耳，岂可谓任之必不可哉！至于考绩之科废，章句之学兴，经纬之道丧，会计之期速，皆当今之极弊也，幸陛下问及。汉元、光武之事，臣遽数以终之。今国家之所谓兴儒术者，岂不以有通经文字之科乎？其所谓通经者又不过于覆射数字，明义者才至于辨析章条。是以中第者岁盈百数，而通经之士蔑然。以是为通经，固若是乎？至于工文自试者，则不过于雕词镂句之才，搜摘绝离之学。苟或出于此者，则公卿可坐致，郎署可俯求。崇树风声，不由殿最。连科者进速，累捷者位高，拱默因循者为清流，行法苛官者为俗吏。以是为儒术，又若是乎哉？其所谓课吏职者，岂不以朝廷有迁次进拔之用乎？臣窃观今之备朝选而不由文字者，百无一二焉。夫施众网而加一禽，尚不能得，况张一目以罗万品，而望其飞者、走者、大者、小者尽出乎其间，其可得乎哉？以此察群吏，群吏又可察乎？苟或不可察，又可任之而绝其私乎哉！此所以陛下将执契而叹用情，念垂衣而惧不理，盖臣所谓课察之道不明也。

陛下诚能使礼部以两科求士，凡自唐礼、六典、律令及国家制度之书者，用至于九经、历代史，能专其一者，悉得谓之学士，以环贯大义而与道合符者为上第，口习文理者次之。其诗赋判论以文自试者，皆得谓之文士，以经纬今古、理中是非者为上第，藻缋雅丽者次之。凡自布衣达于未隶，在朝省者悉得以两科求士，礼部第其高下，归之吏部而宠秩之。若此则儒术之道兴，而经纬之文盛矣。吏部罢书判万言之选，设三式以任人。一曰校能之式。每岁以朝右崇重者一人，与礼部郎校天下群吏之理最，在第一至第三者，校定曰据其功状而登进之。牧宰字人之官藉之为理者，则上赏行焉。若此则迁次之道明，而迟速之分定矣。二曰任贤之式。每岁内自仆射至于群有司之正长，外至于廉问、节制者，各举备朝选者一人；外自牧守，内至于百执事之立于朝者，各举吏郡县者一人。因其所举而授任之，辨其考绩而赏罚之，不举贤为不察，举不贤为不精，不精与不察之罪同。若此保任之法行，而贤不肖之位殊矣。三曰叙常之式。其有业不通于学，才不应于文，政不登于最，行不知于人，则限以停年课资之格而役任之。若此则叙用之典恒，而尺寸之才无所弃矣。两科立则群材遂，三式行则庶官当。陛下乃执左契以御之，总枢极以正之，委庶官如心目之运支体，岂支体运而无效于心目乎？察群材如明镜之形美恶，岂美恶形而逃隐于明镜乎？然后陛下辟四门，使可言之路通；明四目，以天下之目视；达四聪，以天下之耳听。不私其心，以百姓心为心。端拱岩廊，高居宸极，以冕旒自蔽而秋毫必察，以黈纩塞耳而声响必闻。则彼汉元章句之儒，光武督责之术，又恶足为陛下言之哉！

且臣闻之，圣人在上，人不夭札。若臣者生未及壮，戴陛下为君，仁寿欢康，未始有极，何忽自苦，堕肝胆而言天下之事乎？臣以为国家兵兴以来，天下之人惨怛悲愁五十年矣。自陛下即位之后，戴白之老莫不泣血而话开元之政。臣恐此辈不及见陛下功成理定之化，而先饮恨于穷泉。此臣之所以汲汲于心者，陛下能不怜察其意乎！谨对。（原注：《英华》、《唐文类聚》皆云："'设三式以任人，'惟积集作'四式'，其二曰'记功之式，每岁群吏之理最在第四者，籍而书之，满岁吏部会集而授署之。若此者殿最之道存，而清浊之流异矣。"）元和元年四月二十八日。《文苑英华》卷四八七，第 2483～2486 页；《元氏长庆集》卷二十八；《历代名臣奏议》卷二十八。

韦处厚对策

臣闻古之道莅天下，皆酌人言，用凝庶绩。伏惟陛下，统承丕绪，光膺骏命，志气中蕴，清明下临，恤黎庶而惠慈方洽，枭叛戾而威武已炽。犹能虑危于未兆，思理于已安，聿追孝思，缵述前烈，愍官吏之无用，求斥已之至言。微臣才用不足以操事，体识不足以经远，祇奉圣问，伏用兢惶，谨昧死上愚对。

制策曰:"朕观古之王者,受命君人,兢兢业业,承天顺地,靡不思贤能以济其理,求谠直以闻其过。故禹拜昌言而嘉猷罔伏,汉征极谏而文学稍进,匡时济俗,罔不率繇。厥后相循,有名无实,而又设以科条,增求茂异,舍斥已之至言,推无用之虚文,指切著明,罕称于代。兹朕所以叹息郁悼,思索其真。是用发恳恻之诚,谘体用之要,庶乎言之可行,行之不倦,上获其益,下输其情,君臣之间,欢然相与。子大夫得不勉思朕言而茂明之。"臣闻复济慎惧,虽危必乐;理安佚肆,虽顺必忧。帝尧之为道也大矣,《书》称其本曰"允恭克让";文王之为德也弘矣,《诗》美其功曰"小心翼翼"。图天下之安者,必称之于劳;虑天下之大者,必慎之于微。任贤诚固,思虑诚深,百姓虽未富庶,四夷虽未宾服,天下明知其治也;任贤不固,思虑不深,百姓虽富庶,四夷虽宾服,天下明知其乱也。今陛下鉴前代已往之失,求当今未然之理,使虚文不设于下,至言必闻乎上。端视凝听,所委惟贤,则上获其益矣;惠爵施禄,所理惟直,则下输其情矣。顾言而动,思利乎安,则何虑乎言之不行;顾行而动,思利乎安,则何虑乎行之有倦?诚能兢兢于一日二日,业业于无小无大,苟能此道,虽微必昌,虽柔必强。凤凰麒麟不足来,甘露醴泉不足致,三光四时不足序。天之高明也,斯不爱其道;地之博厚也,斯不爱其宝。彼之大者犹若是,况其细者而难乎?

制策曰"我国家光宅四海,年将二百。十圣弘化,万邦怀仁,三王之礼靡不讲,六代之乐罔不举。浸泽于下,升中于天,周、汉已还,莫斯为盛。自祸阶漏坏,兵宿中原,生人困竭,耗其大半。农战非古,衣食罕储,念兹疲氓,遂乖富庶。督耕植之业而人无恋本之心,峻榷酤之科而下有重敛之困。举何方而可以复其盛,用何道而可以济其难"者。伏以陛下,蕴充明德,继荷大业,居十圣之全区宇,守百代之成礼乐,扬高祖之耿光,播太宗之休烈,思黩武而弭戢,念疲甿之富庶,理自顺此生,危自反此作。兵者国之威也,威不立则暴不禁,君得其术而已,举其要而已。凡善用兵者用兵之精,次用兵者用兵之形。用精者国逸而功倍,用形者人劳而威立。令行禁止,俗富刑清,仁足以怀,义足以服,端居庙堂之上,威加四海之外,而叛者尝欲系其颈而制其命,伏其心而笞其背,此兵之精也。金鼓击刺,追奔逐北,攻城掠地,斩馘献俘,忧思岩廊之上,谋制千里之外,而叛者有以畏其威而惩其罚,化其心而戢其暴,此兵之形也。陶然而化,其效不形,兵贵藏有于无,兵之形不可张也;骚然而动,其政难久,人不可终扰,兵之精所宜密胜也。今陛下既枭叛寇,复征违命,屈已之至已浃于兆庶,恤人之诚已敷于四海。乘众之怒,用兵之形,则近无转输骚扰之勤,远无经费供求之役。诚能固守,必大畏其力,小怀其德矣,岂兵宿中原之为虞,生人耗竭之为虑!臣又闻理国之本,富之为先,富人之方,劝农为大。三代以耕籍率天下,汉朝以孝悌配力田,皆劝之之道。夫农寒耕热耘,沾体涂足,昼夜之筋力勤焉,父兄之手足悴焉。而官输籍督,坐非已有,夷时郡邑长吏,偷容朝夕,养声钓禄,非恤人隐。此所以耕植之业不勤,恋本之心不固。有遁于军旅而邀功赏者,有冒于老释而淆清浊者,有逸于负贩而制贫人者,有隐于椎剥而干教令者。农耕之难也如彼,日百其劝,常有不务者矣;游惰之逸也如此,日百其禁,常有不息者矣。由上之为政,知人苦之者劝之必深,知人乐之者禁之必至。昔贾琮以最于十二州,颁之以玺书;黄霸以甲于二千石,宠之以侯印。惟陛下注意于守宰字人之官,以田垦辟为最,地荒榛、人离散为殿,即耕植可劝,困竭可苏。兵未弭则人不繁,人不繁则农不劝,农不劝则国用虚,此榷酤所以兴也。然盐䴯之税,山泽之利,法用得其要,不在峻其科。理不得其吏,不犹明其法。明其法,得其要,则上无峻刻之举,下无重敛之困矣。

　　陛下制策曰:"既往之失,何者宜惩?将来之虞,何者当戒?"臣闻王者之兴,皆鉴乎前代圣君贤佐之所以兴,昏主庸君之所以丧。景行其兴也,用得以常理;戒慎其丧也,用得以常存。诗人美殷鉴于有夏,贾山谏汉而借喻亡秦,备于图籍,著于编册,非臣繁词所可曲尽。自陛下统极,举滞淹,已逋责,恤刑狱,振乏绝,德泽所临,戴之不暇,微臣未见其失也。明将来之戒,其在法令刑赏乎?四海之广,亿兆之众,非家令户告之能也,发号出令而已矣。伏惟陛下,聿求善政,大振洪猷,人之献替,政之损益,灿乎其书,灼乎其人。始则鼓舞蹈咏不足以充其善,终则渴日望岁不足以喻其劳。教之本莫大乎复言,政之先莫大乎重令。诚能复言重令,上之克当乎天心,下之允协乎人情,天人交相为感,而灾害不生,祸乱不作。不然日有德音而人不悦,日有威罚而人不畏。苟不悦矣,无与同劝;苟不畏矣,无与同沮。此非法令之可裁也。成一时之功者,宠乎其功者也;思百代之利者,荣乎其名者也。其名不足以劝者,则刑罚存焉;其效不得而宠者,则褒贬存焉。(原无此十二字,据四库本补。)是小人之所趋,君子之所务。今陛下刑赏已足劝惩,褒贬又存文史,君子竭忠,小人输力,举如鸿毛,舍如地芥,何理而不成,何求而不效?陛下之不为,非不能也。伏以致诛逆党,罪止渠魁,原情究恶,不及其母,此帝王之刑也;戎臣馈军,致命折寇,渥恩必厚,爵位必加,此王霸之赏也。然善有彰,虽贱赏也;恶有衅,虽贵罚也。赏一人不足以耸天下之善者,其赏不足行;刑一人不足以禁天下之暴者,其刑不足用。今宜赏不遗微细,惟功之所加;罚不为暴乱,惟罪之所出。此天下之人所以皆知赏之可重,而罚之可戒。

　　制策曰:"昔主父惩患于晁错,而用推恩;夷吾致霸于齐桓,而行寓令。精求古人之意,启迪未著之怀,眷兹洽闻,固所详究。"臣闻汉兴,鉴亡秦孤立之弊,踪《周官》众建之法,苴茅列土,非复异姓。其后吴、楚强大,本根不拔,晁错之策未终,七国之兵已发。主父念前事之败露,期本朝之强大,分封子弟,使得推恩。诸侯之国星解于上,汉廷之威风行于下,此所以为谋也。齐桓当周季陵夷之运,思大彰翊霸之功,志图兼弱,力存攻昧,思逞其欲,是务强兵。习之野,大国防其谋;习之朝,小国谨其备。其志不可以速得,其功不可以立俟。用为隐政,而行寓令,此其所以霸也。

　　制策曰"执契之道,垂衣不言。委之于下,则人用其私;专之于上,则下无其效。汉元优游于儒学,盛业竟衰;光武责课于公卿,峻政非美。二途取舍,未获所从,吾心浩然,盖所疑惑。子大夫熟究其旨,属之于篇。兴自朕躬,无悼后害"者。臣闻契者,君之所司也,综其会归,则庶务随而振之;职者,臣之所司也,践其轨迹,则百役通其流矣。委之职业也,非委其权;专其操持也,非专其事。赏罚好恶之出,生杀恩威之柄,此非权与操持乎?委之于下,则上道不行矣,提衡举尺,守器执量,此非事与职业乎？专之于上，则下功不成矣，不委其操持，安所用其私乎？不专其职业，孰虑无效乎？君收其大柄，臣职其所守。然大柄不得亢于上，臣得佐而成之；所守不可属于下，君得举而明之。故《乾》之经曰"首出庶物"，《坤》之文曰"地道无成而代有终"。乾，阳物也；坤，阴物也。阴阳合而泰形焉，阴阳离而否形焉。君臣之道，盖象乎此。汉元优游于儒学，而权归王氏，失其所专也；光武责吏事于三公，而劳神簿书，集其所委也。一则旷而荡，一则察而隘，既非中道，不可以范。臣所谓阴阳乾坤之说，各存其道，而交有所感，然成其悠久，配乎持载，如此而已。才者综物以研务，识者辨惑而不泥，体者抚往以经远，用者临事而造至。神而明之，可以辅陶钧，可以赞化育。微臣固陋，从师之说，循名而实不充，承问而学不称，进退殒越，惧烦刑书。谨对。《文苑英华》卷四八七，第2486~2489页。

独孤郁对策

臣闻天发生以雷雨，圣人发生以号令，天道、帝道并行于上，群僚、庶物咸遂于下。伏惟陛下，与天为仁，与雷作解。臣则蠢动之一物也，气下乃出，安知其由？比于金石草木物之无心者也，扣之或大鸣小鸣，终始相生，清浊杂作，变而成文者。以圣人击考之，不得藏其声也。若臣者朴直蠢愚，陛下考之而无声，是不如金石草木之无心矣，敢不极闻以对。伏以陛下发德音，访岩薮，招贤士，求直言，询可行之谋，垂不倦之听，欲使上获其益，下输其情，君臣之间，欢然相与，此禹所以称大，汉所以称盛者。用此道也，臣何足以仰承之？

臣以为有国不患无贤，患不能用贤；不患无直言，患不能容直言。今夫朝廷之大，百官之众，非无贤也。然陛下魋纩凝旒，或未之察，群臣各默默来朝而退，虽有贤哲，孰能辨之？观《易》卦《乾》上《坤》下否，《坤》上《乾》下泰。《乾》为君，《坤》为臣。君意下降，臣诚上达，则是天地交泰之时也；君意不下降，臣诚不上达，则是天地不交，否之时也。若太宗文皇帝，每一视朝，未尝不从容问群臣政之得失。下有一毫之善，上无不奖；上有一毫之失，下无不谏。或有引入禁内，或周旋禁中，疾则幸其第，没则临其丧，君臣之道，可谓至矣。是以无遗才，无阙政，巍巍荡荡，与天无穷者，上下交泰也。秦帝胡亥，信用左右，左右欲专秦柄，乃教胡亥曰："陛下富有春秋，初即位，奈何与公卿廷决事？事即有误，示群臣短也。"于是胡亥常居禁中，群臣希见者不闻其过，天下所以乱者，上下不交也。伏惟陛下，上法天，下法地，中法太宗，每坐朝宣旨，使群臣各有所陈，陛下赐之温颜，尽其启沃，言诲（原注：疑作"语"）侍从之臣，得以奉其职左右，有所思以贻来代。谏诤之官，与闻其政而献替之。使此辈无有所补，黜之可也。使其稍识大体，陛下与之论道讲政，岂不可裨于万一也，孰敢不输其情乎？苟居位者不与之言，献直言者不与之用，又何必搜罗岩穴，远访不用之人，勤求不信之言乎？贤者固不来也，来者又何言也？此体用之要，求贤济理之术尽于是矣，惟陛下行之。

若生人之困于衣食而无恋本之心，但兵宿中原，如此实曰方面大臣之罪也。夫方面大臣，宜直播天子之休风，保抚其人如赤子。而乃倾其脂血，剥其生财，聚其技，慧淫巧，以荡上心。天子诚以为物力有余，而不知其情也。执事者又未尝闻以生人艰苦为言而得罪者，岂其尽直而不用乎？夫王者居于九天之上，非臣痛激肝血，指明而言，亦何由而达也？若臣者，草木孤贱，宜周旋其所以能而言之也。今天下困于商税不均，可谓甚矣；百姓之忘本，十而九矣。昔尝有人有良田千亩，柔桑千本，居室百堵，牛羊千蹄，奴婢千指，其税不下七万钱矣。然而不下三四年，桑田为墟，居室崩坏，羊犬奴婢十不余一，而公家之税曾不稍蠲，督责鞭笞，死亡而后已。于是州伯邑长，方以人安赋集，攘臂于其间，趁办朝廷，用升考绩，取彼逋责，均其所存，展转奔逃，又升户口。是以赋益重而人益贫，不均之甚一也。是故欲人之财赋均一，而无日蹙之患，宜视通邑之盈虚，使乡户坐于田，迭相隐核其上下，不使贪官赃吏纷动其间，则有无轻重可得而均也。夫古有四人，今转加七，计口而十分之，其所以尽悴出赋而衣食其九者，农夫、蚕妇而已。绛衣浅带，以代农者，人十之一；缦胡之缨，短后之服，仰衣食县官者，人十之二；髡头坏衣，不耕不蚕，坐而供养者，人十之二；审曲面势，以饬五材，鬻工而衣食者，人十之二；乘时射利，贸迁有无，取倍称之息而衣食者，人十之二；游手倚市，以庇妻孥，以给衣食者，人十之一。其余为农桑之数焉。农夫糠核不足，而十人者畜马厌粱粟；蚕妇衣不蔽形，而十人者咸袭罗纨。是以性近儒则入仕，近武则从军，善计则贸迁，避事则髡削，技巧则为工师，拙奸则为驵侩，非憨愚专一无他肠者，孰肯勤体效力为稼穑之苦乎？且以田废而衣食罕者，户口所在减而背本之利多，不均之甚二也。陛下诚能宽农人之征而优乐之，杜众邪之门而困辱之，则农桑益而衣食有余也。自兵革以来，人多流散，版籍废绝，户口荡析，加以忧惧，越于异乡，末以侥幸，利其苟且。宽之则偷于朝夕，勤之则挺而陷于邪。又讹言焉，屋室聚为瓦砾，田野俱为榛芜。赋税不均，居者日困，又为此也。伏望陛下，敕百姓所在编为土著，不即归之旧乡，缮黄籍，生则书之，死则去之，庶男女之所生，户口之多少，可得而知也。无田者给与公田假种食，因其井泉制为民居，艺桑麻，种蒲蔬，育狗彘，三年不输官。自初即于三年，人犹有之他者，所至得以重罪罪之。然后人安其生，乐其业，而无奔亡之患矣。安土则敦本，敦本则人庶矣；税均则敛轻，敛轻则人富矣。以此阜俗，不盛何为？以此济人，何难之有？

若夫盐榷者，经国之所资，财用之大宝也。然而当今之务，若修其业，除其弊，亦可以无重敛之困也。夫盐榷之重弊，失于商徒操利权，州县不奉法，贾太重而利太烦，布帛精粗不中数矣。夫以商徒操利权，则其利有时而废，州郡不敢谁何，是劝农人以逐末也。州郡不奉法，则各私其人而盗煮者行矣。贾太重，则贫者不堪矣；吏太烦，则糜费之者众矣；布帛精粗不中数，则女工徒损，风俗偷薄而上困矣。即如此，宜罢盐铁之官以省费，停郡府之政令以一其门，禁人为商以反其耕，损其厚贾以利其人。速其售而布帛必精，以齐其俗，以厚其利，如此亦可大神于国，大赖于人矣。酒酤之人，罢之可也。夫既往之失不能久于其道，将来之虞中道尽也。自古帝王未有不勤俭于其初，天下归焉；满假于其终，天下离焉。陛下以勤俭为恒，满假为戒，勤而不已，损之又损，慎终如初，守而勿失。天地所以能长且久者，以其运行不息也。陛下其可息乎，可懈乎？

晁错所以急绳七国者，欲尊天子，恐削弱迟而祸大矣。主父所以推恩子弟者，因其欲而分裂诸侯之易矣。今天下一家，尽为郡县，无诸侯强大之患，无宗室葭莩之亲，而以推恩为言，臣恐未可以令天下也。齐桓之时，列国相倾，管夷吾欲辅霸业，恐诸侯先谋而为之备，是以修其寓令，而兵食足焉。使战者必耕，耕者必战，无事则散之陇亩，有事则授之甲兵，此古人之意可行之验也。

夫舜之所以为圣人，以其避贤任能也：五教契也，五谷弃也，五刑皋陶也，八音夔也，虞伯益也，水土禹也，喉舌龙也，共工垂也。舜无事焉，是以执左契、垂衣裳而天下理。岂以必躬必亲，侵于百职，然后以为圣乎？必也信而显之，作而行之。任之而绩用不立，则有窜三苗于三危，流共工于幽州，放驩兜于崇山，殛鲧于羽山。刑罚有可必加矣，孰敢用其私乎？儒家流者，示人以中而为之节，访其所至而导其不至，使夫君臣父子各得其正，此其所长也。然迂者为之，则执古以非今，凝滞而不变。夫责课者，所以俯仰百官也，然光武用之而非美者，责人之效重也。伏惟陛下，取汉光武之求实，勿务速成，用汉元帝之崇儒，知其凝滞，任人而示之所为，端拱而不失其勇，（原注：疑）取舍之间，于此乎判矣。

陛下不能用臣言，不当问也；谓臣不能言其事，不当来也。既来矣，陛下问状，宜直其辞；既问矣，微臣尽忠，宜采其策。尽忠者不易持也，直者谁欲为也？忠未见尽，直必有隙。隙构而直不悔，不信而忠不追者，盖有之矣，由未见其为人也。非天之与其刚健，地之与其直方，内不疑其身，外不疑于人，忧君而不顾其己，济物而不求其利者，孰肯悃悃款款，出于骨髓，发于肝膈，如此其切于天下乎！夫天下者，天下之天下也。天下安，微臣得保其生；不安，微臣不保其死。是以怀其效以天下为忧，不怀其身以天下为念。知所以责难于君者，宜尽忠言；知所以尽忠于己者，宜及天下如此。况陛下宗庙之重，其可忽乎？属之于篇，勉之于上，是在陛下酌之而已矣。谨对。《文苑英华》卷四八八，第 2490~2492 页。

白居易对策

臣闻汉文帝时，贾谊上疏云"可为痛哭者一，可为流涕者二，可为长太息者三"。是时汉兴四十岁，万方大理，四海太和，而贾谊非不见之。所以过言者，以为辞不切，志不激，则不能回君听，感君心，而发愤于至理也。是以虽盛时也，贾谊过言而无愧；虽过言也，文帝容之而不非。故臣不失忠，君不失圣，书之史策，以为美谈。然臣观自兹以来，天下之理未曾有彷佛于文帝时者，激切之言又未有彷佛于贾谊疏者。岂非君之明圣不侔于文帝，臣之忠不逮于贾谊乎？不然，何哀乱之时愈多，而切直之言愈少也！今陛下思禹之昌言而拜之，念汉之极谏而征之，废虚文之无用者，奖至言之斥已者，询臣以可行之策，谕臣以不倦之意，恳恻郁悼，发于至诚，真圣王思至理、求过言之明旨也。斯则陛下之道已弘于前代，臣之才诚劣于古人，辄欲过言，以神陛下明德万分之一也。神之者，非敢谓言之必可行也，体用之必可明也，且欲使后代知陛下践祚之后，有朴直敢言之臣出焉，无俾文帝、贾谊专美于汉代。然后退而俯伏以待罪戾焉，臣诚所甘心也。谨以过言，昧死上对。

伏惟陛下赐臣之策，有思兴礼乐之道，念救疲甿之方，辨惩往戒来之宜，审推恩寓令之要。至矣哉，陛下之念及于此，此实万叶之福也，岂惟一代人受其赐而已哉！臣闻疲病之作，有因缘焉；救疗之方，有次第焉。臣请为陛下究因缘，陈次第而言之。臣闻太宗以神武之姿，拨天下之乱；玄宗以圣文之德，致天下之肥。当二宗之时，利无不兴，弊无不革，远无不服，近无不和。贞观之功既成，而大乐作焉，虽六代之尽美无不举也；开元之理既定，而盛礼兴焉，虽三王之明备无不讲也。礼行故上下辑睦，乐达故内外和平。所以兵偃而万邦怀仁，刑清而兆民自化，动植之类咸煦妪而自遂焉。虽成康、文景之理，无以出于此矣。洎天宝以降，政教浸微，寇既荐兴，兵亦继起。兵以遏寇，寇生于兵，兵寇相仍，迨五十载。赋征由是而重，人力由是而罢。下无安心，虽曰督农桑之课而生业不固；上无定费，虽曰峻筦榷之法而岁计不充。日剥月朘，以至于耗竭其半矣。此臣所谓疲病之因缘者也，岂不然乎？由是观之，盖人疲由乎税重，税重由乎军兴，军兴由乎寇生，寇生由乎政缺。然则未修政教而望寇戎之销，未销寇戎而望兵革之息，虽太宗不能也；未息兵革而求征徭之省，未省征徭而望黎庶之安，虽玄宗不能也。何则？事有所必然，虽常人足以致；势有所不可，虽圣哲不能为。伏惟陛下，将欲安黎庶，先念省征徭；将欲省征徭，先念息兵革；将欲息兵革，先念销寇戎；将欲销寇戎，先念修政教。何者？若政教修则下无诈伪暴悖之心，而寇戎所由销矣；寇戎销则境无兴发攻守之役，而兵革所由息矣；征徭省则人无流亡转徙之忧，而黎庶所由安矣。臣窃观今天下之寇虽已尽销，伏愿陛下不以易销而自息；今天下之兵虽未尽散，伏愿陛下不以难散而自疑。无自息之心则政教日肃，无自疑之意则诚信日明。政教肃则暴乱革心，诚信明则犷骜归命。革心则天下将萌之寇不遏而自销，归命则天下已聚之兵不散而自息。然后重敛可日减，疲甿可日安，富庶可日滋，困竭可日补。日安则和悦之气积，日富则廉让之风行。因其廉让而示之以礼，则礼易行；乘其和悦而鼓之以乐，则乐易达矣。举斯方而可以复其盛，用斯道而可以济其难。惩既往之失，莫先于诚不明而政不修；戒将来之虞，莫大于寇不销而兵不革。此臣所谓救疗之次第者也，岂不然乎！

若齐行寓令之法以霸诸侯，汉用推恩之谋以惩七国，施之今日，臣恐非宜。何者？且今万方一统，四海一家，无邻国可倾，非夷吾用权之秋也。虽欲寓令，今将何所寓耶？今除国建郡，置守罢侯，无爵土可疏，非主父矫弊之日也。虽欲推恩，恩将何所推耶？但陛下嗣贞观之功，弘开元之理，必将光二宗而福万叶矣，何区区齐、汉之法而足为陛下慕哉！精究之端倪，实在于此矣。

又蒙陛下赐臣之问，有执契垂衣之道，委下专上之宜，敦儒学而业衰，责课实而政失者。此皆政化之所急，今古之所疑，而陛下幸念之，臣有以知天下之理兴矣。夫执契之道，垂衣不言者，盖已成之化，非谋始之谓也。委之于下者，言王者之理庀其司、分其务而已,非谓政无小大悉委之于下也;专之于上者,言王者之道秉其枢、执其要而已,非谓事无巨细悉专于上也。汉元优游于儒学,而盛业竟衰者,非儒之过也,学之不得其道也;光武责谏于公卿,而峻政非美者,非考课之累也,责之不得其要也。臣请为陛下别白而明之。夫垂衣不言者,岂不谓无为之道乎?臣闻无为而理者,其舜也欤!舜之理道,臣粗知之矣。始则懋于修己,劳于求贤,明察其刑,明慎其赏,外序百揆,内勤万几,昃食宵衣,念其不息之道。夫如是,岂非大有为者乎?终则安于恭己,逸于得贤,明刑至于无刑,明赏至于无赏,百职不戒而举,万事不劳而成,端拱凝旒,立于无过之地。夫如是,岂非真无为乎?故臣以谓无为者,非无所为也,必先有为而后至于无为也。老子曰"无为而无所不为"盖谓是矣。夫委下而用私,专上而无效者,此由非所宜委而委之也,非所宜专而专之也。臣请以君臣之道明之。臣闻上下异位,君臣殊道。盖大者、简者,君道也;小者、繁者,臣道也。臣道者,百职小而众,万事细而繁,诚非人君一聪所能遍察,一明所能周览也。故人君之道,但择其人而任之,举其要而执之焉已矣。昔九臣各掌其事,而唐尧秉其功,以帝天下;十乱各效其能,而周武总其理,以王天下;三杰各宣其力,而汉高兼其用,以取天下。三君者,不能为一焉,但执要任人而已。亦犹心之于四肢九窍百体也,不能为一焉,然而寝食起居、言语视听皆以心为主也。故臣以为君得君之道,虽专之于上而下自有以展其效矣;臣得臣之道,虽委之于下而人亦无以用其私矣。由此而言,光武督责而政未甚美者非他,昧君臣之道于小大繁简之际也;元帝优游而业以浸衰者非他,昧无为之道于始终劳逸之间也。二途俱失,较然可知。陛下但举中而行,则无所惑也。

臣伏以圣策首章曰"上获其益,下输其诚",其末章则又曰"兴自朕躬,无悼后害"。此诚陛下思酌下言,乐闻上失,勤勤恳恳,虑臣辈有所隐情者也。臣敢不再竭狂直,以副天心之万一焉。臣闻古先圣王之理也,制欲于未萌,除害于未兆,故静无败事,动有成功。自非圣王,则异于是。莫不欲遏其始,悔追于终;政失于前,功补于后。利害之效,可略而言。且如军暴而后戢之,兵乱而后遏之,善则善矣,不若防其微,杜其渐,使不至于暴乱也;官邪而后责之,吏奸而后诛之,惩则惩矣,不若审其才,得其人,使不至于奸邪也;人馁而后食之,冻而后衣之,惠则惠矣,不若轻其徭,薄其税,使不至于冻馁也。举一知十,不其然乎?今陛下初嗣祖宗,新临蒸庶,承多虞之运,当鼎盛之年,此诚制欲于未萌,除害于未兆之时也。伏愿陛下,敬惜其时,重慎于事。既往者且追救于弊后,将来者宜早防于事先。夫然保邦恒在于未危,恭己常居于无逸,三五之道,夫岂远哉!

臣生也幸,得为唐人,当陛下临御之时,睹陛下升平之始,则是臣朝闻而夕死足矣,而况充才识之贡,承体用之问者乎?今所以极千虑,昧万死,当盛时献过言者,此诚微臣喜朝闻、甘夕死之志也。不然,何轻肆狂瞽,不避斧锧,若此之容易焉?伏惟少垂意而览之,则臣生死幸甚。谨对。《文苑英华》卷四八八,第2492~2495页;《白氏长庆集》卷四十七。

罗让对策

臣闻千业万化，圣帝哲王，声烈逴戴者无他，中心无为，以守至正而已矣，以谋大化而已矣。伏惟皇帝陛下，垂拱六极，始初清明，丕扬累休，涣发于诏，启天宇而遡古，熏至和以拯今，咸怀浸沉，罔不濡泽。诚至正也，诚大化也。犹复乃远乃近，乃左乃右，旁求下问，举荐奔走，履众美而不颟，储神明其如遗，铨邦政之肥瘠，镜人事之善败，优游紬绎，以循始终，外其牵制，常其忌讳，恢乎輮辐百王之独致也。臣愚，智能浅薄，不明大体时用之宜；术业暗昧，不充才识兼茂之称。徒冒万死，触罪以闻。

臣伏读圣策，首陈禹拜、汉征之旨，求索真之要。臣闻上古之君，熏能同和，不敢自是，必求谠谏，以谕缺败。用心之过则薄奖其人，言之失中则宽容无虞，使人上得其情，下得流通也。后代帝王，虽有作者，道或外是，已实内非。言之或臧，寥寥无闻；言之或违，堤防斯至。虽科条增设，适足张其乱目矣；叩击切害，适足宠其直声矣。闻之失得，君之效欤！今陛下躬神圣之资，痛源流之塞，较量至当，加迪今来，黜退奸邪，咨谋体要，诚猜雄者之所共远，亦狭隘者之所共难。凡曰胸臆，是皆耸实详近语直之幸也。

伏见圣策，咨问兵战商农之道，臣请指事而言之。臣闻兵者以谋全，以气胜，以谋全，制度为神耳。得其数则威令格物，少能成功；失其数则黠（原注：疑作"黩"）武无别，多益为弊。寝（原注：疑作"寔"）用不制，刑于寓内。今国家自兵兴以来仅数十年，生物以之暴殄，人情以之謷违，殆握兵者建置失其道欤！何者？天下之甲兵，其数则不广，屯置散地且或至半，而兵柄之臣率好生事，不思戢伏。贵算威名，则有崇广卒徒之员、聚拥虓阚之群，厚敛残下，偷取一切，要君养敌，张军自卫，望容攻守之至。复有怀弱软以内顾，务储蓄以托私，倚行伍之数，讫资廪之具，外实内虚，守以藉之。固者及殷而成之，熊（原注：疑）而战之，其中未必有也。朝廷又影响诛罚，索其效死，其可得乎？此兵之所以烦而益病也，而人之所以困而不解也。大抵不贤者得掌其兵百，则思兵千；寻掌其兵千，又思兵万；寻掌其兵万，又思兵数万。以因其力，以赡其欲，长一日之废代，谋万里之策勋，徒仰费于县官，高（原注：疑）病于悠久。诚何谓矣！陛下盍亦虑之乎？伏望躬亲视其将帅之为，苟非任，尽易之，不令其疑留而后图也；严备其要地之屯，苟不切，尽罢之，不令其广置而出入也。其所阅拣，非实不用，其所树置，兵精不在多。使名弓者必用沓发之巧，名剑者必有刺击之妙，名骑者必有超乘之捷，名步者必有卒奋之奇。自外徂中，归乎一体，自然无冗军，无惰人，以守则固，以战则胜。军无太半之耗，人怀反业之心，此减兵之术也。富庶之教，于是乎生，亦何远取于古法也？

然而思恋本之心，蠲重赋之困，又在于赋税之道矣。臣请得而具之。臣闻古者因地而料人，今则税人而舍地；古者任土而作贡，今则溢贡而弃土；古者均田而抑富，今则与富而夺贫。是以人口剪耗而不息，田亩污莱而甚旷者，非人怀苟且之志，乐懈惰之方，迫不可忍，势有由耳。王者在上，量入以出，禄食赐与，岁养经费，必厚下以为用，助而不税，廛而不征，亦非无其事也。用菽粟薪秸有常税，人不爱也；丝枲布帛有常赋，人不艰也。虽杂以凶荒，接以丧死，间以兴废，子弟父兄犹复勉励率从，不更其业。何者？制度专也。以臣观之，则今之赋税，仍旧贯籍，敛不加重，而畎亩流离，穷困无告。殆执事有殊陛下之意乎！必有急令暴赋，发取无厌；徭山役海，诡求无状；奇贡珍献，希冀无怠；托公寄私，崇聚无极。于是一水一土，一草一木，丰要殚利，俯椎仰算，茌之官焉，专守之刀兵焉。商不得回眸，农不得举手，既夺其利，又却其人。此而不困，孰以为困，权酤之道如是乎？人顾其上犹仇雠，安能思恋骨肉乎？人视其居犹鸟兽，安肯系着桑井乎？人悭其取犹寇盗，安望轻重元本乎？所以遁走苟免，死亡不顾，财日穷而事日削，地益无（原注：疑作"芜"）而人益烦，犹前事也，伏惟陛下审念之。其有不经不度之人，不常不政之调，必禁其所萌，必罚其所自，则奸官滥守慎不敢生事，生生之理阜繁矣。陛下又以礼节其情，以乐乐其志，又何患乎不复其盛，不济其难？

臣伏见圣策，顾问既往将来之事，臣谨以江淮凶旱之事明之。臣闻凡有灾伤水旱之处，历代所说多闻诡随之词媚时主，必曰帝尧乎有怀山襄陵之运也，成汤乎有流金铄石之运也。是皆曲觎，非愚则诬。臣尝私怪之，何不曰大舜乎无雷风霜雹之运也，神禹乎无飞流彗孛之运也？不直其词，因循若是。天运之时集变易，水旱岁时未为灾也。理或失中，感动阴阳，顷刻为灾也。故精舒谨乎，则七年不足罹其咎；简诬轻忽，则一日二日亦未成其灾。修政著诚，端心复德，既往之事，陛下宜以此为惩矣。然臣之所虑江淮又急者，御灾之术，将来之戒，复忧于斯，愿悉数于陛下矣。今国家内王畿，外诸夏，水陆绵地，四面而远，而输明该之大费，根本实在于江淮矣。何者？陇右、黔中、山南以还，硗瘠啬薄，货殖所入，力不多也。岭南、闽蛮之中，风俗越异，珍好继至，无大赡也。河南、河北、河东以降，甲兵长积，农厚自任，又不及也。在最急者，江淮之表里天下耳，陛下得不念之乎！属顷者连郡五十，蒙被灾旱，长老闻见，未之曾有。涯脉川泽垒为埃尘，草木发为烟火，斗粟之价重于兼金，饿莩之家十有七八。闻乞仆于男女者，何暇保其家室乎？闻立死于道路者，何暇思其糠粃乎？嗷嗷蒸徒，展转无所，灰烬狼顾，至今未宁。且今日狼顾，明日狼顾，力大势诎，祸欲何图？此臣所为陛下惜也。长吏者又闻或非良善，厚其毒忍，疗（原注：疑）疴而简问，威剥而自虞。则陛下虽有赈发，不轻得及；虽有蠲放，不轻得获；虽有诏谕，不轻得闻。此臣所为陛下疑也。然欲安存缉理，斯终何由？以臣计之，视长吏之悖理者，选其重臣代之，不待其为蛇为虺也；察郡县之受灾者，择其实以劳之，不使其冤而无告也。如此则朝令夕悦，江淮保全，则四向赋税转输，肩摩毂击，关中坐固而根本不摇，犹无凶旱矣。臣故曰将来之由在此而已矣。

臣伏见圣策，次问推恩寓令之计。夫汉晁错陈诸侯削地之制，谋之至者；主父偃献子弟推恩之令，计之术者。削地之制行，则转弛为急，七国之难结；推恩之令下，则强干弱枝，一王之理定。犹见之熟与不熟，法之渐与不渐。在于渐也，则寒暑得其相成；

以暴,则天地不能速化。求之昔意,庶取于今。又齐桓之霸国,管仲之寓令,昼战足以目相识,夜战足以耳相闻,将取威于邻敌,俾逞志于天下。五霸之事,仲尼之门五尺童子犹羞言之,若此者则小国权臣之细术耳,臣固不能为陛下述。

伏读圣策,次问专委儒术者。臣闻圣王在上,贤臣在下,道德兼济,材智乐备。专于上则聪明倍资,安有无其效耶?委于下则公器相率,安有用其私耶?然今以陛下之资材清光,群臣其敢及。若集事者,在陛下必躬必亲之,谓乎躬之无偏,亲之有制,则垂衣执契亦不爽矣。孝元则制自左右,非用儒之失也;光武则弊及群下,非用课之得也。儒近于得,而所用者宜一变其弊。若臣所见,今之大者,政或贵此,可得而言。国朝自武德以来,典章甚明,职员甚列,官吏甚该备,而道不弘政要或未臻者,其官非人欤,理非道欤?略其大欤,录其小欤?臣所谓小者,则天官卿采之调阅致验选书,至于一簿一尉一掾之末,铨次升降,劳而后罢。是详于核小也。及其揣量亲人抚字之官,又未喻也。臣所谓大者,天子之庭,日相日受,轶越伦辈。乃有名邦闻邑,群居之柄,不阶课最是非,未闻踪迹贤不肖,款言喧哗,随其所来,转化容易,似不留听。是卤莽于天下也。详核及小,卤莽及大,轻重反殊,使盗名死官之徒,波走飙驰,惟恐居后。狂扇诱掖,宠赂为事,以相终始,夫复何望!夫持尺寸之禄,怀轻握微,龃龉施为,尚犹不堪,况明权不制,资藉杀生之柄,兼兵马之众,连数十城之地,庸杂横恣,偷居其上,何以堪之?设曰不堪,耳目阴附,事亦无由得而闻,悔之何益耶!陛下得不慎其所授乎?臣以为今之郡县长帅之官,最关生人性命。用在百里之父母,莫如县宰;君乎千里之父母,莫如刺史;列城之父母,莫如郡统。使一得之必小康,二得之必中康,三得之必大康矣。陛下虽不在驱天下之人治于理平,终亦无由,诚不在多,惟慎此三官而已矣。

臣又闻《书》曰"爵罔及恶德",《春秋传》曰"官之失德,在所纳邪,惟君无邪,则不纳邪"。夫偏听独任,牵于左右,所自邪也;小臣大禄,制度失中,所自邪也;锦文珠玉,淫佚充斥,所自邪也;教令察视,壅遏不宣,所自邪也;掊克聚敛,亿度于上,所自邪也;依阿求同,径而不道,所自邪也;烦察缴缚,弊归于下,所自邪也。坐跻仁寿,陛下又何疑乎不得浩然其心?此微臣之志也,伏惟审察之,伏惟审念之。臣伏见圣策,终有究旨属篇之说者。臣固无以道师之说,仅能勿坠耳。俯仰睿问,偃薄无所,震其心胸,如不克宁,不胜云云。谨对。《文苑英华》卷四八九,第2495~2498页。

元和三年"贤良方正能直言极谏"科制策

策问

皇帝若曰:盖闻古之令王,体上圣之姿,御大宁之时,犹惧理之未至也,求贤以致用,犹惧动之不中也,咨谏以闻道。矧惟寡昧,膺受多福,思负荷之重,警风波之虞,求贤咨谏,岂敢忽急!至若穷神知化以盛其德,经纬文武以大其业,考古会极,通教化之源,明目达聪,周视听之表,斯夙夜之所志也。子大夫将何匡逮而致之乎?自中代以还,求理者继作,皆意其砥砺而效难彰明。莫不欲还朴厚而浇风常扇,莫不欲遵俭约而侈物常贵,莫不欲远小人而巧谀常进,莫不欲近庄士而忠直常疏,莫不欲勉人于义而廉愧常不修,莫不欲禁人为非而抵冒常不息。其所谬戾,岂无根源?爰自近岁,仍敷大泽,霜露所坠,沾濡必同,涤瑕秽以导人心,省徭役以丰物力,蠲田租以厚农室,葺国学以振儒风,督废职以补维纲,备众官以序贤俊。庶继先志,臻乎治平。而改行者未闻,输劳者未艾,务农者无以免艰,食学者无以通微言,立事之绩未纪于庶工,乏才之叹未辍于终食。蠹于法者无不去,而法未修明;切于政者无不行,而政未光大。岂丕变其俗,道广而难济乎?岂不得其门,事繁而愈失乎?伫闻嘉言,无或隐讳。周之德受田有经制,汉之法力田有恒数。今疆畛相接,半为豪家,流佣无依,率是编户。本于交易,焉得贪富以补贫;将欲因循,是曰损多而益寡。酌于中道,其术如何?取人惟其行,不必文采;命官惟其性,不必资考。然则行非造次而备察,才非错综而遍知。不必文采为轻重,而士可进退;不必资考为程准,而吏有条贯。适变矫枉,渴于良规。何方可以序六气,来百祥?何施可以寿群生,仁众姓?征于前训而可据,设于当代而易从。勿猥勿并,以称朕意。三月二十三日。

皇甫湜对策

臣伏见陛下,征天下之士,亲策于庭,求贤思理亦云至矣。然臣未知将为虚策乎,将以求实效乎?以为虚策,则后之搢绅者观书于太史氏,曰天子之忧人如此,急贤如此,征贤良方正极言直谏之士,亲理而问之,斯亦足以为名矣。若以得人为务,社稷之计为心,则不宜待之如是也。夫王者其尊如天,其威如神,以聘问先之,以礼貌接之,造膝而言,虚心以受,犹恐惧陨越而不得自尽其所怀。况乎坐之阶庭,试以文字,拳曲俯偻,承问而上对乎?且天下之事,难一二以疏举。臣所当言,又有非臣下所宜闻知,清问所不该,又郁而不得发。强附之于篇,考视者必以为余烦,又摈而不得进。陛下何惜一赐臣容足之地于冕旒之前,使得熟数之乎?可采则行之,无用则罢之,何损于明也?然臣不敢有望于是,谨旁缘圣问,粗竭愚瞽。倘陛下怜察其志而宽其诛,赐之当日之问而卒其说,则覆照之下,形气之生,孰不幸甚!

制策曰:"盖闻昔之令王,体上圣之资,御大宁之时,犹惧理之未至也,求贤以致用,犹惧动之不中也,咨谏以闻道。矧惟寡昧,膺受多福,思负荷之重,警风波之虞,求贤咨谏,岂敢忽急。至若穷神知化以盛其德,经纬文武以大其业,考古会极,通教化之源,明目达聪,周视听之表,斯夙夜之所志也。子大夫将何以匡逮而致之乎?"此陛下之忧勤切至也。臣闻尧、舜以有天下为己之累,而不以位为乐也。臣又闻百事之成也,必在敬之;其失之也,必在慢之。今陛下念前王之戒而不敢急忽,思为国之经而不忘凤夜求贤咨谏，延及微贱，臣有以见尧、舜之心矣。夫法天地之道以施政，顺阴阳之和以育物，事无不序，动无不时，此穷神知化之盛德也。武以止杀禁暴则兵宜戢，文以经邦济时则化必行，此经武纬文之大业也。崇礼而明义，好士而尊儒，斥魏晋以降衰末之法，稽周汉以前盛明之理，斯考古会极之方也。任贤而勿贰，招谏而必行，屏近习之邪佞，进周行之骨鲠，斯明目达聪之道也。抑臣又闻先王所以不视而明，不听而聪，披颈负之萌，断非僻之绪，其道易知也。盖左右仆御，惟正之供，必有足信者，必有知礼者，出使足以尽情伪，居常足以助听览。左右之臣既如是矣，而又日与公卿大夫讲论政事，史书其举，官箴其阙，以至于百工庶人莫不谏而谤焉。济济多士为之股肱，赳赳武夫为之爪牙，此所以永有天下也。今宰相之进见亦有数，侍从之臣皆失其职，百执事奉朝请以退，而律且有议及乘舆之诛。未知为陛下出谏喉舌者为谁乎，为陛下爪牙者为谁乎？日夕侍起居游豫，与之论臣下之是非、赏罚之臧否者，复何人也？股肱不得而接，爪牙不足以卫，其何献替之有美？夫亵狎亏残之微，褊险之徒，皂隶之职，岂可使之掌王命，握兵权，内膺腹心之寄，外当耳目之任乎？此贞夫义士所以寒心消志，泣愤而不能已者。诚能复周之旧典，去汉之末祸，还谏官、史官、侍臣之职，使之左右前后，日延宰辅与论义理。有位于朝者，咸引而进之，温其色以安其意，久其对以尽其词，可采者必行，有犯者无罪。王之爪士，宜择公卿大臣总统而分理之，则政不足平，刑不足措，人不足和，财不足丰，蛮夷戎狄不足臣，休征嘉瑞不足致矣。又何虑乎视听之表，有所不周乎？

制策曰"自中代以还，求理者继作，皆意甚砥砺而效难彰明。莫不欲还朴厚而浇风常扇，莫不欲遵俭约而侈物常贵，莫不欲远小人而巧谀常进，莫不欲近庄士而忠直常疏，莫不欲勉人于义而廉愧常不修，莫不欲禁人为非而抵冒常不息。其所谬盭，岂无根源"者。臣闻一日克己复礼，天下归仁焉，王者之谓也，故人不从上之令而从其所行。夫上古之君，躬率以正，轨度其信，恕己及物，自诚而明。此所以其化如神，天下如戬也。中代以还，则异乎此。至诚不著而欲任法以防人，忠恕不行而欲纵身以检物，虽砥励其意而事实不符，此所以有其意而无其效也。夫欲人之朴厚，而不先之以少私寡欲，无为至诚，所以浇风常扇也；欲人之俭约，而不率之以卑宫菲食，沉珠贵谷，所以侈物常贵也。欲远小人而好悦耳之言，所以巧谀常进也；欲近庄士而恶拂心之虑，所以忠直常疏也；欲勉人于义而贪浊在位，所以廉愧常不修也；欲禁人为非而法制不一，所以抵冒常不息也。则谬盭之本，其在兹乎？陛下诚能一皆反之，其效可立彰明矣。

制策曰"爰自近岁，仍敷大泽，霜露所坠，沾濡必同。涤瑕秽以导人心，省徭役以丰物力，蠲田租以厚农室，葺国学以振儒风，督废职以补维纲，备众官以序贤俊。庶继先志，臻乎治平。而改行者未闻，输劳者未艾。农者无以免艰食，学者无以通微言。立事之绩未纪于庶工，乏才之叹未辍于终食。蠹于法者无不去，而法未修明；切于政者无不行，而政未光大。岂丕变其俗，道广而难济乎？岂不得其门，事繁而愈失乎？伫闻嘉言，无或隐讳"者。臣以陛下涤瑕秽而改行者未闻，政之不自其本故也。夫欲人之改行，率德在明，赏罚不滥，涤瑕秽也。故赏当善，罚当恶，天下晓然逃恶而趋善，赏当功，罚当罪，天下耸然远罪而趋功，则人自为理而上无为矣。此尧、舜之所以莅天下也。夫赏罚者报也，赏之失称，罚之不当，咎孰甚焉？伏见兵兴以来，开权宜之道，行苟且之政。台省之官，王公之爵，溢于州郡，遍于舆台。将帅之臣，借绯紫而使令，定官员而奏请，名器轻于土芥，操柄擅于爪牙。此其所以赏人而人不劝也。州县之断狱，月以千数，连年累纪，未闻有一疑狱而决于朝者，未闻有一屈人而诉于阙者。岂天下长吏尽如皋陶哉？律令格式具而不遵，乡县州府各自为制，所怒则专杀，居常则臆断。人过且不知所避而能自达，不其难乎？况乎赋役之不恒，衣食之不足，尚不惧死，焉能避罪？此其所以罚人而人不沮也。赏之不劝，罚之不沮，欲人改行，其或难焉。虽涤其瑕秽，惠奸贷法而已，又何为也！伏惟陛下慎用赏，赏必当功，则天下之善劝矣；慎用刑，刑必当罪，则天下之恶沮矣。夫择人而任之，则僭滥不作；富庶而教之，则廉耻自生。如是则无所改其行，无所涤其瑕矣，又何足忧之哉！陛下省徭役而输劳者未艾，小惠未遍而有司长吏或壅而未尽承故也。若陛下加惠而俯察之，则物力何惧乎不丰，劳者何忧乎未艾？陛下蠲田租以厚农室，而人犹艰食者，生者犹少而费者犹多故也。商乘坚而厌肥，工执轻而仰给，兵横行而厚禄，僧道无为而取资。劳苦顿悴，终岁矻矻，濒于死而为农者，亦愚且少矣。况乎两税不均，失变通救弊之法；百端横赋，随长吏自为之政乎？若困工商老释之邪末，均田野布帛之征税，蠲横暴之赋，减镇防之兵，则耕者如云，积者若山矣。臣请再为陛下精言之。夫贱珍奇之货，斥雕琢之淫，则工商之道自息矣；黜异端之学，使法不乱而教不烦，则老释之流当屏矣。且天下所以蒽蒽然者，岂非以兵乎？使税之厚而不可蠲徭役者，岂非以商乎？今昆夷未平，边备未可去；中夏或虞，镇防未可罢。若就其功，则莫若减而练之也。今之将帅，胜任而知兵者亦寡矣。怙众以固权位，行贿以结恩泽，因循卤莽，保持富贵而已。岂暇教训以时，服习其事乎？今若特加申饬，使之教阅，简拳勇秀出之才，去屠沽负贩之党，则十分之士可省其五矣。夫多而无用，曷若少而必精乎？又比者州府，虚张名籍，妄求供亿，尽没其给，以丰其私。今若核其名实，纠以文法，则五分之兵又可省其二矣。夫众之虚，曷若寡之实乎？一则以强兵，一则以宽赋。若江淮州郡，远寇戎，属清平，自非具使令备仪注者，一切可罢。以其轻费代征徭，荡逋悬，然后慎择长吏，曲加绥抚，不四三年而家给人和。则横暴不作，赋敛自均，至理而升平矣，尚何虞人犹艰食乎？陛下葺国学以振儒风，而微言犹郁者，盖其所由干禄而得仕者以章句记诵，而不由义理故也。若变其法，则可以除其弊矣。陛下督废职以补维纲，而立事之绩未纪于庶工者，实有司之罪也。今职备而不举，法具而不行，谏诤之官备员，不闻直声；弹察之臣塞路，未尝直指。公卿大夫则侧合苟容，持禄养交，为亲戚计迁除、领簿籍而已。兴利之臣专以聚敛计数为务，共理之吏专以附上剥下为功，习而为常，渐以成俗。标异而圭角者悔吝旋及，和光而溷泥者富贵立须。虽陛下焦劳聪明如此之切，至理何益焉！伏请下明诏，为画一之法，使居是官、理是人、奉是法者，必有名绩然后许迁擢，考功之殿最，无敢阿比而干刑司，则能者日进，不能者日退，而庶工立事之绩将褒扬纪述之不暇矣。陛下备众官以序贤俊，而乏才之叹未辍于终食者，由奉上者迁之太亟，在下者刻之太深故也。古之取人也，拔十得五，犹以为多，曲轮直楦，各适于用。今则不然。举于礼部，则曰幽昧凡陋而不可采；选于吏部，则曰声名虚浮而不可用。工文者则惧华而不实，敦质者则惧朴而寡能，冠盖之族则以为因依，微贱之人则以为幽险。上求之愈切，下损之弥深。夫士何负于有司，而乃蹇顿之、抑刻之如是哉！才能如积，郁抑在下。一朝阙将相之职，卿大夫之官，求之不得，则曰岳不降神，时之乏人。于是循环其所已用者递迁，居上者不知格限，无闻声绩，或一时趋拜，或再岁四迁，是以位高者当能也。是仕进之门常阖，而天子之官，天子之权，当途者五六人迭居持之而已。以陛下之明圣，夫岂不欲国之得人乎？以宰相之公忠，夫岂不欲人之足用乎？盖从来已久，因循如是耳。伏惟陛下，申敕朝廷州府，令每岁各举所知于礼部、吏部，于计偕、常选之中，访察推择。得其人则待以不次之位，遇以非常之恩；不得其人则必行殿罚，以惩逾滥。则周之以宁，舜之可封，坐而致矣。乏才之叹，何有于圣朝哉？陛下谓蠹于法者无不去，而法未修明；切于政者无不行，而政未光大者，由有司长吏不得其人也。舍人务政，虽勤何益？臣伏见敕令节文，周备纤悉。然空文虚声，溢于视听，而实功厚惠，未有分寸及于苍生。圣德不宣，王泽不流，虽陛下瘝瘝思理，宰相忧勤奉职，又何为也？夫将直其枝，必正其根。朝廷乃根也，州郡乃枝也。今朝廷之号令，有朝出而夕改者矣；主司之法式，有昨破而今行者矣。伏惟陛下，正纲以张万目，澄源以清万派，则四方大幸矣。由是言之，非道广而难济，事繁而愈失也，实承诏相事者之罪耳。

　　制策曰"周之受田有经制，汉之力田有恒数。今疆畛相接，半为豪家，流庸无依，率是编户，本于交易，焉夺富而补贫；将欲因循，岂损多而益寡。酌于中道，其术如何"者。臣闻古之道不可变也，古之法不必行也。夏之桀，殷之纣，周之幽、厉，井田法非亡也，而天下大乱。我太宗、玄宗，井田法非修也，而天下大理。夫贞观、开元之际，不受田而均，不力田而赡者，朝廷正，法令行，一人之冤得以闻，一吏之犯得以除，由此致也。是政之举，化之成，则田自均，人自赡，而天下陶然化矣。岂待曲吏而事为乎？其与贞观、开元非异时也，法苟未行，人苟失职，徒易其制，更其业，扰人敛怨而已耳。

　　制策曰"取人惟其行，不必文采；命官惟其才，不必资考。然则行非造次而备察，才非错综而遍知。不必文采为重轻而士可进退，不必资考为程准而吏有条贯。适变矫枉，渴于良规"者。今之取士，以文字记读为法，其素履实行则无门而知。使由文字而进者，往往犯奸赃为枭獍，此诚甚弊也。乾元以还，版籍斯坏，而所在游寄，莫知所从。伏请敕天下人士，未归者一皆复贯，愿留者则令著籍。置乡校县学州庠，以教训其子弟，长育其才志，自乡升之县，自县升之州，自州升之礼部。公卿子弟尽育于京辇者，则使之必由太学，然后登有司。如是则其幼弱，其壮老，发言举足，云为进取，皆可得而知矣。然后参以才艺，试其器用。诚取人之急务，伏惟陛下裁之。若资考之限，其章句之庸才，资荫之常调者，宜仍旧贯。贤能之士则皆行臣向者之谋，从有司长吏之举，其赏必行，其法信焉可已也。

　　制策曰"何方可以序六气，来百祥？何施可以寿群生，仁众姓？征于前训而可据，议于当代而易从。勿猥勿并，以称朕意"者。臣闻古者山林薮泽，皆有时禁动作之为害，无差《月令》，则六气以序，百祥以来，而怀生之愿莫不跻仁寿之域矣。今舍此而不务，杀胎毁卵，伤仁挠和，而奉胡夷之法，以正月、五月、九月断天下之屠，欲繁物产而祈福祐，斯亦诬矣。伏惟陛下，动遵《月令》，垂训可据之文也；事稽时禁，当代易从之道也。施之而不已，执之而有恒，则帝王之美远惭于今日矣。臣谨对。《文苑英华》卷四八九，第2498～2503页；《皇甫持正集》卷三。

长庆元年"贤良方正能直言极谏"科制策

策问

皇帝若曰：盖闻舜、禹之有天下也，起于侧微，积德累勤，多历年所。夫经盛圣之虑，岂有遗哉！然犹好问察言，勤求贤士，盖以承祧之任重，忧人之志深也。况朕长于深宫，涉道日浅，继列圣之洪绪，抚万寓之烝人，凤夜严恭，不敢有懈，实惧烛理，未究省躬，未明所以，详求谠言，以辅不逮。子大夫是宜发所蕴蓄，沃予虚怀，极意正词，勿有隐讳。昔王政之兴，必臻于康泰；霸道所立，犹致于富强。我国家提封溢于三代，酌宪兼乎百王，无尧汤之灾，积祖宗之理。而人未繁庶，俗尚凋讹，家无盖藏，公阙储蓄，卒乘之数，货币之资，统而校之，莫继前代。岂率土生植变于古欤？将阜时政令失于今欤？因以揣摩，必穷利病，明征末失之渐，具陈兴盛之谟。且文武兼学以成身，士农迭居以丰业，故家给人足可以恋土，本末周备可以应时。近古各徇一端，不相资用，致令从事异心，难成考课，民秩无守，轻为惰游，指明共贯之方，斯合二途之利，永言化理，期酌厥中，施为或差，得失斯远。将修睦劝义，则在下难知；将任数驭情，则人心尽伪。思闻旨要，得合诚明，旌别比周之情，敷详忠厚之道。知人则哲，从古攸慎，九惩恐泥，五事难精。或望可服人，而才非周物；或言皆诣理，而行有乖方。宜陈取舍之端，用彰真伪之辨，至于朝廷之阙，四方之弊，详延而至，可得直书。退有后言，朕所不取。子大夫其勉之。《文苑英华》卷四九〇，第2508～2509页；《唐大诏令集》卷一百六《政事·制举》；沈亚之《沈下贤集》卷十。

沈亚之对策

臣伏念目之包明，其在昏夕之时则与盲者等，及属日蒙光，乃能瘠玄黄，披万类；杰智之才，其处浊俗之中则为愚者混，非遭圣偶时，安能枢阴阳，育万物？其理一也。盲者虽蒙光莫能视，愚者虽蒙圣莫能贤，其理一也。故舜、禹翔其光于上，益、稷之徒周其视于下，其由悬白日而省离娄也。三代以降，君之光微，臣之智狭，见其手而迷其足，睹其前而昧其后，其由举烛萤而临庶目也。今陛下神光洞天，鉴彼幽塞，犹惧理之未至，故亲省群言。而臣瞽愚，非能逾于智杰，副陛下之清问。臣以相与贡，臣以贤良应诏，微臣所冒非任，当伏窜弃之尤，不足以塞罪，乃辄伏进所言。臣伏读睿问，周视圣旨，见陛下思天灾之病也，臣愚以为皆由尚书、六曹之本坏而致乎然也。今请统而条指之；睿问有念人俗之凋讹，及于卒乘之数，货币之资，臣请以今之户部、兵部之坏举之；睿问有思才周于文武，本固于士农，臣请以礼部、工部之坏举之；睿问有欲以辨行之真伪，臣请以吏部之滥举之；睿问有朝廷之阙，臣请以刑部之失举之；睿问有四方之弊，臣请以山东、陇右之急奏之。伏愿陛下详臣之言，察臣之志，无以臣微而忽其奏也。

臣闻周设六官，以统百辟，立国八百年，其由纲之不绝于所制故也。太宗龙兴，革魏晋之残政，修法度，立中书，设尚书、六曹以序班文武，以条系天下，号令既布而万方从矣。爱其人若爱己之德，保其黎庶若保幼子，恐其有坠也。故明四目以先其视，指教其未见也；达四聪以先其听，开喻其未闻也。尊贤之言而为视听，视听先张则黎庶不陷于灾害，而康泰矣。后代虽有盗臣、奸党，而终不患其亡，由纲之不绝于所制也。夫尚书、六曹之设，犹人之有六腑也。耳目口鼻之枢系于元首，手足之用关于肘膝，其血气根脉皆统于六腑。符而命之，然后能动用；失其用者，非邪则眩。夫人莫尊其首，故足司其所履，指司其所执，百体之司，各勤其用，则首安其尊而不劳。首之处身，犹君之居上也，百辟以位则君安其尊而不劳，明矣！今尚书、六曹外，虽备其官而中实谬。今人俗凋讹者，其由户部之纲不理也。昔户部其在开元最为治平，当时西有甘凉、六府之饶，东有两河之赋，仰给之卒不过四五，帅其余利，殖所入尽与齐人，四十年间，富庶滂洋之若是。及一日，上恃升平之功，相肆威骄之狠，直言得死，谀色获进，转掌之间，清跸巡于巴蜀矣！今西凉为虏，两河为兵，尽开元天下之兵不过当今数郡之卒，胜衣之农而百徭出矣。鞭役重繁不胜于籍，权之不顾其害，刑之不问其深，吞危众多，欲无凋讹不得也。

兵部之选武士益谬矣。夫试射百矢为重，骑射次之，骑戈亦次之。此武夫贱者之宜业也，而真者百无一焉。其余尽买豪奸之革役者以待冒入，奋戈戏马者亦得中名，则估肆富人之子弟，彼安能致武之所用？顾欲占籍自恃，以逭徭于乡闾耳，而欲卒乘、货币之克强，臣未见也。今两河之间，至于幽蓟，连属西边、北边，而仰给之卒多于其土之齐人十九，在兵部者所操，曾不能制一校尉，而况纽其纲乎？古者兵农之一体也，三时务农，一时习兵，故春耕而夏植，秋藏而冬讲武。诚愿使兵部之纲纪根于古道之要，兵部之令加于将帅之臣，则本久益大矣，何卒货不充于古哉！

今礼部之得进士，最为清选，而以绮言声律之赋诗而择之。及中为仕也，则责之不通天下之大经，无王公之重器。今取之至微而望之甚大，其犹击陋缶而望曲齐于《韶濩》也。今仕进之风益坏矣，必以阴诈为朴，阳明为狂，顾以武为污矣，而况兼学乎？陛下何不令礼部之臣督其所业，杂考其所能，则人可化矣。夫惟博大之士为能兼学耳，夫持纲举维，非博大之士不能也。夫求博大之士，非竭诚不能也。故殷宗之竭诚于神，神感于梦而得傅说；周文之竭诚于气，气感于兆而得太公。陛下如能用殷周之诚而求之，何患用才之不至矣！

今工部之纲不举，其由百工之不条理焉。且务于捷滥则能速坏，惑于邪巧则多改作。速坏相仍，改作无已，欲使财费之不穷，工力之不竭，臣未见也。夫尧之功，与天比覆，居于土阶之上，荫于茅茨之下，土簋不具。禹亲勤理水，而卑宫室。是二君者，非不能极巧侈之端，故处陋而无厌，盖欲使天下之人自然而俭易从也。而《周官》百工之职，载于六职之书详矣。其后昏君乱主，未有不极游观之乐，穷巧侈之娱，恣罗纨之靡。虽有生植之众，不足充虞人之裁；虽尽陇亩之农，不足塞百工之役；虽竭蚕妇之劳，不足给绮彩之贡。秦、隋之末君，不如此不足以隳宗社。今仕家不著籍于乡闾亦已久矣，则农夫唯恐他业之不容于趋也，安肯顾垅亩而恋其本哉！伏愿陛下仰尧、舜、禹之圣敬，畏秦、隋之败奢，念汉文之节险，凡在百工之用，关于将作内作，技同者必使统于工部，以观制作之度，使劳费之怨不起于下人，则尧圣禹明，周规汉俭，唯陛下择耳，何止士农之固业哉！

今吏部之补吏，岁调官千余。其试以偶文俪语之书程，以二百字为准，考之能否，以定取舍。直使其人真能，然尚何以补，况十九皆伪人乎？以此而求其实，不可得也。且昆吾之利，莫邪之才，虽巧用不能雕咫尺之木；鸷鸟之罗，虽善掩者不能拘蚊蚋。如使恢宏博大之士，裁心镂舌于比辞，而其道安可见乎？陛下何不命群官立于朝者，岁各贡所知，各以其所长试之，各以其器任之，不胜其任者罪冈上，阙其贡者罪蔽贤，而洽闻者爵逾次。礼部、吏部以时举籍，刑部督其不察。如此则人人争好贤，人人务克己，何患乎真伪不可辨哉！

今朝廷之阙众多，其最急者刑部。刑部之纲不举，其由赏罚之不信，敕令迭降而其旨相违。故有行之于今日而废之于明日，罪之于此而赦之于彼。是谓慢易欺诈之数耳，欲无枉挠不可得也。诚愿斥其烦苛，去其相逾，则人人易守难犯，然后命儒贤究掌之。不明于此者，不得为刑部之官，无令猾贼之徒，轻身重货，窃法以自弄，如此则清矣。赏信刑果，则远罪修己之风序。今非止于阙，盖将病且痼矣。夫病者，其在皮肤则易也。六腑尸缪，气非所经，而其体痼，不亦危乎？

臣请以医方之言谕国之病，伏惟陛下察焉。臣闻良医之理痼也，陈以奇方，进以猛饵，外以针火，导其血络。药病相攻，战于其中，及痼解病瘳，六腑亦惫。于是竭良药以材，调德膳以味，从而补之，然后六腑平，百体正，内强而和外矣。夫近代之愚医则不然，必使病胜而形羸，不危其身者稀矣。三公、六曹，国之六腑也；果刑信赏，国之筋络也；九州、百郡，国之百体也；四夷、八蛮，国之外肤也；骄荒淫异，国之痼病也；嘉谋长算，国之奇方也；强将劲兵，国之针火也；礼乐法度，国之德膳良药也。夫百骸居于外，六腑列于内，相假而成生，相致而动息，本为一身也。及一腑失理，容而不攻，其久日大，攻而不除；其久为痼，除而不补；其久复发，为瘵难矣！臣以为天宝贻痼，始于一支，久而容之，侵及百体，几危其形。玄宗、肃宗，除而不终，痼及兴元。德宗之时，又无良臣可进内强之术，而攻不克。先皇攻于除，而不攻于补。今乃复发于幽冀，居国之左足；又有西戎之属，居于右掌之肤。涉腕逾肘，今已及肩。何以知其自掌而及肩也？以安西至于泾、陇，一万二千里，其间严关重阻，皆为戎有，由此知其及肩也。则王畿界戎无五百里，此肩之去喉能远乎？奈何容而不除也！此皆发于中朝之阙，而流其病也。

若四方之敝，莫若山东、陇右之急，莫若武备之不至，又请详举之。夫圣人之母万物，必体天地之功。故以阳为文教，极其光明也；以阴为武备，尽其肃厉也。夫阳盈则韬而阴繁之，阴盈则复而阳济之，故能相理而不乱。五月阳盈，使一阴居其间，明正阴之有位，而盗阴不生，故圣人因之修武备。至于十一月阴盈，包将来之阳，可大可久也。故外作雪霜以励之，恐僭阳之通也；内密燠而养之，使其为文为光也。故圣人因之求贤以为辅。雹冻霜雪，禁其焚芜，阴用也，故圣人因之以正刑。雷风为前驱，荡其所不通，温光从而畅之，阳德也，故圣人因之以文宥。是以圣人之德，文虽先而武备不去。前年淮夷擒，齐鲁灭，常山死，幽燕归，臣未见制法有方法也。而议者且以为兵可戢也，遂用羸将守常山，滞儒临蓟北，不旋踵而贼气复振矣。伏愿陛下慎动诫盈，无伤阴之大候。且行化在便人，举兵在立势。夫百斛之车，百蹄之牛，不能摇其毂，如措之峻坂之上，扰之力者不尽数牛，及轰然而迁，则牛足之运不给轮奔矣。此立势之枢也。今幽冀之兵，其由病者之再病矣。乘虚而强履，独有立势而诛之。立势之急，在于聚威于深棣，实力于沧定，然后以赵魏临常山，环兵而攻之，则冀马之踪不望合于燕蹄矣。以太原之师入蓟丘，则易水之东，左臂不能傍运矣，此拘燕固冀之方也。如其擒纵之法出于一时者，则名将而用耳；如其威不聚于急，力不实于危。虽有名将，不能为也。

陛下见西制戎，北制虏，壁垒之势，盘连交错，兵甲之多，赏劳之厚，以为戎虏之畏此而不敢犯塞。今以刑赏之不信也，而戎臣以自入士卒虚名占籍者十五，不啻日夜飞金璧，走银缯。市言唯恐田园陂池之不广也，簪珥羽钿之不侈也，洞房绮闼之不邃也。不如此不足以积怨劳卒，及寇来则必固壁闭兵，无敢出击者。如一日戎戈东刃，陛下将安倚乎？今北虏猾夏，犹已事嫁矣，而西戎之虚盟，安足信之？不可无虞也。夫人性有勇怯，地形有险易。勇怯可以习制，制之以刑则亡怯，乐之以利则亡怯，借之以势则亡怯。假如陟险，利强弩以持重者据之；平陆，利骑戈以捷手健蹄者兼之。此得势而亡怯也。今士卒之获戎者，得其马羊牛杂畜及衣装宝赂，皆与之，无令有奋夺，此顾利而亡怯也。蒙兵失律者诛，此畏刑而亡怯也。如此而用，勇倍百矣。臣尝仕于边，又尝与戎降人言，自瀚海以东神鸟、敦煌、张掖、酒泉，东至于金城、会宁，东南至于上郍、清水，凡五十郡、六镇、十五军，皆唐人子孙，生为戎奴婢，田牧种作，或聚居城落之间，或散处野泽之中。及霜露既降，以为岁时，必东望啼嘘。其感故国之思如此，陛下能不念之？臣意西戎今冬当逾河拒北虏，明年必大入灵武，寇西城，先击监、宥。诚能因此时诏宁、陇、邠、泾及南梁皆会兵计事，独得以老弱留谨城，其它少壮及骑士皆持装佩盐糗。令邠宁、泾原军皆出平凉，道弹筝，邠宁军北固崆峒，守萧关，泾原军西遮木硖关，凤翔军逾陇出上郍，因临洮取凤林关，南梁军道凤逾黄花，因狄道会陇西，得其利则击，因其牛羊，足以供具。各以轻骑入贺兰，抚谕其遗人，飞声流势，延而益西，败故地尽可得也。如此则王畿之内，安有警烽之虞哉！臣固曰四方之弊，莫若山东、陇右。

今策臣之目曰直言极谏,则言无所不直,直不惧于罪也。若谏无不极者,今百不尽臣之一二焉。何者?答问之所及,或未利于国,臣虽欲漏之而不解,则惧执事之臣不瘳也。睿问之所不及者,当臣之所蓄,有利于国,臣虽欲奏之,臣惧罪言于非宜也。而况短晷之晨,奔光驰曜之下,笔之条奏,拘以文陈乎?臣所以愤怼之诚,百不及于一二也,岂无异日而顾问哉!伏惟陛下察焉。谨对。《文苑英华》卷四九〇,第2517~2520页;沈亚之《沈下贤集》卷十,《四库全书》第1079册,第61~67页。

庞严对策

臣言:臣少从师学,讲论载籍为皇、为帝、为王、为霸之所行,理乱兴衰之所由起。迨壮岁而以身处穷贱,又得农桑工贾之利病,人情风俗之厚薄,思愿一发于明天子之前。郁抑于中,无因自致。乃月正日,陛下有事于南郊,回御丹凤楼,赦天下臣与百姓咸观,列在大陆之南。祥风北来,时聆德音,乃闻有直言极谏之召,私自快喜,得进所志于今日也。今蒙陛下亲策于丹墀之下,惧所以烛理未究,省躬未明,乃使臣极意正词,勿有隐讳。臣其敢不直不极而有阙陋哉!臣生三十年,实沐唐化,恨无以自效于日月之下,乃逢昌运,获进狂言,愿增天高,以益地厚。恳迫急切,不知所裁,谨昧死上对。

制策曰:"昔王政之兴,必臻于康泰;霸道所立,犹致于富强。国家提封溢于三代,酌宪兼乎百王,无尧、汤之灾,积祖宗之理。而人未繁庶,俗尚凋讹,家无盖藏,公阙储蓄。卒乘之数,货币之资,统而校之,莫继前代。岂率土生植变于古欤?将阜时政令失于今欤?固已揣摩,必穷利病,明征未失之渐,具陈兴盛之谟。"臣闻以道化者皇,以德教者帝,以礼乐刑政理者王。夫以处天下之尊,举四海之力,为皇、为帝、为王、为霸,致之一也,犹反掌之易,而况人之诚伪,时之厚薄,必由上而下者乎?帝王之道,高不降于天,厚不取于地,远不致于四夷,师友辅弼而已矣。师友辅弼,岂有他求哉,贤哲忠信而已矣!是以古之圣帝明王,念天地之无全功也,不自尊其德;仰日月之有薄蚀也,不自是其明。必求贤哲,置诸左右,然后德尊而益至。臣日献其谟,君日行之;臣日闻其过,君日改之。其始也,一善出于臣;其终也,百善归于君。以为皇者师,帝者友,卒未闻师圣于皇,而友明于帝。后之王者,其或不然。臣有所献,或虑乎美归于下,是以言有所不听;臣有所替,或虑乎恶彰于己,是以过有所不去。然则曰谏我之曲,彼必正乎?曾不知疾之在身,必饮医工之药,而医工未必免病也,饮其药者或有效焉。必待其筋力异于人,颜色殊于众,而后饮其药,则疾之根本得不为深乎?今陛下迈皇帝之圣,辅弼有师友之贤,所谓圣贤相逢,而上古之理可得而致。犹虑乎人人未繁庶,俗尚凋讹,则理不优于三王,德不超于五帝。其致之哉,诚有道焉。臣愿陛下详观典图,舜、禹所以待夔、契者何如哉?贞观所以任房、杜者何如哉?开元所以用姚、宋者何如哉?其所以致尧、舜、成、汤、文、武之名,贞观、开元之理何如也?今陛下自即位以来，舜、禹之心已形于四海矣！陛下尊敬师傅，拔用忠贤，谪弃奸贪，发散滞积，皆舜、禹之心也。臣愿陛下尊敬之不废其道，拔用之不废其言，谪弃之今勿复之，散发之今勿敛之。《夏书》曰："靡不有初，鲜克有终。"陛下能终之，又何忧盖藏不赡于下人，储蓄有阙于公府。铸锋销镝，卒乘之数可减于后事；薄赋节用，货币之资可益于前代。末失之渐，莫甚于贤不任而政不修；兴盛之谟，莫先于复开元而履贞观。则三代之康泰可翘足而致，彼五霸富强之术，安足为陛下道哉！

制策曰"且文武兼学以成功，士农迭居以丰业，故家给人足可以恋本，本末周备可以应时。近古各循一端，不相资用，致令从事异心，难成考课，去秩无守，轻为惰游。指明共贯之方，欣合二途之利"者。臣以为文武之道虽不同，士农之业虽各异，而要归于修其职业而济于时也。今之所谓文者何哉？文采而已；所谓武者何哉？骑射而已。欲求兼学，其可得乎？经纬古今，文之业也，用之于武，武之德也；禁暴戢兵，武之业也，用之于文，文之辅也。不修其本而事其末，欲求其备，其可得乎？今苟各视其才以授其任，亦可以济天下之务矣。是以仲尼有四科以广其道，汉高有三杰以成其功，所以不求备于人，故能创业于前代，垂教于无穷者也。士农迭居以丰业，今所以轻为惰游者，国家自幽蓟兵兴，人无土著，士者、农者，迁徙不常。慕政化则来，苦苛暴则去。禄有厚薄，在桑土不均，则知去秩者无守，不为惰游者，何所归乎？陛下端心克己，于上任贤使能，于下则文武各得其任，士农各安其业矣。宁虑家有不给，才有不周之患乎？

制策曰："永言化理，期酌厥中，施为或差，得失斯远。将修睦劝义，则在下难知；将任数驰情，则人心益伪。思闻旨要，得合诚明。旌别比周之义，敷详忠厚之道。"陛下以修睦劝义为念，而以难知益伪为虑，岂耳目之臣未得尽贤乎？何忧叹之深也！自中代以降，淳朴既漓，贤不肖混淆，莫能两辨。臣以为天下之事统而计之，善而不可以为恶者十一二焉，恶而不可以为善者十一二焉，其间六七之多，率中人也。法令修明则贤人多也，惩劝不精则贪冒众也，必在上有所施行而在下有所承流者乎？且陛下左右惟贤，所进惟贤，则四目明、四聪达，不难知矣！陛下左右非贤，所进非贤，则伪行坚、伪言辨，心益伪矣！今陛下必择忠贤居之左右，以为耳目，以为腹心矣！任忠贤，所进者复何疑乎？诚若是，则管夷吾、鲍叔牙友进之不为比，祁奚、祁午父进之不为私，是在陛下有所任之而已。

制策曰"知人则哲，从古攸慎，九征恐泥，五事难精。或望可服人，而才非周物；或言皆诣理，而行则乖方。宜陈取舍之端，用明真伪之辨"者。陛下清问及此，非念切求贤取士之道乎？夫求贤取士，所以备官也；设官，所以分理众务也。夫得一尺之木，将斲以用之，必使匠者；有一块之土，将埏而器之，必使陶者。今陛下选人以仁，天下皆归于仁矣；选人以义，天下皆归于义矣。夫理天下者，必以仁与义矣！今朝廷用人不以仁，而悯默低柔；进人不以义，而因循持疑。言有不符于行，才有不足于用矣！陛下虽欲精五事，五事何术而精？虽欲法九征，九征焉得而法？若是求众务之理者，是以材与陶，以土与匠，而求器用之得也，不亦难乎？今朝廷开取士之门，不为不广，其中选择精详,望为俊彦者,通于进士。中外之重擢清秩,选于是者十八九,诚有才有器,亦尽萃其中。然而所采者浮华之名,所习者雕虫之技。是以主教化者不道皇王之术,官牧守者不知疾病之源,岂其有任事之才而无任事之智乎?盖艺非此职异也。臣闻古者有豢龙之官,夫龙神妙不测,变化无穷,而能节其嗜欲、察其动息、扰而制之、无所不得者,盖代袭其官,述修其业也。楚人之操舟,冀人之乘马,岂尽性哉?必习而善矣!今纵未能大更其事,苟明殿最考绩之科,驱天下之人于修效饬行之地,假如任某官,著某行,立某事,举某善,雪某冤,必擢而迁之;又能著某行,立某事,举某善,雪某冤,又擢而迁之,蔑然无闻,不待罪而黜之,则下无蔽善党恶之情矣。下无蔽善党恶之情,则贤者不进于朝廷复何往也?安有言行相乖,才望不称者乎?

　　制策曰"至于朝廷之阙,四方之弊,详延而至,可得直书。退有后言,朕所不取"者。臣陈帝王之道于前矣。陛下又垂问以朝廷之阙、四方之弊,岂不欲跻人于善道,补政之阙遗哉!臣又陈取士任贤之道矣。陛下诚能任贤于上,待人于下,朝廷岂有阙而不修,四方焉有弊而不去?何必备繁细之事以干聪明者矣!夫有天下者,莫不欲使人富,使人寿,使人迁善,使人无恶,统四夷于荒外,正百事于朝廷。夫欲人之富,莫若厚耕殖;欲人之寿,莫若和阴阳;欲人迁善,莫若明劝赏;欲人无犯,莫若慎刑罚;服四夷,莫若修文德;正百事,莫若任忠贤。忠贤不任,虽日亲众务,百事其得而正;文德不修,虽日致干戈,四夷其得而服;刑罚不慎,虽日杀千人,奸盗其得而止;劝赏未明,虽日爵千人,礼乐其得而修;冤滥未尽雪,阴阳莫得而和;浮屠未尽去,耕殖莫得而厚:此六者,政之大端也。伏惟陛下念之。抑臣又闻,非知之艰,行之惟艰。陛下惧化之未光,惧德之未洽,惧一物之失所,惧众政之有乖,访遗阙于下臣,张条目于清问。凡前强对者,莫不备陈所得,则陛下知之不难矣,在行之何如耳。臣又以天下之事,小大万端,陛下深居九重,广有四海,安得劳心神于思虑之外,极圣明于视听之表。臣愿陛下为一事必师于古,行一道必法于天,明日月之光,正星辰之位,降雨露之泽,振雷霆之威,内得夔龙掌万几之务,外选方召视百事之成。利于上者必虑于害人,择于志者必求诸非道,则天下之望慰,微臣之志塞矣!谨对。《文苑英华》卷四九〇,第2509~2511页。

宝历元年"贤良方正能直言极谏"科制策

策问

　　皇帝曰:朕恭守宪祖中兴之运,穆宗绍宁之业,寅畏兢翼,亦免荒坠。诸侯忠上而奉职,卿士循法而恪官,四夷内向,兆人休息,至于属统垂文,程示后代。终有致乂之意,未有理人之术。古人云"希颜之徒,亦颜之流也",又曰"舜何人也,余何人也"。

予窃不让，欲追踪乎三代，俯视乎两汉，陶今俗于至道，济兆人于泰和。子大夫皆蕴器应荐，愤愤悱悱，思所以奋者于日久矣！当极其虑，开予郁滞。

夫礼乐刑政，理之具也。礼乐非谓威仪升降，铿锵拊击也，将务乎阜天时，节地利，和神人，齐风俗也；刑政非谓科条章令，繁文申约也，将务乎愧心格耻，设防销微也。必有其论，何方致之？四人混处，迁于异物，历代以降，皆所苦患。士本于儒，而有诡道之行；农尚笃固，而多损本之心；工缮用物，而作雕磨之器；商通有无，而赏难得之货。思矫其弊，必有其术。

汉高之基称萧、曹，孝宣之兴称丙、魏，朕观其书，粲然尽在。我国家之盛，其纪年则曰贞观、开元，其辅相则曰房、杜、姚、宋，朕观其书，则拔群绝类者不能相远。然两朝之盛，四子之能，不可诬也。将与元化合德谟谋而无际欤，为史官词志不能久其事欤？口食至多而垦辟者惰，供亿至众而财官是空，官无阙员而家食者告困，德泽仍臻而鳏弱者未赡。必有其旨，何以辨之？无泛无略，无游说，无隐情，以副虚求，朕将亲览。

舒元褒对策 第三人

臣久讶今之天道运行，地力负载，生生滋息，皆与尧、舜、禹、汤之时不异，及言其理乱安危，则邈然数千里而远！臣因静索其源，盖由时君之所致也。在禹以夏王，桀以夏亡；在汤以殷王，纣以殷亡。是古今有异耶？直人事而已矣。臣尝病之，愿抱血诚而写置于天子之前，天路甚高，无由上达，所以卒岁于悒，如抱沉痼。天意似知臣有移时之术，而能恳恳不已，幸使臣不为霜露所薄，而无犬马之疾，得遭遇陛下嗣位之日，首以直言极谏征夫贤良方正之士，而虚心以问之。此乃五帝三王之所难行，而一朝陛下尽能行之，所谓天地交泰之时也。臣不敢惧避，愿就汤镬之诛，愿尽吐成败利害之根，愿解天下元元倒悬之急。亦不枝蔓藻饰以为言，上缘圣问，下切人情，度陛下必能行之者而后言之。伏惟陛下察其忠而谅其直，实天下幸甚！谨昧死上言。

制策曰"古人云'希颜之徒，亦颜之流'，又曰'舜何人也，余何人也'。予窃不让，欲追踪乎三代，俯视乎二汉，陶今俗于至道，跻兆人于泰和。子大夫皆蕴器应荐，愤愤悱悱，思所以奋者于日久矣！当极其虑，开予郁滞"者。陛下首问及此，有以见圣人思理之深也。臣闻扬雄有希颜之言，颜渊有慕圣之语，皆谓生虽异代，但行其道，即其人也。今陛下蕴上圣之姿，执大宝以御乎人，夫寒暄发于咳唾，生死系于喜怒，其力与天地争大，其财与泉源不穷。臣窃谓以此之力，提五岳而塞乎四海也。今赐策曰："予窃不让，欲追踪乎三代，俯视乎二汉。"此乃陛下谦光之至也，微臣敢不拜舞称贺，条列而言乎？臣闻三代之理，以义化天下，其犹天地之无不覆载，日月之无不照临。虽负至圣之姿，常若不足，在求贤以辅，张谏以规，忧天下之忧，乐天下之乐，未尝枉一物而私其功也。三代之后，亦求其所理之门，何者足以立功而亲人。此道苟失，在未尝有思天下之苦。既不知其苦，必轻用其人。所谓轻用者，非谓日杀不辜，盖以天下之力既困，而上之用无节。上之用无节，则有转死沟壑之患生于无节，足以为生人之刀锯也。又有甚于此者，则爵禄遍于舆台，威福生于左右，刑罚不足，法令不行，天下昏乱，犹不知觉，自以为万代之安。以此求理，何异缘木而求鱼哉！今陛下欲追踪乎三代，则莫若用三代之理。何者？伏望陛下以其德理天下，则思求贤以广其覆载；以贞明并日月，则思纳谏以助其昭临。察逆耳之言，则知其为端士而进用之；闻悦心之语，则辨其为邪诡而斥远之。御一膳，思天下之饥；披一裘，思天下之冻；览国史，思祖宗创业之艰难；睹贡赋，思黎甿耕织之勤苦；居宫殿，思采伐之勤劳；视嫔嫱，思离旷之怨恨。声色游宴，悟伐性之言；驰骋畋猎，念垂堂之戒。戢六军，无令恃宠；抑近习，无纵威权。无使有求恩之名，无使有得幸之号，无使内干外政，无使中夺外权，无垂饰喜之赏，无行迁怒之罚，无求悦目之华，无好荡心之巧。此乃三代明王理天下之术也。陛下诚能慕之，则宜法而行之，行之不已，自然远超于三代矣，况俯视二汉乎？此则陶今俗于至道，跻兆人于泰和，又岂劳圣虑哉！

　　制策曰"夫礼乐刑政，理之具也。礼乐非谓威仪升降，铿锵拊击也，将务乎阜天时，节地利，和神人，齐风俗也；刑政非谓科条章令，繁文申约也，将务乎愧心格耻，设防销微也。必有其论，何方致之"者。臣闻礼乐刑政，理天下之本也。三代之理，未始不先于礼。礼明则君臣父子、长幼尊卑识其分，而人伦之序正矣！人伦之序正，则和顺孝慈之庆感于上，所以阜天时也。贵贱之位别于内，则奢侈耗蠹之弊息于外，此所以节地利也。自然上下交泰，而天下之心悦。天下之心悦，因可以达于乐，乐达则神人自然和矣，神人和则风俗自然齐矣！仲尼曰："安上理人，莫善于礼；移风易俗，莫善于乐。"其此之谓乎？固非谓夫威仪升降，铿锵拊击也。伏惟陛下举三代礼乐而行之，而不以形声之为贵，则可以阜天时，节地利，和神人而齐风俗。刑政者，国家之大典。臣闻贞观之理刑政甚明。夫刑者，期于无刑；政者，期于无政。盖以一人而齐天下，能用之者则理，不能用之者则乱。刑设而不犯，画一之谓也。政立而不易，必行之理也。然后能去奸宄，惩暴乱，而养育黎人也。然其患在于任情好恶，远近雷同，虽尧舜不可为理也。况今人人自为强御，欲其愧心格耻，设防销微，无由得也。何以言之？今军伍之人，陛下之人也；府县之人，亦陛下之人也。既皆陛下之人，则刑政所宜共守。今有惰游无赖之人，不修本业，输货权酤，苟求微利，一入北军，张影附势，凭托附籍，恣行凶顽。执宪与尹京者，持陛下刑政以绳其罪，主者则云彼越局而挫我也，遂夸其威权以固护之。持刑政者无由而禁，徒有城狐社鼠之叹耳！此陛下刑政不行于毂下，况其远者乎？其外则守土之臣，或多自开户牖，征徭榷税，不本制条，刑罪重轻，率于胸臆。此陛下刑政不行于内地，况其远者乎？伏惟陛下明于用刑，则可与期于无刑矣，岂止于愧心耻格乎；率力为政，则可与期于无政矣，岂止于设防销微乎？伏惟陛下征贞观刑政而行之，则天下之人有耻且格矣！

　　制策曰"四人混处，迁于异物，历代以降，皆所共患。士本于儒，而有诡道之行；农尚笃固，而多捐本之心；工缮用物，而作雕磨之器；商通有无，而赍难得之货。思矫其弊，必有其术"者。臣闻明君在上，制四人之业，不使为异物所迁。今士之为儒，非不强学，而有诡道之行者，其弊自陛下亲巧谀而疏鲠直也；农人之业，非不笃固，而多捐本之心者，其弊自陛下嗜珍味而恶菲薄也；工人之艺，非不专，而作雕磨之器者，其弊自陛下厌朴素而尚淫巧也；商人之利，非不多，而赍难得之货者，其弊自陛下贵珠玉而贱布帛也。伏惟陛下斥巧谀，则士无诡道之行矣；绝珍味，则农无弃本之心矣；碎淫巧，则工无雕磨之器矣；贱珠玉，则商无难得之货矣。矫弊之术，其在此乎！夫矫弊在先原其本，然后责其末。何者？制士人之禄使稍优，宽农人之税使加薄，酬工人之庸使当直，来商人之货使其通。如此，自然各修其业矣！复敢有为异物所迁，则陛下之刑政存焉。

制策曰"汉高之基称萧、曹，孝宣之兴称丙、魏，朕观其书，灿焉尽在。我国家之盛，其纪年则曰贞观、开元，其辅相则曰房、杜、姚、宋，朕观其书，则拔群绝类者不能相远。然两朝之盛，四子之能，不可诬也。将与元化合德谟谋而无际欤"者。臣闻元首以辅弼兴理，自古王者期建非常之业，则必有非常之人以佐之。汉之高祖资萧、曹，孝宣凭丙、魏，一则以创业，一则以中兴，其道可得而知也。汉祖起于布衣以有天下，大敌未灭，日月持久，萧、曹匡辅，谋计居多，所以觉其功业盛也。孝宣起于人间，霍光殁方亲政事，然霍光虽乘时之功，不通经术，非王者之佐，弊政尤多，丙、魏乘弊之余，以竭股肱之任，卒致中兴，所以觉其辅佐之劳也。我太宗、玄宗，明圣之资，海内从化，而房、杜、姚、宋当至理之代，皆尽启沃之力，咸有匡辅之道。主圣臣贤，君臣道合，是以贞观、开元与汉之功臣有异，而两朝功德事业光乎史册。陛下以拔群绝类之不相远者，臣向所谓主圣臣贤，道合交泰，正史氏无德而称焉。

制策曰："口食至多而垦辟者惰，供亿至众而财官是空，官无阙员而家食者告困，德泽仍臻而鳏弱者未赡，必有其旨，何以辨之？毋泛毋略，毋游说，毋隐情，以副虚求，朕将亲览。"陛下终问及此，有以见圣心忧勤之至也。微臣敢有所隐而不尽言乎？陛下以口食至多而垦辟者惰，供亿至众而财官是空，非上失勤俭之化而下弃其本不务乎？夫欲垦辟多而财赋足者，莫若劝人之务本。务本在百姓乐其业，而垦土以谷，树桑以丝。此者（原注：疑作"皆"）取之于厚地，厚地之出如泉源焉，岂有穷竭耶？今舍此不务，而欲垦辟之不惰，不可得也。今陛下宫室、池台之盛，则人务采伐而辄趋斧斤之利，此耕夫十去其一也；后宫罗纨、铅红者数千人，日费数千金，此耕夫十去其一也；尚食之馔，穷海陆之珍以充上方，一饭之资亦中人百家之产，此耕夫十去其一也；厩马与鹰犬之多，皆使厮养之，其刍粟粱肉之供，一物之命有甚于人，此耕夫十去其一也。车舆、服玩，皆错以兼金，镂以美玉，或文犀瑇瑁，大贝明珠，齿革羽毛，穷异极奇，采之者或航溟海，梯崇山，力尽不回，继之以死，此耕夫十去其一也；有假于浮屠，削发惑众，而建立寺宇，刻雕像形，度天下之多不下数十万，此耕夫十去其一也；奸吏理人，苟以应办为先，急征其租，厚剥其赋，以媚于左右，此耕夫十去其一也；上好珍奇，则商通无用之货，上好伎巧，则工作无用之器，器与货皆出于人力，乃委于无用之地，此耕夫十去其一也。此数者，乃困生人之力而竭国用之甚者，陛下诚能慕乎茅茨之化，绳浮屠惑众之教，抑奸吏赋敛之心，闭工商无用之事，则百民皆归本而垦辟矣，何虑乎口食至多哉？陛下诚能节嫔嫱之侍，斥犬马之繁，减海陆之溢，省车舆服玩之珍，则赋自然足，何虑乎供亿之众哉？故语有曰："百姓足，君孰与不足？"使伊、傅复生，为陛下计者，不能易此也。陛下以官无阙员而家食者告困，岂非择才授任之不明欤，迁转课绩之不核欤？今自三事及群有司，皆有其官，官有其禄，考成在于岁满则转。不知陛下何以选而致之哉？臣闻《诗》曰："济济多士，文王以宁。"言内外各用其人为理，而天下安宁也。今多士盈朝，而使陛下忧劳，若此虽无阙员，将何用哉？其（原注：疑作"甚"）失"文王以宁"之谓也。陛下何不各于其局而考其课绩，有其效者则升之，无其效者则退之。如此则尸素充员者鲜，何忧乎家食而告困哉？陛下以德泽屡降，而鳏弱者未赡，岂非方镇之臣为壅遏其恩者耶？窃见今主守土之臣与聚敛之臣，巧计万端，割剥生人膏血，两税之外，征率杂科，以为非时之进，富贵（原注：疑）陛下恩泽，于是有月进、时进、朝贺之进、羡余之进。当进之时，表章上言，皆云"臣自方圆，不扰陛下百姓"，举此一节，则明其欺诈甚矣！今长吏、节度、观察、刺史之家，其奢者家僮数百人，其俭者不下百人，以其禄俸自给尚且不足，必重敛于人以继之，则明知其所进非禄俸也。既非禄俸，而云不扰百姓，将何得哉？所以两税之外，常有诛求，盐铁榷酤，重迭笼税，托为进奏，般次相运，水陆转输，半入私家。今天下之人流离弃业，日益困矣，而陛下无由知之。虽仍降德泽，德泽不流，则鳏弱从何而赡？陛下闻之，得不为少轸圣虑，少动圣心？臣窃料陛下将不忍闻也。陛下倘察臣之言，特回圣意，一为思之，敕有司簿天下旧定之租赋，禁奸臣非法之诛求，减盐铁榷酤之繁税，绝天下无端之进奉。如此，则德泽自降，天下之人自获苏息，富而庶矣，岂虑乎鳏弱之不赡哉？

　　然清问所及，皆当今之切者，微臣上言亦已尽矣！陛下察而行之，在陛下留心庶政，而法其兢兢业业者而已。何者？陛下春秋鼎盛，上荷十二圣之重构，自即位以来，尝日旰不视朝，大臣忧惧，百辟惴栗，进谏者词旨恳切。陛下既嘉其忠，亦允其请，然宰相、卿士未有转时之对，则万几之重，其阙几时。加之千门之深，羽卫之隔，则堂上之远，岂止于千里哉？虽陛下雄杰聪明，极思虑而忧天下，何由而得？虽曰征贤良为直谏，又何益于理？故《传》曰"其身正，不令而行；其身不正，虽令不从。"推是而言，则天下理乱不由陛下而致，其由谁乎？臣所谓留心庶政，而法其兢兢业业者，盖由此也。况今大弊未去，其可忽之耶？臣所谓大弊者，在法吏之舞文，权臣之弄柄，朋党联结，货贿公行。以中外重位，出入迭居，名器轻于粪土，公侯偏于顽驽，恣行威福，苟伤暴残，谏官不敢论，御史不敢纠。虽陛下有天下之名，而此辈乃害天下之实，此弊不去，生人未安！陛下必欲去其弊者，拔其根本，斥谀佞，进忠贤，早朝而宴退，引宰相、公卿询访天下之利病，至于群有司，皆使鲠直列侍，而亲决万几之务。此乃圣帝明王理天下之术也。伏惟陛下留神独听，无惑于左右，则四海九州幸甚！微臣敢爱一身之死而不直乎？谨对。《文苑英华》卷四九〇，第2504～2508页。

太和二年三月"贤良方正能直言极谏"科制策

策问

朕闻古先哲王之治也,玄默无为,端拱司契,陶甿心以居简,凝日用于不宰,立本以厚下,推诚而建中。由是天人通,阴阳和,俗跻仁寿,物无疵疠。噫!盛德之所臻,夐乎其莫可及已。

三代令王,质文迭救,而巧伪滋炽,风流寖微。自汉、魏以降,足征益寡。朕顾昧理道,祇荷丕构,奉若谟训,不敢荒宁。任贤惕厉,宵衣旰食,讵追三五之逖轨,庶绍祖宗之鸿绪。而心有所未达,行有所未孚,由中及外,阙政斯广。是以人不率化,气或堙厄,灾旱竟岁,播植愆时。国廪罕蓄,乏九年之储;吏道多端,微三载之绩。京师,诸夏之本也,将以观理,而豪猾时逾检;太学,明教化之源也,期于宣化,而生徒多惰业。列郡在于颁条,而干禁或未绝;百工在乎按度,而淫巧或未衰。俗堕风靡,积讹成蠹。其择官济理也,听人以言,则枝叶难辨;御下以法,则耻格不形。其阜财发号也,生之寡而食之众,烦于令而鲜于理。思欲救此谬盩,致之治平,兹心浩然,若涉泉水。故前诏有司,博征群彦,伫启宿懵,冀臻时雍。

子大夫皆识达古今,志在康济,造庭待问,副朕虚怀。必当箴主之阙,辨政之疵,明纲条之所紊,稽庶富之所急。何施斯革于前弊?何泽斯惠于下土?何修而理古可近?何道而和气克充?推之本源,著于条对。至若夷吾轻重之权,孰辅于理?严尤底定之策,孰叶于时?元凯之考课何先?叔子之克平何务?惟此龟鉴,择乎中庸。期在洽闻,朕将亲览。《文苑英华》卷四九三,第2521页;《唐大诏令集》卷一〇六;《旧唐书》卷一九〇下;《新唐书》卷一七八。

刘蕡对策

褐衣小臣蕡,沐浴斋戒,伏于彤庭之下,谨顿首上言。皇帝陛下,臣诚不佞,有匡国致君之术,无位而不得行;有犯颜敢谏之心,无路而不得达。但怀愤抑郁,思有时而一发耳。常欲与庶人议于道,商旅论于市,得通上听,一悟主心,虽被妖言之罪,无所悔焉。况逢陛下以至德嗣兴,以大明垂照,询求过阙,咨访谟猷,下制中外,举能直言极谏者。臣既辱斯举,专承大问,敢不悉意以言。至于上之所忌,时之所禁,权幸之所讳恶,有司之所与夺,臣愚不识,伏惟陛下,少加优容,不使圣朝有谠直而受戮者,乃天下之幸也,非臣之所望也。谨昧死以对。

伏以圣策有"思先古之理,念玄默之化",将欲通天人以济俗,和阴阳以煦物,见陛下慕道之诚也。臣以为哲王之理其则不远,惟陛下致之之道,何如耳?伏以圣策有

"祗荷丕构而不敢荒宁,奉若谟训而罔有怠忽",见陛下忧劳之至也。若夫任贤惕厉,宵衣旰食,宜黜左右之纤佞,进股肱之大臣。若夫追踪三五,绍复祖宗,宜鉴前古之兴亡,明当时之成败。心有所未达以下,情蔽而不得上通;行有所未孚以上,泽壅而不得下浃。欲俗之化也,在修己以先之;欲气之和也,在遂性以导之。救灾旱,在致乎精诚;广播植,在视乎食力。国廪罕蓄,本乎冗食尚繁;吏道多端,本乎选用失当。豪猾逾检,由中外之法殊;生徒惰业,由学校之官废;列郡干禁,由授任非人;百工淫巧,由制度不立。伏以圣策有"择官济理之心,阜财发号之叹",见陛下教化之本也。且进人以行,则枝叶安有难辨乎;防下以礼,则耻格安有不形乎?念生寡而食众,则可罢斥惰游;念令烦而理鲜,要在察其行否。博延群彦,愿陛下必纳其言,造庭待问,则小臣安敢爱死。伏以圣策"有求贤箴阙之言,审政辨疵之令",见陛下咨访之心勤也。遂小臣、屏奸豪之志,则弊革于前守。陛下念康济之言,则惠敷于下。邪正之道分,而理古可近;礼乐之方著,而和气克充。至若夷吾之法,非皇王之权;严尤所陈,无最上之策;元凯之所先,不若唐尧之考绩;叔子之所务,不若虞舜之舞干。且俱非大德之中庸,未可为上圣之龟鉴,又何足为陛下道之哉!

或有"以系安危之机,兆存亡之变"者。臣请披沥肝胆,为陛下别白而重言之。臣前所言"哲王之理其则不远"者,在陛下慎思之,力行之,始终不懈而已。臣谨按《春秋》,元者,气之始也;春者,岁之始也。《春秋》以元加于岁,以春加于王,明王者,当奉若天道,以谨其始也,又举时以终岁,举月以终时。《春秋》虽无事,必书首月,以存时明王者,当奉若天道,以谨其终也。王者动作始终,必法于天者,以其运行不息也。陛下既能谨其始,又能谨其终,懋而修之,勤而行之,则可以执契而居简,无为而不宰矣。广立本之大业,崇建中之盛德矣,又安有三代循环之弊,而为巧伪滋炽之渐乎?臣故曰:"惟陛下致之之道,何如耳?"

臣前所谓"若夫任贤惕厉,宵衣旰食,宜黜左右之纤佞,进股肱之大臣"者,实以陛下忧劳之至也。臣闻不宜忧而忧者,国必衰;宜忧而不忧者,国必危。今陛下不以国家存亡之计、社稷安危之策而降于清问,臣未知陛下以为布衣之臣,不足以定大计也耶?或万机之勤,而圣虑有所未至耶?不然,何宜忧者而不先忧乎?臣以为陛下之所虑者,宜先忧宫闱将变,社稷将危,天下将倾,海内将乱。此四者,乃国家已然之兆,故臣谓圣虑宜先及之。夫帝业既艰难而成之,胡可容易而守之?昔太祖肇其基,高祖勤其绩,太宗定其业,玄宗继其明,至于陛下,二百有余载矣!其间明圣相因,扰乱继作,未有不委用贤士,亲近正人,而能绍兴徽烈者也。或一日不念,则颠覆大器,宗庙之耻,万古为恨。臣谨按《春秋》,人君之道,在体元以居正。昔董仲舒为汉武帝言之略矣,其所未尽者,臣得为陛下备而陈之。夫继故必书即位,所以正其始也;终必书所终之地,所以正其终也。故君者,所发必正言,所履必正道,所居必正位,所近必正人。臣又按《春秋》,阍寺杀吴子,《余祭》书其名,《春秋》讥其疏远贤士,昵近刑人,有不君之道矣。伏唯陛下,思祖宗开国之勤,念《春秋》继故之戒,将明法度之端则发正言而履正道,将杜篡弑之渐则居正位而近正人,远刀锯之残,亲骨鲠之直,辅臣得以专其任，庶僚得以守其官。奈何以亵近五六人，总天下之大政，外专陛下之命，内窃陛下之权，威慑朝廷，势倾海内，群臣莫敢指其状，天子不得制其心？祸稔萧墙，奸生帷幄，臣恐曹节、侯览复生于今日矣！此宫闱之所以将变也。臣谨按《春秋》，鲁定公元年春，王不书正月者，《春秋》以为先君不得正其终，则后君不得正其始。故曰"定无正"也。今忠贤无腹心之寄，阉寺专废立之权，陷先帝不得正其终，致陛下不得正其始。况皇储未建，郊祀未修，将相之职不归，名分之宜不定，此社稷之所以将危也。臣谨按《春秋》，王札子杀召伯、毛伯，春秋之义，两下相杀不书，而此书者，重其专王命也。夫天之所授者，在君；君之所操者，在命。操其命而失之者，是不君也；侵其命而专之者，是不臣也。君不君，臣不臣，此天下所以将倾也。臣谨按《春秋》，晋赵鞅以晋阳之兵叛入于晋，书其归者，以其能逐君侧之恶人以安其君，故《春秋》善之。今威柄陵夷，藩臣跋扈，或有不达人臣之节首乱者以安君为名，不究《春秋》之微称兵者以逐恶为义，则政刑不由乎天子，征伐必自于诸侯，此海内所以将乱也。故樊哙排闼而雪涕，袁盎当车以抗词，京房发愤以殒身，窦武不顾而毕命，此陛下皆明知之耳。臣谨按《春秋》，晋狐射姑杀阳处父，书襄公杀之者，以其君漏言也，襄公不能固阴重之机，处父所以及戕贼之祸，故《春秋》非之。夫上漏其情则下不敢尽意，上泄其事则下不敢尽言，故《传》有造膝诡词之文，《易》有失身害成之戒。今公卿大臣，非不欲为陛下言之，虑陛下必不能用也。陛下既忽之而不用，必泄其言，臣下既言之而不行，必婴其祸，适足以钳直臣之口，而重奸臣之威。是以欲尽其言，则有失身之惧；欲尽其意，则有害成之忧。故低徊郁塞，以俟陛下感悟，然后尽其启沃耳。陛下何不以听朝之余，明御便殿，召当世贤相与旧德老臣，访持变安危之谋，求定倾救乱之术，塞阴邪之路，屏亵狎之臣，制侵陵迫胁之心，复门户扫除之役。戒其所宜戒，忧其所宜忧。既不得理于前，当理于后；不得正其始，当正其终。则可以虔奉典谟，克承丕构，终任贤之效，无旰食之忧矣。

臣前所谓"若夫追踪三五，绍复祖宗，宜鉴前古之兴亡，明当时之成败"者。臣闻尧舜之为君而天下大理者，以其能任九官、四岳、十二牧，不失其举，不二其业，不侵其职。居官惟其能，左右惟其贤。元凯在下，虽微而必举；四凶在朝，虽强而必诛。考其安危，明其取舍。至秦之二代，汉之元、成，咸愿措国如唐虞，致身如尧舜。而终败亡者，以其不见安危之机，不明取舍之道，不任大臣，不辨奸人，不亲忠良，不远谗佞。伏愿陛下，察唐虞之所以兴，而景行于前；鉴秦汉之所以亡，而戒惧于后。陛下无谓庙堂无贤相，庶官无贤士。今纲纪未绝，典刑犹在，人谁不欲致身为王臣，致时为升平，陛下何忽而不用之邪？又有居官非其能，左右非其贤，其恶如四凶，其诈如赵高，其奸如恭显者，陛下又何惮而不去之邪？神器固有归，天命固有分，祖宗固有灵，忠臣固有心，陛下其念之哉！昔秦之亡也，失于强暴；汉之亡也，失于微弱。强暴则贼臣畏死而害上，微弱则奸臣擅权而震主。臣伏见敬宗皇帝，不虞亡秦之祸，不翦其萌。伏惟陛下，深轸亡汉之忧，以杜其渐，则祖宗之鸿绪可绍，三五之退轨可追矣。

臣前所谓"陛下心有所未达以下，情塞而不得上通；行有所未孚以上，泽壅而不得下浃"者。且百姓有涂炭之苦，陛下无由而知，则陛下有子惠之心，百姓无由而信。臣谨按《春秋》书梁亡，不书取者，梁自亡也。以其思虑昏而耳目塞，上出恶政，人为寇盗，皆不知其所以然，以自取其灭亡也。臣闻国君之所以尊者，重其社稷也；社稷之所以重者，存其百姓也。苟百姓之不存，则虽社稷不得固其重；苟社稷之不重，则虽国君不得保其尊。故理天下者，不可不知百姓之情也。夫百姓者，陛下之赤子。陛下宜命慈仁者亲之、育之，如保傅焉，如乳哺焉，如师之教导焉。故人之于上也，敬之如神明，爱之如父母。今或不然，陛下亲近贵幸，分曹建署，补除卒吏，召致宾客，因其货贿，假其气势，大者统藩方，小者为牧守，居上无清惠之政而有饕餮之害，居下无忠诚之节而有奸欺之罪。故人之于上也，畏之如豺狼，恶之如仇敌。今四海困穷，处处流散，饥者不得食，寒者不得衣，鳏寡孤独者不得存，老幼疾病者不得养。加以国权兵柄专在左右，贪臣聚敛以固宠，奸吏夤缘而弄法。冤痛之声，上达于九天，下入于九泉，鬼神为之怨怒，阴阳为之愆错，君门九重而不得告诉。士人无所归化，百姓无所归命。官乱人贫，盗贼并起，土崩之势，忧在旦夕，即不幸因之以师旅，继之以凶荒。臣以谓陈胜、吴广，不独生于秦；赤眉、黄巾，不独生于汉。臣所以为陛下发愤扼腕，腐心泣血耳！如此，则百姓有涂炭之苦，陛下何由而知之乎？陛下有子惠之心，百姓安得而信之乎？致使陛下行有所未孚，心有所未达者，固其然也。臣闻昔汉元帝即位之初，更制七十余事，其心甚诚，其称甚美，然纪纲日紊，国祚日衰，奸凶日强，黎元日困者，以其不能择贤明而任之，失其操柄也。自陛下御宇，忧勤兆庶，屡降德音，四海之内，莫不抗首而长息，自喜复生于死亡之中也。伏愿陛下，慎终如始，以塞万方之望。诚宜揭国权以归其相，持兵柄以归其将，去贪臣聚敛之政，除奸吏夤缘之害，惟忠贤是近，惟正直是用，内宠便辟，无所听焉。选清慎之官，择仁惠之长，毓之以利，煦之以和，教之以孝慈，导之以德义，去耳目之塞，通上下之情，俾万国欢康，兆人苏息，则心无所不达而信无所不孚矣！

臣所言"欲人之化也，在修己以先之"者。臣闻德以修己，教以导人。修己也，则人不劝而自至；导人也，则人敦行而率从。是以君子欲政之必行也，故以身先之；欲人之从化也，故以道御之。今陛下先之以身，而政未必行；御之以道，而人未从化。岂不以立教之旨，未尽其方耶？夫立教之方，在乎君以明制之，臣以忠行之。君以知人为明，臣以匡时为忠。知人则任贤而去邪，匡时则固本而守法。贤不任则重赏不足以劝善，邪不去则严刑不足以禁非，本不固则人流，法不守则政散。而欲教之使必至，化之使必行，不可得也。陛下能斥奸邪，不私其左右，举贤正不遗其疏远，则化洽于朝廷矣。爱人以敦本，分职而奉法，修其身以及其人，始于中而成于外，则化行于天下矣。

臣前所言"欲气之正也，在安其情，以和之者，当纳人于仁寿"也。夫欲人之仁寿也，在乎立制度，修教化。夫制度立则财用省，财用省则赋敛轻，赋敛轻则人富矣。教化修则争竞息，争竞息则刑罚清，刑罚清则人安矣。既富则仁义兴焉，既安则寿考生焉。仁寿之心感于下，和平之气应于上，故灾害不作，休祥荐臻，四方底宁，万物咸遂矣。

臣前所言"救旱灾，在致乎精诚"者。臣谨按《春秋》，鲁僖公一年之中，三书不雨者，以其人君有恤人之志也；鲁文公二年之中，一书不雨者，以其人君无悯人之心也。故僖致精诚而不害物，文无悯恤而变成灾。陛下诚能恤人之心，则无成灾之变矣。

臣前所言"广播植，在视乎食力"者。臣谨按《春秋》，君人者，必时视人之所勤，人勤于力则功筑罕，人勤于财则贡赋少，人勤于食则百事废。今财食与人力皆勤矣，愿陛下废百事之用，以广三时之务，则播植不愆矣。

臣前所言"国廪罕蓄，本乎冗食尚繁"者。臣谨按《春秋》，臧孙辰告籴于齐，《春秋》讥其国无九年之蓄，一年不登而百姓饥。臣愿斥游惰之徒以督其耕植，省不急之务以赡其黎元，则廪蓄不乏矣。

臣前所言"吏道多端，本乎选用失当"者，由国家取人，不尽其材，任人不明，其要故也。今陛下之用人也，求其声而不求其实，故人之趋进也，务其末而不务其本。臣愿核考课之实，定迁序之制，则多端之吏道息矣。

臣前所言"豪猾逾检，由中外之法殊"者，以其官禁不一也。臣谨按《春秋》，齐桓公盟诸侯，不书日，而葵丘之盟特以日者，美其能宣明天子之禁，率奉王官之法，故《春秋》备而书之。夫官者，五帝、三皇之所建也；法者，高祖、太宗之所制也。法宜画一，官宜正名，今又分外官、中官之员，立南司、北司之局。或犯禁于南，则亡命于北；或正刑于外，则破律于中。法出多门，人无所措实，由兵农势异而中外法殊也。臣闻古者因井田以制军职，间农事以修武备，提封约卒乘之数，命将在公卿之列，故兵农一致，而文武同方，可以保乂邦家，式遏乱略。暨太宗皇帝，肇建邦典，亦置府兵，台省军卫，文武参掌。居闲岁则橐弓力穑，将有事则释耒荷戈，所以修复古制，不废旧物。今则不然。夏官不知兵籍，止于奉朝请；大将不主兵事，止于养勋阶。军容合中官之政，戎律附内臣之职。首一戴武弁；嫉文职如仇雠；足一蹈军门，视农夫如草芥。谋不足以翦除奸凶，而诈足以抑扬威福；勇不足以镇卫社稷，而暴足以侵轶里闾。羁绁藩臣，干陵宰辅，隳裂王度，汩乱朝经，张武夫之威，上以制君父，假天子之命，下以驭英豪，有藏奸观衅之心，无仗节死难之义。岂先王经文纬武之旨耶？臣愿陛下贯文武之道，均兵农之功，正贵贱之名，一中外之法，还军伍之职，修省署之官，近崇贞观之规，远复成周之制，自邦畿以刑于万国，始天子而达于诸侯，则可以制豪猾之强，无逾检之患矣。

臣前所言"生徒惰业，由学校之官废"者，盖以国家贵其禄而贱其能，先其事而后其行，故庶官乏通经之学，诸生无修业之心矣。

臣前所言"列郡干禁，由授任非其人"者。臣以为刺史之任，理乱之根本系焉，朝廷之法制在焉。权可以抑豪猾，恩可以惠孤寡，强可以御奸寇，政可以移风俗。其将校曾经战阵，及功臣子弟各请随宜酬赏，如无理人之术者，不当授任此官，则绝干禁之患矣。

臣前所言"百工淫巧，由制度不立"者。臣请以官位禄秩制其器，用车服，禁金银珠玉，锦绣雕镂不蓄于私室，则无荡心之巧矣。

臣前所言"辨枝叶"者，在考言以询行也；臣前所言"形耻格"者，在道德而齐礼也；臣前所言"念生寡而食众，可罢斥游惰"者，已备之于前矣。

臣前所言"令烦而理鲜，要在观察贤否"者，臣闻号令者，乃理国之具也。君审而出之，臣奉而行之，或亏益止留，罪在不赦。今陛下令烦而理鲜，得非持之者，为所蔽欺乎？

臣前所言"博延群彦，愿陛下必纳其言，造庭待问，则小臣岂敢爱死"者。臣闻晁错为汉画削诸侯之策，非不知其祸之将至也。忠臣之心，壮夫之节，苟利社稷，死无悔焉。今臣非不知言发而祸应，计行而身戮，盖所以痛社稷之危，哀生人之困，岂忍姑息时忌，窃陛下一命之宠哉？昔龙逢死而启殷，比干死而启周，郦生死而启汉，陈蕃死而启魏。今臣之来也，有司或不敢荐。臣之言，陛下又无以察臣之心，退必受戮于权臣之手，臣幸得从四子游于地下，固臣之愿也。所不知杀臣者，臣死之后将孰为启之哉？至于人主之阙，政教之疵，前日之弊，臣既言之矣。若乃流下土之惠，修近古之理，而致其和平者，在陛下行之而已。然上之所陈者，实以臣亲承圣问，敢不条对。虽臣之愚，以为未及教化之大端，皇王之要道。伏惟陛下，事天地以教人，敬奉宗祀以教人，孝养高年以教人，悌育百姓以教人，慈调元气以煦育，扇太和于仁寿，可以逍遥而无为，端拱而成化。至若念陶钧之道，在择宰相而任之，使权造化之柄；念保定之功，在择庶官而任之，使专职业之守；分万姓之愁痛，在择长吏而任之，使明惠养之术。自然言足以为天下教，动足以为天下法，仁足以劝善，义足以禁非，又何宵衣旰食，劳神惕虑，然后以致其理哉！谨对。《文苑英华》卷四九三，第2521～2527页；《唐文粹》卷三〇下；《旧唐书》卷一九〇下；《新唐书》卷一七八。

沈亚之对策

臣闻古者君天下之心也，上降下应，还若影响。夫以身而养人者，下以父尊之，虽衰而无怨，此神农之俗也；以道而覆人者，下则欣戴之，虽衰莫得离其下，此黄帝、帝尧之俗也；以义教人者，下以神敬之，虽衰而无慢，此舜、禹之俗也；以刑戮而驱人者，下以刑戮而畏之，不俟衰而刑戮复矣，此桀、纣之俗也。今陛下廓神睿之宇，临天下将三岁矣。索举贤良待问之士，聚而俯告，悉征所达，以辅于明臣。幸得见墀级之严，陈王由户之道。臣之所奏，善户有三，神农、唐虞之化是；败户有一，桀之乱是。彼三善之户，其门甚辟，皆可循辙而进，唯在陛下命车而已矣。

制策曰"厥闻古先格王之理也，玄默无为，端拱司契，陶甄心以居简，凝日用于不宰，厚下以立本，推诚而建中。由是天人通，阴阳和，俗跻仁寿，物无疵疠。噫！盛德之所臻，敻乎其莫可及已；三代令王，质文迭救，百为滋炽，风流寝微；自汉而降，足征益寡"者。间有以古先玄默无为之化，及三代质文迭救之法，易难相殊者。臣请指数而奏之。夫数之始生，起于其一，而历乎多数。在盈十之间，虽童子且能屈指而数也；及延乎亿兆，塞乎天地，虽明大人犹难举籍而造其极。夫饕者，始生魄于婴而蠢于蒙。蒙婴之时，不俟更乳而饫矣；及形具气周，设肥牛之肩，加百品之佐，不足以塞其餍也。是则太古之人,众庶之俗,其由数之奇寡,饔之蒙婴乎?无越无踰,蠕然濡之;无营无虑,愧守俟煦。为之君者易其化,五帝主之,何以异贲育之材,举一毫而趋也?三代以降,众庶之情,缺变之俗,其由数之亿兆,饔之周牡也。君之者,广法制以御之,饰礼义以导之,明赏罚以齐之,然犹不能使下表夸无益也。臣闻圣人高明而道中庸者,法常制定,使人无加;逾于饰度,犹恐其久而为弊。即以日新之,言以劝诲,使不为常也。如其临理有常制,豪猾何致逾检乎?讲习师受有常学,儒者何致废堕乎?黜陟幽明有常,令列郡何致干禁乎?车服室屋有常度,工者何致淫巧乎?易问先迷失道之常也。然照育之神不测者,以其既弊于夕,而能更兴于晨,使其光日日新也。伏惟陛下观日新之道,以张化源,复何俗恬风靡、积讹成蠹之患乎?

制策曰"其择官济理也,听人以言,则枝叶难辨,御下以法,则耻格不形,其阜财发号也,生之寡而食之众",煎无已,臣恐铄于所制也。伏愿陛下修日新之德,察善政之臣,行克已之令以拯其弊,然后可以垂衣而化也。

制策曰:"故诏有司博延群彦,伫启也"。陛下如能用其道,可以泽惠下土也。如使理古可近者,其在明礼乐仁让也。若使和气克充者,其本在和人心之邪愠,在理之雅正也。其理怫者,众气稚;其理明者,众以洽。夫众庶之情,和平愠抑之气,呼而散之大空,还会于风云,合于水土,包声于陶埴之器,每岁附阴而伏,乘阳而升。众庶之气,杂于阴阳,陶于变化者,由曲蘖乎?愠气居于中,则戾戾,则悲悲,则水潦败;抑气居于中,则悖悖,则亢亢,则螟蛾生;平气居于中,则序序,则得常得常,则风雨节,寒暑时;和气居于中,则泰泰,则有余有余,则交让于变,化涵而为休,宝流而为精神,洋衍乎祥光,沛滅乎佳泽。臣故曰:"充和气者,在调人心也。"

制策曰:"至若夷吾轻重之权,孰辅于理?严尤底定之策,孰叶于时?元凯之考课何先?叔子之克平何务?惟此龟鉴,择乎中庸。期在洽闻,朕将亲览者。"夫廪畜之所贤者,在乎贱入而贵出,使人无所困饥于凶灾,伤劳于丰贱也。夷吾之权,微不可也。从古已来西事戎者,或辱于盟而困于嫁,非有他由,挠其锋而侮其丑也。及其所窘,搏则啮物,以其兵矣,戎夷之生无以异也,故圣王备而不擒也。严尤之言,亦可征也。自长庆、宝历已来,金紫银朱之佩盈于朝,逸于郡国,有纪何者?今日布令,明日而隳,使人无所守,是以纪纲不振也。且教令所以设,备为防也;纲纪所以制,物枢用也。是皆虞患难拯困也。人有赤子沈于水火者,为之父母,必将奔往而拯之,使免于苦;及无为救者,则必坐悲而泣望也。为救之具,必在长绠之钩,修竿之抉乎?有备而防者,父母之人也。无具徒手者,虽悲不信也。今陛下之赤子,亦以困于是矣,陛下亦将拯而免其苦乎!今法制委弛,维纲不枢,则是修竿、长绠之钩抉不为也。陛下居于九重,临于兆庶,得无有坐悲泣望之恨乎?臣窃为陛下惧不仁之尤于后代也。伏愿陛下择忠言以广其明,察智谟以周于用,一刑赏以信于令,薄赋敛以息其劳,慎禁夺以省其犯,审狱讼以爱其生。如此,水火之陷不牵于瞽聩之俗矣,多济之防充列于无患之朝矣。若是,又以为不理、不康、不惠、不仁,非臣所知也。谨附圣条,陈写大略,冒黩之罪,臣何敢逃?谨对。沈亚之《沈下贤集》卷十,《四库全书》第1079册,第58~61页。

登科①

武德元年戊寅（618）

应制及第：

田仁会，《旧唐书》卷一八五上本传："田仁会，雍州长安人。……武德初应制举，授左卫兵曹，累迁左武候中郎将。"《新唐书》卷一九七本传："仁会擢制举，仕累左武侯中郎将。"按陈补云："武德元年至四年皆不贡举，终武德之世亦未闻有制科之试，故难以常例系于元年，亦不详何年，姑存其文。"孟按：唐世科举，制科本自异于常科，其不贡举年亦不妨有制科，观《登科记考》可知。徐松既约定"凡《新、旧书》言某某初者，皆系于元年下。"此亦当仿之。下同。

崔仁师。《旧唐书》本传："崔仁师，定州安喜人，武德初，应制举，授管州录事参军。《新唐书》本传："崔仁师，定州安喜人。武德初擢制举，调管州录事参军。"孟二冬《登科记考补正》卷一，第1~2页。

贞观元年丁亥（627）

应制及第：

谢偃。《旧书·文苑传》："谢偃，卫县人，本姓直勒氏。祖孝政，北齐散骑常侍，改姓谢氏。偃贞观初应诏对策及第。"徐松《登科记考》卷一，《续修四库全书》第829册，第14页。

---

① 载唐人制举登科者，以清人徐松《登科记考》最为完备。今人岑仲勉、陈尚君、罗继祖等或爬梳文献，或据新出土墓志、碑铭，复补证若干。孟二冬又在已有成果的基础上，对《登科记考》进行了全面补证，撰成《登科记考补正》，贡献尤著。登科材料，多散见墓志、碑铭、书传中，不便完整收集，故本书以徐松《登科记考》为主，复收录了孟二冬《登科记考补证》中的一些材料。需说明的是，孟著中，"岑补"，指岑仲勉《登科记考订补》（载1941年《历史语言研究所集刊》第11本）；"罗补"，指罗继祖《登科记考补》（日本《东方学报》京都第13册第1分册，昭和十七年六月）；"陈补"，指陈尚君《〈登科记考〉正补》（载《唐代文学研究》第4期）；"王补"，指王其祎、李志凡《〈登科记〉补》（载台湾《台大历史学报》第19期）和王其祎、周晓薇《〈登科记〉补续》（载《碑林集刊》，陕西人民美术出版社2000年）；"张补"，指张忱石《〈登科记〉续补（上、下）》（《文献》1987年第1、2期）；"朱补"，指朱玉麒《〈登科记考〉补遗、订正》（载《文献》1994年第3期）；"《汇编》"，指周绍良《唐代墓志汇编》（上海古籍出版社1992年）；"《补编》"，指吴钢主编《全唐文补编》（三秦出版社1994年）；"《千唐》"，指《千唐志斋藏志》（文物出版社1984年）。

贞观六年壬辰（632）

应制及第：

崔信明。《旧书·文苑传》："信明，青州益都人。祖滔。信明贞观六年应诏举，授兴世丞。"徐松《登科记考》卷一，第16页。

贞观七年癸巳（633）

应制及第：

郑敞。薛稷《故洛州洛阳令郑府君碑》："公讳敞，字仲高，荥阳开封人。贞观七年，制策高第，授越州都督府参军。"按敞即仁基之子。徐松《登科记考》卷一，第16页。

强伟。《汇编》『麟德026』（周绍良藏拓本，开封博物馆藏石）麟德元年（664）十一月二十八日《□□□□□□轻骑都尉强君（伟）墓志铭并序》云："君讳伟，字玄英，扶风人也。……贞观七年任国子生，应诏举，除贞州宗城县丞。"亦见罗补，"贞州宗城"作"贝州禹城"。孟二冬《登科记考补正》卷一，第17~18页。

贞观十四年庚子（640）

应制及第：

李楚才，杨炯《原州百泉县令李君神道碑》："君讳楚才，卫州卫县人。贞观元年授长乐监，十四年应诏四科举，射策登甲第。"徐松《登科记考》卷一，第18页。

强伟。《汇编》『麟德026』（周绍良藏拓本，开封博物馆藏石）麟德元年（664）十一月二十八日《□□□□□□轻骑都尉强君（伟）墓志铭并序》云："君讳伟，字玄英，扶风人也。……贞观七年任国子生，应诏举，除贞州宗城县丞。至十四年，复应诏举，授豪州钟离县令。"亦见罗补。孟二冬《登科记考补正》卷一，第22页。

永徽元年庚戌（650）

贤良方正科：

裴皓。《补遗》册七，第266页，龙朔三年（663）十月五日《大唐故宫府大夫兼检校司驭少卿裴君（皓）墓志铭并序》："君讳皓，字圆照，河东闻喜人也。……贞观八年以茂才应举，射策甲科，授右屯卫骑曹参军。……永徽元年以贤良应诏，除尚书兵部员外郎。"孟二冬《登科记考补正》卷二，第40页。

游情文藻、下笔成章科：

孙处约。《汇编》『咸亨068』据《考古与文物》1983年1期所录咸亨三年（672）十一月二十二日《唐故司成孙公（处约）墓志铭并序》："永徽元年，礼部尚书骠骑都尉申公（处约）应诏举，游情文藻，下笔成章，射策甲科。"又《补遗》册三，第69页，张嘉祯撰开元二十九年（741）正月《故荆州大都督府长史上柱国乐安县开国伯孙公（俊）之碑并序》云："父处约，进士擢第，授校书郎。永徽年，礼部尚书高士廉荐，应游情文藻、下笔成章举，对策高第，特授著作佐郎。"按张补据《孙处约墓志》录入附考类。亦见陈补。孟二冬《登科记考补正》卷二，第40~41页。

永徽三年壬子（652）

应制及第。《云麓漫钞》于制科及第下注云"永徽三年"，是此年有制科也。徐松《登科记考》卷二，第26页。

永徽四年癸丑（653）

应制及第三人。徐松《登科记考》卷二，第28页。

毕正义。《补遗》册六，第251页，《大唐故益州都督法曹大理丞毕君（正义）墓志铭》："君讳正义，字正义，太原人也。……永徽四年，应诏举对策高第，诏授大理丞。"亦见王补。孟二冬《登科记考补正》卷二，第48页。

永徽五年甲寅（654）

应制一人。按应制下脱"及第"二字。徐松《登科记考》卷二，第28页。

张复。《千唐》『370』垂拱四年（688）七月十七日《大唐故左□□□监察御史张府君（复）墓志铭并序》："君讳复，字□□，清河人也。……早预国子生，应诏自举，诏□问焉。对奏者千有余人，君蔚为举首。爰降明诏曰：少年聪颖，机神博达，对□策问，词义可称，可待诏弘文馆，准学士例，供食随仗，入内供奉。时年十九。"张氏卒于垂拱四年（688），享年五十三，则其十九岁为永徽五年。孟二冬《登科记考补正》卷二，第48~49页。

显庆二年丁巳（657）

应制及第：

杨志诚，陈补云："《文苑英华》卷九二六张说《陇州司马杨公神道碑》：'公讳忠诚，字某，弘农华阴人也。……明庆中，诏郡国举贤良，公对策天朝，无能出其右者，迁太子通事舍人。再举高第，徙国子监丞。'后历任礼部、吏部员外郎等职，'又应文擅词场举，策试天下第一。'志诚，周必大所见宋本及今存之龙池草堂本、结一庐本《张说之文集》卷十六皆不误，《英华》误为忠诚，明庆即显庆，因中宗讳改。诏郡国举贤良，事在显庆元年十月，志诚对策，当在二年。其'再举高等'年不详。"

　　刘仁愿。阙名撰《全唐文》卷九九〇《唐刘仁愿纪功碑》："君名仁愿，字士元，雕阴大斌人也。……显庆元年，迁左骁卫郎将。二年，应诏□（举）文武高第，升进三阶。"孟二冬《登科记考补正》卷二，第52页。

显庆三年戊午（658）

志烈秋霜科：

韩思彦。《册府元龟》、《唐会要》。《新书·韩思彦传》："思彦字英远，邓州南阳人。志烈秋霜科擢第。"杨炯《右将军魏哲神道碑》："公讳哲，字知人，巨鹿阳曲人。显庆三年，诏除左卫清宫府左果毅都尉，寻圉谷府折冲都尉。并长上如故。又以应诏举对策甲科，迁左骁卫郎将。四年，诏公为铁勒道行军总管。"按是年不见他科，疑亦志烈秋霜科及第。①《登科记考》卷二，第30页。

魏哲。孟按，见上所引杨炯《右将军魏哲神道碑》。孟二冬《登科记考补正》卷二，第54页。

显庆四年己未（659）

洞晓章程科。
材称栋梁，志标忠鲠科。
政均卓鲁，字俗之化通按"通"字疑有误高科。
安心畎亩，力田之业夙彰科。
道德资身，乡闾共挹科。
养志丘园，嘉遁之风载远科。
材堪应幕科。
学综古今科：按以上诸科皆见《云麓漫钞》。是年设科最多，故《本纪》言试举人九百人也。

李巢，

---

① 《册府元龟》、《唐会要》谓韩思彦登此科在显庆三年二月；《文献通考》卷三十三谓显庆二年，或传写之误。

張昌宗，

秦相如，

崔行功，行功，恒州井陘人。见《旧书·文苑传》

郭侍封。《册府元龟》载是年制科五人，即《本纪》所云五人居上第也。第统言制科，不知某人举某科，今附此科之下以俟考。徐松《登科记考》卷二，第 30 页。

贤良方正科：

张玄弼。《登科记考》卷二十七《附考·制科》著录张玄弼，徐松考云："张柬之《张府君墓志》：'七徙职为益州府功曹参军，以贤良徵册入甲科。未拜职，以龙朔元年五月十九日终于洛阳。'李行虚撰铭曰：'擢第金门，沧躯泉□（户），未终千日，俄成万古。'"按玄弼登第当在显庆四五年。孟按，该墓志见《汇编》『天授 039』"司元大夫李行廉撰"永昌三年（691 年，实为天授二年）《唐故益州大都督府功曹参军事张君（玄弼）墓志铭并序》（周绍良拓本），以"未终千日"推之，其登"贤良"科时约在本年，今移附于此。孟二冬《登科记考补正》卷二，第 56~57 页。

幽素科：

赵越宝。《汇编》『长安 009』长安二年（702）六月廿五日《大周故通直郎行杭州司士参军上骑都尉赵府君（越宝）墓志铭并序》（北京图书馆藏拓本）："公讳越宝，字连城，其先天水人也，今为汝州梁县人焉。……春秋廿，应幽素举及第，授门下典仪。……春秋六十有三，以长安二年六月一日终于洛州合宫县崇业里私第。"以长安二年（702）廿六十三推之，其春秋二十在显庆四年。又按《汇编》『开元 276』廉察撰开元十六年（738）二月十五日《大唐故杭州司士参军赵府君故夫人张氏（柔范）墓志铭并序》（北京图书馆藏拓本）云："府君……讳越宝，字连城。十八幽素擢第，解褐门下典仪。"然长安二年之志在前，且记事颇详，今从前者。亦见王补。孟二冬《登科记考补正》卷二，第 57 页。

显庆六年、龙朔元年辛酉（661）

应制及第：

高□。陈子昂《离狐县丞高府君墓志铭》："君讳某。龙朔元年有制举忠鲠，君对策及第。试永州湘源县尉。"按显庆四年有志标忠鲠制科，制举忠鲠殆亦此类。《登科记考》卷二，第 31 页。

孟按：陈子昂所撰墓志见《汇编》『天授 032』天授二年（691）十月廿三日《大周故宣议郎骑尉行曹州离狐县丞高府□（君）（像护）□□□（墓志铭）》云："君讳像护，字景卫，其渤海蓨人也，因仕居洛，今为阳翟人。……唐龙朔元年，有制举忠鲠，君对策及第，试守永州湘源县尉。"今补其名。亦见王补。孟二冬《登科记考补正》，第 58 页。

麟德元年甲子（664）

茂材异行科。见《云麓漫钞》。

销声幽薮科：

严善思。《旧书·方伎传》："严善思，同州朝邑人。初应销声幽薮科举擢第，则天时为监察御史。"按《记纂渊海》，麟德元年应销声幽薮科一人，殆即严善思也。《新书》："严善思名譔，以字行。父延。"

藏器下僚科：

平贞眘。张说《常州刺史平贞眘神道碑》："补卢州慎县尉，刺史卢宝允举藏器下僚，转冀州大都督府曲沃县尉，换晋州洪洞县主簿。北平阳道昕、河东裴知礼荐以经邦兴化，徙雍州新丰县尉。"

经明行修科：

李思训。李邕《云麾将军碑》："公讳思训，字建，陇西狄道人。年十四，补崇文生，举经明行修甲科。"按《碑》言思训卒于开元四年，年六十六，是年为十四岁。《唐书》本传作卒于开元六年者误。徐松《登科记考》卷二，第32页。

麟德三年、乾封元年丙寅（666）

幽素科十二人：《记纂渊海》作十三人。

苏瑰，见《册府元龟》、《唐会要》。

解琬，见《册府元龟》、《唐会要》。《旧书》本传："魏州元城人，少应幽素举拜新政尉。"

苗神客，见《册府元龟》、《唐会要》。

格辅元，见《册府元龟》、《唐会要》。《旧书·岑文本传》："格辅元，汴州浚仪人。"《新书》："辅元父处仁。"

徐昭，见《册府元龟》、《唐会要》。

刘讷言，见《册府元龟》、《唐会要》。

崔谷神，见《册府元龟》、《唐会要》。

郭敬同，孙翌《教（孝）子郭府君墓志》："严考敬同，皇（疑误）幽素举高第。"

王勃，《旧书·文苑传》："王勃年未及冠，应幽素举及第。"按王勃《春思赋序》："咸亨二年，余春秋二十有二。"则是年十七，故曰未及冠。《唐才子传》："王勃六岁善词章，麟德初，刘祥道表其才，对策高第。"徐松《登科记考》卷二，第31～32页。

刘令彝。《汇编》『开元055』开元五年（717）八月五日《大唐故梓州长史河间刘公（彦之）墓志铭并序》云："君讳彦之，字彦之，本沛国鄪人也。……皇考令彝，举幽素及第，补密州莒县尉。"本年有幽素科，因附焉。

□□科：

李敬。《千唐》『645』开元十二年（724）十二月十一日《唐故庄州都督李府君（敬）志铭并序》（参见《汇编》［开元210］）云："君讳敬，字守礼，陇西成纪人也，顷因官徙而为雍州人焉。……十八应制，八科举擢第，解褐鄜州洛川尉。"按，李氏卒于开元十年（722），享年七十四，则其十八岁时为乾封元年。亦见张补。

岳牧举：

明崇俨。陈补："《旧唐书》卷一九一《方伎·明崇俨传》：'乾封初，应封岳举，调黄安丞。'高宗于本年正月封禅泰山。"朱补："又见《册府》卷八六七《总录部·方术》。《新唐书》本传：'（明崇俨）乾封初，应岳牧举，调黄安丞，以奇技自名。'按，《旧书·高宗纪》：'麟德三年春正月戊辰朔，车驾至泰山顿。……己巳，帝升山行封禅之礼。……壬申，御朝觐坛受朝贺，改麟德三年为乾封元年。'据此，明崇俨当是应该年之制举而及第授官；其言'岳牧举'、'封岳举'者，当是一科而传抄致异。"孟二冬《登科记考补正》卷二，第65页。

乾封二年丁卯（667）

词瞻文华科。

直言极谏科。《云麓漫钞》列此二科于幽素之次，皆系乾封元年。按二年有举鸿儒硕学之诏，则词瞻文华必在此年，故与直言极谏并隶于此。徐松《登科记考》卷二，第33页。

孝通神明科：

杨纯。《千唐》『614』开元九年（721）十月十一日《唐故晋州霍邑县令杨府君（纯）墓志铭并序》（参《汇编》『开元124』）云："君讳纯，字纯，弘农人也。……乾封中，以孝通神明举授密王府参军。"按乾封凡三年，志文言"乾封中"，因附本年。亦见张补。孟二冬《登科记考补正》卷二，第66~67页。

咸亨五年、上元元年甲戌（674）

英材杰出科：

李迥秀，《旧书·李大亮传》："迥秀，大亮族孙也。弱冠应英材杰出举，拜相州参军。"按《新书》，迥秀卒于代姚崇为兵部尚书时，年五十，事在长安四年，则弱冠在咸亨五年。是年有诏举所知，盖即制科也。徐松《登科记考》卷二，第34页。

王适，

贺兰务温。《千唐》『616』李昇期撰开元九年（721）十月二十三日《唐故正议大夫使持节相州诸军事守相州刺史上柱国河南贺兰公（务温）墓志铭并序》（参见《汇编》『开元127』、《补遗》册一第104页）云："公讳务温，字茂弘，河南洛阳人也。……有不得已举茂异，与太原王适、陇西李迥秀并对册高第，解褐授郑州参军，非所好也。寻授右领军兵曹。"按此所谓"举茂异"，当即"英材杰出科"，属制科。亦见罗补。孟二冬《登科记考补正》卷二，第72页。

上元二年乙亥（675）

应制及第：

杨炯，杨炯《浑天赋序》："显庆五年，炯时年十一，待制弘文馆。上元二年，始以应制举补校书郎。"徐松《登科记考》卷二，第35页。

李至远（李鹏）。《新唐书·李素立传》："孙至远，始名鹏。……上元时制策高第，授明堂主簿。"因附本年。按陈补附于上元三年（676）。孟二冬《登科记考补正》卷二，第74页。

上元三年、仪凤元年丙子（676）

词殚文律科①：

崔融，《册府元龟》、《唐会要》。《旧书》本传："崔融，齐州全节人。应八科举擢第。"《新书》："融字安成。"徐松《登科记考》卷二，第35页。孟按：崔融《报三原李少府书》："吾子泛交，直造余室，弱季愚者因此得闻。夕饱儒珍，朝充道味，南指有资于先觉，北面顿廓于初蒙。成人之美，君子之务也。遂令齐声五对，嗣美一枝，名登甲乙之科，身预贤良之末，此非师资之效欤？"见《文苑英华》卷六八〇。孟二冬《登科记考补证》卷二，第76页。

陈该。陈子昂《陈该石人铭》："上元元年之明年，制敕天下文儒，司属少卿杨若讷荐君应词殚文律，对策高第，敕授茂州石泉县主簿。"

文学优瞻科：

马怀素。《旧书》本传："应制举，登文学优瞻科。"《墓志铭》："公年甫弱冠，以文学优瞻对策乙科，乃尉郿。无何，丁太夫人忧。服阕，授麟台正字。京兆韦方直善飞白，以公既及冠礼，未尝立字，遂大署飞白云'怀素字贞规'。"以开元六年卒，年六十推之，咸亨四年十五，举孝廉。服阕后云既及冠，是应制举时未及二十也。是年有制科，或文学优瞻科亦在是年，故载于此。

□□科：

员半千，《旧书·文苑传》："上元初应八科举，授武陟尉。"按江邻几《杂志》："白水县尧山民掘得志石，是员半千墓。云十八代祖凝自梁入魏，本姓刘，彭城人。以其雅正似伍员，遂赐姓员。"

阳峤，《旧书·良吏传》："阳峤，河南洛阳人。仪凤中应八科举，授蒋陵尉。"

裴守贞。《旧书·孝友传》："裴守贞，绛州稷川人，后魏冀州刺史叔业六世孙。父膏，贞观中官至鄞令。守贞早孤，初举进士，及应八科举，累转乾封郡属。"按八科举在是年，而不知其科，俟考。徐松《登科记考》卷二，第35~36页。孟按："裴守贞"，两《唐书》本传均作"裴守真"；《金石录》卷二十六："右《唐裴守真碑》云……"；徐松于卷二十七《附考·进士科》亦著录作"裴守真"，此误，今据改。又，《新唐书》本传作："举进士，六科连中。"孟二冬《登科记考补证》卷二，第77页。

仪凤二年丁丑（677）

下笔成章科：按去冬下诏，应制科在是年。

---

① 《文献通考》卷三十三误为"上元二年"。

张鷟，

姚元崇，《旧书·姚崇传》："本名元崇，陕州硖石人。元崇为孝敬挽郎，应下笔成章，举授濮州司仓。"

韩思彦，《新书·韩思彦传》："万年令李乾祐异其才，举下笔成章科。"

王无竞。《旧书·文苑传》："王无竞有文学，初应下笔成章举及第。解褐，授赵州栾城县尉。"孙逖《王无竞墓志》："公讳无竞，字仲烈，其先琅邪人，因官家于东莱。弱冠，以应制擢第。"徐松《登科记考》卷二，第36页。

贤良方正科：

张庭珪（张廷珪）。按《记考》卷二十七《附考·制科》著录"张廷珪"，徐氏考云："《旧书》本传：'弱冠应制举。'"孟按：《补遗》册五，第30页，徐浩撰天宝五载（746）二月十四日《唐故赠工部尚书张公（庭珪）墓志铭并序》云："公讳庭珪，字温玉，范阳方城人。……弱冠，制举贤良射策第二等。"按张氏卒于开元二十二年（734）八月十九日，享年七十七。以其弱冠岁推之，则其登制科在本年。今移正。又按：两《唐书》本传俱作"张廷珪"，然《唐郎官石柱题名考》卷四、《唐会要》卷七十七、《书小史》卷是俱作"张庭珪"。今观徐浩所传墓志，则知两《唐书》误。且两《唐书》所记张氏之籍贯、封爵亦皆有误。孟二冬《登科记考补正》，第79页。

仪凤三年戊寅（678）

应制及第：

魏靖。《汇编》『开元341』刘升撰开元十五年（727）正月廿四《大唐故右金吾将军魏公（靖）墓志铭并序》（周绍良藏拓本）云："公讳靖，字昭绪，巨鹿曲阳人。……弱冠英制举，授成武尉。……以开元十四年廿四日遘疾，终于邠州口定驿，春秋六十八。"则其弱冠之岁在仪凤三年。王补入附考。孟二冬《登科记考补正》卷二，第81页。

仪凤四年、调露元年己卯（679）

应制及第：

梁玙。《千唐》『721』开元二十一年（733）二月十六日《大唐故亳州谯县令梁府君（玙）之墓志》（参见《汇编》『开元363』）云："公讳玙，字希杭，京兆长安人也。……逮乎冠稔，博通经史，诸所著述，众挹清奇，制试杂文：《朝野多欢娱诗》、《君臣同德赋》及第。"按，梁氏卒于开元二十年（732），享年七十三，则其二十岁在仪凤四年。亦见陈补。孟二冬《登科记考补正》卷二，第82~83页。

调露二年、永隆元年庚辰（680）

岳牧举：

员半千，《旧唐书·文苑传》："员半千，本名余庆，晋州临汾人。上元初，应八科举，授武陟尉。又应岳牧举，高宗御武成殿，召诸州举人亲问，半千越次而对，高宗甚嗟赏之。及对策，擢为上第。"《册府元龟》："永隆元年，岳牧举，武陟尉员半千及第。"

殷楷。冯宿《殷公家庙碑》："工部府君讳楷，字文绚。高宗朝四岳举高第，释褐拜雍州新丰尉。"按四岳举即岳牧举。徐松《登科记考》卷二，第37页。

永隆二年、开耀元年辛巳（681）

应制及第：

陈该。陈子昂《陈该石人铭》："开耀元年制举，太子舍人、司议郎、大府少卿元知让应制荐君，于朝堂对策高第，敕授隆州苍溪县主簿。"徐松《登科记考》卷二，第38页。

穿叶附枝举：

臧怀亮。《记考》卷二十七《附考·制科》著录臧怀亮，徐氏考云："李邕《左羽林大将军臧公神道碑》：'公讳怀亮，字时明，东莞莒人。自左卫勋应穿叶附枝举，登科。'又墓志：'弱冠应穿叶附枝举'，登科。"孟按：《全唐文》卷二六五李邕撰《羽林大将军臧公墓志铭》云："公讳怀亮，字时明，莒人也。……弱冠应穿叶附枝举擢第。……以开元十七年八月二十二日，薨于平康里私第，时春秋六十有八。"又，《补遗》册五，第355页，开元十八年（730）十一月廿一日《大唐故冠军大将军左羽林大将军上柱国东莞郡开国公臧府君（怀亮）墓志并序》云："公讳怀亮，字时明，东莞莒人也。……年廿，应穿叶附枝举登科。……以开元十七年八月廿二日，薨于京师平康私第，春秋六十有八。"其二十岁时在本年。今移正。亦见王补。孟二冬《登科记考补正》卷二，第86页。

嗣圣元年、光宅元年甲申（684）

抱儒素科。《云麓漫钞》。按是年改元赦制曰"或抱德幽栖"，盖即是科也。

韬钤科：《云麓漫钞》。按是年改元赦制曰"或武艺驰声"，盖即是科也。

郭敬之。《旧书·郭子仪传》："父敬之。"颜真卿《郭公庙碑铭》："敬之弱冠，以乡邦之赋骡膺将帅之举，四擢高第有声。"按敬之以天宝三年卒，年七十八，是年十八岁。所谓将帅举，即登韬钤科也。永昌元年亦有韬钤科，敬之盖联登上第矣。

词标文苑科：《文苑英华》注"光宅元年"。《册府元龟》载垂拱四年十月。是年改元赦制有"文藻流誉"，今从《英华》。

房晋，见《册府元龟》、《唐会要》。

皇甫伯琼，见《册府元龟》、《唐会要》。按《文苑英华》作"皇甫琼"，引《登科记》作"皇甫伯琼"。

王旦，见《册府元龟》、《唐会要》。徐松《登科记考》卷三，第40页。

严识玄。《补遗》册三，第53页，张希迥撰开元六年（718）正月十四日《大唐故朝议大夫行兵部郎中上柱国冯翊严府君（识玄）墓志铭并序》云："公讳识玄，字识玄，冯翊重泉人也。……永淳年，以乡贡士进士擢第，又应文藻流誉科擢第，授襄州安养县尉。公宦不辞卑，禄以及养。而钟粟未积，忽丁内忧。服满，应奇才选，天下一人及第。公之美声，朝野瞩目。词人秀彦，高山仰止。授公汴州浚仪县尉。秩满，复应拔萃选及第，授洛州武泰县尉。"据此知严识玄约于永淳二年登进士第，又应制举以文藻流誉科擢第。后又应制举以"奇才"、"拔萃"擢第。孟二冬《登科记考补正》卷三，第88、89页。

垂拱四年戊子（688）

词标文苑科：一曰学综古今科

张说，《旧书》本传："弱冠应诏举，对策乙第。"《新书》本传："武后策贤良方正，吏部尚书李景谌糊名较覆，说对第一，后署乙等。"《大唐新语》："则天初革命，大搜遗逸，四方之士应制者向万人。则天御洛阳城南门，亲自临试，张说对策为天下第一。则天以近古以来未有甲科，乃屈为第二等。其警句曰：'昔三监玩常，有司既纠之以猛；今四罪咸服，陛下宜济之以宽。'拜太子校书。仍令写策本，于尚书省颁示朝集及蕃客等，以光大国得贤之美。"刘禹锡《韦处厚集序》："天后朝，燕国张公说以词标文苑征。"《唐才子传》："张说字道济，洛阳人。垂拱四年，举学综古今科，授太子校书。"《记纂渊海》引《登科记》："永昌九年，应学综古今科一人，张说第三等。考策日封进，令曰：'洛阳人张说，文词清典，艺能优裕。金门对策，已居高科之首；银榜效官，且加一命之秩。'"按诸书所引，或曰贤良方正，或曰词标文苑，或曰学综古今，实止一科也。说卒于开元十八年，年六十四，是年二十二，故曰弱冠。

陈该，陈子昂《陈该石人铭》："垂拱四年，又应制学综古今，对策高第，敕授怀州河内县尉。"徐松《登科记考》卷三，第45页。

王齐丘。《千唐》『543』路敬潜撰景龙三年（709）十月廿六日（原作"五月二十九日"，误）《故右台殿中侍御史王君（齐丘）墓志铭并序》（参见《唐代墓志汇编》『景龙029』）云："君讳齐丘，字尚一，本太原人。……大周有制，察天下文儒，朝廷荐君，词标文苑，对策高第，解褐越州会稽县尉，寻为右拾遗。时皇上龙飞在天，诞敷声教，选众而举，俾康下人。……春秋五十有九，以景龙三年二月十三日终于凉府。"本年有"词标文苑科"，王氏当于是年登第。按十年齐丘三十八岁。亦见罗补。孟二冬《登科记考补正》卷三，第104~106页。

永昌元年己丑（689）

贤良方正科：

张柬之，《旧书》本传："进士擢第，累补青城丞。永昌元年，以贤良征试。同时对策者千余人，柬之独为当时第一。"《太平广记》引《定命录》："张柬之任青城县丞，已六十三矣。有善相者云，后当位极人臣，众莫之信。后应制策被落，则天怪中第人少，令于所落人中更拣。有司奏：'一人策好，缘书写不中程律，故退。'则天览之，以为奇才。召入问策中事，特异之，即上第，拜王屋县尉。"《大唐新语》："永昌初，张柬之应制策，试毕，有传柬之考入下课者，柬之叹曰：'余之命也。'乃委归襄阳。时中书舍人刘允济重考，自下第升甲科，为天下第一。"

孔季诩，《旧书·文苑传》："孔祯子季诩，早知名。"《新书》："季诩字季和。永昌初擢制科，授秘书郎。"当亦贤良方正科也。徐松《登科记考》卷三，第48页。孟按：张说《孔补阙集序》："唐会稽孔季诩，字季和，识真之士也。弱冠制举授校书郎，转国子博士，年三十一卒于左补阙。祖绍安，中书舍人。考祯，绛州刺史。"见《文苑英华》卷701。孟二冬《登科记考补正》卷三，第108页。

林元泰，《林氏续庆图》："林孝宝，字宗珍。孝宝生文济，字季悦。文济生国都，字帝举。国都生元泰，字履贞，永昌元年举茂才，对策第三，拜内校文章博士，迁瀛洲刺史。"按茂才，当即贤良方正茂才异等科也。徐松《登科记考》卷三，第48页。

倪若水。罗补云："《尚书右丞倪子泉墓志》：'字若水，中山藁城人也。曾未弱冠，声已芬于河朔矣。应八道使举，授秘书正字。'按是年六月诏曰：'其有抱梁栋之材，可以丹青神化；蕴韬钤之略，可以振耀天威；资道德之方，可以奖训风俗；践孝友之行，可以劝率生灵；抱儒素之业，可以师范国胄；蓄文藻之思，可以方驾词人；守贞亮之节，可以直言无隐；履清白之操，可以守职不沦：凡此八科，实该三道'云云，若水志所谓'八道使科'，盖谓此也。天寿三年，《德州蓨县令苏卿墓志》，若水所撰，天授三年。至永昌改元，相距仅二年，而若水署衔正作'麟台正字'（麟台即秘阁，武后改名），可未佐证。又志称名子泉，字若水，而《唐书》本传作名若水，字子泉；苏志亦作若水。盖当时以字行，志失书其事，传则误名为字耳。"孟按：倪氏墓志参见《全唐文补遗》册六，第391页，开元七年（791）十一月六日《大唐故尚书右丞倪公（泉）墓志铭并序》。孟二冬《登科记考补正》，第108页。

明堂大礼科：

赵叡冲，邵说《赵叡冲神道碑》云："天后时，应明堂大礼科。上异其对，授陕州陕县尉。"按武后享明堂在是年。徐松《登科记考》卷三，第48页。

贺兰务温。《千唐》『616』李昇期撰开元九年（721）十月二十三日《唐故正议大夫使持节相州诸军事守相州刺史上柱国河南贺兰公（务温）墓志铭并序》（参见《汇编》『开元127』、《补遗》册一第104页）云："公讳务温，字茂弘，河南洛阳人也。……载初中，应大礼举，召问前殿，天子异其册，拜家令丞。"亦见罗补。孟二冬《登科记考补正》卷三，第109页。

载初元年庚寅（690）

蓄文藻之思科：

彭景直。《册府元龟》。

抱儒素之业科：

李文蔚（李文愿）。《册府元龟》。《唐会要》作"李文愿"。按《册府元龟》载此两科于永昌元年正月。考下诏在永昌元年六月，故移入此年。徐松《登科记考》卷三，第50页。

贤良方正科：

柳冲。陈补云："乾隆《陕西通志》卷六五《科目》：'天授元年贤良方正科：柳冲，虞乡人，昭文馆学士。'《旧唐书》卷一八九、《新唐书》卷一九九本传，皆言冲天授初为司府寺主簿，时正合。冲当于及第复即拜职，史书失载科名。"孟二冬《登科记考补正》卷三，第116页。

应制及第：

王珖。《补遗》册四，第399页，长安三年（703）三月十一日《大周故检校胜州都督左卫大将军全节县开国公上柱国王君（珖）墓志铭并序》云："君讳珖，字元□，其先太原晋阳人也，因官遂居于洛州洛阳县焉。……垂拱二年，释褐以护军任朔州北楼戍主。如意元年，改授渭州渭源镇副。载初元年，应制举及第，加上柱国，改授右武威卫绛川府左果毅都尉长上。"按张补录作"王侁"。孟二冬《登科记考补正》，第116页。

天授二年辛卯（691）

英才杰出，业奥大经科：

祝钦明。《文献通典》引李巽岩家有《唐制举科目图》一卷："在天授中，祝钦明中英才杰出、业奥大经科。"按《新书·祝钦明传》："永淳、天授间，中英才杰出、业奥六经等科。"是"大"为"六"字之讹。英才杰出与业奥六经，亦非一科也。附此俟考。

孝弟鲠直科。见《云麓漫钞》。徐松《登科记考》卷三，第50页。

天授三年壬辰（692）

武艺超伦科：

公孙思观。《千唐》『605』欧阳植撰开元八年（720）三月十九日《大唐故正议大夫使持节武州诸军事行武州刺史上柱国公孙府君（思观）墓志》（参见《汇编》『开元100』）云："公讳思观，其先辽西襄平人，家代冒官，居于河洛。……长寿初祀，□欲搜扬，公以武艺超伦，其年擢第，敕授翊麾校尉行右金吾卫左司戈。二年，恩制加阶授致果副尉行本任。"按公孙氏卒于开元七年（719）十二月十一日，享年六十五。则其擢第时为三十八岁。按杨希义《辑释》录作"公孙思礼"，又谓其擢第时为三十四岁，误。亦见陈补。孟二冬《登科记考补正》卷三，第126页。

长寿三年甲午（694）

临难不顾，徇节宁邦科：

薛稷，见《册府元龟》。
寇泚，见《册府元龟》。徐松《登科记考》卷三，第54页。

王敏。《汇编》『长安065』长安四年（794）九月廿三日《大周故庄武将军行右鹰杨卫翊府右郎将王君（敏）墓志□（铭）并序》（周绍良藏拓本，开封博物馆藏石）云："君讳敏，字元敏，其先太原晋阳人，因官遂居于洛州永昌县焉。……天授二年九月九日恩制加阶，授游击将军。延载元年，应举试高第，授左卫白渠府长上折冲。"王氏先于仪凤三年（678）应武举（"猛士举"）及第，且向任武职，此言"应举试高第"者，疑当中"临难不顾，徇节宁邦科"也。亦见王补．孟二冬《登科记考补正》卷三，第128～129页。

证圣元年、天册万岁元年乙未（695）

超拔群类科：

贺知章。《新书》、《唐才子传》皆言知章以证圣年出举进士，超拔群类科。证圣惟一年，是此年有是科。

长才广度，沉迹下僚科：

张漪。《册府元龟》作"张河"。《文苑英华》作"张倚"，注云："《登科记》作漪。"按漪为柬之长子，见柬之传及漪墓志。《唐会要》亦作"漪"。徐松《登科记考》卷四，第57页。

天册万岁二年丙申（696）

南郊举三人： 按享明堂有明堂大礼科，此当日南郊大礼科。《旧书》有言应大礼举者，盖即是科也。

苏晋，《旧书·苏垧传》："晋应大礼举，居上第。"

裴漼。《旧书》本传："绛州闻喜人。父琰之，历任仓部郎中，以老疾废于家。漼色养劬劳，十数年不求仕进。父卒后，应大礼举，拜陈留主簿。"

贤良方正科：

崔沔，李华《崔沔集序》："举贤良方正，对策第一。"《旧书·孝友传》："崔沔，京兆长安人。周陇州刺史士约玄孙，自博陵徙关中。父皑。沔事亲至孝，博学有文词。初应制举，对策高第。俄被落第者所诉，则天令所司重试，沔所对策又工于前，为天下第一。由是大知名。"颜鲁公《博陵崔孝公宅陋室铭记》："公讳沔，字若冲，博陵安平人。年二十四，举乡贡进士。考功郎李迥秀器异之，曰：'王佐才也。'遂擢高第。其年举贤良方正，对策数公，独居其一，而兄浑亦在甲科。典试官梁载言、陈子昂叹曰：'虽公孙、晁、郄不及也。'"《文苑英华》以崔沔对策为神功元年。按封神岳在丙申年，不应以次年方策应神岳举人。且《陋室铭》明言对策为二十四岁事，沔卒于开元二十七年，年六十七，推之丙申年，适二十四岁。是《文苑英华》误，今改正。徐松《登科记考》卷四，第60页。孟按：《汇编》『大历060』李邕撰开元二十九年（741）十二月廿九日《有唐通议大夫守太子宾客赠尚书佐仆射崔公（沔）墓志》云："公讳沔，字若冲，博陵安平人也。……公廿四，乡贡进士擢第，其年封中岳，诏牧伯举贤良，公与兄故监察御史讳浑双名居右，敕拜麟台校书郎。……春秋六十有七，呜呼！以开元廿七十一月十七日薨于居守之内馆。”所志与鲁公记文同，亦证《文苑英华》之误。孟二冬《登科记考补正》卷四，第142页。

崔浑，见上。

苏颋，《新书》本传：“武后封嵩高，颋举贤良方正异等，除左司御率府胄曹参军。”

倪若水。《补遗》册六，第391页，开元七年（719）十一月六日《大唐故尚书右丞倪公（泉）墓志铭并序》云：“公讳泉，字若水，中山藁城人也。……曾未弱冠，声已□于河朔矣。应八道使举射□（策）登科，授秘书正字。复以举右骁卫兵曹参军，俄转洛州福昌县丞。又应封岳举，授雍州□□□丞，调补长安县丞。”其“应封岳举”，当在本年。亦见罗补。孟二冬《登科记考补正》卷四，第143页。

文艺优长科：

韩琬。《册府元龟》。《旧书·韩思彦传》：“子琬，字茂贞。举茂才，名动里中。刺史行乡饮饯之，主人扬觯曰：‘孝于家，忠于国，今始充赋。请行无算爵。’儒林荣之。擢第，又举文艺优长。”按《会要》作“韩璘”，误。徐松《登科记考》卷四，第60页。

万岁通天二年丁酉（697）

绝伦科：

苏颋，见《册府元龟》、《唐会要》。

崔玄童，见《册府元龟》、《唐会要》。

袁仁敬，见《册府元龟》、《唐会要》。

何凤，见《册府元龟》、《唐会要》。

孟兼礼（孟温礼），见《册府元龟》、《唐会要》。

洪子兴，见《册府元龟》、《唐会要》。

卢从愿，见《册府元龟》、《唐会要》。《唐诗纪事》载从愿字子龚，举制科高第。《旧书》本传：“相州临漳人，魏度支尚书昶六代孙。明经举，授绛州夏县尉。又应制举，拜右拾遗。”《明皇杂录》从愿从五举，制策三等，授夏县尉。

赵不欺。见《册府元龟》、《唐会要》。徐松《登科记考》卷四，第63页。

圣历元年戊戌（698）

应制及第：

王侁。陈补云：“《芒洛冢墓遗文三编》载《检校胜州都督王府君墓志铭》：‘君讳侁，字元奖，其先太原晋阳人也，因官遂居洛州洛阳县焉。……如意元年改授渭州渭源镇副，圣历九年应制举及第，加上柱国。’长安二年卒，年五十一。九年当为元年之误。”考《芒洛冢墓遗文三编》原文，“圣历”实为“载初”之误，（按原文年号之二字，为则天称周时之新造字“𠀑𡔈”其字形之诠释见《宣和画谱》卷一，清代叶昌炽《语石》卷一），《汇编》『长安031』即作"载初元年（690）"。然以志文所叙前后年号及王氏之历职考之，则与"圣历"年相合。可姑从陈说而存疑俟考。孟二冬《登科记考补正》卷四，第150~151页。

圣历二年己亥（699）

迹隐缠肆科：

董守真。《汇编》『开元160』开元十一年（723）二月一日《大唐故董府君（守真）墓志铭并序》（周绍良拓本，开封博物馆藏石）云："军讳守真，字崇，陇西狄道人也。……圣历年中，应迹隐缠肆科及第。"今附本年。亦见王补。孟二冬《登科记考补正》卷四，第153页。

圣历三年庚子（700）

经邦科：圣历三年有此科，见《云麓漫钞》。

刘幽求。《旧书》本传："冀州武强人，圣历年应制举。"按圣历时制科之可见者惟此，幽求或以是科登第欤？徐松《登科记考》卷四，第65页。孟按：《全唐文》卷七五二杜牧《上宣州高大夫书》："刘幽求登制策科，与元宗徒步诛韦氏立睿宗者。"孟二冬《登科记考补证》卷四，第153页。

大足元年辛丑（701）

疾恶科：《云麓漫钞》载大足二年，误。

冯万石。《唐会要》。按《册府元龟》作"冯石"，误。

文擅词场科：

杨志诚，张说《赠太州刺史杨公神道碑》："公讳志诚，弘农华阴人。明庆中，诏郡国举贤良，公对策，天朝无能出其右者，迁太子通事舍人。再举高第，徙国子监丞。除礼部员外郎，又转吏部员外郎。丁忧去职，服阕，授幽州三水令。又应文擅词场举，试为天下第一。"

王敬从，孙逖《太子右庶子王敬从神道碑》："大足中，举文擅词场。"

王易从，《旧书·王徽传》："曾祖择。从兄易从，天后朝登进士第。"孙逖《王敬从神道碑》："兄曰易从，公始以对策高第。"则易从同科。按苏颋《王易从神道碑》："二十升甲科，授亳州城父尉，倚庐于墓者六祀。辟授华州华阴县尉。复策甲科。"盖二十升甲科者。进士登第后，又与敬从同登制科也。

席豫。《新书》："席豫字建侯，长安中举学兼流略、词擅文场科，擢上第，时年十六。"按"词擅文场"当即是年之"文擅词场"也。徐松《登科记考》卷四，第66页。

长安二年壬寅（702）

龚黄科：《册府元龟》"长安二年龚黄科"。《云麓漫钞》作"大足二年"，盖"大足"为"长安"之误。

冯克廳。《册府元龟》、《唐会要》。徐松《登科记考》卷四，第67页。

神龙元年乙巳（705）

贤才科：见《云麓漫钞》。《新书·卢藏用传》："姚崇持节灵武道，奏为管记。还应县令举甲科。"按姚崇自军还都在神龙元年，县令举或即贤才科也。

严挺之，《旧书》本传："挺之少好学，举进士。神龙元年，制举擢第。"按是年制科惟有贤才，则于此科擢第也。徐松《登科记考》卷四，第68页。

房诞，《隋唐五代墓志汇编·洛阳卷》第八册第101页（参见《唐代墓志汇编续集》『景龙002』）景龙元年（707）十一月一日《唐故朝散大夫行洪州都督府丰城县令上柱国公士谯郡清河房府君（诞）墓志铭并序》："君讳诞，字文绚，魏郡清河人。……以乾封年授轻骑都尉，解褐宣德郎、行沧州胡苏县令。……既而周运□□，唐祚再隆，贲帛旌贤，制举及第。俄授洪州丰城县令、上柱国，经考归致仕。……以神龙三年八月十五日卒于建春里第，春秋七十有六。"按"志文"所言"周运□□，唐祚再隆"，当指神龙元年（705）中宗复辟之事。房诞应制举及第，当在是年。其年房氏七十四岁。

寇洋，

卢藏用。原列《登科记考》卷二十七《附考·制科》，徐氏考云："卢藏用，《新书》本传：'应县令举甲科。'"孟按岑补云："《寇洋志》又云：'神龙初，大徵儒秀精择令长荐，与卢藏用等高第。'考《新书》一二三《藏用传》亦云：'姚元崇持节灵武道，奏为管记。还应县令举甲科，为济阳令。神龙中，……'今《记考》四神龙元、二年下都无此科，可补寇洋、卢藏用两名。"亦见罗补。今移正。

手笔俊拔，超越流辈科：

席豫。原列《登科记考》卷五景云三年（712）手笔俊拔、超越流辈科，徐氏考云："《新书》本传：'豫以父丧罢。复举手笔俊拔科，中之，补襄邑尉。'"按陈补云："席豫，据《新传》。按原文云：'复举手笔俊拔科，中之。补襄邑尉，奏事阙下，会节愍太子难。……'节愍事在神龙三年，是席豫登科当在神龙元、二年间。"今附本年。孟二冬《登科记考补正》卷四，第164页。

神龙二年丙午（706）

才膺管乐科：《容斋续笔》引《登科记》作元年，按《册府元龟》，二年二月方下诏，则不得为元年明矣。《唐会要》亦作二年。

张大求，见《册府元龟》、《唐会要》。

魏启心，见《册府元龟》、《唐会要》。杜甫《壮游诗》"斯文崔魏徒"注："魏豫州启心。"

魏愔，见《册府元龟》、《唐会要》。

卢绚，见《册府元龟》、《唐会要》。

张鷟，见《册府元龟》、《唐会要》。《顺宗实录》："张荐祖文成，博学工文词，七登文学科。"《容斋续笔》引《登科记》，才膺管乐科，张鷟于九人中为第五。

褚璆，见《册府元龟》、《唐会要》。按璆为遂良曾孙，见《新书》。

成廙业，见《册府元龟》、《唐会要》。①

郭璘，见《唐会要》。《册府元龟》作"郭隆"。

赵不为。见《册府元龟》、《唐会要》。

才高位下科：

冯万石，见《册府元龟》、《唐会要》。

晁良贞，见《册府元龟》、《唐会要》。

张敬，见《册府元龟》、《唐会要》。

张鷟。《大唐新语》："张文成应下笔成章、才高位下、词标文苑等三人科，俱登上第。转洛阳尉，故有《咏燕诗》，其末章云：'变石身犹重，衔泥力尚微。从来赴甲第，两起一双飞。'时人无不讽咏。"

孝弟廉让科：《云麓漫钞》作"廉谨"。

郭思训，《孝子郭府君墓志》："公讳思训，字逸，太原平阳人。解褐睦州建德县主簿。应吏职清白举及第，转沧州洛陵县丞。敕除温王府兵曹参军事，转太子典膳。应孝弟廉让举及第，敕授大理司直。"

郭思谟，孙翌《孝子郭思谟墓志》："应孝让举，擢武功尉。"徐松《登科记考》卷四，第68页。

赵陵阳。《补遗》册七，第380页，开元二十五年（737）十一月十五日《大唐故监察御史天水赵府君（陵阳）墓志铭并序》："君讳陵阳，字陵阳，其先天水上邽人也。……年十有九，孝廉充赋，一举登科。……以今年四月九日遇暴疾终于洛阳尊贤里之私第，时年五十。"志末云："开元廿五年岁在丁丑建。"以开元二十五年、年五十推之，其十九岁在神龙二年。志言"孝廉"，疑即本年之"孝弟廉让科"，因附是科。孟二冬《登科记考补正》卷四，第168页。

神龙三年丁未（707）

材堪经邦科：按此科与下贤良方正科，《唐会要》皆作"神龙二年"，今从《册府元

---

① 赵守俨按：《新书》卷五八、《御史台题名考》作"咸廙业"。

龟》。

张九龄，《旧书》本传："登进士第，应举登乙科。"

康元瑰。按元瑰为康希铣之子，见颜真卿《康使君神道碑铭》。《册府元龟》。

贤良方正科：

苏晋，见《册府元龟》。

宋务光，见《册府元龟》。按务光字子昂，一名烈，汾州西河人。见《旧书》本传。

寇泚，见《册府元龟》。

卢怡，见《册府元龟》。

吕恂，见《册府元龟》。

韩琬，《旧书·韩思彦传》："琬举文艺优长、贤良方正，连中，拜监察御史。"《大唐新语》："韩琬少负才华，长安中为高邮主簿。使于都场，以州县徒劳，率然题壁曰：'筋力尽于高邮，容色衰于主簿。岂言行之缺，而友朋之过欤？'景龙中，自亳州司户应制集于京，吏部员外薛钦绪考琬策入高等，谓琬曰：'今日非朋友之过欤？'"

苏诜。《新书·苏瓌传》："颋弟诜，字延言。举贤良方正高等。"按自颋举贤良后，是年复有贤良方正科。兄弟相去不应甚远，载此俟考。

草泽遗才科。

宰臣科。二科见《云麓漫钞》。

武艺超绝科：萧颖士有《为邵翼作上张兵部书》云："应武艺超绝举某乙，谨上书侍郎公执事。"盖即是年正月诏举之事也。徐松《登科记考》卷四，第70页。

江璀。《汇编》『开元二十一年』(733)十一月廿二日《大唐故庆王府典军江府君（璀）墓志并序》（北京图书馆藏拓本，开封博物馆藏石）云："君讳璀，字思庄，济阳金乡人也。……始应制科武艺超绝举及第。"按江氏卒于开元二十一年（733）七月二十一日，享年五十四。其应制举及第时二十八岁。孟二冬《登科记考补正》卷四，第172页。

景龙三年己酉（709）

抱器怀能科：《唐会要》、《云麓漫钞》载于景龙二年，今从《册府元龟》。

夏侯铦。《册府元龟》作"侯铭"，今从《会要》。

茂才异等科：《唐会要》、《云麓漫钞》载于景龙二年，今从《册府元龟》。《云麓漫钞》作"异行"。

王敬从，见《册府元龟》、《唐会要》。孙逖《王敬从神道碑》作"景云岁，辟茂才异等"，"云"盖"龙"之讹。

卢重玄，见《册府元龟》、《唐会要》。

许景先。朱补：《记考》卷二十七《附考·进士科》著录许景先，据引《旧唐书·文苑传》。按，《新书》本传："景先由进士第释褐夏阳尉。神龙初，东都造服慈阁，景先献赋，李迥秀见其文，畏叹曰：'是宜付太史！'擢左拾遗。以论事切直，外补滑州司士参军。举手笔俊拔、茂才异等连中，进扬州兵曹参军。还为左补阙。"又据《旧唐书·文苑传》：许景先开元初即由给事中转中书舍人、知制诰。其制举连中当在神龙后、开元前。考《记考》在此期间，惟景龙三年有茂才异等科，景云三年有手笔俊拔、超越流辈科，则景先之名，可补入此二科下。孟二冬《登科记考补正》卷四，第178页。

文学优长科。

藏器晦迹科。《云簏漫钞》以此二科与抱器怀能、茂才异行同为景龙二年科目。上二科既从《册府元龟》，故二科亦附此年。徐松《登科记考》卷四，第72页。

将帅科：

王仁皎。《登科记考》原列卷二十七《附考·制科》，徐氏考云："张说《赠太尉益州大都督王公神道碑》：公讳仁皎，字鸣鹤，太原祁人。初以翊卫调同州参军，换晋州司兵。应将帅举，授甘泉府果毅。"孟按：《新唐书》本传："王仁皎字鸣鹤，玄宗废后父也。景龙中，以将帅举，授甘泉府果毅，迁左卫中郎将。"《旧唐书》本传亦称仁皎"景龙中，官至上果毅"。今据"景龙中"，移至本年。孟二冬《登科记考补正》卷四，第179页。

景云二年辛亥（711）

文以经国科：

袁晖，见《册府元龟》、《唐会要》。

韩朝宗。见《册府元龟》、《唐会要》。朝宗谓韩思复子，见《旧书》。王维《韩朝宗墓志铭》："朝宗本出昌黎，今为京兆人，年若干，应文以经国举，甲科。"按志，天宝九年卒，年六十五，则此年当二十六岁。

藏名负俗科：

李俊文。见《册府元龟》、《唐会要》。按《会要》作"俊之"。

贤良方正科：

张鷟。《容斋续笔》引《登科记》，张鷟于景云二年中贤良方正科，于二十人中为第三。

明三经通大义科。

抱一史知其本末科八人：

王楚玉。《玉海》："景云二年，王楚玉等八人以一史中第。"

通三教宗旨，究其精微科。《云簏漫钞》以此三科与文以经国、藏名负俗二科皆为景云二年科目。按诏下于元年十二月，则当以此年考试，故《册府元龟》、《会要》亦载经国、藏名二科于此年也。徐松《登科记考》卷五，第74页。

景云三年壬子（712）

文可以经邦科：

韩休，见《册府元龟》、《唐会要》。《旧书》本传："京兆长安人。父大智，官至洛州司功。"苏颋《授韩休起居郎制》："甲科对策，尝副求贤。"

独孤楷，独孤及《赠秘书监河南独孤公灵表》："公讳某，太极元年诏举文可以经邦国者，宜劳使源乾曜以公充赋。时对策者数百人，公与荥阳郑少微特冠科首。"考《唐宰相世系表》有颍川郡长史楷，盖即及之父。

郑少微，见上。《文苑英华》云少微第二人。

晁良贞，《文苑英华》。

雍惟良。《文苑英华》。

材可治国科。见上。《云麓漫钞》，又作"经国治人"科。

材堪刺史科。《容斋续笔》引《登科记》有此科，《册府元龟》、《唐会要》皆不载。

贤良方正科：《容斋随笔》引《登科记》有此科，《册府元龟》、《唐会要》皆不载。

韩休，《旧书》本传："休早有词学。初应制举，累授桃林丞。又举贤良。玄宗时在春宫，亲问国政。休对策，与校书郎赵冬曦并为乙第。"按是时玄宗虽即位，仍未听政，故犹称春宫，张九龄对策亦称殿下也。休应文经邦国及贤良二科，赵冬曦亦得应藻思清华与贤良也。

王择从，《旧书·王徽传》："曾祖择从，先天中又应贤良方正制举，升乙第。"

赵冬曦，见上。徐松《登科记考》卷五，第76页。

李霞光。《汇编》『天宝099』尹□源撰天宝五载（746）十二月《大唐故太子舍人李府君（霞光）墓志铭并序》云："赵郡李□，字霞光。……太极岁，上在青宫，大搜魔士，公以贤良应诏，对策甲科。"亦见罗补。孟二冬《登科记考补正》卷五，第188页。

藻思清华科：

赵冬曦，见《册府元龟》、《唐会要》。徐松《登科记考》卷五，第76页。

杨仲昌（杨仲宣）。席豫《杨府君碑》："公讳仲宣，字蔓，授河南府河阳县尉。寻应藻思清华，今上亲试，对策甲科。"按《容斋随笔》引《登科记》，藻思清华科二人。《新书》："杨仲昌字蔓，以通经为修文生，累调不甚显。以河阳尉对策，玄宗擢第一，授蒲州法曹参军。""昌"与"宣"未知孰是。徐松《登科记考》卷五，第76页。按傅璇琮《唐五代人物传记资料综合索引》"杨仲昌（蔓、曼卿）"注："《登科》作杨仲宣。按席豫所作《唐故朝请大夫吏部郎中上柱国高都公杨府君碑铭》（《全唐文》卷二三五）谓：'公讳仲宣，字蔓。'所载事迹与新、旧《唐书》所记杨仲昌合，则为一人。《登科》当即本此。席豫为同时人，当可信，惟新、旧《唐书》、《郎考》等皆作仲昌，今仍作杨仲昌，而另立杨仲宣参见条。"孟按：《千唐》开元二十四年（736）五月十七日《大唐故隆州刺史薛府君妻弘农杨夫人（祁丽）墓志铭并序》（参见《汇编》『开元431』）撰者署"季弟吏部员外郎仲昌撰"，为刑部尚书、魏国公杨元琰之子，与两《唐书》所载同。又《旧唐书·礼义传五》亦载"开元二十二年正月……礼部员外郎杨仲昌"云云，是知即本年登第之"杨仲昌"。则席豫所撰碑铭作"仲宣"疑因传抄之讹。孟二冬《登科记考补正》卷五，第189页。

寄以宣风，则能兴化变俗科：

郭璘之。见《册府元龟》、《唐会要》。《容斋续笔》引《登科记》，兴化变俗科二人。而《册府元龟》、《唐会要》所载皆只郭璘之一人。考张说《常州刺史平贞眘神道碑》云："北平阳道昕、河东裴知礼荐以经邦兴化，徙雍州新丰县尉。"疑"经邦"涉文经邦国而误，"兴化"即此兴化变俗科也。

道侔伊吕科：

张九龄。见《册府元龟》、《唐会要》。《旧书》本传："玄宗在东宫，举天下文藻之士，亲加策问。九龄对策高第。"徐浩《张九龄神道碑》："应道侔伊吕科，对策第二等，迁左拾遗。"刘禹锡《韦处厚集序》："玄宗朝，曲江张公九龄以道侔伊吕征。"

手笔俊拔，超越流辈科：见《册府元龟》。《云麓漫钞》"手笔"作"文章"。

席豫，《新书》本传："豫以父丧罢，复举手笔俊拔科中之，补襄邑县尉。"徐松《登科记考》卷五，第76页。

许景先，《新书》本传："景先由进士第释褐夏阳尉。神龙初，东都造服慈阁，景先献赋，李迥秀见其文，畏叹曰：'是宜付太史！'擢左拾遗。以论事切直，外补滑州司士参军。举手笔俊拔、茂才异等连中，进扬州兵曹参军。还为左补阙。"又据《旧唐书·文苑传》：许景先开元初即由给事中转中书舍人、知制诰。其制举连中当在神龙后、开元前。考《记考》在此期间，惟景龙三年有茂才异等科，景云三年有手笔俊拔、超越流辈科。孟二冬《登科记考补正》卷五，第178、189页。

宋遥，《千唐》『836』宋鼎撰天宝七载（748）正月十一日《唐故上党郡大都督府长史宋公（遥）墓志铭并序》（参见《汇编》『天宝118』）云："公讳遥，字仲远，广平列人人也。……自国子进士补东莱郡录事参军，举超绝流辈，移密县尉。……天宝六载二月五日终于上党公舍，享龄六十有五。"据《登科记考》所录科目，其应制举当在是年，年在三十。又王补录于开元二年（714），其考云："按《旧唐书·魏知古传》记知古在吏部尚书任上'擢用密县尉宋遥'，而知古任吏部尚书在先天二年至开元二年，故宋遥举超绝流辈当在是年。"孟按：宋遥由举超绝流辈科而移密县尉，嗣后魏知古"擢用密县尉宋遥"，以任职年计，宋遥举超绝流辈亦当在本年。孟二冬《登科记考补正》卷五，第190页。

怀能抱器科：

冯万石。见《广卓异记》引《登科记》，《云麓漫钞》作"怀才"。徐松《登科记考》卷五，第76页。

先天二年癸丑（713）

手笔俊拔，超越流辈科：孟按徐考本年无此科，杜昱以下七人，原列上年此科，兹据陈补移正。按陈补于常无名名下考云："《文苑英华》卷九四二常衮《叔公故礼部员外郎墓志铭》：'宾客讳无名，……既冠进士擢第，七年拔萃登科。'"又于刑巨名下考云："《唐会要》卷七六：'先天二年，手笔俊拔超越流辈科，杜昱、张子渐、张秀明、常无名、赵居贞、贾登、刑巨及第'《册府元龟》卷六四五附先天元年。检《容斋随笔》卷十二引《登科记》录先天元年九月诏宣劳使所举诸科九人，并无本科。更以《常无名墓志》，可确知《元龟》所记有误。"

杜昱，见《册府元龟》、《唐会要》。

张子渐，见《册府元龟》、《唐会要》。《册府元龟》作"子断"，误。

张秀明，见《册府元龟》、《唐会要》。

常无名，见《册府元龟》、《唐会要》。

赵居贞，见《册府元龟》、《唐会要》。①

贾登，见《册府元龟》、《唐会要》。

邢巨，见《册府元龟》、《唐会要》。邢巨，扬州人，见《旧书·文苑·贺知章传》。孟二冬《登科记考补证》卷五，第198页。

开元二年甲寅（714）

贤良方正，能直言极谏科：见《册府元龟》、《唐会要》、《云麓漫钞》。《续通鉴长编》："仁宗庆历六年，监察御史唐询奏云：'唐开元二年设直言极谏科。'"

梁昇卿，见《册府元龟》、《唐会要》。

袁楚客，见《册府元龟》、《唐会要》。

王翰，《唐才子传》："王翰举直言极谏，又举超拔群类科。"

席豫。《新书》本传："俄举贤良方正异等，为阳翟尉。"异等，疑兼举良材异等，俟考。

哲人奇士，隐沦屠钓科：《文苑英华》作贤良方正科，注云："《登科记》作'哲人隐士，隐沦钓科'。"当从之。隐沦，《册府元龟》、《唐会要》作"逸伦"。

孙逖，见《册府元龟》、《唐会要》。《旧书·文苑传》："孙逖，潞州涉县人。曾祖仲将，祖希庄，父嘉之。逖开元初应哲人奇士举，授山阴尉。"《唐才子传》："孙逖，博州人。幼而有文，属思警敏，援笔成篇。开元二年，举手笔峻拔，哲人奇士、隐沦屠钓及文藻宏丽等科，第一人及第。玄宗引见，擢左拾遗、集贤殿修撰。"颜鲁公《孙逖集序》："公讳逖，河南巩人。其先自乐安武水寓于涉而徙焉。年十五时，相国齐公崔日用试《土火炉赋》，齐公骇之，约以忘年之契。年未弱冠而三擅甲科。吏部侍郎王邱试《竹簾赋》，降阶约拜，以殊礼待之。相国燕公张说览其策而心醉。""吏部侍郎"当作"考功员外"。按王冷然《论荐书》，王邱于开元九年掌选，是此时未为侍郎。又按《竹帘赋》，今《文苑英华》作"帘赋"。

李玄成，见《文苑英华》。

沈谅。见《文苑英华》。

手笔俊拔科：见上《旧书·文苑传》。又有"超拔群类"，盖与此为一科，犹先天元年之手笔峻拔、超越流辈也。"群类"亦作"群流"。

孙逖，《唐才子传》："孙逖，开元二年举手笔俊特科"。

王翰，见上。

张秀明。《广卓异记》引《登科记》："张秀明，景云三年超拔群流科，开元二年重试及第。"

怀能抱器科：

冯万石。《广卓异记》引《登科记》："冯万石，景云三年怀能抱器科，开元二年重考及第。"

良材异等科：

---

① 赵守俨校："原作'居正'，当是避宋讳，据《旧书》卷一五一、《新书》卷二〇〇改。"

邵润之，《册府元龟》作"张闰之"，今从《唐会要》。

崔翘。见《册府元龟》、《唐会要》。徐松《登科记考》卷五，第82页。

文藻宏丽科：

王敬从。孙逖撰《太子右庶子王公（敬从）神道碑》："公讳敬从，字某，京兆人也。……大足中举文擅词场，景龙岁辟茂才异等，开元初征文藻宏丽，公三对策，诏皆为甲科"。按敬从之登"文擅词场"、"茂才异等"二科，徐氏已分别系于《登科记考》卷四大足元年（701）与景龙三年（709），然其于"开元初征文藻宏丽"登甲科则失收，今补。亦见陈补。

应制及第：

史青。《诗话总龟》前集卷十一《雅什门》据《零陵总记》："史青，零陵人。其先名籍秦随。幼而聪敏，博闻强记。开元初，上表自荐：'臣闻曹子建七步成章，臣愚以为七步太多。若赐召试，五步之内，可塞明诏。'明皇试以《除夜》、《上元观灯》、《竹火笼》等诗，惟《除夜》最佳，云：'今岁今宵尽，明年明日催。寒随一夜去，春逐五更来。气色空中改，容颜暗里摧。风光人不觉，已入后园梅。'明皇称赏，授左监门卫将军。"《舆地纪胜》卷五十六《荆湖南路·永州·人物》："唐史青，零陵人。上书自荐乞五步成诗，遂应诏作《除夜》诗云：'今岁今宵尽，明年明日催。寒随一夜去，春逐五更来。'"又见宋刘应李辑《新编事文类聚翰墨全书》后丙集卷三《氏族门》、元刊本《新编排韵增广事类氏族大全》卷六（按"史青"误作"史育"）、《明一统志》卷六十五、明弘治《永州府志》卷四、《万姓统谱》卷七十四、《姓氏谱纂》卷三、《全唐诗》卷一一五小传。孟二冬《登科记考补正》卷五，第205～206。

开元五年丁巳（717）

文史兼优科：按四年七月制，当作"文理兼优"。

李昇期，见《册府元龟》、《唐会要》。

康子元，见《册府元龟》、《唐会要》。

达奚珣。见《册府元龟》、《唐会要》。《摭言》载张楚与达奚侍郎书云："寻应制举，同赴洛阳。是时春寒，正值雨雪，俱乘款段，莫不艰辛。朝则齐镳，夜还连榻，行迈靡靡，中心摇摇。及次新乡，同为口号，公先曰：'太行松雪，映出青天。'仆答曰：'淇水烟波，半含春色。'向将百对，尽在一时，发则须酬，迟更有罚。并无可屈，斯可为欢。"又曰："初到都下，同止客坊，早已酸寒，复加屯踬。属公家竖逃逸，窃藏无遗。赖仆乔装未空，同爨斯在，殆过时月，以尽有无。巷虽如穷，坐客常满，还复嘲谑，颇展欢娱。公咏仆以衣袖障尘，仆咏公以浆粥和酒。复有憨妪，提携破筐，频来扫除，共为笑弄。"盖即达奚珣应举事也。书云："公授郑县，归迎板舆，仆已罢官，时为贫士。"是张楚未得中第。

文儒异等科：

崔偘，见《册府元龟》、《唐会要》。

褚廷诲，见《册府元龟》、《唐会要》。

殷践猷。颜鲁公《殷践猷墓碣铭》："践猷字伯起，陈郡长平人。年十三，日诵《左传》二十五纸，读《稽圣传》一遍，亦诵之。博览群言，尤精《史记》、《汉书》、百家氏族之说。开元初，举文儒异等，授秘书省学士。"《新书》韦述同传。① 徐松《登科记考》卷五，第89页。

开元六年戊午（718）

博学通艺科：《册府元龟》作"通议"，今从《唐会要》。

郑少微，见《册府元龟》、《唐会要》。

萧识。见《册府元龟》、《唐会要》。

超拔群类科：

冯万石，见《广卓异记》引《登科记》。

席豫。《新书》本传："开元初，观察使荐豫贤，复举超拔群类科。"徐松《登科记考》卷五，第90页。

开元七年己未（719）

文词雅丽科：

邢巨，见《册府元龟》、《唐会要》。《文苑英华》不注名次，按当是第一人。孙逖《授邢巨监察御史制》："邢巨器能通敏，词藻清新。"

苗晋卿，见《册府元龟》、《唐会要》。《文苑英华》注云第二人。李华《苗晋卿墓志铭》："晋卿字元辅，上党壶关人。成童好学，弱冠工文，二登甲科，三人高等。"

褚思光，见《册府元龟》、《唐会要》。

赵良器，见《册府元龟》、《唐会要》。

张楚，《文苑英华》注云第五人。

孟万石，《文苑英华》注云第六人。

孙翙，《文苑英华》注云第七人。②

彭殷贤，《文苑英华》。

王缙。《唐诗纪事》："缙字夏卿，河中人，与兄维俱以名闻。举草泽文词清丽科，上第。"按"清丽"当即"雅丽"之讹。

超拔群类科：

张秀明。见《广卓异记》引《登科记》。徐松《登科记考》卷六，第95~96页。

---

① 赵守俨校：应作《旧书》韦述同传。《新书》殷践猷在《儒学传》，不与韦述同传。
② 赵守俨校：《英华》卷四八五作"孙翊"。

开元九年辛酉（721）

知合孙吴，可以运筹决胜科：

杨若虚，见《文苑英华》。

张仲宣，见《文苑英华》。

马季龙，《旧书·马燧传》："父季龙，尝举明孙吴。"徐松《登科记考》卷七，第107页。孟按：韩愈《唐故赠绛州刺史马府君（汇）形状》："季龙为岚州刺史赠司空。"五百家注引孙曰："季龙举孙吴倜傥善兵法科。"孟二冬《登科记考补正》卷七，第256页。

元□。《杜集》《松元二适江左诗》注："元常应孙吴科举。"当即是科。钱笺言刘会孟本题下有"公自注元结也"六字，宋善本无之。所谓元二者，必非元结，今从盖阙。徐松《登科记考》卷七，第107页。

开元十年壬戌（722）

茂才异等科：

李诚。是年茂才甲科，见独孤及《顿邱李公墓志》。按《通典》云开元二十四年以后复有秀才举，则此茂才非秀才，盖茂才异等科。

文藻宏丽科：

孙逖，《旧书·文苑传》："孙逖开元十年应制，登文藻宏丽科。"

常无名。《常无名墓志》："开元十年，举文藻宏丽。遂上陈皇王之盛，下借周汉之谕。稽以《洪范》、《九畴》，天人之统，灾变之异，高言体大，久而可验，如贾生之论汉也。与孙逖同入第二等。"徐松《登科记考》卷七，第112页。

开元十二年甲子（724）

将帅科：

裴敦复，见《册府元龟》、《唐会要》。

房自谦，见《册府元龟》、《唐会要》。按《张燕公集》有《举洛州临武县主簿陈光乘夔州归州镇将勤思齐前申州参军戴师倩等状》云："准七月二十二日制，内外文武职事五品以上官，有奇材异略，堪任将帅者，封状进内。"疑即设将帅科时事。徐松《登科记考》卷七，第112页。

崔泽。《千唐》『735』开元二十二年（734）正月二十八日《大唐将帅举文武及第前振威副尉守右武卫蒲州永安府左果毅都尉崔泽夫人张氏墓志铭并序》（参见《汇编》『开元395』），知崔泽曾应制科将帅举及第,因附是年。亦见陈补。孟二冬《登科记考补正》卷七,第272页。

开元十四年丙寅(726)

贤良方正科:《文苑英华》载《神岳举贤良方正策》。玄宗于十三年东封,十四年试岳牧举人,则神岳举当在此年。

袁映,见《文苑英华》。

尹畅,见《文苑英华》。

孙逖,《新书》本传:"又举贤良方正。玄宗御洛城门引见,命户部郎中苏晋等第,其文异等。"徐松《登科记考》卷七,第114页。

左光胤,《千唐》『809』张楚金撰天宝二年(734)十二月七日《唐故朝请郎行河南府河清县主簿左府君(光胤)墓志铭并序》(参见《汇编》『天宝037』)云:"君讳光胤,字子明,其先鲁人也。……初以国子进士擢第,是岁复以岳牧举策高等,制授濮州鄄城主簿。"光胤卒于天宝二年(743)十一月,春秋四十七,是年为三十岁。参本年贤良方正科徐松注,知其擢第在本年。按陈补系于开元二十五年(737),并谓"岳牧举当即本年之牧宰科",误。按志载光胤以"制授濮州鄄城主簿"后,"未几,丁太夫人忧,……礼俯外除,遂以常调补曹州济阴尉。无何,丁府君忧,……服满,拜秘书省正字。……秩满,拜河南府河清主簿,摘发稽滞,钩考奸伏,甚称厥职,翕然有声"。知其授官后在世至少十年以上。若以开元二十五年计,仅在世六年,则与事不合。

宗杞。《千唐》『743』开元二十三年(735)三月四日《唐故吏部常选谯郡夏侯□(晗)墓志铭并序》(参见《汇编》『开元414』)撰者署名云:"东封应制及第宗杞撰。"(《汇编》作"宋杞")按玄宗曾于开元十三年十一月东封泰山,十四年"七月癸巳,上御洛城南门楼,亲试岳牧举人及东封献赋颂人"(《册府元龟》)。则宗氏"东封应制及第"当在是年。亦见王补。

才堪将帅科:

开承简。《汇编》『开元389』郭虚已撰开元二十一年(733)十一月九日《唐故宣州溧阳县令赠秘书丞上柱国开府君(承简)墓志并序》周绍良藏拓本云:"公讳承简,字混成,广陵江都人也。……去开元十四年,国字博士范行恭举公才堪将率。时中书令燕公以兵权事重,尤难其选,乃于数千人中,得一二贤俊,公居其首,天下以为美谈。惜乎!官未授而卒,时年六十有六。有其才而无其命,哀哉!即以其年二月十六日,权殡于洛阳感德里之平原。"知承简为是年才堪将帅科之敕头。孟二冬《登科记考补正》卷七,第284~285页。

开元十五年丁卯(727)

武足安边科:

郑昉,见《册府元龟》、《唐会要》。

樊衡,见《册府元龟》、《唐会要》。陈岵《上中书权舍人书》:"严考功之纳樊衡也,以为取衡难得，衡无后悔；黜衡易失，衡有遗恨。故开一人之数以容之。人到于今，不谓衡忝一第，而谓严得主司求人之义也。"又崔颢有《荐樊衡书》。徐松《登科记考》卷七，第118页。

管元惠。《补遗》册三，第11页，苏预撰天宝元年（742）二月十五日《唐故中大夫福州刺史管府君（元惠）神道碑并序》云："公讳元惠，字元惠，平昌人也。……始，门荫为卫官，寻调左金吾长上。一举武可安边，再举武可戢兵，累践甲科，仍安下位。"元惠卒于开元二十六年（738），春秋七十四。今所知天宝前惟本年有"武足安边科"，因附是年。孟二冬《登科记考补正》卷七，第292页。

高才沉沦，草泽自举科：

邓景山，见《册府元龟》、《唐会要》。《旧书·邓景山传》："景山，曹州人。文史见称。"

樊咏，《旧书·樊泽传》："父咏，开元中举草泽，授试大理评事。"韩愈《樊宗师墓志》作"泳"。徐松《登科记考》卷七，第292页。孟按：《补遗》册四，第73页，于邵撰贞元九年（793）十月三日《大唐故太原府祁县黔中道采访判官赠尚书兵部尚书侍郎南阳樊公（泳）墓志铭并序》云："公讳泳，字泳。……开元中，有诏征天下贤良方正，公应辟观光，对扬清问，时与故相国王公缙、太原尹邓公□□（景山）同登甲科，授濮州鄄城县尉。"知"咏"为"泳"之讹。孟二冬《登科记考补正》卷七，第292页。

王缙。《旧书》本传："字夏卿，河中人。少好学，与兄维早以文翰著名，连应草泽及文词清丽举。"徐松《登科记考》卷七，第118页。

开元十七年己巳（729）

才高未达，沉迹下僚科：

吴巩，见《册府元龟》、《唐会要》。

薛僅。徐季鸧《屯留令薛僅善政碑》："开元二十年，有敕将幸太原，重巡潞藩。上顾谓侍中裴光庭，先择才能，俾宿储供。公以左拾遗膺是选也。公名僅，字冲用，会有制命举才高未达、沉迹下僚，宏词博识、至公从政者，上御紫宸殿，亲试亲考，入拜献替之司。"盖于是年登科也。徐松《登科记考》卷七，第119页。

应制及第：孟按，具体科目未详，疑为"文学优擅科"，见下。

李诚。独孤及撰《唐故朝散大夫中书舍人秘书少监顿丘李公（诚）墓志》："公讳诚，字元成，顿丘人。……开元三年举进士，十年举茂才，十七年举文学，皆射策取甲科。"按其举进士、茂才。徐松已据此志录入该年，惟"十七年举文学"失收，今据补。亦见陈补。孟二冬《登科记考补正》卷七，第298页。

开元十九年辛未（731）

博学宏词科①：按唐之博学宏词科，岁举之。阎氏若璩以王应麟弟兄所应之博学宏词即昌黎所应之词科，误也。

萧昕，《册府元龟》、《唐会要》皆作是年郑昉及第。《唐语林》云："开元十九年置宏词，始于郑昕。"《旧书·萧昕传》："少补崇文，进士。开元十九年，首举博学宏词，授阳武主簿。天宝初，复举宏辞，授寿安尉。"按"郑昉"为"萧昕"之讹。

陶翰，《册府元龟》、《唐会要》。《书录解题》："陶翰，开元十八年进士，次年宏词。"

王昌龄。《唐才子传》："王昌龄，又中宏词，迁校书郎。"徐松《登科记考》卷七，第121页。

开元二十一年癸酉（733）

多才科：

李史鱼。《册府元龟》。梁肃《李史鱼墓志铭》："公讳史鱼，赵郡平棘人也。开元中，以多才应诏，解褐授秘书省正字。时海内和平，士有不由文学而进，读者所耻。② 公以盛名冠甲科，群辈仰之如鸿鹄轩在霄际矣。"按史鱼上元二年卒，年五十六，时年二十八。徐松《登科记考》卷八，第123页。

开元二十二年甲戌（734）

宗室异能科：

李麟。《旧唐书》本传："麟以父仍补职，累授京兆府户曹。开元二十二年，举宗室异能，撰殿中御史。"《新唐书》本传："麟好学，善文辞。以父荫补京兆府户曹参军，举宗室异能，撰殿中御史。"王应麟《玉海》卷一一五《选举·科举二》："举宗室异能：李麟，举宗室异能，撰殿中侍御史。"孟二冬《登科记考补正》卷八，第315~316页。

开元二十三年乙亥（735）

王霸科：

---

① 按唐代博学宏词科多非属制科，本年收此科，其原因有二：一博学宏词科初为制科；二《册府元龟》、《唐会要》皆列本年博学宏词科为制科，故录之，其它年份不录该科。

② 赵守俨按："'谈'原误'读'，据《英华》卷九四四改。"

刘璀，见《唐会要》。

杜绾。见《唐会要》。

智谋将帅科：

张重光，见《册府元龟》、《唐会要》。

崔圆，见《册府元龟》、《唐会要》。《新书》本传："字有裕。"《旧书》本传："清河东武城人，后魏左仆射亮之后。父景晊，圆少孤贫，志尚闳博，好读兵书，有经济宇宙之心。开元中，诏搜访遗逸，圆以钤谋射策甲科，授执戟，"《太平广记》引《定命录》："崔圆微时，欲举进士，于县见市令李含章，云：'君合武出身，官更不停，直至宰相。'开元二十三年，应将帅举科，又于河南府充乡贡进士。其日正于福唐观试，遇敕下，便于试场中唤将拜执戟，参谋河西军事。制应时，与越州剡县尉窦公衡同场并坐，亲见其事。"李华《崔公颂德碑》："扬于王庭，甲科入仕。"

李广琛（季广琛）。见《册府元龟》。徐松《登科记考》卷八，第128页。孟按《元和姓纂》卷八寿春季氏著录："大历右常侍季广琛。"岑仲勉校云："《旧书》一〇，乾元元年五月，以荆州长史季广琛赴河南讨贼，八月，自青徐等五州节度使兼许州刺史，九月，又为九节度之一，二年四月，贬宣州刺史（'宣'疑'温'讹），上元二年正月，自温州刺史为宣州刺史、浙江西道节度。又同书一一，大历九年十月，自前宣州刺史为右散骑常侍，亦附见一〇七《永王传》。《会要》七六，开元二十三年智谋将帅科，李广琛及第，《元龟》六四五同，惟《御览》六二九正作'季'。哥舒翰镇西凉时，广琛为瓜州刺史，见《酉阳杂俎》。广琛亦见《广记》三〇三引《广异记》。《十七史商榷》七三：'荆州长史季广琛。"季"当作"李"，二年同，《新纪》乾元元年九节度讨安庆绪亦作"季"，恐非。'王氏之误，《旧书校勘记》五已辨之。"孟二冬《登科记考补正》卷八，第325页。

牧宰科：

张秀明，《广卓异记》引《登科记》："开元二十三年，张秀明牧宰科。"

崔国辅。《新书·艺文志》："国辅应县令举，授许昌令。"县令举，疑即此"牧宰举"也。李轸《泗州刺史李君神道碑》云："今夫人，清河人也。弟国辅，秀才擢第，制举登科。"徐松《登科记考》卷八，第128页。

开元二十五年丁丑（737）

贤良科：

杜楚宾。陈补云："《全唐文》卷三七四小传云：'楚宾，应贤良科擢第，官雷乡令。'录其《雷乡县白石鹿记》，末署：'开元丁丑二月朔七日应贤良举雷乡令杜楚宾记。'"孟二冬《登科记考补正》卷八，第330页。

开元二十六年戊寅（738）

文词雅丽科：

郭纳，见《册府元龟》。

姚子彦，见《册府元龟》。独孤及《故秘书监姚公墓志》："姚公讳子彦，字伯英。其先冯翊，莲勺人，徙家河东。公力行博学，温故知新，错综六艺，以作词赋。初举进士，又举词藻，皆升甲科。"

冯万石，《广卓异记》引《登科记》："开元二十六年，万石登文词壮丽科。"按"壮"当"雅"之讹。徐松《登科记考》卷八，第134页。

王缙，《登科记考》卷六开元七年（719）"文词雅丽科"录有王缙，徐氏考云："《唐诗纪事》：'缙字夏卿，河中人。与兄维俱以名闻。举草泽文词清丽科，上第。'按'清丽'当即'雅丽'之讹。"又《登科记考》卷二十七"附考·制科"又录王缙，徐氏考云："《唐诗纪事》：'缙登文词清丽科。'王维《荐表弟》：'缙之判策，屡登甲科。'按《旧书》本传，缙应草泽科在文词清丽之先，草泽科见开元十五年。"朱补云："按，卷六及'附考'皆据引《唐诗纪事》，以其举文词清丽科而著录，是重出也；'附考'按语显又不允其登文词清丽科在草泽前，故此二处著录皆不允当。今考开元二十六下复有文词清（雅）丽科，在开元十五年之草泽科后，则王缙应文词清（雅）丽科当在是年。卷六及'附考'著录之王缙可删去，而移正于卷八开元二十六年文词雅丽科下。"今从之。

孙造。岑补云："《记考》……开元二十六年引《册府元龟》云：'八月甲申，亲试文词雅丽举人……有郭纳、姚子彦等二十四人升第，皆量资授官。'徐氏因于文词雅丽科著郭纳。考《千唐》贞元十八年《宣议郎京兆府蓝田县尉孙婴墓志》云：'父造。天宝初应文词清丽举，与郭纳同登甲科。'清丽、雅丽，所差一字，开元、天宝，纪年亦异，今《记考》九天宝初无此科名，则《孙志》未可必信，惟孙造（遜弟）与郭纳同举，则其名可附补此年下也。"按罗补据孙志并系郭纳、孙造于天宝元年"文词秀逸科"下。孟二冬《登科记考补正》卷八，第332～333页。

开元二十九年辛巳（741）

明四子科：《旧书》本纪作"明四子人"，《唐大诏令集》作"四子举人"。李白有《送于十八应四子举落第还嵩山诗》。

姚子彦，见《册府元龟》。独孤及《姚子彦墓志》："开元二十九年，诏立黄老学，亲问奥义。对策者五百余人，公与今相国河南元公载及广平宋少贞等十人，以条奏精辨，才冠列等。"《旧书》本纪作"姚子产"，误。

元载，见《册府元龟》。《旧书》本传："载，凤翔岐山人。家本寒微。父景昇，任员外官，不理产业。载母携载适景昇，冒姓元氏。载自幼嗜学，好属文，性敏惠，博览子史，尤学道书。家贫，徒步随乡赋，累上不升第。天宝初，玄宗崇奉道教，下诏求明《庄》、《老》、《文》、《列》四子之学者，载策入高科。"

靳能，见《册府元龟》。

宋少贞，见上。

冯子华。王起《冯宿神道碑》："先府君讳子华。天宝中，明皇以四子列学官，时与计偕，一鸣上策。"徐松《登科记考》卷八，第137页。

天宝元年壬午（742）

文词秀逸科二十人：

崔明允，见《册府元龟》。

颜真卿。见《册府元龟》。殷亮《颜鲁公行状》："天宝元年秋，扶风郡太守崔琇举博学文词秀逸。玄宗御勤政楼策试上第。以其年授京兆醴泉县尉。"令狐峘《颜真卿墓志铭》："天宝初，制策甲科，作尉醴泉。"按留元刚《颜鲁公年谱》，是年鲁公年三十四。

儒学博通科八人：

刘毖。《册府元龟》。徐松《登科记考》卷九，第139页。

军谋越众科七人：

令狐潮。原作"令狐朝"，徐氏注云"《册府元龟》"。孟按：《册府元龟》卷六五〇原文作"令狐潮"，徐氏误。亦见陈补。孟二冬《登科记考补正》卷九，第347页。

贤良方正科：

萧正（萧立）。独孤及《故殿中侍御史萧府君文章集录序》："侍御讳立，南兰陵人也。天宝元年，诏征贤良方正，以备多士。公时年十七，射策甲科。"按此，则是年有贤良方正科矣。徐松《登科记考》卷九，第139页。

应制及第：详下文似当为"堪任县令科"。

卢全贞。《补遗》册六，第441页，天宝十载（751）十月廿四日《唐故朝议郎平原郡长河县令卢府君（全贞）墓志铭并序》云："公讳全贞，字子正，范阳涿人也。……天宝元载，制求长令，周亲内举。时对扬清问，简在圣心。廷拜平原郡长河县令。"孟二冬《登科记考补正》卷九，第348页。

天宝二年癸未（743）

高道不仕科：

樊端。陈补云："《职官分纪》卷十五引韦述《集贤记注》：'天宝二年，樊端应高道不仕试，拜家丞令，同正直集贤院，暴卒院中。'"孟二冬《登科记考补正》卷九，第350页。

天宝四年乙酉（745）

高蹈不仕科：

马曾，见《文苑英华》。

常广心，见《册府元龟》。

贺兰迪。见《册府元龟》。徐松《登科记考》卷九，第142页。

天宝六年丁亥（747）

风雅古调科①

薛据。见《册府元龟》、《唐会要》。《唐才子传》："薛据，天宝六年中风雅古调科第一人。"徐松《登科记考》卷九，第143页。

天宝八年己丑（749）

有道科：

高适。《唐诗纪事》："高适字达夫。"《旧书》本传："高适者，渤海蓨人。父从文，位终韶州长史。适少濩落，不事生业，家贫，客于梁宋，以求丐取给。天宝中，海内事干进者，注意文词。适年过五十，始留意诗什，数年之间，体格渐变，以气质自高。每吟一篇，已为好事者称诵。宋州刺史张九皋深奇之，荐举有道科。"《读书志》："高适又字仲武，渤海人。天宝八年举有道科，中第。"徐松《登科记考》卷九，第146页。孟按：《新唐书》本传："高适字达夫，沧州渤海人。少落魄，不治生事。客梁、宋间，宋州刺史张九皋奇之，举有道科中第，调封丘尉。"孟二冬《登科记考补正》卷九，第366页。

天宝十年辛卯（751）

博通坟典科：

归崇敬。柳宗元《四门助教厅壁记》："归崇敬，天宝中举博通坟典科，对策第一。"《苏州府志》列于是年。

才可宰百里科：

颜允臧，《颜鲁公集》《颜允臧神道碑铭》："君讳允臧，字季宁，京兆长安人。天宝十载制举县令，对策及第。"

归崇敬，《新书》本传："崇敬举博通坟典科，对策第一，迁四门博士。有诏举才可宰百里者，复策高等。"徐松《登科记考》卷九，第147页。孟按：《旧唐书》本传作："天宝末，对策高第，授左拾遗，改秘书郎。"孟二冬《登科记考补正》卷九，第371页。

---

① 《云麓漫钞》记此科为"天宝四载"，误也。

程俊。《千唐》『952』王颜撰贞元六年（790）十月廿八日《唐齐州丰齐县令程府君（俊）墓志铭并序》（参见《汇编》『贞元030』）云："公讳俊，自愍□，姓程氏，帝颛顼之后。……补太庙斋郎，解褐恒州参军。刺史张公愿居上不宽，惟公□任，迁青州司户。会天宝九年冬，诏下□□□县令。时张移密州，公膺首举。明年春，□□□□□策试称旨，制授齐州丰齐县令。"亦见罗补。孟二冬《登科记考补正》卷九，第371页。

天宝十三年甲午（754）

词藻宏丽科：

杨绾。见《册府元龟》、《唐会要》。《旧书》本传："字公权，华州华阴人也。祖温玉，父侃。绾生聪惠，年四岁，处群从之中，敏识过人。尝夜宴亲宾，各举坐中物，以四声呼之。诸宾未言，绾应声指铁灯树曰：'灯盏柄曲。'众咸异之。及长，好学不倦，博通经史，九流七略，无不该览。尤工文词，藻思清赡，而宗尚玄理，沉静寡欲。举进士，调补太子正字。天宝十三年，玄宗试博通坟典、洞晓玄经、辞藻宏丽、军谋出众等举人，取辞藻宏丽。时登科者三人，绾为之首。"按《旧书·元结传》："结举进士，复举制科。会天下乱，沉浮人间。"是结登制科在是年。绾首登词藻宏丽科，或结亦其一也。徐松《登科记考》卷九，第152页。孟按：《新唐书·杨绾传》："第进士，补太子正字。举词藻宏丽科，玄宗已试，又加诗、赋各一篇，绾为冠，由是擢右拾遗。制举加诗、赋，由绾始。"孟二冬《登科记考补正》卷九，第382页。

洞晓玄经科：

独孤及。《唐才子传》："独孤及，洛阳人。天宝十三载，举洞晓玄经科。"梁肃《独孤及行状》："天宝十三载，应诏至京师。时玄宗以道莅天下，故黄老教列于学官。公以洞晓玄经对策高第，解褐拜华阴尉。"徐松《登科记考》卷九，第152页。孟按：徐氏此处引《唐才子传》云云，误。当作：《唐才子传》谓独孤及"天宝末，以道举高第"。《郡斋读书志》卷四上谓独孤及"洛阳人，天宝十三年，举洞晓玄经科"。余又按：崔祐甫撰《故常州刺史独孤公（及）神道碑铭并序》："独孤常州讳及，字至之，河南洛阳人。……天宝末，以洞晓玄经对策上第，诏拜华阴县尉。"又见《新唐书》本传。《全唐诗》卷二〇六李嘉祐有《送独孤拾遗先辈赴上都》诗，盖送独孤及也。孟二冬《登科记考补正》卷九，第382页。

萧季江，《补遗》第三册，第130页，韩章撰贞元十一年（795）八月十二日《唐故朝散大夫行太子洗马上柱国萧公（季江）墓志铭并序》云："公讳季江，字季江，其先兰陵人也。……天宝十三载，属玄宗思弘治化，征召贤良，亲自临轩，用加策试。公时应洞晓玄经举，与独孤郎声动寰中，名高朝右。虽古之晁错、公孙弘之射策，又何逾焉。信为盛矣！"按"独孤郎"指独孤及。孟二冬《登科记考补正》卷九，第382页。

李舟。《登科记考》卷二十七《附考·制科》著录"李□"，徐氏考云："李□，梁肃《处州刺史李公墓志》：'公讳某，陇西成纪人，字曰公受。生而聪迈，以黄老学一举登第。'"按胡可先《〈登科记考〉匡补》云："《新唐书》卷七二上《宰相世系表》二上'陇西李氏'云：'舟字公受，虔州刺史，陇西县男。'是'李□'应补正为'李舟'"。孟按《全唐文》卷四四三李舟小传亦云："舟字公受，水部员外郎岑之子，以尚书郎奉使，出为虔州刺史。"盖"處""虔"二字形近易讹，参见岑仲勉《读全唐文札记》。按陈冠明补云："《李公墓志》称：'享年四十有八，以某年月日遘疾捐馆。'年月不详。《文苑英华》卷九八二梁肃《祭李处州文》曰：'年月日，淮南节度掌书记殿中侍御史内供奉梁肃谨以清酌之奠，敬祭于故处州刺史陇西李公之灵。'则李舟卒时，梁肃正为淮南节度掌书记。又按《文苑英华》卷九四四崔元翰《右补阙翰林学士梁君墓志》云：'相国兰陵萧公荐之，擢授右拾遗，修史。以太老人赢老，有沉痼之疾，辞不应召。其后，淮南节度使吏部尚书京兆杜公表为殿中侍御史内供奉管书记之任。贞元五年，以监察御史征。''相国兰陵萧公'为萧复，建中四年（783）十月至兴元元年（784）十一月在相位。其荐梁肃亦在此时。淮南节度使杜公即杜亚，兴元元年十二月至贞元五年（789）十二月在淮南节度使任。梁肃之母既有'沉痼之疾'，必不久于人世，但其应辟在服阙之后。《梁君墓志》所说'其后'，亦含有此意。如此，则梁肃应杜亚之辟大概在贞元二年或稍后，从而可确定李舟之卒年亦在此时。假定李舟卒在贞元二年，则其登第之年应是天宝十三载。《文苑英华》卷九七二梁肃《朝请大夫使持节常州诸军事守常州刺史赐紫金鱼袋独孤及行状》曰：'天宝十三载，应诏至京师。时玄宗以道莅天下，故黄老教列于学官，公以洞晓玄经对策高第。'《登科记考》卷九天宝十三载据此入录。'洞晓玄经可'仅天宝十三载有，之前与之后并无此科，故李舟以黄老之学登第亦在天宝十三载殆无疑义，应予移正。"孟按：以李舟约卒于贞元二年（786），年四十八推之，本年约十六岁。故此说虽属推测，然亦为合理。孟二冬《登科记考补正》卷九，第383页。

军谋出众科：

胡□。《太平广记》引《定命录》："御史裴周使幽州日，见参谋姓胡，云是易州人，不记名。项有刀痕，问之，对曰：'某昔为审官，曾事特进李峤。峤奖某聪明，每有诗什，皆令收掌。常熟视谓之曰："汝甚聪明，然命薄，少官禄，年至六十以上，方有两政。三十有重厄，不知得过否尔。后辙轲，不得觅身名。"胡至三十，忽遇张佺北征，便随入军。军败，贼刃颈不断，于积尸中卧经一宿，乃得活。自此以后，每忆李公之言，更不敢觅官，于寺中洒扫。展转至六十，因至盐州，于刺史郭某家为客。有日者见之，谓刺史曰：'此人有官禄，今合举荐。前十月当得官。'刺史曰：'此边远下州，某无公望，岂敢辄荐举人。'俄属有恩赦，令天下刺史各举一人。其年五月，郭举此人有兵谋，至十月，策问及第，得东宫卫佐官，仍参谋范阳军事。"按李峤为特进在景龙三年，参谋能掌诗什，必已弱冠。左右积至此年，得有六十余。是年有赦制，又于十月御试，参谋以兵谋及第，必应军谋出众科也。故据以载人。徐松《登科记考》卷九，第151~152页。

天宝十五年丙申（756）

贤良方正能直言极谏科：

蒋镇，《登科记考》卷二十七《附考·制科》，徐氏考云："《旧书》本传：'常州义兴人，尚书左丞洌之子。天宝末，举贤良。'"孟按：以本书体例，当移镇至本年。

独孤恒。《补遗》册三，第241页，独孤霖撰咸通二年（861）二月二十八日《唐故兖海观察支使朝散大夫检校秘书省著作郎兼侍御史河南独孤府君（骧）墓志铭》："君讳骧，字希龙，临川八世孙也。曾祖讳道济，蔡州长史，赠秘书少监。王父讳恒，尚书右司郎中，赠工部尚书。……尚书天宝末制策登□。"按志文未载其所登科目，因附此科。孟二冬《登科记考补正》卷九，第390~391页。

至德二年丁酉（757）

辞藻宏丽科：

严维。孟按《直斋书录解题》卷十九：严维"至德二载词藻宏丽科"。《唐才子传》卷三所记维"以词藻宏丽进士及第"，不确。孟二冬《登科记考补正》卷十，第395页。

乾元二年己亥（759）

应制及第：

姚南仲。《旧书》本传："华州下邽人。乾元初登制科高等。"按制科当即文经邦国等四科也。徐松《登科记考》卷十，第157页。孟按：《全唐文》卷五〇〇权德舆《故中散大夫守尚书右仆射上柱国赐紫金鱼袋赠太子太保姚公（南仲）神道碑铭并序》："公讳南仲，字某，吴兴武康人也。……公抗行厉操，清方廉俭，以规为瑱，以礼为舆，以多文为富，以不贪为宝。洁如大圭，铿若黄钟，宏毅以任重，温贞而能断。自射策筮仕至于绥吉禄、启手足，由是道也。其初应制条对理道，授太子校书。"孟二冬《登科记考补正》卷十，第397~398页。

乾元三年庚子（760）

才兼文武科：

王翃。《旧书》本传："太原晋阳人。"《新书》："翃字宏肱。翃少治兵家，天宝中授翃卫尉，羽林军宿卫。擢才兼文武科。"按是年有制举武艺文才、俱堪济理，则才兼文武科当在是年。徐松《登科记考》卷十，第157页。

大历二年丁未（767）

茂才异行科：

韦夏卿，

韦正卿，《旧书·韦夏卿传》："夏卿苦学，大历中与弟正卿俱应制举，同时策入高等。"《南部新书》："韦夏卿与弟正卿同日登制科，皆曰：'今日盛事，全归二难之手。'"吕温《韦夏卿碑》："释褐太子正字，与仲弟正卿以贤良偕征，策入异等，鸿冥双举，当代荣之。"徐松《登科记考》卷十，第166页。孟按：《广卓异记》卷十九《兄弟二人制举同年登科（韦夏卿）》条云："右按《登科记》：大历年中，宣政殿试茂异，登科十人，韦夏卿、弟正卿俱登科入高第。"孟二冬《登科记考补正》卷十，第422页。

杜确，柳宗元《为韦夏卿祭杜确文》云："大历之岁，诏征茂才。时忝同科，俱起草莱。怀策既陈，纶言焕开。考第居甲，自天昭回。"韩注："大历二年，夏卿与弟正卿及确同举贤良方正高第。"按是年无贤良方正科，盖即茂才异行科。

高郢，《旧书》本传："应制举，登茂才异行科，授华阴尉。"徐松《登科记考》卷十，第166页。

庄若讷，详下。

李彝，陈补："《文苑英华》卷七二一任华《送李彝宰新都序》：'宗室后进有以学术辞藻著称者，彝也。……以书历抵二相国论安边术，由是召试西掖。凡数十百人，彝与庄若讷、高郢同人高等。……执政以彝大人在蜀，故授新都以荣之。'高郢本年举茂才异行科。"孟按：徐松《登科记考》于卷十二贞元四年（788）贤良方正、直言极谏科下亦称引任华《送李彝宰新都序》，然与《册府元龟》、《唐会要》所记科目及高郢事皆不合，又未著录庄若讷，故未当。今皆附本年。

萧季江。《补遗》第三册，第130页，韩章撰贞元十一年（795）八月十二日《唐故朝散大夫行太子洗马上柱国萧公（季江）墓志铭并序》云："公讳季江，字季江，其先兰陵人也。……大历二年，复应茂才异行举，策入高第，制授长安县尉。"孟二冬《登科记考补正》卷十，第422～423页。

乐道安贫科：

杨膺。《册府元龟》、《唐会要》。徐松《登科记考》卷十，第166页。

大历六年辛亥（771）

讽谏主文科：

郑珣瑜，《新书》本传："珣瑜字元伯，郑州荥泽人。大历中，以讽谏主文科高第，授大理评事。"

李益。《册府元龟》、《唐会要》。

茂才异等科：

陈润。《永乐大典》引《苏州府志》："陈润是年举明经，又中奇才异能科。"《唐诗纪事》："陈润，大历间人，终坊州鄜城县令，乐天之外祖也。"奇才异能，应即茂才异等科。徐松《登科记考》卷十，第169页。

建中元年庚申（780）

贤良方正，能直言极谏科：

姜公辅，见《册府元龟》、《唐会要》。《旧书》本传："登进士第，为校书郎。应制策科高等，授左拾遗。"《新书》："公辅，爱州日南人。"徐松《登科记考》卷十一，第183页。孟按：陆贽草

《姜公辅左庶制》:"姜公辅首举高第,擢居谏曹。"孟二冬《登科记考补正》卷十一,第477页。

元友直,见《册府元龟》、《唐会要》。

樊泽,《册府元龟》、《唐会要》。《旧书》本传:"字安时,河中人。父咏。泽长于河朔,相卫节度薛嵩奏为磁州司仓、尧山县令。建中元年,举贤良对策,礼部侍郎于邵厚遇之。"《新书》:"泽举贤良方正,次潼关,雨淖,困不能前。有熊执易者,同舍逆旅,哀之,辍所乘马,倾褚以济,自罢所举。是岁,泽上第。"《旧书·于邵传》:"初,樊泽常举贤良方正,邵一见之于京师,曰:'将相之材也。'不十五年,泽为节将。"按泽即樊宗师之父,韩愈《樊宗师墓志铭》:"父泽,以军谋堪将帅策上第。"盖是年有军谋越众科,因而致误也。

吕元膺,《册府元龟》、《唐会要》。《旧书》本传:"字景夫,郓州东平人。曾祖绍宗,右拾遗。祖需,殿中侍御史。父长卿,右卫仓曹参军。元膺建中初策贤良对问第,授同州安邑尉。"

韩皋。《旧书·韩滉传》:"子皋,字仲闻,由云阳尉擢贤良科。拜右拾遗,转左补阙。累迁起居郎、考功员外郎。俄丁父艰,德宗遣中人就第慰问。"按德宗之初,建中元年、贞元元年、贞元四年,皆举贤良方正科。韩滉卒于贞元三年,则皋登科在其前。而贞元元年韦执谊等十八人名皆见《会要》、《册府元龟》,无皋名,则皋于建中元年登第无疑矣。徐松《登科记考》卷十一,第183页。

文词清丽科:陈补云:"《文苑英华》卷八八有梁肃、沈封、郑辕《指佞草赋》,皆'以"灵草无心,有佞必指"为韵。'此三人皆于本年举文词清丽科,此赋当即此科所试,徐氏失收。"孟二冬《登科记考补正》卷十一,第447页。

奚陟,见《册府元龟》、《唐会要》。《旧书》本传:"登制举文词清丽科,授宏文馆校书。"

梁肃,见《册府元龟》、《唐会要》。崔元翰《梁肃墓志铭》:"君讳肃,字宽中,建中初以文词清丽应制,授太子校书。"《新书》:"肃字敬之。"徐松《登科记考》卷十一,第183页。孟按,《全唐文》卷五一七梁肃《过旧园赋序》:"余行年十八岁,当上元辛丑,盗入洛阳,三河间大涂炭。因窜身东下,旅于吴越,转徙厄难之中者垂二十年。上嗣位岁,应诏诣京师,其年夏,除东宫校书郎。"孟二冬《登科记考补正》卷十一,第448页。

刘公亮,见《册府元龟》、《唐会要》。

郑辕,见《册府元龟》、《唐会要》。

沈封,见《册府元龟》、《唐会要》。

吴通玄。见《册府元龟》、《唐会要》。《旧书·文苑传》:"吴通玄,海州人。幼应神童举,建中初策贤良方正等科。通玄应文词清丽,登乙第,授同州司户。"

经学优深科:

孙玭,见《册府元龟》、《唐会要》。

黎逢,见《册府元龟》、《唐会要》。

白季随。见《册府元龟》、《唐会要》。白季随,一作"李随"。

高蹈丘园科:

张绅,见《册府元龟》、《唐会要》。

卫良儒,见《册府元龟》、《唐会要》。

苏哲。见《册府元龟》、《唐会要》。

军谋越众科:

夏侯审，《唐才子传》："夏侯审，建中元年礼部侍郎令狐峘下试军谋越众科第一，释褐授校书郎。"

平知和，见《册府元龟》、《唐会要》。

郑儋，见《册府元龟》、《唐会要》。韩愈《郑儋神道碑》："儋以进士选为太原参军，对直言策，拜京兆高陵尉。"五百家注引孙曰："建中三年，中军谋越众科。"

凌正，见《册府元龟》、《唐会要》。

周渭，见《册府元龟》、《唐会要》。

丁悦。见《册府元龟》、《唐会要》。

孝弟力田，闻于乡闾科：

郭黄中，见《册府元龟》、《唐会要》。

崔浩，见《册府元龟》、《唐会要》。

李牧。《册府元龟》、《唐会要》。徐松《登科记考》卷十一，第183~184页。

贞元元年乙丑（785）

贤良方正，能直言极谏科：

韦执谊，见《册府元龟》、《唐会要》。《旧书》本传："京兆人。父浼，官卑。执谊幼聪俊有才，进士擢第，应制科高等。"孟按：《全唐文》卷六〇五刘禹锡《唐故中书侍郎平章事韦公集序》："德宗朝天水姜公辅、杜陵韦公执谊、河东裴公垍以贤良方正征。"孟二冬《登科记考补正》卷十二，第497页。

穆赞，《文苑英华》作"穆质"。注引《登科记》作"赞，第二人。"《旧书·穆宁传》："穆质强直，应制策入第三等。其所条对，至今传之。"《新书·鲍防传》："时比岁旱，策问阴阳祲沴，质对：'汉故事，免三公，卜式请烹弘羊。'指当时辅政者。右司郎中独孤愐欲下质，防不许，曰：'使上闻所未闻，不亦善乎！'卒置高第。帝见策嘉揖。"柳宗元《祭穆质给事文》云："贤良发策，始振其仪。天子动容，敬我直辞。载之册府，命以谏司。"《太平广记》引《异闻集》："穆质初应举，试毕与杨凭数人会，穆策云'防贤甚于防奸'，杨曰：'公不得矣。今天子方礼贤，岂有防贤甚于防奸？'穆曰：'果如此是矣。'遂出谒鲜于弁，弁待穆甚厚。食未竟，仆报云：'尊师来。'弁奔走具靴笏，遂命撤食。及至，一眇道士尔。质怒弁相待之薄，且来者是眇道士，不为礼，安坐如故。良久，道士谓质曰：'岂非供奉官耶？'曰：'非也。'又问：'莫曾上封事，进卷策求名否？'质曰：'见应制，已过试。'道士曰：'面色大喜，兼合官在清近。是月十五日午后当知之矣。策是第三等，官是左辅阙，故先奉白。'质辞去，至十五日方过午，闻扣门声即甚厉，遣人应问，曰：'五郎拜左辅阙。'当时不先唱第三等便兼官，一时拜耳，故有此报。"

郑利用，见《册府元龟》、《唐会要》。

杨邵，见《册府元龟》、《唐会要》。

裴复，见《册府元龟》、《唐会要》。韩愈《河南少尹裴君墓志铭》云："公讳复，字茂绍，河东人。"又云："公举贤良，拜同官尉。"徐松《登科记考》卷十二，第191页。孟按：韩愈《河南少尹裴君（复）墓志铭》："公讳复，字茂绍，河东人。……公举贤良。"五百家注引孙曰："贞元元年九月，上策贤良方正能直言极谏三科举人，复与韦执谊等十四人中贤良。"孟二冬《登科记考补正》卷十二，第498页。

柳公绰，见《册府元龟》、《唐会要》。《旧书》本传："字起之，京兆华原人。年十八应制举，登贤良方正、直言极谏科，贞元元年也。"

归登，见《册府元龟》、《唐会要》。《旧书·归崇敬传》："归登，贞元初登贤良科。"

李直方，见《册府元龟》、《唐会要》。

崔邠，见《册府元龟》、《唐会要》。《旧书》本传："少举进士，又登贤良方正科。"

郑敬，见《册府元龟》、《唐会要》。徐松《登科记考》卷十二，第191页。孟按：《千唐》『1006』郑易撰元和十一年（816）二月十三日《唐故朝散大夫绛州刺史上柱国赐紫金鱼袋郑公（敬）墓志铭并序》（参见《汇编》『元和088』）云："公讳敬，字子和。……时有诏征天下贤良文学之士，上亲御正殿策焉。公与吏部侍郎崔公邠、兵部侍郎归公登、中书侍郎韦公执谊、给事中穆公质等，并对为上第。"孟二冬《登科记考补正》卷十二，第498页。

魏宏简，见《册府元龟》、《唐会要》。柳宗元《魏府君墓碣》："府君讳宏简，字裕之，由进士策贤良，连居科首。"韩注："建中元年，宏简中进士第。贞元元年，又中贤良。"以墓志贞元二十年卒，年四十七推之，是年二十八。

沈迥，见《册府元龟》、《唐会要》。

田元祐，见《唐会要》，《册府元龟》作"元禄"。

徐袞，见《册府元龟》、《唐会要》。

韦纯，见《新书·鲍防传》。徐松《登科记考》卷十二，第191页。孟按：《旧唐书》本传亦载："少举进士，贞元初，登贤良科。"孟二冬《登科记考补正》卷十二，第498页。

钱徽，见《永乐大典》引《苏州府志》。

麹信陵。见《永乐大典》引《苏州府志》。

博通坟典，达于教化科：

熊执易，见《册府元龟》、《唐会要》。

刘简甫，见《册府元龟》、《唐会要》。

陆亘。《旧书》本传："亘字景山，吴郡人。应制举，授万年县丞。"《永乐大典》引《苏州府志》："博通坟典、达于教化科，陆亘及第。"

识洞韬略、堪任将帅科：

许赞。见《册府元龟》、《唐会要》。

超绝科：见《云麓漫钞》。徐松《登科记考》卷十二，第191页。

贞元二年丙寅（786）

韬晦奇才科：

朱放。《唐才子传》："朱放字长通，南阳人。贞元二年，诏举韬晦奇才。诏下，聘礼拜左拾遗，不就。"徐松《登科记考》卷十二，第196页。

贞元四年戊辰（788）

贤良方正，能直言极谏科：

崔元翰，《广卓异记》引《登科记》："贞元四年，崔元翰贤良方正、直言极谏科头登科。"权德舆《崔君元翰集序》："年殆知命，甫与计偕至京师，洎博学宏词、直言极谏，凡三登甲科，名动天下。"按《玉芝堂谈荟》，唐有四元，崔延翰又为制科首。"延翰"当为"元翰"。徐松《登科记考》卷十二，第198页。孟按：岑补云："按元翰举制科，当在建中元年前后，说详拙著《唐史馀瀋》。"按《唐史馀瀋》卷二《德宗·同年崔元翰制科及第》云："余因李巽之考证，于是更疑及同年之崔元翰，登科记考一二云：《广卓异记》引《登科记》……延翰当为元翰。'余按德舆序又接云：'初自典校秘书，连辟汧公、北平王二司徒府管奏记之职，历太常寺协律郎、大理评事，锡以命服，登朝廷为太常寺博士、吏部员外郎，贞元七年春，转职方员外郎知制诰。'（《全唐文》四八九）则似三登甲科释褐而后，始辟外幕者。《旧书》一三七本传：'后北平王马燧在太原，闻其名，致礼命之，又为燧府掌书记，入朝为太常博士、礼部员外郎。'燧罢于贞元三年六月（《旧记》一二），又似四年时元翰已官太常博士者。《旧书》一三一《李勉传》：'（建中）四年，李希烈反，……遂潜师溃围，南奔宋州，诏以司徒平章事征。'似元翰三登甲科总在兴元前者。德舆序又接云：'八年冬，罢为比部郎中，十一年夏，感疾不起，其寿四百甲子。'是元翰卒年六十七，由此上推至贞元四年，年已六十，与序前文'年殆知天命'不合。检《登科记考》一一，大历十四年有博学宏词科，建中元年有贤良方正能直言极谏科，前者元翰年五十一，后者元翰五十二，正与年殆知命相符，岂贞元四年为大历十四年之误欤？然其非贞元四年则无疑矣（元翰，建中二年进士）。"按元翰既于建中二年登进士第，似不可能在此之前登制科，姑仍《广卓异记》，岑说备考。孟二冬《登科记考补正》卷十二，第515～516页。

裴次元，见《册府元龟》、《唐会要》。

李彝，见《册府元龟》、《唐会要》。任华《送李彝宰新都序》："宗室后进有以学术辞藻著称者，彝也。去年制举不捷，无何，以书历抵二相国，论安边术，由是召试西掖。凡数十百人，彝与庄若讷、高郢同人高等。"

崔农，见《册府元龟》、《唐会要》。

史牟，见《册府元龟》、《唐会要》。

陆震，见《册府元龟》、《唐会要》。

柳公绰，见《册府元龟》、《唐会要》。《旧书》本传："贞元四年，复应制举，再登贤良方正科，时年二十一。"刘禹锡《举开州柳公绰自代状》："前件官以贤良方正再扬王庭。"徐松《登科记考》卷十二，第198页。孟按：《新唐书》本传作："举贤良方正、直言极谏，补校书郎。间一年，再登其科，授渭南尉。"《名贤氏族言行类稿》卷四十作："柳公绰字孝宽，……举直言极谏、贤良方正，一年，再登其科。"孟二冬《登科记考补正》卷十二，第516页。

赵㟧，见《册府元龟》、《唐会要》。徐松《登科记考》卷十二，第198页。孟按：赵守俨《唐代登科记与徐松〈登科记考〉》曾举徐松《登科记考》考订疏误例云："卷十二据赵璘《因话录》系赵修进士及第于贞元三年（787）；又据《会要》、《册府元龟》系修制科于贞元四年（788）。按《因话录》卷一'德宗躬亲庶政'条自注：'（璘）伯父修（今通行本误作"修"，据《新书》卷七三下《宰相世系表》改正）贞元三年进士及第，当年制策登科。'唐人重科第，璘记其伯父登科的年份，一般不应又误，《徐考》于赵修及第之年既从璘说，而制策登科又改从《会要》，而且不作考辨，不加说明，不知理由何在。"（《赵守俨文存》）孟二冬《登科记考补正》卷十二，第516页。

徐宏毅，见《册府元龟》、《唐会要》。

韦彭寿，见《册府元龟》、《唐会要》。

邹儒立，见《册府元龟》、《唐会要》。

王及，见《册府元龟》、《唐会要》。

杜伦，见《册府元龟》、《唐会要》。《杜行方墓志》："烈考伦，文术政事为龟玉。异时选部第书判，明廷策贤良，皆登甲科。历宪门、郎署，而后出分符竹。"

元易，见《册府元龟》、《唐会要》。

王真。见《册府元龟》、《唐会要》。按是年林蕴亦应贤良方正而未登科，其策有云："臣远祖比干，因谏而死，天不厌直，更生微臣。"见黄滔《莆山灵岩寺碑铭序》。

清廉守节，政术可称，堪任县令科：

李巽（李异）。见《唐会要》。《册府元龟》作"李异"。按《旧书》本传及权德舆作墓志，皆不言巽应制科，则作"异"者是。徐松《登科记考》卷十二，第198页。孟按：岑仲勉《唐史徐潘》卷二《德宗·贞元四年李巽及第》云："《会要》七六，贞元四年四月，'清廉守节政术可称堪（《纬略》此下有"任"字）县令科，李巽及第。'《纬略》同。《郎官考》一采此条附左中李巽下。《登科记考》卷一二云：'《册府元龟》作李异，按《旧唐书》本传及权德舆作墓志，皆不言巽应制科，则作异者是。'余按《全文》五〇五李巽志：'始以明经筮仕为华州参军，试言超绝，补鄠县尉，登朝为监察御史、殿中侍御史，由美原县令课最为刑部员外郎，由万年县令课最为户部、左司二郎中，由常州刺史理刑第一征为给事中，以御史中丞领潭州刺史、湖南观察使。'复据卷四九六同人李巽遗爱碑，巽以贞元八年十一月莅湖南，是巽自筮仕后迄贞元八年，凡更十二任，推言之，贞元四年时李巽已早官京县令（县令之上者），故为尚赴堪任县令科也？劳考误。"孟二冬《登科记考补正》卷十二，第517页。

孝弟力田，闻于乡闾科：

张皓。见《册府元龟》、《唐会要》。徐松《登科记考》卷十二，第198页。

贞元十年甲戌（794）

贤良方正，能直言极谏科：

裴垍，见《册府元龟》、《唐会要》。《旧书》本传："字弘中，河东闻喜人。弱冠举进士。贞元中，制举贤良极谏，对策第一，授美原县尉。"刘禹锡《韦处厚集序》："德宗朝，天水姜公辅、杜陵韦公执谊、河东裴垍以贤良方正征。"徐松《登科记考》卷十三，第215页。孟按：《补遗》册四，第 251 页，孙纬撰咸通十四年（873）二月二十五日《唐知盐铁陈许院事侍御史内供奉赐绯鱼袋孙虬故室河东裴氏墓志铭并序》云："裴氏其先，河东闻喜人。……烈祖坦。以德行文学擢进士第，升贤良科。"孟二冬《登科记考补正》卷十三，第 568 页。

王播，见《册府元龟》、《唐会要》。李宗闵《王播神道碑铭》："贞元十年，举进士第。是年策贤良，以直言校书于集贤殿。"以太和五年卒、年七十二推之，是年三十五岁。《闽川名士传》以为五十六岁者误。

朱谏，见《册府元龟》、《唐会要》。

裴度，见《册府元龟》、《唐会要》。《旧书》本传："应制举贤良方正、能直言极谏科，对策高等，授河阴县尉。"

熊执易，见《册府元龟》、《唐会要》。徐松《登科记考》卷十三，第 216 页。孟按：《新唐书·鲍防传》载："贞元元年，策贤良方正，得穆质、裴复、柳公绰、归登、崔邠、韦纯、魏弘简、熊执易等，世美防知人。"元刊本《新编排韵增广事类氏族大全》甲集卷一："熊执易通九经，唐贞元中策贤良方正，与裴复、柳公绰、崔邠同榜，世美防知人。"康熙九年刻本《新刊京本排韵增广事类氏族大全纲目》甲集卷一所录同上。按执易于贞元元年（785）登制科"博通坟典、达于教化科"，见《册府元龟》、《唐会要》，徐氏已著录，而上引诸书谓之登贞元元年"贤良方正"科，误。孟二冬《登科记考补正》卷十三，第 568 页。

许尧佐，见《册府元龟》、《唐会要》。权德舆《送许协律判官赴西川序》："十年冬，予与今左曹相君、兵部郎崔君同受诏禁中，杂阅对策，以第其等。将命于庭，有请程百职之功绪者，且以郎吏、谏曹为言。时相君为吏部郎，崔为右补阙，因相顾曰：'直言者方讥切，吾党其可舍诸？'予抚手贺之，以为得隽。及后诏下，征他日之词，则许生也。"按许生当即尧佐。《唐诗纪事》："许康佐诸弟皆第进士，而尧佐最先进，又举宏词。"《新书》："许康佐弟尧佐，擢进士第。又举宏词，为太子校书。"

徐宏毅，见《册府元龟》、《唐会要》。

杜毂，见《册府元龟》、《唐会要》。

崔群，见《册府元龟》、《唐会要》。柳宗元《送崔群序》："甲俊造之选，首雠校之列。"童宗说注云："贞元十年，群举贤良方正，授校书郎。"

皇甫镈，见《册府元龟》、《唐会要》。《旧书》本传："镈，贞元初登进士第，登贤良文学制科。《容斋续笔》："唐德宗贞元十年，贤良方正科十六人，裴垍为举首，王播次之，隔一名而裴度、崔群、皇甫镈继之。六名之中，连得五相，可谓盛矣。而邪正贸不侔，度、群同为元和宰相，而镈以聚敛贿赂亦居之，度、群极谏其不可，度耻其同列，表求自退，两人竟为镈所毁而去。且三相同时登科，不可为无事分。而玉石杂糅，薰莸同器。若默默充位，则是固宠患失，以私妨公。裴、崔之贤，谊难以处也。"按此是崔群、皇甫镈名在裴度之次，今《册府元龟》、《唐会要》传钞误也。徐松《登科记考》卷十三，第 216 页。孟按：《全唐文》卷五十八宪宗《授皇甫镈户部侍郎同平章事制》："夙怀经济之策，早在贤良之选。"孟二冬《登科记考补正》卷十三，第 569 页。

王仲舒，见《册府元龟》、《唐会要》。《旧书·文苑传》："王仲舒字弘中，太原人。不就乡举，贞元十年策试贤良方正、能直言极谏科，仲舒登乙第，超拜右拾遗。"权德舆《吏部员外郎南曹厅壁记》："太原王仲舒，贞元十年冬，由诸侯部从事贤良对策，历左右谏列、仪曹考功郎。"韩愈《王仲舒神道碑铭》，"贞元初射策，拜左拾遗"。又见墓志铭。徐松《登科记考》卷十三，第 216 页。孟按：韩愈撰《唐故江南西道观察使中大夫洪州刺史兼御使中丞赠左散骑常侍太原王公（仲舒）墓志铭》："公讳仲舒，字弘中。少孤，奉其母居江南，游学其名。贞元十年以贤良方正拜左拾遗。"五百家注引严曰："按王弘中碑云贞元初策拜左拾遗，与阳城合谒裴延龄不得为相，墓志则曰贞元十年以贤良方正拜左拾遗，按陆贽之贬在十一年春，而阳城传云裴延龄谗毁陆贽等坐贬黜，城率拾遗王仲舒数人守延英上疏。则墓志云十年是矣。"孟二冬《登科记考补正》卷十三，第569页。

许季同，见《册府元龟》、《唐会要》。

仲子陵，见《册府元龟》、《唐会要》。《新书·儒学传》："仲子陵，蜀人，举贤良方正。"权德舆《仲君子陵墓志铭》："贞元十年，举贤良方正，拜太常博士。"又《司门员外郎壁记》："鼓城仲子陵，修词而筮仕，说经有师道。"

郑士林，见《册府元龟》、《唐会要》。

邱颖。见《册府元龟》、《唐会要》。权德舆有《送邱颖应制举序》。按邱颖与韩昌黎同为董晋幕客，昌黎《寄周员外诗》云："陆孟邱杨久作尘，同时存者更谁人。"其言邱即颖也。按《容斋续笔》，是年贤良方正科十六人。杨嗣复《权文公集序》又作升名者十七人。此只十五人，当有夺秩。

博通坟典，达于教化科：

朱颖。见《册府元龟》、《唐会要》。

详明政术，可以理人科：

张平叔，见《册府元龟》、《唐会要》。徐松《登科记考》卷十三，第216页。孟按：《全唐文》卷六六二白居易草《张平叔可京兆少尹知府事制》："自贞元以来，用三科取士，奉详明政术、可以理人之诏而得其名有其实者几何人哉？平叔居其一也。"孟二冬《登科记考补正》卷十三，第570页。

李景亮。见《册府元龟》、《唐会要》。徐松《登科记考》卷十三，第216页。

贞元十一年乙亥（795）

隐居丘园，不求闻达科：

蔡广成，《册府元龟》作"蔡武"，《永乐大典》引作"蔡茂"，今从《旧书》。

刘明素。褚藏言《窦群传》："府君讳群，字丹列。弱冠不乐进士之科。郡守给事中京兆韦公夏卿知公，以为江左文雅无出其右。适贞元十年诏征天下隐居丘园、不求闻达之士，韦公荐焉，与桂山处士刘明素同表。其时天下慰荐九人，公独不除授。"徐松《登科记考》卷十四，第219页。

贞元二十一年乙酉（805）

茂才异等科：

杜元颖。《登科记考》卷十八元和十一年（816）"茂才异等科"，徐氏注云：见"《文苑英华》"。又考云"按《旧书》本传不言应制举，第言：'元和中为左拾遗、右补阙，召入翰林，充学士。吴元济平，以书诏之勤，赐绯鱼袋，转司勋员外郎，知制诰。'盖以制举登科，授拾遗、补阙也。

按丁居晦《重修承旨学士壁记》云：'杜元颖，元和十二年□月十三日自太常博士充翰林学士，二十日改右补阙。□月十八日赐绯。'蔡州平在次年十月，元颖时已入翰林，故知登科在此年。"陈补云："杜元颖当删去。所录对策，当为贞元末试，已详前考。"元颖元和间仕履，可参岑仲勉先生《翰林学士壁记注补》、朱金城先生《〈白氏长庆集〉人名笺证续编》。"原载元和十一年"策茂才异等科举人问"及元颖对策，一并移至本年。孟二冬《登科记考补正》卷十五，第662~663页。

元和元年丙戌（806）

才识兼茂、明于体用科：

元稹，见《册府元龟》、《唐会要》。《旧书》本传："二十八应制举才识兼茂、明于体用科，登第者十八人，稹为第一。元和元年四月也。"《侯鲭录》载《元微之年谱》，元和元年微之年二十八岁，中才识兼茂、明于体用科第，拜左拾遗。徐松《登科记考》卷十六，第257页。孟按：《全唐文》卷六五〇元稹《同州刺史谢上表》自言"年二十八，蒙制举首选，授左拾遗。"《全唐文》卷六八〇白居易元和二年（807）撰《唐河南元府君（宽）夫人荥阳郑氏墓志铭并序》："河南元府君讳宽，夫人荥阳太君郑氏……有四子……次曰积，同州韩城尉；次曰稹，河南县尉。……夫人为母时，府君既殁，即积与稹髫齿，家贫，无师以授业。夫人亲执诗书，诲而不倦。四五年间，二子皆以通经入仕。稹既第，判入等，授秘书省校书郎。属今天子始践阼，策三科以拔天下贤俊，中第者凡十八人，稹冠其首焉，由校书郎拜左拾遗。"又同上卷六七九白居易撰《唐故武昌军节度处置等使正议大夫检校户部尚书鄂州刺史兼御史大夫赐紫金鱼袋赠尚书右仆射河南元公（稹）墓志铭并序》："公讳稹，字微之，河南人。……二十八应制策入三等，拜左拾遗。"孟二冬《登科记考补正》卷十六，第676~677页。

韦惇，见《册府元龟》、《唐会要》。刘禹锡《韦处厚集序》："宪宗朝，河南元公稹、京兆韦公惇以才识兼茂征。"

独孤郁，见《册府元龟》、《唐会要》。《旧书》本传："元和初，应制举才识兼茂、明于体用科，策入第四等，拜左拾遗。"韩愈《独孤郁墓志铭》："元和元年对诏策，拜右拾遗。"五百家注引孙曰："郁应才识兼茂、明于体用科，中第三。"

白居易，见《册府元龟》、《唐会要》。《旧书》本传："元和元年四月，宪宗策试制举人，应才识兼茂、明于体用科，策入第四等，授盩厔县尉。"白居易《策林序》："微之首科，予次焉。"

曹景伯，见《册府元龟》、《唐会要》。《旧书·曹确传》："景伯登制科。"

韦庆复，见《册府元龟》、《唐会要》。

崔璐，《册府元龟》作"韶"，《唐会要》作"绾"，皆误。《旧书·崔珙传》："璐制策登科，释褐诸侯府。"徐松《登科记考》卷十六，第257页。孟按：然《新唐书·崔珙传》："璐字从律，珙兄。举进士、贤良方正，皆高第。"所载科目与《册府元龟》、《唐会要》异。孟二冬《登科记考补正》卷十六，第677页。

罗让，见《册府元龟》、《唐会要》。《旧书·孝友传》："罗让应诏，对策高等，为咸阳尉。"按权德舆《罗珦墓志》言让登直言极谏科，误。

崔护，见《册府元龟》、《唐会要》。

薛存庆，见《册府元龟》、《唐会要》。

韦珩，见《册府元龟》、《唐会要》。

李蟠，《册府元龟》一作"瑀"，《唐会要》作"瑀"。

元修，见《册府元龟》、《唐会要》。

沈传师，见《册府元龟》、《唐会要》。《旧书》本传："登制科乙第。"《永乐大典》引《苏州府志》作贞元十年，误。徐松《登科记考》卷十六，第257页。孟按：元洪景修编《新编古今姓氏遥华韵》辛集卷五："沈传师，元和白居易、元稹同登制科。"孟二冬《登科记考补正》卷十六，第677～678页。

萧俛，见《册府元龟》、《唐会要》。《旧书》本传："元和初，复登贤良方正制科，拜右拾遗。"

柴宿。见《册府元龟》、《唐会要》。

达于吏理，可使从政科：

陈岵，疑即贞元九年登第之陈祜。徐松《登科记考》卷十六，第257页。孟按：见《唐会要》卷七十六、《太平御览》卷六二九。孟二冬《登科记考补正》卷十六，第678页。

萧睦。《册府元龟》。《旧书·韦贯之传》："元和元年，与中书舍人张弘靖考制策，第其名者十八人，其后多以文称。"白居易撰《元稹母郑夫人墓志铭》："今天子始践阼，策三科以拔天下贤俊，中第者凡十八人，稹冠其首焉。"按十八之数正符，而经术精深、可为师法科不见及第人，其言三科未详。徐松《登科记考》卷十六，第257页。孟按：《唐会要》卷六十七、《太平御览》卷六二九于是年本科目下仅著录陈岵，《册府元龟》卷六四五于是年本科目下著录萧睦而无陈岵。疑《册府》抄误。《旧唐书逸文》卷八谓《册府》"陈岵作萧睦，疑亦涉上文萧俛及下条（孟按：指元和三年本科目）萧睦而误。"当存疑俟考。孟二冬《登科记考补正》卷十六，第678页。

元和三年戊子（808）

贤良方正，能直言极谏科：

牛僧孺，见《册府元龟》、《唐会要》。《旧书》本传："僧孺登贤良方正科"。杜牧《牛僧孺墓志铭》："元和四年，应贤良直谏制，数强不臣不奉法，忧天子炽于武功。诏下第一。"按"四年"当作"三年"。《乾𦠆子》："韦乾度为殿中侍御史，分司东都。牛僧孺以制科敕首除伊阙尉，台参，乾度不知僧孺授官之本，问何色出身。僧孺对曰：'进士。'又曰：'安得人几？'僧孺对曰：'某制策连捷，忝为敕头。'"徐松《登科记考》卷十七。孟按：《全唐文》卷六六二白居易草《牛僧孺可户部侍郎制》："牛僧孺自举贤良，历践台阁。"同上卷六〇五刘禹锡《唐故中书侍郎平章事韦公集序》："宪宗朝……陇西牛公僧孺、李公宗闵以能直言极谏征，咸用对策，甲于天下。"又《新唐书》本传："元和初，以贤良方正对策，与李宗闵、皇甫湜俱第一，条指失政，其言鲠讦，不避宰相。宰相怒，故杨于陵、郑敬、韦贯之、李益登坐考非其宜，皆谪去。"孟二冬《登科记考补正》卷十七，第720页。

皇甫湜，见《册府元龟》、《唐会要》。韦处厚《上宰相荐皇甫湜书》："窃见前进士皇甫湜年三十二，学穷古训，词秀人文。"五百家韩注引樊注曰："按《唐登科记》，湜中贤良盖元和二年。"按

"二年"当作"三"。徐松《登科记考》卷十七。孟按：宋蜀刻本《新刊经进详注昌黎先生文》卷四《用韵和皇甫湜陆浑山火》诗题下文谠注："今以《登科记》及牛僧孺、李宗闵传参考之，则知湜于元和三年同于牛、李举贤良对策，忤宰相，牛调伊阙尉，李洛阳尉，则持正为陆浑尉亦其时矣。"孟二冬《登科记考补正》卷十七，第720页。

李宗闵，见《册府元龟》、《唐会要》。《旧书》本传："宗闵元和四年登制举贤良方正科。初宗闵与牛僧孺同年登进士第，又与僧孺同年登制科。"按"四年"当作"三年"。

李正封，见《册府元龟》、《唐会要》。

吉宏宗，见《册府元龟》、《唐会要》。

徐晦，见《册府元龟》、《唐会要》。《旧书》本传："晦进士擢第，登直言极谏，皆自杨凭所荐。"

贾𩟎，见《册府元龟》、《唐会要》。《旧书》本传："𩟎登制策甲科，文史兼美。"《新书》云授渭南尉，集贤校理。

王起，见《册府元龟》、《唐会要》。《广卓异记》："元和三年，贤良方正、能直言极谏科十一人登科。其后牛僧孺、李宗闵、王起、贾𩟎四人相次拜相。"

郭球，见《册府元龟》、《唐会要》。按球疑即元年府元落之郭求。

姚衮，见《册府元龟》、《唐会要》。

庾威。见《册府元龟》、《唐会要》。

博通坟典，达于教化科：

冯苞，见《册府元龟》、《唐会要》。

陆亘。见《册府元龟》、《唐会要》。《旧书》本传："亘字景山，吴郡人。祖元朗，父持诠。亘以书判授集贤殿正字、华原县尉。应制举，授万年县丞。"《永乐大典》引《苏州府志》："陆亘制科中第，又书判高等。"按《苏州府志》于贞元二年及此年两载陆亘登科，亘于是年及第，则贞元误也。今削之。徐松《登科记考》卷十七。孟按：《新唐书》本传亦载："陆亘字景山，苏州吴人。元和三年，策制科中第。"又徐氏原于卷十二贞元元年（785）著录陆亘，考云："《旧书》本传：'亘字景山，吴郡人。应制举，授万年县丞。'《永乐大典》引《苏州府志》：'博通坟典、达于教化科，陆亘及第。'"则与本年重复且抵牾，今删却。亦见胡补。孟二冬《登科记考补正》卷十七，第721页。

军谋宏达，《新书·樊泽传》作"宏远"。**材任将帅科**："材任"五百家韩注作"堪任"。

樊宗师。见《册府元龟》、《唐会要》。《新书·樊泽传》："子宗师，字绍述，始为国子主簿。元和三年，擢军谋弘远科，授著作郎。"韩愈《樊绍述墓志铭》："自祖及绍述三世，皆以军谋堪将帅策上第。"

详明政术，可以理人科：《册府元龟》、《唐会要》皆作"达于吏治，可使从政科"，盖以元年科目致误也。今从《云麓漫钞》正。

萧睦。见《册府元龟》、《唐会要》。李虞仲《授萧睦祠部员外制》云："以尔克茂才实，尝擢科名。"徐松《登科记考》卷十七，第279页。

元和十一年丙申（816）

茂才异等科：

杜元颖。《文苑英华》。按《旧书》本传不言应制举第。言："元和中为左拾遗右补阙，召入翰林充学士，吴元济平，以书诏之，勤赐绯鱼袋，转司勋员外郎，知制诰，盖以制举登科，授拾遗补阙也。"按丁居晦《重修承旨学士壁记》云："杜元颖元和十二年□月十三日自太常博士充翰林学士，二十日改右补阙，□月十八日赐绯蔡州平在。"次年十月元颖时已入翰林，故知登科在此年。徐松《登科记考》卷十八，第292页。

元和十五年庚子（820）

处士科。见《云麓漫钞》。徐松《登科记考》卷十八，第300页。

长庆元年辛丑（821）

贤良方正，能直言极谏科：

庞严，见《册府元龟》、《唐会要》、《唐大诏令集》。《旧书》本传："长庆元年，应制举贤良方正、能直言极谏科，策入三等，冠制科之首。是月拜左拾遗。"刘禹锡有《哭庞京兆诗》云："俊骨英才气褎然，策名飞步冠群贤。"注云："少年有俊气，常擢制科之首。"

吕术，一作"述"，又作"张述"。见《册府元龟》、《唐会要》、《唐大诏令集》。

韦曙，见《册府元龟》、《唐会要》、《唐大诏令集》。

姚中立，见《册府元龟》、《唐会要》、《唐大诏令集》。

李躔，见《册府元龟》、《唐会要》、《唐大诏令集》。《旧书·李回传》："登贤良方正科。"

崔嘏，见《册府元龟》、《唐会要》、《唐大诏令集》。《新书·李德裕传》："嘏以制策历邢州刺史。"

崔龟从，见《册府元龟》、《唐会要》、《唐大诏令集》。《旧书》本传："登贤良方正制科。"徐松《登科记考》卷十九。孟按岑补云："《记考》一九，长庆元年贤良方正、能直言极谏科，据《册府元龟》、《唐会要》、《唐大诏令集》及《旧书》一七六本传，著录崔龟从，是也。复考《全诗》七函八册、《白居易集》卷三十五《病中辱崔宣城长句见寄，兼有觚绮之赠，因以四韵总而酬之》诗，其第三句'三道旧夸收片玉'，原注云：'昔予考制策，崔君登科也。'（《丛刊》本已删去）此诗作于开成五年，据《唐方镇年表》五，是时龟从官宣歙观察，白诗之崔宣城，龟从也，此节故事，可补附龟从名下。"孟二冬《登科记考补正》卷十九，第782页。

任畹，见《册府元龟》、《唐会要》、《唐大诏令集》。

韦正贯，《册府元龟》、《唐会要》、《唐大诏令集》。《新书·韦皋传》："皋弟平。平子正贯，字公理，少孤，谓能大其门，名曰臧孙。推荫为单父尉，不得意，弃官去。改今名，举贤良方正异等。"张祜有《送韦正贯赴制举诗》云："可爱汉文年，鸿恩荡海壖。木鸡方备德，金马正求贤。大战希游刃，长途在著鞭。伫看晁董策，便向史中传。"

崔知白，见《册府元龟》、《唐会要》、《唐大诏令集》。

陈玄锡，见《册府元龟》、《唐会要》、《唐大诏令集》。

沈亚之。沈亚之对策，见《文苑英华》及本集，盖于是年登科。

　　博通坟典，达于教化科：

李思玄。一作"李思立"。见《册府元龟》、《唐会要》、《唐大诏令集》。

　　详明政术，可以理人科：

崔郢。见《册府元龟》、《唐会要》、《唐大诏令集》。

　　军谋弘远—作"达"，堪—作"材" 任将帅科：

吴思，见《册府元龟》、《唐会要》、《唐大诏令集》。

李商卿。见《册府元龟》、《唐会要》、《唐大诏令集》。徐松《登科记考》卷十九，第304～305页。

长庆二年壬寅（822）

　　山人科。见《云麓漫钞》。

　　日试百篇科：见《云麓漫钞》。

田夷吾，

曹瑶。白居易有《日试诗百首，田夷吾、曹瑶等授魏州兖州县尉制云》："乃者魏、兖二帅以田夷吾、曹瑶善属文，贡置阙下。有司奏报，明试以诗，五言百篇，终日而毕。藻思甚敏，文理多通，贤侯荐延，宜有升奖，因其所贡郡县，各命以官，而倚马爱来，衣锦归去，以文得禄，亦足为荣，可依前件。"按二人当即此年登第。又按《新书·艺文志》载："郁浑常应百篇举，寿州刺史李绅试之。"李绅刺寿州在宝历中，盖其时亦置此科也。徐松《登科记考》卷十九，第313页。

长庆三年癸卯（823）

　　道举科。见《云麓漫钞》。

　　日试万言科：见《云麓漫钞》。

张□。白居易有《报衢州张使君诗》云："万言旧手才难敌。"注"张曾应万言登科"。按张涉登万言科在天宝时，德宗朝已放归田里，不应至长庆中年为衢州刺史，盖张使君于是年登科也。徐松《登科记考》卷十九，第315页。

宝历元年乙巳（825）

贤良方正，能直言极谏科：

唐伸，见《册府元龟》、《唐会要》。

韦端符，见《册府元龟》、《唐会要》。

舒元褒，见《册府元龟》、《唐会要》。《新书·舒元舆传》："弟元褒，擢贤良方正。"《文苑英华》注云："元褒，第三人。"

萧敞，见《册府元龟》、《唐会要》。

杨鲁士，见《册府元龟》、《唐会要》。鲁士本名殷，以进士黜落，改名登制科。

杨俭，见《册府元龟》、《唐会要》。

来择，见《册府元龟》、《唐会要》。《新书·艺文志》："择，字无择。"

赵杭，见《册府元龟》、《唐会要》。

裴惲，见《册府元龟》、《唐会要》。

韦繇，见《册府元龟》、《唐会要》。

李昌实，见《册府元龟》、《唐会要》。

严楚封，见《册府元龟》、《唐会要》。

田邑，见《册府元龟》、《唐会要》。

崔璜，见《册府元龟》、《唐会要》。

李溓，见《册府元龟》、《唐会要》。溓，李汉弟，见《旧书·李汉传》，又见韩愈《李郱墓志》。徐松《登科记考》卷二十，第318页。孟按：《册府元龟》卷六四五、《唐会要》卷七十六均作"李涯"，《太平御览》卷六二九作"李匡"。孟二冬《登科记考补正》卷二十，第813页。

萧夷中，见《册府元龟》、《唐会要》。

冯球，见《册府元龟》、《唐会要》。

元晦。见《册府元龟》、《唐会要》。

路贯，《全唐诗》卷五四七"路贯小传"："路贯，与元晦同登第。"按元晦登第惟见本年是科，因附此俟考。此条朱补入录"存疑"，陈冠明补于本年。孟二冬《登科记考补正》卷二十，第813页。

详闲吏理，达于教化科：

韦正贯。见《册府元龟》、《唐会要》。萧邺《韦正贯神道碑》："正贯，长庆初对贤良极谏策，登乙科，授太子校书。敬宗朝，又以华原县尉再登详闲吏理科，迁万年主簿。考京兆进士，能第上下，颇得一时之俊。"崔嘏《授韦正贯京兆尹制》："再升文字之途，一举云霄之路。"

军谋宏远，材任边将科：

裴俦，见《册府元龟》、《唐会要》。肃之子，休之兄，见《旧书·裴休传》。

侯云章。见《册府元龟》、《唐会要》。徐松《登科记考》卷二十，第318页。

宝历二年丙午（826）

长念九经科。见《云麓漫钞》。徐松《登科记考》卷二十，第324页。

大和二年戊申（828）

贤良方正，能直言极谏科：

裴休，见《册府元龟》、《唐会要》。《旧书·庞严传》："太和二年二月，上试制举人，命严与左散骑常侍冯宿、太常少卿贾𫗧为试官，以裴休为甲等制科之首。"又《裴休传》："应贤良科，升甲科。"徐松《登科记考》卷二十，第328页。孟按：《全唐文》卷八十三懿宗《授裴休荆南节度使制》："自奋藻儒林，射策艺圃，迥处颜、冉之列，叠升晁、董之科。"又同上卷七六三沈珣草《授裴休汴州节度使制》："自彤庭对策，谏列升班。"又同上卷七六七沈珣草《授裴休中书门下平章事依前判盐铁制》："裴休……早升甲乙，首冠贤良。"孟二冬《登科记考补正》卷二十，第836页。

裴素，见《册府元龟》、《唐会要》。按杜牧有《陕州醉赠裴四同年诗》，未知为休为素，俟考。

李郃，见《册府元龟》、《唐会要》。

南卓，见《册府元龟》、《唐会要》。

李甘，见《册府元龟》、《唐会要》。《旧书》本传："甘制策登科。"

杜牧，见《册府元龟》、《唐会要》。杜牧有《重登科诗》："星汉离宫月出轮，汉街含笑绮罗春。花前每被青蛾问，何事重来只一人？"

马植，见《册府元龟》、《唐会要》。《旧书》本传："登制策科，释褐寿州团练副使。"

郑亚，见《册府元龟》、《唐会要》。《旧书》本传："亚擢进士第，又应贤良方正、直言极谏制科。吏部调选，又以书判拔萃。数岁之内，连中三科。"

崔玙，见《册府元龟》、《唐会要》。《旧书·崔珙传》："玙制策登科。"

崔谠，见《册府元龟》、《唐会要》。

王式，见《册府元龟》、《唐会要》。《新书·王播传》："式以门荫为太子正字，擢贤良方正科。"

罗绍京，见《册府元龟》、《唐会要》。按"绍"当作"劭"。《旧书·李友传》："罗让子劭京，字子峻，进士擢第，又登科。"

崔渠，见《册府元龟》、《唐会要》。

崔慎由，见《册府元龟》、《唐会要》。《旧书》本传："登贤良方正制科，释褐诸侯府。"

苗愔，见《册府元龟》、《唐会要》。

韦昶，见《册府元龟》、《唐会要》。

崔博，见《册府元龟》、《唐会要》。李翱《武孺衡墓志铭》："次女嫁前进士崔博。"疑即其人，

"搏"为"博"之讹。

崔涣,见《册府元龟》。一作"琼",《唐会要》作"焕"。

韩宾。见《册府元龟》、《唐会要》。《唐大诏令集》作"王宾",误。刘禹锡有《闻韩宾擢第归觐,以诗美之,兼贺韩十五曹长诗》云:"零陵香草满郊坰,丹穴雏飞入翠屏。孝若归来呈画赞,孟阳别后有山铭。兰陔旧地花才结,桂树新枝色更青。为报儒林丈人道,如今从此鬓星星。"按诗注云:"时韩牧永州。"盖韩十五即宾父也。

详闲吏理,达于教化科:

宋昆。《册府元龟》、《唐会要》。

军谋宏远,堪任将帅科:

郑冠,《册府元龟》、《唐会要》。

李栻。一作"式"。《册府元龟》、《唐会要》。按《旧书·刘蕡传》:"时登科者二十二人,考官不敢留蕡在籍中。"盖并三科数之也。

处士科。见《云麓漫钞》。徐松《登科记考》卷二十,第328页。

大中六年壬申(852)

制科:

莫宣卿。白鸿儒《莫孝肃公诗集序》:"唐宣宗大中五年,龙集辛未,设科求贤,合天下士,对策于大庭,胪传以莫公宣卿为第一。公字仲节,广南封州人也。"柳珪有《送莫仲节状元归省诗》曰:"青骢聚送谪仙人,南国荣亲不及君。椰子味从今日近,鹧鸪声向旧山闻。孤猿夜叫三湘月,匹马时侵五岭云。想到故乡应腊过,药栏犹有异花薰。"按是年设科无考。制科第一,据此亦得称状元。徐松《登科记考》卷二十二。孟按:宋刘应李辑《新编事文类聚翰墨全书》后丙集卷五《氏族门》:"莫宣卿,唐大中间状元及第。封州金井村有莫状元读书堂,有龙吟水,山水清响也。"又同上载《圣朝混一方舆胜览》卷下《连州路·封州·人物》:"莫宣卿,开建人,唐大中间状元及第。"孟二冬《登科记考补正》卷二十二,第911页。

天祐四年丁卯(907)

明于吏事科:

冯群玉,《舆地胜纪》卷一五五《潼川府路·遂宁府·人物》:"冯涓,其先信郡人。连中进士、宏词科。昭宗时为眉州刺史。子群玉,天祐中应明于吏事科,为山阳令。江淮乱,弃官西归,遂为遂宁人。"按"明于吏事科"当为制科,据"天祐中",约在本年。孟二冬《登科记考补正》卷二十二,第1051页。

隋唐不系年制举登科名录①

张行成，《旧书》本传："行成，定州义丰人。大业末，察孝廉，为谒者台散从员外郎。王世充僭号，以为度支尚书。世充平，以隋资补宋州穀熟尉。又应制举乙科，授雍州富平县主簿。"

＊严仁楷，《隋唐五代墓志汇编·陕西卷》第一册第94页（参见《唐代墓志汇编续集》『开元020』）张希迥撰开元六年（718）正月十四日《大唐故朝议大夫行尚书兵部郎中上柱国冯翊严府君（识玄）墓志铭并序》云："公讳识玄，字识玄，冯翊重泉人也。……父仁楷，学业传家，儒风习祖，才高命舛，仕不得途，皇朝应诏举授新繁县尉。"按志文所述事迹，仁楷之应诏举当在唐代初期。

＊孙愿，《汇编》『神龙026』神龙二年（706）五月七日《大唐故上柱国孙府君（惠）夫人李氏墓志并序》（周绍良藏拓本，开封博物馆藏石）云："君讳惠，字智藏，其先乐安人也。……祖愿，唐授文林郎，早沐诗书，预遵堂构，登四科而入仕，累辟金门；对三道以昇贤，载飞云路。"按罗补作"李愿"，误。

＊席泰，《汇编》『永徽111』（周绍良藏拓本）永徽五年（654）七月二十九日《大唐故建陵县令席君（泰）墓志铭并序》云："君讳泰，字义泉，安定人。……武德中，随例任东宫左亲卫，雅誉所归，风猷自远。寻以四科应诏，擢补东宫右虞候率府仓曹参军事。"知其擢第时间当在武德年间。亦见罗补。

＊陈怀俨，《汇编》『上元027』上元三年（676）正月廿二日《大唐陈府君（怀俨）墓志并序》（周绍良藏拓本，开封博物馆藏石）云："君讳怀俨，字道，颍川人也。……属四科明辟，遂以时务早第，授襄州襄阳县尉。"按怀俨卒于上元二年（675）九月十二日，享年七十八。以年岁推之，其登第当在武德年间。亦见罗补。

＊唐河上，《补遗》册二，第269页，仪凤三年（678）二月十四日《大唐故殿中少监上柱国唐府君（河上）墓志铭并序》云："君讳河上，字嘉会，晋昌人也。……释褐东宫千牛，升景胄也。寻应诏射策乙第，授东宫通事舍人，又除尚书虞部员外郎。"按据志文所叙，其登制科时应当在武德年间。王补录作"唐嘉会"。

＊格处仁，《补遗》册七，第305页，垂拱元年（685）二月八日《唐故洛州司户参军事格府君（处仁）墓志铭并序》："君讳处仁，字处仁，河南郡人也。……屈情随谍，任管州司户参军事。俄又应诏举，射策甲科，授洛州司户参军事。黄童雅誉，既凤表于无双；郄诜高举，复已登于第一。……贞观六年五月十五日，遘疾终于洛州之官第，春秋五十有六。"

＊王埴，应诏举及第，《补遗》册三，第379页，龙朔二年（662）七月十九日《大唐故司空寺丞上骑都尉王君（埴）墓志铭并序》云："君讳埴，字文端，太原晋阳人也。……年廿三，雍州贡明法，省试擢第，授大理寺录事。丹笔无冤，黄沙绝滞。迁长安县尉，目览耳听，片言折狱。堆几之案云撤，盈庭之讼雾收。应诏举，迁魏州武县令，仍再京删定律令。……以龙朔二年二月十日，寝疾卒于会稽郡，时年六十。"

---

① 以下分别出自徐松《登科记考》卷二十七及孟二冬《登科记考补证》卷二十七《附考·制科》，带"＊"号的为孟补。

＊田仁汪，《隋唐五代墓志汇编·陕西卷》第三册，第73页（参见《唐代墓志铭汇编续集》『乾封006』）乾封元年（666）十一月十日《大唐故司卫正卿田君（仁汪）墓志铭》："君讳仁汪，字履贞，北平人也。……义宁之初，任右亲卫。贞观之始，授右卫兵曹参军。侍戟丹陛，飞缨紫闼。寻因诏举，移任右领军卫长史。"《册府元龟》卷十四《帝王部·都邑第二》："显庆元年，勑司农少卿田仁汪，因事东都旧殿余址修乾元殿。"与志载其"寻授洛阳宫总监，又除司农少卿"事合，此即其人。按其应诏举当在贞观初期。

＊傅爽，《千唐》『449』圣历元年（698）九月廿八日《大周故傅君（思谏）墓志铭并序》（参见《汇编》『圣历003』）云："君讳思谏，字庭芝，北地泥阳人也。……祖爽，唐右武卫仓曹，应武举，制授游击将军长上果毅。"按，此"应武举"当为制科。

＊刘应道，《隋唐五代墓志汇编·陕西卷》第三册，第93页（参见《唐代墓志汇编续集》『开耀001』）开耀元年（681）十一月七日《大唐故秘书少监刘府君（应道）墓志铭并序》："府君讳应道，字玄寿，广平易阳人，汉景帝之后。……年廿一，自弘文馆学生选为太穆皇后挽郎，再为太子通事舍人。出补□州□□县令。……今上在东朝监国，下令搜扬。府君膺其选，对册高第。贞观廿二年，擢授户部员外郎。"刘应道卒于调露二年（680）七月四日，享年六十八。按应道见《元和姓纂》卷五，《新唐书》卷一〇六《刘祥道传》，同书卷七十一上《宰相世系表》一上，《郎官石柱题名考》卷三、卷七、卷八。

＊霍处讷，《补遗》册六，第404页，开元十二年（724）十一月十六日《唐梓州盐亭县令霍府君（处讷）墓志铭并序》云："君讳处讷，字敏行，本望平阳，因官今为魏郡汲人也。……乃应制举，对扬高□（第），拜并州太谷县令，转梓州盐亭令。"按霍氏卒于上元二年（761），享年六十九。亦见王补。

＊夏侯绚，《补遗》册三，第355页，永徽六年（655）十月廿五日《大唐故使持（按原误作"特"）节睦州诸军事睦州刺史夏侯府君（绚）之墓志铭并序》云："公讳绚……贞观元年，除宜州土门县令。属蝗飞晚夏，霜陨早秋，邻县荐伤，合境无人。虽韩稜毓德，鲁恭阐化，古之良宰，蔑以过之。宋国公挺命世之伟才，有知人之达鉴。既以几深见许，又以远大相期。首应明扬，射策高第。六年，从河东县令。"按其"射策高第"当为应制举，其时在贞观六年之前。志文所言"宋国公"当指萧瑀，见《旧唐书》本传。

卢庄道，《太平广记》引《御史台记》："卢庄道，年十二造高士廉，士廉具以闻。太宗召见，策试擢第。年十六，授河池尉，满二岁，制举擢甲科。"孟按：唐刘肃《大唐新语》卷八《聪敏第十七》："卢庄道，年十三，造于父友高士廉，以故人子引坐。会有献书者，庄道窃窥之，请士廉曰：'此文庄道所作。'士廉甚怪之，曰：'后生何轻薄之行！'庄道请诵之，果通。复请倒诵，又通。士廉请叙良久，庄道谢曰：'此文实非庄道所作，向窥记之耳。'士廉即取他文及案牍试之，一览倒诵，并呈己作文章。士廉具以闻，太宗召见，策试擢第。十六，授河池尉。满，复制举，擢甲科。"

任敬臣，举制科，擢许王文学。见《旧书·孝友传》。

孔昌寓，《新书·孔述睿传》："祖昌寓，字广成，贞观中对策高第。"

＊裴行俭，应诏举及第，张说《裴公神道碑》："公讳行俭，字守约，河东闻喜人。明经，补左屯卫仓曹。诏举，转雍州司士。"

＊李谓，贞观中应诏举高第。

＊崔诚，《千唐》『150』显庆五年（660）二月十三日《大唐故承务郎崔君（诚）墓志铭并序》

（参见《汇编》『显庆128』）云："君讳诚，字守诚，博陵安平人。……就业余金，擢第四科，府登一命，授吏部务郎。方参鹓侣，整六合于云路；忽悲唐肆，颠千里于虞泉。贞观十一年遘疾，终于长安里第，时年廿三。"亦见王补。

＊高俨仁，《补遗》册六，第252页，永徽六年（655）十二月廿五日《唐故始州黄安县丞高君（俨仁）墓志铭并序》云："君讳俨仁，字俨仁，渤海蓚人也。……爰应仲舒之举，俯拾孙弘之第。……以贞观十五年除扬州高邮县丞，寻迁始州黄安县丞。"按董仲舒尝于武帝时以贤良对策称旨，疑高氏即应此科，附此俟考。其登第时间当在贞观十五年（641）之前。

＊贾隐，《补遗》册五，第208页，长寿二年（693）二月十二日《贾隐及妻合祔墓志》云："君讳隐，洛阳人也。……始以廉洁孝悌举，随例为郎。及辰韩逆命，方资运策。起家补鸡林道兵曹。"按志文所言"辰韩逆命"当指贞观十九年（645）太宗伐高丽事，故贾氏登第之年当在此之前。

＊郑肃，《汇编》『嗣圣002』据《芒洛冢墓遗文五编》卷三所录嗣圣元年（684）正月廿六日《大唐故朝议大夫守刑部侍郎郑公（肃）墓志铭并序》运："公讳肃，字仁恭，荥阳开封人也。……解巾以秀才拜定州恒阳县尉。俄丁内忧去职。服阕，授雍州始平县尉。应诏明扬，以甲科除简州录事参军事。"其先以秀才及第，其后又以应制及第。按郑肃卒于永淳二年（683）二月，享年七十六。以年岁推之，其擢第当在贞观年间。

＊邓行俨，《千唐》『561』王绍望撰景云二年（711）二月七日《大唐故中散大夫守荆州大都□（督）□（大）司马上柱国南阳邓府君（森）墓志铭并序》（参见《汇编》『景云007』），题作《大唐故中散大夫守荆州大都督府司马上柱国南阳邓府君（森）墓志铭并序》）云："公讳森，字茂林，南阳新野人也。……父行俨，皇朝应举擢第，蒙授松州嘉城县令。"按应举擢第而授县令，当为制科。亦见张补。

＊李嗣本，《补遗》册五，第299页，景龙三年（709）十二月《唐故宁州录事参军陇西李府君（嗣本）墓志铭并序》云："府君讳嗣本，陇西成纪人也。……初举进士甲科，补金州西城尉。举清白尤异高第，转雍州高陵尉，徙越州录会稽丞。"按李氏卒于上元二年（675）六月廿日，享年六十九。

＊成几，《补遗》册三，第452页，永隆二年（681）《大唐故朝议郎行徐州长史成公府君（几）墓志铭并序》云："公讳几，东郡淄川人也。……初以明法擢第，历绛州曲□□□。秩满，应诏举迁雍州万年县尉。"按成氏卒于永隆二年（681）正月，享年七十。

＊王玄默，《千唐》『874』天宝十一载（752）八月廿八日《大唐故巨鹿郡南和县令□（王）府君（恮）墓志铭并序》（参见《汇编》『天宝205』）云："公讳恮，字同光，琅耶临沂人也。……祖讳玄默，唐应制，再登甲科，累授汴州浚仪县令。"亦见张补。

＊袁嘉祚，《太平广记》卷四五一"袁嘉祚"条引《纪闻》："宁王传袁嘉祚，年五十，应制举授垣县县丞。"按嘉祚与源乾曜，潘好礼同时，皆曾任邠王府长史，见两《唐书·章怀太子贤传》及《册府元龟》卷七〇八。

王勉，《旧书·王质传》："勉制策登科。"刘禹锡《王质神道碑》作"试贤良上第"。

冉实，张说《河州刺史冉实神道碑》："应八科举，策问高第，授鄃州司户参军。转扬州大都仓曹参军。又举四科敷简帝，除益州导江县令。"

马颎，李宗闵《马公家庙碑》："颎举进士，又举八科士。"

＊李冲，《汇编》『永昌005』永昌元年（689）五月十日《□□□朝议郎行并州大都督府太原

县令李君（沖）墓志铭并序》（北京图书馆藏拓本）云："君讳沖，赵郡人也，今家临清县焉。……属有诏行焉，方振九皋之间，爰应八科之首，对策高第，令授岐州录事参军，改任并州太原县令。"按沖卒于永昌元年（689）五月十日，享年六十五。

＊郑赡，《汇编》『永昌003』永昌元年（689）四月十五日《大唐故瀛洲束城郑明府君（赡）墓志铭并序》（周绍良藏拓本）云："君讳赡，字行该，荥阳荥泽人也。……以门荫调授左卫翊卫，俄擢艺能，迁左金吾卫引驾。既弘武术，仍厕文场，材预铨衡，出任坊州司仓参军事，秩满入为右金吾卫兵曹参军事，寻应八科举，授英王府法曹参军事，转太子詹事府主簿。"按郑氏卒于永昌元年（689）三月十八日，享年六十。

＊杨训，《千唐》『400』如意元年（692）八月十日《大周故文林郎杨府君（训）墓志铭并序》（参见《汇编》『如意003』）云："君讳训，字玄明，河南偃师人也。……唐任成均生，应制举，射册及第，授文林郎。"亦见张补。

＊赵知俭，《补遗》册五，第348页，开元十五年（727）闰九月廿三日《大唐故抱德幽栖举吏部常选天水赵君（知俭）志铭并序》云："君讳知俭，其先造父之后也。……行有余力，兼以学文。皇抱德幽栖举，吏部三拟吴王府文学。"按赵氏卒于仪凤三年（678）正月，享年四十五。

＊王贞，约于永徽中应制举擢第。

＊李正本，《补遗》册四，第15页，洪子兴撰开元二年（714）十一月六日《唐故朝散大夫行洋州长史李府君（正本）墓志铭并序》云："君讳正本，字虚源，陇西狄道人也。……及明法举及第，解褐慈州昌宁县主簿。未几，应八科举，敕除陕州河北县尉。"按李氏卒于开元二年（714），享年七十三。

李怀远，《旧书》本传："邢州柏仁人，应四科举擢第。"

＊董行思（董行文），孟按：《登科记考》卷二显庆五年（660）下徐氏注云："按《河朔访古记》载藁城县九门城西有唐高宗上元三年建浮图碑，题云'唐应诏四科举董行文撰文'，《宝刻丛编》载《集古录目》引作'前应诏四科举董行思'，当亦此年制举。"然于该年徐氏并未著录董行思（或董行文），似为疑而未决者，然于《附考》亦失收。朱补据《宝刻丛编》卷六引《集古录目》著录"董行思"于"待考"之列。今据补。

＊姚元庆，《补遗》册七，第318页，天授二年（691）一月十日《大唐故朝散大夫守文昌台司门郎中检校房州刺史姚府君（元庆）墓志铭并序》："公讳元庆，字威合，河东芮城人也。……永徽中进士擢第，授均州丰利县尉。……寻应制举，授检察御史。"

＊黄元彻，《补遗》册七，第339页，长安四年（704）十一月二日《黄君墓志》："……父元彻，唐明经□，制策对策，□□□□□丞□德□□□言应物。……公即司刑丞之长子。"按志文阙字颇多，然此处尚可断定：墓主之父名元彻，曾第明经及制科，官至司刑丞。

＊杨顺，《汇编》『长寿002』据《芒洛冢墓遗文续编》所录长寿二年（693）八月廿七日《大周故检校左金吾郎将杨府君（顺）墓志铭并序》云："公讳顺，字师整，河南洛阳人也。……公瑰玮博达，远心旷度，高气盖代，雄节靡传，早著声名，少怀偶傥。投笔以申斑燕，弯弧（孟按当作"弧"）而妙李猿，立事立功，以取富贵。历任左卫翊卫帖仗，应举及第，除蔚州阳镇将。……长寿二年四月十五日终于道光里第，春秋五十。"按志文所叙，其"应举及第"当为制科。以年岁推之，其擢第当在高宗朝。

＊张识，《千唐》『924』李系撰大历六年（771）八月十九日《唐故河南府新安县令张公（炅）

墓志》（参见《汇编》『026』）云："公讳炅，字仙客……清河人也。……父识，皇大礼出身，慈州司法参军。"王补入"诸科"。

*慕容知廉，《汇编》『圣历032』圣历二年（699）八月九日《大周故左肃政台御史慕容府君（知廉）墓志铭并序》（周绍良藏拓本）云："公讳知廉，字道贞，昌黎棘城人也。……大人挹迈辀之贤，君子应蒲旌之召，应制举及第，授雍州鄠县主簿。又应文擅词场举□第，改授雍州盩厔县丞。"亦见张补。又《补遗》册六，第68页，陈齐卿撰天宝元年（742）十月十三日《大唐故朝散大夫上柱国行河内郡武德县令慕容府君（相）兼夫人晋昌县君唐氏志文并序》云："君讳相，字嵩高，其先河内人也。……父知廉，皇朝对策高第，累迁侍御史。"亦见王补。

*樊文，《补遗》册五，第259页，长安二年（702）三月六日《大周银青光禄大夫司卫少卿上柱国新城郡开国公樊公（文）墓志铭并序》云："公讳文，字彦藻，南阳人也。……以功擢授昭州恭诚县令，迁广州浠安县令。……制使访召贤良，征公诣阙，献书丹扆，伏奏青蒲。或陈金镜之枢机，或荐玉钤之秘要。冕旒垂鉴，欣此得贤。擢以甲科，每令入阁供奉。"亦见王补。

*王及德，《千唐》『517』神龙元年（705）三月六日《大唐故朝议郎行司仆寺长泽监王君（及德）墓志铭并序》（参见《汇编》『神龙006』）云："公讳及德，字文晖，太原人也。……挺生天纵，窃誉乡曲，擢科甲乙，起家通直郎行楚州司户参军事。"据其铭文"经明行修，乡党令德"之语可知其当为制科擢第。按王补入进士科。

*李瑟，《千唐》『523』神龙二年（706）正月廿一日《大唐故使持节亳州诸军事亳州刺史李府君（瑟）墓志铭并序》（参见《汇编》『神龙021』）云："公讳瑟，字纳言，赵郡元氏人也。……弱冠明经及第，调补梓州飞乌尉。……丁内忧，柴毁过礼。服阕，举清白尤异，对策升科，授洛阳丞。"按李氏卒于神龙元年（705），享年七十二，则其弱冠之年在永徽四年（653）。其应"清白尤异"科及第，未详何年。亦见王补。

*崔玄隐，《汇编》『开元501』开元二十七年（739）十月廿六日《大唐故朝散大夫检校尚书比部员外郎博陵崔君（玄隐）墓志铭并序》（北京图书馆藏拓本）云："公讳玄隐，字少徽，博陵安平人也。……庭习钟鼓，家传礼仪，敏洽天成，词华代许，射策擢第，拜扬州大都督府参军。行满专城，誉流江国，无何，制举授许州司户。……时厉求贤，对扬居最，特授右补阙。"按崔氏卒于万岁通天元年（696）八月，享年六十四。其进士擢第当在永徽、显庆间；后两应制举当在此后。

*李思远，（李思玄），《舆地纪胜》卷二十七《江南西路·瑞州·人物》唐代："李思元，唐贤良科。"按"思元"又作"思玄"，为永徽、显庆间进士。又，此李思元（玄）与长庆元年（821）登"博通坟典、达于教化科"之李思元（玄）为同姓名，而时代不同。

*杨志诚，《登科记考》卷四大足元年（701）"文擅词场科"，徐氏考云："张说《赠太州刺史杨公神道碑》：'公讳志诚，弘农华阴人。明庆中，诏郡国举贤良，公对策，天朝无能出其右者，迁太子通事舍人。再举高第，徙国子监丞。除礼部员外郎，又转吏部员外郎。丁忧去职。服阕，授幽州三水令。又应文擅词场举，试为天下第一。'"按陈补云："今按碑不载志诚卒年，然载其卒后，'九子呱呱，衰缞丧位，赖夫人（赵氏）是顾是复，日就月将，徙宅就仁，阖门成训。三十年内，八子登朝廷'。赵氏景龙二年卒，是志诚当卒于高宗之世，不及见大足元年。徐氏失考。高宗时未见有文擅词场科，故尚难系年。"今从陈补移入附考。

李峤，《新书》本传："始调安定尉，举制策甲科，迁长安。"

徐彦伯（徐洪），《旧书》本传："兖州瑕邱人。少以文章擅名，河北道安抚大使薛元超表荐之,对策擢第。"孟按:《新唐书》本传:"徐彦伯,兖州瑕丘人,名洪,以字显。"

魏奉古,《大唐新语》:"魏奉古举擢第,授雍邱尉。"孟按:《大唐新语》卷八原文作"魏奉古制举推第,授雍丘尉。""推"乃"擢"之讹。

宋璟,苏颋《授姚元之等兼太子庶子制》:"姚元之、宋璟等并以贤良方正、茂才异等著于天下,扬于王庭。"按姚元之已见下笔成章科。

陆元方,《旧书》本传:"元方又应八科举"。

***杨峤**,张补云:"《嘉靖河间府志》卷十五:'杨峤,其先北平人。世徙洛阳,北齐尚书右仆射休之四世孙,举八科皆中,调将陵尉,累迁詹事司直。'"

***祝绵**,《新唐书·祝钦明传》:"祝钦明字文思,京兆始平人。父绵,字叔良,少通经,颇著书质诸家疑异;门人张后胤既显宦,荐于朝,诏对策高等,终无极尉。"绵名又见《元和姓纂》卷十、《新唐书·宰相世系表五上》。按四库本《陕西通志》卷三十《选举一·诸科·唐》于制举科下著录:"祝绵,始平人,诏对策高第。"按徐松于卷二显庆六年(661)"召拜官一人"下注引《新书·祝钦明传》,疑绵为其年召拜官者,然不能定,仍附此俟考。

***柏造**,《补遗》册四,第132页,郭捐之撰大和六年(832)十一月《唐故中散大夫守卫尉卿上柱国赐紫金鱼袋赠左散骑常侍魏郡柏公(元封)墓志铭》云:"公讳元封,字子上,其先晋伯宗之后。……大父造,赠邓州刺史。……公曰:予家世儒也。昔予大父以射策甲科授获嘉令。"当为制举。

***康希铣**,《全唐文》卷三四四颜真卿撰《银青光禄大夫海濮饶房睦台六州刺史上柱国汲郡开国公康使君(希铣)神道碑铭》:"君讳希铣,字南金。……年十四明经登第,补右内率府胄曹。应词藻宏丽举甲科,拜秘书省校书郎,转左金吾卫禄事参军。应博通文史举高第,授太府寺主簿,转丞。又应明于政理举,拜洛州河清令。"按徐松已据此文录希铣登明经第于《登科记考》卷二显庆三年(658),然于其三登制科则未单列,今据补。

***束良**,《汇编》『景龙015』南金绩撰景龙三年(709)二月九日《大唐永州刺史束君(良)墓志铭并序》(北京图书馆藏拓本)云:"君名良,字嘉庆,魏郡元城人也。……惟君弱冠乡贡,明经及第,即授江王府仓曹,又授单于大督护府功曹。应清白著称举,敕授代州五台县;又应清白著称举,又授恒州藁城县令。……景龙元年九月二日,终于荆府邸舍,春秋六十有八。"按束良登显庆四年(659)明经科,其后两"应清白著称举"未详年份。

***皇甫镜几**,《千唐》『347』文明元年(684)八月五日《大唐故征士皇甫君(镜几)墓志铭并序》(参见《汇编》『文明009』)云:"君讳镜几,字晤道,安定朝那人也。……应诏举幽素,三府支辟,一时英妙。方登甲乙之科,奄遘膏肓之疾,麟德二年三月廿五日终于私第,春秋廿三。"亦见张补。

***朱佐日(朱斌)**,范成大《吴郡志》卷二十二引《翰林盛事》:"朱佐日,郡人。两登制科,三为御史。子承庆,年十六,登秀才科,代济其美。天后尝吟诗曰:'白日依山尽,黄河入海流。欲穷千里目,更上一层楼。'问是谁作?李峤对曰:'御史朱佐日诗也。'"事又见《舆地纪胜》卷五《两浙西路·平江县·人物》。《永乐大典》卷二三六八引《苏州府志》"制科":"朱佐日,两登制科。"然《国秀集》卷下选《登楼》("白日依山尽")诗,作者题"处士朱斌"。按张补据《永乐大典》卷二三六八引《苏州府志》录其名,又按云"朱佐日开元二十三年进士擢第",误。

***黄□**,《补遗》册七,第339页,长安四年(704)十一月二日《黄君墓志》:"弱冠国子明经擢第，解褐拜兰台校书郎。……又应八科举及第，迁司直。"按黄氏为元彻之子，官至洪州刺史，卒于长安四年（704）四月，享年七十一。

*王震，《千唐》『550』梁载言撰景龙三年（709）十月廿六日《大唐故朝议大夫行洋州长史上柱国王府君（震）墓志铭并序》（参见《汇编》『景龙032』）云："君讳震，字伯举，琅耶临沂人也。……弱冠，入太学，以明经擢第，除徐州鬲陵县尉。……寻累勋至上柱国。侍御史吕元嗣以君历职清白，举应是科，所司承旨，天下类例，四任清白，一人而已。乃加朝请大夫，寻进朝议大夫。……享年五十有九，以神龙三年三月十六日终于洋州官舍。"以神龙三年（709）五十九推之，其弱冠之年在乾封三年（668），则其登明经擢第当在此后数年间。又其后登"历职清白"制科未详何年。

*杨约，《千唐》『443』万岁通天二年（697）二月十七日《唐故处士杨君（约）墓志铭并序》（参见《汇编》『万岁通天012』）云："君讳约，字君素，洛州永昌人也。……经明行修，擢充高选。芳兰欲茂，棠阴遽移。春秋二十有八，以咸亨三年三月十八日卒于绥福里第。"亦见张补。

*马怀素，《全唐文》卷九九五阙名撰《故银青光禄大夫秘书监兼昭文馆学士侍读上柱国常山县开国公赠润州刺史马公（怀素）墓志铭》（参见《汇编》『开元074』）："公讳怀素，字贞规。……少监京兆韦方直好学喜士，善飞白书，以公既及冠礼未尝立字，遂大署飞白云：'怀素字贞规，扶风之学士也。'封以相遗。其为时贤相重如此。以忠鲠举除左鹰扬卫兵曹参军，转咸阳尉。"按怀素此前尝举孝廉，又以文学优赡对策乙科，徐松已分别录入《登科记考》卷二咸亨四年（673）及上元三年（676），然其应忠鲠举及第则漏收。

*李璋（字仲象），罗补云："《墓志》：'应八科举，射策称最，擢授并州都督府参军。'按璋见前明经科。"孟按：此言"《墓志》"，指《郑州录事参军李璋墓志》，李璋于上元二年（675）擢明经第。

*赵本行，《补遗》册六，第346页，圣历二年（699）二月十一日《大周故邵州邵阳县令赵府君（行本）墓志铭并序》云："君讳行本，字士则，其先天水人，今家于洛阳焉。……有唐龙朔之始，宿卫岩廊，久之，选授容州都督府兵曹参军事。居无何，丁继母忧，去职。服阕，应举除郴州南平县令。大周革命，加朝散大夫。"按赵氏应制举当在高宗朝后期。

*张炅，《千唐》『924』李系撰大历六年（771）八月十九日《唐故河南府新安县令张公（炅）墓志》（参见《汇编》『大历026』）云："公讳炅，字仙客……清河人也。……凤龄以制举见用。"按张炅卒于开元十一年（723）三月十九日，享年五十八。以年岁推之，其制举擢第约在高宗朝后期。亦见罗补。

*郭承亨，《汇编》『开元153』署"乡贡进士孙沈尤撰"开元十年（722）八月三日《大唐故宣义郎行邢州柏仁县丞太原郭君（承亨）墓志铭并序》（北京图书馆藏拓本）："君讳承亨，字涣，太原榆次人也。……制举贤良，授兖州金乡主簿。又制举奇才，授邢州柏仁县丞。"按承亨卒于开元十年（722）七月十六日，享年六十七。按罗补作"郭承享"，误。拓本参见《北京图书馆藏中国历代石刻拓本汇编》册二十二页12《郭承亨墓志》『志2050』。

*李仁颖，制科擢第。原作"李□"，徐氏考云："陈子昂《水衡丞李府君墓志》：'君讳某，赵国人也。少尚名节，躬行仁义。始入太学，以精理见知。未几，登进士高第。'"按岑补云："余就《新表》七二上考其世系，李某即李仁颖也。"然志下文又云：'洎上闻，对策甲科。'则仁颖亦当举制科，而《登科记考》失载。"

权若讷，权德舆《故通议大夫梓州诸军事梓州刺史上柱国权公文集序》："公讳若讷，永崇、开耀之后，以人文求士，应诏累践甲科。"

阎朝隐，《旧书·文苑传》："中孝弟廉让科，补武阳尉。"

＊路隐，《千唐》『574』开元三年（715）二月二十日《大唐阳平郡路府君（隐）并夫人陈氏墓志铭》（参见《汇编》『开元014』）云："公讳□，字隐，阳平人。……以永淳二年通直郎行连州司仓参军。任逾未几，高声远振，雅誉遐通，应举，迁朝散郎行永州零陵令。"按以"任逾未几"推之，其应举当在垂拱二年（686）前后。亦见张补。

＊赵洁，《千唐》『637』开元十二年（724）二月一日《大唐故锦州刺史赵府君（洁）墓志文并序》（参见《汇编》『开元189』）："公讳洁，字思贞，天水人也。……公去垂拱中武举及第，制授左羽林卫长上。……后制举英雄盖伐，词令抑扬，公第以甲，授左领军卫司戈。"

＊郑惟忠，《旧书》本传："天授中，应举召见，则天临轩问诸举人，何者为忠？诸人对不称旨。惟忠对曰：'臣闻忠者，外扬君之美，内匡君之恶。'则天曰：'善'。授左司禦率府胄曹参军。"按惟忠仪凤中进士，则此为制举。

＊王晋俗，《汇编》『开元350』雍惟良撰开元二十年（732）九月二日《唐故朝散郎行潞州长子县尉太原王公（怡）墓志铭并序》（周绍良藏拓本，开封博物馆藏石）云："公讳怡，字友睦，太原人也。……烈考晋俗，以贤良射策，价重一时，授益州蜀县尉，转大理评事。"又《千唐》『923』崔儒撰大历六年（771）五月十日《唐故大理评事王府君（晋俗）墓志铭并序》（参见《汇编》『大历024』）云："公讳晋俗，太原祁人"；"在天后时，对策高第"。亦见罗补。

＊苗延嗣，《千唐》『1128』苗恪撰大中九年（855）闰四月廿五日《唐故朝议郎守殿中少监兼通事舍人知馆事上柱国赐紫金鱼袋苗公（弘本）墓志铭》（参见《汇编》『大中093』）云："公讳弘本，字天锡。……曾大父延嗣，登制举科，官至中书舍人、桂管采访使。"按苗延嗣见两《唐书·张嘉贞传》，其擢制举当在武后朝。亦见张补。

＊刘穆，《汇编》『先天007』据《芒洛冢墓遗文续编》下所录先天二年（713）十一月十二日《唐故石州刺史刘君（穆）墓志铭并序》云："君讳穆，字穆之，河间鄚人也。……开耀二年，以乡贡进士擢第。桂林（孟按原误作"杯"）一枝，誉流乡曲；崐岑片玉，辉映廊庑。俄而从常调选，补曹州冤朐县尉，寻应制改绛州翼城尉。"其应制举年份未详。亦见罗补。

＊姚处贤，《汇编》『长安071』长安四年（704）十一月廿八日《大周故濮州司法参军姚府君（处贤）墓志铭并序》（周绍良藏拓本）云："君讳处贤，宅彦累叶，河东人也。……晚年，尤工易象庄老书艺，有制征诣洛京，历试高第。……以长安四年十一月廿八日终于道化里，春秋六十有七。"按处贤弱冠以明经及第，见《登科记考补证》卷二显庆二年（657），其晚年又应制举及第。

王珣，珣以进士应制科，迁蓝田尉。见《新书》。

王邱（王丘），《旧书》本传："弱冠应制举，拜奉礼郎。"孟按，《新唐书》本传作"王丘"。

＊刘璿（刘如璿），《补遗》册五，第263页，长安二年（702）十月廿七日《大周故兖州都督彭城刘府君（璿）墓志铭并序》云："公讳璿，字如璿，天水上邽人也。……十三游太学，虽篇章妙绝，取贵文场，而思理精微，更专儒术。寻而州乡推择，以明经充赋，射策甲科，选授益州唐隆县尉。丁内忧去职。……服除，授绛州曲沃县主簿。河东道巡察大使以公清白著称，准制升进。俄应封太山举，未授职而龙安府君薨。泣血三年，过人一等，几乎殒灭，闻者称之。礼阁，授雍州好畤县主簿。八科举，制授雍州乾封县尉。……春秋七十二，长安元年十二月十五日终于官舍。"按颇疑刘璿于乾封元年（666）应封岳举及第，其年三十六岁，然无他证，附此俟考。又按如璿以字行，其事见

《太平广记》卷二六九引《御史台记》、《新唐书·酷吏传》。

*郑绩，《补遗》册一，第116页，贺知章撰开元十五年（727）十一月廿二日《大唐故中散大夫尚书比部郎中郑公（绩）墓志铭并序》云："公讳绩，字其凝，荥阳开封人。……属圣后诏郡国举贤良，公对策天朝，海内莫比，授越州永兴主簿。"

袁仁爽，《汇编》『天宝020』天宝元年（742）十二月一日《唐故前游击将军陕郡忠孝府折冲袁府君（仁爽）墓志铭并序》（北京图书馆藏拓本）云："君讳仁爽，字良辅，陈郡汝南人也。……应制天阙，阅武王庭，擢为上第，拜左羽卫长上，转迁宁州麟宝府右果毅。又应举，再登甲科，拜雍州辅德府右果毅。"按仁爽卒于天宝元年，享年八十一。其首次应制擢第，当为武举。次应举科目未详。亦见张补。

*王修福，《汇编》『开元131』据《八琼室金石补正》卷五十一所录开元九年（721）十一月三日《大唐故岳岭军副使王府君（修福）墓志铭并序》云："君讳修福，字修福，其先太原人，因官今为晋人矣。……暨乎成立之年，有敏捷之致，乃学骑射，妙绝时人。宿卫满，授庆州永业府右果毅。五校斯临，六韬攸寄。应举及第，转岐州洛邑府左果毅。"按修福卒于开元四年（716）五月十二日，享年五十五。观志文似为武举制科及第。

*倪若水（倪泉），《补遗》册六，第391页，开元七年（719）十一月六日《大唐故尚书右丞倪公（泉）墓志铭并序》云："公讳泉，字若水，中山橐城人也。……曾未弱冠，声已□于河朔矣。应八道使举射策登科，授秘书正字。复以举迁右骁卫兵曹参军，俄转洛州福昌县丞。又应封岳举，授雍州□□□丞，调补长安县丞。"倪氏卒于开元七年（719）正月，享年五十九。其初擢第是当在仪凤间。按《汇编》『天授044』天授三（692）年正月十七日《大周故承议郎行德州蒋县令上骑都尉苏君（卿）墓志铭并序》（周绍良藏拓本）署云："麟台正字倪若水文。"又两《唐书》亦皆称"若水"，是以字行耳。

*张怀器，应清白举及第，又应大礼举及第。

*李乂，《全唐文》卷二五八苏颋撰《唐紫微侍郎赠黄门监李乂神道碑》："公讳乂，字尚真，赵房子人也。……十九郡举茂才策第……特授蓝田尉。又策高第，累迁乾封万年尉。"按乂年十九登进士第，已见《登科记考》卷二永隆二年（681），然其后登制科则徐氏漏收。《新唐书·李乂传》亦载乂"第进士、茂才异登，累调万年尉"。

*何宴，《千唐》『770』裴泓撰开元二十六年（738）四月十一日《唐故河南府兵曹何府君宴墓志铭并序》（参见《汇编》『开元467』）云："公讳宴，蜀郡人也。……年弱冠，宿卫通经高第，调选补资州平泉、邛州临邛二簿。应制举，授绛州夏尉。……廿六年春，终于洛阳惠和里私第，春秋七十。四月十一日，安厝于北邙之原。"按其弱冠岁在垂拱四年（685），其应制当在此后数年间。

*宋祯，《补遗》册四，第401页，神龙二年（706）十二月二日《大唐故正议大夫使持节延州诸军事延州刺史上柱国宋府君（祯）墓志铭并序》云："君讳祯，字麟福，广平人也。……垂拱二年，授游击将军、幽州昌平府左果毅都尉，又加宁远将军，除忻州秀容府折冲都尉。守边得李牧之略，保塞用严允之要。寻制举高第，改授朝议大夫、涪州刺史。……圣历二年，改授庆州刺史。"知其制举及第在武后朝。

*郑扔，《汇编》『开元484』蒋溢撰开元二十七年（739）正月二十八日《大唐故济州司户参军郑府君（扔）墓志铭并述》："公讳扔，字流谦，荥阳人也。……弱冠宿卫出身，拔萃举及第。初乃忠诚抗节，侍卫轩墀；终以词藻显名，发挥簪绂。解褐楚州司户，调迁济州司户参军。"按郑扔卒

于开元二十六年（738）十二月廿八日，春秋七十。其弱冠时在垂拱四年（688），则其拔萃举当在此后。按王补以其"弱冠宿卫出身"为"拔萃举及第"之年，又误以郑掳夫人皇甫氏之卒年（开元二十三年，735）、享年（五十三）系郑扐拔萃举及第在长安元年（701），非。

*王望之，《千唐》『459』奉礼郎张氏撰圣历二年（699）二月十二日《大周故相州邺县尉王君（望之）墓志铭并序》（参见《汇编》『圣历018』）云："君讳望之，字光旦，太原晋阳人也。……大周光膺旦暮，尚想唐虞，求舜阙之昌言，征汉庭之大对，爰降明制，大举五□。君由是被朝散大夫司农寺主簿李昭先举忠孝，景行对策，考盤□则，衷里登科，当三道而茂陈，颙九德而咸事。仲舒举首，别向之致已高；广基延问，一枝之辩斯在。有勅召见湛露殿，特加优礼，乃降勅曰：才学优长，文史□著，并资邦选，必伫时英，可相州邺县尉。……以圣历元年三月廿二日终于相州嘉惠里之旅舍，春秋廿有九。"按王氏始任相州邺县尉而卒于任所，大致可推知其登科时间当在万岁登封元年（696）前后，附此俟考。亦见张补。

*杨珹，《千唐》『691』开元十七年（729）十月十六日《大唐故商州司马杨府君（珹）墓志铭》（参见《汇编》『开元298』）云："公讳珹，宣义郎，初应制拜宋州襄邑主簿。"亦见罗补。

徐安贞（徐楚璧），《旧书·文苑传》："徐安贞，信安龙邱人，尝应制举，一岁三擢甲科。"《唐诗纪事》："安贞始名楚璧，三登制举甲科。"《新书·褚无量传》作"徐楚璧"。

张□□，敦煌李君莫高窟佛龛碑造于圣历元年，题张大忠书，弟应制举。

*樊庭观，《千唐》『638』宋务静撰开元十二年（724）五月二日《故京兆府宣化府折冲摄右卫郎将横野军副使樊公（庭观）墓志铭并序》（参见《汇编》『开元196』）云："君讳庭观，字宏，南阳人也。……爰居弱冠之辰，遂以明经擢第。……次应举及第，授河南府怀音府右果毅都尉。……已而征材聘勇，悬艺于四科；超等绝伦，收奇于七札。……开元十二纪正月廿六日，暴亡于军城宿舍，春秋卌有六。"可推知其弱冠岁在圣历元年（698）。其后两次当为应制举，年份未详。

*刘□□，（嘉德子），应制举及第。

杜文范，《太平广记》引《御史台记》："杜文范，襄阳人，自长安尉应举擢第，拜监察御史。"

王祚，刘禹锡《王涯先庙碑》："会诏徵贤良，策在甲科。"

*郭思训，《汇编》『景云025』景云二年（711）十二月十五日《唐故孝子朝议郎行大理司直上柱国郭府君（思训）墓志铭并序》（周绍良藏拓本）云："公讳思训，字逸，太原平阳人也。……袭门绪，解褐睦州建德县主簿，应吏职清白举及第，转沧州乐陵县丞。……应孝悌廉让举及第，勅授大理司直。"按《记考》卷四据以录入神龙二年（706）"孝弟廉让科"。然其此前"应吏职清白举及第"则未著录。

*骞思泰，应贤良方正举，对策高第。《补遗》册三，第55页，侯郢玲撰开元九年（721）二月七日《大唐故益州都督府士曹参军事骞君（思泰）墓志铭并序》云："公讳思泰，字有道，京兆金城人也。……生知自然，性与天道。孝行为立身之本，明经为取位之资，解褐授太子司经局雠校。……寻应贤良方正举，对策高第。"

陆象先，《旧书·陆元方传》："元方子象先，本名景初。少有器量，应制举。"

陆余庆，《旧书·陆元方传》："元方从叔余庆，陈右军将军珣孙也。"《新书》："余庆举制举甲科。"

杨悟虚，《旧书·杨收传》："高祖悟虚，应贤良制科擢第，位终朔州司马。"

杨茂谦，《旧书·良吏传》："杨茂谦，清河人。起家应制举，拜左拾遗。"

王昇，白居易《扬州仓曹参军王府君墓志》："府君讳昇，有文行学术。应制举沉谋秘略策，登科。"按《文苑英华》作"王昂"，沉谋秘略策亦载《文苑英华》。昇即王播之祖，《旧书·王播传》："祖昇，咸阳令。"

林游楚，《元和姓纂》："林胜，北齐散骑侍郎，生昙，昙生通。通生登，唐清苑、博野二令，生游楚。游楚自万全令应燮理阴阳科，第二等，擢夏官郎中。"

张择（张无择），白居易《和州刺史张择神道碑》："应制举，中精通经史科，补弘文馆校书郎。"

*严识玄，应制举以"奇才"、"拔萃"擢第。

吕仁海，

吕太一，梁肃《外王父赠秘书少监吕公神道表》："郴州之嗣曰仁海，以文学称，与从父兄太一俱用射策科。"

张承休，张说《恒州刺史张府君墓志》："君讳承休，吴郡吴人。再任始州司仓。应八科举，改郑州录事参军。又举贤良方正。"

程□，李邕《桂府长史程府君神道碑》："公讳某，字某，广平新安人。解褐徐城尉，旋膺五臣升第。"

杨鸥，符载《犀浦县令杨府君墓志》："府君讳鸥，字叔仪。年甫弱冠，俦朋推揖，乡里举秀士。未果铨试，遭司马捐馆，崩迫归绛营邱。三年除服，承顺遗命，再射羿彀，以制科登第。解褐授陇州汧陇县尉。"

邓承绪，对策三登甲科。孟按：日本藏［万历］《新修南昌府志》卷十八《人物传》："邓承绪，南昌人。……开元中九经擢第，登三甲科，为丞相李林甫所重。尝试内殿超等，解褐京兆府参军。"

*贾玄应，《补遗》册六，第82页，杜芳撰天宝十二载（753）二月廿四日《唐故高士通直郎贾府君（隐）并夫人京兆杜氏墓志铭并序》云："公讳隐，字思敬，平阳人也。……父玄应，郡举贤良，官至令长。"亦见罗补。

邵琼之，邵说《让吏部侍郎表》："臣父殿中侍御史琼之，遇玄宗拨乱兴邦，敭历数四，累登甲乙之第，再践准绳之任。"

李季卿，《旧书·李适之传》："季卿颇工文词，应制举，登博学宏词科。"

*李述，《补遗》册六，第36页，席豫撰开元十八年（730）十一月十日《大唐故中散大夫守少府监上柱国赵郡李府君（述）墓志铭并序》云："君讳述，字处直，赵郡元氏人。……未弱冠，以明经擢第，常调入官。属吏部侍郎骞味道、孟履忠递掌铨衡，咸加赏叹。而积微以著，升高自下。解褐授汉州金堂县尉。……未几，为中书舍人韦嗣立所荐，对策甲科，授洛阳县尉。"按李氏卒于开元十年（722），享年五十八。

*包融，《嘉泰吴兴志》卷十六《贤贵实事》："包融，吴兴人，制举擢第，有才名，官至集贤院学士。融子何，起居舍人；佶，刑部侍郎。"又见《万姓统谱》卷三十一。

*段俊之，《补遗》册六，第82页，元习撰天宝十二载（753）正月廿五日《大唐故朝议郎行白水军兵曹参军段君（俊之）志铭并序》云："君讳俊之，是北海人也。……辞场应制，命□合于龙庭。□南锦酬功，一选举甲，补汉阳郡□川县尉。"按段氏卒于天宝六载（747），享年五十九。

*敬守德，《汇编》『开元507』开元二十八年（740）二月十五日《唐故朝请大夫行晋州洪洞

县令敬公（守德）墓志铭》（北京图书馆藏拓本）云："公讳守德，其先平阳人也。……其后因官南徙，今为河东人矣。……弱冠以进士出身，应抚字举及第，授宁州罗川县尉。开元初，献书直谏，敕授幽州新平县主簿。应强干有闻科第二等，同清白第三等，授河南府阳翟县尉，授绛州万泉县令，加朝散大夫转晋州洪洞县令，加朝请大夫。秩满后归闲养疾，至开元廿八年岁次庚辰正月戊子朔十二日己亥，终于河南之从善里，时年六十有八。……公词藻清瞻，孙弘、董仲舒之亚也，故四登甲科。"按其弱冠之岁在天授三年（692）。其后两次应制举当在开元初期。（按《汇编》『开元098』与此志文重出，其文载卒年为开元八年，误。）亦见王补。

* 张思鼎，《千唐》『812』天宝三载（744）闰二月八日《大唐故朝散大夫使持节唐州诸军事守唐州刺史张公（思鼎）墓志铭并叙》（参见《汇编》『天宝043』）云："君讳思鼎，字□□，河东桑泉人也。……神龙年，郡辟秀才，擢第调补潞州铜鞮县尉。……举茂才，寻迁宋州宋城县尉。"按思鼎卒于天宝元年（742）二十六日，享年六十七。志文言"举茂才"者，当为举茂才异行制科。亦见罗补。

* 赵夏日，《千唐》『712』开元二十年（732）六月十一日《唐故邠王文学天水赵府君（夏日）墓志铭》（参见《汇编》『开元344』，题作《唐故邠王文学天水赵公墓志铭并序》）云："公讳夏日，其先天水人……今为河南府河南县人也。家世以秀才进士见用，六世于兹矣。……开元中，诏择能为县宰者，公应诏高第。除平□令。……以开元廿年六月十一日终于私第，春秋五十有九。"按夏日登长寿（693）进士第。

* 萧浮丘，《千唐》『722』开元二十一年（733）二月十六日《唐故唐州别驾萧君（浮丘）墓志铭并序》（参见《汇编》『开元364』）云："君讳浮丘，字子真，兰陵人也。……解褐授魏州参军，秩满应将帅举，对策高第。"亦见张补。

* 张时誉，《千唐》『723』张翃撰开元二十一年（733）三月五日《唐故京兆府渭南县尉张府君（时誉）墓志铭并序》（参见《汇编》『开元365』）云："君讳时誉，字虞卿，安定人也。……年十五，总太学文章，居无何，预南郊礼物，乃历试从调，行衢州参军。……制阅调集，褎然登科。……以开元廿一年正月朔日终于官，时春秋卌有六。"按时誉当为应制登科。

* 徐令名，《千唐》『757』徐易撰开元二十四年（736）十一月七日《大唐故德州安陵县宰徐府君（令名）墓志铭并序》（参见《汇编》『开元441』）云："府君讳令名，高平金乡人。……解褐以重试授邢州柏仁县尉，次任举贤良拜魏州魏县尉。"亦见罗补。

* 贾怡，《千唐》『887』萧颖士撰天宝十二载（753）十月十七日《唐故沂州丞县令贾君（钦惠）墓志铭并序》（参见《汇编》『天宝227』）云："君讳钦惠……长子司农主簿怡，茂才异行，观光圣代。"按贾钦惠卒于开元二年（714），享年四十一。亦见张补。

* 郑愔，《册府元龟》卷六五〇《贡举部·应举》："郑愔，常以言行闻，转桃林丞。又举贤良，玄宗时在春宫，亲问国政，愔对策第一，擢授左补阙，寻判主爵员外郎。"

* 王钧，《唐代墓志汇编续集》『大历027』据《洛阳出土历代墓志辑绳》录大历十一年（776）二月十五日《唐故遂州长史王公（钧）墓志》："唐故遂州长史王公名钧，太原祁人也。……以名家子经明行修解褐，补绛州曲沃主簿。"按"经明行修"为制科。王钧卒年八十一，葬于大历十一年二月十五日，卒期略前。以年代推之，其登第约在开元初期。

敬括，《旧书》本传："括应制登科。"

王晃，刘禹锡《王涯先庙碑》："玄宗御层楼，发德音，悬文词政术科以置髦士，府君策最高。"

按晃即湜之父。

　　＊孔齐参，《汇编》『天宝048』天宝三载（744）四月廿八日《唐故河东郡宝鼎县令会稽孔府君（齐参）墓志文并序》（北京图书馆藏拓本）云："公讳齐参，字齐参。……弱冠孝廉擢第，解褐行宋州参卿事。秩满，就会有诏置诸学士，考判之尤者，公翻然中的，□河南府阳翟县尉。方慎牧宰，大搜其人，公又对策高等，恩授濮州临濮县令，今上亲临前殿，以束帛遣之，优任贤也。……春秋五十有二，以天宝三载三月十一日盖寝疾，七日而终于官舍。"按其弱冠之岁在景云三年（712），后应制举约在开元前期。亦见罗补。

　　＊赵骃，《汇编》『大中011』赵璜撰大中元年（847）九月十四日《唐故进士赵君（珪）墓志铭》（北京图书馆藏拓本）云："进士赵珪，字子达，天水人也。……曾祖府君讳骃，制策登科，朝散大夫魏郡司马。"此亦见王补。又《汇编》『咸通021』赵璘撰咸通三年（862）十月十四日《唐故处州刺史赵府君（璜）墓志》（北京图书馆藏拓本，开封博物馆藏石）云："君讳璜，字祥牙，其先自秦灭同姓，降居天水。……曾王父讳骃，大明帝时制举，自同州韩城令擢拜京兆府士曹，转河阴令，再迁扶风郡长史。"

　　＊房琯，《旧唐书》本传："房琯，河南人。……应堪任县令举，授虢州卢氏令。"《新唐书》本传："举任县令科，授卢氏令。"

　　＊卫凭，《千唐》『892』赵向撰天宝十三载（754）正月廿五日《唐故彭城郡蕲县令安邑卫府君（凭）墓志铭并序》（参见《汇编》『天宝240』）云："公讳凭，字佳祖，河东安邑人也。……策贤良登科，拜秘书省校书郎。"按卫凭卒于天宝十二载（752）八月十一日，享年六十二。亦见罗补。

　　＊韦锱，制策入特等。《唐文拾遗》卷二十七吕温撰《唐故银青光禄大夫京兆尹兼御史大夫上柱国赠吏部尚书京兆韦公（武）神道碑铭并序》："公姓韦氏，讳武，字某，京兆杜陵人也。……父（锱）举进士、宏词、制策皆入殊科，又判入高等。"

　　＊刘晏，举贤良方正。《新唐书》本传："刘晏字士安，曹州南华人，玄宗封泰山，晏始八岁，献颂行在，帝奇其幼，命宰相张说试之，说曰：'国瑞也。'即授太子正字。公卿邀请旁午，号神童，名震一时，天宝中，累调夏令，未尝督赋，而输无逋期。举贤良方正，补温令，所至有惠利可记，民皆刻石以传。……建中元年七月，诏中人赐晏死，年六十五。"

　　＊储光羲，应制及第。《唐才子传》："储光羲，兖州人。开元十四年严迪榜进士。"储光羲《贻丁主簿仙芝别诗》注："予后及第，又应制授官。"按《新书·艺文志》："储光羲开元进士第。又诏中书试文章，历监察御史。"则所谓应制授官，即中书试文章也。

　　＊管元惠，开元中应制举"武可戢兵"登甲科。《补遗》册三，第11页，苏预撰天宝元年（742）二月十五日《唐故中大夫福州刺史管府君（元惠）神道碑并序》云："公讳元惠，字元惠，平昌人也。……始，门荫为卫官，寻调左金吾长上。一举武可安边，再举武可戢兵，累践甲科，仍安下位。"

　　＊李□，《汇编》『建中006』建中二年（781）三月廿三日《大唐故宣城县尉李府君夫人贾氏（嫔）墓志铭并序》（周绍良藏拓本）云："公陇西人也，举贤良，授宣城尉。"

　　＊刘昚虚，清稿本《江右先贤录·贤良》引《豫章书》："唐崇文馆校书郎新吴刘昚虚：昚虚字全乙，新吴人，时吴竞为洪州刺史，方直少许可，独高其行，改所居之里为孝弟乡，以表异之。开元中举宏辞，累官崇文馆校书郎。"

　　＊武就，《全唐文》卷五〇〇权德舆撰《故中散大夫殿中侍御史润州司马赠吏部尚书沛国武公

（就）神道碑并序》："公讳就，字广成，沛国人。……始以方闻之士对诏策佐宫卫。李梁公岘之守右扶风也，表为兵曹掾。"按武就为元衡之父，卒于贞元六年（790），享年七十八。

＊卢元裕（卢正己），《全唐文》卷四二〇常衮撰《太子宾客卢君（正己）墓志铭》："大历五年七月癸酉七月制：'故太子宾客卢正己，可赠太子少保'……始以经明四佐大邑，三历京掾，五迁藩镇，三践台郎，一处右辖，再兼中宪，以至于九卿、元戎、师宾，居守小司寇冬官卿。公字子宽，本讳元裕，以声协上之尊称，时方大用，优诏改锡焉。"按"经明"即"经明行修"之省称，属制科。

＊王銁，《全唐文》卷四二〇常衮撰《御史大夫王公（銁）墓志铭》："公讳銁，太原祁人也。……公始以茂才异行首于策诏。"按銁卒于大历三年（768）。

＊郑洵，应制科登第。《补遗》册七，第61页，郑深撰大历五年四月廿二日《唐故监察御史贬岳州沅江县尉荥阳郑府君墓志铭并序》："唐大历四年三月廿七日，前监察御史、贬岳州沅江县尉荥阳郑府君讳洵，春秋五十三，卒于巴陵之舍。……公弱冠孝廉登□，以才望参华州军事。后秩满随调，判入高等，拜奉常协律。"又同上第63页，柳识撰大历十三年（778）正月《唐故朝议郎行监察御史上柱国郑府君（洵）墓志铭并序》："府君讳洵，之洵，荥阳人也。……弱冠精三礼，经明擢第。而犹屏居林薮，以进艺业。天宝十一年，判超等，补华阴郡参军，众举知郑县尉事。王城宇下，事若京剧。应务适时，彼难我易。监察御史李华雅有才望，知君文学政术，邀充河东道点骁骑使判官。何必使优，贵以才学。秩满，应科目超绝入等，授奉常寺协律郎。……以大历四年三月既望，寝疾终于岳州官舍，时年五十六。"

＊李崿，《新书·元德秀传》："崿擢制科，迁南华令。"按崿字伯高，赵人，擢制科，历官泸州刺史。见颜真卿《登岘山观李左相石尊联句诗》注。

于休烈，《旧书》本传："应制策登科。"

＊王端，中宏词科。《新书·王绍传》："父端，第进士，有名天宝间。"权德舆《王端神道碑》："端，太原人。举进士、宏词，连中甲科。"又云："自开元、天宝间，仕进者以文讲业，无他蹊径，公与河南元德秀、天水阎仲玙同岁中正鹄。"孟按：《全唐文》卷五〇六权德舆撰《唐故尚书工部员外郎赠礼部尚书王公（端）改葬墓志铭并序》亦云："尚书讳端字某，太原人。……以文学策名进士、宏词，连得俊于春官。"

郗纯（郤昂），《旧书·郗士美传》："父纯，举进士。继以书判制策三中高第。"孟按：郗纯，一作"郤昂"。

元德秀，《独异志》："元公德秀，明经，制策入仕。其一篇《自述》云：'延英对引绿衣郎，红砚宣毫各别床。天子下廉亲自问，宫人手里裹茶汤。'是时贵族竞应制科，用为男子荣进，莫若兹矣，乃出自河南之咏也。"按德秀开元二十一年进士，此误以为明经。

房凛，梁肃《房正字墓志》："河南房君讳凛，字敬叔。十岁好学，十五能属文，二十余值陆浑为戎，遁于东南。刘仆射以贤良荐，授秘书省正字。"

辛璿，牛僧孺《昭义军节度使辛公神道碑》："皇考璿，制科高第，乞官山水。"

李涛，独孤及《李涛墓志》："弱岁好学，笃志经术，专戴氏礼。晚节眈太史公书，以经明行修，宗正寺举第一。"按经明行修当是制科。孟按：又见梁肃撰《唐故衢州司士参军府君李公（涛）墓志铭并序》（《汇编》『大历068』）。

＊李并，《全唐文》卷三二一李华撰《扬州司马李公（并）墓志铭》："公讳并，字某，赵郡高

邑人也。……以经明行修登第，直崇文馆，授雍邱尉。"

*张景阳，《汇编》『开元538』张楚金撰开元二十九年（741）十一月二十五日《唐故右监门卫兵曹参军张君（景阳）墓志铭》（周绍良藏拓本，开封博物馆藏石）云："君讳景阳，字再，其先清河人也。……博学举登科，迁右监门卫兵曹参军。嗟德业及时，将升贾谊之策；札瘥夺魄，空切赵嘉之志。以开元廿九十月十九日终于洛阳洛阳殖业里之私第，春秋卅有二。"其卒于任右监门卫兵曹参军之职不久，故可推知其"博学举登科"亦当在此前未久。

*李揆，《旧唐书》本传："李揆字端卿，陇西成纪人，而家于郑州，代为冠族。……少聪敏好学，善属文。开元末，举进士，补陈留尉。献书阙下，诏中书试文章，擢拜右拾遗。"《新唐书》本传："揆姓警敏，善文章。开元末，擢进士第，补陈留尉。献书阙下，试中书，迁右拾遗。"按李揆开元末举进士第。又据《太平广记》卷一五〇"李揆"条引《前定录》：揆既上书，帝召见，"既见，乃宣命宰臣试文词。时陈黄门为题目三篇，其一曰《紫丝盛露囊赋》，二曰《答吐蕃书》，三曰《代南越献白孔雀表》。揆自午及酉而成。……既进，翌日授左拾遗。"按"左"乃"右"之讹。按《唐语林》卷八："唐制：常举人之外，又有制科。……复有通五经、明一史及献文章并著述之辈，或附中书考试，亦同制举。"徐松所拟体例，上书拜官亦同制举例，故予著录。

*陈章甫，按黄补第十条著录"陈章甫"与"孙阶陛"二人，考云："《全唐文》卷三七三陈章甫小传云其'开元中进士'。按《封氏闻见记》卷三云'陈章甫制策登科，吏部放榜，章甫上书："昨见榜云：户部报无籍（孟按："籍"原误作"笈"，据《封氏闻见记》改。下同。）记者。昔传说无姓，商后置于盐梅置地；屠羊隐名，楚王延以三旌之位，未闻征籍也。范睢改姓易名为张禄先生，秦用之霸；张良为韩报仇，变姓名而游下邳，汉高用之为相。则知籍者所以计赋耳。本防群小，不约贤路。若人有大才，不可以籍弃之；苟无其德，虽籍何为？今员外吹毛求瑕，务在驳放，则小人也，却寻归路，策藜杖，著草衣，田园芸芜，锄犁尚在。"所司不能夺，特咨执政收之。天下称美焉'《元和姓纂》三云：'太常博士陈章甫，江陵人。'按章甫有《与吏部孙员外书》，当为封氏所本，尚多出'上书吏部员外孙公阶陛'云云。查《郎官石柱题名考》无此人。依《全唐文》小传，开元中为主司者有孙逖，乃考功员外郎。且开元二十三年以后主司之执掌因权轻才移礼部由侍郎专之。故此进士必制策登科者，孙氏亦当及第者。"孟按：此所引《封氏闻见记》文，亦见《唐语林》卷八，陈章甫登制科无疑。然《全唐文》小传称其"开元中进士"，至于及第与否，查无他证，今不取。又陈章甫《与吏部孙员外书》，见于《唐文粹》卷八十九，其文开篇曰："某叩头伏地，上书吏部员外孙公阶陛：伏惟拔英苗而佐明主……"云云。按"阶陛"指堂前台阶，非人名，盖误读耳。"孙阶陛"故无其人，更无"及第"之说，故亦不取。

*苏盈，乾隆二十六年刊康海纂修《武功县志》卷三《选举志第七》载唐人举贤良方正者有苏盈。又四库本《陕西通志》卷三十《选举·唐》贤良方正科："苏盈，武功人。"考《元和姓纂》卷三邶西苏氏："颖生盈、炎。盈，嘉王傅。"岑校："《华岳题名》有开元二十六年朝请大夫守别驾临潼县开国男苏颖。"则其子擢贤良方正亦当在开元天宝间。又《新唐书·宰相世系表》四上邶西苏氏："盈，嘉王传。"

颜惟贞，惟贞字叔坚，屡登甲科。

颜日损，应制高第。

颜知微，制举。

颜温之，举方正。

颜舒，制举。　以上皆见颜真卿《颜含碑》。

颜允藏，制举。

颜强学，

颜邻几，

*颜说，

*颜顺，孟按：此处原徐松著录"颜说顺"。考《全唐文》卷三四〇颜真卿《唐故通议大夫行薛王友柱国赠秘书少监国子祭酒太子少保颜君（惟贞）碑铭》："康成、强学、希庄、日损、隐朝、邻几、知微、舒、说、顺、胜、式宣、韶，并进士、制举。"又同上卷三三九颜真卿《晋侍中右光禄大夫本州大中正西平靖侯颜公（含）大宗碑》："舒，俊才，制举，长安尉。说，明经，有才器，渭南丞。顺，孝悌，进士，评事。胜，进士，左补阙。"可知徐氏将颜说、颜顺二人误合为一人。碑言"并进士、制举"者，未必指所列诸人，其中或进士，或制举，或并举。颜说初以明经，后又应制举。

颜式宣，并进士、制举。　以上见颜真卿《颜惟贞碑》。

*颜隐朝，见上，徐氏失收。又见《全唐文》卷三三九颜真卿《晋侍中右光禄大夫本州大中正西平靖侯颜公（含）大宗碑》。

*颜春卿，《全唐文》卷三三九颜真卿《晋侍中右光禄大夫本州大中正西平靖侯颜公（含）大宗碑》："春卿，明经，拔萃，蜀县尉，举茂才，偃师丞。"四库本《陕西通志》卷三十《选举·唐·茂才科》："颜真卿，长安人。以苏颋举为偃师丞。"按春卿举明经，徐松已著录。此"举茂才"者，当属制举，徐氏失收，今补。

*孙宿，详下。

*孙公器，《汇编》『残志015』孙徽撰《唐故朝议郎前守蓬州刺史乐安孙府君（谠）墓志铭并序》（周绍良藏拓本）云：孙谠，字廷臣，"曾祖府君讳宿，笃富刀翰，摛丽瑰藻，判入高等，授秘书省校书郎，迁谏议大夫、中书舍人、华州刺史。大夫府君公器，抗志耽学，应书判超绝登第，授京兆府鄠县主簿，迁监察御史，终于邕管经略招讨等使兼御史中丞，累赠司空。"又《补遗》册四，第211页，令狐绹撰大中十一年（857）十一月廿六日《唐故银青光禄大夫检校司空□□□□□□司□□上柱国乐安县开国侯食邑一千户赐□□孙公（简）墓志铭并序》："公讳简，字枢中，……大父讳宿，又传文公之业，登制科为谏议大夫、中书舍人，终华州刺史。烈考讳□（公）器，又继词科高第，历监察，后为濠、信二州刺史、邕州经略使、兼御史中丞。"又同上册六，第193页，孙缋撰乾符二年（875）四月九日《唐故湖南观察巡官前同州郃阳县尉乐安孙府君（绚）墓志铭》云："府君讳绚，字佩之，其先有妫之后。……曾祖府君讳宿，判入高等，累迁中书舍人、华州刺史。大父府君讳公器，超绝登科，累迁邕管经略招讨使、兼御史中丞，赠司空。"亦见罗补。

张涉，《旧书·乔琳传》："张涉者，蒲州人。依国学为诸生，迁国子博士。亦能为文，尝请有司日试万言，时呼张万言。德宗在春宫，受经于涉。及即位，诏居翰林，恩礼甚厚。迁散骑常侍。"《唐语林》亦言："天宝中，汉州洛尉张涉应一艺自举、日试万言。中书考试，涉令善书者二十人各执笔操纸，就席环庭而坐，俱占题目。身自巡历，依题口授，言讫即过，周而复始。至午后诗成七千余言，仍请满万。宰相云：'七千可谓多矣，何必须万？'具以状闻。拜太公庙丞，直广文馆，时号张万言。"《张中立墓志》云："涉以文学登制策科。"

*王论，《汇编》『会昌056』朱藩撰会昌七年（847）正月廿四日《唐故琅琊王公（恽）墓志铭并序》（周绍良藏拓本）云："曾祖论，家本晋州洪洞县人，以文德偶成乡荐登贤良□（方）正，

任至本郡守。"

＊韩翃，日本藏［万历］《粤大记》卷八："韩翃，字宏肱，并州晋阳人。少治兵家，天宝中授翊卫尉、羽林军宿卫，擢才兼文武科，大历中擢经略使。"按此韩翃与诗人韩翃为同时人，《新唐书·文艺下》："（韩）翃字君平，南阳人。……时有两韩翃，其一为刺史，宰相请孰与，德宗曰：'与诗人韩翃。'"

＊元结，《新唐书》本传："结少不羁，十七乃折节向学，事元德秀。天宝十二载举进士，礼部侍郎阳浚见其文，曰：'一第慁子耳，有司得子是赖！'果擢上第。复举制科。"《唐才子传》亦称结"后举制科"。

＊元□，《登科记考》列卷七开元九年（721）"知合孙吴，可以运筹决胜科"，徐氏考云："《杜集》《送元二适江左诗》注：'元常应孙吴科举。'当即是科。钱笺言刘会孟本题下有'公自注元结也'六字，宋善本无之。所谓元二者，必非元结，今从盖阙。"陈补云："知合孙吴科之元□，据杜甫《送元二适江左诗》。按杜甫景云二年生，本年方十岁。此诗各本多作蜀中诗，作于本年后四十余年，元非本年举甚明。"

＊李□，《全唐文》卷四二八于邵《送陈留李少府归上都序》："天宝年中，以公持刘楚之柄，言采其华，将拔其俗，盖良马逐逐，在公之伯仲乎？忝尝齐衡，永以为好。迨兹二纪，相逢蜀游，不虞斯来，复与前合。况总括六艺，又擢一枝，青春之年，黄绶标映……可以直上人之望也。"此李某当与于邵为同年（天宝十四年），后又擢制科（"又擢一枝"）。

＊刘邈之，徐氏考云："《前定录》：'刘邈之，天宝中调授岐州陈仓尉。后楼某下登科，拜汝州临汝县令。'按'楼'疑'杨'之误，天宝中知举无楼姓者。"孟按：邈之既于天宝中调授岐州陈仓尉，其后拜临汝县令者，当因应制举登科所授。今移正。又《太平广记》卷一五〇引《前定录》无"楼"字。

王俊，刘禹锡《王公神道碑》："公讳俊，字真长。始以崇文生应深谋祕策，考入上第，拜监察御史。"

奚敬玄，刘禹锡《奚陟神道碑》："第三子敬玄，以词艺似续登文科。"按陟登文词清丽科，则此亦制科。

张因，柳宗元《先君石表阴先友记》："张因举诏策，为长安尉。"又《东明张先生墓志》云："东明先生张氏曰因，尝以文荐于天子，天子策试甚高，以为长安尉。"

张署，

韩昆，《南部新书》："韩昆，大历中为制科第三等敕头，代皇昇之。诏下日，坐以采舆翠笼，命近臣持采仗鞭，厚锡缯帛，以示殊泽。"

＊李汲，两应制举及第。《千唐》『963』贞元十二年（796）十一月廿二日《故越州大都督府余姚县令李府君（汲）墓志铭并序》（参见《汇编》『贞元027』云："公讳汲，字寡言，赵郡人。……其嗜学也，不循章句；其修词也，不尚浮华，发言吐志，皆以安国济人为务，故射策之科，三升异等；理人之职，四著令名。其嘉绩昭彰，焕然可纪。广德初，国家广延贤俊，待以不次之位，公乃买符西上，献策金门。郄诜得桂于东堂，汉主擢弘为上第，乃自释褐超迁楚州录事参军。"按李汲卒于贞元四年（794）五月二十日，享年五十九。按志文所叙，汲广德初登科当为进士科，后又两应制举。

＊张聿，《记考》卷十九长庆三年（823）"日试万言科"著录"张□"，徐氏考云："白居易有《报衢州张使君诗》云：'万言旧手才难敌。'注：'张曾应万言登科。'按张涉登万言科在天宝时，德

218

宗朝已放归田里，不应至长庆中年为衢州刺史，盖张使君于是年登科也。"陈补："徐氏据白居易《报衢州张使君》诗注，本年日试万言科录'张□'，名缺。按衢州张使君即张聿，见岑仲勉先生《翰林学士壁记注补》。但聿于贞元二十年自秘书省正字充翰林学士，长庆四年刺衢州，宝历中自屯田郎中拜睦州刺史，其登科显然不会迟至长庆三年。《全唐诗》卷三一九：'张聿，建中进士。'未详所据，大致可以相信。其万言登科，当在建中、贞元间，确年无可考。"

* 凌準，宋蜀刻本《新刊增广百家详注唐柳先生文》卷十《故连州员外司马凌君权厝志》："年月日，尚书都官员外郎、和州刺史、连州司马、富春凌君讳準，卒于桂阳佛寺。……君字宗一，以孝悌闻于其乡。……年二十，以书干丞相。丞相以闻，试其文，日万言，擢为崇文馆校书郎。"按中华书局本《柳宗元集》卷十作"凌准"。又，罗隐《东安镇新筑罗城记》"天下之无事也，吾乡则有河间凌准宗一、濮阳吴降下已、汝南袁不约还朴，以文学进。"按《元和姓纂》卷五、两《唐书·王叔文传》并作"凌準"。

* 赵阐，《全唐文》卷四一〇常衮草《授赵阐等右拾遗制》："诰献再试文学考入第三等处士赵阐等……俾升荣于中外，庶有光于奖擢，可右拾遗。"按此文略见于《文苑英华》卷三八三。

* 林蕴，《全唐文》卷八二五黄滔《莆山灵岩寺碑铭》："初，侍御史济南林公藻与其季水部员外郎蕴，贞元中谷兹而业文，欧阳四门舍泉山而诣焉，其后皆中殊科。……水部应贤良方正，擅比干之誉。（原注：策云：臣远祖比干，因谏而死，天不厌直，生微臣也。）"按蕴尝登贞元四年（788）明经科。又，黄补亦尝据此证林蕴登制科。

李虞仲，《旧书》本传："以制策登科。"

冯药，药登制科，见《旧书·冯伉传》。

张登，《乾𦠆子》："南阳张登，制举登科，裴枢与为师友。"

虞咸，制科三等敕头。

* 胡证，宋祝穆《古今事文类聚前集》卷二十七《仕进部》录杨巨源《重送胡大夫赴振武》诗，题下注："武举。"诗云："何年擢桂儒生业，今日分茅圣主恩。旌旆仍将遇乡路，轩车争出看都门。人间文武能双捷，天下安危待一论。布惠宣威大夫事，不妨诗思许琴樽。"按"胡大夫"即胡证，见陶敏《全唐诗人名考证》『3728D』及钱仲联《韩昌黎诗系年集释》卷八《奉酬振武胡十二丈大夫》诗注。知胡证登进士第后，又尝以武举及第（按此当属制科），其年未详。

* 裴岩，《万姓统谱》卷十六："裴岩，寿春人。举贤良方正策第一，拜拾遗。辞章峭丽，迁驾部郎中、知制诰。太和五年间，以太常少卿权京兆尹。强干不阿贵势，后为翰林学士。"天一阁『嘉靖』《寿州志》卷七《人物志·名贤·唐》："裴岩，进士，贤良方正第一，拜拾遗，以太常少卿权京兆尹。"亦见张补。四库本《陕西通志》卷二十一《职官二·唐·京兆尹》："裴岩，寿张人，太和五年。"

* 赵宽，详下。

* 谢文达，详下。

* 山钺，详下。

* 马乔，胡补云："岑仲勉先生《贞石证史·敕头》（《金石论丛》167页）云：'《太仓署题名碑》，题名者有署令马乔、赵宽，署丞谢文达、山钺，及其他官职不明者十三人，各人授官之日，虽有小阙泐，然综全碑观之，则皆贞元二十年正月十四日所授也。《补正》六七云："此碑所谓敕头者，史所不详，马乔、赵宽、谢文达下并注云，敕头身为，山钺以下十四人，下注敕头谢文达者二，敕头马乔者十二，是敕头即令、丞所充者矣。'"按，《唐摭言》卷二：'张又新时号张三头，进士状头，弘词敕头，京兆解头。'《乾𫗧子》：'牛僧孺以制科敕头除伊阙尉。'《南部新书》卷甲：'韩昆，大历中为制科第三等敕头。'同书卷丙：'崔元翰晚年取应，咸为首捷，京兆解头、礼部状头、弘词敕头、制科三等敕头。'是唐时制科中第者，每等第一名为敕头。岑仲勉先生又言：'唐时府州送士用解文，故曰解头，礼部用状，故曰状头，弘词宣以敕，故曰敕头。'而马乔等四人均为敕头，故知钧中制科。应补入《登科记考》。"

*孙遘，《汇编》『大中120』蒋伸撰大中十年（856）十月廿七日《唐故天平军节度郓曹濮等州观察处置等使朝请大夫检校礼部尚书使持节郓州诸军事兼郓州刺史御史大夫上柱国赐紫金鱼袋赠兵部尚书孙府君（景商）墓志铭并序》（周绍良藏拓本）云："公讳景商，字安诗，乐安人。……王父讳遘，年未弱冠，两登制科殊等，至左补阙。"亦见罗补。

*崔芸卿，《补遗》册六，第192页，崔晔撰咸通十五年（874）十月廿九日《唐故朝散大夫前使持节澧州诸军事守澧州刺史柱国清河崔公（芸卿）墓志铭并序》云："公讳　（此处原空一字），字芸卿，清河东武城人。……元和中以经明行修科，解褐授韩城尉，后调补卫佐。"

*郑特，《千唐》『1152』崔居晦撰咸通二年（861）五月廿三日《唐故宋州砀山县令荥阳郑府君（纪）故范阳卢氏夫人墓志铭并序》（参见《汇编》『咸通006』）云："府君讳纪，字龟年，官至宋州砀山县令。……次子曰特，经明登第，选授许州郾城县主簿。"按志文言"经明登第"，当以经明行修登第，盖制科也。亦见张补。

*孙发，[绍定]《吴郡志》卷二十五《人物》："孙发，吴人，举百篇科。皮日休赠以诗云：'百篇空（宫）体喧金屋，一日官衔下玉阶。'陆龟蒙亦云：'直应天授与诗情，百咏惟消一日成。'其见推当时如此，后未有继之者。"按上引皮日休题为《孙发百篇将游天台请诗赠行因以送之》，见《全唐诗》卷六一三；陆龟蒙诗题为《和袭美送孙发百篇游天台》，见同上卷六二五。又方干《赠孙百篇》诗云："御题百首思纵横，半日功夫举世名。……莫嫌黄绶官资小（一作少），必料青云道路平。"见同上卷六五一。又其《寄台州孙从事百篇》诗题下原注："登第初授华亭尉。"见同上卷六五二。按张补据《永乐大典》卷二三六八引《苏州府志》及皮日休诗著录孙发，按云："皮为咸通八年进士，孙发及第与此时不远。"又黄补据《文苑英华》卷二六二录方干《寄台州孙从事百篇登第授华亭尉》诗云："圣代科名酬志业，山川秀色助神机。梅真入仕提雄笔，阮瑀从军着彩衣。"

*胡□，《全唐诗》卷六五二方干《赠上虞胡少府百篇》诗云："求仙不在炼金丹，轻举由来别有门。日晷未移三十刻，风骚已及四千言。宏才尚遗居卑位，公道何曾雪至冤。敛板尘中无恨色，应缘利禄副晨昏。"

*庞□，《全唐诗》卷六三八张乔《送庞百篇之任青阳县尉》诗云："都堂公试日，词翰独超群。品秩台庭与，篇章圣主闻。乡连三楚树，县对九华云。多少青门客，临岐共羡君。"是庞氏以日试百篇科擢第。

*祝尚丘，《明一统志》卷四十三《衢州府·人物·唐》："祝尚丘，江山人，中制科，为太学博士。"又见《万姓统谱》卷一一一。考宋代章如愚撰《群书考索》卷十一著录《广韵》，记唐人为其增加字者有祝尚书，"丘"或作"邱"。又见《四库全书总目·重修广韵提要》。

*张泽，《永乐大典》卷二三六八引《苏州府志》制科："张泽，又通经史科。"亦见张补。

*裴次元。《南部新书》："裴次元，制策、宏词同日敕下，并为敕头，时人荣之。"以上均见孟二冬《登科记考补正》卷二十七，第1329~1358页。

艺文

送于十八应四子举落第还嵩山
李 白

吾祖吹橐钥，天人信森罗。归根复太素，群动熙元和。炎炎四真人，摛辩若涛波。交流无时寂，杨墨日成科。夫子闻洛诵，夸才才故多。为金好踊跃，久客方蹉跎。道可束卖之，五宝溢山河。劝君还嵩丘，开酌盼庭柯。三花如未落，乘兴一来过。李白撰，王琦注《李太白全集》，中华书局1977年，第812页。

送王伯伦应制授正字归
岑 参

当年最称意，数子不如君。战胜时偏许，名高人共闻。半天城北雨，斜日灞西云。科斗皆成字，无令错古文。岑参撰，廖立笺注《岑嘉州诗笺注》，中华书局2004年，第524页。

答高三十五留别便呈于十一
李 颀

累荐贤良皆不就，家近陈留访耆旧。韩康虽复在人间，王霸终思隐岩窦。清泠池水灌园蔬，万物沧江心澹如。妻子欢同五株柳，云山老对一床书。昨日公车见三事，明君赐衣遣为吏。怀章不使郡邸惊，待诏初从阙庭至。散诞由来自不羁，低头授职尔何为。故园壁挂乌纱帽，官舍陈生白接罗。寄书寂寂于陵子，蓬蒿没身胡不仕。藜羹被褐环堵中，岁晚将贻故人耻。《全唐诗》卷一三三，中华书局1979年，第1351页。

送路少府使东京便应制举[①]时梁宋初失守
刘长卿

故人西奉使，胡骑正纷纷。旧国无来信，春江独送君。五言凌白雪，六翮向青云。谁念沧洲吏，忘机鸥鸟群。刘长卿撰，储仲君笺注《刘长卿诗编年笺注》卷三，中华书局1999年，第149页。

---

① 一作"送骆三少府西山应制"。

送郭秀才制举下第南游
钱 起

失志思浪迹，知君晦近名。出关尘渐远，过郢兴弥清。山尽溪初广，人闲舟自行。探幽无旅思，莫畏楚猿鸣。《全唐诗》卷二三七，第2636页；钱起《钱仲文集》卷五。

喻友 天宝六载
元 结

天宝丁亥中，诏征天下士人，有一艺者，皆得诣京师就选。相国晋公林甫以草野之士猥多，恐泄漏当时之机，议于朝廷曰："举人多卑贱愚聩，不识礼度，恐有俚言，污浊圣听。"于是奏待制者悉令尚书长官考试，御史中丞监之，试如常吏。已而布衣之士无有第者，遂表贺人主，以为野无遗贤。

元子时在举中，将东归。乡人有苦贫贱者，欲留长安依托时权，徘徊相谋。因谕之曰："昔世以来，共尚丘园洁白之士，盖为其能外独自全，不和不就，饥寒切之，不为劳苦，自守穷贱，甘心不辞。忽天子有命聘之，玄𫄧束帛以先意，荐论拥簪以导道，欲有所问，如咨师傅。听其言，则可为规戒；考其行，则可为师范；用其材，则可为经济。与之权位，乃社稷之臣。君能忘此，而欲随逐驽骀，入栈枥中，食下厩赘毂，为人后骑，负皂隶，受鞭策耶？人生不方正忠信以显荣，则介洁静和以终老。"乡人于是与元子偕归。於戏！贵不专权，罔惑上下，贱能守分，不苟求取，始为君子。因喻乡人，得及林甫。言意可存，编为喻友。元结著，孙望校《次山集》卷四，中华书局1960年，第51~53页。

送钱塘路少府赴制举
皇甫冉

公车待诏赴长安，客里新正阻旧欢。迟日未能销野雪，晴花偏自犯江寒。东溟道路通秦塞，北阙威仪睹汉官。共许郄诜工射策，恩荣请向一枝看。《全唐诗》卷二四九，第2807页。

送韦秀才道冲赴制举
刘禹锡

惊禽一辞巢，栖息无少安。秋扇一离手，流尘蔽霜纨。故侣不可追，凉风日已寒。远逢杜陵士，别尽平生欢。逐客无印绶，楚江多芷兰。因居暇时游，长铗不复弹。阅书南轩霁,组瑟清夜阑。万境身外寂。一杯腹中宽。伊昔玄宗朝,冬卿冠鸳鸾。肃穆升内殿,从容领儒冠。游夏无措词,阳秋垂不刊。至今群玉府,学者空纵观。世人希德门,揭若攀峰峦。之子尚明训,锵如振琅玕。一旦西上书,斑衣拂征鞍。荆台宿暮雨,汉水浮春澜。君门起天中,多士如星攒。烟霞覆双阙,抃舞罗千官。清漏滴铜壶,仙厨下雕槃。莹煌仰金榜,错落濡飞翰。古来长策人,所叹遭时难。一鸣从此始,相望青云端。《刘禹锡集》卷二十八,上海人民出版社1975年,第259~260页。

送裴处士应制举 并引

刘禹锡

晋人裴昌禹读书数千卷,于《周官》、《小戴礼》尤邃。性嗜古敢言,虽侯王不能卑下,故与世相参差。凡抵有位以索合,行天下几遍。常叹诸侯莫可游,欲一见天子而未有路。会今年诏书征贤良,昌禹大喜,以为尽可以豁平生,搏髀雀跃曰:"一观云龙庭足矣!"由是裹三月粮而西徂,咨余以七言为西游之资藉耳。

裴生久在风尘里,气劲言高少知己。注书曾学郑司农,历国多于孔夫子。往年访我到连州,无穷绝境终日游。登山雨中试蜡屐,入洞夏里披貂裘。白帝城边又相遇,敛翼三年不飞去。忽然结束如秋蓬,自称对策明光宫。人言策中说何事,掉头不答看飞鸿。彤庭翠松迎晓日,凤衔金榜云间出。中贵腰鞭立倾酒,宰臣委佩观摇笔。古称射策如弯弧,一发偶中何时无。由来草泽无忌讳,努力满挽当云衢。忆得童年识君处,嘉禾驿后联墙住。垂钩斗得王余鱼,蹋芳共登苏小墓。此事今同梦想间,相看一笑且开颜。老大希逢旧邻里,为君扶病到方山。刘禹锡《刘禹锡集》卷二十八,第262页。

上大理崔大卿应制举启

柳宗元

古之知己者,不待来求而后施德,举能而已;其受德者,不待成身而后拜赐,感知而已。故不叩而响,不介而合,则其举必至,而其感亦甚。斯道遁去,辽阔千祀,何为乎今之世哉!

若宗元者,智不能经大务、断大事,非有恢杰之才;学不能探奥义、穷章句,为腐烂之儒。虽或置力于文学,勤勤恳恳于岁时,然而未能极圣人之规矩,恢作者之闻见,劳费翰墨,徒尔拖逢掖、曳大带,游于朋齿,且有愧色,岂有能乎哉?阁下何见待之厚也!始者自谓抱无用之文,戴不肖之容,虽振身泥尘,仰希云霄,何由而能哉?遂用收视内顾,俯首绝望,甘以没没也。今者果不自意,他日琐琐之著述,幸得流于衽席,接在视听,阁下乃谓可以蹈远大之途,及制作之门,决然而不疑,介然而独德,是何收采之特达,而顾念之勤备乎!且阁下知其为人何如哉?其貌之美陋,质之细大,心之贤不肖,阁下固未知也。而一遇文字,志在济拔,斯盖古之知己者矣。故曰:古之知己者,不待来求而后施德者也。然则亟来而求者，诚下科也。

宗元向以应博学宏词之举，会阁下辱临考第，司其升降。当此之时，意谓遇合事并，适丁厥时，其私心日以自负也。无何，阁下以鲲鳞之势，不容尺泽，悠尔而自放，廓然而高迈，其不我知者，遂排逐而委之。委之，诚当也。使古之知己犹在，岂若是求多乎哉！夫仕进之路，昔者窃闻于师矣。太上有专达之能，乘时得君，不由乎表著之列，而取将相，行其政焉。其次，有文行之美，积能累劳，不由乎举甲乙、历科第，登乎表著之列，显其名焉。又其次，则曰吾未尝举甲乙也，未尝历科第也，彼朝廷之位，吾何以修而可以登之乎！必求举是科也，然后得而登之。其下，不能知其利，又不能务其往，则曰：举天下而好之，吾何为独不然？由是观之，有爱锥刀者，以举是科为悦者也；有争寻常者，以登乎朝廷为悦者也；有慕权贵之位者，以将相为悦者也；有乐行乎其政者，以理天下为悦者也。然则举甲乙、历科第，固为末而已矣。得之不加荣，丧之不加忧，苟成其名，于远大者何补焉？然而至于感知之道，则细大一矣，成败亦一矣。故曰：其受德者，不待成身而后拜赐。然则幸成其身者，固末节也。盖不知来求之下者，不足以收特达之士；而不知成身之末者，不足以承贤达之遇，审矣。

伏以阁下德足以仪世，才足以辅圣，文足以当宗师之位，学足以冠儒术之首，诚为贤达之表也。顾视下辈，岂容易而收哉？而宗元朴野昧劣，进不知退，不可以言乎德；不能植志于义，而必以文字求达，不可以言乎才；秉翰执简，败北而归，不可以言乎文；登场应对，刺谬经旨，不可以言乎学，固非特达之器也。忖省陋质，岂容易而承之哉！叨冒大过，秽累高鉴，喜惧交争，不克宁居。窃感荀䜣如实出己之德，敢希豫让国士遇我之报。伏候门屏，敢俟招纳。谨奉启以代投刺之礼，伏惟以知己之道，终抚荐焉。不宣。宗元谨启。《柳宗元集》卷三十六，中华书局1979年，第912~914页。

祭穆质给事文

柳宗元

昭祭于给事五丈之灵：自古直道，鲜不颠危，祸之重轻，则系盛衰。矫矫明灵，克丁圣时，形躯获宥，三黜无亏。贤良发策，始振其仪，天子动容，敬我直辞。载之册府，命以谏司，抗奸替否，与正为期。奏书百上，知无不为，谁谓刘、贾，英风莫追？给事黄门，奉职枢机，封还付外，动获其宜，无旷尔位，惟公在斯。达道之行，实惟交友，患难相死，其废自久。公实毅然，誓均悔咎，挺身立气，不改其守。黜刺南荒，义言盈口，封章致命，志期陨首。邈矣高标，谁嗣于后？王命南下，郡符东剖，留滞湮沦，奸比遐寿。呜呼哀哉！

公之伯仲，信为先执，感激之风，道同义立。中司守直，奸权是袭，致之徽纆，诬以赇入。琐琐其徒，榜讯愈急，诏下三司，议于洛邑。噫我先君，邦宪是辑，平反群枉，大忤三揖。危法旋加，谮言俄及，左宦夔国，义夫掩泣。邪臣既黜，乃进其级，端于庶僚，直声允集。虔虔小子，夙奉遗则，公在郎位，再罹摈抑。时忝宪司，窃分柱直，抗辞犯长，有志无力。惟韩洎刘，同愤沾臆，道之不行，衔愧罔极。公在左掖，议登秋官，先定于志，将发其难。决白无状，以申祸端，秉心撰词，义不可干。会逢友累，曾莫自安，感于褚中，有涕泛滥。呜呼哀哉！

寿宫久翳，狼荒万里，礼不可违，诚不可弭。抽哀泄怨，舒文致美，愿溯海风，以穷洛涘。清明如在，神鉴何已，呜呼格思，以慰勤止。柳宗元《柳河东集》卷四十，第1050~1052页。

送韦正字枑贯赴制举
张 祜

可爱汉文年，鸿恩荡海壖。木鸡方备德，金马正求贤。大战希游刃，长途在着鞭。伫看晁董策，便向史中传。《全唐诗》卷五一〇，第5801页。

中桥北送穆质兄弟应制戏赠萧二策
李 益

洛水桥边雁影疏，陆机兄弟驻行车。欲陈汉帝登封草，犹待萧郎寄内书。《全唐诗》卷二八三，第3224页。

送薛蔓应举
王 建

四海重贡献，珠贶称至珍。圣朝开礼闱，所贵集嘉宾。若生在世间，此路出常伦。一士登甲科，九族光彩新。憧憧车马徒，争踏长安尘。万目视高天，升者得苦辛。况子当少年，丈人在咸秦。出门见宫阙，献赋待朱轮。有贤大国丰，无子一家贫。男儿富邦家，岂为荣其身。煌煌文明代，俱幸生此辰。自顾非国风，难以合圣人。子去东堂上，我归南涧滨。愿君勤作书，与我山中邻。《全唐诗》卷二九七，第3371页；王建《王司马集》卷一。

自荐表
史 青

臣闻曹子建七步成章，臣愚以为太多，若赐召试，五步之内，可塞明诏。陈尚君辑校《全唐文补编》卷二十九，中华书局2005年，第345页。

杂录

太宗与封德彝论举人（题拟）
王钦若

太宗贞观元年三月，帝谓尚书右仆射封德彝曰："比来令卿举贤才，未尝有所推荐，天下事重，宜分朕忧。"对曰："臣愚，岂敢不尽心？但今所见，实无奇才异行。"帝曰："前代明王，使人如器，不借才于异代，皆取士于当时，何代无贤才，但患遗之不知耳！"德彝惭而退。《册府元龟》卷六十七《帝王部·求贤一》，第755页。

太宗举贤不避亲（题拟）
王钦若

是年（贞观三年），帝谓宰臣曰："朕今孜孜求士，欲专心政道，闻有好人则抽擢驱使，而议者多称'彼皆宰相亲故'。但公等至公行事，无避此言，便为形迹。古人内举不避亲，外举不避仇，而为后代称者，以其举得贤故也。卿等但能举用得才，虽是子弟及有仇嫌，必不得不举。"《册府元龟》卷六十七《帝王部·求贤一》，第756页。

太宗与魏征议得人之理（题拟）
王钦若

是年（贞观十一年），帝谓宰臣曰："致太平之运者，唯在得贤才，卿等既不能知，朕不可遍识，日复一日，无得人之理。今欲令人自举，于事何如？"魏征曰："知人者智，自知者明，知人既以为难，自知诚亦不易，且矜能伐善，恐长浇竞之风，不可行也。"乃止。《册府元龟》卷六十七《帝王部·求贤一》，第756~757页。

举人所答乖旨（题拟）
王钦若

唐太宗贞观十八年三月己丑，有鄜州所举孝廉，赐坐于御前。帝问曰："历观往古圣帝明王，莫不得一奉天，必以黎元为本，隆邦建国，亦以政术为先。天以气变物，莫知其象；君以术化人，不显其机。气以隐质为虚，术以潜通为妙，运之无为，施之无极。故能清风荡万域，长辔控八荒，不令而行，不言而信。欲尊此术，未辨其方，想望高才，以陈良策。"孝廉等久之无对。

又令皇太子问之曰："夫子何以为曾参说《孝经》？"孝廉答云："夫子以弟子之中

参最称孝,所以为说。"太子曰:"《礼记》云:'公明仪问曾子,曰:"夫孝子先意承志,喻父母于善。参直养而已,安能为孝?"'据此而言,参未云孝。"又问:"《礼》云:'居处不庄,非孝也;事君不忠,非孝也;莅官不敬,非孝也;朋友不信,非孝也;战阵无勇,非孝也。五者不遂,灾及于亲。'此五孝施用,若为差等?"孝廉不能答。

次令近臣迭问:"仁孝之名,谁所创作?明其优劣,仁孝何先?"又问:"孝廉于四行之内,居第几科?"又问:"社主之义,殷柏周栗。秦汉以来,若为变改?"又问:"尧舜圣德,应贻厥孙谋,何因朱均以降,绝灭无后?"孝廉并不能答。

帝曰:"昔楚庄王谋事,群臣莫及。退而有忧色,曰:'诸侯能自得师者王,自为谋而莫己若者亡。今以不穀之不肖,群臣莫吾逮,吾国几亡乎?'朕发语征天下俊异,才以浅近问之,咸不能答。海内贤哲,将无其人耶?朕甚忧之。"令引就中书省射策,所答乖旨。于是下诏。【略】《册府元龟》卷六四三《贡举部·考试一》,第7708~7709页。

倒讽案牍

刘 肃

卢庄道年十三,造于父友高士廉,以故人子,引坐。会有献书者,庄道窃窥之,请士廉曰:"此文庄道所作。"士廉甚怪之,曰:"后生何轻薄之行?"庄道请讽之,果通。复请倒讽,又通。士廉清叙良久,庄道谢曰:"此文实非庄道所作,向窥记之耳。"士廉即取他文及案牍试之,一览倒讽。并呈己作文章。士廉具以闻,太宗召见,策试,擢第十六,授河池尉。满,复制举擢甲科。召见,太宗识之曰:"此是朕聪明小儿耶?"授长安尉。太宗将录囚徒,京宰以庄道幼年,惧不举,欲以他尉代之。庄道不从。但闲暇,不之省也。时系囚四百余人,令丞深以为惧。翌日,太宗召囚,庄道乃徐状以进,引诸囚入。庄道评其轻重,留系月日,应对如神。太宗惊叹,即日拜监察御史。刘肃撰,许德楠、李鼎霞点校《大唐新语》卷八《聪敏第十七》,中华书局1997年,第118页;《太平广记》卷一七四《俊辩二》;彭大翼《山堂肆考》卷一〇八《人品》。

高宗令宰臣举荐有才之儿侄（题拟）

王钦若

（显庆）三年七月,帝谓宰臣曰:"四海之广,唯在得贤,卿等用人,多作形迹,护避亲知,不能尽意,甚为不取。昔祁奚举子,古人以为美谈。即使卿等儿侄,有材亦须依例进举。"《册府元龟》卷六十七《帝王部·求贤一》,第758页。

高宗与许圉师议举人（题拟）

王钦若

龙朔元年八月，帝（高宗）谓侍臣曰："往者天下七国，皆有英贤，今四海一统，遂无俊杰，亦由经营辽海，未暇搜扬，将济巨川，伫闻舟楫，何其寂寞，一至于斯！"许圉师对曰："百里奚处虞而虞亡，入秦而秦霸，在陛下用之耳。"帝于是欲于李义府门中拔擢有材用者，遂令本州给传，遣诣东都，及至，无堪应务者，竟罢之。《册府元龟》卷六十七《帝王部·求贤一》，第758页。

李巢等对策上第（题拟）

王钦若

高宗显庆四年二月，引诸色目举人谒见，下诏策问之，凡九百余人，唯李巢、张昌宗、秦相如、崔行功、郭待封五人为上第，令待诏弘文馆，仍时随仗供奉。《册府元龟》卷六四三《贡举部·考试一》，第7709~7710页。

高宗试岳牧举（题拟）

王钦若

调露元年十二月壬子，帝临轩，引岳牧举人问之曰："兵书云天阵、地阵、人阵，各何谓也？"武陟尉员半千对曰："臣观载籍谓：天阵，星宿孤虚也；地阵，山川向背也；人阵，偏伍弥缝也。臣以为不然。夫师出以义，有若时雨，得天之时，此天阵也；兵在足食，且耕且战，得地之利，此地阵也；三军使兵士如父子兄弟，得人之利，此人阵也。三者去矣，将何以战？"帝又问："皇道、帝道、王道，何以区别？朕今可行何道？"长寿令萧思问、越州参军周彦昭以次应诏，帝皆称善。甲寅，御制问目以试之。《册府元龟》卷六四三《贡举部·考试一》，第7710页。《旧唐书》卷一九〇《员半千传》、《唐会要》卷七十六，均系此事于永隆元年。

李安期进举逸贤策（题拟）

王钦若

乾封二年八月，高宗引侍臣，责以不进贤良。司刑少常伯李安期进曰："臣闻圣帝、明王，莫不劳于求贤逸于任使，且十室之邑，必有忠信，况天下至广，非无英彦？但比来公卿有所荐引，即遭嚣谤，以为朋党，沉屈者未申，而在位者已损，所以人思苟免，竞为缄默。若陛下虚己招纳，务于搜访，不忌亲仇，唯能是用，谗毁亦既不入，谁敢不竭忠诚，此皆事由陛下，非臣等所能致也。"帝深然之。《册府元龟》卷六十七《帝王部·求贤一》，第758~759页。

青钱学士
彭大翼

唐张鷟，字文成，高宗朝八以制举，皆中甲科。员半千称其文"犹青铜钱，万选万中"，时号"青钱学士"。又"青钱学士"可对"黑矟将军"。六朝于栗䃽少习武艺，材艺过人，刘裕尝遗其书，题曰"黑矟公麾下，栗䃽好持黑矟"，故有其号，明元因授为黑矟将军。彭大翼《山堂肆考》卷一〇三《人品》，《四库全书》第976册，第98页。

张说应制举（题拟）
刘 肃

则天初革命，大搜遗逸，四方之士应制者向万人。则天御洛阳城南门，亲自临试，张说对策为天下第一。则天以近古以来未有甲科，乃屈为第二等。其警句曰："昔三监习常，有司既纠之以猛；今四罪咸服，陛下宜计之以宽。"拜太子校书，仍令写策本于尚书省，颁示朝集及蕃客等，以光大国得贤之美。《大唐新语》卷八《文章第十八》，第127页。

张文成以词学知名（题拟）
刘 肃

张文成以词学知名，应下笔成章、才高位下、词标文苑等，三入科，俱登上第。转洛阳尉。故有《咏燕》诗，其末章云："变石身犹重，衔泥力尚微。从来赴甲第，两起一双飞。"时人无不讽咏。累迁司门员外。文成凡七应举，四参选，其判策皆登甲第科。员半千谓人曰："张子之文如青铜钱，万拣万中，未闻退时。"故人号"青铜学士"。久视中，太官令马仙童陷默啜，问张文成何在，仙童曰："自御史贬官。"默啜曰："何不见用也？"后新罗、日本使入朝，咸使人就写文章而去。其才远播如此。《大唐新语》卷八《文章第十八》，第128~129页。

举张柬之
彭大翼

唐张柬之，字孟将，以贤良召，时年七十余矣。对策者千余人，柬之第一，擢拜监察御史。彭大翼《山堂肆考》卷八十五，《四库全书》第975册，第591页。

张柬之为武则天用（题拟）
刘 肃

张柬之进士擢第，为清源丞，年且七十余，永昌初，勉复应制策。试毕，有传柬之考入下课者，柬之叹曰："余之命也！"乃委归襄阳。时中书舍人刘允济重考，自下第升甲科，为天下第一，擢第，拜监察，累迁荆州长史。长安中，则天问狄仁杰曰："朕要一好汉使，有乎？"仁杰对曰："臣料陛下若求文章资历，则今之宰臣李峤、苏味道，亦足为之使矣。岂非文士龌龊，思大才用之，以成天下之务者乎？"则天悦曰："此朕心也。"仁杰曰："荆州长史张柬之，其人虽老，真宰相材也。且久不遇，若用之，必尽于国家。"则天乃召以为洛州司马。他日又求贤，仁杰曰："臣前言张柬之，犹未用也。"则天曰："已迁之矣。"仁杰曰："臣荐之，请为相也。今为洛州司马，非用之也。"乃迁秋官侍郎。及姚崇将赴灵武，则天令举外司堪为宰相者，姚崇曰："张柬之沉厚有谋，能断大事，且其人年老，陛下急用之。"登时召见，以为同凤阁鸾台平章事，年已八十矣。与桓彦范、敬晖、袁恕己、崔玄晖等诛讨二张，兴复社稷，忠冠千古，功格皇天云。《大唐新语》卷六《举贤第十三》，第 94~95 页；《太平御览》六三二。

杨盈川登制举（题拟）
钱 易

杨盈川，显庆五年待制弘文馆，时年方十一。上元三年制举，始补校书郎，尤最深于宣夜之学，故作《老人星赋》尤佳。《南部新书》己，第 85 页。

开元十五年试文武举人（题拟）
王钦若

（开元）十五年五月，诏中书门下引文武举人就中策试，于是蓝田县尉萧谅、右卫胄曹梁涉、邠州柱国子张玘等对策稍优，录奏。帝谓源干曜、杜暹、李元纮等曰："朕宵衣旰食，侧席求贤，所以每念搜扬者，恐草泽遗才，无由自达。至如畿尉、卫佐，未经推择，更与褐衣争进，非朕本意。"由是唯以张玘为下第放选，余悉罢之。《册府元龟》卷六四三《贡举部·考试一》，第 7710 页。

魏奉古强记博闻（题拟）
刘 肃

魏奉古制举擢第，授雍丘尉。尝九日公宴，有客草序五百言。奉古览之曰"此旧文。"援笔倒疏之。草序者默然自失，列坐抚掌。奉古徐笑曰："适览记之，非旧习也。"由是知名。时姚珽莅汴州，群寮毕谒。珽召奉古前，曰："此聪明尉耶？"他日，持厩目令示奉古，奉古一览便讽千余言。珽惊起曰："仕宦且四十年，未尝见此。"终兵部侍郎。《大唐新语》卷八《聪敏第十七》，第120页。

熊执易助樊泽应制举（题拟）
李肇

熊执易应举道中，秋雨泥潦，逆旅，有人同宿而屡叹息者，问之，乃尧山令樊泽将赴制举，驴劣不能进。执易乃辍所乘马并囊中缣帛，悉与泽，以遂其往诣朝，执易乃东归。李肇《唐国史补》卷上，《四库全书》第1035册，第424页。

举席建侯
彭大翼

唐席豫，字建侯，举贤良方正及第。开元中，韩休举以自代，拜吏部尚书，典选六年，当时以休为知人。彭大翼《山堂肆考》卷八十五，《四库全书》第975册，第591页。

九登科选
彭大翼

唐冯万石，圣历初第进士，大定初又中嫉恶科，神龙初中才高位下科，景云中中怀能抱器科，开元初重考及第，六年中超群拔类科，十三年考判入等，十六年又入等，二十六年中文词壮丽科，凡九登科选。彭大翼《山堂肆考》卷八十四，《四库全书》第975册，第574页。

拽白
王定保

天宝二年，吏部侍郎宋遥、苗晋卿等主试，禄山请重试制举人，第一等人十无一二。御史中丞张倚之子奭，手持试纸，竟曰："不下一字。"时人谓之拽白。王定保《唐摭言》卷十五《杂记》，《四库全书》第1035册，第805页。

制举试诗赋始（题拟）
王钦若

（天宝）十三载十月，（玄宗）御含元殿，试博通坟典、洞晓玄经、辞藻宏丽、军谋出众等举人，命有司供食，既而暮罢，其辞藻宏丽科问策外，更试律、赋各一首。制举试诗赋，自此始也。时登科者甲者三人，太子正字杨绾最为所称。乙第者凡三十余人。《册府元龟》卷六四三《贡举部·考试一》，第7711~7712页；《旧唐书》卷一一九《杨绾传》；李上交《近事会元》卷三。

征君（题拟）
李昉

唐肃宗之代，急于贤良，下诏搜山林草泽有怀才抱德及匡时霸国者，皆可爵而任之。有征君自灵武衣草衣，跃芒屦，诣于国门。肃宗闻之，喜曰："果有贤士应募矣。"遂召对，访时事得失，卒无一辞，但再三瞻望圣颜而奏曰："微臣有所见，陛下知之乎？"对曰："不知。"奏曰："臣见陛下圣颜，瘦于在灵武时。"帝曰："宵旰所劳，以至于是。"侍臣有匿笑不禁者。及退，更无他言。帝知其妄人也，恐闭将来贤路，僶俛除授一邑宰。洎将寒食，京兆司逐县率杏仁以备贡奉。闻之，大为不可，独力抗之，遂诣阙请对。京兆司亦惧此征君，必有异见，将奈之何。及召对，奏曰："陛下要寒节杏仁，今臣敕将来为复进浑杏仁。"上哈而遣之，竟不置其罪。《太平广记》卷二六〇，《四库全书》第1044册，第670页。

韦夏卿兄弟同日制科登第（题拟）
钱易

韦夏卿与弟正卿，大历中同日登制科，皆曰"今日盛事，全归二难之手"。钱易《南部新书》甲，第1页。

韩昆因高第遇隆恩（题拟）
钱易

韩昆，大历中为制科第三等敕头，代皇昇之，诏下日，坐以采舆翠笼，命近臣持采杖鞭之，厚锡缯帛，以示殊泽。钱易《南部新书》甲，第1页。

于邵善知人（题拟）
钱易

于邵善知人，樊泽举制科至京，一见之，谓人曰："将相之材也。"后五年而泽建节。崔元翰赴举，年五十，亦曰："不十年当掌诰。"皆如其言，其知人也如此。钱易《南部新书》丙，第31页。

崔元翰登第（题拟）
钱　易

崔元翰晚年取应，咸为首捷：京兆解头，礼部状头，宏辞敕头，制科三等敕头。钱易《南部新书》丙，第35页。

裴次元同日登制策、宏词高第（题拟）
钱　易

裴次元，制策、宏辞同日敕下，并为敕头，时人荣之。钱易《南部新书》丙，第35页。

摘抉细隐
彭大翼

唐宪宗元和元年，策试制举之士，于是元稹、独孤郁、白居易、萧俛、沈传师辈出焉。史断制策之法，其来最久，得人亦多。至于末流应科者，既非英才，而发问之目，往往摘抉细隐，穷所难知，而直言极谏之风替矣。彭大翼《山堂肆考》卷八十五，《四库全书》第975册，第591页。

指陈阙失
彭大翼

唐宪宗元和三年，策试贤良方正直言极谏举人牛僧孺、皇甫湜、李宗闵，皆指陈时政阙失，无所回避。考官杨于陵、韦贯之署为上第。李吉甫恶其直言，泣诉于上，且言："湜，翰林学士王涯之甥也，涯与裴垍覆策而不自言。"上不得已，贬于陵等，僧孺等久之不调，各从辟于藩府。彭大翼《山堂肆考》卷八十五，《四库全书》第975册，第591页。

八中科名
彭大翼

唐陆元方初举明经，后举八科皆中。张鷟八举皆登甲科，员半千亦同。彭大翼《山堂肆考》卷八十四，《四库全书》第975册，第574页。

唐德宗重制科（题拟）
王谠

德宗每年征四方学术直言极谏之士，至者萃于阙下，上亲自考试，绝请托之路。是时文学相高，当途者咸以推贤进善为意。上试制科于宣德殿。或下等者，即以笔抹之至尾，其称旨者，必吟诵嗟叹。翊日，遍示宰相学士，曰："此皆朕之门生。"公卿无不服上精鉴。宏词独孤授吏部试《放驯象赋》，上自考之，称其句曰："化之式孚，则必受乎来献；物或违性，斯用感于至仁。"上特书第三等。先是代宗时外方进驯象三十二，上即位，悉令放荆山之南，而授献赋不伤于顾忌，上赏其知去就。王谠撰，周勋初《唐语林》卷三《赏誉》，第277页；孙光宪《北梦琐言》；《太平广记》卷一九八《文章》。

策举穆裴
彭大翼

唐鲍防，字子慎。贞元元年策贤良方正，防为考官，得穆质、裴复、柳公纬、崔邠、韦纯、洪简、熊执易等，时美防知人。彭大翼《山堂肆考》卷八十五，《四库全书》第975册，第591页。

韦乾度不知牛僧孺（题拟）
李昉

韦乾度为殿中侍御史，分司东都。牛僧孺以制科刺首，除伊阙尉、台参，乾度不知僧孺授官之本，问："何色出身？"僧孺对曰："进士。"又曰："安得入几？"僧孺对曰："某制策连捷，忝为刺头。"僧孺心甚有所讶，归以告韩愈。愈曰："公诚小生，韦殿中固当不知。愈及第十有余年，猖狂之名已满天下，韦殿中尚不知之子，何怪焉？"《太平广记》卷四九七，《四库全书》第1046册，第607页。

刘蕡下第
洪迈

唐文宗大和二年三月，亲策制举人，贤良方正刘蕡对策，极言宦官之祸。既而，裴休、李郃等二十二人中第，皆除官。考官左散骑常侍冯宿、太常少卿贾𫗧、库部郎中庞严见蕡策，皆叹服，而畏宦官不敢取。诏下，物论嚣然，称屈。谏官御史欲论奏，执政抑之。李郃曰："刘蕡下第，我辈登科，能无厚颜？"乃上疏，以为"蕡所对策，汉魏以来，无与为比，今有司以蕡指切左右，不敢以闻，恐忠良道穷，纲纪遂绝。臣所对不及贲远甚，乞回臣所授，以旌贲直"。不报。

予按：是时宰相，乃裴度、韦处厚、窦易直，易直不足言，裴、韦之贤，顾独失此？至于抑言者使勿论奏，岂不有愧于心乎？贲既由此不得仕于朝，而李郃亦不显，盖无敢用之也。令狐楚、牛僧儒乃能表贲入幕府，待以师礼，竟为宦人所嫉诬，贬柳州司户。李商隐赠以诗曰："汉廷急诏谁先入，楚路高歌自欲翻。万里相逢欢复泣，凤巢西隔九重门。"及贲卒，复以二诗哭之。曰："一叫千回首，天高不为闻。"又曰："已为秦逐客，复作楚冤魂。并将添恨泪，一洒问乾坤。"其悲之至矣。甘露之事，相去才七年，未知贲及见之否乎？洪迈《容斋续笔》卷十六，《四库全书》第851册，第528～529页。

策过晁董
彭大翼

唐文宗太和二年举贤良方正，帝引诸儒百余于廷策之。是时考官冯宿见刘贲对，嗟伏，以为策过晁、董，而畏中官睚眦，不敢取。彭大翼《山堂肆考》卷八十五，《四库全书》第975册，第591页。

举人限制条
王溥

其年（开成元年）十月，中书门下奏："朝廷设文学之科，以求髦俊，台阁清选，莫不由兹。近缘核实不在于乡闾，趋名颇杂于非类，致有跋扈之徒，请托交通。将澄化源，在举明宪。臣等商量，今日以后举人于礼部纳家状后，望依前五人自相保。其衣冠，则以亲姻故旧、久同游处者，其江湖之士，则以封壤接近、素所谙知者为保。如有缺孝悌之行，资朋党之势，迹由邪径，言涉多端者，并不在就试之限。如容情故，自相隐蔽，有人纠举，其同举并三年不得赴举。仍委礼部明为戒励，编入举格。"敕：依奏。《唐会要》卷七十六《贡举中》，第1382页。

梁太祖求贤（题拟）
薛居正

帝初受禅，求理尤切，委宰臣搜访贤良。或有在下位抱负器业久不得伸者，特加擢用。有明政理得失之道规救时病者，可陈章疏，当亲鉴择利害施行，然后赏以爵秩。有晦迹丘园不求闻达者，令彼长吏备礼邀致，冀无遗逸之恨。《旧五代史》卷三《梁书·太祖纪第三》，中华书局1976年，第50页。

隋举贤良十科、四科、二科
王应麟

《纪》：文帝开皇二年正月甲戌诏举贤良，十二月丙戌赐国子生经明者束帛。十八年七月丙子诏以志行修谨、清平干济二科举人。炀帝大业元年七月丙子诏国子监等学具为课试法。三年四月甲午诏十科举，孝悌有闻、德行敦厚、节义可称、操履清洁、强毅正直、执宪不挠、学业优敏、文才美秀、才堪将略、臂力骁壮，文武职事五品以上举有一于此，不必求备。五年六月辛亥，诏四科举人，学业才艺、臂力绝伦、堪理政事、立性正直。《玉海》卷一一五，《四库全书》第946册，第108页。

制举（题拟）
杜 佑

其制诏举人，不有常科，皆标其目而搜扬之。试之日，或在殿廷，天子亲临观之，试已，糊其名，于中考之文策高者特授以美官，其次与出身，应诏者多则二千人，少则不下千人，所收百才有一。《通典》卷十五《选举三·历代制下》，中华书局1984年，第84页。

唐制举（题拟）
欧阳修

所谓制举者，其来远矣。自汉以来，天子常称制诏道其所欲问而亲策之。唐兴，世崇儒学，虽其时君贤愚好恶不同，而乐善求贤之意未始少怠，故自京师外至州县，有司常选之士，以时而举。而天子又自诏四方德行、才能、文学之士，或高蹈幽隐与其不能自达者，下至军谋将略、翘关拔山、绝艺奇伎莫不兼取。其为名目，随其人主临时所欲，而列为定科者，如贤良方正直言极谏、博通坟典达于教化、军谋宏远堪任将率、详明政术可以理人之类，其名最著。而天子巡狩、行幸、封禅太山梁父，往往会见行在。其所以待之之礼甚优，而宏材伟论非常之人亦时出于其间，不为无得也。《新唐书》卷四十四《选举志》，中华书局1975年，第1169~1170页。

唐制科
王 说

唐制：常举人之外，又有制科，搜扬拔擢，名目甚众。则天广收才彦，起家或拜中书舍人、员外郎，次拾遗、补阙。明皇尤加精选，下无滞才。然制举出身，名望虽美，犹居进士之下。仕宦自进士而历清贯，有八俊者：一曰进士出身，制策不入；二曰校书、正字不入；三曰畿尉不入；四曰监察御史、殿中丞不入；五曰拾遗、补阙不入；六曰员外郎、郎中不入；七曰中书舍人、给事中不入；八曰中书侍郎、中书令不入。言此八者尤加俊捷，直登宰相，不要历绾余官也。朋僚迁拜，或以此更相讥弄。举人应及第者，关检无籍者，不得与第。陈章甫制策登科，吏部发榜，章甫上书："昨见榜云：'户部报无籍者。'昔傅说无姓，商后置于盐梅之地；屠羊隐名，楚王延以三旌之位；未闻征籍也。范睢改姓易名为张禄先生，秦用之霸；张良为韩报仇，变姓名而游下邳，汉高用之为相。则知籍者，所以计赋耳，本防群小，不约贤路。若人有大才，不可以籍弃之；苟无良德，虽籍何为？"所司不能夺，特咨执政收之。常举外，复有通五经、明一史，及献文章并著述之辈，或附中书考试，亦同制举。王谠撰，周勋初校证《唐语林》卷八《补遗》，中华书局1997年，第717页；封演《封氏闻见记》卷三。

唐制举　制举科目图　茂才

王应麟

《志》："天子自诏者曰制举，所以待非常之才，其所由来远矣。自汉以来，天子常称制诏，道其所欲问而亲策之。唐兴，天子自诏四方德行、才能、文学之士，或高蹈幽隐与其不能自达者，下至军谋将略、翘关拔山、绝艺奇技，莫不兼取。其为名目，随其人主临时所欲，而列为定科者，如贤良方正直言极谏、博通坟典达于教化、军谋宏远堪任将帅、详明政术可以理人之类，其名最著。而天子巡狩、行幸，封禅太山、梁父，往往会见行在。所以待之之礼甚优，而宏材伟论、非常之人亦时出于其间，不为无得也。"

《会要》（兼《实录》）：永隆元年（一云调露元年十二月五日），御武成殿问岳牧举人，员半千对；载初元年，策问贡人于洛城殿；开元八年三月（一云九年四月甲戌），上亲策试于含元殿，谓曰"古有三道，今减从一道，令有司设食"（《旧纪》云：古有三策，今减二策，近无甲科，朕将存其上第。）；十四年七月，御洛城门，试应岳牧举二十五人（《孙逖传》："开元十年举贤良方正，玄宗御洛城门引见，命苏晋等第其文异等。"）；天宝十三载十月一日，御勤政楼，试四科举人，问策外更试诗赋，制举试诗赋自此始。乾元二年，御宣政殿，试四科举人（五月丁亥）。

制举科以贤良方正及第者，在神龙三年则有苏晋等五人。以直言极谏及第者，在开元二年则有梁升卿等二人。以贤良方正能直言极谏及第者，建中元年姜公辅等四人，贞元元年韦执谊等十四人，四年崔元翰等十五人，十年裴垍等十四人，元和三年牛僧孺等十一人，长庆元年庞严等十一人，宝历元年唐伸等十六人，大和二年李郃等十九人。以博通坟典达于政化登第者，贞元元年熊执易等二人，十年朱颖一人，元和三年冯苞等二人，长庆元年李思元一人。以军谋宏远材任将帅及第者，元和三年樊宗师一人（樊宗师三世以军谋堪任将帅策上第），长庆二年吴思等二人，宝历元年裴俦等二人，太和二年郑冠等二人。以详明政术可以理人及第者，贞元十年张平叔等二人，长庆元年崔郢。志烈秋霜：韩思彦。幽素科：苏瑰。辞殚文律：崔融。文艺优长：韩琬。绝伦科：苏颋、卢从愿。材堪经邦：张九龄。文经邦国：韩休。（《韩休传》："举贤良，玄宗在东宫，令条对国政，与赵冬曦俱乙科。）道侔伊吕：张九龄。哲人奇士隐沦屠钓：孙逖。智谋将帅：崔圆三人。文辞秀逸：颜真卿二人。辞藻宏丽：杨绾（绾举词藻宏丽科），玄宗已试，又加诗赋各一篇，绾为冠，制举加诗赋由绾始。文辞雅丽：苗晋卿四人。讽谏主文：郑珣瑜二人。文辞清丽：吴通玄、奚陟、梁肃六人。（王绪举草泽文辞清丽科）岳牧：员半千（永隆元年）。辞标文苑：房晋三人（垂拱四年）。文藻儒素：彭景直、李文愿二人。徇节宁邦：薛稷二人。长才广度：张漪。拔萃科：崔翘二人。疾恶科：冯万石。龚黄科：马克麾。才膺管乐科：卢绚九人。才高位下：冯万石三人。抱器怀能：夏侯铦。藏名负俗：李俊之。藻思清萃：赵冬曦。手笔俊拔：杜昱七人。良才异等：崔翘二人。文史兼优：康子元三人。博学通议：萧诚二人。博学宏辞：开元十九年郑昉、陶翰。才识兼茂明于体用：元和元年元稹、独孤郁、白居易等十六人。孝悌力田：建中元年郭黄中三人，贞元四年张皓自。志烈秋霜而下凡五十九科，自显庆三年至大和二年，及第者二百七十人。

有一人中数科者：员半千、陆元方、崔融、阳峤举八科皆中。张鹫应下笔成章等七科皆中。裴守真六科连中。李怀远擢四科。孙逖中四科。（开元十年，逖举贤良方正，玄宗第其文异等。）席豫中三科。（学兼流略、词擅文场、手笔俊拔。）崔圆、韩思彦、琬中二科。（圆开元中诏举遗逸，以钤谋对策甲科。）柳公绰举贤良方正直言极谏，间一岁再登其科。张柬之永昌元年贤良第一。（时对策者千余）归崇敬天宝中举博通坟典科，对策第一，诏举才可宰百里者，复策高第。（房管举任县令科）韦处厚擢才识兼茂科、贤良方正异等。裴度以宏辞补校书郎，举贤良方正。郑亚举进士、贤良、拔萃，三中其科。

杨仲昌、元稹对策第一。（白居易制策乙等，吕元膺贤良高第，韩皋异等，韦夏卿大历中高等。）牛僧孺以贤良对策与李宗闵、皇甫湜俱一等。（杨于陵程其文。）刘蕡对策过古晁、董，第策官冯宿等畏中官不敢取。《鲍防传》：贞元元年策贤良得穆质、裴复、柳公绰、归登、崔邠、韦纯等，世美防知人。刘梦得云："皇唐文物，与汉同风。"张说、九龄、姜公辅、裴垍、元稹、韦处厚、牛僧孺咸用对策甲天下，继为有声宰相，古今相望，磊落如骑星辰。

天宝中，王翃治兵家，擢才兼文武科。解琬中幽素科。高适举有道科。《旧纪》：贞观十一年四月丙寅，诏举孝悌敦笃、儒术该通、文辞秀美、明识政体、志行修立者，给传诣洛阳宫。十五年六月戊申，诏举学综古今、孝悌敦笃、文章秀异者，以来年二月集泰山。

《中兴书目》：《唐制举科目图》一卷（郑元翰撰）。

武德初，崔仁师擢制举，张行成代计吏集京师，擢制举一科。贞观初，谢偃应诏对策高第。永昌中，武后策贤良方正，诏吏书李景谌，糊名较覆，张说所对第一，后置乙等，授太子校书郎。大和四年正月，诏贤良方正、详闲吏理等科，令常参官牧守各举所知，草泽听自举。徐楚璧初应制举，三登甲科。大历六年四月，亲试讽谏主文等科。孔昌寓，贞观中对策高第。

开元二年六月甲子,制茂才异等,咸令自举。是年设直言极谏科,韩琬举茂才,名动里中,刺史行乡饮饯之,主人扬觯曰:"孝于家,忠于国,今始充赋请行,无算爵。"儒林荣之,擢第。又举文艺优长、贤良方正,连中。许景先举手笔俊拔、茂才异等。李乂茂才异等,高郢举茂才异行高第,殷践猷文儒异等科。王应麟《玉海》卷一一五,《四库全书》第946册,第115~118页。

唐宋由制科而登宰相人数（题拟）
王应麟

唐制举之名,多至八十有六,凡七十六科。至宰相者七十二人。本朝制科四十人,至宰相者,富弼一人而已。中兴复制科,止得李垕一人。王应麟《困学纪闻》卷十四,《四库全书》第854册,第412页。

唐宏词之论制举之策传世者（题拟）
王应麟

唐宏词之论其传于今者,唯韩文公《颜子不贰过》。制举之策,其书于史者,唯刘蕡一篇,不在乎科目之得失也。王应麟《困学纪闻》卷十四,《四库全书》第854册,第412页。

唐制举科目
洪迈

唐世制举,科目猥多,徒异其名尔,其实与诸科等也。张九龄以道侔伊吕策高第,以《登科记》及《会要》考之,盖先天元年九月,明皇初即位,宣劳使所举诸科九人:经邦治国、材可经国、才堪刺史、贤良方正与此科各一人;藻思清华、兴化变俗科各二人。其道侔伊吕策问殊平平,但云"兴化致理,必俟得人;求贤审官,莫先任举。欲远循汉魏之规,复存州郡之选,虑牧守之明,不能必鉴",次及"越骑欤飞,皆出畿内,欲均井田于要服,遵丘赋于革车,并安人重谷,编户农桑之事",殊不及为天下国家之要道,则其所以待伊吕者亦狭矣。九龄于神龙二年中材堪经邦科,《本传》不书,计亦此类耳。洪迈《容斋续笔》卷十二,《四库全书》第851册,第496~497页。

贞元制科
洪迈

唐德宗贞元十年,贤良方正科十六人,裴垍为举首,王播次之,隔一名而裴度、崔群、皇甫镈继之，六名之中连得五相，可谓盛矣。而邪正复不侔，度、群同为元和宰相，而镈以聚敛贿赂亦居之，度、群极陈其不可，度耻其同列，表求自退，两人竟为镈所毁而去。且三相同时登科，不可谓无事分。而玉石杂糅，薰莸同器。若默默充位，则是固宠患失，以私妨公。裴、崔之贤，谊难以处也。本朝韩康公、王岐公、王荆公亦同年联名，熙宁间，康公、荆公为相，岐公参政，故有一时同榜用三人之语，颇类此云。

洪迈《容斋续笔》卷十三，《四库全书》第851册，第503~504页。

唐制举科目（题拟）

陆　深

《容斋随笔》谓："唐世制举科目猥多，徒异其名耳，其实与诸科等也。"今考之唐朝科名，高宗显庆中有志烈秋霜科，乾封中有幽素科，上元中有辞殚文律科。武后垂拱中有辞标文苑科，永昌中有蓄文藻之思科，有抱儒素之业科，长寿中有临难不顾徇节宁邦科，证圣中有长才广度沉迹下僚科，通天中有文艺优长科，神功中有绝伦科，大足中有拔萃科，有疾恶科，长安中有龚黄科。中宗神龙中有才膺管乐科，有才高位下科，有材堪经邦科，景龙中有抱器怀能科，有茂才异等科。睿宗景云中有文经邦国科，有藻思清萃科，有寄以宣风则能兴化变俗科，有道侔伊吕科，有手笔俊拔超越辈流科。玄宗开元中有哲人奇士科，有逸沦屠钓科，有良才异等科，有文儒异等科，有文史兼优科，有博学通议科，有文辞雅丽科，有将帅科，有武足安边科，有高才沉沦草泽科，有高才未达沉迹下僚科，有博学宏词科，有多才科，有王霸科，有智谋将帅科，天宝中有文辞秀逸科，有风雅古调科，有辞藻宏丽科。代宗大历中有乐道安贫科，有讽谏主文科。德宗建中中有贤良方正能直言极谏科，外又有文辞清丽科，有经学优深科，有军谋越众科，有力田闻于乡闾科，贞元中有博通坟典达于教化科，有洞识韬略堪任将帅科，有清廉守节政术可称堪任县令科，有孝弟力田闻于乡闾科，复有博通坟典通于教化科，有详明政术可以理人科，元和中有才识兼茂明于体用科，有达于吏理可使从政科，有军谋宏达材任将帅科。至长庆、宝历、泰和之间，多循旧章，并用贤良方正能直言极谏与详明政术可以理人、军谋宏达材任将帅、博通坟典达于教化等科，特小异耳，别有军谋宏达材任边将一科，似为专设云。大抵名义琐屑，因时就俗，固不若贤良方正直言极谏与秀才茂异之雅重也。若究本论之，则孝弟力田闻于乡闾一科，犹有乡举里选之遗意，施之实用，有足征者。

按，唐室名臣多起于科目，惟张九龄尝应二科，一则才堪经邦，一则道侔伊吕。后来相业，诚不负科名矣。而裴晋公度，在裴垍下第四人及第，颜鲁公真卿之忠节乃在于文辞秀逸之科，世谓科目不足以得士，宁可据哉？开元、天宝之际，文章宣朗，是时有风雅古调科，乃薛据及第，而李白、杜甫不在兹选，往往皇甫镈、牛僧孺、吴通玄之流皆大科高选，谓科目尽足以得士，亦岂容遽信哉？又按手笔俊拔超越辈流有科，颇疑专为字学而设，始知唐人工书亦有自来矣。陆深《俨山外集》卷二十七，《四库全书》第885册，

唐制举科目（题拟）
李日华

唐设诸科取士，其名随时起立，最为庞杂，今悉录之：志烈秋霜科、幽素科、词殚文律科、岳牧科、词标文苑科、蓄文藻之思科、抱儒素之业科、临难不顾徇节宁邦科、长材广度沉迹下僚科、文艺优长科、绝伦科、拔萃科、疾恶科、龚黄科、才膺管乐科、才高位下科、材堪经邦科、贤良方正科、抱器怀能科、茂才异等科、文以经国科、藏名负俗科、文经邦国科、藻思清华科、兴风兴化科、道侔伊吕科、手笔俊拔超越辈流科、直言极谏科、哲人奇士逸沦屠钓科、良材异等科、文史兼优科、文儒异等科、博学通议科、文词雅丽科、将帅科武足安边科、高才沉沦草泽自举科、才高未达沉迹下僚科、博学宏词科、多才科、王霸科、知谋将帅科、文词秀逸科、风雅古调科、词藻宏丽科、乐道安贫科、讽谏主文科、文词清丽科、经学优深科、高蹈丘园科、军谋越众科、孝悌力田闻于乡闾科、博通坟典达于教化科、识洞韬略堪任将帅科、清廉守节政术可称堪任县令科、详明政术可以理人科、才识兼通明于体用科、达于吏理可使从政科、军谋宏达才任将帅科、详明吏理达于教化科。凡此皆率意命名，非有别异，亦恐先有欲举之人，而创名以网之耳。李日华《六研斋笔记（二笔）》卷四，《四库全书》第867册，第651页。

行礼歌诗
彭大翼

唐《选举志》：本朝贡士之科，有秀才，有明经，有进士，有明法、明书、明算六科。而其大要有三：每岁仲冬，郡县课诸生之成者，送于尚书省，此由学馆而进，故曰生徒；行乡饮之礼，歌《鹿鸣》之诗，送于考功而后试之，此由州县而进，故曰乡贡；至于有德行道艺、高蹈幽隐者，天子则自诏之，曰制举。故当时得人之盛，若韩愈、李绛、陆贽、裴度，此由进士、明经而得也；韩休、元稹、张九龄、姜公辅，此由制举而得也。李泌、刘晏以童子举，裴端服、郭子仪以武举进。彭大翼《山堂肆考》卷八十三《科第》，《四库全书》第975册，第558~559页。

科目
顾炎武

唐制取士之科，有秀才，有明经，有进士，有俊士，有明法，有明字，有明算，有一史，有三史，有开元礼，有道举，有童子。而明经之别，有五经，有三经，有二经，有学究一经，有三礼，有三传，有史科。此岁举之常选也。（《唐书·选举志》）其天子自诏曰制举。如姚崇下笔成章，张九龄道侔伊吕之类，见于史者凡五十余科，（《困学纪闻》："唐制举之名，多有八十有六。"）故谓之科目。明代止进士一科，则有科而无目矣，犹沿其名，谓之科目。（宋王安石始罢诸科。）王维桢欲于科举之外，仿汉唐旧制，更设数科，以收天下之奇士，不知进士偏重之弊积二三百年，非大破成格，虽有他材亦无由进用矣。非也。顾炎武《日知录》卷十六，《四部丛刊》本。

制科
顾炎武

唐制：天子自诏曰制举，所以待非常之才。《唐志》曰："所谓制举者，其来远矣。自汉以来，天子常称制诏，道其所欲问而亲策之。唐兴，世崇儒学，虽其时君贤愚、好恶不同，而乐善求贤之意，未始少息。故自京师外至州县，有司常选之士，以时而举，而天子又自诏四方德行才能文学之士，或高蹈幽隐与其不能自达者，下至军谋将略、翘关拔山、绝艺奇伎，莫不兼取。其为名目，随其人主临时所欲而列，为定科者，如贤良方正直言极谏，博通坟典于教化，军谋宏远堪任将率，详明政术可以理人之类，其名最著，而天子巡狩行幸，封禅泰山、梁父，往往会见行在，其所以待之之礼甚优，而宏材伟论非常之人，亦时出于其间，不为无得也。"顾炎武《日知录》卷十六，《四部丛刊》本。

唐制举科目（题拟）
秦蕙田

唐世制科之目见于《登科记》者，有贤良方正能直言极谏科、博通坟典达于教化科、识洞韬略堪任将帅科、清廉守节政术可称堪任县令科、孝弟力田闻于乡闾科、详明政术可以理人科、才识兼茂明于体用科、达于吏理可使从政科、军谋宏达材任将帅科、志烈秋霜科、幽素科、词殚文律科、词标文苑科、蓄文藻之思科、抱儒素之业科、文艺优长科、绝伦科、临难不顾徇节宁邦科、长才广度沈迹下僚科、拔萃科、疾恶科、才膺管乐科、道侔伊吕科、龚黄科、材堪经邦科、才高位下科、抱器怀能科茂材异等科、良材异等科、文儒异等科、文以经国科、藏名负俗科、藻思清萃科、寄以宣风则能兴化变俗科、手笔俊拔超越辈流科、哲人奇士逸沦屠钓科、文史兼优科、文词雅丽科、博学通议科、博学宏词科、文辞秀逸科、风雅古调科、词藻宏丽科、智谋将帅科、武足安边科、高才沉沦草泽自举科、高材未达沈迹下僚科、多才科、王霸科、高蹈丘园科、乐道安贫科、讽谏主文科、经学优深科、军谋越众科。而王伯厚《困学纪闻》云"唐制举之名多有八十有六"，则《登科记》所载尚有未尽者矣。秦蕙田《五礼通考》卷一七三，《四库全书》第139册，第184~185页。

《登科记考》凡例（节录）

徐 松

一、《登科记》有"上书拜官"、"上书及第"。考《封氏闻见录》云，常举外有进献文章并上著述之辈，或付本司，或府中书，考试亦同制举。《云麓漫钞》亦云，上书者中书试同进士及第，《权载之集》有元和元年吏部试上书人策问三道，是与制举对策无异。惟自武德至显庆，记不乏书，至开元四年以后全阙。今采传记所载，因上书而拜官实有年岁考考者，依其年增入，至又有所谓召拜官者，盖如赵赞之荐处士袁滋玄宗召拜校书郎，韦夏卿荐处士窦群，德宗召拜拾遗之类，不在此例。

一、《困学纪闻》云，唐制举之名，多至八十有六，凡七十六科。《玉海》亦言，自志烈秋霜而下凡五十九科，自显庆三年至大和二年及第者二百七十人。今以《旧唐书》、《唐会要》、《册府元龟》、《文苑英华》、《云麓漫钞》诸书参考之，其设科之名已无虑百数。又如曰吏职清白，曰孝弟廉让，见《孝子郭思训墓志》；曰穿杨附枝，见李邕《臧怀亮碑》；曰经明行修，见李邕《李思训碑》；曰五臣，见李邕《程府君碑》；曰文擅词场，见张说《杨志诚碑》；曰藏器下僚，见张说《平贞昚碑》；曰精通经史，见白居易《张择碑》；曰武艺超绝，见《萧颖士集》；曰才可百里，见《颜鲁公集》；曰燮理阴阳，见《元和姓纂》；曰韬晦奇才，见《唐才子传》；曰怀能抱器，曰牧宰，见《卓异记》。是知科目之名，遗佚者多矣。至有所谓八科举、四科举者，则是其年以八目设科，以四目设科，非置科之名也。今以制举及第姓氏文章之可考者，各标其科，若有姓氏而科之名不可考者，则依《登科记》初唐之例，标曰应制及第。

一、宏词试文三篇，拔萃试判三条，是吏部选人之法，原无关于礼闱，惟《册府元龟》、《唐会要》宏词、拔萃皆与制科类序。《文苑英华》"诗赋门"宏词与省试同载，其典同度管判"常非月"名下注引《登科记》"月"作"自"，是《登科记》载宏词、拔萃之证，今亦按年序入，以备一代之制。徐松《登科记考》卷首，第3～7页。

第二部分：两宋卷（附金辽）

诏令

复制举诏（题拟）乾德二年正月十五日
宋太祖

炎刘得人，自贤良之选；有唐称治，由制策之科。朕耸慕前王，精求理本，焦劳罔怠，寤寐思贤，期得拔俗之才，访以经国之务。其旧置制举三科：一曰贤良方正能直言极谏；二曰经学优深可为师法；三曰详闲吏理达于教化。并州府解送吏部试论三道，共三千字以上，当日内成，取文理优长、人物爽秀者中选。自设科以来，无人应制，得非抱偶俛耻局于常调效峭直者，难罄于有司，必欲直对。朕躬以伸至业，士有所郁，予能发焉。今后不限内外职官，前资见任，黄衣布衣，并许直诣阁门，进奏请应，朕当亲试，以进时贤。所在明扬，无隐朕意。《宋会要辑稿》选举一〇，第五册，第四四一四页。

举孝悌诏（题拟）开宝三年正月十九日
宋太祖

诸道、州、府察民有孝悌彰闻、德行昭著、擅乡曲之誉、为士庶所伏者，籍满万五千户，听举一人，有奇才异行者，不拘此限。其所举人自闾里、县邑至郡国官吏，第加审察，连书事状以闻，仍为治装，速令诣阙。朕将亲问其策，以置于位。《宋会要辑稿》选举三之三，第五册，第四二六三页。

举贤良方正各一人诏（题拟）咸平四年二月二十五日
宋真宗

汉命诸侯举贤良方正之士，唐诏吏部设直言极谏之科，所冀寤寐英翘，详延遗逸。朕嗣守宝历，于今五年，曷尝不日昃忘食，宵分辍寐，忧勤庶政，景行前王，教化是修，咨询罔倦？其或有德者尚沉下位，怀才者不显公朝，则何以慰我旁求，辅予不迨？

宜命多士，明扬所知，其令学士、两省、御史台五品以上，尚书省诸司四品以上，于内外京朝官、幕职、州县官及草泽中，举贤良方正能直言极谏之士各一人，当策以时务，朕亲览焉。《宋会要辑稿》选举一〇，第五册，第四四一五页。

贤良方正举限诏（题拟）咸平四年三月十九日
宋真宗

所举贤良方正，应已贴馆职及任转运使者，不在举限。《宋会要辑稿》选举一〇，第五册，第四四一五页。

复置贤良方正直言极谏等六科诏（题拟）景德二年七月十八日
宋真宗

朕纂绍丕图，宪章前古，并建众职，允厘百工，用广详延，庶臻茂异。至于悬科而较材等，前席而待敷陈。举尔所知，屡博询于卿士；无悼后害，当再策于贤良：莫不登于公朝，縻之好爵。尚虑耿介之秀，遗逸于丘园；高尚之姿，隐沦于屠钓。抱文武之术，莫效于当年；怀经济之谋，颇沉于下位。十室岂无于忠信，大国固多于贤才。傥进善之未周，或俟时而兴叹。今复置贤良方正能直言极谏、博通坟典达于教化、才识兼茂明于体用、武足安边、洞明韬略运筹决胜、军谋宏远材任边寄等科。宜令尚书吏部遍下诸路，许文武群臣、草泽隐逸之士，应此科目。程品之制，方策具存。考其否臧，必先于公府；刈其翘楚，乃扬于王庭。盖所慎重选抡，遵行典故。委中书门下先加程试，如器业可观，具名闻奏。朕将临轩亲试，旰食畴咨，较艺实于至公，推宠荣于不次。宜布中外，咸使闻之。《宋会要辑稿》选举一〇，第五册，第四四一六~四四一七页。

开封府应制举人待以客礼诏（题拟）景德二年六月二十三日
宋真宗

二年六月二十三日，诏开封府应制举人投牒者，并待以客礼。《宋会要辑稿》选举一〇，第五册，第四四一七页。

令赵宗古等依例赴中书试诏（题拟）景德二年八月二十二日
宋真宗

朝廷所设制科，盖期得士，比申推择，颇虑遗才。朕听政之余，遂加亲览，其间缀述，亦有可观，特广示于搜罗，宜并从于较试。其赵宗古、陈高、陈绛、令狐讼、陈贯，令依例赴中书试。（初，学士院考宗古等所业文皆不中式，特命就试焉。时浚仪尉祁房表应贤良,当试,未召而卒,特赐钱五万。)《宋会要辑稿》选举一○,第五册,第四四一七页。

试贤良方正能直言极谏诏（题拟）大中祥符元年四月十四日
宋真宗

乃者六科之建,三道畴咨,务求茂异之材,尤重详延之意。爰有缙绅之列,洎兹逢掖之流,自荐公车,召试宰府。贤良方正能直言极谏草泽刘若冲、周启明等,虽敏赡可赏,而理道未周,方当责实之辰,难副扬庭之选。聊伸甄奖,用广搜罗。若冲等并许应举,仍免取解。知南康军都昌等县江任、草泽徐陟、高问、徐奕,进士陈高、陈宏,文理无取,听其从便。《宋会要辑稿》选举一○,第五册,第四四一九页。

举遗逸诏
宋庠

王者稽若大猷,总制群品,曷常不求辅于有众,收绩于无为？张轩冕之华,以来世彦；厚丘园之礼,以聘道真。然后教化尊于朝,风俗清于野,琮璜入于东序,鸳鹭集乎西雝。天无旷工,禄必配德。自淳政不竞,兹举寖衰。招延者罔汰于滥竽,苟冒者希声于画饼,使贤人志士,秽世嫉邪,蓄高韵于无声,韬奇文而灭彩。筑岩钓渭,无复嗣音；加壁裹轮,遂成绝典。宁所由之殊路,将可复而在人。

朕荷祖宗之灵,托元元之永,上惟大本,非贤罔济。比诏执事,博访异人,骛精鸣鹤之皋,驰心白驹之谷。历祀绵久,希风寂寥,将朝廷礼意之未臻,有司物色而乖当。何区域之大,而贤才之寡欤？

抑又闻之,兰菊高芬,多挺生于幽薮；隋和善价,不自纳于贾区。缅惟高尚之踪,固非科级之致。宣令郡邑,深体眷勤,其或求志于里闾,抗情于丘壑,乐篆素以希古,葆孝悌而道荣。有一于兹,且以名上。朕将敕公车之府,备鹄版之书,虚心望风,待以不次。庶几皇士,同奖大宁。《传》不云乎,"举逸民,天下之民归心焉"？咨尔群伦,毋忽余意。宋庠《元宪集》卷二十三,《四库全书》第1087册,第611~612页。

复制举六科增高蹈丘园等三科并置书判拔萃科及试武举诏（题拟）天圣七年闰二月二十三日
宋仁宗

天圣七年闰二月二十三日壬子,上御延和殿,谓宰臣曰："近夏竦奏,自古得贤则治,失贤则乱,汉唐之间,多选贤良文学之士,以条时政得失。朕亦欲天下英豪皆登于朝,宜广科目,以收贤才。"乃下诏曰："王者抚有多方,务恢至治,博求麇士,以助政纲,冀臻出类之贤,用叶思皇之美。朕嗣缵崇构,于今累年,何尝不缅稽古道,慎择庶官，顾荐辟于贡闻，亦亲程于明试？间下举知之诏，申严核课之文。尚虑魁磊之英，或沉于下位；卓异之秀，久蔽于中材。式广搜扬，毕谐登进。惟汉唐之盛际，有科目之旧规，矧在先朝，已恢前烈。其有著名朝序，引籍京司，浃洽典彝，练明治体，则必询之策虑，式伫条陈。又若常调三铨，夙怀四事，俾敷扬于辞制，将铨品于吏能。至如养素丘樊，采微铨略，并咨大对，度极所长。而皆考士论之无瑕，采乡评之共许。咸抒文而来上，乃较实于攸司。仍命试官先从辨等，朕当躬临轩陛，访以才谋。思获方闻之人，副我至公之举。刘薪分爵，奚吝于推恩；怀宝逢时，无宜于自晦。今复置贤良方正能直言极谏、博通坟典明于教化、才识兼茂明于体用、详明吏理可使从政、识洞韬略运筹决胜、军谋宏远材任边寄六科，应内外京朝官不带台省、馆阁职事，不曾犯赃及私罪轻者，并许少卿监以上上表奏举，或自进状乞应上件科目，仍先进所业策论五十首，诣阁门或附递投进，委两制看详。如词理优长，具名闻奏，当降朝旨召赴阙，差官试论六首，以三千字以上为合格，即御试。又置高蹈丘园、沉沦草泽、茂才异等三科。应草泽及贡举人非工商杂类者，并许本路转运、逐处长吏奏举，或自于本贯投状乞应上件科目。州县体量实有行止、别无玷犯者，即令纳所业策论五十首，本州看详。委实词理优长，即上转运使覆实，审访乡里名誉，选有文学再行看详。其开封府委自知府审访行止，选有文学佐官看详。委实文行可称者，即以文卷送尚书礼部，委判官看详。选择词理优长者，具名奏闻，当降朝旨召赴阙，差官试论六首，以三千字以上为合格，即御试。又置书判拔萃科、武举，其逐处看详官不得以词理平常者一例取旨，如违，必行朝典，仍限至十月终以前具姓名申奏到阙。更有合行事件，委逐司条例以闻。"（帝谓宰臣曰："文武少人，虑下位草莱沉沦材彦，令复置制科。中书门下逐具条件行之。"）《宋会要辑稿》选举一〇，第五册，第四四一九～四四二〇页。

应制科人遇有科场许投牒诏（题拟）天圣八年三月十六日

宋仁宗

（天圣）八年三月十六日诏，应制科人今后遇有科场，许依七年敕命，投下文字。《宋会要辑稿》选举一〇，第五册，第四四二〇页。

制科应举人限诏（题拟）景祐元年二月四日

宋仁宗

景祐元年二月四日，诏贤良方正能直言极谏等六科，自今后应京朝官、幕职、州县官不曾犯赃罪及私罪情轻者，并许应内。京朝官须是太常博士以下，不带省府推判官、馆阁职事，并发运、转运、提点、刑狱差任者，其幕职、州县官须经三考以上，其见任及合该移入沿边不搬家地分及川、广、福建等处者，候回日，许应高蹈丘园、沉沦草泽、茂材异等三科，及武举应进士诸科，取解不获者，不得应。《宋会要辑稿》选举一〇，第五册，第四四二二页。

制科赐食诏（题拟）景祐元年闰六月二十七日诏
宋仁宗

（景祐元年）闰六月二十七日诏，今后殿试制科、武举人，各日就试，制科设次赐食。《宋会要辑稿》选举一〇，第五册，第四四二二页。

举知雅乐音律得失、测候之法者诏（题拟）景祐二年四月十七日
宋仁宗

诏中外臣僚洎草泽之士，有知雅乐音律得失、测候之法者，许所在荐闻，或自言官司，将校试之。《续资治通鉴》卷一一六，第9册，第2728页。

幕职、州县官应制科不及三考者亦许取应诏（题拟）庆历二年九月初二日
宋仁宗

（庆历二年）九月初二日诏，自今幕职、州县官应制科不及三考者，亦许取应。《宋会要辑稿》选举一〇，第五册，第四四二四页。

制科随贡举诏（题拟）庆历六年六月十八日
宋仁宗

（庆历）六年六月十八日，诏礼部贡院自今制科并用，随贡举为定制，亦须近臣论荐，毋得自举。《宋会要辑稿》选举一〇，第五册，第四四二四页。

代制以上奏举应制科人诏（题拟）嘉祐二年六月十九日
宋仁宗

国家之所以为国者，以有士也，岂有挟其所取之路而轻其所付与哉！士之所以为士者，以有道艺行谊也，岂可不自重爱而颠于进取哉！古先帝之于士，审于所求而裕于所用。《诗》云"翘翘错薪，言刈其楚"，审于其所求也；"济济多士，文王以宁"，裕于其所用也。

朕承祖宗之休，思与天下之士偕之至治，故设贤良而下凡九科，其取之岂一路哉！每一诏下，而应书者不过数十人，中选者才一二，岂有司课试之未精而或有遗逸邪？抑士不自励以自取弃邪？此皆非朕之所以待天下士之意也。

自今太常博士而下充台省阁职及提点、刑狱以上差使选人，不限有无考第，并草泽人，并听待制以上奏举，即不得自陈。内草泽人并许本路转运使采察文行，保明奏举。如程文荒浅，中选才行不如所举，并坐举者。有司务精考校，以广搜罗，毋致遗逸。其初中选所推恩，命别加裁定，厥后须视才行能否，差次进用，不得更援旧比，无名超擢。余从旧制。布告中外，明谕朕指。（先是以制科得人数少，诏两制详议，及孙暨等上议，乃降是诏。）《宋会要辑稿》选举一一，第五册，第四四二八页。

定制科进士推恩诏（题拟）嘉祐三年闰十月十二日
宋仁宗

自今制科入三等，进士第一人及第，并除大理事评事、签书；两使幕职官厅公事，或知县代还，升通判，再任满，与试馆职。制科入第四等，进士第二等、第三等人，并除两使幕职官，代还，改次等京官，送审官院。制科入四等次，进士第四、第五人，并除试御知县，任满，送流内铨，与两使职官锁厅人比类取旨。《宋会要辑稿》选举一一，第五册，第四四二九页。

陈舜俞秘书丞制
王安石

敕某：尔以贤良应诏，朕尝亲册，而秩以京官幕府，三年序迁一等，此特有司之常法尔，岂所以待异能之士哉！往其勉之，以俟时用。可。王安石《临川文集》卷五十一，《四库全书》第1105册，第398页。

国子监直讲编校集贤院书籍钱藻大理寺丞制
王安石

敕某：朕设科以招方正之士，而尔应其求；置局以储俊乂之材，而尔充其选。有司会课，当得进官。若尔之谅直，多闻方且善其行，以为时用，往祗厥位。可不勉哉！可。王安石《临川文集》卷五十一，《四库全书》第1105册，第403页。

应才识兼茂明于体用科守河南府福昌县主簿苏轼大理评事制
王安石

敕某：尔方尚少，已能博考群书，而深言当世之务，才能之异，志力之强，亦足以观矣。其使序于大理，吾将试尔从政之才。夫士之强学赡辞，必知要然后不违于道。择尔所闻，而守之以要，则将无施而不称矣。可不勉哉！可。王安石《临川文集》卷五十一，

《四库全书》第 1105 册，第 404 页。

应才识兼茂明于体用科新授河南府渑池县主簿苏辙可试秘校充商州军事推官

沈遘

敕某：朕奉先圣之绪，以临天下。虽夙寤晨兴，不敢康宁，而常惧躬有所阙羞于前，日御便坐，以延二三大夫垂听而问。而辙也，指明其微，甚直不阿。虽文采未极，条贯靡究，亦可谓知爱君矣。朕亲览其独嘉焉。其以辙为州从事，以试厥功，克慎尔术，思永修誉。可。沈遘《西溪集》卷五，《四库全书》第 1097 册，第 44 页。

令赵卨等人赴秘阁就试制科诏（题拟）嘉祐八年六月十七日

宋英宗

今岁应制科举人赵卨等十七人权罢将来科场，便赴秘阁就试。《宋会要辑稿》选举一一，第五册，第四四三一页。

制科入等者一任回依例与差遣诏（题拟）熙宁二年十二月九日

宋神宗

今后制科入第五等、进士第一人及第者一任回，更不与升通判差遣，及不试充馆职，并令审官院依例与差遣，余如嘉祐诏书。《宋会要辑稿》选举二之一〇，第五册，第四二五〇页。

制科"调"字号卷再进呈手诏（题拟）熙宁三年九月

宋神宗

殿试所初、覆考详定到"调"字号卷子，定为第三等，详观其条对，大抵尚流俗而后是非，又毁薄时政，援正先王之经而辄失义理。朝廷比设直言极谏之科，以开广聪明，来天下贤智之士者，岂非谓能以天下之情告上者谓之直言，人君有污德恶政而能忘其卑高之势，以道争之，谓之极谏者乎？此人学识，恐不足收录，以惑天下之观听，可别具进呈。《宋会要辑稿》选举一一之一三，第五册，第四四三二～四四三三页；《续资治通鉴长编》卷二一五。

制科随礼部贡举诏（题拟）庆历六年六月十八日
宋仁宗

礼部贡院，自今制科并用随贡举为定制，亦须近臣论荐，毋得自举。《宋会要辑稿》选举一〇，第五册，第四四二四页。

复置贤良方正能直言极谏科诏（题拟）元祐二年四月二十六日
宋哲宗

制科之设久矣，祖宗以神圣文武继继承承，设六科之选，策三道之要，以网罗天下贤隽，百余年间，号称得人。先皇帝兴学校，崇经术，以作新人材，变天下之俗，故科目之设，有所未遑。今天下之士，多通于经术而知所学矣。宜复制策之科以徕拔俗之才，裨于治道。盖帝王之道，损益趋时，不必尽同，同归于治而已。今复置贤良方正能直言极谏，自今年为始，令尚书侍郎、两省谏议大夫以上，御史中丞、学士待制各举一人，不拘已仕未仕，以学行俱优，堪备策问者充，仍略具辞业缴进，余依旧制。《宋会要辑稿》选举一一，第五册，第四四三三页。

处分进士、制科举人诏（题拟）元祐二年七月四日
宋哲宗

自今制科入第二等并进士第一人及第，并除承事郎、金书节度，或观察、判官听公事，或知县代还升通判，任满，与试馆职；制科入第四等除两使推官，代还，改次等合入官，第四等次除初等职官，任满，除两使推官，有官人比类取旨。《宋会要辑稿》选举一一，第五册，第四四三三页。

限秘阁试制科出题诏（题拟）元祐七年五月十一日
宋哲宗

秘阁试制科论，于九经兼经、正史、《孟子》、《扬子》、《荀子》、《国语》并注内出，其正义内毋得出。《宋会要辑稿》选举一一，第五册，第四四三五页。

绍兴元年正月一日德音
宋高宗

祖宗设贤良方正能直言极谏科，不惟朝廷阙失得以上闻，盖亦养成士气。近屡诏内

外士庶等,直言朝政阙失,虽有不当,并不加罪,尚虑所闻未广,仰有司讲求贤良方正直言极谏科旧制,条具取旨,礼部讲求到典故。

一、旧制,科场年春降诏,九月赴试,命尚书、两省谏议大夫以上、御史中丞、学士、待制各举一人,不拘已仕未仕,命官不拘有无出身,仍以不曾犯赃私罪人充,各具词业缴进(词业谓策论五十篇,分为十卷,随举状缴进,入举词),送两省侍从参考,分为三等,文理优长为上等,文理次优为中等,文理平常为下等,考试缴进。次优以上召赴阁试,看详。天圣七年复置贤良方正能直言极谏等六科,召试,首云皆考士节之无瑕,采乡评之共许。嘉祐二年诏举贤良方正而下九科,亦令采察文行,若不如所举,并坐举者。四年,旌德县尉汪辅之已试六论,过阁及殿试亦考入第四等,而言者以无士行罢之,故苏轼有云:"凡预中书之召命,已为天下之选人,然犹使御史得以求其庇,谏官得以考其素,一陷清议,辄为废人。"盖国家自昔制科取人,中选之后,多至大用,其考察之严,不得不尔。今朝廷设科之所取,固不在于文记问而已,欲乞今后遇有应贤良方正能直言极谏科,并须尚书、两省谏议大夫以上,御史中丞、学士、待制三人奏举,先考其素行,无愧于清议,然后召试,举非其人者,坐之。欲将今来条具指挥,并依旧制施行。

一、阁试。一场论六首,每篇限五百字以上成,差楷书祇应,题目于九经、十七史、七书、《国语》、《荀子》、《扬子》、《管子》、《文仲子》正文及注疏内出,内一篇暗数,一篇明数。如绍兴元年阁试"舜得万国之欢心论",(出《史记·乐》书舜弹五弦之琴,歌《南风》之诗,而天下治云云。夫《南风》之诗者,生长之音也。舜乐好之乐,与天地同意,得万国之欢心,故天下治也。此谓暗数,所引不尽为粗。)"事成六德论",(出《毛诗》"皇皇者华"笺注,此谓明数。)四通以上为合格,仍分五等,入四等以上召赴殿试。(论引上下文不全,上下文有度数及事类,谓之暗类,所引不尽,谓之粗。)差翰林学士、两省官考试于秘阁,御史台官监试,及差弥封誊录官考讫,以合格试卷缴奏御前,拆号看详。旧制兼注疏内出题,今来复科之初,切恐疏义繁多,士大夫鲜能通习,欲乞除权罢疏义出题,外余并依旧制。

一、殿试。皇帝临轩,制策一道,限三千字以上成,试卷用表纸五十张、草纸五十张。旧制宰相撰题,(绍圣元年,特命翰林学士林希撰题。)依进士殿试,有初考、覆考、详定官。赴试人引见赐坐殿廊两厢,设重帘帷幕、青褥紫案,差楷书祇应。(旧制差内侍赐茶果,仍谢恩。)对策先引出处,然后言事,第三等为上等,第四等为中等,第五等为下第,四第以上系制科人,第五等进士出身,不入等与簿、尉差遣。(天圣七年故事,人第三等比进士第一人,授大理评事、佥判,或知县一任满与通判;第四等比进士第二等第三人,授两使职官,二任回磨勘,改合入官;第五等比进士第四第五人,授令录,一任回两使职官,以上并为白身人。)有官人应中,取旨比类推恩,(天圣八年、景祐元年故事,有官人入第四等以上,并转一官,各升擢内外差遣。)看详。嘉祐二年诏书,其初中选所推恩,命别加裁定,厥后须视才能否,差次进用,不得更援旧比,无名超擢。诏疏义出题,及撰题官临时取旨,其将来考校中选,推恩依天圣、景祐年故事,余并依旧制,并礼部看详,到事理施行。(《宋史·选举志》：初复馆职试，凡预诏者，学士院试时务策一道，天子亲览焉。然是时校书多不试，而正字或试或否。)《宋会要辑稿》选举一一，第五册，第四四三六~四四三七页。

举贤良方正能直言极谏诏（题拟）绍兴二年正月二日
宋高宗

朕缵承基绪，若涉渊水，夕惕晨兴，焦劳愿治，永惟万事之统，虑失厥中，纳谏求言，思补阙失，尚惧图回康功，未之获也。乃复考西汉元光之诏，宪本朝制举之文，爰命攸司讲明其旧，益广求贤之道，庶几方正博洽之士、英伟拔俗之才，进由此途。敷陈谠言，有补当世之务，以辅予治，岂特修故事、崇虚文而已也？祖宗以来，百余年间，尝以此科获致豪俊，有显闻于天下矣。

朕方求才，以济艰难之运，尚期得人，远追前烈，庶亦无愧于斯焉。今后科场复置贤良方正能直言极谏科，自尚书、两省谏议大夫以上，御史中丞、学士、待制各举一人，不拘已仕未仕，以学问俱优堪备策问者充，仍具本人词业，缴进以问。(《宋史·选举志》：绍兴二年，诏举贤良方正能直言极谏科，一遵旧制。自尚书、两省谏议大夫以上，御史中丞、学士、待制各举一人，凡应诏者先具所著策论五十篇缴进，两省侍从参考之，分为三等。次优以上召赴秘阁，试论六首，于九经、十七史、七书、《国语》、《荀》、《杨》、《管子》《文中子》内出题。学士、两省官考校，御史监之，四通以上为合格，仍分五等，入四等以上者，天子亲策之。第三等为上，恩数视廷试第一人，第四等为中，视廷试第三人，皆赐制科出身。第五等为下，视廷试第四人，赐进士出身。不入等者与簿、尉差遣，已任者则进官与升擢。)《宋会要辑稿》选举一一，第五册，第四四三七页。

举贤良方正能直言极谏诏（题拟）绍兴四年三月十一日
宋高宗

汉策贤良，博究天人之学；唐分科目，广收卿相之才。爰及本朝，亦循前轨。咸平立制，继传而至仁宗天圣，临轩一举，而得富弼，肆英麾之辈出，考名迹以相望，迨今论世之隆，最号取人之盛。顾予纂绍，履此艰难，思贻则之永图，悼设科之久废，间尝下诏，俾复旧章。迄兹三岁之期，靡睹一人之举，岂眇躬凉薄，无能徕天下之贤，将俗学湮没，未克振斯文之敝？属当秋试，申命春官遍咨侍从之臣，别进多闻之士，采乡评而无玷，必先行谊之修，访时务而可稽，斯取艺文之富，观其素业，待以规程，庶因选择之公，获睹治安之策。惟尔群隽，体予至怀。《宋会要辑稿》选举一一，第五册，第四四三七~四四三八页。

举贤良方正诏（题拟）绍兴七年二月九日
宋高宗

朕以寡昧，御艰难之统，明不能烛，德不能绥，思闻谠言，以辅不逮。乃稽旧章，设贤良方正之科，而历载臻兹，未有应令。岂朕菲德，不足以来四方之贤欤？抑搜扬之道，有未至也？朕既遭家不造，茕茕在疚。而天戒朕躬，大阳有异，氛气四合，朕甚惧焉。中外侍从之臣，其遵前后诏旨，各举直言极谏之士一人，朕将详延于廷，谀以过失，次第施行，用承天意。（吕祉举选人胡铨、汪藻举布衣刘度上，即日，除铨枢密院编修官，而度不果召。）《宋会要辑稿》选举一一，第五册，第四四三八页。

举贤良方正能直言极谏之士诏（题拟）绍兴十年三月二十三日
宋高宗

朕遭世艰难，临朝愿治，思得一时俊杰，博古通今、质直忠谠之士，讲求治道，以成当世之务。乃远稽汉、唐之遗文，近循祖宗之旧制，屡下诏书，开贤良方正之科，将加详延，冀闻至言，以辅不逮。十年于兹，未有称荐以名来上者。岂访求之道，有未至邪？何为久之而未有闻也？侍从之臣，其思为朕益广搜择，以副侧席之求，庶几得人，追配前古，以共济于斯时。宜体至怀，钦承毋忽。《宋会要辑稿》选举一一，第五册，第四四三八页。

举贤良方正能直言极谏之士诏（题拟）绍兴十四年三月二十八日
宋高宗

朕以寡昧，奉承圣业，夙兴夜寐，罔敢自暇自逸。思得海内方闻之士，咸造于庭，冀获嘉言，以助不逮。历载于兹，而贤书缺焉。夫古之人不借才于异代，而十室之邑，岂无忠信之士乎？公卿侍从，其为朕博选贤良，遣诣公车，朕将虚心以听，待以不次，庶几异才辈出，如我祖宗之时。顾不美欤！《宋会要辑稿》选举一一，第五册，第四四三八页。

举贤良方正能直言极谏之士诏（题拟）绍兴十七年四月二日
宋高宗

国家踵汉、唐旧制，贤良之科，盖以待天下非常之士也。暨朕纂承，亟议斯举，屡诏中外，博加搜访，而历年于兹，曾未有卓然为举首者。夫何世无材，岂今宇宙不复见古之人乎？抑招延未备，郁而不得通也？公卿侍从，其为朕各举所知，俾咸造于朝，朕将临轩亲试，谀以治道，亦庶蒙得贤之福。顾不休哉！《宋会要辑稿》选举一一，第五册，第四四三八页。

举贤良方正能直言极谏之士诏（题拟）绍兴二十年五月四日
宋高宗

朕以寡昧，承圣奉宗庙，战战兢兢，若涉渊水，永惟四方之贤良，明于古今王事之体，冀获谠言，以辅不逮。诏书数下，越二十年于兹，未有应者。岂朕所以求之之道未至，而方正博洽之君子壅于上闻欤？抑教之不明，弗能振起之欤？朕甚恧焉。侍从之臣，朕所亲礼也。天圣、嘉祐诏书具在，其参酌成宪，博问旁招，使获天下方闻之士，以荐于朝。朕将发策察问，极优崇之遇，以厉贤才焉。《宋会要辑稿》选举一一，第五册，第四四三八页。

举贤良方正能直言极谏之士诏（题拟）绍兴二十三年五月一日
宋高宗

昔汉命公卿荐延特起之士，唐设科目待遇非常之才，言备究于天人之道，或侔于伊、吕。暨皇朝之稽古建制，举以兴贤，萃人物于一时，轶治功于二代。朕绍休谟烈，注意方闻，颁诏札以屡求，阅公车而未集。兹当大比，申饬迩臣，举尔所知，择四方之豪隽，辅朕不逮。应三道之咨询，庶敷纳于谠言，以章明于洪业，其承敦谕，来副虚怀。《宋会要辑稿》选举一一，第五册，第四四三八～四四三九页。

举贤良方正之士诏（题拟）绍兴二十六年四月三日
宋高宗

朕以菲躬托于士民之上，宵旰图治，罔敢康宁。仰惟祖宗设科目，以待非常之材，所得名臣，前后相望。肆朕纂承，遵用成宪，冀闻宏议，登济丕平。然诏书屡下，而未有应者。岂国家招延之礼，有所未尽欤？夫十室之邑，必有忠信，何海内多士而无其人也？抑奉吾诏者不虔，不能悉心询访，而贤良方正之士或壅于上闻欤？方今恢张庶政，广开言路，适兹大比之岁，公卿侍从宜体朕意，各举所知，俾造于庭。朕将虚怀，访以治道，庶几得人之效，无愧于古。顾不休哉！《宋会要辑稿》选举一一，第五册，第四四三九页。

举贤良方正之士诏（题拟）绍兴二十九年三月十九日
宋高宗

昔汉设贤科，欲闻大道之要；唐开制举，以待非常之才。迨及本朝，参用前宪，故所得多天下豪杰之士，而所言皆国家治乱之端。其在当时，岂云小补？朕自绍履休运，旁招俊能，图治功者，逾三十年，犹惧有阙。下郡国者也，八九诏未见其人。属当大比之期，敢废详延之举？凡兹迩列，各为明扬，俾褎然而造庭，将诹尔以当务，必有崇论宏议，可行于今，庶几博问覼观，无愧于古。《宋会要辑稿》选举一一，第五册，第四四三九页。

举贤良方正之士诏（题拟）绍兴三十二年三月

宋高宗

朕屈群策以康济，辟数路以详延，参稽历代贤良之科，冀得天下方闻之士。顾岁月之寝久，亦诏旨之屡颁，曾无卓尔之才来副衮然之举，岂器业之茂有惭于古，抑招徕之道未备于今？惟予侍从之臣，宜广搜扬之术，使异人辈出，无愧汉唐之时，庶治具毕张，尽复祖宗之盛。其体予意，无怠钦承。《宋会要辑稿》选举一一，第五册，第四四三九页。

举贤良方正之士诏（题拟）乾道元年三月二十六日

宋孝宗

朕祗迪先猷，参稽古制，设贤科而取士，自汉已然。由制举而得人，我宋为盛，豪英辈出，名迹相望，宏议著乎当时，丰功显于来世。凡信史之所载，视历代而有光。肆纂绍于丕基，期奉遵于成宪，思得天下方闻之彦，咸使在庭，极陈国家治乱之原，以辅不逮。属当大比，中饬迩联，选于众以明扬，举所知而程奏。庶闻论有补治功，咨尔攸司，体予至意。今岁科场，其令尚书、两省谏议大夫以上、御史中丞、学士、待制各举贤良方正能直言极谏一人，仍具词业缴进以闻。（《文献通考》：苗昌言奏：国初尝立三科，景德增而为六。仁宗皇帝时，李景请依景德故事，亲策贤良，秘阁六论专取六经及问时务，其史传注疏，乞不条问。帝亦以为问隐奥，观其博不若取其能，明世之治乱，有补阙政。又诏以景德六科定为制科之目，俾少卿监以上，奏举内外京朝官，增置书判拔萃科、高蹈丘园科、沉沦草泽科、茂材异等科，总为十科，并许布衣应诏。于是何咏、富弼、余靖、尹洙、苏绅、张方平、江休复、张伯玉辈出焉。其立法宽，故得士广也。自绍兴复科，三岁下一诏，垂四十年，未闻有一介魁垒豪杰之士出应制书，岂盛治之世无其人耶？盖责之至备而应之者难，求之不广而来者有隔尔。臣请参稽前制，间岁下诏，权于正文出题，其僻书注疏不得以为问目，追复天圣十科，开广荐扬之路，振起多士积年委靡之气，太平之治，不难立也。上诏礼部集馆职学官议之，皆曰：注疏诚可略，科目不必广，天下之士，屏处山林，滞迹遐远，侍从之臣岂能尽知。伏见国初制科，止令监司守臣解送。乾德中以无人应制，许直诣阁门请应，若依乾德故事，恐起侥幸。请如国初之制。诏可。）《宋会要辑稿》选举一一，第五册，第四四三九页。

举贤良方正之士诏（题拟）乾道四年三月二十三日

宋孝宗

盖闻自汉以来，众建科目，网罗天下之士，而贤良文学实为之首。本朝袭其制，增重选，元臣硕辅，由此途进十五六焉。太上皇思得其人，屡下明诏于四方。朕率而行之，曾未闻衮然为时而出者，尝与议臣深求其故，以谓学有原本则不贵太泛，故略注疏之命题，身在幽隐则无由自达，故许监司守臣之劝驾，抱负器业者，庶几不壅于上闻矣。适兹大比，肆命执事博问旁招，有能应朕所诏，将延纳而尊显之。今岁科场，其令尚书、两省谏议大夫以上，御史中丞、学士、待制各举贤良方正能直言极谏一人，仍许监司守臣解送，具词业缴进以闻，布告中外，体朕意焉。《宋会要辑稿》选举一一，第五册，第四四四〇页。

举贤良方正诏 乾道七年十月十一日
周必大

盖闻制科取人，盛于两汉，然或阴阳靡调，或以方内靡安，乃敕郡国举而行之。本朝则不然，无事而勤求，有为而获用，上下交应为后世法。肆朕绍服，于今十年，诏书数下，勤勤恳恳，间复略传注，宽举荐，几以招徕修洁博习之士，辅朕不逮？属者有司尝以一二应书，既命待诏公车矣。岁当大比，其博求之。夫瘝瘝忠言，宁厌乎多？士抱负器业，或患乎无时？朕之诚意，子大夫其著闻矣。来游来歌，以矢其音，不在此时？今岁科场，其令尚书侍郎、两省谏议大夫以上，御史中丞、学士、待制各举贤良方正能直言极谏一人，守臣监司亦许解送，仍具词业，缴进以闻。（初，宰臣奏降诏，上曰："数十年未有此选者。"虞允文等曰："昨李垕已得旨召试，或有与其父焘不相乐声，言欲沮之，垕以此乞随侍之任，得旨已许其请。"上曰："今可以召试矣。"允文又言："昨绍兴指挥奏降诏，九月召试。"上因令其九月试，中。）《宋会要辑稿》选举一一，第五册，第四四四〇页；周必大《文忠集》卷一〇四。

科举诏 淳熙元年四月十日
周必大

朕惟制科之设，所以待非常之才也。昔我仁祖临御，亲选天下士十有五人，崇论宏议，载在方策；庆历、嘉祐之治，上参唐虞，下轶商周。呜呼，何其盛也！肆朕纂绍洪业，侧席茂异，深诏执事，搜聘来上，冀闻切直，辅朕之不逮。十有三年，于今应书者盖鲜，岂朕详延之礼未至欤，抑人材之多寡自有时欤？不然，何望吾仁祖之盛而莫及也？夫士之韬藏器能、考槃严冗者，固耻于自献，非吾公卿明扬而历选之，则奚由进？诏下其各以所知对，朕将亲策于庭，收得人之效焉。今岁科场，其令尚书侍郎、两省谏议大夫以上，御史中丞、学士、待制各举贤良方正能直言极谏一人，守臣监司亦许解送，仍具词业，缴进以闻。《宋会要辑稿》选举一一，第五册，第四四四二页；周必大《文忠集》卷一〇四。

举贤良方正诏 （题拟）淳熙四年三月十日
宋孝宗

朕为乾德兴邦，咸平熙载，天圣御图之始，绍兴复古之初，皆设制科，博询谠论，粤于凉德。欣慕前规，兹当贡举之秋，仍下方闻之诏。翘翘其楚，冀贤俊之无遗；谔谔而昌，抑家邦之有赖。咨尔阁台之彦，暨夫岳牧之官，或荐进于中朝，或搜扬于外服，俾摅所蕴，陈古今致治之原，将策于廷，振臣庶敢言之气，毋借才于异代，庶复德于我家，布告多方，明知朕意。今岁科场，其令尚书侍郎、两省谏议大夫以上，御史中丞、学士、待制各举贤良方正能直言极谏一人，守臣监司亦许解送，仍具词业，缴进以闻。
《宋会要辑稿》选举一一，第五册，第四四四三页。

举贤良方正诏（题拟）淳熙七年三月十日
宋孝宗

盖闻求贤能，尚忠直，此二帝三王所由昌也。朕承太上慈训，托于王公之上，常惧不逮，亡以绍休圣绪。夙夜兴念，宜招四方之士而官使之；永惟通儒，明于古今王事之体：朕所嘉尚。乃即位以来，诏书三岁一下，而应是选者未能尽当朕意，岂询求之路未广，而考择之法或严耶？将朕诚意未孚，而真贤实能，莫为时出也。且望之重则责之宜备，待之异则取之宜精。中外侍臣，若部使者郡守皆国家所赖，以广聪明，美治化，将何以助朕辟四门，来众善哉？其各悉心搜选俊异，以名来上，名儒茂才有能称吾诏者，当崇显焉。今岁科场，其令尚书、侍郎、两省谏议大夫以上，御史中丞、学士、待制各举贤良方正能直言极谏一人，守臣监司亦许解送，仍具词业，缴进以闻。《宋会要辑稿》选举一一，第五册，第四四四三页。

举贤良方正诏（题拟）淳熙十年三月十日
宋孝宗

朕惟招尊方正贤良文学之士，帅举直言，汉唐之君所以稽参政事，咨访阙遗，达民心而通治道也。洪惟祖宗，率由斯义。朕祇若前宪，诏书比下，充赋盖阙。昔汉策晁错、董仲舒，对者以百数；唐举姜公辅等，所取至二十五人。国朝异人辈出，视古为盛。今朕思政求贤，历载弥长，效未云获，其故安在？岂德薄道寡，化不下究，贤人君子，郁于上闻？旰昃销志，思以广宣，厥道宜遵近制，特俾详延广收茂才，以鉴不逮，成朕虚己勤求之意焉。今岁科场，其令尚书侍郎、两省谏议大夫以上，御史中丞、学士、待制各举贤良方正能直言极谏一人，守臣监司亦许解送，仍具词业，缴进以闻。
《宋会要辑稿》选举一一，第五册，第四四四四页。

举贤良方正诏（题拟）淳熙十一年六月五日
宋孝宗

朕绍履尊明，宣招畯茂，思得方闻之益，讲求治理之原。越暨累年，尤廑虚己。虽贤书大比之岁，每务于详延，然制举非常之才，难循于定次。肆敷明旨，申命通臣。盖急闻切直之言，将令受策，而察问宜广，选修洁之士，庶几崇化而厉贤。俾悉究于昌辞，毋靡拘于前制，咨时群彦，体我至怀。今后遇有应诏之人，令尚书侍郎、两省谏议大夫以上，御史中丞、学士、待制，不拘科举年分，各举贤良方正能直言极谏一人，各守臣监司亦许解送，仍具词业，缴进以闻。《宋会要辑稿》选举一一，第五册，第四四四页。

举贤良方正诏（题拟）绍熙三年四月十五日
宋光宗

盖闻制科之设，肇自汉世，所以延特起之士，致非常之功也。皇朝稽古上文，蒐集茂异，视前代尤盛，一时鸿儒辈出，翼成隆平之业。朕甚慕之，粤自践祚以来，率循彝宪，祗奉慈训，所宜旁求博举，访以大道，而历岁于兹，荐进犹缺，岂诏令未申，莫宣指意，招徕弗厪，难于自献之故欤？载惟万务之统，兢业持守，未知攸济，讲议剀切，系贤是赖，傥使怀才抱道，郁而弗伸，将何以兴饬政化，绍休前躅乎？兹当大比，爰示明旨，俾造于庭，咸摅谠言，以正朕之不逮，庶几保邦厉俗，同符帝王之治，不其伟欤？今岁科场，其令尚书侍郎、两省谏议大夫以上，御史中丞、学士、待制各举贤良方正能直言极谏一人，守臣监司亦许解送，仍具词业，缴进以闻。《宋会要辑稿》选举一一，第五册，第四四五页。

求直言诏
郑獬

惟成王初即政，惧不能承父之业，乃访群言于庙中。故其诗曰："访予落止，率时昭考。"访谋也，落始也，昭考武王也。以成王之贤，犹恐惧以谋于下，况朕之不敏，处乎深宫之中，未尝试诸艰难，猥受神器之重，可不惧哉？

今万事之初，未能遍烛，其果有偏谬而悖理者耶！大则动天地，来灾变，以害元元；次则伤教化，戾仁义，以萌祸乱。其令群工百辟，皆得以上封事，刺朕过失。朕非惟用其言，固能以崇秩厚禄，尊宠其人矣。夫成王惧其不能，此所以为能也，则朕庶乎可以守先帝之业矣。《传》曰："武王以谔谔昌，桀纣以默默亡。"则亦庶乎赖尔士大夫以昌也。宜告天下，俾识朕意。郑獬《郧溪集》卷八，《四库全书》第1097册，第177页。

戒谕郡国举贤良诏
郑獬

汉氏以灾异诏策贤良，将以图过失，以答天谴。然则贤良者，宜国家素具咨访讲摩，消伏未萌，奚至乎天变地震，山坏川溢，惊动人耳目，然后恳恳诏谕，以索其大对耶？朕甚不取。今朕初授政，涉道未深，万事之源，未能洞彻，此正宜博揽豪杰之士，以新大政之时也。故谋预虑则不蹶，事预修则不挠，贤者素具则祸乱弭而善祥来。朝廷已治，百姓已安，则虽有天地之异，孰为神怪哉？

其令郡国搜举贤良，助朕不逮，至于蒿莱岩石之间深藏而不市者，亦宜以厚礼聘之，且告朕之意曰：与其乐于畎亩，曷若推其泽于天下哉？丰禄厚爵，非汝而谁居乎？
郑獬《郧溪集》卷八，《四库全书》第1097册，第176页。

举贤良方正诏 淳熙四年三月十日
周必大

敕门下：朕惟乾德兴邦，咸平熙载，天圣御图之始，绍兴复古之初，皆设制科，博询谠论。肆予凉德，欣慕前规，兹当贡举之秋，仍下方闻之诏。翘翘其楚，冀贤俊之无遗；谔谔而昌，抑邦家之有赖。咨尔阃台之彦，暨夫岳牧之官，或荐进于中朝，或搜扬于外服，俾摅所蕴，陈古今致治之原，将策于廷，振臣庶敢言之气，毋借才于异代，庶复德于我家。布告多方，明知朕意。今岁科场，其令尚书侍郎、两省谏议大夫以上，御史中丞、学士待制各举贤良方正能直言极谏一人，守臣监司亦许解送，仍具词业，缴进以闻，故兹诏示想，宜知悉。周必大《文忠集》卷一四〇，《四库全书》第1148册，第127页。

令侍从举贤良诏
周必大

门下。昔我祖宗以圣继圣，皇极既明，泰阶既平，年谷屡成，兵革永清，可谓追三代之轨辙，起汉唐之陵夷矣。然犹博求贤俊，咨诹治道。于时异才辈出，乐告以善，故能致理于未乱，弭患于无形，布在方册，可覆视也。肆朕寡昧，奉承大统，永惟万几之重，不敢自逸，固尝旰而辍食，未明而求衣，为政虽勤，治则未极。思得方闻之士，披心腹，露肺胆，告我以不逮，博我以未闻。庶几民隐以彰，吏奸以白，善政善教，可举而行。

历年滋多，乃未有褎然应选者，意朕不敏，所以求之者未至欤？将朝多阙失，子大夫鄙我而莫之告欤？抑在位者奉令不虔，而视为文具欤？何诏音数下，而奉诏者阙如也？以今准昔，朕甚恧焉。公卿、侍从其体朕勤勤之意，各以所知来上。朕将临轩而发策，虚己以受言，为国得贤，岂惟予一人之庆，卿等与有荣焉。故兹诏示想，宜知悉。
周必大《文忠集》卷九十一，《四库全书》第1147册，第918~919页。

奏议

请设四科奏（题拟）天圣七年闰二月

盛　度

　　经术之士，若典刑备举，则政教流行，请设博通坟典达于教化科。尧试臣以事，不直以言语笔札求人，审官期于适用，请设才识兼茂明于体用科。今戎警未除，调边劳成，必资良帅，以集事功，请设军谋宏远堪任将帅科。狱事之繁，民命所系，若推按失实，则枉情伤生，请设明晓法律能按章覆问科。（景德二年，遂置六科，盖缘度之议也。时度方责洪州，密诏度撰策目，驰驿以进。及议封禅，吏部科目皆废。夏竦既执政，建请复制举，广置科目，以收遗才，上从之，更采度前议，而降是诏。《度本传》云："初，度谪洪州，建议复贤良方正科，密诏度撰策目以进，度又请建四科。既而用夏竦议，置六科。其议亦自度始。"按贤良方正科，自乾德二年始复置。是年，颖贽应诏；四年，姜涉应诏。咸平四年，又置。是年，查道、王晓、陈越等应诏，真宗亲策何亮、孙暨、孙仪、丁逊等。而度谪洪州，乃景德元年闰九月。然则《传》所称度请复贤良方正科，误矣。盖贤良方正科，其复已久，度更欲广其科目，而景德二年所置六科，实用度议。故度虽在谪所，真宗犹令度撰策目以进也。及仁宗用夏竦议，更置六科，其科目尚多取度所言者。故《传》云："其议亦自度始。"今稍删润，使不相抵牾。）《续资治通鉴长编》卷一〇七，第8册，第2500~2501页。

上太宗论选举

梁　颢

　　臣历观史籍：唐氏之御天下也，列圣间出，人文阐耀，尚且渴于共治，旁求多彦，设科之选，逾四十等。当时秉笔之士，彬彬翔集表著，所以左右前后，有忠有良，导化原，树治本者，享三百年，得人之由也。五代不竞，兹制日沦。

　　国家兴儒，追风三代，方今科名之设，俊造毕臻，秉笔者如林，趋选者如云，贡于诸侯，考于春官。陛下躬临慎择，必尽至公，奈何所取不出于诗赋、策论？简于心者援而陟之，咈于心者推而黜之，宁无滥陟枉黜之失耶？其间阘茸妄进、滥厕科场者，间亦有之。若曰：陛下嘉惠孤寒沉滞之士，罔计贤否，悉拔而登之，一视同仁。臣窃谓此非确论。盖圣人在上，则内君子而外小人，若薰莸同器，甚非所以正人伦，厚风俗也。况丘园之下，岂无宏才、茂德之士？陛下诚能设科以擢异等之士，俾陈古今之治乱，君臣之得失，生民之休戚，贤愚之用舍，庶几有益于治。不特诗赋、论策之小技，以应有司之求而已。《历代名臣奏议》卷一六四；第三册，第2163页；《宋史》卷二九六《梁颢传》。

上真宗论选举（题拟）天禧元年

李 谘

臣伏睹近降诏书，应内职三司副使、诸司使、升朝官正言、监察以上，各于见任知州、通判、知县、县令内奏举一员者。此盖陛下顺考古道，启迪鸿猷，顾万务之至繁，思众才之共理，遂申命于执事，俾各举于所知，冀英俊无沉陆之嗟，而朝廷有得人之盛。斯实治国抡材之要道也。若乃举不失德，式副于明扬，如或称匪其人，曷资于委用。恭以诏旨云，升朝官正言、监察以上，即是南宫员外郎以上，皆得举官也。

伏以国家荷锡祚之珍符，悟开先之宝系，乔丘检玉，睢壤瘗牲。修旷绝之上仪，沛厖鸿之渥泽。汪濊有同于云露，涵濡靡间于蓼萧，丝纶并示于均禧，簪绂尽令于进秩。垂绅文陛，虽谓于才升；应宿仙曹，或由于恩授。亦有身居散地，职异亲民。若令一概举官，实恐未能作哲。

臣以谓举官之道，不如精择举主。若得其人，则所举之官自然不谬矣。昔鲍叔之荐管仲，子桑之知孟明，祁奚之称解狐，胥臣之任郤缺，率皆成功立事，垂范作则。《传》称"唯其善，故能举其类"者，盖谓此也。臣欲乞自职诸司使及正言、监察以上，须历任以来，别无赃污，及不是见监临场务者，方得依所降诏敕举官，然后据其所举之人，载询淑慝，重核幽明，傥肆欺诬，严行黜削。如此，则圭符之吏，必获于循良；铜墨之官，免贻于贪冒。选众责实，或近于斯。

臣早以庸材，遭逢亨会，仰荷生成之施，敢忘补报之心。虽苔莸之至微，亦睿圣之攸择。《历代名臣奏议》卷一六四，第三册，第2164～2165页；《宋名臣奏议》卷七十一。

奉诏集议贡举条例奏（题拟）

章得象

按贡院条制，臣僚在任所有亲属者，无得旋置田土贯户取解。今缘京师四方所聚，即与外州不同，诸令举人如有户籍，及七年以上见居本处，即许投状。未及七年，不居本贯者，不在收接之限。其委无户贯者，旧制许召有出身京朝官保明行止，仍不得过二人，无出身京朝官，曾勾当事者，亦许保一人。如有违犯，保官以违犯失论，举人勒出科场，永不得取应，同保者殿五举，如涉请嘱，自从重论。今上封者请先经所隶县投状，及责村耆察访行止，望如所请，仍听诸色人纠告。其外州举人，与理旧举数场第，及止有坟墓，亦许召保取解。若一事违条贯，用违制一等科罪。望并依所请。《宋会要辑稿》选举一五，第五册，第四四九九页。

议贡举奏（题拟）

夏竦

伏以隋设进士之科，唐氏特隆其选，岁登榜帖，不远三十。贤俊之器，将相之具，在其选中，谅不虚语。然主司慎选，弊于回挠，豪右角逐之衢，是非锋起之场。进孤寒则道直而有悔，私权贵则道枉而无咎。贡举之间，因循滋弊。

国家大设场屋，旁求髦俊。虽搜贤之礼博于虞夏，而登科之士冗于隋唐。滥者或辈进，材者或旅退。荐书未达于冕旒，驰声已满于途路。求夫厥由，其弊斯在。始则天下州郡，荐送冗杂，祝谒已先，秋赋里选，何有至公？择官一郡，选贤数县，铮铮佼佼，推为翘楚。故大藩动盈百数，支郡不远百里一贤，无乃多矣！次则省试，有司优容过当，或以三应五上，华颠鲐背，尝对扬金殿，授荐边城，皆蒙姑息，取预科级。明试之道，无乃远乎？若万方上计，扃键贡闱，衣冠鳞萃而万数，卷轴山积而亿计。良楛相杂，精秕交半，铨品之官，不逾五员，考试之限，不越三旬。虽周、孔无以施其鉴，荀、孟无以展其材。况主司不一，好尚差殊，学古者注意于策论，修辞者宅心于诗赋，简略者鄙其闳衍，绮丽者轻其质直。鉴裁既纷，品题乃惑，缁素无常色，金土无定价。燕雀遇便风，则高翔千仞；蛟龙无尺水，则困于泥途。故工拙之状，多乖外望，致躁竞之士，腾口谤议。

为朝廷计者，莫若改立制度，颁下郡国：自今本道举人，各于都会取解，专委输运之使，慎择秋赋之官，选采良士，上名礼部。朝廷于是选官十员，立限一季。先则品题所业，次乃详考呈试，不得以场籍、年齿、御试远人，妄分条目，滥居等级。但诗赋、策论俱善为上等，诗赋优而策论劣，策论优而诗赋劣者为中等，自余不逮，皆从驳放。择材而升，不限其数。奏名之日，则榜列程试。合格者自省门而右，丹笔题注，明下臧否，标其警策之辞，识其疵瑕之语。凡于卷末，统论得失，合送合落，各令知悉。如有不当，并听言上。是则主司无启倖之门，薄徒有知过之心，进人以礼，退人以礼，必也是乎！《历代名臣奏议》卷一六四，第三册，第2166页；夏竦《文庄集》卷十二。

上真宗论制科当依汉制取人_{咸平三年}

田锡

臣窃惟唐设制科，有道侔伊吕科，有识洞韬略堪任将帅科，有贤良方正直言极谏科。自太祖朝，兵部尚书张昭奏请兴制举，于时据所奏前代制举内，选置三科：一贤良方正能直言极谏科，一经学优深可为师法科，一详闲吏理达于教化科。敕文略曰："应天下诸色人中，不限前资见任职官，黄衣草泽等，并可应诏送吏部，试策论三道，共三千言，以当日内取文理俱优，人物爽秀者，方得解送。其登朝官亦许上表自举。"虽设制科之名，未尽取人之理，何以明之？

夫汉诏取人，不限对策字数，随其所对，尽其所见。故孝文时晁错对策不过二千字，孝武时董仲舒对策不过二千余字，然上览之而异焉，乃复策之。凡诏策三问，而所对皆不及二千余字。洎公孙弘答策，才五百余字，然汉之得贤良斯为盛矣。观董仲舒所对策三道，亦非以当日内成。今但依汉之取人，则董、晁、公孙辈，不独汉有也。（咸平三年上，时自知泰州召还。）田锡《咸平集》卷一，《四库全书》第1085册，第372～373页；《历代名臣奏议》卷一六四，第三册，第2164页。

上真宗请复设制科 咸平元年

孙　何

臣闻王化基乎儒学，而治本根于文章。故历代取人，必先文学之士，贤辅名将、良二千石，皆由此途出。所谓学，非解诂、句读之学也，必可以财成制度，弼厥治，助厥化者焉。所谓文，非声病偶对之文也，必可以寅亮经纶，寿吾民，致吾君者焉。唐虞夏商，简略难嗣，炳焕可法，时唯宗周。始之以乡举里选，终之以察言观行。多士之脉，由兹而兴。垂之百王，宜无愧色。汉惩战国亡秦之弊，追用周制。旌表孝悌，简拔茂异，或待之不次，或归之常调。苟不以纳粟拜爵，入赀为郎，凛然古风，庶几而复。由魏而下，迄于陈、隋，规模龌龊，无足比数。唐、五代之末，斟酌沿革，参用古今，纪纲四方，牢笼俊乂，失在礼部，得于制举。礼部之失，进士、明经等科是也；制举所得，贤良方正等科是也。凡进士、明经等科，前所谓解诂、句读、声病、偶对者也，非失而何？凡贤良方正等科，前所谓财成制度、寅亮经纶者也，非得而何？然是时流品洞分，除授有别。礼部所第，不过典校、辟置、郡掾、县佐，旷日持久，未出平迁；制举所得，必皆遗补馆殿，台郎御史，匪朝伊夕，奋为公辅。故所失无大害，所得必大利，事在前史，可覆而验。李唐将季，干戈日寻，无用之词胜，化成之文废，始罢制举，专取礼部。五代执守，以为故事，虽复朝野多故，戎马荐生，至于文物寂寥，治道芜杂，衣冠千计，无一赫赫之称者，未必不由于此。

国家有天下四十年矣，廓土辟宇，芟逆夷乱，高视百代，巍为太平。瘖寐隽贤，励精贡举，乐才嗜善，复无与邻。然犹未复贤良方正等科，清途华贯，唯以进士、明经递资而升。岂不念林壑非常之士，或有遗弃者乎？岂不念台阁所进之人，或有僭滥者乎？岂不念群官、庶尹，或有才略无以自发者乎？岂不念一日万几，或有遗阙无以上达者乎？岂不念取士之制，因循近例，不可为子孙法者乎？意者群有司、百执事未之思耶？将兹事体大，非贱臣之所知耶？不然，何当置而未置，当复而未复，如此之久耶？是则士传言，庶人窃议，不为僭矣。《历代名臣奏议》卷一六四，第三册，第2163页；《宋名臣奏议》卷八十二。

上仁宗论制科之设不专因灾异宜随科举下诏

吴 育

臣伏以三代以来，取士之盛，莫若汉、唐。惟汉之兴，高、惠所未遑暇，至文帝十五年九月，诏举贤良文学之士，上亲策之，则有若晁错者出焉。是时无灾异而举也。至武帝建元元年冬十月，诏举贤良对策，则有若董仲舒、公孙弘者出焉。所举亦不因灾异，但策中语或及者，亦陈事之一端耳，非专主灾异而举也。唐开元元年六月甲子制，其有茂才异等，咸令自举，是年设直言极谏科。迨宪宗元和间，制科尤盛，有元稹、白居易者，皆特出之才。观当时策目，所访者皇王之要道，邦家之大务，可以覆视，固不专于灾异也。此汉、唐故事有足据者。其间不因天变又非时亲策者，则亦有之。厥后，时君或常居自逸，谓无阙政，及天灾已著，时蠹已形，然后下诏举之，欲救于临事，此则取士之弊风，而后王之未逮也。岂足以师为高矩哉？

陛下自复制科，于今累年，随贡举而开，疏数适中。忽以一人之言，欲议变常之制。若必俟灾谴然后诏举，非唯失设科之本意，且尤不可者三：一则使天下贤俊滞淹之士，待灾异而致身，非所以养廉耻也；二则平居不询，变形乃问，非所以惧天灾也；三则轻改信令，示天下无渴士之心，非所以广贤路也。且汉、唐所立孝廉及进士等科，皆每岁常选，故制举不随而开。今礼闱凡数年一启，以制举随之，则事适其宜，何害于事？况灾异之出不常厥期，或弥年所无，则此举奚设？或比岁而有，则于事太烦。既不因乎天灾，又不随乎贡举，而曰非时诏举，浩无端倪，乃是遂废此科。苢莀稍询，则言路有开；饩羊一去，则礼制都亡。今无故而更张，使遗才绝望，其伤国体不亦大乎？乞并下臣奏，令两制详定。若汉、唐故事非专为灾异而设，则宜当执守，毋令轻变，以惑群心。臣曾应制举，毋容不知，知而不言，于罪为大。（庆历六年六月上，时为参知政事。先是，育与宰相贾昌朝不相能，监察御史唐询于育私怨，上疏论制科有私。）北京大学中国中古史研究中心整理点校《宋朝诸臣奏议》卷八十二《儒学门·制科》，第884页。

论制策等第状 嘉祐六年闰八月

司马光

臣近蒙差赴崇政殿后覆考应制举人试卷，内"甌"、"毡"两号所对策，词理俱高，绝出伦辈。然"毡"所对命秩之差、虚实之相养者，一两事与所出差舛。臣遂与范镇同议，以"甌"为第三等，"毡"为第四等，详定官已定从覆考。切知初考官以为不当，朝廷更为之差官重定，复从初考，以"毡"为不入等。臣窃以国家置此六科，本欲取材识高远之士，固不以文词华靡、记诵杂博为贤。"毡"所试文词，臣不敢复言，但见其指陈朝廷得失，无所顾虑，于四人之中，最为切直。今若以此不蒙甄收，则臣恐天下之人，皆以为朝廷虚设直言极谏之科。而"毡"以直言被黜，从此四方以言为讳。

其于圣主宽明之德,亏损不细。臣区区所忧,正在于此,非为臣已考为高等,苟欲遂非取胜而已也。伏望陛下察臣愚心,特收"毡"入等,使天下之人皆曰"毡"所对事目虽有漏落,陛下特以切直收之,岂不美哉!(嘉祐六年闰八月上,时为同知谏院,覆考制举人。先是,时执政以"毡"所试进呈,欲黜之。上曰:"其言切直,不可弃也。""毡"即苏辙也。)北京大学中国中古史研究中心整理点校《宋朝诸臣奏议》卷八十二《儒学门·制科》,第887页;司马光《传家集》卷二十二。

上仁宗乞施行制策所言_{嘉祐六年闰八月}

司马光

臣窃以国家本置六科,盖欲以上观朝政之得失,下知元元之疾苦,非为士人设此以为进取之阶也。臣昨差覆考应制举人所试策,窃见上等三人,所陈国家大体、社稷至计,其间甚有可采择者。伏望陛下取正本留之禁中,常置左右,数加省览,以为儆戒。其副本下之中书,令择其所言合于当今之务者,奏而行之,使四方之人皆知朝廷求直言之士,非以饰虚名,乃取其实用也。及臣前所献五规,虽智识暗浅,辞语鄙陋,然皆臣夙夜尽忠竭诚以思治世之要道,非指陈一事之得失,于有司无所施行,亦望陛下以视朝之隙,时取观之,庶几于圣政或有万分之益。(嘉祐六年闰八月)北京大学中国中古史研究中心整理点校《宋朝诸臣奏议》卷八十二《儒学门·制科》,第887页;司马光《传家集》卷二十一。

乞以十科举士札子_{元祐元年}

司马光

臣窃惟为政之要,莫如得人,百官称职,则万务咸治。然人之才性,各有所能。或优于德而啬于才,或长于此而短于彼。虽皋、夔、稷、契,只能各守一官,况于中人,安可求备?是故孔门以四科论士,汉室以数路得人。若指瑕掩善,则朝无可用之人;苟随器授任,则世无可弃之士。

臣误蒙甄擢,备位宰相,遴选百官,乃其职业,而智识浅短,见闻褊狭。知人之难,圣贤所重。寰宇至广,俊彦如林,或以恬退滞淹,或以孤寒遗逸,被褐怀玉,岂能周知?若专引知识,则嫌于狭私,难服众心;若只循资序,则官非其人,何以致治?莫若使在位达官,人举所知,然后克协至公,野无遗贤矣。

臣不胜狂愚,欲乞朝廷设十科举士:一曰行义纯固可为师表科(有官无官人皆可举);二曰节操方正可备献纳科(举有官人);三曰智勇过人可备将帅科(举文武有官人,此科亦许钤辖以上武臣举);四曰公正聪明可备监司科(举知州以上资序人);五曰经术精通可备讲读科(有官无官人皆可举);六曰学问该博可备顾问科(有官无官人皆可举);七曰文章典丽可备著述科(有官无官人皆可举);八曰善听狱讼尽公得实科(举有官人);九曰善治财赋公私俱便科(举有官人);十曰练习法令能断请谳科(举有官人)。应职事官,自尚书至给、舍、谏议，寄禄官，自开府仪同三司，至太中大夫，职自观文殿大学士、待制，每岁须得于十科中举三人。（非谓每科各举三人，谓各随所知，某人充某科举，共计三人。）其状云："臣窃见某人有何行能，（并须指陈事实，不得徒饰虚辞。位在上者，得举在下之人；位在下者，不得举在上之人。）臣今保举堪充某科。如蒙朝廷擢用，后不如所举，（谓如举行义纯固而违犯名教，节操方正而佞邪险躁，智勇过人而愚懦致败，公正聪明而私曲昏暗，经术精通而不能讲读，学问该博而空疏墙面，文章典丽而鄙拙纰缪，善听狱讼而冤滞失实，善治财赋而病民耗国，练习法令而屡致出入。）及犯正入已赃，臣甘伏朝典不辞。"候奏状到日，付中书省，择勤谨吏人专切收掌，仍每科各置簿书，时抄录年月日、某官姓名，别置合举官臣僚簿，岁终不举，及人数不足，按劾施行。或遇在京外方有事，须合差官体量相度，点检磨勘，划刷催促，推勘定夺，则委执政亲检，逐簿各随所举之科选差，令试管干上件差使。若能办集，即时别置簿记其劳绩。遇本科职任有阙，（谓若经筵或学官有阙，即用行义纯固、经术精通、学问该博等科人；台谏有阙，即用节操方正科人之类。）则委执政亲检，逐簿选名实相称，或举主多有劳绩之人补充，仍于本人除官敕告前，尽开坐举主姓名于后；或不如所举，其举主从贡举非其人律科罪；犯人正入已赃，举主减三等科罪者。因受贿徇私而举之，罪名重者，自从重法，期在必行，不可宽宥。虽见为执政官，朝廷所不可辍者，亦须降官示罚。即朝廷临时因事特诏举官，（谓若举知河渠、马牧等之类）不在十科之内者，有不如所举，亦同此法。所贵人人重惜，所举官皆得人。《历代名臣奏议》卷一六七，第三册，第2206~2207页；《传家集》卷五十四。

论举选状 _{嘉祐六年八月二十一日}

司马光

右臣窃以取士之道，当以德行为先，其次经术，其次政事，其次艺能。近世以来，专尚文辞。夫文辞者，乃艺能之一端耳，未足以尽天下之士也。国家虽设贤良方正等科，其实皆取文辞而已。近以裕享赦节文："应天下士人，有素敦节行，兼通学术，久为乡里所推者，委转运使、提点、刑狱同加搜访，每路各三两人，仍与本处长吏连署结罪，保举闻奏。"所举之人，朝廷命本州敦遣，至则馆于太学，待遇甚厚。考试之际，不糊名誊录。既而署等补官，皆过所望。此诚合先王取士之道。臣谓国家将除积久之弊，立太平之基，天下士大夫皆靡然向风矣。行之未几，忽闻朝廷一切罢之，无不怅然失望。臣诚戆愚，不识所谓。若以所举之人，多非实有材行，则当治举将之罪，别加搜访，岂可以一二人谬滥，废天下之举贤？是犹因溺而废天下之舟，因噎而废天下之食也。且人之毁誉，或出爱憎，虽复圣贤，不能自免。孔子曰："众好之，必察焉。众恶之，必察焉。"恐国家亦未可以此遥断否臧遽行黜陟也。就使其人平昔所行，诚有亏缺，古之人或举于渔盐，或举于盗贼，岂可不容其改行自新，而终身弃之乎？且人之行能，迭有短长，若不弃瑕录用，而以一节废之，则失人多矣。臣愚以为天子抚有四海，海内之士不可以身察之也，必资举者，然后能尽天下之才。既用举者之言，授之爵禄，苟不严为禁约，以防其私，则请托欺罔，无不至矣。窃以孝者，士之尊行；廉者，吏之首务。故汉世举士，皆用孝廉，行之最久，得人为多。臣欲乞应天下知州府军监任内，听举孝廉一人，大藩听举一人，转运使、提点、刑狱任内，听举三人。并须到任及一年以上，方得奏举。夫乡举里选，虽为古法，今之为吏者，不得久于其任，士之素行，或不能尽知。若本部无人可举，即听举别部之人素所知者，以充其数。其在京两制以上，听岁举一人，其举状逐时送贡院，置籍收掌。每遇科场诏下，即委贡院选择其日，以前举主最多者取三十人申奏，降指挥下本贯敦遣赴阙。若举主数同者，即以发状先后为次（谓若俱有三人举主，则取第三状日月在前者），仍于进士奏名额内减三十人，候到阙日，或陛下临轩亲试，或委中书门下试经义策一道、时务策一道，但以义理优长为上，不取文辞华美。若所对经义乖戾圣意，及时务全不通晓，方行黜落，其及第授官，并与进士第一甲同，在明经之上，仍于告身前列坐举主姓名。其所举之人，若犯私罪情理重，及正入已赃，未及第者，举主减三等；已及第者，减一等坐之，并不以赦原。其公罪及私罪情理轻者，举主不坐。其未举以前，若曾犯罪，除公案见在，证验明白外，举主亦不坐。即因势要属请求举，及为人属请并受属请而举之者，并科违制之罪，受赃者并以枉法论。即敦遣不至者，更不就除官。若累经敦遣不至，即乞朝廷临时裁度，特加聘召，不为定制。又国家置明经一科，少有应者，及诸科所试大义，有司不以定去留，盖由始者立格太高，致举人合格者少。臣欲乞今后明经所试墨义，只问正文，不问注疏。其所试大义，不以明经、诸科，但能具注疏本意，讲解稍详者为通；虽不失本意而讲解疏略者为粗，余并为不通。若能先具注疏本意，次引诸家杂说，更以己意裁定，援据该赡，义理高远，虽文辞质直，皆为优等，与折二通。若不能记注疏本意，但以己见穿凿，不合正道，虽文辞辩给，亦降为不通。其明经以六通，诸科以四通以上为合格，若合格人少，即并取粗多者；合格人多，即减去通少者。委试官临时相度，令合原额。又旧制，明经以《周易》、《尚书》为小经，今欲乞以《周易》、《尚书》、《毛诗》为一科，三《礼》为一科，《春秋》三《传》为一科，皆习《孝经》、《论语》为帖经。又说书一科，议者多以为不当废，欲乞与明经并置。但每次科场只取十人，奏名在诸科额内。试中受官，并与诸科同。若自以本科及第或出身者，更不得就试说书。如此，则求贤之路广，请托之源绝，浮伪之风息，得人之颂兴矣。《历代名臣奏议》卷一六四，第三册，第2173~2174页；《传家集》卷二十。

不举贤良为非议 并序

刘 敞

景祐四年诏举贤良方正之士，至者数十人。明年，有司试其艺，独二人应科。于是宰相议以贤良猥众，多名少实，欲一切罢之。余在京师，作此议也。

贤良通于古今之变，政教之本，岂止心辨善辞，以自鬻一时哉！今夫天子深居皋库之中，而洞视四海之表，虽有日月之明，不能隐于廇庑。故外有登闻匦函，内有银台阁门，而设御史、谏官，是纪是纲，则岂不欲尽下情而断欺负哉？虽然，民能自诣登闻匦函者，非必有长材异画动主听者也，特州里细故，诉困于上，不则利其身以禄者也；臣能自致银台阁门者，非必有谠言切辞为国忧者也，特簿书往来，各守一端，不则幸其遇以求位者也。夫细故不举，不足为天下忧；簿书不期会，不足为朝廷病。由是而言，虽使百登闻匦函，不若十贤良之尽下情也；虽使十银台阁门，不若一方正之识本务也；谏官御史，位隆志满，充庭取备，不若使草野之士直言而极谏也。

夫古之取士者，选之于乡，举之于民，三公宾而荐之天子，拜而受之。是以礼义全而廉让作也，其意盖曰：贤能重而禄位轻云尔；是以或藏而不肯仕，或走而不肯见，其意亦曰：吾之身重于禄位云尔。故君人者趣于人，不闻趣人。今天下之仕必由进士，求进士者又不谨于礼，聚之如召役，校之如试技，意可则荐，不可则黜，故进士之名至卑也，进士之礼至薄也，进士之仕苟易也。上重其禄，下轻其身，故洁己高世之士，不忍从也深，自托于贤良而发愤。今大夫之议，谓贤良无益而学者顾多奔竞，而可废勿举焉。

呜呼，曷为其然哉！大夫固患其无益欤？谓进士者乃有益哉？固患其多奔竞欤，则胡不使公卿举之，而乃使其自进也？夫自进者多，则忘以利为耻，使待举而动，则天下之人，莫不以礼自守。如是而患奔竞者多，未之有也。抑又有甚便者一焉。今公卿皆禄位自广，才德自高，耻有迎师之名，羞有廉士之问，其来长矣。今一旦敕之，使为国荐贤宜，人人用心，而天子必有垂拱无为之安。吾又以阅公卿之才，忠信者进，私党者退。譬若著之权衡，不可诬也。使上无文仲窃位之过，下无伯尊攘善之祸，不亦大哉！所谓甚便者也。然则言贤良可废，非贤良之失，凡吏待之不以礼，使之不自重也。故礼之不谨则贤者不出，待之不厚则贤者不劝，其理然也，又曷为废其举哉？天下洁己高俗之士焉所而发愤？忧国济世之士焉所而布策？怀义愿忠之士焉所而赴诉？贪进苟得之士焉所而矫厉？

且夫贤良美称也，方正善行也。方为天下，而自不举贤良始，是使今之天下不得与周、汉比隆也。古之治国家者，有益于用则存之。夏后之鼎，汤之典宝，周之琬琰，鲁之大弓，晋之阙巩，卫之大吕，陈之石弩，和之弓，垂之矢，离之磬，胤之舞衣，此其非有通古今之变，明王道之本，达下情之塞，然而世掌之，况在其求人乎？故子贡欲去告朔之饩羊，仲尼不悦；臧文仲废六关，君子讥其不仁。然则循名而忘其实，失所以废；弃大而恤其小，失所以置。患不使有司举贤良，不患贤良无益也。刘敞《公是集》卷四十一，《四库全书》第1095册，第758~760页。

奏乞州郡辟选人为教授

刘　敞

臣伏见今岁制举中选者三人耳，其间犹有以薄于行谊而被黜者，此非有司较试之不精，盖在于听言而不察行，玩文而不计实之蔽也。选举若此，岂可为永法哉？

臣前岁尝言州郡有学，学皆有生徒，而患无讲授之师以专领之，乞令州郡自辟选人为教授，仍理四考为一任，未蒙施行。臣以为朝廷大务，莫重于选举。常患游士不安其乡里，则有司无由考行实，是以专取词藻，则贤不肖混淆。至于廉耻之节坏，而浮伪之俗成，皆从此途出也。今使州郡有学，学皆有师，师皆有课试之法，居常则勉其学而矫其失，当贡士则订其行而程其言。一郡之士，性之若否，习之邪正，能之多少，皆可预见而早定也。于是上其名与言偕，则选举精矣。人知为善于其身，然后乃能信于乡里；信于乡里，然后乃得闻于朝也，则皆劝于为善矣。一纪之外，三十年之内，教成俗定，则士各安其土，相厉以义，相尚以节，何患贤士之难得哉？诚如此，治古之风庶几可复也。事固有言之似迂而理甚切，行之似近而功甚远者，教化之谓也。伏乞检会，臣前奏事理，特赐详择。取进止。刘敞《公是集》卷三十三，《四库全书》第1095册，第691页。

请罢制科奏 庆历六年

唐　询

汉制，丞相、御使、列侯、中二千石、二千石、诸侯相举贤良方正直言极谏之士。由汉涉唐，虽用其科而不常置。若天见灾异，政有阙失，则诏有位，使荐之于朝，冀闻谠言，亡有所讳。又有茂才异等科，本朝稽用旧文，迄真宗之世，三建此科。自陛下即位，增修六科，以来多士，令两省若少卿监以上各得奏举，又只用贤良、茂才二科，随进士科设之。近年率不用保任之官，皆自名科目。贤良方正、茂才异等皆名号之美者，使举而为之，犹曰近古；即自颛其美，顾所未闻，未经亲试。前集有司而所出论目，悉用经史名数，其于治乱之体固无所补。及对诏策，大率不过条对义例，稽合注解，又复牵于文字之数，纵使魁磊之士，胸中虽有奇言不得骋。况又人之所习，主于强记博闻、多词泛说而已。至其救辅国体，开陈治策，则何赖哉？故初应诏才数人，后乃至十余人，今殆至三十余人。既升本科，曾未累岁，悉至显官，虽非其人，例不可抑。况直言极谏非当世事而求，茂才异等岂谓循常之选？其弊若此，故宜图之。

今具两汉始置贤良方正、茂才异等，并因灾异诏举贤良方正：前汉武帝建元元年，诏丞相、御史、列侯、中二千石、二千石、诸侯相举贤良方正直言极谏之士。元封元年，以名臣文武欲尽，诏州郡察吏民有茂材异等可为将相者。凡五十四年间，一举贤良，一举茂材。孝昭始元元年，诏三辅、太常举贤良各二人。地节三年，令内郡国举贤良方正可亲民者。元康四年，遣太中大夫强等十二人循行天下，察吏治得失，举贤材异伦之士。凡二十五年间，二举贤良，一举茂材。孝元初元元年，诏以地震，令丞相、御史、中二千石举茂才异等、直言极谏之士。永光二年日蚀，令内郡国举茂才异等、贤良直言之士。凡十六年间，一举直言，一举茂才。成帝建始二年，以元年灾异屡见，诏三辅、内郡举贤良方正各一人。河平四年日蚀、水灾，遣光禄大夫嘉等行濒河郡举惇厚行能直言者。鸿嘉二年，诏以数遭水旱，举敦厚有行能直言者。延元元年，诏以日蚀、星陨，令内郡举方正能直言极谏者各一人。凡二十六年间，四举能方正直言。后汉光武建武六年日蚀，敕公卿举贤良方正各一人。七年日蚀，诏公卿、司隶、州牧举贤良方正各一人。凡是三十二年，两举贤良。章帝建初元年地震，诏令太傅、三公、中二千石、二千石、郡国守相举贤良方正能直言极谏之士各一人。五年日蚀，诏公卿以下举直言极谏者各一人。凡十三年，两举直言。和帝永元六年，诏以凶馑，令三公、中二千石、二千石、内郡守相举贤良方正能直言极谏之士各一人。凡十七年间，一举贤良方正。永初元年日蚀，诏公侯、内外众官、郡国守相举贤良方正直言极谏各一人。五年日蚀、地震，诏公卿、中二千石、二千石、郡守、诸侯相举贤良方正极谏之士各一人，凡十年间，两举贤良。顺帝延光四年，京师大疫，诏公卿、郡守、相国举贤良方正能直言极谏之士。永和六年日蚀，诏大将军、公卿举贤良方正者各一人。凡十七年间，两举贤良。

本朝但用两汉之名，而不用两汉之制。请自今更不与进士同时设科。若因国家灾异屡见，非特举擢贤俊，临时咨访，诏近臣审举之。其所举之人，宜如汉故事，亲策当世要务，罢秘阁所试六论。《宋会要辑稿》选举一〇之二五，第五册，第四四二四页；《宋名臣奏议》卷八十二。

上哲宗乞复置制科① 元丰八年

刘挚

臣窃惟汉制，因天见灾异，或政有阙失，则诏郡国及在位举贤良文学之士，天子亲策，以求其言。至于国朝，沿袭故事，于是置为贤良、茂材科目，随贡举召试，其于得人，视古为盛。近时之制，遂罢此科。

臣窃以为国家之道，得士欲广，故取之非一途。谓常选不足以致异人，故设制科以收超绝之才。而每举中等不过一二人而已。今夫官人之法，入流门户，日益增多，未有澄汰。而于三年取一二非常之人，则废其科不用，此何谓也？

臣愚欲乞复置贤良方正及茂材异等科，每遇贡举，诏近臣依旧制举试。所以广言路，求人材，继祖宗之制也。（元丰八年上，时为侍御史。初，熙宁七年五月中书门下言："勘会策试制举，并以经术、时务。今进士已罢辞赋，所试事业即与制科无异，至于时政阙失，即诸色人自许上封事。其贤良方正等科，自今欲乞并行停罢。"从之。至是，挚上此奏。）北京大学中国中古史研究中心整理《宋朝诸臣奏议》卷八十二《儒学门·制科》，第888页。

乞令州郡长吏奏举人才疏 元祐元年六月

刘挚

臣伏睹近制，升朝官各举进士经明行修一人，及升等推恩，理为举主过犯同罪等

---

① 按，此为刘挚《论取士并乞复贤良科疏》之节文，见刘挚《忠肃集》卷四。

事。臣窃原朝廷之意，患程试考校徒得文词，故更立此制，以进实行。天下幸甚。臣退而熟计，及考学士、大夫之议，以为法则善矣，然使升朝官举之，不若使州郡以上举之便。臣谨条上利害。

按国朝旧制，臣僚任通判、知州乃得举官。盖知人实难，非行已谨、阅事久，诚未可责以保任。今升朝官无职罪若私罪重，此外不计资任、不察能否，诸科刀笔之吏，一切得荐士。此不可一也。经术深浅，问而可知也，至于行义污洁，非乡里庠序、群居久处、毁誉素著，谁能知之？不拘路分，但非有服亲，皆得奏举，臣恐流离之人虚伪见售。此不可二也。天下升朝官无虑几二千人，则所荐士亦如之，积累岁月，不被荐者无几矣。人人升等推恩，无以示劝。此不可三也。议者谓朝士固皆选择可任使之人，然品流不一，员品猥众，今势利相市，必有受赇造讼以挠陛下之法者。臣诚浅薄，不敢臆度朝士大夫以为必然，亦不敢以为不然。然则选举之利未见，而奔竞之俗先成。此不可四也。《传》曰："十室之邑，必有忠信。"计今天下之士，一郡一邑，随其众寡，必有善士。考乡里之行，询庠序之论，其势亲，其事察，无如州郡之吏。至于监司，则朝廷所任以按察，台谏、侍从，亦朝廷所倚以议论，故臣愿每遇科场诏下，委逐州长吏奏举经明行修进士一名。仍以应举实数二百户为率，不满二百人听举一名。每二百人加一名，至三人止。监司转运判官以上于本路，在京台谏以上于开封府、国子监各许奏举一名。非乡贯及不经学校，或无可应诏，并听勿举。自余升等推恩、理举主同罪犯等，并依元降朝旨。

臣愚以谓三代乡举之制未易遽复，欲少仿古，则诸侯岁贡之法，莫此为近。伏望详酌施行。《续资治通鉴长编》卷三八〇，第26册，第9223~9224页。

上哲宗乞别详定制科考格 元祐元年闰二月

王　存

臣准尚书礼部牒，准敕尚书、侍郎、学士、待制、两省、御史台官、国子监长贰详议科举事。臣已与孙永等所议外，有制科一项，云依旧制，此为未安。

臣窃见近世制科所试论策题目，务出于僻隐难知，是以应此科者，竞为记诵名数之学，非所以称方正之举。先朝深知其弊，遂行废罢。今议复置，倪蒙允降，若并依旧制，即不免袭前日之弊，无补治道。欲乞下有司重行详定制科考格，所取务先识略，不专贵以记诵名数之学。至于取人多寡，推恩厚薄，并乞裁定。（元祐元年闰二月上，时为枢密直学士。）北京大学中国中古史研究中心整理《宋朝诸臣奏议》卷八十二《儒学门·制科》，第889页。

上哲宗论制科取士乞加立策等增取人数 元祐二年七月

苏　颂

臣伏睹今年四月戊申及七月乙卯诏书，复置贤良方正能直言极谏科，并立定策人三等、四等次推恩条制,有以见陛下勤求俊良,乐闻说论。士之抱术略、怀愤懑者,当继踵而赴诏矣。然臣窃观本朝故事,制科程序太严,取人太窄。自真宗以来,每举中等者多不过三人,少或一人,至有全不放者。使豪杰之士有老于科举而不预甄擢,恐非朝廷听言求士之意。

臣谨按汉文二年,始诏举贤良时对策者百人,而晁错为上等;武帝元光元年,诏举对策者亦百人,而公孙弘为第一等。历代沿袭,废置不常,至唐而特盛,每遇亲策贤良等科,中等者不下一二十人。建中元年,姜公辅等二十五人;贞元元年,韦执谊等一十七人;四年,崔元翰等一十七人;十年,裴垍等一十七人;元和三年,牛僧孺等一十五人;长庆元年,庞严等一十五人;宝历元年,唐伸等一十九人;大和二年,裴休等二十二人。自余幽素、将相等几数十科,取人亦众。其得士若苏瑰、苏颋父子、张说、九龄、裴垍、杨绾、崔群、韦处厚、姜公辅、裴休辈,皆出此选,卒为辅弼名臣。此外奇才博识之士,垂名于后者,不可胜数,信乎制科亲策可以收揽英俊,有补于治道也。而当时应诏之人,或命州郡荐举,或许上书自陈,被诏者径赴御试。其推恩等第,则第三等中书门下超资与处分,第四等优与处分,第五等即与处分。由是言之,程序盖不甚严,而推恩亦不甚厚。至周显德四年,始诏逐处州郡依贡举人式例,别试解送尚书吏部,量试策论三道,共三千字,内取文理俱优者,方得解送上都。本朝之制,又加以六论,或试于中书,或试于秘阁,合格方得赴制举试。其所试论题,务求深奥,每举转加艰难,致合格者少。盖以推恩过厚,故取人益艰。况国家承平日久,天下学士陶染风教,竞习艺文,而应此科者尤号该洽。其程文纵非优长,未合上等,亦皆于古今义理潜心有素,若蒙采收,施之为政,必优于专经之人,不为无益朝廷也。

臣窃为今来既立定策等,推恩有厚薄,则所取亦宜稍加人数。臣愚欲望将来或请应人稍多,即乞优加分数;如合格人少,即乞更加第五等,分为上下,入此等者,只依进士第二甲、第三甲注官,亦不为徼幸。若恐更添入流之人,即乞以进士、诸科御试不合格人数留充制科数目,彼此通融,俱无所碍。如此,则四方特起之人,咸有荣进之望;圣君搜扬之路,蔑有壅蔽之嗟矣。(元祐二年七月上,时为吏部尚书。)北京大学中国中古史研究中心整理《宋名臣奏议》卷八十二《儒学门·制科》,第890页。

议贡举法

苏 颂

臣窃谓以今之科试取士,比之往年,至为详密。往年专以词赋为考式,而学古者或绌于声病,今则诗赋、策论通考,不专于一场取舍;往年虽通考三场,而学经术者或困于无文,今则有明经之举;往年敦朴之士或不习科举,无由自达,今则有遗逸之荐。是则诗赋所遗者,取之于策论;策论所失者,选之于明经;二者又不能尽,则擢之于遗逸。天下苟有怀才负艺之人,靡不毕为朝廷收擢而任用之矣。今明诏犹以为不足者,臣窃谓其弊不在法制之失,而在于措置之未尽耳。夫措置之未尽,其说有四:一曰考试关防太密，二曰士子不事所业，三曰诈冒户贯取应，四曰取人多少不均。

所谓考试关防太密，弥封誊录是也。夫弥封誊录，本欲示至公于天下，然则徒置疑于士大夫，而未必尽至公之道，又因而失士者亦有之，何则？国家取士，行实为先，今既弥封誊录，考官但校文词，何由知其行实？故虽有瑰异之士，所试小戾程序，或致退落，平时尝负玷累，苟一日之长可取便预收，采士之贤否而进退之间，系乎幸与不幸，往往是矣，是岂朝廷之本意耶？臣窃睹天圣四年仁宗皇帝诏书曰："如闻举送之士，操履罕修，黜于有司。"则纷然起谤，升于科选，又多以败官，由习尚于虚浮，宜特行于敦戒。自今诸州发解诸举人，并须考访履行，或有乖僻彰暴，虽所试可取，不得一例解送，以此见朝廷之意，先士行而后文艺也。若弥封誊录，则何由辨其贤否而得如诏书之敦戒乎？为今之便，则莫若去弥封誊录之法，使有司得专参详考察。一则主司知朝廷委任不疑，益务尽心；二则负实学者得以自明程文小疵，不虞见弃；三则浅陋之人固无侥幸之望。至公之道，无大于此议者。或曰：此法行之已久，今多士竞进，一旦改革，必致喧讼，何以弭之？臣以为士子之行，莫若乡曲最知其详，傥或素履无闻，因而黜落，自厌群议，复何畏乎多言邪？若其行完学富之人，偶不与荐，既知朝廷所以取之之意，则人人自重，不敢轻发，养其廉耻，异日足为嘉士，其所劝盖多矣。若曰：南省聚天下之士，不下数千人。主司无由一一知其贤否，虽见姓名，亦何益于公选？臣以谓此法宜先施之州郡，亦庶几存乡举里选之遗范也。望自今并委知州、通判、职官常加察访本州行能之士，记其姓名，更相论辨，遇诏下，转运司为精择，试官依常赴院镆宿，其举人试卷更不弥封誊录，仍别差官点检收纳，应有涂注乙处并印记，讫，逐旋发送试院，不得稽留，令试官依公考校文艺，除杂犯不考式者先行黜落外，其余悉定高下。讫，报州令、知州、通判职官同入试院，共加审覆，以素有声称著于乡里者为先，然后定其去留，依额解送试官。及州官若有偏曲私徇，令监司严加按察，具奏其事，重行黜降。如此诠择，必无幸进之人，比至南省，则是已经乡里察访。设令依旧弥封誊录，只考文艺，亦不容无状之人得预奏名也。其殿试考式，系之朝廷，非有司所当措议也。

所谓士子不事所业者，举人不纳公卷是也。旧制：秋试先纳公卷一副，古律、诗、赋、文、论共五卷，预荐者仍亲赴贡院投纳，及于试卷头自写家状。其知举官去试期一月前差入贡院，先行考校，内事业殊异者，至日更精加试验。如程试与公卷全异，及书体与家状不同者，并行驳放；或假借他人文字，辨认彰露，亦便扶出，永不得赴举。是举人先纳公卷，所以预见其学业、趣向如何，亦有助于选择也。景祐以前，学者平居必课试杂文、古律、诗、赋，以备秋卷，颇有用心于著述者。自庆历初罢去公卷，举人惟习举业外，以杂文、古律、诗、赋为无用之言，而不留心者多矣。此岂所以激劝士之笃，学业文之意邪？臣欲望自今举人请应，依前令，投纳公卷一副，不得假借他人文字，并亲书试卷头家状，一准旧制，委知举考试官预先看详，以备将来与试卷参验是非而升黜焉。如此，庶几人知向学不为苟且之事矣。

所谓诈冒户贯请应者，今外郡举人赴开封府取应是也。天下州郡举子，既以本处人多解额少，往往竞赴京师，旋求户贯，乡举之弊，无甚于此。虽朝廷加以峻文，而终不能禁止者,盖以开封府举人不多,解额动以数百人,适所以招徕之,而使其冒法。欲革其弊,莫若预为之防。于罢举之岁,令本府下诸县察访,见今土著实有多少举人候见,得的实数目开送贡院,比校外郡人数,酌中解名,处量其分数,别立定额。外方举人知其如此,岂肯不远数千里,冒峻文而求寄贯乎?其府中减下人数却乞移与国子监,添起名额既已革,寄贯诈冒之弊又足广?庠序乐育之风如此行之,诚两有所便也。或曰:府中减下人,国子监又复添额,则人人竞赴庠序投状,其于冒妄不亦均乎?是不然也。在开封府,则有诈名冒贯之弊;于国子监,自是四方俊造进取之所。事体固不相类,容其趋进,复何害耶?

所谓取士多少不均者,进士与制科、遗逸是也。臣窃以往年放进士,每榜不下四、五百人,自间年放榜,亦尝近二百人,诸科大约依进士人数。而制科人等者不过两、三人,明经不过三、五人,遗逸之荐,复未有定制。臣以谓,举制科者博通古今,贯穿经史,顾其积学,勤亦至矣;明经者虽诵数或阙,而大义多通;遗逸之荐,纵不能尽如诏书之所求,要之皆乡里推许之人。此数科比之进士、诸科,初学幸中者多取之,亦未为谬滥也。臣伏睹新制,三岁科诏,每榜以三百人为限,是进士、诸科之路已广,而制举、遗逸议论犹未及之。况近制明经已许均减诸科之数,虽取人未多,是已有定制,临时可以通融,损彼而益此也。臣愚欲望自今三年科举进士,每榜且以二百五十人为限,留其余五十人以待制举及遗逸之类。其制举策入优等者,自依常例;在下等者,望量添人数,比类赐以出身,以酬其积学之勤。其举遗逸,仍望立为定制,每放榜而后,下诏诸路、州、郡及转运司共察访,如士人中显有履行纯固、经术文艺优赡为众人推许者,或场屋黜落,或丘园高蹈,咸许保荐,每路限以五人,并敦遣赴京师,依例试以策论,考定高下,优者赐以科名,与制举所增人共足所留进士五十人之数,下等亦望量推恩渥,或与免将来文解。如此,则取士之路益广,而行艺之人无有弃遗,奖育人材,敦激偷窳,上助风教,不为无益也。苏颂《苏魏公文集》卷十五,《四库全书》第1092册,第237~240页。

时政十议·议制科 景祐元年二月

李 淑

吏部故事,选人格限未至,能试判三节,谓之拔萃。只用疑案古义,观其能否,词美者第优等补官,此则有司铨品常调选人,判超循资之式。而陛下亲御轩陛,审核课试,非其称也。愿罢此科。其词学异众,自可举才识兼茂详明吏理之科。又礼部茂材异等,本求出类之隽,颇闻不利乡荐者,始来应书。望更为严制,以革侥冒之人。《续资治通鉴长编》卷一一四,第9册,第2666页。

上执政书

范仲淹

天圣五年月日,丁忧人范某,谨择日望拜,上书于史馆相公、集贤相公、参政侍郎、参政给事:【略】今春诏下礼闱,凡修词之人,许存策论,明经之士,特与旌别。天下之望,翕然称是。其间所存策论,不闻其谁,激劝未明,人将安信?傥使呈试之日,先策论以观其大要,次诗赋以观其全才。以大要定其去留,以全才升其等级。有讲贯者,别加考试。人必强学,副其精举,复当深思治本,渐隆古道。先于都督之郡,复其学校之制,约《周官》之法,兴阙里之俗。辟文学掾,以专其事。教之以诗书礼乐,辨之以文行忠信,必有良器,蔚为邦材,况州县之用乎?夫庠序之兴,由三代之盛王也,岂小道哉?孟子谓得天下英材而教育之,一乐也,岂偶言哉!行可数年,士风丕变。斯择材之本,致理之基也。又李唐之盛,常设制科,所得大才,将相非一。使天下奇士,学经纶之盛业,为邦家之大器,亦策之上也。先朝偶属多务,暂停此科。今可每因贡举之时,申其坠典,必有国士,继于唐人,岂非邦家之盛选欤!勿谓未必得人,遂废其道。此皆慎选举、敦教育之道,亦何患乏人哉!范仲淹著,李勇先、王蓉贵校点《范仲淹全集》卷九,四川大学出版社2007年,第210~229页。

上时相议制举书

范仲淹

天圣八年五月日,具位范某再拜上书于昭文相公阁下:某昨者伏蒙圣恩,优赐差任,盖钧造之际,靡不获所。退省疏拙,且惊且惧。况唐虞旧域,风俗淳俭,狱无积讼,亭鲜过客,栖迟偃仰,何以报国!然尝试思之,似有所补,敢不冒黩而言之。

夫善国者,莫先育材;育材之方,莫先劝学;劝学之道,莫尚宗经。宗经则道大,道大则才大,才大则功大。盖圣人法度之言存乎《书》,安危之几存乎《易》,得失之鉴在乎《诗》,是非之辩存乎《春秋》,天下之制存乎《礼》,万物之情存乎《乐》。故俊哲之人,入乎六经,则能服法度之言,察安危之几,陈得失之鉴,析是非之辨,明天下之制,尽万物之情。使斯人之徒辅成王道,复何求哉!至于扣诸子、猎群史,所以观异同、质成败,非求道于斯也。有能理其书而不深其旨者,虽朴愚之心未可以适道,然必顾瞻礼义,执守规矩,不犹愈于学非而博者乎!

今文庠不振,师道久缺,为学者不根乎经籍,从政者罕议乎教化,故文章柔靡,风俗巧伪,选用之际,常患才难。某闻前代盛衰,与文消息。观虞夏之纯,则可见王道之正;观南朝之丽,则知国风之衰。惟圣人质文相救,变而无穷。前代之季,不能自救,则有来者起而救之。是故文章以薄,则为君子之忧;风俗其坏,则为来者之资。

今朝廷思救其弊,兴复制科,不独振举滞淹,询访得失,有以劝天下之学,育天下之才,是将复小为大,抑薄归厚之时也。斯文丕变,在此一举。然恐朝廷命试之际,谓所举之士,皆能熟经籍之大义,知王霸之要略,则反屏而弗问,或将访以不急之务,杂以非圣之书,辨二十八将之功勋,陈七十二贤之德行。如此之类,何所补益?盖欲伺其所未至,误其所常习,不以教育为意,而以去留为功。若如所量,恐非朝廷劝学育才之道也。何哉?国家劝学育材,必求为我器用,辅我风教。设使皆明经籍之旨,并练王霸之术,问十得十,亦朝廷教育之本意也。况文有精粗,理有优劣,明试之下,得失尚多,何患去留之难乎?今或伺其所未至,误其所尝习,则天下贤俊莫知所守,将博习非圣,旁攻异端,圣人之门,无复启发。逮于后举,差之益远。如此,则制科之设,足以误多士之心,不足以救斯文之弊。

恭惟前圣之文之道,昭昭乎为神器于天下,得之者昌,失之者亡。后世圣人开学校,设科等,率贤俊以趋之,各使尽其心、就其器,将以共理于天下。故《书》曰"咸有一德",斯之谓矣。愿相府为此一举。倘昌言于两制,如能命试之际,先之以六经,次之以正史,该之以方略,济之以时务,使天下贤俊,翕然修经济之业,以教化为心,趋圣人之门,成王佐之器。十数年间,异人杰士必穆穆于王庭矣,何患俊乂不充,风化不兴乎!救文之弊,自相公之造也,当有吉甫辈颂君之德,吾相之功,登于金石,永于天地者矣。四海幸甚!千载幸甚!干犯台严,无任僭越战汗之至。某再拜。范仲淹著,李勇先、王蓉贵校点《范仲淹全集》卷九,四川大学出版社2007年,第237~239页。

应制科上省使叶道卿书

苏舜钦

三月日,某谨斋祓百拜,献书于省使龙图阁下:某观前古之士,歘然奋起于贱庸之地,建名树勋,风采表于当世者,未始不由上官巨公推引而能至也。故儒其名者,必奔走贵势之门,以希光宠而取重焉。然有位之德望重轻,亦因收士多少而后定,设国有缓急,则审处变故,推择门下士以属任焉;或资其策虑以自广,小则补吏,大则同升于朝。以故士皆雕琢节行,缘以文采,蔼蔼而进,至使敌国异方,闻风畏之,厌杀未形之患,此其所以为得也。然奔骛夸鬻,扇动流俗,苟窃虚名以自耀高位者,或私其所与,朋比自植,肆然揽爵赏之柄,此又所以为失也。本朝监其失,进退天下士,一决于上,考艺文则誊书糊名,衡文之学,靡以行实相雄长,公卿亦阖无所顾接,盖蔽贤之罚不及焉。上下隔塞不交,忘经远之业,此又今之所以为失也。故近年贼羌暴逆节,庙堂图帅西攻,思所以折冲制胜者,惘然乏其人,以至诏书数下,悴悴求索,而才者未甚出,凡近之器往往入充其选,盖朝廷取士之路本狭,在上者不以汲善为意,下士又以造谒为之耻,故骤阅而无得焉。是古今得失相纠,惟贤者为能折其衷。

某性本迂拙,不喜事人事,名虽在仕版,而未尝数当途之门,窃服于道,二十年矣。前世之务,当今之宜,粗志其一二,然虽与周旋者,亦弗敢吐以自表见。阁下以高文闳才都盛位,而某以吏属,时得趋跄左右,未始敢开词动气,及于局事之外,非唯轻肆是惧，亦且束于世教也。今幸天子下一尺书，详延四方特起之士，某辄欲以空乏鄙陋之资，冒然自进，窃念科试甚重，朝廷虚伫，以须异人，无似妄作，虞为识者所不与。今幸人未暴闻，故敢以私习论五十篇，上浼听览，非敢希企奖引之赐，但觊一言以断进退之惑。精识所向，洞照不隔，干渎威重，俯伏待教，不任惶恐激切之至。苏舜钦撰，沈文倬点校《苏舜钦集》卷九，上海古籍出版社1981年，第99~101页。

甲建议请依汉举孝悌力田者复其身难者以为古今不同恐生侥幸

余　靖

行著闺门，固宜励俗，力勤畎亩，未可兴贤。将施复算之科，当举酌中之典。甲学虽博古，识未知今，徒谬謦其謏闻，遂坚陈于白奏。以谓教先三德，必求乡党之扬名；地给百廛，宜察井庐之懋力。垂为科制，视彼贤愚。苟能杰于等夷，则使蠲其征赋，未臻其极，夫岂无词？何则鲁分德行之科，诚为选众；秦急耕战之务，乃俾复身。事虽著于典章，理或资于沿革。谨循陔之养，自可旌门；富连阡之田，宁容减算？恺悌有移风之益，胼胝乃润屋之常。徒欲勉其邵农，乌得比其抱义？贤者贵者，周官弛力而有经；或籽或耘，汉制免徭而为滥。但可察其高节，禁彼惰游。且负甲能趋，魏氏虽宽于一卒；维桑念旧，世祖犹惜于十年。庶诞协于布常，难兼行于优复。余靖《武溪集》卷十二，《四库全书》第1089册，第118页。

上丞相吕许公

张方平

景祐某年，某以茂材异等对诏策中选，辱在相国陶冶。既诣第伏谒，翌日，见故汝阴蔡贰卿，喜相谓曰："相国有言，以生为远器，相国知生也已。"时某初登科，名微迹寒，性又野拙，未始游王公大人门。惟蔡公与今参政尚书宋公尝守南都，实乡里也，早与诸生旅见。二公采乡人善者之论，归而誉诸朝，值诏下，因共称荐。故独二公怜之。及此，虽闻汝阴言，终莫能致身门下。然窃自负，譬之婺人寄千金于他所，心有所恃，虽婺不恤也。

比者读《唐书》，见崔文公祐甫作相半年，除吏八百员。德宗性多猜，谓所除吏不无素旧。祐甫对曰："向非夙相闻知，安得谙其材行？"上悟，然之。识者谓是。李司空绛作相，或谮于上，以为延用情故。宪宗延英问之，绛对曰："夫忠臣事君，不以私害公。若为身避嫌，故有才不用，于公道何有？顾所举用，何如尔。"李赵公吉甫且入相，谓裴垍曰："宰相之职在知人物，以卿精鉴，愿有助也。"垍为疏名氏，得三十余人，不日选用略尽，朝野翕然，赵公有得人之称。故知宰相者，行赏罚之柄，以官人安民，成天下之务者也。天下之士有高才远策、致主经世之志，而不以达之岩廊之上，则焉攸用？岩廊之上，权石度量在焉，所以平轻重、裁寻尺、均赢缩也。未尝自达，而曰莫我知也，不亦过乎！故某益自恨他日相国有见知之言，迁延自外，至于今而志未获通也。

今日相国当柄，拔用人材，近无亲比，远无嫌怨，以天下为度，以众人为公，浩乎其无不容也，渊乎其无不尽也。士之有心者，当此之日，而不能输肝膈、尽思虑，以自致于下执事，是不适乎去就之宜也。彼自古圣贤干时展志，有不由先容以进者乎？而鄙论曰："士当自结主心，不因人而达，然后磊落倜傥。"夫不因人而达，古则有伊、傅、太公望矣。伊、傅、太公其初负鼎俎、版筑、钓鱼，不既劳且迂哉！顾直往则违其愿，必见情而后获。况时异势殊，不量才分，刻舟而寻之，不亦狂妄欤？虽然，士固观其所自托。

前景祐五年，某以贤良方正再滥诏选，而往监桐庐郡，朝受命而夕行，未尝有干也，独恨廊庙之议，不出相国之化笔尔。及今恩命猥及，许之还都，趋伏屏下有日矣。因鉴往故，念士之在卑陋，不可以不自发于上。发而不遭，命也。所以近引三相用人之事，非敢以区区崔、李为量也，以明诸贤宰相亦不能尽知天下士，士要自启发，然后用人者审其贤不肖而器使之尔。至于相国之才之美、之德之业，上格于朝，下被于四方远矣，亦奚用多云？故略焉。所有薄业，盖俟执事以献之。谨布腹心，为即日登门之先焉。张方平《乐全集》卷三十一，《四库全书》第1104册，第339~340页。

选举论

张方平

臣闻设官所以共理，择才所以任官。夫位、职、禄三者，官之纪也；德、才、劳三者，人之分也。度德居位，量才赋职，计劳诏禄，兴王所以治；德不称位，才不任职，劳微禄重，衰世所以乱。惟君司牧，兆庶惟理，乱在庶官，惟贤惟能，其难其慎。

古先明王，育才考德之道至矣。周之取士，爰始庠塾，乡老举秀茂而宾其礼，司徒教行艺而升诸学，乐正品俊造而进其名，司马辨官材而定其论。而后天官执其柄而诏其爵，内史书其贰而制其禄，司士掌其版而知其数，小宰平其计而弊其治。盖其官人之法，如是之详。汉之取士，亦始乡邑，自干佐曹史见拔，州郡复辟，公府更举，高第始出除吏。其郡国所送孝秀，或公车延召诸罢职待诏者，悉居三署，光禄岁察四行，茂材廉吏方补用焉。至于魏氏疆宇分蹙，兵戎荐乱，衣冠侨转，陈群立九品之法，而选举始滥，中正定高下以署品，吏部据升降而授任。其后法虽益坏，议者纷起，而终不能革。历六代而至隋，中正始罢。夫进士科者，设自隋炀，绵于唐，而我循之，可谓浸淫而繁大矣。为业益浮，入仕益易。唐考贡士之制，专委有司，岁第殊鲜，虽升名王府而未阶仕牒，再试于吏部，有屡斥焉。其中格者，补畿赤丞尉尔，其不中格者，或例赴选曹之集，从事藩侯之府，必外效有著而真命始加。我太祖之初受命也，王略犹梗人物，盖希进士登科，岁无十数，抑于时文法阔略，吏员简疏，尝闻郡自牧长而下，或数员而已。爰及太宗，治致泰平，教风寖盛，丕冒出日，一统无外，且喜天下英俊尽入彀中，始亲御便殿,以临试贡士,博于采拔,务尽乎人材,待以不次,骤升乎美仕,(国初进士甲科,授司寇,或幕职官;兴国之初,始授等甲,京朝官倅大郡,或即授直馆者,进士中第多至七百人,后遂为例至今。)兴国已降遂为常规。然凡诸为士之民,惟此为干禄之路。

儒术治国,诚王道之大经;文艺起家,固儒林之盛选。是以天下学士,靡然向风,非惟道化所陶,抑由宠利所诱也。夫子曰:"以言取人,必极其言。"而考言弥华于道,所以绅行乏稽古之识,端甫鲜经时之论,莅官少称职之吏,临事无仗义之节,风俗有流薄之损,朝廷成抡选之滥,岂不由乎易取而骤用之乎?此张衡所以深愤嫉于汉日,杨绾所以议革废于唐年。且三王之道,不能无弊,故董仲舒譬之琴瑟不调,甚者必解而更张之。夫周之造士,论材始乎庠序,至汉而兴廉举孝,自诸乡里,至顺帝凡三百年。而左雄建议诸生试章句,文吏课笺奏而为限年之格。又百年而魏陈群设九品官人之制。又三百年而隋文立志行修谨、清平干济之目,次及炀帝更制进士、词赋之科。此皆历代举选之道,因时之宜,更救其失,犹三代忠质文之政,以革弊易化者也。

伏惟朝廷取贤敛才之方,故亦并开数路,惟是进士最广而甚夷,鼎司台席之崇,玉署金闺之彦,更处乎馆殿,参布乎台省,国之纲纪,民之君师,百辟众官,其清途要地者,何莫由斯而起欤!虽名臣辈出,而淆滥为多,其故由乎取之泛也。以周、汉育士之详,而不能尽善良,又况采一日之伎,昧素定之价,若之何责以无滥也欤?夫以唐世之制,专委有司者,则利在乎才者必不遗,弊在乎启奔驰之径,而平素者绌焉。以今日之法,则利在乎使人循道以求己,弊在乎得者不必才,才者不必得,而劝励之教怠焉。其利害相形之理,思所以折之,必有短长矣。至如儒术之微削,思所以振重之;士节之陵迟,思所以兴起之,皆国家教化之端,王政之本。聊用窥测,以著于篇。张方平《乐全集》卷八,《四库全书》第1104册,第68~69页。

论馆阁取士

欧阳修

臣窃以馆阁之职,号为育材之地。今两府阙人,则必取于两制;两制阙人,则必取于馆阁。然则馆阁,辅相养材之地也。材既难得而又难知,故当博采广求而多畜之,时冀一得于其间,则杰然而出为名臣矣。其余中人以上,优游养育以奖成之,亦不失为佳士也。自祖宗以来,所用两府大臣多矣。其间名臣贤相出于馆阁者,十常八九也。祖宗用人,初若不精,然所采既广,故所得亦多也。是以有文章,有学问,有材有行,或精于一艺,或长于一事者,莫不畜之馆阁而奖养之。其杰然而出者,皆为贤辅相矣。其余不至辅相,而为一时之名臣者,亦不可胜数也。

先朝循用祖宗旧制,收拾养育,得人尤多。自陛下即位以来,所用两府之臣,一十三人,而八人出于馆阁。此其验也。只自近年议者患馆职之滥,遂行厘革而改更之,初矫失太过,立法既峻,取人遂艰,使下多遗贤之嗟,国有乏材之患。今先朝收拾养育之人,或已被迁擢,或老病死亡,见在馆者无几,而新法艰阻,近年全无选进。臣今略具馆阁取人旧制并新格，则可见取人之法如何，所得之人多少也。

一、旧制，馆阁取人以三路：进士高科一路也，大臣荐举一路也，岁月酬劳一路也。进士第三人以上及第者，并制科及第者，不问等第，并只一任替回，便试馆职；进士第四第五人，经两任亦得试，此一路也。两府臣寮初拜命，各举三两人，实时召试，此一路也。其余历任繁难久滞，或寄任重处者，特令带职，此一路也。今三路塞其二矣。自科场改为间岁后，第一人及第者须两任回，方得试，自第二人至第五人，更永不试。制科入第三者，亦须两任回，方得试，其余等第并永不试。则进士高科一路已塞矣。两府大臣所荐之人，并只上簿，候馆职有阙，则于簿内点名召试，其如馆阁本无员数，无有阙时，故自置簿来，至今九年不曾点试一人。则大臣荐举一路又塞矣，惟有酬劳带职一路尚在尔。

一、新制，馆阁共置编校八员，本为馆中书籍久不齐整，而馆职多别有差遣，不能专一校正，乃别置此八员。故选新进资浅人，令久任而专一校读，所以先令作编校二年，然后升为校勘，为校勘四年后，升为校理，为校理又一年，方罢编校，别任差遣。然自置编校后，适值馆阁取人之路渐废，今议者遂只以编校为取士新格。往时直馆直院直阁校理，皆无定员，惟材是用，不限人数。今编校限以八员为定，以此待天下之多士，宜其遗材于下矣。八员之内，仍每七年方遇一员之阙而补一人，以此知天下滞材者众矣。

右，以臣愚见编校八员，自可仍旧。每有员阙，令中书择人拟进。陛下必欲牢笼天下英俊之士，则宜脱去常格而奖点之。今负文学、怀器识、磊落奇伟之士，知名于世而未为时用者不少。惟陛下博访审察，悉召而且置之馆职，养育三数年间，徐察其实择其尤者而擢用之。知人自古圣王所难，然不以其难而遂废，但拔十而得一二，亦不为无益矣。况中人上下，养育奖成之不止十得一二也。《欧阳修全集·奏议》卷十八，第903页。

贤良等科廷试设次札子

宋 庠

窃见近者召试制策并武举人于崇政殿，皇帝陛下亲跸，留神永昼，严门异席，程其才略，诚见圣心核真伪、进英豪之审也。然臣以谓有司祗事，失于奏请，苟从便易，乖戾旧章，措置之间，甚不称陛下求贤之意。

伏睹贤良方正苏绅等就试之日，并与武举人杂坐庑下，洎摛辞写卷皆俯伏毡上，自晨至晡，讫无饮食，饥虚劳悴，形于叹嗟，虽仅能成文，可谓薄其礼矣。又况武举人等，才术肤浅，流品混淆，挽弩试射，与兵卒无异。使天子制策之士，并日较能，此又国体之深玷者也。臣窃为朝廷惜之。

臣不敢上引汉唐，以烦省览，仰惟先帝故事，布在耳目，缙绅列位，孰不知之。谨按真宗皇帝凡五策贤良，皆躬御便坐，其举人就试，并于殿廊，张幕为次，垂帘设几，太官赐膳，酒醪茶菽，无不毕供。圣人之心以为张不次之科，待非常之士。所咨者天人之际，所质者古今之宜言。若可行高者，足以和阴阳，跻仁寿；下者足以明利害、观学术。是则所责于人者，若是之重矣；所设之礼，又可以轻乎？势当自然，非苟而已。臣恐有司自今以往待士之礼，因循亡弃，则国家设此举，必无异人。何者？夫士有高才，必有高节，节高礼薄，将耻而不就。其就者，皆轻躁徼倖、先身后义之徒，适足启偷竞之风，玷详延之诏。若执事者，以为人不逮古，文不中程，虚屈至尊，行不急之务，则因而罢之可也。或惜其历代盛王之所重，当世奇才之不乏，则先朝旧礼，庸可废乎？

伏愿申诏，近臣检详旧史，作为定式，付于攸司。今后每试此科，即备陈条件，凡厥供拟关报，所由仍乞。或有武举杂科，不令同日就试，庶拟人于类，有协礼经，仍贯而行，嗣恢世烈，狂言圣择，或补大猷。如允所陈，乞降付中书详议，干黩旒扆，臣无任省循狂瞽、惭惧屏营之至。宋庠撰《元宪集》卷三十一，《四库全书》第1087册，第642~643页。

乞应制科者并听待制以上奏举（题拟）嘉祐二年六月

孙抃

丁巳，诏："朝廷设制科以取天下美异之士，尝以推恩过厚而难其选，故所取不过三二人，甚非所以广详延之路也。其令两制以上同议之。"既而抃等言："太常博士以下至选人、草泽人应制科者，并听待制以上奏举，无得自陈，内草泽人亦许本路转运使奏举。其试文浅陋及履行不如所举，并坐举者。其进用差次，不得引旧例超擢。"从之。《续资治通鉴长编》卷一八六，第13册，第4482页。

上仁宗乞革科举之法令牧守监司举士 庆历元年

富弼

臣伏以取士之道，为国家之大务也。三代、两汉专求行实，是以风俗淳厚，百职修举。隋唐之际，纯用文辞，以篇赋相高，以声誉相尚，公卿将相于是乎出。国朝沿隋唐之制，以进士取人，只采辞华，不求行实，虽间设制举，然大率亦以章句为务。是以择之弥谨，而失之愈疏。且以陛下临御以来计之，积二十年，所得不减三千余人，其间确然为名公巨贤者无几。近日窃见朝廷欲选一二良吏，而终未能得，其故何哉？盖入仕之初，但取空文，不求实才实行之所致也。今天下多事，边鄙未宁，若不求人，将何以济？

求人之本，唯科场最大。科场之法，行之已久，尽革则骇众，不革则乏人。臣欲今后科场考试，以策论为先，校度所放人数，且取其半，余半诏天下诸州，于境内搜访土著之人，自来为乡党所推，或德行纯备，或志节方劲，或学识该敏，或智略详明，或有才可以治民，或知兵可以御敌，如此之类者，仰逐州官吏同共察访，委实应得上项条目，即具名闻奏。仍以州郡大小限其人数，令长吏以礼津遣，年终集于都下，朝廷再加较试，量高下擢用。若举荐不当，明行降黜；或所举得人，则优与酬赏。

昔汉尚书令左雄建明孝廉之法，颁下郡国，是时济阴太守胡广等十余人，皆坐谬举黜免，唯汝南陈蕃、颍川李膺、下邳陈球等三十余人，得拜郎中。自是牧守畏慄，莫敢轻举。东汉得人之盛，唯此为最。伏惟陛下勉而行之，不数年当尽得天下实才实行之士，萃于朝廷，缓急应用，百务俱理，又何患乏人哉？必若行此，取士之数不加，而得人之实则多矣。至于明经选试，尤为无法，乞今后不较字数，专以经中否为格，仍试时务策三道，以定高下。每度所放人数，只取其半，自然得人而不至冗矣。（庆历元年上，时为右正言知制诰。）《历代名臣奏议》卷一六四，第三册，第2165~2166页。

议贡举状

韩 维

右臣伏奉敕命，议考校贡举之法者。臣谨按《周礼》大司徒之职，以乡三物教万民而宾兴之，曰六德，曰六行，曰六艺，所以修身事君，事父母，接兄弟亲戚朋友乡党之道，无不教也。至于射御书数，亦皆时所资用，无非事而为之者，故起而仕之，则其所施设，皆素业也。今之士固未尝教也，而又诱之以华靡无用之文，程之以诵记不讲之言。至于行能，则漫然不省矣，故及其仕也，平居之所先务者，今则无所施矣；前日之所力习者，今则不足用矣。其所以时得贤俊之士而官之者，幸也。今欲讲图善法，以变其习俗，则当先去其无益者，而使就其益者。臣请以五事言之。

一、罢诗赋，更令于所习一大经中（令人通习某经），问大义十道，但以文辞解释，不必全记注疏，取其言典雅，得圣人之意者，通七以上为合格。

一、本设明经，举其所取人数与诸科相通者，亦欲渐诱经生，使习义理之学。而比来中选尚少，盖进士患于不能记诵，诸科患于不能解释。今请少损贴墨之数，以来进士。所放诸科既少，则其翘然者必须力学以趋此举。又诸科试大义常在末场，多是合格人数已定，虽有大义不中程，亦难复黜落。（今试大义条中，有不指义理，而但引注疏，备为通及六分为粗，当更议。）今请稍移大义在前，黜其不通者，则记诵者不得专进，此皆所以儆厉诸科，使渐就明经也。

一、州府军监诸学，每生徒百人以上（生徒数以秋赋就试人为准），特置教授官一员；不及百人，以职官若曹官兼领。（教授官委两制、三馆、国子监官杂举，籍其名，遇其阙则授之。）

一、每当解发，自知州至凡当职官吏，及虽非当职而仕者，及虽不仕而以道艺处乡里者，并应举人，大会州之听事，或学之讲堂，令众评。行义尤异者，以品目高下书为一状（无尤异者听勿举），俟程试定合格人数。如所举人在得中者，升其名于上列，仍以名移南省，试日稍加优异（优异法别当议），殿试亦如之。

一、于常科之外，别开数路，如近岁敦遣之比，其人材系自朝廷所欲得者，临时命科。

凡此皆变旧法之尤无益者，而稍加奖厉之道也。若夫道德贵于朝廷，则下知所慕矣；教化明于太学，则四方有所成矣。惟在陛下与一二执政之臣力行而详处之，则明诏所谓"一道德而奖进人材"，斯无难矣。《历代名臣奏议》卷一六六，第三册，第2205～2206页。

上神宗论制科之士不可以直言弃黜_{熙宁二年十月}

韩　维

臣伏见应贤良方正举孔文仲对策入等，以论时政意异，诏文仲罢归。仰惟陛下，导人使言，一有不合，便行弃黜，此后谁敢有言者！陛下尝嫉言事之人好同流俗，沮败朝廷行事，且行事在审理，审理在合时变，使流言自息，乃为善也。而欲黜责以止之，臣见其无益于行事，有损于治道也。陛下毋以文仲为一贱士而黜之，何损于事。古人于事，常戒微渐。臣恐贤俊由此解体，忠良结舌，阿谀苟合之人得窥其间而竞进，为祸不细。文仲可取而逐，臣恐于文仲未有所损，而其损顾在陛下也。愿改赐处分，以幸天下。（熙宁二年十月上，时为翰林学士，充群牧使。维时被命考试制举人，文仲既绌，维五上章争之。其言益切，遂请便郡，出知襄州。）《宋名臣奏议》卷八十二《儒学门·制科》，第888页。

乞复六科制举奏

鲜于侁

制举诚取士之要，国朝尤为得人。王安石用事，讳人诋訾新政，遂废其科。今方搜罗俊贤，廓通言路，宜复六科之旧。《宋史》卷三四四《鲜于侁传》，第10938页。

论制科

洪舜俞

谨按熙宁三年，知贡举吕公著在贡院中密奏，言天子临轩策士而用诗赋，非举贤求治之意，乞出自宸衷，以谘访治道。至是，上御集英殿，进士初就席，有司犹给礼部韵，及试题出，乃策问也。既而赐叶祖洽以下及第。时韩维、吕惠卿初考策，阿时者多在高等，讦直者多在下等。

臣伏见自乡举里选之法坏，而取士惟虚文是尚。汉策贤良，虽未免以利禄入其心，科别或有未竟，犹不失言扬之意。唐进士得人为盛，特饰章绘句之习工，如日五色，何益世用？国朝策士，初袭唐人词章之旧，至此始以策谘访治道，与汉制科等，其意美矣。然草茅言事，岂能皆若素宦于朝而效忠献直，悉出于爱君忧国之真情？言之当，固不以人废；言之过，亦贵于能容人。君能容过直之言，市骏骨，揖怒蛙，感发作兴之下，孰不以安危治忽之实来告？苟有司喜阿逢而恶讦直，以行上下其手之私，如吕惠卿辈，美意一失，奚以临轩发策为哉？维我仁宗之策，苏辙其言宫中事，过于直，上曰："以直言求人，而以直弃之，天下谓我何？"可谓有大舜之大矣。《历代名臣奏议》卷一七〇，第三册，第2257~2258页。

乞改科条制札子
王安石

伏以古之取士，皆本于学校，故道德一于上，而习俗成于下，其人材皆足以有为于世。自先王之泽竭，教养之法无所本，士虽有美材而无学校师友以成就之，议者之所患也。今欲追复古制以革其弊，则患于无渐。宜先除去声病对偶之文，使学者得以专意经义，以俟朝廷兴建学校，然后讲求三代所以教育选举之法，施于天下，庶几可复古矣。所对明经科欲行废罢，并诸科原额内解明经人数添解进士，及更俟一次科场，不许新应诸科人投下文字，渐令改习进士。仍于京东、陕西、河东、河北、京西五路先置学官，使之教导于南省，所添进士奏名仍具，别作一项，止取上件。京东等五路应举人并府监诸路曾应诸科改应进士，人数所贵，合格者多，可以诱进诸科向习进士科业。如允所奏，乞降敕命施行。王安石《临川文集》卷四十二，《四库全书》第1105册，第319页。

答诏问黜孔文仲事奏
王安石

始，（韩）维等争言文仲不当黜，时会安石奉祠，上以手诏问之，安石答诏曰："陛下患韩维辈出死力争文仲事，臣固疑其如此。文仲诬上不直，以迎合考官不逞之意，若不如圣诏施行，而用考官等第奖擢，则天下有识者必窃笑朝廷听察之不明，而疏远无知者谓陛下所为诚如文仲所言，而比周不逞之人更自以为得计。此臣不敢不奉行圣诏也。今韩维欲出死力争之，若陛下姑息从之，则人主之权坐为群邪所夺，流俗更相扇动，后将无复可以施为。今流俗之人，务在朋党因循，而陛下每欲考功责实，考功责实，最害于朋党因循，则其欲挠陛下之权，固宜如此。陛下诚能深思熟计，以静重持之，俟其太甚，然后御之以典刑，则小人知畏而俗亦当渐变矣。其详，乞俟臣祠事罢人见奏论。"文仲竟坐黜。（林希《野史》："孔文仲对制策，悉及时事，切直无所回避，其语惊人。初，考官宋敏求、蒲宗孟署三等上，覆考官王珪、陈睦畏避，只署四等，详定官王存、韩维定从初考。故事推恩当得京官签判，有怒其斥已者，自吕陶等皆推恩，惟文仲特绌，下流内铨遣还本任，中外大惊。既而，召其弟武仲为直讲，辞不赴，怒者益甚。召其父延之为开封推官，畏不敢来，乞外郡，得越州。以盐课最亏，卢秉劾延之违背新法，已移宣州，特冲替。"按希所云，武仲、延之辞召事当考。）《续资治通鉴长编》卷二一五，第5246~5247页。

上田正言书（二首）

王安石

一

正言执事：某五月还家，八月抵官，每欲介西北之邮布一书，道区区之怀，辄以事废。杨，东南之吭也，舟舆至自汴者，日十百数，因得问汴事，与执事息耗甚详。其间荐绅道执事介然立朝，无所跛倚，甚盛，甚盛！顾犹有疑执事者，虽某亦然。某之学也，执事诲之；进也，执事奖之。执事知某不为浅矣，有疑焉不以闻，何以偿执事之知哉？初，执事坐殿庑下，对方正策，指斥天下利害，奋不讳忌。且曰：愿陛下行之，无使天下谓制科为进取一途耳。方此时，窥执事意，岂若今所谓举方正者猎取名位而已哉？盖曰：行其志云尔。今联谏官，朝夕耳目天子行事，即一切是非，无不可言者。欲行其志，宜莫若此时。国之疵、民之病亦多矣，执事亦抵职之日久矣。向之所谓疵者，今或痤然若不可治矣；向之所谓病者，今或痼然若不可起矣。曾未闻执事建一言寤主上也，何向者指斥之切而今之疏也？岂向之利于言而今之言不利邪？岂不免若今之所谓举方正者，猎取名位而已邪？人之疑执事者以此。为执事解者，或造辟而言，诡辞而出，疏贱之人奚遽知其策哉？是不然矣。《传》所谓"造辟而言"者，乃其言则不可得而闻也，其言之效，则天下斯见之矣。今国之疵、民之病，有滋而无损焉，乌所谓言之效邪？复有为执事解者曰："盖造辞而言之矣，如不用何？"是又不然。臣之事君，三谏不从则去之，礼也。执事对策时，常用是著于篇。今言之而不从，亦当不翅三矣。虽惓惓之义，未能自去。孟子不云乎，"有言责者，不得其言则去"。盍亦辞其言责邪？执事不能自免于疑也，必矣。虽坚强之辩，不能为执事解也。乃如某之愚，则愿执事不矜宠利，不惮诛责，一为天下昌言，以寤主上；起民之病、治国之疵，蹇蹇一心，如对策时。则人之疑不解自判矣。惟执事念之，如其不然，愿赐教答。不宣。

二

某闻公卿大夫，才名与宠，兼盛于世，必有大功以宜之，否则君子执之。执事姿略颖然出常士之表，应进士中甲科，举方正为第一。将朝通举刺史事，又陈善策，得玺书召，名与宠，不已兼盛于世邪？所未较著者功尔。本朝太祖武靖天下，真宗文持之，今上接祖宗之成，兵不释繋者，盖数十年，近世无有也。所当设张之具，犹若阙然。重以羌酋梗边，主上方览众策以济之，天下举首戴目，属心执事者，难以一二计。为执事议者曰：朝廷藉不吾以宜，且自赞以植显效，酬天下属己之意，矧上惓惓然命之乎？此固策大功之会也。抑闻之，峣峣者易缺，皦皦者易污，执事才名与宠，可谓易污、易缺者，必若策大功适足宜之而已，可无茂邪？恭惟旦暮辅佐天子秉国事，修所当设张之具，复边人于安，称主上所以命之之意，使天下举首戴目者，盈其愿而退，则后世之书，可胜传哉。董仲舒有是才名，顾不获此宠；公孙季有此宠，不成此功。有此宠而成此功者，宜在执事，不宜在它。草鄙之人，不达大谊，辱奖训之厚，敢不尽愚。王安石《临川文集》卷七十六，《四库全书》第1105册，第632~633页。

上仁宗皇帝言事书

王安石

臣愚不肖，蒙恩备使一路，今又蒙恩召还阙廷，有所任属。而当以使事归报陛下，不自知其无以称职，而敢缘使事之所及，冒言天下之事。【略】

方今取士，强记博诵而略通于文辞，谓之茂才异等、贤良方正。茂才异等、贤良方正者，公卿之选也。记不必强，诵不必博，略通于文辞而又尝学诗赋，则谓之进士。进士之高者，亦公卿之选也。夫此二科所得之技能，不足以为公卿，不待论而后可知。而世之议者，乃以为吾常以此取天下之士，而才之可以为公卿者常出于此，不必法古之取人而后得士也，其亦蔽于理矣。先王之时，尽所以取人之道，犹惧贤者之难进，而不肖者之杂于其间也。今悉废先王所以取士之道，而殴天下之才士，悉使为贤良、进士，则士之才可以为公卿者，固宜为贤良、进士，而贤良、进士亦固宜有时而得才之可以为公卿者也。然而不肖者，苟能雕虫、篆刻之学，以此进至乎公卿，才之可以为公卿者困于无补之学，而以此黜死于岩野，盖十八九矣。夫古之人有天下者，其所以慎择者，公卿而已。公卿既得其人，因使推其类以聚于朝廷，则百司庶物无不得其人也。今使不肖之人幸而至乎公卿，因得推其类聚之朝廷，此朝廷所以多不肖之人，而虽有贤智，往往困于无助，不得行其意也。且公卿之不肖，既推其类以聚于朝廷；朝廷之不肖，又推其类以备四方之任使；四方之任使者，又各推其不肖以布于州郡。则虽有同罪举官之科，岂足恃哉？适足以为不肖者之资而已。其次，九经、五经、学究、明法之科，朝廷固已尝患其无用于世，而稍责之以大义矣。然大义之所得，未有以贤于故也。今朝廷又开明经之选，以进经术之士，然明经之所取亦记诵而略通于文辞者，则得之矣；彼通先王之意而可以施于天下国家之用者，顾未必得与于此选也。【略】王安石《临川文集》卷三十九，《四库全书》第1105册，第281~294页。

论荐士求直言疏

郑獬

臣闻举天下之事者，不患乎知不及，而常患乎力不足。力不足则举而不胜，其势必屈。故知之而不能穷天下之理，必任群力而举之，兹所以汲汲而求贤也。

自陛下即位以来，未闻卓然褒进一贤者，天下之事犹如前日，而欲起太平之治者，难矣。然陛下深拱九重，固未能周知群臣之能否。夫天子所以寄耳目者，公卿大夫也。公卿大夫日与庶官接，宜熟知其所为，其下固有豪伟非常之士而未奋者。臣愿陛下降明诏，俾按察官及两制正刺史以上，各许特荐文武官之有才能者，举如不实，令御史劾奏，请论以法。如此，则宜得实才。陛下按其籍，眡其所举者众，则兹人必有过人者。美官有缺，因而次补之；绩效既明，则又显擢之。不下席，天下之贤能积于此矣！

臣又闻天下之事无穷，虽尧舜之明而欲尽无穷之事，臣知其必殆。然卒所以能为尧舜者，以其能兼听无穷之言也。事机出于彼，群言会于此，虽至深至隐，皆可罗列而陈于前矣。《传》曰：舜好问，其弗信己乎？臣亦愿陛下降明诏，许中外臣僚、草莱之士皆得上封事，极言无讳。陛下总群策而处之，则明彻乎万里之外矣，岂惟得言哉？又将以得士矣。言如诣理，或可赐对，柔颜怿色，以索其所蕴，则天下之才何逃乎？

二者皆陛下基命之初急务也，如可施用，则乞付翰林草诏，中书具为条约。诏下之日，必有畜才而待用者翘然而出矣。敢冀陛下留意。郑獬《郧溪集》卷十一，《四库全书》第1097册，第218页。

论举遗逸状

郑 獬

臣伏见日者尝诏诸郡敦遣遗逸之士致之阙下者，盖二十余人，覆试秘阁，皆命之以官。于时猥有谬举者，士论哗沸，于是不获再举。

古之荐士，以谓拔十失五，犹得其半。向之所失，未至十五，而遽以浮言罢之。夫所举谬则宜坐举者，今释举者不问而并以罢荐士，是岂理邪？今间年以进士擢第者二百余人，其所失者不为不少矣，而士大夫不以为怪，一为敦遣而疵谤百出。盖进士习熟之久，而敦遣特起于一日，此论者未足以为轻重，而亦有娼嫉者间之也。

臣以为敦遣者，正所以兼收并采，网罗遗滞者也，不宜因而就废。臣欲乞复置此科，而稍为增损。盖孔子为政，必先正名。汉之聘士，不应召者，则令敦遣就道，岂有朝入科场，暮为敦遣者哉？宜正其名，谓之举遗逸。间岁随科场发解后，有不预荐者，开封国学及诸路举一人。又至礼部奏名后，有不预荐者，许主文共举五人。并至御试时，试策三两道，中第者别为一榜，命官入仕，则与正进士同。如以为岁增中第者差多，则却乞于进士数内减不合格者二十人以均之。庶几郡县豪俊，不至遗于草莱矣。伏望圣慈，特令近臣参定施行。郑獬《郧溪集》卷十二，《四库全书》第1097册，第225页。

论求遗逸状

郑 獬

臣两奉诏音，俾推举可任繁剧及过累沉废之士，此陛下思得天下贤豪，并采而并用，欲使朝廷内外遂无遗材，真帝王之举也。然犹有未及者，盖亦有布衣士，奇材异行，逸于网罗之外，则不宜遂阔略而不收。臣欲乞陛下复诏两府及内外大臣自待制以上，武臣自观察使以上，各举一人，转运使、提刑狱于本路各举一人。其所举不须专名一行，或经术博通，或节义明著，或智谋足以达事变，或辞学足以通古今，或高才不羁而有负俗之累，或隐德自晦而鲜当世之誉，至于兵钤武略纵横之家，咸得以闻。俾荐者明言其所长，候到京师，则各随其所长而试之，量其高下而授之官，无能者赐以束帛而罢。或有谬举，则令御史弹奏。如此，则草莱之间又见得遗士矣。比之策试方略，则为清举。如愚言可采，幸陛下行之。郑獬《郧溪集》卷十二，《四库全书》第1097册，第225～226页。

应制举上诸公书

吕　陶

陶闻之圣人之所谓道者，以简易为宗，以该天下之理，以仁义为用，以成天下之务，非幽远而难明，阔疏而难施，汗漫而不可考信。自微言既息，章句之学，随流而兴，百家异骛，众说殊骋，各习其师，忘失统要。故为《易》者，不穷天地之本始，变化之至神，以推迹于人事，而务言上下无二经之异，《系辞》非仲尼之作。为《诗》者，不究风俗之代变，王道之初终，以参验于治体，而好议《商》、《鲁》二颂之不同，毛、郑两解之小异。为《春秋》者，不考刑赏之大原，权制善否，一归皇极，而争辨日月之为例，五始七等之成文。为《书》者，不取君臣上下都俞告戒之义，而令施设之体要，而竞论武成之不可尽信，《秦》、《费》二誓之不当作。有释数字之文至数十万言，而是非无所处正，求以援世率民，又天下国家之大略，盖阙如也。

昔者尧舜之盛，崇冠百王，而《书》称其大，乃曰："顺考古道而行。"傅说戒于商宗，则亦曰："师古，以克永世。"孟轲皇皇战国，开说诸侯，然非二帝三王仁义之语，未尝辄道。摅此而论，则君臣之际，舍斯文要道，安所稽法，以全适治之具哉？是以二汉硕儒若董仲舒、倪宽、公孙弘、夏侯胜、隽不疑、伏湛、侯霸、鲁恭、郑兴、桓荣之徒，皆以经术博强，果于适用，其转导世主，推明治统，建大议，施远业，率有考据，不悖于三纲五常之分义；若持权衡，按绳墨，以审万物之轻重曲直，而毫忽莫敢欺也。永惟圣人立教贻训之心则既如彼，君臣之际师经式道则又宜如此，而学不执六经之用，以酬世务之变，乃放肆纷纭，乐为衍说，而滋破碎之害，深足惜焉！

抑又闻哲人志士之所存，不以难俗为高，求全于世而已。盖仁以为任远而逾励，大则欲恢隆先务，以跻至治之极；小则欲举偏补弊，以便安于一时故也。然三代之盛时，皆出于圣人经营创业之法，足以维持百世。是故井地以授民，什一以定赋，而天下之人食足；九赋以待用，九成以均节，而天下之财丰；制乡遂以为六师，农隙则教战，而天下之兵强；自家党以上至于国都，皆立学以训导，而天下之士得其素养；六卿率属，辅昌王治，中外之务必举，而天下之官无倖位。凡所以用于政教者，皆可循而守之，其贤智才能之人，惟在辨事，而不复有加损废置之作。

追夫而汉之兴，皆丧乱之极，三代之宏规大范，盖无存者。其君臣之计议，多出于一时之苟简，而百度未俱，不足为后世之袭用。及其弊生变起，则贤人君子裁量揆叙而为之策。是以七国交峙，而外有尾大之衅，反者将起，则晁错献削地之说，以弱诸侯而强王室。百姓背本而趋末者众，淫侈之俗日长，而财用大蹙，则贾谊陈务农之计，欲驱游首而归之南亩，以广储积。兼并之路不塞，而富室拥资巨万，贫弱愈困，则仲舒贡限田之议，以检过制而补不足。牧人之吏屡见罢易，而生民不能绥静，则朱浮申苛察之戒，欲久其职，俾人服从上教。选举失实，贤不肖混乱，而无以协宣风教，则左雄抗限年之请，以考练名实，要之得人而任。刑烦禁密，世主以峻政为威，而元元陷于惨暴，则陈宠上蠲法之疏，愿除其溢于甫刑者，以应经中礼而济群生。凡为是者，大概缀缉缺漏，技技倾邪，随形裁制，则措斯民于康靖之域而已也。

抑又闻圣人之政，皆切致治而不能无弊；学者之言，务好陈文而未必可以适用。以不足适用之言，陈不能无弊之政，则华崇浮胜，而事非根切，岂所谓有补于世哉？昔汉文以恭俭治天下，号为隆平，朝廷无大过，边鄙无大忧，天道地化无大变异，生民无大失职。然而献书者以为可痛哭，可流涕，可长太息，背理伤道，难遍以疏举，岂当时之势诚尔耶？盖亦激于忠愤，力为切直可畏之语，冀以感悟人生之意故也。

陶尝读六经，探索要归，舍章句之习，而务以简要明切为之本统。又尝历览旧史，窃迹近事，考究古今得失盛衰、治乱安危之变，而仅有得者，乃言而笔之。不溺于侈辞夸说，以求工于文，而庶几焉一有以资治理之用。治平中，知者谓其可塞天子直言之诏，采而闻诸朝，验于今日，则时异事变，而畴昔之论，多无取矣。然犹勉劢区区，欲求合于科举之式度者，盖知其指归也。

恭惟阁下德业文章之懿，充积于中，辉光于外。以二帝三王之道献告吾君，讲修国具，以幸万世，抟收天下之材而耀乎器任，俾尽其用，安以一介为微而不见录于左右哉！《诗》曰，"菁菁者莪，在彼中阿"，言君子长育人材，则天下喜乐而咏歌之矣。又曰，"先民有言，询于刍荛"，言古之贤者谋及匹夫，而取其善也。夫二《雅》之奥训，皆明哲之所履蹈，以完其事业。陶固不足被长育之赐，亦庶乎先民之询者矣！惟阁下一与之进。幸甚幸甚！吕陶《净德集》卷十，《四库全书》第1098册，第78～80页。

又应制举上诸公书

吕　陶

陶尝读旧史，以穷治乱之变，而察夫仁人志士之所存，盖亦见其略矣。昔汉文以恭俭治天下，号为安平，朝廷无大过，边鄙无大忧，天道地化，无大灾变，生民无大失职。然而贾谊献书，以为事弊可为病哭者一，可为流涕者二，可为长息者三，背理伤道者，难遍以疏举。岂当时天下之势，诚若是哉？盖谊之心发于忠愤，务为切直可畏之语，欲以感悟人主之意故也。既而文帝亦深听纳，养臣下有节，封诸王有制。至于唐文宗承长庆皆惰之政，百度弛废，威令困弱，国体不完，然有意于太平之事，一日燕见，询于朝臣，牛僧孺以为太平无象，且曰："令四夷不交侵，百姓不流散，上无淫虚，下无怨讟，私室无强家，公议无壅滞，虽未至理，亦是小康。"岂当时天下之势，诚若是哉？盖僧孺之心，不能勉于有为，徒伺上意为顺悦之言，取容而已故也。既而王室之政，委坠不振，深足惜焉。

今夫人之疾恙，虽感于外，而未为腹心之疴，扁鹊、仓公望而督之以孟治者，其人必有忠惧修慎之思，而庶以就愈也。及其有腹心之疴，而庸医告之曰无伤者，是速其死之说也。治安之时，政亦有弊，如疾之感于外也，谓其未至于沉疴，而不为是惊世动俗之论，以开其视听，使之恐惧修慎以就愈，及其势几于亡，而犹告曰无伤者，非扁鹊、仓公之用心，乃庸医之为术也。以汉唐之迹推二子之言，则是非炳然矣。君臣之际，治乱安危之理，乌可以苟于言乎？

国家设科以延天下方正者，欲听其言也，不独欲听其言，而欲用其道也。士之存志而求以塞诏者，非夺以禄利而为美仕之阶也。天灾地异有谴告，人道物理有危微，纪纲有废缺，风化有流弊，德泽不养而伤忠厚之政，体要不辨而败盈成之功，皆世之大患而不可顾望隐避也。

陶惓惓于此久矣，材下虑浅，信道未笃，固不足以承天下而谋王治也。惟明公谅其言之不苟，而亦与之进，则亦庶几治朝询于荛，而君子乐育人材之道欤！吕陶《净德集》卷十，《四库全书》第1098册，第80~81页。

议学校贡举状
苏　轼

熙宁四年正月某日，殿中丞直史馆判官告院苏轼状奏：准敕讲求学校贡举利害，今臣等各具议状闻奏者。

右臣伏以得人之道，在于知人，知人之法，在于责实。使君相有知人之才，朝廷有责实之政，则胥史皂隶，未尝无人，而况于学校贡举乎？虽因今之法，臣以为有余。使君相无知人之才，朝廷无责实之政，则公卿侍从，常患无人，况学校贡举乎，虽复古之制，臣以为不足矣。

夫时有可否，物有废兴，方其所安，虽暴君不能废。及其既厌，虽圣人不能复。故风俗之变，法制随之。譬如江河之徙移，顺其所欲行而治之，则易为功，强其所不欲而复之，则难为力。使三代圣人复生于今，其选举养才，亦必有道矣，何必由学。且天下固尝立学矣，庆历之间，以为太平可待，至于今日，惟有空名仅存。今陛下必欲求德行道艺之士，责九年大成之业，则将变今之礼，易今之俗，又当发民力以治宫室，敛民财以食游士，百里之内，置官立师，狱讼听于是，军旅谋于是。又当以时简不率教者，屏之远方，终身不齿，则无乃徒为纷乱，以患苦天下耶？若乃无大变改，而望有益于时，则与庆历之际何异。故臣以谓今之学校，特可因循旧制，使先王之旧物不废于吾世，足矣。

至于贡举之法，行之百年，治乱盛衰，初不由此。陛下视祖宗之世贡举之法，与今为孰精？言语文章，与今为孰优？所得文武长才，与今为孰多？天下之事，与今为孰办？较此四者，而长短之议决矣。今议者所欲变改，不过数端。或曰乡举德行而略文章；或曰专取策论而罢诗赋；或欲举唐室故事，兼采誉望，而罢封弥；或欲罢经生朴学，不用贴、墨，而考大义。此数者皆知其一，不知其二者也。

　　臣请历言之。夫欲兴德行，在于君人者修身以格物，审好恶以表俗，孟子所谓"君仁莫不仁，君义莫不义"，君之所向，天下趋焉。若欲设科立名以取之，则是教天下相率而为伪也。上以孝取人，则勇者割股，怯者庐墓。上以廉取人，则弊车羸马，恶衣菲食。凡可以中上意，无所不至矣。德行之弊，一至于此乎！自文章而言之，则策论为有用，诗赋为无益，自政事言之，则诗赋、策论均为无用矣。虽知其无用，然自祖宗以来莫之废者，以为设法取士，不过如此也。岂独吾祖宗，自古尧舜亦然。《书》曰："敷奏以言，明试以功。"自古尧舜以来，进人何尝不以言，试人何尝不以功乎？议者必欲以策论定贤愚、决能否，臣请有以质之。近世士大夫文章华靡者，莫如杨亿，使杨亿尚在，则忠清鲠亮之士也，岂得以华靡少之；通经学古者，莫如孙复、石介，使孙复、石介尚在，则迂阔矫诞之士也，又可施之于政事之间乎？自唐至今，以诗赋为名臣者，不可胜数，何负于天下，而必欲废之！近世士人纂类经史，缀缉时务，谓之策括，待问条目，搜抉略尽，临时剽窃，窜易首尾，以眩有司，有司莫能辨也。且其为文也，无规矩准绳，故学之易成；无声病对偶，故考之难精。以易学之士，付难考之吏，其弊有甚于诗赋者矣。唐之通榜，故是弊法。虽有以名取人，厌伏众论之美，亦有贿赂公行，权要请托之害，至使恩去王室，权归私门，降及中叶，结为朋党之论，通榜取人，又岂足尚哉。诸科举取人，多出三路。能文者既已变而为进士，晓义者又皆去以为明经，其余皆朴鲁不化者也，至于人才，则有定分，施之有政，能否自彰，今进士日夜治经传，附之以子史，贯穿驰骛，可谓博矣，至于临政，曷尝用其一二，顾视旧学，已为虚器，而欲使此等分别注疏，粗识大义，而望其才能增长，亦已疏矣。

　　臣故曰：此数者皆知其一，而不知其二也。特愿陛下留意其远者大者。必欲登俊良，黜庸回，总览众才，经略世务，则在陛下与二三大臣，下至诸路职司与良二千石耳，区区之法何预焉。然臣窃有私忧过计者，敢不以告。昔王衍好老庄，天下皆师之，风俗凌夷，以至南渡。王晋好佛，舍人事而修异教，大历之政，至今为笑。故孔子罕言命，以为知者少也。子贡曰："夫子之文章，可得而闻也，夫子之言性与天道，不可得而闻也。"夫性命之说，自子贡不得闻，而今之学者，耻不言性命，此可信也哉！今士大夫至以佛老为圣人，鬻书于市者，非庄、老之书不售也。读其文，浩然无当而不可穷；观其貌，超然无著而不可捉。岂此真能然哉？盖中人之性，安于放而乐于诞耳。使天下之士，能如庄周齐死生，一毁誉，轻富贵，安贫贱，则人主之名器爵禄，所以励世摩钝者，废矣。陛下亦安用之，而况其实不能，而窃取其言以欺世者哉！臣愿陛下明敕有司，试之以法言，取之以实学。博通经术者，虽朴不废；稍涉浮诞者，虽工必黜。则风俗稍厚，学术近正，庶几得忠实之士，不至蹈衰季之风，则天下幸甚。谨录奏闻，伏候敕旨。孔凡礼点校《苏轼文集》卷二十五，中华书局1986年，第723～725页。

应制举上两制书

苏 轼

轼闻古者有贵贱之际，有圣贤之分。二者相胜而不可以相参，其势然也。治其贵贱之际，则不知圣贤之为高；行其圣贤之分，则不知贵贱之为差。昔者子思、孟轲之徒，不见诸侯而耕于野，比闾小吏一呼于其门，则摄衣而从之。至于齐、鲁千乘之君，操币执贽，因门人以愿交于下风，则闭门而不纳。此非苟以为异而已，将以明乎圣贤之分，而不参于贵贱之际。故其摄衣而从之也，君子不以为畏；而其闭门而拒之也，君子不以为傲。何则？其分定也。士之贤不肖，固有之矣。子思、孟轲，不可以人人而求之，然而贵贱之际，圣贤之分，二者要以不可不知也。世衰道丧，不能深明于斯二者而错行之，施之不得其处，故其道两亡。

今夫轼，朝生于草茅尘土之中，而夕与于州县之小吏，其官爵势力不足较于世，亦明矣。而诸公之贵，至与人主揖让周旋而无间，大车驷马至于门者，逡巡而不敢入。轼也，非有公事而辄至于庭，求以宾客之礼见于下执事，固已获罪于贵贱之际矣。虽然，当世之君子，不以其愚陋，而使与于制举之末；朝廷之上，不以其疏贱，而使奏其狷狂之论。轼亦自忘其不肖，而以为是两汉之主所孜孜而求之，亲降色辞而问之政者也。其才虽不足以庶几于圣贤之间，而学其道，治其言，则所守者其分也。是故踽踽然而来，仰不知明公之尊，而俯不知其身之贱。不由绍介，不待辞让，而直言当世之故，无所委曲者，以为贵贱之际，非所以施于此也。

轼闻治事不若治人，治人不若治法，治法不若治时。时者，国之所以存亡，天下之所最重也。周之衰也，时人莫不苟偷而不立，周虽欲其立而不可得也，故周亡。秦之衰也，时人莫不贪利而不仁，秦虽欲其仁而不可得也，故秦亡。西汉之衰也，时人莫不柔懦而谨畏，故君臣相蒙而至于危。东汉之衰也，时人莫不矫激而奋厉，故贤不肖不相容，以至于乱。夫时者，岂其所自为邪？王公大人实为之。轼将论其时之病，而以为其权在诸公。诸公之所好，天下莫不好；诸公之所恶，天下莫不恶。故轼敢以今之所患二者，告于下执事。其一曰：用法太密而不求情。其二曰：好名太高而不适实。此二者，时之大患也。

何谓用法太密而不求情？昔者天下未平而法不立，则人行其私意，仁者遂其仁，勇者致其勇，君子小人莫不以其意从事，而不困于绳墨之间，故易以有功，而亦易以乱。及其治也，天下莫不趋于法，不敢用其私意，而惟法之知。故虽贤者所为，要以如法而止，不敢于法律之外，有所措意。夫人胜法，则法为虚器；法胜人，则人为备位。人与法并行而不相胜，则天下安。今自一命以上至于宰相，皆以奉法循令为称其职，拱手而任法，曰，吾岂得自由哉！法既大行，故人为备位。其成也，其败也，其治也，其乱也，天下皆曰非我也，法也。法之弊岂不亦甚矣哉。昔者汉高之时，留侯为太子少傅，位于叔孙之后,而周昌亦自御史大夫为诸侯相,天下有缓急,则功臣左迁而不怨。此亦知其君臣之欢,不以法而相持也。今天下所以任法者,何也?任法生于自疑,自疑生于多私。惟天下之无私,则能于法律之外,有以效其智。何则?其自信明也。夫唐永泰之间,奸臣执政,政以贿成,德宗发愤而用常衮,衮一切用法,四方奏请,莫有获者。然天下否塞,贤愚不分,君子不以为能也。崔祐甫为相,不至朞年,而除吏八百,多其亲旧。或者以为讥,祐甫曰:"不然,非亲与旧,则安得而知之?顾其所用如何尔?"君子以为善用法。今天下泛泛焉莫有深思远虑者,皆任法之过也。

何谓好名太高而不适实?昔者圣人之为天下,使人各效其能以相济也。不一则不专,不专则不能。自尧舜之时,而伯夷、后夔、稷、契之伦,皆不过名一艺办一职以尽其能,至于子孙世守其业而不迁。夔不敢自与于知礼,而契不敢自任于播种。至于三代之际,亦各输其才而安其习,以不相犯躐。凡《书》《传》所载者,自非圣人,皆止于名一艺办一职,故其艺未尝不精,而其职未尝不举,后世之所希望而不可及者,由此故也。下而至于汉,其君子各务其所长,以相左右,故史之所记,武、宣之际,自公孙、魏邴以下,皆不过以一能称于当世。夫人各有才,才各有小大。大者安其大,而无忽于小;小者乐其小,而无慕于大。是以各适其用,而不丧其所长。及至后世,上失其道,而天下之士皆有侈心,耻以一艺自名,而欲尽天下之能事。是故丧其所长,而至于无用。今之士大夫,其实病此也。仕者莫不谈王道,述礼乐,皆欲复三代,追尧舜,终于不可行,而世务因以不举。学者莫不论天人,推性命,终于不可究,而世教因以不明。自许太高,而措意太广。太高则无用,太广则无功。是故贤人君子布于天下,而事不立。听其言,则侈大而可乐;责其效,则汗漫而无当。此皆好名之过。

深惟古之圣贤,建功立业,兴利捍患,至于百工小民之事,皆有可观,不若今世之因循卤莽,其故出于此二者欤?

伏惟明公才略之宏伟,度量之宽厚,学术之广博,声名之炜烨,冠于一时,而振于百世。百世之所望而正者,意有所向,则天下奔走而趋之,则其愍时忧世之心,或有取于斯言也。轼将有深于此者,而未敢言焉。不宣。轼再拜。孔凡礼点校《苏轼文集》卷四十八,中华书局1986年,第1390~1393页。

论御试策题札子二首

苏　辙

一

臣伏见御试策题历诋近岁行事,有欲复熙宁、元丰故事之意。臣备位执政,不敢不言。然臣窃料陛下本无此心,其必有人妄意陛下牵于父子之恩,不复深究是非,远虑安危,故劝陛下复行此事。此所谓小人之爱君,取快于一时,非忠臣之爱君,以安社稷为悦者也。

臣窃观神宗皇帝以天纵之才，行大有为之志，其所设施，度越前古，盖有百世而不可变者矣。臣请为陛下指陈其略。先帝在位近二十年，而终身不受尊号；裁损宗室，恩止袒免，减朝廷无穷之费；出卖坊场，雇募衙前，免民间破家之患；罢黜诸科诵数之学，训练诸将慵惰之兵；置寄禄之官，复六曹之旧；严重禄之法，禁交谒之私；行浅攻之策，以折西戎之狂；收六色之钱，以宽杂役之困；其微至于设抵当，卖熟药：凡如此类，皆先帝之圣谟睿算，有利无害，而元祐以来，上下奉行，未尝失坠者也。至如其他，事有失当，何世无之？父作之于前，而子救之于后，前后相济，此则圣人之孝也。昔汉武帝外事四夷，内兴宫室，财赋匮竭，于是修盐铁、榷酤、平准、均输之政，民不堪命，几至大乱。昭帝委任霍光，罢去烦苛，汉室乃定。光武、显宗以察为明，以谶决事，上下恐惧，人怀不安。章帝即位，深鉴其失，代之以宽。岂弟之政，后世称焉。及我本朝，真宗皇帝右文偃革，号称太平，而群臣因其极盛为天书之说。章献明肃太后临御，览大臣之议，藏书梓宫，以泯其迹。及仁宗听政，亦绝口不言，天下至今韪之。英宗皇帝自藩邸入继，大臣过计，创濮庙之议，朝廷为之汹汹者数年。及先帝嗣位，或请复举其事，寝而不答，遂以安靖。夫以汉昭、章之贤，与吾仁宗、神宗之圣，岂其薄于孝敬而轻事变易也哉？盖事有不可不以庙社为重故也。是以子孙既获孝敬之实，而父祖不失圣明之称，此真明君之所务，不可与流俗议也。

臣不胜区区，愿陛下反复臣言，慎勿轻事改易。若轻变九年已行之事，擢任累岁不用之人，人怀私忿，而以先帝为词，则大事去矣。臣不胜忧国之心，冒犯天威，甘俟谴责。取进止。苏辙撰，曾枣庄、马德富校点《栾城后集》卷十六，上海古籍出版社1987年，第1346~1348页。

二

臣近以御试策题有欲复熙宁、元丰故事之意，寻具札子论先帝所行善政，见今遵行者自已非一，其间事有过差，元祐以来随宜修改以安天下者，正是子孙孝敬之义。未审陛下以臣言为然否？

臣窃观自陛下亲政于今已是半年，臣等日侍清光，若圣意诚谓先帝旧政有不合改更，自当宣喻臣等，令商议措置。今自宰臣以下未尝略闻此言，而忽因策问进士宣露密旨，中外闻者，莫不惊怪。譬如家人父兄，欲有所为，子弟有不预知，而亟与行路谋之，可乎？臣闻两喜必有溢美之言，两怒必有溢恶之言。喜怒不忘于心，而以议天下之政，必有过甚而不平者。朝廷虽有今昔之异，其实一家，欲有所为，当爱惜事体，岂可如仇雠之相反惟患不速也哉？顷者元祐之初，初议改更，亦未免此病，故役法一事，随改随复，数年而后稍定。臣于此时初为谏官，后为御史，每言差役不可尽行，而河流不可强遏，上下顾望，终不尽从。陛下以此察之，臣非私元祐之政也。盖知事出匆遽，则民受其病耳。议者诚谓元丰之事有可复行，而元祐之政有所未便，臣愿陛下明诏臣等，公共商议，见其可而后行，审其失而后罢，深以生民社稷为意，勿为此匆匆，则天下之幸也。取进止。

贴黄：臣窃见章惇昔任枢密使，与司马光争论役法，其言有曰："免役之法，利害相杂。"又曰："见行役法，今日自合改更。"又曰："自行免役，所遣使者，不能体先帝爱民之意，差役旧害虽已尽去，而免役新害随而复生。今日正是更张修完之时。"又曰："凡改更政事，固有不可缓者，有可以缓者。如京东、西保马，缓一日则民间有一日之害，此不可缓者也。如役法岁月之间改更了当，诚不为缓。"陛下谓惇岂欲破坏元丰故事者哉？而言犹若此，则元祐改更诚不为过矣！苏辙撰，曾枣庄、马德富校点《栾城后集》卷十六，上海古籍出版社1987年，第1348～1349页。

乞十科外增才堪治人能拨烦一科奏 元祐元年七月

上官均

臣窃见前日敕令太中大夫、谏议、待制以上，每岁以十科荐士。兹见陛下博收群才，因能任官之意。

自三代以来，设官分职，虽多寡不同，然取人大要不过或以德行、言语、政事、文学而已。今以十科取人，其于德行、言语、政事、文学之选，固已兼取。然论政事，止于治财赋、听狱讼、断请谳三事而已。窃恐政事之目，有所未尽。何则？能治财赋者，未必长于听狱；能听狱者，未必长于断谳；能行三者，未必宽信敏惠，足以长人。今之所谓长人之官者，守令是也。今之守令，虽有累岁月用荐举阙升之法，然至于剧郡大邑，若止循资序，不加选择，恐未必得人，有伤士败材之弊。

不独如是。自比年以来，郡县考课之法，文具而不行，未闻擢一良守，进一贤令，以耸动天下。故郡县之吏，亦务为碌碌细谨，守绳墨、治簿书、督租赋而已，未闻谆谆慈良，以治人为务。盖自非豪杰自信之士，未有不待赏而后劝也。若褒赏不加，荐举不及，天下守令长于理剧者，岂复有亹亹乐进之心哉？臣欲乞于十科外，更益以才堪治人能拨烦者，别为一科，剧郡大邑有阙，因以除授。如此，则人无遗才，而天下之守令莫不劝矣。守令劝，则郡县之政理，天下之民被朝廷之德泽，而太平之功立矣。《历代名臣奏议》卷一六七，第三册，第2213页。

再乞十科外增才堪治人能拨烦一科奏 元祐元年八月

上官均

臣昨于七月二十二日，尝具奏论太中大夫、谏议、待制以上，每岁以十科荐士外，更益以才堪治人能拨烦者别为一科，至今未蒙施行。

臣窃以为治天下之道，以民为本，朝廷之政令、法度加于四方者，莫不在民，而治民之亲者，实在守令之能否。守令能否，实系政令之废举，生民之休戚。自汉及唐，号为至治者,如孝宣、太宗、明皇,未尝不孜孜选任,以守令为急。当是之时,德泽流畅,远近乂安,无疾苦愁叹之声者,诚郡县得人之助也。今天下列郡三百,为县千余,其守令治绩章章可称者,罕见其人,则朝廷德泽之壅阏,远近民庶之未安,盖有由矣。

兹岂人材之不迨曩昔耶?由奖劝选任之术未至耳。奖劝之术无他,在夫使贵臣荐之,而朝廷旌用之而已。彼天下之士大夫,虽均为守令,有以才见称,为达官之荐,使治剧郡大邑,则才者乐于在上之见知,而四方之守令,莫不观望而劝进。故荐举拔用不过数十,而天下郡县之吏靡然向风矣。不过数十年,而天下之良守贤令彬彬布于州邑,远近之民,岂忧不治哉?又郡县之政,讼有听断,听断有得失;民有赋役,赋役有当否。至于政有宽猛,狱有繁简,民有喜怒,守令之能否较然?彼荐举之官,恐有不称之责,且不敢妄荐,则荐举不得人,非所患也。今以十科荐士,下至理财、断狱、请谳,皆得预选,彼宽厚明敏,长于治人者,独不备数,郡县之吏必以为朝廷轻守令之选,而不以民事为重也。夫赏之则劝,沮之则惰者,人之常情也。荐举不及,奖劝不加,而责天下之守令,锐意于治民而奉朝廷之法令,臣愚窃恐其未能也。

夫守令之职,以爱养安治为本,清心治己为要,自非宽厚明敏、学道爱人者,鲜能及之。盖《春秋》长于治人,由、求孔门之高弟,仅能宰千室之邑,治千乘之赋,况其下者乎?今十科荐士,下至理财、谳狱之细,皆得被选,至于宽厚明敏、善于民事者,独不及之,是取小而遗大,略本而详末。天下郡县之吏,将且怠惰苟且,不复劝励朝廷之德泽志虑,谁与宣而奉行欤?盖朝廷出一令,立一法,实系四方之观听,百官之趋向,不可不审其发也。愿陛下详览臣之愚言,若粗关治体,不为无益,乞增荐条,以备遗缺。《历代名臣奏议》卷一六七,第三册,第2213~2214页。

制举论

华 镇

世之言马者有三,曰驽马,曰良马,曰骏马。皮缓而骨疏,少筋而多肉,左之则右,前之则后,虽有良、乐,不能以进退者,驽马也。服靷衡,顺衔辔,履规中矩,鸾和有节,不穷其力,无有奔败者,良马也。朝刷燕蓟,夕饮南海,追风逐影,绝尘弭辙,过都历块,飞蹄疾惊鸿者,骏马也。驽马之材,可以为脯为醢,用以养人,非人之所养,不足论也。良马之材,师行不过三十里,吉行不过五十里,步骤驰骋,穷之则乏矣,亦不足以尽致远之利。尽致远之利者,惟骏马能之。然马之骏者,未易可得。古之求骏马者,视其所视,而略其所不视,至于牡而骊者,谓之牝而黄。骊黄牝牡,物色之易见者也,视马而有所不见,则其所视者微矣,不在乎物色之间矣。靷衡之下,衔辔之间,进退规矩之中,鸾和节奏之内,求天下之马,天下之马远矣。

士之材,甚有似于马也。人主知马之说,则能知士之材矣;知求马之道,则知取士之法矣。愚而自专,曲而自用,槌钝不足以赴机会,疲懦不足以济功业,与物则迕,遇事则废者,驽马之材也。有为之世,如驽马者,无所用之。智足以效一官,明足以见所察，学术有达于古，事业有济于今，陈力就列，职无旷败者，良马之材也。然可以小任而不可以大用，足以守常而不足以应变。干大事，咨大议，深谋远虑，宏辞硕论，出众意之表，定利害之几。闻其言者心开目明，如披云雾而睹青天；观其成者心悦诚服，如入宗庙而见众美。必得天下之士、非常之人，然后能也。非常之人，或不习常人之业、常人之事，不足以察非常之器，亦犹天下之马不驯于车下，良马之材不足以格骅骝，人主不可不知也。

制举之科，自汉设之至于今，皆所以待非常之人也。然不以论议施设之是非为中否，而先以隐僻疑似之题，掩其不备，出其不意，以记忆之多少进退之。应诏者虽无深谋切议、高才硕德，侥幸六题识其四五，则获奉大对矣。智如晁错，直如刘蕡，纯粹宏达如董仲舒，不幸忘二三论目之所在，则遂从报罢，不得摅发所蕴，献达于上矣。所取之法与所求之意，何相庚欤？夫道有本末，能有大小。术贯帝王，功格上下者，道之本也；文采辞令，温厚尔雅者，道之末也。奇谋伟略，经济世务者，能之大也；博记隐僻，问无省者，能之小也。伊、吕成汤、武之业，书传不称其强记博文；祢正平一览无遗，笔不停缀，而智不足以自保。设制举以待非常之人，而求之博记隐僻者，谓必能济天下，与夫制举之设务求博记隐僻之人而已，不必非常之士，则非吾之所知也。如其不然，诚恐所取之法，未称所求之意，不足以致天下之士，得非常之人。任举、阅试虽与进士殊，要其实则殆相似尔。华镇《云溪居士集》卷十八，《四库全书》第1119册，第455~456页。

任举论

华　镇

世之治乱，生于事之修否。官得其人，则事修而治；非其人，则官旷而乱，由之以生。今取士不由乡党黜陟，不由考比，外官委郡守、监司保任之，内官则本司长官保任之，吏部据其所任而受用其人。任以为令，则因以为令；任以为幕职，则因以为幕职；任以为京官，则因以为京官。其人苟无大过，皆得序进，至其贤否，吏部一不可得而知也，则吏部第为出纳之地。若铨择审察之权，则举在于郡守、监司与在京诸司之官长矣。执铨择审察之权者，果聪明足以识别贤否，于取舍无所蔽，尽心公家，唯才是任，不以寒素、贵势、亲疏、德怨贰其间，则岁举之数，诚亦足以得天下之贤才矣。一有不然，而岁举之数不可损，则贤者未必被举，举者未必皆贤。虽才如屈、宋，行如曾、史，或不契其所好，或裔出于寒素，或无一日之雅，或有纤芥之怨，则必摒弃而不顾。贪污之徒，冗末之类，苟有所挟，将冒荐论，与贤者同升于上矣，况断断自守者哉？

然知人之妙，尧、舜所难，赏识之间，鲜或无蔽。又高贵势，下寒素，厚亲薄疏，录德匿怨者，常多是焉，足以尽天下之贤才乎？虽朝廷约束举非其人者，有从坐之责，然乘权藉势，挟亲怙旧者，傥有过恶，例相为隐，苟至贯盈罪不可掩，则举者得以首原，故人不慎所举，而侥幸之徒得以公事营私也。今天下清夷，多士并用，郡守、监司与诸司官长皆一时高选,然习以为常,其来有素,弱者挠于权势,欲者溺于私计,非见善明用心,刚者未能不混于流俗。今膏粱子弟,资考未盈,荐者数倍;寒素之士,周旋勤劳,鲜或登格。岂贤才皆出于彼,而此无一介可赏之善哉?诚所居之地不同耳。今岁举有限而选,格三五为约,及格之外乃为虚器,忍遗寒素之可举,以益贵势之无用,则在彼何优,而在此何劣?今则制科条,俾举职令者不得过四人,举京官者不得过六人,已及格而阙者听举,及格而止任,其终身有累不得以首原,则人知慎其所举,而朝廷尽得天下之士矣。华镇《云溪居士集》卷十七,《四库全书》第1119册,第447~448页。

论董仲舒对策(题拟)

晁补之

武帝即位,举贤良文学之士前后百数,而仲舒贤良对策,天子览其对而异焉。

右《董仲舒传第二十六》。《传》称武帝初立,魏其、武安侯为相而隆儒矣。及仲舒对策,推明孔氏,抑黜百家。立学校之官,州郡举茂才、孝廉,皆自仲舒发之。然武帝名隆儒,既异仲舒对,至三策之,可谓勤矣。对毕,不以居内,而以为诸侯相,何耶?曰不合乎。则如《传》所载,既用其言矣,用其言,疏其人。然则武帝名隆儒,实好大喜功,与儒者议,阔而不好也。抑世皆疑仲舒语,徒以白鱼流火为受命之符,非三代得天下以仁之意。又推说园庙灾,顾下比京房、翼奉辈,至使弟子不知,以为大遇。抑末也,不足以论仲舒。刘向以谓伊、吕无以加之,而子歆意其不可,亦缘当时毁誉。虽然,何必为伊、吕?顾其言,深切可施于事者何如?汉承秦大坏,仲舒以谓非有文德以教训于天下,诛名而不察实,为善者未必免,而犯恶者未必刑。是以百官皆饰空言虚词而不顾实,外有事君之礼,内有背上之心,造伪饰诈,趋利无耻。又好用惨酷之吏,刑者甚众,死者相望,而奸不息,俗化使然也。宜少损周之文致,用夏之忠者。此最深切。非世儒守经不知务,徒语三代,则欲一二守文,不复可否或名。夫治莫盛于周,而周之文致,乃有时乎不可用;乱莫乱于秦,而欲革秦弊,乃独在乎损周政。世务名而不语实者,安能知之;宗三代而实违之者,所能及也!顾其言深切可施于事,不以与周,反与夏同,然则何必伊、吕?姑要与治,同道而足。如医治病,不问其药、血脉,治而人命延存,谓之俞、扁无不可者,风俗善而世祚久,谓之伊、吕可也。则刘向谓仲舒为王佐才,非过也。晁补之《鸡肋集》卷四十四,《四库全书》第1118册,第769~770页。

试制举人(题拟)

晁补之

上御宣政殿试制举人二百九十一人,以中书舍人郑涵等充考制策官。

右《敬纪第十七》。制策至二百九十一人,滥可知。晁补之《鸡肋集》卷四十五,《四库全书》第 1118 册，第 775 页。

郑涵考定制举人（题拟）

晁补之

郑涵等考定制举人，上谓宰相曰："韦端符、杨鲁士皆涉物议，宜与外官。"乃授白水、城固尉。宰相请其罪名，不报。

右《敬纪第十七》。名制举，以待非常之材，而得之者容私焉。知其涉物议而不按有司，不黜滥者，尚命以官，既失之矣。至宰相请其事，而匿不下益，非也。晁补之《鸡肋集》卷四十五，《四库全书》第 1118 册，第 775 页。

言科举书

李 新

某名位低下，习为高语，不识揭厉，妄用所业贽显人将以伸，而公府潭潭若渊，显人胸中无涯涘，自当不报。始时欲言，舐笔和墨，临文辄罢，曰："是大亡益，只自劳耳！"幸今阁下订意人物，与前者不侔。故某两有所献，未滤清浊，渐钟牛铎不入里耳，冀天下之知声音者过而问焉。

窃惟科举一事，西南硕学，病之久矣。古有乡举里选之法，推有德行道艺者，登其数于王，王拜而受之，谓之贤能之书。战国之士，急喘疾驰，荣誉朝夕，谓谈仁义如孟轲，于齐不过为下卿；谈王制若荀况，于楚不过为祭酒；儒其业若叔孙通，于秦不过为博士。去而学兵，学兵可以为将；不如学揣摩，揣摩可以为相。于是周孔之道，脆弱不振者久矣。汉代崇经，士皆专门。非伏生《书》、田何《易》，则谓之无师；非父子传授，则谓之无法。故汉之文章，宏博渊粹，号为得人之盛。下此如魏、如晋、如齐梁间，设科不一，而士气浮伪，无可持循者。今日取士，大抵与唐相低昂，而法度栉比往往过之。然郡国变诈，未能尽去。且一经之弊，甚于声律，而命题植意，可以网罗。每闻邛之士走蜀，蜀之士走眉，成都、绵、汉、彭、嘉、陵、简之士又不知其他走也。多购厚蓄，更相贸易，以中有司之求。而迁学陋生，枕藉图史，大挟以入，有司任好恶，不以全场定去留。见皮相马，用指测律，未能考实，其失愈多。中间赂遗贿行，幽谈聚笑，神鬼凄恻。污吏不顾，崇满溪壑，外树牙蘖，中启关键，棘围重重，无补严密，同列者岂能究之哉？视其面，若无蹊隧可入，而其意之所私，高则出月胁，远则过旸谷，其深包曲藏，则在苍梧云梦之野，同列者岂能究之哉？剽金者忘人，贪饵者忘钩，有司之不公、不明者忘法。且三晋之士尚权变，有因权变以成功；齐鲁之士竞口舌，有因口舌以得官。习则为风，恬岂知怪，而况科举乎！

唐薛登尝言，今之举人有乖事实，明制才下，试遣搜扬，驱驰府寺之庭，出入王公之第。俗号举人谓之觅举，觅为自求之称，非人知之辞。其为弊，何特今日邪？崔郾试士东都，吴武陵持杜牧《阿房赋》诣郾，使以第一人处之，郾以有所主，而牧之出得第五，是非为有力者所夺邪？往年刘青州关情于此，故文移校官，丁宁诃切，往返件谕，开陈根萌，以逆闭其途。而十四郡之士，以此相庆。其檄草当在，尚可覆视也。

吁！三岁括贤于海内，实朝廷大事，其上以为三公，其次有簿书、狱讼、钱谷之寄，虽小亦有民社之托，而令俗才侥幸，以得盗天官者，愚弄其衡柄，直使人愧愤。恭惟阁下以文雅道实，取至公上第，周流四方，知人之情伪。而《皇华》之光，再照右蜀，雍容温润，出于天姿，和而不同，缓而不迫，以待吾蜀之能言者。有使者若此，其忍负之哉！如上所陈，倘可征采，愿闲燕索言之。李新《跨鳌集》卷二十二，《四库全书》第1124册，第587~589页。

与张君实书

李 新

年月日，太学生李新振衣弹冠，撰书再拜君实明公阁下。新非义足不登侯门，名不通豪贵耳，平居以贾生自许，故言有近乎自誉而非誉也。然则自誉者古人多矣，高论以求知，矜诧以取信，少正卯不容于孔子，东方朔取讥于扬雄，舒元舆、员半千不售于盛唐之世。某不才，为言近似数子，而非数子之比也。谚曰："谁为为之，孰令听之。"

仆将有望于阁下者已几月矣，且某生二十有三年，无它知，喜与黄卷圣贤语，故于书无所不读，罗孔校孟，搜扬络韩，古人竹简，今人纸轴，百家九流，日与之偶。昔所谓董仲舒下帷，卒业三年不窥园者，殆将学之矣，且又有四方志，故尝走半天下，南经江淮，西过关陇，往来陕洛之郊，而索米长安者尝再见秋。昔所谓司马迁自龙门，历会稽，浮湘沅，涉汶泗，然后归而作史者，殆将学之矣。夫读书万卷则下笔有神，文章骇人则在处鬼物为之护持，少壮出游则知山川形势，不守一乡则通九州风俗。负是二者，故气宇廓落，志思洒然。酒肉交，儿女戏，未尝一日过门，而胸臆之论豪愤不已。所以每重然诺，赴人之急，而囊无留储，尝谓万金只马，不告姓名，推以赒人。盖王义方、郭元振之细事，诚学术游从使之然也。比者西归，旅见左右，虽负戴迎遇，重于丘山，而希言无色，可敬而畏，如近冰玉。武库使人凛然，欲进一言而起其臭秽，辄复已矣。然丘墓之邑，桑梓之籍，实隶麾下，借未能求伸于清识，而苟有所闻见，亦可以备精思之余，则虽以言陈，何伤乎强聒？

伏惟阁下以非常之才应非常之诏，以不羁之学求不次之用，辩论国家体，敷陈宗社计，执事造廷，待天子问，虽万刘蕡不足介畏。讦宦竖则黄门骨寒，疏贵戚则近侍胆落，对御史所不能对，言宰相所不及言，论事回天，吐辞倒海，拔犀之角，擢象之齿，以为词刃。而螭头一言，士气增长，此阁下之素志，而仆亦与有操焉。且制举之废已十余年，而豪迈有为，不过窃进士之选。方今朝廷，数路旁招，十科兼进，自以为不足以笼络天下之英俊，而兴复制举以新儒林之耳目。而阁下独于此时自拔于蜀，其所推毂，相为后先者，已得虢国公数人而已。是则一朝陈言，半夜悟主，昧旦而指期卿相矣。然后千金成诺，足以走冠盖；而一巾折角，足以作风俗。北斗以南，大海以北，风马牛所在，皆知所谓君实之名。仆于是时，将亦重其身于温隙，而摄阁下之踵以就此选也。且株守一经，不能自植一家；雕篆数韵，不能耀名数世。仆之所愧，每每在此。幸不惜虚尺寸之地，以为仆之周旋，而仆之读书游观，浩闻多识，数事可谈，亦足以补助门下之万一。此其张本也。

言乱不经，犹以青眼为望，不辱前席，且羞死矣。李新《跨鳌集》卷二十一，《四库全书》第1124册，第575~576页。

与张君实第二书

李　新

五月日，李某再拜，献书君实明公阁下。某愚不自揆，比尝为书污下执事，而辞语迂放，为它人言皆不省。会阁下在告，而阍者拒不内退。逾月，不蒙下气垂情，聊有所褒贬，私怀惓惓，因以未毕。或以谓阁下谨许可苟无过人者，随一笑而遗忘，则某之区区亦将以狂妄弃之矣。然迹将疏而意弥亲，弦欲绝而声愈急，倾座上之顾，而质胸中之疑。此某所以复有献也。

尝谓衣冠而称士者，宜有以异于流俗；应天子制诏而称非常之才者，宜有以异于士。治平以前，朝廷以词赋取人，而涉猎之学、章句之徒，操数寸之觚，画方尺之纸，无不拾取青紫，为宗族荣耀。一诗一赋之外，没齿不究，先儒义理，前人涕唾，鼠窃狗盗，亟不容手。自熙宁以后，朝廷以经术造士，而五经之奥，孔孟之旨，一旦与士大夫私门墙，然学《诗》者不通《书》，治《礼》者不知《易》，钻窥《庄》、《老》隙窦，而俯掇甲乙科第，至三年廷问而一策之试，朴樕软懦，不能发明纪纲，敷陈治迹，以称明天子精选之意。借使问灾异，必闇于《春秋》、《洪范》之学；询存亡，则蔑通汉、唐历世之为。而獐头鼠目之子，扬然自得。夫然后知制举所以责备于儒者，而其人必有异于士。故愚志此久矣，手不释方册，目不置简牍，居与书为邻而充栋宇，出与书为行而汗马牛，楚精神，磨筋力，十年于兹矣。然志大而谋不售，事左而身益困。虽于进士之选不能一得，而私自鄙之，以谓不过异于流俗而已。此豪杰之士所以既得而又歉焉。

伏惟阁下，驰骋书传，轇轕古今，俯仰目仲舒，笑谈却刘蕡，儿蓄公孙弘，吏役牛僧孺，如晁错、谷永、杜钦、元稹、白居易之属，虽累千百缓急安可望哉？且吾蜀自有宋以来，应此选者不过十二三，而其间甚显者又不过四五人而已。顷者苏氏兄弟一日过关，而声驰四海。是时有韩忠献公、欧文忠公为之后先，而宋廷文章遂无出其右者。盖其志必欲异于士而已也。虽然，入朝争名者愈于锥刀，而一有不羁之才，则必为肩出者所害。往往齐与郑两大以家，而不肯借门户；凤与鸢相高以飞，而不肯借羽翼。是又不可不戒也。

某今日之言，将以求知；而后日之进，将以求教。何者？阁下既已异于士矣，而某犹不得异于流俗，木植而水导之，使之不后陵之儒者，在阁下也。弩骖蹇服，知所趋向，而伸于知己者，复何人哉？下情所操，索言于此，俯伏待命。李新《跨鳌集》卷二十一，《四库全书》第1124册，第576~578页。

论举直言极谏之士札子

李 纲

臣伏睹二月九日手诏，以太阳有异，氛气四合，令中外侍从之臣遵前后诏书，各举能直言极谏之士一人，将诹以过失，次第施行，用承天意。有以见陛下克谨天戒，思闻谠言，销弭变故，以助中兴之运，甚盛德也。

臣窃考西汉举贤良文学之士，详延于庭，如董仲舒、公孙弘、晁错之徒不过对策一篇，指明时政得失。至本朝设贤良方正能直言极谏科，始有进卷及试六论，乃对廷策。其六论题杂出于经、子、史注疏之间，所以求卓识洽闻之士，号为制科。其得人如富弼、张方平、夏竦，皆致宰辅，其次如钱易、钱明逸、孔文仲、武仲、苏轼、苏辙兄弟之流，皆为名士，论议有补于国家。然制科之举，贯穿古今，汪洋浩渺，非强记博识，积以岁时，未易能究其业。所以朝廷近年复置此科，未有应令者，无足怪也！今者陛下以天变之故，诏中外侍从之臣，遵前后诏书，各举能直言极谏之士，臣深虑有司拘以进卷六论牵制举者，难于得人，无以仰副陛下咨访阙失，寅畏天戒之意。

臣愚，欲望圣慈特降睿旨，将今来所举直言极谏之士与免进卷六论，只令对策于廷，仍于制策内许其展尽无隐，庶几直言嘉谟，得以上闻。其进卷六论，自以待应科目之士，天下不胜幸甚。取进止。李纲《梁溪集》卷九十四，《四库全书》第1126册，第214~215页。

问制科解试

陆九渊

制科不可以有法。制科而有法，吾不知制科之所取者何人也。以蜗蛭之饵垂海，而冀吞舟之鱼，唐贾至犹以为诸科之病。今制科者，天子所自诏，以待非常之才也。孰谓非常之才，而可以区区之法制束而取之乎？然是科始于汉，盛于唐，至于我宋其为法益密，而其得人之盛，视汉唐有优焉。何哉？愚尝论之，汉病于经，唐病于文，长才异能之士类多沦溺于训诂、声律之间，故汉、唐之制举不可以罪法。我宋之盛，莫盛于仁宗，盖其承三朝涵养天下之久，和气浃洽，人才众多，学术雅正，经不病汉，文不病唐。而天圣复科之诏，又其图治之心锐，而求益之意切，天下之士，雷动云合，欲振耸于天子之庭者，心洋洋而冠莪莪也。是以一举而得富郑公，再举而得张文定，其余如何、张、苏、钱之流，亦往往可称数，号为得人之盛。然未几，而范文正公且言曰："朝廷命试之际，或将访以不急之务，杂以非圣之书，欲何其所未知，误其所熟习，适足以误多士之心，非劝学育材之意也。"嘉祐之末，苏文忠公制策之对，且曰："陛下所为亲策贤良之士者，以应故事而已，岂以臣言为真足有感于陛下邪？"愚以为仁宗英特之主，好贤之诚，盖不后于尧舜三王，而乃使当时大臣有误多士之论，制科之人有应故事之说者，是盖其法之罪也。故天圣之法，不可以不变。

恭惟主上临御以来，十年三诏，锐意方闻之彦，凡记诵、传注之僻识，知侍从之艰，咸汛扫而新之，则夫范文正所谓误多士者，盖革之矣。乃秋九月实试贤良之士，执事大人下教诸生以试之时，有可变而通之之理，谓今岁列郡不雨者，非一则成汤之自责，宣王之忧民，宁庄子之知天意，臧文仲之知人事。其所先所宜，可用可为者，宜有得于大廷之对。诚如是，则苏文忠所谓应故事者，又革之矣。虽然庆历六年，监察御史唐询尝请于汉故事，俟有灾异然后举之，亲策当世要务，罢试秘阁六篇，参政吴育执以为不可。愚尝又讥其龌龊庸陋。盖询之意，非知待贤之体，而能勉君以尽其礼，顾患应科者之众，而欲设术以抑其进。为育者正当诛其意而取其说，从而广之。若曰：思未治则举之，思遗逸则举之，有缺政则举之，有灾异则举之，有大谋议则举之，惟人君之所欲举、欲问，毋拘以法，毋限以时。则是科之设，庶乎其有补；而是科之名，庶乎其无愧矣。不知出此而猥曰：法不可变。

呜呼！待贤良而有若待胥吏，徒隶者存焉是尚，为不可变乎？龌龊庸陋之臣，不知待贤者之礼，适以芜累明君之政如是哉！故曰：天圣制科之法，不可不变。若夫汉、唐之时，则未始有定法也。所谓举之以五者，惟晁错为然。当时特诏有司、诸侯、王及三公、九卿、主郡吏举贤良，而举晁错者适五人耳。若乃公孙弘、董仲舒、谷永、杜钦之流，而推之选之举之，皆不必其五也。故彼之以五者非有定法，而我之以二则法之一定者也。问之以三者，惟董仲舒为然。当时固以对策者条贯靡竟，统纪未终，辞不别白，旨不分明，故至于再至于三耳。若乃晁错、谷永、杜钦皆止于一篇，而公孙弘止于复问，初不必其三也。故彼之以三者，初非定法，而我之以一者则法之一定者也。至于应者之多寡，尤不可概论。汉之应者以百数，而唐永昌之初对策者至千余，当时张柬之为第一，此狄仁杰之所谓宰相才而成诛二张之功者也。固不可谓其应者之多，而所得之非才也。故曰：汉、唐之制科，不可以罪法。若夫四方之事，非承学之任，故愚不复为执事道。谨对。陆九渊《象山外集》卷三，《四库全书》第1156册，第523～525页。

参稽制科旧制奏（题拟）

阙　名

自建炎南渡以来，每三岁大比，绍圣丁宁，命以制科荐士，如承平之旧。陛下纂承鸿烈，遵而勿失，历载亦已久矣，犹未闻有一人应者。窃意责之至备而应之者难，求之不广而来者有隔故尔。欲望参稽前制，间岁下诏，权于经史诸子正文出题，其僻书注疏不得以为问目，追复天圣十科，开广荐扬之路，诏礼部集馆职学官同议以闻。（礼部侍郎周执羔等参议，切见国初制科止令诸州及监司解送。乾德二年又以无人应制，下诏许直诣阁门请应令。若举乾德自请之诏，则将启狂妄侥幸之心，或恐浸成烦渎，不若仿国初之制，少加斟酌，许用侍从荐举，或守臣监司解送，及权罢注疏出题，其余悉依旧制，庶几真才实学，不致选遗，而有以副今日搜扬之意。从之。)《宋会要辑稿》选举一一，第五册，第四四三九~四四四〇页。

制科免用注疏出题奏（题拟）淳熙十二年二月二十六日

李　巘

汉自文帝以来，始有贤良之举，不过求其谠言，以裨阙政，未闻责以记诵之学也。后世崇其科目，遴其选取，乃始穷以所未知，强以所不能。要之，举才之意，惟端正修洁是务，而区区记诵之末，则非所先也。近年以来，固尝举试数人，止用经子诸史正文为题，皆以记问不精，旋即罢遣，诚为疏矣。后乃兼用注疏，试者愈难。夫前者未用注疏，而不能试，今复增之而欲其应诏，宜乎？累年于此，而未有其人。仰惟陛下收揽英才，朝咨夕访，惟恐有阙。去岁尝下明诏，特举贤良不以三岁为限，甚大惠也。然士犹未有以荐举闻者，良以注疏默记之难而已。然臣以为国家取人之实，要不尽在于此，使其才行学识如晁、董之伦，虽注疏未能尽记，于治道何损哉？乞特加参酌，令依旧降指挥，免用注疏出题，则士之应诏者，不无其人，而可得端悫有用之才，庶几上副陛下侧席求贤，虚怀求谏之意。从之。《宋会要辑稿》选举一一，第五册，第四四四四页。

论用人札子

蔡　戡

臣闻为治莫如求贤，求贤莫如变俗。俗所趋向，视上之好恶而已。自古人君，未尝借材于异代，所用者不过当世之人，在人君作而成之。祖宗盛时，韩、范、文、富、余、尹、欧、蔡比肩于朝，故能成四十二年太平之治，固万世不拔之基。元祐初载，司马光、吕公著、范纯仁、吕大防、刘挚、苏辙辈相继用事，一时侍从、台谏之臣皆天下选，故后世谓元祐之治有嘉祐风，非天之降才独萃于此时，盖祖宗所以作成之者，固有道也。

祖宗之制，莫重制科，其次则进士高第。制科第三等、进士第一人，初授职官或知县，代还升通判，再任满方试馆职；制科第四等、进士第二人以下及诸科任子从可知矣。祖宗以文学取之，故以州县试之，欲其谙练民事而适于用也。今则不然，进士高第虽授外任，阙期未及，召命已下。词科出身，今日拜命，明日升朝。又有初非异科，不历外任，夤缘交结，径登朝籍，曾不数年，持节拥麾而去，州县之事，懵然不晓。材者犹不免付之胥吏，经年累月，习而后知；不材者终身愦愦，惟吏是从，民被其害，不可胜言，甚非祖宗立法之意。

祖宗之制，凡执政、侍从未有不历省府，而后大用。蔡齐，进士第一，亦先为三司使。欧阳修一代名儒，亦先知开封府，然后为执政。苏轼制科异等，亦先为开封府推官。吕公著素有时名，亦先除户部判官，然后为侍从。其他名公巨卿，莫不如此。祖宗求之以名，用之以实，故人皆可用而事无不立也。今则不然。凡中词科、举进士者，盖有不离阙廷，不历繁剧，自馆阁升左右史入禁近，大率十年，可致卿相。下视六部、七寺，号曰冗局，簿书狱讼，目为鄙事，不屑为之，往往不通世务，不达吏道。天下无事尚可充员，万一缓急，鲜不败事，甚非祖宗用人之意。

臣谓今日卿士大夫属袂于下，不为无人；陛下当馈，每有才难之叹。盖非乏材也，作成人材，未得其道也。臣愿陛下特赐睿旨，讨论祖宗旧制，因时斟酌之。凡制科、词科及进士三人，用近日李垕例，特与添差职官，任满方许收召，其余进士、任子必历州县差遣，六考以上仍有宰执、侍从、监司、郡守举荐召对，而后除职事官。凡馆职学官、太常、宗正寺将作、军器监官必兼剧曹。其间才学之士可以大用者，必历省府边藩，次第而至卿相。舍是则守一官，效一职，终身无荣进之望。天下之士既知圣意所在，莫不洗涤磨砺，各奋所长，以附功名之会。祖宗得人之盛，将复见于今日。取进止。蔡戡《定斋集》卷四，《四库全书》第1157册，第602～604页。

千虑策·人才（上）

杨万里

臣闻：人才之在天下，求之之法愈密则愈疏，取之之途愈博则愈狭。然则天下之才，果不可求乎？古者一代圣人之兴，则一代之人才亦从而兴，夫岂不求而自至也？盖圣人者，度越世俗之拘挛，撤藩墙，去城府，神倾意豁，以来天下度外奇杰之士，故才者毕赴，不才者自伏。后世之君，以为天下之人举将欺我而不可信，于是立为规矩，创为绳墨，以簸扬澄汰天下之士，取之不胜其精而实粗，得之者皆截然入规矩、中绳墨，而奇杰之士皆漏于规矩绳墨之外。故求治而莫之与，治遭乱而莫之与，除纷纭胶扰而卒不能成功。

然则天下之才，求之安事于密，而取之安事于博哉？盖密则必有所隔，博而未离于密也。国家自祖宗知规矩绳墨之未足以罗度外奇杰之士也，是故进士、任子以待群才，制科以待异才，得人盖不少矣。然自制科中罢而复行，今四十年，而竟未有一士出而副侧席之求，此其故何也？无乃今之制科非古之制科欤，无乃不用规矩绳墨而规矩绳墨愈急欤？故臣尝谓今欲求制科奇杰之士，夫惟有所不求，斯可以求之矣。

昔者西汉制科之盛，莫武帝若也。尝求其所以策之之说，则曰"上嘉唐虞，下悼桀纣"而已，则又曰"禹汤水旱，厥咎何由"而已。何其甚平而无难也？非无难也，不暇于难也。夫武帝者，方夙寐晨兴，以愿闻治道之要之不暇，而暇搜蠹简，摘廋词，以为苟难以与书生角一日之记问也哉？今则不然。先命有司而试之以莫知所从出之题，既又亲策于廷，而杂之以奥僻怪奇之故事，不过于何晏、赵岐、孔安国、郑康成之传注与夫孔颖达之疏义而已。此岂有关于圣贤之妙学、英雄豪杰济世之策谋也哉？以训诂之苛碎而求磊落之士，以虫鱼之散殊而钩文武将相之才，不几于施鳅鳝之笱以罗横江之鲸，挂黄口之饵以望凤之来食也耶？其不至，固也。非惟不至也，亦不能也。非惟今之士不能也，虽使古之圣贤如孟轲者复生，亦不能也。孟子之时，去周之盛时与今孰远也？孟子与孟献子相去犹近也。诸侯恶周籍之害已而去之，孟子已不能记其详；孟献子之友五人，孟子已忘其三，则孟子亦安能中今之所谓制科也哉！夫孟子者，固无事于此能也，孟子则有所能者矣。孟子曰：如欲平治天下，舍我其谁？韩子曰：孔子以是传之孟子，此孟子之所能也。今不求天下之士为孟子之所能，而求其为孟子之所不能，则是其所求者非其所求也。故曰：今欲求制科奇杰之士，夫惟有所不求，斯可以求之矣。

且朝廷以此等求士而不得也，求而得，则亦乌用是咕咕者为哉？张华能对千门万户之问，而不能救贾后、司马伦之乱，前之敏，后之痴；小之明，大之暗。臣愚，欲望朝廷参之以祖宗、汉唐制科之本意，立大端而去细目，使士之所治，上之为六经之正经，下之为十七代史与诸子之书，而削去传注奥僻之问，其学则主乎有用，其词则主乎去谀，上及乘舆而不诛，历诋在廷而不怒，使天子得闻草野狂直之论，而士得专意乎兴亡治乱、经济之业，庶乎奇杰有所挟者，稍稍出矣。

议者曰："求马者，非求驽也，求骏也。今去其难而纯乎易，则惧驽者之至如之何？"是不然。求马者，求其一日千里乎，抑将求其它技乎？今求马者不问其能千里与否，而曰："吾欲其能撮蚤而扪虱，搏鼠而擒兔也。"可乎？士之能廋词隐帙者，岂曰"奇杰"？而奇杰之士，乌在廋词隐帙之能也！虽然，臣犹欲有言焉。士固有挟策谋而不能乎文辞，有能乎文辞而不肯入有司之刀尺。苟军旅之间，委诸将以荐谋臣才士，不问于文与武、仕与未仕，而诸郡大比之荐名，辍进士定额十之一。以其半而试士之能古文者，略仿宏词之体；以其半而试士之知兵献策者，略仿武举之制。上之于宗伯而取之，视进士之科名焉。其数不出乎奏名之常员，而不羁之士不至于横弃，其与以声病之文而取科级者不犹愈乎？如此而犹有遗才焉，臣不信也。杨万里著，王琦珍整理《杨万里诗文集》卷八十七，江西人民出版社2006年，中册，第1379～1340页。

法度·制科

叶 适

用科举之常法，不足以得天下之才，其偶然得之者幸也。自明道、景祐以来，能言之士有是论矣。虽然原其本以至于末，亦未见有偶然得之者，要以为坏天下之材，而使之至于举无所用，此科举之弊法也。至于制科者，朝廷待之尤重，选之尤难，使科举不足以得才，则制科者亦庶几乎得之矣。虽然科举所以不得才者，谓其以有常之法而律不常之人，则制科庶乎得之者，必其无法焉。而制举之法，反密于科举。今夫求天下豪杰特起之士，所以恢圣业而共治功，彼区区题目，记诵、明数、暗数制度者，胡为而责之。而又于一篇之策，天文、地理、人事之纪，问之略遍，以为其说足以酬吾之问，则亦可谓之奇才矣。当制举之盛时，置学立师，以法相授，浮言虚论，披抉不穷，号为制科习气。故科举既不足以得之，而制策又以失之。

然则朝廷之求为一事也，必先立为一法。若今制科之法，是本无意于得才，而徒立法以困天下之泛然能记诵者耳。此固所谓豪杰特起者，轻视而不屑就也。又有甚此者。盖昔以三题试进士，而为制举者以答策为至难，彼其能之，则犹有以取之。自熙宁以策试进士，其说蔓延，而五尺之童子，无不习言利害以应故事，则制举之策，不足以为能。故哲宗以为，今进士之策有过此者，而制科由此废矣。是以八九十年，其荐而不得试者，其试而不见取者，其幸而取者，其才凡下，往往不逮于科举之俊士。然且三年一下诏，而追复不俟，科举之岁皆得举之，将何所为乎？设之以至密之法，与之以至美之名，使其得与此者，为急官爵计耳。且天下识治知言之人，不应如是之多，则三岁以策试进士，使肆言而无所用，是诚失之矣。今又使制举者，自其所谓五十篇之文，泛指古今，敷陈利害，其言烦杂，见者厌视，闻者厌听。且士人猥多，无甚于今世，挟无以大相过之实而冒不加之名，则朝廷所以汲汲然而求之者，乃为讥笑之具。

今宜暂息天下之多言，进士无亲策，制举无记诵无论著，稍稍忘其故步，一日慨然天子自举之，三代之英才未可骤得，亦不至如近世之冗长，无取非惟无益，而反有害也。叶适《水心集》卷三，《四库全书》第1164册，第82～83页。

制举

陈 亮

设科以取士，而制举所以待非常之才也。夫决科之士满天下，岂必皆常才，而非常之士亦或在其中矣。独制举得以擅其名者，岂古之贤君其待天下之士如是之薄哉？彼其以一身临王公士民之上，其于天下之故，常惧其有阙也。自公卿等而下之，以至于郡县之小官，科目之一士，莫不各得，以其言自通，然犹惧其有怀之不尽也。故设为制举，以诏山林朴直之士，使之极言当世之故，而期之以非常之才。彼其受是名也宜，何以自异于等夷，则亦将尽吐其蕴。凡天下之所以不敢言者，一切为君言之，以副其非常之知焉。然后人主可以尽闻其所不闻，恐惧修省，以无负天下之望，则古之贤君为是设科，以待非常之才者，其求言之意可谓切矣，岂徒为是区别而已哉！

五季之际，天下乏才甚矣。艺祖一兴，而设制科以待来者，至使草泽得以自举，而不中第者，犹命之以官。以艺祖之规模恢廓，固非饰法度以事美观，诚得夫古今来设制科之本意，而求言之心不胜其汲汲也，虽当时才智之士，其所见不能有补于圣明。历太宗、真宗，而涵养天下之日既久，及天圣间仁宗再复制科，而富韩公首应焉。其后异人辈出，仁宗既用以自辅，而其余者犹为三代子孙之用。及熙宁之初，孔文仲、吕陶犹能极论新法，以伸天下敢言之气。虽制科卒以此罢，艺祖之规模宏廓，其所庇赖后人多矣，而仁宗实当其盛时也。元祐既复之，而绍圣以后又罢之。及上皇中兴，首设制举，以行艺祖之志，而士病于记问，莫有应者。肆我主上，切于求言而略其记问，士始奋然以应上之求，其于国家之大略、当世之大计，人之所不敢言，而上之虚伫以待者，固将无所不闻矣。而执事方以董仲舒、刘蕡所对之缓急，而论者皆有遗憾发于问目，岂将酌其中以警夫非常之士邪？

夫言之难也久矣，要之，以其君为心，则其言之缓急，无不当于时也。汉武帝英明愿治之主也，负其雄才大略，欲挈还三代之盛，而汉家制度之变亦其时矣。仲舒以为汉杂霸道，以维持未安之天下，天下既安，而教化犹未纯也，劝帝以更化，而更革之际，岂可任意而为之哉？天人相与之际甚可畏，故缓其言，使武帝舒徐容与，因天下所同欲，而更其所当先者，岂敢以一毫奋厉之气而激武帝之雄心哉？仲舒言虽缓而实切于时者，以武帝为心也，夫岂计其合不合哉？异时固已，甘心于胶西矣。唐文宗恭俭少决之主也，乘主威不振之后，欲有所为而辄复畏缩，而北司之患至是盖亦极矣。蕡以为肃宗、代宗、德宗失柄于北司，元和之痛臣子不可一朝安也，劝帝声其罪而讨之，而断决之际，岂可以阴谋而自陷于不直哉！社稷之大计，非小故，故蕡急其言，使文宗奋厉果敢，因天下所同欲，而易致如反手，岂敢徐步拯溺以待文宗之自悟哉？蕡之言虽急，而实审于时者，以文宗为心也。夫岂计其第不第哉！彼其见黜固宜矣，而恨文宗之不一见也。论者病仲舒之不切，而咎蕡之疏直，是殆未知其心耳！夫当世之务亦多矣，必其以君为心，然后其言之缓急当于时。言之缓急当于时，而后不负于国家非常之求哉！陈亮《龙川集》卷十一，《四库全书》第1171册，第600～601页。

论选人举状

周必大

臣窃见荐举选人之弊，莫甚于今日，盖缘阙少员多，十年近成一任，幸而得一二荐章，比至后任，岁月已久，举主往往事故不复可用。是以巧于经营者，千岐百辙；安于平进者，终身陆沉。有位则苦人干求，居官则务相倾夺，其弊殆有不可胜言者。臣愚，欲望圣慈许今后选人将任内所得改官状，遇任满到部日逐旋放散，俟将来考第，举主及格，依条引见。若虑因此改秩之人稍多，即乞检照乾道以前旧法，每岁限定数员，如在数外，即令等候，次年改转。如此，则朝廷无官冗之患，寒士有寸进之期，稍厚士风，渐革积弊。如合圣意，乞付有司详议施行。取进止。周必大《文忠集》卷一三八，《四库全书》第1148册，第530页。

同王内翰荐李塾试贤良札子

周必大

臣等窃见朝廷复制举以收海内方闻之士，历年滋久，未有特起应诏者，陛下临御，始得李塾一人。盖是科之设，不徒取其文学，且复采其行艺，然后策以当世之务，详观有用之才。其选既艰，宜应书者鲜矣。臣等伏见布衣李塾博闻强记，经史百代之学无所不通，议论英发，有补治体，而敏识特操，蜀士所推。盖塾眉山人也，与其兄垕素师慕苏轼、苏辙之遗风。是以俱有志于此，求之流辈，未见多得。臣等叨直翰苑，稽诸故实，所宜荐闻，以备采择。今保举堪应贤良方正直言极谏科，伏望圣慈特降指挥，令有司检会累次诏旨施行，庶几异才继出，彰中兴得人之盛。取进止。（闰九月十八日，三省同奉圣旨，依令礼部检会施行。）周必大《文忠集》卷一三八，《四库全书》第1148册，第530页。

举李塾贤良不应格待罪札子

周必大

臣昨任敷文阁待制日，曾同王淮荐举眉州布衣李塾，堪应制举，后来王淮为执政，其李塾词业系臣缴进。缘止蒙恩召试，今闻李塾所试六论，率不应格，无以副陛下孜孜求士之意，罪无所逃。欲望圣慈特赐黜责，以惩谬举。取进止。（九月三日，奉御笔放罪。）《文忠集》卷一二四，《四库全书》第1148册，第372页。

为礼部尚书乞增选台谏状

李　光

臣伏奉二月九日手诏节文，以太阳有异，氛气四合，俾侍从之臣遵前后诏书，各举能直言极谏之士一人。臣猥以庸虚，冒居从列，天变如此，既不能仰承圣意，有所建明，又不能荐举一人，以应明诏。虽陛下不以为罪，臣实愧惧。

臣伏见朝廷自罢制科，逾六十年矣。士子唯习经义，为有司应用之文，一旦责以贤良之举，当具词业缴进，悉如嘉祐故事，臣窃谓实难其人。又近年以来，风俗骎骎衰坏，士大夫唯务依阿操求济之说，畏沽激之名，不以尧舜之道事陛下。当今号开言路，而婴鳞犯颜者，臣固未之见，况求疏远草莱之士如富弼、苏轼之流，岂易得哉？宜其寂寥而无闻也。

今朝廷艰难至此极矣。陛下亲驭戎辂，以捍大敌，因灾异以求直言，虽拯焚救溺，未足喻其急也。若依常格荐士，傥或有之，俟其进卷，稍中程度，方许召试，又有过阁六论，行遣迂缓，比至大廷，非假以岁月，未易集也。此岂陛下今日因天变求言之本意哉？臣恐或者妄议陛下徒有求言之名，而无求言之实。虽臣亦窃疑之。臣在宣和间，初除尚书郎，例合进对。方是时也，权幸当路，奸邪充斥，臣怀不能已，力陈一二弊事，首以开言路为说，大臣恶之，谪臣知桂州阳朔县事。况臣今日蒙被陛下奖遇，致位通显，当国家祸乱之后，强虏伪齐，日以窥觊，加以天变如此，陛下茕然在疚，下诏丁宁旁求直谅之士，冀闻药石之言，可谓切矣。而臣久稽明诏，罪无可逃，臣窃惟方今小大之臣，百司庶府无言责者，既不复论事，但时因转对，诵陈言以塞责而已。陛下所赖以周知四方利病，朝政阙失，绳人主之愆违，辨臣邻之邪正者，不过三五台谏官耳。自古天子有争臣七人，唐制散骑常侍、谏议大夫各四人，左、右拾遗补阙各四人，共十有六人。国朝左、右谏议大夫，左、右司谏正言各二人，常不下六七人，专论人主过失。夫人非尧舜，谁能无过？赖谏臣以正救之耳。御史者，邦之司直，专以排击奸邪为职。唐制御史大夫一人，中丞二人，侍御史四人，殿中侍御史六人，监察御史十人。本朝因之，虽其数或有增损，未尝阙也。故自三公、宰执、侍从、百司力敌势均，一非其人，咸得论奏。故能排权倖于进用之始，折祸乱于未萌之前。其任岂不重哉！陛下即位以来，台臣、谏官预言事之列，不过二三人，而中丞、谏议久虚其位，岂士大夫怀奸朋比，能以忠实事陛下未易得邪？何久而不除也？如其不然，士大夫未尝负陛下，而陛下疑之，是陛下自涂其耳目也。大抵人主意向，虽一颦一笑之间，众得而窥伺之，其应如响，在陛下所行何如耳？陛下用一骨鲠之士，则在位皆节俭正直，而万物吐气矣；陛下用一谀佞之人，则在位皆持禄保宠，小人无忌惮矣。其利害岂不万万哉？

臣久去阙廷，身纡郡绂，宠禄既优，无所裨补，重念忠臣虽在畎亩，义不忘君，偶因明问，辄复妄发狂瞽之言，仰渎冕旒之听，死有余罪。惟陛下赦其愚而采听焉。《历代名臣奏议》卷一四二，第三册，第1886页。

乞罢何致奏 开禧元年五月十日

刘德秀、李　壁

臣等于今年正月内举永康军布衣何致，堪应贤良方正能直言极谏科，许令缴进词业。今何致缮写词业一十册，乞令有司公共看详，取旨诏令，两省侍从官参考闻奏。既而，臣僚窃以名者实之宾，名至而实不副，是殆盗名以欺世者。

臣尝历考自古取士，惟贤良方正一科，世俗之所歆艳，而士心之所深重。盖非德义醇粹，操行无玷，不足以当贤良之名；非纲毅不挠，直大无私，不足以当方正之名。由汉以来，凡应是科，鲜不为汗青所讥者。以本朝苏文忠公兄弟文章标准一世，议论横放四海，终其身无一瑕可指，其初犹曰应材识兼茂明于体用科，初不敢以贤良方正自居。今有人持心浮薄而轻于立论，媒身浅躁而急于干进。冒焉居之，略无愧色，清明之朝，讵宜有此欺世之佞哉？

谨按应贤良方正能直言极谏科何致，初不知其为何如人，但缴进词业，详观所撰二十五篇，其间历诋伊尹而并及于汤，凡五六百言，谓汤有心自王，而挚说以伐忧救民；谓太甲不明，既放又复之，使一切惟己之听，其始负尧舜之道，而终为天下开陵犯之端。夫伊尹，有商名臣，孔子定书，孟氏垂训，纪述称赞，照映今古。致本何人？敢于诋诬，庸非持心浮薄而轻于论立者乎？缴进词业，令两省侍从参考其意，盖曰：是非付之公论，咸以为可。是以国人皆曰："贤之义致，乃干恳权贵，封状遍求，签名有为。"臣言初不暇读其文之为如何，继而三人被荐，已欲先试，竟为给舍申省有浮竞之语，致不胜愤懑，庙堂呈札，辄肆怨言，谓言辞取憎疾，必触报罢，乞寝，已降召试，指挥若是，而曰：不要君臣，不信也。庸非媒身浅躁急于干进者乎？

臣尝恭睹高宗朝郑厚作《艺圃折衷》，诋孟子有卖仁义等语，臣僚论列，特降指挥，不得与学官、试官差遣，仍下所属劈版，所以杜讪上之萌也。致之文学，远不逮厚，而诋毁伊尹，殆与诋毁孟子同科。又尝恭睹真宗张师德两及王旦之门，旦曰：师德状元及第,荣进素定,不应两及,吾门所以抑奔竞之士也。致将奋身大科,富贵特其分内事,何用汲汲挟贵有请师德,谒时宰于已仕之后,且犹以为贪进。今而视致,其将谓何?夫持心浮薄而轻于立论,媒身浅躁而急于干进,有斯二者,故曰:贤良方正非愚则诬矣,谓之盗名以欺世,谁曰不然!况夫议论厚薄,出处静躁关系风俗,诚为非轻。乞将致罢归,使之退自循省,进德修业,习尚醇厚而涵养恬静,他日录用,未晚也。《宋会要辑稿》选举一一,第五册,第四四四五页。

举荐

考制策毕学士院赐宴谢状
杨 亿

右伏蒙圣慈，以臣等考制策毕，特降中使就学士院赐酒食管领者。临轩策试，方举于旧章；前席咨询，屡承于睿顾。信宿才终于考校，云天忽被于沾濡。特就禁林，俾开盛宴。辍大庖而供拟，为近署之光华。挹中衢之樽，徒知充量；享大官之膳，弥愧素飡。仰荷天慈，臣等无任。云云。杨亿《武夷新集》卷十六，《四库全书》第1086册，第550页。

谢贤良登科查正言启
杨 亿

某启：伏睹拜恩，已伸面贺。窃以汉崇儒术，始策问于贤良；唐设制科，多柬求于将相。既公卿而表荐，亦郡国之计偕。延见于白虎之廷，召试于紫宸之殿。设以三道，必人事而直言；宾于四门，咸茂才而异等。由是仲舒、晁错，明精禩相荡之源；居易、微之，中才识兼茂之选。故西京号为得士，贞元谓之尚文。烈于圣朝，聿修坠典。万乘端冕，坐于武帐之中；群臣影缨，侍于文石之上。设幄幕之九张，给简牍之三千；赐盛馔于大官，示温颜于前席。束帛加璧，顾未为优；筑馆以金，曾何足算？而某官钦承清问，奋发雄才，翰动若飞，文不加点。吾丘之智略辐辏，自谓少双；平津之条对精详，果居第一。天子屡形于叹息，诸公咸愿于服膺。足光仄席之求，旋降出纶之命，仍于翌日，复对两阶。天威不违，犹恨相得之晚；异人间出，必立非常之功。方偃伏于下风，忽捧承于华检。仰窥谦退，非所克当。杨亿《武夷新集》卷十九，《四库全书》第1086册，第596页。

答集贤丁、孙二寺丞启
杨 亿

窃以汉庭下诏，是设贤良之科；唐室聚书，乃开丽正之殿。非怀才杰出，命世挺生，识际天人，学该玄史，将何以敷陈三道，塞清问于当阳，区别九流，究微言于坠简？此为慎选，允属当仁。学士岩电奇姿，天球逸韵。翔而后集，同威凤之得时；声必成文，类洪钟之待扣。一昨圣君虚伫，明诏诞敷。举尔所知，公卿开慰荐之路；辅予不逮，制策有劳谦之言。供笔札于尚方，临轩墀而旰食。文不加点，益仰患多之才；喜于同时，犹恨相见之晚。允契得贤之美，果膺加等之恩。佐惟月之卿曹，升集仙之书府。

碌碌如玉，固待价而已沽；菁菁者莪，但育才而俟用。某内惟庆幸，获睹骞腾。白虎深严，已窥条对；紫微清切，仍草除书。亦契夤缘，唯增企慕。敢期眷念，特示笺题。仰披藻缛之词，弥切钦降之恳。杨亿《武夷新集》卷十九，《四库全书》第1086册，第598页。

贺试中贤良启
杨 亿

贤良之选，今古攸难。汉道方隆，尝闻下诏，唐室之盛，式睹悬科。允属圣朝，恢复前制。恭惟某官文辞英发，学术渊深。西洛驰名，早联衡于二陆；东堂较艺，曾得隽于一枝。旋膺聘于旆旌，久淹翔于樽俎。适大君之虚伫，果近列以明扬，祗谒紫庭，恭膺清问。胶西条对，明三代之质文；主父登延，形一人之叹息。俄被丝纶之命，荣归翰墨之林。公朝盖示于育材，书府聊资于假道。默诵三箧，虽同安世之补亡；分判五花，即见相如之视草。方增喜颂，猥沐华笺，仰披藻缛之辞，尤切琢磨之恳。魏齐贤、叶棻编《五百家播芳大全文粹》卷二十五，《四库全书》第1352册，第503页。

贺试中贤良启
杨 亿

制科攸设，崇重贤良；仙殿肇开，是司图史。必得一时之俊彦，始膺万乘之选抡。恭惟某官兰茝腾芳，珪璋挺质。钟东南之秀气，爰负美材；历州县之下僚，久淹初命。明诏适求于茂典，名卿爰睹于荐抡，召对紫庭，祗膺清问。挥毫洒落，见武仲之不休；对策称嗟，升平津于第一。翌日便颁于成命，十洲式庆于荣登。暂淹对月之曹，岂测抟风之势。魏齐贤、叶棻同编《五百家播芳大全文粹》卷二十五，《四库全书》第1352册，第503页。

贺试中贤良启
阙 名

设科以求特起之才，发策以访可行之论。是为高选，果得异能。恭惟某官志敏以强，词严而赡。迹前世之事，而博极群书；议当今之宜，而常引大体。及亲承于圣问，遂绝出于时髦。方喜闻风，遽蒙枉记。仰惟谦抑之过，第积感铭之深。魏齐贤、叶棻同编《五百家播芳大全文粹》卷二十五，《四库全书》第1352册，第504页。

贺试中贤良启
张钦夫

发策大庭，蜚英隽轨。所论不苟，公言允孚。惟皇家设科，本取多士之用，而君子从政,岂为一身之谋!故官无尊卑,而报国则均;事无大小,而行志则一。方观远业,以慰舆情。先辱愧于辞笺,徒增深于感抱。魏齐贤、叶棻同编《五百家播芳大全文粹》卷二十五,《四库全书》第1352册,第504页。

贺试中贤良启

朱廷瑞

膺诏造庭,奏篇入第,一时遴选,多士荣观。窃以汉、唐设科,盖以符非常之俊;刘、董论事,亦足见有为之才。国家累圣相承,得一甚盛,半为当世之公相,或出同门之父兄。自非学洞天人,识贯古今,发愤吐懑,不惧撄麟之危,救溢扶衰,深知调瑟之变,则何以礼隆侧席,望重缙绅,抗足而脱尘埃,矫首而登云汉!

恭惟某官,明烛万里,富兼九流,不为章句之腐儒,窃鄙簿书之俗吏,以天下而自任,为众人之不能。谠论激扬,压以万钧而弥壮;多闻霶霈,窘之一日以如流。理物有药石之良,及民如布帛之暖。通达国体,疑素宦于朝;动瘵上心,恨相见之晚。较然明白,略已施行,顾论说之有原,将陶镕之在手。

某素惟寡学,猥预持衡。观水于澜,讵穷渤澥;按图求骏,偶识骅骝。惠然投我以夜光,何有报君之玉案?载怀谦抑,益用闷藏。得之若惊,常欲置之怀袖;永以为好,犹将示诸子孙。感服之私,诵言罔既。魏齐贤、叶棻同编《五百家播芳大全文粹》卷二十五,《四库全书》第1352册,第504页。

上章圣皇帝乞应制举书

夏竦

景德二年十一月,将仕郎、守润州丹阳县主簿臣夏竦谨斋戒昧死再拜,上书崇文广武圣明仁孝皇帝陛下。伏以国家采汉、唐故事,恢复制科,网罗贤俊,镕范太平。陛下圣政日跻,广分条品,崇二圣之丕绪,冠百王之盛事。万方文明,多士勇进。《嘉鱼》有得贤之咏,《白驹》无空谷之恋。

臣生逢圣明,幼肄简谍,久困寒贱,不能自达。去年秋荐名天府,属边障多故,羽书蠭午,陛下临遣宰臣,折冲河朔。先臣供传遽之职,立矢石之地,忘家殉国,失身行阵。陛下哀臣孤幼,任之州县。鞅掌之暇,服膺稽古,欣睹明诏,遽释忧虑。何则?陛下广文武之科,而兴文武之治。夫铅椠方策,文之器也;辞藻辩博,文之用也。御器以道,则仁义忠信无所不至矣;御用以变,则刑政教化无所不达矣。步骑金革,武之器也;敢毅勇捷,武之用也。御器以道,则奇正威惠无所不逮矣;御用以变,则盈虚纡直无所不计矣。盖古者爱其道,而今也爱其器;古者观其变,而今也观其用。故文武之材,比及于古者可多得。若能临器而知道,临用而知变,精儒墨者兼之以韬略,善攻取者赞之以学术,则将相之材,去此焉往?愿陛下详而察之。若陛下必择狂夫之言,思纳愚者之虑，垂旒下拱，渴待忠谠，则臣愿以贤良方正能直言极谏科召赴明试，则贤良之科斯为具体。

夫贤者智之苑囿，良者德之蹊径，方者慎履名教，正者斥远邪佞，直言足以陈时弊，极谏足以敷谠议。时弊既陈，则明于体用；谠议既敷，则造于教化。明体用者，岂昧于六建；达教化者，岂微于七德？故臣之区区，尽在于此。惟陛下□□所志，辨而明之，裁而择之。若陛下以枕石漱流为达，则臣世居市井；若陛下以金榜丹桂为材，则臣未忝科第；若陛下以鸠杖骀背为德，则臣始逾弱冠；若陛下以荷戈控弦为勇，则臣生本绵弱；若陛下令臣待诏公车，条问急政，对扬紫宸，指陈时事，犹可与汉唐诸儒方辔并驱而校其先后矣。伏愿陛下，念忠臣之后，宽万死之责，召诣阙下，令毕其辞，退就鼎镬，死且无恨。干忤圣听，臣无任待罪战汗惶惧之至。臣某稽颡顿首，死罪死罪。《文庄集》卷十六，《四库全书》第1087册，第185~186页。

举丘良孙应制科状
范仲淹

右，臣伏睹先降敕节文：今后应京朝官、幕职、州县官，不曾犯赃，私罪情轻，并许应贤良方正科目者。窃以国家下贤良之诏，求补益之言，非止抡材，将以致治。先王坐以待旦，旁求俊乂，必以得士为昌，不以限年为重。臣窃见权耀州观察推官丘良孙，学术稽古，文辞贯道，求之多士，宜奉大对。臣今举本人堪应上件科目，伏乞朝廷特赐召试。若不如举状，甘俟朝典。范仲淹著，李勇先、王蓉贵校点《范仲淹全集》卷十九，四川大学出版社2007年，第436页。

举张伯玉应制科状
范仲淹

右，谨具如前。臣窃见秘书丞、知并州太谷县事张伯玉，天赋才敏，学穷阃奥。善言皇王之治，博达今古之宜。素蕴甚充，清节自处。尝应科举，未亲册对。如今仰被清问，罄陈大略，必能竭前人之正论，副大君之虚怀。择而行之，有补圣教。臣今保举其人，堪充应贤良方正能直言极谏科。若不如举状，甘俟朝典。范仲淹著，李勇先、王蓉贵校点《范仲淹全集》卷十九，四川大学出版社2007年，第437~438页。

举张问、孙复状
范仲淹

右，臣伏睹敕书节文：应天下怀材抱器，或淹下位，或滞草莱，委逐处具事由闻奏。臣观国家居安思危，搜罗贤俊，以充庶位，使民受赐，此安邦之正体也。臣窃见试将作监主簿张问,文学履行,有名于时。前应茂材异等科,再考中式,以父丧不得就试。近上封事,始沾国恩,职不称才,众知沉俊。臣又见兖州仙源县寄居孙复,原是开封府进士,曾到御前,素负词业,深明经术。今退隐泰山,著书不仕,心通圣奥,迹在穷谷。伏望朝廷依赦文采擢。张问,乞除一陕西藩镇职事官;孙复,乞赐召试,特加甄奖。庶几圣朝涣汗,被于幽滞。范仲淹著,李勇先、王蓉贵校点《范仲淹全集》卷十九,四川大学出版社2007年,第438页。

荐李觏并录进礼论等状
范仲淹

右,臣闻古之明王坐以待旦,旁求俊乂,盖将尽天下之才,成天下之务。故为臣者以举善为忠,亦将竭知人之明,副待旦之意也。臣亲逢圣旦,尝忝辅臣,辄慕前修之为,少答非常之遇。臣伏见建昌军草泽李觏,前应制科,首被召试。有司失之,遂退而隐,竭力养亲,不复干禄,乡曲俊异,从而师之。善讲论六经,辩博明达,释然见圣人之旨。著书立言,有孟轲、扬雄之风义,实无愧于天下之士。而朝廷未赐采收,识者嗟惜,可谓遗逸者矣。臣窃见往年处州草泽周启明,攻于词藻;又江宁府草泽张元用,及近年益州草泽龙昌期,并老于经术。此三人者,皆蒙朝廷特除京官,以示奖劝。臣观李觏于经术文章,实能兼富,今草泽中未见其比,非独臣知此人,朝廷士大夫亦多知之。

臣今取到本人所业《礼论》七篇、《明堂定制图序》一篇、《平土书》三篇、《易论》十三篇,共二十四篇,编为十卷,谨缮写上进。伏望圣慈当乞夜之勤,一赐御览,则知斯人之才之学,非常儒也。其人以母老,不愿仕宦,伏乞朝廷优赐,就除一官,许令侍养,亦可光其道业,荣于闾里,以明圣人在上,下无遗才。若不如举状,臣甘重受朝典。谨具状奏闻,伏候敕旨。皇祐元年十一月十二日。范仲淹著,李勇先、王蓉贵校点《范仲淹全集》卷二十,四川大学出版社2007年,第451~542页。

代郓州通判李屯田荐士建中表
石介

右臣尝读《汉书》,每遇灾异,则诏三公、郡国各举贤良方正能直言极谏之士,上亲策问之。故贾谊、晁错、公孙弘、董仲舒得以极其言,所以汉高昌言垂四百年。今国家方惟新庶政,更修百度,日昃不食,急于太平。而蝗旱相乘,仍岁饥馑,朝廷忧劳哀痛,若内诸隍,圣德日新,天灾未消,躬求谠言,庶闻其道。臣窃见本州今秋得解进士士建中,能言天道人事之应,能叙三才九畴之义,能知太平之道,能息灾异之术。臣具见其实,辄敢荐明,惟朝廷策焉。

伏以建中今三十六岁,专精毕力,劳心苦学,积二十余年。性识通敏,经术深明,读书不取其语辞,直以根本乎圣人之道;为文不尚其浮华,直以宗树乎圣人之教。故能言天地人之际，知帝皇王之道，通古今之术，识治乱之迹，怀经纶之略，有超异之才。其家至贫，养父母以孝闻，躬营甘旨，不避寒暑，安贫守节，穷能益固，未尝以一介干非其人。持身廉，操心平，睦乡里以仁，交朋友以忠，内守信义，外修操履，不以利动，不以妄进。古之所谓经明、行修、文学、孝廉，建中实有之。昨秋赋时，本州考试得合格，已解发姓名，入礼部贡院去讫。

窃以礼部每春就试进士，动有三二千人，程试繁密，条制谨严，苟小有所误，便当遗落。又与众人混试，复且糊名，窃恐偶有所遗。则建中不得以名闻天子，其人遂不见用于圣朝，其道遂不得施于天下。文明之代，使贤者有不遇之叹；千载之下，朝廷有失贤之名。伏乞圣慈，更不送礼部试，特召令试策，访以王道之要，咨以当世之务，容其直言，毋讳有司，必有以补益国家者。如其言可采，伏望圣慈特与收擢，稍不如举状，臣甘俟圣典，干冒旒扆。臣无任激切屏营之至。石介撰，陈植锷点校《徂徕石先生文集》卷二十，中华书局1984年，第241~242页。

应贤良方正科太常博士苏绅可尚书祠部员外郎充通判、应茂才异等科张方平可秘书省校书郎充知县制

宋　庠

敕具官苏绅等：国家振复贤科，咨求邦彦，非以角空文于无用，盖将伫远猷之斯告，膺是选者，不其难哉！以尔等抗志经坟，沉精道素。或昌辰委质，已列于朝绶；或别都论秀，洊偕于计物。并能贯穿前载，发挥大猷，溢奏牍以献文，蔼荐章而署行。远临便坐，躬览著篇，虽异等之未跻，亦洽闻而可录。兹焉第赏，诚协育才。噫，结华绶以陟郎曹，褫野巾而登秘省。赞条外闼，字俗迩封，并示宠章，勉永来誉。可。宋庠《元宪集》卷二十三，《四库全书》第1087册，第575页。

贤良等科廷试设次札子

宋　庠

窃见近者召试制策并武举人于崇政殿，皇帝陛下亲跸，留神永昼，严门异席，程其才略，诚见圣心核真伪，进英豪之审也。然臣以谓有司祗事，失于奏请，苟从便易，乖戾旧章，措置之间，甚不称陛下求贤之意。

伏睹贤良方正苏绅等就试之日，并与武举人杂坐庑下，泪摘辞写卷，皆俯伏毡上，自晨至晡，讫无饮食，饥虚劳瘁，形于叹嗟，虽仅能成文，可谓薄其礼矣。又况武举人等才术肤浅，流品混淆，挽弩试射，与兵卒无异。使天子制策之士，并日较能，此又国体之深讥者也。臣窃为朝廷惜之。

臣不敢上引汉、唐以烦省览，仰惟先帝故事，布在耳目，缙绅列位，孰不知之？谨按真宗皇帝凡五策贤良，皆躬御便坐。其举人就试，并于殿廊张幕为次，垂廉设几，大

官赐膳，酒醪茶菽，无不毕供。圣人之心，以为张不次之科，待非常之士，所咨者天人之际，所质者古今之宜。言若可行，高者足以和阴阳、跻仁寿，下者足以明利害、观学术。是则所责于人者若是之重矣，所设之礼又可以轻乎？势自当然，非苟而已。臣恐有司自今以往待士之礼因循亡弃，则国家设此举，必无异人。何者？夫士有高才，必有高节，节高礼薄，将耻而不就。其就者，皆轻躁徼倖，先身后义之徒，适足启偷竞之风，玷详延之诏。若执事者以为人不逮古，文不中程，虚屈至尊，行不急之务，则因而罢之可也。或惜其历代盛王之所重，当世奇才之不乏，则先朝旧礼，庸可废乎？

伏愿申诏近臣，检详旧史，作为定式，付于攸司：今后每试此科，即备陈条件，凡厥供拟，关报所由。仍乞或有武举杂科，不令同日就试。庶拟人于类，有协礼经，仍贯而行，嗣恢世烈。狂言圣择，或补大猷。如允所陈，乞降付中书详议。干黩旒扆，臣无任省循狂瞽，惭惧屏营之至。宋庠《元宪集》卷三十一，《四库全书》第1087册，第642~643页。

荐刘绛状

宋　祁

臣伏见应茂才异等科刘绛，生于遐远，系出寒素，结发从学，逮冠有成。研覃六籍，上下千载，多所论次，颇有指归。固穷守道，不祈诡遇。向缘就试六论，文限敦促，偶因小误，被黜有司。生平襟蕴，有所堙闷。绛尝著《春秋三传析要》，并《皇极书》，凡四十五篇，皆钩摭幽奥，会萃异同，思排异端，取质先圣。据其扬榷，信足多尚。按绛行年方二十有五，若令齿德寖茂，艺术益深，必能拟迹淳儒，自名所学。欲望朝廷特许收试，授一直讲职名，俾在国庠，敷述经旨，养成令器，进备誉髦。其《析要》、《皇极》等书，谨同封。取进止。宋祁《景文集》卷三十，《四库全书》第1088册，第262页。

荐张定方乞收试状

宋　祁

右臣伏以良工构材为厦，明主构士为国，而材须求集，士待举知，然后落成展采，功与时立。伏见应沉沦草泽科张定方，年三十八岁，识虑沉敏，气直行范，文尚体要，不工声病，涉知韬略，兼明遁式，甘足贫槁，久无仕心。昨为乡党敦推，入应诏举六论。程艺非其素心，有司报罢。怡然引去，闭关却扫，不干州闾，立言忼慨，指摘民弊。

臣知寿州日，以礼致问，延至公门。观其议论，卓焉切至，因取其所著书，得《却敌》、《复戎》、《战书》等篇，质多采少，纪实求当。臣亦指文索事，与相辩诘，触机应变，筹策有余，非但角空言、竞华论而已。臣以为如定方等辈，不可多得。或蒙召赴上都，程其所长，授一职事官，令往西北边郡，必能研究术略，参赞帅臣，讨论营阵，商榷攻守。至于拨烦干盘，又有绪余。臣既知其人，不敢有蔽，谨录定方所著三轴并封上。如有可采，伏乞特赐收试；果无所取，臣甘苟言之罪。宋祁《景文集》卷三十，《四库全书》第1088册，第262~263页。

奏荐李觏 庆历五年

余　靖

　　具衔臣余靖伏睹先降敕节文：贤良方正能直言极谏并高蹈丘园等科，并许少卿监以上及本路转运使、副，逐处长吏奏举者。右，谨具如前。臣窃见建昌军草泽李觏，博学通识，包括古今，潜心著书，研极治乱，江南儒士，共所师法。曾于庆历元年，应茂才异等科，秘阁召试下第，退居乡里，四方生徒，从之讲习。有此寒畯，淹在草莱，于臣邻封，不敢缄蔽。臣又伏见草泽邵亢，与觏同时就试，后来亢以臣僚奏举，已授职官。今觏退居，独未蒙用。伏乞朝廷特与召试，以广得贤之路。谨具状奏闻，伏候敕旨。李觏《盱江外集》卷一，《四库全书》第1095册，第338~339页。

上吴舍人书

李　觏

　　舍人执事：觏家江南，结发学问，读古人之书，窃慕其所为而不可得见，将求今人之似古者而宗之，早瞻暮望，唯恐弗获。天圣中，闻执事以进士举为太常第一，词章卓异，风动远迩，腐儒老生，骨醉心死，时则见执事之才。其后数年，天子修先帝故事，亲策贤良，而执事裒然为举首，推考经术，以戴翼世务，疑亡阙补，言到圣处时，则见执事之识。居山寥寥，去上国三千里，望风长怀，无路请谒，有如衰根病芽，弃置幽谷，虽知有阳春之和，皎日之光，不得与寻常草木并受其赐。欿然于中，积有年矣。

　　今兹窃幸诏举茂才，州郡不明，以妄庸人充赋。弛担以来，博闻高谊，心驰门闼，若渴于饮，故择令日，尘点宾次。重念觏性质无似，不能与时世争利，捐造化之术，而甘于寂寞之道，行思坐诵，垂二十年。其志幸一试用，就尺寸之效，以章其身，千载之后，不与碌碌者同泯没，为凡鬼于地下。圣人当天，俊乂云合，有志如此，岂敢自必。

　　执事当世儒首，言重蓍蔡，可称耶为天下称之，可进耶为天下进之。不敢求哀，以犯公义。所业策论五十首，谨献诸左右，润色之暇，稍赐观览。千万幸甚。不宣。觏再拜。李觏《盱江集》卷二十七，《四库全书》第1095册，第220~221页。

上叶学士书

李　觏

　　省判学士执事：觏生江楚间，始数岁，窃习其家书，见晁、董、公孙之对问决科，皆所以发天人之秘，而弥缝国家之务。汉往而唐，联几百祀，虽治乱相变，而异人时有，其称得士之盛者，率由是道。及稍长，乡先生教以速化之术，则谓当今取人，一出于辞赋，曰策若论，姑以备数。因历观场屋得隽者，诚皆声病靡靡之文而已，借有材之高、识之通以禄仕，故不敢放其绝足，越邪径而趋大道。腐儒愦笔，喜幸多矣。私心愤疾，往往窃垂义士之涕，将恐古道萎绝，不能复萌芽。至年十六时，闻礼部奏贡士之可者，赐第于殿廷，所得多当世豪俊，而执事之五策，实流行于天下。募其本而观之，则审刑政之会，达权利之变，将以富国便人，而纳之于礼义，良今日之急务，而众贤之所未知者也。其辞典而赡，其意正而通，洋洋乎古人之风复归于笔下。觏虽不肖，用是感激，窃喜嚣谄流宕中，亦有贤士大夫毅然执戈，刺淫辞而遵理道者，重遇主上之明，有司之公，擢致高等，足以风四表而移士心矣。自时而后，积十余年，游目于书肆，则熟执事之文采；侍坐于先进，则饱执事之治声。窃然如望梧桐之宫，听凤凰之鸣，徒知其谐和中律，嗈嗈盈耳，而云雾隔之，终不克一见其容状。不意今兹旅食都下，而执事方在省局，门墙伊迩，有请见之路，是用上问兴居，以适所愿。昔人有言曰"唯贤知贤"，小人不敢自称道，顾可以当执事之知乎！

伏念觏草茅匹夫，受性不甚鲁，唯其心志耿耿，不忍自溺于流俗，为学必欲见根本，为文必欲先义理，晨夜探劚，力尽弗已，而州郡不肯荐，乡党不见称，年近三十，陨获日甚。昨者，因谓京师忠贤所萃，策试亡私，奔走西向，将觊觎其万一。未及弛担，而贡举已罢矣。羁栖辇毂，两经晦朔，亲老食尽，又当归宁。踽踽而来，栖栖而返，士林不鉴其道，有位不知其名。背仕进之门，而复入于寒饿之水火，此亦烈夫好义所宜惜之也。

生平为文，谨择其二十四篇，写成一册，及所著《明堂定制图》一道并序，草具其副，尘诸左右。莅事之暇，时赐观览，足知觏心之所存焉。冒黩威重，伏增惭怖。不宣。觏再拜。李觏《旴江集》卷二十七，《四库全书》第1095册，第225~226页。

举孔文仲等 元祐元年十一月十七日
文彦博

臣切见朝廷近置馆阁职名，修复祖宗育材养士之法，诏许大臣各举所知三人以充其选，仍立法以秘书省官任校书郎二年、正字四年，并除校理。

伏见礼部员外郎孔文仲，早应制举，学行纯正；兵部员外郎叶祖洽，熙宁初进士选首，殆今一十七年，学术优深，众谓淹滞；比部员外郎钱长卿，词艺精敏，问学该通，先帝尝令撰高丽书本，称旨，遂蒙奖拔。三人皆曾任秘书省校书郎，偶于未复馆职以前，就迁省郎，不该新制。缘逐人各在先朝已经采擢，备秘府文学之任，宜在今日之选。新条试职之人，京官以上，并除校理。今来逐人已系省郎，欲乞详逐官资地比附，各除充馆阁近上职名。取进止。

勘会复馆职，新制以前，曾任秘书郎者只有此三人，今后即无人援例。文彦博《潞公文集》卷三十九，《四库全书》第1100册，第796~797页。

荐布衣苏洵状 嘉祐元年

欧阳修

右臣猥以庸虚，叨尘侍从，无所裨补，常愧心颜。窃慕古人荐贤推善之意，以谓为时得士，亦报国之一端。往时自国家下诏书，戒时文，讽励学者以近古，盖自天圣迄今二十余年，通经学古，履忠守道之士，所得不可胜数。而四海之广，不能无山岩草野之遗，其自重者既伏而不出，故朝廷亦莫得而闻，此乃如臣等辈所宜求而上达也。

伏见眉州布衣苏洵履行纯固，性识明达，亦尝一举有司不中，遂退而力学，其论议精于物理，而善识变权，文章不为空言，而期于有用。其所撰《权书》、《衡论》、《机策》二十篇，辞辨闳伟，博于古而宜于今，实有用之言，非特能文之士也。其人文行，久为乡闾所称，而守道安贫，不营仕进。苟无荐引，则遂弃于圣时。其所撰书二十篇，臣谨随状上进。伏望圣慈下两制看详，如有可采，乞赐甄录。谨具状奏闻，伏候敕旨。《欧阳修全集·奏议集》卷十四，中国书店1986年，第869页。

举苏轼应制科状 嘉祐五年

欧阳修

右臣伏以国家开设科目以待俊贤，又诏两省之臣，举其所知，各以闻达，所以广得人之路，副仄席之求。臣虽庸暗，其敢不勉？臣伏见新授河南府福昌县主簿苏轼，学问通博，资识明敏，文采烂然，论议蠭出。其行业修饬，名声甚远。臣今保举堪应材识兼茂明于体用科。欲望圣慈召付有司，试其所对。如有谬举，臣甘伏朝典。谨具状奏闻，伏候敕旨。《欧阳修全集·奏议集》卷十六，中国书店1986年，第886~887页。

举王安国奏状

王　珪

右臣窃观汉之取士非一路，每诏郡国举茂材、孝廉与夫文学之高第，又令丞相、御史采质朴敦厚、谦逊有行者而举之，间有灾异，又博采贤良方正直言极谏之人。汉所以同风三代者，无异术，特以得人为盛尔。

伏见应茂材异等科王安国，翰林学士安石之弟，行义纯茂，而学足以明先王之道。其少已自高，耻与天下士出入场屋间，况肯晚同门荫子弟，以苟一时之进哉？今年将四十，身不得厕皂衣之列，行与陛下之民老于太平无所为，士大夫咸为惜之。夫三岁一诏贡举，而实学者未必尽得。制科所得，又不过一二人，岂若博取而广收之若安国者，倘得间有所收，不亦为明朝得人之庆乎？伏望特许如王回、孙侔、黄君俞等例，除一恩命，且令于国子监讲解，以试其长。或不如所举，臣当坐冒闻朝廷之罪。王珪《华阳集》卷七，《四库全书》第 1093 册，第 48~49 页。

谢贤良方正登科

张方平

伏奉制恩，滥蒙选第。丹扆出策，临问乎大政；青幄陈对，居惭于昧理。惟设科之体大，矧取人之材难，敢自谓能，期于一得，抚心知忝，被恩良优。昔汉之官人，并开数路；唐之辨论，广设众科。故其名公伟人，磊落之器，由此其选；昌言谠论，经济之具，于是乎在。国家受命，祖宗稽古，已治不有，咨周于下，时延特起之士，求闻警切之言。奇杰之才，间复出萃，风流不绝，于兹有人。皇上统揽九维，缉熙百志，惟是事事之备，念夫安安之难，复举方闻，讲求王务。自非发论合乎正道，可以美教化；策事得其远体，可以尊朝廷。有大制度，能探沿革之本；当大施舍，能折损益之衷。理之渊源无不贯，物之情伪无不通，则安能沛然来思，膺兹访逮，建高谊而列上，副清衷之虚伫。

如某者，一介自守，诸虑本恬，生遭昌期，世蹈淳则。幼居里社，知从田苏之游；早喜古学，时就君山之讲。逍遥内乐，拂略世纷，未知朝市之中，为趋利名之处。一壝莽甚，四壁落然，无如亲甘，始谋禄食。属深诏之再下，辱宗工之交荐，时以异等，对于大廷。初命起家，典校四部之籍；有民与社，庇身百乘之邑。幸在僻处，居多暇时，因得缉所管窥，暨尝道听，聊补稗官之说，归备蒭人之献。亦既奏御，留置乎尚方；俄复得旨，许预乎大对。延阁覆实，有司上名，得召便殿，咸如初礼。射之饮羽，往尝出于邂逅；昏于注金，大惧失乎兢跼。上倚公朝之明，不恤狂言之罪。十驾已病，未知税鞅之所；九霄云远，莫遇便风之势。昔平津再上，初非优等；刘蕡如何，乃犹不第。敢以一得之虑，邀乎万全之功？且自复六科，逮兹十祀，诏书三下，中选几人。夫何不材，再滥名等？自非朝家乐育，宗儒慎择，岂此孤陋，而能致然？此盖某官公议无阿，斯文自任。四方依乎光景，下自成蹊；深虑属乎孤平，优为之地。致兹庸薄，获被甄收。得不夙夜丹心，初终一节。敢趋末路，以徇耳目之前；义不苟生，而为戮笑之事。上全国体之重，下报化钧之仁。过此以还，未知所措。张方平《乐全集》卷三十二，《四库全书》第 1104 册，第 351~352 页。

谢茂材异等登科

张方平

六月二十六日，皇帝御崇政殿，引对释褐，授前件官者。奉对广墀，曷塞天临之问；校雠秘府，获升仕进之阶。服宠良优，抚颜有腼。窃以汉询三道，博观儒术之精；唐张众科，务尽人材之广。历世得士，两朝最光。越五季之屯期，废先王之旧典，语道斯下,由时无人。我皇家之茂兴,大一统以光宅,早自先帝,爰举六科,咨周自乎缙绅,虚怀及乎岩壑,庸得佳士,不减前朝。主上嗣临宝图,祇守神器,特颁深诏,用述先猷,招致英髦,躬御便座,询质经术,讲求治方,宜得异材,以称上意。

如某者,肖灵非粹,承学不精,生而被化之醇,家有业儒之素,区区一志,断断无他。若夫天人之大端,皇王之高致,质文更救之弊,礼刑相须之宜,时之所以安危,法之所以治乱,窃尝探其统纪,究其宗原。而屡预计偕,辄从试罢,铅磨易卷,蹇策益疲。间遭细札之书,复起方闻之士。东方自荐,或奏牍以三千;北海飞章,或举才于累百。惟时屡薄,分自晦沦,乃为迩臣,收诸过听,猥闻名于宸极,爰得召于公车。有司辨材,敞蓬莱之仙藏;凝旒亲策,设户牖之黼筵。圣谟渊微,天听高邈,收至聪而托不逮,宽后害以尽下情。遭遇阔希,愧才疏陋。考经微义,曾乏一家之精;访国大猷,曷通万事之纪?敢曲学以阿世,姑悉心而效愚。锥置囊中,锋稍铦而必露;矢注弦上,势必发而不留。盖倚公朝之明,退无萧斧之畏,迟从罢遣,无觊甄收。岂谓登衡石百斤之程,收苕荛千虑之得。言如纶而加宠,衣在笥以班荣。延阁之富,图书典校乎四部;大邑之有,民社庇身于一同。置之俊游,施于官政,深惟叨假,实过忝侥。此盖伏遇某官燮友万微,曲成庶物。思广上听,尽社稷大臣之心;乐育贤材,敦太平君子之志。器尽成于陶梓,物无遁于权衡。致此颛蒙,亦获成就,窃循顶踵,诚有源流。敢不祇服官箴,遵饬名检?忧深思远,敢苟利于当时;积精会神,尚致勤于他日。过此以往,未知所裁。《乐全集》卷三十二,《四库全书》第1104册,第352~353页。

举朱寀充馆阁职名
张方平

臣等昨奉敕差,赴秘阁考试制举人等。内有应贤良方正能直言极谏科国子监直讲朱寀所试六论,考中第四等下。据旧例,阁试第四等下并预廷对。只因景祐中年,第四等人数稍多,报罢之。以此,朱寀承近例,不得召试。臣等看详所试六论,其文学理致亦深可观采。及钱明逸对策登科,亦是第四等次,物议于寀,颇称遗才。兼其人履行端确,经术该明,先著撰《春秋指归辨析》、《三传疑义》,辞旨精通,有裨儒林之说。臣等今取索到上件《春秋指归》一十二卷,谨具进呈。伏望圣慈俯回睿览,特赐召试,置之馆阁,庶广得人之路,上副求贤之意。候进止。庆历三年,太常丞直集贤院同修起居注知谏院臣张某、右正言知制诰臣杨察、右正言知制诰臣吴育、右谏议大夫权御史中丞臣贾昌朝札子。《乐全集》卷三十,《四库全书》第1104册,第328页。

回贤良李秘书启
蔡襄

右某启:伏审奉方闻之语,置绝异之科,宠荣制恩,光骇(按,此三字阙,据它本补)

群听。切以朝廷考百化之统,究万微之源。内则参知于庙堂,外则博访于郡国。尚虑疑异之,至有幽而难晓;经纶之术,有郁而未通。乃于簪绂畎亩之间,起策谋文学之士。俾造便座,极陈昌辞,指朝端之纪纲,论天下之利害。上切亲览,弼成化功。

伏以贤良秘书,学该天人,识洞今古,声华溢于韶夏,行实粹于璆琳。练达经权,讲通治乱。贾谊宣室,深对于所然;平津太常,首承于召见。修程伊始,亲议所归,方拭目以想闻,遽裂笺而见授。情文甚厚,衰拙何胜。永光箧笥之藏,愧乏琼瑶之报。蔡襄《端明集》卷三十,《四库全书》第1090册,第587页。

回贤良范秘丞启
蔡　襄

右某启:伏审入造明庭,恭承大问,擢升异等,光骇众闻。伏以贤良秘丞,学臻本原,言有闻域。精识万变,深天人之交;大名一飞,在日月之下。以久大自处,而不习章句;以功业自期,而好谈经纶。贾、扬之鸿藻何多,晁、董之芳蕤尽在。顿自上心,思启沃之论;深诏执事,举方闻之贤。荐书适达于九阍,俊誉已交于多士。程文禁阁,并厕于群英;奉对宸仪,超跻于上第。龙阶尺木之翼,鹏渐南溟之图。号为得人,丁此盛旦。狠承大轴之贶,首讲好言之勤。在于疏凉,非所宜称。愧乏琼瑶之报,但光箧笥之藏。蔡襄《端明集》卷三十,《四库全书》第1090册,第587页。

回李清臣范百禄谢中贤良启
曾　巩

右巩启:窃以设科以求特起之材,发策以访可行之论,是惟高选,果得异能。伏以贤良某官,志敏以强,词严而赡。迹前世之事,而博极群书;议当今之宜,而常引大体。及亲承于圣问,遂绝出于时髦。方喜闻风,遽蒙枉记。仰惟谦抑之过,第积感铭之深。曾巩著,陈杏珍、晁继周点校《曾巩集》卷三十六,中华书局1984年,第507页。

举张咸贤良札子 七月二十二日
范祖禹

臣伏见前陵井监仁寿县令张咸,素有履行,富于文学,元祐三年有近臣举应贤良方正能直言极谏科,蒙召试秘阁,以不中第复归本任。臣窃惟朝廷复方正之举,欲求绝异之才,若稍诱进,则士知向慕,或自前举,报罢,益强于学。今官满赴阙,欲就再试,而两制以上所举人已足,远方孤进,无由自达。伏望圣慈特降指挥,与免奏举,许令就试,庶使寒畯之士,不至遗滞。取进止。范祖禹《范太史集》卷十九,《四库全书》第1100册,第248页。

论谢悰赐进士出身不当事
刘安世

第一

右臣伏见朝廷近复制科，秘阁所试之人皆不应格。陛下方务奖进人材，不欲并行黜落，曲收谢悰，以为天下学士之劝。而悰廷试之策往往不能奉承清问，率意妄言，固多疏略，有司考覆，既不入等，陛下特赐进士出身，擢为辅郡幕职。圣恩优异，极逾涯分。臣亦上体朝廷之意，不敢别有论列。而近见悰申尚书省辞免新命状，乃云"有所诰敕，未敢祗授"。以"祗"为"秖"，以"受"为"授"，虚薄寡闻，一至于此。昔唐之省中有伏猎侍郎，为严挺之所讥而罢。今陛下方当右文之代，初复制举，岂容有"秖授"贤良乎？臣恐播传寖广，实累修洁博习之举，伏望陛下惩其浅陋，稍损误恩，追寝悰进士出身，以塞公议。

第二

右臣近尝奏论谢悰荒陋寡闻，有辱贤良之举，乞追其进士出身，以慰公议。今已累日，未睹朝廷施行。臣闻秘阁程文，已不合格，而有司特为奏请，乞与假借陛下曲令收录，为后进之劝。而廷试之策纰缪益甚，考官范百禄自有章疏，历陈其尤亡状者凡数十条。而悰申尚书省状又以"祗"为"秖"，"受"为"授"，士论喧然，无不传笑。伏惟陛下即政之初，兴复制举，屈万乘之尊，亲策于廷，而悰之荒虚，字犹未识，腾播天下，岂不辱国？超循一资，已足示劝，更窃名第，实恐太优，况悰告辞亦无赐出身之意。伏望圣慈检会臣前奏事理，早赐施行。刘安世《尽言集》卷五，《四库全书》第427册，第238～239页。

荐汪辅之状
郑獬

臣伏见守京兆府法曹参军前充陈州教授汪辅之，进士出身，累举南省国学第一、第二人，奏名及应才识兼茂明于体用科策试，已中选，为台官沈起妄有弹奏，遂不蒙朝廷推恩。后来累有前宰相、侍从、臣寮、知州、转运使论荐，其人材通学博，该练古今，经术文艺，为世称伏，名迹彰著，近三十年，而刚介廉正，不能趋附，遂致阴纤之徒憎忌排陷。昨因丁父忧日，复遭知陈州王赞罗织百端诬陷，及置院推勘，并无显过。特蒙依冲替人例施行，合入远官。退居累年，众所愤惋，天下遗材淹废之久，无复甚于此者。臣今保举堪充馆阁校勘及编校书籍、国子监直讲。郑獬《郧溪集》卷十二,《四库全书》第1097册,第226~227页。

荐陈舜俞状

郑 獬

右臣等伏见国子博士知邓州南阳县事陈舜俞,学术政事,见称于时,在仁宗朝应制科,策入优等,而至今淹屈,尚在散地,众论惜之。臣等备位禁林,思有补报,窃谓如舜俞者,在于圣世,实为遗才。欲乞早赐召还,处之台阁,以备器使。干冒宸慈,伏深战栗。郑獬《郧溪集》卷十二,《四库全书》第1097册,第227页。

谢荐举启二首

吕 陶

官无异最,恩出误知,索实于中,寄颜何地?盖闻得士若赏,君子本乎至诚;事君以人,上臣存夫大节。言其理势,则亲仇不间;考以分义,则贵贱相须。然而性品之偏,未尝无蔽;才资之义,安可求全?必恕己以穷微,务择能而适用。韦弦因缓急之利,规矩从方圆之宜。宁可弃千金,无俾众心之失;不轻一介,庶几乎群智之求。故甄扬之道甚宽,而疏懦之人有立。

伏念陶寒乡寡与,朴学粗坚,操修务合于大方,策发愿于素业也。以治身而议,乃户庭自处之常;以任职而言,无毫发可褒之效。居常怀倖位之耻,何当卜当途之知。伏遇某官,博爱推仁,大公为治,待之以簿书之外,纳之于名教之中,特尔采收,欲其磨厉。此明公育才之意,不责以近功,则贱子报德之诚,亦期与他日。自明以义,罔食斯言。吕陶《净德集》卷十一,《四库全书》第1098册,第87页。

又

官无善状,事出误知,索实于中,寄颜何地?窃谓朝家揭三铨之制,较群史之才,责在荐论,因而甄陟。科条详密,统要谨严。郡邑之差,各限员于众寡;贤愚之际,皆同义于戚休。然以一岁而言,计其四海之大,择能显举者不啻千载,第课引对者不虑百人。历验前朝,推之今日,岂非有与进之道,则多士得以凭藉;有至公之义,则名卿受以抑扬?可洁其流而不可窒其源,乃重其体而不可易其用。夫何物理寝薄,人谋少敦。苟奔援致之途,肯顾持循之操?各矜巧行,多饰伪端:或奸回其心,迹希董史之直;或贪冒乃欲,口诵夷齐之廉;或抗戾以谋知,或将迎而幸进。故朝称良吏,暮陷匪彝,少享令名,长违寸节,荐之不慎,玷者实繁。向嗟纷缛之风,重革选求之弊。特颁明诏,申谕庶士，戒以自陈，责夫至当，其难亦甚，所采逾常，直得伟人，以快舆论。

如陶者，禀所不慧，向学粗坚。既得禄以代耕，愈爱身而有待。所先行己，未可自明，其次及亲，居常有得，幸而进趋属部，寝沐清麻。子舍亲贤，每袭芝兰之益；宾除请觐，屡闻药石之谈。固未尝辄吐一辞，仰希奖遇；妄修尺牍，僭上品题。诚以处躬不祚，则无患莫知；冒耻以进，则颇均市道。且审知于寒懦，宜引避于豪英。何愧此心，惟安其分！

伏惟某官厚忠义之蕴，持权衡之平，恢令德以泽生，均爱心而接物。明于察隐，昭若户庭，凡所留忧，傅如羽翼。谓犯难沽炫者，难亮其往；谓循默恳愿者，可要以终。无间短材，遽飞陟状。窃谓磨一钝可以得贵器，扳一贱可以来智人。高贤之怀，兹有所激；愚者之虑，敢忘其归。陶谨当究从之以大方，勖治身之素守。炎凉忽易，性所不能，名教可遵，己将焉往？倘力行而寡过，亦论报之一端。舍此以还，非敢语及。吕陶《净德集》卷十一，《四库全书》第1098册，第88页。

答诸官谢荐举启

吕　陶

比闻治罪，辄露奏封。盖为公朝之荐才，敢言私室之专惠。遽烦厚眷，特贶珍题。仰荷谦光，徒增感怍。吕陶《净德集》卷十一，《四库全书》第1098册，第88页。

谢登制科启

吕　陶

圣问该明，深究一时之弊；芸言猥略，愧非三道之才。服宠过优，寄颜良厚。夫取人之术，惟名实之辨不欺，则可要以终；行己之方，惟义利之分不惑，则能伸其志。尝观制举之开设，莫盛本朝之选抡。公卿间出，而广有济时之功；豪俊继起，而屡闻康国之论。高风悫矣，故事存焉。以科试论之，谓之名而实乃询于阙失；以进取待之，亦谓之利而义难苟于谀从。虽隆薄之在人，亦轻重之由己。

如陶者，寒乡寡与，朴学粗坚，强为文辞而气格不高，好穷事变而事略无取。徒谓前良之可慕，又思圣主之难逢，辄不自量，庶几少立。幸被德音之召，俾从国士之游，咸造广延，仰承清闻。方朝家大有为之日，惟万物更新而询于芸荛；非天下不敢言之时，故一夫进说而宽其罪戾。况夫自汉而下，有唐以来，贤良为举者凡几人，得失最明者惟二子。以谷永之附托，而转攻世主之过咎，则今之愚者所不能；以刘贲之量切，而卒为有司之弃遗，则古之贤者或不幸。殊自惭谫陋，亦预甄收。此盖以某官讲求治体而务在得人，崇倡化风而乐于进善。权衡之平也，不私高下于彼物；钧轴之运也，不系刚柔于我心。是致孤生，偶尘高选。昔也谋道，素闻取舍之大方；今也丁辰，益励始终之常节。倘力行而寡过，亦论报之一端。过此以还，非敢语及。吕陶《净德集》卷十一，《四

制举投献第一书

蒋之奇

三代取士之法，本于行而不本于言。士之出于其时，能有所立于下，则上必莫之遗。于是勉励激率，以笃于行义之习；而华言枝辞，无所用于天下。及其有言，亦皆近于可用。盖其非有要利之欲，挠于其心，则凡其所以言者，皆以情自竭，无所文饰，以求合于上，而必切于利害之际。下至战国之时，如诈伪反覆倾侧之仪、秦，聘其浮辩，以游说于诸侯，至提其国而卖之，当时之君固有深仇而切恶之者。然至其有言，则回意易虑，无人不听者，何也？以其所道之利害，晓然别白乎其前，从之者安，不从者危，则虽欲不听，而其断亦不足以自守。彼仪、秦之徒，言纵则天下合，言横则天下散，其离合天下之势，如在于掌股之间。而其揣摩捭阖，六国之君皆耸动振慑，改容加礼，真若得其所未闻者，岂非其言之切于事欤？惜乎不出于诚信，而用之于诡谲，以卒败其名。使其推是辩，以极于先王仁义之际，则何施而不适于用哉？自汉以来，患天下难得可用之言，于是设科举以待天下文学之士，而求其直言极谏，以究于天下之治乱，与夫政教得失，灾异之变。复有应诏之士，承问进退，类皆以射策决科为利，而其意不主于言，是以虚词滥说，多近于迂阔而无用。其间可称者，才一二而已。

甚哉，其言之难也！盖汉之董仲舒、公孙弘、晁错，唐之裴度、元稹、刘蕡之徒，此皆常以科举中而有闻于后世。就其所言，以观其行事，亦未必皆合。岂有言者不能行，能行者或不能言欤？然则，言者果足以信其实哉？夫董仲舒之谈王道，信粹美矣，然而泥于《春秋》灾异之说，则未为守经而据古。刘蕡之讦时务，信悻直矣，然而违于大《易》慎密之戒，则颇若无术而不逊。晁错之词章可观矣，而临事不足于权智；裴度之勋业可尚矣，而垂世不见于文采。至于公孙弘诡诈，元稹浮躁，盖无足道者。呜呼！上下千有余年之间，设科以待天下之士，而应选者不为鲜矣，而卓荦超越之士彦，寥寥而无闻。幸而有此数子者，尚皆有曲学之蔽，以玷其纯而缺其完，则于今之时而求其全人者，盖益难矣！

何则？其所以待之者，又不若于汉、唐也。夫汉、唐之所以策贤良者，皆及于其所谓大者，而不考其纤悉之记问。士之应诏者，前既有积久之学，而其心之所潜，莫非在于天下治乱之要，而究尽于天人之际。至于苛碎剥杂之说，皆略而不治。惟其所存者大，则其所得者亦大。是以仲舒之徒，以三年不窥园之精，一发而见于三道之对，虽未必尽究于理，而后世之学者遂不能出其右，此亦善取之效矣。而今之所以待天下之士则不然，始密阁之试，收猎于百家笺传隐僻之说，度人之所不能及者，出而为论，以观其记否。及大庭之问，则又及于区区之名数，而所谓教化之要，灾异之说，则问者不切，对者不明。不识朝廷所以延直言之士，为将求其近小之记问，则今诸科之选自足以得之，而何至以须天下之士耶？且惟朝廷所以取之之术如此，故夫士之进者，虽有积久之学，而未尝措一毫之思虑，以及于天下治乱，惫精弊神，不知其他。是以今之学者不能望于汉、唐之盛者，良以此。

某不肖，学不足以明道，而词不足以达意，而妄欲从事于此，惟其所谓大者盖切尝略而讲之矣，其小者十或仅得其二三。今者不量，乃欲应诏而起。而或者以为，持此之学，与夫今之所取者，正异术也，往则必触于报罢，而无可以必得之理。与其蒙黜去之耻，孰若引而去之，则犹足以完其美名，而不至于自辱哉？

噫！为是说者，其亦近于伪矣。昔者魏舒尝策孝廉，而宗党以其不足于学术，劝之不就，以为自高。而舒之意以为，进而不中者，自我之负，何可以虚窃不就之高而为荣哉！然则舒之说，乃某今日之说也。

伏惟执事以经济之业，当明天子重任，方虚心垂意，以诱进天下之善。多士颙颙，想望风采，虽某之愚，犹欲振饰拯治，而一自通于门下也。伏惟执事，以其可进而进之，因其可就而就之。某之幸也，非所敢望也。佚名辑《国朝二百家名贤文粹》卷九十八，《续修四库全书》第1653册，第283～284页。

制举投献第二书
蒋之奇

君子之为学，非有意于进取也，将以求明夫道而已。道之在内，沛然而有余，则势之在外者，眇然若不足荣也。始愚之学也，闻道之美，盖尝深采远取，尽锐以求之耳。求之久，而卒莫之有得，于是乃知道之妙，盖在于无得也。天下之书，既略读之矣。方其未读也，知有所未得焉；及其既读也，亦不知其所得者，果何有也？始之立行也，以求夫超世出俗，无所羁束，以自为高。当天下之进，而独安于退；当天下之动，而独乐于静。盖自以为得之矣，无以加矣。已而又自惟曰：天下皆进，吾独屑于进；天下皆动，吾独污于动。忘天下之进而进，虽进犹退也；忘天下之动而动，虽动犹静也。是故以退为可尚，而固持之者，何以异于进？以静为可乐，而固守之者，何以异于动？惟忘进退者知进退，忘动静者知动静。

某之于万物，思有以兼忘之，而况于动静进退之际乎？于是有告某以世有进士之举，既往而偶得之矣；又有以告某以制科之举者，盖又世之所谓才者也，其亦何恤而不一游于其间哉？世之人皆曰，学者所以仕也。学而不为仕，焉以学为？愚亦安知学之果为仕耶？果不为仕耶？亦何能介然自异，而不下同世之为说者耶？然则某之所以进者，非以此为足以得美仕也，盖所以为同俗者，不欲为苟异而已矣。

伏惟执事，高才达识，出众人之表，明名广誉，倾天下之望，此固不肖者之所愿主以为归者也。进卷五十篇，其言略有次序，不阙一则。力不能殚写，谨掇其二十篇尘献。统序不完，比赋不尽，赋诗断章，姑取其意焉。伏惟亮之而已。佚名辑《国朝二百家名贤文粹》卷九十八；《续修四库全书》第1653册，第284～285页。

谢制科启二首 嘉祐六年

苏 轼

右轼启。今月某日，蒙恩授前件官者。临轩策士，方搜绝异之材；随问献言，误占久虚之等。忽从佐县，擢与评刑。内自顾于无堪，凛不知其所措。恭惟制治之要，惟有取人之难。用法者畏有司之不公，故舍其平生，而论其一日；通变者恐人才之未尽，故详于采听，而略于临时。兹二者之相形，顾两全而未有。一之于考试，而掩之于仓卒，所以为无私也。然而才行之迹，无由而深知；委之于察举，而要之于久长，所以为无失也。然而请属之风，或因而滋长。此隋唐进士之所以为有弊，魏晋中正之所以为多奸。惟是贤良茂异之科，兼用考试察举之法。每中年辄下明诏，使两制各举所闻。在家者能孝而恭，在官者能廉而慎，临之以患难而能不变，邀之以宠利而能不回。既已得其行己之大方，然后责其当世之要用。学博者又须守约而后取，文丽者或以用寡而见尤。特于万人之中，求其百全之美。凡与中书之召命，已为天下之选人。而又有不可测知之论，以观其默识之能；无所不问之策，以效其博通之实。至于此而不去，则其人之可知。然犹使御史得以求其疵，谏官得以考其素。一陷清议，辄为废人。是以始由察举，而无请谒公行之私；终用考试，而无仓猝不审之患。盖其取人也如此之密，则夫不肖者安得而容。

轼才不逮人，少而自信。治经独传于家学，为文不愿于世知。特以饥寒之忧，出求斗升之禄。不谓诸公之过听，使与群豪而并游。始不自量，欲行其志。遂窃俊良之举，不知才力之微。论事迂阔，而不能动人；读书疏略，而无以应敌。取之甚愧，得而益惭。此盖伏遇某官，德为世之望人，位为时之显处。声称所被，四方莫不奔趋；议论一加，多士以为进退。致兹庸末，亦与甄收。然而志卑处高，德薄宠厚。历观前辈，由此为致君之资；敢以微躯，自今为许国之始。过此以往，未知所裁。

又

轼以薄材，亲承大问。论议群起，予夺相乘。不意圣恩之曲加，犹获从吏之殊宠。伏读告命，重积震惶。嘉其爱君之心，期以克终之誉。辞不获命，愧无以堪。某生于远方，性有愚直，幼承父兄之余训，教以修己而治人。虽为朝廷之直臣，常欲挺身而许国。位卑力薄，自许过深；言发祸生，事势宜尔。追寻策问之微意，实皆安危之大端。自谓不及，则曰志勤道远；开其不讳，则曰无悼后害。窃以制策之及此，又念科目之谓何。罄其平时之所怀，犹惧不足以仰对。言多迂阔，罪岂容诛。

伏以国家取人之科，惟是刚柔适中之士。太刚则恶其猖狂不审，太柔则畏其选懦不胜。将求二者之中，属之以事；固非一介之贱，所或能当。某之不才，过乃由此。然而讦切愤悱，为知士之所不许；因循卤莽，又有国之所乐闻。使举世将以从容而自居，则天下谁当以奋发而为意。此盖某官羽翼盛时，冠冕多士。思尽刍荛之议，以明宽厚之风。羁危之所恃，以为无忧；纷纭之所恃，以为定论。顾惟无似，尚辱甄收。感恩至深，求报无所。昔者西汉之盛，莫如文、景、孝武之贤，制策所兴，世称晁、董、公孙之对。然而数子者，颂咏德美，而不及其讥刺；故三帝者，好爱文字，而无闻于宽容，岂其时君不可为之深言，抑其群臣亦将有所不悦？某才虽不逮，时或见容。非怀爵禄之荣，窃喜幸会之至。孔凡礼点校《苏轼文集》卷四十六，中华书局1986年，第1323~1325页。

谢馆职启
苏　轼

试言无取，锡命过优。进贻朋友之讥，退有简书之畏。腼颜就列，抚己若惊。国家取士之门至多，而制举号为首冠；育才之地非一，而册府处其最高。观其所以待之，盖亦可谓至矣。知宝玉、璠玙难得而易毁，故篚椟以养其全；知梗楠、豫章积岁而后成，故封殖以待其长。施等天地，恩均父师。恭惟先帝临御以来四十二载，所擢贤良方正之士十有五人。其志莫不欲举明主于三代之隆，其言莫不欲措天下于泰山之固。大则欲兴礼乐以范来世，小则欲操数术以驭四夷。然而进有后先，名有隐显；命有穷达，时有重轻。或已践庙堂之崇，或已登侍从之列。或反流落于远郡，或尚滞留于小官。或死生之乖睽，已为陈迹；或摈斥于罪戾，仅齿平民。虽曰功名富贵所由之途，亦为毁誉得丧必争之地。名重则于实难副，论高则与世常疏。故虽绝异之资，犹有不任之惧。轼之内顾，岂不自知。性任己以直前，学师心而无法。自始操笔，知不适时。会宗伯之选抡，疾时文之靡弊，擢居异等，以风四方，不知满溢之忧，复玷良能之举。负贤者所难之任，争四海欲得之求。其为蠢愚，可为危慄。是以一参宾幕，辄蹈危机。已尝名挂于深文，不自意全于今日。而况大明继照，百度惟新。理财训兵，有鞭笞戎狄之志；信赏必罚，有追述祖宗之风。凡用人历试其能，苟败事必诛无赦。此太平可待之日，岂不肖兼容之时。而乃度越贤豪，曲收微贱。纵不能力辞而就下，亦当知非分以自惭。此盖伏遇某官，志在斯民，仁为己任。欲办大事，务兼寸尺之长；将求多闻，故引涓埃之助。致此忝冒，有逾等伦，欲报无缘，将何望于顽鄙；遇宠知惧，庶不至于惰偷。孔凡礼点校《苏轼文集》卷四十六，中华书局1986年，第1326~1327页。

举眉州布衣程侅应贤良方正科同安抚司奏状
杨万里

绍熙三年四月二十五日准行在尚书礼部符，递到绍熙三年四月二十五日制可：今岁科场，其令尚书、侍郎、两省谏议大夫以上，御史中丞、学士、待制各举贤良方正能直言极谏一人，守臣、监司亦许解送，仍具词业缴进以闻者。

右臣等伏睹眉州布衣程俴，经明行修，通达国体。其探索王霸，有仲舒师友渊源之淳；其议论古今，得苏洵父子治乱之学。淳熙十三年间尝游都下，有所著帝王君臣论及时务利害策凡五十篇，皆造于义理，切于事机，非腐儒文士之空言。朝士争传，为之纸贵。未几归蜀，计其年齿，今亦五十许岁。若遂沦弃，恐他日圣世有遗贤之恨。今保举程俴堪试贤良方正能直言极谏一人，谨录奏闻。所有本人词业，乞从朝廷行下本贯眉州，宣取正本。伏候敕旨。绍熙三年四月二十六日发奏。杨万里著，王琦珍整理《杨万里诗文集》卷七十，江西人民出版社2006年，第1133～1134页。

上文太师干求举贤良书

冯澥

某前岁不度愚贱，三见相公于许，伏蒙相公重赐顾接。此古人以贵下贱、握发吐哺之义，而每言于人，无有信者。何者？相公位貌之尊，功业之隆，而某一介鄙士也，何所取者，而使相公三见而不倦哉！虽然，是未知某之所负，而相公之所取某也。士之所负，必曰行义高世，文章惊人。某愚不能此。然量所负，非特此二者以见相公也。培塿之高，污潢之深，懦夫孺子皆能奔逐其上而游泳其中。至于登万仞之崖，临不测之渊，仰观俯窥而不眩，安行危坐而不慄，则其气之所守，盖有过人者。寻常之士，相与谋于乡党朋友之间，而出见州县之吏，皆能闲视傲睨，高谈伟语，慷慨不顾；及一睹王公大人，则势胁于外而气夺于中，骇撼战慄，不知所措，其势然也。

恭惟相公，贵穷乎公相，威振于天下，出殿近辅，达官显仕交出于境，逡巡而不敢入谒。某也远方下国之人，后进之微，小官之贱，无一日之故，先容之藉，率然而前，进退拱揖，不失常度，语言应对，无一差错。夫见相公而不惧，天下其谁惧者？天下所不能惧，则天下之事其有不可为者？此皆某之所负而相公之所取，而人之所以不知而不信也。幸甚，幸甚！

今者愿有告于相公，愿垂听录，使某得终见其所负，相公亦将有取焉。某生无他长，幼知读书。既长，随流辈学时文，以升斗之禄，再上得官，本非所好，以为士之学要适天下之用。故前古废兴治乱之变，与当时利害得失之言，窃尝究其略矣，则又以士之显名于后世，不若见用于当时。王符、仲长统闭门著书，砭切时政，积千万言，其功至矣，然不若主父、严、徐之徒，上一书，建一议，奋发于朝暮之为快。方先帝锐意太平，抽擢英俊之时，而某尚幼，方走场屋，未暇当时之务。今天下无事，百官守成，虽激昂眩鬻，自致于明时，而尚何所因者，窃自嗟惜。比者幸逢天子以制策取天下之士，区区之愚，妄以求奋于此。且士孰不学，而某幸有志于当世之务；士或能有志于当世之务，而某幸天子以制策取天下之士。天下之士孰无心于制策之荣，然天子使两制大臣举其所知；两制大臣，天下之士识者无几，而某又幸尝三见相公。天其或者果有意于某欤？何其幸之多也！

昔张说为相，而张九龄、房琯皆出其门，当时之士以为千载之下不可复得。今河阳李资政亦见于故忠献韩公之门，缙绅咨嗟，以为足继张、房之迹。相公位貌德业，诚已比侔于忠献矣，而某之愚，何敢望于河阳？然使相公之门如某辈犹不弃，则若河阳者接迹而至矣。如此，则岂独为某谋哉？拟进策论二十首，随书上献。伏希下执事略赐听览，以为可取，继以进。无任惶恐依归之至。佚名辑《国朝二百家名贤文粹》卷八十二，《续修四库全书》第1653册，第181页。

谢元城刘待制举文章典丽可备著述科启

许　翰

飞章论荐，过为蟠屈之容；抚迹恩辉，遽改荣华之观。名虚如画，宠至若惊。维观载籍之传，皆原道德之意。非亢其体，不足以起至理之高明；非伟其辞，不足以章大化之渊懿。故商周之《书》灏噩，而《春秋》之辞谨严，《易》倚数而经奇，《诗》缘情而尽丽。夫圣明之述作，后世无以加之。盖道数之发扬，其所从来远矣！

国家表六经之化，海宇复三代之风。环璧水于西雝，作成多士；秘蓬山于东观，间世异人。雍容乎弦诵之声，驰骋乎图书之府。维教化格中者，其材日懋；则辞章发外者，与道俱隆。家有政骏之长，人擅渊云之富。尚咨近侍，往访厥遗，进于斯时，诚难其选。

如某者清苦建志，孤蹇余生，气力不能服田亩之勤劳，财利不能通阛阓之交易。独知感厉，幸生圣世之难逢；俱无能为，乃窃经术而自托。义理之所回激，风雅之所感移。据古讨论，日信书而好大；登高赋咏，时体物以思纷。采获英华，发挥经纬。心益勤而睹秘，力屡屈而知难。业已即功，未能绝意。梦思已久，竟无池草之神奇；编削空多，仅有江风之冷落。徒费学文之岁月，政希事道之功名。偶发策以试言，遂解巾而从政。素学荒坠，迷簿籍之相仍；清思消亡，倦尘埃之竟日。时飘忽其将晚，志纬缅而难成。霭北斗之夜光，谁收沦迹；望西山之朝气，日有归心。岂意特达之知，忽剡非常之荐，将使断裳之俗吏，进希秉笔之英才。勤苦诗书，久荷吴公之幸爱；沉沦选调，遂因袁盎而知名。夫何素履之独行，获附青云而自托。斯盖判府待制，道隆独运，德盛兼容。察其沉静，有受道之资；怜其劬悴，有好古之志。回汝南之定论，徇河北之过谭。知遇于声尘寂寞之时，勉励以文章著述之事。陇云书壁，愧无柳恽之才；江月升舟，遽起袁宏之誉。艺能之幸，今古相望。重惟窃禄以来，再经寒暑；行当解囊而去，一谢尘劳。侵云石之宽闲，藉简书而啸傲。抚壮年之未暮，冀力学而有成。作为歌诗，扬厉德业，备青史之遗事，助白日之休声。持报万分，庶几一得。若乃逢辰行志，则非泛驾之敢期；造物无私，一付化钧于他日。许翰《襄陵文集》卷七，《四库全书》第1123册，第551～552页。

回李贤良垕启

周必大

君人者,劳于求贤,孰当明旨?子大夫褎然为首,独副详延,富哉八千言甚伟之文,应此七十载久虚之典,冕旒动色,韦布增光。窃观圣朝最重制举,艺祖当艰难创业之际,已设三科,仁宗享盛大持盈之期,至颁十诏。惟所询皆当世之要务,故所得率一时之异人,乃知用儒纳谏之极功,岂以右武好文而殊辙,天之未丧,文不在兹。

恭惟某官博洽,本于家传,精勤充乎天性,贤人事业,罔不穷探,流俗施为,未尝肯顾,积岁心潜于载籍,一朝名震于京师。维昔眉山有如苏氏,明允抱才而不遇,文忠励志以有成。肆惟黄门,亦绍素业,谓古人不可作矣。而今者曷其继之,岂无他人?适在同郡,况尊公方正之学,早为先达之所宗,而难弟功名之心,方勉后图而未艾,猗中兴之盛际,复嘉祐之遗风。某托契颇深,缔交恨晚,讨论盛举,幸预于司存,胪句广廷,复陪于山立,曾未遑于展庆,乃先辱于摛词。惟欣感之交怀,匪叙陈之可究。周必大《文忠集》卷二十四,《四库全书》第1147册,第261~262页。

奏荐滕贤良

叶适

臣闻国家之求材,因其欲进而与之进,则臣职修;因其欲退而与之退,则士节励。二者皆于治道有益,而退为难能。臣伏见平江府布衣滕宬、权知三省枢密院事康之孙,少有绝识,文行兼茂,外示淳朴,及与之斟酌世故,动中机微。淳熙中,以贤良召阁试肆通,为考官排沮,孝宗惜之,降旨再试,会内禅而止。比岁近臣又加论荐,士人叹息,以为近世科目,淹久无如宬者。而宬廉靖自乐,不竞不求,年逾五十,绝意仕进,萧然一廛,甘于退老,迹其清裁,可以范世。臣愚伏望圣慈念孝宗延登之勤,嘉宬操行之美,特赐一处士名目,以旌冲尚。臣干犯天威,不胜震惧,伏候敕旨。三月一日,奉圣旨赐廉靖处士。叶适《水心集》卷二十七,《四库全书》第1164册,第485页。

制策

咸平四年四月十三日"贤良方正"科制策
宋真宗

汉诏贤良，垂三百余载；唐策俊造，悬四十余科。得士者昌，于斯为盛，用能佐佑帝业，焜耀儒风。历代以来，其道中废，皇朝开国，复举而行。朕奉祖宗，不敢失坠，思得天下方闻之士，习先王之法、明当世之务者，以辅朕之不逮。

《传》曰："三皇步，五帝骤，三王驰，五霸骛。"斯则皇、帝、王、霸之异世，其号奚分？步、骤、驰、骛之殊途，其义安在？称诏之旨，临御之方，必有始终，存诸典故。加以姬周始之三十六王，刘氏承之二十五帝，受授之端，治理之要，咸当铨次，务究本原。而又周有乱臣，孰为等级？秦非正统，奚所发明？勒燕然之石者，属于何官？剪阴山之虏者，指于何帅？十代之兴亡足数，九州之风俗宜陈。辨六相之后先，论三杰之优劣。渊、骞事业，何以首于四科？卫、霍功名，何以显于诸将？究元、凯之本系，叙周、召之世家，述九流之指归，议五礼之沿革。六经为教，何者急于时？百氏为书，何者合于道？汉朝丞相，孰为社稷之臣？晋室公卿，孰是廊庙之器？天策府之学士，升辅弼者谓谁？凌云阁之功臣，保富贵者有几？须自李唐既往，朱梁以还，经五代之乱离，见历朝之陵替，岂以时运之所系，教化之未孚耶？或者为皇家之驱除，开我朝之基祚耶？是宜考载籍之旧说，稽前史之遗文，务释群疑，咸以书对。《宋会要辑稿》选举一〇，第五册，第四四一五页。

咸平四年四月试"贤良方正"科策二道奉敕撰
杨 亿

朕闻古先哲王，疆治天下，亲附万民，必先务农，然乃足食。故尧命四岳，谨于授时；禹别九州，先于平土。以地著为本，故建步立亩，克正经界之规；以生齿为限，故受田归田，式优筋力之礼。由是耤人狎野，品物嘉生，悉辟汙莱，且无旷土，虽有水旱，不为凶年。然后礼让兴行，风俗归厚，劝功乐事，靡迁其心，既庶而富，爰服于教。此圣王域民之要道也。自周行井田，是为王制；秦改阡陌，乃成霸业。汉抑末而敦本，衣食滋殖；魏屯田而积谷，军国富饶。中代已还，人散久矣。

我国家屡下宽大之诏，深惩游惰之民。关市之征，舟车皆算，恐其骋于末游；天灾流行，田租尽免，虑其去于南亩。广行劝诱之术，俾臻仁寿之域。而廪庾之积未至，陈陈相因；流亡之人犹复，稍稍而出。郡国振业之不暇，豪强倍称而益滋，未能小康，乃至重困。矧又西北寇孽，作梗二边，飞挽供须，靡有虚日。千金之费，尚烦于经度；九年之储，何致于红腐？今欲复成周之法，即表畷素定，恐至扰人；遵商君之术，即贫富不均，无以复古；用李悝之平籴，即头会箕敛，出于无名；行夷吾之寓令，即赋车藉马，适增重扰；举赵过代田之策，即民服先畴，既难变业；专寿昌常平之议，即市有二价，罔或乐输。但赏罚以粟，即赎罪失于不经，卖官致于虚授；若耕战备寇，即陇亩非可使卒，塞垣难以安民。子大夫明识经邦，强学待问，多识前训，博极群书，宜考历代之是非，以定当今之用舍。强兵富国，何者当行？嘉谋嘉猷，虚怀以伫。

又

古者乡老献贤能之书，登于天府；乐正论造士之秀，扬于王庭。或以事以言，以才以德，先选于州里，然服于官常。其后下三适之诏，聿明赏典；乘一封之传，令与计偕。或以户口为差，或以年齿为限。经学章奏，用别于文儒；力田孝廉，益增于科目。或但取世胄，或专引孤平。以王戎之清通，犹有门调户选之谤；以宣父之仁圣，尚闻以貌以言之失。自隋设进士，唐氏遵行，山东士人，以不践为耻，朝廷卿相，率由此而升。笑穷经白首之徒，专篆刻雕虫之巧。婉媚绮错，既事于词华；敦朴逊让，罔求于行实。流荡忘返，浸染成风。故玄宗临朝，深叹于薄俗；杨绾建议，愿复于明经。虽不果行，甚为嘉论。然而沿袭已久，改易为难。

傥举选复行于州间，即人物之评未能折衷；科级专求于经术，即章句之学非可适时。各举所知，乃有比周之党；陈牒自荐，宁获贞退之贤？必取乎文质俱全，更伤于求备；但委乎郡国搜访，亦虑于遗才。至如限之以年，即颜回、子奇岂须强仕？计之以口，即八龙、三虎何必异乡？但取乎文华，即组绣鞶帨，徒为富艳；唯务于学业，即腐烂唇齿，弥益迂疏。国家官倍夏商，地广唐汉，吏员万数，皆须得人，百里一贤将，何充选备？陈历代之略，以副仄席之心，用期酌中，朕将亲览。杨亿《武夷新集》卷十二，《四库全书》第 1086 册，第 493～495 页。

咸平四年八月试"贤良方正"科策一道 奉敕撰

杨 亿

皇帝若曰：朕祇若元符，为人司牧，昧旦丕显，虔恭寅畏，惧德之弗类，虑政之未孚。盖念昔者周命百官，皆箴王阙；汉设三道，用求直言。诞举旧章，思闻谠议。兹子大夫逢时奋庸，有犯无隐之秋也。

夫五材并陈，去兵未可；八政具举，足食是先。今国家北扞林胡，西御党项，岁遣介士，以防盛秋。驰边备即越轶之是虞，穷兵锋又征发之为扰。坚壁氄寇，固役车之未休；继好息民，复文告之靡及。故蒸庶不得安堵，弓矢无由载櫜。至如人获四鬴之余，始免艰食；国有九年之蓄，乃为太平。今旷土尚多，游手未复，劝课之道非不至，赋敛之数无所加。万钟之藏，蔑闻于都鄙；一谷不熟，遂抵于流亡。今欲倍算舟车，且驱之未尽归，而贸迁斯壅；给复租税，又惠之未及富，而经费不充。复常平之仓，即市井之价或有二；修平土之法，即经界之制未可行。自非时和而年丰，不免困穷而转徙。

又如总领众职，莫急于求贤审官；申严百刑，莫先于明罚饬法。今疆宇辽夐，吏员众多，必得其材，然付以任。故文王之德，在于能官人；东汉之隆，本于责吏事。今但委有司之考课，亦第阀阅以求精；只遣使者之察廉，又饰厨傅而为患。汉武之欲除吏，田蚡非可擅权；德宗之择县令，柳浑讥其失体。遵荀勖省官之议，即员难减者实多；体薛宣换县之规，即才适用者殊少。虽循名责实之斯切，而政平讼息之未臻。至若金科玉条，竹书丹笔，以禁多辟，所期无刑。其属三千，盖防于逾矩；断狱四百，用冀于胜残。虽然，慕陶唐之画冠，且免而无耻；体汉初之疏纲，又奸乃益生。必待皋陶作士师，法宁可废？岂须定国为廷尉，民乃不冤？俟论报即久系是虞，但责成即舞文斯众。苟四目之罔及，乃一人之向隅。或罹非辜，足伤和气。子大夫策虑幅臆，智略辐辏。兵者凶器，必可使归马放牛；食为民天，必能致家给人足。考建官之意，当俾百工之允厘，稽立辟之由，期措五刑而不用。并揣历代之略，兼陈方今之宜。扬榷而言，朕将亲览。杨亿《武夷新集》卷十二，《四库全书》第1086册，第495~496页；《宋会要辑稿》选举一〇，第五册，第四四一五~四四一六页。

试草泽柳察策二道

杨 亿

王者专山泽之征，实惟周制；县官设盐铁之禁，盖自汉朝。所以牢笼货财，抑夺豪右，从来久矣，何莫由斯？国家奄有寰区，外制边徼，用度斯广，经费实繁。东南之邦，茗荈攸产；池海之利，咸鹾是资。筦榷之法载严，律令之文备。设宪网而虽密，投罪罟者弥多，盖衣食之所由，纵水火而必蹈。今欲尽弛其禁，即九年之计不充；习以为常，即五刑之用未措。子大夫深达治体，必切事情，幸揣当今之宜，别陈经久之略。

又

国家并建庶官，分领众职，守宰之任，风化出焉。故大邑庀身，子产征于引喻；惟良共理，汉宣发于叹嗟。今土宇混同，郡邑纷布，版图羡溢，吏员众多。守土之臣多辍于台阁，字人之长咸调于铨衡，皆程其器能，校其阀阅。因清闲之宴，必敷纳以言。虚己畴咨，曾旰食而忘倦；悬爵懋赏，俟期月之有成。虽慎柬惟勤，而颂声未洽。或驱鸡之无状，或治庖之不能，或贪墨以败官，或严残而剥下，恺悌之化斯郁，循良之称鲜闻。至于分遣察廉，饰厨传者率邀善誉；专考科第，拘殿最者多失巨贤。诏公卿各举所知，或称匪其人，恩移于下；俾牧守自署其属，即爱不吾叛，用必以私。益知审官之难，矧复长人之寄！子大夫博探载籍，深究政经，当述选贤任能之方，且明兴化致治之本。条对所问，扬榷而言，必考古以验今，庶可行而不悖。杨亿《武夷新集》卷十二，《四库全书》第 1086 册，第 496~497 页。

景德二年三月试草泽刘牧二道_{奉圣旨撰}

杨　亿

化成之道，儒术为先。故大学之兴，存于《周礼》；博士之设，始于秦官。历代相沿，旧章咸在。国家盛胶庠之制，崇俊造之科，镂版以广圣言，祭菜以严祀典。传经请益，必选硕儒；讲肄胄筵，咸稽古训。而公卿之子弟，鲜隶籍于成均；州里之俊髦，率登名于乡老。岂劝诱之未至，将沿袭之或殊？何以复杏坛、槐市之规，遵小成、大成之制，弦歌不辍，诞扬洙泗之风，生徒浸多，克追唐汉之盛？愿闻嘉话，用洽永图。

又

古者井田之设，兵农混焉。居常力耕，不离于畎亩；有事调发，爰执于干戈。盖三代之旧章，历战国而无改。施及秦汉，沿袭渐殊，京师建南北之军，郡国有材官骑士，内增七校，外置楼船。自是以来，不能复古。而况五材并用，谁能去兵？天下虽安，未可忘战。今国家勤修武备，式遏外虞，所以保障黎元，震耀威德。将何以追司马六军之制，遵提封百万之规，免飞刍挽粟之劳，成家给人足之美？寓令于疆畔，其术如何？讲事于蒐苗，厥旨安在？愿闻婉画，以阐大猷。杨亿《武夷新集》卷十二，《四库全书》第 1086 册，第 497~498 页。

景德二年三月二日试草泽策一道

杨　亿

四民并设，盖务穑之尤先；九序惟歌，实丰财而为急。国家富有区夏，勤恤黎元，训兵以备不虞，建官以熙庶绩。乃至宗庙宾客之费，名田奉邑之资，岁计所丛，国用尤广。虽复颁行恩诏，敦劝农功，奉顺天时，聿修稼政，罢不急之务，去冗食之兵，裁减赐予之规，斥弃奇巧之玩，敦本节用，斯为至矣。而九年之蓄，物力未完；一谷不登，流亡乃出。将何以致污莱尽辟，游惰悉归，足衣食而知礼文，值凶荒而无菜色？又何以致太仓之粟，陈陈相因；上林之钱，往往而是？然后家给人足，颂声浃于连甍；国富兵强，天威震乎殊俗。子大夫博通载籍，练达政经，必有嘉谋，悉以条对。杨亿《武夷新集》卷十二，《四库全书》第 1086 册，第 498 页。

景德二年九月十七日"贤良方正直言极谏"科制策

晁　迥

朕践修圣训，慎守丕图，深虞政经，未协彝范。是用详延豪俊，博访谋猷，贲然来思,副此虚伫。所宜询适时之要务,举救弊之宏纲。

夫高以下为基,国以民为本,圣人设教,勤恤居先,皆欲臻富庶之期,跻仁寿之域。然而繁衍盛大之谓庶,利用阜财之谓富,胜残去杀之谓仁,永锡难老之谓寿。兆民所赖,四者难并,何施何为,得以臻此?农处四人之急,食摽八政之端,将图足食之方,式重务农之道。而游手逐末,甫田多荒,惩而劝之,其术安在?先王制辟,君子尽心,舜有惟恤之言,禹有泣辜之事,人罹于法,良用尽然,姑务好生,常思慎罚。若唐、虞画像而耻格,成、康刑措而不用,各用何道,使之然乎?天灾流行,国家代有,故水旱之作沴,虽尧、汤而病诸。《书》云"燮治阴阳",《易》曰"财成天地"。唯兹二道,可以行之。逖听多言,不能无惑,阻之则忠谠道闭,诱之则谗谀路开。填于听焉,必辨邪正,邪正之说,欲辨何从?推贤让能,贯经训而不朽;难进易退,列儒行而相高。近世以来,此风不竞,驰骛旁午,安潜下衰,亦思塞奔竞之源流,建风教之根本,激劝之要,其将曷先?祀之与戎,缓急不类,俱曰大事,其何故哉?古圣指归,布在方策。《周礼》八柄,驭下之洪规;《伊训》三风,守邦之深戒。令王之制,可举而行。为予指陈,成尔敷纳。齐委仲父,下令如流水之原;汤任保衡,致君有格天之业。何术比于流水?何故言其格天?苟辨其由,可资成务。用民必顺,无昆虫之灾;飨帝于郊,得寒暑之序。出何经据?当述厥由。《大易》象辞,《老聃》经旨,化成天下,何者谓之人文而不可示人?何者谓之利器?贤良文学,固所周知,俟闻谠言,以称朕意。

《宋会要辑稿》选举一〇,第五册,第四四一七页。

景德三年九月试"贤良方正能直言极谏"科制策一道 奉敕撰

杨 亿

皇帝若曰:我国家奄宅中土,勤恤庶邦。念前代求贤之劳,思昔王好问之裕,潜发明诏,详延俊民,乐闻谠言,用禆至化。兹子大夫,韫椟待价,藏器俟时,射隼有功,逆鳞无忌之际也。

方今边候彻警,戎索载清。与民息肩,爰戢不祥之器;为国生事,深戒守方之臣。盖已卧鼓灭烽,卖剑买犊。下劝农之诏,勖游惰以返耕;置常平之仓,谨丰凶而平籴。劝课之道斯至,备豫之术具颁,而流庸未尽归,污莱未尽辟。陈陈之粟,尚郁京坻之谣;蚩蚩之氓,竞逐锥刀之末。倚市门者,鄙于刺绣;为马医者,至于击钟。使寒耕热耘之民,有粗衣菲食之叹。厚生敦本,何以尽驱于力田?既富而教,何以一变而至道?若夫慎重名器,先儒之格训;辩论官材,为邦之令典。著位峻于堂陛,效用适于轮辕,固亦周爰咨诹,宴见敷纳,征保任于公举,观试可于吏能。黜陟幽明,稽有虞之彝制;综核名实,遵汉宣之故事。其有尤异之课,即申以增秩之文;若乃非常之才,必待以不次之位。我有好爵,兹用縻贤;国无败官,于焉致治。而庶尹卿士,郡邑牧宰,暨于黄绶一命,青纶半通,虽有司殿最之申严,外台刺举之详察,尚或贪墨以获戾,罢软而废职。徇公者伤于苛刻,贾誉者病于脂韦。致有嚚讼升闻,烦轺车之案劾;具狱来上,待丹笔之科条。但采于风谣，或察廉之失实；专取于课第，亦茂异之见遗。将何以致《械朴》之咏兴，蒲卢之政治，授方任能之道著，亮采惠畴之业昭？巍巍大朝，有官人之盛；济济多士，无彼其之讥？

子大夫强学多闻，稽古博识，究历代之损益，明当今之利病。所宜穷斯民雅俗之弊，极谈耻格之方，考庶官治乱之由，深陈用人之术。迟闻嘉话，以阐大猷，当悉乃心，勿有所隐。杨亿《武夷新集》卷十二，《四库全书》第1086册，第498~499页。

景德四年闰五月初七日"贤良方正能直言极谏"科制策

策问

宋真宗

朕克谨先训，惟怀永图，其化成于人文，爰顺考于古道，犹虑视听不广，心志未明。鉴寐增勤，忠规是仁，所以博延髦士，渴听嘉谋。

昔姬德之隆，《周官》爰作，建中立极，经世惠民，乃致颂声，以措刑辟。王风不兢，战国交兴，理贵从宜，俗多变古。炎汉政令，《十志》粗存；有唐宪章，《六典》备载。既沿革而不一，谅损益而可知。曲礼三千，经礼三百，诚难悉数，试为敷陈。施之于今，往古之事何久？揆之于古，方今之法孰非？勉商榷其大猷，无自执于小道。

仲尼之志，在乎《春秋》。考旧史之文明，将来之法，善恶各显，惩劝在兹，由是后王遵为彝训。至若朝聘祭祀之礼，刑赏兵农之政，君臣励翼之绩，官师寅亮之辞，或可举而行。当直书其事，精英是取，糟粕勿陈。

六籍之存，日星为喻；百氏之说，爝火攸同。恶实尚华，实繁厥类；斲雕为朴，岂无其时？欲使荐绅之民并宗经术，青衿之士专习圣言，能黜异端，俟闻谠论。贡举之设，茂异斯求。爰自唐朝，独考辞赋，虽云小道，壮夫耻为。然而定妍否于有司，观工拙于作者，苟为舍兹衡石，诚虑失之毫厘。将俾俊义，用章文风丕变，其用何术，以副虚怀？

《礼》有四民，农居其一；《书》有八政，食在其先。务劝力耕，谅由薄敛。或轻其赋调，则邦家之用不充；或重彼课役，则编甿之力弥困。至于榷酤之法，关市之征，将以惠人，亦思省去，复虑经费不给，游惰寖多。盖蠲复民租，不禁山泽，而使野无旷土，府有羡财，下靡趋于末利，上益丰于储蓄。必有说也，宜无隐焉。

宰字之任，斯民所托，在乎铨择，尤所注怀。亦尝阅考绩于明庭，听保任于端士，暨于污职，继以败官。或边幅罔修，簠簋靡洁；或佩韦罕诫，冠虎是俾。虽国有常刑，然民已受弊。今若峻其督责，必兴叹于凝脂；缓彼简书，将漏罪于疏网。水火相济，琴瑟改张，尔其谓何？予实翘想，缅惟致治，诚在得贤，常恐下僚，实沉英彦，或以类举,或自荐升。清白著名,每从加等;干盘伸效,亦俾峻迁。然而鲜睹徇公,颇闻滥进,始由朋比,终陷刑章。言念于兹,夙夜无已。欲必怀才者使达,荐士者绝私。奏牍上陈,美恶可复;爵赏下降,名实罔违。极言澄汰之方,用资宵旰之虑。矧子大夫蕴蓄器业,洞明政经,副我详延,森然就列,靡蹈后患,各施谠言。《宋会要辑稿》选举一〇,第五册,第四四一八~四四一九页;夏竦《文庄集》卷十二,《四库全书》第1087册,第150页。

崇政殿御试"贤良方正能直言极谏"科制策
夏 竦

臣闻百王公共不易之道者,惟谏而已矣。古者致治之君,莫不欲良臣在廷,忠言日至,揭进善之旌,设敢谏之鼓。太史陈诗以刺,百工执技以谏。暨汉孝文二年,始下贤良之诏,开纳言不讳之路,延直诚切谏之士。访天时之灾异,问朝政之阙失。国家宅有神器,五十年间,上无逸德,下无遗政。而陛下尚虑视听未广,心志未明,高张六科,躬访时事,诚臣以济民利国之策,干陛下之秋也。臣生逢太平,幼读方策。睹盛衰治乱之际,未尝不愤悱而握卷;闻忠謇鲠直之风,未尝不激厉而抗节。今幸以区区之学,应直言之召。有司不以臣之不材,升之于相府;三公不以臣之不材,进之于外廷;陛下不以臣之不材,问之于丹陛。敢不抉胸臆之所虑,尽耳目之所见,谨昧死上对?

制策曰:"昔姬德之隆,《周官》爰作,建中立极,经世惠民,乃致颂声,以措刑辟。王风不竞,战国交兴,理贵从宜,俗多变古。炎汉政令,《十志》具存;有唐宪章,《六典》备载。既沿革而不一,谅损益而可知。"臣闻周监二代,文物周旋;姬旦践阼,宪章昭备。诏六官以政令,建五等以亲贤。礼行三雍,法垂象魏。故文、武创业而臣工作颂,成、康致治而刑措不用。洎平王东迁,皇纲解纽,《黍离》之什,下列《国风》。尔后九鼎渐轻,七雄分竞,强吞弱吐,干戈日寻,合纵连衡,谈说锋起。至有变衣裳以从俗,峻法令以任权,轻忠信而重要约,坏井田而立阡陌。官不择行而择言,爵不尚贤而尚贵。事叛于古,败乱相乘。洎秦鹿野死,汉龙天飞。萧何约九章之法,叔孙制绵蕞之礼。律历精密于盈虚,郊祀周旋于坛墠。分郡国以王宗支,制歌舞以象功德。殊庸茂实,际天接地。故朝廷之制,《十志》在焉。洎三国分土,礼乐无主。垂数百载,而唐有天命。房杜议其律令,马周陈其法度。致太平于贞观,制礼乐于开元。分爵九等,品有正从。故职官之制,《六典》备焉。今陛下问其沿革,询其损益,其将有所发于天下也。臣愿朝廷鉴历代之所短,举唐汉之所长,文者损之,急者宽之,过者抑之,不至者进之,则古今之美,无不济于下矣。

制策曰:"曲礼三千,经礼三百,虽难备举,聊为敷陈。施之于今,往古之事何允?揆之于古,方今之法孰非?当商榷其大猷,无自执于小道。"臣闻先王本太一之道,观羔雁之象,制威仪三千,礼仪三百,所以教天下之恭让,闲万民之非辟。聊敷其要,盖有五焉。《记》曰:"礼,时为大,顺次之,体次之,宜次之,称次之。尧授舜,舜授禹,汤放桀,武王伐纣,时也;天地之祭,宗庙之事,父子之道,君臣之义,伦也;社稷山川之事,鬼神之祭,体也;丧祭之用,宾客之交,义也;羔豚而祭,百官皆足;太牢而祭,不必有余,(此之谓)称也。"若穷礼乐之沿革,揆古今之得失,则上世帝王不相沿袭。功成作乐,治定制礼,虽从宜而立法,必师古而可久。国家受天承命,造我区夏,远观八世之典,近取开元之制。文物之盛,流芬简策。但太常工师或怠其习,朝廷服章未明其列。珩璜之声不闻,豆笾之器罕用。鉴往观来,其仪可见。今陛下富天启之资,有承平之业,固当制礼乐,易服色,定官名,发号令,建中于千古之上,立极于百代之下,则泥金勒玉,不足记其功德矣。

制策曰:"仲尼之志在乎《春秋》。考旧史之文,明将来之法。授经左氏,发凡变例。善恶必显,惩劝在兹。由是后王,遵为彝训。至若朝聘祭祀之礼,刑赏兵农之政,君臣励翼之迹,官师寅亮之辞,或可举而行,当直书其事。惟菁英而是取,顾糟粕而罔陈。"臣闻周室将微,诸侯叛命;圣人有作,王文爰启。发周公之凡例,载鲁史之行事,笔削既至,臣子皆惧,故为列辟之彝章,王道之准的。汉氏有命,斯文盛行,朝廷诏诰,公卿章疏,必引经传,为事规矩,故历祚悠远,法度可观。尔后中原多故,编简不完,有国之君,不遑逮此。国家兴起四方,穆清治本,建藏书之策,立雠校之官。陛下旰食视事,乙夜观书。故下问小臣以大义,抉六经之奥秘,观百王之明睿。臣幼习史氏,颇详其学,以为丘明之传繁富而诬。臣请以经义条对如左。

臣闻朝以修制,聘以结好。时会以发四方之禁,间问以谕诸侯之志。表著以昭序,玉帛以修赞。考其道则在乎明班制而不僭,整威仪而可观。动必以礼,不失其物。臣谨按《春秋》书"春,滕侯、薛侯来朝"者,天子无事,诸侯相朝,书时者,美其正也;书"荆人来聘"者,荆,夷狄也,书人者,美其始能聘也;书"介葛卢来"而不书朝者,以微国不能行其礼也。臣闻祭以追养,祀以驭神,圣人为能飨帝,孝子为能飨亲。外则尽物而献诚,内则尽诚而献礼。备其馨香,奉以珪璧。然则祭不欲黩,黩则不恭;祀不欲烦,烦则不歆。谨按《春秋》书"春正月己卯烝"者,讥其数也;书"夏五月丁丑烝",讥不时也;书"犹三望"者,犹者可止之辞也,讥其不知礼也。臣闻刑赏者,国家之二柄也。驭其有罪,则有刑赎废夺,《语》曰"齐之以刑",《书》曰"金作赎刑",《周礼》曰"夺以驭其贫","废以驭其罪"。懋其有功,则有爵禄、车服。《周礼》曰"爵以驭其贵","禄以驭其富",《书》曰"车服以庸"。盖刑者所罚寡而所戒众,赏者所费小而所劝大。故古者刑以秋冬,象天之瘁物也;赏以春夏,象天之惠物也。然则刑之大要在乎去奸宄。奸宄不去,则罚失矣,罚失则滥,滥则民不从矣。臣谨按《春秋》桓公之世,经不书"王"者,讥上之不能讨其罪也。赏之大要在正礼制,礼制不正,则劝失矣,劝失则僭,僭则民不服矣。臣谨按《春秋》云"王使荣叔来锡,桓公命",书"来锡"者,讥赏不正也。臣闻古之兵制,大夫有车百乘,诸侯有车千乘,天子有车万乘,所以威四夷,刑奸宄也,必先教之以礼,而后讨之以罪。故先王之制,甸服者祭,侯服者祀,宾服者享,要服者贡,荒服者王。有不祭则修意,有不祀则修言,有不享则修文,有不贡则修名,有不王则修德,序成而不至则修刑。于是乎兵有常矣。后之王者奉之,能行其礼,能守其正,则得其道矣。臣谨按《春秋》书"甲午治兵"者，美其得礼也；书"作丘甲"者，讥不正也。臣闻古之农政，夏后氏五十而贡，商人七十而助，周人百亩而彻。所以供宗庙，备车服，必先限之以田，而后取之以赋。先王之制，建步立亩。六尺为步，步百为亩，亩百为夫，夫三为屋，屋三为井，井方一里，是为九夫，八家共之。一夫一妇受私田百亩，公田十亩，输虞衡之税，供车马之赋。于是乎农有常矣。后之王者奉之，不妨其时，不失其正，则得其道矣。臣谨按《春秋》书"新延厩"者，讥不时而悉农力也；书"初税亩"者，讥不正也。至若君臣励翼之迹，官师寅亮之辞，考于左氏之传，是繁大夫之对，然非圣人笔削。请以经义言之。夫君臣励翼者，在乎尊卑不黩，上下不僭，罪不妄诛，刑不妄加，兴灭国，继绝世。《春秋》之义，尊不亲小事，卑不专大功。谨按经有称"人"以杀大夫者，讨有罪也；称"国"以杀大夫者，罪累上也；经有书"夏灭项"，而不言何国灭之者，为齐桓公讳也。《春秋》为贤者讳，桓公尝有继绝存亡之功，故君子为之讳也。夫官师寅亮者，在乎夙夜儆戒，靖恭其位，贤愚有序，贵贱有列，安邦国，利万民。《春秋》之义，用贤治不肖，用贵治贱。谨按经有书"秋，公子结媵陈人之妇于鄄，遂及齐侯、宋公盟"，书遂者，美其有遂事也。《春秋》之义，大夫受命不受辞，出境有可以安社稷，利国家者，专之可也。

制策曰："六籍之存，日星是喻；百氏之说，爝火攸同。恶实尚华，是繁厥类，斲雕为朴，岂无其时？欲使荐绅之民并宗经术，青衿之士专习圣言。能黜异端，渴闻谠论。"臣闻经纬天地，莫大乎六籍。《诗》、《书》标仁义之府，《礼》、《乐》立教化之表，《春秋》五始以载褒贬，大《易》四象以观情伪。从之则为正直，为圣贤；叛之则为奸乱，为聋暗。万代而下，宗为格言。然而去圣逾远，诸子锋起，各因文而述志，或希圣而扶经。至汉孝成帝时，已八十余家矣。尔后作者纷纭，竞为闳诞，违叛正道，棼泯斯文，致学者之多歧，遂务华而舍实。陛下注怀坟索，将抑百家，文明之朝，如转规耳。然臣以为焚之则为非法，不若化之以道，教之以正。自今而后，凡朝廷诏令之文，贡举诗赋之目，毋用诸家之语，必以六经之义。上之所好，下必甚焉。是以辐员之内，庠序之间，不禁而自绝，不令而自从，竞讽周、孔之言，共排杨、墨之语。谅不数岁，尽变其风。洋洋乎《雅》、《颂》之声，可以翘足而待矣！

制策曰："贡举之说，茂异斯求。爰自唐朝，独考辞赋。虽云小辨破道，壮夫耻为。然而定妍否于有司，观工拙于作者，苟或舍兹衡石，诚虑失之毫厘，将俾俊乂用章，文风丕变，其用何术？以副虚怀。"臣闻王者不能独治天下，必择良能而共之。故公卿大夫必选于俊乂，俊乂必取于多士。四代荐贤，诸侯立三适之制；两汉求士，公府有四科之选。得贤之盛，无以逾之。魏晋以降，南北离割，其间制度，无可纪者。隋室立进士之科，李唐崇大其选，国家隆兴，亦循其制，网罗贤俊，时号得人。若辞赋之试，声律之限，盖非古也，而取一时之工焉。陛下必欲革之而取茂异，又何患妍否之难定哉！臣以为今之取士，其甚可疑。乡举里选之制未尽明，察言观德之规未尽复。夫乡举里选，所以择其行也，而寄贯冒籍者有焉；察言观德，所以择其材也，而矫厉虚誉者有焉。所以荐贡之始，不能皆知其行；明试之际，不能尽择其文。以是爵命之间，不能无滥。臣愿陛下先明乡里之制，次谨言德之规，然后试以策论，考其康济，非经意不得以对，非常道不得以言。则清浊自分，才德可辨，文风丕变，又何远乎！

制策曰："《礼》有四民，农居其一；《书》有八政，食在其中。务劝力耕，谅由薄敛。或轻其赋调，即邦家之用不充；或重彼科役，即编氓之力弥困。至于榷酤之法，关市之征，将以惠人，亦思省去，复虑经费不给，游惰浸多。盖欲镯复民租，不禁山泽，野无旷土，府有羡财。下靡趋于末利，上益丰于储蓄。必有说也，宜无隐焉。"臣闻《语》曰："百姓足，君孰与不足？百姓不足，君孰与足？"故先王敷政设教，惟务富庶，藏财于民，取之以道。府藏益而国用充，元元安而百姓遂。国家仁惠周普，刑政简清，但财赋未充，管榷未罢，其故何哉？臣以为务农之制，足食之本，历观前世，盖有道焉。三代之际，其详阙矣。姬嬴而下，莫盛于汉。臣请为陛下以西汉之事言之。夫汉当文、景之际，民田三十取一，而侯王分土，各食其租。关梁缓征算之制，民间有斗酒之赐。四方常贡，其入至寡。而太仓之粟，流衍而露积；京师之钱，贯朽而难校。守闾阎者食粱肉，阡陌之马成群。今国家地广前代，履亩而税。山泽舟车之赋，盐铁筦榷之利，一岁之入，十倍汉初，而用度丰盈，未能相当，其故何哉？岂非游手未去，重职未省，冗兵未减，仙释未戢，旷土未开，珠玉未弃？游手未去，则趋末牟利之弊未尽止；重职未省，则稍廪供亿之费未尽节；冗兵未减，则粮饷优给之用未尽一；仙释未戢，则邪伪蠹耗之源未尽闭；旷土未辟，则末稆禾黍之利未尽获；珠玉未弃，则梯航掊采之路未尽塞。是以南亩之民，执耒而耕者无多人矣。故陛下虽躬行节俭，忧劳日昃，而制其岁用，则尚有未丰，议缓征算，则将行复止者，良由是矣。愿陛下禁游惰以沮劝之典，并重职以简易之道，去冗兵以稽阅之法，抑仙释以正直之规，开旷土以优复之令，弃珠玉以俭素之教，则官府之用充仞而山积，亿兆之生敦厚而日富，丰食之道，又何难哉！

制策曰："宰字之任，蒸黎所托，在乎铨择，尤所注怀。亦尝阅考绩于明廷，听保任于端士。暨于莅职，继以败官。或边幅罔修，簠簋靡洁；或佩韦罕诫，冠虎是俦。虽国有常刑，而民已受弊。今若峻其督责，必兴叹于凝脂；缓彼简书，将漏罪于疏网。水火相济，琴瑟更张。尔其谓何？予实翘想。"臣闻生民之命，系乎县邑。故进任宰字，在乎择人。当进者进，则法令明，政教达，奸宄绝，私谒息；不当进者进，则王泽壅，刑辟滥，邪伪起，苞苴行。故古者仕不妄进，臣不虚受，盖恐下民之受弊于匪人也。国家之制，与古齐圣，而州县之吏，率多暴慢，不求洁白之名，罔垂缓急之戒。其故非他也，盖吏道颇杂，贡举未正。士则累场籍以求第，而不问其材；吏则叙久次以求迁，而不问其事。未尝择行于三铨，但见分命于百里。君子或淹久而后进，小人或夤缘而先达。复循唐氏流外之制，盛开百司恩泽之路。选调既集，皆补令佐，蚕食元元，干冒宪纲。详观其弊，良不远此。况复考课之法未尽行，论荐之科未尽至，按察之使未尽公，激劝之赏未尽重。臣愿陛下因革百王，详观两汉。采诸家考课之法，而明其殿最；严百官论奏之典，而禁其趋附。选天下公正之士，出分八使之车；擢州县循良之吏，入补金闺之籍。是则黄绶之间，竞为良善，又何有凝脂之叹，疏网之虞者哉！

制策曰："缅惟致治，诚在得贤。每恐下僚，实沉英彦。或以类举，或自荐升。负廉隅清白之名，常从加等；驰干盅端方之誉，亦示峻迁。然而鲜睹徇公，颇闻滥进，始由朋党，终陷刑章。言念于兹，夙夜无已。欲使怀材者必达，荐士者绝私。奏牍上陈，美恶可复；爵赏下降，名实罔违。极言澄汰之方，用资宵旰之虑。"臣闻王者前旒垂纩，无为而治，必举贤哲，用为股肱。故类举之典，君子所以达己知也；自荐之制，英主所以拔寒畯也，皆有国之规矩，求贤之轨辙。然则类举不正，则朋党者达；自荐不实，则僭滥者进。必在乎以经义而制之。谨按《春秋》，书"吴子使季札来聘"。吴，夷狄也；称"子"者，善使贤也，故进之。《春秋》之义，身贤贤也，使贤亦贤也。又按《书》云："举能其官，惟尔之能。"而今之论荐或非经意，保任之法颇重，得贤之赏未行。夫经以使贤者为贤，举能者为能，若举状谬者既黜，举状实者未旌，则贤能之士，何以劝励？夫贤能不劝，则为善者怠；为善者怠，则欺妄者进矣。吁戏！自荐者权也。古者帝王虑臣下妨塞贤路，乃为之制，在陛下裁之而已。若类举者道也，一日废之不可。伏愿陛下所信任者各举所知，则栋梁柱石有余材矣。然则国家之大柄，王者之利器，赏罚而已。陛下明其科条，以驭荐举，不容应侯籍稿之请，而举胥臣先茅之赏，是则怀材必达，荐士绝私，可以复其美恶，而不违名实矣。臣诚不佞，罔知忌讳。叨备清问，忧惶局蹐。但幸遇陛下设直言之科，臣应极谏之召，圣策许臣"靡悼后患"。夫贱士之虑，思补圣政万分之一。惟陛下少赐宸览，宽其鼎镬，则昧死幸甚。臣谨对。《文庄集》卷十二，《四库全书》第1087册，第152～159页。

中书试论四篇①

夏 竦

一 定四时别九州圣功孰大论

先王之有天下也，仰观乎天，俯察乎地。天以四时为佐，故历候不得不正也；地以九州为纪，故疆理不得不别也。昔在帝尧，稽法天象，申命羲和，期三百有六旬有六日，以闰月定四时成岁。暨禹乘四载，分别九州，随山刊木，洪水无害。然皆上古帝王之圣功，而有区别焉。夫圣人经始万邦，劳心百度，皆欲先天时而后地道也。三皇之季，盛德广大，陶唐氏虑天时之不顺，正朔之不叙，节候之失度，日星之失次，历算之失数，人民之失所，乃命四岳钦若上天，历象日月星辰，敬授人时，所以明天道也。洪水襄陵，群生昏垫，夏后氏疏凿山川，流导四渎，分田壤之等降，定贡赋之隆杀，桑土既蚕，生民粒食，所以正地道也。夫天时正，则霜雪风雨于是乎可信，上下经纪于是乎可象，芒甲羽毛于是乎茂育，政令教化于是乎可期。故辰弗集其房，而夏君征其畔官；

---

① 按《青箱杂记》云："夏竦上书乞制举，直庙再三激赏，召赴中书，试论六首。集中只存四首，其《考定明堂制度论》及《光武二十八将功业先后论》二首并佚。"

火犹西流，而仲尼罪其司历。盖百王之大典，上古之彝训也。

然则定四时成岁，何先乎闰余？说者曰："周天三百六十有五度四分度之一，以三百六十日为一岁，余六日，三十日为月，月行疾，又岁余小尽六日，故五年再闰，以定四时之气也。"夫地道别，则播种耕艺于是乎有常，赋役职贡于是乎有典，原隰坟衍于是乎定位，昆虫鱼鳖于是乎有宅。然则平水土，何先乎九州？说者曰："州者畴也，言畴其土而分别之也。"盖闰余不正，则历象不叙；历象不叙，则天纪扰矣。田畴不分，则贡赋不至；贡赋不至，则人事废矣。《传》曰："太上立德，其次立功。"尧之道，定四时而修天纪，立德者也；禹之道，别地利而正人事，立功者也。功德之际，固不同矣。

二　九功九法为国何先论

夫有国家者，稽考往制，裁为政术。故彝伦攸叙，万事允治，经纬不紊于繁，上下皆底于道。然则以典故为政者，其大有二：有九功焉，《书》曰"水、火、金、木、土、谷、正德、利用、厚生"是也；有九法焉，《周礼》曰"制畿封国、设仪辩位、进贤兴功、建牧立监、制军诘禁、施贡分职、简稽乡民、均守平则、比小事大"是也。然则致治之本，何从而先？

昔八世之君，不相沿袭。帝者，有帝道而御天下；王者，有王道而御天下。帝道广而大，其制也简，故其民从之而不咈；王道明而正，其制也密，故其民从之而不违。当其陈九功于舜禹之世，其言要而其用也普，其帝制之余乎；正九法于姬周之始，其言辩而其用也周，其王制之余乎！夫万物非五材不用，故九畴以五行为首；民非五谷不食，故八政以食为先。不正德则教化不达，故《书》云"德惟善政"；不利用则民事不济，故《易》曰"日用不知"；不厚生则国计不丰，故《书》曰"民惟邦本"。由是善为国者，修五材而民用足矣，贵谷而民食丰矣，正德而天下之心服矣，利用而邦家之用济矣，厚生而百货之本达矣。故六府三事允治，然后可以制畿封以正其法，辩仪位以节其事，进贤才以惩劝，建牧守以司察，诘军禁以绳纠，施职贡以制财，简乡民以施教，均守则以结信，正小大以表礼。著为先圣不刊之典，垂为百王不易之道。盖夫帝制者，尚道德者也；王制者，尚法度者也。先道德而后法度，则民怀之而从上矣。若去道德而专任法度，则四海之政，官府之事，将有察而不胜者矣。於戏！皋陶、周公之心，可以知之矣。

三　舜无为禹勤事功德孰优论

天生烝民，立之司牧，实曰天子。天子必张官设吏，布德行惠，以怀万民，驱之四方上下，惟其所从。在其治一也，而其道固不可同矣。三五之君，其治之至，其德之盛，际天接地，垂映列辟者，皆曰舜、禹，则舜、禹可以谓之盛德。

夫舜以无为而治天下，禹以勤事而陟元后。然则无为、勤事，其有隆杀矣。夫圣人功业既殊，教化皆异，其德隆者其功逸，其德杀者其功劳。逸者合于造化而及于物者也，劳者滞于形器而立事者也。故言事者，劳逸之际，不可不察也。夫无为者，逸也，何以逸？能任人也。圣人劳于求贤，逸于得士。当有虞氏纳于大麓，遂陟帝位，任四岳以主内事，任十二牧以秉外政，任大禹、垂、益、伯夷、夔、龙以平水土，以典礼乐，以掌山泽，以治百工。故可凝旒垂纩而御遐迹，当宁深拱而行教化德，与天道契乎渊默。《诗》云："不识不知，顺帝之则。"《书》云："知人则哲，能官人安民则惠。"《易》曰："垂衣裳而天下治。"其是之谓矣。

夫勤事者，劳也，劳者何？盖自任也。圣人忧勤以图治，躬亲以底绩。当夏后氏受帝之命，乂厥水土，乘四载而导江河，别九州而差贡赋，任其桑土，分其土宜，闻启之泣而不归，栉风沐雨而无倦，授元圭而告成功，以声身而为律度。故能功著万世，济于生民。《诗》云："弗躬弗亲，庶民弗信。"又云"小心翼翼"，其是之谓乎！故圣贤之言舜也，则称其德，曰："无为而治者其舜乎！"又曰："舜有五臣而天下治。"言禹则称其功，曰："尽力乎沟洫。"又曰："微禹之功，吾其为鱼矣。"盖德者形而上者也，功者形而下者也。立德立功之道，其殊久矣，况禹受舜命而告厥成功乎！

四　曾参不列四科论

登四科者十人而已："德行，颜渊、闵子骞、冉伯牛、仲弓；言语，宰我、子贡；政事，冉有、季路；文学，子游、子夏。"而曾参于孔门为达者也，不预十哲之选，其故何哉？夫仲尼生周之末，立定、哀之间，斯文中微，不绝如线。乃以仁义之道，行忠信之事。考其言行，采其材智，得是十子，第为四科，以标儒雅之道，其选盖至矣。而参不列其间者，念其道有所未至矣。试尝论之。

曰：孔氏四科之选，皆有贤哲之具体者哉，非各言其一也。贤者，百行之先，阙一不可。颜、闵非独以德行选也，游、夏非独以文学举也，宰、赐非独以言语称也，冉、季非独以政事择也。盖有五常之具德，而后列其所尤至者哉！故德行者岂无政事，政事者岂无言语，言语者岂无文学，斯互举所长之言也。而曾子惟以孝行著闻，不能具得能者之体，但行其一端，故所以不列于十哲者也。若孟子所谓伯夷、叔齐，圣人之清者也，言夷、齐不食周粟，采薇首阳，盖得圣人之一清德耳，蹈道则未也。由是观之，则参之事夫子，学其道，推其心，但得圣人之一孝德耳，言其材则未也。

或曰：参也孝，何以非贤哲？夫十子者，有四科之德，岂无孝乎？盖孝在其中矣。三千之罪，莫大于不孝。仲尼之门，英贤之选，而薄于孝行，圣人之心，何以言哉？

或曰：孝者百行之先，居在四科之上。夫孝养之道，诚为至性，然莫逾于德行。故仲尼尝曰："孝哉，闵子骞！"而居德行之科。盖孝者无以逾于德也，是则有其德，然后列在其间。而参之孝，一介之孝也。仲尼尝曰："参也鲁。"故为之说天子诸侯之孝以治邦国，以及百姓，以广其志。《文庄集》卷二十，《四库全书》第1087册，第214~217页。

天圣八年七月二十五日"贤良方正"科制策
宋仁宗

朕获缵基绪，抚临方域，咨询治体，庶保治平。是用详延隽髦，分设科选，嘉闻谠论，以辅远猷。子大夫褒然举首，扬于轩陛，必有宏略，建明永图。国家思皇政本，精求官效，并置职局，俾申练核。若其授任中外，厘务大小，升降之序，钩考之期，卒有定规，著之甲令。逮其从政，多致瘝官，或选懦以自安，或苛暴而刻下，或纵肆而侮法，或贪墨以成私，乖于任良，颇用兴叹。盖辨论之者，止视其伐阅而已。

若夫行己之枉直，居位之善否，察以何道，乃克周知？昔京房考功之法，刘邵都官之制，三元之用舍，九品之是非，崔鸿之勿拘阶级，既济之专行辟命，前编可复，当为具陈。稽之于今，必存折衷。又曰食曰货，王政所先。今富有中区，牢笼至广，田亩之赋，卒著经常，山泽之产，且无漎利。而量之之数，用度弗充，亦尝撙节，未臻饶衍。关市所以抑末流也，而浮窳尚多；榷酤所以防縻谷也，而资业罕殖。何以致民财丰阜，咸保于厚生，邦储充羡，乃得以宽禁？至于复租庸而罢两税，均货币而适重轻，使户廛杂徭，市无翔价，农贾兼遂，丰乏用齐。参考历代之文，合于当世之务，聿国改作，式竚昌言。又如边鄙虽安，戍守之兵未能减；吏员有限，占阙之官日以增。贡举之设也，干名益多，艺成益鲜，徒滋于侥幸；刑章之具也，重辟虽少，而配隶弥众，不忘哀矜。详究其端，著乎条对。乃至俗化之尚郁，政纲之未举，悉当扬榷，务叶便宜。副朕虚怀，无有所隐。《宋会要辑稿》选举一〇，第五册，第四四二〇～四四二一页。

天圣八年二十五日"茂材异等"科制策
宋仁宗

昔者周室尚文，兴贤能道艺之士，汉庭稽古，举方正茂异之人，皆所以登用俊髦，俞咨谠直，以裨治道，用致和平。故卜世逾三十之期，缭年盈四百之数，垂之竹素，焕若日星。我国家奄有多方，抚宁四海，仰祖宗之治范，顾冲眇之守成，秩历代之旧文，兴前王之坠典，尚虑朝廷之政经或阙，民俗之寿域未跻。申明旧章，周询嘉话，此诚子大夫强学待问，发策决科之辰也。然则将御于今，必求诸古，苟方策之博达，在取舍以咸宜。

若夫百代殊风，总其道曰"皇帝王霸"；六经异说，立其教曰"礼乐诗书"。思适用于兹时，当概陈其大略。且尧之为君也，八元不举，四凶未流，洪水怀山，庶民艰食，其虑患大矣，而夫子称聪明光宅，何也？舜之为君也，省巡方岳，类祀神祇，敷教恤刑，毫期无怠，勤劳至矣，而夫子称其无为恭己，何也？夏禹之有天下也，奠山川，平水土，底慎财赋，致孝鬼神，上帝锡以龟书，箕子述为《洪范》，其理要何也？文武之有天下也，绥兆民，恭天命，体国经野，莅事惟能，成王作乎《周官》，公旦著于经理,其会归何也?又若嬴、刘而下,隋、唐之间,务立便宜,以济邦国。其理财也,晁错议乎贵粟,赵过称乎代田,桑羊置均输之官,寿昌兴常平之制;其选士也,则仲舒言其择吏,左雄取其限年,杜预陈黜陟之规,杨绾述贡举之弊。此皆见用当世,垂法后人。尽为发明,以资折衷。

子大夫辞章雅丽,学术兼该,究文史之精微,洞圣贤之指趣,所宜辨论,用副详延。《宋会要辑稿》选举一〇,第五册,第四四二一页。

景祐元年六月二十一日"贤良方正能直言极谏"科制策
宋仁宗

朕膺淳耀之烈,守神明之器,兢兢业业,罔敢暇佚,思底于道,浩如涉川。内虽有股肱之良,外则凭藩屏之卫,而化或靡洎,政有未昭。思闻谠言,以辅不逮。子大夫负卓尔之才,当褰然之举,必有究天人之学,明道德之渊,效尔所长,副朕虚伫,期得良画,式康兆民。

夫治天下,必上参五帝,下法三王。至于霸者之规,圣门之所耻说;详思致治之要,必任惟贤之臣。朕未明求衣,侧身思道,虽达聪明目,祗服于圣谟,而易俗移风,尚牵于俗吏,岂求之不至?将教之未孚,极陈其方,以开未悟。礼义廉耻,有国之所驰张;阳德阴刑,求端之所取舍。求其所用,讵无所先?居土阶之尊,唐尧之稽古也,安事舟浦之征,游岩廊之上?虞舜之无为也,奚有三苗之舞?若曰天道云远,宋景何以退三舍之星?如曰人心不同,武王何以有十乱之佐?又夏后之德休明,何以铸鼎?周家之俗忠厚,专以尚文,高台深池,不能害霸,而十家之产,何以不为?畿服不征,所以救岁,六关之废,何以兴利?皆前修之所未究,有国之所宜明。

子大夫极思其精,发凡举例,规其所不至,彰厥所未来,勿事猥并,悉其言谏。帝王之大,愿举其详;古今之宜,请言其状。朕将亲览。尔无面从,勿遗远图,以蹈后害。《宋会要辑稿》选举一〇,第五册,第四四二二页。

秘阁试论六篇
张方平

一 乐者天地之命论①

夫人受天地之中以生,生而静者之谓性,感物而动者之谓情。物之感人无穷,而人之好恶无极,荡而不返,天理将灭焉。

---

① 《四库全书》本注:"此下六论,景祐元年,应茂才异等科秘阁同日试。"

夫欲平六志之邪，复五常之正，使之动而不悖，发而中节，非乐何以和之？故《礼记》曰"乐者，天地之命，中和之纪，人情所不能免"者，其为是与。故听其雅颂之音，志意得广焉；执其干戚羽旄，习其屈伸俯仰，容貌得庄焉；行其缀兆，要其节奏，进退得齐焉。夫人内和顺康易，则暴慢之心不入；外恭肃庄恪，则怠易之色不形。外肃恭而体平，内和顺而志正，阳而不散，阴而不密，刚气不怒，柔气不慑，虽甚盛德，何以尚此！如是，则骄佚诈伪之萌，悖乱奇衺之事，无从起矣。此固非制令之所可齐，条教之所能诏，其感也得之情性，其发也合乎自然，故曰"乐者，天地之命，中和之纪"，不亦善人心之深乎！

昔圣人之防其情，可言矣。盖乐者，心之动也；声者，乐之象也；文采比节，声之饰也。君子动其本，乐其象，然后治其饰。乐作乎耳目之前，感应乎心知之外。故作之朝廷宗庙，君臣上下同听之，则莫不和肃；作之族党乡里，长幼同听之，则莫不和顺；作之闺门之中，父子兄弟同听之，则莫不和亲。君臣肃，长幼顺，父子亲，三者天下之大教也。乐作乎此，而教成于彼，非天地之命，其孰能至是乎！夫命也者，不待乎谆谆而谕之而后为命也，有自然之道焉之谓也。

夫瓦丝匏革之音，清浊疾徐之序，干旄行缀之列，钟吕周疏之节，此岂乐之云乎？将外之饰者尔。至有宣导顺气，辅成正心，应之如四时，均之如风雨，涤畅乎血脉，浸涵乎肌肤，不使放淫邪虑得接乎心术，近之一身，远而化诸天下，一由中和之道，此为得乎天地之命，乃乐之本情者也。是以圣王尚之，言教之大者必曰乐云。谨论。

二　圣王处民瘠土论

维昔先王疆理天下，均别地域，莫不井衍沃之土，标敦卤之壤，辨其物性，审其产利，以制地贡，以令地职。分休易三等之地，为上中错出之赋，岂固务劳敝于民乎！而《国语》载文伯母之言曰："圣人之处民也，择瘠土而处之，劳其民而用之，是以能长有天下。"不亦异诸圣人驱民安乐之意？夫亦有激而言者。请试论之。

盖王者之制民也，分其四业，列其九职，皆所以励之敦本，勖之无游。然而所以去本而赴末，苦南亩而甘市井者，常为利之所牵焉。甘利而已，常心不固，于是乎放邪流僻，诈伪骄汰，无所不至，乱是用作，更相争夺，至抵于辟。将惩其甚，宁俭无僭，故曰瘠土之民劳，劳则善心生；沃土之民佚，佚则忘善，忘善则恶心生。故瘠土之民莫不向义，劳也；沃土之民不材，佚也。且民之函血气心智之动，畜喜怒好恶之情，夫惟贤知之明，为能性其情而自勉于善，中人以下，习则远矣。不足则约，约斯固，固斯淳，淳斯念善，是善生于不足也；有余则泰，泰斯慢，慢斯骄，骄斯近恶，是恶生于有余也。

是以圣人知其然也，思所以制节之道，为之均其生业，使之仰足以事父母，俯足以畜妻子，虽富不异服，无故不食珍，纳币不过五两，合亲不逾一肉，至于婚姻、祭祀、居室之礼，莫不为之节文。夫然后民罔有逾矩败制，而后知廉耻礼义之道，无争陵斗辨之讼矣。

愚谓文伯之母为此言也，将以激其子无使入于惰慢，而知勤俭之为令德尔。不然，天下之大，四海之富，岂无尚义之民，是岂尽得瘠土而处之者乎！亦在为之上者，制礼以节之而已，故曰其言抑有激焉。谨论。

三　治乱刑重轻论

王者法天之震曜杀戮，而为威狱刑罚；法天之生殖长养，而为温慈惠和。此德刑之本。然而刑罚世轻世重，惟齐非齐，故《周官》有三典之法，《吕刑》有五罚之用，随时立制，固不同道。而荀卿之言"犯治之刑固重，犯乱之刑固轻"，其义何耶？请得论之。

荀卿之发此论也，盖言象刑之事，以为治世不当有象刑尔。故其言曰，治古不用刑邪，是象刑固不用矣；治古犹有犯刑者耶，则是杀人者不死，伤人者不刑，乃非所以为治之道也。愚以为象刑之说，固不可以为训，荀卿之言，抑未足以折中，是皆过犹不及之辞也。治古之不当有象刑则明矣，而荀卿以为犯治之刑固重，亦不察矣。

夫先王之致理也，议事以制，不为刑辟，惧民之有争心也。故礼以立其本，信以行其令，仁以全其恩，义以断其宜，训之以廉让，成之以节文。故为冠、婚嘉事之制，以重其成人之礼；为之祭祀共养之道，以长其孝爱之心；为之贵贱等级采章文物之数，以严其奉上之诚；为之聘享宴好揖让登降之仪，以笃其交接之义；为之乡射辞让之法，以序其恭睦之分；为之歌乐仪节之则，以保其和易之性。是故君子无物，而不在礼矣。

有一不由此者，且得谓之治世乎？犹惧民之未尽至于善也，故求圣哲之上，明察之官，慈惠之师，忠信之长，以临牧之，以训导之，是故百姓无动，而不遇于善矣。有一不由此者，且得谓之治世乎？夫如是，又何重刑之有？故夏有乱政而作禹刑，商有乱政而作汤刑，周有乱政而作九刑，皆在叔世，三辟之兴也，非治古之事也。《舜典》曰"象以典刑"，《益稷》曰皋陶"方施象刑惟明"，皆为法象之意，又何墨幪、艾鞸、澡婴、菲履、赭衣不纯之谓哉！自汉武公孙《平准》，刘向皆引以为言，何亦不思之甚乎！而荀卿先矫其说，抑未能折之以中，故不行于汉氏诸儒。故愚曰：二家之说，过犹不及者也，其为是乎。谨论。

四　治地莫善于助论

古之制国家者，上则有宗庙群神之祀，下则有朝廷百官之给，故所以制财用之节，其取于民，必有制也。孟子言三代之事，曰：夏后氏五十而贡，商人七十而助，周人百亩而彻，皆什一之法。而谓治地莫善于助，莫不善于贡。贡者，校数岁之中以为常。《周诗》曰："雨我公田，遂及我私。"惟助为有公田，则是虽周亦助也。盖三代之道，夏后寡怨于民，不求备于下，民未厌其亲；商人求备矣，而孟子举治地之善，以助为得，其义何在？请试论之。

夫什一而籍，天下之中正也，多乎则大桀、小桀，少乎则大貉、小貉。故井田之制，一夫百亩，八夫为井，共治一夫之地以为公田。助者，借也，言借民之力以治之也。地之腴确，岁之饥穰，此乎取之不择焉尔。故曰："私田稼不善则非吏，公田稼不善则非民。"群祀之粢盛于是乎出，事之供给于是乎节，国之经入于是乎在，民之蕃庶于是乎起，谷禄于是乎平，政教于是乎均。故曰"什一行而颂声作矣"。

彼夫贡者，校数岁以为常，不计乎地之腴确，岁之饥穰，则是履亩之道也。《春秋》书宣公初税亩，以其择诸善者取之，故君子讥公以为于民已悉矣。是故君子之作事也，施取其厚，事举其中，敛从其薄，则是先王之取于民也节矣。所以能节取于民也者，盖有道焉。节用无微，啬费无小，不贵异物贱用物，不作无益害有益。念四方惟正之供，则戒盘游之佚；悯小人作业之劳，则绝侈过之奉。岁杪而会，量入为出，如此则能节取于民矣。

《记》曰"时使薄敛"，所以劝庶民也。故民趋其本，农殖于野，仰足以事父母，俯足以畜妻子，丰年乐于盈羡，饥年免于转亡。于是乎乐事劝功，尊君亲上，廉让之义立，争夺之患息，驱而从化也易矣。何修而至乎此，得不由治地之法善也哉！

五　禘尝治国之本论

夫治国之本，莫急于礼。礼有六体，莫重于祭。祭之大，莫大于禘、尝，此其商人之礼乎。《记》曰祭有四：礿、禘、尝、烝，四时之事也。禘阳之盛，尝阴之盛。古者于禘也，发爵赐服，顺阳义也；于尝也，出田邑，发秋政，顺阴义也。故尝之日，发公室，示赏也，草艾则墨；未发秋政，则民莫敢草。故曰禘、尝，礼之盛也，治国之本也。

夫治国之本，莫大于赏罚，赏罚诚得，治国其犹指掌乎。古之明君，爵有德，赏有功，必发爵禄于太庙，示不敢专也。禘为夏祭，阳气用事，故人君顺时长育，因祭发赏，上以明应天之序，下以昭尊祖之义。德义之盛，由禘而见之矣。《传》曰："始杀而尝。"为秋祭少阴用事，助阴始杀，可以断薄刑，决小罪。故曰"草艾则墨"，言既尝则可以发秋政矣。夫赏以春夏，罚以秋冬，顺夏禘而发爵禄，因秋尝而决小刑。赏则以厚，罚则以薄，此先王劝赏而畏罚之意也。故曰禘、尝为治国之本，其斯之谓与。

是故明其义者君也，能其事者臣也。不明其义，为君不全；不能其事，为臣不全。义者何谓？明赏罚之情而已；事者何谓？行赏罚之节而已。是以人君将赏为之加膳，加膳则有赐；将罚为之不举，不举则彻乐。厚赏则士劝，薄罚则民服，政是以和，教是以成，以是而治国，其与几何矣？夫其厚赏薄罚之意，由禘、尝而见之矣。故曰禘、尝治国之本也。

至于后王犹举其典，则有顺景风而行封爵，候鹰击而疏囚系，抑禘、尝之旨欤？至于周之四时有事，则春曰祠，夏曰礿，而以禘为三年之合祭焉。为祭之名虽异，施政之实盖一。顺是而下,虽百世其所以制治之意,求其应天时而顺人欲之道,顾何以易此乎哉!

六　三公为乡老论

盖圣王之建官分职、化民治俗之道至矣。内之朝廷,外之乡遂,朝廷之尊,莫如三公,乡遂之师,莫如乡老。故《周官·乡老》二乡则公一人,以领州、党、族、闾、比之属焉,其安抚邦国之道,请广其义云。

先王制爵位以处贤德,异等仪而章贵贱,则有公卿大夫士焉。二公分监天下曰二伯,一相处乎内,三公之位也。盖论道经邦,揔方而议,佐王制治,爕和天人,故曰天子之宰,通乎天下,重之至也。若其中立六卿之事,外与六乡之教,其要为民,是以属之乡焉。王置六乡,三公分领之,故曰"二乡则公一人"。所以协比其闾里,使知孝友睦婣任恤救赒之义;劝导其井野,使知稼穑树艺世事学业之道。贤者、能者,则行宾兴之礼而献于王;冠者、幼者,则必执贽以见而听其教。饮酒于学,则众知长幼之节;习射于序,则众知辞让之贵。蜡则教民敦啬之事,社则教民报本之法。故夫序人伦,正风俗,美教化,立道义,其必由乡老。而且民惟邦本,固于有政,后非民曷戴,邦非民曷立?是以王政之详,自夫家起。州为之长,党为之正,族为之师,闾为之胥,比为之长,尊主其要,卑治其细。大则分地职,奠地守,而行教法;小则正地比,任地事,以待政令。以至稽其众寡,与其施舍,辨其老幼,分其贵贱,以听政役,以待军旅,以共吉凶,以诏诛赏。是以上下能相亲睦,礼义浃洽,其化不肃而成矣。

三代之道既衰,井田之制斯坏,不修州党族比之政,而为阡陌途巷之法。尊奖游末,宠纵兼并。分职乏仁义之师,牧民无慈惠之长。善无劝而恶无沮,壮者暴而老者遗。争斗辩讼之狱繁,侵夺欺凌之患起。仁义之道,自此绝矣。盖古之哲王所以用贤贵德,非以为一人之利,将万民之为利尔。古之君子所以居位行道,非以为一身之谋,将万民之为谋尔。是以尊于朝而政成于上,教于乡而化行于下,犹衣服之有冠冕,水木之有本源。故曰王政之详,必自夫家始,则三公为乡老之义,其在是矣。谨论。张方平《乐全集》卷十六,《四库全书》第1104册,第124~129页。

景祐五年七月二十七日"贤良方正直言极谏"科制策

策问

宋仁宗

朕莅幅员之广,寅畏天命,以康元元。思欲恢祖宗之远图,追皇王之极挚,跻俗于仁寿之域,陶民于礼义之化,兢兢业业,不敢怠遑,焦心劳思,十有七年于兹矣!而明不烛远，智不通幽，奉承谟训，惟恐失坠。故诏有司，详延天下特起之士，冀闻忠谠实至之言，以辅朕之不逮。子大夫卓出群萃，褒然造庭，必有宏说，以塞虚伫。

国家诞膺宝命，奄甸中区，三圣继明，万邦作乂。除残而革暴，蠲苛而薄赋。稼政修，礼文缛，爱人甚于赤子，縶贤同夫白驹。奇杰魁垒之士，列位于朝；循良慈惠之长，分政于外。求治若此，可谓勤且至矣。然而格之前载，犹或异论。法制寝讲，而未协厥中；经费实繁，而未得其节。乐未谐于《韶》、《濩》，刑未措于成、康，官师或昧于廉平，风俗颇亏于素朴。夷貊虽率化，而时有陵犯边鄙者；虽嘉靖，而时有儆戒灾异者。朕之不德使之然耶？抑物之数适当然耶？子大夫其精心极虑，无有所隐。古之制度可用于今，今之章程有质于古，并宜条列，勿事猥并。

立乐之方，何以格神祇而来瑞物？祥刑之要，何以空图圄而致和气？至于遴选多士，懋建庶官，咸有前规，可为来范。唐氏考功之格，善最悉陈；汉家刺部之仪，科条具举。士民之类，愚众贤寡，奢僭相尚，习以成风，不严而化，其术安在？蠢尔微寇，何以革其非心？漠然大钧，何以致其顺序？且道者万世无弊，而前代有忠文相救之说；法者百王不易，而旧典著轻重异用之宜。《戴记》为国有九经，所宜诠次；《周官》辨地以五物，咸为敷陈。式副咨询，且观殚洽，固将施之于行事，匪独取之于虚文，悉意以陈，无挠执事。《宋会要辑稿》选举一〇，第五册，第四四二三页。

张方平对策

臣闻昔汉氏始举贤良文学士，而策以当时之大政，凡治乱之故，施舍之宜，使以经对，所得善者，辄施之于政。故文景之朝，制度兴作，比隆三代，得人之盛，由此其选也。今陛下上承先志，逷稽治古，祗惕乎安安之难，戒慎乎事事之备，数诏方闻之士，延致大廷，临问以保邦制理之道，以通天下之志，以成天下之务。兹诚抱器而有心于生民者，发舒其愤悱之会。臣不佞，学不足以通天人之变，识不足以达古今之务，而窃有志焉。乃今承乏，腼然塞举，大问所及，岂臣愚所能通者？虽然，敢不以承学所闻，谨昧死上愚对。

臣伏读圣策，见陛下寅畏天命，以康兆民为心，奉承谟训，以恢远图为志，期跻俗于仁寿，思陶民于谊礼，而退托于不逮，以求忠谠之言，斯以见陛下虚怀于听受之勤也。伏以圣策有除残去暴之言，及蠲苛薄赋之念，列爱人縻贤之道，叙列位分政之良，斯又见陛下勤恤小民之依，以深察其微隐，励精庶政之化，以博用乎人才。此帝尧之协和万邦，周文之思皇多士，而犹慊然兴叹，逊怀治古。请为陛下广其义焉。

昔圣王之所以能见天下于户牖之间，运万化于股掌之上者，非为一人之明且智，可遍见而尽察也。使聪明者竭其视听，智力者尽其谋能，则事无所遗，政无不举矣。欲事无所遗，在乎广言路；欲政无不举，在乎正有司。臣闻《书》称舜之德曰"询于众"，伊尹曰："匹夫匹妇不获自尽，人主罔与成厥功。"古之兴王咨嗟戒慎，莫不箴敕其群下，俾补察其政。故在舆有旅贲之规，位宁有官师之典，倚几有诵训之谏，临事有瞽史之导，犹众楚人咻之，求其齐言，不可得也。古之明君，思兴治道，曷有不先广视听以平王度者乎？昔汉魏相白去尚书副封，以防壅蔽，而宣帝得以知万机之微，为汉明主。唐太宗著《司门式》云：其无门籍人有论奏者，皆令监门、司马引对，不许关碍。又制大臣入论事，辄令谏官同入，或对问之言有亏道理，随即争之。此唐文帝致太平之迹也。今朝廷司过拾遗之职，惟御史谏臣，凡厥庶官，无得出其位而言者。臣愿陛下深留圣虑，远惟治方，益进端亮骨鲠之士，以旦夕承弼。清闲之余，对临之际，访之古训，爰及政事，则嘉谋日闻于鞈绋，诚士各荐其见闻。夫如是，则何远而不烛乎？臣闻夫子曰："必也正名乎！"《春秋》之义，君不尸小事，臣不专大名。故尊主其要，卑任其劳。人君佚于任使，仰成而治。三公论道，九卿分职，群有司各事其事，以故庶务百职，本末条理。今夫津官、亭吏，一命之微，米盐货利，毫杪之细，莫不关决衡石，经烦清衷。三公下任卿大夫之劳，卿大夫旁领群有司之事，职分名局，不归台省，政失其本，事忘其旧。惟陛下考理之要，清化之源，莫若谨诸关棙，执其机辖，委任三吏，切摩治本。使夫总百揆者，则谋建庶官之长；列庶官之长者，则各选众职之任。付之柄而要其效，尽其材而责其成。官守典司，无相侵紊，有废厥职，必正于罚。如此，则陛下以无为用天下，群吏莫不各有为而为天下用，要在于上，详在于下，上下正则天下治矣！夫如是，又何幽而不通乎？方且优游岩廊之上，拱揖羲轩之庭，不为而功成，不劳而治定。《易》曰"知临大君之宜"，此之谓也。

伏以圣策曰"今奇杰魁垒之士，列位于朝；循良慈惠之长，分政于外。求治若此之勤，犹未格于前载"者。臣伏读至于再，而切有感矣。臣诚深叹陛下有英睿之度，而臣弼乏将明之材，因循蔽欺，偷取一切，不能作法于治，不能革弊于细，独贻陛下兢兢之忧也。诚使朝皆奇杰，则朝廷重而百度正；外皆循良，则上下交而其志通。虽甚盛德，何以加此，又何前载之愧乎？以臣之愚，正谓朝位鲜魁垒之器，外官寡慈惠之师，未足以副圣心爱人縻贤之念尔。虽然，奇杰乃间世而出，循良非比肩而有，亦在人主推择而耸劝之尔。何以言之？列位于朝者，忠邪不可不辨也；分政于外者，宰牧不可不重也。臣闻伊尹戒太甲曰："左右惟其人。"周穆王命伯冏为太仆正曰："仆臣正，厥后克正；仆臣谀，厥后自圣。"旨哉，圣贤之究治本也！尧、舜、禹大圣智者，然犹相与叹，以不知人为忧，此九德所以为帝谟也。至于夫子亦以为知人之难，尧、舜其犹病诸夫知人之所以难者，以其巧言令色之贼实也。夫世之治乱，君之昏明，臣之忠邪，所更而有。虽治世明君，不能使其立朝居位举忠贤而无邪佞者也，由能亲忠贤而疏邪佞者尔；虽乱世昏君，亦未必立朝居位举邪佞而无忠贤者也，由其近邪佞而远忠贤者尔。故尧、舜之朝，稷、契班乎共、鲧；幽、厉之朝，苏、卫侪乎荣暴。顾上所亲而近者孰悦焉？夫欲辨朝位之忠谀者，考其所朋之迹，而志行见矣；察其施作之谋，而材智详矣。忠庄而端直，斯则雪霜之松柏矣；谄从而容悦者，斯则疾风之蓬藋矣。进斯人也，原其誉之所自；退斯人也，察其毁之所出。拔茅以汇，必有类也。如此，则列位之縻贤，颇得奇杰魁垒之士矣。臣闻民政之本，在乎牧宰，而朝之选任，其制甚轻。铨审补除，初无差择，计阶而授，循资而遣。或罢弱昏乱，狠顽贪忍，流毒于下，穷枉无告，刺守夺于权利，坐视其弊而莫之闻者，地相接也。夫本既失之，姑正其末，犹愈于不正也。昔在两汉，虽有刺史督州，而又时遣使四出，察群吏之治。故前汉则有绣衣直指，传行四方，得专免二千石；后汉则有美俗清诏之名，以按郡国。唐虽有采访、按察之职，而亦时遣郎官、御史出廉外事。诚国家举用汉唐之典，精选台阁之臣才识深明、风度方重者，时遣分道，以察郡县守令能否之迹，具善恶而入报，示赏罚于必行。如此，则宰牧之官心知劝惧，郡县之政稍以澄清；夫是，则治民分政者，颇得循良慈惠之长矣。

圣策曰："法制浸讲而未协厥中，经费实繁而未得其节。乐未谐于《韶》、《濩》，刑未措于成、康，官师或昧于廉平，风俗颇亏于朴素。"此以见陛下无微不讲，无小不虑者也。夫法制所以未中，以其命令之数易；经费所以未节，以其用度之无艺；乐未谐于《韶》、《濩》，以其工师之失职；刑未措于成、康，以其货利之乱制；官师或昧于廉平，以其澄劝之义废；风俗颇亏于素朴，以其分度之礼逾。臣请为陛下悉数以终之。臣所谓"法制所以未中，以其命令之数易"者，闻之《书》曰："慎乃出令，令出惟行。"夫命令者，国之纲纪，政之堤防。纲纪一弛，则万目随解；堤防一倾，则横流莫制。故为国之本，为政之原，信为大也。比者命令布下，寻复冲改，是以郡县承用者驳，奸吏巧诋，因缘为市，民无所措手足，而多犯于有司。揆大体而论之，此损政之深者。倪朝廷出令，事干大政，必集议而后行；下于多方，必一定而无变。略其苛细，删诸重累，俾万姓咸曰"大哉王言"，又曰"一哉王心"。如此，则法制允当，协于中理矣。臣所谓"经费之未节，以其用度之无艺"者。伏以承平之日久，是故因循之弊生，日知其所增，岁不知其所减，此费之所以烦也。陛下幸加惠思所以撙节之理，臣谓宜以约处之而已。宫室台榭，足以顺阴阳之候；旌旗羽卫，足以昭文物之容；苑囿池籞，足以备游豫之行；音官乐部，足以具燕享之礼。自余土木之不急者举罢，容卫之罕用者勿饰，宽池囿之利，下赋于贫民，省音乐之伎，稍斥其冗食，减后苑之工巧，息匠司之营缮，慎无名之好赐，约无功之匪颁，罢缣黄之厚施，节一切之横费，以缓天下水旱之赋，以为国家帑廪之实，以济疲农工女稼穑之勤，以整老弱孤寡饥劳之殃。如此，则德泽被于天下，而经费有节矣。臣所谓"乐未谐于《韶》、《濩》，以其工师之失职"者。昔舜命九官，夔实典乐，《汉史》叙得人之盛，而儒雅质直与协律并列。又汉制，卑者之子不得舞宗庙之酎。历代而下，乐府令丞多用士大夫，均声考律，其义微矣。故师胥瞽矇，古所甚重。今夫执伎以事上者，历象则有司天之监，医药则有翰林之署，至于琴弈书画一艺之微者，莫不厚赋廪，稍间蒙宠赐。太医、诸工，真古者大夫士之职也。谓宜略依司天为官次，补用知钟律之士以充其选，择取儒师为之令丞，使习其精义，通其钟吕，虽名异于《韶》、《濩》，而可以荐天地，享祖宗，其义一也。臣所谓"刑未措于成、康，以其货利之乱制"者。伏以国家之在宥天下，一统治平，德教加于蒸民，其陶化抑深矣。陛下临御区极，钦恤庶慎，急深故之罪，宽纵出之罚，有惨怛之爱，有忠利之教，而刑未之措，狱系犹繁，其故何由？盖上之笼货物、渔财利之路多，筦榷、封占之法密，间以权豪富室侵夺贫细，吏务因循，或引赇贿，不能抑强扶弱。是以小人业蹙，穷而思滥者众矣。诚朝廷慎择守宰，摧抑豪猾，稍宽利路，以优齐民，刊定律令,除文致毛细之法,务从简易,便于遵守,使民不敢欺冒而试法,吏无以轻重而舞文,则刑虽未尽措而罗罙宽矣。臣所谓"官师或昧于廉平,以其澄劝之义废"者。按《周典》小宰以六计弊群吏之治,虽治行不同,而同主于廉。故驭吏之法,丽重惟货,而受赇抵禁,相继有焉。意者官刑稍以宽弛,部长多所故纵欤?夫贪利侵刻下民,善事上官,腹心爪牙,各有施设。及贯盈灭趾,官以墨败,而又赦令屡下,亟蒙释解,丹书未干,已冀收叙,此所谓官刑稍以宽弛者也。今夫令宰有滥黩之迹,而守倅纵不考验;守倅有贪暴之政,而司官隐不上闻。及乎恶积而不可掩,事播而不可道,罪止不察,厥罚至轻。倘使诸统摄之司及于联事之职,赃罪相坐,以重其累,则人自为计,下无容奸矣。夫峻刑苛禁,诚非治世善化之意,然今风俗流溢,逾轨者众,不严官制,何以立法?犹乎驭骋突而不利乎衔策,且奔蹙而偾蹶矣。古所谓惟齐非齐者,谓此道也。臣所谓"风俗颇亏于素朴,以其分度之礼逾"者。《书》曰:"惟民生厚,因物有迁。违上所令,从厥攸好。"故君人者,章好以示民俗,慎恶以御民淫。夫风化之所起,必由上以达下,内而及外。且万邦表则,在乎王国。今夫雕饰巧伪之器,奇邪纤靡之服,陈鬻于市,流于四方,诈伪奸欺,聚为渊薮。按《周官》以仪辨等则民不越,以度教节则民知足。古之制民者,使之虽富不异服,无故不食珍,纳币无过五两,合亲不逾一肉,故王道之端,必自制节始也。谓宜益条其僭侈之弊,惟事事为之分度,所示制令,期于必信。如此,则争夺逾靡之俗革,礼义敦厚之教行矣。

圣策曰"夷貊虽率化,而时有陵犯边鄙者;岁时虽嘉靖,而时有儆戒变异"者。兹又以见陛下过虞寇聚之渐,祗畏天戒之重也。然陵犯之扰,匪特徼裔之强敌,变异之来,兹乃阴阳之大事,何陛下问之后乎?彼群蛮依嵁峒之险,恃林岭之阻,窥伺无备,潜出攘掠,结集如蜂蚁,飞逝如鸟兽,守臣无状,自投亡地。然此之区区者,亦何足以累国威、烦圣虑哉!臣谓边事之重,其在西北乎。北国通好于我余三十年,自汉氏以来,南北之和而能坚守信誓如今之久者,未之有也。非惟怀我恩信,利我聘币,抑当我盛德之世,无衅可乘。夫以利相结者,利尽则交疏;以势相合者,势解则难作。故有备无患谓之善,无恃不来,在乎多算。又西陲虽受羁縻,姑息盖久,自国家失朔方,弃灵武,置戍内地,控扼益蹙,虽贡职外谨,而巢穴内坚,鄙上之防,不可不戒。且自唐氏中世以降,兵农之业离,文武之权分,而政事不齐,国谋相乖矣。今之边事根本,在于庙堂,措置设施,固非下臣所得而详。然三军之命系于主帅,是以择将之重,兵事之本。臣请因平寇之问,著于后篇以言之。深惟陛下以天日高明之德,承祖宗淳耀之灵,夙兴视朝,中昃勤听,敕天之命,临此下人,无疆惟休,亦无疆惟恤。宜乎自天降休,百嘉来应,而灾异数作,谪变仍见,上天勤勤之意,谅不徒发,而必有所属也。间者殒星如雨,流扰失次;地震定襄,裂而涌泉;雷不收声,泄于穷冬。又正月以来,日蒙少光,辄或数日不解。臣鄙儒,昧于天官之学,窃考《春秋》之义及前志天文、五行之占,其咎皆由乎阳德微弱,阴道专纵,下为阿比盗用威柄者也。夫阴之为象,臣道也,妻道也,外国之道也。天意若曰,将俾陛下察左右之奸,正宫闱以礼,谨边防之备者乎?夫人君之道,所以配乾而法天者,盖取乎乾体之刚、天行之健。刚故中正无邪,健故运用不息。《洪范》曰："惟辟作福，惟辟作威。"《春秋》之义，讥大夫之专者。夫臣下能窃威福之柄，亦不专在乎执政当国者，苟信听之或过，则欺诬之随生。蚁漏坏堤，炬遗燎原，杜渐防微，在慎厥始。此所谓察左右之奸者也。若夫防戚党之侵预，绝女谒之请求，御进取周典之文，均选循汉氏之制，戒留连之害政事，省幽怨以延和气，此所谓正宫闱以礼者也。若夫将校之列，思其智勇可任者为谁；卒伍之众，察其锐骁无前者有几。边垒守将，孰有扞城之才；帷幄谋臣，孰有折冲之算。至于储峙输发之术，兵械精完之数，有一未备，非先胜之道也。此所谓谨边防之备者也。夫是三者，惟在陛下存神而远照，凝虑而深思，利柄勿以假人，主威贵乎独运。虽篋椟已固，扃钥不可不严；虽垣墉既修，关键不可不设。用乾刚以弭阴异，谨人事以应天心。如此，则灾异不足消，休祥不足致也。且圣策俾人精心极虑，无有所隐。臣既冒陛下斯举矣，敢悼后害而为身谋者欤？亦在陛下宽狂妄之诛，以来天下至当之言焉。

圣策曰："古之制度，可用于今，今之章程，有鬐于古，并宜条列，勿事猥并。"臣谨按《春秋》之义，讥变古易常者，而又善变之正者。盖国之善制，不可轻变，其未至者，变之可也。伏以先制旧法，彼此一时，事体权宜，各有云设。诚大制度或大典章，为世规摹，著在甲令，故当守而勿失，谨以奉行。至于凡小事为，因时消息，或迹存而理异，或法久而奸生，必践而行，以为无改于祖宗之道，此所谓胶柱而鼓瑟，刻舟以求剑者。《易》曰："穷则变，变则通，通则久。"故复而不厌，久而不弊之谓道。昔先王之作，为爵禄赏罚，以亲揽其柄，是以为天下之主。见劳授赏，则众誉不能进无功；见恶行诛，则众谗不能退无罪。若政无大小，人无善恶，进退用舍，一取诸旧，是爵禄赏罚不在人主而在例也，与夺之柄于陛下何有？臣愿陛下革弊去蠹，无不忍之爱；拔材赏忠，无疏贱之隔。大稽诸古，小度于今，使天下之耳目常新，万务之本原必正，无曰引例合义而已。如此，则古之制度斯用于今，今之章程自合于古矣。帝王之制，不亦光大乎？

圣策曰："立乐之方，何以格神祇而来瑞物；祥刑之要，何以空图圄而致和气？"臣前所谓谨工师之职，齐货利之制者备矣。夫乐作而顺气成象则和，和则瑞物至矣。故夔曰"於！予击石拊石"，"鸟兽跄跄，《箫》、《韶》九成，凤凰来仪"。刑得中则清，清则和气应矣。故《周官》曰："以刑教中，则民不虣。"夫是，则和气其有不通乎！

圣策曰："遴拣多士，懋建庶官，咸有常规，可为来范。唐氏考功之格，善最悉陈；汉家刺部之仪，科条具举。"臣按《唐六典》考功、考课之法有四善：一曰德义有闻；二曰清慎明著；三曰公平可称；四曰恪勤匪懈。善状之外，有二十七最：献可替否，拾遗补阙，为近侍之最；铨衡人物，简擢良材，为选司之最；扬清激浊，褒贬必当，为考校之最；礼制仪式，动合经典，为礼官之最；音律克谐，不失节奏，为乐官之最；决断不滞，与夺合理，为判事之最；部统有方，警守无失，为宿卫之最；兵士调习，戎装充备，为督领之最；推鞫得情，处断平允，为法官之最；雠校精审，明于刊定，为校正之最；承旨敷奏，吐纳明敏，为宣纳之最；训道有方，生徒克业，为学官之最；赏罚严明，攻战必胜，为将帅之最；礼义兴行，肃清所部，为政教之最；详录典正，词理兼举，为文史之最；访察精审，弹举必当，为纠正之最；明于勘覆，稽失无隐，为勾检之最；职事修理，供承强济，为监掌之最；功课皆充，丁匠无怨，为役使之最；耕耨以时，收获成课，为屯官之最；谨于盖藏，明于出纳，为仓库之最；推步盈虚，究理精密，为历官之最；占候医卜，效验居多，为方术之最；讥察有方，行旅无壅，为关津之最；市鄽不扰，奸滥不行，为市司之最；收养肥硕，繁息孳多，为牧官之最；边境肃清，城隍修理，为镇防之最。类其善最，校定内外文武官吏之课为九等焉。汉刺史以六条察所部二千石，其略曰豪右兼并，占田过制；曰二千石纳引赇贿；曰喜怒任情；曰选署不平；曰子弟请托；曰违公下比。此科条之目也。

圣策曰："士民之类，愚众贤寡，奢僭相尚，习以成风，不严而化，其术安在？"夫戒奢防僭之术，臣既略陈于前矣。盖民之为名，谓其泯然无知辨者，愚之众也。所禀盖然，其动静趣习，惟上是视。故曰"君子之德风，小人之德草。草上之风必偃，言下化上之速也。"在《易·履卦》《象》曰："君子以辨上，下定民志。"故上下诚辨，则民志斯定矣。其在《节卦》《象》曰："节以制数，度议德行。"夫数度有等，则贵贱章别；德行见奖，则贤愚自分。此则节之本也。陛下念民习侈，屡以为问，有以见圣意之深悯乎末俗之不厚也。间者颁下诏旨，戒服用之尤溢者，偷靡少损矣。然未足以称陛下淳俭之教意者，民之所效者，其本未正欤？《春秋》之义，法之所建，必自贵者始。陛下诚欲清天下之弊，其自诸戚里豪贵大臣之家以先之，上徐趋而下奔走矣。不严而化，此其术也。

圣策曰："恣睢强寇，何以革其非心？漠然大钧，何以致其顺序"者。夫制驭边陲，臣既列于前篇矣，其择将之事，请得复尽焉。今禁卫千幕，环络京甸，什五相长，偏裨相承，六军之重，统乎元帅。而皆起奔走之勤旧，积恩泽以稍迁，以躯力为武，以引强为材，智不足以达机变，惠不足以抚部伍，冒没宠利，优游太平，轻肥相夸，坐受姑息。设不幸遇陬有啸聚之寇，边隅有侵牧之扰，虽受成于上，指纵在人，非惟师律之不臧，智勇之无恃，是其肯委易得之富庶，冒难死之锋刃乎？故将不知兵，主不择将，无功厚赐，无劳重禄，皆法所忌者也。向者朝廷念将帅之材难，是以择搢绅之能者。然其所得，率多善奔走人事，以为宠利之路而已。其钤略才艺不谓无之，然固鲜焉。诚国家因为科条，损益其制，使夫衣冠之应诏者，为设机宜十问以策之，必有稽于军志、精合于时体者为通，擢之理戎，参于列校，其方略智勇固未之尽，抑犹愈于徒进者也。至于和大钧，致大顺，兹由民心下和，则和气上应尔。时使薄敛以富之，缓刑弛力以佚之，制节谨度以平之，择吏审令以安之。是以政和则民和，民和而后阴阳和，阴阳和则大钧调而顺气序矣。

圣策曰："且道者，万世无弊，而前代有忠文相救之说；法者，百王不易，而旧典著轻重异用之宜"者。夫董生推道，盖探其本而言；荀卿论刑，盖有所激而发。彼三代之弊，虽有忠文相救之说，至于法天顺人之意，其可改乎？此则万世无弊之本也。彼治乱之世，虽有轻重异用之宜，至于遏恶扶善之用，其可殊乎？此则百王不易之制也。

圣策曰："《戴记》为国有九经，所宜诠次；《周官》辨地以五物，咸为敷陈。"夫为国有九经者：修身则道立，尊贤则不惑，亲亲则诸父昆弟无怨，敬大臣则不眩，体群臣则士之报礼重，子庶民则百姓劝，来百工则财用足，柔远人则四方归之，怀诸侯则天下畏之。此为国之九经也。《周官》大司徒之职，以土会之法，辨五地之物生：一曰山林，其动物宜毛物，其植物宜皂物，其民毛而方；二曰川泽，其动物宜鳞物，其植物宜膏物，其民黑而津；三曰丘陵，其动物宜羽物，其植物宜核物，其民专而长；四曰坟衍，其动物宜介物，其植物宜荚物，其民皙而瘠；五曰原隰，其动物宜臝物，其植物宜丛物，其民丰肉而庳。此五地之物也。

圣策曰："固将施之于行事，匪独取之于虚文。"兹以见陛下虚己以咨询，留听于蒭菲者也。臣才识迂鄙，不通于政，至于所发，亦庶几有以上当圣心者。陛下不废其言，择其近似者粉泽而用之，使天下知国家设科取士之道不为虚名，则岂惟臣之独被宠灵也哉？固朝廷之盛美者已。臣昧死上对。张方平《乐全集》卷十八，《四库全书》第1104册，第153～164页。

庆历二年八月六日"才识兼茂明于体用"科制策

宋仁宗

朕茂缵先构，遹遵圣烈，咨询周访，期底靖嘉。四诏郡国，科举贤俊，庶闻谠论，助辑政纲。子大夫怀术逢辰，造庭待问，必有渊蕴，用副详延。

夫治乱之理，有经有权，有隐有显，上监百世，夐然可求，非博学远照，未之前识。予欲闻姜姓三正之典，《周官》、《五礼》之别，以辨章上下，以定治令。州律间之，义指开皇，尺度之名数以立均，考器以作乐。汝言，予欲闻《吕训》疑罚之条，司寇止纠之禁，以邦国制臣之二柄，治民之七法，以一宪令。汝明，予欲辨贡赋功式之会，参山海田数之书，以制财用；修九法、四教、七正、四守，以起军旅。汝陈，予欲稽虞氏之黜陟，魏晋之考课，以厘庶官；本《二雅》之谨征伐，《春秋》之正夷狄，以靖外臣。汝记，今夫《礼》，温叟、崇义之所刊也，器服之数，朝祀之容，宁有所未善邪？今夫《乐》，王朴、如岘之所考也，均声知量，察风候气，何以得至术邪？语刑者，谓折杖之令为仁，盗脏之格为纵。仁，固未有罚清民服之效；纵，盖多已隶更亡之害。语令者，谓开塞之易知，创华之繁互，然事屡兴则不得习故常，俗已弊则不得专督责。若仍与变，安适其宜，何以使不匮上损下，夺人违时，而货益充？不暴师宿成，转饷屈力，而边益斥？庀职左右，宣力四方者，何以使尽得其人？畏威服德，挚实世见者，何以使弗狯于境，并资至略，以济远猷？

子大夫所当条述前言，通究时事，省括正臬，务协厥中。如其悠缪之辞，不周于用，记概而举，又非纯学策才之意，岂所望焉！其悉心明扬，无侵执事。《宋会要辑稿》选举一〇，第五册，第四四二三～四四二四页。

庆历六年八月十六日"贤良方正能直言"科制策
宋仁宗

朕奉承庙社,惟御海寓,永惟致理之大,浩若涉川之广,夙夜寅畏,弗遑底宁。是以博延俊良,射策殿陛,冀获嘉话,以毗庶绩。子大夫精蕴识虑,该明体要,必有以绎敷古道,开助予意。

且二帝三王之遗则,淳仁厚义之余泽,丕隆至治,总集大和者,是必举之有纲,而导之有源尔。若夫王者,政教上通于阴阳,何以使黎民厚生,无饥馑扎瘥之困?贤人履行,下系于风俗,何以使众士修正,无矜沽险伪之巧?语官者,谓郡县之任,权小而势轻,恹人得以肆欲;论法者,谓律令之书,议繁而科密,暴吏得以舞文。吾欲一富贵,均强弱,俾家亡兼并;平贵贱,通有无,俾货不壅积。何术可以驯致?吾欲宪皋陶《九德》之法以任人,参《周官》六计之旨以弊吏,何施可以详究?今夫兵戎非不练,而战攻守御之志未尽固;农业非不恤,而污莱原隰之田未尽垦。比绥远服,敷示恩信,而蛮区夷落,尚据险而绎骚;间念编户,复除徭赋,而寇盗扰攘,犹承间以窃发。兹惟寝弊,安所厘制?

至若九官命于舜,其职任之重轻;十乱称于周,其勋谟之高下;贾让治河之三策,刁雍筑城之五利;《管子》言莅政之大,在明四顺;《淮南》述为君之要,当用六律:皆见载籍,并资条释。所宜讲大体,铺善经,参往古之安危,酌方今之利病,事稽于实,理适厥中,无隐言,无高论。朕当详览焉。《宋会要辑稿》选举一〇,第五册,第四四二五~四四二六页。

皇祐元年八月十四日"贤良方正能直言极谏"科制策
宋仁宗

朕祗畏天明,以临万寓,陟降在上,日监在兹。至于礼乐、政教、刑辟、威狱,罔弗是宪,以起大治。故亲策俊良,及此而六,宜谓得人之盛,无愧古先。且欲询变化之道,而知神之所为;求述作之原,而察圣明之所本。烛理于昧,图危于安。子大夫穷天人之端,识治乱之兆,其恭听朕命,著之敷言。

《书》曰:"在知人,在安民,能哲而惠,惟帝其难。"朕惟取群材,以班庶职,而才有未叙,职有未修,何也?爱育兆民,若视赤子,赋不加重而人已匮,役不夺时而众已困,衰薄益厚,贫富不均,何也?

《记》曰:"礼乐刑政,四达而不悖,则王道备矣。"朕叙天之秩,寅庸五礼,因民之和,考正大乐,未有露泉象物之感,何也?慎令详刑,允于出纳,无有师保,如承祭祀,尚乖有耻且格之应,何也?

向若大河决溢,水不顺道,较财僝力,将议堙补,而年谷不登,人用流转。军师屯防无事，而厚费不给；奸宄盗寇有时，而窃发弗禁。求之彝伦，其咎安在？彼刘毅损难之议，唐官善最之目，周人荒政之数，管氏版法之经，礼乐所损益者，孰知？刑罚世轻，重于何代？东汉而上，塞河之术安从？西魏以先，为兵之制奚见？酌古之利，属今之宜，别白以言，无悼患害。《宋会要辑稿》选举一一，第五册，第四四二六～四四二七页。

皇祐五年八月十五日"贤良方正能直言极谏"科制策

宋仁宗

  盖闻治古之隆，民风淳，王道易，心通诚乎，而天下之理得。是以六气顺，三光明，祲厉屏，厘详臻，群灵豫安，诸产茂嘉，朕甚慕焉。后世浸薄，智伪日滋，为君者难，习俗多弊，故善气罕应，而阴阳少和。朕承祖宗之休，执天地之政，深惟大器至重，大麓至繁，寅威兢业，罔敢暇豫，所惧明有未烛，道有未昭，天时舛宜，民业重困。故间岁下诏，举达学绝才之士，以直言补阙。子大夫怀业优博，盛年为举，首期有以答扬，精微阐论。

  朕志夫王者之道，有统有运，有文有质，历世之序，或悠或促，岂所遭之时不同，抑所尚之术有异者邪？五帝悠远，弗可得详；三代绵永，其规足术；二汉以降，七制为美；暨鼎列南北，光灵不竞；陵夷至于唐室，贞观、开元之主接轸于二百年间，大盗三发，不绝如线；五季之末，极穷而复。皇天眷我烈祖之丕命，二圣继武，重光协华。肆朕继承，弥越三纪，未尝一喜怒以贱刑赏，一奢欲而耗财用，一偏听以咈谏诤，一力役以夺民务，虚心至怀，率蹈公路，盖欲大先猷而恢帝步也。何则比年以来，星躔爽行，蛮夷骤耸，烈风迅雷，间成惊暴，河流坤载，顷常震溢，螽旱作沴，风俗浸漓？居位者或拱默以养名，怀道者或隐身而逊志，人力尚屈，王泽未流，凤宵浩然，若涉渊水。今欲远鉴列古兴坏之本，近迹当世得失之宜，上求天端消复变眚，下革时弊化行忠厚，使大臣亮而小臣力，仁惠浃而氓细纾。呜呼！何道而臻此邪？子大夫其详之著之，茂之明之，副朕观览。

  又王政之急，在知人，在齐俗，在务本，在阜财，经之以文物，辅之以武事，而治具备矣。然而碱砆类玉，萧稂乱穗，能哲而惠，惟帝攸叹。佻纵犯上，贫富正等，流弊日久，于变甚难。四人之生，常屈于倚末之士；九岁之蓄，未逮于三登之年。伊欲任忠而判邪，敦风而轨俗。因财理以辨人物，则九偏七似或卢于大烦；尚法制以正上下，则六柄四位未知其安执。稽任地授田之职，以限农亩，可适于今乎？设平准均输之令，以御物货，果便于世乎？仲舒之明情性，贾谊之言国体，于道孰粹？管氏之陈七法，荀卿之条六术，论兵谁至？商因夏礼，所因者何文？汉杂霸道，所杂者何迹？至于今世之务，最切者何事？前朝之政，可循者何规？既往之失，孰者宜惩？将然之虞，奚者宜备？子大夫其悉意极虑，正辞以陈，兴自朕怀，毋悯有司。《宋会要辑稿》选举一一，第五册，第四四二七～四四二八页。

嘉祐二年八月十九日试贤良王彰、夏噩策

胡　宿

朕缵祖宗之洪业，抚区夏之重器，临政思治，于兹三纪。何尝不中夕惕厉，昧旦丕显，延访茂士，询求谠言，冀臻治平，以垂久大！子大夫襃然充赋，咸造在庭，得不欲摅发智蕴，开沃朕心耶？

方今庶务小康，至化犹郁。兵戎虽戢，馈饷颇劳；学校虽兴，礼让殊鲜。官冗而浮食者众，民疲而失职者多。阴阳爽和，眚沴间作，经渎弛于常道，淫雨溢于旧防。赋调尚繁，昏垫靡息。岂朕明有未烛，德有未孚？致咎之来，在予为惧。自昔继体守文之君，承前圣之烈，藉累世之资，致囷空之隆，腾颂声之美。惟建武中兴，极修文德；贞观特起，骤致太平。岂天时之协符，将人事之胥济？功业迟疾，奚其不同？侧席求怀，望古盈愧。

夫圣王之制世也，必本仁义之统，师道德之说，饰以儒雅，颁其教令。寻孝宣之治，尚于刑名；迹显宗之政，本于理法。当二后之际，信赏必罚，刑清国富，凤凰屡下于郡国，神雀比集于京师。致兹美祥，系何然哉？今公卿大夫与朕总万略、美风俗，而吏治未甚淳，民德未甚厚，豪右逾制，奸猾冒禁。以至守宰之任，循良罕闻，厨传移于使客，徭役迫于下贫，始有愁叹之声，未弭郁堙之气。岂躬化之弗类，而图治之匪章欤？

昔晁错举于贤良，公孙对以文学，深陈政道，并先术数。仲父治国之器，内史诏王之柄，咸垂格训，当安设施？至于《春秋》之称一元，《洪范》之推九类，何行而正其本？何施而建其极？

子大夫习先圣之术，熟当世之务，识古今王事之体，究天人精禖之原，思所以荡饥致祥，革弊兴利，受册应问，咸以正对。毋讳有司，称朕详延之指焉。《宋会要辑稿》选举一一，第五册，第四四二八～四四二九页；胡宿《文恭集》卷二十九。

嘉祐四年八月十三日试贤良方正钱藻、汪辅之策

宋仁宗

朕承先圣大业，守天下重器，兢兢万务，旰而后食。进见公卿师尹，与图试事；复延方正茂异之材，以咨治道。思欲跻时于仁寿，昭前之光明。三纪于兹，策问者八矣。子大夫襃然来思，造庭待对，必有奇论，进当虚佇。

夫天地之道，帝王之功，岂非久而成哉？今朕志治而未洽，躬化而未孚，饰礼而教未驯，制乐而功未章，法用中典而刑辟未措，赋从薄敛而颂声未作，山泽毕入而仓府未充，边塞既宁而转饷未息，灾害或作，盗贼间兴。"必世而后仁"，将非妄欤？重以承五代之交丧，历百年之全盛，官制殊驳，吏员大溢。文昌之职，不迁于中台；京师之

官，犹苤于外任。必也正名，重于改作。伊欲用夏之忠，营救时弊，可条其施设；参汉之制，斥去霸道，试陈其用舍。省方之礼废，将受郡国之计，以劝其风俗，何以使人知耻格，而俗识廉让？底绩之法驰，将书内外之考，以课文武，何以使吏称其职，而官宿其业？北方厚戍，欲收三品之更，以赡屯卫，得无有加赋之讥乎？南徼屡警，欲按五管之略，以经蛮夷，得无有留兵之费乎？书法不隐，《春秋》所讳有四；议事以制，《甫刑》其罚且千。申、韩之原道家，理将安在？迁、固之赞循吏，义有不同。灾害消复之原，水旱变正之术，《洪范》之御六沴，《皇极》之敛五福，驯致之宜，必有其要。

　　子大夫讲于上古之学，通于经世之务，蕴蓄有素，详定在兹，悉心以陈，辅朕不逮。《宋会要辑稿》选举一一，第五册，第四四二九页。

秘阁试论六首
苏　轼

一　王者不治夷狄论

　　夷狄不可以中国之治治也。譬如禽兽然，求其大治，必至于大乱。先王知其然，是故以不治治之。治之以不治者，乃所以深治之也。《春秋》书"公会戎于潜"。何休曰："王者不治夷狄。录戎来者不拒，去者不追也。"夫天下之至严，而用法之至详者，莫过于《春秋》。

　　凡《春秋》之书公、书侯、书字、书名，其君得为诸侯，其臣得为大夫者，举皆齐、晋也。不然，则齐、晋之与国也。其书州、书国、书氏、书人，其君不得为诸侯，其臣不得为大夫者，举皆秦、楚也。不然，则秦、楚之与国也。夫齐、晋之君所以治其国家拥卫天子而爱养百姓者，岂能尽如古法哉，盖亦出于诈力，而参之以仁义，是亦未能纯为中国也。秦、楚者，亦非独贪冒无耻肆行而不顾也，盖亦有秉道行义之君焉。是秦、楚亦未至于纯为夷狄也。齐、晋之君不能纯为中国，而《春秋》之所予者常向焉。有善则汲汲而书之，惟恐其不得闻于后世；有过则多方而开赦之，惟恐其不得为君子。秦、楚之君，未至于纯为夷狄，而《春秋》之所不予者常在焉。有善则累而后进，有恶则略而不录，以为不足录也。是非独私于齐、晋，而偏疾于秦、楚也。以见中国之不可以一日背，而夷狄之不可以一日向也。其不纯者，足以寄其褒贬，则其纯者可知矣。故曰：天下之至严，而用法之至详者，莫如《春秋》。

　　夫戎者，岂特如秦、楚之流入于戎狄而已哉！然而《春秋》书之曰"公会戎于潜"，公无所贬而戎为可会，是独何欤？夫戎之不能以会礼会公亦明矣，此学者之所以深疑而求其说也。故曰："王者不治夷狄，录戎来者不拒，去者不追也。"

　　夫以戎之不可以化诲怀服也，彼其不悍然执兵，以与我从事于边鄙，则已幸矣，又况乎知有所谓会者，而欲行之，是岂不足以深嘉其意乎？不然，将深责其礼，彼将有所不堪，而发其愤怒，则其祸大矣。仲尼深忧之，故因其来而书之以"会"，曰，若是足矣。是将以不治深治之也。由是观之，《春秋》之疾戎狄者，非疾纯戎狄者，疾夫以中国而流入于戎狄者也。

二 刘恺丁鸿孰贤论

君子之为善，非特以适己自便而已。其取于人也，必度其人之可以与我也；其予人也，必度其人之可以受于我也。我可以取之，而其人不可以与我，君子不取；我可以予之，而其人不可受，君子不予。既为己虑之，又为人谋之，取之必可予，予之必可受。若己为君子，而使人为小人，是亦去小人无几耳。

东汉刘恺让其弟封而诏听之，丁鸿亦以阳狂让其弟，而其友人鲍骏责之以义，鸿乃就封。其始，自以为义而行之，其终也，知其不义而复之。以其能复之，知其始之所行非诈也，此范氏之所以贤鸿而下恺也。其论称太伯、伯夷未始有其让。故太伯称至德，伯夷称贤人。及后世徇其名而昧其致，于是诡激之行兴矣。若刘恺之徒让其弟，使弟受非服，而己受其名，不已过乎？丁鸿之心，主于忠爱，何其终悟而从义也。范氏之所贤者，固已得之矣，而其未尽者，请得毕其说。

夫先王之制，立长所以明宗，明宗所以防乱，非有意私其长而沮其少也。天子与诸侯皆有太祖，其有天下、有一国，皆受之太祖，而非己之所得专有也。天子不敢以其太祖之天下与人，诸侯不敢以其太祖之国与人，天下之通义也。夫刘恺、丁鸿之国，不知二子所自致耶，将亦受之其先祖耶？受之其先祖，而传之于所不当立之人，虽其弟之亲，与途人均耳。夫吴太伯、伯夷，非所以为法也，太伯将以成周之王业，而伯夷将以训天下之让，而为是诡时特异之行，皆非所以为法也。今刘恺举国而让其弟，非独使弟受非服之为过也，将以坏先王防乱之法，轻其先祖之国，而独为是非常之行，考之以礼，绳之以法，而恺之罪大矣。

然汉世士大夫多以此为名者，安、顺、桓、灵之世，士皆反道矫情，以盗一时之名。盖其弊始于西汉之世。韦玄成以侯让其兄，而为世主所贤，天下高之，故渐以成俗。履常而蹈易者，世以为无能而摈之。则丁鸿之复于中道，尤可以深嘉而屡叹也。

三 礼义信足以成德论

有大人之事，有小人之事。愈大则身愈逸而责愈重，愈小则身愈劳而责愈轻。綦大而至天子，綦小而至农夫，各有其分，不可乱也。责重者不可以不逸，不逸，则无以任天下之重；责轻者不可以不劳，不劳，则无以逸夫责重者。二者譬如心之思虑于内，而手足之动作步趋于外也。是故不耕而食，不蚕而衣，君子不以为愧者，所职大也。自尧舜以来，未之有改。

后世学衰而道弛，诸子之智，不足以见其大，而窃见其小者之一偏，以为有国者，皆当恶衣粝食，与农夫并耕而治，一人之身，而自为百工。盖孔子之时则有是说矣。夫樊迟亲受业于圣人，而犹惑于是说，是以区区焉欲学稼于孔子。孔子知是说之将蔓延于天下也，故极言其大，而深折其词。以为"上好礼，则民莫敢不敬；上好义，则民莫敢不服；上好信，则民莫敢不用情。夫如是，则四方之民襁负其子而至矣，安用稼"，而解者以为礼义与信足以成德。

夫樊迟之所为汲汲于学稼者，何也？是非以谷食不足，而民有苟且之心以慢其上为忧乎？是非以人君独享其安荣而使民劳苦独贤为忧乎？是非以人君不身亲之则空言不足劝课百姓为忧乎？是三忧者，皆世俗之私忧过计也。

君子以礼治天下之分，使尊者习为尊，卑者安为卑，则夫民之慢上者，非所忧也。君子以义处天下之宜，使禄之一国者，不自以为多，抱关击柝者，不自以为寡，则夫民之劳苦独贤者，又非所忧也。君子以信一天下之惑，使作于中者，必形于外，循其名者，必得其实，则夫空言不足以劝课者，又非所忧也。此三者足以成德矣。故曰三忧者，皆世俗之私忧过计也。

四　形势不如德论

《传》有之："天时不如地利，地利不如人和。"此言形势之不如德也。而吴起亦云："在德不在险。"太史公以为形势虽强，要以仁义为本。儒者之言兵，未尝不以藉其口矣。请拾其遗说而备论之。

凡形势之说有二：有以人为形势者，三代之封诸侯是也。天子之所以系于天下者，至微且危也。相须而合，合而不去，则为君臣，其善可得而赏，其恶可得而罚，其谷米可得而食，其功力可得而役使。当此之时，君臣之势甚固。及其一旦溃然而去，去而不返，则为寇雠。强者起而见攻，智者起而见谋，彷徨四顾，而不知其所恃。当是时，君臣之势甚危。先王知其固之不足恃，而危之不可以忽也，故大封诸侯，错置亲贤，以示天下形势。刘颂所谓"善为国者，任势而不任人。郡县之察，小政理而大势危；诸侯为邦，近多违而远虑固"。此以人为形势者也。然周之衰也，诸侯肆行而莫之禁，自平王以下，其去亡无几也，是则德衰，而人之形势不足以救也。

有以地为形势者，秦、汉之建都是也。秦之取天下，非天下心服而臣之也。较之以富，搏之以力，而犹不服，又以诈囚其君，虏其将，然后仅得之。今之臣服而朝贡，皆昔之暴骨于原野之子孙也，则吾安得泰然而长有之！汉之取天下，虽不若秦之暴，然要之皆不本于仁义也。当此之时，不大封诸侯，则无以答功臣之望，诸侯大而京师不安，则其势不得不以关中之固而临之，此虽尧、舜、汤、武，亦不能使其德一日而信于天下，荀卿所谓合其参者。此以地为形势者也。然及其衰也，皆以大臣专命，危自内起，而关中之形势，曾不及施，此亦德衰而地之形势不能救也。

夫三代、秦、汉之君，虑其后世而为之备患者，不可谓不至矣。然至其亡也，常出于其所不虑。此岂形势不如德之明效欤？《易》曰："神而明之，存乎其人。"人存则德存，德存则无诸侯而安，无障塞而固矣。

五　礼以养人为本论

　　三代之衰，至于今且数千岁，豪杰有意之主，博学多识之臣，不可以胜数矣。然而礼废乐坠，则相与咨嗟发愤而卒于无成者，何也？是非其才之不逮，学之不至，过于论之太详，畏之太甚也。夫礼之初，缘诸人情，因其所安者，而为之节文。凡人情之所安而有节者，举皆礼也，则是礼未始有定论也。然而不可以出于人情之所不安，则亦未始无定论也。执其无定以为定论，则途之人皆可以为礼。

　　今儒者之论则不然，以为礼者，圣人之所独尊，而天下之事最难成者也。牵于繁文，而拘于小说，有毫毛之差，则终身以为不可。论明堂者，惑于《考工》、《吕令》之说；议郊庙者，泥于郑氏、王肃之学。纷纷交错者，累岁而不决。或因而遂罢，未尝有一人果断而决行之。此皆论之太详而畏之太甚之过也。

　　夫礼之大意，存乎明天下之分，严君臣、笃父子、形孝弟而显仁义也。今不幸去圣人远，有如毫毛不合于三代之法，固未害其为明天下之分也，所以严君臣、笃父子、形孝弟而显仁义者犹在也。今使礼废而不修，则君臣不严，父子不笃，孝弟不形，仁义不显，反不足重乎？

　　昔者西汉之书，始于仲舒，而至于刘向，悼礼乐之不兴，故其言曰："礼以养人为本。如有过差，是过而养人也。刑罚之过，或至杀伤。今吏议法，笔则笔，削则削，而至礼乐则不敢。是敢于杀人，而不敢于养人也。"而范晔以为"乐非夔、襄而新音代作，律谢皋、苏而法令亟易"。而至于礼，独何难欤？

　　夫法者末也，又加以惨毒繁难，而天下常以为急；礼者，本也。又加以和平简易，而天下常以为缓。如此而不治，则又从而尤之曰，是法未至也，则因而急之。甚矣，人之惑也。平居治气养生，宣故而纳新，其行之甚易，其过也无大患，然皆难之而不为。悍药毒石，以搏去其疾，则皆为之。此天下之公患也。呜呼，王者得斯说而通之，礼乐之兴，庶乎有日矣。

六　既醉备五福论

　　君子之所以大过人者，非以其智能知之、强能行之也。以其功兴而民劳，与之同劳，功成而民乐，与之同乐，如是而已矣。富贵安逸者，天下之所同好也，然而君子独享焉。享之而安，天下以为当然者，何也？天下知其所以富贵安逸者，凡以庇覆我也。贫贱劳苦者，天下之所同恶也，而小人独居焉。居之而安，天下以为当然者，何也？天下知其所以贫贱劳苦者，凡以生全我也。夫然，故独享天下之大利而不忧，使天下为己劳苦而不怍，耳听天下之备声，目视天下之备色，而民犹以为未也，相与祷祠而祈祝曰，使吾君长有吾国也，又相与咏歌而称颂之，被于金石，溢于竹帛，使其万世而不忘也。

　　呜呼！彼君子者，独何修而得此于民哉？岂非始之以至诚，中之以不欲速，而终之以不懈欤？视民如视其身，待其至愚者如其至贤者，是谓至诚。至诚无近效，要在于自信而不惑，是谓不欲速。不欲速则能久，久则功成，功成则易懈，君子济之以恭，是谓不懈。行此三者，所以得之于民也。三代之盛，不能加毫末于此矣。

　　《既醉》者，成王之诗也。其序曰：《既醉》，太平也，醉酒饱德，人有士君子之行焉。而说者以为是诗也，实具五福。其诗曰"君子万年"，寿也；"介尔景福"，富也；"室家之壶"，康宁也；"高明有融"，攸好德也；"高明令终"，考终命也。凡言此者，非美其有是五福也，美其全享是福，兼有是乐，而天下安之，以为当然也。

　　夫诗者，不可以言语求而得，必将深观其意焉。故其讥刺是人也，不言其所为之恶，而言其爵位之尊、车服之美而民疾之，以见其不堪也。"君子偕老，副笄六珈"，"赫赫师尹，民具尔瞻"是也。其颂美是人也，不言其所为之善，而言其冠佩之华、容貌之盛而民安之，以见其无愧也。"缁衣之宜兮，敝，予又改为兮"、"服其命服，朱芾斯皇"是也。故《既醉》者，非徒享是五福而已，必将有以致之。不然，民将盼盼焉疾视而不能平，又安能独乐乎？是以孟子言王道不言其他，而独言民之闻其作乐见其田猎而欣欣者，此可谓知本矣。苏轼著，孔凡礼校点《苏轼文集》卷二，中华书局1986年，第43~52页。

秘阁试论六首

苏　辙

一　王者不治夷狄论

　　儒者必慎其所习，习之不正，终身病之。《公羊》之书好为异说而无统，多作新意以变惑天下之耳目，是以汉之诸儒治《公羊》者，比于他经最为迂阔。至于何休，而其用意又甚于《公羊》，盖其势然也。《经》书："公及戎盟于潜。"《公羊》犹未有说也，而休以为王者不治夷狄，录戎来者不拒，去者不追。夫公之及戎盟于潜也，时有是事也。时有是事，而孔子不书可乎？故《春秋》之书其体有二：有书以见褒贬者，有书以记当时之事，备史记之体，而其中非必有所褒贬予夺者。公之及戎盟于潜，是无褒贬予夺也，而休欲必为之说，是以其说不得不妄也。

　　且王者岂有不治夷狄者乎？王者不治夷狄，是欲苟安于无事者之说也。古之所以治夷狄之道，世之君子尝论之矣，有用武而征伐之者，高宗、文王之事是也；有修文而和亲之者，汉之文、景之事是也；有闭拒而不纳之者，光武之谢西域、绝匈奴之事是也。此三者皆所以与夷狄为治之大要也。今日来者必不可拒，则是光武之谢西域以息中国之民者非乎？去者必不可追，则是高宗、文王凡所以征其不服而讨其不庭者皆非也。凡休之说施之于中国强盛夷狄暴横之时，则将养寇以遗子孙之忧；施之于中国新定休息自养之际，则为夷狄之所役使以自劳弊而不得止。凡此二者，休之说无施而可也。盖愚闻之，圣人之于夷狄也，吾欲来之则来之，虽有欲去者，不可得而去也；吾欲去之则去之，虽有欲来者，亦不可得而来也。要以使吾中国不失于便，而置夷狄于不便之地，故其屈伸进退莫不在我。而休欲其自来而自去也耶，此其尤不可者也。

治休之学者曰："《春秋》托始以治天下，当隐、桓之际，未暇远略，故先书晋灭夏阳，不书楚灭谷、邓。"夫谷、邓之不书，是楚之未通而不告也，如使圣人未欲与夷狄交通，则虽有欲至，尚可得而至哉？愚故曰：《春秋》之书"公及戎盟于潜"是记事之体，而无休之说也。

二 刘恺丁鸿孰贤论

天下之让三：有不若之让，有相援之让，有无故之让。让者，天下之大功大善也。然而至于无故之让，则圣人深疾而排之，以为此奸人之所以盗名于暗世者也。昔者公族穆子之让韩起，范宣子之让智伯，宣子、穆子中心诚有以愧于彼二人也，是不若之让也。舜之命禹也，让于皋陶；其命益也，让于朱虎、熊罴。夫皋陶之不能当禹之任，朱虎、熊罴之不能办益之事，亦已明矣，然犹让焉者，此所谓相援之让也。夫使天下之人皆能让其所不及，则贤材在位而贤不肖不争；皆能让以相援，则君子以类升，而小人不能间。此二者，天下之大善也。然而至于无故之让，则天下之大不善也。

东汉之衰，丁鸿、邓彪、刘恺此三人者，皆当袭父爵而以让其弟，非是先君之命，非有嫡庶之别，而徒让焉，以自高于世俗，世之君子从而讥之。然此三人者之中，犹有优劣焉。刘、邓让而不反，以遂其非；丁鸿让而不终，听其友人鲍骏之言而卒就国。此鸿之所以优于刘、邓也。且夫闻天下之有让，而欲窃取其名以自高其身，以邀望天下之大利者，刘恺之心也；闻天下之让而窃慕之，而不知其不同，以陷于不义者，丁鸿之心也。推其心而定其罪，则恺在可戮，而鸿为可恕。此真伪之辨也，贤愚可以见矣！故范晔曰："太伯、伯夷未始有其让也，故太伯称至德，伯夷称贤人。末世徇其名而昧其致，则诡激之行兴矣！"若夫邓彪、刘恺让其弟以取义，使弟受非服，而己受其名，不已过乎？夫君子之立言，非以苟显其理，将以启天下之未悟者，立行非以苟显其身，将以教天下之未动者，言行之所开塞，可无慎乎？丁鸿之心主乎忠爱，何其终悟而从义也，异乎二子之徇名者也。

嗟夫！世之邪僻之人，盗天下之大利，自以为人莫吾察，而不知君子之论有以见之，故为国者不可以不贵君子之论也。

三 礼义信足以成德论

周衰，凡所以教民之具既废，而战攻侵伐之役交横于天下，民去其本而争事于末。

当时之君子思救其弊，而求之太迫，导之无术，故樊迟请学为稼，又欲为圃，而孔子从而讥之曰："小人哉，樊须也！上好礼，则民莫敢不敬；上好义，则民莫敢不服；上好信，则民莫敢不用情。夫如是，四方之民，襁负其子而至矣。焉用稼？"释之者曰："礼义与信，足以成德，又安用稼哉？"

嗟夫！仁人之言，其始常若迂阔而不可行，然要其终，其取利多而卒以无弊者，终莫能易其说。盖孔子之于卫，常欲正名，而子路笑之矣；冉子之于鲁，常欲彻，而鲁君非之矣。何则？卫之乱，若非正名之所能安；而鲁之饥，若非彻之所能救。然而欲天下无饥与乱，则非此二者莫之能济。故夫欲取其利而取之于远，则取利多而民不知；欲图其事而图之于深，则事有渐而后无弊。今夫樊迟欲为农圃以富民，而孔子答之以礼义信也。天下疑之，而愚以为不然。若观于《孟子》，而求其所以辨许行之说，则夫农圃之事，乃有可以礼义致而可以信取之道。何者？许子欲使君臣并耕饔飧而治，此岂非樊子所愿学者哉？而孟子答之以尧舜无所用心于耕稼。尧以不得舜为忧，舜以不得禹为忧。尧得舜，舜得禹，而礼义流行，忠信洋溢，则天下之民将不劝之耕而自为耕，不督之圃而自为圃，而何致于身服农圃之劳而忧农圃之忧哉？

且夫欲劝天下之农而至于亲为之者，亦足以见其无术矣！古之圣人其御天下也，礼行而民敬，则役使如意；义行而民服，则劳苦而不怨；信行而民用情，则上下相知而教化易行。三德既成，则民可使蹈白刃而无怨，而况农圃之功哉！故夫欲致其功而行之于远，则功可成；欲力其事而为之于近，则百弊起。今欲君子小人而皆从事于农，则夫天下之民，尚谁使治之哉？

四　形势不如德论

三代之时，法令宽简，所以堤防禁固其民而尊严其君者，举皆无有。而其所都之地，又非有深山大河之固，然而历岁数百，长久而安存者何耶？秦之法令可谓峻矣，而其所都又关中天府之固，古之所谓百二者也，然而二世而亡者何耶？太史公曰："权势、法制，所以为治也；地形险阻，所以为固也。然而二者犹未足恃也。故曰形势虽强，犹不如德也。"

天下之形势，愚尝论之矣。读《易》至于《坎》，喟然而叹曰：嗟夫，圣人之所以教人者盖详之矣！夫《坎》之为言，犹曰险也。天之所以为险者，以其不可升；而地之所以为险者，以其有山川丘陵。天地之险，愚闻之矣，而人之险，愚未之闻也。或曰：王公设险以守其国，此人之险，而高城深池之谓也。曰：非也。高城深池，此无以异于地之险，而人之险，法制之谓也。天下之人，其初盖均是人也，而君至于为君之尊，而民至于为民之卑，君上日享其乐而臣下日安其劳而不敢怨者，是法制之力也。然犹未也，可以御小害，而未可以御大害也。大盗起，则城池险阻不可以固而留；众叛亲离，则法制不可以执而守。是必有非形之形、非势之势而后可也。故至《坎》之六四而曰："樽酒簋贰，用缶，纳约自牖，终无咎。"夫六四处刚柔相接之时，而乃用一樽、二簋、土盎、瓦缶，相与拳曲俯仰于户牖之下，而终获无咎。此岂非圣人知天下之不可以强服，而为是优柔从容之德，以和其刚强难屈之心，而作其愧耻不忍之意故耶？

嗟夫！秦人自负其强，欲以斩刖齐天下之民，而以山河为社稷之保障，不知英雄之士开而辟之，刑罚不能绳，险阻不能拒。故圣人必有以深结天下之心，使英雄之士有所不可解者，则《坎》之六四是也。

五 礼以养人为本论

君子之为政，权其轻重而审其小大。不以轻害重，不以小妨大，为天下之大善。而小有不合焉者，君子不顾也。立天下之大善，而以小有不合而止，则是天下无圣人，大善终不可得而建也。自周之亡，其父子、君臣、冠昏、丧祭之礼，皆以沦废。至于汉兴，贤君名臣比比而出，皆知礼之足以为治也，然皆拱手相视而莫敢措。非以礼为不善也，以为不可复也。是亦自轻而已。故元、成之间，刘向上书，以为礼以养人为本，如有过差，是过而养人也。刑罚之过，或至于死伤，然有司请定法令，笔则笔，削则削，是敢于杀人，而不敢于养人也。然而为是者，则亦有故。律令起于后世，而礼出于圣人。敢变后世之刑，而不敢变先王之礼，是亦畏圣人太过之弊也。《记》曰："礼之所生，生于义也。"故礼虽先王未之有，可以义起也。故因人之情而为之节文，则亦何至于惮之而不敢邪？

今夫冠礼所以养人之始，而归之正也；昏礼所以养人之亲，而尊其祖也；丧礼所以养人之孝，而为之节也；祭礼所以养人之终，而接之于无穷也；宾客之礼所以养人之交，而慎其渎也；乡礼所以养人之本，而教之以孝悌也：凡此数者，皆待礼而后可以生。今皆废而不立，是以天下之人皇皇然无所折衷，求其所从而不得，则不能不出其私意以自断其礼，私意既行，故天下之弊起。奢者极其奢以伤其生，俭者极其俭以不得其所欲。财用匮而饥寒作，饥寒作而盗贼起，盗贼起而民之所恃以为养者皆失而不可得，虽日开仓廪发府库以赡百姓，民犹未可得而养也。故古之圣人不用财，不施惠，立礼于天下，而匹夫匹妇莫不自得于闾阎之中而无所匮乏。此所谓知本者也。

六 既醉备五福论

善夫诗人之为诗也！成王之时，天下既平，其君子优柔和易而无所怨怒，天下之民各乐其所。年谷时熟，父子兄弟相爱，而无暴戾不和之节。莫不相与作为酒醴，剥烹牛羊，以享以祀，以相与宴乐而不厌。诗人欲歌其事，而以为未足以见其盛也，故又推而上之，至于朝廷之间，见其君臣相安而亲戚相爱，至于祭祀宗庙，既事而又与其诸父昆弟皆宴于寝，旅酬下至于无算爵，君臣释然而皆醉。故为作《既醉》之诗以歌之，而后之传诗者又深思而极观之，以为一篇之中而五福备焉。

然愚观于《诗》、《书》，至《抑》与《酒诰》之篇，观其所以悲伤前世之失，及其所以深惩切戒于后者，莫不以饮酒无度、沉湎荒乱、号呶倨肆以败乱其德为首。故曰百祸之所由生，百福之所由消耗而不享者，莫急于酒。周公之戒康叔曰："酒之失，妇人是用。二者合并，故五福不降，而六极尽至。"愚请以小民之家而明之。今夫养生之人，深自覆护拥闭，无战斗危亡之患，然而常至于不寿者何耶？是酒夺之也。力田之人，仓廪富矣，俄而至于饥寒者何耶？是酒困之也。服食之人，乳药饵石，无风雨暴露之苦，而常至于不宁者何耶？是酒病之也。修身之人，带钩蹈矩，不敢妄行，而常至于失德者何耶？是酒乱之也。四者既备，则虽欲考终天命而其道无由也。

然而曰五福备于《既醉》者何也？愚固言之矣。百姓相与欢乐于下，而后君臣乃相与偕醉于上。醉而愈恭，和而有礼，心和气平，无悖逆暴戾之气干于其间，而寿不可胜计也。用财有节，御己有度，而富不可胜用也。寿命长永，而又加之以富，则非安宁而何？既富而寿，且身安矣，而无所用其心，则非好德而何？富寿而安，且有德以不朽于后也，则非考终命而何？故世之君子苟能观《既醉》之诗，以和平其心，而又观夫《抑》与《酒诰》之篇，以自戒也，则五福可以坐致，而六极可以远却。而孔氏之说所以分而别之者，又何足为君子陈于前哉！苏辙撰，曾枣庄、马德富校点《栾城集·栾城应诏集》卷十二，第1698～1710页。

嘉祐六年八月二十五日"贤良方正直言极谏"科制策

策问

宋仁宗

朕承祖宗之大统，先帝之休烈，深惟寡昧，未烛于理，志勤道远，治不加进。夙兴夜寐，于兹三纪。朕德有所未至，教有所未孚，阙政尚多，和气或鳌，田野虽辟，民多亡聊，边境虽安，兵不得撤。利入已浚，浮费弥广。军冗而未练，官冗而未澄。庠序比兴，礼乐未具。户罕可封之俗，士忽廉让之节。此所以讼未息于虞、芮，刑未措于成、康。意在位者不以教化为心，治民者多以文法为拘。禁防繁多，民不知避。叙法宽滥，吏不知惧。累繁者众，愁叹者多。仍岁以来，灾异数见。乃六月壬子，日食于朔，淫雨过节，暖气不效，江河溃决，百川腾溢。永思厥咎，深切在予。变不虚生，缘政而起。五事之失，六沴之作，刘向所传，吕氏所纪，五行何修而得其性，四时何行而顺其令？非正阳之月，伐鼓救变，其合于经乎？方盛夏之时，论囚报重，其考于古乎？

京师诸夏之根本，王教之渊源，百工淫巧无禁，豪右僭差不度。治当先内，或曰"何以为京师"；政在摘奸，或曰"不可挠狱市"。推寻前世，探观治迹。孝文尚老子，而天下富殖；孝武用儒术，而海内虚耗。道非有弊，治奚不同？王政所由，形于诗道。周公《豳》诗，王业也，而系之《国风》。宣王北伐，大事也，而载之《小雅》。周以冢宰制国用,唐以宰相兼度支。钱谷,大计也;兵师,大众也。何陈平之对,谓当责之内史?韦贤之言,不宜兼于宰相?钱货之制,轻重之相权;命秩之差,虚实之相养。水旱蓄积之备,边陲守御之方,圜法有九府之名,乐语有五均之义。富人强国,尊君重朝,弭灾致祥,改薄从厚。

此皆前世之急政,而当今之要务。子大夫其悉意以陈,毋悼后害。《宋会要辑稿》选举一一之八,第五册,第四四三〇页;《东坡全集》第一册,中华书局1986年,第289~290页。

御试制策

苏 轼

臣谨对曰:臣闻天下无事,则公卿之言轻于鸿毛;天下有事,则匹夫之言重于泰山。非智有所不能,而明有所不察,缓急之势异也。方其无事也,虽齐桓之深信其臣,管仲之深得其君,以握手叮咛之间,将死深悲之言,而不能去其区区之三竖。及其有事且急也,虽唐代宗之庸,程元振之用事,柳伉之贱且疏,而一言以入之,不终朝而去其腹心之疾。夫言之于无事之世者,足以有所改为,而常患于不信。言之于有事之世者,易以见信,而常患于不及改为。此忠臣志士之所以深悲,天下之所以乱亡相寻,而世主之所以不悟也。今陛下处积安之时,乘不拔之势,拱手垂裳,而天下向风,动容变色,而海内震恐。虽有一事之失常,一物之不获,固未足以忧陛下也。所谓亲策贤良之士者,以应故事而已,岂以臣言为真足以有感于陛下耶?虽然,君以名求之,臣以实应之。陛下为是名也,臣敢不为是实也。

伏惟制策有念祖宗先帝大业之重,而自处于寡昧,以为"志勤道远,治不加进"。臣窃以为陛下即位以来,岁历三纪,更于事变,审于情伪,不为不熟矣。而"治不加进",虽臣亦疑之。然以为"志勤道远",则虽臣至愚,亦未敢以明诏为然也。

夫志有不勤而道无远。陛下苟知勤矣,则天下之事,粲然无不毕举,又安以访臣为哉?今也犹以道远为叹,则是陛下未知勤也。臣请言勤之说。夫天以日运,故健;日月以日行,故明;水以日流,故不竭;人之四肢以日动,故无疾;器以日用,故不蠹。天下者,大器也。久置而不用,则委靡废放,日趋于弊而已矣。陛下深居法宫之中,其忧勤而不息耶?臣不得而知也。其宴安而无为耶?臣不得而知也。然所以知道远之叹由陛下之不勤者,诚见陛下以天下之大,欲轻赋税则财不足,欲威四夷则兵不强,欲兴利除害则无其人,欲敦世厉俗则无其具,大臣不过遵用故事,小臣不过谨守簿书,上下相安,以苟岁月。此臣所以妄论陛下之不勤也。

臣又窃闻之:自顷岁以来,大臣奏事,陛下无所诘问,直可而已。臣始闻而大惧,以为不信,及退而观其效见,则臣亦不敢谓不信也。何则?人君之言,与士庶不同。言脱于口,而四方传之,捷于风雨。故太祖、太宗之世,天下皆讽诵其言语,以为耸动之具。今陛下之所震怒而赐遣者,何人也?合于圣意诱而进之者,何人也?所与朝夕论议深言者,何人也?越次躐等召而问讯者,何人也?四者,臣皆未之闻焉。此臣所以妄论陛下之不勤也。

臣愿陛下条天下之事，其大者有几，可用之人有几。某事未治，某人未用，鸡鸣而起，曰，吾今日为某事，用某人。他日又曰，吾所为某事，其事果济矣乎，所用某人，其人果才矣乎。如是孜孜焉不违于心，屏去声色，放远善柔，亲近贤达，远览古今，凡此者勤之实也，而道何远乎！

伏惟制策有"夙兴夜寐，于今三纪。德有所未至，教有所未孚，阙政尚多，和气或蠹，田野虽辟，民多无聊。边境虽安，兵不得撤。利入已浚，浮费弥广。军冗而未练，官冗而未澄。庠序比兴，礼乐未具。户罕可封之俗，士忽胥让之节。此所以讼未息于虞、芮，刑未措于成、康。意在位者不以教化为心，治民者多以文法为拘。禁防繁多，民不知避；叙法宽滥，吏不知惧。累系者众，愁叹者多"。

凡此陛下之所忧数十条者，臣皆能为陛下历数而备言之。然而未敢为陛下道也。何者？陛下诚得御臣之术而固执之，则向之所忧数十条者，皆可以捐之大臣，而己不与。今陛下区区以向之数十条为己忧者，则是陛下未得御臣之术也。

天下所谓贤者，陛下既得而用之矣。方其未用也，常若有余；而其既用也，则常若不足。是岂其才之有变乎？古之用人者，日夜深提策之。武王用太公，其相与问答百余万言，今之《六韬》是也。桓公用管仲，其相与问答，亦百余万言，今之《管子》是也。古之人君，其所以反复穷究其臣者若此。今陛下默默而听其所为，则夫向之所忧数十条者无时而举矣。古之忠臣，其受任也，必先自度曰，吾能办是矣乎？度能办是也，则又曰，吾君能忘己而任我乎？能无以小人间我乎？度其能忘己而任我也，能无以小人间我也，然后受之。既已受之矣，则以身任天下之责而不辞，享天下之利而不愧。今也内不度己，外不度君，而轻受之。受之，而众不与也，则引身而求去。陛下又为美辞而遣之，加之重禄而慰之。夫引身而求退者，非果廉洁而有让也。是邀君以自固也，是自明其非我之欲留以逃谤也，是不能办其事而以其患遗后人也。陛下奈何听之。臣故曰：陛下未得御臣之术也。

若夫"德有所未至，教有所未孚"者，此实不至也。德之，必有以著其德之之形，教之，必有以显其教之之状。德之之形，莫著于轻赋。教之之状，莫显于去杀。此二者，今皆未能焉。故曰：实不至也。

夫以选举之重，而不取才行；官吏之众，而不行考课。农末之相倾，而平籴之法不立；贫富之相役，而占田之数无限。天下之阙政，则莫大乎此。而和气安得不蠹乎？

"田野辟"者，民之所以富足之道也。其所以无聊，则吏政之过也。然臣闻天下之民，常偏聚而不均。吴、蜀有可耕之人，而无其地；荆、襄有可耕之地，而无其人。由此观之，则田野亦未可谓尽辟也。夫以吴、蜀、荆、襄之相形，而饥寒之民，终不能去狭而就宽者，世以为怀土而重迁，非也。行者无以相群，则不能行；居者无以相友，则不能居。若辈徙饥寒之民，则无不听矣。

"边境已安，而兵不得撤"者，有安之名，而无安之实也。臣欲小言之，则自以为愧，大言之，则世俗以为笑。臣请略言之。古之制北狄者，未始不通西域。今之所以不能通者，是夏人为之障也。朝廷置灵武于度外，几百年矣。议者以为绝域异方，曾不敢近，而况于取之乎！然臣以为事势有不可不取者。不取灵武，则无以通西域。西域不通，则契丹之强，未有艾也。然灵武之所以不可取者，非以数郡之能抗吾中国，吾中国自困而不能举也。其所以自困而不能举者，以不生不息之财，养不耕不战之兵，块然如巨人之病腿，非不枵然大矣，而手足不能以自举。欲去是疾也，则莫若捐秦以委之，使秦人断然如战国之世，不待中国之援，而中国亦若未始有秦者。有战国之全利，而无战国之患，则夏人举矣。其便莫如稍徙缘边之民不能战守者于空闲之地，而以其地益募民为屯田，屯田之兵稍益，则向之戍卒可以稍减，使数岁之后，缘边之民，尽为耕战之夫，然后数出兵以苦之，要以使之厌战而不能支，则折而归吾矣。如此，而北狄始有可制之渐，中国始有息肩之所。不然，将济师之不暇，而又何撤乎？

所谓"利入已浚而浮费弥广"者。臣窃以为外有不得已之二虏，内有得已而不已之后宫。后宫之费，不下一敌国。金玉锦绣之工，日作而不息，朝成夕毁，务以相新，主帑之吏，日夜储其精金良帛而别异之，以待仓卒之命，其为费岂可胜计哉！今不务去此等，而欲广求利之门，臣知所得之不如所丧也。

"军冗而未练"者。臣尝论之，曰：此将不足恃之过也。然以其不足恃之故，而拥之以多兵，不搜去其无用，则多兵适所以为败也。

"官冗而未澄"者。臣尝论之，曰，此审官吏部与职司无法之过也。夫审官吏部，是古考绩黜陟之所也。而特以日月为断。今纵未能复古，可略分其郡县，不以远近为差，而以难易为等，第其人之所堪，而别异之。才者常为其难，而不才者常为其易。及其当迁也，难者常速，而易者常久。然而为此者固有待也。使审官吏部，与外之职司，常相关通。而为职司者，不惟举有罪，察有功而已。必使尽第其属吏之所堪，以诏审官吏部。审官吏部常从内等其任使之难易，职司常从外第其人之优劣。才者常用，不才者常闲，则冗官可澄矣。

"庠序兴而礼乐未具"者。臣盖以为庠序者，礼乐既兴之所用，非所以兴礼乐也。今礼乐鄙野而未完，则庠序不知所以为教，又何以兴礼乐乎？如此而求其可封，责其胥让，将以息讼而措刑者，是却行而求前也。夫上之所向者，下之所趋也，而况从而赏之乎。上之所背者，下之所去也，而况从而罚之乎。陛下责在位者不务教化，而治民者多拘文法，臣不知朝廷所以为赏罚者，何也？无乃或以教化得罪而多以文法受赏欤？夫禁防未至于繁多，而民不知避者，吏以为市也。叙法不为宽滥，而吏不知惧者，不论其能否，而论其久近也。累系者众，愁叹者多，凡以此也。

伏惟制策有"仍岁以来，灾异数见，乃六月壬子，日食于朔，淫雨过节，燠气不效，江河溃决，百川腾溢。永思厥咎，深切在予。变不虚生，缘政而起"。此岂非陛下厌闻诸儒牵合之论，而欲闻其自然之说乎？臣不敢复取《洪范传》、《五行志》以为对，直以意推之。

夫日食者，是阳气不能履险也。何谓阳气不能履险？臣闻五月二十三分月之二十，是为一交，交当朔则食。交者，是行道之险者也。然而或食或不食，则阳气之有强弱也。今有二人并行而犯雾露，其疾者，必其弱者也；其不疾者，必其强者也。道之险一也，而阳气之强弱异。故夫日之食，非食之日而后为食，其亏也久矣，特遇险而见焉。陛下勿以其未食也为无灾，而其既食而复也为免咎。臣以为未也，特出于险耳。夫淫雨大水者，是阳气融液汗漫而不能收也。诸儒或以为阴盛，臣请得以理折之。夫阳动而外，其于人也为嘘，嘘之气温然而为湿。阴动而内，其于人也为噏，噏之气冷然而为燥。以一人推天地，天地可见也。故春夏者，其一嘘也；秋冬者，其一噏也。夏则川泽洋溢，冬则水泉收缩，此燥湿之效也。是故阳气汗漫融液而不能收，则常为淫雨大水，犹人之嘘而不能噏也。今陛下以至仁柔天下，兵骄而益厚其赐，戎狄桀傲而益加其礼，荡然与天下为咻呴温暖之政，万事惰坏而终无威刑以坚凝之，亦如人之嘘而不能噏，此淫雨大水之所由作也。天地告戒之意，阴阳消复之理，殆无以易此矣。

而制策又有"五事之失，六沴之作，刘向所传，吕氏所纪，五行何修而得其性？四时何行而顺其令？非正阳之月，伐鼓救变，其合于经乎？方盛夏之时，论囚报重，其考于古乎"？此陛下畏天恐惧求端之过，而流入于迂儒之说，此皆愚臣之所学于师而不取者也。

夫五行之相沴，本不至于六。六沴者，起于诸儒欲以六极分配五行，于是始以皇极附益而为六。夫皇极者，五事皆得；不极者，五事皆失。非所以与五事并列而别为一者也。是故有眊而又有蒙，有极而无福，曰五福皆应，此亦自知其疏也。吕氏之时令，则柳宗元之论备矣，以为有可行者，有不可行者。其可行者，皆天事也；其不可行者，皆人事也。若夫禜社伐鼓，本非有益于救灾，特致其尊阳之意而已。《书》曰："乃季秋月朔，辰弗集于房，瞽奏鼓，啬夫驰，庶人走。"由此言之，则亦何必正阳之月，而后伐鼓救变如《左氏》之说乎？盛夏报囚，先儒固已论之，以为仲尼诛齐优之月，固君子之所无疑也。

伏惟制策有"京师诸夏之表则，王教之渊源，百工淫巧无禁，豪右僭差不度"。此在陛下身率之耳。后宫有大练之饰，则天下以罗纨为羞；大臣有脱粟之节，则四方以膏粱为污。虽无禁令，又何忧乎？

伏惟制策有"治当先内，或曰，何以为京师；政在摘奸，或曰，不可挠狱市"。此皆一偏之说，不可以不察也。夫见其一偏而辄举以为说，则天下之说不可以胜举矣。自通人而言之，则曰"治内，所以为京师也，不挠狱市，所以为摘奸也"。如使不挠狱市而害其为摘奸，则夫曹参者，是为逋逃主也。

伏惟制策有"推寻前世，探观治迹，孝文尚老子，而天下富殖；孝武用儒术，而海内虚耗。道非有弊，治奚不同"。臣窃以为不然。孝文之所以为得者，是儒术略用也；其所以得而未尽者，是用儒术略用未纯也。而其所以为失者，则是用老也。何以言之？孝文得贾谊之说，然后待大臣有礼，御诸侯有术，而至于兴礼乐，系单于，则曰未暇。故曰"儒术略用而未纯也"。若夫用老之失，则有之矣。始以区区之仁，坏三代之肉刑，而易之以笞。笞不足以惩中罪，则又从而杀之。用老之失，岂不过甚矣哉！且夫孝武亦不可谓用儒之主也。博延方士，而多兴妖祠；大兴宫室，而甘心远略。此岂儒者教之。今夫有国者徒知徇其名而不考其实，见孝文之富殖，而以为老子之功；见孝武之虚耗，而以为儒者之罪，则过矣。此唐明皇之所以溺于宴安，彻去禁防，而为天宝之乱也。

伏惟制策有"王政所由，形于诗道。周公《豳》诗，王业也，而系之《国风》；宣王北伐，大事也，而载之《小雅》"。臣窃闻《豳》诗言后稷、公刘，所以致王业之艰难者也，其后累世而至文王，文王之时，则王业既已大成矣，而其诗为《二南》。二南之诗，犹列于《国风》，而至于《豳》，独何怪乎！昔季札观周乐，以为《大雅》曲而有直体，《小雅》思而不贰，怨而不言。夫曲而有直体者，宽而不流也；思而不贰，怨而不言者，狭而不迫也。由此观之，则《大雅》、《小雅》之所以异者，取其辞之广狭，非取其事之大小也。

伏惟制策有"周以冢宰制国用，唐以宰相兼度支。钱穀，大计也；兵师，大众也。何陈平之对，谓当责之内史，韦洪质之言，不宜兼于宰相"。臣以为宰相虽不亲细务，至于钱穀兵师，固当制其赢虚利害。陈平所谓责之内史者，特以宰相不当治其簿书多少之数耳。昔唐之初，以郎官领度支而职事以治。及兵兴之后，始立使额，参佐既众，簿书益繁，百弊之源，自此而始。其后裴延龄、皇甫镈，皆以剥下媚上，至于希世用事。以宰相兼之，诚得防奸之要。而韦洪质之议，特以其权过重欤？故李德裕以为贱臣不当议令，臣常以为有宰相之风矣。

伏惟制策有"钱货之制，轻重之相权；命秩之差，虚实之相养。水旱蓄积之备，边陲守御之方，圜法有九府之名，乐语有五均之义"。此六者，亦方今之所当论也。昔召穆公曰："民患轻，则多作重以行之。若不堪重，则多作轻以行之，亦不废重。"轻可改而重不可废。不幸而过，宁失于重，此制钱货之本意也。命者，人君之所擅，出于口而无穷；秩者，民力之所供，取于府而有限。以无穷养有限，此虚实之相养也。水旱蓄积之备，则莫若复隋、唐之义仓。边陲守御之方，则莫若依秦、汉之更卒。周官有大府、天府、泉府、玉府、内府、外府、职内、职金、职币，是谓九府。太公之所行以致富。古者天子取诸侯之士，以为国均，则市不二价，四民常均，是谓五均，献王之所致以为法，皆所以均民而富国也。凡陛下之所以策臣者，大略如此。

而于其末复策之曰"富人强国，尊君重朝。弭灾致祥，改薄从厚。此皆前世之急政，而当今之要务"。此臣有以知陛下之圣意，以为向之所以策臣者，各指其事，恐臣不得尽其辞，是以复举其大体而概问焉。又恐其不能切至也，故又诏之曰"悉意以陈，而无悼后害"。臣是以敢复进其狷狂之说。夫天下者，非君有也，天下使君主之耳。陛下念祖宗之重，思百姓之可畏，欲进一人，当同天下之所欲进；欲退一人，当同天下之所欲退。今者每进一人，则人相与诽曰"是进于某也，是某之所欲也"。每退一人，则又相与诽曰"是出于某也，是某之所恶也"。臣非敢以此为举信也。然而致此言者，则必有由矣。今无知之人，相与谤于道曰："圣人在上，而天下之所以不尽被其泽者，便嬖小人附于左右，而女谒盛于内也"。为此言者，固妄矣。然而天下或以为信者，何也？徒见谏官御史之言，矻矻乎难以入，以为必有间之者也。徒见蜀之美锦，越之奇器，不由方贡而入于官也。如此而向之所谓急政要务者，陛下何暇行之。臣不胜愤懑，谨复列之于末。惟陛下宽其万死，幸甚幸甚！谨对。孔凡礼校点《东坡全集》第一册，中华书局1986年，第290~299页。

御试制策

苏　辙

臣谨对曰：臣不佞，陛下过听，策臣于庭，使得竭愚衷以奉大对。臣性狂愚，不识忌讳，伏读陛下制策，凡所以问臣之事数十条者，臣已详闻之矣。然臣内省愚诚，欲先以闻，而后答陛下之所问。

伏惟陛下承先帝之业，即位以来三十余年，四方乂安，陛下守此太平之成基，平日无事，端居静虑，亦尝有忧于此乎？无忧于此乎？陛下策臣曰："朕承祖宗之大统，先帝之休烈，深惟寡昧，未烛于理。"又曰："志勤道远，治不加进，夙兴夜寐，于兹三纪。"此陛下忧惧之言也，然臣以谓陛下未有忧惧之诚耳！往者宝元、庆历之间，西羌作难，陛下昼不安坐，夜不安席。当此之时，天下皆谓陛下忧惧小心如周文王。然而自西方解兵，陛下弃置忧惧之心而不复思者二十年矣。古之圣人无事则深忧，有事则不惧。夫无事而深忧者，所以为有事之不惧也。今陛下无事则不忧，有事则大惧，臣以为陛下失所忧矣。故愿陛下虽天下无事，而不忘忧惧之心。陛下诚能用臣此言，则凡所以问臣者，臣虽不言可得而举也。苟未能用臣此言，则凡所以问臣者，臣虽言之无益也。

制策曰："德有所未至，教有所未孚，阙政尚多，和气或戾。"陛下思虑至此，此则圣人之用心也。臣请为陛下推其本原，而极言其故。臣闻之《书》曰："与治同道，罔不兴；与乱同事，罔不亡。"昔者夏之衰也有太康，商之微也有祖甲，周之败也有穆王，汉之卑也有成帝，唐之乱也有穆宗、恭宗，此六帝王者，皆以天下之治安，朝夕不戒，沈湎于酒，荒耽于色，晚朝早罢，早寝晏起。大臣不得尽言，小臣不得极谏，左右前后惟妇人是侍，法度正直之言不留于心，而惟妇言是听。谒行于内，势横于外，心荒气乱，邪僻而无所主。赏罚失次，万事无纪，以至于天下大乱，而其心不知也。是以三代之季，诗人疾而悲伤之曰："匪教匪戒，时惟妇寺。""听言则对，诵言如醉。"又曰："乱匪降自天，生自妇人。""赫赫宗周，褒姒灭之。"盖伤其不可告教而至于败也。

臣疏贱之臣，窃闻之道路：陛下自近岁以来，宫中贵姬至以千数，歌舞饮酒，欢乐失节，坐朝不闻咨谟，便殿无所顾问。夫三代之衰，汉唐之季，其所以召乱之由，陛下已知之矣。久而不正，百蠹将由之而出。内则将为蛊惑之所污，以伤和伐性；外则将为请谒之所乱，以败政害事。妇人之情，无有厌足，迭相夸尚，争为侈靡。赐予不足以自给，则不惮于受赂贿。赂贿既至，则不惮于私谒。私谒既行，则内外将乱。陛下无谓好色于内而不害外事也。且臣闻之，欲极必厌，乐极必反。方其极甚之时，一陷于其中而不能以自出，然及其觉悟之后，未始不以自悔也。陛下何不试于清闲之时，上思宗庙社稷之可忧，内思疾疢病恙之可恶，下思庶人百姓之可畏，则夫嫔御满前，适足以为陛下忧,而未足以为陛下乐也。伏惟圣心未之思焉,是以迟迟而不去。《诗》云:"颠沛之揭,枝叶未有害。本实先拨。"方今承祖宗之基,四方无虞,法令修明,百官缮完,而陛下奈何先自拨其本哉?臣恐如此,德教日以陵迟,阙政将至于败,戾气将至于灾而不可救也。

制策曰:"田野虽辟,民多无聊。边境虽安,兵不可撤。利入已浚,浮费弥广。"臣以为地有所未辟,是以民不得安其生。边境虽安,而非诚安,是以兵不得彻其备。浮费日广,是以利人浚而不能休。

何者?自京以西,近自许、郑而远至唐、邓,凡数千里,列郡数十,土皆膏腴,古之赋输大半多出于此。自两汉以来,名臣贤守,所以为民兴利除害,沟洫畎浍之迹,往往犹在。而荆棘成林,无尺寸之耕,狐狸豺狼之所嗥篡夺,而逃兵罢士之所窜伏。陛下所使守此地者,终无一人为陛下深思极虑,招来流亡以垦化其地。贤才良士,以为此僻远之处,而不肯往。陛下何不使大臣举人而守之,亲召而勉励其志,属以此事,而亦以此为殿最之课。不及十年,此将皆为天下之沃壤。臣故曰:"地有所未辟,是以民不得安其生也。"

臣又闻古之制边备者,外有亭障,内有屯兵,亭障欲繁,屯兵欲简。繁则耳目明,简则气势合。今者边境之患,患在亭障之地而皆屯兵以待寇至。屯兵之处,兵分力弱,而不足以备御。夫屯兵于亭障之地者,兵必不能甚多也。兵不能甚多,则寇至必不能抗,而徒弃甲兵于无用。此拙守者之计也。然今之人又患夫屯之不密,而岁益增焉。小屯不满百人,大屯不过数百。城垒之广狭,弱弓乏矢可以越而过者,往往是也。然而前守之所成,后守不敢撤。非不知撤也,恐后之有败事,而以是为过也。兵法曰:"善攻者,敌不知所守;善守者,敌不知所攻。"夫敌不知所攻,非连臂而守之也。虽连臂而守之,敌尚可得攻而绝也。古之善守者,置兵于要害之地,则敌人不敢过而为盗。何者?畏吾之乘其背也。过人之城而又遇城焉,则腹背而受敌,此用兵之深忌也。今国家不料敌之不敢过吾城以深入吾地,而惧敌之敢入深也。夫敌之过吾城以深入吾地,是吾利也,而又何患乎?臣故欲收诸小屯无益之兵,而聚之大屯。诸故小屯皆废以为亭障,严斥侯,谨烽燧,以为大屯之耳目。置大屯于要害之地,以形制戎狄。高城深池,精为守备,使可以对敌逾月而不陷。制为诸屯,使其相去之远近,可以轻兵十日而相救。臣读古兵书、《战国策》,未尝见有敌人敢越大城深入而为寇者。臣故曰:"边境虽安,而非诚安,是以兵不得撤其备也。"

臣又闻人君之于天下,本非有情爱相属如父子兄弟之亲也。上以其势临下,则下以其势奉上。二者相持而行,不相悦则解,不相合则叛。譬如草木之于地也,托之而生,判然二物也。有根而绸缪之,交横相入,而至于不可拔。及其不相入也,木槁于上而根不下属,地确于下而气不上接。一夫之力可拔而取也,飘风暴雨可披而离也。是以古之圣人于其无事之时,必深结百姓之心,使之欢忻交通,分义积厚,而不忍相弃于缓急之际。昔汉之文、景,优裕天下,时使薄赋敛,宽田租,宥罪戾。当此之时,虽天下和平,犹未见其利,及至末世,贼臣窃命,国统已绝,而天下之心犹依依不忍离汉者,徒以文、景之所以爱之者深而不可忘也。国家自祖宗以来，至于陛下，四世矣。陛下之所以深结于民者何也？民之所好者生也，所惜者财也。陛下择吏不精，百姓受害于下无所告诉，则是陛下未得以生结民也。陛下赋敛烦重，百姓日以贫困，衣不盖体，则是陛下未得以财结民也。吏之不仁，尚可以为吏之过，赋敛之不仁，谁当任其咎？且陛下凡所以用财者果何事乎？上有官吏之俸，下有士卒之廪，外有夷狄之赂，此三者，陛下未得省之之术，臣亦未敢以为言也。臣独怪陛下内有宫中赐予玩好无极之费，此何为者也？凡今百姓所为，一物已上，莫不有税。茶盐酒铁关市之征，古之所无者，莫不并行。疲民咨嗟，不安其生。而宫中无益之用，不为限极，所欲则给，不问无有。司会不敢争，大臣不敢谏，执契持敕，迅若兵火。陛下外有北狄、西戎，岁邀金缯，而又内自为一穽，以耗其所遗余。臣恐陛下以此获谤，而民心之不归也。故臣愿陛下日夜自损，以砺左右，痛为节俭，以宽百姓。捐锦绣，弃金玉，以质素为贵。赋税之入，独以供不得已之费。使天下知戴陛下之德，一旦有缓急，则民尚可以使之无叛。臣故曰："浮费日广，是以利入浚而不能止者，此之谓也。"

制策曰："军冗而未练，官冗而未澄。"夫军冗未练，则为无兵；官冗未澄，则为无吏。古者民多则兵众，兵众则国强。今兵众而至于以为冗者，则是不耕而食之过也。然而屯田之利，是当今之至计也。然而屯田之不用，则亦有说。有兵而不可使耕，一也。天下须兵之地无官田，而闲田之乡不须兵，二也。此二患者，臣尝虑之，盖亦以为无难也。有兵而不可使耕，臣亦不敢强使也。计今天下之兵，一岁死亡几何，而以其数募民为兵且屯田，民自将有应此选者，则今不耕之兵，十数岁之后，其存者将有几？此非屯田之所当畏者一也。天下郡县未尝无官田，郡县之无官田者尝有之，而官鬻之也。籍没之田，岁岁不绝，举而积之，而田皆在官矣。闲田之乡，不过京师之西，虽差远于京畿，然而车驰卒奔，可以不过旬日而至，有欲用之，可以缓急而召。虽禁卫之兵，亦可以循汉之故，发郡县之兵充之，期年而一易。京师可独置天子腹心之军数万人，以制四方之客军，使之独得不耕而食，如周之环人、汉之羽林、佽飞之类。此又非屯田之所当畏者二也。如此而兵冗之弊可以去矣。

臣又闻方今用人之弊有二：吏多也，吏杂也。吏多之弊轻，吏杂之弊重。吏多而不杂，则贤不肖犹有辨也。多而不免于杂，既费廪禄，又不得贤也。费廪禄则国贫，不得贤则事不举。均之二弊，事不举者，所当先治也。如臣之意，且可使审官、铨曹、密院，三班分别天下之官，其事之为天下之要，而其地之为一方之急者，别之以为一等。而使诸道之职司，各第其吏之廉明善事最异者，而上之于审官、铨曹、密院、三班，而审官、铨曹、密院、三班即任之以此。至于其余不急之官，则又为一等。使碌碌之吏，以今先后之法占之。此法既行，要以世之庸吏必将群议而聚怨。然臣以为圣人之为天下，不惮人之有怨心，而问其怨之当否。今世之患，上之人畏下太甚，而下之人持上太过。上以其法御下，而下反以法攻上之失。是以在上者不敢有所兴利除害，而惟法之听。法者，上之所当用耳，而岂亦使天下之人以绳上哉？此太甚也！臣读《后魏书》，观其始时，天下用兵，武夫悍卒皆得为吏。而当此之时，吏道不杂。何者？其所用者皆贤，而不贤者未尝用也。及其后世，患夫不用者之多怨也，是以崔亮从而更之，不问士之贤愚，而专以停解日月为断，沉滞者皆称其能，而魏之失人自是而始。故臣欲分而别之，以为贤不肖之辨。如此而官冗之弊可除矣。

　　陛下兴庠序于久亡，悼礼乐之未备，思继可封之俗，欲隆揖让之节，而讼未息，刑未措，深求其故，归咎在位，以为教化不足，而法律有余。是以民不知避，吏不知惧，咨嗟怨讟并兴而不止，思所以治之不得其道。臣闻善治天下者，不必有美名，而有亹亹之实功。不善治天下者，其名不必不美，而其实空虚，无益于事。陛下自即位以来，登庸俊良，力兴美政，以教化天下者，于今凡几矣。庆历之中，劝农桑，兴学校。当此之时，天下以为三代之风可以渐复。然而学校既兴，农桑既劝，而天下之风俗卒何以异于庆历之始？今者，陛下又发德音，分遣使者，巡行天下，或以宽恤，或以减省，或以均税，名号纷纭而出。天下又皆翕然知陛下之欲速于为治也。然臣以为陛下惑于虚名，而未知为政之纲也。且陛下以为此数事者，足以致治耶？不足以致治耶？陛下设官置吏，其职亦有治此等事者耶？其未有耶？臣以为凡陛下之所以分裂海内以为郡县，其中上有守令，下有丞尉，大有会府，次有职司者，凡所以治此数事耳。今陛下欲宽恤百姓，以至于特命使者，则是此等常为暴也；陛下欲减省、均税，以至于特命使者，则是此等皆不可使也。臣观陛下之意，不过欲使史官书之以邀美名于后世耳。故臣以为此陛下惑于虚名也。今夫诸道之职司，是天下之纲，虽然，尚非陛下之所当择。陛下当择宰相，而宰相当择职司耳。天下诸道，凡十有七。一道之职司，少者三人，而多者不过四人。均之十七道者，其替换迭代，不过四五十人也。以士大夫之多，择四五十人而用之，宜其甚足。今乃不择贤否而任之，至于有事则更命使者。故臣以为陛下未知为政之纲也。夫纲虽大不知举，而何教化之能兴？故臣愿陛下兴教化自择职司始，而天下可以渐治矣。

　　陛下戒慎天灾，震惧日食、淫雨、燠气、江河之失度，而思闻告戒消伏之理，推刘向之传，考吕氏之纪。夫刘向之说五行，事各以类感，滞于一方，而不得相通。吕氏之书，随其时月，而指其必然之灾异，其言皆迂怪而难信，安足为陛下道哉？臣闻灾异之说有二：有可得而推知其所从来者，有不可得而推知其所从来者。可得而推者，人之所为也；不可得而推者，天之所为也。人之所为者，不过盗贼窃发于山林，战败兵破而不得复。盗贼窃发，是衣食不足，政暴吏苛之罪也；战败兵破，是任人不明，将不为用之过也。至于天之所为凶旱、水溢、虫蝗、霜雹、日食、地震、星辰陨坠，是安知其所由来哉？譬如人之将病也，五脏失据于中，而变动见于四肢，发于百体。医者切其脉而观其色，曰是心病也、肺病也，是皆可也。至于鬼啸于梁，捐瓦于堂，而动之曰，是心也，是肺也，则可乎？要以人之神明精爽消散而不充，是以邪物得而干之，而尚何择乎心肺之间哉？古之儒者，其论灾异，则皆有此弊也。今使国家治强，人民义安，和气充实于天地之间，则天为之明，地为之静，三辰为之光。及其少衰，则天地三辰皆将亏缺而不宁。顷者水冒京城，日食季夏，江、河、淮、汴破溢为害，地震生毛，水变赤色，此数事者，使董仲舒、刘向之徒出而论之，必将指国政之一二以为其验，而臣以为不然。盖臣非以为不为灾也，以为天地之远，而至于为之变动，此非一事之所能致。盖天下之政皆失其中，是以其气衰弱挫沮而不振，以至于是。以为陛下历数天下之弊，而使陛下尽修之云耳。非正阳之月，而伐鼓救变，说者以为非经，然而要以胁阴助阳，则虽非正阳而不为失当。盛夏之月而论囚报重，说者以为非古，然而要以使犯法者无久系之殃，而民睹为恶之速及，则虽当盛夏而亦不为非也。

陛下愍四方之未治，而推其源于京师，知淫巧僭差之失度，而欲各为之节，然而未获所以禁之之术。是以欲先治内，则惑于何以为京师之言；欲先擿奸，则惑于不挠狱市之说。今陛下任人使为京兆，如得赵广汉耶，则安可以不挠狱市而拘其才？如得黄霸耶，则安可以擿奸而责其效？各随其才而用之，则可以至于治矣。然臣以为莫若先之以猛，而终之以宽。顷者，陛下之所任皆能猛矣，而不能宽，皆得其始矣，而不知其所以为继之术。是以京兆之政，大则斩戮，小则笞箠，历岁百余，而终无有一人能以仁恕为治者。故其民狃于刑戮而不知惧，然而不先之以猛，臣又恐仁恕之不能折夫强暴也。

陛下深探儒老之是非，而至于汉文、汉武治乱之际。臣闻老子之所以为得者，清净寡欲；而其失也，弃仁义，绝礼乐。儒者之得也，尊君卑臣；而其失也，崇虚文而无实用。然而道之可以长行而无弊者，莫过于儒术。其所以有弊者，治之过也。汉文取老子之所长而行之，是以行之而天下丰。汉武取儒者之失而用之，是以用之而天下弊。此儒老得失之辨也。

昔者周公遭变而作《豳》诗，虽言王业之本，而要以自明其身之无罪，是以谓之《国风》。宣王北伐，其事虽大，而其诗非《大雅》之体，是以谓之《小雅》。故夫宽柔敦厚者，《大雅》之风也；慷慨劲正者，《小雅》之文也。以此推之，则可以辨矣。三代之时，财赋之用，有司掌之，而冢宰特因其岁之凶丰上下，而制其用度多少之节，盖亦如此而已。至于有唐贞观、开元之际，犹委之郎官。其后四方用兵，而财用之间，亦遂有权时应变之事。郎官有所不能办，故立使以主之。及其末世，使又不能办，则又举而归之宰相，是以李德裕之徒皆治其事。以一有司之职而累天下之宰，由此言之，则夫陈平、韦贤之论有不妄矣。若夫泉货之轻重，始于周景王，而后有二品之差；命秩之实，始于魏武帝，而后有六等之号。水旱蓄积之备，莫如李悝之平籴；边陲守御之方，莫如张仁愿之筑城。圜法九府之名，自天府、太府、玉府、内府、外府、职内、职金、职岁、职币，皆列职于《周官》。《乐语》五均之义，天子取诸侯之士，以为国均，则市不二价。其说见于河间献王之《礼》。此数事者，皆非有益于当世之务，是以不足深论也。

伏惟陛下咨谟国事，丁宁反复，终而复始，不忍舍去，故于制策之终，则又曰："富人强国，尊君重朝，弭灾致祥，改薄从厚，此皆前世之急政，而当今之要务。子大夫其悉意以陈，毋悼后害。"夫陛下丁宁激切至于如此，而臣何敢不为陛下申重其说？今陛下忧思天下若此其至，而其功不就者，岂非无其人之故耶？臣闻求贤不如变俗，俗所不悦，虽有贤者，将不能自立；俗苟好之，虽天下之人，将从风而靡。昔太祖好武略，则天下之猛士出而为之兵；太宗好奇谋，则天下计画之士出而为之虑；真宗好文而爱儒，则海内无有不学以待上之所使。今陛下公卿满朝，进趋揖让，文学言语，上可以不愧于古人，而下可以远过于近世者，以陛下诚好之也。然陛下中夜不寐，起坐而思之，天下之事所未能举者凡有几何？府库空虚，人不支出而不能均；兵革怠惰，骄而不为用而不能制；闲田满野，民食不足而不能辟；河水岁决，北人受害而不能救；戎狄放肆，邀取金币而不能服。陛下治天下，而至使不察，察有如此者，得非陛下所好非所当用耶？狄仁杰有言："文士中不足快意，要得奇才之士与共天下。"乃进张柬之以代李峤、苏味道。而臣亦以为治天下当得浑质刚直、不忌不克、不择剧易之人而任之，如汉之绛侯、条侯，魏之贾逵、邓艾，晋之温峤、周访，唐之娄师德、郝处俊，得此数人，唯陛下所欲用。致之朝廷之上，则贤人益亲；置之边境之上，则恶言不至。如此人者，陛下岂不欲用之？故臣愿陛下改易所好，以变天下之俗，则当今之文人，皆可使为朴直之士。陛下何惮而久不为也？

臣本布衣书生，陛下授之以爵禄，而又亲策之于廷。陛下罄竭所疑以问之于臣，而臣何敢不尽其中之所怀以输之陛下？凡制策之所以问臣者，臣谨已直率愚意，窃揣而妄论之矣！才智短浅，不足以上塞明诏，无补于聪明之万一，谨俯伏待罪。然臣之微意，所欲丁宁而致之陛下者，终欲为陛下毕尽其说。臣闻圣人欲有其富，则保之以俭；欲久其尊，则守之以谦；欲安其佚，则行之以劳；欲得其欲，则济之以无欲。此四者，圣人之所以尽天下之利，而人不以为贪；极天下之乐，而不为人之所厌者也。老子曰："圣人以其无私，故能成其私。"由是观之，则夫欲乐其富而用之以奢者，其富必亡；欲大其尊而用之以倨者，其尊必替；欲享其逸而用之以惰者，其佚必穷；欲获其欲而用之以肆者，其欲必废。是以圣人处众人之所恶，而使天下无异辞，然后全享天下之利而无所失。故夫斥弃金玉，不贵锦绣，非以为爱财也；畏大臣，礼小臣，非以为尚贤也；鸡鸣而起，日昃不食，非以为集事也；去声色，放犬马，非以为美名也。凡所以深服天下，而消其争心焉耳。伏惟陛下览策之始，以无忘忧惧之心；则又览其终，以去其太甚，消天下不平之意。二者既行，则大臣之所言者，举可以渐用而无弊矣。惟陛下慎思之，力行之，无以臣言为妄。盖臣之所见，当今天下之事，未有急于此者。陛下幸而留意，天下不胜幸甚！谨对。苏辙撰，曾枣庄、马德富校点《栾城集·栾城应诏集》卷十二，第1714～1727页。

问贤良方正策_{治平元年九月}

王　珪

自昔欲治之主，曷尝不进图材贤，以共天下之务哉？终之名发事施，以传休于无穷，朕甚慕之。近代设策士之科，而失取人之实。所问或非要，而所言未必有合。至使迂忠愤之极论，角靡曼之虚文，情郁事辽，上下相失，曾何大道之补焉？朕享国之日浅，永惟任大而守重，欲闻谠直之言，以鉴不逮，而未始云获。子大夫褒然应书，其考于古而不迁，质诸当今而易行，为朕竭思而茂明之。

夫天人之际，灾祥各缘类而至也。故至治之时，必有休符，发为星辰雨露、草木鸟虫之祥。皇极之不建，乃六沴并下，害于尔民。君人者，傥不思复天变，则遂至谆谬而不可扶持，此皆前世已然之效也。朕即位以来，非有歌钟狗马之娱，与夫外家女宠爵位赏赐之过也。乃二月乙巳，大风昼冥；四月丁未，白气起西方；七月丁丑，太白昼经天；八月庚寅，大雨淫京师。半年之间，钜异四发，岂朕不共、不忱、不决、不达之致欤？是以夙夜顾省厥违之靡宁也。

矧今吏治之未醇，民风之未厚，官溢而滥人之源未塞，兵众而选用之法未精。工作浮巧于都中，豪右僭侈于公上。田野虽加辟，而农有寒饥之患；关市虽弛禁，而商无赍货之通。岂不欲人蹈名节，而廉耻常不立；岂不欲人远刑罚，而抵冒常不止？将以六正、八疵察迹夫忠邪之端，则悼不能以情见；以七教、三法化陶乎善恶之类，则患不能以家抚。来远临人节礼，曷为异同之论？生利事神保民，岂无后先之指？设饮于乡，以岁行之，使知有恭老悌长之节，古独以为宜乎？敛谷于社，以时发之，使知有救贫恤荒之政，今独以为难乎？

宋景一言而胜妖眚，朕下罪己之诏，甚祗惧也，而未有转祸之占。汉宣终世以核名实，朕发责吏之书，甚丁宁也，而未有饬职之应。昔仲舒之推灾异，专治《春秋》之学；刘赟之对阙失，深陈社稷之计。远鉴百王兴坏之所由，近摹四圣功业之所就，何行而适世变？何修而当天心？

子大夫其思销异致祥、救弊起治之术，熟之复之。毋惧执事，以称朕详延之意焉。

王珪《华阳集》卷四十，《四库全书》第1093册，第300~301页；《宋会要辑稿》选举一一，第五册，第四四三二页。

制科策 _{时治平水灾大臣方议濮礼}

范百禄

《五行传》曰："简宗庙，废祭祀，则水不润下。"鲁庄公丹桓宫楹，又刻其桷，以自夸大，天应时而水。夫傅饰非典，犹不卑其先君，其变且若是，况今朝廷陈奏，显言欲为两统、贰父之举，简宗庙者岂有愈于斯耶？昔汉孝哀尊共皇，而河南颍川大水；孝安尊德皇，而京师及郡国二十九大水；孝桓尊崇皇，而六郡地裂、水涌、井溢，又明年以平原王奉崇皇祀，尊马氏为崇园贵人，而京师雨水；孝灵尊仁皇而京师大水。历考数者之异，若有期会而至，异世同验，密如符节。彼衰世之主，岂足为昭代之所取而复道之哉！然足以明天心之不易也。今之为异，先事而发，有以见上天开佑有道之意，岂不昭昭欤？

陛下之于濮安懿王，情可以杀而礼不可加也，恩可以断而义不可以降也。《礼》，为人后者为之子。陛下父事先帝，而继体承祧。古者特重大宗，则降其私亲。大宗隆也，小宗杀也；天地、宗庙、社稷之祀重也，门内之期轻也。宜杀而隆之，宜轻而重之，则不得于先王之礼矣。不得于先王之礼，则不得于人心，不得于人心，则不得于天意，此变异之所从来也。陛下明诏罪己，以求直言，冀以答塞天变，今逾月矣，然未闻朝廷有所改修，将有司之未尝言耶？抑言之而朝廷弗之行耶？有司而不言，则是有司不良以负陛下，言之而朝廷弗行，则是朝廷之不畏天变也。有司负陛下则有责，朝廷不畏天变，则天之责将何以复之耶？臣窃以是为过矣，朝廷无艰乎改之而已。古之圣帝明王未尝无过，然而贵乎能改，是其所以为圣帝明王也。商汤之过以旱灾而改，中宗之过以拱木而改，高宗之过以雊雉而改，成王之过以雷风而改，宣王之过以云汉而改。此五帝王者皆不能无过，然而或致太平，或为中兴，荣华迄今，歌颂不已，惟其能改过也。

夫今之过特有司过言，而陛下未有过行也，是非世俗之所谓过也，盖仁者之情尔。孔子曰："观过知仁。"今而改之，深诏有司勿复议追尊事，以礼言之，上不失尊天地、社稷、宗庙、一统之大义，以仁言之，则不失思慕闱门、顾复罔极之厚恩。臣愚请因濮安懿王建国，为之立长以为嗣王，世世奉祀安懿王，永为一国太祖，则神灵享于礼义，人心悦而天意解矣，大雨之眚，何用禳哉？李焘《续资治通鉴长编》卷二〇六，中华书局1979年，第4999～5000页；徐乾学《御选古文渊鉴》卷四十四。

李清臣对策

臣对曰：承学臣愚，生于太平之日，而游息于天地和气之内，与草木同其荣，与麋鹿共其乐，数十年矣。常以谓不见兵盗流亡之灾，虽老于农耕，比之于危朝乱邦之臣，其犹万万于彼而无所憾。况今弹冠曳绶，欺乎交戟之下，亲见圣主，得以尽其所学而言当世之事，人臣之幸，夫何以过于此！

圣策曰："自昔欲治之主，曷尝不进图贤材以共论天下之务！终之名发事施，以传休于无穷，朕甚慕之。"此陛下虚己以来下情之至矣。臣闻士无贵贱，道是则合；人无远迩，志通则应。昔第五伦为史长安市，尝读诏书，叹曰："此圣主也，一见决矣。"及见光武，酬对政道，帝果深然其说。臣虽不肖，亦尝默观时事而商略陛下之志矣。陛下继统承政，恭俭之德，中大禹之法，而忧勤庶事，有虞、舜、周文之心，杜女谒、抑阉寺、厚亲族，体貌臣下，损无名之禄，罢不急之用，命信而不妄，罚严而必行，群下莫不耸勇淬涤，奋厉怠惰之气，而思以忠信自结于上，于此知陛下有志于为治。而臣亦窃喜今日之可以言，庶乎第五伦之遇于汉，异世而同事矣。然臣窃有所虑者。天下之大利害隐于无形，言者或能言之，而常患人之不能见；利害之下者可以见，而言者常以为屑屑，耻之而不言。夫大事言之而不能见，小事耻之而不言，则天下之事无时而举矣。臣则不然，大不敢隐，小不敢弃，而听明王之所自择。陛下幸听之，则庶几有益于毫毛，而天下之利也。

圣策曰："近代设策士之科而失取人之实，所问或非要，而所言未必有所合，至使迂忠愤之极论，角靡曼之虚文，情郁事辽，上下相失，曾何大道之补焉？欲闻谠言以鉴不逮。"臣闻百官各有职，小不得以语大，右不得以治左，惟宰相遍得治天下之事，而谏官、御史遍得言天下之事。下此则有六科。六科之人，一介贱士也，而独得论治乱之大计，天子之所宜闻，宰相之所当治，御史、谏官之所当言，无所不可言者。大臣以格荐之，陛下以礼而临试之，其可谓不轻而重矣。然臣窃有所怪者。自设科以来，卒未闻朝廷得一言、行一事，岂朝廷之虚设科选以收可用之才，而不系于言之可行与否耶？将言者务为浮语虚论，徒以惊世高俗，不切于实邪？朝廷虚设其选，则言者几为狂瞽而妄为，来于是科者，为无所益于国，而专为进取之计。凡此者，臣之所深耻也。今陛下既招来下臣而亲屈大问矣，使臣言有可行，陛下举而行之，苟有以少补于世而迹不辱于天下，则刀锯不足以为臣忧，禄赏不足以为臣利，而臣之私愿毕矣。臣安敢不考古质今，而为陛下详言之哉！

圣策曰："天人之际，灾祥各缘类而至也。故至治之时必有休符，发为辰星雨露、草木鸟虫之祥；皇极之不建，乃六沴并作，害于尔民。即位以来，非有歌钟狗马之娱，与夫外家女宠、爵位赏赐之过也，乃二月乙巳大风昼冥，四月丁未白气起西方，七月丁丑太白昼经天，八月庚辰大雨淫京师，半年之间，钜异四发。"而陛下又退托于"不共、不忧、不决、不达"，臣见陛下畏天省己之道，有过于前古之君。臣亦尝究天文、《洪范》、五行、六沴之学矣，盖六经皆记异而不书其说，圣人以为足以下戒时君之怠，而上不敢以己意期天事，如此而已。后世学者，往往指事推迹以言灾异，而终不免乎牵合，此其近于巫史之术，圣人之所不敢也。今陛下取钜异四列以访臣，臣岂敢为牵合之说而苟塞圣问耶？学者以大风昼冥，则不过曰号令暴急；以白气太白，则不过曰当有蛮夷之兵；以大雨为害，则不过曰简宗庙、不祷祠。臣之言之则异乎此。天地之大，譬之于人，人之所以为四支之强者，其本在下而为腹心肺腑，其本在上而为五官，其气有所经纬而其神有所舍止。神有所敝，则气有缪戾矣；腹心肺腑之间有所攻塞，则五官有所不宁矣。善医者，原脉察色而知其疾之所自来，耳之病则知其出于肾，目之病则知其出于肝，此皆上下之相牵而变动，事理之必然，而不足怪者也。然则五官之不宁，其原亦在乎腹心肺腑而已矣。天地亦何以异于是乎？日月辰宿，天地之五官也。民人生聚，天下之心腹肺腑也。云雨其气也，变化其神也。今之风冥而气异，星变而雨淫，是岂他哉？亦民人生聚之间有所疾痛不乐已。是故善治五官之疾者，不治五官而治腹心肺腑；善止天地之异者，不止天地之异而止民人疾痛不乐。自古圣君贤臣，见天地之异则相与咨嗟戒惧，故商高宗遭雊雉之异，而祖己戒之曰："祀无丰于昵。"唐太宗逢彗星之妖，虞世南谏之而悟曰："我不可以轻天下之士。"今陛下统政之始，宜有星辰、雨露、草木鸟虫之祥以为明圣之表，而咎验众至，此上天爱陛下而以此戒陛下也。陛下损膳撤乐，下责己之诏，救弊政、访直言，是以应天顺人之一端矣。若夫聚缁黄无名之学，而为厌胜禬禳之事，此何所益于承天受民者哉？陛下复策曰："吏治之未醇，民风未厚。"陛下可谓深讲当世之弊矣。陛下无惑乎吏治之未醇、民风之未厚也，其原盖自乎朝廷而已。今朝廷喜于增官置局而不能责任贤能，多为条令而不行赏罚，鄙弃实用而崇尚虚名。寒士无途而阀阅一进，有为者多累而因循者获安，朋党相推而孤立之士沉退，文吏与武吏相嫉而不同心。官不恤民之私，民不趋官之事，而上下异志。朝廷务于蔽塞任子而不知厘革之本源，士大夫乐于进趋而不能安廉耻进退之分。儒臣不过循守令式以避过，彊臣不过颉颃贾直以为名。瘠民而肥吏，贫农而富游手，兹十数者未之去，吏治安得而醇，民风安得而厚哉！陛下熟讲而亟变之，则吏治醇而民风厚矣。

圣策曰："官溢而滥入之源未塞，兵众而选用之法未精。"此二者固所当留意而先治也，臣请为陛下言滥入可止之术。今文武之吏弁冕而治人者，岂特士人之多邪？有黠徒，有商贩，有僮仆，有胥吏，有巫技之亲戚，有官者之旁友附赘，有纨绔襁褓之子孙。士大夫其杂乱如此，朝廷因仍而弗汰则患其溢，汰之则虑其嚣而怨，是仕籍终不可得而清也。仕籍未清，则文、武为君，周、召为相，不可以为治，故滥溢不可以不汰。汰之者必有道，在籍者勿复汰，继来之滥，为令以却之。黠徒、胥吏、巫技，凡以杂色入流者，宠之本品而足矣，何得预仕籍？贵臣以恩请者，必冠而后可，无以与襁褓之幼。富人入荅廑菽粟于县官，授之假版，使得以赎小罪，与夫久劳于事者，皆畀之以他赐，无以名器授之，非所宜得，一切寝格而不下。夫已源塞而途隘矣。然后登进天下贤者，计民而置官，太平之化，可指掌而致也。然而为是者在陛下，不可以委臣子。何哉？官赏者人主之柄，人主为之而天下莫不顺。唐一日罢斜封官三千，无敢作言以起事，议虽出于姚、宋，而明皇自为之也。张始均祸于魏而暨艳诛于吴，主未为之倡也。臣请复为陛下言兵众选用之法。臣闻兵在选而不在众。祖宗之时，兵不过数十万，而四夷奔走之不暇。今天下数至百余万，财力耗弊而威不行，然则苟不能选用，虽多兵，适所以为累，而何贵百万之众哉！今有卒于此，力可以犷强弩婴冑而行，日可以驰二百里。其月禄亦为钱千、粟二斛；又有卒于此，疲冗而材甚下，其月禄亦为钱千、粟二斛，则强勇之卒，必有不嗛于心矣。见敌格关，鼓旗相当，剑楯相薄，冗卒先奔而溃，则勇者不能不牵而动。故无事而居，杂以精冗，则消军之志；有事而用，杂以精冗，则为敌之福。中人十户之赋，岁不过十万钱，十户之赋仅足以养一卒，县官养兵之众，不胜其弊矣，尚何容疲冗于其间哉！然而汰之不可以速，汰速则怨，老癃无归。群持瓢囊，行匄道路，伤战士心，今不若汰其老癃，涅其壮子弟，壮子弟不失业而老癃有所归。其数不足则择取下卒之秀者，兵不他募而可以足用，用之而人人知战事矣。陛下若欲天下之兵举可以用，皆有杀敌致死之力，而无不逊骄惰之气，则祖宗搜兵责师之法，载于国史，陛下可以为之也，今何俟而弗举耶？陛下又以工作淫巧、豪右僭侈之为患。夫僭侈者众则淫巧者多矣，其失则自乎礼制之不明。先王之为礼制，所以定丰约、限贵贱也。故使宫室有量，车服有节，器用有等，人徒有数，君子得以异于小人之群。小人虽有其财而不敢居君子之车，服君子之服，用君子之器，则淫巧可禁而僭侈可止也。今之天下礼制既不明，而法令亦不甚可畏，君子、小人侪并而肩随，三公之服与兵吏同色，里民之室屋与官寺争华，富人之妾被珠玉而僮走曳丝纨，百工争□新伎奇器以应之，始于中都，遍于天下。富人苟财之所及则足其欲，而惟力是视，小人桀骜，视君子亡如也。君子见轻，则虽为廉约不足以率下，此伪乱之始也。臣愿为礼制以示天下，而严为之法令，以别君子小人。上下之分立而争者知止，则淫巧僭侈庶几乎息矣。

圣策曰："田野虽加辟而农有饥寒之患，关市虽弛禁而商无赀货之通。"陛下之问下及于农商，此陛下欲为仁政而深论天下之弊也。臣请先言农之弊。今之天下为本者常不足，而为末者常有余，浮民贵而农民贱，家于田亩者不若居市里，以末稆为业者不若操货财。浮民自以为材智之当然，而财力勤苦之民，盼盼焉不足于衣食，而常有赋徭之忧、寒饥之患。比者陈、邓、许、亳尝饥矣，农人之死者不可胜计，而他业之民，富厚恬夷，无异乎平日，有司不能救，朝廷为转米粮以为之食，事已则宴然而弗议，是岂强国均民之道哉！今天下之用，郡县百索，莫不出于农，枲赋纻褐，桑敛绵絮，上取米麦而下取蒿芊，治堤堨、夷道途，河川之徒杠，亭传之茨墅，凡囗时之输、暴集之役，其劳苦无时得息，此所以田野虽辟而农人不免于寒饥也。臣愿陛下为令以宽农人，杂征苛取，使出之于他业之民，而无专于农，以宽生民之力而厚其本，则可以鲜转徙寒饥之人矣。农之弊如此，而臣复请言商之弊。臣闻四民各有业而无不得其所，此三代之法也。是故吏而不农，农则有役；仕而不商，商则有征。今吏而兼农商者，大半于天下，农则不得而役，商则不得而征，民所欲为而吏以其强力遍为之矣，民安能不较之哉！欲农之寒饥之寡，则莫若使吏而农者无得免郡县之役；欲商之赍货之通，则莫若使仕而商者无得略关市之征。谨司察之而深置之法，甚者还之农商而无以为吏，则吏民不相恩而商可以少通矣。

圣策曰："岂不欲人蹈名节，而廉耻常不立；岂不欲人远刑罚，而抵冒常不止。"臣以谓廉耻之不立，此用人失实之过也；刑罚之不止，此守令非其人之罪也。陛下知人之所以不安其分，而有觊觎觖望之心乎？一卒无功而为将，则一军皆惊曰"我何谓不至于此"；一士无能而得美官，则众人皆有所望曰"我之不获也何哉"。人知为善无效，则猖狂肆行于廉耻之外，而不力于名节之路矣。今陛下之用人，陛下以为可用而天下或以为不称，陛下以为人莫之及而天下或以为无能。士人不务为忠力以卜主上之知，而情有所下交，恩有所主出，此愚臣素所痛嫉而深愤者也。昔我太宗，尝擢张咏于常参之列，其绩效终如何哉？臣以谓陛下宜自擢其人于常参下士之列，其为守倅而还者，皆召问之，不惟可以博访四方之动静疾苦，观视其人之材智如何而为之用，言之可采者疏其名于屏壁，详择而以职事试之，此愈于群臣之所荐者远矣。夫既用人如此，则又参之以荐举，名誉无间乎世胄，科级而复考之以实，曰某为是职，尝办是事矣；某言是事，尝有是效矣；某典是兵、举是士，尝有是功矣，则虽用之而天下不敢有觊觎觖望之心也。厉名节，长廉耻，孰大于兹乎？世之论治者，莫不欲人远刑罚，而多患抵冒之不止，则遂欲变更律令，以为措刑将在于此。夫刑措在人而不在法，法者天下之大纪也，可以一贤愚、齐强弱，而不足以尽天下之变。皋陶之法，皋陶能举之；商鞅之法，商鞅能举之。人不任事，则法在而不举，而又将为巧吏奸民之资，借吏以为己威，借法以为己用，而刑不胜繁矣。往者仁宗颁新法以示天下，苛者驰而为宽，疑者抉而为明，缺者补而为完，识者皆知其详，当而可从也。行之以及于今，而小人犹不能远刑罚，是诚何邪？守令不足以安民也。陛下欲人之远刑罚，则莫若慎择贤以为守令，使之为政化以齐郡县之俗。守令贤则小人虽欲为罪，皆自屏匿而不敢辄发。陛下得贤守而一郡之刑措，得一贤令而一邑之刑措，守令皆得其人，则天下之刑措矣。臣故曰："刑罚之不止，此守令非其人之罪也。"

圣策曰:"将以六正、八疵察迹夫忠邪之端,则悼不能以情见;以七教、三法化陶乎善恶之类,则患不能以家抚。"陛下既策臣以当世之务矣,又欲取古人之教而究观天下之情伪,使忠邪不得而逃也,故举六正、八疵以为之目,抑陛下可谓仁圣察言好问之主矣。夫察言好问,固圣主之事,然而访诸正人则正言进,访诸邪人则邪言进。明足以了邪正之辨,则察之问之而益广;明不足以别邪正,则察之问之而益疑。今陛下假宽容煦和之色,以尽臣下一见于前者,人人自谓可中上旨,真伪杂进,是非相纷,此正陛下用明之时也。陛下欲知忠邪之异乎?进而合于忠孝,退而合于仁义,言有益于圣主,而利可以兼被于天下,斯者忠已。进不为忠孝,退不为仁义,言无所益乎国,而利无所加于民,斯则邪已。陛下用此而忠邪判然,皆不得而混矣,而何取于六正、八疵之辩、庄周之语乎?若夫《戴礼·王制》以父子、兄弟、夫妇、君臣、长幼、朋友、宾客命之曰七教,以兴民德;《周官》以三刺:一曰讯群臣,二曰讯群吏,三曰讯万民;三宥:一曰不识,二曰过失,三曰遗忘;三敕:一曰幼弱,二曰耄,三曰蠢愚。总之曰三法,以求民情、断民中,而施上服下服之罪,此皆二经之至要。陛下果得良吏而任之,使之明教慎刑而陶善恶之类,则何至于家抚而有治道之不兴乎?

圣策又曰"来远、临人、节礼,曷为异同之论;生利、事神、保民,当无后先之指"者。夫孔子之所以问同而答异者,皆视问者之所病而为之箴切讽厉,故一问之以为政,而孔子答之以政在来远,政在临民,政在节礼也。丘明为外传,载富辰谏王之辞,以其将举狄师而伐郑,戒之以内利三德,故曰:"义所以生利,祥所以事神,仁所以保民也。"

陛下又策臣曰:"设饮于乡,以箴行之,使知有恭老悌长之节,古独以为宜乎?敛谷于社,以时发之,使知有救贫恤荒之政,今独以为难乎?"陛下举二者而资之于臣,此圣明之意,悼天下之薄俗,无恭老悌长之节,而欲复乡饮,思朝廷之遗缺,未有救贫恤荒之政,而欲复社仓也。古者以井田治畿甸邦国之民,民有余力暇日,不迫于兵戎赋役之事,田夫宾贤祭腊之时而从事于礼,为之坐立之位,俎豆之数,降升上下之文,以采饰之,而民莫不知节。今未为裕民之术,而欲先复乡党饮酒之礼,是将无益于天下,臣以谓独宜于古矣。社仓之作,其始也,本以备凶饥之发,及其末也,或取而为兵费,是以起于古而不行于今。今复之,则见于常赋之外,复有加焉,而臣恐有司之不能守,掠取以入县官,其名为恤民而其实为加赋,臣以谓难于今日。

圣策曰:"宋景一言而胜妖眚,朕下罪己之诏,甚祗惧也,而未有转祸之感"者。臣闻天感于诚而不以浮文为感。宋景之言,其始非有意于感上天,而其心本不主于退火而取寿也,发于恳款,形于怛悯,而深格于神之听已,欲后己而先臣民,而天为之佑矣。臣有所区区者,辄因陛下求转祸之美策,而不敢不致忠赤于陛下。伏以仁宗皇帝纳民于富寿之中者四十二年,挈国玺而授之明圣,知陛下可以胜万世之托也。陛下至德如尧舜,有为如文武,然后可以副先帝之意,而满天下望。然三年于兹,尚未有兴利除害可以甚慰人心者,岂可谦挹而未遑耶?岂阴视天下之事,欲遍悉其情伪,可为不疑而后为之耶?贾谊曰:"日中必䁸,操刀必割。"言为治不可以后也。陛下殚精留神于万事之际,日夜思所以慰人之望,则安享福祚而比日月天地之无穷,彼宋景之事,曷足为至圣之慕邪?

圣策曰:"汉宣终世以核名实,朕发责吏之书,甚丁宁也,而未有饬职之应"者。陛下欲为汉宣之政,可谓得救弊之道矣。陛下知汉宣之所以不失名实者乎?此在乎赏罚行而已矣。今天下之事因循而皆弊,其本则盖自乎赏罚不分。夫财用之不足,漕挽之不通,河防之不固,兵律之不严,狱讼寇盗之不止,马政之不举,此天下之所共知,陛下之所以为忧,而群臣多士积岁深论而不决者也。臣以一言该之,而数者行以自治。何也?陛下患财用之不足,漕挽之不通,则宜责计臣;患河防之不固,则宜责水官;患兵律之不严,则宜责将帅;患狱讼寇盗之不止,则宜责刺守;患马政之不举,则宜责牧职,皆任之以久而观其效。岁久而其弊犹是也,则深案而谨诛之,取其职以畀能者。夫赏罚既明,则无实之人虽与之烦权剧使,有睥睨而不敢者矣,此汉宣之为也。今陛下与辅相之臣,不务明赏罚以劝督群下,而历取天下之事以自任,勤劳而不能周,耗乱而不能举。平日列群司,赐厚禄,一有四方之事,则符敕纷纷,冠盖交道,而居其职者以谓事理之常然而已无负于职,亦足怪已。陛下行赏罚以核名实,则汉宣之治何异于古乎?

圣策曰,"昔仲舒之推灾异,专治《春秋》之学;刘蕡之对阙失,深陈社稷之计。远监百王兴坏之所由,近慕四圣功业之所就,何行而适世变?何修而当天心"者,此陛下拳拳于治,而远思董仲舒、刘蕡至切之对,欲以天人之学过望于愚臣也。仲舒治《公羊春秋》,好言灾异,而亦自用闭阴纵阳之术以治其国,其言报应相与之际,大略则具之于策,其详则载之于《繁露》之志矣。刘蕡以官者之擅权、藩镇之窃命,指陈时病,虽有司不敢以入第,而天下正人传读其文,至有相对泣下者。如臣之愚,安敢望二子之域哉!然陛下之所访者,臣已粗道于前矣。臣尝历选百王兴坏之迹,三皇而五帝,五帝而三代,三代而东西京,东西京而魏、吴、蜀,魏、吴、蜀而西晋、东晋,东晋而后魏,魏后而东西魏,东西魏而齐、梁、陈、后周,一之于隋而为唐,一之于唐而又为朱梁,为后唐,为石晋,为刘汉,为周室,然后至于圣宋。自余国而下,其微而特一爝火之明也,奚足论哉!若夫三皇五帝之世,虽其极治,亦未足以远过于圣宋者。臣观今之治,明圣五世,康乐百年,岂不足季仲视周汉而臧仆命晋魏邪?臣闻十一月之冰霰,小人皆知其寒也,而阳以之生;五月之日,小人皆知其暑也,而阴以之始。治乱之变,犹寒暑也。寒暑之期,三月而改;治乱之势,百年而迁。善岁之家,知寒暑之必至,是以在暑成裘,在寒成绤,其所以虑患之道先,是以终身无寒暑之患。为天下者,治而不可不忧乱,安而不可不忧危,危乱而后忧之,则虽有舜禹之材,亦无所措其智已。方今之世,其久安而无所事乃至于此,此常人皆以谓无足忧,而智者之所虑也。天下之福挂于昭昭,而天下之弊藏于默默,岂无憸臣邪党欲燔乱天子之视听,乘间而图权?岂无夷狄之国欲连兵而为盗,岂无奸桀之民,伺民之不给,欲为亡命奋臂之倡?有一于此,臣窃为陛下忧之。若夫持治安之势,预为之备,以销天下之忧,则四圣之功业卓然见于天下,皆可以为后世法。惟陛下摭诸史氏,咨之于故老之口,取其要者,力为之而已矣,又何患世变之邪适,天心之弗当乎?陛下求销异致祥救弊起治之术,臣愿以摹治四圣为对。臣闻功莫大于天地，明莫并于日月。天地之功或有所不及，而粪壤补其用；日月之明或有所不照，而灯烛扬其光。以臣之浅陋，何以上副陛下待之问之之意乎？虽然，或有益于朝廷之缺，而陛下纳臣之言，贳狂愚之罪，则臣不胜死生之幸也。谨对。《国朝二百家名贤文粹》卷四十八，《续修四库全书》第1652册，第675~679页。

贤良策问一首 为邵兴宗作，皇祐四年
司马光

国家比下诏书，以延天下豪俊之士，待之以不次之位，岂特以学问之富为贤良，文辞之丽为方正邪？盖思得先古之至道、当今之要务，施之于事，以安元元。此主上所以侧席而求，寤寐而思者也。今子大夫褒然为举首，固当有以副所以待之意，而不愧乎其名矣。言及之而不言，则几于所谓隐者乎？

昔三代之王也，远者八百载，近者不减四百。后世王天下者，鲜能及之。陵夷衰微，至于五代，或四三年。敢问前之所以延者，岂世有哲王以守其业；后之所以蹶者，岂继嗣不肖，不能享其功欤？抑由祖宗建法垂统，明备固密，子孙不能败邪？至治之世，耕者让畔，渔者让泽。今国家修明礼义，以切励天下久矣，而退让之风未甚行于朝，争夺之俗未尽绝于野。秋毫之利，捐仁废谊为之而不耻，上下病之而不能革也。又内外百吏，或侵牟细民，苟不得其欲，则转赏为罚，倒直为曲，冤痛失职，吁嗟满道，虽待之以重诛严刑，而不能止也。兹二者，岂世俗浇伪不可复振，将教之禁之之道有所未备也？汉有天下，至于孝文才三十年，而帛朽于库，粟流于庾。国家平定宇内向九十载，而公私之积日以凋耗，议者推测其故而未能明也，忧者虽众而莫能谋也。敢问所以明之谋之，亦有其术欤？又若韩非之"五蠹"，荀悦之"三游"，此皆先世之患，而今犹未息者也，将何道以息之？至于朝政之善有所未尽，黎庶之病有所未闻，子大夫其精心致思，条析陈之，靡有所遗。有司将以复于上而行之焉。毋悼后害，以枉执事，苞忠隐知而不自尽，以取美禄荣名而已。《传家集》卷七十五，《四库全书》第1094册，第682页。

拟试制科王平甫策问一道
曾 巩

盖闻至治之世，教化明而风俗美，士之处者皆笃于自治，而仕者皆能称其官。当是之时，百度修而万事理，故上下富足，百姓和乐而臻于仁寿，施及鸟兽草木，皆遂其性，至于蛮夷戎狄莫不欣欣附焉。其所由者何术而至于斯欤？今士寡廉耻，而希合苟且之俗盛，至于举选甚弊而百职未修，上下之财不赡于用，元元匮急而轻于抵罪，鸟兽草木未尽遂其性，蛮夷戎狄至勤于御备之策焉。其不能方古者何谓欤？夫事其末而欲及其本，与泥其迹而求合其变，皆不可也。然则仿于古而不迂，近于今而不卑，必有其道可得而言焉。昔孔子语为邦曰：乘商之辂，服周之冕，乐则曰韶舞。今考其事尚可复于当

世欤？如不可复，则兴今之礼乐者将何说欤？子大夫其悉陈焉。曾巩撰，陈杏珍、晁继周点校《曾巩集》辑佚卷，中华书局1984年，第760~761页。

熙宁三年九月二十四日"贤良方正直言极谏"科制策

宋神宗

在昔明王之治天下，仁风翔洽，德泽汪濊。四序调于上，万物和于下。兵革不试，刑辟弗用。内则俊贤居位，以熙于王职；外则夷狄向风，以修于岁贡。建皇极以承天心，敛时福以锡民庶。然后日星雨露、鸟兽草木，效祥荐祉，书之不绝，朕甚慕之。其何术以臻此欤？朕承祖宗之业，托士民之上，明有所未烛，化有所未孚，而任大守重，艰于负荷。故详延魁垒之士，思闻谠直之言，以辅不逮，庶几乎治。盖人君即位，必求端于天，而正诸己。惟王事得其常，则庶政协其应。

朕享国以来，靡敢自肆，而和气犹郁，灾异数见。乃元年日食三朝，洎仲秋地震数路，而冀方之广，为灾最甚。岂朕弗德之致欤？夙寤晨兴，思其所以，是故图谋政务，则日至中昃，而犹多苟简之习；然悉进人才，则官无虚假，而颇乏绩用之美。种羌非不怀徕也，而边候或时绎骚，以至临遣辅臣，憯明神武；烝民非不爱养也，而生业或未孚富，以至外驰使者，宣布惠教。国用虽节而尚烦以调度，兵籍虽众而未精于简稽，宽关梁之禁而商靡通，捐器玩之巧而工弗戒。

夫风俗浮薄，根于取士之无本，道教之不明。而询台阁之论，所执者不一，岂无救弊之道焉？刑罚烦重，出于设法之多门，沿袭之不革。而将加恩仁之政，使死者少缓，必有可行之术焉。予欲兴乎七教，兼乎三至，以底圣人之道，则宜条其先后之次；予欲明乎六亲，尽乎五法，以极天下之治，则宜叙其本末之要。乃至仲舒之言，班固谓切于当世，其可施于今者何策？崔寔之论，范晔谓明于政体，其有益于时者何事？无以谓古人陈迹既久而不可举，无以谓本朝成法已定而不可改，惟其改之而适中，举之而得宜，不迫不迁，归于至当。《书》曰："言之非艰，行之惟艰。"子大夫其悉心以陈，朕亦不惮于有为焉。《宋会要辑稿》选举——，第五册，第四四三二页；孔文仲《清江三孔集》卷一，《四库全书》第1345册，第180~181页。

御试对策

孔文仲

臣伏惟陛下下明诏，降清问，讲求万事之统，皆非愚臣之所能及也。然臣窃有深忧者。陛下求贤好善之隆名，远出百王之上，至于用言纳谏之道，有未尽其极尔。何者？陛下莅祚之初，首开转对以延疏远切直之言，诏群臣以询安危利害之策者，此陛下天资谦恕，思德深谋至计，以补所未逮也。而言之既多，听之既久，卒未闻采一事、用一画见之天下。至于近日四方之人，与夫朝廷之上，贤卿谊老，交章累疏，论列时政得失。

臣考之公议，以为虽皋、夔、周、召之谋，所以致君福民，宁九庙而安万世者，公说不能过此矣。而陛下闻之若不闻，见之若不见，岂其急近论而略远虑，安小补而捐大忠乎？此臣所大惧也。臣愿陛下首思听言用谏之义：不听则已，听则博同天下之心；不用则已，用则兼取远近之策。然后动无遗事，举无失计，而善政可行，太平可致矣。臣将论天下事，先述此以献。臣诚愚暗，不知大体，惟陛下省纳焉。

圣策曰："在昔明王之治天下，仁风翔洽，德泽汪濊，四序调于上，万物和于下，兵革不试，刑辟弗用。内则俊贤居位，以熙于王职；外则远国向风，以修于岁贡。建皇极以承天心，敛时福以锡民庶。然后日星雨露，鸟兽草木，效祥荐祉，书之不绝，甚尊慕之。其何术而臻此欤？"臣闻天下之术有大小，而人君用之有先后。先其大而后其小，则用力不劳而天下治；宜先而后可大而小，则用力愈劳而天下乱。天下之术，其大者能正其始是也，其小者不能正其始是也。在昔明王之治天下，仁翔而德洽，四序调而万物和，以至兵偃刑措，俊贤修职，远国纳贡，建皇极而天道应，敛五福而民气洽，吉祥见于上，珍符出于下者，正始之术行也。后世之治天下，万事失其序，而灾害荐至者，正始之术废也。陛下追慕古昔治功之美，而咨求致之术，臣请遂言正始之说。夫天下之道三，曰王、曰霸、曰强国。天下之本，一曰即位者，王所以自正也。始不以正，及其末也，虽欲变而正之，亦无及矣。是故始为强国，未有能终之以霸政者也；始为霸政，未有能终之以王术者也。孔子作《春秋》，书"元年春，王正月，公即位。"夫元年正月者，一年一月也，而变之曰"元"与"正"者，欲人君当即位之初，体元以居正也。元者，善之本也；正者，道之极也。人君能于始初清明，力行善本，而躬履道极，此王道所以成也。且夫一之以道德，淳之以仁义，此王道也；行之以仁义，杂之以功利，此霸道也；专用权谋，不循义理，此强国之术也。及考其见之效也，王道行于数千岁之外，咏歌畏爱，犹深结于民心，而不忍去之。霸政止能及其身，至子孙之世，则废熄不讲。强国之术，民之视上，相疾如仇雠，伺其有间，则相与蹈藉倾覆之矣。凡三道者，得失之报若白黑，然而世主趋王道者少，适霸政与强国者多。何也？盖王道所及甚远，不能取成于仓卒；霸政与强国为弊虽深，而能见效于目前。人之常情，薄远效而贵速成，是所以失趋适之正也。汉之文景，唐之太宗，皆有可致之资，又有能致之势，而致治安国，不能与三代并者，失其所适也。伏惟陛下聪睿神武，得之于天，可谓有能致之资矣。日月所被，皆在图籍，可谓有必致之势矣。当承祧践极之始，端本清源之日，欲王而王，欲霸而霸，欲强国而强国，得失之策，系于一举而已。譬犹御八骏之马，驰九轨之路，择而后往，则得其正，一或不慎，以意驰之，则宜之燕者或造于楚矣，宜往吴者或之于秦矣。则夫事物之间，不可不慎所适如此。臣窃观近日朝野之论，而考陛下意之所适，求之于古，不能无疑。且天下之所以治者，贵义而不贵利也，奈何先之以兴利？仁人之所以尊者，明道而不计功也，奈何一之以望功？万事所以成就者，迟久也，奈何期之以急迫？四方所以畏爱者，恺悌也，奈何驱之以威刑？荀卿曰："国者，巨用之则巨，小用之则小。"扬子曰："好大而不为大，不大矣；好高而不为高，不高矣。"此而望仁翔而德洽，四序调而万物和，以至兵偃刑措，俊贤修职，远国纳贡，建皇极而天道应，敛五福而民气洽，吉祥见于上，珍符出于下，岂不难哉？臣愿陛下扩然大变，而行众人之所不能为；卓然自致，而行前世之所不能到。尊尚王道，贱略强霸，其尊之也若抱渴而需饮，其贱之也若辞暗而即明。屏去谀佞，亲近忠直，数御东序，开陈图书。讲前代之兴亡，论百王之成败，以其善行，以其恶戒，幸而得之，辍寐以待旦也。有言逆于心，必求诸道；有言逊于志，必求诸非。道用其粹而遗其驳，掺其要而治其烦。凡此皆王道之术，而正始之论也。陛下深讲而力行之，则驯致古昔明王之道，如决流抑坠尔，何患慕之而未臻乎？

圣策曰"朕承祖宗之业，托士民之上，明有所未烛，化有所未孚"，又退托于"任大守重，艰于负荷，思闻说直之言，以辅不逮，庶几乎治"。此见陛下虚心访道，至诚恻怛之至意也。如臣之愚，何足以奉承之？而臣尝闻之曰：明欲被于万物，化欲孚于四方，未有不自治心始也。夫治心者，圣人所以穷理之术也。人之有心，犹天之有极也。是故晦冥阴默之中，不足以辨南北，而能考而正之者，极星是也；是非纷杂之间，不足以审真伪，而能别而分之者，心官是也。心也者，天下之至正也。又能养之以正，则善恶是非、万事之理无不白矣。斋戒以持之，使其不失；清虚以守之，使其不乱。问以通之，谋以发之，此治心之始也。及其成也，不思焉未尝不应于理也，不勉焉未尝不合于道也。藏之为志气而无不充，发之为事业而无不济。如权衡设于此，而万钧之重，铢两之轻，无所不辨；如盘水设于此，而大如天地，细如毛发，无所不察。此治心之效也。心正则明尽，明尽则化至，此自然之道也。陛下思闻说直之言，庶几乎治，此天下之盛福也。臣闻适于耳目之娱而为心腹之害者，柔从说顺也，虽芟夷之而常患其有余；忤于一日之意而为百世之利者，刚方说直也，虽长养之而常患其不足。古之圣贤屈己执谦，和颜逊志，加之以劳来之厚，助之以劝赏之渥，凡以养天下刚方说直之节，使森然立于吾庭，为国家庙社之福。故夫伏格趋鼎，引衣断槛，破裂麻制，封还诏书，如此之类，日常有之而不为怪者，所以广聪明而来下情也。臣愿陛下容忍近臣之献言，开纳远臣之论事，置谏诤之任以助闻见，补宪肃之官以振纲纪，而又力以谦冲假借，深养刚方说直之气，如汉高祖之于周昌，晋武帝之于刘毅，然后可以得天下说直之言，以辅治道。不然，犹却行求前，徒举以访臣，又安补于万一哉！

圣策曰："盖人君即位，必求端于天，而正诸已。惟五事得其常，则庶征协其应。享国以来，靡敢自肆，而和气犹郁，大异数见。乃元年日食三朝，洎仲秋地震数路，而冀方之广，为灾最甚"，自处于"弗德之致，凤痦晨兴，思其所以"。此见陛下畏天伤己，恐惧修省之盛德也。臣闻日食、地震者，阳微阴盛也。而或曰：日食者，历之常数也。臣请辨之。一百七十三日有余而为一交日，然后食，此历家之说也。而《春秋》襄公二十一年之九月、十月，二十四年之七月、八月，皆未及一交则食，此历之不合，一也。二汉之政，西京为盛，东京为衰，大率皆二百余年尔。而西京四十五食，东京七十二食，食之疏密，应政之盛衰，然而曾无定数，此历之不合，二也。是日食者，非可托于历，其要为阴阳之盛衰也。阳浮为天而主于动，阴凝为地而本于静。宜静而动者，阴越其分而拟诸阳。阳与阴，君子小人之道也。君子道长，则阳气发于祥瑞；小人道长，则阴气见于灾变。此天人相与必然之应也。《易》自《复》之一阳，至《坤》之六阴，凡十二卦相，往来于一岁之间，盖圣人告人以君子小人之道，有相更之势，贵于早防之也。在《临》则戒之曰"八月有凶"，在《泰》则戒之曰"无平不陂，无往不复"，欲其慎之于八月之前，消之于未陂、未复之始也。陛下欲应变求端，谨五事而协庶应，消大异而召和气，在乎尊阳抑阴，尊君子之道，抑小人之道而已。凡天下之道，有故有新，有大有小，有老有弱，有正有邪，有讷有辨，有躁有静。以对而言之，在上偏者皆阳，而君子之道也；在下偏者皆阴，而小人之道也。上偏欲其过厚，下偏欲其常损，宜厚而薄之，宜损而益之，则阴盛阳微，君子道消，小人道长，其弊至于不可扶持，此不可不察也。若夫旧劳必迁而新策必合，大臣依违而小臣执议，老臣沦伏而弱齿简拔，方直疏远而柔谀亲附，辨给者获用而迟蹇者被退，锐进者褒升而默守者遗落，而阴盛阳微之变，莫著于此矣。天地告戒之意，不为不审，愿陛下思所以应之。夫阳不可以不尊，阴不可以不抑，君子之道不可不进，小人之道不可不退。不抑不退，其萌虽微，及其既盛，甚可畏也。周之衰，诸侯僭天子；又其衰也，大夫僭诸侯；又其衰也，家臣僭大夫；又其衰也，四裔盟中国。此阴盛之极也，而《春秋》至此绝笔矣。故臣愿陛下早思所以救之。

圣策曰："图谋政务，则日至中昃，而犹多苟简之习；烝进人才，则官无虚假，而颇乏绩用之美。"臣闻讲政务而绝苟简，在于贵迟久；进用人才而底绩用，在于练名实。《易》曰："圣人久于其道，而天下化成。"夫圣人之才，所过者化，所存者神，而至于论治定功成业，未尝不待之以久。何也？速则粗，粗则所得暴，而所及浅；久则精，精则所收博，而所被深。此圣人之意也。盖夫仁必久安，义必久由，志必久勤，法必久守，令必久行，官必久任，士必久养，兵必久练。游神于累岁之外，望化于必世之后。如是，则心一而虑精，事详而理究，德新而道大，化洽而泽流。动乎万物之上，被乎天地之间，又何患苟简之习哉！圣人无为不言，而海内大治者，以能练群臣，核名实也。官各守其分，谓之名；职各治其事，谓之实。丞弼之任，责之以论道德、和阴阳；财计之司，责之以通有无、定国用。谏官责之以直言得失，御史责之以弹戢愆违，侍从责之以尽规纳诲，将帅责之以安边却敌，职司责之以一路之政，守令责之以一郡一县之治。如此，举名以责其官，按实以督其职，而庶绩弗凝者，未之有也。今夫大臣下兼财计之柄，小官或侵将帅之权，侍从言责不得尽其词，职司守令不得专其治，未见其能无虚假也。朝廷设百官于外内，皆所以治天下万事，非徒为空名以付之也。欲立一事，重建一官；欲治一政，重遣一使，未见其能底绩用也。

圣策曰："种羌非不怀徕也，而边候或时绎骚，以至临遣辅臣，憯明神武。"臣以为御敌之策，失之于素已。夫以边鄙之重，不责统帅之臣，而求希合倖进之小谋；金革之机，不为持重之算，而听轻举易动之疏计。是以其弊在于苟争小功而忘大忧，专趋小利而失大信，此猾寇所以敢负怀徕之恩，践王圉而抗官师，亦吾有以致之而已。夫敌之未至，制之宜以经远之策；敌之既至，御之宜有应变之术。齐景公时，燕、晋为寇，景公患之，问于晏婴，而婴之所荐者穰苴，而穰苴卒能逐寇而安邦。唐宪宗时，刘辟为梗，宪宗患之，问于杜黄裳，黄裳所荐者高崇文，而崇文卒能擒敌而定蜀。陛下宜诏辅弼大臣，各荐将才而用之，则神武憺于天地之表，河湟之外，当有解椎髻、袭衣冠来献国之地者，又岂患奔冲之寇不可御乎！

圣策曰："蒸民非不爱养也，而生业或未完富，以至外驰使者，宣布惠教。"臣以为陛下爱民，欲其富而不足以富，国遣使宣惠教，而适足以为弊，盖失所以先后之序矣。夫事有肇祸而法有起患者，不谓事之始，法之初也。累之至久，则弊败积而祸患起，此必至之势也。臣尝为陛下深虑后世之患，而必为无穷之弊，盖在乎富民之道不讲，而富国之谋太深也。凡赋敛之于民，古人贵其损之，而不贵其益。《春秋》书宣公初税亩，成公作丘甲，哀公用田赋，以为益之不已，则势穷力敝，必至于变故。孔子详录其事，以贻后世之戒。臣尝观富国之论不起于丰大之世，而多出于战争之际。王者总制六合，所以服民心而重国体者，在吾道德之盛大，不系财货之丰盈。《易》之《小畜》者，德之小者也，则曰"富以其邻"。在《泰》与《谦》，则道之大者也，皆曰"不富以其邻"。夫左右相比之谓邻，人君之与天下，中国之与四夷，皆邻也。人君所以运动天下，役使四夷，道有余者不假于富，德不足者须富行之。陛下固宜法《谦》、《泰》之有余，岂可用《小畜》之不足！是以巨桥虽积而商不能居，敖仓虽盈而秦不能守，非无财也，道德不建，而失天下之心也。夫鸟穷则啄，兽穷则搏，人穷则诈，陛下之民可谓穷矣。前世所谓无艺极之赋，大之山海，细之草木，其利皆入于官，而行于今矣。陛下徐思弛费息用，以宽民财而逸民力。若大禹卑宫恶服，汉文衣绨革舄，以泽天下，庶几不至大匮。而复出泉以取其息，置使以厚其征，而求富民宣惠之名，不可得矣。《易》之《剥》者，始于下，其《象》曰"上以厚下安宅"，所以救剥也。陛下取于下悉矣，上取下悉，则其势既极，而其象为剥。孟子曰："君子用其一，缓其二，用其二而民有殍，用其三而父子离。"臣惧民心积穷，不知所出，渐为离散，以至剥落，虽有禹、汤、文、武之才，无所复施其巧。《易》曰："观我生，观民也。"《诗》曰："念我皇祖，陟降庭止。"陛下观天下之势，易离难合，一危则不可再安；上念五祖之业，艰难勤苦，一欹则不可复正。则夫富国之谋，适足为深忧，未足为陛下利也。伏惟发于神断，罢法追使，以幸天下，以福万世，此四方裂眦决目之所共望，岂独贱臣之妄言哉！

圣策曰："国用虽节而尚烦于调度，兵籍虽众而未精于简稽。"臣以为国用虽节而调度烦者，未得节之之道；兵籍虽众而简稽疏者，未得简之之本也。九州土地之产，撮粟尺帛之赋，陆挽水漕，衔栀摩毂，日夜合杂，以输太仓者，以古准今，可谓盛矣。至于道途之艰，将负之疲。京师之一金，田野之百金也；少府之百金，民屋之万金也。夫以万金之费，施之于一燕好之中，用之于一赐予之内，此可胜计哉！地之财有时，民之力有限，人君之费无穷。以有时、有限养无穷，此调度所以愈增而不已，民力所以愈困而不支也。古者宫庭之职百二十员，汉之文帝、明帝，给事宦者不过二人，太祖养兵不过十二万。太宗尝谓近臣曰："人君当淡然无欲，不使嗜好形见于外，则奸佞无自入已。"凡此皆清心节用之本，宽民养物之要。不务先理其本，而广为调度之求，故曰未得节之之道也。今夫能省内郡之黥兵，而益以土兵，然后兵可简也。国家北失幽燕，西捐灵夏，守边捍塞，无百二之要阻，是以二边黥卒，恃为爪牙，不可以废。至于四方内无事之郡，百年不识兵革，而例说屯伍，坐蠹民力，此不可不制也。宜依前世府卫之法，使民得以口率出徒，而分天下郡为三等，上郡五千，中郡三千，下郡一千而止，番休迭上，不过什一，则武备修而简稽精矣。周公制礼，方五百里谓之大国，其车千乘，为五万五千兵，而民不告劳者，施之有序，制之有术也。今之所谓上户者，征敛甚厚，而其力困；所谓下户者，庸役不及，而其势逸。而上户居其一，下户居其十，是常困其一而逸其十也。家有二夫，古者皆出一兵，今则逸之而不能用，反敛有限之谷帛，以给不耕之惰民，此岂周公之心哉？故曰未得简稽之本也。

圣策曰："宽关梁之禁而商贾靡通。"臣闻钱者无用之物，而圣人贵之者，以其能通有用之财也。夫以无用而通有用，是以贵其通而不贵其积。古之所以通货达财者，在乎商贾之职，而不在乎上。今之关市之地密于布棋，均输之吏苛于翼虎，商旅易业，转为征之，而求财货之通难矣。

圣策曰："捐器玩之巧，而工弗戒。"此在陛下约己以率尔。陛下约己于上，则六宫蒙化于内，百官率法于朝，百姓承流于下。及其久也，风俗转移，嗜好薄损，有其财而无其尊，弗敢逾制；有其力而非其道，不敢败度。则虽不捐器，而工自戒矣。臣又闻之：天下技巧华靡之玩，未有不始于京师。欲治四方，先治京师，古之道也。夫以千里之地，而四方之俗皆有焉者，唯京师也。惟其难制之，宜甚详。周法六乡四郊之内，自比长主，五家积而上之，至卿大夫，凡万有八千九百三十六官，而后足以致京师之治。今京师治民之职，大不过京兆尹，次不过河南令，而求风俗敦朴，是以难也。惟陛下择之而已。

圣策曰："风俗浮薄，根于取士之无本，教道之不明，而博询台阁之论，所执者不一。岂无救弊之道焉？"凡取士之道，不过二科：曰德行也、文辞也而已。臣以为自三代以上可以用德行，由秦汉以下不过用文辞，而台阁所以异论者，盖不过二者之间也。陛下必欲以德行取天下之士，则井田当授也，侯国当建也，民必家给也，官必久任也，乡当读法也，家当有塾也，而后可以求全德真行，致之于位。如其未也，而独设选举德行之科，是亦无补而已矣。夫先世之吏正，故所举者必求仁义孝悌；今世之吏邪，故所举者不过请托嗜好。故曰今日取士，不过可以用文辞耳。至于敦俗之本，教道之法，臣愿有献焉。盖士节之重轻，未尝不与国体之安危相应，如根本强弱于下，而枝叶荣枯于上也。昔周之士贵，秦之士贱。夫上有屈体，下无屈道者，贵也；舍己所守，求合于上者，贱也。而周、秦治乱，考此可见。盖夫士无守道自重之节，人有躁躁不耻之求，渐渍成俗，恬不为怪，未有甚于今日也。宜有以矫正其弊，使士知自重，而人蹈廉耻。凡潜德独行不求闻之君子，必深察之，而使之常在于必显；仰希俯合昧于宠辱之人，必深观之，而使之常至于不用。则天下皆知盛德之意，士节一变，敦俗之本，教道之法，自此致之可也。

圣策曰："刑罚烦重，出于设法之多门，沿袭之不革，而将加恩仁之政，使死者少缓，必有可行之术。"臣观陛下之意，不过欲仿三代之肉刑，施之于从坐之死尔，是未尽观时制宜之道也。古者政敦事朴，虽以圣人之智，而因革之间犹有未尽者，肉刑是也。断民之支体，使不为完人，此非圣人之心，而三代用之者，因革之理有未尽也。且立尸而祭，近于渎神；俎豆而食，近于甚野。岂若后世虚神之位，金石为器哉？肉刑之不可用于今，犹之不可尸祭而俎食也。夫大辟之科，至死而不敢怨者，法当其罪也。倘欲加恩仁之政，宽从坐之死，则今之律令，自有减死一等法。舍此不用，而断支刖足，为骇民惊俗之事，未足为可行之术也。昔子产欲止伯有之妖，必并立子孔之后。则夫政虽贵于推赏，而亦贵于慎名，使天下不知朝廷恩仁之意，而徒传告以断人之足而弃之，岂所以为慎名哉！

圣策曰："予欲兴乎七教，兼乎三至，以底圣人之道，则宜条其先后之次；欲明乎六亲，尽乎五法，以极天下之治，则宜叙其始末之要。"此见陛下博稽古先，欲举载籍之所传，施之于今，以尽圣人之道，而尽天下之治也。臣请深论天下之道，先后之次，始末之要，而陛下酌焉。盖德与刑并行天地之间，如寒暑相将，未尝离也。于是之间，必有先后之次。上焉者专德以胜刑，若尧舜之无刑、成周之措刑是也；中焉者假刑以助德，若西汉宣帝任刑名，东汉明帝善刑理是也；下焉者唯刑而已，秦以刑致乱，隋人以刑兆变是也。此先后之次不同，故治乱之应异也。则夫敬老、尊齿、乐施、亲贤、好德、恶贪、廉让之七教，至礼不辞而天下治，至赏不费而天下悦，至乐无亲而天下和之，三至从而可明其次也。抑臣又闻之：恐惧寅畏者，政之始也；骄逸隳惰者，政之末也。周宣王中兴之盛德，而不慎于后，其诗终为变雅。唐太宗慈俭英武之主，而魏郑公、刘洎、马周咸谏，以为渐不及贞观者。盖崇高富贵之势，骄逸隳惰之所伺也，视其有间则入而不能出矣。是以圣哲之君，遐观远虑，思之于所不思，求之于所不求，方其大安也，必以危自厉，方其大荣也，必以辱自惕，不使非常之变起于不测，至于不可救也，岂非知治道本末之要也欤！则夫六亲之等，五法之数，又从而可推其要也。

圣策曰："仲舒之言，班固谓'切于当世'，其可施于今者何策？崔寔之论，范晔谓'明于政体'，其有益于时者何事？"昔班固载仲舒汉廷之策于史，其间讲天下治乱之理，可谓详矣。举而行之，皆足以助治，而最可施于今日之策，臣以为莫如天道先阳而后阴、王政先德而后刑之论也。范晔纪崔寔《政论》数十条于书，以为凡所辨论，通明政体。而言有益于今者，则臣以为不足深论者也。何者？寔之大概，欲人主不能纯法上世，而宜参以霸政，严刑峻法，破奸宄之胆，以之行于汉桓帝衰替之世可尔，安足为陛下深论哉？

圣策曰："无以为古人陈迹既久而不可举，无以为本朝成法已定而不可改。惟其改之而适中，举之而得宜，不迫不迁，归于至当。"陛下议政法而举适中得宜为言，此天下之望也，臣安得无辞以致之？盖势可以举则举之，则不失于陈迹；力可以改则改之，则不泥于成法。此因革之常道也。至于未适于中、未得其宜而改之，则今日之变法，犹或可议焉。臣读《易》至《革》卦，言天下之法至于有弊，则不可不革也。而《辞》曰："元亨，利贞，悔亡。"然则革之必至于元亨、利贞，然后悔可亡尔。又曰："革而当,其悔乃亡。"然则革之而不当,益以招悔也。夫革之必至于亨,然后可以议革;变之必至于当,然后可以言变。斯圣人之能事,《易》象之精义也。思之于冥冥,索之于昏昏,使尽合道义之中而后革之,则一法出而天下倚之若山岳,此之谓革而亨;谋之以众多,待之以迟久,使尽得上下之宜,而后变之,则一制行而天下望之若云霓,此之谓变而当。古之为治,相与谟谋于庙堂之上,至于风移俗易,从善远罪,而天下不知其措置之迹者,必亨而后革,必当而后变也。今则不然,一法朝出而夕已罢,一制暮行而晓或弊,斧钺不足以禁谤论,窜黜不足以抑烦言,其故何邪?未决其亨而革之,未计其当而变之,举而不必适中,动而不必得宜也。臣愿陛下慎之而已。盖夫革而未尽其至,则其势必复;革而有复,则法以轻而不信矣。法制数变,国家之大病也。汉从甘泉后土之祠,自是之后,三十年间五徙,而天地之兆终不能定。故愿陛下慎之,则至当之论,无过于此矣。

　　陛下虑臣之惮言而不必行,则苟饰行以自免,则诏之曰"言之非艰,行之惟艰";又虑其畏避执事,而不尽其悃愊也,则又曰"悉心以陈,亦不惮于有为"。臣是以敢进其私忧过计之说。臣闻天下者,大物也,是以治之者必得大才,苟未得大才而委畀之,则天下之政终无时而理矣。万钧之鼎,天下之至重也,而孟贲、乌获持之奔走,逾越险阻,若践平地,此无他,其力足也。使其力不足负之而趋,不独折绝筋骨,又将隳器败餗,而不可救矣。《易》言天下万物之理至详密矣,而至于治天下之难治,而未尝不归之大才硕德之人。故《屯》之不宁,必待君子之经纶;《蛊》之败坏,必待君子之振育;《旅》之分散,必待智者之有为;《否》之欲休,必待大人之获吉。圣人以为当四卦之时,不得四人者治之,则愈益其乱,而无补于治。昔汤之求伊尹也,见之耕者;高宗之求傅说也,见之岩筑;文王之求太公也,见之渔钓。三士者藏迹至深,而三君者能举而用之者,以其取之公,求之广也。唐文宗可谓恭俭慈仁、勤于致理之主,当是时,李德裕在其廷而不用,裴度捐于外而不使,乃览《贞观政要》而叹息,又曰"吾视开元、天宝事,则气拂吾膺"。然则文宗所以忧勤尽心者,徒虚器尔。伏惟陛下法成汤、高宗、文王,公听广取,以为法鉴,文宗舍本忧末以为戒,独观昭旷之道,驰驱域外之议,不论隐显,不间内外,不异远近,不殊明晦,才之当者取之,德之宜者予之,可大者治大,可小者治小,则天下之才继踵而出,凡陛下所举而询于臣者,不治而自治矣。陛下有为之术,何以先此?古人有言曰:言切直而不用则身危,不切直则不可以明道。苟求所以明道,又避于危身,此势之不可并者也。说不由道,忧也;由道而不合,非忧也。苟求所以由道,又希于必合,此理之不可兼者也。臣学术浅陋,言论狂鄙,罪当万死,无所敢恨,幸陛下察焉。臣昧死谨对。孔文仲《清江三孔集》卷一,《四库全书》第1345册,第180~192页。

御试对策

吕 陶

　　臣闻大智者,圣人之德,而虞舜察迩言,盖万事之统,顾省不遗而虑之深也;中行者,君子之能,而仲尼与狂狷,盖匹夫之志,固守难夺而不可弃也。此二者施诸君臣之际,而要其归,则上有求善之美,而下不失为尽节不欺之士。各崇所尚,义何亏焉?今陛下席太平之基,运独化之术,元臣、良辅讲磨原本于内,庶官、群吏奔走职业于外,经制立而可以庇万嗣,号令出而可以肃四方,治定功成,信有日矣。然犹诏举贤良方正之士,亲策于庭,退托不明,延访得失者,岂非虚己好问,求尽天下之情欤!臣愚不肖,不足以备当今之下执事。虽竭尽倾写,安能补陛下万分之一乎!然不敢以荒略无取为解,而逆探朝廷之意,愿献于前者,盖以为贤良之义,贵犯而不贵隐,恶斯义之废,自臣始也。且人各有异能,而所以取之者必主于一。求将帅主于勇,求守令主于廉,求法吏主于文,而求贤良主于直。舍是,则虽有异能,而亦不取矣。今将帅不言其勇而言其仁,守令不言其廉而言其通,法吏不言其文而言其朴,则陛下取之欤?臣虽不肖,而所以进者贤良也,敢不一于所主而求伸其志哉?

恭惟圣策有曰:"昔明王之治,仁风翔洽,德泽汪濊,四时调,万物和,兵革不试,刑辟不用,俊贤居位,戎夷向风,建皇极以承天,敛时福以锡民,日星雨露、鸟兽草木,效祥荐祉。"陛下甚慕之,而访臣以致之之术者,此陛下深思治体而究其所由,欲均大利于四海也。臣愚何足以知之?然臣闻人事有本末,物理有始终,王道之施设,固有先后。端本所以治末,慎始所以图终,施之宜先,则不可后于一日,乃治体之所起也。昔《春秋》以"五始"明王法,谓一为元者,视大始而欲正本,深探其本,而所贵者始也。然则人君之即位者,天下之大本,而王道之始乎!兆民亿姓,延颈企踵,而觊其抚养也,则必有以慰其望;公卿辅佐,致忠竭节,而副其任使也,则必有以结其心。羌戎夷狄,悚意慑虑,而仰其怀徕也,则必有以悦其情。古之贤王深知端本慎始之义,而施设之具,无先于此。蕴之而为盛德,发之而为大政,如日月之照临,雨露之润泽,使人人闻之,率皆耸动鼓舞,以为吾君之有某善,则吾之幸也,吾君之举某事,则吾将享其利焉。是故散而为仁风,需而为德泽,幽可以调四序,明可以和万物,兵不试而威立,刑不用而政成,俊杰在位而百职举,羌夷欸塞而九贡集。大中之道建而上顺乎天,五赴之福应而下休乎民,日星雨露,鸟兽草木,诸福之物,可致之祥,莫不毕至,而王道终矣。《书》称高宗之德曰"作其即位","嘉靖商邦,至于小大,无时或怨"。《诗》称成王之嗣政,则以小毖慎微、恭之进戒为先务,岂非端本慎始之意乎?及其明验大效之见于后,则德业昭著,教化深厚,措世义安,传祚永久,得不盛哉!今陛下承五圣之统,讲求治具,而以任大守重为之忧,故臣敢以端本慎始为献。愿陛下不惑理财之说,以慰生民;不间老成之谋,以结公卿;不兴疆场之事,以怀夷狄。惟陛下深思而切究之,则尧舜之治可以积久而致,何在昔明王之足慕哉!

圣策曰"人君即位,必求端于天而正诸己,惟五事得其常,则庶征协其应。享国以来,靡敢自肆,而和气犹郁,大异数见。乃元年日食三朝,洎仲秋地震数路,而冀方之广,为灾最甚"者。此陛下畏天命而求所以顺也。臣闻天人之际,精祲有以相感,《洪范》之陈五事,《春秋》之书灾异,眘其微也。然世之说者有两端焉:一曰,彼穹然居上者,何预于人事乎?日月星辰之凌错,阴阳水旱之愆亢,皆大数使之然,未必发于政事，是天之与人离为二而言，非严恭寅畏之道也；一曰，灾变之来，率以类应，某政之失则召某祥，某事之非则召某异。盖自两汉诸儒，若刘向、董仲舒、郎颛、襄楷之徒，皆指时事一二以明之，牵连迁合，务必其验，是不能推明天人之端以启导世主，而徒溺于机祥也。臣则谓之不然。夫天之降命于君而付以大器者，必有扶持全安之心，警惧告戒之意矣。示以灾诊、谕以变怪者，欲其饬躬而务德，慎事而图宁也，非无预于人事也，非指其一二之失而致也，天人之际，如是而已。陛下即位以来，励精庶政，虫鱼草木，率被煦养，而改元之岁，日食三朝者，天心之爱陛下而告以始终之义也。改元者，陛下逾年颁政之始，更新万事之时。日者，至明之物，不可辄晦。天意若曰：陛下宜慎之于始，辉光盛德，而不可少亏也。仲秋之后，九州之地，大半震动，大至裂陷，小亦覆压，京师亦震，冀方最甚者，天心之佑陛下，而示以安危之端也。地者，至静之物，常处其安者也，一失其常，动而不已。天意若曰：静而有常则安，动而失道则危，愿陛下居安虑危也。祖宗由河朔而起，则冀方如本封；陛下以四海为家，则京师如堂室。震动之变形于斯者，非独外忧可虞，抑亦内患可虑也。夷狄之忧，生于绥御之失术；军旅之忧，生于威爱之偏任；环卫之患，生于防遏疏略；近习之患，生于任使之过重。此四者，世尝有之，非臣之私忧过计也。至于虹贯日，地生毛，太白经天，荧惑失度，此又警戒之深也。教化有未备乎？德泽有未至乎？赋税过重乎？刑罚失滥乎？干戈可虞乎？盗贼不戢乎？大概有以感之，故天意谆谆而不已也。《易》曰："其亡其亡，系于包桑。"言泰通之世，深念其危，则悔吝不生矣。《诗》曰："肇允彼桃虫，拼飞惟鸟。"言莅政之初，慎其小，则祸败不至矣。愿陛下思天人之交，穷《诗》、《易》之戒，则大异弭去，而和气感召，如影响焉。

圣策曰"图讲政务，则日至中昃，而犹多苟简之习；悉进人材，则官无虚假，而颇乏绩用之美"者。臣闻古之圣人，未尝不勤，文王之治，日至中昃而不遑暇食，然至于庶言、庶狱、庶慎，则罔攸兼之，惟有司牧夫之是任。盖劳于求才，逸于用贤故也。且帝王之道与天地参，天地之化，分任四时以生成万物，而不专于一草一木之长育，盖元气统于上，而万物无不遂者矣。帝王之道，慎择群贤，以翊辅万政，而不偏于一物一事之修饰，盖至权归于中，而万政无不举矣。恭惟陛下，体乾之刚以运动，法离之明以照远，既得群贤以任之，又举纲要以济之，则文王勤治之德偕美于古，而虞舜无为之功，复见于今也。苟简之习，何虑不革哉！若夫悉进人材而乏绩用，则臣略究其端矣。夫唐虞之盛，九年而黜陟；姬周之隆，三岁而大计。盖磨以岁月，而观其能否，然后进退之，深慎名器而不敢妄与也。今之自选部而升京秩者，为考六七，为举主五六人而后得；自京秩而至郎官者，凡四岁一迁焉，其于名器不轻而重也信矣。陛下至诚待物，急于得人，拔擢俊良于微贱之中，而置在高位者数矣。此皆贤能不次而用，非若向之碌碌者限以岁月也。然贤能不次而用，王政之一端耳，人之能否，可不察哉？孟子曰："左右皆曰贤，未可也；诸大夫皆曰贤，未可也；国人皆曰贤，然后察之，见贤焉，然后用之。"盖小人之性，役于利禄，而好为趋时希世之事，揣知人主之意，而务求其合。苟可以取宠于上，则不暇量己之材能与否也。陛下急贤而用，不次进之，则其心何负于天下之士哉？然天下之士则有负陛下者，此众心之所惑也。盖尝以边几进者，而将帅辨其构怨于外羌也；又尝有可任御史者，而言者谓其薄于孝也。始而听其言，中而试以事，终而验其能否，则天下之士不能负陛下，而绩用不乏矣。

圣策曰"种羌非不怀徕也，而边候或时绎骚，以至临遣辅臣憯明威武"者。臣闻中国之于四夷，若天地之于万物，遍覆包函而使之自遂耳，安用较其力之勇怯，责其心之去留哉？厥或侮慢不庭，则征伐亦不得已而自用也。朝廷之于西羌可谓厚矣，加之王爵而袭其土，赐之金缯而未尝缺。然自近岁以来，逆心日甚，多遣介使以伸难塞之请，起犯边吏以求克捷之效，此固宜俘擒而殄戮之矣。是以陛下临遣辅臣，而将伸九伐之令也。然臣愚以为中国之力有盈虚，羌狄之势有强弱，则必量而后动，度而后行焉。至道中，天下之全盛也，兵之强，民之富，将之豪杰，足以威制四夷而无惮矣。然犹五路之入，卒无成功，此长驱深入得失之验也。康定间，比于至道，则三者皆不及矣。是以边声一动，而远近骚然，以四海之力事一方，而犹为汲汲馈运之劳，累岁不息，而朝廷深有厌兵之心，卒用间谋，与之和解，而生民始知休息之渐，则兵不易动亦明矣。以今之兵，今之将，拟于康定，则未必过之，而民又不及矣。向者陛下即政之岁，乘谅祚残忍之极，旱饥相仍，部族怨贰，是以王师一举，而辄复绥城之地，然人之战没者盖已万计，财之耗坏者凡几百万耶！近者秦、庆二路，寇入辄胜，臣窃疑其势力，非复向时旱饥之余矣。金汤之固，非粟不守，而塞下之积，多者止再岁，少者不数月也。藩篱之户，倚以为援，而强者遁逃而无几，弱者不足恃也。宽文法，而豪纵之将可以致死，而细过多从于吏议也；饱金帛，则觇候之士可以知微，而薄惠不足以使人也；广屯田，则可以丰军食，而有司旷废其事也；恤土兵，则可以助戍，而平居未尝少宽也：此皆我之未备矣。以我之未备，乘彼之未易量，则莫若讲求守御之具，而徐为之谋也。朝廷必有以制之，臣愚不能处也。陛下谓威而必服邪，则威亦有未服；谓战而必胜邪，则战亦有未胜。就使必服必胜，则生民供馈亦已劳矣。若犹未也，则兵连祸结，何时而息乎？关陕一扰，则寇盗必乘而起。种羌之患未解，则西宜备蜀，北亦虑胡矣。夫远夷之不讨，与元元之重困，孰为轻重？起一方之事，而召三隅之忧，孰为得失？愿陛下权量其宜而行之。昔汉宣帝欲击匈奴，而魏相以为不可报怨远夷，是以享三世称藩之效。唐太宗欲征突厥，而长孙无忌愿且戢兵，是以终贞观太平之绩。臣故曰：愿陛下权量其宜而行之也。

圣策曰："蒸民非不爱养也，而生业或未宽富，以至外驰使者宣布惠教。"臣闻陛下爱民之心均于赤子矣，而生业或未完者，其大弊有三焉。一曰，郡吏之不足役及上农，而使之破产竭财，而毙于冻馁，此天下之深不平也。今夫细民之家，牛羊末耜，糇粮裘葛，苟有数十金之直，则举而籍之于公，以备役之费矣。方其役之将至，而知其必及于死也，则其心如避重诛，其力如捍巨寇，焚灭屋庐，戕伐桑柘，以求其不及。甚者乃服浮图，隶兵籍，以一身自陷于非类，而觊幸于斯世。又其甚者，子嫁其母，而昆弟得以离居，父子谋为自经，而求省其丁口，此暴役之弊也。二曰，天灾间作，稼事不登，则有除赋之令，以恤其流亡。而有司以掊刻为劳，而务足功利。霜雹旱蝗，五种之入无分毫矣，而输入之数，十犹五六，此重赋之弊也。三曰，负于公而情不欺者，赦宥为之蠲释，以宽其贫穷，而主者网罗疑似，索求罅缺，幸其少戾于法，而督之益严。及其委弃沟壑，而势不可得，则犹能鞭笞其子孙，缧械其邻里，而有望于下。此积逋之弊也。臣愿陛下慎择忠厚之吏以为守宰，而使之不妄举，立为宽通之制，以便众庶，而使之不重困，则休养生息，皆陛下之实惠矣。虽使者冠盖不交于道，而惠教安有不宣者乎？舍是，则虽朝遣一使，暮置一官，又何益于治乎？陛下不先责此，徒刻薄更张之为，臣愚之所未谕也。

圣策曰"国用虽节，而尚烦于调度；兵籍虽众，而未精于简稽"者。臣亦粗闻其说矣。天下之财有常，而国家有余、不足之无常者，盖取财与用财之道异也。善取，则财虽多而常不足；善用，则财虽寡而常有余。今天下之所谓利，凡四总二十八品之余，百物有禁，盖尽之矣，而出无余者，未明节之之要也，未慎用之之道也。节其可已而备其不可已，用其不可费而可以足费，则善矣。国之大费六，宗枝之禄也，万官之养也，冗兵之食也，二房之赐也，郊祀之锡也，河防之备也，皆不可一日而节。若乃赐与有横滥，服用有侈靡，掖庭燕私廪给之盛，百工技巧冗食之多，此皆可节之矣。臣愿量时制宜，一切减损，以繁货财，以备六费之大，此之谓节其可已，备其不可已。若夫兴利者功易见，省事者功难知。易见则取信于人，难知则置疑于众，惟其易见难知，而疑信之两出，此财之所以日匮也。今天下之利，有博于解池者乎？岁入百余万耳，有百万之利献陛下者，傥从而榷之，则其人之功，岂不易见哉？然绥城之兵一用而费六百万，是四岁解池之利去矣。有以绥州之不足城告陛下者，傥从而弃之，则是能置四岁之解池矣。然其言主于省事，而不主于兴利，则其功岂不难知哉？究其归，则兴利之利，不如省事之为利。愿陛下反求其端而虑焉，是之谓用其不费，而可以足费。知此二者，而不竞于锥刀之末，则调度将不烦而民力宽矣。臣又闻国家患兵之冗，而讲求其术已久矣。向者容其癃老，今则黜其壮子弟；向者简阅之不密，今则毫毛不敢欺；向者慢于训习，今则朝夕从事以金鼓。此三术者，方今以为练兵之要。臣复何言哉？然臣之言，继于三术之后，而究其情状耳。夫四方凶悍之徒，群聚而安闲，骄惰而不足用，盖有年矣。今一旦遽责之以去留，立辨之以强弱，则其心岂免于怨乎？孰谓怨不损于王治而不恤也？《诗》曰："悦以使民，民忘其死。"岂有驱人于死，而先唉之以怨乎？施诸用兵，尤非全胜之道也。三路者，用兵之地也。今未老者多黜而失其归，壮者则忧其将老而见黜。臣恐有以动其徒类之心，乘而生变，不足御寇，而足以为寇，甚非朝廷之利也。

圣策曰："损器玩之巧，而工弗戒"者，臣谓非独法禁之不密，亦教化未之至也。夫民之于上，从其好，不从其令。高髻大袖，其说旧矣。今陛下虽行纯俭以风天下，而百工之肆，日夜谋工巧，求利于时，是必有以导之也。且法之行自近始，教之至自上率，愿澄其源以洁其流，则天下之工无不戒者也。

圣策曰"风俗浮薄，根于取士之无本，教导之不明，台阁之论，所执不一，岂无救弊之道"者。臣谓非土著而不任乡议，取浮文而不根经术，较工拙而不考素行，今日取士之大弊矣。比者朝廷讲求群议而思有以救之，虽论有异同，而所以为弊者不过此也。夫待人以薄者，不可责其厚。今养之取之之制，大异于古，则安怪其廉耻衰息哉？臣愿量时而立法，贵其可以适用，则莫若大均荐选之目，而使众寡适其平，无幸与不幸，则土著莫能迁矣。限以一艺之习，而试之家法，高说上第，义参于文而取之，则经术孰敢废矣？孝悌之科，诏监司郡守时加询察，秩满而荐之一二，则素行可得而知矣。本庠序之教，而继以三者，则取士之道庶几无失。又何必变常动众，而求纷纷欤？

圣策曰"刑罚烦重，出于设法之多门，沿袭之不革，将加仁恩之政，使死少缓，必有可行之术"者。臣谓治而有刑，非养威务刻而求胜斯民，盖欲使之畏罪而迁善也。后世忘其本源，而峻文密法以笼四海，民之手足殆无所措，此世主所以裁量揆叙而损益其间也。陛下患刑之密而重报者众，将少缓焉，此尧舜好生之德也。然臣愚犹有献焉。夫所谓缓之之术者，得非以他罪抵死，则斩其左趾欤？得非欲复古之肉刑欤？夫他罪抵而斩其左趾，则仁矣，孰若出于权断而贷其一死之快？彼幸而不死，而又为完人，则岂不天地陛下之赐哉？安侯施诸刀锯以为罪次？此景兴之论愈于钟繇也。夫三代既衰，而养民教民之具不可复见，民之触罪者，盖亦有不幸矣。此肉刑难施于后世也，养之薄而责之厚也，教之疏而禁之密也。昔汉之去周未远，一罢肉刑，而笞有至死者，民犹不以为怒，是知肉刑之重而笞刑之轻也。今笞不至死，而去汉又千余年，一旦复之，民岂以为宜乎？此卫展之论不及孔融也。愿陛下详其折衷而已。

圣策曰"欲兴七教，兼乎三至，以底圣人之道"者，臣谓七教者，生民之先务，陛下举为治本，而济以三至之用，力行于上，则圣人之道尽矣，何愧于曾参之言乎？若乃欲民"明六亲，尽乎五法，以极天下之治"者，臣谓六亲者，人伦之大原，陛下奉为政体，而奉以五法之具，周施于下，则天下之治毕矣，何违于管氏之说乎？

圣策曰："仲舒之言，班固谓切于当世，可施于今日者何策？"臣谓仲舒之对，本于《春秋》，以陈王道，故班氏美之。就求其说，而有曰任德而不任刑，损文而用忠，则亦可施于今也。

圣策曰："崔寔之论，范晔谓明于政体，有益于时者，何事？"臣谓崔寔之论，极于理要，不泥一隅，故范晔称之。就求其说，而有曰补绽决坏，枝柱倾邪，则亦有益于时也。

圣策曰："无以古人之陈迹既久而不可举，无以本朝之成法已定而不可改"者。臣谓先王之政久必有弊，不革而救之，非所谓知变也。然革之当否，安可不慎乎？《易》曰："穷则变，变则通。"此救弊之说也。《书》曰："各守尔典，以承天休。"言法之不可易也。使革而当耶，则虽古人之迹，有可举而用矣；使革不当邪，则本朝之成法，有不可改者矣。谓古人之迹皆可举，则周之井地可行于汉，夏之九州可复于魏矣；谓本朝之法皆可改，则成王不必宪文武之旧章，孝景不必遵文帝之业矣。

圣策曰："言之非艰。"臣是以不敢侈言而夸说。凡天下之利病，所谓可行与否者，臣既略陈于前，皆其迹之粗者。《易》曰："神而明之存乎人。"故臣于终也，愿陛下思所以神明之。孔子曰："足食足兵，民信之矣。"既而曰去兵，又曰去食，而民之信之也，卒不可去。是以古之圣人，纵横反复，无所往而不遂者，岂有他哉？惟民之信而已。是故汤为匹夫报仇，而民不以为暴；文王以民力为台沼，而民不以为为己。及其不信，则行仁义，作礼乐，而民始疑矣。今陛下行假贷之政，孟子所谓耕敛也。岂有举息之心哉？复租庸之制，《周礼》所谓大均也，岂有困鳏寡之心哉？拔士于贫贱之中，汉高帝、唐太宗之用人也，岂有尚功利之心哉？增宫庙之员，优致仕之禄，此三代之养老也，岂有退耆耉之心哉？损律定令，皋陶之明刑也，岂有废法行意之心哉？并军蒐卒，五霸之制兵也，岂有轻士重禄之心哉？其措意立法，则皆几于尧舜，可谓盛矣。陛下之心如此，而天下之论乃如彼，陛下见其纷纷而以咎天下之议者，臣愚以为未安也。盍亦反而思之，岂未有以深信之欤？先之以至廉，则虽取之而不疑其贪，况与之乎？首之以至仁，则虽杀之而不疑其暴，况生之乎？二者皆陛下之先务，而未之深信，则常平之议，肉刑之法，宜乎元元无知之惧也。《诗》曰："左之左之，君子宜之；右之右之，君子有之。"《记》曰："至诚如神。"夫君子之于物，左右而无不宜者，惟诚而已矣。臣敢以此献。《历代名臣奏议》卷三十八，第一册，第533~539页。

元祐三年九月"贤良方正直言极谏"科制策

宋哲宗

朕以冲眇，奉承先帝遗绪，托于士民之上，烛理不明，涉道犹浅，当下不讳之诏，询于荛，亲临便殿，策访多士。而未有魁磊拔出之材，殊无俶傥之论，以开朕之耳目也。深惟贤良方正之士，旷岁不举，明诏执事，荐其所知，拂巾衽褐，进者十辈，待问于庭，子大夫一人而已，朕甚嘉之。其精乃心，以听朕命。

盖闻正己所以治人，得人所以立政。自朕即位，于兹四年，夙夜兢兢，罔敢逸豫，临朝恭默，非礼不动，歌钟狗马、子女玉帛之玩，未尝迩也。朕之自治，亦庶几寡过矣！而风俗不加厚，何也？登延老成，搜访幽隐，其未得之，侧席以待；其既得之，委己以听，人望所在，收拾无遗。朝廷之官，殆无虚位。朕之求人，亦庶几有得矣。而政事不加饬，何也？轻徭简役，责己施惠，欲以裕民，而百姓之力未宽；罢不急之务，损无名之费，欲以丰财，而公私之用益屈。吏不胜其冗，选部补授至三人共一官；刑不胜其烦，岁报大辟至五十余数。二者，祖宗以来，所未尝有，甚可骇也。以至四方水旱之灾，连岁代有，冬春尝寒之异，京师为甚，河失故道，迨今未复，阴阳之沴既如彼；氐羌扰边，士不得息，交趾邀地，溪徭弄兵，震以威则易玩，怀以利则无厌，夷狄之患又如此。岂朕施设悖谬，失其统欤？抑任贤使能，未得其理欤？不然，俗固不可变，弊固不可革欤？何其为日久而见效迟也？孔子曰："百年可以胜残去杀。"又曰："必世而后仁。"又曰："三年有成。"今言其时，则过之矣。岂圣人之言有不必然者欤？以尧之为言，内则有丹朱，外则有共兜，其下则有鲧象。洪水泛滥，百姓艰食，禽兽逼人，苗民为虐，然则圣人之德，亦有不可为者欤？

子大夫明天人分际，通帝王制作，凡今之不逮，于古必知其原，所以救之必有其术，其为朕详言之。至于九德、九验以知人材，九赋、九式以制邦用，清心省事，果省官之本乎？参辟刑书，果救世之要乎？自国朝至今，河流迁徙，几岁而一决，视汉孰为疏数？以天下之大，岁断死罪，率几口而一人，视汉孰为多寡？生齿之数，郡县之地，以今视古，孰为盛衰？以至孔明之破羌戎，诸葛之服夷众，威怀禽纵，其术如何？条次其名数，指陈其得失，使朕闻所未闻，见所未见。直谅多闻之益，非子大夫而谁哉？悉意以陈，毋悼后害。朕将亲览焉。《宋会要辑稿》选举一一，第五册，第四四三四页。

元祐六年"贤良方正直言极谏"科制策
宋哲宗

皇帝若曰：盖闻昔尧舜诚身明德，以化天下。故族姓百官，惇励于内；庶邦黎民，和应于外。爰及海荒，无知之俗，罔不祇率。是以天地应之，四时和平，生物茂遂，民无凶轧，刑措兵寝，用不犯于有司。呜呼，曷其盛欤！朕甚慕之。

朕以寡昧，获承祖宗之休绪，永惟天下之重，治安之久，不可以忽。思所以事天保民之道，洁粢玉帛，以奉郊庙，尊有德，诎凶佞，饬躬励行，敬修而力行之，庶几前王之效以图称。太母兹训，于今七年矣，而未克有获。乃五月朔，日有食之，阴阳不调，水旱并作，吾民饥垫，父子流散。朕甚惧焉，往数敕州县，崇施惠，平力役，务以厚农。今田甚辟而民食不足，役甚省而民力不给。宽刑罚，多赦宥，而岁断狱不衰于前；损金帛，叶土地，厚之以德信，而蛮羌犹侮边不宁。百吏简惰，考绩无实，风俗偷靡，士节不励，朋党蕴伏，众正犹豫。呜呼，何志勤而功蹩若兹乎！以视前王，朕甚恧焉。意修己之未诚欤？将施之不得其要欤？抑亦遇时今非古欤？其犹可以庶几乎？昧旦而兴，辍食以思，若涉大水，未知攸济，故深诏中外，博举方正直言之士，亲访于朝。子大夫通于天人之要，明乎事物之变，皇帝王霸之异尚，道德刑政之殊用，既熟于胸中矣。其为朕究言其所以失得者，具以经对，周之极之，明谕其方，无得高言，以为夸诞，无讳有司，以悼后害。

若夫人道先五而不及民，九经不同而行以豫，至治之道，极于赏罚，天下之将，至于权术，为国家者，不可不先知，必有精理，可得闻乎？汉魏而下，其议考课、中正之法众矣，与夫正论宽颜之辨，昌言损益之要，有于今而可以救失者，各条陈之，朕将亲览焉。《宋会要辑稿》选举一一，第五册，第四四三四～四四三五页。

乾道七年"贤良方正能直言极谏"科制策
宋孝宗

朕承太上之诒谋，绍祖宗之丕绪，宵衣旰食，十年于兹矣。日与一二大臣图回治道，兴起治功，庶几无负付托之重。然躬节俭以先天下，而侈靡之俗尚众；持公正以杜群枉，而阿私之习未革。富国在所先也，理财或未尽其术；强兵亦所急也，军政或尚多宿弊。非不遴选守令，而未闻抚民有方尽如古循吏；非不广求将帅，而未见智勇兼备尽如古名将。田野虽辟，仓廪尚虚；法令虽明，犯法多有。夏秋以来，雨不时若，江湖数郡，民多乏食，救荒之政何施，而可使无流离失业之患？国家经费，多资煮海之利，比缘江湖，岁事不登，而榷货所入顿减常岁，懋迁之术何为，而可使商贾通行，以足军士之须？论役法之未善者非一日，其法孰为最善？言楮币之为弊者非一端，其弊何以拯救？是数者，皆今日之急务，朕所乐闻也。今子大夫褎然而起，副朕久虚之选，朕甚嘉之，其尽心悉意以陈，毋忽。《宋会要辑稿》选举一一，第五册，第四四四一页。

淳熙六年十月九日试太学正刘光祖①

周必大

　　自乡举里选之法废，取士未有不以言者也。三代而下其可论者，汉唐耳。汉重经术，故虽有孝弟，有力田，有茂材，有孝廉，有四科，有贤良，而明经为多。唐重词章，故虽设制科至八十有六，又有宏词，有明经、诸科，而进士得人为盛。此其大略也。本朝取人之制实仿焉。治平而上，专用诗赋，近于唐矣。雕篆之工，疑若不适于用，然元臣大老、通经博古之士，布满中外，累圣赖之，以致太平，其故何也？熙宁、元丰以后，经术造士，殆过于汉矣。是宜得圣人之传，备贤人之业，校短量长，乃或未然，此又何也？岂人材盛多，有相之道初不系于科举耶？抑诗赋经义均无益于政事，未易优劣耶？主上慨然将大有为于天下，而患无真才实能可以仰副任使，不于科举取之，将孰取之？

　　三代远矣，其制殆未易复，今欲一之以词章，则虑学者舍本而图末，固不可也。一之以经术，则人专一艺，百余年间命题已遍，平时既可预备，一旦全用他人之作，未易辨也。无已则兼是二者，或庶几焉。然而元祐、绍兴，皆尝力行，行未久辄罢。盖志分而习不专，艺业所以难工，能者寡，不能者众。主司所以难考，易摇亟改，不在兹乎？若乃词科应用之文，视诗赋、论策无大相远，而用力尤省，剽袭尤多，不过稍取其记问耳。此固非通行之法也。然则由今之制革前之弊，而欲得人如汉唐，如祖宗，为国家立功名，著事业于他日，其必有道矣。

　　至于郡国解试之日，真伪杂进，动以万计，而考官不过数人，又皆漕臣按籍而差者，计一道之官，数且不足，能否何择？毋怪乎遗才之多也。欲救其弊，顾岂无术？盍极陈之，将以献于上。《文忠集》卷一二〇，《四库全书》第1148册，第337～338页。

---

① 按，此策试非制举策试，然关涉制举源流，故收录之。

登科

乾德二年四月

贤良方正能直言极谏科：颖贽。《宋史》卷一《太祖本纪》："（乾德二年）夏四月丁未朔，策贤良方正直言极谏科，博州判官颖贽中第。"《太平治迹统类》卷二十六："（乾德）二年正月，诏举贤良方正等三科，四月试贤良颖贽。"又卷二十七："（乾德二年）四月，贤良科一人：博州判官颖贽，策试称旨，故也。"《九朝编年备要》卷一："夏四月，亲策制科，周设贤良、经学、吏理三科，至是亲策贤良科，得博州判官颖贽。"《续资治通鉴长编》卷五："夏四月丁未朔，以前博州军事判官颖贽为著作佐郎，贽应贤良方正直言极谏科，策试称旨，故也。"《愧郯录》卷十一："乾德元年正月十五日，始诏不限内外职官，前资见任，黄衣布衣并许直诣阁门，进奏请应，朕当亲试，以进时贤。下诏之七十五日，而前博州军事判官颖贽首应诏自荐，临轩召试贤良科，称旨，遂拜秘书省著作郎。"

咸平四年四月

贤良方正能直言极谏科：查道，《宋会要辑稿》选举一〇："咸平四年四月十三日，帝御崇政殿，试贤良方正秘书丞查道、著作佐郎李邈、前定国军节度推官王晓、前奉国军节度推官鲁骧、进士陈越。【略】命翰林学士承旨宋白等考所对。道、越人第四等，晓人第四次等，以道为左正言直史馆，越为将作监丞，晓为著作佐郎，邈、骧皆不人等。"《太平治迹统类》卷二十六："真宗咸平四年四月辛未，上御殿试制举人，命翰林宋白等充考官，得秘书丞查道、进士陈越人第四等，推官王曙人次等。"《续资治通鉴长编》卷四十八："真宗咸平四年四月辛未，上御崇政殿试制举人，命翰林学士承旨宋白等充考官，得秘书丞查道、进士陈越人第四等，定国军节度推官王曙人次等。以道为左正言直史馆，越将作监丞，曙著作佐郎。越，尉氏人；曙，河南人，绩之后也"《宋史》卷二九六《本传》："查道，字湛然，歙州休宁人。【略】俄出知宁州。会举贤良方正之士，李宗谔以道名闻，策人第四等，拜左正言直史馆。未几，出为西京转运副使。六年，始令三司使分部置副，召人，拜工部员外郎，充度支副使，赐金紫。"

陈越，见上《宋会要辑稿》、《太平治迹统类》、《续资治通鉴长编》。《宋史》卷四四一《本传》："陈越，字损之，开封尉氏人。【略】祖守危，兴道令，父夏，虞部员外郎。越少好学，尤精历代史，善属文，辞气俊拔，咸平中诏举贤良，刑部侍郎郭贽荐之，策人第四等，解褐将作监丞，通判舒州，徙知端州，又徙袁州，未几，召还，迁著作佐郎，直史馆，掌鼓司，登闻院。预修《册府元龟》，与陈从易、刘筠尤为勤职。"

王曙。见上《宋会要辑稿》（误为王晓）、《太平治迹统类》、《续资治通鉴长编》。《宋史》卷二八六《本传》："王曙，字晦叔，隋东皋子绩之后。世居河汾，后为河南人。中进士第，再调定国军节度推官。咸平中，举贤良方正科，策人等，迁秘书省著作佐郎，知定海县。"

咸平四年八月

贤良方正直言极谏科：何亮，《宋会要辑稿》选举一〇："咸平四年八月十日，帝御崇政殿，试贤良方正秘书丞何亮、怀州防御推官孙暨、舒州团练孙僅、大名府成安县主簿丁逊，制策曰：【略】。命翰林学士宋白、梁周翰、师颜、知制诰李宗谔、赵安仁、薛映、杨亿考定所对，逊、僅人第四等，亮、暨人第四次等，以逊、僅并为光禄寺丞直集贤院，亮为太常博士，暨为光禄寺丞。"《续资治通鉴长编》卷四十九："己酉，复亲试制举人，得成安县主簿丁逊、舒州团练推官孙僅人第四等，并为光禄寺丞、直集贤院。秘书丞何亮、怀州防御推官孙暨人第四次等，以亮为太常博士，暨为光禄寺丞。"《九朝编年备要》卷六："秋八月，策制科，得丁逊、孙僅、何亮、孙暨四人。"《太平治迹统类》卷二十六："八月己酉，复试制举人，得成安簿丁逊、舒州推官孙僅、秘书丞何亮、推官孙暨，入第四等。亮为太常博士，暨为寺丞。"《愧郯录》卷十一："八月十日，又试何亮、孙暨、孙僅、丁逊，皆人第四等及第四次等。"《宋史全文》卷五："秋八月己酉，复亲试制举人，得丁逊、孙僅、何亮、孙暨，入第四等。"

孙暨，见上《宋会要辑稿》、《太平治迹统类》、《续资治通鉴长编》。

孙僅。见上《宋会要辑稿》、《太平治迹统类》、《续资治通鉴长编》。《大清一统志》卷一六九《本传》："孙僅，何弟，少勤学，与何俱有名于时。咸平元年举进士，兄弟连冠贡籍，时人荣之。解褐舒州团练推官，会诏举贤良方正之士，赵安仁以僅名闻，擢光禄寺丞，累迁给事中，天禧元年卒。"

景德二年九月

贤良方正直言极谏科：钱易，《宋会要辑稿》选举一〇："景德二年九月十七日，帝御崇政殿，试贤良方正光禄寺丞钱易、广德军判官石待问。【略】。命翰林学士晁迥、知制诰杨亿、朱巽为考官。待问、易策并入第四次等，以待问为殿中丞，易为秘书丞。"《续资治通鉴长编》卷六十四："（景德二年九月）丙辰，御崇政殿，亲试贤良方正直言极谏光禄寺丞钱易、广德军判官石待问，并入第四等。以易为秘书丞，待问为殿中丞。待问，眉山人也。"《九朝编年备要》卷七："（景德二年）九月，策制科，得钱易、石待问。"《宋史全文》卷五："（景德二年）九月，御崇政殿，亲试贤良方正直言极谏钱易、石待问，并入第四等。"曾巩《隆平集》卷十四："易字希白，十七举进士，御试三题，日未中而就，言者指其轻俊而黜之。太宗尝语苏易简，叹不与李白同时。对曰：'有进士钱易能为歌诗，不下李白。'上惊喜曰：'诚如是，吾当白衣召至翰林。'会盗起剑南，乃止。咸平二年，易登进士第甲科。景德中，举贤良方正策，入第四等，累擢知制诰翰林学士。卒年五十九。"

石待问。见上《宋会要辑稿》、《续资治通鉴长编》、《九朝编年备要》、《宋史全文》。祝穆《方舆胜览》卷十五引《江南通志》卷一七三："石待问，字则善，眉山人。七岁通四声，尝赋《石上松》曰：'何当为柱石，同立太平基。'时以公辅期之。举进士及制科。进读史百卷，真宗大悦。仁宗时，判太平州，上书言边事，召对称旨，授太常丞，知阶州，寻引年致仕，卜居芜湖。"

景德四年闰五月

贤良方正直言极谏科：陈绛。《宋会要辑稿》选举一〇："（景德四年五月）初七日，帝御崇政殿，试贤良方正著作佐郎陈绛、昇州溧水县令史良、闰州丹阳县主簿夏竦。制策曰：【略】。令两制考订其策。绛、竦入第四次等，良不中式，以绛为左正言，竦为光禄寺丞。"《续资治通鉴长编》卷六十五："（景德四年闰五月）壬申，御崇政殿，试贤良方正著作佐郎陈绛、溧水县令史良、丹阳县主簿夏竦。【略】上因命两制各上策问，择而问焉。绛、竦所对入第四次等，擢绛为右正言，竦为光禄寺丞。"《宋史全文》卷五："（景德四年）闰五月，御崇政殿试贤良方正陈绛、史良、夏竦，【略】因命两制各上策问，择而用之，绛、竦所对入第四次等。"《九朝编年备要》卷七："（景德四年）五月丙申朔，日有食之，策制科，得陈绛、史良、夏竦。上曰六经之旨，圣人用心，今策问宜用经义，参之时务。"《福建通志》卷五十一《文苑》："绛，莆田人。高祖峤，唐光启中进士，殿中侍御史。绛举咸平二年进士，再试贤良第一，除右正言，历司谏起居舍人，以工部郎中知福州，左迁藤州通判，有文集十二卷。"

夏竦。见上《宋会要辑稿》、《续资治通鉴长编》、《宋史全文》、《九朝编年备要》。曾巩《隆平集》卷十一："竦，字子乔，江州人。父承皓，太平兴国初上《平晋策》，补右侍禁，与北敌战，殁于河朔。竦以父死事，恩授润州丹阳县主簿。景德四年，举贤良方正科入等，仁宗封庆国公。"

天圣八年七月

贤良方正直言极谏科：何咏。《宋会要辑稿》选举一〇："天圣七年七月二十五日，帝御崇政殿，试贤良方正太常博士何咏、茂材异等进士富弼。咏制策曰：【略】。弼制策曰：【略】。咏策考入第四等，弼入第四次等，诏以咏为祠部员外郎、通判永兴军，弼为将作监丞、知河南府长水县。"《续资治通鉴长编》卷一〇九："丙子，御崇政殿，策试贤良方正能直言极谏太常博士成都何咏、茂才异等富弼。咏、弼所对策，并入第四等。丁丑，以咏为祠部员外郎，同判永兴军，赐五品服；弼为将作监丞，知长水县。"《九朝编年备要》卷九："（天圣七年）秋七月，策制科贤良方正能直言极谏科何咏，茂材异等富弼。"《宋史全文》卷七上："丙午，御崇政殿，策试贤良方正能直言极谏太常博士何咏、茂才异等富弼，所对策并及第四等。丁丑，以咏为祠部员外郎，同判永兴军；弼为将作监丞，知长水县。"《太平治迹统类》卷二十六："丙午，策试贤良方正能直言极谏太常博士成都何咏，茂才异等富弼二人，所对策并第四等。丁丑，以咏为祠部员外郎，同判永兴军，赐五品服；弼为将作监丞，知长水县。"

茂才异等科：富弼。见上《宋会要辑稿》、《续资治通鉴长编》、《九朝编年备要》、《宋史全文》、《太平治迹统类》。《宋史》卷三一三《本传》："富弼，字彦国，河南人。【略】仁宗复制科，仲淹谓弼：'子当以是进。'举茂材异等，授将作监丞、签书河阳判官。"

景祐元年六月

贤良方正直言极谏科：苏绅。《宋会要辑稿》选举一○："（景祐元年）六月十六日，以翰林侍读学士李仲容、知制诰宋郊、天章阁考待制孙祖德、直集贤院王举正就秘阁考试制科，仲容等上吴育、苏绅、张方平论各六首。六月二十一日，帝御崇政殿，试贤良方正能直言极谏太常博士苏绅、才识兼茂明于体用大理寺丞吴育、茂材异等张方平。制策曰：【略】。育策考入第三次等，绅入第四次等，方平所对不及三千言。诏以育为著作佐郎，直集贤院，通判湖州；绅为祠部员外郎，通判洪州；方平特擢为秘书省校书郎，知苏州昆山县。"《续资治通鉴长编》卷一一四："己酉，策试贤良方正能直言极谏太常博士苏绅、才识兼茂明于体用大理寺丞吴育、茂才异等张方平及武举人于崇政殿。育所对策不及三千字，特擢之，以育为著作佐郎，直集贤院，通判湖州；绅为祠部员外郎，通判洪州；方平为校书郎，知昆山县。"《九朝编年备要》卷十："六月策制科，考官上贤良方正能直言极谏太常博士苏绅、才识兼茂明于体用大理寺丞吴育、茂材异等进士张方平各六论。上御崇政殿策之，并入等。"《宋史全文》卷七下："己酉，策试贤良方正苏绅、才识兼茂吴育、茂才异等张方平及武举人于崇政殿，育所对策入第三等，绅、方平并第四等。"《隆平集》卷十四："绅，字仪甫，泉州人。天禧中登进士第，初名庆民，避章献太后讳，改今名。官太常博士。举贤良方正策入等，授祠部员外郎，屡上章，仁宗嘉纳之，擢知制诰翰林学士。谏官言绅举进士，马端非其人，改龙图阁学士。丧父，服除，复翰林学士。言者又弹其急于进取，改翰林侍读学士，知河阳，徙河中府，未行感疾，医者误用药，犹力疾杖之，卒年四十八。"

才识兼茂明于体用科：吴育。见上《宋会要辑稿》、《续资治通鉴长编》、《九朝编年备要》、《宋史全文》。《隆平集》卷八："吴育，字春卿，建州人。天圣五年，登进士甲科，又举贤良方正入等，屡历外官，始擢知制诰、翰林学士。庆历五年，除枢密副使。"

茂材异等：张方平。见上《宋会要辑稿》、《续资治通鉴长编》、《九朝编年备要》、《宋史全文》。《东坡全集》卷八十八《张文定公方平墓志铭》："公姓张氏，讳方平，字安道。其先宋人也，后徙扬州。【略】公年十三，入应天府学。颖悟绝人。家贫无书，尝就人借三史，旬日辄归之，曰：'吾已得其详矣。'凡书皆一阅，终身不再读。属文未尝起草，宋绶、蔡齐见之曰：'天下奇材也。'与范讽皆以茂材异等荐之。以景祐元年中选，授校书郎，知昆山县。"

景祐五年七月

贤良方正直言极谏科：田况。《宋会要辑稿》选举一○："（景祐）五年六月十六日，命御使中丞晏殊、翰林学士宋郊、知制诰郑戬、直史馆高若讷赴秘阁考试制科。殊等上田况、张方平、邵亢论各六首。【略】七月二十七日，帝御崇政殿，试贤良方正能直言极谏太子中允田况、秘书省校书郎张方平、茂材异等进士邵亢。制策曰：【略】。况策考入第四等，方平入第四次等，亢不入等。诏况为太常丞，通判宣州；方平为著作佐郎，通判睦州。"《续资治通鉴长编》卷一二二："壬戌，御崇政殿，策试贤良方正能直言极谏著作佐郎田况、大理评事张方平，茂才异等邵亢。况所对入第四等，方平四等次，况与宰相张士逊连姻，报罢。况迁太常丞；方平著作佐郎，通判江宁府及睦州。况，信都人；亢，丹阳人。"（《实录》云："亢策字数少，不合格。"今从亢本传。王珪铭亢墓亦云。范仲淹荐亢应贤良方正科，时布衣被召者十四人，皆试秘阁，独得亢一人。及试崇政殿，除建康军节度推官，会有欲中伤宰相者，乃诈言亢与之连姻，命遂中格，人莫知其所以然。盖张士逊娶冯氏，子娶邵氏，邵偶与亢同姓尔。士逊既不能辩，亢亦无言而去。）《九朝编年备要》卷十："秋八月，策制科、武举。于是考官晏殊上贤良方正科田况、张方平，茂才异等邵亢各六论。上御崇政殿策试，况、方平入等，亢与张士逊连姻，报罢。"《宋史全文》卷七下："壬戌，御崇政殿，策试贤良方正能直言极谏著作佐郎田况、大理评事张方平，茂才异等邵亢。况所对入第四等，方平四等次，亢与宰相张士逊连姻，报罢。"曾巩《隆平集》卷十一："况字元均，其先京兆人，后徙居信都。【略】。天圣八年登进士第。又举贤良方正科入等，累擢知制诰、龙图阁直学士、龙图阁学士、翰林学士，两为三司使，至和元年枢密副使，嘉祐三年枢密使，四年以疾免，除尚书左丞、观文殿学士，以太子少傅致仕。卒年五十九，赠太子太保。"

庆历二年八月

才识兼茂明于体用科：钱明逸。《宋会要辑稿》选举一〇："庆历二年七月十一日，命翰林学士吴育、御史中丞贾昌朝、直集贤院张方平就秘阁考试制科，育等上钱明逸、齐唐论六首。八月六日帝御崇政殿，试才识兼茂明于体用殿中丞钱明逸，贤良方正直言极谏处州军推官齐唐。制策曰：【略】。明逸策考入第四次等，唐不入等。诏以明逸为太常博士，通判庐州；唐特授许州节度推官。"《续资治通鉴长编》卷一三七："（庆历二年八月）丁丑，御崇政殿，策试才识兼茂明于体用科殿中丞钱明逸，所对策入第四等次，以为太常博士，通判庐州。明逸，易子也。"《九朝编年备要》卷十一："（庆历二年）八月，策制科、武举，钱明逸制举入等，易之子也。"《宋史全文》卷八上："（庆历二年）八月丁卯，御崇政殿，策试才识兼茂明于体用科殿中丞钱明逸，对策入第四等次，以为太常博士，通判庐州。明逸，易子也。"《太平治迹统类》卷二十六："庆历二年八月，策试才识兼茂明于体用科殿中丞钱明逸，对策入四等，以为太常博士，通判庐州。易之子。"《宋史》卷三一七《本传》："明逸字子飞。由殿中丞策制科，转太常博士。为吕夷简所知，擢右正言。"

庆历六年七月

贤良方正直言极谏科：钱彦远。《宋会要辑稿》选举一〇："（庆历六年）七月二十八日，命权御史中丞张方平、知制诰彭乘、杨伟、集贤校理胡宿就秘阁考试制科，方平等上钱彦远、齐唐论六首。八月十六日，帝御崇政殿，试贤良方正直言极谏太学博士钱彦远。制策曰：【略】。彦远策考入第四等，诏以为祠部员外郎，知润州。"《宋史》卷三一七《本传》："彦远字子高，以父荫补太庙斋郎，累迁大理寺丞。举进士第，以殿中丞为御史台推直官。通判明州，迁太常博士。举贤良方正能直言极谏科，擢尚书祠部员外郎、知润州。"

皇祐元年八月

贤良方正直言极谏科：吴奎。《宋会要辑稿》选举一一："皇祐元年七月二十八日，命观文殿学士丁度、知制诰嵇颖、李绚、直龙图阁王洙就秘阁考试制科，度等上吴奎论六首。【略】。(八月)十四日，帝御崇政殿，试贤良方正能直言极谏殿中丞吴奎。制策曰：【略】。奎策考入第四等，诏以为太常博士，通判陈州。"《续资治通鉴长编》卷一六七："甲申，御崇政殿，策试贤良方正能直言极谏殿中丞吴奎。奎所对入第四等，以奎为太常博士，通判陈州。奎，北海人，尝为广信军判官。"《九朝编年备要》卷十四：(皇祐元年)秋八月，策制科、武举，贤良方正能直言极谏殿中丞吴奎入第四等。"《太平治迹统类》卷二十六："皇祐元年秋甲申，策试贤良方正能直言极谏殿中丞吴奎，奎所对入四等，以为太常博士，通判陈州。"《宋史》卷三一六："吴奎，字长文，潍州北海人。性强记，于书无所不读。举《五经》，至大理丞，监京东排岸。【略】。再迁殿中丞，策贤良方正入等，擢太常博士、通判陈州。入为右司谏，改起居舍人，同知谏院。"

嘉祐二年八月

才识兼茂明于体用科：夏噩。《宋会要辑稿》选举一一："(嘉祐二年)八月七日，命三司使张方平、龙图阁直学士陈升之、知制诰吴奎、直秘阁王畴就秘阁考试制举科，方平等上王彰、夏噩论各六首。十九日，帝御崇政殿，试贤良方正能直言极谏秘书王彰，才识兼茂明于体用明州观察推官夏噩。制策曰：【略】。噩策考入第四等，彰不入等，诏噩为光禄寺丞。"《续资治通鉴长编》卷一八六："(嘉祐二年八月)癸亥，策试贤良方正能直言极谏秘书丞王彰，才识兼茂明于体用明州观察推官夏噩，彰所对不入等，噩入第四等，授光禄寺丞。"《九朝编年备要》卷十五："秋八月策制举贤良方正能直言极谏科王彰，材识兼茂明于体用科夏噩。彰不入等，噩入第四等。"《宋史全文》卷九下："(秋七月)癸亥，策试贤良方正能直言极谏王彰，材识兼茂明于体用夏噩。彰所对不入等，噩入第四等。"《太平治迹统类》卷二十六："八月癸亥，试贤良方正能直言极谏秘书丞王彰，材识兼茂明于体用明州推官夏噩，彰对不入等，噩入第四等，授光禄寺丞。"王鏊《姑苏志》卷四十一："噩，字公酉，池州人。以试光禄寺丞，知长洲。性卞急，遇事辄发出语，无隐情，人多惮之。提刑陈道古恶其轻傲，捃以私贷民钱，按罪勒停，坐废十年。文彦博为白于朝，诏还其官。"

嘉祐四年八月

材识兼茂明于体用科：陈舜俞。《宋会要辑稿》选举一一："嘉祐四年七月二十六日，命翰林学士吴奎、权御史中丞韩绛、知制诰范镇、起居舍人知谏院范师道就秘阁考试制科。奎等上陈舜俞、钱藻、汪辅之论各六首。八月十三日，帝御崇政殿，试材识兼茂明于体用明州观察推官陈舜俞、贤良方正直言极谏宣州旌德县尉钱藻、汪辅之。制策曰：【略】。舜俞等制策并考入第四等。诏舜俞为秘书省著作佐郎；藻为秘书省校书郎，无为军判官；辅之虽同入等，而言者以无士行而罢之。"《续资治通鉴长编》卷一九〇："（嘉祐四年八月）乙亥，御崇政殿，策试应才识兼茂明于体用科明州观察推官陈舜俞、贤良方正直言极谏旌德县尉钱藻、汪辅之。舜俞、藻所对策并入第四等，授舜俞著作佐郎、签书忠正军节度判官事，藻试校书郎、无为军判官。辅之亦入等，监察御史里行沈起言其无行，罢之，辅之躁忿，因以书诮让富弼曰：'公为宰相，但奉行台谏风旨而已，天下何赖焉！'弼不能答。舜俞，乌程人。藻，璆五世孙也。"《九朝编年备要》卷一六："嘉祐四年八月，策制科陈舜俞、钱藻、汪辅之，并入第四等。言者以辅之无行，罢之。辅之躁忿，因以书诮讯富弼曰：'公为宰相，但奉行台谏风旨而已。'弼不能答。"《宋史》卷三三一《本传》："舜俞，字令举，湖州乌程人。博学强记。举进士，又举制科第一。熙宁三年，以屯田员外郎知山阴县，诏俟代还试馆职。"

贤良方正直言极谏科：钱藻。见上《宋会要辑稿》、《续资治通鉴长编》、《九朝编年备要》。《宋史》卷三一七《本传》："藻字醇老，明逸之从子也。幼孤，刻厉为学。第进士，又中贤良方正科，为秘阁校理。"

嘉祐六年八月

贤良方正直言极谏科：王介。《宋会要辑稿》选举一一："（嘉祐）六年八月十七日，命翰林学士吴奎、龙图阁直学士杨畋、权史中丞王畴、知制诰王安石就秘阁考试制科。奎等上王介、苏轼、苏辙论各六首。二十五日帝御崇政殿，试贤良方正能直言极谏者著作佐郎王介、河南府福昌县主簿苏轼、河南府渑池县主簿苏辙。制策曰：【略】。轼策入第三等，介入第四等，辙入第四次等。诏轼为大理评事金书、凤翔府判官公事；介为秘书丞，知通州静海县；辙为商州军师推官。"《续资治通鉴长编》卷一九四："（嘉祐六年八月）乙亥，御崇政殿，策试贤良方正能直言极谏著作佐郎王介、福昌县主簿苏轼、渑池县主簿苏辙。轼所对第三等，介第四等，辙第四等次。以轼为大理评事，签书凤翔府判官；介为秘书丞，知静海县；辙为商州军事推官。时辙对语最切直，其略曰：'自西方解兵，陛下弃置忧惧小心二十年矣！'又曰：'陛下无谓好色于内，不害外事也。'又曰：'宫中赐予无艺，所欲则给，大臣不敢谏，司会不敢争，国家内有养士养兵之费，外有北狄、西戎之奉，海内穷困，陛下又自为一阱，以耗其遗余。'谏官司马光考其策，入三等，翰林学士范镇难之，欲降其等。蔡襄曰：'吾三司使司会之名，吾愧之而不敢怨。'惟胡宿以为策不对所问，而引唐穆宗、恭宗以况盛世，非所宜言，力请黜之。光言是于同科三人中，独有爱君忧国之心，不可不收，而执政亦以为当黜。上不许，曰：'求直言而以直弃之，天下其谓我何？'乃收入第四等次，及除官，知制诰。王安石疑辙右宰相，专攻人主，比之谷永，不肯为词。韩琦笑曰：'彼策谓宰相不足用，欲得娄师德、郝处俊而用之，尚以谷永疑之乎？'改命沈遘，遘亦考官也，乃为之辞。已而谏官杨畋见上曰：'苏辙，臣所荐也，陛下赦其狂直而收之，此盛德事。乞宜付史馆。'上悦，从之。介，衢州人也。"《九朝编年备要》卷十六："（嘉祐六年）八月策制科，得王介、苏轼、苏辙，言极切直，胡宿请黜之。上曰：'以直言召人，奈何以直弃之。'于是轼入第三等，介、辙第四等，知制诰。王安石意辙右宰相，专攻人主，比之谷永，不肯撰词。宰臣韩琦曰：'此人语谓宰相不足用，欲得娄师德、郝处俊而用之，尚以谷永疑之乎？'已而杨畋见上曰：'苏辙臣所属也，陛下赦其狂直而收之，乞宜付史馆。'上悦，从之。"

才识兼茂明于体用科：苏轼，见上《宋会要辑稿》、《续资治通鉴长编》、《九朝编年备要》①。《宋史》卷三三八《本传》:"苏轼,字子瞻,眉州眉山人。【略】。嘉祐二年,试礼部。方时文磔裂诡异之弊胜,主司欧阳修思有以救之,得轼《刑赏忠厚论》,惊喜,欲擢冠多士,犹疑其客曾巩所为,但置第二;复以《春秋》对义居第一,殿试中乙科。后以书见修,修语梅圣俞曰:'吾当避此人出一头地。'闻者始哗不厌,久乃信服。丁母忧。五年,调福昌主簿。欧阳修以才识兼茂荐之秘阁。试六论,久不起草,以故文多不工。轼始具草,文义粲然。复对制策,入三等。自宋初以来,制策入三等,惟吴育与轼而已。除大理评事、签书凤翔府判官。"

苏辙。见上《宋会要辑稿》、《续资治通鉴长编》、《九朝编年备要》。《宋史》卷三三九《本传》:"苏辙,字子由,年十九,与兄轼同登进士科,又同策制举。仁宗春秋高。辙虑或倦于勤,因极言得失,而于禁廷之事,尤为切至。【略】。策入,辙自谓必见黜。考官司马光第以三等,范镇难之。蔡襄曰:'吾三司使也,司会之言,吾愧之而不敢怨。'惟考官胡宿以为不逊,请黜之。仁宗曰:'以直言召人,而以直言弃之,天下其谓我何?'宰相不得已,置之下等,授商州军事推官。"

治平二年九月

贤良方正直言极谏科:范百禄,《宋会要辑稿》选举一一:"英宗治平元年(按,元年当为二年)八月二十一日,命天章阁待制司马光、直史馆邵亢、直集贤院韩维、秘阁校理钱藻就秘阁考试制科。光等上范百禄、李清臣论各六首。九月十二日,帝御崇政殿,试贤良方正能直言极谏秘书省著作佐郎范百禄、晋州和州县令李清臣。制策曰:【略】。百禄等策并考入第四等。诏百禄为秘书丞,清臣为秘书郎。"《续资治通鉴长编》卷二〇六:"(治平二年九月)己巳,策制举人,【略】。甲戌,以制科入等著作佐郎范百禄为秘书丞,升一任,前和川县令李清臣为著作佐郎。"《九朝编年备要》卷十七:"(治平二年)九月,【略】策制科、武举,以范百禄为秘书丞,李清臣为著作佐郎。百禄,镇从子也。"《太平治迹统类》卷二十六:"英宗治平二年秋甲戌以制科入等,范百禄为秘书丞,升上一任,前和州县令李清臣为著作佐郎。"《宋史》卷三三七《本传》:"百禄字子功,镇兄锴之子也。第进士,又举才识兼茂科。时治平水灾,大臣方议濮礼,百禄对策曰:'简宗庙、废祭祀,则水不润下。昔汉哀尊共皇,河南、颍川大水;孝安尊德皇,京师、郡国二十九大水。盖大宗隆,小宗杀;宗庙重,私祀轻。今宜杀而隆,宜轻而重,是悖先王之礼。礼一悖,则人心失而天意睽,变异所由起也。'对入三等。"

李清臣。见上《宋会要辑稿》、《续资治通鉴长编》、《九朝编年备要》。《宋史》卷三二八《本传》:"李清臣,字邦直,魏人也。【略】。举进士,调邢州司户参军、和川令。岁满,荐者逾十数,应得京官。适举将薛向有公事未竟,阁铨格,判铨张掞摘使自陈勿用。清臣曰:'人以家保己而己舍之,薄矣。愿待之。'掞离席曰:'君能如是,未可量也。'应材识兼茂科,欧阳修壮其文,以比苏轼。治平二年,试秘阁,考官韩维曰:'荀卿氏笔力也。'试文至中书,修迎语曰:'不置李清臣于第一,则谬矣。'启视如言。"

---

① 按,据《宋会要辑稿》,二苏所应制举科目为"贤良方正直言极谏科"。然《宋史》苏轼本传云:"欧阳修以才识兼茂,荐之秘阁。"又沈遘《西溪集》卷五《应才识兼茂明于体用科新授河南府渑水县主簿苏辙可试秘书省校书郎充商州军事推官制》,则二苏所应又似为"才识兼茂明于体用科"。二苏所应究为何科目,俟考。

熙宁三年八月

贤良方正直言极谏科：吕陶，《宋会要辑稿》选举一一："熙宁三年八月二十三日，命翰林学士司马光、直舍人院吕大防、集贤校理孙洙、李清臣就秘阁考试制科，光等上吕陶、钱勰、孔文仲、张绘论六首。九月二十四日，上御崇政殿，试贤良方正直言极谏太常博士吕陶、殿中丞钱勰、台州司户参军孔文仲、太庙斋郎张绘。制策曰：【略】。文仲所对策考入第三等，手诏：'殿试所初覆考详定到"调"字号卷子，定为第三等，详观其条对，大抵尚流俗而后是非，又毁薄时政，援正先王之经而辄失义理。朝廷比设直言极谏之科，以开广聪明，来天下贤智之士者，岂非谓能以天下之情告上者谓之直言，人君有污德恶政而能忘其卑高之势以道争之，谓之直谏者乎？此人学识恐不足收录，以惑天下之观听。可别具进呈。'既而诏流内铨告示，文仲发赴本任，陶升一任，堂除差遣，绘堂除判司簿尉，勰不入等。"《续资治通鉴长编》卷二一五："诏贤良方正等科太常博士、通判蜀州吕陶升一任，与堂除；太庙斋郎张绘、堂除判、司、主簿或尉。前台州司户参军孔文仲，令流内铨告示发赴单州团练推官本任。陶等皆中选，而文仲策初在第三等，手诏：'制科"调"字号卷，详观其条对，大抵意尚流俗而后是非，又毁薄时政，援正先王之经而辄失义理。朝廷比设直言极谏之科，以开扩聪明，来天下贤智之士者，岂非谓能以天下之情告上者谓之直言，人君有污德恶政而能忘其卑高之势，以道争之，谓之极谏者乎？以此人之学识，恐不足收录，以惑天下之观听，可再进呈。'而'调'字号乃文仲试卷也。于是，上读文仲试卷，至'专任德'，上曰：'德、刑不可偏，然救世亦有时而偏用，"乂用三德"是也。'王安石遂言《周礼》三典，及伐管、蔡并商人群饮事。上又读至'亨而后革'，安石曰：'革，巳日乃孚，革然后亨。若既亨，则安用革耶？'安石因言，今文章之士不难得，有才智实识道理者至少。上以为识道理者，殆未见其人。安石又论文仲，以为如范百禄以非濮王事合考官取高等尔。于是冯京意助文仲，上不听，故有是命。是岁举制科者五人，文仲所对策，指陈时病，语最切直。初考，宋敏求、蒲宗孟置第三等上，覆考王珪、陈睦置第四等，详定韩维从初考。陶语亦稍直，绘记诵该博，钱勰文稍工，皆入第四等。侯溥称灾异皆天数，又用王安石'洪范'说，云：'肃时雨若非时雨顺之也；德如时雨耳'。众皆恶其阿谀而黜之。维又奏勰文平缓，亦黜之。安石见文仲策，大恶之，密启于上，御批黜文仲。知通进银台司齐恢、孙固屡封还御批，维及陈荐、孙永皆求对，力言文仲不当黜。维章凡五上，略曰：'陛下无谓文仲一贱士耳，黜之何伤？臣恐贤俊由此解体，忠良结舌，阿谀苟合之人将窥隙而进，为祸不细，愿改赐处分。'卒不听。文仲，延之子，陶及溥皆眉州人，勰明逸从子也。（张绘不知何许人。《登科记》以为成都人，恐误。勰以国子博士举贤良，不中，除知尉氏县，此据《本传》，当考。）始，维等争言文仲不当黜，时会安石奉祠，上以手诏问之，安石答诏曰：'陛下患韩维辈出死力争文仲事，臣固疑其如此，文仲诬上不直，以迎合考官不逞之意，若不如圣诏施行，而用考官等第奖擢，则天下有识者必窃笑朝廷听察之不明，而疏远无知者谓陛下所为诚如文仲所言，而比周不逞之人更自以为得计。此臣不敢不奉行圣诏也。今韩维欲出死力争之，若陛下姑息从之，则人主之权坐为群邪所夺，流俗更相扇动，后将无复可以施为。今流俗之人，务在朋党因循，而陛下每欲考功责实，考功责实，最害于朋党因循，则其欲挠陛下之权固宜如此。陛下诚能深思熟计，以静重持之，俟其太甚，然后御之以典刑，则小人知畏而俗亦当渐变矣！其详，乞俟臣祠事罢，入见奏论。'文仲竟坐黜。"（林希《野史》："'孔文仲对制策悉及时事，切直无所回避，其语惊人，初考官宋敏求、蒲宗孟署三等上，覆考官王珪、陈睦畏避，止署四等，详定官王存、韩维定从初考。故事推恩当得京官签判,有怒其斥已者,自吕陶等皆推恩,惟文仲特黜,下流内铨遣还本任,中外大惊。既而召其弟武仲为直讲,辞不赴,怒者益甚,召其父延之为开封推官,畏不敢来,乞外郡,得越州。以盐课最亏,卢秉劾延之违背新法,已移宣州,特冲替。'按希所云武仲、延之辞召事当考。")《九朝编年备要》卷十八:"策制科、武举,得吕陶、张绘、孔文仲,对策凡九千余言,力诋王安石所建理财训兵之说为非是,宋敏求第为异等。上读文仲策,谓其意尚流俗,毁薄时政,恐不足收录。安石见之大不平,于是乃密启上御批,令文仲远单州推官本任,齐恢、孙固封还御批,韩维、陈荐、孙永皆力言文仲不当黜。维五上章,略曰:'陛下无谓文仲一贱士耳,黜之何伤?臣恐贤俊由此解体,忠良由此结舌,阿谀苟合之人窥隙而进,为祸不细,愿改赐处分。'卒不听。"《宋史》卷三四六《本传》:"吕陶,字元钧,成都人。【略】。知太原寿阳县。府帅唐介辟签书判官,暇日促膝晤语,告以立朝事君大节,曰:'君廊庙人也。'以介荐,应熙宁制科。时王安石从政,改新法,陶对策枚数其过,大略谓:'贤良之旨,贵犯不贵隐。臣愚,敢忘斯义?陛下初即位,愿不惑理财之说,不间老成之谋,不兴疆场之事。陛下措意立法,自谓庶几尧、舜,然陛下之心如此,天下之论如彼,独不反而思之乎?'及奏第,神宗顾安石取卷读,读未半,神色颇沮。神宗觉之,使冯京竟读,谓其言有理。司马光、范镇见陶,皆曰:'自安石用事,吾辈言不复效,不意君及此,平生闻望,在兹一举矣。'安石既怒孔文仲,科亦随罢,陶虽人等,才通判蜀州。"

孔文仲,见上《宋会要辑稿》、《续资治通鉴长编》、《九朝编年备要》。《宋史》卷三四四《本传》:"孔文仲,字经父,临江新喻人。【略】。熙宁初,翰林学士范镇以制举荐,对策九千余言,力论王安石所建理财、训兵之法为非是,宋敏求第为异等。安石怒,启神宗,御批罢归故官。齐恢、孙固封还御批,韩维、陈荐、孙永皆力言文仲不当黜,五上章,不听。范镇又言:'文仲草茅疏远,不识忌讳。且以直言求之,而又罪之,恐为圣明之累。'亦不听。苏颂叹曰:'方朝廷求贤如饥渴,有如此人而不见录,岂其论太高而难合邪?言太激而取怨邪?'"

张绘。见上《宋会要辑稿》、《续资治通鉴长编》、《九朝编年备要》。

元祐三年九月

贤良方正直言极谏科:谢悰。《宋会要辑稿》选举一一:"(元祐三年)九月八日,御史中丞孙觉、户部侍郎苏辙、中书舍人彭汝砺、秘书省正字张绩考试应贤良方正能直言极谏科,觉等上谢悰论六首。二十四日,上御集英殿,试贤良方正能直言极谏谢悰。制策曰:【略】。所对策考入次等,赐进士出身,除初等职官。"《续资治通鉴长编》卷四一四:"(元祐三年九月)丁卯,上御集英殿,试贤良方正能直言极谏科谢悰,己巳,赐悰进士出身,除初等职官。"

元祐六年九月

贤良方正直言极谏科:王普,《宋会要辑稿》选举一一:"(元祐)六年八月,秘书省考试应贤良方正能直言极谏,上王普、司马槱、王当论各六首。【略】。试日及差官阙。九月八日,上御集英殿,试应贤良方正能直言极谏左宣德郎新知泸州合江县事王普、河中府司理参军司马槱、眉州眉山县布衣王当。制策曰:【略】。王普所对策,初考第四等次,覆考第四等,详定从覆考;司马槱初考第五等,覆考第四等次,详定从初考;王当初考第五等,覆考不入,详定从初考。诏王普迁一官,除佥判差遣;司马槱特赐同进士出身,堂除初等职官,王当特堂除簿尉。"《续资治通鉴长编》卷四六六:"(元祐六年八月)丁酉,三省言御试应贤良方正能直言极谏科制策,左宣德郎新知泸州合江县事王普初考第四等,次覆考第四等,详定从覆考;河中府司理参军司马槱初考第五等,覆考第四等,次详定从初考;眉州眉山县布衣王当初考第五等,覆考不入等,详定从初考。诏王普迁一官,除佥判差遣;司马槱特赐同进士出身,堂除初等职官;王当特堂除簿尉。先是秘书省考试制科,所考校到等第字号,诏普等御试,至是推恩。"

司馬槱。见上《宋会要辑稿》、《续资治通鉴长编》。张耒《柯山集》卷四四《书司马槱事》:"司马槱,陕人,太师文正之侄也。制举中第,调关中一幕官,行次里中。"

绍圣元年九月

贤良方正直言极谏科:张咸,《宋会要辑稿》选举一一:"(绍圣元年)八月十五日,御史中丞黄履、中书舍人朱服、左司郎中刘定、秘书丞李昭玘并赴秘阁考试应贤良方正能直言极谏,履等上张咸等论各六首。二十三日,三省进呈秘书省考试到贤良方正直言极谏科陈旸等四人,内第二名赵天启考中第四等。上曰:'天启累上书,言事狂妄,岂可令就试。'初,谏官翟思尝言天启无行。又尝经尚书省诉,元祐三年阁试考中第五等,合直赴殿试,为大臣沮抑,极诋当日考官出题非是。又履偷匦献书,书奏不出,有旨令鼓检院不得收接文字。竖日,上谓章惇曰:'赵天启尝上书,极狂妄,朕始欲令羁管,又思之不欲,如此恐阻塞言路,所以只令不收文字。至是秘书省奏号名在选中,特旨黜之。'会御史井亮采亦言其凶险。上曰:'此众论不与尔。'九月八日,上御集英殿,试贤良方正能直言极谏剑南西川节度推官华州州学教授张咸、右通直郎吴俦、布衣陈旸(制策阙)。命权吏部尚书王震、吏部侍郎杨畏、中书舍人林希、国子司业龚原、右正言张商英、秘书正字叶俦考定所对,咸、俦赐第三等,以咸为宣德郎与佥判差遣,俦升一任,旸除初等职官,并与堂除。"《九朝编年备要》卷二十四:"(绍圣元年)九月,罢制科,考官上张咸、吴俦、陈晰各六论,上谓章惇曰:'制科所试策与进士策无异,先朝尝罢此科,何时复置?'曰:'元祐初复置。'李清臣曰:'汉亦不设此科。'上曰:'进士策亦可言时政阙失,因诏罢制科。'"《四川通志》卷十上:"张咸,字君说,绵州人。少孤贫,抚兄子汉淮与其女,俱为择配,视犹己出。元祐中诏复六科,咸以教授对策,擢第一。有杂文二十卷。年四十二卒。子浚贵,累赠太师秦国公。"

吴俦,见上《宋会要辑稿》、《九朝编年备要》。《浙江通志》卷一八二:"俦,《严陵志》:字子友,建德人。幼颖悟,读书五行俱下,熙宁初中贤良方正直言极谏科,和平门内其读书楼双台在焉。盖自皇甫湜后三百年间,俦始复中制科。"

陈旸,见上《宋会要辑稿》、《九朝编年备要》。《宋史》卷四三二:"陈旸字晋之,福州人。中绍圣制科,授顺昌军节度推官。"

乾道七年十一月

贤良方正直言极谏科:李垕。《宋会要辑稿》选举一一:"(乾道)五年三月六日,诏应贤良方正能直言极谏科眉州布衣李垕词业，令缴进（用翰林学士汪应辰之荐也）。十二月二十五日，礼部言，李垕词业已经御览，诏特令来年三月依格召试中书。（乾道七年）九月二十七日，命翰林学士王曮、起居舍人李彦颖就中书后省考试参详制科。曮等上李垕论六首。十月二十七日，礼部言，检照祖宗故事，策试贤良方正，即无唱名之例，今欲候初、覆考，详所考定等第缴奏，再付朝廷取旨推恩。从之。二十八日，御药院言已降旨应贤良方正直言极谏科李垕今赴殿试契勘，御试举人唱名毕，其正奏名进士第一甲，策文并写作册进御，并进德寿宫，及焚进诸陵。今李垕策文，伏乞指挥诏，依例修写。十一月四日，上御集应殿试贤良方正能直言极谏李垕，制策曰：【略】。垕策考入第四等，赐制科出身。五日，礼部言，策试贤良方正，即无唱名之例，若照仿逐举进士，皇帝御殿推恩，足以彰崇儒求言之盛。从之。七日，诏今月八日御殿贤良方正推恩，依逐次举人唱名例，殿内赐应奉官等茶酒。"《资治通鉴后编》卷一二三："（乾道七年）十一月甲戌，帝御集英殿策试贤良方正直言极谏科，赐李垕制科出身。"陈骙《南宋馆阁录》卷七："李垕，字仲信，眉山人。制科出身，四年七月除，是年九月罢。"

艺文

安道登茂材异等科

石 介

尝言春官氏，设官何鼪鼪。屑屑取于人，辞赋为程约。一字竞新奇，四声分清浊。矫矫迁雄才，动为对偶缚。恢恢晁董策，亦遭声病落。每岁棘篱上，所得多浮薄。嗟哉浮薄流，不知王霸略。六经挂东壁，三史束高阁。琐琐事雕篆，区区衍述作。随行登一第，谓身骞寥廓。趋众得一官，谓身縻好爵。栖栖咫尺地，燕雀假安托。汲汲五斗米，雁鹜资饮啄。壮哉张安道，少怀夫子学。三就礼部试，不肯露头角。耻用众人遇，羞将一赋较。甘心塌翼归，志怀本卓荦。三贤文章师，（大参宋公、副枢蔡公、计相范公，连章称荐。）儒林推先觉。百鸟声喈喈，独能辨鹭鸶。玉石方混混，独能识至璞。荐之于天子，此材堪轮桷。遂得望清光，三接近帷幄。僚友视万乘，器宇诚岳岳。愿乞数刻景，古今可扬搉。纵横三千言，得隽如夺稍。上下驰皇王，周旋骋礼乐。远推灾异源，上究星文错。直言补王阙，危论针民瘼。天子览其奏，嘉赏为嗟愕。既叹相见晚，且言同时乐。一命校秘书，恩泽优且渥。追惜汉武世，仲舒道硗确。再念文宗朝，刘蕡命蹇剥。有才无其时，徒抱此诚悫。吾君嗣丕基，百王惭景铄。万物蒙休嘉，四夷奉正朔。贤良得其时，才命不相虐。一谒乃大遇，君臣无隔膜。我贺吾君明，取士得英卓。我贺吾道行，逢时不蹉踔。行愿入廊庙，钧轴在掌握。上使斯文淳，下使斯民朴。五帝从何追，三王岂为邈。石介撰，陈植锷点校《徂徕石先生文集》卷三，中华书局1984年，第26～27页。

元均首登贤良科因寄

石 介

宏辞等甲贤良贵，二美翩翩落手中。（今之御试三题，乃唐宏辞科也。）虎子得来山穴泣，骊珠探去海涛空。三千字独陈当宁，十七人甘坐下风。（试者十八人。）曾向当年竞头角，直从此日决雌雄。（予与元均同年登进士科，礼部、御前姓名皆相邻。）石介撰，陈植锷点校《徂徕石先生文集》卷四，中华书局1984年，第45页。

安道再登制科

石 介

雄辞磅礴压群英，再战戈矛锐更精。裴度韬钤无失律，武侯节制是神兵。千人尽服徂丘议，九合谁干小白盟。帝宋开基八十载，连登科目独为荣。石介撰，陈植锷点校《徂徕石先生文集》卷四，中华书局1984年，第45～46页。

崇政殿试贤良晚归
欧阳修

槐柳依依禁御长，初寒人意自凄凉。凤城斜日留残照，玉阙浮云结夜霜。老负渔竿贪国宠，病须樽酒送年光。归来解带西风冷，衣袖犹沾玉案香。《欧阳修文集》之《居士集》卷十四，中国书店1986年，第101页。

送苏贤良之任豫章
胡 宿

三道胶西策，详延俯瑞麇。帝临宣室坐，人拱太微庭。捷思谁加点，危言自据经。文成洛纸贵，诏下武泥馨。（案"武泥"二字不经见，当即是汉时武都紫泥封诏事截用之。）起草分宫笔，监州驾屏星。心存云气阙，梦绕斧文屏。南国标江纪，西山占地灵。槛泉通水府，窗户接岩肩。凉月依滕阁，孤风泊孺亭。案书休犯虑，斋酒且忘形。界道宫墙紫，规蒲禁地青。归来开院直，鳌顶架沧溟。胡宿《文恭集》卷六，《四库全书》第1088册，第663页。

诏复制科有谓予应诏者
宋 祁

汉幄思贤尺诏飞，不材充赋谅非宜。就令能奏三千牍，未免长安欲死饥。宋祁《景文集》卷二十三，《四库全书》第1088册，第189页。

送黄士安应贤良方正序
张 俞

元年春，朝廷复用六科召天下异才，著作佐郎、江夏黄士安自成都提所为论策，应召而行。俞以言送之曰：君尝用策干大臣，获荐诸朝，遂名方正，而天下莫不闻。圣上方居岩廊，观万方，惕然惧不克治，乃策方正。求其所谓为方正者，岂弊吻诵述，剽盗俗说，以苟爵禄而已乎？今内无嬖女，外无奸臣，宫室不崇，畋猎不游，钟鼓不淫，囹圄不囚，奸宄不滋，赏罚不私，干戈不暴，黔黎不嗟，海内顺靖，寂无喧哗，可谓理道盛矣。然而国统未立，大本不安，宗子未候，维城不固，贤臣未备，政体不隆，将帅未良，战阵不勇，故以号令不震，武威不扬，北敌西戎，连衡虎视，天见异，地见妖，水旱虫蝗，民流饥馑，盖相望于天下，固寇敌之资也。君岂有意乎？天子方收群策以终太平，延谏诤以通是非。群策举则治乱见，谏诤入则善恶明。君当思尽言，以道悟主，贤良方正之事也。若曰我将随世偶合，与儿曹争一日之利，予则逃白云而掩口，岂晁、董之复可议乎？扈仲荣、程遇荣等编《成都文类》卷二十二，《四库全书》第1354册，第533～534页。

简韩丕茂才
田　锡

一名倜傥动皇州，寄应王门作解头。将领风骚推李杜，较量英勇让曹刘。（曹公谓刘备曰："天下英雄，惟我与君尔！"）春闱有诏俄中辍，秋赋随时亦暂休。金殿制科思取应，远飞章句问嘉谋。（寻有敕开贡举，太素时为左拾遗，知兖州。）田锡《咸平集》卷十五，《四库全书》第1085册，第450页。

送吴春卿赴都
张方平

法座临轩策俊髦，同君陛见预旌招。疲驽十驾始千里，孤鹗一飞先九霄。兰棹秋风行迤逦，艅艎旭日势岧峣。石渠为谢诸时彦，行迈同趋便殿朝。张方平《乐全集》卷一，《四库全书》第1104册，第6页。

谢范天章荐应制科 明道二年
张方平

初辟明堂见帝轩，此时宁得恋丘园。程文懒谒春官氏，决策思干法扆尊。千古声名传鹗表，四方豪俊望龙门。若趋丹陛承清问，何以酬知或敢言。张方平《乐全集》卷二，《四库全书》第1104册，第15页。

试制举人呈同舍诸公二首
苏　辙

垣中不减台端峻，池上来从柱下严。同直旧曾连月久，暂来还喜二公兼。（仆顷与孙莘老同在谏垣，与彭器资同在西掖）直言已许侵弹奏，新告行闻振滞淹。顾我麓官何所与，西曹只合论茶盐。

又

早岁同科止六人，中年零落半埃尘。却将旧学收新进，几误今生是后身。肮脏别都遗老骥，沉埋秘府愧潜鳞。(制科前辈，今独张公安道一人，后来未用，惟张去华而已) 怜君尚胜刘贲在，白首诸侯呼上宾。苏辙撰，曾枣庄、马德富《栾城集》卷十五，上海古籍出版社1987年，第374页。

某与鲜于绰元勋共约同习制科
李廌

赵括痴儿漫喜兵，他年自料困长平。将军各有万人敌，下士难先二子鸣。卢骆杨王何足算，江黄六蓼岂劳征？英雄少贬虽惭愧，且徇区区月旦评。李廌《济南集》卷四，《四库全书》第1115册，第757页。

景福殿东厢诗 皇祐元年作
司马光

皇祐元年秋八月，皇帝临策贤良方正及武举进士，仆与范景仁受诏雠校策卷，寓直于景福殿东厢凡三日，得诗十三首，编之下方。

一、夜意

清夜四无哗，深严上帝家。星翻珠网白，斗挂玉楼斜。风静虚成韵，霜轻未作花。还疑汉津客，浩荡寄流槎。

二、即日

枡楷留深殿，仓琅秘九门。日长人对直，风迴燕高翻。林有萧疏意，云无片缕痕。钧天真自到，不独暂飞魂。

三、柏

落落抱高节，秀出青云端。无言涧谷幽，自致宫庭难。芳风袭玉宇，余露分铜盘。不使万年木，嘉名高岁寒。

四、御沟

万户郁相钩，枝分瑟瑟流。萦纡通桂观，隐见带龙楼。碧映千林曙，红飘一叶秋。寒波长不竭，岁岁奉宸游。

五、赐酒

和气盈金榼，恩光湛玉觞。应知北山羽，犹怯上林霜。醇味回秋色，清都近醉乡。山茅沾雨露，誓极寸心长。

六、菊

琐琐南阳菊，秋潭岁自开。孤根拥红叶，落蘂媚苍苔。正以参灵药，因之植紫台。愿兼金掌露，同入柏梁杯。

七、赐果

南海荔枝来，别馆蒲萄成。匪颁浃下陈，捧拜同虀荣。置黍敢先食，临盘多未名。怀核待归种，复愁千岁生。

八、赐书

上圣固天纵，英艺皆绝伦。时乘万几闲，翰动如有神。用之当豫游，不忘安四民。匪颁及群下，络绎来中宸。琶琶灵凤翔，郁怒虬龙振。清若四海秋，熙如天下春。愚臣土芥微，亦受雨露均。愿推赐书意，直以古义陈。士本学先王，所求谊与仁。农当服稼穑，昏作田亩勤。百工备用器，不治刺绣文。万商迁有无，不通珠翠珍。四业既交修，坐令风化纯。人和衣食丰，天应殊祥臻。皇心正在此，非以能高人。

九、怪石

昔去江湖乡，来与松桂接。圭角老龙脊，锋稜秋剑铗。历乱枯苔点，交横败莎叶。会使成都人，更取神蓍揲。

十、未开木芙蓉

木末采芙蓉，骚人歌所无。何言霜花艳，不与水芝殊。香苞麝脐结，茂叶桐阴敷。岂若龟巢类，飘零老五湖。

十一、读武士策

汉家求猛士，云集未央宫。天外胡星淡，山西将种空。奇谋纷并进，壮节凛生风。八阵纵横势，依然见目中。

十二、观试骑射

闾阖风正清，瓴稜日初媚。材雄集便殿，玉座亲临视。三河侠少儿，初识天子贵。天山汗血骝，蹀躞金镘辔。扬鞭秋云高，顾盼有余锐。萦回势可观，磬控动如志。毫厘应心目，审固参身臂。鸣弦电雹惊，寸的冰瓦碎。龙颜薄笑春，喜色连傍侍。且为徒步人，暮作影缨使。扬扬出九门，亲友生意气。须知天地德，慎勿忘所自。黠羌犹旅拒，狯狁方繁炽。求为忠义臣，无负搜罗意。

十三、同范景仁寄修书诸同舍

烈火非不猛，不耗百炼金。寒霜非不严，不凋竹柏林。小人势利合，倾覆无常心。君子道德亲，白首犹视今。诸君闺台秀，相得如璆琳。离群一昔期，乃尔动悲吟。古风久已衰，交道日颓侵。愿名思友操，播之清徽琴。司马光《传家集》卷五，《四库全书》第1094册，第50～51页。

送丘贤良序
蔡　襄

人有名之曰大匠，而不能植栋宇；名之曰医师，而不能处药石；名之曰冶人、陶者，而器辄不坚以窳。世必斥之曰：是不足为大匠、医师、冶人、陶者，盖冒其名而居之也。国家设科以博取天下士，其敢言直节者曰贤良方正，学广智明者曰才识兼茂，特杰出伦类者曰茂才异等。凡举是科者，必自视己之能足以充其名而无愧，故第言人等，则天下之美誉咸归焉。苟不塞其名之所谓，安知夫世之人不斥其冒哉？

丘君仲谋学通经史，且为文词，穷暮而休，累数千言，而豪肆之气，奋若未已。将挟是以与贤良士并进，固有以当其所取。然仲谋诚深思谠议，以塞其名之所谓，则道义之归有日矣。正月日，莆阳蔡某序。蔡襄《端明集》卷二十九，《四库全书》第1090册，第582页。

被诏考制科呈胡武平内翰三首
王 珪

奉诏金门草圣题,平明趋过殿西墀。宫床赐笔宣名早,赭案焚香上策时。朝论只应收畯杰,皇心非不监安危。玉堂词客承恩久,几度曾来醉御卮。(禁中屡颁醇醴,衔饮几醉。)

又

清晓华芝度景阳,凝严又许对西厢。通宵客梦闻钧吹,几日朝衣带御香。东观图书经屡读,旧溪桃李见新芳。三千文字皆奇册,饱死侏儒讵足量。

又

忝班清禁接严徐,诏侍延英访对初。沧海烟霞连太液,丹霄日月近雕舆。明廷已奏安危策,紫府谁将姓字书。从此青云知有路,致君材业不应疏。王珪《华阳集》卷二,《四库全书》第1093册,第13页。

吴侍郎挽词二首
刘 敞

高第贤良策,朝廷擢季功。固疑多直谏,不得久居中。长啸临边月,孤飞避远鸿。盘桓周召际,重见二南风。公治河南,又治陕,所作诗甚多。

临汝休车骑,治中愧后门。平生一倾盖,谈笑极忘言。契阔声尘远,差池岁月奔。匣中宝刀赠,知辱故交恩。刘敞《公是集》卷二十,《四库全书》第1095册,第569页。

送子高知润州
刘 敞

屈指朝廷士,谁能望素风。贤良方正举,父子弟兄同。鄙谚黄金贵,愚儒白首穷。今看一战霸,信有万夫雄。官秩南宫峻,天文右掖通。埙篪谐大雅,鸿鹄起层空。帝予夸乡乐,民怀济物功。吴人真得虎,汉守去凭熊。山势端临北,江流正直东。遥知子牟意,故在九城中。刘敞《公是集》卷二十六,《四库全书》第1095册,第622页。

送邵贤良序

刘 敞

墨讥儒以言命,夫儒者岂好言命哉?古之贤多所说而不见钩用,多为善而不得升举,幸而说合善取,则龃龉乖戾,卒败其功而后已。是类有若天为之者,故推其穷而归于命。孔子之相鲁也,孟子之仕齐也,贾谊之用汉也,乐毅之用燕也,功施矣而不待究,名达矣而不得遂,皆天也。苟出于天者,又曷怨乎?

今邵氏举贤良,天下之人举贤良者不独一邵氏,然而邵氏无媒援于世,犹奋于畎亩之中,则邵氏诚贤良也。今之时太平而士务进,故山海之士无伏匿。以不伏匿之士,遭举贤良之时,士至者必多。然而有司择之,邵氏之外,不能满三,可谓精矣。夫合天下之士,触有司之情,虽十册之,其势不为人后,亦明甚。于是而不获,命也,是功施而不得究,名达而不得遂者类也。事虽失图,其自致卓然之风,犹足以暴于后生。昔公孙子前举贤良不见,用后举贤良为第一。夫公孙子非愚于前智于后也,曩日之画,犹今日之务也。前见绌而后见宠者,遇不遇之时异也。已适不适,虽智无益;已适当遇,言必见可。皆非人力所能为也,而命非乎?故惜邵氏之未逢者,宜推之于命,而致乎勿忧。致乎勿忧者,本乎儒者之道者也。《公是集》卷三十五,《四库全书》第 1095 册,第 702~703 页。

送陈舜俞制科东归

王安石

诸贤发策未央宫,独得菑川一老翁。曲学暮年终汉相,高谈平日漫周公。君能壮岁收科第,我欲他时看事功。闻说慨然真有意,赠行聊以古人风。唐武标校《王文公文集》卷五十七,上海人民出版社 1974 年,第 637 页。

送陈圣俞寿州从事

沈 遘

天下贤良选,公车凡几人。君侯独高第,声实两无伦。鹭鹭来丹穴,麒麟出九真。推先东国士,倾动汉廷臣。未引金闺籍,聊为幕府宾。还家莫留滞,行看寿阳春。沈遘《西溪集》卷三,《四库全书》第 1097 册,第 7 页。

吴正肃公挽歌辞三首

沈 遘

天下贤良选,当今第一才。文章秘群玉,事业照三台。暂作东山去,还期宣室来。

苍生方愿治，梁木何先摧？

又

四海瞻师宰，中朝倚典刑。胡然赋全器，独弗与多龄。柱石亏宫庙，盐梅辍鼎铏。风流不可挹，无愧史臣名。

又

笳鼓周南地，公尝此保厘。都人怀旧德，行路起新悲。昔我祈难老，今天莫慭遗。吁嗟如可赎，犹愿百身为。沈遘《西溪集》卷三，《四库全书》第1097册，第26页。

有诏举贤良方正作诗勉钱申伯使继世科
李 纲

中兴天子开贤科，笼络英俊归网罗。此科久废习者少，应诏正恐人未多。君家三世五制举，名与嵩华争嵯峨。玉堂金马皆故物，高文大策垂不磨。今君落笔妙天下，该洽辩博如悬河。胡不进卷对廷策，清芬远绍扬其波。勒兵小试见家法，坐却勍敌挥雕戈。君如有意作大将，我愿荐信同萧何。功名晚达未为老，志气方壮靡有他。勉旃努力为门户，慎勿自弃成蹉跎。李纲《梁溪集》卷三十，《四库全书》第1125册，第773页。

申伯见和拙句且示七言律诗两章有未肯承当制科之意次韵报之
李 纲

才性如君岂易窥，断碑摸索已无遗。百家小说都成诵，一藏魔言总记持。东里多知工润色，西施虽病善颦眉。制科便与承当取，正是逢场作戏时。

圣朝制举萃高门，文采风流日益新。功德在民尤表表，子孙宜尔又诜诜。策名当学富彦国，避世休同梅子真。响答诗筒逼皇祖，谠言惊世更何人。李纲《梁溪集》卷三十，《四库全书》第1125册，第774页。

申伯和篇举叔易自代叔诗复推申伯要之二子皆当由此科取重名于世恨吾资妄高不得偕二子鸣跃其间复次前韵以兼勉之
李 纲

古来豪杰收殊科，眇然鸾凤亦可罗。汉唐选举最为盛，我宋得士良已多。危言切论动天壤，陆离剑佩冠巍莪。至今凛凛有生气，岂与草木同销磨？自从罢举乐软美，驯致戎马窥关河。翠华两宫狩沙漠，迭鼓万里翻鲸波。睿明感愤复旧制，欲起士气宁兵戈。多材好学如二子，辞此其奈制举何。青钱万选当万中，善射不复言公他。勉将忠说助休运，嗟我老矣真蹉跎。李纲《梁溪集》卷三十，《四库全书》第1125册，第774页。

申伯叔易再和诗将有从吾言之意而仲辅作诗梗之以故未果复次前韵既助其决且戒勿与仲辅谋也

李 纲

嗟予于世诚左科，屏居门可设雀罗。弟昆相从有良友，静中所得亦复多。微言造理极壶奥，高论盖世惊嵽峨。含章怀美待时发，资质已妙犹镌磨。明廷策士复古制，使我意气如奔河。作诗劝自此途进，往驾巨舸凌长波。成功相期一战霸，大敌褫魄皆投戈。篇章酬复未勇往，谦退将若斯文何？定从当以一语决，幸勿傍顾而言他。要须勿与少游议，政恐此志成蹉跎。李纲《梁溪集》卷三十，《四库全书》第1125册，第774页。

诗三复往而二子之意犹未决吾知之矣复次前韵以辟之

李 纲

仙家佛氏各有科，所举净土与大罗。痴人妄想到其处，坚守丹鼎翻贝多。胸中有此一念故，积虑便作层冰峨。超然了达无阂者，应物不磷谁忧磨？叔兮爱仙事炉灶，拟骖鸾鹤翔云河。钱子贪佛为藏转，欲以一月分千波。乃将世故与陈说，坐使谈笑寻干戈。愿君舍远聊自近，济世不曰如之何。我方衰病卧江海，骇俗颇似哀骀他。骅骝见鞭行甚速，期子自策勿蹉跎。李纲《梁溪集》卷三十，《四库全书》第1125册，第774~775页。

别傅教授景仁

王十朋

鼻祖调羹佐有商，耳孙家业踵前芳。万言书有盐梅味，千首诗开锦绣肠。绛帐讵容淹久次，制科端欲待非常。归囊剩有君佳句，更获珠玑四十章。王十朋《梅溪后集》卷二十，《四库全书》第1151册，第519页。

香溪集序

陈岩肖

士以志道为先，而志道以养气为本。气全则道存，气丧则道亡。故达而在上，任天下之重，安国家，利社稷，进贤退不肖，收功于无穷者，气也；穷而在下，守圣贤之道，榷古今明治，忽是是而非非，立言于不朽者，亦气也。苟气之不养，则达而在上，或充诎于富贵,以得失为患,则道不行矣;穷而在下,或陨获于贫贱,以纷华为悦,则道不守矣。不守不行,气丧而道亡,则乌能收功无穷,立言不朽哉?是则气之在人,穷则独善其身,达则兼善天下,举不可以不养也。

吾之先友香溪先生,以养气为本而立言不朽者。与先生居香溪之上,自少至老,笃学而赡于文,探道而不以世故婴其虑。其家世父祖为名卿贤刺史,昆弟多居职仕,而先生了无仕进意。今天子即位之初,诏复制举以来天下之士,当时公卿有以先生应诏者,先生力辞之。余尝过香溪之上而访先生焉。先生危坐一室,尘埃栖户牖而凝几席,败帷故器,人所不堪。而先生貌充体胖,神宇泰然,其言经术如亲得圣人而授其旨,其论古成败事,如目击而身履之。已而出示所为文,则辩博而峻整,正与向所言论者相表里,终日与之坐,而无一语及世间事,此非志于道而全其气者,能若是乎?是日先生谓余曰:"是间山水清远,子能卜居以从吾游乎?"余方累于世故,从官远方,漂流异乡。及归,而先生殁已十年。方悼若人之不淑,而吾无与居也。一日,先生犹子元卿过余,曰:"叔父平昔为文至多,今不欲秘于家而出与世共之,力有未办,则先刻其诗赋、论议、杂著为二十二卷行于时,子尝与叔父厚,愿叙以冠其首。"嗟夫!昔鹿门子著书而自叙之曰:"醉士隐于鹿门,不醉则游,不游则息。息于道,思其所未至;息于文,惭其所未周。古圣王旌,山夫谷民之善者,意在斯乎!"今先生不醉不游,直息于道而寓之文耳!平时不以外慕累其心,若求旌于时,亦岂先生著书立言之本意哉?故述其志道养气之实,以见素所蕴云。先生姓范氏,名浚,字茂明,而元卿名端臣,今亦以文知名,方有志于世者。绍兴三十一年四月十三日同郡陈岩肖叙。范浚《香溪集》卷首,《四库全书》第1140册,第4页。

送张君实赴制举

李 新

不用名矜自半千,高才十二许争先。乘轺远道三千里,下笔谈王数百篇。忠胆自能倾白日,决科时似选青钱。山城送别无他祝,早属登瀛第一仙。李新《跨鳌集》卷八,《四库全书》第1124册,第466页。

文庄集序

宋敏求

由文章取贤科,位宰执,流风遗烈,光华休畅,在汉有之公孙季,以慎厚而饰儒雅,通于治道;在唐有之裴宽中,以峻整而持法度,协于柄用;在本朝有之郑国文、庄夏公,以哲义而经文武,穆于天绛,是皆为当世伟人表的。于后公孕昂之精,降崧之灵,洞九流之指归,漱六艺之腴润,年甫及冠,业已大成。于时章圣皇帝罢兵和戎,留好典籍,物色遗逸,瘖瘝畯良,始辟六科,亲策多士。公试三千言于政事,堂遂敷秘,廷对清问，天子擢以优等。声光四驰，褒渥有加。方朝家拥瑞物，兴礼文，参夷丙之御，访鬼神之本。公番直儒馆，屡赐延见，形容上德，时奏赋颂，洎通衡石之擘，数夸美于丞辅。会诏诸儒辑君臣故事，分厘部类，公撰别序为多。复预编修国书，仁庙启藩在潜，命公傅以经义，兼莞笺记，极一时之选，乃陟词掖入禁林，鼓动雷风，藻泽谟训，朝廷大典册，多属于公。公亦感慨荣遇，摅发渊蕴。及毗宰政建言，复制举以取宏博之彦，复百官转对，以通下情，置理检使，以达冤滞，时论翕然。又以三长之笔，克就信史，及退释重任，服在大僚。

宝元中，种羌畔换，西鄙不靖，公以兼备之材签拣素定，拥旄推毂，付以专阃。既而起居兵间，以新书李法从事，尝奏议边十策，多蒙施用，经略怀来，卒柔异俗。于是佩相印，冠枢廷，荒大国之封，峻常伯之秩，虽宠灵绸缪而益怀惊畏。学士杨公察草麻制谓："仲尼不容，周公胥怨。"岂得其时而未尽其志耶？然烜赫隆盛，弥四十年，以文致身，稽古之力其极矣哉！

自公出处中外，勤劳王家，大编巨轴，襞积私楮，岁月其逝，弗皇缀缉，纸蠹墨荗，颇有坠逸。公既薨，而嗣子亦谢世。元孙尚书比部郎中伯孙，诿故吏工部郎中张君宗益、秘阁校理裴君煜汇次遗集，成百通，后数载见俾序之。公尝论文以气骨为主，诋时辈所作如绣屏焉。于书无所弗通，以至阴阳、律历、隶古之学，莫不兼总，以为天下之乐无如黄卷中也。属思深湛，构词致密，泚翰就简窜涂不已归于至当，乃可尤善章奏铺赋颠末言详意尽。盖会萃众说而掇其真粹，包括曩制而丰其条干，如至音纯，绎金石奏于宗庙，华采焕烂，黼黻施于象服。后之学者，瞻仰之范，模之景山，学海可得致欤！宋敏求谨序。夏竦《文庄集》卷首，《四库全书》第1087册，第47页。

杂录

颖挚应诏举（题拟）

乾德二年四月一日，以请博州军事判官颖挚为秘书省著作佐郎，时制科久废，诏许诣阙自荐，临轩召试。挚应贤良方正直言极谏科，召试称旨，故有是命。《宋会要辑稿》选举一○，第五册，第四四一四页。

陶榖等应制科不称旨（题拟）

乾德四年五月二十七日，帝于紫云楼下诏翰林承旨陶榖、学士窦仪、知制诰王著、卢多逊、王祐、秘书监尹拙、刑部郎中姚恕、国子监丞冯英等同试应贤良方正直言极谏、经学优深堪为师法科，郝益涉等所试，文理疏略，不应策问，并赐酒食以遣之。（《宋史·选举志》：制举无常科，所以待天下之才杰，天子每亲策之。然宋之得才多由进士，而以是科应诏者少，惟召试馆职及后来博学宏词而得忠鲠文学之士，或起之山林，或取之朝著，召之州县，多至大用焉。）《宋会要辑稿》选举一○，第五册，第四四一四～四四一五页。

咸平四年四月十三日策试贤良方正（题拟）

咸平四年四月十三日，帝御崇政殿，试贤良方正秘书丞查道、著作佐郎李邈、前定国军节度推官王曙、前奉国军节度推官鲁骧、进士陈越。制策曰：【略】。命翰林学士承旨宋白等考所对，道、越入第四等，曙入第四次等，以道为左正言直史馆，越为将作监丞，曙为著作佐郎，邈、骧皆不入等。《宋会要辑稿》选举一○，第五册，第四四一五页。

咸平四年八月十日策试贤良方正（题拟）

咸平四年八月十日，帝御崇政殿，试贤良方正秘书丞何亮、怀州防御推官孙暨、舒州团练孙僅、大名府成安县主簿丁逊。制策曰：【略】。命翰林学士宋白、梁周翰、师颜，知制诰李宗谔、赵安仁、薛映、杨亿考定所对，逊、僅入第四等，亮、暨入第四次等，以逊、僅并为光禄寺丞直集贤院，亮为太常博士，暨为光禄寺丞。（唐贞元中，魏弘简以状元举贤良，自是无继之者。至是暨、僅同以贤良登科，近古所未有也。）《宋会要辑稿》选举一〇，第五册，第四四一五～四四一六页。

真宗与寇准议选人（题拟）

景德二年七月十八日，【略】帝谓寇准曰："方今文武多士，岂无才识优异未升达者？至于将帅之任，尤难得人。前代试以制策，观其能否，用求才实，亦为国之远图也。"因出唐朝制科之目，采其六用之。《宋会要辑稿》选举一〇，第五册，第四四一七页。

考定制科试卷（题拟）

（景德）二年七月二十九日，以应制举人所纳文卷，付中书详较。初命翰林学士晁迥等考定，又命侍读学士吕文仲、吕祐之、龙图阁待制戚纶、陈彭年重考，帝犹虑遗才，故命辅臣裁定。《宋会要辑稿》选举一〇，第五册，第四四一七页。

景德二年九月十七日试贤良方正（题拟）

景德二年九月十七日，帝御崇政殿，试贤良方正光禄寺丞钱易、广德军判官石待问。制策曰：【略】。命翰林学士晁迥、知制诰杨亿、周起、朱巽为考官。（初诏两制并撰策问，帝择晁迥所撰用之。）待问、易策并入第四次等，以待问为殿中丞，易为秘书丞。十一月十五日进士李孜上书言："昨应诏举贤良，著《政通》十卷，有司考校，闻罢，不得预试，且孤贫无依，愿沾一命之秩以自效。"帝怜之，令中书召试，诏授越州余姚县主簿。《宋会要辑稿》选举一〇，第五册，第四四一七～四四一八～四四一九页。

制科策问宜用经义参之时务（题拟）

景德四年闰五月四日，中书门下言：考试应制科陈绛等十人文论内，绛与夏竦、史良三人词理稍优。帝曰："比设此科，欲求才识，若但考文义，则积学者方能中选，苟有济时之用，安得而知？朕以为六经之旨，圣人用心，固与子史异矣。今策问宜用经义，参之时务。"王旦曰："臣等每奉清问，语及儒教，未尝不以六经为首，迩来文风丕变，盖由陛下以兹道化之故也。"因命两制各上策问而择之。《宋会要辑稿》选举一〇，第五册，第四四一八页。

景德四年五月初七日试贤良方正（题拟）

（景德四年五月）初七日，帝御崇政殿，试贤良方正直言著作佐郎陈绛、昇州溧水县令史良、闰州丹阳县主簿夏竦。制策曰：【略】。令两制考订其策。绛、竦入第四次等，良不中式。以绛为左正言，竦为光禄寺丞。《宋会要辑稿》选举一〇，第五册，第四四一八~四四一九页。

刘夔应制举遭罢（题拟）

天圣七年六月二十三日，翰林学士宋绶等言："屯田员外郎刘夔请应制科。详前诏，台省官不预此举，今夔任尚书省六品官，未有此例。"诏罢之。《宋会要辑稿》选举一〇，第五册，第四四二〇页。

覆考富弼等人试策（题拟）

（天圣七年）十二月四日，工部郎中判尚书礼部康孝基上考覆茂材异等科富弼等一十人，词理并优，帝以孝基品藻非当，命礼部郎中知制诰李仲容判，礼部覆令看详以闻。（故事：茂材异等三科，委礼部考定，至是孝基改同判焉。）《宋会要辑稿》选举一〇，第五册，第四四二〇页。

天圣八年七月二十五日制科试（题拟）

（天圣八年）六月十六日，命翰林学士盛度、龙图阁待制韩亿就秘阁考试制科。度等上何咏、富弼论各六首：《两仪生四象》、《刑罚何以任治》、《治世军礼同邦国育材之道如何》、《九仪之命》、《正邦国》、《拱璧驷马何以不如进此道》论。七月二十五日，帝御崇政殿，试贤良方正太常博士何咏、茂材异等进士富弼。咏制策曰：【略】。弼制策曰：【略】。咏策考人第四等，弼入第四次等。诏以咏为祠部员外郎、通判永兴军；弼为将作监丞、知河南府长水县。《宋会要辑稿》选举一〇，第五册，第四四二一~四四二二页。

制科举人须缘贡举许准诏投文就试（题拟）

明道二年六月五日，中书门下言："制科举人，自今须缘贡举许准诏投文就试。"诏可。《宋会要辑稿》选举一〇，第五册，第四四二一～四四二二页。

景祐元年制科试（题拟）

（景祐元年）六月十六日，以翰林侍读学士李仲容、知制诰宋祁、天章阁待制孙祖德、直集贤院王举正就秘阁考试制科。仲容等上吴育、苏绅、张方平论各六首：《治民事天莫如啬》、《九德咸事》、《〈天保〉〈采薇〉治内外》、《道何以万世无弊》、《六经之道礼乐为急》、《周秦之士贵贱》论。二十一日，帝御崇政殿，试贤良方正能直言极谏太常博士苏绅、才识兼茂明于体用大理寺丞吴育、茂材异等张方平。制策曰：【略】。育策考入第三次等，绅入第四次等，方平所对不及三千言。诏以育为著作佐郎，直集贤院，通判湖州；绅为祠部员外郎，通判洪州；方平特擢为秘书省校书郎，知苏州昆山县。《宋会要辑稿》选举一〇，第五册，第四四二二页。

景祐五年六月制科试（题拟）

（景祐）五年六月十六日，命御使中丞晏殊、翰林学士宋祁、知制诰郑戬、直史馆高若讷赴秘阁考试制科。殊等上田况、张方平、邵亢论各六首。（《乐者天地之命》、《三公为乡老》、《治地莫善于助》、《禘尝治国之本》、《圣王处民于瘠土》、《治乱刑重轻》论。）二十四日，详定科场条贯所言：贤良方正、博达坟典、才识兼茂、茂材异等四科，今后亲试，同出策目，须援引古义，以质今宜；其详明吏理或涉于武经之举者，并别出策题。从之。七月二十七日帝御崇政殿，试贤良方正能直言极谏太子中允田况、秘书省校书郎张方平、茂材异等进士邵亢。制策曰：【略】。况策考入第四等，方平入第四次等，亢不入等。诏况为太常丞，通判宣州；方平为著作佐郎，通判睦州。《宋会要辑稿》选举一〇，第五册，第四四二二～四四二三页。

庆历二年制科试（题拟）

庆历二年七月十一日，命翰林学士吴育、权御史中丞贾昌朝、直集贤院张方平就秘阁考试制科。育等上钱明逸、齐唐论六首。(《左氏崇君父》、《孝何以在德上下》、《王吉贡禹得失孰优》、《经正则庶民兴》、《有常德以立武事》、《序卦杂卦何以始终不同》论。)八月六日，帝御崇政殿，试才识兼茂明于体用殿中丞钱明逸，贤良方正直言极谏处州军推官齐唐。制策曰：【略】。明逸策考入第四次等，唐不入等。诏以明逸为太常博士，通判庐州；唐特授许州节度推官。(唐初命权处州军事推官，用左正言田况请，复升两使推官。)《宋会要辑稿》选举一○，第五册，第四四二三~四四二四页。

庆历六年制科试（题拟）

（庆历六年）七月二十八日，命权御史中丞张方平、知制诰彭乘、杨伟、集贤校理胡宿就秘阁考试制科。方平等上钱彦远、齐唐论六首。(《大有上吉》、《三王之郊用夏正》、《史记不记少皞》、《道非明民》、《大史掌叙事之法》、《乐循理为君子》论。唐以言者为无履行，罢之。)八月十六日，帝御崇政殿，试贤良方正能直言极谏太学博士钱彦远。制策曰：【略】。彦远策考入第四等，诏以为祠部员外郎，知润州。《宋会要辑稿》选举一○，第五册，第四四二五~四四二六页。

皇祐元年制科试（题拟）

皇祐元年七月二十八日，命观文殿学士丁度、知制诰嵇颖、李绚、直龙图阁王洙就秘阁考试制科。度等上吴奎论六首。(《损益弗违之吉孰先》、《教诗以六德为本》、《三有俊克即俊》、《因神以明道》、《韩延寿杨阜人不忍欺优劣》、《圣人文质》论。)八月二十日，上封者言："伏见国家每设制科，以收贤才，中选之后，多至大用。以此知不独取于刀笔，盖将观其器能也。旧制秘阁先试六论，合格者然后御试策一道，先论者盖欲探其博学，后策者又欲观其才用。近来御前所试策题，其中多问典籍名数及细碎经义，乃是又重欲探其博学，竟不能不（疑误）观其才用，岂朝廷求贤之意耶？欲乞将来御试策题中，只令问事关治乱，体系安危，用之则明昌，舍之则微弱，往古之已试、当今之可行者十余条，限三千字以上成。所对人若文理优长、识虑深远，其言真可行于世，其论果有补于时者，即为优等。若是文意平常，例无可采者，即为末等，量与恩泽。所有名数及细碎经义，更不详问。如此，则不为空言，可得实效。"诏撰策题官先问治乱安危大体，其余所问经史名数，自依旧制。十四日，帝御崇政殿，试贤良方正能直言极谏殿中丞吴奎，制策曰：【略】。奎策考入第四等，诏以为太常博士，通判陈州。《宋会要辑稿》选举一一，第五册，第四四二六~四四二七页。

皇祐五年制科试（题拟）

（皇祐）五年八月初三日，命观文殿学士高若讷、王举正、端明殿学士杨察、直史馆专询就秘阁考试制科。若讷等上赵彦若论六首。（《哲人惟刑》、《贷以国服息》、《五官为上公》、《舜明庶物》、《治天下审所尚》、《施孟梁年易学如何》论。）十五日帝御崇政殿，策试贤良方正能直言极谏太常寺太祝赵彦若。制策曰：【略】。彦若策考不入等而罢。《宋会要辑稿》选举一一，第五册，第四四二七~四四二八页。

嘉祐二年制科试（题拟）

（嘉祐二年）八月七日，命三司使张方平、龙图阁直学士陈升之、知制诰吴奎、直秘阁王畴就秘阁考试制举科。方平等上王彰、夏噩论各六首。（《设卦以尽情伪》、《德者性之端》、《作稽中德》、《君子知微知显》、《周寔助法》、《两汉儒林治经孰深》论。）十九日，帝御崇政殿，试贤良方正能直言极谏秘书丞王彰，才识兼茂明于体用明州观察推官夏噩。制策曰：【略】。噩策考入第四等，彰不入等。诏噩为光禄寺丞，噩既磨勘，自当改著作佐郎，又对策第四等，宰相富弼以亲嫌而裁之。《宋会要辑稿》选举一一，第五册，第四四二八~四四二九页。

嘉祐四年制科试（题拟）

（嘉祐）四年七月二十六日，命翰林学士吴奎、权御史中丞韩绛、知制诰范镇、起居舍人知谏院范师道就秘阁考试制科。奎等上陈舜俞、钱藻、汪辅之论各六首。（《萃致考飨》、《〈鱼丽〉废则法度缺》、《汉制因时之宜》、《皋陶叙九德》、《君子所养》、《徐有功比干》论。）八月十三日，帝御崇政殿，试材识兼茂明于体用明州观察推官陈舜俞、贤良方正直言极谏宣州旌德县尉钱藻、汪辅之。制策曰：【略】。舜俞等制策并考入第四等。诏舜俞为秘书省著作佐郎；藻为秘书省校书郎，无为军判官；辅之虽同入等，而言者以无士行而罢之。《宋会要辑稿》选举一一，第五册，第四四二九~四四三〇页。

嘉祐六年制科试（题拟）

（嘉祐）六年八月十七日，命翰林学士吴奎、龙图阁直学士杨畋、权史中丞王畴、知制诰王安石就秘阁考试制科。奎等上王介、苏轼、苏辙论各六首。(《王者不治夷狄》、《礼义信足以成德》、《刘恺丁鸿孰贤》、《礼以养人为本》、《既醉备万福》、《形势不如德》论)二十五日，帝御崇政殿，试贤良方正能直言极谏者著作佐郎王介、河南府福昌县主簿苏轼、河南府渑池县主簿苏辙。制策曰：【略】。轼策入第三等，介入第四等，辙入第四次等。诏轼为大理评事佥书、凤翔府判官公事；介为秘书丞，知通州静海县；辙为商州军事推官。《宋会要辑稿》选举一一，第五册，第四四三〇～四四三一页。

治平二年制科试（题拟）

英宗治平元年（按，元年当为二年）八月二十一日，命天章阁待制司马光、直史馆邵亢、直集贤院韩维、秘阁校理钱藻就秘阁考试制科。光等上范百禄、李清臣论各六首。(《一为君德》、《礼以本民性》、《五经简易》、《道体君德尽变》、《五古从其多》、《羊陆非纯臣》论。)九月十二日，帝御崇政殿，试贤良方正能直言极谏秘书省著作佐郎范百禄、晋州和州县令李清臣。制策曰：【略】。百禄等策并考入第四等。诏百禄为秘书丞，清臣为秘书郎。(以上《国朝会要》)。《宋史·选举志》：治平三年，命宰执举馆职各五人。先是，英宗谓中书曰："水潦为灾，言事者云'咎在不能进贤'，何也？"欧阳修曰："近年进贤路狭，往时入馆有三路，今塞其二矣。进士高科，一路也；大臣荐举，一路也；因差遣例除，一路也。往年进士五年以上皆得试，第一人及第十年有至辅相者，今第一人两任方得试，而第二人以下不复试，是高科路塞矣。往时大臣荐举即召试，今只令上簿候缺人乃试，是荐举路塞矣。惟有因差遣例除者，半是年劳老病之人。此臣所谓荐举路狭也。"帝纳之，故有是命。韩琦、曾公亮、赵概等举蔡延庆以下凡二十人，皆令召试，宰臣以人多难之。帝曰："既委公等举之，苟贤，岂患多也？先召试蔡延庆等十人，余须后时。"）《宋会要辑稿》选举一一，第五册，第四四三一～四四三二页。

熙宁三年制科试（题拟）

（熙宁三年）八月二十三日命翰林学士司马光、直舍人院吕大防、集贤校理孙沐、李清臣就秘阁考试制科，光等上吕陶、钱勰、孔文仲、张绘论六首。(《先王上礼禘郊》、《祖宗不报如何》、《天刚不失时》、《治道在知邪正》、《九家皆股肱之材》、《王肃不好郑学》论。)九月二十四日，上御崇政殿，试贤良方正直言极谏太常博士吕陶、殿中丞钱勰、台州司户参军孔文仲、太庙斋郎张绘。制策曰：【略】。文仲所对策考入第三等，手诏殿试所初覆考详定到"调"字号卷子，定为第三等，详观其条对，大抵尚流俗而后是非，又毁薄时政，援正先王之经而辄失义理。朝廷比设直言极谏之科，以开广聪明，来天下贤智之士者，岂非谓能以天下之情告上者，谓之直言；人君有污德恶政，而能忘其卑高之势以道争之，谓之直谏者乎？此人学识恐不足收录，以惑天下之观听。可别具进呈。既而诏流内铨告示：文仲发赴本任，陶升一任，堂除差遣，绘堂除判司簿尉，勰不入等。

(《文献通考》：玉山汪氏曰："范子功亦入制科第三等，后熙宁间，孔文仲考中人第三等，以忤王安石，特旨黜之。")《宋会要辑稿》选举一一，第五册，第四四三二~四四三三页。

命邓绾、刘攽等考试制科（题拟）

（熙宁）六年八月二十一日，命权御史中丞邓绾、直舍人院许将、集贤校理刘攽、馆阁校勘黄履为考试制科。《宋会要辑稿》选举一一，第五册，第四四三三页。

熙宁七年罢制科（题拟）

（熙宁）七年五月十四，中书门下言："勘会策试制举，并以经术时务，今进士已能辞赋，所试事业，即与制科无异。于时政阙失，即诸色人自合许上封论。其贤良方正等科，自今欲乞并行停罢。"从之。(先是，中书条制所乞罢制举。冯京曰："汉唐以来，豪杰多自此出，行之已久，不须停废。"上曰："天下事可罢而未及如此者甚众，此恐未遑改革。"吕惠卿曰："制科只于记诵，非义理之学，一应此科，或为终身为学之累。朝廷事事更之，则积小治可致大治，不须更有所待。"继而秘阁考试所言，应制科陈彦古所试六论不识，及字数皆不足准式，不考。盖自秘阁试制科以来，空疏未有如彦古者。是岁制科遂无中格者，而制科亦自此罢。《文献通考》：石林叶氏曰："富公以茂材异等登科，后召试馆职，以不习诗赋求免，仁宗特命试以策论，后遂为故事。制科不试诗赋，自富公始。至苏子瞻又去策，只试论三篇。熙宁初罢制科，其事遂废。")《宋会要辑稿》选举一一，第五册，第四四三三页。

元祐议复置制科（题拟）

哲宗元祐元年闰二月二日，侍御史刘挚言："乞贡举进士添诗赋，复置贤良、茂材科。《新科明法》添兼经大义及减人数。"诏礼部与两省学士、待制，御史台、国子监司业集议闻奏，所有将来科场且依旧法施行。《宋会要辑稿》选举一一，第五册，第四四三三页。

制科应举条制（题拟）

（元祐二年）十二月二十三日，礼部言："今来初复制科，其举官遇科举，许收接投试人文字，限省试前十月先奏姓名到阙，及前一年十月奏举，并须于状内明言，以学行俱优堪备策问，仍具词业策论五十首缴进。今欲依旧制，试论六首，御试策一道。"

从之。《宋会要辑稿》选举一一，第五册，第四四三三页。

元祐三年制科试（题拟）

（元祐三年）九月八日，御史中丞孙觉、户部侍郎苏辙、中书舍人彭汝砺、秘书省正字张绩考试应贤良方正能直言极谏科，觉等上谢悰论六首。（论题阙）二十四日，上御集英殿，试贤良方正能直言极谏谢悰。制策曰：【略】。所对策考入次等，赐进士出身，除初等职官。《宋会要辑稿》选举一一，第五册，第四四三三～四四三四页。

元祐六年制科试（题拟）

（元祐）六年八月，秘书省考试应贤良方正能直言极谏，上王普、司马槱、王当论各六首。（《因民常而施教》、《以蒙养正》、《汉行先王之政》、《大教在通人情》、《人主权断》、《二刘学通南北》。试日及差官阙。）九月八日，上御集英殿，试应贤良方正能直言极谏左宣德郎新知泸州合江县事王普、河中府司理参军司马槱、眉州眉山县布衣王当。制策曰：【略】。王普所对策，初考第四等次，覆考第四等，详定从覆考；司马槱初考第五等，覆考第四等次，详定从初考；王当初考第五等，覆考不入，详定从初考。诏王普迁一官，除佥判差遣；司马槱特赐同进士出身，堂除初等职官；王当特堂除簿尉。《宋会要辑稿》选举一一，第五册，第四四三四～四四四五页。

绍圣元年制科试（题拟）

绍圣元年五月二十三日，翰林学士承旨曾布等奏：看详到应科人辞业，三人并优长，五人并次优，七人并平常。诏次优以上召试。八月十五日，以御史中丞黄履、中书舍人朱服、左司郎中刘定、秘书丞李昭玘并赴秘阁考试应贤良方正能直言极谏，履等上张咸等论各六首。（《舜得万国之欢心》、《谨事成六德》，余阙。）二十三日，三省进呈秘书省考试到贤良方正直言极谏科陈旸等四人，内第二名赵天启考中第四等。上曰："天启累上书，言事狂妄，岂可令就试。"初，谏官翟思尝言天启无行。又尝经尚书省诉，元祐三年阁试考中第五等，合直赴殿试，为大臣沮抑，极诋当日考官出题非是。又履投匦献书，书奏不出，有旨令鼓检院不得收接文字。翌日，上谓章惇曰："赵天启尝上书，极狂妄，朕始欲令羁管，又思之不欲，如此恐阻塞言路，所以只令不收文字。至是秘书省奏号名在选中，特旨黜之。"会御史井亮采亦言其凶险。上曰："此众论不与尔。"

九月八日，上御集英殿，试贤良方正能直言极谏剑南西川节度推官华州州学教授张咸、右通直郎吴俦、布衣陈旸。（制策阙）。命权吏部尚书王震、吏部侍郎杨畏、中书舍人林希、国子司业龚原、右正言张商英、秘书正字叶俦考定所对，咸、俦赐第三等，以咸为宣德郎与金判差遣，俦升一任，旸除初等职官，并与堂除。《宋会要辑稿》选举一一，第五册，第四四三五～四四三六页。

绍圣元年罢制科（题拟）

（绍圣元年九月）十二日，三省言，试制科张咸、吴俦、陈旸三人第三等推恩。上曰："前日观所试策，亦与进士策何异？先朝尝罢此科，何时复置？"章惇等对曰："先朝初御试进士策，即罢制科，元祐二年复置，诚无所补。初举得谢悰，次举得王当、司马樾等，闻极疏谬。"上曰："极不成文理。"李清臣对曰："在汉亦不设科，遇选获异材，或因材，或因灾异，策问大事，即临时特召。上曰："今已复进士殿试策，此科既无异进士策，况进士策其文理有过于此者。"郑雍对曰："顾其人何如尔？然自来多言时政阙失。"上曰："今进士策亦可言时政阙失。"因诏罢制科。《宋会要辑稿》选举一一，第五册，第四四三六页。

乾道五年制科试（题拟）

（乾道）五年三月六日，诏应贤良方正能直言极谏科眉州布衣李垕词业，令缴进。（用翰林学士汪应辰之荐也。）十二月二十五日，礼部言：李垕词业已经御览，诏特令来年三月依格召试中书。（臣僚言，李垕词业未曾参考，而又只一名，召试恐非与，故诏两省侍从官参考闻奏。其后户部尚书曾怀等参考，援证既详，遣词亦瞻，欲为次优，诏中书召试。）【略】。（乾道七年）九月二十七日，命翰林学士王曮、起居舍人李彦颖就中书后省考试参详制科。曮等上李垕论六首。（《明主有必治之道》、《汤法三圣》、《人者天地之心》、《律历更相治》、《三家言经得失》、《扬雄张衡孰优》论。）十月二十七日，礼部言，检照祖宗故事，策试贤良方正，即无唱名之例，今欲候初、覆考，详所考定等第缴奏，再付朝廷取旨推恩。从之。二十八日，御药院言，已降旨应贤良方正直言极谏科李垕令赴殿试契勘，御试举人唱名毕，其正奏名进士第一甲，策文并写作册进御，并进德寿宫，及焚进诸陵。今李垕策文，伏乞指挥，诏依例修写。二十九日，权礼部侍郎周必大言："初复制举，事体至重，欲斟酌。"是日驾坐，文臣常参官以上考试六论，官贴职秘书省官并常起居讫，依旧就殿门外祗候，宣召即入。从之。十一月四日，上御集应殿试贤良方正能直言极谏李垕，制策曰：【略】。垕策考入第四等，赐制科出身。五日，礼部言："策试贤良方正，即无唱名之例，若照仿逐举进士，皇帝御殿推恩，足以彰崇儒求言之盛。"从之。（先一日，上谓辅臣："策试制科，既已临轩推恩，事体尤重，虽不唱亦须引见受赐。"至是遂从其请。）七日，诏今月八日御殿贤良方正推恩，依逐次举人唱名例，殿内赐应奉官等茶酒。《宋会要辑稿》选举一一，第五册，第四四四〇~四四四一页。

淳熙四年制科试（题拟）

（淳熙）二年闰九月十八日，翰林学士王淮、兵部侍郎兼直学士院周必大，举眉山布衣李塾堪应贤良方正能直言极谏科。

三年五月六日，台州守臣赵汝愚举宣教郎姜凯，信州守臣唐仲友举迪功郎郑建德，堪应贤良方正能直言极谏科，诏以其词业，令两省侍从官参考闻奏。周必大、李焘为有妨嫌，与免参考。九月二十五日，吏部侍郎赵粹中举亳州布人马万顷堪应贤良方正能直言极谏科，诏粹中缴进此业。

四年三月八日，吏部尚书韩元吉等言："旧制贤良词业缴进，送两省侍从参考，分为三等，文理优长为上等，次优为中等，平凡为下等，考讫缴奏，次优以上召赴阁职。臣等众参考得李塾、姜凯、郑建德、马万顷词业为次优，诏并令中书召试。"七月八日，中书后省言："昨来召试，只系李塾一名，宜差制举考试官一员，参详官一员。今召试四人稍多，欲于参详官内增差一员，比附省试差知等举官例，临期特降御笔点差，仍差封弥、誊录、对读监门官各一员，其巡铺官于入内内侍，省差引试，前一日宣押入院，诏试所止就后省。余并依（旧制）。"二十四日中书后省言："本院官吏，将来引试贤良方正，缘就试员数增多，欲乞以十日开院，于引试前二日锁院，诏锁院引试开院，通限六日。"八月十九日，诏以二十五日引试应贤良方正能直言极谏科李塾、姜凯、郑建德、马万顷，命中书舍人钱良臣为制举考试官，太常少卿兼崇正殿说书齐庆胄、左司谏萧燧并为参详官，宗正寺主簿胡南逢为监封弥官，大理寺主簿陈资深为监誊录官，武学谕王蔺为为对读官，论六首：一曰因者君之纲，二曰易数家之传孰优，三曰前世历法多差，四曰十二节备如何，五曰王学本贾氏，六曰动静繁寡如何。二十六日，诏制举六论已权罢注疏出题，可以五题通为合格。先是监察御史潘纬言："制举以待非常之才，汉唐素重兹选，圣朝尤号得人，如富弼、张方平、苏轼与其弟辙皆由此科进，既号大科，欲孚众望，必乡评共许，士行无暇，无愧斯名，始可应此举。陛下崇尚科目，奖援人才。旧制命尚书、两省谏议大夫以上，御史中丞、学士、待制各举一人，今许用侍从荐举，或守臣监司解送。旧制试论于经史诸子正文及注疏内出题，今已权罢注疏，皆所以诱其来也。窃谓应是选者，一缴进词业，二试六论，三对制策。所谓缴进策论共五十篇，类多灯窗著述之文；策限三千字以上，虽曰无所不问，以考博通之识，亦岂无平日备对之语？唯是六论于著述命题，人以为难，况此一场谓之过阁，乞尤当加意。今引试有日，若据令再于注疏出题，亦已何及，如依旧制，以四通以上为合格，则与应进士举一场试经义五篇者何异？臣愚欲六题皆通，方为合格，选之遴，则其得之也荣。"故有是命。《宋会要辑稿》选举一一，第五册，第四四四二~四四四三页。

淳熙四年议阁试六论（题拟）

（淳熙）四年八月二十七日，中书舍人兼侍讲钱良吉等言，准敕考试制举试卷四号，臣等依准近降指挥，以五题通为合格。今考到试卷内，多有不知题目出处；又引用上下文不尽止；有仅及二通者。诏并赐束帛。

五年八月三日，臣僚言："国家设制举，必先试以六论，虽注疏悉皆命题，以观其博洽。今乃去注疏命题，谓宜复其旧。有诏令礼部监学官看详，既而条具，欲从所请，并检照祖宗朝自天圣八年试富弼等至元祐六年试王普等阁试六论，并出经题一篇，或两篇，方杂以子史注疏。今六论欲依故事，出经题第一篇，然后杂出九经、《语》、《孟》内注疏，或子史正文题目。"从之。《宋会要辑稿》选举一一，第五册，第四四四三页。

淳熙十三年至十五年制科试（题拟）

淳熙十二年十月八日，宰执进呈池州守臣陈良祐奏福州布衣庄治堪应贤良方正能直言极谏科。上曰："向来李垕文字颇冗杂，郑建德却善作文，今安在？"王淮等奏曰："尝为删定，官不禄。"上曰："卿等看庄治文字如何？"淮等奏："文字亦有源流，但不知记问如何，兼一人恐不可试。"上曰："不必拘此，可令后省看详闻奏。"既而，给事中葛邲看详治议论文词，详而有据，堪应召试。诏令中书召试。

十三年三月二十二日，中书后省言，今来召试贤良方正能直言极谏科庄治、滕宬，系是二人，即与昨李垕一名，事体不同，乞依淳熙四年引试过李塾等，前后申请，已得指挥。从之。五月二十五日诏以六月八日引试，应贤良方正能直言极谏科庄治、滕宬，命礼部侍郎兼国子祭酒颜师鲁为制科考试官，秘书监兼国史院编修官兼太子左谕德沈揆、侍御史陈贾并为参详官，司农寺丞陈祀为监门官，太常博士黄黼为封弥官，宗正寺丞宋之瑞为监誊录官，军器监主簿王厚之为对读官。（论六首：一曰身者治之本，二曰圣人通天地之心，三曰五星为经纬，四曰历术本于《易》，五曰六德以民为纪，六曰岑彭冯异之功孰大。）六月十三日，朝散大夫权尚书吏部侍郎兼国子监祭酒充制举考试官颜师鲁言："今考校到庄治、滕宬试卷二号，各有二题不通，系不知出处，外虽有四通，而文理亦多平常，不应原降指挥五题通为合格之数诏，既不合格，可并赐束帛。"

十五年二月十八日，提举浙西常平茶盐公事罗点言："窃见平江府布衣滕宬学问淹该，行义修洁，词章博赡，明习世务。昨因守臣丘崇荐举，蒙朝廷召试六论，内四题全通，虽似不逮近制，报罢，然较之近时应此科者，记诵颇为精详。宬自报罢之后，杜门力学，益务修饬。臣辄再行保举堪应贤良方正能直言极谏科，乞赐召试其词业。昨守臣丘崇缴进，已经降付侍从，考中次优，诏令后举召试。"《宋会要辑稿》选举一一，第五册，

制举登科试卷焚于真宗影殿前（题拟）
欧阳修

真宗尤重儒学，今科场条制，皆当时所定。至今每亲试进士，已放及第，自十人以上，御试卷子并录本于真宗影殿前焚烧，制举登科者亦然。欧阳修撰，李伟国点校《归田录》卷下，中华书局1997年，第22页。

制科六科目之始（题拟）
欧阳修

仁宗天圣间，从夏竦之奏，增重制科之目。于是自贤良方正以下，其科为六；自书判、拔萃以下，其科为四。验之以进策十卷，先之以过阁六论，荐之纠之以台谏。欧阳修撰，李伟国点校《归田录》，中华书局1997年，第53页。

樊知古荐查道（题拟）
吴　曾

查道，江宁人，文徽之后。少贫，太宗时进士及第，在河北为主簿。廉介，与妻采野蔬杂米为薄粥，以疗饥。税过期不办，州召县吏悉枷之。既出门，他吏皆脱去，道独荷之。自下乡督税，乡之富民盛具酒馔以待之。道不食，杖其富民，于是余民大惊，逋税立办。道不胜贫，与妻谋，欲去官归卖药。会樊知古为河漕，素知道节行，欲荐之，道辞以与本县令叶齐。知古曰："令素所不识也。"道曰："公不荐令，道亦不敢当公荐也。"知古不得已，两荐之，齐改京官兼馆职，道改曹州节推，后登制科。真宗时，为待制，八年知虢州，卒。吴曾《能改斋漫录》卷十三《记事》，《四库全书》第850册，第757页。

大中祥符八年议制科（题拟）
李　焘

（大中祥符八年）三月辛卯，中书上群臣应诏所举官，上览之，曰："皇甫选，人言其好谈民政。陈绛，亦闻有吏干。"王旦等曰："选好师慕古人，而临事迂阔，无益于用。绛制策上等，外任有声，而性多简倨。"时李永锡亦在举中。旦等言："永锡即顷年妄陈封事被黜者。"上因曰："搢绅之士，多恣毁訾。近日颇协附有位，久则便成朋党，深宜绝其本源也。"旦等曰："唐文宗朝，二李各树朋党，迭相升黜，晚年自不免祸，职由此也。"李焘《续资治通鉴长编》卷八十四，第7册，第1919页。

儒志学业传
陈谦

　　皇祐贤良儒志先生王景山，讳开祖，少敏悟，书经目辄成诵，勤笃废寝食。初习制科，以所业上召试，皇祐五年中第三甲进士第。洪氏《登科记》云："是年应制科者十有八人，宰相不曾留意取士，密谕考官只放一人过阁下试六论，贤良赵彦若中选，及对策又黜之。"是年制科并不取人。景山幡然不调而归，尽焚旧作，纵观经史百家之书，考别差殊，与学者共讲之，席下常数百人，尊之曰儒志先生。未几而卒，年三十二。其所著书多不出，惟《儒志》一编，门弟子传习。今其书首章言："复者，性之宅；无妄者，诚之原。"又曰："学者离性而言情，奚情之不恶？"又曰："使孔子用于当时，六经之道不若今之著矣。"旨意若此者众。君子评其为知德之奥。最末章曰："由孟子以来，道学不明，吾欲述尧舜之道，论文武之治，杜淫邪之路，辟皇极之门。吾畏诸天者也，吾何敢已哉！"是其自负岂浅浅者！当庆历、皇祐间，宋兴来百年，经术道微，伊洛先生未作，景山独能研精覃思，发明经蕴，倡鸣道学二字，著之话言，此永嘉理学开山祖也。不幸有则亡之叹！后四十余年，伊洛儒宗始出，从游诸公还乡转相授受，理学益行，而滥觞亦有自焉。绍熙二年春，朝请大夫宝谟阁待制永嘉后学陈谦撰。王开祖《儒志编》一卷，《四库全书》，第696册，第803页。

夏竦应制举（题拟）
吴处厚

　　夏公（竦）虽举进士，本无科名。以父殁王事，授润州丹阳簿，即上书乞应制举，其略曰："边障多故，羽书旁午，而先臣供传遽之职，立矢石之地，忘家殉国，失身行阵。陛下哀臣孤幼，任之州县，唯陛下辨而明之。若陛下以枕石漱流为达，则臣世居市井；若陛下以金榜丹桂为材，则臣未忝科第；若陛下以鸠杖鲐背为德，则臣始逾弱冠；若陛下以荷戈控弦为勇，则臣生不绵弱；若陛下令臣待诏公车，条问政治，对扬紫宸，指陈时事，犹可与汉唐诸儒方辔并驱而较其先后矣。"真庙再三赏激，诏赴中书，试论六首：一曰《定四时别九州圣功孰大论》，二曰《考定明堂制度论》，三曰《光武二十八将功业先后论》，四曰《九功九法为国何先论》，五曰《舜无为禹勤事功业孰优论》，六曰《曾参何以不列四科论》。是岁，遂应中制科。吴处厚著，李裕民点校《青箱杂记》卷五，中华书局1997年，第49页，欧阳修著，李伟国点校《归田录》，中华书局1997年，第51页。

夏竦应制科赋诗（题拟）
吴处厚

公举制科，庭对策罢，方出殿门，遇杨徽之，见其年少，遽邀与语曰："老夫他则不知，唯喜吟咏，愿丐贤良一篇，以卜他日之志，不识可否？"公援笔欣然曰："殿上衮衣明日月，砚中旗影动龙蛇。纵横礼乐三千字，独对丹墀日未斜。"杨公叹服数四，曰："真将相器也。"吴处厚著，李裕民点校《青箱杂记》卷五，中华书局1997年，第48页；魏泰撰，李裕民点校《东轩笔录》卷二，中华书局1997年，第20页。

夏竦应制举（题拟）
司马光

景休曰：夏竦字子乔，父故钱氏臣，归朝为侍禁。竦幼学于姚铉，使为《水赋》，限以万字。竦作三千字以示铉，铉怒不视，曰："汝何不于水之前后左右广言之，则多矣。"竦又益之，凡得六千字，以示铉，铉喜曰："可教矣。"年十七，善属文，为时人所称。举进士，开封府解者以百数，竦为第六，贡院奏名第四。会其父死于边，竦以死事者子补奉职。贡院奏："竦所试诗赋优于省元陈尧佐，以其幼，故抑之。来举请免省试。"诏许之。竦以奉职行父丧，服终，换丹阳主簿，举贤良方正及第，拜大理评事、通判台州，秩满，迁光禄寺丞、直史馆。顷之，奉诏修史，俄知制诰，时年二十七。司马光撰，邓广铭、张希清校点《涑水纪闻》卷三，中华书局1997年，第55页。

制科登第无第三等（题拟）
司马光

（景休）又曰：宋兴以来，御试制科人无登第三等者，惟吴育第三等下，自余皆四等上，并为及第，降此则落。司马光撰，邓广铭、张希清校点《涑水纪闻》卷三，中华书局1997年，第55页。

制科沿革（题拟）
司马光

鲁平曰：宋初以来，至真宗方设制科，陈越、王曙为之首。其后夏竦等数人皆以制科登第，既而中废。今上即位，天圣六年始复置。其后，每开科场则置之，有官者举贤良方正，无官者举茂材异等，余四科多不应。皆自投牒，献所著文论，差官考校。中者召诣阁下，试论六首；及中选，则于殿廷试策一道，五千字以上。其中选者不过一二人，然数年之后即为美官。庆历六年，贾昌朝为政，议欲废之，吴育参知政事，与昌朝争论于上前，由是贾、吴有隙。乃诏自今后举制科者，不听自投牒，皆两制举乃得考校。司马光著，邓广铭、张希清校点《涑水纪闻》卷三，中华书局1997年，第56页。

吴育、丁度异位（题拟）
司马光

庆历六年八月甲戌，以谏议大夫、参知政事吴育为枢密副使，丁度为参知政事。是时宰相贾昌朝、陈执中议罢制科，育以为不可，争论于上前，退而上章求解政务，故有是命。庞籍为枢密副使在度前，籍女嫁参知政事宋庠之子，庠因言于上，以亲戚共事为嫌，故度得先之。司马光著，邓广铭、张希清校点《涑水纪闻》卷十，中华书局1997年，第186页。

夏竦应制举（题拟）
魏泰

夏郑公竦以父殁王事，得三班差使，然自少好读书，工为诗。一日，携所业，伺宰相李文靖公沆退朝，拜于马首而献之。文靖读其句，有"山势蜂腰断，溪流燕尾分"之句，深爱之，终卷皆佳句。翌日，袖诗呈真宗，及叙其死事之后，家贫，乞与换一文资，遂改润州金坛主簿。后数年，举制科，对策庭下，有老宦者前揖曰："吾阅人多矣，视贤良他日必贵，乞一诗，以志今日之事。"因以吴绫手巾展于前，郑公乘兴题曰："帘内衮衣明黼黻，殿前旌旆杂龙蛇。纵横落笔三千字，独对丹墀日未斜。"是年制策高等。平生好为诗，皆有所属。初罢枢府，为南京留守，时有忌疾之者，到部作诗曰："造化平分荷大钧，腰间新佩玉麒麟。南湖日夜栽桃李，准拟睢阳过十春。"又曰："海雁桥边春水深，略无尘土到花阴。忘机不管人知否，自有沙鸥信此心。"晚年流落，仇敌益众，而抨弹之疏，不辍上闻。因作诗送一台官曰："弱羽惊弦势未安，孤飞殊不碍鹓鸾。黄金自有双南贵，莫与游人作弹丸。"始王沂公曾当国，郑公为翰林学士，欲撼之，因作《青州诗》曰："日上西山舞鸾鹤，波翻碧海斗蛟龙。直钩到了成何事，消得君王四履封。"以沂公青人故也。魏泰撰，李裕民点校《东轩笔录》卷二，中华书局1997年，第20页。

孔文仲狂躁（题拟）
魏泰

陈绎晚为敦朴之状，时谓之"热熟颜回"。熙宁中，台州推官孔文仲举制科，庭试对策，言时事有可痛哭太息者，执政恶而黜之。绎时为翰林学士，语于众曰："文仲狂躁,真杜园贾谊也。"王平甫笑曰:"杜园贾谊可对热熟颜回。"合坐大噱,绎有惭色。"杜园"、"热熟"皆当时鄙语。魏泰撰,李裕民点校《东轩笔录》卷六,中华书局1997年,第69页。

宋仁宗明鉴二苏制策（题拟）
高晦叟

仁宗临轩清问贤良之士,苏辙策略曰:"陛下近岁以来,宫中贵姬已至千数,歌舞饮酒,欢乐失节,坐朝不闻,咨议便殿,无所顾问。"从官奏曰:"陛下恭俭,未尝若是。辙言狂诞,恐累盛德,乞行黜落。"帝曰:"设制科,本求直言,苏辙小官敢言,特命收选。夫人主言动,辙虽妄说,果能诳天下之人哉?"置而不论,仍嘉其能,贲以恩宠,容谏纳善,尧舜禹汤无以过也。高晦叟《珍席放谈》卷上,《四库全书》第1037册,第537页。

王安石论苏轼制策（题拟）
邵 博

东坡中制科,王荆公问吕申公:"见苏轼制策否?"申公称之。荆公曰:"全类战国文章,若安石为考官,必黜之。"故荆公后修《英宗实录》谓苏明允有战国纵横之学云。老苏公云:"学者于文用引证,犹讼事之用引证也。既引一人,得其事则止矣;或一人未能尽,方可他引。"邵博《闻见后录》卷十四,《四库全书》第1039册,第283页。

父子兄弟皆登制科（题拟）
王辟之

真宗朝,钱希白贤良方正擢第,庆历中,子明逸子飞、彦远子高相继制举登科;嘉祐末,苏轼子瞻、弟辙子由同年制策入等,衣冠以为盛事。故子高谢启云:"两朝之间,相继者父子;十年之间,并进者兄弟。"子瞻《汝州谢表》曰:"兄弟并窃于贤科,衣冠或以为盛事。"而子瞻入等尤高,故其谢启曰:"误玷久虚之等。"希白从孙藻,皇祐五年登进士第。是年说书中选。后十年复登制科,其谢启曰:"十年二第,屡玷于主司;一门四人,无替于祖烈。"王辟之著,吕友仁点校《渑水燕谈录》卷七《贡举》,中华书局1997年,第68页。

孙固奏请孔文仲制策推恩（题拟）
王辟之

熙宁中,孔文仲举贤良方正,制策入等,以忤时政,不推恩。孙靖公固言:"科举徒取一日之长，言之虚华不足校，矧制举本以求直言，岂以忤而黜之耶！今朝廷以文仲之言足以惑天下，臣恐天下不惑文仲之言，而以文仲之黜为惑。"论者嘉之。王辟之著，吕友仁点校《渑水燕谈录》卷七《贡举》，中华书局1997年，第69页。

孙洙奏论天下争传（题拟）
王辟之

孙洙巨源，博学长才，初举贤良方正，奏论五十篇，皆陈祖宗政事，指切治体，推往验今，著见得失，天下争传写之，目曰《经纬集》。韩魏公览而叹曰："恸哭太息以论天下事，今贾谊也。"王辟之著，吕友仁点校《渑水燕谈录》卷七《文儒》，中华书局1997年，第72页。

误占久虚之等（题拟）
叶梦得

故事，制科分五等，上二等皆虚，惟以下三等取人。然中选者亦皆第四等，独吴正肃公尝入第三等，后未有继者。至嘉祐中，苏子瞻、子由乃始皆入第三等。已而子由以言太直，为考官胡武平所驳，欲黜落，复降为第四等。设科以来，止吴正肃与子瞻人第三等而已。故子瞻谢启云"误占久虚之等"。叶梦得著，宇文绍奕考异、侯忠义点校《石林燕语》卷二，中华书局1984年，第26页。

制科试策论（题拟）
叶梦得

富公以茂材异等登科，后召试馆职，以不习诗赋求免。仁宗特命试以策论，后遂为故事。制科不试诗赋，自富公始。至苏子瞻又去策，止试论三篇。熙宁初，罢制举，其事皆废。叶梦得《石林燕语》卷八，第112页。

本朝制科得人少（题拟）
叶梦得

汉举贤良，自董仲舒以来，皆对策三道。文帝二年，对策者百人，晁错为高第；武帝元光五年，对策者亦百人，公孙弘为第一。当时未有黜落法，对策者皆被选，但有高下尔。至唐始对策一道而有中否，然取人比今多。建中间，姜公辅等三十五人；太和间，裴休等二十三人；其下如贞元中，韦执谊、崔元翰、裴垍等皆十八人。元和中牛僧孺等，长庆中庞严等，至少犹皆十四人。盖自后周加试策论三道于礼部，每道以三千字为率,本朝加试六论,或试于秘阁,合格而后御试,故得人颇艰,然所选既精,士之滥进者无几矣。叶梦得《石林燕语》卷九,第133页。

王安石罢制科(题拟)
叶梦得

熙宁三年,制科过阁,孔文仲第一,吕陶亦在选中。既殿试,文仲陈时病,语最切直,吕陶稍直。宋敏求、蒲宗孟初考,文仲书第三等,王禹玉、陈睦覆考,书第四等。王荆公见之,心不乐中,批出:"黜文仲,令速发赴本任;吕陶升一任,与堂除差遣。"自是遂罢科。叶梦得《石林燕语》卷九,第138页。

本朝制科不试诗赋之始(题拟)
叶梦得

祖宗故事:进士廷试第一人,及制科一任回,必入馆,然须用人荐,且试而后除。进士声律固其习,而制科亦多由进士,故皆试诗赋一篇。唯富郑公以茂材异等起布衣,未尝历进士,既召试,乃以不能为诗赋恳辞,诏试策论各一。自是遂为故事。制科不试诗赋,自富公始,至子瞻复不落策,而试论三篇。叶梦得《避暑录话》卷上,《四库全书》第863册,第653页。

"祗授"贤良(题拟)
徐度

元祐初再复制科,独谢悰中格,特赐进士出身,补大郡职官。悰具状辞免,云:"所有告敕,未敢祗受。"而以"祗"为"祇",以"受"为"授",士大夫间传以为笑。谏官刘器之疏论之曰:"昔唐之省中,有伏猎侍郎为严挺之所讥而罢,今陛下方当右文之代,初复制举,岂容有'祗授'贤良乎?"悰,字公定,希深之孙,亦有文采,"祗授",盖笔误也。徐度《却扫编》卷中,《四库全书》第863册,第779页。

制科词赋三经宏博
叶绍翁

本朝廷对取士,用赋而不示其所出自。(省试命题亦然。)真宗以"厄言日出"试士于廷,孙何等不究厥旨,赋莫能就,遂昧死攀殿陛而上,请所出与大意。真宗不以为罪,揭示所出及大意,谓:"厄,润也。"是岁以何为状头。其后诸生上请有司揭示,皆始于此。王安石以三经取士,遂罢词赋,廷对始用策。先是,叶祖洽梦神人许之为状头,惟指庭下竹一束,谓之曰:"用此则为状元。"叶不解其意。及用策取士,叶果为首,竹一束乃策(又梦中神为设狗肉片为"状"字),定数如此。叶因乡人黄裳劝神宗讲,知上意深喜孟子,尝以语叶,故叶对策始终援孟子以为说。先是,荆国王安石尝赋诗《试闱中》云:"当时赐帛倡优等,今日抡才将相中。"盖已嫉词赋之弊。后因苏子由策专攻上身,安石比之谷永,又因孔常父用策力诋新法,安石遂有罢制科之意。哲宗策士,因语近臣曰:"进士试策,文理有过于制科者。"大臣皆熙宁党,遂力主罢制科议。制科词赋既罢,而士之所习者皆《三经》。所谓《三经》者,又非圣人之意,惟用安石之说以增广之,各有套括,于是士皆不知故典,亦不能应制诰、骈丽选。蔡京患之,又不欲更熙宁之制,于是始设词学科,试以制、表,取其能骈俪;试以铭、序,取其记故典。自南渡以后始复词赋,孝宗始复制策,而词学亦不废。叶绍翁撰,沈锡麟、冯惠民点校《四朝闻见录》卷一,中华书局1997年,第18页。

贤良

叶绍翁

绍兴二年三月,资政殿大学士王绹表:"臣昨任提举万寿观兼侍读,正月二十四日奏事殿中,乞以臣父、故宣德郎、赠太子太保、先臣发,元祐中应贤良方正能直言极谏科目,所进策论十卷,凡五十篇,俟装褾毕日,依臣见进故事例,诣通进司投进。"面奉圣旨依奏。绹旋得请提举洞霄宫,缴进其父所为五十篇之文。表略曰:"惟元祐之纪元,复制科而取士,维时司马光之客,有若刘安世之贤,见所为书,举以应诏。因知己之迁谪,并荐士而弃捐,事与志违,言随名寝。"盖是安世既贬,发因不得召。东坡尝得其词业,致书谓:"虑深词达,非浅陋所及。"又曰:"秦少游未第,王贤良久困场屋是也。"《挥麈录》载:"张咸,汉州人。应制科,初出蜀,过夔州,郡将知名士也,一见遇之甚厚,因问曰:'四科优劣之差,见于何书?'张无以对。守曰:'载《孟子注》中。'因阅视之,且曰:'不可不牢笼之也。'张道中漫思索,著论成篇。至阁试,六题以此为首。主文钱穆父览而异之,为过阁第一。"咸,即浚父也。二贤良可谓有子矣。

绍翁窃考《挥麈》所载,参以本朝六题之制,必先经题注疏而后子史,以《孟子注》为首,殆恐不然。曾慥序李贤良(高庙讳)字泰伯诗云:"尝试六题,已通其五,惟四科优劣之差,不记所出,曰:'吾于书无所不读,惟平生不喜《孟子》,故不之读,是必出《孟子》。'拂袖而出,人皆服其博。"泰伯自序其文曰:"举茂才,罢归。其明年,庆历癸未秋,录所著文"云云。则是张公咸与泰伯同试于庆历壬午,张遂中选,李遂报罢。区区科目,亦有幸不幸焉。以《挥麈录》考之,则黜泰伯者,钱穆父也。南康祖无择序泰伯之文曰:"天子举茂才异等,得召第一。既而试于有司,有司黜之。呜呼!岂有司之过耶?其泰伯之命耶?"无择序其文,未尝有不读《孟子》之说。门人陈次翁为撰墓铭,亦曰:"曾充茂才,有《富国》、《安民》、《强兵》三策,《易》、《礼》二论,合五十首,天下传诵。及退居,为《周礼》、《致太平论》并序五十一首,其敌天命。（按，四字不解。）又有《潜书》、《庆历民言》、《寄范富孙公四书》、《长江赋》。初未尝及不读《孟子》之说，惟公《盱江集》中有《常语》、《非孟子》，其文浅陋，且非序者所载，疑附会不读《孟子》之说者为之剿入，非泰伯之文明甚。"

绍翁谨按：《登科记》庆历二年壬午岁八月，固尝召试才识兼茂科，时阁下六题，一曰《左氏义崇君父》，二曰《孝何以在德上》，三曰《王吉贡禹得失孰优》，四曰《经正庶民兴》，五曰《有常德立武事》，六曰《序卦杂卦何以终不同》。初无四科优劣一题，不知曾慥序泰伯之诗，何为凿空立为此题。当时六题中，唯《经正庶民兴》出《孟子》，此儿童之所知，泰伯纵不喜《孟子》，不应父生师教以来，即不许读《孟子》，且非《孟子注》之文。绍翁窃考本朝有司命题，不过《六经》本注与正义中出，或不出正义，未闻出子史注疏者。曾慥、《挥麈》恐决无所据。是岁庆历二年壬午，中选者乃殿中丞钱明逸，实入第四等。而魏公之父咸实中选于绍圣元年，时为剑南节度推官。则绍圣又与庆历不同。本朝前后阁试，未尝有四科优劣之题。惜乎绍圣六题独缺不载，参合《登科记》、《挥麈录》之说，则泰伯所试乃《经正庶民兴》，出《孟子》正文，实试于庆历二年壬午八月。咸试四科优劣之差，实试于绍圣元年九月，同试者右通直郎吴俦、福州布衣陈旸。是岁上以进士策有过于制科者，遂罢试。山台赵汝读常容况（容况二字似误）问绍翁以四科优劣之题，即答之以见于《挥麈》所载，实出于《孟子》"大人天民"之第二注末一句云。汝读即阅孟子得之。因叹："自父兄以来，寻此题不见。今乃得之于子。"因归而著此，以释后人之惑。

第一则

自绍兴二年复置此科，士无应令者。至乾道七年十一月始取贤良方正能直言极谏科一人，则眉山李垕也。自孝宗即位十年，制科诏凡一再下。时科目久废，士皆不能为此学。乾道八年正月，翰林汪公以垕应诏，取其五十篇之文，献之于上。上屡对近臣称奖，谓宜置之优等，以徕多士。巽岩李公焘，其父也，寻摄右史，直前奏事，上面谕尤宠。有司拘守令，持之久不下，迄用乾德、咸平、景德典故，亟令召试中书。垕尝一辞不获。（盖以东南士人忌之者众。）

九年夏四月，汪公出守平江，右丞相陈公出守福唐。五月，巽岩请补外。七月，得荆湖节度。垕以状自列，乞侍亲养，待命于外。上曰："今秋八月，令中书引试。"时荐者汪公与王召大臣已去国。（此句疑有脱误。）垕惧为当路所嫉，故恳辞再三，遂听其侍亲以行。十年始召试中书，六论命题已稍异盛时之制：一曰《人主有必治之道》，二曰《汤法三圣》，三曰《人者天地之心》，四曰《律历更相治》，五曰《三家言经得失》，六曰《扬雄张衡孰优》。六论合格，宰执持文卷以进御，玉色欢动，曰："继今其必有应书者矣。"上曰："垕五题皆精记所出。虽《汤法三圣》不记所出，而能举上下文数百字，可谓难矣。"盖本朝六题四通，即谓之合格，垕亦既通其五矣。宰执又同辞而进曰："垕之弟塾，亦为此学。"上曰："盛事，盛事。"会召塾试，有司抉《魏相传》内"尧舜汤禹"四字以笼之。塾不能记,因赐帛报罢。轻薄子至作谑词,其略云:"六论不知出处,写得乌梅几字。圣恩广大如天,也赐束帛归去。"世俗遂谓无真贤良。由是窃名应科者,亦得以售其伪。且谓东坡犹不记六题出《管子》,子由同试,至以笔管敲试案方悟。此又齐东之语,与谓李泰伯不记四科之题,大略相似。按东坡所试题,一曰《王者不治夷狄》,二曰《信礼义以成德》,三曰《刘恺丁鸿孰贤》,四曰《礼以养人为本》,五曰《既醉备五福》,六曰《形势莫如德》。五题俱精贯,惟《形势莫如德》,东坡误认以为出于《诸侯王表》,子由知其出于《吴起传》,而特不记其出于传赞之束句。俗谓子由不记《信礼义以成德》出《论语》"樊迟请学稼"下注,东坡因老兵斟铜蟾溢砚,坡恚曰:"小人哉!"子由遂悟。虽六题有此,然其说亦不经,与所传《管子》事一也。《刑赏忠厚之至》,盖省试论,非制科题云。

第二则

《愧郯录》载:大中祥符六年,言者谓汉举贤良多因灾变,今受瑞登封,不当复置此科,遂罢之。天圣七年,复置此科。咸平四年四月,诏学士、两省、御史五品以上,尚书省诸司四品以上,内外京朝官幕职、州县及草泽,各举贤良方正能直言极谏一人,已帖职者不举。是年八月,及试贤良方正能直言极谏科。至景德二年,复置六科:一曰贤良方正能直言极谏,二曰博通坟典达于教化,三曰才识兼茂明于体用,四曰武足安边,五曰洞明韬略运筹决胜,六曰军谋宏远才任边寄。委中书试论六首,合格者亲试,是谓六科。盖前此止设贤良一科,今复唐六科。《愧郯》惜未精考,以为初不见罢科之日,而有复科之诏,此乃复唐六科之诏故也。六题既命试,至制策则恕矣。《愧郯》又疑林陶学士院不合格,以为前无此一试。不知乾德二年令吏部试策一道,已有旧比。今但不试吏部,试于学士院耳。

第三则

巽岩李公焘《制科题目序》:"阁试六题,论不出于经史正文,非制科本意也。盖将傲天下士以其所不知,先博习强记之余功,后直言极谏之要务,抑亦重惜其事而艰难其选,使贤良方正望而去者欤?然而士终不以此故而少挫其进取之锋,问之愈深则对之愈密,历数世未尝有败绩失据之过。士真多能哉?斯执事优容之也。迨熙宁中,陈彦古始不识题,有司准试不考,而制科随罢。君子谓彦古不达时变,宜其黜也。先是,孔文仲以直言极谏忤宰相意,驳高第,斥小官。彼佼佼焉,思纵其淫心以残害典则,厌是科之不便于己也,欲亟去之而不果遂。亟去之而不果遂,则姑置焉,名存而实亡矣。凡所谓贤良方正者,尚肯复从其游耶?彦古区区昧于一来,是必不敢高论切议也。殆揣摩当世,求合取容耳。传注义疏之纤微,且不及知,矧为国家之大体,渠能有所发明哉!而执事者犹恶其名,决坏之然后止,彦古之黜宜也。而使天下遂无得以贤良方正能直极谏举者，独何心软？至于元祐，仅复旋废，其得失之迹，又可见矣。今天子明诏三下而士莫应，岂非犹惩于彦古故耶？盖古之所谓贤良方正者，能直言极谏而已。今则惟博习强记也，直言极谏则置而不问，殆恶闻而讳听之。逐其末而弃其本，乃至此甚乎！此士所以莫应也。余曾不自置，妄有意于古人直言极谏之益，而性最疏放，勉从事于博习强记，终不近也。恐其幸而得从晁、董、公孙之后，曾是弗察，而猥承彦古之羞。乘此暇日，取五十余家之文书，掇其可以发论者数十百题，具如别录。间窃颠倒句读，窜伏首尾，乃类世之覆物谜言，虽若不可知，而要终不可欺。戏与朋友共占射之，贤于博弈云尔，实非制科之意也。"绍翁窃详巽岩李公之序，谓熙宁中陈彦古始不识题，有司准式不考，而制科随罢。先是孔文仲以直言极谏忤宰相意，驳高第，斥小官，其说有当考者。熙宁三年九月试制科二人：贤良方正能直言极谏科太常博士王□，才识兼茂明于体用科太庙斋郎张绘。（皆成都人。）时贤良方正台州司户参军孔文仲对策，入第三等，诏以所对，意尚流俗，毁薄时政，不足收录，以惑天下观听，令流内铨，告示还任。是岁御试罢诗赋用策。七年以进士试策，即与制举无异。时政得失，已许人上封事，遂罢制科。此后彦古何缘又复召试，且特为彦古一人不通阁题而罢此科？本朝阁试六题，俱载《登科记》。所缺者，惟绍圣元年所出题尔。不知彦古所不通者何题，李公何不明载？文仲不失一台州司户，亦无官可斥也。叶绍翁撰，沈锡麟、冯惠民点校《四朝闻见录》卷一，第114～120页。

庆元二年戒饬场屋付叶翥以下御笔

叶绍翁

"朕既举天下秀彦试于春官，期得气识伟厚、议论平正之士，副异时公卿大夫之选。属婴哀疾，不能亲策于庭。惟赖卿辈协意悉心，精加衡鉴，网罗实才，毋使浮夸轻躁者冒吾名器，则惟汝嘉，故兹诏示，想宜知悉。"盖为谅闇不能亲策，事体至重，故加戒饬。自此袭以为例，虽当亲策，亦加戒饬云。宋叶绍翁撰，沈锡麟、冯惠民点校《四朝闻见录》卷一，第156页。

科举为党议发策

叶绍翁

自制科明数之问既罢，（制科有明数，有暗数。李心传载亦未详。）绍兴尝复而未盛，上之发策，下之对策，皆出于虚文。故士之知书日益少，而宏词遂得以擅该洽之誉，甚至明经者不习故典，词赋者不谙传注，有司既奉上旨，遂发为问目云。孔子作《六经》而王道备，汉儒传《六经》而师说兴。自武帝劝学，置博士弟子员，而传业者浸盛，一经说至数万言，众至千余人。班固赞《儒林传》谓："网罗遗失，兼而存之，是在其中。"以经说之多，若取是而去其谬妄，经意自明，何必并存之乎？汉兴，言《易》者本田何,言《书》者始伏生。考之《艺文志》□列施、孟、梁丘、欧阳及大小夏侯《章句》之篇数,而田何、伏生不著其名氏,岂以何无《易传》,而伏生口以传授,承学者已广,故不必著见于《志》耶?孟喜主赵宾之说,释箕子谓"万物方荄兹",何以为明《易》?有守小夏侯说,文增师法,其言最多,说曰若稽古至三万言,其果有益于经乎?《诗》有鲁、齐、韩三家,独申公以训故为教,不著解说,辕固、韩婴皆为之传,咸非其本义。史氏谓鲁最为近之。说《诗》盖不在多言矣,善为《颂》者不通经,不害为礼官;能记其铿锵鼓舞,而不能言其义,亦典乐。迨夫曹褒之在东都制定礼乐次序,其事为百五十篇。肃宗乃以众论不一,议礼之家,名为聚讼,遂寝不行。郑康成注《仪礼》等记,书有驳有难,通人颇讥其繁。是岂通其经、言其义者适所以为病?武帝尊《公羊》,宣帝兴《谷梁》,一时诸儒并论,或从《公羊》,或从《谷梁》。《左氏》最后出。刘歆遗书太常,欲以求助,乃反得讪。然则《公》、《谷》之立,《左氏》之难兴,岂时君各有好尚,或诸儒之论,党同伐异,遂有去取之殊云云。

发策词赋之士如此,然犹可以臆对,盖赋题出天子,大采朝日已为不恕,盖无复类书之可寻,故策问微恕,意欲使词赋者稍知传注之学,及首篇问云。博物洽闻,儒者所尚已。防风专车之巨骨,肃慎氏楛矢之方,非圣人孰能辨之?对神雀五采之来集,有以鹙鹭在岐周为证者;问建章千门之制度,有以能画地成图应答如流者。然则博物君子,何世无其人乎?故西都著作之庭,必聚闻见殚洽之彦。唐贞元取士之目,兼设博通坟典之科,此有国者所赖以崇饰文治,其在是欤云云。今日韦布之士以科目应诏者,类多溺于虚诞之习,初无根柢之学,试历考前代所谓博洽之儒有见于世者,与诸君共评之。汉高以马上得天下,一时共成帝业者,皆武力功臣,而能安刘氏,乃在于重厚少文之人。是岂在上者未知崇儒,而博洽之士未之闻乎?及武帝之世,详延文学,儒者以百数,班氏所称博物洽闻、通达古今,不过数人而已。是时制度多阙,诸儒议封禅之事,及得精于诵读者,其制始定,而固独以儒雅称之。岂雅为博洽之异名乎?东都之儒,有著《周易》、《尚书》、《毛诗》、《仪礼》、《论语》、《孝经》及《毛诗》诸驳,见称洽熟,有撰欧阳、大小夏侯《尚书》古文同异,齐、鲁、韩诗与毛氏异同,并《周官解故》行于世者,范晔不敢列于《儒林》。岂其博通经学,非以一艺自著,与专门名家不同而然欤?唐贞观开文学馆,召名儒十八人与论天下事。开元相望,史学尤盛,有以功业显显著见者,未易枚举。其间能辨古铜器知为阮咸初作,请《左氏春秋》之疑,能言三家七穆之不差,亦可谓博古矣。然考其人,或以类礼而作五难,或仅能论胡乐之乱雅,他无建明。岂所学不充所用耶?在唐之前,又有博学多通号为"武库"者,能处军国之要计无遗矣,其智识为何如?见谓书淫,坚守其志,不从辟召,而乃无意斯世,又果何所见耶?唐史臣品藻诸儒书,专于记习,他无大事业,则次为《儒学篇》,乃举天下一之于仁义归于儒,为宰辅所当为者。则今日欲得实才,必当出于博洽者,其止于诵习而已乎?抑为经史学乎?至第三问目,犹问左氏述虞人之箴,与兰台漆书之经,与《金鉴》序于贞观,《连屏》作于元和,《大训》、《帝范》、《衡扆》、《君臣》、《刑政箴》、《太医》等箴,固已兼制科宏词于问目,宜多士之不能涉笔也。中是选者,前二名莫子能（后作子纯，未知孰是。）、邹应龙（一作乾）。莫已有官，易居邹下。子纯该洽之士，真足备制科、宏词之选已。自岁主司自袤以下，曰倪思、刘德秀，策问指安刘氏者乃重厚少文之人，盖阴誉佗胄云。先是，台臣击伪学榜朝堂，未几，张贵谟指论《太极图说》之非，袤、思、德秀在省闱论文弊，复言伪学之魁以匹夫窃人主之柄，鼓动天下，故文风未能丕变，乞将《语录》之类并行除毁。是科取士，稍涉义理者悉见黜落。叶、刘俱附韩，策问非文节所为也。文节于韩、赵皆无所附。袤为长，当出首篇，士愕莫知对。子纯以小纸帖所出于柱间，士皆感之。是时举子不事记诵，专习于空虚之谈。若射策中，至有"心心有主，喙喙争鸣"之语，转相模写，世之识者固已患之。时适值党议之兴，而士之遭黜者往往以为朝廷不取义理之文，得以藉口矣。当时场屋媚时好者，至攻排程氏，斥其名于策云。叶绍翁撰，沈锡麟、冯惠民点校《四朝闻见录》卷一，第157～160页。

制科试期因二苏改（题拟）
潘永因

国朝引试，率在八月中。韩魏公当国日，二苏将就试，黄门忽卧病。魏公知而奏曰："今岁制科之士，惟苏轼、苏辙最有声望。今闻辙偶病未可试，如此人兄弟中一人不得就试，甚非众望。须展限以待之。"上许之。黄门病中，魏公数使人问讯。既闻安全方引试，比常例展二十日。自后试科并在九月。吕微仲不知其故，因问制科何以至秋末，东坡乃为吕言之。吕曰："韩忠献之贤如此哉！"

二苏赴试，是时同召试者甚多。相国韩公偶与客言曰："二苏在此，而诸人亦敢与之较试，何也？"于是不试而去者十八九。潘永因撰，刘卓英点校《宋稗类钞》卷一，书目文献出版社1985年，第77～78页。

宋制科题无一人合格（题拟）
潘永因

宋制科题有"尧舜禹汤所举如何"，乃汉时宫中谒者，赵尧举春，李舜举夏，儿汤举秋，贡禹举冬，各职天子所服也。又汤周福祚，乃张汤杜周也。当时士子以唐虞三代为对，遂无一人合者。潘永因撰，刘卓英点校《宋稗类钞》卷五，书目文献出版社1985年，第388～389页。

张贤良梦
岳珂

张贤良君悦，咸家蜀绵竹，世以积德闻。绍圣初，再试制科，宰相章惇览其策，以所对不以元祐为非，大怒，虽得签书剑西判官以去，而科目自是废矣。仕既不甚达，益笃意植燉弛庆，以遗后人。尝一日昼寝，梦神人自天降，告之曰："天命尔子名德作宰相。"惊而寤，未几而魏公生。时魏公之兄已名浞，君悦不欲更所从，乃字魏公曰"德远"。出入将相，垂四十年，忠义勋名，为中兴第一，天固有以启之者欤！"岳珂著，吴企明点校《桯史》卷十二，中华书局1997年，第144页。

孔文仲制科落第（题拟）
曾敏行

孔经甫文仲为台州司户日，范蜀公举应制科。经甫对策，极言青苗免役之害，语太忤直。宋次道为初考，以入三等，王禹玉覆考，降一等，韩持国详定从初考。王荆公见而恶之，密启于上，以御批黜之，遂下诏发还本任。孙给事固封还制书，极言其不可。经甫将归，往见蜀公，公叹息其不遇，经甫曰："苟不负科目及公知人之鉴，足矣，不敢以穷达为念也。"公甚壮之谓曰："君气节如此，无替古人，惟不替今日之志，则某之所愿也。"经甫，元祐中为谏议大夫，果以抗直为时所推重云。曾敏行《独醒杂志》卷四，《四库全书》第1039册，第545页。

制策入等
杨 慎

宋之制策虚第一等以待伊、吕之流，其入等者惟苏氏轼、辙兄弟、吴育、范百禄、李垕，终宋世仅五人，而蜀居其四，盖二苏、范、李皆蜀人也。《升庵集》卷六十八，《四库全书》第1270册，第673页。

贾易诋苏辙制科文
杨 慎

贾易言，苏辙制科试文谬不应格而滥进。是时辙方不合于君相，而易因诬之。夫以辙之文章而犹曰谬、曰幸、曰滥，小人之无忌惮，何所不至！《升庵集》卷四十九，《四库全书》第1270册，第415页。

杂说九首（之七）
刘 敞

古者求士，先退让敦朴者，欲以励世矫俗也。士之应世求者，亦偃蹇自厚而鄙小荣利。是以人怀廉约之心，俗长敦厚之风。若不得已而应聘效力，则谔然中立，以道进退。何则？其素所操持者，不近势利也，故古者鲜患失之叹。今进士猥多，自十年以来，岁岁增益，州郡所举会于尚书者，常三千以上。若尽以为贤，是何贤之多也！虽兔罝之世，不能及此。必若不能尽贤，但启贪竞之心，开奔走之路，非朝廷之美也。又怀利干进，互相窥诋，发扬其短长；或携手扬袂，佻达傲荡，无复处士之态。习俗为长，不觉不禁，必复有西晋旷放狂谲之败。

窃以谓宜令州郡间岁举进士，取其实行、经学试之，如太学胄子，大郡三人，其次二人，其次一人，无则阙。京邑四方所赋士之占籍多，可令五十人，余京或五十七人，其佻薄无行，皆摈斥勿收。如此，号为州郡举进士可矣，非进士自举也。夫自举之与人举之，所以厉世矫俗，岂可同日而语哉！

今不惟进士自举而已，至于贤良方正亦自举也，岂不过乎？夫贤良美称也，方正善行也。古之当此名者，方将高卧，潜处不知，羔雁珪璧之聘，三四至而遂能起乎？今皆循循然窥颜色，求便利而进矣。争门齰指，不足谕其情；侧肩攫金，不足况其态；鼓腹自鬻，不足比其羞。无乃其实与其名不相符哉！今世皆知高贤良于进士矣，不知贤良之害于俗甚于进士。何以言之耶？人有言曰："南城之泽有兔焉，可逐而取也。"彼闻之者，必争先致力焉，然其至也，必游手惰农耳。又有言曰："有鹿焉，可逐而取之也。"则不独游手惰农而后争之也，必将有舍业而往者矣，则兔小而鹿大故也。夫进士兔也，贤良鹿也，二者皆以动贪利之心，而贤良之所动者多，可不慎哉？故女以自媒为丑，士以自献为污。今朝廷使公卿大臣举贤良方正，则名实当矣。刘敞《公是集》卷四十二，《四库全书》第1095册，第765~776页。

制科六论以记问为主（题拟）
叶梦得

人之学问皆可勉强，惟记性各有分量，必禀之天。譬之着棋，极力不过能进其所能，至于不可进，虽一着，终老不能加也。制科六论，以记问为主，然前辈独张安道、吴参政长文，题目终身不忘，其余中选后，往往即忘之，盖初但热记耳。吴正肃公登科为苏州签判，至失心几年，医饵以一醉膏乃差，暮年复作，遂不可治。晏元献、杨文公皆神童，元献十四岁，文公十一岁，真宗皆亲试以九经，不遗一字，此岂人力可至哉？神童不试文字，二公既警绝，乃复命试以诗赋。元献题目适其素尝习者，自陈请易。文公初试一赋，立成，继又请，至五赋乃已，皆古所未闻也。叶梦得《避暑录话》卷上，《四库全书》第863册，第662页。

制科试诗赋（题拟）
叶梦得

国朝馆职，制科及进士第一人试用，既有常法；余皆以大臣荐其所知，而无定制。

制科既改用策论,而进士第一人与大臣所荐,犹循用诗赋。治平末,英宗患人材少,始诏宰相参知政事各举五人。时韩魏公、曾鲁公为宰相,欧文忠、赵康靖公为参政,共荐二十人,未及召试,而神宗即位。乃先择其半与府界提点,陈子东奏事称旨,特命附试者十一人皆入馆。吴申为御史言,诗赋不足得士,请自是杂以经史、时务,试论策,乃命罢诗赋,试以策论二道,然终神宗之世未尝行。盖自更官制,在内者与职事官杂除,在外赏劳以为贴职者,但以为宠也。元祐初,举行治平故事,而通命知枢密院与同知亦荐,遂用熙宁之令,试策一道。绍圣后不复行。四十年间,唯治平、元祐两见而已,盖必欲得材而慎其选,自不能数也。叶梦得《避暑录话》卷下,《四库全书》第 863 册,第 686 页。

孙巨源以制科见任（题拟）

叶梦得

故事:制科必先用从官二人举,上其所为文五十篇,考于学士院,中选而后召试,得召者不过三之一。惟欧阳文忠公为学士时,所荐皆天下名士,无有不在,高选者苏子瞻兄弟、李中书邦直、孙翰林巨源是也,世遂称欧阳善举贤良。程试既不过策论,故所上文亦以策论中半,然多未免犹为场屋文辞。惟孙巨源直指当世弊事,列其条目,援据祖宗,源流本末,质以故事,反复论说,皆可施行,无一辞虚说。韩魏公一见曰:"怃哭泣涕,论天下事,其今之贾谊乎!"时方为于潜县令,会以期丧,不及试,免丧,魏公犹当国,即用为崇文馆编校书籍,遂见进用,不复更外任,盖犹愈于正登科也。叶梦得撰《避暑录话》卷下,《四库全书》第 863 册,第 707~708 页。

国朝制科（题拟）

徐 度

国朝制科,初因唐制,有贤良方正能直言极谏、经学优深可为师法、详明吏理达于教化,凡三科。应内外职官,前资见任,黄衣草泽人,并许诸州及本司解送上吏部,对御试策一道,限三千字以上。至咸平中,又诏文臣于内外幕职、州县官及草泽中,举贤良方正各一人。景德中,又诏置贤良方正能直言极谏、博通坟典达于教化、才识兼茂明于体用、武足安边、洞明韬略运筹决胜、军谋宏远材任边寄、详明吏理达于从政等六科。天圣七年,复诏应内外京朝官不带台省、馆阁职事,不曾犯赃罪及私罪情理轻者,并许少卿监以上奏举,或自进状乞,应前六科,仍先进所业策论十卷,卷五道,候到下两省看详,如词理优长,堪应制科,具名闻奏,差官考试,论六首合格,即御试策一道。又置高蹈丘园、沉沦草泽、茂才异等三科,应草泽及贡举人非工商杂类者,并许本处转运司、逐州长吏奏举,或于本贯投状乞应,州县体量有行止别无玷犯者,即纳所业策论十卷,卷五道,看详,词理稍优即上转运司审察;乡里名誉于部内选有文学官,再看详，实有文行可称者，即以文卷送礼部，委主判官看详，选词理优长者，具名闻奏，余如贤良方正等六科。熙宁中悉罢之，而令进士廷试罢三题，而试策一道。建炎间，诏复贤良方正一科，然未有应诏者。徐度《却扫编》卷下，《四库全书》第863册，第783~784页。

制科第三等人一任回召试馆职（题拟）
徐 度

旧制：进士第三人以上及第人一任回，并召试馆职，制科第三等人一任回亦然，仍并升通判资序。熙宁初诏厘革，并令审官院依例与差遣。徐度《却扫编》卷下，《四库全书》第863册，第790页。

南宋制科（题拟）
俞文豹

绍兴初复制科，给、舍、侍从三人举一人，进其文业，考入上次等则召试六论，于《九经》、《十七史》、《国语》、《论》、《孟》、《管》、《荀》、《杨》、《文中子》正文或注疏中出四通题，入四等即试策一道，中第三等比状元，第四等比榜眼，第五等同进士。是科本求直言，今乃专取记问。李泰伯试六题，不得其一。东坡"形势不如德"论，不知出处，"礼义信足以成德论"，知子由记不得，乃厉声索砚水，曰"小人哉！"子由始悟出"樊迟学稼"注。乾道间，李垕"汤法三圣论"出功臣表，误作诸侯王表。淳熙间，垕弟塾复召试，巨珰恐其策攻己，故难其题，仅得二通，赐束帛遣之。开禧间，召试永康何致，会同试者丁艰，致降内批独试，为中书易袚、谏议邓友龙所缴论，再以吴猎侍郎荐，正言郑景绍奏，勒归本乡。自复此科，百余年仅得一李垕，而论题尚记不全。今一妄男子欲欺世盗名，辄假此学，以贤良自称，所谓吾不试故艺尔。俞文豹《吹剑录外集》，《四库全书》第865册，第473~474页。

宋代制科（题拟）
马端临

后周世宗显德四年十月，诏曰：制策悬科，前朝盛事，莫不访贤良于侧陋，求谠正于箴规。殿廷之间，帝王亲试，其或大裨于国政，有益于时机，则必待以优恩，縻之好爵。拔奇取异，无尚于兹；得士者昌，于是乎在。爰从近代，久废此科，怀才抱器者郁而不伸，隐耀韬光者晦而莫出。遂使翘翘之楚多致于弃捐，皎皎之驹莫就于縻縶，遗才滞用，阙孰甚焉。应天下诸色人中，有贤良方正能直言极谏、经学优深可为师法、详闲吏理达于教化者，不限前资见任职官，黄衣草泽，并许应诏。其逐处州府依每年贡举人式例，差官考试，解送尚书吏部仍量，试策论三道，共三千字以上，当日内取文理俱优，人物爽秀，方得解送，取来年十月集上都，其登朝官亦许上表自举。

宋朝之制，国初制举，有贤良方正能直言极谏，经学优深可为师法、详闲吏理达于教化，凡三科。应内外职官，前资见任，黄衣草泽人，并许诸州及本司解送于吏部对御策，试三千言，以文理俱优者中其选。

真宗咸平四年，诏学士、两省五品，御史台、尚书省诸司四品以上，于内外京朝、幕府、州县官、草泽中，各举贤良方正一人，不得以见任转运使及馆阁职事人应诏。

景德二年，诏复置博通坟典达于教化、才识兼茂明于体用、武足安边、洞明韬略运筹决胜、军谋宏远材任边寄等科，委中书门下先加程试，如器业可观，具名闻奏，朕将临轩亲试。

时命两制考文卷，中等者甚少。又命侍读待制重考，上犹虑遗才，令中书重详定讫，试论六首，合格者以闻。

大中祥符元年，时上封者言，两汉举贤良多因兵荒灾变，所以询访阙政，今国家受瑞建封，不当复设此科，于是悉罢。

凡特旨试艺者，有于中书、学士、舍人院或特遣官专试，所试诗、赋、论、策、颂、制、诏或三篇，或一篇。景德后，唯将命为知制诰者方试制、诰，东封及祀汾阴时献文者，多试业得官。

仁宗天圣七年诏曰："朕开数路，以详延天下之士，而制举独久置不设，意吾豪杰或以故见遗也。其复置此科，于是增其名曰：贤良方正能直言极谏科、博通坟典明于教化科、才识兼茂明于体用科、详明吏理可使从政科、识洞韬略运筹帷幄科、军谋宏远材任边寄科凡六，以待京朝官之被举及起应选者；又置书判拔萃科以待选人之应书者；又高蹈丘园科、沉沦草泽科、茂材异等科以待布衣之被举及应书者；又武举以待方略勇力之士。其法先上艺业于有司，有司较之，然后试秘阁，中格，然后天子亲策之。

后数岁，李淑上书言："吏部故事选人，以格限未至者，能试判三节，谓之拔萃，此特有司之事耳。而陛下乃亲策之，非其称矣。又所谓茂材异等，本求出类之俊也。而士之不利乡荐者，始出而应焉。臣以为此二者，皆非国家求才之本意也，宜有以易之。"于是，罢书判拔萃科，令幕职、州县官皆得应贤良方正能直言极谏等科，诸常试乡举被黜者，毋复应茂才异等科。其后十余年，又诏："自今制科，须近臣论荐，毋得自举。"初，御史唐询与参知政事吴育有隙，帝数称近岁制科得人，以育为贤。而询奏言："自古灾异乃册贤良，今者六科率不用公卿推引，而特视进士之期，凡应此科者至自称曰贤良方正，曰茂才异等，曰博通坟典。臣以为习扇浇浮，莫甚于此，可悉罢之。"而育复奏曰："册贤良，自晁错始，错非以灾异举也。"帝以育言为然。由是制科得不废，而特禁其自荐而已。

公是《刘氏杂著》曰："夫自举之与人举之，所以厉世矫俗，岂可同日而语哉？今不惟进士自举而已，至于贤良方正亦自举也，岂不过乎？夫贤良美称也，方正善行也。

古之当此名者，方将高卧，潜处不知，羔雁珪璧之聘，三四至而遂能起乎？今皆循循然窥颜色、求便利而进矣。争门蹴指，不足以谕其情；侧肩攫金，不足以况其态；鼓腹自鬻，不足以比其羞。无乃其实与其名不相符哉！今世皆知高贤良于进士矣，不知贤良之害于俗甚于进士。何以言之耶？人有言曰：'南城之泽有兔焉，可逐而取也。'彼闻之者，必争先致力焉，然其至也，必游手惰农耳。又有言曰：'有鹿焉。'则不独游手惰农而后争之也，必将有舍业而往者矣，则兔小而鹿大故也。夫进士兔也，贤良鹿也，二者皆足以动贪利之心，而贤良之所动者多，可不慎哉？"

石林叶氏曰："富公以茂材异等登科，后召试馆职，以不习诗赋求免，仁宗特命试以策论，后遂为故事。制科不试诗赋，自富公始。至苏子瞻又去策，止试论三篇。熙宁初罢制举，其事遂废。"

又曰："故事制科分五等，上二等皆虚，惟以下三等取人，然中选者亦皆第四等，独吴正肃公尝入第三等，后未有继者。至嘉祐中，苏子瞻、子由乃始皆入第三等，已而子由以言太直，为考官胡武平所驳，欲黜落，复降为第四等。设科以来，只吴正肃与子瞻入第三等，故子瞻谢启云'误占久虚之等'。"

玉山汪氏曰："'范子功亦入制科第三等。'后熙宁间，孔文仲考中第三等，以忤王安石，特旨黜之。"

神宗熙宁七年，吕惠卿以为制科止于记诵，非义理之学，且进士已试策，与制科无异。乃诏罢之。

先时秘阁考制科陈彦古六论，不识题语何出，字又不及数，准式不考。盖自秘阁试制科以来，未有如彦古空疏者，次年乃罢制科。

哲宗元祐元年，复制科。

绍圣元年，罢制科。自朝廷罢诗赋，废明经，词章记诵之学俱绝。至是而制科又罢，无以兼收文学博异之士，乃置宏词以继贤良之科。

三省言："唐世取人，随事设科，其名有词藻宏丽、文章秀异之属。究其所试，皆异乎进士、明经。今既复旧科，纯用经术，诸如诏、诰、章、表、箴、铭、赋、颂、赦、敕、檄、书、露、布、诫、谕，其文皆朝廷官守日用而不可阙。先朝已尝留意特科，目未及设。二年诏立宏辞科，岁许进士登科者诣礼部请试，若见守官，须受代乃得试，率以春试上舍日附试，不自立院也。差官锁引，悉依进士。惟诏诰、赦敕不以为题，所试者，章、表、露、布、檄、书用四六，颂、箴、铭、诫、谕、序、记用古今体，亦不拘四六，考官取四题，分二日试，试者虽多，取毋过五人，中程者上之三省，三省覆视，分上、中二等，推恩有差，辞格超异者，恩命临时取旨。"

徽宗大观四年，改为词学兼茂科，科举岁附贡士院试，取毋过三人。不中，率许阙，仍不试，檄书增制诏，分二日试，四题其二，以历代史事借拟为之，余以本朝典故或时事。宰臣执政亲属，毋得试。

高宗绍兴元年，下诏复贤良方正能直言极谏科，有司讲求旧制，每科场年，命中丞、给舍、谏议大夫、学士、待制三人举一人，不拘已仕未仕，（命官仍以不曾犯赃私罪人充）先具词业（策论共五十篇）缴送两省，侍从参考之，分三等，文理优长为上，次优为中，常平为下。次优以上，并召赴阁试，岁九月命学士两省官考试于秘阁，御史监之，试六论（每首五百字以上），于《九经》、《十七史》、《七书》、《国语》、《荀》、《杨》、《管子》、《文中子》正文内出题，差楷书祗应，四通以上为合格，仍分五等，以试卷缴奏御前拆号，入四等以上者召赴殿试。其日，上临轩亲策（限三千字以上），宰相撰题，差初、覆考详定官赴试人引见，赐坐殿廊两厢，设垂帘帏幕，青褥紫案，差楷书祗应，内侍赐茶果，对策先引出处，然后言事，第三等为上，恩数视廷试策第一人；第四等为中，视廷试第三人，皆赐制科出身；第五等为下，视廷试第四人，赐进士出身，不入等，与簿、尉差遣。以上并谓白身者，若有官人，则进一官与升擢。

旧制六论于正文及注疏内出题，至是有司请除疏义勿用。

七年，诏以太阳有异，氛气四合，令中外侍从各举能直言极谏一人。吕祉举选人胡铨，汪藻举布衣刘度，上即日除铨枢密院编修官，而度不果召。

孝宗乾道元年，诏令尚书、两省谏议大夫以上，御史中丞、学士、待制各举贤良方正直言极谏一人，仍具词业缴进。

苗昌言奏："国初尝立三科，景德增而为六。仁宗皇帝时，李景请依景德故事亲策贤良，秘阁六论专取六经及问时务，其史传注疏乞不条问。帝亦以为问隐奥，观其博不若取其能明世之治乱，有补阙政。又诏以景德六科定为制举之目，俾少卿监以上奏举内外京朝官，增置书判拔萃科、高蹈丘园科、沉沦草泽科、茂材异等科，总为十科，并许布衣应诏。于是何咏、富弼、余靖、尹洙、苏绅、张方平、江休复、张伯玉辈出焉。其立法宽，故得士广也。自绍兴复科，三岁一下诏，垂四十年，未闻有一介魁垒豪杰之士出应制书，岂盛治之世，无其人耶？盖责之至备而应之者难，求之不广而来者有隔尔。臣请参稽前制，间岁下诏，权于正文出题，其僻书注疏不得以为问目，追复天圣十科，开广荐扬之路，振起多士积年委靡之气，太平之治不难立也。上诏礼部集馆职学官议之，皆曰注疏诚可略，科目不必广。天下之士，屏处山林，滞迹遐远，侍从之臣岂能尽知？伏见国初制科，止令监司、守臣解送，乾德中以无人应制，许直诣阁门请应，若依乾德故事，恐起侥幸。请如国初之制。"诏可。

先是翰林学士汪应辰以眉山布衣李垕应诏，上览其文，称奖，命依格召试，会有沮之者，不果试。是岁宰相虞允文为上言之，始依元祐独试故事，命翰林学士王曮、起居舍人李彦颖考试参详，垕六论，凡五通。上喜曰："继自今其必有应诏者矣！"十一月，上亲策于集英殿，有司考人第四等，复御殿引见，赐制科出身，授节度推官，其策依正奏名第一甲例，誊写为册进御，及德寿宫并焚，进诸陵。淳熙四年，李垕之弟塾复举贤良方正，而近习又恐制科之攻己，共摇沮焉。会台州赵汝愚举姜凯、信守唐仲友举郑建德、吏部侍郎赵粹中举马万顷应诏，上问辅臣召试贤良故事有黜落者否，对曰："昨李垕只独试，若数人须分优劣。"既而，监察御史潘纬言制科不过三事：一缴进词业，二试六论，三对制策，而进卷率皆宿著廷策，岂无素备？惟六论一场谓之过阁，人以为难，若罢注疏而复以四通为合格，则与应进士举一场试经义五篇者何异？乃诏增为五通,其年始命官糊名誊录如故事,所试六论,后二日试院言文卷多不知题目所出,及引用上下文不尽,有仅及二通者。上命赐束帛罢之,举者周必大等皆放罪。旧试六题,一明一暗,时考官所命多暗僻,失国家求言之意矣。

淳熙十一年,诏罢注疏出题,于是郡国举庄治、滕峨试六论,皆四通,而考官颜师鲁以其文理平凡,不应近制,又罢之。自是荐绅重于特举,山林耻于自耀,裒然而起者鲜矣。

自李垕之后,制科无合格者。又三十余年,永康何致者,为郡守陈缵馆客。缵入朝荐之,有旨召试,会同荐者滕峨、杜富遭忧不赴,诏须服阕并召。致躁急,欲先得试,缵介苏师旦言之韩侂胄,得内批,如所请,中书缴还,后又为台谏论其进论,中言"伊尹始负尧舜之道,而终为天下开凌犯之端"之语为诋诬,坐罢归。辛未岁,致以吴挺荐召,又为台臣所论,乃勒归乡,增修所学焉。

叶适论制科曰:"用科举之常法,不足以得天下之才,其偶然得之者幸也。自明道、景祐以来,能言之士有是论矣。虽然,原其本以至于末,亦未见有偶然得之者,要以为坏天下之才,而使之至于举无所用,此科举之弊法也。至于制科者,朝廷待之尤重,选之尤难,使科举不足以得才,则制科者亦庶几乎得之矣。虽然,科举所以不得才者,谓其以常之法而律不常之人,则制举之庶乎得之者,必其无法焉。而制举之法,反密于科举。今夫求天下豪杰特起之士,所以恢圣业而共治功,彼区区之题目、记诵、明数、暗数制度者,胡为而责之,而又于一篇之策,天文、地理、人事之纪,问之略偏,以为其说足以酬吾之问,则亦可谓之奇才矣。当制举之盛时,置学士立师,以法相授,浮言虚论,披抉不穷,号为制科习气。故科举既不足以得之,而制举又或失之。然则朝廷之求为一事也,必先立为一法。若今制科之法,是本无意于得才,而徒立法以困天下之泛然能记诵者耳。此固所谓豪杰特起者,轻视而不屑就也。又有甚此者,盖昔以三题试进士,而为制举者以答策为至难,彼其能之,则犹有以取之。自熙宁以策试进士,其说蔓延,而五尺之童子,无不习言利害以应故事,则制举之策,不足以为能。故哲宗以为,今进士之策有过此者,而制科由此再废矣。是以八九十年,其荐而不得试者,其试而不见取者,其幸而取者,其人才凡下,往往不逮于科举之俊士。然且三年一下诏,而追复不俟,科举之岁皆得举之,将何所为乎?设之以至密之法与之,以至美之名使其得与此者,为急官爵计耳。且天下识治知言之人,不应如是之多,则三岁以策试进士,使肆言而无所用,是诚失之矣。今又使制举者,自其所谓五十篇之文,泛指古今,敷陈利害,其言泛杂,见者厌视,闻者厌听。且士之猥多,无甚于今世,挟无以大相过之实而冒不可加之名,则朝廷所以汲汲然而求之者,乃为讥笑之具。今宜暂息天下之多言,进士无亲策,制举无记诵,无论著,稍稍忘其故步,一日天子慨然自举之,三代之英才未可骤得,亦不至如近世之冗长无取,非惟无益,而反有害也。"

巽岩李氏《制科题目编序》曰:"阁试六论,不出于经史正文,非制科本意也。盖将傲天下士以其所不知,先博习强记之余功,后直言极谏之要务,抑亦重惜其事而艰难其选,使贤良方正望而去者欤?然而士终不以此故而少挫其进取之锋,问之愈深,则对之愈密，历数世未尝有败绩失据之过。士岂真多能哉？斯执事者优容之也。逮熙宁中，陈彦古始不识题，有司准式不考而制科随罢。君子谓彦古不达时变，宜其黜也。先是，孔文仲以直言极谏忤宰相意，驳高第，斥小官，彼狡焉思纵其淫心以残害典则，厌是科之不便于己也，欲亟去之而不果遂，则姑置焉。名存而实亡矣。凡所谓贤良方正，尚肯复游其间乎？彦古区区昧于一来，是必不敢高论切议也，殆揣摩当世，求合取容耳。传注、义疏之么麽纤微，且不及知，矧惟国家之大体，渠能有所发明哉！而执事犹恶其名，决坏之然后止，彦古之黜宜也。而使天下遂无得以贤良方正能直言极谏举者，独何心欤？至于元祐仅复旋废，其得失之迹又可见矣。今天子明诏三下而士莫应，岂非犹惩于彦古故邪？盖古之所谓贤良方正者，能直言极谏而已，今则惟博习强记也。直言极谏则置而不问，甚至恶闻而讳听之，逐其末而弃其本，乃至此甚乎！此士之所以莫应也。余勇不自制妄，有意于古人直言极谏之益，而性最疏放，勉从事于博习强记，终不近也。恐其幸而得从晁、董、公孙之后，曾是弗察而猥承彦古之羞，乘此暇日，取五十余家之文书，掇其可以发论者各数十百题，具如别录，间亦颠倒句读，窜伏首尾，乃类世之覆物谜言，虽若不可知，而要终不可欺。戏与朋友共占射之，贤于博弈云耳，实非制科本意也。因书以自警云。"

按，制科所难者六论，然所谓四通、五通者中选，所谓准式不考者闻罢，则皆以能言论题出处为奇，而初不论其文之工拙，盖与明经、墨义无以异矣。况有博闻强记如巽岩者，聚诸家奇僻之书，掇其可以为论题者，抄为一编，揣摩收拾，殆无所遗。然则浅学之士，执此以往，亦可哆然以贤良自名，而有掇巍科之望矣。科目取人之弊，一至于此！然观《邵氏闻见录》言，范文正公以制科荐富郑公，富公辞以未习。范公曰："已为君辟一室，皆大科文字，可往就馆。"以是观之，所谓大科文字者，往往即巽岩所编之类是也。以富公异时之德业如许，然应制科之初，倘不求其文而习焉，则亦未必能中选。东坡作《张文定公墓铭》言，"天下大器，非力兼万人，孰能举之？非仁宗之大，孰能容此万人之英？"盖即位八年，而以制策取士，一举而得富弼，再举而得公，盖所以夸制科得人之盛。然制科之为制科，不过如此，则二公之所蕴蓄抱负，此岂足以知之乎？马端临《文献通考》卷三十三，第313~317页。

制科

黄 震

谓制举之法反密于科举，徒立法以困天下，泛然能记诵者，豪杰不屑也。故哲宗以为今进士策有过此者，而制科再废，其幸而取者，往往不迨科举之俊，且其为急官爵计耳。黄震《黄氏日抄》卷六十八《读文集十·叶水心文集》，《四库全书》第708册，第664页。

明庶吉士之选不若宋之制科（题拟）
王 鏊

宋时两制，皆文学名天下者。始应其选，虽一甲三人亦出知外任，然后召试，欲其知民事也。其余应试，率皆一时赫然有名中外，所谓制科是也。故文学之士，不至遗弃，又通知民间利病，以其曾试于外也。国家翰林侍从，亦两制之类，率用高科，其余则用庶吉士，一甲三人，终不外任。庶吉士者，每科或选或不选，留者或多或少，国家之意本欲使之种学绩文，以为异日公卿之储士。既与此选，自可坐致清要，不复苦心于学，又不通知民事，天下以文学名者，不复得预，遗才颇多，故不若制科之为得也。制科行，人人自奋于学，以求知于上，不待督责矣。王鏊《震泽长语》卷上，《四库全书》第867册，第203页。

读苏集
章 懋

吾始读东坡制科策及进策诸篇，见其有更张百度之志，有贾太傅流涕汉庭之风，纵横气习，尚未尽除，其所以异于临川者几希。及观其《上神宗万言书》、《时政书》及《代张方平谏用兵》等书，忧深思远，忠厚恳恻，思与天下休息之意，蔼然溢于言外。然后见公之学识议论，非复少年之比，岂其惩创王氏之失而改之乎？抑亦经历世故之熟而所造愈深乎？所谓更一事者长一智，公其有焉。有天下国家者，轻弃老成人，而遽使不经事少年为之，其能不败，乃公事也耶？章懋《枫山集》卷三，《四库全书》第1254册，第77页。

宋制科（题拟）
脱 脱

制举无常科，所以待天下之才杰，天子每亲策之。然宋之得才，多由进士，而以是科应诏者少。惟召试馆职及后来博学宏词，而得忠鲠文学之士。或起之山林，或取之朝著，召之州县，多至大用焉。太祖始置贤良方正能直言极谏、经学优深可为师法、详闲吏理达于教化凡三科，不限前资，见任职官，黄衣草泽，悉许应诏，对策三千言，词理俱优则中选。乾德初，以郡县亡应令者，虑有司举贤之道或未至也，乃诏许士子诣阙自荐。四年，有司仅举直言极谏一人，堪为师法一人，召陶穀等发策，帝亲御殿临视之，给砚席坐于殿之西隅。及对策，词理疏阔，不应所问，赐酒馔宴劳而遣之。

开宝八年，诏诸州察民有孝弟力田、奇才异行或文武材干、年二十至五十可任使者，具送阙下，如无人塞诏，亦以实闻。九年，诸道举孝弟力田及有才武者凡七百四十人，诏翰林学士李昉等于礼部试其业，一无可采。而濮州以孝悌荐名者三百七十人，帝骇其多，召对讲武殿，率不如诏。犹自陈素习武事，复试以骑射，辄颠陨失次。帝绐曰："是宜隶兵籍。"皆号呼乞免，乃悉罢去。诏劾本部滥举之罪。

咸平四年，诏学士、两省御史台五品、尚书省诸司四品以上，于内外京朝幕府州县官、草泽中，各举贤良方正一人，不得以见任转运使及馆阁职事人应诏。是年，策秘书丞查道等七人，皆入第四等。景德二年，增置博通坟典达于教化、才识兼茂明于体用、武足安边、洞明韬略运筹决胜、军谋宏远材任边寄等科，诏中书门下试察其才，具名闻奏，将临轩亲策之。自是应令者寖广，而得中高等亦少。

太宗以来，凡特旨召试者，于中书学士舍人院，或特遣官专试，所试诗、赋、论、颂、策、制诰，或三篇，或一篇，中格则授以馆职。景德后，惟将命为知制诰者，乃试制诰三道。（每道百五十字。）东封及祀汾阴时，献文者多试业得官，盖特恩也。时言者以为："两汉举贤良，多因兵荒灾变，所以询访阙政。今国家受瑞登封，无阙政也，安取此？"乃罢其科，惟吏部设宏词、拔萃、平判等科如旧制。

仁宗初，诏曰："朕开数路以详延天下之士，而制举独久不设，意者吾豪杰或以故见遗也，其复置此科。"于是增其名，曰：贤良方正能直言极谏科，博通坟典明于教化科，才识兼茂明于体用科，详明吏理可使从政科，识洞韬略运筹帷幄科，军谋宏远材任边寄科，凡六，以待京、朝之被举及起应选者。又置书判拔萃科，以待选人。又置高蹈丘园科，沉沦草泽科，茂材异等科，以待布衣之被举者。其法先上艺业于有司，有司较之，然后试秘阁，中格，然后天子亲策之。

治平三年，命宰执举馆职各五人。先是，英宗谓中书曰："水潦为灾，言事者云'咎在不能进贤'，何也？"欧阳修曰："近年进贤路狭，往时入馆有三路，今塞其二矣。进士高科，一路也；大臣荐举，一路也；因差遣例除，一路也。往年进士五人以上皆得试，第一人及第不十年有至辅相者，今第一人两任方得试，而第二人以下不复试，是高科路塞矣。往时大臣荐举即召试，今只令上簿候缺人乃试，是荐举路塞矣。惟有因差遣例除者，半是年劳老病之人。此臣所谓荐举路狭也。"帝纳之，故有是命。韩琦、曾公亮、赵概等举蔡延庆以下凡二十人，皆令召试，宰臣以人多难之。帝曰："既委公等举之，苟贤，岂患多也？先召试蔡延庆等十人，余须后时。"神宗以进士试策，与制科无异，遂诏罢之。试馆职则罢诗、赋，更以策、论。

元祐二年，复制科。凡廷试前一年，举奏官具所举者策、论五十首奏上，而次年试论六首，御试策一道，召试、除官、推恩略如旧制。右正言刘安世建言："祖宗之待馆职也，储之英杰之地以饬其名节，观以古今之书而开益其聪明，稍优其廪，不责以吏事，所以滋长德器，养成名卿贤相也。近岁其选浸轻，或缘世赏，或以军功，或酬聚敛之能，或徇权贵之荐。未尝较试，遂获贴职，多开幸门，恐非祖宗德意。望明诏执政，详求文学行谊，审其果可长育，然后召试，非试毋得辄命，庶名器重而贤能进。"三年，乃诏："大臣奏举馆职，并如旧召试、除授，惟朝廷特除，不用此令。"安世复奏曰："祖宗时入馆，鲜不由试。惟其望实素著，治状显白，或累持使节，或移镇大藩，欲示优恩，方令贴职。今既过听臣言，追复旧制，又谓'朝廷特除，不在此限'。则是人材高下，资历深浅，但非奏举，皆可直除，名为更张，弊源尚在。愿仿故事，资序及转运使，方可以特命除授，庶塞侥幸，以重馆职之选。"

绍圣初，哲宗谓："制科试策，对时政得失，进士策亦可言。"因诏罢制科。既而三省言："今进士纯用经术。如诏诰、章表、箴铭、赋颂、赦敕、檄书、露布、诫谕，其文皆朝廷官守日用不可阙，且无以兼收文学博异之士。"遂改置宏词科，岁许进士及第者诣礼部请试，如见守官则受代乃请，率以春试上舍生附试，不自立院也。试章表、露布、檄书用骈俪体，颂、箴铭、诫谕、序记用古体或骈俪，惟诏诰、赦敕不以为题。凡试二日四题，试者虽多，取毋过五人，中程则上之三省覆试之，分上、中二等，推恩有差；词艺超异者，奏取旨命官。大观四年诏："宏词科格法未详，不足以致文学之士，改立词学兼茂科，岁附贡士院试，取毋过三人。"政和增为五人。不试檄书，增制诰，以历代史事借拟为之，中格则授馆职。宰臣执政亲属毋得试。宣和罢试上舍，乃随进士试于礼部。

绍兴元年，初复馆职试，凡预召者，学士院试时务策一道，天子亲览焉。然是时校书多不试，而正字或试或否。二年，诏举贤良方正能直言极谏科，一遵旧制，自尚书两省谏议大夫以上、御史中丞、学士、待制各举一人。凡应诏者，先具所著策、论五十篇缴进，两省侍从参考之，分为三等，次优以上，召赴秘阁，试论六首，于《九经》、《十七史》、《七书》、《国语》、《荀》、《扬》、《管子》、《文中子》内出题，学士两省官考校，御史监之，四通以上为合格。仍分五等，入四等以上者，天子亲策之。第三等为上，恩数视廷试第一人，第四等为中，视廷试第三人，皆赐制科出身；第五等为下，视廷试第四人，赐进士出身；不入等者与簿尉差遣，已仕者则进官与升擢。七年，以太阳有异，令中外侍从各举能直言极谏一人。是冬，吕祉举选人胡铨，汪藻举布衣刘度，即除铨枢密院编修官，而度不果召。自是诏书数下，未有应者。

孝宗乾道二年，苗昌言奏："国初尝立三科，真宗增至六科，仁宗时并许布衣应诏，于是名贤出焉。请参稽前制，间岁下诏，权于正文出题，不得用僻书注疏，追复天圣十科，开广荐扬之路，振起多士积年委靡之气。"遂诏礼部集馆职、学官杂议，皆曰："注疏诚可略，科目不必广。天下之士，屏处山林，滞迹遐远，侍从之臣，岂能尽知。"遂如国初之制，止令监司、守臣解送。

七年，诏举制科以六论，增至五通为合格，始命官、糊名、誊录如故事。试院言："文卷多不知题目所出，有仅及二通者。"帝命赐束帛罢之，举官皆放罪。旧试六题，一明一暗。时考官命题多暗僻，失求言之意，臣僚请遵天圣、元祐故事，以经题为第一篇，然后杂出《九经》、《语》、《孟》内注疏或子史正文，以见尊经之意。从之。初，制科取士必以三年，十一年诏："自今有合召试者，举官即以名闻。"明年春，李巘言："贤良之举，本求谠言以裨阙政，未闻责以记诵之学，使才行学识如晁、董之伦，虽注疏未能尽记，于治道何损？"帝以为然，乃复罢注疏。《宋史》卷一五六《选举二》，中华书局 1977 年，第 3645~3651 页。

制科宰执数

李心传

国朝制策登科四十人,至宰相者一人而已:富文忠(弼)。执政者九人:夏文庄(竦)、吴正肃(育)、张文定(方平)、田宣简(况)、吴文肃(奎)、邵安简(元)、苏文定(辙)、李黄门(清臣)、范荣公(百禄)。李心传《建炎杂记甲集》卷九,《四库全书》第608册,第302页。

状元举制科

李心传

唐贞元中,魏弘简以状元举贤良,自是无继之者。至国朝,而状元举制策者复二人:孙舍人(何)、孙学士(暨)。二公咸平初连榜,冠多士,咸平四年,同以贤良方正登科,近古所未有也。李心传《建炎杂记甲集》卷九,《四库全书》第608册,第303页。

制科

李心传

制科自绍圣初废。绍兴元年春正月,诏复贤良方正能直言极谏科,有司讲求旧制,每科场年命中丞、给、舍、谏大夫、学士、待制三人举一人,不拘已仕未仕(命官仍以不曾犯赃私罪人充),先具词业缴进(策论共五十篇),送两省侍从参考;分三等,文理优长为上,次优为中,常平为下,次优以上并召赴阁试。岁九月,命学士、两省官考试于秘阁,御史监之,试六论(每首五百字以上),于《九经》、《十七史》、《七书》、《国语》、《荀》、《扬》、《管子》、《文中子》正文内出题,差楷书祗应,四通以上为合格,仍分五等,以试卷缴奏御前拆号,入四等以上召赴殿试。其日,上临轩亲策(限三千字以上),宰相撰题,差初、覆考详定。赴试人引见,赐坐殿廊两厢,设垂帘帏幕,青褥紫案,差楷书祗应,内侍赐茶果。对策先引出处,然后言事。以三等为上,恩数视廷试第一人,第四等为中,视廷试第三人,皆赐制科出身;第五等为下,视廷试第四等人,赐进士出身;不入等与簿、尉差遣。以上并谓白身者,若有官人,则进官与升擢。旧制,六论与正文及注疏内出题,至是有司请除疏义弗用。乾道二年夏六月,孝宗以久无应诏者,乃诏权于经史诸子正文出题,又以士人身在幽隐,无由自达,仍许监司守臣解送(四年五月),后数岁乃得李仲信焉。李心传《建炎杂记甲集》卷十三,《四库全书》第608册,第338~339页。

乾道制科本末恩数 李仲信本末

李心传

　　自复制科七十年，但得李垕仲信一人而已。初，绍兴七年冬，吕安老举选人胡邦衡，及汪彦章举布衣刘汝一，邦衡遂除枢密院编修官。乾道三年，虞雍公抚蜀，首荐仲信于朝，不报。五年春，汪圣锡为吏部尚书，复以应制诏上其词业，时垕父仁父为秘书少监也。其年冬，礼部言："李垕词业乞送两省侍从参考，讫，依绍兴元年九月指挥施行（郑仲一权侍郎），三省勘会，李垕词业已经御览（陈应求、虞并父为左右相），有旨特令来年三月依格召试。"命下，左正言施元之德初方候对，因为起居郎兼权中书舍人林机景度言，故事无独试者，当缴之。景度即奏："制举所以待非常之才。渡江以来，从臣亦常论荐其人，若刘度、祝镒是也。然皆寝而不报，盖事体至重，不可轻也（按：胡邦衡亦与吕安老举贤良词业上，即日除枢密院编修官，景度盖未知此也。）今复此举，必依祖宗典故，勿使论者可得而议其失，则国家可以示公。而垕得此名，亦无忝矣。谨考旧制，具本人词业缴进，送两省侍从参考，分为三等，次优以上召赴阁试，糊名考校，无一人独试者。今垕词业未经参考，而又独试一名，恐非典故，今所有录黄，未敢书行。"德初亦奏："祖宗制科之设，自有典故。今李垕词业虽除付后省，未有许令参考缴奏，指挥遽有召试中书之命，即是未应前后典故。兼国子监看详明言，合送两省侍从参考，况将来阁试六论，本朝典故，亦须三四人以上糊名考校，无一名独试者。乞重此非常之科，且以垕词业令有司公共参考来上，俟相继有一二人，然后俾之就试，庶几有得贤之实，无幸进之讥。"诏除汪应辰、李焘有妨嫌，令两省侍从官参考闻奏。（十二月丙午，指挥仁父时兼权左史。）既而上闻二人握手私语，乃大怒之。左相陈应求奏原试中，有独试故事，几为人所使，因极论二人之奸。后二日，诏林机、施元之身居出纳言责之地，朋比相通，可并放罢。（十二月二十九日庚戌旨挥。）

　　六年夏，两省侍从参考到垕词业，援证既详，遣词亦赡，欲为次优（户书曾钦道为首）。有旨，八月下旬召试（四月十二日癸巳），后十余日，利路又缴到吴淇应贤良方正科词业，诏参考闻（二十六日丙午）。又月余，应求坐论，祈请事免相（五月十九日己卯），仁父亦出漕河北（六月二十七日丙子）。时虞并父独相，仁父与应求素善，疑当路沮之，入辞面奏疏言："制举独试一人，虽有颖贽、林陶、李孜、高志宁、钱彦远、赵彦若、吴奎、谢惊故事，而垕涉学荒浅，恐不足当此异恩，别致人言，乞候将来更有进卷合格当召者，许令同试。"上不许。仲信乃乞随侍并父，为奏有旨，别听指挥。

　　七年春，科诏既下，并父因进呈召试贤良，当降诏。上曰："数十年来，未有应此选者。"并父曰："昨李垕已得旨召试，或者与其父焘不相乐，声言欲沮之，垕以此乞随侍。"上曰："今可召试矣。"令九月召试中书（四月四日戊申降旨）。九月戊戌，召试中书后省，前一日，命学士严考，至日严考试，右史李秀叔参详比试，仲信凡五通。（六论题：一曰明主有必治之道，二曰汤法三圣，三曰人者天地之心。四曰历律更相治，五曰三家言经得失,六曰扬雄张衡孰优。)十月乙巳进呈。上曰:"昨览壄成文亦好,一日之间,成数千言,良不易也。"并父曰:"记题试难,壄能记其五。"上曰:"汤法三圣,出功臣表,而壄以为诸侯王表,却是记得,全文不差。"十一月甲戌,上亲策士于集英殿,有司考入第四等。戊寅,上特御殿引见,赐制科出身。故事,贤良方正无唱名之例,而礼部言:"若仿选举进士,皇帝御殿推恩,足彰崇儒求言之盛。"遂从之,(周子充为礼部侍郎,林谦之兼权郎官。)寻授左文林郎、泸川郡节度使推官。淳熙初,为秘书省正字兼国史院编修官,累迁著作郎,被章去。久之,奉祀归蜀而卒。(李文简与孙牧斋书之,后被旨。八月次旬,召试。造物者意乃不然,公出讳以沮遏之,寻因人辞,力告上乞免,上弗许,仍婉转托渠具奏,始有指别听候旨挥,其间曲折甚多,壄必具报。而《虞直阁公亮行状》乃云:李应制科差日,命官且试矣。会有欲摇沮之者,李不复望试,从公图之。于是虞公亟入奏,用苏子由以病展日故事,为更命官改日锁院,今以史考之,未见改日命官之事,亦不省出讳谓何。虽虞公数论林、施不当罪,复以郡处之,然卒独试者,虞公之力也。)李心传《建炎杂记甲集》卷十三,《四库全书》第608册,第339~341页。

制六科题 淳熙再试科制本末

李心传

制六科题,旧以四通为合格。淳熙四年,李仲信之弟塾季修复举贤良方正,南士颇嫉之,而近习贵珰又恐制策之或攻己,而共摇沮焉。会台守赵子直举宣教郎姜凯信等,唐与正举迪功郎郑建德,吏部侍郎赵粹中举亳州布衣马万顷应诏,上问辅臣:"故事召试贤良,尝有黜落者否?"执政对曰:"昨来召试,止李壄一人。他日若试数人,须有优劣。"既而潘察院纬又上章言:"制科论策,皆灯窗著述之文,而策限三千字,亦岂无平日待对之语,惟六论一场所当加意,若罢注疏命题,而复以四通为合格,则与应进士举一场试经义五篇者何异?"试之日,有诏以五题通为合格。是岁,始命糊名誊录如故事。所试六论:一曰因者君之纲,二曰易数家之传孰优,三曰前世历法差,四曰十二节备如何,五曰王学本贾氏,六曰动静繁寡如何。后二日,考试院言:"试卷内多有不知题目出处,及引用上下文不尽止,有仅及二通者。"上命赐束帛罢举者,周益公辈皆放罪。

或曰:故事六题,一明一暗。(上下文有度数及事数,谓之暗题。)是时舍人钱师魏素与周、李诸人异趋,且承劈近旨,奏言:"制举甚重,须稍难其题。"御笔因差师魏考试,故所命皆暗题云。

仁父时为礼部同修国史,仲信为著作郎,未几,仲信被旨考上合式,因策问本朝制科典故。有云:"苏洵皆尝黜落,富弼、张方平粗试题意,亦不免错误,坐此为台官所攻,皆罢去。"仲信亦罢。明年秋,言者又论注疏命题,盖以观其博洽,谓宜复旧,又从之。

十一年夏,校书郎奚商衡转论制科取士,不必拘三年之制。上谕大臣曰:"贤良得人，国家盛事。"遂特以六月五日降诏，然未有应者。

十二年春，李献之以右史直禁中，面奏："贤良之举，肇自汉文，本求谠言，以裨阙政，未闻责以记诵之事也。使其才行学识如晁、董之伦，而注疏未能尽记，则于治道又何损乎？"乃复罢注疏命题。于是陈天与守池举闽人庄治，立宗卿守平江举郡人滕咸。

十三年六月召试，（六论题：一曰身者治之本，二曰圣人通天地之心，三曰五星为经纬，四曰历律本于易，五曰六德以民为纪，六曰岑彭冯异之功孰大。）二人皆四通。颜侍郎师曾为考试官，言其文理平常，不应近制，遂罢之。自是制科无复得试者矣。李心传《建炎杂记甲集》卷十三，《四库全书》第608册，第341~342页。

制策入三等再举制科
李心传

本朝制策入三等者四人：吴正肃、苏文忠、范子功、孔常甫；再举制科者一人：张问定，景祐元年茂才，五年贤良方正也。此亦前所未有。李心传《建炎杂记甲集》卷十三，《四库全书》第608册，第350页。

开禧召试制科两台谏论三秀才
李心传

自李仲信后，制科无合格者。又三十余年，有何致者，字子一，永康青城人。祖耆仲，字子固，淳熙初尝为部使者，知名士也。致少有才，为郡守陈缵嗣功馆客，缵入为司农丞，荐致于刘仲洪尚书所，仲洪亦喜之。时李季章为礼部侍郎，刘师文为工部侍郎，仲洪率二人以制科荐于朝，有旨召试。会同荐者吴郡滕晟、东阳杜福遭忧不赴，召须服阕并召。致躁急，欲先得试，屡恳季章，以为狂笑不顾。致更祷缵，缵即以仲洪意为苏师旦言之，佗胄不得已，于仲洪为降内批如所请。

后二日，权中书舍人易元章缴还，致大憾。乃以札子白庙堂，谓言词多取憎嫉，必触报罢，乞请已降召试指挥，且谤元章。此时，邓伯允方为侍御史，俄而，以元章除右司谏。伯允先为修注，以尝论谢子肃外补憾之不忘，及除御史，欲奏夺子肃二子出身，元章亦恨致，因及之。伯允曰："司谏始入言路，而亟雠一布衣何？示人以不广，不若更论二谢，如致事及罢，得论之明白。"相继求对，元章论二谢驳放伯允论，致进卷诋诬伊尹罢，致亦登佗胄之门，伯允无以为罪。故摘致进论中，言伊尹始行尧舜之道，而终为天下开陵犯之端之语，以此激之。时人谓台谏共弹三秀才，盖指此也。

辛未岁，致以吴德夫再召，郑景绍正言论之，乃勒令归乡，增修所学焉。（易元章以开禧元年八月十四日对，郑伯允以其月之十九日而对，郑景绍奏以嘉定四年五月二日下。）李心传《建炎杂记乙集》卷十，《四库全书》第608册，第593~594页。

制举科目
岳 珂

制科之设，自汉有之矣。至唐而其名特多，犹止于御试策而已。国初制三科，一曰贤良方正能直言极谏，二曰经学优深可为师法，三曰详闲吏理达于教化，并州、府解送吏部，试论三道，共三千字以上，当日内成，取文理优长、人物爽秀者中选。而设科之后，竟无试者。

乾德元年正月十五日，始诏："不限内外职官，前资见任，黄衣布衣，并许直诣阁门，进奏请应，朕当亲试，以进时贤。"下诏之七十五日，而前博州军事判官颍赟首应诏自荐，临轩召试贤良科，称旨，遂拜秘书省著作郎。其四年，贤良科则又有姜涉，经学科则有郝益出焉。五月二十七日，艺祖御紫云楼策试，而陶穀、窦仪、王著、卢多逊、王祐、尹拙、姚恕、冯英并命参校，涉等皆以疏略赐罢，犹赐酒食以遣之。

定陵右文，益笃斯志，林陶应制举，试学士院，不及格，犹赐同进士出身，见于咸平三年四月十五日之诏，其市骏骨之意，灼然可见矣。然乾德紫云之试，距今三十有四年，原无一人嗣膺此选，不知中间何时遂增学士院一试也？明年四月十三日，始以贤良科试查道、陈越、王晓（按，当为"曙"），而李邈、鲁骧不入等。其八月十日，又试何亮、孙暨、孙僅、丁逊，皆入第四等及第四次等，考官宋白、梁周翰、师颃、李宗谔、赵安仁、薛映、杨亿。殊不闻前有别试，亦无学士院考定之文。

至景德二年之七月十八日诏，复置贤良方正能直言极谏、博通坟典达于教化材、识兼茂明于体用、武足安边军、谋宏远材任边寄等科。诏书有曰："宜委中书门下先加程试，如器业可观，具名闻奏，朕将临轩亲试。"则未御之前再加一试，疑自此始。然贤良方正之举，得人仅在四年之前，而诏乃明言复置此科，殊不见罢科之日，为不可晓也。明年七月二十九日，以考定官晁迥，重考官吕文仲、吕祐之、戚纶、陈彭年所考当应制举人所纳文卷，付中书详较。《会要》书其事，以为真皇之意，盖恐遗才。当是所考有不中格者，而复加详审尔。此仅与今进卷策论付侍从后省看详者同，而非试也。八月二十二日，诏赵宗古、陈绛、令狐颂、陈渐、陈贯，令依例付中书试，盖即前详较不中者之姓名，然中书所试，亦未详以何等文字。九月十七日，御崇政殿策试，乃钱易、石待问二人，又与前名不同。考之《登科记》，则言二年之诏，已有委中书试论六首之旨，是年乃不纪论题。又明年，中书门下考试陈绛、夏竦，乃肇见六论：一曰定四时别九州圣功孰大；二曰考定明堂制度；三曰光武二十八将功业先后；四曰九功九法为国何先；五曰舜典为禹勤事功业孰优；六曰曾参何以不列四科。此盖试论之始。而绛又去年所召，至今乃中者也。自是而后，旷岁无之。

仁宗天圣七年闰二月二十三日，复诏置六科，惟增详明吏理可使从政，余皆如景德之诏。是科原未尝罢，而再称复置，尤不可晓。诏书又曰："今复置贤良方正能直言极谏、博达坟典明于教化、才识兼茂明于体用、详明吏理可使从政、识洞韬略运筹决胜军、谋宏远材任边寄六科，应内外京朝官不带台省、馆阁职事，不曾犯赃及私罪情轻者，并许少卿监以上奏举，或自进状乞应上件科目，仍先进所业策论五十首诣阁门，或附递投进，委两制看详。如词理优长，具名闻奏，当降朝旨，召赴阙，差官试论六首，以三千字以上为合格，即与御试。又置高蹈丘园、沉沦草泽、茂才异等三科，应草泽及贡举人非工商杂类者，并许本路转运、逐处长贰奏举，或自于本贯投状，乞应上件科目，州县体量，实有行止，别无玷犯者，即令纳所业策论五十首，本州看详委实，词理优长即上转运使，覆更审访乡里名誉，选有文学佐官看详委实，文行可称者即以文卷送尚书礼部，委判官看详选择，词理优长者，具名闻奏，当降朝旨，召赴阙，差官试论六首，以三千字以上为合格，即与御试。又置书判拔萃科、武举，其逐处看详官，不得以词理平常者一例取旨，如违必行朝典，仍限至十月终以前具姓名申奏到阙，更有合行事件，委逐司条例以闻。"其制加详矣。明年六月十六日，命盛度、韩亿就秘阁考试贤良科何咏、茂才科富弼，论各六首，盖始就阁试。《登科记》明言，"茂才科六论与贤良同"，咏既有官，弼为进士，当如诏书（原注：阙），贤良方正而下六科，为有官者之试，高蹈丘园而下三科，为未仕者之试。其名不同，而实一耳。

景祐元年六月二十一日，始于才识兼茂科得吴育，而张方平以进士中茂才。宝元元年七月二十七日，方平又以秘书省校书郎再对贤良方正之策，则是制科人有再试再中者矣。至皇祐元年八月二日，上封者言："伏见国家每设制科，以收贤科，中选之后，多至大用，以此知不独取于刀笔，盖将观其器能也。旧制，秘阁先试六论，合格者然后御试策一道，先论者盖欲探其博学，后策者又欲观其才用。近来御前所试策题，其中多问典籍、名数及细碎经义，乃是又重欲探其博学，竟不能观其才用，岂朝廷求贤材之意耶？欲乞将来御试策题中，只令问事关治乱，体系安危，用之则明昌，舍之则微弱，往古之已试、当今之可行者十余条，限三千字以上成。所对人，若文理优长，识虑深远，其言真可行于世，其论果有补于时者，即为优等；若是文意平常，别无可采者，即为末等，量与恩泽，所有名数及细碎经义更不详问。如此，则不为空言，可得实效。"诏撰策题官先问治乱安危大体，其余所问经史名数，自依旧制，则其制益加详焉。

至熙宁七年五月十四日，以御试举人，既有策，从中书门下之言，并罢此举。时吕惠卿力主之，冯京力争而不能得。元祐元年闰二月二日，用侍御史刘贽之言，复贤良茂才科。明年九月二十四日，首得布衣谢悰。未仕而中贤良科，肇见于此。绍圣元年九月十二日，哲宗用章惇、李清臣、郑雍之议，又诏罢制科。高宗中兴绍兴元年正月一日《德音》，首诏复置贤良一科，且令讲求典故。于是仪曹之奏曰："旧制科场年春降诏，九月赴诏，命尚书、两省谏议大夫以上，御史中丞、学士待制各举一人，不拘已未仕命官，不拘有无出身，仍以不曾犯赃私罪充，各具辞业策论五十篇，分为十卷，缴进入举词，送两省侍从参考，分为三等，文理优长为上等，次优为中等，平常为下等，考试缴奏，次优以上召赴阁试。今详天圣七年复置六科，诏书首云：'皆考士节之无瑕，采乡评之共许。'嘉祐二年诏举九科，亦令采察文行，若不如所举，并坐举者。四年，旌德县尉汪辅之已试六论过阁，及殿试，亦考人第四等，而言者以无士行罢之，故苏文忠轼有云：凡预言书之诏命，已为天下之选人，然犹使御史得以求其疵，谏官得以考其素，一陷清议，辄为废人。盖国家自昔制科取人，中选之后多至大用，其考察之严，不得不尔。令乞今后遇有应者，并须尚书、两省谏议大夫以上，御史中丞、学士待制三人奏举，先考其素行，无愧于清议，然后诏试，举非其人者坐之。其阁试，旧制一场论六首，每篇限五百字以上，题目于《九经》、《十七史》、《七书》、《国语》、《荀子》、《扬子》、《管子》、《文中子》正文及注疏内出，内一篇暗数，一篇明数，如绍圣元年阁试'舜得万国之欢心论'，出《史记·乐书》'舜弹五弦之琴，歌《南风》之诗，而天下治'。夫《南风》之诗者，生长之音也。舜乐好之乐，与天地同意，得万国之欢心，故天下治也。此谓暗数。'谨事成六德论'，出《毛诗》'皇皇者华'笺注，此谓明数。四通以上为合格，仍分五等，人四等以上召赴殿试。论引上下文不全，上下文有度数及事类，暗数引不尽并为粗，差翰林学士两省官考试于秘阁，御史台官监试，及差封弥誊录官考讫，以合格试卷缴奏御前拆号。窃详旧制兼注疏内出题，今复科之初，欲权罢疏义，余依旧制。"诏疏义出题，临时取旨。

珂尝考之，所谓旧制，盖祖宗之制也。自贤良以至边寄谓之六，增高蹈等三科谓之九，此则甚明。特所举官之名称前乎元丰，则不能详；所出题之详略因乎元祐，而不能举，遂使外台参荐之制，泯不复见。而临时取旨之诏，高宗犹意其更祖宗之已行，益有以启上心之疑，而未之亟许焉。

明年正月二日，遂下诏："今后科场复置贤良科，举官缴词业，一如仪曹之奏，不复许在外之明扬者。"至四年三月十一日、七年二月九日、十年三月二十三日、十四年三月二十八日、十七年四月二日、二十年五月四日、二十三年五月一日、二十六年四月三日、二十九年三月十九日、三十二年三月二十八日，凡十一诏，而迄无应书。孝宗即位，诏令郡国皆听荐举。乾道五年十一月四日始得李垕，复就中书试焉。尔后李塾、郑建德、庄冶、姜凯、滕㘽、杜旟之流，时不乏人，或试而不合，或召而不试，或荐而不召，寥寥寂响，迄未复振，良以此也。

按荐举之制，咸平四年二月二十五日诏："令学士、两省御史台五品以上，尚书省、诸司四品以上，于内外京官、幕职、州、县官及草泽中举贤良方正之士各一人。"三月十九日诏："所举贤良方正，应已贴馆职及任转运使者，不在举限。"天圣七年六月二十一日，屯田员外郎刘夔请应制科，翰林学士宋绶言其已任尚书六品官，罢之。景祐元年二月四日诏："六科今后应京朝官、幕职、州官不犯赃罪及私罪情轻者，并许应，京朝官须是太常博士以下，不得带省府推判官、馆阁职事并发运、转运、提点、刑狱差任者，其幕职、州、县官须经三考以上，其见任合该移入沿边不搬家地分及川、广、福建等处者，候回日，许应高蹈丘园、沉沦草泽、茂材异等等三科，及武举应进士诸科取解不获者，不得应。"庆历六年六月十八日诏："自今制科并随贡举，为定制，须近臣论荐，无得自举。"嘉祐二年六月十九日诏："自今太常博士而下，不充台省、馆阁职及提点、刑狱以上，差任选人，不限有无考第，并草泽人，并听待制以上举，即不得自陈，内草泽人并许本路转运使采察文行，保明奏举，如程文荒浅，不中选才，行不如所举者,坐之。"

出题之制,景祐四年闰五月四日,命两制各上策问,参以经义。元祐七年五月十一日,诏:"秘阁试制论科,于《九经》兼《正史》、《孟》、《扬》、《荀》、《国语》及注内出题,其正义毋出。"又,国初以宰相撰题,绍圣元年命翰林学士林希撰题。乾道七年九月,命宰相叶衡撰题,是皆国朝科目沿革之制,先后互考,尤可见其变也。

初,熙宁变更,王荆公用事,恶人议己,欲撼成制。二年十二月九日,始诏削制科恩数,迄于罢举。绍圣章惇奏对,遂有复科,无补。谢悰、王当、司马樾等皆极疏谬之说,是不足论。而皇祐五年八月,试者十八人,时宰相密谕考官,只放一人过阁,惟太祝赵彦若与选,及对策,又黜之,则深可为治朝惜。若嘉祐八年六月十七日诏:"制科十七人赵禼等权罢将来科场,便赴秘阁就试。"盖一时有所不暇,非故事也。然天圣、嘉祐之诏,绍兴之议,考之索行,又为取人之要云。岳珂《愧郯录》卷十一,《四库全书》第865册,第163~168页。

祖宗制科取人

彭百川

建隆二年九月癸未,复置书判拔萃科。(《国史》书八月。今九月,盖八月始条其可,施行实九月也。)

乾德元年,复试应拔萃科田可封等。(见《科举门》)二年正月,诏举贤良方正等三科。(见《科举门》)四月,试贤良颖贽。(见《科举门》)四年六月庚寅,上亲试制科举人姜涉等于紫云楼下,从容谓翰林学士承旨陶穀等曰:"则天一女主耳,虽刑罚枉滥,而终不杀狄仁杰,所以能享国者,良此由也。"因论前代帝王得失,日晡乃罢。涉等所试,文理疏略,不应策问。并赐酒食遣之。应百篇举赵昌言。(见《科举门》"太平兴国五年"。)

至道三年秋七月,吏部郎中、直集贤院田锡应诏上疏。其二云:"制举科目,不可具陈。略举可设者,有贤良方正能直言极谏科、才识兼茂明于体用科、道侔伊吕科、才比管乐科、传道经典达于教化科、详明正术可以理人科、文堪经邦科、武足安边科。臣伏睹太祖朝曾设制科,示时敕限三千字以上成,字数既多,书写不易。赐食之后,就试以来,既对天颜,岂无兢惧。又值日晚,固不遑宁。虽有经邦之谋,岂能周悉;设有安边之策,靡暇敷陈。今若设此科条,但以汉时公孙弘、董仲舒所试,则往复问答,既尽见其才谋,品藻甄升,信无违其器业。此设制科,其利二也。"

太宗至道三年九月,右正言直史馆孙何献五议,其四言复制科,曰:"唐室参古今之制,取天下英俊,其试礼部则进士、明经、解诂、句读、声病、偶对者也。制举则贤良、体用等科,财成制度,寅亮经纶者也。国家廓土辟宇,立太平之基,然制科未复,清途美宦,惟进士、明经,递迁以升,岂不念林壑非常之士有违弃乎?台谏所进之人,有僭滥乎?"奖应制科林陶。(见《科举门》。)

真宗咸平四年四月辛未，上御殿试制举人，命翰林宋白等充考官，得秘书丞查道、进士陈钺人第四等，推官王曙人次等。八月己酉，复试制举人，得成安簿丁逊、舒州推官孙仅、秘书丞何亮、推官孙暨人第四等。亮为太常博士，暨为寺丞。

景德二年甲子，诏复置贤良方正能直言极谏科、博通文典达于教化、才识兼茂明于体用、武足安边、洞识韬略运筹决胜、军谋宏远才任边寄等科，令尚书吏部传告诸路，许文武群臣、草泽隐逸之士来应，委中书门下先加考试，以器业可观，具名闻奏。时上谓寇准曰："方今文武多士，岂无才识优异未升进者耶？至于将帅之任，尤难其人。前代试以制策，观其能否，用求材实，亦为国之远图也。"因出唐朝制科之目，采其六用之。一年策试钱易、石待问。四月，试贤良方正著作佐郎陈绛、溧水县令史良、丹县簿夏竦。先是，上谓宰相曰："比设此科，欲才识兼优。若但考文义，则积学者方能中选。苟有济时之用，安知策问经义时务？命两制上策问，择而用焉。"六月，右正言陈彭年请条制贡部，复宏辞科来经术士。十月，以前鄠县簿高志宁者为理评事。志宁，明经中科，请应试洞韬略科，且求日试三千字，既而不能成。上察其历官无过，特命迁秩。

祥符元年夏，中书试贤良方正能直言极谏草泽刘若冲、周启明，才识兼茂明于体用大理寺丞吕夷简、草泽许申等。诏以申等虽敏赡可赏，而理道未精，不副召对。若冲、启明、申并许应举，仍免取解；夷简优，与亲民差使。时上封者言，两汉举贤良多因兵荒灾异，所以询访阙失，令东封西祀，受瑞建封，不当复设此科。于是悉罢。吏部科同。

仁宗天圣七年闰二月，诏曰："朕开数路以详延天下之士，而制举独久置不设，意吾豪杰或以故见遗也。其复置此科，于此稍增损旧，名曰贤良方正能直言极谏科、博通文典明于教化科、才识兼茂明于体用科、详明吏理可使从政科、识洞韬略运筹决胜科、军谋宏远材堪边寄科，凡以待京朝官之被举及应选者。又置书判拔萃科，以待选人之应者。又置高蹈丘园科、沉沦草泽科、茂材异等科，以待布衣之被举应举者。又置武举，以待方略武勇之士。其法皆先上艺业于有司较之，然后试秘阁，中格，然后天子亲策之。若武举，则阅其衡射焉。初，盛度建言于真宗，请设四科以取士，曰："经术之上，若典刑备举，则政教流行，请设博通坟典达于教化科。尧试臣以事，不置以言语，笔札求人，审官期于适用，请设才识兼茂明于体用科。今戎警未除，调边劳戍，必资良帅，以集事功，请设军谋宏远堪任将帅科。狱讼之繁，民命所系，若推按失实，则枉情伤生，请设明晓法律能按章覆问科。"

景德二年，遂置六科，盖缘度之议也。时度方责洪州，密诏度撰策目，驰驿以进，及议封禅，吏部科目皆废。夏竦既执政，建议复制举，广置科目，以收遗才。上从之，更采度前议，降是诏。十二月，以知制诰李仲容判礼部。故事，茂材异等、高蹈丘园、沉沦草泽三科所上策论，先委礼部考覆以闻，乃得试。时值史馆康孝基判礼部，定富弼等十人词理皆优，上意其品藻未精，改命仲容，而以孝基为同判，仍取弼策论覆校之。弼，河南人。

天圣八年春正月，诏："应制科，自今听随礼部贡举施行。"六月，御崇政殿，试书判拔萃及武举人。戊申，以宣州司理余靖为将作监丞知海阳推官，尹洙为武胜节度掌书记知河阳县，武举人张建侯等十二人。乙亥命学士宋绶、冯元为初考制策官，翰林章得象、御史中丞王随覆考，知制诰、右中丞盐铁副使鞠咏编排。自是，御试制科人，率如此例。丙午，策试贤良方正能直言极谏太常博士成都何咏，茂材异等富弼二人，所对策并及第四等。丁丑，以咏为祠部员外郎，同判永兴军，赐五品服；弼为将作监丞，知长水县。

景祐元年正月，罢书判拔萃科，更不御试。自今幕职、州县官经三品以上，非缘边及川广、福建者，并许应贤良方正直言极谏六科。其升朝官至太常博士以及进士诸科取解而被黜者，毋得应茂材等三科及武举。用制诰李叔之言也。试书判拔萃四人。（毛洵、吴盛、张考孙、李淳。）

八年六月己酉，策试贤良方正直言极谏太常博士苏绅、才识兼茂明于体用大理丞吴育、茂材异等张方平。育，通判湖州。绅，通判洪州。方平，知昆山县。六月，诏寓制科人，自今张幕，次于殿庑，仍令大官给食，武举人以别日试。时知制诰宋郊言："贤良与武举人杂试，非所以待天下特起之士。"诏从其请。书判拔萃四人。（邱升张、庞谞、孙伯、王林意。）言者谓此科乃有司铨品之式，今御轩亲试，非称其年。春，遂罢。（《登科记》。）

四年夏丁未，诏学士院："自今制策登科人，并试策论各一道。"时将作监丞富弼献所为文，命试馆职，弼以不能为试赋辞，上特令试策论。因有是诏。弼寻授太子中允直集贤院。六月乙丑，诏详明吏理可使从政、洞识韬略运筹决胜、军谋宏远才任边寄三科，各为策题，贤良方正等四科同策题。七月壬戌，策试贤良方正能直言极谏科二人（田况，又张方平）、茂材异等邵亢。亢以与张士逊连姻，报罢。实录云"亢策字数少，不合格"，今从亢本传。《亢墓铭》亦云：范仲淹荐应贤良方正科，除建康军节度推官。会有欲中伤宰相，密言亢与连姻，命遂中格，人莫知其然。盖宰相士逊之子娶邵氏，偶与亢同姓，士逊既不能辨，亢亦无言而出。

庆历二年八月，策试才识兼茂明于体用科殿中丞钱明逸对策，入四等，以为太常博士，通判庐州。易之子也。

六年六月，参知政事吴育与宰相贾昌朝不相能，监察御史唐询既怨育，遂希昌朝意上奏，曰："贤良方正直言极谏、茂材异等科，由汉涉唐，皆不常置。若天见灾异，政有阙失，则诏在位荐之。本朝稽用旧文，讫真宗世，三建此科，陛下即位，增科为六，令两省若少卿监以上奏举，后又止用贤良茂材三科，随进士科设之。迩年率不任保用之官，皆自名科目。且贤良方正、茂材异等名号至美，使举而为之，犹曰近古，即自颛其美，顾所未闻。又有经亲试，前集有司，而所出论目全用经史名数，及对诏策，不过条别义例，稽合注解，至于强记博闻，虚辞泛说而已。若辅国本，陈治道，则未见其有补也。初应诏才数人，后乃至十余人，今殆至三十余人。一中此科，曾未累岁，悉至显官。虽非其人，例不可抑。"疏上，帝刊其名，付中书。育奏疏驳之，曰："三代以来，取士之盛，莫若汉、唐。汉文帝上元五年诏举贤良文学之士，上亲策之，则有若晁错者出焉，是非有灾异而举也。武帝建元元年诏举贤良方正直言极谏之士，元光元年诏贤良对策，则有若董仲舒、公孙弘者出焉，所举者非因灾异，但策中语或及者，亦陈事之一端尔。唐开元二年六月甲子，制其有茂材异等，咸令自举，是年设直言极谏科，逮宪宗元和间制科尤盛，有若元稹、白居易皆特出之才。观当日策目，所访者皇王之要道，邦家之大务，可以覆视，固不可专于灾异也。陛下自复制科，于兹累年，随贡举而开，疏数适中。若必俟灾谴然后诏举，非惟失设科本意，且尤不可者有三：一则使夫贤旧滞淹之士，待灾异而进，非所以养廉耻也；二则平居不询，造形乃问，非所以惧灾谴也；三则轻改信令，示天下无渴士之心，非所以广贤路也。且汉、唐所立孝廉及进士等科，皆每岁常选，故制举随时而开。今礼部进士数年一举，因以制举随之，则事适其宜，何害于时，须此纷易。况灾异之出，不常厥期。或弥年所无，则制举奚设；或比岁而有，则于事不烦。既不因乎天灾，又不随乎贡部，而曰非时诏举，浩无端倪，乃是遂废此科。苟荛稍询，则言路有寄；弥年不举，则礼意都忘。今无故而更张，使遗材绝望，其伤国体多矣！乞陛下下臣奏两制详定。"上是其言，不复下两制。即诏礼部："自今制科，随进士贡举，其著为令，仍须迩臣论荐，毋得自举。"上因谕辅臣曰："彼上言者，乞从内批以行，今乃知欺罔也。"育又奏曰："阴邪沮事，正当明辨，人臣言涉机密，欲归德于君。或入告谋猷，成国之美，此类可以刊名付外，制策天下，公共废置，可以明述，岂宜阴为沮革，欲自上行？此正奸罔所为，非睿听昭察，则挟邪蠹国，何所不为！愿出姓名按劾，以明国法。"育本由制策进，上数称贤，以为得人，故询力排诋，意在育不在制科也。

皇祐元年秋甲申，策试贤良方正能直言极谏殿中丞吴奎，奎所对入四等，以为太常博士，通判陈州。

五年八月辛酉，试贤良方正能直言极谏太常寺太祝赵彦若，试武举人。彦若所对疏阔，下有司考，不中等而罢之。先是，制举就秘阁试者十八人，有司独取彦若，于是被黜去。议者谓，宰相陈执中不由科第以进，故阴讽有司独专抑儒士，非彦若实不能也。

嘉祐二年六月，赵彦若制策不入等。阅四月，遂无应科者。上曰："岂朕待之不至耶？"丁巳，诏："朝廷设制科，以取天下美异之士，尝以推恩过厚而难其选，故所取不过三、二人，甚非所以广详延之路也。其令两制以上同议之。"既而抃等言："太常博士以下至选人、草泽人应制科者，并听侍制以上奏举，无得自陈，内草泽人亦许本路转运使奏举，其试文浅陋，及履行不如所学，并坐举者。其进用差次，不得引旧例超擢。"从之。八月癸亥，试贤良方正能直言极谏秘书丞王彰，材识兼茂明于体用明州推官夏噩，彰对不入等，噩入第四等，授光禄寺丞。噩磨勘，当迁著作佐郎，宰臣富弼嫌而裁之。

嘉祐十年十二月，先是朝议以科举既数，则高第之人倍众，其擢任恩典，宜损于故。诏中书门下裁定。丁丑诏曰："朕惟国之取才士之待举，不可旷而冗也，故立间岁之期，以励其勤，约贡举之数，以精其选，著为定式，申敕有司，而高第之人，日常不次而用，若循旧比，终至滥官，甚无谓也。自今制科，入第三等与进士第一，除大理评事签书两使幕职官事，代还升通判，再任满试馆职；制科入第四等与进士第二、第三，除内使幕职官，代还改次等京官；制科入第四等与进士入第四、第五，除试御知县，代还迁两使职官，镞斤人视此。若夫高材异行，施于有政，而功状较然者，当以茂恩擢焉。"自是骤显者鲜，而所得人才及其风迹，比旧亦寝衰。乙未，御崇政殿策试才识兼茂明于体用科明州观察使推官陈舜俞，贤良方正直言极谏旌德县尉钱藻、汪辅之。舜俞、藻所对策，并入第四等，授舜俞著作佐郎签书忠正军印度使判官事，藻试校书郎无为军判官。辅之亦入等，监察御史里行沈起言其无行，罢之。辅之躁忿，因以书诮让富弼，曰："公为宰相，但奉行台谏风旨而已，天下何赖焉。"弼不能答。

六年八月乙亥，御崇政殿，策试贤良方正直言极谏著作佐郎王介、福昌簿苏轼、渑池主簿苏辙。轼入第三等，介第四等，辙第四等次，以轼为大理评事签书、凤翔判官，介为秘书丞知、静海县，辙为商州军事推官。（余见《论治门》云："二苏才识兼茂明于体用，得辙第四等，司马光与镇同议，镇难之者先，初为第一等也。"）

八年六月，诏："今岁制科人著作佐郎赵卨等十七人，权罢将来科场，赴秘阁就试。"卨，安仁人也。

英宗治平二年秋甲戌，以制科入等范百禄为秘书丞，升上一任；前和州县令李清臣为著作佐郎。百禄所对策言："濮王宜诏有司，勿议推尊之事。"百禄，镇从子。清臣，安阳人，韩琦妻以其兄之子，欧阳修奇其文，以为似苏轼，及试秘阁，试文至中书未发也，修迎语曰："考官不置清臣第一，则谬矣。"发视，果第一。时同发策者四人，或谓清臣当以《五行传》对所谓灾异，当得。清臣曰："此汉儒说，以某异应某事，清臣不能知民间得无疾痛，不乐可上者乎？因言天地之大，譬之于人腹心肺腑，有所攻塞则五官不宁。民人生聚，天地之腹心肺腑也；日月辰宿，天地之五官也。善人天地之异者，不止其异，上民之疾痛，不乐者而已。"清臣竟不入等。

四年二月，御史蒋之奇奏弹钱明逸奸邪，在仁宗朝附贾昌朝等，陷杜衍、范仲淹、尹洙、石介之徒，朝廷一空，天下同疾，况文辞纰谬，贪赋有闻，岂可与昌朝同居禁苑。同知谏院傅卞亦言。执政召明逸示以章疏，使自引疾。上他日谓吴奎曰："钱明逸不解作文字，何因中大科。"奎言："应举亦系侥幸，一日之间，未见其善，其人可知也。"

熙宁三年九月，御崇政殿，策贤良方正，又策试武举人。诏策贤良方正等科太常博士通判蜀州吕陶，升一任，与堂除太庙斋郎；张绘，堂除判司主簿，或尉前台州司户参军；孔文仲令流内铨，告示发赴华州团练推官本任。陶等皆中选，而文仲策初在第三等。手诏："制科'诵'（按：当为"调"）字号卷，详观其条对，大抵意尚流俗而后是非，又毁薄时政，援正先王之经而辄失义理，可再进呈。"而"诵"字号，乃文仲试卷也。于是，上读文仲试卷，至"专任德"。上曰："德刑不可偏，然救世亦有时而偏用，'乂用三德'是也。"安石又论文仲，以为如范百禄以非濮王事，合考官取高等尔。于是冯京意助文仲，上不听，故有是命。十二月戊辰，三班院言：殿直雷珣乞试《六韬》、《孙吴兵书》十道，仍试骑射，中选。诏免祖使权边塞，监押巡检代还，依武举人例，王珪班使臣乞试兵书，自珣始。秘阁考试所言，应制科陈彦古所试六论，不识题，及字数皆不足，准式不考。自试制科以来，空疏未有如彦古者，由是制科亦罢。

七年五月辛亥，中书门下言策试制举并以经术时务，今进士以罢辞赋，所试事业即与制举无异，其贤良方正等科目，欲乞并行停罢。从之。先是，中书条例所乞罢制举，冯京曰："汉唐以来，豪杰多自此出，行之已久，不须停废。"上曰："天下事可罢而不可急，如此者甚众，此恐未遽改革。"吕惠卿曰："制科止于记诵，非义理之学也。"哲宗、孙觉、苏辙、彭汝砺、张续考试应贤良方正能直言极谏科举人。丁卯。上御集英殿试贤良方正直言极谏科谢悰，己巳，赐悰进士出身，除初算职官。左正言刘世安言："臣伏自朝廷近复制科，秘阁所试之人皆不应格，陛下方务进人材，不欲并行黜落，曲收谢悰，以为天下学士之劝。而悰廷试之策，往往不能奉承清问，率意妄言，固多疏略，有司考核即不入等。陛下特赐进士出身，擢为辅郡幕职，圣恩优异，极逾涯分。臣亦上体朝廷之意，不敢别有论列。而近见悰申尚书省辞免新命状，乃云'所有敕告未敢抵授'，以'抵'为'祇'，以'受'为'授'，虚薄寡闻，一至于此。昔唐之省中有伏猎侍郎，为严推之所讥而罢。今陛下方当右文之代，初复制举，岂容有"抵授贤良"乎？伏望陛下惩其浅陋，稍正误恩，追寝悰进士出身，以塞公议。"

七年五月癸巳，诏秘阁试制科论题，于九经兼正史、《孟子》、《扬子》、《荀子》、《国语》并注内出其义，注内毋得出题。

六年九月丁酉，三省言御试应贤良方正能直言极谏科，制策知泸州合江县王普、河中司理司马槢、眉山布衣王当。

绍圣元年八月，三省进呈秘书省考试，致应贤良方正直言极谏科陈旸第四人，赵天启考中第二。上谓章惇曰："赵天启尝上书，极太妄，朕始欲令羁管，恐阻塞言路。"至是在选中，特旨落下。九月，御集英殿试科举人。庚戌，三省同进呈考试制科张咸、吴俦、陈旸三人，中第三等，推恩。上曰："前日观所试策，何异进士，先朝尝罢此科，何时复置？"郭知章等对曰："先朝初御试进士策即罢制科，元祐二年复置，诚无所补，初举得谢悰，次举得王当、司马槢等，闻极疏谬。"上曰："极不成义理。"李清臣对曰："在汉亦不设科，遇选获异材，或因灾异，策问大事，即临时召。"上曰："今已复进士殿试策，此科既无异进士策，其文理有过于此者。"郑雍对曰："顾其人何如尔？然自古多言时政阙失。"上曰："今进士亦可言时政阙失。"因诏罢制科。彭百川《太平治迹统类》卷二十六，《四库全书》第408册，第654~663页。

宋制科（题拟）

顾炎武

宋初承周显德之制，设三科，不限前资，见任职官，黄衣草泽，并许应诏。景德增为六科，熙宁以后屡罢屡复，宋人谓之大科。（《叶祖洽传》："太宗岁设大科。"《邵氏闻见录》:"富、韩公初游场屋,穆伯长谓之曰,进士不足以尽子之才,当以大科名世。)今以殿试进士,亦谬谓之制科。

宋徐度《却扫编》曰:国朝制科,初因唐制,有贤良方正能直言极谏、经学优深可为师法、详明吏理达于教化,凡三科。应内外职官,前资见任,黄衣草泽人,并许诸州及本司解送,上吏部对御试策一道,限三千字以上。咸平中,又诏文臣于内外幕职、州县官及草泽中举贤良方正各一人。景德中,又诏置贤良方正能直言极谏、博通坟典达于教化、才识兼茂明于体用、武足安边、洞明韬略运筹决胜、军谋宏远材任边寄、详明吏理达于从政等六科。天圣七年,复诏应内外京朝官,不带台省、馆阁、职事不曾犯赃罪及私罪情理轻者,并许少卿监以上奏举,或自进状乞应,前六科仍先进所业策论十卷,卷五道,候到下两省看详,如词理优长堪应制科,具名闻奏,差官考试,论六首合格即御试策一道。又置高蹈丘园、沉沦草泽、茂才异等三科,应草泽及贡举人非工商杂类者,并许本处转运司逐州长吏奏举,或于本贯投状乞应,州县体量,有行止别无玷犯者,即纳所业策论十卷,卷五道,看详,词理稍优即上;转运司审察乡里名誉,于部内选有文学官再看详,实有文行可称者,即以文卷送礼部,委主判官看详,选词理优长者,具名闻奏,余如贤良方正等六科。熙宁中,悉罢之,而令进士廷试罢三题而试策一道。建炎间,诏复贤良方正一科,然未有应诏者。顾炎武《日知录》卷十六,《四部丛刊》本。

金代制举(题拟)

脱 脱

金设科皆因辽、宋制,有词赋、经义、策试、律科、经童之制。海陵天德三年,罢策试科。世宗大定十一年,创设女直进士科,初但试策,后增试论,所谓策论进士也。明昌初,又设制举、宏词科,以待非常之士。故金取士之目有七焉。其试词赋、经义、策论中选者,谓之进士。律科、经童中选者,曰举人。【略】

章宗大定二十九年,上封事者乞兴学校,推行三舍法,及乡以八行贡春官,以设制举、宏词。事下尚书省集百官议,户部尚书邓俨等谓:"【略】夫制举、宏词,盖天子待非常之士,若设此科,不限进士,并选人试之,中选擢之台阁,则人自勉矣。"上从其议。【略】

制举有贤良方正能直言极谏、博学宏材达于从政等科,试无常期,上意欲行,即告天下。听内外文武六品以下职官无公私过者,从内外五品以上官荐于所属,诏试之。若草泽士,德行为乡里所服者,则从府州荐之。凡试,则先投所业策论三十道于学士院,视其词理优者,委官以群经子史内出题,一日试论三道,如可,则庭试策一道,不拘常务,取其无不通贯者,优等迁擢之。脱脱等《金史》卷五十一《选举一》,中华书局1975年,第1130~1150页。

第三部分：清代卷

诏令

康熙十七年正月乙未谕吏部（题拟）
康　熙

　　自古一代之兴，必有博学鸿儒，振起文运，阐发经史，润色词章，以备顾问著作之选。朕万几余暇，游心文翰，思得博学之士，用资典学。我朝定鼎以来，崇儒重道，培养人材，四海之广，岂无奇才硕彦，学问渊通，文藻瑰丽，可以追踪前哲者？凡有学行兼优、文词卓越之人，不论已仕未仕，令在京三品以上及科道官员、在外督抚布按，各举所知，朕将亲试录用。其余内外各官，果有真知灼见，在内开送吏部，在外开报督抚，代为题荐，务令虚公延访，期得真才，以副朕求贤右文之意。尔部即通行。传谕。
《清实录》卷七十一，总第 4 册，《圣祖实录》第 1 册，第 910 页；《圣祖仁皇帝御制文集》卷七。

康熙十七年十一月初一日谕吏部（题拟）
康　熙

　　康熙十七年十一月初一日，大学士索额图奉旨：各大臣官员题举才学官人，俟全到之日考试。其中恐贫寒难支，亦未可知，着交与户部，除京城现任官员外，其官人布衣，酌量给与食用，以副朕求贤重文之意。钦此。李集辑，李富孙等续集《鹤征录》卷首，《四库未收书刊》贰辑，第 23 册，第 563 页。

康熙十八年正月十七日谕吏部（题拟）
康　熙

　　朕以万几时暇，留心经史，思得博学鸿儒，备顾问著作之选。故特颁谕旨，令内外诸臣，各举所知。膺荐人员已经陆续到部，欲行考试，因天寒昼短，恐其难于属文，弗获展厥蕴抱。今天气已渐融和，应定期考试，所有合行事宜，尔部会同翰林院，详议具奏。《清实录》卷七十九，总第4册，《圣祖实录》第1册，第1013页；《圣祖仁皇帝御制文集》卷八。

康熙十八年三月甲子谕吏部（题拟）
康 熙

荐举到文学人员，已经亲试，其取中一等彭孙遹、倪灿、张烈、王霦、乔莱、王顼龄、李因笃、秦松龄、周清原、陈维崧、徐嘉炎、陆葇、冯勖、钱中谐、汪楫、袁佑、朱彝尊、汤斌、汪琬、邱象随；二等李来泰、潘耒、沈珩、施闰章、米汉雯、黄与坚、李铠、徐釚、沈筠、周庆曾、尤侗、范必英、崔如岳、张鸿烈、方象瑛、李澄中、吴元龙、庞垲、毛奇龄、（钱）金甫、吴任臣、陈鸿绩、曹宜溥、毛升芳、曹禾、黎骞、高咏、龙燮、邵吴远、严绳孙，俱着纂修《明史》。其见任、候补及已仕未仕各员，作何分别授以职衔；其余见任者，仍归原任；候补者仍令候补，未仕者俱着回籍。内有年老者，作何量给职衔，以示恩荣？尔部一并详议具奏。告病者，不必补试。《清实录》卷七十九，总第4册，《圣祖实录》第1册，第1023页；《圣祖仁皇帝御制文集》卷八。

雍正十一年四月初八日谕内阁（题拟）
雍 正

国家声教覃敷，人文蔚起，加恩科目，乐育群才，彬彬乎盛矣！惟博学鸿词之科，所以待卓越淹通之士。俾之黼黻皇猷，润色鸿业，膺著作之任，备顾问之选。圣祖仁皇帝康熙十七年，特诏内外大臣，荐举博学鸿词，召试授职，一时名儒硕彦，多与其选，得人号为极盛。迄今数十年来，馆阁词林，储才虽广，而宏通博雅、淹贯古今者，未尝广为搜罗，以示鼓励。自古文教修明之日，必有瑰奇大雅之才。况蒙圣祖仁皇帝六十余年寿考作人之盛，涵濡教泽，薄海从风。朕延揽维殷，辟门吁俊，敦崇实学，谕旨屡颁，宜有品行端醇，文才优赡，枕经葄史，殚见洽闻，足称博学鸿词之选者。所当特修旷典，嘉与旁求，除现任翰、詹官员，无庸再膺荐举外，其他已仕未仕之人，在京着满汉三品以上，各举所知，汇送内阁；在外着督抚会同该学政，悉心体访，遴选考验，保题送部，转交内阁。务期虚公详慎，搜拔真才。朕将临轩亲试，优加录用，广示兴贤之典，茂昭稽古之荣。应行事宜，着大学士九卿会议具奏。《清实录》卷一三〇，总第8册，《世宗实录》第2册，第689~690页；《世宗宪皇帝上谕内阁》卷一三〇。

雍正十三年二月二十七日谕内阁（题拟）
雍 正

朕令荐举博学鸿词，以广育才之典，为督抚学臣者，自应秉公采访，加意搜罗，以副朕爱惜人材之至意。乃降旨已及两年，而外省之奏荐者，寥寥无几。以江浙两省人材众多之地，至今未见题达，此非人材之不足应选，乃督抚学臣等奉行不力之故也。大凡荐举之典，臣工得以行其私者，往往踊跃从事，争先恐后。若不能行其私，则观望迟回，任意延缓，其迹似乎慎重周详，其实视公事如膜外也。凡督抚学臣之所考取者，不过就耳目见闻之所及。彼伏处岩隅，学问渊雅，素有抱负之士，未必肯以文章笔墨求售于有司，以幸邀一日之遇合。是在督抚学臣，留心访察，加意旁求，屏虚名而崇实学，以佐国家右文之治。如李卫、吴应棻合举二人，吴应棻又独举二人，就中则有宣化府进士。夫以宣化北边一郡，尚有可举之人，何况内地各省之大，可见李卫、吴应棻乃实心为国家留意人材者。着再通行宣谕，无论已奏未奏之省，俱着再行遴选。倘因朕此旨而遂冒滥以行其私，亦难逃朕之鉴察。若果有才华出众而与例不符者，着具折陈奏，候朕降旨。其在京三品以上之大臣，均有荐举之责，将此一并晓谕知之。特谕，钦此。李富孙《鹤征后录》卷首，《四库未收书丛刊》贰辑，第23册，第646页；《世宗宪皇帝上谕内阁》卷一五二。

雍正十三年十一月初十日谕内阁（题拟）

乾　隆

　　国家久道化成，人文蔚起，皇考乐育人材，特降谕旨，令直省督抚及在朝大臣各保举博学宏词之士，以备制作之选。乃直省奉诏，已及二年，而所举人数寥寥。朕思天下之大，人材之众，岂无足膺是举者？一则各怀慎重观望之心，一则鉴衡之明视乎在己之学问，或己实空疏，难以物色流品，此所以迟回而不能决也。然际此盛典，安可久稽？朕用再为申谕：凡在内大臣及各省督抚，务宜悉心延访，速行保荐，定于一年之内，齐集京师，候旨廷试。倘直省中实无可举，亦即具本题覆。《清实录》卷六，总第9册，《高宗实录》第1册，第265页。

乾隆元年二月二十四日谕内阁（题拟）

乾　隆

　　内外臣工所举博学宏词，闻已有一百余人。只因到京未齐，不便即行考试。其赴考先至者，未免旅食艰难，着从三月为始，每人月给银四两，资其膏火，在户部按名给发，俟考试后停止。若有现任在京食俸者，即不必支给。并行文外省，令未到之人，俱于九月以前到京。若该省无续举之人，亦即报部知之，免致久待。《清实录》卷一三，总第9册，《高宗实录》第1册，第383页。

谕军机处会同兵部议荣禄设武备科折 光绪二十三年十二月二十五日

光 绪

谕：荣禄奏，请设武备特科，参酌中外兵制，造就人材等语，着军机大臣会同兵部议奏。《戊戌变法资料·上谕》，第8页。

谕总理衙门会同礼部奏贵州学政严修请设转科折 光绪二十四年正月庚寅

光 绪

庚寅，谕内阁：总理各国事务衙门会同礼部奏，遵议贵州学政严修请设转科一折，据称就该学政原奏分别酌拟：一为岁举，一为特科，先行特科，次行岁举。特科约以六事：一曰内政，凡考求方舆险要、邦国利病、民情风俗者隶之；二曰：外交，凡考求各国政事、条约、公法、律例、章程者隶之；三曰理财，凡考求税则、矿产、农功、商务者隶之；四曰经武，凡考求行军、布政、管驾、测量者隶之；五曰格物，凡考求中西算学、声光、化电者隶之；六曰考工，凡考求名物、象数、制造、工程者隶之。由三品以上京堂及督抚学政各举所知，无论已仕未仕，注明其人何所专长，咨送总理衙门，会同礼部，奏请在保和殿试以策论，简派阅卷大臣严定去留，详拟等第。覆试后，带领引见，听候擢用。此为经济特科。以后或十年一举，或二十年一举，候旨举行，不为常例。岁举则每届乡试年分，由各省学政调取，新增算学、艺学，各书院学堂等生监录送乡试。初场试专门题，次场试时务题，三场试四书文，中式名曰经济科举人，与文闱举人，同场覆试，会试中式经济科贡生者，亦一体覆试，殿试朝考等语。

国家造就人才，但期有裨实用，本可不拘一格，该衙门所议特科、岁举两途，洵足以开风气而广登进，着照所请行，其详细章程仍着该衙门会同礼部妥议具奏。现在时事多艰，需才孔亟，自降旨以后，该大臣等如有平素所深知者，出具实考语，陆续咨送，不得瞻徇情面，徒采虚声，俟咨送人数汇齐至百人以上，即可奏请，定期举行特科，以资观感。至岁举既定年限，各该督抚学政，务将新增算学、艺学，各书院学堂切实经理，随时督饬院长、教习，认真训迪，精益求精，该生监等亦当思经济一科，与制艺取士并重，争自濯磨，力图上进，用副朝廷旁求俊乂至意，将此通谕知之。

又谕：给事中高燮曾奏请设武备特科一折，着军机大臣会同兵部，归入荣禄奏请参酌中外兵制特设武科片内，一并奏议。《清实录》卷四一四，总第57册，《德宗实录》第6册，第411~412页；《戊戌变法资料··上谕》，第9页。

着总理衙门议恽毓鼎奏经济特科宜议登进之途一折 光绪二十四年正月

光 绪

辛亥，谕内阁：侍讲恽毓鼎奏经济特科宜议登进之途一折。国家登进人材，必须言行相符，而后可收实效。况经济一科，系属特设，内外臣工，尤当仰体朝廷破格旁求之意，不得以有才无行之人，滥登荐牍。至该侍讲所请，"仿照从前观政之例，以试其能"等语，着总理各国事务衙门参酌情形，奏明办理。《清实录》卷四一四，总第57册，《德宗实录》第6册，第422~423页；《戊戌变法资料·上谕》，第12页。

准荣禄、高燮曾等奏请设武备特科折 光绪二十四年二月

光 绪

庚辰谕内阁：前据荣禄、高燮曾、胡燏棻先后奏请设武备特科酌改章程各折片，当经谕令军机大臣会同兵部议奏。兹据该王大臣等分别准驳，详议覆奏，并拟大概章程，开单呈览，朕详加披阅，尚属切实可行。

国家设科，武备与文事并重，原期遴拔真才，以备折冲之用。现在风气日新，虽毋庸另设特科，亦应参酌情形，变通旧制，着照该大臣等所议，各直省武乡试自光绪二十六年庚子科为始，会试自光绪二十七年辛丑科为始，童试自下届为始，一律改试枪炮，其默写武经一场，着即行裁去。所有一切未尽事宜，暨各省应如何设立武备学堂之处，着该衙门随时奏明办理。现在时局艰难，朝廷厘定章程，专务振兴实学，武场改试枪炮，亦转移风气之一端，嗣后主试王大臣及各省督抚学政，尤当加意讲求，认真考核，务在作其忠勇，开其智识，平时则严督功课，校试则秉公去取，毋得奉行。日久又成具文，致负作育人材至意。该部即遵议行，寻兵部奏，遵议武科改试枪炮，取中之后，武生可补勇缺，武举可充哨官，其营用卫用之武进士可充管带，宜裁汰各营老弱，将此项人员尽先充补，以副寓营制于武科之意。未尽事宜，随时酌核，汇定颁发，依议行。《清实录》卷四一四，总第57册，《德宗实录》第6册，第439~440页；《戊戌变法资料·上谕》，第13~15页。

请办理宋伯鲁奏经济特科折 光绪二十四年四月

光 绪

戊申，御史宋伯鲁奏，经济特科，请分别办理，下所司知之。《德宗实录》卷四一八，总第57册，《德宗实录》第6册，第484页。

谕特科、童岁科改试策论折 光绪二十四年五月

光 绪

甲子，谕内阁：御史宋伯鲁奏，请将经济岁举归并正科，并各省生童岁科试，迅即改试策论一折。前因八股诗文积弊太深，特谕令改试策论，用觇实学，惟是抡才大典，究以乡会两试为纲，乡会试既改试策论，经济岁举亦不外此，自应并为一科考试，以免纷歧。至生童岁科试，着各省学政，奉到此次谕旨，即行一律改为策论，毋庸候至下届更改，将此通谕知之。《德宗实录》卷四一九，总第57册，《德宗实录》第6册，第494页。

准总理衙门议特科折 光绪二十四年五月丁丑

光 绪

谕内阁：总理各国事务衙门会同礼部奏，遵议经济特科章程开单呈览一折，所拟章程六条，尚属详备，即着照所请行。经济特科，原期振兴士气，亟应认真选举，以广登进而励人材，着三品以上京官及各省督抚学政，各举所知，限于三个月内，迅速咨送总理各国事务衙门，会同礼部奏请考试，一俟咨送人数足敷考选，即可随时奏请定期举行，不必俟各省汇齐，再行请旨，用副朝廷侧席求贤至意。将此通谕知之。《清实录》卷四二〇，总第57册，《德宗实录》第6册，第507页。

准郑思赞特科一折 光绪二十四年六月十二日

光 绪

御史郑思赞奏特科大典请严定滥保处分一折。经济特科之设，朝廷原期拔取真材，以备贤良之选，非为幸进之徒，开营谋之路，中外臣工，例得保送特科者，务当屏去私心，汲引善类。于保送之人，学问才具，灼见真知，始可登诸荐牍，不得瞻徇情面，滥保私人。如有言行不符，及干求奔竞等情，一经查出，定将原保大臣，从严惩处。《清实录》卷四二一，总第57册，《德宗实录》第6册，第523页；《戊戌变法资料·上谕》，第47页。

着停罢经济特科 光绪二十四年八月二十四日

慈 禧

国家以《四书》文取士，原本先儒传注，阐发圣贤精义，二百年来，得人为盛。近来文化日陋，各省士子，往往剿袭雷同，毫无根底，此非时文之弊，乃典试诸臣，不能厘正文体之弊。乃论者不揣其本，辄以所学非所用，归咎于立法之未善。殊不知试场献艺，不过为士子进身之阶。苟其人怀奇抱伟，虽用唐宋旧制，试以诗赋，未尝不可得

人。设论说徒工，心术不正，虽日策以时务，亦适足长嚣竞之风。用特明白宣示，嗣后乡试、会试及岁考、科考等，悉仿旧制，仍以《四书》文、试帖、经文、策问等项，分别考试。

经济特科，易滋流弊，并着即行停罢。朝廷于抡才大典，斟酌至再，实求细详。嗣后典试诸臣，及应试士子，务当屏斥浮华，力崇正学，毋负朝廷作育人才之至意。

至富强之术，固当讲求，惟必须地方官认真举办，方不至有名无实。所有农工商诸务，亟宜实力整顿，惟总局设在京城，文牍往还，事多隔膜，一切未能灵通，仍应责成各督抚，在省设局，分门别类，详加考核，庶有实际，着直隶总督选派妥员，督率办理，以为各省之倡，京城现设之局，着即裁撤。《清实录》卷四二八，总第57册，《德宗实录》第6册，第619~620页。

光绪二十七年四月十七日上谕

慈禧

为政之道，首在得人，况值时局阽危，尤应破格求才，以资治理。允宜敬遵成宪，照博学鸿词科例，开经济特科，于本届会试前举行。天下之广，何患无才？其有志虑忠纯、规模宏远、学问渊通、洞达中外时务者，着各部院堂官及各省督抚学政，出具考语，即行保荐，并着政务处大臣拟定考试章程，先期请旨办理。朝廷振兴百度，母子一心，惩往日之因循，望贤才以辅治。尔诸臣当详加延揽，各举所知，共济艰难，以维邦本，使中兴人才之盛，再见于今，则深宫所祷祀求之者也。《清实录》卷四八二，总第58册，《德宗实录》第7册，第365~366页；朱寿朋《光绪朝东华录》（四），中华书局1958年，第4668~4669页。

经济特科考试章程

总理衙门

一、经济特科于古贤良方正直言极谏相等，士先器识而后文艺，自应以行己为先，凡所荐举均需察明素行廉正、不干清议者，方准列保，庶不至有夤缘干进等弊。

二、与词科只选词臣，现官翰、詹者可勿庸入选略异，经济特科需以通知时事为要，不能限定于一途。应"自京官五品以下，除京官翰林、读讲科道外，外官四品以下除现在实缺道府外，其余各员已仕未仕及举贡生监布衣一体准其保送"，为在会试前举行考试。

三、仿照宋代鸿词科及国朝两次鸿博词科例，经济特科录取时也分为一、二两等，至于是否赐予出身，是否改守京职，外任是否发往各省当差，出洋游历，有出身人员又如何量加升转任用，试毕取中后均恭候圣裁。

四、仿照博学鸿词科之例，特科分试两场，以便各尽所长。

五、特科为皇帝临轩策问，体制宜崇，一切皆应仿殿试章程办理。

六、特科第一场试历代史事论二篇，第二场内政外交策二道。

七、照已变革的科举之例，特科试卷字画勿庸刻意求工，准添注涂改。北洋官书局《经济特科同征录》，光绪甲辰六月版。

钦定经济特科阅卷大臣名单

慈　禧

查覆试经济特科应简派阅卷大臣除请假各员不开列外，谨缮名单进呈，伏候钦点，于二十八日清晨发下，传集各员，听候宣旨。

大学士王文韶、外务部尚书瞿鸿禨，户部尚书卢传霖，兵部尚书裕德，刑部尚书荣庆、葛宝华，礼部右侍郎张英麟，户部左侍郎陈邦瑞、右侍郎戴鸿慈，礼部左侍郎李绂藻，署右侍郎郭曾炘，兵部左侍郎李昭炜，内阁学士杨佩璋。硃笔张之洞。《光绪朝上谕档》第29册，第182～183页。

处分取中经济特科人员敕 光绪二十九年六月

慈　禧

壬戌，引见考取经济特科人员，得旨：翰林院庶吉士袁嘉谷著授职编修，免其散馆；举人张一麐著发往直隶以知县补用；翰林院庶吉士方履中，着授职编修，免其散馆；河南试用知县陶炯照，着以知县仍留，原省即补；举人徐沅，着发往直隶，以知县补用；江苏兴化县教谕胡玉缙，着发往湖北，以知县补用；内阁中书秦锡镇，着发往江苏以同知补用；翰林院编修俞陛云、袁励准，均着记名，遇缺题奏；选举优生冯善征、举人拣选知县罗良鉴，均着以知县，分省补用；工部郎中秦树声，着作为俸满截取；翰林院编修魏家骅，着准其保送知府；副贡生吴钟善，着以州判，分省试用；直隶试用道钱鋕，着以道员仍留原省试用；分发试用道萧应椿，着以道员发往山东试用；举人梁焕奎、蔡宝善，均着以知县，分省试用；直隶补用道张孝谦，着以道员仍留原省即补；礼部额外郎中端绪，着俟留部后，以郎中即补；内阁中书麦鸿均，着作为历俸期满；湖南攸教谕许岳钟、举人张通谟，均着以知县，分省试用；候选郎中、户部候补主事杨道霖，着仍以主事即补；举人张祖廉、候选直隶州州判吴烈，均着以知县分省试用；刑部学习主事陈增寿，着作为学习期满。【略】《清实录》卷五一八，总第58册，《德宗实录》第7册，第841～842页。

奏议

吏部议得考试之期（题拟）康熙十八年二月十九日

康熙十八年二月十九日，吏部为钦奉上谕事该臣等议得考试之期，恭候皇上钦定。其各荐举人员，俱令于考试之先，赴部投供。臣等公阅，内有真正年老有病不能动履者，具题请旨。应考人员俱于钦定之日黎明，吏部官带赴各官行礼处排班齐集。内阁请旨出题后，内阁大臣或翰林院学士捧至太和殿前，黄案设放毕，鸿胪寺官指引各考试人员行三跪九叩头礼，毕，翰林院官捧题下阶，令考试官员跪，翰林官给题，吏部官散卷，毕，带赴体仁阁下考试。试卷桌张等项，由翰林院行文该部备办。将考试官员，照例弥封，考试照殿试例，每名着摆呀懒监试。作完试卷，吏部官收接，交翰林院，一总固封，进呈御览。其已取之人，作何录用之处，候旨。遵行奉旨，着于三月初一日考试。钦此。《鹤征录》卷首，《四库未收书辑刊》贰辑，第23册，第564页；秦瀛《己未词科录》卷首。

吏部议所取人员（题拟）

吏部题为钦奉上谕事该臣等议得荐举文学人员，已经考取，奉旨纂修《明史》。人员内汪霦现任行人司行人，乔莱现任内阁办事中书，王顼龄现任太常寺博士，陆棻现任内阁典籍，袁佑现任内阁办事中书，曹禾现任内阁办事中书。此六员系见任京官，停其给与职衔，以原官修史。如遇升授、考选、京缺，照常升考补授，仍令修史。若进升外缺，停其升授，令其修史。俟纂修告成之日，一并酌量再议。钱中谐新授湖广泸溪县知县，汪楫见任赣榆县教谕，李铠见任盖平县知县。此三员系见任外任官，应开缺令补。将伊等以原官停其外升修史，既将伊等停其外升，俟纂修告成之日，从优议叙。彭孙遹候选主事，张烈、沈珩俱候选内阁中书，米汉雯、周庆曾俱候补主事，方象瑛候选中行评博。此七人见候京缺之员，停其另给职衔，仍照伊等应补职衔食俸修史，如遇应补之缺，照常挨次补授，仍令修史，补授后照见任官员例行。李来泰、施闰章俱候补参议道，黄与坚候选知县，尤侗由推官降二级调用，高咏候选知县，徐嘉炎、龙燮俱候选州同。此七员系候外缺之官，不便补授，令其前去，应将伊等停其补授，以原官并所降之级修史，俟告成之日，从优议叙。汤斌原任参政道，降三级调用，因患病休致，应以所降之品修史，俟告成之日，酌量议叙。汪琬原任户部主事，回籍调理，今应以主事职衔修史。吴元龙原任工部郎中，回籍终养，应以郎中职衔修史，俟纂修告成之日，将伊等酌量议叙。秦松龄原任翰林院检讨，革职之后，保举发往湖广军前候用。今考试修史，应给与原职职衔修史,俟告成之日,其录用之处再议。沈筠浙江进士,钱金甫江南进士,此二人应给与内阁撰文中书之衔修史。倪灿江南举人,范必英直隶举人,崔如岳直隶举人,庞垲直隶举人,此四人应给与内阁办事中书之衔修史。陈鸿绪系革职知县,邱象随江南拔贡,李澄中山东拔贡,毛升芳浙江拔贡,朱彝尊浙江布衣,潘耒江南布衣,徐釚江南监生,张鸿烈江南廪监,毛奇龄浙江廪监,吴任臣浙江生员,曹宜溥湖广荫监生,严绳孙江南布衣,此十七人应给与翰林院待诏之衔修史。内有应乡试、会试者,仍准赴试,此给职衔之人,俟修史告成之日,其录用之处再议。除在京见任官员,照常食俸,无庸议外。其余人员,俟修史起日,交与户部给俸。伊等既奉旨修史,俟命下之日,将各人员职名,开写交送内阁、翰林院其同籍之人内验看。直隶岁贡生王方谷,江南廪监生申维翰,江南增广生员朱钟仁,浙江生员王嗣槐,江南布衣邓汉仪、王昊,陕西布衣孙枝蔚,俱已年老,均应给与司经局正字之衔,以示恩荣,仍知照该督抚。至告病人员,既奉旨不必补试,则丁忧及即咨取未到人员,俱应停其来京可也。奉旨:荐举取中人员,俱授翰林官,应给职衔,著在议俱具奏。杜越、傅山及王方谷等文学素著,念其年迈,从优加简,以示恩荣,俱授以内阁中书衔,余依议。钦此。《鹤征录》卷首,《四库未收书辑刊》贰辑,第23册,第564~565页;《己未词科录》卷首。

吏部议所取人员

吏部题为钦奉上谕事该臣等再议得荐举取中人员内:邵吴远,浙江进士,系学道内升以京堂录用之员,应额外授为侍读;李来泰,江西进士,候补参议道;吴元龙,江南进士,原任工部郎中,因终养回籍;汤斌,河南进士,原任参政道,将三级调用,因患病休致。将此五员,应额外授为侍读。伊等若遇升缺,以侍读、侍讲等论俸升授,仍令纂修《明史》。彭孙遹,浙江进士,候选主事;张烈,顺天进士,候选内阁中书;汪霖,浙江进士,见任行人司行人;乔莱,江南进士,见任内阁办事中书;王顼龄,江南进士,见任太常寺博士;陆葇,浙江进士,见任内阁典籍;钱中谐,直隶进士,原选泸溪县知县;袁佑,直隶拔贡,见任内阁办事中书;汪琬,江南进士,原任户部主事,告病回籍;沈珩,浙江进士,候选内阁中书;米汉雯,直隶进士,候补主事;黄与坚,江南进士,候选知县;李铠,江南进士,见任盖平县知县;沈筠,浙江进士;周庆曾,江南进士,候补主事;方象瑛,浙江进士,候选中行评博;钱金甫,江南进士;曹禾,江南进士,见任内阁办事中书。此十八员应授为编修。倪灿,江南举人;李因笃,陕西布衣;秦松龄,江南进士,原任翰林院检讨,革职保举湖广军前候用;周清原,江南监生;陈维崧,江南生员;徐嘉炎,浙江监生,候选州同;冯勖,江南布衣;汪楫,江南拔贡,见任江南赣榆县教谕;朱彝尊,浙江布衣;邱象随,江南拔贡;潘耒,江南布衣;徐釚,江南监生;尤侗,江南贡生,原任推官,降三级调用;范必英,直隶举人;崔如岳,直隶举人;张鸿烈,江南廪监;李澄中,山东拔贡;庞铠,直隶举人;毛奇龄，浙江廪监；吴任臣，浙江生员；陈鸿绩，浙江举人，原任知县，革职；曹宜溥，湖广廪监；毛升芳，浙江拔贡；黎骞，江南贡生；高咏，江南贡生，候选知县；龙燮，江南例监，候选州同；严绳孙，江南布衣。应将此二十七员授为检讨，俱令纂修《明史》。查编检原无定额，其升转时，俱论科分次序，令伊等若遇升转员缺，与现任编检将此授编检年次较论升授，仍令修史。

奉旨邵吴远授为侍读，汤斌、李来泰、施闰章、吴元龙授为侍讲，彭孙遹、张烈、汪霦。乔莱、王顼龄、陆葇、钱中谐、袁佑、汪琬、沈珩、米汉雯、黄与坚、李铠、沈筠、周庆曾、方象瑛、钱金甫、曹禾授为编修，倪灿、李因笃、秦松龄、周清原、徐嘉炎、冯勖、汪楫、朱彝尊、邱象随、潘耒、徐钪、尤侗、范必英、崔如岳、张鸿烈、李澄中、庞铠、毛奇龄、陈鸿绩、曹宜溥、毛升芳、黎骞、高咏、龙燮、陈维崧、吴任臣、严绳孙授为检讨，余依议。钦此。《鹤征录》卷首，《四库未收书辑刊》贰辑，第23册，第565～566页；《己未词科录》卷首。

上内阁言被荐人才试期

施闰章

接待以来，不敢恩门墙，忽忽逾月。伏闻御批有荐举人员着候到齐之日考试之旨。圣恩汪濊，屡沛温纶，张八纮之网，集四海之士。即累月浃岁，没齿余荣，岂草莽臣所敢言，抑寒虫、羁鸟有迫而欲鸣者，敢以献于阁下！

窃闻圣王哀一夫之不获，仁者胥万物使得，所计天下被荐者，内外出处凡百八十余人，除丁忧准免者九人，见在验到者百三十一人，续到者七、八人，物故者四人，题明不到、奉旨续催及未经查明题报者共二、三十人。以所部敦促上道，火烈雷迅，度必有疲癃衰疾实不能起者。且今之耆旧如傅山、杜越，年垂耄耋，病不能舆马，异以篮筥，驰卧国门外，亦可见天朝之旷典，莫敢不举踵希风矣。

昔燕昭以一国之王，筑台以尊郭隗，而乐毅、剧辛、邹衍之徒毕至，矧天子至尊，以礼为罗，其谁不环向而辐辏！然尧、舜在上，下有巢、由，不以损唐、虞之盛，弥足以彰尧、舜之大。盖物情故不齐也。今必比而齐之，秦、楚、闽、越，文檄往还，非两月不达。说者谓岁月沍寒短景，孟春冻未解，二月又举礼闱，非三、四月不暇及此。其在富厚有力、所亲官京师者，坐拥轻裘，饮酒读书，甚乐也。四方寒素之士，多不敢过望作持久计。金谓八月赴限，九月陛试取进止。以仆薄宦余二十年，坐卧一羊裘，盛暑出门都无所携，顷方称贷营寒具，其他贫士且远出仆下。今闻有就食畿辅他县者，有寄宿僧庐者，狼狈万状。北地苦寒裂肤，此辈短褐不完，饔飧不给，万一老病冻饿，间且滥焉填沟壑，诚无异九牛亡一毛。然皇上仁覆海寓，侧席辟门，惟恐一士之不集辇下，使辇下待诏之士若此，当亦恻然不忍闻也。以刍荛之愚，伏计皇上回銮，在阳月中旬，倘久霁冬和，或尚可炙砚一试。其年逾七十有疾者，礼有宪老之典，或从宽免其试，而见放者犹可归田卒岁。夫齐桓举火而爵宁戚，赵王抵掌而用苏秦，贾生召至，汉文帝方受厘宣室,遽接席于夜谈。主父偃、徐乐、严安等书奏召见,孝武叹相见之何晚。岂其时果乏才哉?诚结于心而不能缓也。今、古代相移易,才辨词赋不能方驾前人,其疏逖贫贱,尚可与扣角者比。

阁下膺天宠最渥,夙夜侍殿陛,以启沃之任,兼吐握之风,试从容乘间言及,未必不霁颜嘉纳,如水乳之相投也。比岁西南洊警,皇上万几之暇,吟诵如儒生。今闻天殪元凶,鱼溃鼋骇,鲸海波平,南顾之忧稍释。及此凭轩策士,使天下应诏,大小臣工,布衣野老,受简进言。即不逮董、贾、扬、班,亦可以歌咏盛事,垂诸竹素。始征之甚渴,既待之甚温,不忍终置之经年逾岁之久,亦所以宣旷恩、光盛举也。倘末议可采,阁下其俯择之。若以为热中躁进,此宓子所谓阳鲚也。执事当麾之千里之外,不以厕门下。仆坚卧十年,亦尝奉教于有道矣。士故信于知己,知阁下之乐闻此言也。书词琐陋,伏惟垂照。不宣。死罪,死罪。施闰章《学余堂文集》卷二十七,《四库全书》第1313册,第341~343页。

奏请设经济特专科折 光绪二十四年正月初六日

严 修

奏为时政维新,需才日亟,请破常格,迅设专科,以表会归而收实用,恭折仰祈圣鉴事。窃近日内外臣工,屡以变通书院,添设学堂为请,均已上邀俞允,次第施行,钦仰圣明,天纲行健,本育才兴学之意,为穷变通久之谋,此诚更化之始基,自强之要义也。而臣窃反复推详,犹以为道有未尽也,何也?书院学堂,所以教之者至矣!然以二十余行省之大,四百兆人民之众,其在书院学堂内者,未必所教皆属异才;其在书院学堂外者,未必散居遂无英俊。既多方以成就后学,尤必使有志之士,翕然奋兴。此非迅设专科,布告海内,恐终无以整齐鼓舞而妙裁成也。

前岁军事甫定,皇上诏中外举人材矣,两年以来,保荐几人,录用几人,臣固无从悬揣,但既无期限,又无责成,设稍存观望之心,即难免遗贤之虑。而且擢用者未及遍晓,则风气仍多未开也;去取者未一章程,则才俊不免沦散也。为今之计,非有旷世非常之特举,不能奔走乎群才;非有家喻户晓之新章,不能作兴乎士气。伏查康熙、乾隆年间,两举鸿词,一举经学,得人之盛,旷代所希,恩遇之隆,亦从来未有。彼时晏安无事,犹能破常格以搜才,岂今日求治方殷,不能设新科以劝士?臣愚以为仿词科之例,而变通之,而益推广之。谨就管见所及,敬陈数端,以备圣明采择。

一、新科宜设专名也。词科之目,稽古为荣,而目前所需,则尤以变今为切要。或周知天下郡国利病;或熟谙中外交涉事件;或算学、律学,擅绝专门;或格致制造,能创新法;或堪游历之选;或工测绘之长:统立经济之专名,以别旧时之科举。标准一立,趋向自专,庶几百才绝艺,咸入彀中,得一人即获一人之用。

一、去取无限额数也。以今要政,在在需人,若果与试多才,虽十拔其五,亦不为过,即或中程者少,亦请十拔其一,以树风声。前者特达,则后者兴起。至于考试年限,或以一、二年为期,参酌春、秋闱之例,昭示大信,永定章程,庶天下争自濯磨,而人才将不可胜用矣。

一、考试仍凭保送也。不立科目,人终以非正途为嫌,然使但凭考试,不由荐举,恐滥竽倖进,复蹈前辙,前此科举之弊。词科之例,所为法良美意也,应请饬下京官四品以上,外官三品以上,与夫各省学臣,各举所知,无限人数,无限疆域。凡所保送,悉填注姓名籍贯、已仕未仕,并其人何所专长,按照道里远近,酌定限期,咨送总理衙门,请旨定期考试。本爵人与共之义,兼考言询事之谋,如是则人无倖心,而真才可以立见。

一、保送宜严责成也。天下之大,何时无才,若非漠视时难,自必留心搜访。凡应保送之大员,或以无才可荐为词,即非蔽贤,亦属尸位。应请严旨惩处,以戒泄沓。如有保者拔十得五,或人数虽少,而实系出类拔萃者,则荐贤上赏,自有明征,应请恩旨优予奖叙,以励其余。庶内外诸臣,皆知留意之才,不敢因循诿谢。

一、录用无拘资格也。词科之例,不以已仕未仕而拘,故布衣而受检讨,知县而擢编修,道员而迁翰林院侍读,其后典试衡文,概与进士出身者同例。有非常之才,即有不次之擢,理固然也。今请参考成案,而略为变通。凡京官自五品以下,外官自四品以下,与夫举贡、生监、布衣均保送与试,试取优等,仕者授翰林院侍读至编修,未仕者授检讨、庶吉士;次之授部属同通,或充出使参赞随员,或充总署章京,或发往海疆省份差遣;又次之给以五品顶戴,令赴各省充当教习,或充各学堂领班学生,数年学如有成,仍归下届考试;其最下者黜之。凡录用由于此科,皆比于正途出身,不得畸轻畸重。如是则人无歧虑,而才自蔚然而兴矣。

一、赴试宜筹公费也。寒士或艰于资斧,边省或惮于跋涉,体恤不至,则难免向隅。应请酌分道里,参仿举人入京会试之例,量给公车之费。如在遥远省份,可否仰恳天恩,俯准给予火牌,驰驿北上,出自逾格鸿慈。

以上数端,微臣一得之愚,不敢自谓详备,如蒙俞允,请饬下部臣,逐加核议,取旨施行,似于大局不无裨益。

抑臣更有请者,本年安徽抚臣邓华熙筹议添设学堂折内,请四年后,取若干名作为生员,部议以为有妨学额。然则如臣此议,岂不更妨科举?而臣以为是虑之过也:以为无益,则不如其已;以为有益,岂其处今时势犹患才多!方今庠序如林,甲科相望,士如是其众也。然而中外大臣,犹朝夕议储才者,岂非已知其不足恃,将欲更张,尚无善法乎?今不以为旧日之士习,无补时用,转虑夫新学之位置,有妨旧额,似于目前求材之本意,未能符合。且臣请比类而证之。往者粤逆之乱,绿营额兵遍天下也,以为不可用,则从事于招募湘淮江楚之间,其自名一军者,至不可胜纪。彼时固无暇裁改绿营,亦不闻阻止招募,谓其有妨者,势处其穷,不得不变而出此也。今人材凋乏,患伏无形,而科举既未能骤变,学额中额又未能遽裁,暂为并行不悖之谋,徐思整齐画一之法,以为权宜则有之矣,臣愚诚不见其犹有妨也。伏冀皇上奋独断之明,早定宸谟,以宏大业,天下幸甚!微臣愚昧之见,是否有当,伏乞皇上圣鉴训示。谨奏。《戊戌变法资料》，第 329～332 页。

请设武备特科折 光绪二十四年正月初八日
高燮曾

奏为议设武备特科，敬陈管见，仰祈圣鉴事。窃臣恭读光绪二十三年十二月二十六日上谕："荣禄奏请设武备特科，参酌中外兵制，造就人才等语，着军机大臣会同兵部议奏。钦此。"仰见皇上整军经武，发愤为雄至意。臣不谙军旅，然蒿目时艰，窃欲贡一得之愚，以备芻荛之采。朝廷准设特科，自与寻常无可迥异，若但较量技勇，即成就可观，不过得一兵之用而止，拟请饬下军机大臣等，详议章程。

始也求之有道，宽其途，严其格，不拘文武，不拘已仕未仕，总以能胜将帅之任为指归。今内外三品以上大员，各举所知，悬五事以为之的：一、娴韬略，兼贯中法西法；二、熟舆地，工测绘；三、练身善击刺；四、习洋枪洋炮及中国擅长火器。此四者阙一不可。五、精制造，创新械。此则于四者之外，别为一格，或专长，或兼长，皆可保荐。其有名实相符者，详其姓名以闻，至京考校合格者，分别给予职官，俾为武备学堂教习，教有成效，准予超擢，由是而教之，方可言矣。

京师设武备学堂，遍及各行省，亦教以上所陈五事，外省两年，报满拔其尤，入京师武备学堂，仍令肄习一年，三年学成，请钦派王大臣，一体考校，分别等第，以便任使。或充各营教习，或充哨官营官，其颖异者，令充出使大臣随员，以广闻见，卓著勋勤，乃升统带，似此条理略具。但使王大臣各疆吏勤勤恳恳，实事求是，勿循情面，勿尚应酬，日渐月摩，必有名将出乎其间。臣管见所及，是否有当，伏乞皇上圣鉴。谨奏。《戊戌变法资料》，第 332 页。

公车上书请变通科举折 光绪二十四年五月
梁启超等

具呈举人梁启超等，为国事危急，由于科举乏才，请特下明诏，将下科乡会试，及此后岁科试，停止八股试帖，推行经济六科，以育人才而御外侮，伏乞代奏事。窃顷者强敌交侵，割地削权，危亡岌岌，人不自保。皇上临轩发叹，天下扼腕殷忧，皆以人才乏绝，无以御侮之故。然尝推求本原，皆由科第不变致之也。

夫近代官人，皆由科举，公卿百执，皆自此出，是神器所由寄，百姓所由托，其政至重也。邑聚千数百童生，擢十数人为生员；省聚万数千生员，而拔百数十人为举人；天下聚数千举人，而拔百数人为进士；复于百数进士，而拔数十人入翰林。此其选之精也。然内政外交，治兵理财，无一能举者，则以科举之试以诗文楷法取士，学非所用，用非所学故也。

凡登第皆当壮艾之年，况当官即为政事所累，婚宦交逼，应接实繁，故待从政而后读书，必无之理，此所以相率为无用之才也，非徒无用而已，又更愚之。二十行省童生数百万，乃皆民之秀也，而试之以割裂搭截枯窘纤小不通之题；学额极隘，百十不得一，则有穷老尽气，终生从事于裂割搭截枯窘纤小侮圣之文，而不暇它及者：是使数百万之秀民皆为弃才也。若为生员，宜可为学矣，则制艺功令，禁用后世书、后世事，于是天下父兄师长，虑子弟之文以驳杂见黜，禁其读书，非徒子史不观，甚且正经不读，既可惰学，又使速化，谁不从之。

至朝殿试临轩重典，亦仅试楷法，或挑破体，故虽为额甚隘，得之甚艰，老宿奇才，亦多黜落，而乳臭之子，没字之碑，粗解庸烂墨调，能为楷法，亦多侥幸登第者，其循资至公卿，可为总裁阅卷，其资浅下者，亦放用考试差，谬种流传，天下同风，故自考官及多士，多有不识汉唐为何朝，贞观为何号者。至于中国之舆地不知，外国之名形不识，更不足责也。其能稍通古今者，郡邑或不得一人，其能通达中外博达政教之故，及有专门之学者益更寡矣。以彼人才，至愚极陋如此，而当官任政如彼，而以当泰西十六之强国，万亿之新学新艺，其所凌弱宰割，拱手受缚，乃其固然也。

乾隆时舒赫德尝请废之矣，礼官泥于旧习，谓举业发明义理，名臣多出其间，千年立国，未尝有害，此似是而非之谬论，亡我国割我地者，皆自此言也。

夫明孔孟之义理，为论体已可，何为试割裂题，以侮圣言，限以八股代言之制，而等于倡优哉？名臣多出其间，可以治国无害者，乃先抑天下于至愚，而用其稍智者治之，此施于一统闭关之世则可，若以较之泰西列国人才，则昔所谓名臣者，亦非有专门之学，通中外之故，不过才局可用，其为愚如故也。且科举之法，非徒愚士大夫无用已也，又并其农工商兵妇女而皆愚而弃之。夫欲富国，必自智其农工商始；欲强其兵，必自智其兵始。泰西民六七岁，必皆入学，识字学算，粗解天文舆地，故其农工商兵妇女，皆知学，皆能阅报。吾之生童，固农工商兵妇女之师也，吾生童无专门之学，故农不知植物，工不知制造，商不知万国物产，兵不知测绘算数，妇女无以助其夫，是皇上抚有四万万有用之民，而弃之无用之地，至兵不能御敌，而农工商不能裕国，岂不大可通哉！

今科举之法，岂惟愚其民，又将上愚王公，自非皇上天亶圣明，不能不假于师学。近支王公，皆学于上书房之师傅，师傅皆出自楷法八股之学，不通古今中外之故，政治专门之业，近支王公，又何从而开其学识，以为议政之地乎？故科举为法之害，莫有重大于兹者。

夫当诸国竞智之时，吾独愚其士人，愚其民，愚其王公，以与智敌，是自掩闭其耳目，断刖其手足，以与乌获离娄搏，岂非自求败亡哉！昔我圣祖仁皇帝已赫然变之矣，然此后复行之而无害者，窃谓当闭关卧治，士民乐业之时，无强敌之比较，无奸宄之生心，虽率由千年，群愚熙熙，固无害也。无如大地忽通，强邻四逼，水涨堤高，专视比较，有一不及，败绩立见，人皆智而我独愚，人皆练而我独闇，岂能立国乎？故言守八股楷法不变者，皆不学之人，便其苟窃科第之私耳。我皇上则以育才造士、任官御侮为主，何爱于割裂枯困空疏之文，方光乌端楷之字，而循庸谬之人，委以神器之重，以自弃其数百万之秀民，而割千万里之地，以亡我三百年祖宗艰难缔构之天下乎？

顷者伏读上谕，举行经制之科，天下咸仰见旁求之盛意矣。而以旧科未去，经制常科，额又甚隘，举人等从田间来，见生童昼夜呫哔，尚诵读割裂搭截庸恶陋劣之文如故，举人等亦未免习写楷法，以备过承策问之用，当时局危急如此，而天下人士为无用之学如彼，岂不可大为忧哉？此非徒多士之无耻，亦有司议例之过，以误我皇上，以亡我中国也。

夫易尚穷变，礼观会通，今臣工频请开中西学堂，皇上频诏有司开京师大学堂矣。然窃观直省生童之为八股以应科举，一邑百名，皆非郡邑教官教之者。盖上以是求，下以是应。昔齐桓服紫，一国皆服紫，楚灵细腰，宫人饿死。皇上抚有四万万之民，倍于欧罗巴全洲十六国之数，有雷霆万钧之力，转移天下之权，举天下之人，而陶冶成才以御侮，兴治在一反掌间耳，奚惮而不为哉？

查经制常科，已由总理各国事务衙门王大臣会同礼部议准颁行。伏乞皇上忧恤国家，哀怜多士，奉圣祖仁皇帝之初制，尽行经制科之条例，断自圣衷，不必令礼官再议，特下明诏宣布天下，令自丁酉戊戌乡会试之后，下科乡会试，停止八股试帖，皆归并经制六科举行。其生童岁科试，以经古场为经制，正场四书文为二场，并废八股试帖体格，天下响风，改视易听，必尽废其呫哔割裂腐烂之文，而从事于经制之学。得此一年讲求，下科人才，必有可观，风化转移，人才不可胜用。皇上挟以复仇雪耻，何所往而不可哉！变法之要，莫过于此，举人等素习举业，并讲楷法，于兵农工商内政外交之学，向未讲求，致外国新法及一切情形，尤所未睹，将来幸被贡举，皇上授官任政不出举人等，既内自惭悚，实恐误国，顷上疼误国，下恤身家，不敢复恋旧习，以徇私便，同声知误，更无异辞。谨合辞上渎，伏乞代奏皇上圣鉴。谨呈。《戊戌变法资料》，第343～346页。

奏请经济岁举归并正科并各省岁科试迅即改试策论折 光绪二十四年五月二十二日 宋伯鲁

掌山东道监察御史臣宋伯鲁跪奏：为请将经济岁举归并正科，并饬各省生童岁科试迅即遵旨改试策论，以重抡才而节縻费，恭折仰祈圣鉴事。窃本月初五日奉上谕，因时文积弊太深，不得不改弦更张，以破拘墟之习。总期体用兼备，人皆勉为通儒等因，钦此。臣伏读之下，仰见皇上天锡勇智，洞鉴积弊之原，力破迂拘之论，千年沉痼一旦扫除，转弱为强，在此一举矣。

臣又读本年正月初七日上谕，有创行经济岁举，在各省学堂挑选高等学生应考，作为经济科举人贡士等语。臣恭绎前后两谕用意，实向持前者，因八股取士相沿既久，未便遽革，故别创一格，以待实学之士，今既毅然廓清积习，改试策论，则与经济岁举所试各项已大略从同，似宜合为一途，以一观听。

臣窃维中国人才衰弱之由，皆缘中西两学不能会通之故，故由科举出身者，于西学辄无所闻知，由学堂出身者，于中学亦茫然不解。夫中学体也，西学用也，无体不立，无用不行，二者相需，缺一不可。今世之学者，非偏于此即偏于彼，徒相水火，难成通才，推原其故，殆颇由取士之法歧而二之也。臣以为未有不通经史而可以言经济者，亦未有不达时务而可谓之正学者，教之之法既无偏倚，则取之之方当无异致，似宜将正科与经济岁举合并为一，皆试策论，论则试经义，附以掌故；策则试时务，兼及专门。泯中西之界限，化新旧之门户，庶体用并举，人多通才。且并两科为一科，省却无数繁费，不然则岁岁举行乡会试，国家财赋断不能支，如承采择，乞将臣所陈交部一并议覆。

抑臣更有请者，新政之行，当如风行草偃，惟速乃成；恭绎谕旨改试策论自下科为始，臣窃思乡会两场试事才竣，自不能不待诸下届；若生童岁科试现正随时按考，既定例下科始改，则现时自仍用旧章，彼生童若不习八股，则无以为应考之地，若仍习之，则明明为已废之制，灼然知其无益，两年之后即行弃置，又何必率天下之生童，极费此两年之力，以从事于此，是令天下无所适从也。臣以为应试之人莫多于生童，故转移风气，必当自生童试始。既奉明诏变弊以厉实学，必使士子用心有所专注，庶学问不致两歧。伏乞再行明降谕旨，除乡会试，自下科为始，改试策论外，其生童岁科试，即查各省学政随按临所至，一经奉到谕旨，立即遵照新章，一律更张，经史时务两者并重，庶学者不必复以帖括分心，得以专力讲求实学，至下科乡会试之时，而才已不可胜用矣。臣为速成人才撙节糜费起见，是否有当？伏乞皇上圣鉴，训示施行，谨奏。《戊戌变法资料》，第347～348页。

遵议开设经济特科折 光绪二十四年正月初六日

总理衙门

奏为遵旨议奏事：光绪二十三年十一月十三日，军机处钞交贵州学政严修奏，请设专科以收实用一折。军机大臣面奉谕者，著总理各国事务衙门会同礼部妥会议具奏，钦此。臣等查该编修原奏所陈各节，大抵以近世士夫，颇多讲求实学，而书院学堂之设，所成就者仅及于少年新进，而耆儒宿学及已经通籍之人，不入院堂肄业，转无由邀朝廷特达之知，因请设经济特科，仿照从前博学鸿词之例，由京官四品以上，外官三品以上，以及各省学政，核实保送，不限京官外官，已仕未仕，一体考试，分别录用。其所拟科立专名、不限额数、试凭保送、严责破资格、筹经费六条办法，筹画亦颇周密。

方今时事多艰，需材孔亟，诚非有破格非常之举，不足亦耸外人之视听，而鼓舞海内之人心。第原奏请设特科，又请设立年限，揆之事理，窃恐难行。夫既曰特科，事固不能岁举，而岁举之例，行之科目，亦断不能概加超擢，与以破格之迁除，朝廷立贤无方，议法必通而后久，非特科无以动一时之耳目，非岁举无以供历久之取求，二者兼资，可分办而不可合办。

查国朝康熙、乾隆年间举博学鸿词，本依据唐人铨目，以网罗海内人材。唐制举博学鸿词者，大抵皆明经、进士、律算诸科有出身人，复经朝官荐送，试之吏部优等，或竟除给舍，若陆贽、韩愈等，皆由此以登清要，当时号为得人。宋沿唐制，所荐送者亦皆已由科目出身，若洪迈、王应麟诸人，皆以进士召举，非布衣所能与也。康熙乾隆年间，意在访求遗逸，故不限布衣及朝官外职，一皆荐送，而一时剡牍山林之数，倍于缙绅，立法因时，各收宏效。其在于今，则宜仿康熙、乾隆年间特科旧制，甄录学堂书院外之人材，准现今科目阶级以登进学堂书院中之髦俊，一为岁举，一为特科，先举特科，次行岁举，庶几桢干不遗，亦且施行有序。

臣等公同商议，其特科拟略宗宋司马光十科，朱子七科之例，以六事合为一科。一曰内政，凡考求方舆险要，郡国利病，民情风俗诸学者隶之；二曰外交，凡考求各国政治，条约公法，律例章程诸学者隶之；三曰理财，凡考求税则、矿产、农功、商务诸学者隶之；四曰经武，凡考求行军布阵，驾驶测量诸学者隶之；五曰格物，凡考求中西算术，声光化电诸学者隶之；六曰考工，凡考求名物象数，制造工程诸学者隶之。

其保送应请如该编修所奏，饬下京官三品以上，外官督抚学政，各举所知，无限疆域，无论人数，悉填姓名籍贯，已仕未仕，并其人何所专长，咨送总理衙门，定期考试。由臣衙门会同礼部奏请试期，钦命题目，简派阅卷大臣，在保和殿试以策论，差次优劣，分别去留。录取者再请殿廷覆试一场，另请简派阅卷大臣，详定等第，以昭郑重。试后由臣衙门会同礼部带引见，应如何量材擢用，或悉照鸿博成案，略与变通鼓舞，出自圣裁，非臣等所敢擅拟，应临时由军机大臣请旨办理。此为特科，或十年而一举，或二十年而一举，统俟特旨，不为常例，此特科议办之大略也。

若设为年限之科，则即以新增讲求算艺各书院学堂为造端之始，每届乡试年，分由各学臣调取各书院各学堂高等生监，乡会试皆以策问试之。初场试专门题，次场试时务题，三场仍试四书文，以端趋向。中式者另为一榜，名曰经济正科，举人贡士，具覆试殿试朝考仍与寻常举人贡士合为一场，同试一题，第于卷面另编字号，不责以楷书，不苛其讹脱，一以学问为高下，自不至屈抑真材，而亦可免诸生之歧视。此为常科，三岁一举，此臣等就该编修所请考试年限，酌与变通之议办大略也。

臣等窃维学问，以磨励而后成，人材以激扬而愈重。察近来风尚，上之所求，与下之所学，精神所注，未尝不并出一途，徒以科举未开，故相需殷而相遇疏，当官每叹乏才，而处士恒嗟不遇，诚使丕焕纶音，广开贤路，风声所树，群士响臻，因风尚以激扬，较之藉激扬以开风尚者，其势弥顺，其成效亦当弥捷。拔十得五，理可预期，惟其间详细章程，或需咨商外省，或需参考旧章，斟酌施行。兹先将大概办法，恭折具陈，如蒙特旨谕允，恭候命下之日，再由臣等分别咨商，拟定详细章程，开列清单，进呈御览，请旨定夺，所有遵议开设经济特科缘由，理合恭折具陈，伏候皇上圣鉴训示遵行。再此次折系总理衙门主稿，会同礼部办理，合并声明。谨奏。《戊戌变法资料》，第404～406页。

奏特科大典请严定滥保处分折 光绪二十四年六月十二日

郑思赞

朝廷创开经济特科，约以六事，由三品以上京堂及督抚学政，各举所知，无论已仕未仕，俱准咨送考试引见，听候擢用。钦奉谕旨，时势多艰，需才孔亟，该大臣等如有平素所深知者，出具切实考语咨送，不得瞻徇情面，徒采虚声，等因钦此。本年正月二十七日奉上谕，国家登进人才，必须言行相符，而后可收实效。况经济一科，系属特设，内外臣工，尤当仰体破格旁求者意，不得以有才无行之人，滥登荐牍，等因钦此。仰见皇上旁求俊彦，慎重精详之至意，钦服莫名。

顾朝廷求才愈殷，而后下之所以应之者愈急，往往轻为荐举，不免博采虚声，受人干求，遂致瞻徇情面，甚且有不肖之徒，藉为进身捷径，贿赂夤缘，皆所不免，以朝廷破格旁求之盛典，而使有才无行之人，滥竽充数，欲广登进之路，适开幸进之门，若非严定滥保处分，何以祛痼弊而儆效尤，查吏部处分则例，原有滥保不实之条，拟请旨饬下京外大臣，保送经济特科人员，经考试引见录用以后，如有言行不符，以及干求贿赂劣迹，一经查出，或被人纠参，除将本员立予罢黜严加惩处外，并将原保之大臣，照滥保匪人之例，交部议处，以示惩儆，庶几真才可得，而特科盛典愈昭郑重矣。《戊戌变法资料》，第447页。

请参酌中外兵制设武备特科片 光绪二十三年十二月二十五日

荣　禄

武备之设，原期得折冲御侮之才。自火器盛行，弓矢已失其利，习非所用，与文科举时文试帖之弊略同，积习之端，未始不由于此。虽经朝廷屡次条奏，皆以格于成例，难议更张。查应试武童，每县少则百余人，多或数百人千人不等，约而计之，县以二百人为率，合计天下数可三四十万。教练成，其利有五：年富力强，无老弱滥竽充数，利一；弓马娴习，教练易成，利二；有志上进，与谋衣食者不同，利三；姓名乡里，有籍可稽，无逃亡之弊，利四；有室有家，散则归农，不至流为盗贼，利五。且近在乡里，养兵之费自轻，此尤胜于召募者。

若每省延聘兼通西法精于操练教习数十人，就地教练，一岁之后，可成精兵，足以充役。二年作为武生，选其材武聪颖者，每省设一武备学堂，挑入学习重学、化学、格致、舆地诸学，分炮队、马队、工程队诸科，限以三年，由各省督抚，详加考试。凡考例优等者，作为武举人，其名数略参科场旧制，分别大省中省小省，各不得逾本省原额十分之五，此为武备特科。其三年一试之武科，暂准照旧举行，但须酌减旧额一半，以期相济为用，试之有效，再将旧制停罢，立将此项特科武举人，咨送京师大学堂，限以三年，由兵部奏请钦派王大臣考试，分别优等者，作为武进士。其名数与常年会试中额,各得其半,仍恭候廷试,各就本科,验其膂力技艺,询以方略,以侍卫守分用。

届时并令各路军营,自哨长以上,均用此项武举人武进士人员充补,俾得效力行间,以备干城之选。似此参酌中外兵制,造就人材,其用至广,其效至速。各国闻此举动,或稍戢其狡焉思启之心,于国事实有裨益,应请饬下廷臣会议,奏请宸断施行。奴才愚昧之见,是否有当?谨附片具陈,伏乞圣鉴。谨奏。《戊戌变法资料》,第461~462页。

总署议覆经济特科并章程折

总理衙门

奏:为遵旨议,覆并议经济特科详细章程,谨缮清单,请旨饬行,恭折仰祈圣鉴事。窃臣衙门会同礼部议覆贵州学政严修请设特科一折。光绪二十四年正月初六日奉上谕,国家造就人才,但期有裨实用,本科不拘一格,该衙门所议特科岁举两途,洵足以开风气而广登进,着照所请其详细章程,仍着该衙门会同礼部妥议具奏,等因钦此。

又浙江巡抚廖寿丰《奏请饬妥议章程以收实效》一折,三月三十日硃批该衙议奏,钦此。

仰见皇上侧席求贤,权衡至当之意,钦佩莫名。臣等详绎廖寿丰原奏,大抵以艺学精邃,非培养不能成材,而科场积弊已深,必须实事求是,酌量变通,始足以激励人才,一洗从前陋习。惟是特科旷典,原所以鼓舞群伦,自非刻日举行,无疑转移士习,所请分别器使诸法,自可行之于既试之后,不必律之于调考之先,至于岁举各节,按照特科六事,径由学堂选举以修身明理绘图知算为根本,以圣谕广训孝经四书朱子小学为入门,酌改制艺,书院为学堂,裁减例章乡、会中额,以互相作息,本末兼赅,实能得古人抡秀书升之遗意。查宋世太学有积分之法,欧洲学堂有卒业之凭,亦并以平时考课,差其甲乙,参稽定论,不恃一日之短长,故得士多而无蹈袭之弊,若仍拘拘试四书文附乡会试则庸滥浮伪,怀挟枪替之弊,诚有如该抚所云:法愈变而弊愈滋者,该特科为风声所树,不妨宽以相求,岁举实培养之基,不可泥于成法。臣等恭聆圣训,但期有裨实用,不敢以前次议办大略在先,稍涉回护,谨议特科章程六条,开列清单,恭呈御览,如蒙俞允,即由臣衙门咨行京外衙门一体遵行,如有未尽事宜,仍当随时奏办。所有遵旨议覆并妥议经济特科详细章程缘由,理合恭折具陈,伏祈皇上圣鉴训示,再正缮折,间准礼部片称本月十二日钦奉上谕乡、会试既改试策论,经济特科亦不外此,自应并为一科考试,以免分歧等因。查乡、会试改试策论,既由礼部议覆经济特科章程,亦应归入礼部议奏折内,一并议奏等语。是以经济特科章程,由臣衙门主稿,会同礼部具奏,经济常科章程应由礼部另行议覆,合并声名,谨奏。

谨将遵议经济特科章程,开单恭呈圣览:

一、严修奏称:凡所保送,均填注姓名籍贯,已仕未仕及其人何所专长。廖寿丰奏称:遵照原奏声名专长,并其人心地操守有无嗜好,出具切实考语各等语。查专门之学以致用为程,取士之方以行己为重。此次特科创设,钦奉谕旨,不得徒采虚声,内外臣工,当明圣意之所在,应责成凡有荐举,无论已仕未仕,务期识拔真才,学问博通,尤必素行廉正,并无嗜好,方准予保,毋许滥行汲引,致开倖进门。

一、廖寿丰奏称:内政外交及理财之农桑,格致之算学,或可命题以试,此外各学非呈验器艺,不足觇其实等语。查专门之业无非本于学问,古人格致之篇,《东官》之册,全书虽佚,大略犹存,今则声光电化,制造工艺诸书,翻译刊行,汗牛充栋。可知得一新理,即能成一新说;创一新术,即可制一新器。士夫伏处岩阿,有志当世,未必不著书制器,以待当事之求。其有著述成编及有器艺可以呈验者,一概随同咨送,以备察验,其由各省船政制造矿冶铁路水师陆军诸局出身者,并将其曾经所著实效,切实声名,咨由大臣办理。

一、严修奏称:词科之例,不以已仕未仕而拘,或布衣而擢检讨,或知县而授编修,道员而手侍读等语。查词科故事,康熙、乾隆时,翰、詹除授已各不同,词科取人与经济科又异,自应参酌成法,略示区别。应请京官自五品以下,外官自四品以下,未仕自举贡、生监以及布衣,一体准其保送。其曾经被议人员,及计典及贪墨败者,查照向章亦准一体保送。

一、廖寿丰奏称:各就所学,分别器使,或令在总署当差,或充教习翻译,或分发各省税关水师陆军船政制造矿冶纺织铁路电报各局差遣委用,或交出使大臣,带赴外洋游历习练等语。查此次举行特科,又已仕未仕之分,已仕者有官阶大小不同,未仕者举贡、生监不等,该抚所拟,势难一概施行。其已有出身之员,如何量材擢用,自应恭候圣裁。其未有出身之员,一经拔取,可否予以出身,发往以上各署局差遣委用,试其实效,再由该管大臣保奏,量予升擢之处,应俟临时由军机大臣,请旨办理。

一、严修原奏:寒士艰于资斧,边省或惮跋涉,请酌分道里远近,量给公车之费等语。查近来举人进京会试,其沿海省份,除例给公车费外,有由藩司酌筹经费,给发轮船印票之例,其腹地边省,不通水道者,亦有宾兴等项名目。此次特科,自应援照成案,一体办理。其遥远省份,应如何酌量从优之处,亦由该督抚设法筹办,以示体恤。

一、查向来殿试,均先期刊印题纸,按人分派。此次特科,钦命策题,自应查照旧章,一律办理。其点名给卷,监场搜检及弥封收掌等官,向请钦派王大臣者,仍请钦派王大臣,向由部院派员办理者,亦由总理衙门会同礼部派员办理。至对策之文,原无定式,特科之举,于古之茂才异等、贤良方正,命意略同,自应准其直摅胸意,不拘字数。查向来殿廷考试,试卷各项不同,殿试散馆,优拔朝考之卷,有直格无直格。贡士朝考,翰林考差之卷,横直均无界格。举人贡士覆试之卷,横直均有界格。校其写之难易,自以覆试卷便于笔墨,可以畅所欲言。现既声明不责以楷法,不苛其讹脱,即照覆试卷式备卷,并多添页数,以备文字较长者,得竟其词。其策文仍于卷首,写"臣对""臣闻",卷尾写"臣谨对"字样。无庸书写策题,并准其添注涂改,点句画段,以清眉目。

制造、驾驶、声光、化电诸学,非从外洋肄习,难语精专,而其人卒业言归,往往于中土文义,未能畅通,设一律试以策论,必致登进无门。拟清量为推广,仍令在京三品以上大员，外省督抚学政，出使各国大臣。凡成就一艺者，确有所知，准其随时保荐，先由臣衙门考验，果系学业有成，堪资利用，再请钦派大臣覆验，详堪得实，即因材器使，予以进身之阶，似此博采宏收，庶片技必庸，而群才争奋矣。《戊戌变法史料》，第228~231页。

特科荐举人员造具清册奏

寿　全、奎　英等

奴寿全、奎瑛、堃岫跪奏：为保送司员、生童备考经济特科，恭折具陈，仰乞圣鉴事。光绪二十七年四月二十七日钦奉慈禧端佑康颐昭豫庄诚寿恭钦献崇熙皇太后懿旨："为政之道，首在得人，况值时局阽危，尤应破格求才，以贤治理，允宜敬遵成宪，照博学宏词科例，开经济特科，本届会试前举行。其有志虑忠纯、规模闳远、学问淹通、洞晓中外时务者，著各部堂官及各省督抚学政出具考语，即行保荐，并着政务处大臣拟定考试章程，请旨办理。等因钦此。又六月初四日，御史陈秉崧奏保荐经济特科请饬破除夤缘积习一折，复奉上谕，着各部院堂官及各督抚学政于保送时，虚心采访，果系物望素孚、确有实学者，方准保奏。等因钦此。

奴等恭读之下，钦佩莫名，仰见朝廷逾格求才，敦崇实学之至意。奴等随将所属官员等慎加体察，细心采访。查有孝陵礼部员外郎荣赏，留心时务，器识宏远；定东陵礼部员外郎庆珍积有实学，才具开展；生员马世正、内务府童生达纯品学廉正，淹通经史，均堪备经济特科之考。伏候命下之日，奴等即将该员、生童等各年貌、履历造具清册，咨送政务处查核办理，所有保送司员生童备考缘由，理合恭折具奏。伏乞皇太后皇上圣鉴，谨奏。《光绪朝硃批奏折》第105辑，第200页。

举荐

奉辞征檄揭子
毛奇龄

月日帖子称，本府上奉宁绍台分巡道宪照布政司来文，凛遵上谕，于康熙十七年月日，吏部咨开征取博学鸿儒，以文词卓越、才藻瑰丽者，召试擢用，备顾问著作之选。谬注姓名（征名系原名奇龄），且令所下县具文敦请。伏读事理，不胜惶汗！

夫天下不崇实学，于今三百年矣！帖括一兴，士之厕身进造者，率以此为科第之阶，空疏揣摩，习矣不察。今天子实心右学，旁求天下博学能文之士，以备顾问，以充著作，仿古制科例，随所荐引，召试擢用，此非聪明天亶，首出群物，何以得此？此虽异世相闻，犹踊跃兴起，以为难得，况身当其时，将以亲预其盛事！而犹趑趄不前，自甘穷老，必非人情。顾事有未可一概论者。

夫上以名求，下以实应，自然之理也；奖引过情，拔十得五，依违之识也。夫既求博学，则苟聪明不如应奉，博记不如张安世，一览能通不如杨愔、陆倕、邢邵、夏侯荣，皆不可漫应是选。而况文章才藻，堪备著作，谁则如潘、陆之荣茂，邹、枚之敏丽，扬雄、司马相如之宏达，贾谊、晁错、董仲舒、匡衡、刘向之昌明博大？而况其下之又下者。夫无潘、陆、马、扬、贾、董、陆倕、邢邵、应奉、夏侯之人，而以应其选，是罔上也。若以为必无是人，而任举一辈以当之，则又过自菲薄，非所以待天下士也。夫尧、舜在上，夔、卨不扬；孝武之世，难为徐、乐。今圣主贤臣呕喻满朝，弓旌所至，吾必以为有超世特达之资、殊尤绝迹之士，可以当殿陛之咨谘、临轩之揆策，方不惜使者封轺，郡县劝驾。而漫蔑及甡，是使天下笑无人也，岂可也哉？

昔唐宋制科，原有宏词、博学、茂才、拔萃诸名，而究其所以应之者，非疏浅庸劣，即荒昧寡学。夫是以重其名，而未尝不惜其实也。岂有皇皇大廷特诏选士，而可仍蹈其辙者？且夫孔融之论孝章，恐其忧疾；韩康之荐隐之，俟其毁忘。甡贫困之久，尝得心疾，偶经劳瘁，间日便发。虽曰驽骀下贱，苟足使伯乐一顾，可增价十倍，然病马弃野，筋敝力耗，终无所用。甡草野学究，不知进退，冒昧辞谢，伏望详察。谨此具揭，须至揭者。《西河集》卷十，《四库全书》第1320册，第70~71页。

再辞征檄揭子
毛奇龄

节奉院司道府诸台宪檄，征取博学鸿儒，以文词卓越、才藻瑰丽者，列名在按。谬注及甡（征名奇龄），已经扶服辞过，具结复去。今蒙驳照，该县原有博学鸿儒速行延请，再及姓名，檄下之日，纸牌木帖，叠促经管。顿首，顿首。

甡本无学，幼时读贾谊疏数过，颇有记忆，而旬日忘之。家无藏书，借读于邑之有书者，后且卖旧所贻书，以给衣米，即《易经》、《左传》、《汉书》、《楚词》、《战国文》诸书俱不留一卷。间借读他史及列代诸有名文集，读一过又不得再三读，其胸中无学，亦已可知。若夫才之庸劣，则见诸撰述，不待问也。

今诸台谬奖及甡，不过谓甡平日曾作诗数章、杂文数十首，谓可以应明诏，当昭代盛典。夫文无妍丑，惟世所好。甡文不为世所好，其好甡文者，则皆其瞎甡者也。夫瞎甡者，不足为据。今诸台虽未尝瞎甡者，而及甡，则必有瞎甡者为之道之。夫爱憎之言可稽乎？倪诸台谓甡能为文，而讥之者谓甡不能，何以解之？且才藻则实不足也。

《传》云"上臣以人事君"，而《汉·盖勋传》谓，"选贤实所以报国"。今圣天子聪明天亶，旷览古今，而在廷诸臣则又皆陆澄博览、王彪多识之选。日者明诏所及，曾答一在京故人下讯中，但及草野倨侮，只堪曳尾已耳，尚未尝以空疏得罪为念。近闻皇上召问，精深奥博，难于对扬。甡生不见两观，足不纳阶陛，引首局步，业已心慑；又加之无学，揣腹记忆，展转溃乱，万一天颜咫尺，奏对失错，此非细故也。

夫有才不荐，犹狐白而反衣之也；荐非其才，是驽骀而题之以乘黄也：二者皆非所以报国。昔者山涛荐士，士无轶才，然犹有陆亮之误，为时所讥；吕正献荐，多名士，然犹以妄荐常秩，为终身引过。何则荐鹗百，不容荐鸮一也？况乎茂才无行，张勃坐削；方正盘辟，何武受责。其有累举主匪浅也！昔者韩退之讥博学宏词试文，谓"偶一诵之，即颜忸怩而心不宁者累月"；宋杨龟山尝云："宏词之试，近乎以文字自炫者。"则是昔有是科，即有是弊。其举不必当，当不必举，已非一日然，但论文字得失已耳。夫文无可凭，退之之忸怩，安知非取之者之色喜者也，独是博学极难？即欧阳永叔善为文章，犹有同时刘攽日调笑其不读书者。谚曰："宁荐布棋，勿荐卢医。"盖日者布棋，休咎未分，故虽谬为荐引，而谴无所施。今之为试文者，稍稍类是。若学则如医者之效疾，苟荐一不当，其谴立见。

甡少丁贫困，中经流离，忧劳过度，心尝怔忡，不特长大问学，了无可稽，即少时记诵，明在心凹。每当疾发，便暗昒瞀贸，浃月累日，展转恍惚，有似狂人，今则病且日作矣。《周官》称"学古入官"，孙卿有云"儒术诚行则天下大而且富"。夫儒术之有裨于国，有益于政事如是。甡虽不肖，岂真无志于国家政事之大？而迟暮锢疾，上之不能如仲尼之对国事，千转万变而不穷；次之不能如邢邵读书，积经史在前，限日读竟，而无所或遗；下之不能如陈烈先生，总无记性，犹能闭户静坐，自观其身心，终不使疾痛稠襹之足以漫撄其智虑，乃徒以心悸魂扰，惛惛翘首之余，妄膺劝驾，是辱国举也。夫既非博学，何有鸿儒？况鲜才藻，兼多疾病。伏乞台下，俯鉴微衷，转文申覆，使甡无冒昧赴举之嫌，诸上台无举非其人之罪。甡伏床把笔，荒乱无序，息喘待命，无任狼狈，敢再具揭，须至揭者。《西河集》卷十，《四库全书》第1320册，第71~73页。

三辞征檄揭子

毛奇龄

日奉县帖，知诸台檄征，不容病辞，且不需府县执结案名，会请遽行照知，此非县文转覆所能达意，因敢冒昧顿首，直揭台下。

凡台下之所以坚持绞急，不肯甡辞者，必以甡之辞为谬漫不可信也。夫世亦诚有欲得而故为辞者，且夫下士贡身不如避人，躁进之有失，反不若退让者之有得，则辞者或即所以为得之之地，故薛戎为李衡所辟，三返始应，世每称巧于用让。而甡则不然。甡本污下，依人乞食，曾无介行之可以自见。又此事虽奉明诏，旁求若渴，然究非山林聘召、安车束帛之比，即强颜固辞，无所明节。且拔茅连茹，荐引满朝，旬日之间，动累十百，即四辈敦趋，仍不过一大科。赴试举子，其见擢与否，全未可定，忺然就之不为多，拂衣去之不为少，曹出曹入，何关进退？若以为必辞而后得，则与甡同辞者，皆业蒙见许，万一甡同在许中，不几已失然，则甡辞之必无虚假，亦可验矣。第甡辞如此，转文如彼，然且台下必持之如是其急者，得毋以甡为果其人耶？

甡幼受书义，颇闲帖括，其在前朝，即能以垂髫之年与老师宿儒争长胶序，然而通不过一经，试不越七艺，穷年矻矻，无暇他及。又且稍为偷惰，则其所为一经者，茫然荒落。往往临比，则第摘其文之可为题者，口诵心记，是亦苦矣。迄于今，犹然漫无所成，而荏苒逮老。至若为文，则偶效八家，间为序记，徒以有类帖括，便于剿袭。初无博闻强记之能、缵圣述明之技，可以窥遗书于壁中，效河汾之著作，乃欲上陈尧、禹，下引龙、离，随五聚之班，记三亡之箧，是欲驱失明者而使之观，策无足者而使之走也。

夫幽兰在谷，人有佩蕙，先施匿形，里多饰色，何则专见者不察也？今里中巨儒未蒙见举，有同举者反听辞去（时同邑来给事以同举听辞），区区一甡，好丑谁辨？且台下奖誉，喜于溢实。昔庞士元，人伦海内，每所称许，必令远过其才，而谢朓推孔闿，谓此人声名未立，不嫌过誉。凡此皆昔贤爱才好士，勤于长养之意，无所或怪。第以甡自揣，有万万不可应者。昔者汉武之世，文学济济，其时之应贤良诏者，每举不下数百，然而今所传者，一则江都，再则平津，其在二人之外，闻者渐罕。今朝廷方春趣举，既秋召试，计所荐列，合不下二三百人，乃其间擢用，多至十一，少不过十一之半，则是进者之数，远不及退者之众。然且退之中，其为才与学，无一不十倍于甡者。况甡又鄙贱，无阶于廷，其在京邑，足迹所不到，在上无布衣之交，在下无回车却扇之雅，或夜光相投，庶蒙物色，以兹沙砾，其谁顾之？昔刘穆之为丹阳尹，有所荐达，不纳则不止，今再三之渎，非所宜然。而甡之孱弱，又必有不足当丹阳之荐者，则其不必妄为连类也明甚。又且贫无资用，此地去京师三千里，一出一入，欲如主父偃久留不能，如买臣之自将计车，以匄口食，则又老不可得，展转旁皇，必至流落。夫以专见之贤，当过情之奖，求之退多进少，万必不一得之遇，而又泰山孤竹，无所依恃，裹衣塞裳，难还本土。恐台下仁爱，定不出此，况达视其所举，台下纵不畏广陵之罚，然举不得当，有累贤达，不可不察也。

夫学不可以强求，病不可以强去，凡甡之所以兢兢致辞者，一则无学，一则有病。无学之人，谄车所不临；多病之门，吉士所不顾。然且必兢兢如是者，诚恐一不见谅，则他日征书之下，重多违复，必有以言之不早为今日罪者。倘必不然，则封诏四出，捷者先登，朝廷纵爱贤，岂真能载此支离偃蹇之物哉？闻之汉代方正之举，有以槃辟雅拜为罪者，夫形模过度，步武过严，尚以为罪，岂有抱衅床蓐，憧憧扰扰，启手足则拜履为艰，延视听则聪明未辨，体执冰炭，心震霆电，而可以趣治行、劝车驾告无罪者也？要之，病于学，病于身，俱不可举。县文病结具在，惟藉慈察。《西河集》卷十，《四库全书》第1320册，第73～75页。

覆谢福建吴观察荐举书

毛奇龄

车骑南行时，正值某吹篪海上，不能随族躬饯，只以奏记托姜京兆寄去，闻闽中壶橐渐广，皆严助、朱翁子开拓之力。虽海滨尚设烽堠，顾长城在彼，定无足虑。特某奔走半生，了无可见，其为四方君子遐弃，亦既多日。近弦绩书来，骤传阁下以新奉上谕，循求天下博学之士，谬荐及某，甚为骇怖。

某久处困诎，甘心蓬草，如麋鹿在野，巨耐絷靮；猨狖入市，不可衣履。故生平奔逃，北极齐宋，而必不敢使误步所至，略近长安，何则都会在前，足未涉而心已惊也？今无论宏才硕学，某实无有，而即欲一至长安，望入云之阙，践如霞之陛，目眩青规，心颤黄屋，使其不瞀乱狂走，鲜矣！

《礼》曰：儒有可珍，必忠信以待举，力行以待取。今实无可举可取之素，而谬膺进献，则忠信不足，何况力行？夫明月之珠，暗投道路，尚虞有按剑相盼者；乃以蜣丸鸠弹之质，光彩不足，粪臭有余，而使之横陈道左，则往来徒旅，且举足而踧弃之耳！此非按剑所可言也。人有絷驽马于市者，终岁不售，孙阳见而偶顾之，初未尝以其马之非驽也，目睫所经，偶一触及，而市之踊其价者，徒至十倍，然而价则高矣，马则终安所用矣？故驽马被售，虽未尝不感孙阳之一顾，而究不能不觳悚于将售之际。何则？以其原不可以售也。况博学之举，实本制科。在汉初，天子亲试，有先后而无得失，而其既有司行事，十取一二，故荐引虽多而被录甚少。今则征车满天下矣，续食而入，万不敌夫，蹴履之出，他日将车不能，都养不可，一出一入，必至流落。且夫朝廷求贤，本属盛典，中外荐举，岂有干请？然以某所闻，名士竞进，藉此营驺，多有挟门状、候涓人，以祈得当者。某素乏知交，并鲜故旧，而偏于阁下有生平之欢，致有此役。昔汉长安令杨兴将荐匡衡，而以史高为车骑将军，荐引亲属，遂谓将军以幕府之尊，天下仰重，而其所举者，乃不过私门宾客，是有狐白裘而反衣之也。今中外征车多蹈此病，而阁下所荐，又复类是。某则已矣，天下其将谓阁下何？蒙弦绩来札，谓三月下旬方能拜疏，征书之下，当在仲夏。此时正可中沮，况海滨戒严，无暇及此。万惟缜慎，幸勿为徐淑所误，而为嵇康所憎。踧踖不具。《西河集》卷十七，《四库全书》第1320册，第136~137页。

上鄂制台

李　颙

明公以国家太平之业，必先于正人心，故思得硕儒，以振起斯民。而又急无其人，不得不礼从隗始，诚吾道之中兴，而生民之大幸也。顾仆实非其人，适以重为斯文之辱。前者三辞不获，靦颜应召，两赴书院，言无可听，行无可取。中夜自思，既负明公下问之诚，兼愧朋友琢磨之益。方欲束身告退，肆力耕耘，忽闻愚贱之名，上尘睿览，惊魂欲坠，俯仰难安，自拜辞抵家，即染寒疾，历久不瘥，遂至右足不仁，艰于步履。夫荐贤者，国家之大典，岂容以废疾之人滥膺宸命哉！况今接对宾客，皆倚杖而行，犹或颠踬，其必不能舞蹈丹墀也，不待问而可知矣。

伏乞明公，格外施仁，代为题覆，使病废之人，得以终安畎亩，则始之终之其恩，皆出于明公矣。若以前疏既上，后难复请，是甚不然。历观前代盛时，凡征辟不就者，皆传为美谈，而诵荐举者之知人，其有出就一职，名实俱丧者，往往取笑于当时，贻讥于后世，此前事之已验。然则明公今日宁传为美谈乎，抑为人讥笑乎？二者，当知所择矣。

又

前书已揭愚衷，而宪台未察，又蒙钧谕下颁。仆抚心自思，实非敢以退让为高，而拂宪台为国家起贤之至意。夫事当权其轻重，而虑其始终。仆今日者废疾家居，负朝廷旁求之意，其罪犹小；异日者名丧实忘，使天下咎宪台无知人之明，且为国典之辱，其罪甚大。不自知耻，应召而行，始之也甚易；以身事主，无忝所学，终之也甚难。故仆宁择其轻，而不敢为其易也。在宪台之意，以为仆虽不能有益于国家，亦不至有负于大典，而以仆计之，则甚不然。窃观古人学真行实，尚受谤于当时，往往困辱其身，况仆草野愚蒙，本无学术，即使之应对殿廷，亦且言无伦次，群起而非之，殆不可以屈指计矣。仆固不足惜，独是宪台明无不照，而为仆一人所累，致有不知人之讥，则虽擢仆之发，又乌足以赎其罪哉！此仆之所以择其轻而辞其重，图其始而即虑其终，非特为仆一身之计，实所以为宪台计、为国家计者，至悉而无以加也。如犹不获所请，即当以死继之，断不敢惜此余生，以为大典之辱也！存没之诚，言尽于此。《二曲集》卷十七，《续修四库全书》第1410册，第252~253页。

辞征

李　颙

颙少失学问，无他技能，徒抱皋鱼之至痛，敢希和靖之高踪。不虞声闻过情，上彻宸聪，部檄地方起送，盖旷典也，颙何人，斯敢辱斯典？若谬不自揆，冒昧奔趋，是借终南作捷径，可鄙孰甚！有士如此，朝廷亦安用之？况颙近因汗后中湿，宿疾顷发，左足麻木，不能步履，岂堪远涉长途，趋走拜舞，对扬丹陛也？伏望矜鉴，特为转达，曲成石隐，使颙不至狼狈道途，自速其毙。佩德颂仁于无穷矣。

又

窃惟朝廷之所以崇幽隐、嘉恬退者，原藉以砥嚣俗、息奔竞也。假令颙康健无恙，犹当仰体朝廷美意，益坚素守终，其身万万不敢出户一步，成朝廷激励廉耻、保全石隐之盛德。矧颙中年早衰，宿病时发，轻则连旬，重则弥月，近又左足不仁，不能动履。若使狼狈长途，性命必且难保，辱盛典而贻口实，非所以昭示天下后世也。历观前代隐逸，凡屡征不起，咸赖当事为之善言题覆，今大宪慷慨倜傥，乐成人美，残疾如颙，必在所矜悯。伏望始终玉成，曲垂保全，录颙前后辞牍，据以达部，免致荐颁敦促之命，益重至再违戾之罪。颙刻骨铭心，终身不敢忘施也。

又

颙前曾两次陈情，意谓业已达部矣，乃犹未蒙矜鉴，督促愈严，惶悚跼蹐，莫知所措。颙外虽有虚名，内原无实学，千破万绽，素鲜寸善，是以审己量力，死不敢谬膺盛典，以伤朝廷知人之明。重以迍邅多病，呻吟床褥，梦幻泡影之身，谅亦非久，缘是百念俱灰，毫无身外之想，又安能以奄奄待尽之息，出逐风尘之苦，自速其毙耶？伏皇特垂洪造，曲赐保全，备录颙前后辞牍，据以达部，庶部中知地方督促之殷，区区辞谢之坚，得以据情具题。误恩不至□降颙也，不材敢忘保全之仁。

又

颙于客岁九月中，因中湿成足疾，不能动履，已具情上控。乃自今岁正二月间，缘去冬所服攻伐之剂过多，冬蕴春发，又增痰火，周身疼痛，彻夜难眠。虽视息无恙，而元气索然，医经屡易药，罔奏功，遂成沉痼，伤心自怜，医邻俱在，岂容假托？恳乞执事，俯怜病躯，据实转申，则颙有生之年，皆戴德之日也。

又

颙本庸谬无似，蒙朝廷过信误荐，垂眷至再，心非木石，宁不悚感。即欲匍匐诣京，一觐天颜，顾病势日甚一日，万难勉强。始则惟患足疾，近又增以痰火，遍身疼痛，度刻如年，耳聩目眩，时常昏晕，疲癃支离之状，难以尽述，疗治百方，卒未见效。因思颙之先人，祖父、伯叔咸以是疾毕命，颙亦何能得久。自去冬卧床，缠绵至今，不扶不动，俨如眠尸。若力疾就程，劳顿致殒，委骸骨于旅次，贻天下之口实，曰朝廷以隐逸待李颙，而李颙为隐不终，扶病趋荣，自速其毙，失朝廷奖恬退、息奔竞之□□。颙死有余辜矣。为此沥血哀鸣。伏愿具情申宪，转吁皇仁，怜颙笃废，容颙养疴，以昭朝廷保全石隐之盛德，未必非大典之一光也。伏枕口占以请，无任激切恳祷之至。

又

颙一介草莽，叨沐温纶，使非废笃，敢不力趋召命？不幸素染风痹，不时举发，今岁增剧，竟致两足不仁。始则跬步难移，继而伏床不起，医药罔效，一息仅存。昨已陈情本县，详达仁天，随蒙宪驳。颙忧惕愈增，即使身膏道途，不几有负盛典，恳祈垂恩，广仁人之施，俯准转达，俾颙跧伏田里，长为尧、舜之民。倘余息获延，世世徼二天之造矣。《二曲集》卷十七，《续修四库全书》第1410册，第253~254页。

与当事论出处

李　颙

伏念颙以韦布之征，有此遭逢，欣感无既，尚何濡迟？惟是扪心惭惧，有不敢冒昧者四，不得不缠缕陈之。

颙幼孤失学，庸谬罔似，只缘浮慕囊哲，以致浪招逐臭，诚所谓纯盗虚声、毫无实诣者也。前督台体朝廷旁求盛怀，误加物色，遂尘宸聪，盖以颙或有微长，可充封菲。而不知颙学不通古今，识不达世务，上之既不足以备顾问，次之又不足以备器使，倘不审己量力，何以仰副当宁，不亦辱朝廷而羞天下之士哉！此其不敢一也。

颙父丧时，遗颙只身，再无次丁，颙母彭氏守寡，鞠颙艰厄，殊常饥寒坎壈，盖不啻出万死而得一生。颙后虽成立，然无一椽寸土之产，资生罔藉，赤贫如故，三旬九食，衣不蔽形。颙母形影相吊，未尝有一日之温饱，竟艰难病亡。亡之日，无以为殓，县令骆钟麟闻而伤之，捐俸具棺，始获襄事，皆颙不能治生之所致也。使彼时稍有意外之遇，颙当如毛义之捧檄而喜，颙母之苦，岂遂如此其凄惨！颙风木之憾，岂遂永抱于终天，令九原不可作矣？昔贤有言，祭之丰，不如养之薄也，杀牛而祭，不若鸡豚之逮亲存也。颙每念及此，未尝不涕泣自伤。今养不逮亲，不孝之罪，终身莫赎。今上方以孝治天下，岂可使不孝之人，妄膺特典，以玷今上之化理耶？昔朱百年之母，以冬月亡，亡之时，身无棉衣，百年每以为痛，遂终身不复衣棉。孙侔早孤事母，志于禄养，未遂，及母病革，自誓终身不仕，后客江淮间，刘敞知扬州，特疏荐闻，召之不赴，既而沉遘、王陶、韩维又连荐之，诏地方起送，终不赴。当时朝廷亦怜其情而曲全之，史策至今传为美谈。颙虽无二子之孝，而心则二子之心，今日之事，颙母既不及见，颙亦何忍远离坟墓，独冒其荣，此其不敢二也。

先儒谓士人之辞受出处，非独其一身之事而已，其出处之得失，乃关风俗之盛衰，故尤不可以不审也。今既以颙为隐逸矣，若以隐而叨荣，则是美官要职可以隐而坐致也，开天下以饰伪之端。其不得志于科目者，必将退而外假高尚之名，内济梯荣之实，人人争以终南作捷径矣。颙虽不肖，实不忍以身作俑，使风俗由颙而坏，此其不敢三也。

颙虽病发草野，实荫息今上化育之中；践土食毛，莫非今上之恩。居恒念可以称报于万一者，惟有提撕人心，劝人改过迁善耳，以故谬不自揆，逢人开导，见颙寒素是甘，以为超然于名利之外，多所信向。今若一旦变操，人必以颙平日讲劝，藉以为直名之地、媒利之阶，转相嗤鄙，灭其向善之念，将来纵千讲万劝，人亦不复信矣。颙亦何由而藉，以默赞今上之化育耶？此其不敢四也。

其他曲折难以遍举。方今高贤大良，济济盈廷，亦何需于颙一人而使之，内违素心，外滋罪戾，恐非所以保全之也。况自古圣帝明王，莫不嘉幽隐、奖恬退，故尧、舜之于巢、许，汤、武之于随、光，西汉之于四皓，东汉之于严光及周党、徐穉，以至宋之陈抟、邵雍、林逋、魏野，元之许谦、刘因、杜本、萧㪺，皆安车蒲轮，屡征不起，从而褒之，以端风化。盖以其道虽未宏，志不可夺，足以立懦夫之骨，息贪竞之风，所谓以无用为用，乃激励廉耻之一大机也。颙昏愚庸陋，懿修固不敢望古人，而绝迹纷华，亦不敢自外于古人。若隐居复出，杜门复开，是负朝廷之深知，翻辱阐幽之盛举，则其为罪大矣！且今上方，比隆三五，超越百王，岂可使盛世无一石隐，以昭风厉乎？颙是以反复思维，沥血剖心，不厌谆恳之渎，非直为身谋，实所以为国谋也。伏望执事矜颙之苦衷，谅颙之非矫，俯赐保全，力为转覆，则曲成之仁，贤于推毂。而颙之顶戴洪慈，更万万矣。《二曲集》卷十八，《续修四库全书》第1410册，第271~272页。

寄子

李　颙

我日抱隐痛，详具《垩室录感》一书，只缘身本奇穷，不能事吾母于生前，满期永栖垩室，晨夕瞻礼供奉，聊事母像于没后，不意为虚名所累，绘弋屡及。倘见逼不已，惟有一死。死后宜怀藏《录感》，殓以粗衣白棺，权厝像侧，三年后方可附葬吾母墓旁。我生为抱憾之人，死为抱憾之鬼，断勿挂纸开吊，轻受亲友之奠，惟望封锁祠宇，勿令闲人出入，以时洒扫，勿断香火，稍有资力，即图葺治，垂戒子孙，虔修时祀。汝事母以孝，待弟以恩，刻意耕读，谨身立德，则汝父为不亡矣。勉之勉之。《二曲集》卷十八，《续修四库全书》第1410册，第272~273页。

答友人
李 颙

自古圣帝明王，莫不待士以礼，即有十征五聘不出者，并未尝强之使出。今上宽仁，远过前代，前番特征隐逸一事，两奉温纶，仆以病废，不能应诏，初未尝令地方逼致。此番博学宏辞之选，仆寡学不文，原非渊雅之彦，又岂忍使之冒昧从事，抱病就征乎？乃经承发檄，严如秋霜，抬床验视，实千古所未有！流闻四方，业已亵国体，而羞天下之士。胥役绳之如囚，官吏立逼起程，仆受逼不过，深不欲生，滴水粒米不入口者五昼夜。犬子号恸，门人悲泣，仆一一遗嘱诀别，幸督台怜仆无罪，容仆归家养疴。数日来，虽饮食稍进，略有生气，然喉中觉有梅核，倘或膈噎之疾，恐难久生于世。归家闭关谢客，一味静养，临行留此，聊以报谢。伏枕口占，不尽欲言。《二曲集》卷十八，《续修四库全书》第1410册，第273页。

李因笃《陈情表》（题拟）
金 农

洪洞李检讨因笃，康熙初膺荐举，以母老家贫，力辞不赴。既被敦促入都，召试入翰林，即上疏乞养，情词恳切。昔人比李令伯之陈情，殆又过之。钮玉樵以为国初两大文字之一。部议以纂《明史》，不允其请。奉旨特准终养。出都之日，士大夫诗文赠送者数百人，海内高之。其疏云：

臣某奏为微臣母老多病，独子万难远离，泣血陈情，吁恩归养事。臣窃惟幼学而壮行者，人臣之盛节；辞荣而乞养者，人子之苦心。故求贤虽有国之经，而教孝实人伦之本。伏蒙皇上敕谕内外诸臣，保举学行兼优之人，比有内阁学士项景襄、李天馥、大理寺少卿张云翼等，旁采虚声，先后以臣因笃姓名联尘荐牍。获奉谕旨，吏部遵行，陕西抚臣促臣应诏赴京。臣自念臣母年逾七十，属岁多病，又缘避寇坠马，左股受伤，昼夜呻吟，久成废疾，困顿床褥，转侧需人。臣止一弟因材，从幼过继于臣叔曾祖家，分奉小宗之祀。臣年四十有九，儿女并无，母子茕茕，相依为命，躬亲扶持，跬步难离。随经具呈哀辞，次第移咨吏部，谓咨内三人，其中称亲援病，恐有推诿之端，一概驳回。窃思已病或可伪言，亲老岂容假借，臣虽极愚不肖，讵忍藉口所生，指为推卸之端？痛思臣母垂暮之年，不幸身婴残疾。臣若贪承恩诏，背母远行，必致倚门倚闾，夙病剧增。况衰龄七十，久困扶床，辇路三千，难通啮指。一旦祷北辰而已远，迥西景以无期，万一有为子所不忍言者，则是毛义之捧檄，不逮其亲；温峤之绝裾，自忘其母。风木之悲何及，缸罍之耻奚偿？即臣永为名教罪人，亏子职而负圣朝，非臣愚之所敢出也。皇上方敬事两宫，聿隆孝治，细如草木，咸被矜容，自能推锡类之仁，推于士庶。宁忍子然母子，饮泣向隅，夺其乌鸟私情，置之仕路？盖阁臣去臣最远，故以虚誉采臣，而不知臣之有老亲也。臣云翼与臣皆秦人，虽所居里闬非远，知臣有老母而不知其既病且衰，委顿支离至于此极也。即部臣推诿之语，概指三人而言，非谓臣当必舍其亲而不之顾也。且臣谫陋，而同时荐臣者皆朝廷大臣，其于君亲出处之义，闻之熟矣。如臣猎名违母，则其始进已乖，不惟渎斁天伦，无颜以对皇上。而循陔负疚，躁进贻讥，厕于荐臣，亦为有靦面目。去岁，台司郡邑骆绎遣臣长行，急若风水。臣趋朝之限，虽迫于戴星，而问寝之私，倍悬于爱日。然呼天莫应，号泣就途，志绪荒迷，如堕云雾，低头转瞬，辄见臣母在前，寝食俱忘，肝肠迸裂，其不可渎官常而干禄位也，明矣！况皇上至孝至仁，以尧舜之道治天下，敦伦厚俗，远迈前朝。而臣甘违离老亲，致伤风化，有臣如此，安所用之？乃臣自抵都以来，屡次具呈具疏，九重严邃，情壅上闻。随于三月初一日，扶病考试，蒙皇上拔之前列，奉旨授臣翰林院检讨，与臣同官，纂修《明史》。闻命悚惶，忝窃非分，念臣衡茅下士，受皇上特达之知，天恩深重，何忍言归？但臣于去秋入京，奄更十月，数接家信，云臣母自臣远离膝下，哀痛弥侵，昼夜思臣，流涕无已，双目昏眊，垂至失明。臣仰图报君，俯迫念母，欲留不可，欲去不能，瞻望阙廷，进退维谷。乃于五月二十一日，具呈吏部，未蒙代题。臣孺切下情，惟有哀祈君父。查见行事例，凡在京官员，门无以次人丁，听其终养。臣身为独子，与例相符。伏愿皇上特沛恩慈，许臣遄归，扶养其母，叨沐圣泽，以终天年。臣母残病余生，统由再造，不惟臣母子衔环镂骨，誓竭毕生，而报国方长，策名有日，益图力酬知遇，务展涓埃矣。臣无任激切待命之至，缘系陈情事理，字都逾格，贴皇难尽，统祈鉴宥施行。金农《熙朝新语》卷三，上海古籍书店1983年影印道光4年刻本；钮琇撰，南炳文等校点《觚賸》卷六，上海古籍出版社1986年，第104~106页。

与李湘北书

顾炎武

关中布衣李君因笃顷承大疏荐扬，既征好士之忱，尤羡拔尤之鉴。但此君母老且病，独子无依，一奉鹤书，相看哽咽，虽趋朝之义已迫于戴星，而问寝之私倍悬于爱日。况年逾七十，久困扶床，路隔三千，难通啮指，一旦祷北辰而不验，回西景以无期，则缾罍之耻奚偿，风木之悲何及！昔者令伯奏其愚诚，晋朝听许；元直指其方寸，汉主遣行。求贤虽有国之经，教孝实人伦之本。是用遡风即路，沥血叩阍。伏惟执事弘锡类之仁，悯向隅之泣，俯赐吹嘘，仰缴俞允，俾得归供菽水，入侍刀圭，则自此一日之斑衣，即终身之结草矣。若炎武者，黄冠蒯履，久从方外之踪，齿豁目盲，已在废人之数，而以生平昆弟之交，理难坐视，辄敢通书辇下，布其区区。顾炎武著，华忱之点校《亭林诗文集》卷三，中华书局1983年，第50页。

与叶讱庵书
顾炎武

去冬韩元少书来,言曾欲与执事荐及鄙人,已而中止。顷闻史局中复有物色及之者。无论昏耄之资,不能黾勉从事,而执事同里人也,一生怀抱,敢不直陈之左右。先妣未嫁过门,养姑抱嗣,为吴中第一奇节,蒙朝廷旌表。国亡绝粒,以女子而蹈首阳之烈。临终遗命,有"无仕异代"之言,载于志状,故人人可出而炎武必不可出矣。《记》曰:"将贻父母令名,必果;将贻父母羞辱,必不果。"七十老翁何所求?正欠一死!若必相逼,则以身殉之矣!一死而先妣之大节愈彰于天下,使不类之子得附以成名,此亦人生难得之遭逢也。谨此奉闻。顾炎武著,华忱之点校《亭林诗文集》卷三,中华书局1983年,第53页。

答李子德
顾炎武

戴凤回,接二札,甚慰。愚所寄曲周书尚未到,可遣人索之王中翰名郧字文益处。老弟虽上令伯之章,以吾度之,未必见听。昔朱子谓陆放翁能太高,迹太近,恐为有力者所牵挽,不得全其志节,正老弟今日之谓矣。但与时消息,自今以往,别有机权,公事之余,尤望学《易》。吾弟行年四十九矣,何必待之明岁哉!更希余光下被,俾暮年迂叟得自遂于天空海阔之间,尤为知己之爱。梨洲、晚村,一代豪杰之胤,朽人不敢比也。自洺上至壶口,适别驾李君家有人北上,附此申候。既足与小儿衍生托允塞兄(衍生注:名弘辉,王山史弟。)炤管,今山史已归,可无西顾之虑。目下将往汾阳,借王中翰郊园度暑,距祁不里,便于遣人往来。所论再入都门,因荐局未冷,稍欲自重。必不得已,乃为此行,亦须借一名色,容俟续报。次耕叨陪同事,愿加提挈。昨有札来问吾史事,语以昏耄善忘,一切不记。同榜之中相识几半,其知契者,愚山(衍生注:施闰章)、荆岘(汤斌)、钝庵(王琬)、竹垞(朱彝尊)、志伊(吴任臣)、阮怀(高咏)、荪友(严绳孙),以目病不能多作字,旅次又无人代笔,祈为道念。顾炎武著,华忱之点校《亭林诗文集》卷四,中华书局1983年,第74~75页。

答子德书
顾炎武

接读来诗,弥增愧侧,名言在兹,不啻口出,古人有之。然使足下蒙朋党之讥,而老夫受虚名之祸,未必不由于此也。韩伯休不欲女子知名,足下乃欲播吾名于士大夫,其去昔贤之见,何其远乎?"人相忘于道术,鱼相忘于江湖",若每作一诗,辄相褒诵,是昔人标榜之习，而大雅君子所弗为也。愿老弟自今以往，不复挂朽人于笔舌之间，则所以全之者大矣。先姚当年大节，焰耀三吴，读行状之文，有为之下泣者，老弟亦已见之矣。他人可出而不孝必不可出，老弟其未之思耶？昔年对孝感之言，老弟尝述以告关中之人矣，平生之言，岂今日而忘之邪？若果有此举，老弟宜力为我设沮止之策，并驰书见示，勿使一时仓卒，而计出于无聊也。至于敝乡之人有微词不可者，此如张南溟之于马右实，乃莫大之恩人，而老弟又断断与之争，岂非又一右实邪？关中人述周制府（衍生注：字彝初）之言曰："天生自欲赴召可尔，何又力劝中孚，至谇之以利害，殆是蘧伯玉耻独为君子之意。"窃谓足下身蹑青云，当为保全故交之计，而必援之使同乎已，非败其晚节，则必夭其天年矣。《易》："君子之道，或出或处，二人同心，其利断金。"吾于老弟乎望之！顾炎武著，华忱之点校《亭林诗文集》卷四，中华书局1983年版，第75～76页。

答次耕书

顾炎武

来书北山南史一联，语简情至，读而悲之。既已不可谏矣，处此之时，惟退惟拙，可以免患。吾行年已迈，阅世颇深，谨以此二字为赠。子德书来云："顷闻将特聘先生，外有两人。"此语未审虚实？吾弟可为诇之，速寄字来。关中人述周总督之言曰："天生自欲赴召可耳，何又必劝中孚，至谇之以利害，而强之同出，殆是蘧伯玉耻独为君子之意。"《易》："君子之道，或出或处，二人同心，其利断金。"彼前与我书，有勿遽割席之语，若然，正当多方调护，使得遂其鱼鸟之性耳，岂可逆虑我之有言，而迫以降志辱身哉！况鄙人情事与他人不同。先姚以三吴奇节，蒙恩旌表，一闻国难，不食而终，临没丁宁，有无仕异朝之训。辛亥之夏，孝感特柬相招，欲吾佐之修史，我答以果有此命，非死则逃。原一在坐与闻，都人士亦颇有传之者。耿耿此心，终始不变！幸以此语白之知交。至于《当归》一诗，已焚稿矣。五月望黎城一札想到，是月之末，遂至西河。不意司马刘君到任甫一月，而已闭门乞休，可谓达者。其子进士君子端执弟子之礼，迎我入署，或当少留，以听消息。吾弟有书但付提塘，封入汾府报内，并示现寓何所，以便直达。原一兄弟何时入京？亦可及之。前字中劝我无入都门及定卜华下，甚感此意，回环中腑，何日忘之！彼地有旧临淄杨君（衍生注：名端本，子树滋，号函东。华阴人。）与我新交，似在李、王之上。但衍生质钝，未知能读书否？以此尚未结婚。既足亦欲执经北面，吾以西席在先，须俟行时方受此礼。今欲留之关内，而身一为淮上之行，以竣《五书》之刻。然资斧缺乏，未卜早晚，统俟嗣音悉之。顾炎武著，华忱之点校《亭林诗文集》卷四，中华书局1983年，第77～78页。

与次耕书

顾炎武

于天空海阔之中,一旦为畜樊之雏,既已不可谏矣。虽然,无变而度,无易而虑,古人于远别之时,而依风巢枝,勤勤致意,愿子之勿忘也。昔日欲糊口四方,非炫其才华不可,今日当思中材而涉末流之戒,处锌守拙。鲍照为文,常多累句,务令声名渐减,物缘渐疏,则不至为龚生之夭天年矣。若夫不入权门,不居闲公事,是又不待老夫之灌灌也。吾之行止,悉如前札所言。今已尽取安德书装西人壶口。吾弟见人不妨说吾将至都下,盖此时情事,不得不以逆旅为家,而燕市中亦逆旅之一,非有所干也。若块处关中,必为当局所招致而受其笼络,又岂能全其志哉!今在晋中固为□然□书思之,反是一途耳。顾炎武著,华忱之点校《亭林诗文集》卷四,中华书局1983年,第79页。

与李中孚书

顾炎武

先生已知蠡屋之为危地,而必为是行,脱一旦有意外之警,居则不安,避则无地,有焚巢丧牛之凶,而无需沙出穴之利,先生将若之何?至云置死生于度外,鄙意未以为然。天下之事,有杀身以成仁者,有可以死,可以无死,而死之不足以成我仁者。子曰:"吾未见蹈仁而死者也。"圣人何以能不蹈仁而死?时止则止,时行则行,而不胶于一。孟子曰:"大人者言不必信,行不必果。"于是有受免死之周,食嗟来之谢,而古人不以为非也。使必斤斤焉避其小嫌,全其小节,他日事变之来,不能尽如吾料,苟执一不移,则为苟息之忠,尾生之信,不然,或至并其斤斤者而失之,非所望于通人矣。承惓惓相爱之切,故复为此忠告,别有札与宪尼,嘱其恳留先生也。顾炎武著,华忱之点校《亭林诗文集》卷四,中华书局1983年,第82页。

上兵部尚书王公书

汪懋麟

懋麟稽颡再拜,谨奉书大司马王公阁下。懋麟淮南贱士也,濡迹下寮,不敢饰名希进,初辱太公知,与阁下采一言之得,收之门墙,赐以教督,因得望见履舄,顾未遑执经请闲,就问于左右,舒所欲陈。前年冬,复事趋走,辱召赐酒食,因得恭承训诲,退而矜喜,辄用自壮。懋麟虽才识短浅,窃有志当世,顾备驱策。顾亲闱老矣,势不敢去膝下,遂归田亩,求鱼菽之养,不意中道衔哀,此意莫遂。自悔奔走跋涉,不常乎亲之侧,以贻没身之痛,已不得为人,日唯蒙首居庐,不敢望齿于当代贤人君子,而又何有非分之望哉!

今天子下明诏举文学，阁下不遗菲菲，采及懋麟，列名入告。闻之惶焉，莫知所云。天下之才多矣，出阁下之门与先后作属吏者，无虑数百辈，而独取至愚极陋平庸疏贱之士，不知为惧为愧与为感也！夫以人事君，大臣之道，然必熟察焉而无疑。向以文字侍坐侧，数刻之顷尔，未尝有所论说于前，知鄙材之果足于用。晋人云，"其貌济，其言匿；其言济，其实匿。"若懋麟者，言与实交匿尔。以言实交匿之人，毅然不疑，拔之众人之外，安得不惧深为愧，愧深为感也？闻命义当竭厥就道，叩副期勉，但服制未终，两丧未葬，以此夙夜愁痛，疚心疾首，若竟衰裳入朝，希心荣进，恐负大君子知人之明，并累国家慎选人材之意。《礼》：子有父母之丧，君命三年不过其门，所以教孝也。《记》曰：君子不夺人之亲。况非金革之事，敢悖礼以利乎？懋麟以此彷徨终夜，违诏旨，辜盛德，滋惧。冀大人先生怜其不得已之情，而察此心勤勤欲报者。尚自有日，使得终小人之丧，毕先人之丘墓，然后归报于下，执事则成我之恩，甚于知我矣！

顷已具状，本省巡抚恳其代题，谨布区区之怀于阁下，伏冀望垂察，黩冒威尊，临书惶悚。汪懋麟《百尺梧桐阁集》卷一，《四库全书存目丛书》第241册，第669~670页。

上工部尚书陈公书

汪懋麟

懋麟稽颡再拜，谨奉书大司空陈公阁下。春初，伏读诏旨，知朝廷广搜文学之士，用备顾问著作之选，四海欣欣拭目，以贺得人。继览诸公卿荐疏，暨中外所举被征者若干人，不才如懋麟，亦重辱阁下与大司马王公之知，疏名入告，不谋而同。踟躇羞惧者累日，即拟斋沐，奉书两阁下，具述所以不敢赴召之意。

二月中，闻阁下有太公之丧，不敢即通重念。懋麟无状，平昔侍阁下侧最疏，乃荷不罪，更目以非常，不敢忘束刍负局，匍匐越疆，吊哭于太公之堂。时闻阁下将归，只候四十余日，冀得一面，奉慰孝思，即述区区之怀。又闻舟楫多阻，粮尽而归，唯垂察幸甚！懋麟之不即赴召也，大旨不过两言，谓不敢忍之情与不敢信之隐。

父母之丧，不容假借，此礼之不必要言者。窃近代以来，夺情起复，号称才能，始犹大吏，近及有司见于弹奏，挂于部议者累累，犹腼不知耻。懋麟忍复蹈此耶？夺情之事，古亦有之，必将相大臣身系国家之重。如晁错父死旬日，以御史大夫调兵食翟方进，后母死三十六日，复起治丞相事。房玄龄、苏颋、张九龄、寇准诸贤皆帷幄侍从，虽欲终之而不可得者，岂后世久营禄位者比哉！阁下受恩两朝，身任司空，当四方用武之日，戈甲器用，一切取办于俄顷，上方亲为简任，责不可谓不重，任不可谓不专。而朝廷必听阁下之归，而不夺以非礼者，诚以此礼之不当夺，而亦知阁下之必不可夺也。且近日夺情之事，多见于外吏，不见于京朝，是礼法廉耻犹在乎此也。懋麟纵不肖，忝窃近禁有年，顾忍蒙面自欺，托诏旨以希荣遇邪？所谓不敢忍之情者，此也。

凡人之才力，贵乎自审，伪托以欺世，不可也，况欺君父乎！今皇上孜孜好学，求贤自辅，所望甚厚，所资甚远，必如诏旨所云"学问渊通，文藻瑰丽"，乃谓称旨。则古今几人从来被征，卓然见于史册者，亦寥寥矣！如东汉先后征周党、王良、樊英、徐淑诸人，不过布被瓦器以名高，卒无奇谋深策，一时失望，见讥于范升、张楷、左雄之徒。唐开元初，因选叙太滥，县令非才，召策殿廷，惟甄城令韦济词理第一，余二百人不入第，且令之官四十五人放归学问，此往事之可笑者也。唯元世祖征处士刘因，天资绝人，日记千百言，过目成诵，留心经学，不事训诂，拜右赞善大夫。当今日求如因者，不敢谓无其人，然岂遂若是之多乎？倘不自揣度，因缘窃附，一旦放归学问，何其往来屑屑不惮烦也？所谓不敢信之隐者，此也。

　　阁下知懋麟，懋麟不敢负，亦窃谓必如此，庶不负阁下之知，辱朝廷之诏。用自策励，读书进德，报国家以谢知己，实他日事也，今不敢遽必耳！炎暑方盛，伏唯孝履，善保尊重，临书惶悚。汪懋麟《百尺梧桐阁集》卷一，《四库全书存目丛书》第241册，第670～671页。

再上王公书

汪懋麟

　　懋麟伏读大疏，谬辱弘奖，恐惶无地，自念趋走一官九载，顽钝无状，本无一善足禄之人，一旦获邀大贤之举，不可谓非毕生厚幸也！今年闰三月，曾具书报谢，辄不自揣度，敢述硁硁之私，方惧违背明诏，辜负盛德，乃具状吏部，代题得请，因延喘里门，经营两先人窀穸，魂魄稍安矣。夏秋之交，遂尔病热，辗转三月，幸免仓皇道途，得全余生，为幸固已多矣。

　　季冬之初，闻太公弃养，心窃惊疑，谓道体素康强善饭，未应至是。又数日，凶讳果然，拊心酷痛，一代文献所系实大，海内嗟悼，宁止私恩？生刍之谊，昔人所重，限在疆域，毋由哀临。乃为位北向，洒洒陈词，特书一通，献之灵宇，鄙朴之言，止写其真，不文非所计也。伏念阁下身系社稷之重，又当国家用兵之际，谟谋帷幄，势不可一日去朝廷。闻阁部寮属，欲合疏请留，复以大义坚辞，在阁下自处诚得矣，如中外属望何也？

　　懋麟本庸材，辱阁下与大司空陈公知，实谓非分。而司空公既以忧去，阁下又相继谢政，是两大君子与不肖懋麟，俱麻衣相吊，若时会使然，又能无慨然乎？天气严寒特甚，伏惟孝履，善保尊重，即所以为天下之重也。临书悚骇。汪懋麟《百尺梧桐阁集》卷一，《四库全书存目丛书》第241册，第672页。

与陈介眉庶常书戊午

黄宗羲

　　吾兄与国雯书见及，言都下诸公，欲以不肖姓名尘之荐牍，叶讱庵先生且于经筵御前面奏，其后讱庵移文吏部，吾兄力止。始闻之而骇已，喟然而叹，且喜兄之知我也。

某幼离党祸，废书者五年，二十一岁始学为科举，思欲以章句扬于当时，委弃方幅典诰之书而不视。年近四十，暮逢丧乱，负母流离，退栖陋室，与百姓杂处。又焉得有奇闻异见，下逮于农琐哉？是空疏不学，未有甚于某者也！

今朝廷命举博学宏儒，以备顾问，此为何等谓之博学？吾意临平石鼓，青州墓刻，有一事之不知，即其罪矣；谓之宏儒，慎、墨得进其谈，惠、邓敢窜其察，即其罪矣！故非万人之英，不能居此至美之名也。即以前代博学宏辞科而论，以真德秀处之，尚曰宏而不博；以留元刚处之，尚曰博而不宏。王应麟欲举是科，乃于制度典故，考索殆遍。今之《玉海》，其稿本也。见成《玉海》，其尚未一过，况《玉海》所本，馆阁万卷，纂要钩玄，取诸胸怀乎！乃如之人，而欲当是选，是引里母田妇，而坐之于平王之孙、卫侯之妻之列也。胡能不骇？

从来士之求知者多矣，往往觌面而无所遇合。以昌黎之贤，光范门下，三上书而不报。故投行卷、展坐席者，非危苦之词不道，非夸大之论不陈。揖洗割肉，破琴持帚，穿屦而行雪中，百方以搏巨公一日之知。然且有得有不得。某于讱庵未尝有一面之雅、尺素之通。前岁观海于海盐，遇彭骏孙，言讱庵使之问学。去岁正月，读所赠董在中诗，其间称许过当。今又云云，其何以得此于讱庵哉？夫讱庵之留心人物如此，向若得道弸艺襮之士而与之，则可以为天下贺矣！无如某，仅一怨粻之细民也。辜负讱庵，此某之所以叹也。

某年近七十，不学而衰，稍涉人事，便如行雾露中。老母年登九十，子妇死丧略尽，家近山海，兵声不时撼动，尘起镝鸣，则扶持遁命。二十年以来，不敢妄渡钱塘，渡亦不敢一月留也。母子相依，以延漏刻，若复使之待诏金马，魏野所谓断送老头皮也。嗟乎！人之相知，贵相知心。王阳在位，贡禹弹冠；戴逵逃吴，张玄止召。古人或出或处，未尝不藉友朋之力。不然，则山、嵇、魏、谢，徒以富贵为市耳！非兄知我，何以有是乎？

讱庵先生处，意欲通书，然草野而通书朝贵，非分所互。陈履常云："公他日成功谢事，幅巾东归，某当御欸段，乘下泽，候公于上东门外。"此其例也。

此四月所寄书也。其后见掌院魏庸斋先生《与许海昌书》云："黄先生学贯天人，诸公物色之者颇众，因其年高，未敢轻动。"泉石萧介石先生往见李邺园制台，泛论其中人物。制台云："初意欲举黄先生，渠母老不可出，故不强之。"某于诸公皆未尝一面而见，知如此所谓君子爱人以德也。附记于此，以志感激。《南雷文案》卷三，《四部丛刊》本。

上大司农梁公辞征召书

徐釚

某载拜。前三月十六日见邸抄，知不肖某以博学宏词与曹溶等七十五人，同被荐举于朝。某惊惧不知所出，随于闰三月十五日接老师手谕云："当宁求才，不佞以足下入告，倘蒙睿鉴赏拔，可不负夙昔所学，不佞亦获尽以人事君之谊。"某跪读之，涕泗感激。

嗟乎！昔韩昌黎一代大儒，犹三上宰相书，以冀君相之长养乐育，惴惴焉唯恐不得是惧。某何人，斯顾邀旷代之典，以草茅姓名达诸天子，谬应旁求之诏，岂非遭逢千载毕生希觏哉！于是贺者交至，督抚郡县，檄催就道。然某有所逡巡，而未敢即奉明诏者，以孱弱之躯久撄痼疾，委顿支离，不胜车马。谨列状上之郡县，恳求督抚咨部，而区区愚忱，敢为老师悉布之。

某自幼读书，先君子以老诸生数困场屋，日望不肖博一第，故易箦之日，犹拳拳以专攻制举业相勉，困久不得志于司，乃拔例入国子监，虽抑塞被放，尚欲侥倖制科，以慰先人地下。今即应荐辟，有违先人授书遗经之意，此其不可就者一也。圣主好文，在廷所举，皆金钟玉镛、西清东阁之选。某以荒陋小儒，滥厕其间，譬犹山鸡野雉与孔翠威凤争斗毛羽，未有不震慄自丧者，万一召对阙庭，语言失措，文辞芜谬，不几羞朝廷而辱知己哉！此其不可就者二也。某家固贫约，患难以来，旧巢为有力者所毁，率妻孥转徙赁屋以居，先人荒槻尚留潜土，中夜长号，抷心椎血。今以笔墨糊口四方，亟谋馆谷，以为营葬之具；一旦待诏承明，羁身阙下，未便即时告假，致令先人骸骨暴露中野，徒增不孝之罪。此其不可就者三也。前代以来，制科之重久矣，虽圣主立贤无方，而在廷诸臣决不容以他途进。今使布衣儒素出入铜龙，违祖宗之成宪，而开天下倖进之门。此其不可就者四也。某素质愚憨，不能因人俯仰，而野性未驯，动触忌讳，必至吹毛索瘢，以供众口揶揄，此其不可就者五也。以是数者，某故彷徨于进退出处之间，加以犬马婴疾，奔走炎歊，势将渴死道途，反负老师一片怜才至意，故敢坚志控辞。惟望鉴其愚诚，不加督责，使他年得以随例应试，固足仰报国恩。即至终身数奇，与田夫野老腰镰荷笠，鼓腹击壤，勒成一书，咏歌圣泽，亦不失为盛世之逸民也。敬布腹心，伏祈垂察。徐钪《南州草堂集》卷二十四，《续修四库全书》第1415册，第396～397页。

辞荐举呈词 康熙戊午三月

范鄗鼎

为遵例陈情，恳祈申转题请事。窃以士人读书学古，孰不欲得君而事，上者思想展经纶之略，次之期遂功名之志；即极愚不肖，亦愿效犬马，希升斗，图温饱，皆人情也。至不得已而职当家食，循例养亲，一旦征聘特及，无论贤智愚不肖，皆欲乘时利见，以应额外之殊遇，尤人情也。

鼎非木石，岂有殊情？鼎于康熙六年成进士，康熙十三年奉部文截取，因母年近八十，既奉有终养之旨，于今四年，忽蒙票催入京，云系都门大人特荐。夫荐举者，岂不知鼎既列终养，不宜出仕？或以鼎山居有日，仿先儒补缀圣贤遗书之意，年来小刻，颇多流传。兼以终养一事，人各不同：有因亲偶病而终养，亲病既愈而可以不终养者；有户内虽无以次人丁，而姻娅寄托，可以不终养者；有亲身虽老，而心犹明是非、知休咎，告以国而忘家之大义，凛以普天率土之定分，而可以不终养者。数者之中，鼎必有一焉，故荐及于鼎，在大人先生推贤让能，以人事君之雅意则然；若鼎自揣，则实有不能趋召者。鼎母年几耄期，无病犹病，手足动摇，起卧反侧，诸姑伯姊，九族渺矣，母党妻党，四顾阒然。告母以大义，褎如充耳，惧母以定分，听我藐藐，止知呼儿念儿，昼夜食息呼儿，言及儿行，叫不绝口，食不下咽，目不交睫，魂不附体，过路闻者，罔有不尽伤心，况鼎系骨肉，何以为情？若睹此情而恝然长往，佯若不闻，是内欺心矣！宁之不与朝廷闻，是上欺君矣！破终养之例，行欺罔之私，皆顾复之恩，贻士林之讥。如此等学，如此等行，真不可一日立于天地之间，与我皇上学行兼优之诏，万无一合。而冒昧从事，则是鼎一人而玷国典也。一人不足惜，国典诚当重。故不得不据实上呈，恳祈转申题请，鼎不胜激切恳祷之至。

又

为旧疾重发，万难起程事。闰三月十四日，蒙票催上京，以应荐举。鼎系终养，钦遵在案，理宜呈明候详，随即具呈，已蒙申转，候详间。本月十一日，旧疾陡发，两眼昏黑，手足麻木，不能动移。此疾始于康熙三年，失误殿试，至康熙六年，布政司起文，应补殿试，已将病原呈明，部案存照。迩来感暑便发，惟今年为甚，延医调治未愈，寸步难行，恐误部文所限日期，为此再呈。恳乞俯审医生，速赐申转。上呈。

又 投各上台衙门

呈为病势万难支持，遵例哀吁，恳祈恩赐申救，以全国家求贤之盛典，以存草茅无用之蚁命事。

鼎原系候选知县，终养在案，辱叨荐举，荣出望外。不意福薄病生，本年四月，旧病陡发，两目昏黑，至六月变成手足疼颤之症，身体如石，不能辗转，延医调治不愈。既蒙县主亲临验明，取有邻佑医生甘结在案，又蒙抚台以病患果真，但不支持而往等语，因行题参。部覆奉有作速起送，以副求贤至意之旨，钦此钦遵。功令森严，敢不自爱？奈病势日甚，万难支持。县主累奉宪檄催促，胥吏喧哗，难以形容，日夜逼迫，梦魂惧怖。鼎不足齿，但恐有负圣天子求贤至意，况给假告病，昭昭律例。鼎即见叨卑职尚，当速乞骸骨，不致失误公事。为此恳祈公祖大人，上全求贤之盛典，下恤无用之蚁命，念鼎病难支持，慨准告病之例。移文抚台，恩赐申转，鼎不胜二天之戴。上呈。

三词纯挚中出以凄凉，较李令伯《陈情表》，更为动人。阁攉识。

按，羽檄守催，十有三次。一云："如有推避不去，亦即指名开报，以凭转报题参。"一云："奉旨行取之员，未便推诿，又硃批三字'立等行'。"一云："前往平阳府，守取范宦起程日期，定限五日内，星速驰赍，立等转报。如迟，即带经承回话，差役违限，定行革责，不恕。"一云："明属假捏推诿，自应咨报内部，以听查参。但题荐非止一人，诚恐再有托故推诿。"一云："虽据该司府县，详称病症卧榻等语，但系题荐，令其来京人员，相应咨回该抚，速行给文照限来京，如再推避，逾限不来，该抚即行题参。"一云："无论病症，即速催促前来，具详呈报，如再推避迟延，定行题参。"一云："仰候题参缴，奉旨：范鄗鼎既经荐举，该抚作速起送来京，以副朕求贤至意。"一云："若似前徇情不行催速者，定将该府县职名揭参，不贷。"一云："朝廷为国求贤，若饥若渴，此皆从古帝王之盛节也。虽有道贤人，不随玉牒而至，而使聘至三，古圣亦有幡然之改，政未可以烟霞疾痼，而薄视君恩也。今本宦奉檄屡催，俱以病势危笃为辞，但迁延已及半载，岂真尚未小愈，况巢、许可一而不可再，虚声亦非处士之宜，谅本宦计必筹之熟矣。此必该县敦请之未专，抑本府奉行之不力也。迄今又奉抚藩两宪严檄，万难再缓。为此仰县官吏，即便亲诣范宦本宅，速催起程赴府，立等转送赴部，勿得仍以患病申请，庶不负圣天子求贤之诏，用光盛典，以副名实，行见天下皆想望其风采矣。该县即以本府之言，善勉之可也。慎速慎速。"一云："该府县慎慎勿执意代饰，自甘罪戾。"一云："即查曾否病愈，如病稍痊，速令起程。"一云："经承藐视法纪，姑再马上飞催。"

按，催促如此，伯父终不能起，幸蒙宽宥，以完终养。此等际遇，千古一时。

再按，吴门顾宁人先生日记大略曰："本朝荐举大典，应运而起者，固不乏人。尚有烟霞之士，迫于催请，多在路途告病。至始终不起者，山西范公鄗鼎、山西李公颙、江西魏公禧、浙江应公㧑谦，四人而已，商山四皓，于今复见。"侄□议。范鄗鼎《五经堂文集》卷一，《四库全书存目全书》集部第242册，第3～5页。

丙辰词科举目（题拟）

杭世骏

明诏既下，首讫凡四年，合内外所举凡二百六十七人，重荐者六人。

宗人府左宗正多罗慎郡王举三人：

试用浙江曹娥场监场大使易宗瀛，湖南湘乡县人；原任官库笔贴式李锴，正黄旗汉军人；景陵八品茶上人长住，正白旗包衣汉军人。

太子太傅文华殿大学士兼吏部尚书朱轼举四人：

原任刑部员外郎降补太常寺典簿潘安礼，江西南城人，雍正丁未进士；直隶赵州宁晋县知县张振义，江西龙泉人，雍正癸卯进士；原任翰林院庶吉士改补知县，又改儒学教授未补梁机，江西泰和人，康熙辛丑进士；雍正甲辰进士李纮，江西临川人。

太子太保文渊阁大学士兼吏部尚书嵇曾筠举二人：

原任翰林院庶吉士杜诏，江南无锡人，康熙壬辰进士；原任临江府知府胡期颐，湖广武陵人。

协办内阁事务刑部尚书徐本举二人：

原任翰林院编修查祥，浙江海宁人，康熙戊戌进士；原任左春坊左中允黄之隽，江南华亭人，康熙辛丑进士。

户部尚书史贻直举二人：

原任翰林院修撰降补行人司司副于振，江南金坛人，雍正癸卯进士；雍正甲辰举人周钦，江南宜兴人。

礼部尚书任兰枝举三人：

候补教授徐延槐,浙江会稽人,雍正庚戌进士;雍正乙酉副榜贡生胡天游,浙江山阴人;拔贡生杨度汪,江南无锡人。

兵部尚书甘汝来举六人:

雍正癸卯举人徐文靖,江南当涂人;广东琼州府额外教授邓士锦,江南南城人;雍正癸卯举人魏允迪,江西广昌人;雍正壬子举人黄世成,江西信丰人;拔贡生余腾蛟,山东武定人;廪生张星景,江西奉新人。

工部尚书涂天相举五人:

刑部员外奚源,江南当涂人,雍正丁未进士,不考;湖北孝感县知县金虞,浙江钱塘人,康熙庚子举人,丁忧;湖南宝庆府教授夏策谦,湖北孝感人,康熙己卯举人,不考;江南淮安府盐城教谕夏之蓉,江南高邮人,雍正癸丑进士;康熙丁酉举人李春耀,湖北孝感人。

都察院左都御史兼理吏部侍郎事务孙嘉淦举六人:

徐文靖(重保);□□举人刘始兴,江南金坛人;雍正乙卯举人刘斯组,江西新建人;雍正乙卯拔贡生刘五教,陕西临县人;拔贡生车文,河南太康人;生员方贞观,江南桐城人,不考。

户部左侍郎陈树萱举三人:

雍正丙午举人韩曾,江南长洲人;雍正乙卯举人杨述曾,江南武进人;贡生陈长镇,湖南武陵人。

户部左侍郎兼管三库事务李绂举四人:

雍正癸卯举人郑长庆,江西贵溪人;雍正壬子举人曹秀先,江西新建人,改庶吉士,不考;廪生傅涵,江西临川人;贡生赵昱,浙江仁和人。

经筵讲官户部右侍郎兼管钱法事务赵殿最举四人:

原任翰林院编修万经,浙江鄞县人,康熙癸未进士,不考;署河南彰德府管河同知李光型,福建安溪人,雍正癸丑进士;浙江嘉兴府教授诸锦,浙江秀水人,雍正甲辰进士;雍正壬子举人全祖望,浙江鄞县人,改庶吉士,不考。

总督仓场军务户部右侍郎吕耀曾举二人:

康熙庚子举人刘世澍,湖南善化人;生员方辛元,江南桐城人。

礼部左侍郎徐元梦举三人:

原任内阁中书吴麟,镶黄旗满洲人;岁贡生黑噶,正红旗满洲人;壬子举人金鉴,江南江阴人。

兵部左侍郎镇国将军宗室德沛举五人:

李锴(重保);雍正庚戌进士西成,镶黄旗满洲人;监生杨煜曾,江南武进人,丁忧;监生陈景忠,镶红旗汉军人;布衣赵宁静,江南南丰人。

兵部左侍郎杨汝谷举四人:

内阁中书史凤辉,江南宜兴人,雍正己酉举人;原任兴化县知县汪芳藻,江南休宁人,驳。雍正己酉举人万松龄,江南宜兴人;监生沈廷芳,浙江仁和人。

兵部右侍郎吴应棻举三人:

原任广东东莞县知县于梓,江南金坛人,驳;江南泾县教谕华希闵,江南无锡人,康熙庚子举人,不考;雍正乙卯副贡生姚世铄,浙江归安人。

署兵部侍郎事王士俊举六人:

原任河南府知府张汉云,南石屏州人,康熙癸巳进士;原任云南姚州知州告病在籍靖道谟,湖北汉阳人，康熙辛丑进士，不考；云南云龙州知州徐本仙，湖北蕲水人，康熙庚子举人，先考；原任顺天丰润县知县方溁如，浙江淳安人，康熙丙戌进士；原任湖北孝感县知县张宏敏，江南丹徒人，康熙甲午举士，驳；廪生黄涛楫，江南江宁人，故。

刑部左侍郎兼管礼部侍郎事王纮举五人：

原任河南洧州县知县胡浚，浙江山阴人，康熙庚子举人；丁酉举人李清藻，福建安溪人；雍正壬子举人戴永植，浙江归安人；廪生陈洪淡，江西高安人；生员盛乐，江西□□人。

刑部左侍郎兼管礼部侍郎事励宗万举三人：

户部学习行走符曾，浙江钱塘人，丁酉；监生叶承点，江南奉贤人；□□举人王世枢，江南宝山人。

刑部右侍郎杨超曾举四人：

雍正癸卯副榜贡生曹宾，广东保昌人；廪生苏珥，广东顺德人，不考；陈长镇（重保）；布衣屈复，陕西蒲城人，不考。

工部左侍郎王钧举三人：

□□举人秦懋绅，江南武进人；雍正乙卯举人金焜，浙江钱塘人；监生吴溶，江南阳湖人。

工部右侍郎张廷璩举一人：

内阁中书马朴臣，江南桐城人，壬子举人。

内阁学士兼礼部侍郎伊尔敦举四人：

原任翰林院编修叶长扬，江南吴县人，康熙戊戌进士，驳；江南上海县知县褚菊书，浙江嘉兴人，□□举人，不考；通州学正于栻，江南金坛人，□□举人；康熙庚子举人俞鸿德，浙江海盐人。

内阁学士兼礼部侍郎春山举一人：

□□冯元溥，江南金坛人。

内阁学士兼礼部侍郎方苞举五人：

浙江衢州府教授柯煜，浙江嘉善人，康熙辛丑进士，故；江南江都县教谕吴锐，江南当涂人，康熙辛卯举人；贡生龚缨，江南江宁人，不考；雍正壬子副榜贡生刘大櫆，江南桐城人；贡生佘华瑞，□□□□人，不考。

内阁学士兼礼部侍郎吴家骐举六人：

原任翰林院庶吉士宋照，江南长洲人，康熙戊戌进士，驳；乙酉举人王霖，浙江山阴人；雍正癸卯举人闻元晟，浙江嘉善人，不考；雍正癸卯副贡生曹廷枢，浙江嘉善人；监生周汝舟，江南吴江人；廪生沈彤，江南吴江人。

内阁学士兼礼部侍郎姚三辰举三人：

康熙庚子举人王照，浙江仁和人，不考；廪生周京，浙江钱塘人；廪生汪台，浙江仁和人。

都察院左副都御史孙国玺举四人：

户部主事尚廷枫，江西新建人；户部笔帖式峻德，正白旗满洲人；康熙庚子举人汪援甲，浙江钱塘人；监生王藻，江南吴江人。

都察院左副都御史陈世倌举五人：

工部主事桑调元，浙江钱府人，雍正癸丑进士；康熙庚子副榜贡生汪祚，江南江都人；监生陆荣柜，江南华亭人；廪生卢存心，浙江钱塘人；廪生胡二乐，江南歙县人。

通政使司通政使赵子垣举六人：

直隶卢龙县知县万承苓，江南南昌人，雍正癸卯进士，不考；候选知州马丹璐，江南江都人，不考；工部主事凌之调，江西新建人，乾隆丙辰进士；布衣陈撰，浙江鄞县人，不考；监生赵信，浙江仁和人；杨煜曾（重保）。

詹事府詹事觉罗吴拜举二人：

国子监学正丁凝，浙江长兴人，康熙癸巳举人；拔贡生李光国，江南兴化人。

日讲官起居注詹事府詹事刘统勋举一人：

康熙庚子副榜贡生罗骏，江南常熟人，不考。

詹事府詹事管少詹事汪奕清举六人：

内阁中书方观承，江南桐城人，不考；原任行人司行人顾陈垿，江南镇洋人，康熙乙酉举人；雍正甲辰举人赵永孝，江南常熟人；考授州判朱稻孙，浙江秀水人；贡生沈炳震，浙江归安人；生员陆枚，江南吴县人。

太常寺乡王泧举一人：

监生叶酉，江南桐城人。

光禄寺卿那尔泰举一人：

原任南丰教育宋士宗，江西星子人，□□举人，驳。

总理北路军需光禄寺卿刘吴龙举五人：

雍正癸丑进士杨廷英，江西新建人；□□举人夏之翰，江西新建人；刘斯组（重保）；雍正己酉拔贡生龚正，江西南昌人；廪生龚元玠，江西南昌人。

太仆寺卿蒋涟举六人：

原任翰林院编修傅玉露，浙江会稽人，康熙乙未进士；原任黔阳县知县王作人，浙江钱塘人；雍正丙午举人金德瑛，浙江仁和人，授修撰，不考；雍正丙午举人壬延年，浙江钱塘人；廪生沈冰壶，浙江山阴人；武生邵岷，江南元和人，驳。

顺天府尹陈守创举五人：

康熙丁酉举人金门诏，江南江都人，改庶吉士，不考；雍正丙午举人甘禾，江西奉新人；江西新建教谕饶一辛，江西广昌人，雍正癸卯举人；贡生刘世基，江西赣县人；廪生裘曰修，江西新建人。

奉天府府尹宋筠举一人：

直隶永平府教授魏枢，奉天承德人，雍正庚戌进士，故。

奉天府府丞管学政事王河举一人：

监生祝维诰，浙江秀水人，驳。

衍圣公举一人：

监生张范，江南华亭人。

太子少保兵部尚书兼都察院右副都御史直隶总督李卫举六人：

原任翰林院编修刘自洁，直隶武强人，雍正癸巳进士（续举）；原任北运河同知程恂，江南休宁人，雍正甲辰进士；雍正癸丑进士阎介年，直隶蔚州人；副榜贡生汪士锽，江南江宁人（续举）；雍正己酉拔贡生陆祖锡，浙江平湖人；拔贡生边连宝，直隶任邱人。

太子太保兵部尚书江苏巡抚高其倬举十六人：

原任翰林院庶吉士改补知县孙见龙，浙江归安人，康熙癸巳进士；雍正甲辰举人孙天寅，江南常熟人，故；廪生沈德潜，江南长洲人；廪生朱厚章，江南长洲人，故；监生倪承茂，江南吴县人；增生吴龙见，江南武进人；廪生胡鸣玉，江南青浦人；雍正壬子举人马荣祖，江南江都人；廪生叶荣梓，江南青浦人；贡生王腾蛟，浙江钱塘人；雍正壬子副榜贡生张凤孙，江南华亭人；江南兴化教谕姚焜，江南桐城人；□□□□教谕沈虹，江南长洲人；雍正乙卯举人王曾汾，江南无锡人；生员陈黄中，江南长洲人；□□进士张廷槐，江南江阴人。

兵部右侍郎署理江苏巡抚事顾琮举七人：

贡生邛迥，江南山阳人；拔贡生周振采，江南山阳人，不考；生员许铿，江南上元人；康熙辛丑进士顾栋高，江南无锡人；□□举人潘遇莘，江南宝应人；廪生郭东，江南宝应人；监生刘师翱，江南宝应人。

礼部左侍郎提督江苏学政张廷璐举三人：

廪生刘纶，江南武进人；廪生刘鸣鹤，江南阳湖人；贡生陆桂馨，江南震泽人。

兵部尚书兼都察院右副都御史两江总督赵宏恩举二人：

优贡生吴张元，江南吴江人；监生任瑗，江南山阳人。

安徽巡抚都察院右副都御史王纮举三人：

江南池州府教授陈以刚，江南天长人，康熙壬辰进士，先考；廪生程光祚，江南上元人；增生吴棨，江南全椒人。

安徽巡抚兵部右侍郎兼都察院右副都御史赵国麟举三人：

生员李希稷，江南宣城人；生员梅兆颐，江南宣城人；生员江其龙，江南桐城人。

浙江总督管巡抚事兵部右侍郎兼都察院右副都御史程元章举十八人：

原任山西临县知县严遂成，浙江乌程人，雍正甲辰进士，丁忧；康熙庚子举人厉鹗，浙江钱塘人；生员周玉章，浙江仁和人；雍正甲辰举人林世骏，浙江仁和人；贡生沈炳谦，浙江归安人；雍正己卯副榜贡生齐召南，浙江天台人；雍正乙卯举人张懋建，浙江镇海人；浙江乐清县教谕周长发，浙江会稽人，雍正甲辰进士，任翰林院庶吉士；生员汪沆，浙江钱塘人；生员周琰，浙江萧山人；生员周大枢，浙江山阴人；生员万光泰，浙江秀水人；生员陈士瑶，浙江钱塘人；雍正乙卯拔贡生邵昂霄，浙江余姚人；拔贡生程川，浙江钱塘人；生员孙诒年，浙江归安人；雍正甲辰副榜贡生李宗潮，浙江秀水人；雍正壬子副榜贡生钱载，浙江秀水人。

太子太保文渊阁大学士兼吏部尚书管浙江总督嵇曾筠举四人：

廪生金文淳，浙江钱塘人；廪生沈树总，浙江归安人；生员朱荃，浙江桐乡人；布衣申甫，浙江西安人。

又南河总督任内举一人：

监生翁照，江南江阴人，不考。

江西巡抚都察院右副都御史常安举六人：

江西抚州府教授邓牧，江西南丰人，康熙辛丑进士；雍正乙卯举人，黄永年，江西广昌人；廪生廖理，江南南城人；生员张锦传，江西临川人；生员李灏，江西南丰人；□□黄天策，□□□□。

福建巡抚兵部右侍郎都察院右副都御史赵国麟举一人：

福建学习雍正庚戌进士陈兆仑，浙江钱塘人。

福建巡抚兵部右侍郎都察院右副都御史卢焯举十人：

雍正壬子副榜贡生王士让，福建安溪人；优行廪生方鹤鸣，福建晋江人；廪生潘思光，福建安溪人；廪生张甄陶，福建闽县人；廪生洪世泽，福建南安人；生员王元芳，福建晋江人；廪生陈绳，福建闽县人；贡生陈一策，福建晋江人；贡生陈大琰，福建龙岩人；生员陈继善，福建闽县人。

翰林院侍讲提督福建学政周学健举二人：

监生蔡寅斗，江南江阴人，不考；雍正乙卯拔贡生饶允坡，江西进贤人。

湖南巡抚都察院右副都御史钟保举十人：

候选县丞易宗涒，湖南湘乡人；生员邓献璋，湖南祁阳人；生员陈世贤，湖南祁阳人；原任湖南岳州府教授王文清，雍正甲辰进士；雍正壬子举人张叙，江南镇洋人；监生段梧生，湖南长宁人；监生钱斌，江南太仓人；拔贡生陈世龙，湖南祁阳人；雍正乙酉拔贡生许伯政，湖南巴陵人；监生王元，湖南华容人。

提督湖北学政翰林院检讨蒋蔚举一人：

布衣张庚，浙江秀水人。

山东巡抚兵部右侍郎兼都察院右副都御史岳濬举四人：

山东观城县教谕刘玉麟，山东菏泽人，雍正丙午举人；雍正癸丑进士牛运震，山东滋阳人；□□举人耿贤举，山东□□人；雍正己酉拔贡生，颜懋伦，山东曲阜人。

河东总督兵部右侍郎兼都察院右副都御史王士俊举六人：

河南仪封县知县梅枚，江西南城人，雍正辛丑进士，先考；河南卫辉府管河通判许佩璜，江南江都人，先考；河南孟津县教谕阎式矿，河南相符人；河南滑县教育朱超，河南祥符人；□□举人王邦荣，河南襄城人；廪生张雄图，河南洛阳人。

山西巡抚都察院右副都御史觉罗石麟举四人：

山西兴县知县王祖庚，江南华亭人，雍正丁未进士；山西大同府教授王系，山西榆次人，雍正丁未进士；拔贡生张廷奏，山西榆次人；监生叶蕣凤，江南荆谿人，故。

陕西巡抚都察院右副都御史硕色举三人：

陕西青涧县知县王起鹏，浙江归安人；廪生解舍章，山西韩城人；生员秦泾，山西郃阳人。

内阁学士兼礼部侍郎提督山西学政王兰生举一人：

陆祖锡（重保）。

四川巡抚都察院右副都御史杨馝举二人：

四川宜宾县知县刘暐泽，湖南长沙人，雍正庚戌进士；监生许儒龙，四川郫县人。

广东巡抚都察院右副都御史杨永斌举六人：

广东新安县知县何梦篆，江南江宁人，雍正癸卯进士；广东兴宁县知县施念曾，江南宣城人；原任江南清河县知县许遂，广东番禺人，康熙丙子举人，驳；雍正壬子举人钟狮，广东番禺人；拔贡生劳孝兴，广东南海人；康熙庚子举人车腾芳，广东番禺人。

广西巡抚兵部右侍郎都察院右副都御史金铉举二人：

广西永福县知县吴王坦，江南华亭人，雍正癸卯进士；廪生袁枚，浙江仁和人。

户部尚书总理山西巡抚事史贻直举一人：

廪生田荃，山西富平人。

兵部右侍郎署理湖北巡抚事吴应棻举四人：

雍正癸丑进士沈澜，浙江乌程人；雍正乙癸拔贡生毛一驄，湖北东湖人；监生南昌龄，湖北蕲水人；雍正壬子顺天副榜贡生迮云龙，江南吴江人。《词科掌录》卷首，《四库未收书辑刊》壹辑，第19册，第456~464页。

与厉樊榭劝应制科书
全祖望

堇浦来京，始知樊榭之病已脱然，为之欣慰。愚自去年有妇之丧，方寸凄楚，春试不捷，意中固早知之。科名之得当与否，自是吾身外之事，唯是东西南北，不能不奔走于路，以谋高堂旦夕之养，可谓长喟者也。

近奉明诏，特开制科，以求三馆著作之选。吾浙中人才之盛，天下之人交口推之无异辞；樊榭之姿诣，吾浙中人交口推之无异辞。乃闻樊榭有不欲应辟之意，愚窃以为不然。谷梁子曰："心志既通，而名誉不闻，友之罪也；名誉既闻，而有司不举，有司之罪也。"今樊榭为有司所物色，非已有所求而得之也；而欲伏而不见以为高，非中庸矣！且自有是科以来，吾浙人不居天下之后。宋之制科，初犹累易其名，其复博学鸿词之旧，自绍兴三年乙卯始也，而吾浙人相山王公冠场；自绍兴以至咸淳，如说斋、东莱、深宁，皆一代儒林之圭臬；越四百年，为国朝康熙己未制科，而吾浙人羡门彭公冠场，其同年者如竹垞、西河，皆一代文苑之圭臬，其余则尚未能累举而悉数之也。是吾浙人之于制科也，如春秋之世主夏盟未有能先晋者，迄今先辈之典型尚整，二三兄弟皆足镞厉而进于古，可弗惧吴楚之争长，齐人之歌代兴也。嗣世继霸，吾愿樊榭与堇浦诸君勉之。

夫是科固天下膏粱之望也，绍圣延议，以为是学者之劝率，而世人窃呼为选定两制。以足下之才应之，亦未始非盛事也。愚之才，不足以为樊榭之役，同好诸公，阿私而许之，亦欲使预于邾、滕之末。前望古人，退而上下，于诸君之间，欿然不觉其自失也。是则由衷之语，而正非樊榭所可援以为例者也。谅浙中当道，必不容樊榭之请，荐章之出，指日可待，吾将求樊榭所业而观之。全祖望《鲒埼亭集外编》卷四十六，《续修四库全书》第1430册，第241～242页。

答姚薏田书
全祖望

观三北上，拜受惠书，因忆松吹草堂连床之话，目前事耳，而忽忽已七年。及与立甫聚京邸，晨风夜雨，未尝不相念也。自不见薏田来，东驰西骛，索然无所得。少时造诣，本未尝有所成就，日复荒落，宜其茫然。古人谓：客四方者，足以助文章之气。此以壮游言之，若吾辈频岁谋食之行，能使人嗒然丧其生平而已。薏田来书，盛称仆文，以为日进于古，是殆传闻之伪耶！日者捃摭陈作，定为三十二卷，因忆盱江之言，谓天将假我以年与必尚有所进也，如其不然，亦足藉手以见古人。仆文岂敢求古人而见之，而惧其不复有进，聊复存之，以充异日覆瓿之用而已。

近闻制科之诏，浙中当事，多相屈致，而薏田谢病未能。今天下之求一当于是科者，岂胜指屈，盖固有竭其力而得之矣！然其胸中不过数卷抽青俪白之文，无足当于有无之数者也。蕙田以古谊自期，则真其人也。虽然苟足称是科，则应世之求，而不必过以鸣高。自宋南渡而后，吾浙东西，词科极盛，而吴兴则莫氏一门，多以是科发迹；若其文章风力，卓然足为大科取重，必推倪文节公。蕙田居莲花庄上，莫氏之故址也；至于所学，则继文节而起，庶几不愧兹者。有司再奉诏，以延访未至，更事博采，蕙田必复为当道所敦迫。而宾友南来，皆云蕙田必无出山之想。仆以为不必也。浙中朋辈多应车乘，而独至蕙田有逌心，是又吾朋辈中之憾也。仆之文，虽自知其不足传，然亦欲待蕙田之来，或有良药为我发而瘳之，则又仆之私也。立甫山居，近状何似，幸为我寄声问之。《鲒埼亭集外编》卷四十六，《续修四库全书》第1430册，第242~243页。

与赵谷林兄弟书

全祖望

久不得君家伯仲消息，昨于董浦寓寮，长跪接一纸，备悉起居清吉。下走春闱一战，正在悼亡伤逝之余，憔悴心情，分宜折北，时已戒期返棹，会疾动不果。岁月如驶，又复匆匆度岁，学不增长，文不加充，无可为故人道者。

乃者天子鼓吹休明，特开大科，将求非常之士用之。东南竹箭之丛，其燕跃鹄踊而出者，谅非可以更仆尽也，而萼花竞爽，如谷林兄弟，则恐未可多得。尝读宋绍圣以后词学题名，其预选者百有七人（景定壬戌以后未考）。深宁先生兄弟，以宝祐、丙辰、开庆、己未继起，诏书褒美，以为学者之劝。顾前此，亦尚有吴兹、吴开、滕康、滕庚、李正民、李长民、袁植、袁正功、莫冲、莫济、陈贵谦、陈贵谊，特文采不大著于后世，惟洪文安、洪文惠，同榜中于绍兴壬戌，而文敏以乙丑继之，其词学之盛，为二百年中所未有。相传，深宁少时读洪氏试帖而艳之，卒能偕其弟追驱而与之齐，有志者事竟成也。夫埙篪协应，固科名之佳话。然非如洪、王家学，要何足为国家重哉？国朝己未之役，嘉兴柯征君崇朴兄弟并应荐书，而以丁内艰未得预试。今倘以贤兄弟当其选，堪为是科生色。小山堂之牙签伐山网海，足以补天禄石渠之阙；而以西湖觞咏诗才，出而和其声，以鸣国家之盛，花砖绫被之闲，时助春草池塘之思。是直一代之光，非仅吾党之幸也。

下走失学多年，重以稠桑之痛，一二朋好如董浦辈，犹欲推毂其间，不知临轩召试大典也，待诏承明，未央之廷极选也。倘以风尘澒落之人，滥厕于末，鲛函雉扇之下，百寮千骑环共而观，其落笔有不惊心动魄，竟日不成一字者哉！但使吾诸故人，扶摇而上，疲甲凋戈，只为壁上之观足矣！花溪《五代史》注，其嗣君音信浮沉，当再为索之也。《鲒埼亭集外编》卷四十六，《续修四库全书》第1430册，第243页。

辞启（题拟）

唐绍祖

　　山高水长，窃附遥遥之华胄；云蒸霞蔚，罔攀馥馥之芳蕤。望北阙以登仙，久矣驰神景倩；游西河而作吏，曷尝受教文中？俎豆已祧，但主皋陶之祀；牛羊初牧，敢抛卜式之书。盖此事固废啸歌，况生平本无学殖，经荒六艺，史昧三长，既鲜虞谈，弥疏乐旨。滨于海上，心非王隐虾须；饷自云间，目暗陆机龙鲊。锥方逆上，难展贞观列女之屏；囊可掉来，补残庆历侍臣之璧。文场跳浪扇抽，却遇王摘；讲座翻澜席夺，须防次仲。空空如也，汩汩然乎！

　　夫工固宜迟，而拙偏不速。譬彼雕弓镂楮，三年九年；让他咏豆哦松，七步十步。几曾苦索，呕将长吉心肝；不觉晚成，余得刘郎鳞爪。谈何容易！顷刻而花幻蓝关，事果大奇，咄嗟而冰敲金谷，此薛道衡惟当踏壁而卧，陈无己不能对客而挥者也。况自楚尾吴头，衣奔食走，燕陲赵际，车殆马烦，风月固是可人，江山能无感我？桓长史筝歌慷慨，大有猿啼雁落之声；裴将军剑舞婆娑，杂以咒蹈夔呿之气。除非纯锦，容可被墙；若是粗砂，空思溢甑。所以昔日者坛以尖隤，路由末备。金绳玉板，如闻一曲云华；蕊闼婴房，忘折十枝汗木。渺三山而风引，倏八月其槎回。鼠已肠拖，半舔淮王之药；鹿将背跨，空寻葛令之砂。

　　从此奉檄前趋，望尘下拜，地邻瓯脱，霰集河胶，城绕乱山，风高燕断，重关百二。西征则一骑红尘，远道三千；南望则两人白首，奄然孤露。貌是流离，青箱尽散，他家黄耳，亦辞故主。釜于何热，听打阁黎杵杵之钟；衣不上舩，渍深杜宇枝枝之血。所幸故人知我，轸其越吟，遂教羁客归家，驰其官谤。然而文通半顷，变为郭况膏腴；宋玉一区，移作肩吾居第。牵船而住，闹鹅鸭之四邻；数米而吹，减鹤猿之半料。何心玳瑁，提三寸以装书；遑问珊瑚，理千丝以结网。

　　恭逢宪台，赣水名贤，选楼重望，理学则渊源闽洛，文章则伯仲韩欧。侍香案而撤金莲，制诰成于一手；迁刑曹而持铁笔，平反约以三章。国是奉为钧衡，人伦仰如山斗。乃帝念股肱之郡，以公实梁栋之材，熊轼遥临，大貐遁迹，鳞符聿启，晦室生光。割明月之二分，朗照碧澜栖阁；吹琼花之一片，遍栽黄歇山川。坑亦称铜，虽膏不润；湖原名玉，与镜同清。击强暴以秋霜，威宣拔薤；熏善良以冬日，惠洽苏鲂。旱则封艾以祈黑蜮，跃随幡之雨；灾则绘图以请白虹，杀嘘气之妖。若其捉发迎宾，改衣好士。水南水北，搜罗沧海遗珠；廨东廨西，布列昆山片玉。固已福星共照，棠荫毋忘已。

　　兹者钦承圣天子吁俊之纶音，近体督学宪翘材之典礼。斧搜林而采采，铎叩地以訇訇。猥属匪才，将膺此选。衔恩色动，闻命神惊。如金石发于地中，顿却赵軮之步；如雷霆破其柱下，遂焦夏侯之衣。抹眼朦胧，椎胸簸荡。且夫建章钟鼓，万户千门，非可与居蝨睫者问制度也；涿鹿风云，九宫八卦，非可与战蜗角者说阵图也。薛灵芸便擅针神，难以刺绣云汉；祖士言况嗤槌钝，何当掺鼓雷门？盖蚁垤不可与五岳争泥，牛涔不可与九溟测水也。

设也伥伥应召，贸贸随班，吹竽碣石之宫，授简平津之馆。题无解录，隔宵未梦韩、杨；卷只书空，过晡犹疑尧、舜。半弯神臂，可道蕲王克敌之弓；一握孤拳，已尽都尉登仙之箭。卫刀削树，思易窒而难通；荷戟入榛，句有奇而无偶。枫落居然绝响，珠来那有遗音。青谢选钱，红叨勒帛。被人逆料，倒绷苗振之儿；负我本来，不栎关图之妹。由是筇凄管咽，斛律横吹刺勒之歌；竿折樯沉，元长仅免潇湘之没。是则不材者归于勿用，所谓有力者负之而趋者也。

嗟乎！花飘藩溷，宁忘茵席之荣；鱼烂泥沙，讵屑斗升之活。果可返魂天上，谁甘埋照人间？无如嵇康绝少仙缘，孟觊终非佛慧。江淹未劳，才已无多；李广不侯，数原有定。伏乞宪慈收回荐牍，毋将贱质，滥厕征书。崔相清门，合餐沉瀣；晋公别墅，莫种蔷薇。矧乃夏秋以来，疟疾继作。杜甫诗吟二句，不愈头风；廉颇矢叹三遗，渐移带孔。名非借病，诏本停瘵。命也如何，时乎不再。转头衔而引索，休休待卜他生；倒手版而牵丝，寂寂重寻故我。庞然异物，谁知檀覆麒麟；击之无声，毕竟鞇投枹鼓。然药栏白鹤，虽孤称誉于甑甑；而花笴黄衣，当志报施于瘠寐。《词科余话》卷一，《四库未收书辑刊》壹辑，第19册，第650~651页。

辞启（题拟）

秦蕙田

无锡秦蕙田树峰，对岩先生之孙，潜心经术，聘修《江南通志》。明诏既下，当事有欲举之者，树峰有辞启，后登乾隆丙辰进士第三人，授编修，入直南书房。

窃惟国家设制科之典，所以待非常之才，典旷世而一逢，才应期而特出。是必见闻淹洽，合万物以周知；词藻渊通，兼三才而共贯。举大不遗夫小，寻源以及其流。由其殚究典坟，含茹丘索，天心月胁之奥，茧丝牛毛之微，离合折衷夫百家，同异研求乎四代。乃为纯儒之底蕴，学海之真原。至于龙门柱下，东观兰台，道术递更，文章流别，既提纲而挈要，复强记以博闻。下逮诸子百家，皆资考订；稗官野乘，总与搜罗。苟沉浸而醺醹，乃纵横而磅礴。于是抽豪作赋，远薄风骚；授简摛词，力追唐宋。成章以达，积厚而流。若彼宗乘微言，亦旁资于心性；参同妙契，可借证于卦爻。考亭曾注厥篇章，洛水与窥其端趣。务悦心而研虑，庶探赜以穷歧，备兹体用之全，斯称鸿博之选。况夫才如司马，未传六艺之书；文似昌黎，不作《三都》之赋。杜陵野客，第擅诗豪；边氏经笥，仅居朴学。盖理虽一致，而变有万端。彼皆轶代之雄姿，犹且专门而各诣。

某才同袜线，技耻雕虫。束发受书，知闭门而玩索；酌蠡测海，时望洋以惊疑。半部初寻，一经未殖。编年列传，仅略得其大凡；《中论》《法言》，只浅窥乎粗迹。声律未几于深造，剽窃宁比于闳通。目慑全牛，胸空半豹。方愧栖迟里巷，难窥七略之藏；奔走饥寒，屡废三冬之业。徒以虚声致悔，妄供志乘之编摩；钝笔奚堪，无补朝廷之著作。正抚膺而自怍,乃荐牍之下,临悚惧交,并形神并瞀。《词科余话》卷一,《四库未收书辑刊》壹辑,第19册,第651~652页。

辞苏先生启（题拟）
沈 岿

钱塘沈岿峙公,监生,汤西厓少宰掌院时,礼为上宾,有盛名于京师。骈体鸿丽,少宰酬应之文,皆为代作也。晚年里居府学,掌教姚江。苏先生滋恢以荐牍上,峙公有辞启,盛传于时。句甬全绍衣至千里外,寓书索观之。

奎宿红明之日,少微黄大之年,万国贡珍,四门启钥,野争光而粥采,朝聚精以会神,贤良依日月之旁,髦彦萃星辰之下。圣天子垂衣松栋,锡福冀阶,犹望含经味道之生,出膺异等大科之选。备集贤之学士,顾问螭头;偕方丈之仙人,论思龙角。必使翘车所至,顿网靡遗。于是诏书下而寒穴欢,荐墨腾而逸才显。桂山秋雨,愿脱荷衣;柳市春风,争抛蕙帐。则诚百生之罕遇,千载之过恩也。

夫所谓博学者,区区之强记云乎?所谓鸿词者,铮铮之细响云乎?必也应世叔五行并下,祢正平一览不忘,张武始明习旧章,班兰台淹长史学,笙簧典经,弋钓流略。贵游畏其折角,儒德重其解蒙。义据纷纶,则试经第一;异同治孰,则上殿无双。人言吾道已东,帝谓太师在是。犹复春礜剔蠹,玩汲冢之虫文;夏阁翻萤,辨姚泉之鸟迹。陈留四千许卷,矻矻覃思;夹漈五十八签,琅琅成诵。崔侯车箱以内,左氏藩溷之间,射诀营图,奕经算纲。河洛风星之术,阴阳谶纬之书,以及青囊之秘文,黄衣之小说,龙听马驮之箓,虎符凤篆之函,莫不目想心游,仰取俯拾,一归腹笥,并写言泉。博士乃经史之厨,仓曹即人物之志。由是解蜀山之钟应,说洛邑之觔流,释疑断绛老之年,问疾得晋侯之崇。星机织女,知博物之君平;仙馆大夫,服多闻之壮武。至其弹毫珠落,滴墨金锵,高浪驾天,惊才震地。缔章绘句,抉云汉而扫秕糠;尽相穷形,去牙角而破崖岸。诗人之赋丽以则,才子之文敏而工。笔力大抵千钧,光焰无非万丈。雕龙吐凤,西京则扬、马称雄;摇岳障川,东汉以班、张为首。三千辈出,莫赞一辞;二百年来,从无此作。乃至辕门丛邃,留使催书,铃索丁冬,点毫应诏来往,足供十吏。腕脱不休,须臾且得百函;口占未已,扶轮大雅都焚。研而求观,推毂名贤,亦薰香而下拜。诗鸣抉聘,息艺苑之蜩螗;笔阵横空,扫文场之鹅鹳。以此为博,何学不该?以此为鸿,何词不放?

于是龙津脉泳,虹路层飞,朝侍从乎甘泉,夕对扬夫宣室。或参代言之宥密,或叨赐笔之恩华,或鹭振于守屏,或鸾停于省掖:皆能含章缉政,保誉流功。杜知礼诚好秀才,苏子瞻乃真学士,况兹索偶搜述之盛,乃在左江右湖之间。餐月香水影之清,谷饶仙隐;角雪阵银山之壮,野挺文豪。何必三奇,乃逢芝草;但行十步,即是幽兰。加以川掇沉珠,泥抽沧玉,大臣公其听采,考官密其鉴裁。东、马、严、徐,登阶而群孔雁;常、杨、燕、许,入海而数龙鱼。各以金粟之后身,往作玉堂之先手矣。

乃若垞者，东野凡生，西村蕞品，少丁颡领功夫。马磨之间，长解咿唔卷帙；鸦锄之侧，穿床嗜古园葵。老而不窥，投斧从师，庭麦漂而勿顾。识裁十字，安知经籍之专家；读且百回，莫析儒先之奥义。闻《南华》而色阻，将谓中梏；受《论语》而心开，居然学富。遭家多怪，却恶鸟于朋游；延客评诗，疑野鹰于王锐。其或烟云作态，招我发皇；札翰无情，任予摇劈。宫商奔命，逢鹤鼓而声沉；杼轴标能，斗龙梭而技拙。凡闲烟火，未容换骨之丹；荒壁髯鳞，难著点睛之笔。每笑卢殷之读，何补唫哦；或云公衮之才，尚堪排偶。窃齐梁之金粉，笔不生花；方睢涣之绨绘，锦非梦借。徒劳学步，失寿陵之故行；自诩工讴，谢秦青之高唱。闻者轩渠而拊掌，读之渴睡而落床。单碑斋白，何日留题；春雪弓衣，谁家暗织？抱锄犁而饿空谷，百拙畴医；困场屋而哭秋风，三余浪掷。于是饥来驱我，肩书手剑而行；老去依人，舌织笔耕而养。从来此物，当弃之道旁，岂有贵人乐闻夫生语？匮中腐璞，偏逢郑贾之收；门下滥竽，竟动晋工之听尔。乃开尚书之东阁，匡坐百城；窥侍郎之西斋，古香四屋。敲铜立韵，争先翰墨之场；抽算登车，见许文章之伯。高流前辈，访杵臼而留连；厚禄故人，命枪筹而谈醼。而进寸退尺，学业日负其初心；镂冰画脂，功名徒劳于春梦。微虫蓼叶，辛苦虽尝；宿蠹芸香，神仙未化。遂使漏卮恶命，壮不如人；槁木闲身，老而无似。剪翎笼内，魂销百鸟之翔；沉艇江头，目饱千帆之过。去安之乎！嗟何及也！

乃者恭闻宸召，欢起穷庐，逢獜流涎，闻羹摇指。望士悬心之地，安得自高；词人翘首之秋，岂不欲往？而江淹才尽，烛武精亡。年不后人，而学不前人；名非下驷，而实非上驷。一生贴贴，甘谓著水之苓；夹岸依依，分作排衙之柳。不谓某官，假以高状，荐之贤侯，感皂盖之崇严，忘白衣之疵贱。

伏惟某官，学唯为己，德以润身。讲席鳣来，树师尊于绛帐；间阶蝶上，守儒重于青衫。琢玉染蓝，秀艾于焉津寄；歌风蹈雅，巾卷因以镕钧。谈经各解其颐，说士犹甘于肉。若垞不足乎扬，无能为役。乏河北陈琳之作，翻谓博通；愧江东袁淑之才，顾云钜丽。斯人憔悴，夸识面者纷纷；吾意蹉跎，劝贡身者款款。曾无半面八行，荷引重之恩；请俟三生一笑，谢成终之赐。惟是求茯神于老芋，柔麟尘于雕胡，收雀麦而络兔丝，引曲针而擎腐芥。上车著作，将证昔谈；斲窗舍人，当哗来蝶。惊心醋舌，坠魄惭魂，忽病悸而失图，几中风而狂走。况乃任朝廷之耳目，端赖聪明；察官吏之身言，先从视听。今即五官并用三耳，忽增数器，可兼万端，冈漏尚虞空薄，非所克堪。岂有幽田失职，鞠通不灵，仙韬决牖之方，社靳治聋之酒，等风雷于一噫，付牛蚁于两忘？其憎画地之烦，自诧属垣之惑。人非眉语，必且问至再三；我以目听，或者得其万一。既截难陀之两耳，何殊汉上之半人？敢以尚能拜起之病夫，玷旁招俊乂之大典！

今者奉黄堂之批答，询白屋之行能。徐仲草对客粲然，闻尘扫尽；孟昌平昔婴已矣，先泽传谁。五刑之属有三千，罪莫先于不孝；百岁之程将七十，祸莫惨于无儿。一生之艰罚若斯，万事之是非休问，安能使国人尽保展禽，太学交推仇览？其薄劣也若此，其耄聩也若彼。爰盎不足累公，钟君何独识我？非取笑于同学，即获罪于圣朝。伏愿某官，曲从牢让，立寝溢言，量陈力之不能，知过情之可耻。先春暖气不到，寒岩大地,华风何关死草?任反业于屠羊之肆,永销声于藏豹之林。一免人言,更无他觊。谓高少室山人之价,已若浮云;仍著终南捷径之鞭,有如白水。呜呼!日斜赖起,身犹落草之牛;秋尽归飞,心似衔芦之雁。安用借言以华老,但知饰巾以待终。扶备望尘,激声叙款,怂矇失措,不知所云。(时峙公年近七十,两耳已重听,无邓伯道之儿,有冯敬通之妇。启中所云,皆实录也。学使帅兰皋先生书其后云:"渊云之墨妙,淹雅无双;颜谢之笔精,雕华第一。九苞凤彩,合翥梧冈;万里鹏飙,应传渤海。乃䎬中彪外,茧骏誉于文场;而隐耀栖真,等荣名于长物。岂张华之陨涕,似续伤心;抑周燮之潜踪,烟霞成癖?听娉婷之不字,多愧蹇修;怅琼玖之韬光,应惭和氏。非可强也,抑有憾焉。")《词科余话》卷一,《四库未收书辑刊》壹辑,第19册,第657~659页。

谢从子钦启(题拟)

梁 机

泰和梁机仙来以庶常出知山西某县,与江西巡抚常公鼐同官有素,常公屡以书币延之,仙来固辞不出。其从子钦自京寓书,劝其应诏,仙来答数百言,其文甚伟。其略云:

阿叔蹩躠名场几三十年,幸际圣朝备员中外,中间为当路喜怒所中,年方知命,退托山林,浮云翳蔽,不仰红日光辉久矣!虽江湖魏阙,念何敢释?而引分守拙,日惟学《易》,以求寡过,亦遂有终焉之志。迩者诏开博学鸿词之科,罗淹贯之士,以昭文治、润鸿猷,海内夙负博雅、沉滞未达之耆旧,早岁慧辨、健文通艺之英锐,与夫失职能文章之臣,思用其所未足者,莫不峨冠振策,欣然自庆其遭逢。而圣朝所为殊科优擢,一试即列之清要者。兄以液经腴籍,派注百氏,绝远章句之墨守,自非耳目聪明,思精虑固,启秀披华,穷年累岁,则茫乎不得其岸畔。故由其艺,遂以通知古今,而近于道;即以助流政教,虽沉实高明,不必齐其类,而兼其所长,要其人皆未《易》才也。

汝猥以阿叔素号多闻,又为朝士所推,致书忳忳劝之就试,意良厚。顾君子立身,自有本末,出处大节,讵容苟违于道?阿叔弱岁游辇下,与时贤豪角逐游艺之场,自顾胸中亦颇有知识,弃置以来,虽不废艺情,而道心颇重于所慕,固有一率履不敢越者,以是为学之奔也。顷闻明诏,未尝不为天下之绩学者庆,又未尝不为己之处地与势惜也。盖欲阿叔之就此选,其不可乃有三焉:夫工文求举,科名时事也,希尺寸以基远大,不得而不能已焉,乃其分也。若已列朝簪,不能奋力功名,有故而去矣,方当思过之不暇。不然,既俯仰可自安矣,则益志道树德,以谢当时之望,用舍一听之世而已,无所容心。此君子处弃捐而隐遁,以自强之正义也。乃欲复以语言文字为梯荣之藉,纵不自丑故态,能免高人鄙笑乎?其不可一也。往者康熙己未开是科,亦并及失职之臣,当时但诏内外大臣择荐,以其姓名上而已,试事则惟天子亲主之,就之犹可也。今在外,则先试于督抚矣。此在朝廷恩意阔遍,必俾之郑重,以免叨滥;而在臣子爱惜国体,则一揆诸理道,以为避就。阿叔忝窃侍从,在词馆屡经御试,曾邀殊恩,受敕命官,虽降调而故阶尚在,乃与老不得科第辈及后生小子,低首下心,摇笔咿唔,涂鸦于戟门之内，其颜之厚，岂独羞士论，抑且辱朝廷，而朝廷又焉用此不自惭之博学鸿词为也？其不可二也。且是选也，为其道乎？为其艺乎？艺亦道之寄也，然终不可以为道，而圣意则有微旨矣。夫上以艺求之，所以广进贤之路，使不致格于所难能；而下以道应之，所以著能贤之实，即以体曲成不遗之意，而隐致其敬君之诚。戈帛蒲轮，古来征隐遁者，以道不以艺也。如以艺，则功名之士耳顾蹑嘉遁之迹，为慕道之人，犹怀铅挟椠，角艺以干进，古今曾闻此有进之隐遁乎？此又北山之文，所不屑移者也。其不可三也。

盖古之君子，道洪德滋而学淹贯，虽穷居不得志，而期于出而有为，致吾君吾民于唐虞三代之隆。其本愿也，曷尝以学之淹贯为能事以自长，与徒以其学友教士大夫为乐哉！然往往事会所际，长虑却顾，卒于不前者，审地度势，又恶不由其道也。不由其进，则不固其学，将生平万卷更无一字，养气十年更无一息，顾不大可惜哉！至若山泽之臞，果于忘世，或一往不返，或作达自放，如梁鸿、嵇康之流，皆矫激以自异，固于进无足深取。愚之三不可，其理明白易晓，其情势有识所共，谅要于道，无敢苟而已矣。岂与夫"五噫""七不堪者"之呶呶喋喋，外道以自高也耶！汝在仕路，贵游多高明，试出愚言质之，并以谢劝驾诸君子，当不至河汉而不谓然，盖人心之同然者道也，况在正谊明道之君子乎？

来书云："思得与阿叔从容朝夕，所成就必大进于前。"嗟乎！南山未释耕锄，西笑长安空留，望眼舍合，固难前期。然神通于思，苟即愚之三不可而扩之，是亦精进器识之一道也。因家人来，特布区区，期在远大，北望遥怀。不尽。《词科余话》卷一，《四库未收书辑刊》壹辑，第19册，第661~663页。

辞兵部侍郎署江苏巡抚顾公琮荐启（题拟）

胡期颐

期颐生逢圣代，世受国恩，苟得寸进之阶，冀效涓埃之报，况遇非常之盛典，宁甘自弃于清时？只以质类醯鸡，才同袜线，三十年场屋博一第如登天，二十载簿书惭一官为尸位，知识短浅，学问粗疏。加以衣食累人，笔墨久废，幼犹了了，老更茫茫。即有一二篇章，不过寻常纪述，陈言盗窃，故纸尘昏，真同候虫野鸟之鸣，难入艺苑词坛之选。闭门自守，幸为盛世之氓；击壤而歌，窃比康衢之叟。耰锄侪伍，衡泌栖迟。兹当圣天子旁求草泽之时，贤公卿荐拔人才之日，宜有班、扬之彦，上应俊乂之求，甄陶于圣学之高深，歌颂夫皇王之公德，润色鸿业，鼓吹休明。

颐也何人，宁不自揣，何敢幸邀于遇合，有负加意之搜罗！乃蒙执事过采虚名，遽行荐举，登朽株于桢干，饰燕石以琼琚，闻信之辰，心悸而战。窃恐绠短临深，取讥学海，驽资服远，致蹶仁途，莫副大科，负咎奚极。伏望弃兹蒲柳，别购梗楠，庶旷典不致滥膺，而菲才不致妄厕。仰希明鉴，俯谅愚忱。《词科余话》卷一，《四库未收书辑刊》壹辑，第19册，第663页。

辞宁夏赵银台荐启

陈　撰

迢递龙门，未亲淑艾，扶于佳树，徒切依归，不谓猥琐之踪，特荷殊常之遇。前此邠关驻节抠谒，既已后时，只今日下征书，传催又来故里。不特宥其疏庋，抑且曲赐雕镂撰具。心胸身非木石，第念禀性颛愚，赋质屡薄，弱龄偃疾，何曾拥絮燃糠，壮岁食贫，徒自抗尘走俗。洎乎晼晚，操烛已迟，氾以沉冥，屈弧蒙谁。乃者夙疾未瘳，新恙顿作，感侵风露，四体几于不仁，疗治刀圭，匝月转焉加剧。羁栖旅榻，跉蹬可怜。夫冲风既衰，飘鸿毛而不起；马齿加长，希驽足而犹疲。矧此沉疴，值非壮盛，岂可尘玷大贤之采录，起副巨典之旁求？

恭惟老大人柱石几筵，喉舌百度，挽回波于名教，五山宗泰岱之尊，宣盛化于文明。万汇启耀灵之旦，士迄终身之重，野无片善之遗。贤能资以腾骞，孤远望而倾属。凡所引举，莫非绝伦，博绝之才，于以汇征，堪应侧席详延之意。而撰徒以王赢，致同井渫，神山路近，风引船回，上负特达之甄期，下咨时命之不偶。其为感惕，夫岂可言！《词科余话》卷一，《四库未收书辑刊》壹辑，第19册，第663页。

谢绍兴叶郡守启

周大枢

窃闻匠石回顾，则朽株变为雕梁；伯乐一言，则奔蹄成于骏马。故细椽亦备大厦之用，而十驾或收千里之功。此盖哲人范物，曲为弃短而收长，用使下品呈材，得以匿瑕而见美。其为德造，莫可名言，衔结所深，古今一揆。

伏惟阁下，珠躔兆瑞，云岳储祥。崇基秀叠，掩王、谢以霞标；茂绪辉腾，罩崔、卢而凤举。缣缃云沓，千年传海录之书；甲乙蝉连，双实表庭榴之瑞。若乃迈德可师，嘉言成范，渊源邃学，卓铄鸿文。经笥纵横，开五衢之辨路；词泉磅礴，起四照之文风。周情孔思，悬璧耀以常新；陆海潘江，卷银河而倒泻。然则天球粹禀，必见山晖之精；大木高标，自致栋隆之吉。是以观光用宾，策名利见；绾铜晋邑，结绶沁郊。举扇风清，翼良苗于四壤；随轮雨润，漉惠泽于千家。虽复二龚五鸡，西京特传龚运；桑枝麦穗，渔阳共乐张堪。悬羊续之庭鲜，驯中牟之舒翚，方之以已优，兼焉为盛。于是微猷丕著，异政宏敷，奏治行之少双，觐天颜而有喜。衮衣用锡，早盖遄来。缍猎朱旛，凛句宣之重寄；跉跎竹骑，欢童稚而争迎。遂乃敦劝三农，宏彰五教，置孟水以旌心，坐棠阴而敷惠。镜湖八百里，涵阊泽以俱深；越州十万家，布阳春而并煦。凡兹美绩，靡得殚论。岂特第五下车，淫祀之风斯革；诸葛莅政，陵夷之俗以兴而已哉！加以爱景常晖，谦光自牧，朗照湛于冰壶，元鉴比于水镜。于廷尉之好客，接引忘疲；谢卫尉之爱材，奖题不倦。虽片技而必甄，即一言而亦采。今兹光炳瑶图，道开绿牒，启东观而聚书，辟重云而讲学，七曜则累璧骈珠，千年之波澄澜洁。云霞焕色，非关雕刻之工；麟凤呈姿，有逾藻缋之巧。

爰诏该洽之儒，用储著作之任。汉家典册，多出于班、扬；唐世文章，必归于燕、许。严、徐、东、马，望函古而争飞；卢、骆、王、杨，向长安以俱笑。乃千载之一时，为非常之旷典。阁下虔体宸衷，笃公忠于衡鉴；敦求才俊，厪饥渴于抽扬。拔异取奇，振幽起滞。若夫国侨辨汾水之神，晏婴论有莘之状，东方朔之识毕方，郭景纯之知驴鼠。五总九总，夙推博雅之宗；古事今事，并著淹通之誉。斯可语于学矣！贾生文洁而体清，刘向趣昭而事博，阮嗣宗之响逸，嵇叔夜之兴高，岂无巨制？经一纪以练都，亦有短篇；未终食而草奏，斯可语于词矣。至若谢该博学，受知于文举；虞翻洽闻，见宝于伯符。荐祢衡者，曰百鹜不如一鹗；举正礼者，譬长途之御二龙。是则道与时彰，名因实附，既有然矣。

如某者，韦带庸人，蓬枢末品，学仅成于断港，笔未梦于生花。虽复截柳为书，网罗积岁，焚柴继晷，渔猎三余。奉训趋庭，略致研求于理窟；从师负笈，粗闻指授于文锋。而涂抹之余，只堪覆瓿；咏题之后，杂用补袍。读史昧祈招之诗，考古愧琅邪之稻。赋名六合，几同刘昼之愚；鬓有二毛，敢叹安仁之拙。奔走轮樲之间，蹜踖藩篱之际，决起不及于榆鸠，退飞有类于风鹢，岂期固陋得与埏陶，不由干谒之私，猥蒙特达之遇，欲令南郭合吹于齐竽，将俾巴人和声于郢雪。虽拔十得五，不惜假之品题；而耕九余三，实有惭于学殖。

且夫词科之设，始自开元宋世以来，遂为制举。韩昌黎尚未能以霸，李樊南亦有所未堪，真德秀宏而不博，留元刚博而不宏。方今懿文蔚起，人怀隋岸之珠；丽藻日新，家握蓝田之玉。顾以弇鄙之姿，得与文华之目，纵洪钧与物以何心，而小器因人而顿重。咳唾所及，铅刀有贵于龙泉；眄睐所垂，鱼目顾同于骊照。某自问何人，而膺斯宠？木向春而唯见其荣，龟负山而深知其重。敢不俛勤鞭策，仰副裁成，庶几报国以文章，益充所学，永矢立身于忠孝，不负所知！《词科余话》卷二，《四库未收书辑刊》壹辑，第19册，第671~672页。

谢眉庵少司马启

华希闵

无锡华希闵被征，以年老不至，丁巳岁，子绂计偕至京，附启谢举主吴眉庵少司马。

闵锡山鄙士，才谫学陋，读书仅窥大意，于古今名物度数之大凡，不能纤屑识记也。文朴拙不务悦时目，十试布政司，两以副榜充贡，至庚子始列贤书，年近五十矣，试礼部文，未得达主司之目。或咎其拙于进取，闵独自谓非拙也，命也；守其拙而不变，亦命也。五十后不与计偕，俯仰一室，钻穴简编，矻矻如蠹鱼，甘之不言瘁者十年矣。

癸丑夏，诏开博学宏词科，县郡漫举其名达三院，檄令就试。闵自顾枵腹无可试者，以疾辞。乙卯秋，制府赵公专檄趣征，力辞免，盖壮不如人，岂能以逾六望七之年，复与英俊争得失于寸管？去夏，部檄至吴，有司督促就道，知出自阁下荐刻，喜跃之私，倍蓰于前。何也？阁下鸿名硕望，海内仰之如山斗，欲一出门下不可得。闵无尺素之通，无左右之誉，而辄以姓名达之黼座，公为荣宠，何如者？况得径试殿廷，与进士对策，相拊较之，橐笔裹墨，唱名鱼贯，就试三院，而待荐者相去迳庭。闵虽愚，其爱荣丑衰亦人情，能不喜哉？然愧悚亦倍甚！博学鸿词大名也，其科大科也，一事不知，不可谓博，况芒芒于古今者乎？才非相如、子云，不可谓宏，况朴拙不悦时目者乎？陈情江抚，咨达大部，然未敢抒谢悃于左右。盖当多士鳞集响应之时，独阁下所举荐者，邈然不至，迹近矫亢，上负盛雅，迨廷试已竣，得俊者魁杰闳通之材，以谫陋命蹇如闵者厕其间，必无幸焉。然则守拙引退，以善全阁下推奖之盛心者，未为全非也。至于知己之感，闵非然明，而阁下不音叔向，敢不勉之以图报？抱残守缺，至老不厌，倘天假之年于先圣遗经稍有窥寻，见之笔削，苍蝇骥尾而千里，所以仰答阁下者，庶在于兹。《词科余话》卷二，《四库未收书辑刊》壹辑，第 19 册，第 676～677 页。

谢少司农临川李公诗并启

赵　昱

昱溯河末学，浅暗寡闻，久栖畎畝，迟顿场屋。自问为沟中段梗，不朽佩匏，何敢仰希当道，延咨垂眄？猥以樗栎之材，重负旷殊之典，瘄寐难安，惶陈无地。乃名卿志厉风俗，宏长道业，辱采虚声，过蒙奖藉，曾作半面之通，竟置贡名之列。公忠体国，莫罄颂扬，芜秽呈词，镂识云霞云尔。

乾健符尧纪，隆平叙禹畴。文星占景丽，相室藉鸿庥。令德君陈懋，清风吉甫讴。仙根传土姓，临水镇方洲。诗派西江接，文澜九道流。规随皇运葆，光辅圣风采。柔位列元和，重名稽龙朔。俛委蛇明退，食飓拜副先。忧允矣文章，伯皇哉忠孝。侯开天方穆，统纪自修修。树善垂青简，书勋羡黑头。荣名蜚玉笋，风望卜金瓯。丹桂洪桃植，南金东箭收。青标真蕴藉，力学仰弸彪。风节冰霜见，君臣鱼水游。等身昼日富，材馆录频搜。梯宇坏陶下，儒林发藻秋。政先贤路辟，谣第从臣优。俭壹丹台领，方闻金匮绅。制科崇旧典，明诏布遐陬。白屋延宾阁，青袍感仄幽。贡名邀得俊，充赋拔其尤。昱乏他长录，公无半面谋。旁招邀奖借，连茹及卑陬。荐陆思逢吉，援苏始感欧。万言惭贾董，四俊愧程仇。检棫风吹柿，穿杨射命騧。琐材诚下走，举主重传驺。自顾鲰生尔，堪应大对不。闲编联复绝，温卷削面投。丰剑冲城起，胡琴入市售。例随旌羽下，坐集偃波求。让友希黄穆，无媒忆马周。翕然裴垍论，卓尔季方俦。贾倍连城璧，光分近水楼。橘云兴蔼蔼，甘露降油油。罗列珊瑚网，缤纷麟凤洲。煌煌呈宝鼎，济济戛鸣球。韫椟原怀玉，披沙为获鏐。典坟供枕葄，材谓废洞掫。不负名卿意，溪毛或荐羞。
《词科余话》卷二，《四库未收书辑刊》壹辑，第 19 册，第 67 页。

经济特科同征录

张一麐

大学士翰林院掌院学士孙家鼐保十一人：

江西试用道江峰青，江西石城知县王宾基，翰林院编修曹福元，翰林院编修夏孙桐，翰林院编修李传元，翰林院编修李家驹，翰林院编修吴荫培，内阁中书方燕庚，户部候补郎中王宗基，国子监监丞刘德馨，分发试用直隶州知州刘体仁。

协办大学士徐郙保七人：

翰林院编修梁士诒，翰林院编修关冕钧，吏部候补主事梁志文，工部候补主事曾文玉，内阁中书麦鸿钧，内阁中书秦锡镇，候选郎中刘体蕃。

吏部尚书张百熙保三十三人：

翰林院编修李家驹，翰林院庶吉士李稷勋，翰林院庶吉士袁励准，外务部候补郎中沈曾植，户部候补主事杨道霖，户部候补主事蔡镇藩，兵部候补员外郎绍英，刑部外郎乔树柟，刑部候补主事李希圣，刑部候补主事孙诒让，刑部候补主事王仪通，分部学习主事丁惠康，内阁中书马潛年，内阁中书沈兆祉，候选光禄寺署正罗振玉，河南候补道易顺鼎，湖南试用道张鹤龄，湖北候补道陈兆葵，湖北候补道梅光羲，广西候补道陈昭常，湖北试用知府程颂万，贵州试用同知贺㴐，湖北候补知州魏允恭，前安徽青阳县汤寿潜，直隶委用知县罗正钧，分省补用知县邹代钧，候选知县屠寄，拣选知县唐祖澍，湖南举人张缉光，浙江举人蔡宝善，浙江举人邵启贤，广东优贡生罗惇曧，湖南湘潭县优贡生王代功。

工部尚书吕海寰保五人：

直隶补用道何彦昇，户部员外郎刘奉璋，安徽试用道沈瑞琳，江苏江浦县教谕陈庆年，兵部主事陈寿彭。

兵部尚书徐会沣保六人：

翰林院检讨桂坫，兵部郎中李钟豫，刑部郎中张瑞荫，工部郎中唐浩镇，兵部主事成沂，兵部主事张百城。

刑部尚书贵恒保三人：

刑部主事姚大荣，山西在籍户部候补主事谷如墉，工部候补主事恩丰。

刑部尚书葛宝华保三人：

翰林院编修蔡元培，刑部候补主事王仪通，湖北试用道张诚。

吏部右侍郎张英麟保十一人：

候选道萧应椿，山东试用同知朱士焕，湖北试用道通判桑宣，候选知县王咸吕，山东举人傅旭安，江苏补用道郑孝胥，四川候补道曹穗，四川补用道刘庆汾，四川补用道贺纶夔，广西候补道魏瀚，江苏候补同知杨廉臣。

工部左侍郎唐景崇保十三人：

修撰张謇，修撰骆成骧，编修李家驹，编修喻长霖，编修赵炳麟，兵部郎中廖振榘，户部主事孙诒让，湖北试用道宋育仁，江西补用道徐绍桢，前直隶高邑县知县唐则璐，甘肃中卫县知县王树柟，广东举人分省知州谭学裴，广西试用知县刘士骥。

刑部左侍郎沈家本保七人：

湖南附生分省补用知县邹代钧，浙江上虞县廪生罗振玉，湖北生员陈毅，浙江生员候补同知张美翊，浙江举人王舟瑶，江苏举人分省补用知县刘钟琳，浙江举人李廷栋。

户部侍郎戴鸿慈保九人：

分省知县顺天举人陶镛，户部员外郎刘岳云，礼部主事罗风华，翰林院编修梁士诒，候选道江苏举人王丰镐，内阁中书孟润奎，安徽绩溪县举人曹清泉，福建泉州府副贡生吴钟善，广东大浦县监生杨毓辉。

兵部侍郎李昭炜保二十一人：

江南南丰县知县陈君耀，安徽婺源县知县方永晛，江西庐陵县知县郑恭，江西举人龙云勋，山东恩县知县李维诚，翰林院编修陈同礼，江西候补道江峰青，安徽举人鲍鸿，翰林院编修万本端，山东清平县知县梅汝鼎，江西举人傅尔贻，江西举人张佑贤，江西举人彭士华，议叙知县易顺豫，河南候补道张承声，分省补用道周学渊，江西试用道直隶州州判方履中，安徽廪生光昇，江西举人程澍，安徽试用知府陈庆龢，安徽婺源县附生江谦。

刑部左侍郎崇勋保四人：

刑部候补主事刘敦谨，刑部候补主事姚廷炘，刑部候补主事蔡瑞年，教习知县林炳华。

署礼部侍郎郭曾炘保八人：

翰林院编修严修，四川补用道张鸣歧，湖北试用知府叶景葵，浙江补用知府杨钟羲，翰林院庶吉士陆懋勋，选用教职林纾，分省补用知县高而谦，议叙知县力钧。

盛京兵部侍郎萨廉保一人：

花翎留奉试用道王志修。

都察院左都御史陆润庠保十五人：

翰林院编修傅增湘，江苏候补道江西举人黎经诰，候选道江苏进士李振鹏，安徽候补知府浙江进士王咏霓，户部郎中安徽贡生刘体智，户部主事江苏附贡生彭谷孙，礼部主事河南进士刘果，山东试用通知江苏监生朱士焕，候选教职江苏举人徐沅，浙江举人武曾任，江苏举人章钰，江西举人胡其敬，江苏举人陆长俊，江苏附生何实睿，江苏监生庞树阶。

都察院左副都御史恩顺保二人：

翰林院编修顾瑗，中书科中书截取同知朱孙萧。

都察院副都御史章仁黼保十九人：

五品卿衔孙葆田，翰林院编修华学澜，翰林院编修夏孙桐，外务部员外郎沈曾植，工部郎中秦树声，候选主事罗度，直隶补用道钱鏴，江苏补用道陈遹声，江苏补用道蒯光典，河南补用道胡翔林，四川试用道何维棣，广西试用道汤鲁璠，直隶补用知府张孝谦，候选同知江翰，江苏廪生候选知州顾锡爵，湖北举人江苏补用知县洪槃，浙江举人章梫，四川举人吕冀文，河南拔贡生吴烈。

光禄寺卿曾广保十二人：

广东在籍候选知府曾磐，刑部郎中陈毅，刑部主事李希圣，湖南在籍分部主事陈兆奎，江西试用知县杨承曾，浙江钱塘县廪贡生汪诒年，浙江钱塘县监生连文澂，江苏上海县附生高翀，武进县廪贡生李宝嘉，广东香山县监生吴沃尧，湖南拔贡生李鑫锁，湖南善化县监生罗良鉴。

太常寺卿陈兆文保九人：

湖南举人杨度，户部小京官丁奎联，湖南举人周光稷，奉天优贡郝增祁，分发山东道员魏业锐，湖南附生夏绍笙，湖南廪生刘映藜，湖南廪生谭麦，湖南拔贡生教习知县何盛林。

国子监祭酒王垿保四人：

前四川大足县知县丁昌燕，内阁中书秦锡镇，内阁中书赵录绩，兵马司副指挥丁汝彪。

奉天府丞郑叔忱保三人：

浙江举人施世杰，内阁候补主事梁济，湖北试用府经历李洇。

署两江总督张之洞保三十人：

翰林院编修缪荃孙，翰林院编修张謇，户部郎中刘奉璋，候选郎中李维格，内阁中书曹元忠，内阁中书徐振清，山东宁远厅通判吴廷燮，候选同知张焕纶，候选通判举人王季烈，江浦县训导陈庆年，江苏拔贡生华世芳，布政司理问职衔贾文浩，江苏候补道䎛光典，翰林院编修刘廷琛，翰林院编修沈曾桐，翰林院庶吉士陈骧，刑部主事孙诒让，刑部主事李希圣，刑部主事华学涑，光禄寺署正罗振玉，候选道魏瀚，安徽候补知府王咏霓，候选知县邹代钧，广西举人汪鸾翔，福建举人陈衍，湖南拔贡生姚炳奎，广东廪贡生马贞榆，湖南廪生左全孝，通判职衔罗照沧，通判职衔汤金铸。

湖广总督张之洞、湖北巡抚端方保十六人：

候选训导前黄冈县训导杨守敬，刑部候补主事姚晋圻，国子监监丞前归州学正刘德馨，翰林院庶吉士饶叔光，陕西补用知县丁禧翰，兵部候补郎中刘国柱，湖北举人刘邦骥，湖北举人胡钧，湖北举人陈问咸，湖北举人田吴炤，湖北举人卢静远，湖北举人陈曾寿，湖北举人刘廷献，湖北附生陈毅，湖北附生吴元泽，分省补用同知宋康复。

两江总督刘绅一保九人：

刑部郎中沈曾植，江苏候补道䎛光典，江苏候补道俞明震，前安徽青阳县知县汤寿潜，安徽宿松县教谕程佐衡，江苏举人杨模，湖南举人张通谟，湖南举人黄运藩，江苏拔贡生尹彦铄。

四川总督岑春煊保十五人：

翰林院庶吉士于栻棱，浙江副贡生周善培，浙江上虞县附生罗振玉，山西宁远县通判吴廷燮，分省试用知县况仕任，直隶霸州训导纪钜维，甘肃中卫县知县王树柟，户部主事谷如墉，山西举人贾酉山，分省补用知县刘钟琳，直隶候补道杨士琦，分省候补道周学渊，浙江举人王舟瑶，湖北试用知府聂其昌，翰林院庶吉士魏家骅。

陕甘总督崧蕃保六人：

广东候补道姚文倬，甘肃中卫县知县王树柟，甘肃补用知县顾其义，甘肃试用知县杨懋源，浙江举人许宝蘅，甘肃试用县丞易抱一。

云贵总督魏光焘保六人：

江苏存记道杜俞，工部郎中端绪，分省补用知县邹代钧，贵州试用同知贺弼，云南石屏州举人袁嘉穀，湖南新化县副贡生谢玉芝。

漕运总督陈夔龙保六人：

江苏通州廪贡生范当世，候选道许秉琦，翰林院编修俞陛云，浙江上虞县附生罗振玉，福建举人陈衍，河南候补知府王念曾。

江苏巡抚恩寿保八人：

江西候补道王燮，江苏候补直隶州施炳燮，四川西昌县举人拣选知县刘景松，邛州举人拣选知县傅守中，资州举人庆符县教谕伍鏊，浙江候补知府杨钟羲，湖南举人攸县教谕许岳钟，安徽试用布经王镛。

山西巡抚赵尔巽保六人：

署太原府知府吴廷燮,湖北试用知府叶景夔,安徽候补知府王咏霓,直隶宝坻县生员李熙,山西屯留县教谕田应璜,山西乡宁县举人吴庚。

安徽巡抚王知春保四人：

安徽举人李筠寿,安徽试用道赵上达,安徽怀宁县拔贡马承融,安徽试用知县梁昌骏。

广西巡抚王之春续保一人：

四川试用知县苏蔼銮。

江苏巡抚恩寿续保五人：

翰林院庶吉士潘昌煦,江苏吴县举人单镇,福建侯官县举人陈寿彭,江苏元和县举人张一麐,户部郎中刘体智。

山东巡抚周馥保九人：

国子监学正衔武定府教授法伟堂,曲阜县举人郑重,诸城县举人王维城,曲阜县廪贡生孔庆垿,潍县附生王善述,翰林院庶吉士魏家骅,翰林院庶吉士顾祖彭,直隶州州判华世芳,中书科中书马其昶。

湖南巡抚俞廉三保六人：

三品衔内阁中书欧阳中鹄,山西宁远厅通判吴廷燮,湖南宜章县训导廖树蘅,湘潭县举人梁焕奎,浙江山阴县副贡傅以潜,湘潭县廪监生王代功。

广西巡抚黄槐森保一人：

广西试用道尹恭保。

湖北巡抚端方保七人：

翰林院庶吉士邓邦述,刑部候补主事孙诒让,直隶候补李葆恂,浙江候补知府宗舜年,湖北候补知州魏允恭,浙江候补知县赵宽,江苏举人章钰。

河南巡抚锡梁保一人：

特用员外郎浙江秀水县廪生陶葆廉。

山西巡抚升允保六人：

山西候补直隶州知州吴廷锡,湖北举人丁保树,分省补用知县丁禧瀚,分省补用知县赵长鉴,陕西举人牛兆濂,山西拔贡生刘炳堃。

广西巡抚丁振保一人：

广西试用知县刘士骥。

顺天学政陆宝忠保十三人：

恩赏员外郎陶葆廉,江苏候选教谕周家禄,外务郎主事唐文治,外务部员外郎王清穆,兵部员外郎绍英,外务部主事陈懋鼎,内阁中书马湑年,记名简放道陶大钧,直隶补用道钱镖,江西试用同知黄立权,江苏举人陈宗彝,江苏廪生陆蕖,江苏监生庞树典。

江苏学政李殿林保七人：

兴化县教谕胡玉缙,宝山县训导孙徵,甘泉县训导崔朝庆,长洲县举人汪毓桓,江阴县举人祝廷华,通州优贡冯善徵,泰兴县廪生杨体仁。

浙江学政张亨嘉保十八人：

前安徽青阳县知县汤寿潜,刑部主事李席圣,湖南举人谭绍裳,湖南优贡戴德诚,湖南廪贡任元德，浙江举人胡仁源，浙江举人张祖廉，浙江举人周蕴良，浙江生员冯巽占，翰林院庶吉士戴展诚，刑部员外郎曾广镕，刑部主事姚大荣，户部主事杨道霖，外务部主事陈懋鼎，湖北试用道宋育仁，安徽试用道刘树屏，河南禹州知州曹广权，平和县教谕吴曾祺。

广东学政朱祖谋保九人：

翰林院编修严修，翰林院编修吴庆坻，户部主事曾习经，礼部主事章法护，直隶补用道沈桐，浙江候补知府杨钟羲，河南禹州知州曹广权，江苏溧阳县生员狄毓乡，浙江平阳县生员宋恕。

陕西学政沈卫保十一人：

特有员外郎陶葆廉，前安徽青阳县知县汤寿潜，江苏候补道杨慕璘，河南试用知县陶炯照，陕西举人毛昌杰，江苏举人张一麐，江苏候补知府金兆蕃，户部候补主事彭谷孙，候选训导江西临潼县贡生张秉枢，浙江嘉善县廪生张祖廉，福建举人郭养沄。

湖南学政柯劭忞保六人：

清泉县训导廖树蘅，华容县训导邓承鼎，石门县候选训导阎镇珩，益阳县廪生曹佐熙，湘乡县廪生成本璞，澧州廪生黄钟骏。

湖北学政胡鼎彝保四人：

安徽大挑知县钱麟书，湖北试用知县蒋宝诚，湖北蕲水县教谕张士瀛，江苏举人程先甲。

江西学政吴士鉴保五人：

直隶候补知县张美翊，刑部候补郎中冒广生，四川举人苏兆奎，江西训导吴璆，南昌县廪贡生熊元锷。

广西学政汪诒书保十二人：

外务部主事饶宝书，户部主事曾习经，刑部郎中陈毅，刑部主事郭宗熙，湖北候补道陈兆葵，安徽候补道赵上达，广西知府沈赞清，广西知府曾广钧，直隶知县罗正钧，湖南举人陈于夏，湖南举人贺㢸，湖南举人张缉光。

山东学政尹铭绶保六人：

刑部主事罗维垣，刑部主事蔡桐昌，前福建光泽县知县降用教谕李子茂，广西举人拣选知县刘珽，湖南丁酉优贡谭延闿，山东举人淳于鸿恩。

贵州学政赵惟熙保四人：

陕西举人刘光蕡、河南候补道易顺鼎，江苏长洲县附生王季烈，候选盐大使李维格。

山西学政刘嘉琛保四人：

内阁中书王春瀛，刑部主事王守恂，山西举人贾酉山，山西优贡崔廷献。张一麐《经济特科同征录》，光绪甲辰北洋官书局。

经济特科各省荐举名录（题拟）

袁玉元

光绪二十三年，贵州学政严修奏请仿博学鸿词之例，设经济特科，旁求俊乂。二十四年，总理各国事务衙门会同礼部议，准上谕，着三品以上京官及各省督抚学政各举所知者咨送，奏请定期举行，旋因政变停试。二十七年，行在奉懿旨，照博学鸿词科例，开经济特科，以志虑忠纯、规模宏远、学问淹通、洞达中外时事者，先行保荐，继以征聘，如康乾时试分二场，以昭慎重。

二十八年闰五月十六日，试首场于保和殿，题为《〈大戴礼〉"保，保其身体；傅，傅之德义；师，导之教训"，与近世各国学校德育、体育、教育同义论》、《汉武帝造白金为币，分为三品，当钱多少，各有定直，其后白金渐贱，钱制亦屡更，竟未通行，宜用何术整齐之策》，列一等者四十八人：梁士诒……陈宗彝，二等者七十九人：桂坫……崔朝庆。闰五月二十七日试二场于保和殿，题为："桓宽言：外国之物内流，而利不外泄，则国用民给。今欲异物内流，而利不外泄，其道何由策？"列一等者九人：袁嘉穀、张一麐、方履中、陶炯照、徐沅、胡玉缙、秦锡镇、俞陛云、袁励准，二等者十八人：冯善征、罗良鉴、秦树声、魏家骅、吴钟善、钱錞、萧应椿、梁焕奎、蔡宝善、张孝谦、端绪、麦鸿钧、许岳钟、张通谟、杨道霖、张祖庚、吴烈、陈曾寿，皆以次进官授职，惟不似康乾鸿词例，均改官翰林耳。因故不与试者数十人，部驳不与试者三人（因原保者为热河都统，不合例），计各官所荐凡三百六人。

顺天四人：宛平桑宣；大兴陶埅；宝坻李熙，字仁甫，著《教育史》；宛平袁励准，字珏生，有集。

直隶七人：天津陈骧，著《格致篇》；天津王守恂；天津华学涑；天津严修，字范孙，著《欧游讴》、《广雅诗注》；天津华学润，字瑞安；王树枏，字晋卿，有集；纪钜维。

河南六人：商城张孝谦，字巽之，著《考察印书记》；祥符顾瑗，字亚蘧；刘果，字少严；固始秦树声，字宥衡，著《乖庵集》、《清史·地理志》；固始吴烈；吴廷燮，有集。

山东十四人：诸城王志修；费县王咸昌；日照丁汝彪；黄县淳于鸿恩；乐安秦锡镇；潍县王善述；诸城丁昌燕；曲阜郑重；安邱赵录绩；海丰张鸣歧，字坚白；法伟堂；孔庆埏；傅旭安；曹福元。

山西六人：沁水贾西山；浑源田应璜；乡宁吴庚；寿阳崔廷献；谷如墉；汾州王仪通，字书衡，有集。

陕西四人：咸宁毛昌杰；华州刘炳埊；牛兆濂；刘光蕡。

江苏六十一人：如皋顾锡爵；溧阳狄毓乡；无锡杨模；阳湖钱錞；金匮华世芳；吴县李振鹏；无锡杨道霖；嘉兴顾其仪；上海王丰镐；元和胡玉缙，字绥之，著《甲辰东湖日记》、《文集》；宝应朱孙弗；金匮钱麟书；崇明王清穆，字丹揆；金匮蒋宝诚；通州崔朝庆；阳湖赵宽；江都李钟豫，字毓如；江宁吴廷锡；无锡唐浩镇；江宁魏家骅，字墨孙，有集；上元王镛；长洲章钰，字杙之，有集；太仓唐文治，字蔚之，有集；长洲彭谷孙；吴县曹元忠，有集；江宁邓邦述，字效先，有集；宝应刘钟琳；上元朱士焕；元和张一麐，字仲仁，有集；通州孙儆；通州冯善征；桃源尹彦铢；无锡徐振清；江阴祝廷华；常熟庞树典；上元顾祖彭；元和陆蘖；长洲王季烈，字君九，著《格致学》；太仓陆长俊；江宁程先甲；泰兴杨体仁；长洲汪毓烜；吴县何实睿；江阴陈宗彝；如皋冒广生，字鹤亭，有集；吴县徐沅；吴县单镇；常熟庞树阶；上海高翀；

江阴缪荃荪,字小山,著《艺风阁集》、《艺风阁书目》;通州张謇,字季直,著《癸卯东游日记》,有集;元和夏孙桐,字闰枝;新阳李传元,字橘农;江阴吴荫培,字颖芝;屠寄,字金山,著《历史教科书》;丹徒陈庆年,字善馀,著《历史教科书》、《横山丛书》;周家禄;范当世;李宝嘉;程澍;何彦昇。

安徽十八人:无为程佐衡;桐城张诚;天长张百诚;休宁程澍;定远方燕庚;桐城方履中,字玉山;庐江刘体蕃;婺源江谦;怀宁马承融;建德周学渊;庐江刘体仁,字公戚,号蒲庵;庐江刘体智;合肥李筠寿,字斐君;合肥蒯光典,字礼乡,著《礼记集解》;怀宁陈同礼;杨士琦,字杏城;鲍鸿;光昇,字六笙。

江西十一人:南昌胡其敬;泰和龙元勋;德化黎经诰;新建吴璆;临川彭士华;南昌熊元锷;南昌梅光羲;鄱阳张佑贤;刘廷深,字幼云;万本端;傅尔贻。

浙江三十九人:山阴刘敦谨;仁和姚廷炘;会稽施世杰;黄岩王舟瑶;会稽周蕴良;仁和陆懋勋;德清俞陛云,字阶青,有集;山阴傅以潜;钱塘连文澂;归安沈瑞琳;德清蔡宝善;余姚邵启贤;海盐王宗基,字稷唐;秀水李廷栋;嘉善张祖谦,字彦元,有集;钱塘武曾任;钱塘许宝蘅,字季芗;仁和冯巽占;归安胡仁源,字次珊;秀水陶葆廉;周善培,字孝怀;汪诒年;嘉兴沈曾桐,字子封,有集;山阴蔡元培,字孑民,有集;占州喻长霖,字次韶,有集;嘉兴沈曾植,字子培,有集;瑞安孙诒让,字仲容,著《周礼正义》、《札迻》、《墨子间诂》、《周礼政要》;沈兆祉;上虞罗振玉,字叔蕴,著《佣庐日记》、《金石文字记》,有集;山阳汤寿潜,字蛰仙,著《卮言》;叶景揆;汪泳霓;台州章梫,字一山,有集;仁和吴庆坻,字子修,著《杭州府·艺文志》,有集;永嘉宋恕,字平子,有集;嘉兴金兆蕃;宗舜年;刘树屏;陶大均。

湖北十八人:江阴张士瀛;江夏丁保树;江夏丁禧翰;江夏饶光;黄冈陶炯照;汉川刘邦骥;安陆陈问咸;黄陂陈毅,字士可,有集;沔阳胡均;江夏万廷献;黄冈刘国柱;蕲水陈曾寿,字仁先,有《苍虬阁集》;竹溪卢静远;宜都杨守敬,字惺吾,著《水经补注》、《历代舆图》;田吴焰;吴元泽;洪槃;贺纶夔。

湖南五十七人:浏阳欧阳中鹄;邵阳姚炳奎;安化黄运藩;湘潭王代功;沅陵许岳钟;衡州李子茂;善化陈于夏;蓝山李沺;临湘方永昞;湘潭张通谟;宁乡邓承鼎;宁乡程颂万;湘乡曾广钧,字重伯,著诗文集;桂阳谭默;龙阳易顺豫;桂阳刘映藜;长沙易抱一;邵阳魏允恭,字蕃实;湘潭梁焕奎;桂阳李金癸;益阳曹佐熙;湘潭杨度,字皙子;清泉丁奎联;善化罗良鉴;衡山聂其昌;湘乡成本璞,字琢如,著文集;桂阳陈兆奎;廖树衡;谭绍裳;武陵戴德诚;任元德;武陵戴展诚,字遽庵,有集;杜俞;谢玉芝;赵上达;长沙陈毅,字贻重,有集;李希圣,著《光绪会计录》;夏绍笙,有诗集;湘阴左全孝;龙阳易顺鼎,字实甫,著诗集;张鹤龄,字小甫;邵阳贺彌,字少亮,有集;罗正钧;新化邹代钧,字云帆,著《地理图》;善化张缉光,字劭希;长沙何维棣;汤鲁璠,字稚安;湘乡曾广镕,字季容;长沙曹广权;杨慕璇;阎镇珩;黄钟骏;郭字熙,字诇伯;罗维垣;长沙谭延闿,字组安;何盛琳;梁昌骏。

福建十三人:侯官吴曾祺;侯官陈衍,字石遗,著《诗话》、《文集》、《元诗纪事》、《近代诗钞》；长乐陈君耀；浦城蔡瑞年；晋江吴钟善；郑孝胥，字苏龛；高而谦，字子孟；林纾，字琴南，著文集、画集；江瀚，字叔海，著《宗孔篇》，有集；侯官郭养沄，字啸麓，有集；侯官魏瀚；侯官陈寿彭；侯官沈赞清。

广东十九人：龙门刘士骥；兴宁饶宝书；新会曾文玉；南海桂坫；揭阳曾习经；大浦杨毓辉；番禺陈庆和；顺德黄立权；南海梁志文，字伯允，有集；顺德罗憼飇，字淡东，有集；三水梁士诒，字燕孙；三水麦鸿钧；曾磐；吴沃尧；马贞愉，有集；谭学裴；李家驹，字柳溪；新会陈昭常，字简石；丁惠康，字叔雅，有集。

广西八人：临桂刘玨；宜山林炳华；临林汪鸾翔；平乐廖振榘，字子方；博白蔡桐昌；赵炳麟，字竹图；关冕，字伯衡；于式枝。

四川十二人：盐源刘景松；富顺宋育仁，字芸子，著《采风记》，有集；营山蔡镇藩；傅守中；伍銎；吕冀文；骆成骧，字公骕；李稷勋；成都乔树枏，字茂萱；马湉年；傅增堉；苏兆奎。

云南二人：昆明萧应椿，字少度；石屏袁嘉穀，字树五，著诗文集《树圃丛书》。

贵州三人：遵义刘庆汾，字子贡；贵筑赵长鉴；姚大荣，字俪垣，著《石鼓考》、《文集》。

八旗五人：内务府正黄旗汉军成沂；正白旗端绪，字仲纲；恩丰；绍英；力钧。袁丕元《清代征士记》卷三。

举尹恭保应特科奏（题拟）

黄槐春

开缺另候简用广西巡抚黄槐春跪奏：为敬举所知，备应特科考试恭折，仰祈圣鉴事。窃臣于光绪二十七年五月二十四日，准行在吏部咨开内阁钞出光绪二十七年四月十七日慈禧端佑康颐昭豫庄诚寿恭钦献崇熙皇太后懿旨："为政之道，首在得人，况值时局阽危，尤应破格求才，以贤治理，允宜敬遵宪，照博学宏词科例，开经济特科。本届会试前举行。其有志虑忠纯、规模宏远、学问渊通、洞晓中外时务者，着各部堂官及各省督抚、学政出具考语，即行保荐尔。诸臣当详加延览，各举所知，共济艰难，以维邦本。钦此。"

仰见圣慈溯成宪而展鸿谟，期拔真才以供任，是才足济用，则治理日臻而邦本自固。臣跪诵之下，鼓舞莫名，应即钦遵保荐。自惭庸陋，甄鉴难精。伏思荐举人才，以事圣明，为臣下当尽之职，亦惟有就平日察识有得者，敬举所知。查有广西试用道尹恭保学有根柢，议论纯正，由举人出仕广东，曾派至越南边疆，襄办军事，随同查界，据险扼要，颇中肯綮，历署雷州、韶州知府，皆有政声。雷州系属海疆，能是民教辑睦。光绪二十一年，经两江督臣调赴江南，办理营务《日本条约》，定后仍回广东，嗣以道员分办广西试用。臣派以要差及委署右江道篆，均极胜任，遇事而能得其要，学博而能探其精，每询以中外时务，俱能透彻了然，洵称有用之才，堪备特科之试。谨据实保荐，伏候圣裁。为此恭折具陈，仰祈皇太后、皇上圣鉴训示，谨奏。中国历史第一档案馆编《光绪朝硃批奏折》第105辑，中华书局1996年，第124~125页。

奏请罗度等辞特科（题拟）
岑春煊

再臣承准政务处咨到内外臣工保荐经济特科各员名单，其服官在川及奏调在川者，查有候选主事罗度、准补建昌道曹穗、候补道刘庆汾、贺纶夔、何维棣、分省知县刘钟琳等六员。除曹穗系实缺道员，照章不能应试，刘庆汾、刘钟琳两员已由臣给咨入都候试外，据罗度、贺纶夔、何维棣先后呈称：特科之设，所以求异等之才，该员等自问迂疏，未敢滥竽应试，呈请具奏恳恩，免其前往应试等情前来。臣伏维朝廷之设特科，原以旁求俊义，臣备员疆吏，宜应多举所知，尽以人事君之责，曷敢于诸臣所举者，转不竭力以促其行，无如该员等。自维特科巨典，非所敢承，恳切陈辞，尚非虚矫。覆查罗度现委办理筹赈局，贺纶夔现委办理营务处，何维棣现委办理济楚保商局，均有要差，一时亦难遴员代办，可否恳免其赴试之处。恭候圣裁，非臣所敢擅请，谨附片具陈，伏乞圣鉴训示。谨奏。《光绪朝硃批奏折》第105辑，第119~200页。

辞保荐经济特科书
唐佩员

伏念卑职岭西下士，自顾琳珩，造诣未深，滥叨一等春官，屡上席帽，未离旋因，投笔微劳，筮仕畿辅，久襄谳局，六绾邑符，盖从事于簿书期会者，前后十有余年。

伏维特科之举，大要在博通时务，坐言起行若卑职之学，则瀽落无成，仕则声绩未著。唐侍郎此举，有百思不得其解者，岂以庚子一役奉诏办团笺奏，筹笔相从年余，或自谓知之已深，而忘其为不合时宜，未尝学问之人乎？乃者宪台复不以卑职为愚不肖，俾尹析津。受事以来，于兹两月，凡百职事整理未遑脱，今见异思迁，贸然一试，即使倖获，亦适以为羞当世而玷朝班。在宪台期望甚殷，自不欲寮属之久为下吏；在卑职自审有素，曷敢以空疏而希冀殊荣？《记》曰"量而后入，不入而后量"，《老子》曰"知足不辱，知止不殆"，卑职不敏，窃自揆矣。《大公报》1903年5月15日"专件"。

制策

康熙己未博学鸿儒科试题

一、省耕诗五言二十韵
二、璇玑玉衡赋并四六序

省耕
王鸿绪

帝道崇东作，王人咏大田。劝农原政本，粒食是民天。万井敷荣始，三春力穑先。我皇宵命驾，甸帅晓巡阡。高下青旗影，飘扬翠盖烟。茅茨扶杖待，丘陇属车闐。野旷骖騑缓，村晴帐殿悬。麦苗光霭霭，菖叶色芊芊。布谷啼浓杏，平畦灌碧泉。绀辕零雨后，黛耜落花前。共饬耕维耦，应期岁取千。循途咨疾苦，蒸土慰旬宣。雁羽知方集，鸠形绝可怜。播时躬率稼，赈乏赋频蠲。遐迩歌尧壤，纵横浚禹川。膏腴同耤亩，羽骑迈于畋。户晓心臧训，风淳骏发篇。吹铜开黍谷，获稻待豳弦。游豫群生洽，讴吟四国传。欣看临幸地，省补自年年。王鸿绪《横云山人集》卷二，《续修四库全书》第 1416 册，第 551~552 页；《皇清文颖》卷四十。

璇玑玉衡赋 有序
王鸿绪

臣闻体乾行道，古隆钦若之文；治历调元，代重授时之典。盖帝王之大法，首在敬天；而推验之精思，惟先尚象。粤稽岁起摄提之辟，始建干支；运膺炎火之皇，爰分昼夜。鸿蒙乍辟，规制难详。河图瑞启，庖羲阐日月星辰之秘；神策详开，轩帝穷纪元章蔀之占。追玑衡肇造于伊祁，历象重研于妫汭。验两仪之常奠，有似鸡丸；考五纬之周行，真同蚁磨。天包地外，识金乌旋转之方；地隐天中，辨珠斗低昂之准。六气调而四时若，阴阳适协于圆机；九霄朗而八极明，盈缩全窥于横管。瞻星文于午夜，琼光摇碧落之墟；候日景于灵台，琳彩焕朝阳之色。盖玑为璇饰，而七曜始明；衡以玉雕，而三光乃丽。信羲和之法宝，永与球璧交珍；实甘石之良规，宜若图畴世守。既而运穷秦火，代失虞仪，盖天之说谁传，《宣夜》之书无考。阴阳一术，同金粟之空谈；生克诸家，等玉卮之无当。迄乎汉武，洛下始绍其模，递及元嘉，钱乐尚遵其制。然精核首推平子，详明允数淳风。内规外规，漏水应星中而合节；天经天脊，游环验极度而潜符。总玑衡之遗意犹存，皆铜浑之相传不失。

恭惟皇帝陛下，乾坤叶德，日月同光。璧合珠联，史识太平之有象；轮重奎聚，书征帝德之无愆。固已昭事维虔，冥漠契璇宫之志；聿怀多福，清明彻玉宇之诚。乃犹以奉若弘功，道莫隆于考历；勤民成务，政首贵乎明时。爰命保章，特崇敬授，虽圣明作述，立法不同，而夙夜凝承，事天则一。继祯符于莆阪,治仰光华;协景庆于薰弦,人游汭穆。雕题凿齿,共怀松林之风;鸟弋黄皮,齐奉冀阶之朔。信御六而参两,迈五而登三者矣。于时玄鸟司辰,青旂转候。公车待诏,霞蒸金马之门;丹陛含毫,日丽铜龙之阁。来赋题于天上,抽词藻于人间。臣滥点清班,欣逢盛事,敬呈芜制,曷颂皇猷,敢拜手稽首而赋曰:

维天运之无垠,仰苍苍于终古;秉刚健以立德,普覆帱乎六宇。殚智虑而难窥,藉法天之圣主。粤稽轩辕受命,披图作晬,大桡占斗纲,隶首立算术,容成作盖天,臾蓝推荚蔀,羌星官之罗列,顺四时而步天武。传自陶唐,彤车白马,爰造玑衡,分经准舍,钦若勿违。授时函夏,揖让有虞,祇承玉历,仰观俯察,朝乾夕惕。碧汉高低,星辰的皪,目营心维,斯程是适。尔其为玑也,如轮如毂,象天之圆,缤纷合沓,棋布星躔,煌煌煜煜,璀璨编连,挚夜光之径寸,缀琼宇之澄鲜。尔其为衡也,取质荆山,是琢是雕,中空外坚,美俪琼瑶,似截琅玕之竹,如横凤阁之箫,用以斜窥夫列宿,睨视乎层霄。至南极北极,作天枢纽;出地入地,或昴或否。众星分罗,如臣拱后天,穹窿而旋左,日月五星错落而旋右,总度数之棼如,皆于是焉观其休咎。

若夫曜灵东浴,玉兔西生,拂扶桑而沉细柳,扬素娥而泻银瀛。一则乍赢乍缩,一则半亏半盈,时而重光重润,时而或犯或凌。苟按器以潜思,洵烛照而有征。乃荧惑处南,重华居东,太白西而辰星北,镇为土德,宅乎其中。既禀性之各异,亦徐疾之不同。月阴精而具阳,日阳精而秉阴。金水受光于火日,木土资生于水金。他若群星之隐见,盈万罗寥廓而森森,无不挈灵机而知数,倚玉管以探寻。于考中星,实辨昏晓,秋虚冬昴,夏火春鸟,譬循环之无端,犹翔龙之旋绕。定四序于代更,割阴阳于忽秒。至稽行道之黄赤,分内阴与外阳。蟾魄之青朱黑白,羲驭之冬短夏长。一南而百物雕朽,一北而万汇辉煌。等瑶梭之交织,傔七襄而成章,皆玑衡之妙用。

察天道于微茫,何三代永守以为宝?遭函关一炬而销亡,迨经营始于洛下。铸象肇于寿昌,钱乐造为铜浑,猗尺度而寸量。更若仪名六合,制起三辰,侧立斜倚分其位,黄环白环运其轮。俨四游之在内,准直距而维均。恃衡管之俯仰,占晷刻于冬春。洎仰仪简仪之迭变,候极立运之纷纶,师古帝之遗法,旷千载而同论。苟厥德其不回,何妨乎创制之维新?

我皇上文武圣神,诞膺景命,体天行而作则,顺民时而立政。合二气以相宣,调万年之金镜,念乾符下孚于君德,必皇衷上契乎穆清。故前民而开务,谨时宪于元正。离光腾而物照,冰轮现而景澄,则宸躬之日月,常升恒也。视为木而主明,貌为水而主恭,听为金而主聪,思为土而主睿,言为火而主从,则君心之五行,恒肃雍也。无形之七政,运行罔息;在中之玑衡,不闻亦式。虽上极夫皇王之盛治,畴得以絜崔巍之至德,将使日月循纬,五星同色。比重华之游河入昴,同放勋之睹景出翼。相与游乎卿云之缦缦,畅九垓而弥万国。王鸿绪《横云山人集》卷二,《续修四库全书》第1416册,第549~551页;《皇清文颖》卷四十。

御试省耕诗二十韵

尤侗

青鸟当司启，苍龙乘载阳。土膏开径术，木正迎勾芒。元日初祈谷，先农已献祥。三推参保介，五种出仓箱。圣德追躬稼，深宫思省方。翠华巡绮陌，凤盖转兰塘。社鼓千村急，茅绹百室忙。鸣鸠拂其羽，戴胜降于桑。膴膴周原茂，畇畇禹甸长。陇头陈樲桠，谷口下牛羊。方听瓯窭祝，因歌芟柞章。泛舟菖叶渚，驻马杏花庄。田畯豳吹乐，曾孙旨否尝。旌旗回细草，剑佩绕垂杨。灵雨随车至，和风夹路翔。赐租连甽亩，劳酒遍畿疆。驯雉依苗黍，哀鸿饱稻梁。盈宁欢妇子，游豫颂君王。丰岁多高廪，邦家有苾香。伫看鸾辂返，共进万年觞。尤侗《于京集》卷二，《续修四库全书》第1407册，第11页。

御试璇玑玉衡赋

尤侗

维天垂象，高明之位列；维皇建极，崇效之功成。上下同流，后先一揆。弘惟皇上，三无居体，九有推恩，垂衣裳而治，文教风行，秉旄钺以麾，兵威露布。黄皮乌弋，莫不来王；赤凤丹麟，于焉献瑞。固已道兼参两化，洽阴阳，权衡正而泰阶平，云汉俾而天章焕。乃犹勤思钦若，深念奉时，亲制仪象之图，爰命重黎之职。朝登帝阙，独握金枢；夜望天街，常占玉烛。听鸡筹之唱，便中宫商；瞻龙柱之标，如颁圭璧。五辰既抚，七政斯齐。此虽周台测景，未足比其迎祥；唐谷观星，何能方其分宅？若稽浚哲文明之后，肇造璇玑玉衡之名，载在天官，符于今日。用采风于故典，遂授简于微臣。敢效雕虫，窃惭窥管。其辞曰：

邈矣悠哉，天象昭回，仰观阊阖，试陟灵台。八柱矗起，九野宏开，七衡互间，六气相推，若张盖兮罿罪，如转毂兮徘徊。青霄绛霄，左舒而右辟；赤道黄道，横带而斜来。于是二曜分行，三光列序；五纬交陈，七政齐举。郁华揽辔以相羊，结邻案轮而容舆。踆乌衔景于咸池，顾兔腾精于琼宇。木乘规位，金出矩方，水因权重，火以衡长，后土执绳，乃坐中央。白虎曳尾于参昴，苍龙振鳞于氐房。元龟匿首于女虚，朱雀矫翼于轸张。总周天之列宿，群夹辅于明堂。问圜则之营度，曰待命于皇王。

粤昔轩辕，受鼎获策，始作盖天，兼综六术。颛顼用之绝通，放勋从而平秩。重华在焉，是稽是式。制璇玑以转旋，管玉衡而推测。璇有类于贯珠，玉有取于合璧。体本方而用圆，形常正而影侧，如连环然运之不息，犹橐籥乎动而愈出。验盈虚于四维，审进退于两极。候消长于朓朒，辨妖祥于陨蚀。撮穹隆于毫芒，汇森罗于顷刻。信上古之神器，极天下之至赜。于斯时也，南风薰，卿云烂，日月光华，旦兮复旦。历雷雨而弗迷，望山川而能遍。星辰绘兮五彩彰，水火修兮九歌劝。夔龙拜兮干羽舞，凤凰鸣兮笙镛间。观帝德之罔愆，征天道之不变。迨传三正，异统同归，协纪洪范，测深土圭。秦火殄灭，羲和失司，不知《宣夜》，何有《周髀》？洎乎炎汉，乃建浑仪。洛下营之，平子成之；淳风令瓒，参而伍之。其状维何，玑衡是师，有物有则，惟深惟几。八尺周围，包九万八千里而无算；三重表里，行三百六十度而有奇。过此以往，纷纶不一。吴有王蕃，晋有陆绩。思训有横轮侧轮之轴，显符有游规直规之格。苏颂之一机近巧，守敬之二线棋密。水图则变于开元，木图则昉自麟德。或以铜而以铁，岂玑衡之可匹！盖后有作者，虞舜其弗可及也已。

维天亶圣，惟圣宪天。时乘六龙，上体乾元。朝日夕月，岁时周躔。正宫寝于帝座，列将相于魁前。令招摇以驭驾，役勾陈使鸣鞭；指旄头以先驱，扫欃枪之烽烟。俨紫微之朗耀，依碧落而高悬。于是进保章，咨冯相，治历明时，制器尚象。考灵宪以范围，法元枢而辅相。仿玉筹之旧模，创铜毬之新样；树景表之纵横，浮漏箭之激荡。览六和与四海，收三辰于一望。虽柱地而何难，将补天其奚让？尔乃日珥昼晕，月魄宵舒，五星聚井，十雨随车。金鸡与玉羊并揭，黄旗共紫盖分敷。东壁西奎，廓文昌而开武库；南箕北斗，挹酒浆而护储胥。卜永年之大历，过八百而犹余。愿帝歌而臣赓，庶媲美于虞书。尤侗《西堂文集·酉堂杂组三集》卷一，《续修四库全书》第1406册，第392~393页。

御试省耕诗二十韵
朱彝尊

长乐虬钟启，端门羽杖排。良辰元巳近，暄景暮春佳。帝念勤民切，群情望幸皆。苹风吹近远，兰泽洗氛霾。衔尾中流鹢，拳毛内厩骙。农舆沾雨露，俞骑束鞬鞾。沙柳津亭岸，山松驿路牌。西畴一以望，东作此时偕。于耜分原上，提筐馌水涯。杏花殷似火，菖叶小于钗。巷静饧箫市，烟澄土锉柴。仓庚飞习习，布谷语喈喈。乐事纡乾顾，丰年协睿怀。歌时成夏谚，行处即尧阶。帐殿开黄屋，人家绕翠厓。定知先稼穑，力为减徭差。吉日宣王祷，空同轩后斋。星躔齐北拱，声教已南谐。曲渚宜浮洛，芳尊迥胜淮。宸游多悦豫，振旅人天街。朱彝尊《曝书亭集》卷十，《四库全书》第1317册，第510页。

省耕诗 三月初一日太和殿御试
施闰章

农事崇开国，豳风纪授时。供输仍禹贡，宵旰甚尧咨。耕籍亲扶耒，祈年恪奉祠。军储急壤赋，帝德轸民饥。逊志铭无逸，省方乐有为。郊圻根本计，丰稔太平期。土鼓歆田祖，帷宫命甸师。轻阴将霡霂，淑景正繁滋。修禊灵辰近，乘春令节宜。鸡人传象辂，虎旅扈龙旗。雾合千官列，雷鸣万骑随。良畴真错绣，厚获祝如坻。傍辇祥飙动，停銮解泽垂。亲承天语劝，敢使岁功迟。原隰应胥堲，耔耘莫惮疲。秬秠元献种，谷米定流脂。睿藻云霞烂，仁心鱼鸟知。鸾旗欢野老，衮冕映茅茨。屡下蠲租诏，重陈多稼诗。饱腾资挞伐，皇路会清彝。《学余堂诗集》卷四十四，《四库全书》第1313册，第798页。

璇玑玉衡赋 有序
施闰章

　　盖闻载物敷仁,德莫厚于配地;膺图永祚,功莫崇于敬天。故上古圣皇首出,夙推亶聪之哲;鸿蒙初剖,早竭仰观之思。盖神明与造物同符,而耳目与化工合撰。然于穆之体,以象而克彰;钦若之心,因器而悉察。自羲轩在御,分昼夜以清宁;及姚唐授时,定支干以甲子。有虞制作久备,玑衡肇详。上以齐七政之运行,烂星云于眉睫;下以资庶汇之繁息,叙人物于雍熙。自非圣人,其孰知之?我皇上出震乘乾,登三迈五,郊祀而盟,荐必亲斋。居而旦明罔懈,恩肥土域,道格苍穹,犹复广征俊良,稍备采择,以《璇玑玉衡》命赋。伏见敬天勤民至意,臣上惭宸眷,内赧管窥,敢稽首顿首而赋之。其词曰:

　　维帝载之默运,泯声臭以难名。既高下以定位,纷散殊以流形;嬗神功以阖辟,妙旋转于不停。固清宁之合撰,乃天施而地生;伊积气之上浮,亶群阳之至精。风雨露雷司其教,舒敛温肃推其序。蕴之则冥美利于不言,见之则粲星辰以众著。或随躔度以迅行,或守次舍而若住,或象九野而区分,或拱辰枢而环聚。亘终古其如斯,夫谁得而知其故?

　　尔乃二曜周天,五行列次,象纬由之错综,祥祲由以征异。章亥不能施其步算,保章无所容其巧智。苟测景于自然,良坐照其位置。爰有天挺至圣,志气如神,仰观极目,理瞩无垠。三辰七曜,既罗于胸臆,迟速顺逆,洞烛其纷纶。乃殚精毕虑,制器以当,悬象缀珠,刻玉造仪,以绘紫氛。玑为圆景,而穹隆于焉曲肖;衡为横管,而日星于以烂陈。由是命官则羲仲和仲分其任,测晷则朝夕宾饯敬其时。由玑以列其全,则虽圆如欹盖,而图之不出指掌;由衡以测其详,则虽繁于散珠,而窥之炯若察眉。斗杓东而勾芒御春,识农事之攸始;微垣耀而文武协翼,知皇极之咸归。其后言天之家有三,而《宣夜》无传,不足以穷蕴奥;《周髀》之说虽晰,而浑天仪立,遂莫出其范围。

　　要以七政既齐,而庶绩皆底,非徒求之天象也。王者,父天母地,兄日姊月,呼吸可以上通精神,捷于孚格。雨旸时若,稽于《洪范》之书;卿云载歌,扬自虞姚之册。"日食修德,月食修刑",圣王每用,以省衮职;"风不鸣条,雨不破块",古帝本之,以承天则。他若泰阶平则上理丕奏,奎井聚则贤才汇征,天仓显而岁丰黍稷,欃枪晦而世偃甲兵,皆有感而胥应,信庶征之分明。故三言近仁,荧惑退舍,而恐后以民为天。管氏昌言于齐后,董子对天人以陈王道,《春秋》书灾异以警休咎。既协极于维皇,固知纯嘏之辐辏。施闰章《学余堂文集》卷一,《四库全书》第1313册,第4~5页。

御试省耕 限二十韵
彭孙遹

　　青阳临左个,皇路庆由庚。绮陌韶华遍,丹霄丽旭晴。九斿清跸影,万乘属车声。

兰圃吹尘尽，芝田拂盖轻。春光三月好，仙仗五云迎。辇道遥相峙，钩陈静不惊。林花飘凤帷，堤柳拥霓旌。幽薄芳堪撷，寒塘涨已平。泠风勤问俗，灵雨待销兵。为念民依切，频劳法驾行。人皆忘帝力，后自重农情。畿甸恩膏沃，郊原淑气盈。千村修黛耜，一墢莅朱纮。草暖深藏雉，桑浓细啭莺。懿筐来献茧，良耜去催畊。终亩登周颂，蠲租陋汉京。嘉禾同颖秀，瑞麦两岐呈。地迥宸游畅，时和睿赏并。负暄迎妇子，击壤应箫笙。圣治先崇本，长春玉烛明。彭孙遹《松桂堂全集》卷二，《四库全书》第1317册，第39~40页。

璇玑玉衡赋 并序

彭孙遹

  臣闻善言天者，必有验于人；善言人者，必有合于天。良以景曜宣明，聿著清宁之烈；泰符炳煜，式昭贞观之风。乃上圣之休征，为至诚之嘉命。然其理存幽赜，数极深微，自非假像以推占，讵易求端于高远？仪器之陈，其来旧矣。盖古之言天者，类有六家：《宣夜》之术，既失真传；《周髀》之书，殊多舛谬；姚信《昕天》之说，略而未详；虞嘉《安天》之编，疏而难核；以及穹天之论，尤为荒远之谈；折衷五者之中，断以浑天为允。故观象之器，至后世而弥精；齐政之方，自中天而已备。

  夫以钦明之代，浚哲之朝，冀英纪辰，复何劳于银箭？凤凰司正，亦无假于灵台，而宾日东嵎，饯阳西谷。黄钟应律，即稽金虎之祥；清徵鸣笛，还候苍龙之宿。立璇玑玉衡之制，命羲和仲叔之官。岂非敬天勤民之至，抚辰熙绩之大者乎！我皇上昭受在躬，灵承加愍，五星会于营室，六沴起于甲寅。犹乃储思穆清，宅心渊谧，法唐尧之钦若，敕虞舜之时几。爰诏微臣，作为是赋。敢摅蠡见，以当管窥。

  若夫鸿蒙肇辟，象纬昭垂，两仪定位，七曜同规。循蛮疏仡之代，观云纪鸟之师，靡不懿文洽礼，班法树司。辨物土于九域，考星躔于四维。然而制器尚象，效崇法卑，首重天事，以授民时。占斗纲以辨气，浑神策以迎曦。有隶首之综算，有容成之测仪。始甲子于大挠，继平秩于重黎。立璇玑以仰则，发玉衡而上窥。垂古今之彝宪，表贞恒之范围。于是秘器初呈，畴人攸属。体本弹丸，形惟转毂，饰以文珠，筦之横玉。珠四缀而长明，玉在箫而旁烛，内藏之以奥扃，外运之以员轴。任激水之推移，抱运环之回复，澄天镜于云间，络地维于鳌足。寓机缄之至精，亮幽遐之可瞩，敛八柱于寸眸，收七衡于一瞩。

  尔其积气高浮，清阳上荐，廓尔无名，浑然难见。不推灵曜之符，讵识乾行之健？日往而月来，星回而斗建。晃菱彩之朝飞，皎桂轮之夕展。耿木德之东辉，皖离情之南灿。金水则附日而旋，填星则居中而转。道别疾徐，度分近远，交会于辰，归余以羡。或主客之异形，或宿赢之殊验。并陈宝篇之中，俱入灵台之撰。乃观悬象，乃揆星精。东西森列，黄赤交萦，晷齐景正，极准端平。察次舍运行之部，颁作讹成易之经。按分至启闭之节，析晦明寒暑之程。候咸池之绮旭，迎金枢之素灵。窥隐现于列宿，酌盈虚于五行。其摄乎坤轴也，十有九万三千里而广；其括乎乾象也，三百六十有五度而赢。

其纪乎日月也，九道四游而其行可迹；其统乎星辰也，三百二十而其官可名。既宿离之不忒，亦推步之有恒。倬天章而文焕，布轨道而衢亨。穷精研于绵邈，通幽赞于神明。审圣人之制作，迥度越于恒情。

彼夫协律纪祥，司天辨叙，七政有占，三仪迭举。寿昌创智于良型，平子覃精于渺绪，并摅窥管之怀，宁止挈瓶之数。虽诒则于来今，实晞风于曩古。旷百世而同符，端有候于圣主。皇帝握璇极之天珍，凝泰符之典瑞，萃箕毕而类精，荐圭璋而通气。好以月从，敬因日致，仁育义裁，礼和智睿。法令信于阴阳，图书炳于经纬。五德用征，三光合契，振采扬蕤，连珠编贝。犹复旦明乾惕，陟降非遥；夙夜昭事，鉴观不恍。单心于宥密，升跻于穹霄。故乃神符禽蓕，景祉宣昭，硕麟获于灵囿，庆云荫于南郊。绛河明而如镜，甘露渥而如膏。吐荣光以无际，叶琼管以长调。流永年之懿轨，建奕禩之芳标。启斯仪以遥度，如宝历之承尧。末臣幸逢乎嘉运，恍厕身于瞻云，就日星陈旦复之朝。彭孙遹《松桂堂全集》卷一，《四库全书》第1317册，第6~8页。

省耕应制二十韵

张　英

皇心崇穑事，睿虑重田功。问俗神尧似，勤民大禹同。频年颁汉诏，午夜诵豳风。北阙韶光丽，南郊淑景融。土膏方泽泽，牟麦正芃芃。耕稼乘时令，艰难启圣衷。诏传青嶂外，辇驻绿畴中。河汉星将晓，沧溟日在东。树边听好鸟，泽畔见飞鸿。清跸双旌远，期门七校雄。桑阴闲稚子，芹曝献村翁。草映鸾旂碧，花围黼帐红。篝车纷绮陌，畲锸遍芳丛。还许驱黄犊，何须避玉骢。讴谣忘帝力，歌颂达宸聪。蔀屋温纶溥，茆檐御路通。苍生陈疾苦，赤子赖骈幪。补助恩常渥，涵濡德至崇。敷天安衽席，荒服靖兵戎。华黍呈嘉瑞，千秋祝屡丰。张英《文端集》卷三，《四库全书》第1319册，第310页。

璇玑玉衡赋 有序

张　英

粤稽古圣，凛钦若于昊天；伊昔哲王，重仰观于悬象。自迎日推算，肇起轩皇；迨定历授时，首详尧帝。盖法其广运，所以符乾德之贞；纪其递迁，所以重民事之序。然九垓八埏之数，既寥廓而难稽；四时五纪之行，亦纷繁而莫辨。故观天有器，窥象有仪：曰周髀，曰宣夜，曰浑天，法已传于邃古；曰三辰，曰四游，曰六合，制渐备于畴人。爰考《虞书》，设玑衡以齐七政；历稽汉制，铸铜浑而象九围。黄道分二极之中，日月周于天纪；银汉贯列辰之次，经纬灿于云衢。布位以象星躔，数珠玑之错落；设管而窥辰度，琢琼玉之玲珑。惟此制器之神奇，允为言天之规矱。法以久而益密，继之者汉有张衡；思以巧而愈精，穷之者元推守敬。

我皇上稽古正学，敬天勤民。睿哲性成，宝鼎呈祥于炎历；雍熙时协，冀阶纪瑞于尧年。绥六字而泰阶平，抚五位而文昌耀。灵台测景，特专仪象之司；玉历调元，远绍重华之日。盖由皇上心与天一，智在器先，恭默足以穷神，聪明尤能察物。故不独微危精一，远继美于虞廷；敦典慎徽，上嗣休于汭水。即璇衡之制，今古同符，敢拜手稽首而献斯赋。赋曰：

维乾象之灏灏，浑周径而无端。故拟之者如倚盖，而象之者如弹丸。或景长而多暑，或暑短而多寒。其数之无可纪极也，虽隶首而莫殚。古人以神灵之绝智，创仪器之精微。爰法天而奉若，实先天而不违。定两极之南北，持二仪之枢机。星辰随而耀彩，日月转而周辉。齐消息于阴阳，穷天地而范围。其为器也，或谓肇自宓羲，或谓原于帝喾，马融叹其精，而王蕃踵其躅。经汉唐而代新，历宋元而遥续，仰以协乎天经，而俯以维乎地轴。

其为制也，动随日驭，健应乾行，运宵旦而不息，配三百六十五度之常贞。乾坤肖其阖辟，万物视为枯荣，阳乌同其出没，兔魄逐其亏盈。若太虚之无为，常不言而化成。其经星之丽乎其上也，三垣奠中央，列宿罗四维，紫极昌乎帝运，前星耀乎储闱。招摇东指而熙春，大火西流而凉飔。南箕北斗，井钺参旃，壁垒羽林之府，东壁文章之司，莫不托体圆象，逐候推移。其纬星之周乎其外也，聚井会奎，编珠联璧，或隐或见，为前为却，金火遇而或逢其灾，岁星在而人蒙其泽，莫不视躔次为机祥，因天行而顺逆。其游环之旋绕乎其侧也，以二道之交周，验二陆之寒暑，天地以斯为襟带，日月以斯为户牖，包九有而亘八纮，固即近而可睹。其取乎璇玑也，川泽之珍，辉联象纬，配景庆之光华，萃蜃珠而非侈。其取乎玉衡也，山岳之宝气，烛穹苍藉，管窥之遥测，何积气之难量！所以制列三重，经累朝而不改；法沿数代，当景祚而弥昌。

抑臣闻之，人君德及方外，化被群生，则五气顺序，七曜咸平，阳愆阴伏之不作，而薄蚀晕珥之不惊。然后乾施而坤载，天清而地宁，必星纪之不紊，斯天与器而偕行。然则玑衡之为物也，可以察天心，可以观主德，可以验政刑之臧否，可以觇运会之通塞。天市应乎明堂，北辰配乎皇极，涵盖法其咸周，时敏效其无息。司历者藉之以觇天，而人君因之以取则。

今天子至德冒于海隅，来享通于绝域，圣治所及，则如玑衡之无所不覆也；勤政则辨色视朝，典学则夜分侧席，圣心所涵，则如玑衡之无时不运也。文治扬其光，天章焕其彩，则如玑衡之经纬咸备也；张弛之尽善，调燮之适宜，则如玑衡之与时进退也。猗欤盛哉！瞻浑象之辉煌，诞玉质而金相。昔命官于虞帝，今作赋于明光，配天宇之鸿蒙，同帝德之无疆。臣叨恩于珥笔，敢因物而敷扬。张英《文端集》卷三十七，《四库全书》第1319册，第607~609页。

省耕

汤 斌

夏甸传游豫，虞廷重省方。恤农烦儆戒，任土定输将。往牒休堪著，兴时道自长。亲推回黛耜，祈谷卜年芳。鸾辂乘春发，凤旂拂曙张。属车连回陌，羽葆度横塘。郡吏迎仙仗，遂师觐衮裳。风吹桃叶嫩，云罩麦畦凉。曲水潆轩盖，晴林驻鹔鹴。咨询保介切，申劝籽耘忙。圣泽沾原隰，庞眉乐帝乡。宝岐含雨翠，高穗映霞黄。帐殿看驯雉，平田认远杨。实函欣亚旅，蔀屋富仓箱。无逸成天德，思艰迈古皇。宽徭恩屡纪，赐复史难详。国步登淳古，民风跻寿昌。舜弦闻愠解，尧酒醉衢康。共识氤氲气，永觇岁德祥。豳风今继响，奕叶颂无疆。《汤子遗书》卷十，《四库全书》第1312册，第614页。

璇玑玉衡赋 有序

汤 斌

臣闻冀莫初生，古帝识明时之义；泽火成象，大《易》垂治历之文。朝廷之政令未施，奉若之仪规先备。盖敬天即勤民之本，而法天实凝命之原。自容成定握算，六术已昭；黄帝听合宫，五行较著。南正司天，北正司地，重黎厘职于阴阳；旸谷候春，昧谷候秋，羲和致严于分至。莫不仰观俯察，上律旁罗。然存其理而缺其仪，未尽观占之哲；有其数而无其器，难成稽察之功。

尚考《虞书》，聿垂伟制，躔度窥于寸管，星文运于圜机，聚山泽之精华，极人工之贲饰。诚授时之要术，步历之宏规也。然而至德难闻，成模渐戮。精思罕遇，不无章会之讹；参验或淆，遂有统元之误。以建申为建亥，鲁人之月令无凭；以食卯并食辰，齐廷之度数何舛！太初历称邃密，寿王犹议其非；乾象术号精深，韩翊尚指其短。固由天行之难定，实亦制度之未精。观会通于古今，应彰明于昭代。

恭惟皇上，履端建极，丽正凝神。日就月将，光华协于天地；朝乾夕惕，奋迅象乎风雷。道在钦崇，凛日明而日旦；功深宥密，谨亦保而亦临。时宪之历久颁，永年之法新勒，合元会运世之终始，辨五十二家之残丛。将见合璧联珠，岁书太史；大章含誉，日纪灵台。乃复上稽典谟，究明遗宪，旁招庶士，敷奏宏词。将假翰藻而明三才，藉笔泉而协五纪。臣罔窥理数，素昧天人，幸际昌辰，敢辞芜陋。谨献赋曰：

缅鸿蒙之初辟，邈莫知其纪极。仰辽廓而无垠，识苍苍之正色；渺终古而左旋，畴转轮而不息。罗万象于周回，建极纽于南北，三垣表内外之宫庭，列宿画中原之邦域。圜九重兮谁营，里九万兮孰测？维邃古之神灵，肇观天而作则，揆茫茫之元化，总睿圣之范围。粤重华之膺箓，绍放勋之巍巍。初受终于文祖，乃躬揽夫万几，方类禋之未举，首申命于衡玑。盖执中以体会于渊穆，自观察而效法其精微，亦犹七十载之光被四表，其功用惟本天治，人而不违。

若夫魁衡招摇之密运，阴阳寒暑之潜移，非参稽之不爽，何庶绩之咸熙？矧乃天鸡晓唱，曦驭昼跧，朝浴沧海，夕耀昆仑，景近极而炎暑，景远极而易昏。居牵牛而一阳来复，舍降娄而春风易温。龙山未足夸其烛光，夸父无由效其骏奔。

至夫继离宵曜，夜光融融，朒朓警阙，朏魄示冲。应潮汐之消长，从箕毕而泽风。日退度于十三，遂置闰而成功。再如木德行仁，太白秉义，荧惑主礼，辰纬藏智，惟填司信，位王四季。或期岁而周天，或累年而迁次，或方进而复留，或既分而忽会。信薄食之有常，乃伏见之难泥。初偶乖于累黍，久渐易其机枢。何以测算不失于晦朔，气数罔愆于盈虚？惟至人德合苍昊，制准乾图，玑运外而规圜，衡当轴而虚中。两极相望于直距，九行环绕夫紫宫。大梁实沈之周列，鹑首鹑尾之丽空。四游两环，定经纬表里之准；三辰六合，挈卯酉子午之针。运躔离于晷刻，转造化于尺寻。东作南讹，毕协于节序；摄提孟陬，宛肖夫天心。随波降升，似昭回之银汉；与日环绕，象灵乌之迅飞。昼晦重阴，而仪度不忒；烈风雷雨，而僭忒不讥。饰以弘瑶，缀以美玑。璃璧精莹，云霞之色可挹；夜光璀璨，星宿之芒依稀。虽曰以管窥天，何能持小而测大！要之因衡察象，实可殊途而同归。

后若苌弘、子韦之探赜索隐，梓慎、神灶之极渺穷工。殷周之巫咸、史佚，魏齐之石氏、甘公、王朔、唐昧之观星候气，尹皋、吴范之视日觇风。汉唐则寿昌、一行之术密，宋元则沈括、守敬之业崇。其用器也，踵事而增华，敷衍而不穷。或造轮扇而刻木，或倚浑仪而铸铜，或削莲花以传箭，或斲舭棱以盘龙，谁能不祖奥旨而述成规，遂可察气数而合苍穹。岂若倚盖弹丸，蚁旋磨转，术家之微渺无闻，法象之探索犹浅？彼张衡之藻翰称工，洛下之经画推善。灵宪之图书犹存，岁差之考稽难舛。损益适宜，缩赢合撰，足以验同气于天人，通至诚于幽显。是以帝王俯察人事，仰观天则，时几必敕，视听毋惑。常扶阳而抑阴，更缓刑而尚德。雨旸寒燠若其序，岁月日星顺其职。皇猷玉润，而东壁联辉；帝典金清，而左角不忒。煌煌乎，执大象而抚地中，面稽天若，卜年万亿。敬抽毫而作赋，若身随皋、夔之班，而游唐虞之世。《汤子遗书》卷六，《四库全书》第1312册，第535~537页。

璇玑玉衡赋

张玉书

臣闻惟天垂象，斗筲转夫三辰；惟圣乘乾，皇极符乎五纪。欲法运行之不僭，应观纬度之有恒。粤考天体常贞，表仪各异。自容成治历，始综甲子以纪年；迄羲和授时，爰察玑衡以齐政。黯古法之推步，实后人之权奥。顾代远时更，礼湮器失，《宣夜》有其名而无其制，《周髀》有其说而无其传，即求璇玉之懿规，亦至嬴秦而散佚。洛下闳师其遗意，聿制浑仪；耿寿昌仿其成模，复更铜象。张衡定仪体于八尺，以漏水转圜；钱乐参图篆于诸家，用新仪测景。李淳风三重之法，晷刻精详；僧一行黄道之仪，盈亏悉验。地轮、地足，至张思训而益增；简仪、仰仪，惟郭守敬为加密。总此为玑为衡之制，厥有递增递减之名。盖古昔步日占星，肇神奇于百代；而后世分官起舍，较简易于前人。

聿自兴朝，兼综旧法。钦惟皇上，性符造化。德洽神明，绍二帝之心传；答天斯敬，备百王之彝宪。格帝惟诚，参赞成能，雨旸协应，历经屡验，器益加详。信乎指掌坤乾，户牗象纬，契神机于咫尺，绵玉烛于永久，岂特斤斤备保章之专官，循司天之故典已哉？兹者纮网群才，骈罗网下，抽毫命赋，授札挨天。诚以究极阴阳，斯学有根本；精研象数，则语无浮夸。天人应感之原，理气盈虚之故，务缕陈夫奥义，必洞晰于渊微。臣忝侍禁林，欣逢休运，漫述拘墟之见，聊摅窥管之词。芜陋自惭，空疏滋惧。赋曰：

仰乾坤之昭融，周寰宇而默运；成岁功于灵枢，烛人事以垂训。遐览古初，阴阳轨顺，五精呈符，三光朗润，诞受图于荣河，爰协笛于时令。嗣在高阳，八风叶应；载洎帝喾，五官司正。中星辨于伊耆，七曜齐于帝舜。于稽虞制，曰玑曰衡。玑设象以环映，衡窥玑而中横。睠密纬之粲列，虽铢黍之毕程。饰夜光以测度，既规圆而体精；琢良玉以为管，亦外泽而中莹。

古法云亡，星官失术，越有浑仪，是纂是述，准尺寸以经营，传玑衡之髣髴。其为体也，六合外围，辰游内设，指二轴以直距，烛低昂于毫末。其为用也，分天脊以立极，跨地平而定隅，持南北之两端，激机轮如转枢。若夫日躔黄道，与赤为界，半入其中，半出其外，晷长至而牵牛是经，景短至而东井斯届，辨娄角于春秋，实二分之交会。此日行之轨，阳舒而阴杀者也。月行九道，黄道则一，周列四维，随方易色，经其南为朱，经其西为白，经其东为青，经其北为墨。分内外而错居，并中道为九则。此月行之轨，阳消而阴息者也。至于验五纬之凌历，分赢缩于步躔，惟金水之附日，常一岁而周天，火再岁而秉令，木一终而司权，填中央以主福，阅二十八岁而一迁。其间顺逆留伏，循环无端，伏行则急，留行则延，顺历而东行则合，逆轨而西行则偏，此五星之度有常道亦有变态者也。大抵日月之行，以天为辐；星纬之运，以日为毂。天左旋而常赢，日丽天而差缩。天视日为有余，日规天为不足。积经岁以为期，斯日会天而来复；繫太阴之行缓，按躔次而可推。计一日之所退，常十三度而有奇；月一周而交会，实日速而月迟。惟星官之步历，谓进度为难稽。指逆数以握算，若右旋其易窥；倘折衷于至当，实左旋其不移。夫天度有常，观象斯在；天命难谌，惟德克配。

昔者圣人之笞幽明，序五行也：昼考乎日气，协纯阳象以修政，积精于刚，垂离照于庶事，振遐览于八荒；夕考乎月体，含纯阴象以修德，退密洗心，既内庭之式序，亦宵衣之是箴。尔乃启春令于东陆，属重华而为木，溥仁泽以嘘枯，配青阳以覆育。秩夏令于南讹，属荧惑而为火，敷礼教以牖民，范群蒙之偏颇。凉风既至，太白司金，象秋令以义正，肆赏善而罚淫。严霜乍阴，辰星司水，象冬令以智临，爰植纲而置纪。令行季夏，中德为土，四星迭运，填不易矩，坚大信如金石，捷令甲于风雨。于是乎政有治沟洫，设潴防，疏川谷，谨关梁之水；政有司烜燧，颁禁律，改国火，救时疾之火；政有戢淫邪，严五刑，诛暴慢，厉五兵之金；政有掌薪蒸，禁林麓，司器用，慎储蓄之木；政有辨物产，课树艺，定土圭，度地势之土。政凡以观文察变，协序抚辰，或灾诊之偶告，即修救以荐馨。虽礼详于三代，实道启于虞廷。观于命九官，分庶职，做天工，协群力，罔非察惠，逆于神人，相玑衡而因革。此所谓钦若之渊源，历千圣而同德也。

天祚圣皇，丕膺休命，衍箕畴行，夏正格神，明尽物性，握苍符以建极，召箕毕而环应。惟睿虑之玑衡，不假器而垂镜。于时天门肃穆，泰阶清平，俨众星环拱，而仰紫极之威神焉；百职受成，四海陶冶，譬二十八宿之森列，而司九州之分野焉。朝视政以勤民，夜考经而省宪。两曜之旁瞩无垠，而宰之以至健也，轸旱潦以涣号，宣幽滞而达情。五纬之代更递，旺而总之，以好生也。继自今协炁旁流，嘉生繁殖，大泽沾濡，声灵允塞，固不必连珠合璧之祥，五福庶征之集。然后知郅隆臻于三五，而天人接于呼吸也已。张玉书《张文贞集》卷一，《四库全书》第1322册，第392～395页。

御试省耕诗

潘 耒

帝力存于粗，皇心切劝农。绀辕临御籍，苍璧礼天宗。布谷初催鸟，灵星早见龙。土膏蒸活活，泉脉暖溶溶。蘸蓑纡阡陌，桑田畛九重。时巡多暇豫，法驾每从容。帐殿斜萦柳，旌门回驻松。山桥花掩冉，水郭草丰茸。馌饷天衣把，扶犁翠辇逢。神皋元陆海，沃野总提封。力藉人千耦，收堪亩一钟。火耕随地足，雪泽及春浓。夏谚遥腾垅，豳歌晚和舂。屡丰占万国，高廪仞三冬。岭表方传箭，湘西已撤烽。庙谟宽杼轴，国赋缓租庸。水利修畿辅，边屯拓华雍。代田功录赵，买犊赏先龚。绨革师文俭，胼胝法禹恭。升平看有象，父老望喁喁。《遂初堂集》卷三之《梦游草》，《四库全书存目丛书》集部第249册，第533页。

御试璇玑玉衡赋 有序

潘 耒

窃闻火雷成象，大《易》垂治历之文；重黎命官，古帝重授时之典。揽凤辉于皞纪，瑞衍二分；数蓂荚于尧廷，祥开一叶。命太桡作甲子，诏隶首为蔀章，远溯百王，递推三正，莫不仰观俯察，上律旁罗。然而朒朓缩盈，日月浮生于空际；钩稽顺逆，星文错运于环中。天差岁差，积由秒忽；阴历阳历，度起锱铢。存其理而缺其仪，难以布算；有其数无其器，何以验天？

爰惟圣人，作为灵宪，法大圆而成象，因紫极以作模。五曜三垣，既分隔而奠位；四维八柱，亦循节以按机。盖笠覆盆，穹窿在目；转丸磨蚁，回斡无垠。括造化于一规，罗乾坤于寸管。极人间之贵饰，缀以编珠；尽物产之英华，刿斯弘璧。环周于外，璇玑是名；横贯在中，玉衡斯设。在茅茨土阶之上，特著其文；居宗彝藻火之间，聿昭其采。信观天之要术，步历之神仪者矣。粤在《虞书》，在齐首务，迄乎后叶，体制弥增。寿昌经营于汉官，钱乐铸范于宋代，承天加其巧思，一行写以新型，以至《周髀》、《宣夜》之书，安天穹天之论，土圭致日之法，水臬量地之方，莫非推奥旨而旁通，就成模而润色。

我皇上钦若昊天，协用五纪。穷神知化，四气察其盈虚；致远钩深，六历辨其疏密。登书云之台观，遗宪犹存；披载籍之渊林，颂辞盖阙。嘉其巧妙，特与赞扬，爰命在廷，抽笔而赋。谨献赋曰：

仰崇高于穹宇，浩辽廓而无形；惟三辰于七曜，有悬象之著明。咸浮空而宗动，纷轮转而莫停。两极建枢于南北，万象罗列于纵横。既欹斜以旁纽，亦出入之互经。章亥无所施其算，容成莫能测其情。

时维至人，参天两地，穷幽洞明，覃精毕智。握阴阳之枢机，探造化之根蒂，剖青萌及黄芽，搜月窟与日窠。见两仪之互苞，察四游之相际，作鸿宝以前民，有玑衡之伟制。惟玑也，法天体之规园；惟衡也，察众曜之回旋。玑匝布以利转，衡横设以钩连。斗运中而不忒，极出地而微偏。鹑尾鹑首协其度，天庙天根肖其躔。黄道斜交于赤道，单环对峙乎双环。宛积气与含水，若璧合而珠联。乃饰美珠，乃刻文玉，德产精微，物华辉煜。类鸿钧之在冶,似众辐之共毂。一线经于地平,九行带于天腹。既悬玑而垂象,复执管以窥玑,验晷景之长短,推寒暑之密移。圜则九重其无爽,嶰谷累黍其无遗。烈风雷雨,不愆其度;重阴昏阳,不失其仪。

在昔重华,是观是察,先天弗违,惟圣作哲。用举正而履端,以迎日而送月。摄提孟陬,于焉受纪;东作南讹,于焉应节。惟斯器之神妙,实剖析夫鸿蒙。迨踵事而增华,乃作则于无穷。或轮囷而刻木,或璀璨而铸铜,或设轮以激水,或动地而叩钟。削莲花而传箭,斲觚棱以盘龙。立偶人于机上,错银丁于轴中。咸本斯而祖述,侔巧心于化工。

惟我后之钦明,嗣无疆之历数。爰极深以研几,洵开物而成务。道无广而不苞,理无幽而不睹。握金镜于泰阶,执乾符之凿度。齐轩辕之造历,轶太初之分部。每省岁而察行,用登台而升库。曰面稽于天若,嘉玑衡之尽神。范造物而不过,垂万祀而长新。命抽扬而作颂,同发策于天人。惭张衡之博识,愧陆陲之能文。既管窥而莫罄,复蠡测而无因。谨橐笔以献赋,效微忱于拱辰。《遂初堂文集》卷一,《四库全书存目丛书》集部第249册,第701~702页。

康熙十八年三月御试省耕诗
徐嘉炎

凤历春方永,鸾声夜未央。岁华滋帝德,晨正喜农祥。早柳低成绿,新蒲嫩欲黄。宫莺啼碧琐,社燕乳雕梁。七萃熊罴士,三驱茶墨行。钩陈迎日丽,阁道竟天长。秉耒朱纮肃,行车紫雾翔。龙旂飘瑞雪,蚕月采条桑。祭蜡仁兼尽,哀鸿视若伤。协风吹始至,化日好相将。史著嘉禾诰,诗传后稷章。和烟玉辇侧,甘雨翠华傍。稼穑真民事,蒐苗自圣皇。谁骖山子驾,岂泛玉池舫。徒御忘辛苦,从臣奋对扬。青坛云竞色,缇幕月舒光。射角河安浪,占星彗掩芒。神能去螟螣,朋曰飨羔羊。帝子勤千亩,曾孙祝万箱。西成应屡颂,东作慎无忘。《抱经斋诗集》卷一,《四库全书存目丛书》集部第250册,第320页。

御试璇玑玉衡赋 应制
徐嘉炎

臣闻三辰首定,创始地皇,五帝相承,钦崇天道。盖乾行之健,君德所以刚中;晷度既昭,岁功因而底绩。惟天体之幽渺,极远穷高;乃圣作之精微,探赜索隐。大桡、隶首,推步达于干支;颛顼、高辛,迎送专乎日月。三门八纪,章部井如;七曜五辰,运行备矣。

我皇上绍尧立极,宗舜法天,授时所以勤民,昭事原于令德,心慕手追,唐虞而已。缅惟一元文明之会,当洪荒再辟之初,复化宜民,承敝通变。伊祁为之更始,重华于此受终。首明纪数之书,旋考观天之器。保章、冯相,幸得其传;叔仲、羲和,独司阙职。天道远而人道迩,至理足征;圣人作而万物睹,名言莫罄矣!赋曰:

惟皇建极，惟圣法天，睹群星之共丽，瞻二曜之双悬。越鸿荒而中古，历遐禩而亿千。觉穹昊之茫茫，孰钦若其周旋？希岁功之不忒，顺时序以无愆。欲详稽乎晷度，必考验乎星躔。非神圣之制器，孰能举而察焉？

惟时尧命羲和，四陬既宅，蟠桑濛汜之乡，西极南郊之域，既宾饯而出纳，亦作讹而成易。昏旦之度既周，盈虚之闰可积。爰允厘于百工，亦咸熙于庶绩。乃有测圆候气之规，考象占星之制。自高辛以迄往，审制作其咸备。惟洚水之警予，期昏垫之保乂。既平地而成天，将先时而集事。叹挈壶之失职，隳畴人之子弟。虽仍底日之官，或有敝窳之器。倘丛木之乖方，亦击刁而失次。舜相尧以出政，急当务之为智。方庶事之未经，先修举乎废坠。

玑谓之璇，衡则以玉，饰以的砾之琲，产于昆岗之谷。陋照乘与夜光，讥悬黎与结绿。惟质美而材良，乃雕华而韫椟。珠以为玑，运之以时；玉以为萧，窥之以目。象天体之转运，齐日星之迟速。日有九道，次舍十二，降娄娵訾之区，星纪元枵之地。卯酉际而春秋分，子午临而冬夏至。南景短而暑多，北景长而寒炽。月有九行，借日光融，赤道为夏，黑道为冬。朒朓警阙，朏霸明冲。弦望循乎斗极，晦朔因乎日宫。尔乃揆日行以审太白，察刚气以处荧惑。填星久次，二十八岁而周天；岁星降祥，十有二年而终复。辰星为水德之精，先后附太阳之侧。考五纬之迟留，察群曜之伏匿。交会而蚀气擥精，凌犯而芒寒色逼。或相聚而联珠，或并行而合璧。凡兹七政之难齐，并属占天之或忒。

彼夫《周髀》之术，《宣夜》之家，考浑天而测验，穷倚盖而咨嗟。惟司天之南正，实钩索夫幽遐。苟推步之失术，虽纷赜其徒夸。必器成而数全，乃可测而有象。理如合于符契，智若分于影响。考度而月不遁来，辨次而日无藏往。于焉列台宿于三垣，散经星于四望。覆良戒之山河，拱辰枢而北向。既人事之能臧，乃天工之可亮。雨旸寒燠，风序庶征而咸休；貌言视听，思协敬事而齐量。岂非宪天为帝治之大纲，故考器为虞廷之首尚。先天而天弗违，后天而奉天时。惟古今之哲后日，昭鉴于在兹；如重华之协帝极，光被于文思。故能致含誉矞云之瑞，赓星陈复旦之诗；颂称"昊天有成命"，雅曰"四方其训之"。

惟我皇之神圣，等虞舜之研几，义方激而遐惊，仁风昌而近披。制作迥乎周汉，风轨轶乎伏羲。端永年之遐历，贞宪度于浑仪。汒乎云官之世，穆乎鸟纪之时。四二皇而六五帝，其惟此敬天之心之所为乎！《抱经斋文集》卷一，《四库全书存目丛书》集部第250册，第487~488页。

御试省耕诗二十韵

方象瑛

圣世勤民意，乘诗祝有年。农祥宵应候，羽卫晓先天。花暖春三月，风和耦十千。鸣鸠初拂羽，新柳欲吹绵。望杏农功切，瞻蒲稼事专。深耕原勿急，举趾孰相怜。德意周三壤,恩施遍八埏。武功陈赤帝,文教洽青编。露祷商霖集,蠲逋汉诏宣。比来书岁稔,此日计生全。祈谷循嘉礼,巡郊诣大田。六龙迎曙发,双凤倚云骞。翠旱临青旄,朱旆过绿阡。山鸣迎瑞蔼,谷传袅祥烟。妇子承恩早,田畴待泽先。念兹珠桂苦,忍听釜钟悬。东作能勤瘁,西成自硕坚。九重还助尔,兆姓敢安然。伫看盈宁庆,重赓补助篇。万方歌帝力,拜手五云前。《健松斋集》卷十八《展台诗钞》上,《四库全书存目丛书》集部第241册,第290~291页。

璇玑玉衡赋 有序 康熙十八年御试

方象瑛

臣闻圣人御历,德莫大于敬天;元后承时,制独隆于法帝。盖欲授人若昊,必先立象陈仪。五纪以还,非无容成、大桡之命;三古而后,遂有土圭、臬影之司。然而察变观文,首重华以立极,良由制器尚象,准乾造而不违。玑衡千古为昭,璇玉四时不易。盖玑圆象天,二曜之运行适合;衡平测影,五纬之缠次攸征。此立仪立象所由开,即先天后天之莫外。

我皇上德符乾健,光启离文,颁时宪以一车书,衍永年而垂法象。固已三辰叶序,五德征休,乃当右文策士之时,特深稽古观型之慕。夫以天象为可畏,则灾祥总休省之诚;以帝治为当遵,即制作寓率循之志。自与危微,精一同心,岂直浚哲文,明合德已哉!爰疏短赋,谬尘芜词,虽犹井窥管测之常,窃附就日瞻云之义。赋曰:

国家化洽八纮,威行九有,荣光塞河,松云生牖。骏业讫于要荒,鸿施遍于林薮。三能齐夫泰阶,六府粲于奎斗。兵销日月,位秩星辰,瑶图孔固,宝历恒新。登灵台而布宪,吹豳籥以宜民。盖七十二候协其应,而二十四气无勿均。律中姑洗,时届杪春。若稽古制,乃命儒臣,缅姚虞之律度,察在天之呈形。

原夫协帝承符,绍尧出治,化始家庭,道隆孝弟。河图告其帝期,干羽驯于圣世。咨岳牧以襄猷,遍群神而肆类;按四序以准时,奠两仪而定位。爰当敬授,用诏司天,朝日夕月,占星定躔。重黎之所未习,羲和之所未传。将布令而敷政,凭玑衡以察焉。

若夫天位乎上,浑浑无端,左旋右转,若珠在盘。黄道赤道,二曜运行于其际;青环黑环,五行迭见乎其间。拟观象以崇效,斯灵承而鉴观。维玉为管,平衡是式,仰而瞻之,与天无极。追琢既有其章,矩度不愆其职。象横吹以无声,拟葭管而愈密。璇仪之所昭回,胥粲然而勿失。尔其理以形求,法由器审,仰睇颢苍,旁窥流景。玑为体而衡为用,亦璇常动而玉常静。当雨晦而风萧,或宵昏而漏永,譬测海之有资,望指南而共省,极象纬之纷繁,且孰遁于俄顷?于是疾若磨轮,圜如倚盖,日以迟为进,月以疾为退。薄蚀成于相掩,闰差始于交会。升恒之理攸昭,阴阳之义斯在。羲晖出没,蟾魄盈亏,晦朔弦望,寒暑岁时。踆乌玉兔之象,扶桑骞树之枝,鱼灭蚌盈之变,重轮抱珥之奇。假尺管而考验,实昭垂于靡遗。至于金号长庚,火名荧惑,岁则在东,辰乃集北。填星中央,是曰土德,回旋列宿之中,出入天街之侧。或伏见而无常,抑循环而有则。聚井集奎,联珠合璧,九野鳞鳞,星榆历历。若烛照而数计,舍璇衡其焉测?

爰是祈因寒燠，朔南西东，对时育物，候吕吹铜。以调六气，以叶八风，无远弗届，有象咸通。盖不俟冯相、保章世其氏，挈壶刻漏习其功。章蔀纪元之准，已具于神明制作之中。迨夫典册攸垂，师承勿替。浑仪犹璇玑之遗，圭表实玉衡之义。洛下殚其幽通，一行符其冥契。亘六合以穷微，审四游而卜岁。酌古准今，因时定制。晷影之永短以平，经纬之参差悉备。左旋右旋，以为往来；极南极北，以别分至。箕毕之好，象乎雨风；州野之区，应乎辰次。

粤稽古而修明，顾今昔其奚异！况乃辰居星拱，维德动天；财成辅相，维帝乘乾。故勤民为钦昊之本，而鉴古实懋德之全。禋六宗而奉若，统四德以纠虔。感再中以仁俭，回燧火于三言，斯则祗承以陟降，奚必则古而称先。乃若纬测之经，占候之术，《周髀》《宣夜》之纷纭，太白东方之诡谲，匪警畏之攸资，宜推算所勿述。然则日月不过，四时不忒，念于穆之难谌，凛仪象于有赫。萃七曜于一心，敛休征而惕翼。彼符瑞之侈陈，乌足与观至人之令德！《健松斋集》卷九，《四库全书存目丛书》集部第241册，第150～151页。

省耕二十韵
韩菼

春色柔芳甸，皇舆历总街。迎休天气应，送喜远人怀。仙草迎尧日，和风转舜阶。候时鸣瑞雉，协律鼓灵娲。南陌浮烟合，西山积翠佳。一金纷绮错，五木兆根荄。甘雨先清跸，油云沫圣涯。礼殊钩盾至，虔似泰昭埋。已达穷檐隐，不须阊阖排。褐来衣有绔，厚幸菜多鲑。咫尺谁无告，恩波自孔皆。得毋劳玉体，何乃为吾侪。祥结三歧穗，声欢两部蛙。谷寒翻暖吹，壤击更清哇。立表兼乾豆，流禽属鞲韝。老人邛竹杖，游女野花钗。羽扇双回雀，香罗半覆騧。黄图成陆海，红粟罢江淮。侧听征徭减，行看牛酒偕。歌豳通雅颂，会使八方谐。韩菼《有怀堂诗集》卷一，《四库全书存目丛书》集部第245册，第627页。

璇玑玉衡赋 有序
陈维崧

皇上御历之十有八年，闾泽覃敷，湛恩汪濊。刚柔克协，配两大之无私；健顺攸宜，卜万年之有祜。瑶枢夜朗，荣光上烛夫紫微；珠斗宵澄，瑞气遥连夫黄道。迢迢阊阖，共戴尧天；肃肃勾陈，俱环禹甸。洵听谓枢机在手，衡量在心者矣。况夫御宿芒高，帝车色正。朱鸢绝徼，咸归覆帱之中；金马邛陬，仍隶版图之内。乌空楚幕，已知妖眚之俱消；鹃去巴江，共稔祲氛之不作。功符易简，德媲乾坤，几兹抚世，以语诫民，悉本敬天而答昊。备搜纪牒，历有规模。作论成《易》，载于古帝之篇；《流火》《授衣》，志自《豳风》之什。太初洛下，甫创员仪；顺帝张衡，旋新浑象。《周髀》即盖天之说，既虞勾股之难精；术家传《宣夜》之书，益患参稽之多缪。维两说之无征，祇浑天之足据，玑衡之设，夐乎尚哉！

臣才非梦鸟，生同扣钥之愚；技止雕虫，坐逊挈壶之智。矧授简之自天，益措躬之无地。桃霏红纸，亲从三殿，以颁来柳染青楼，遥向九重而捧至。丹墀赐坐，细草成茵，银管分题，宫花似幄。期门四姓，森森鸊鹈之刀；扈跸千官，缦缦凤凰之绶。既尚方之给札，复光禄以传餐。讵意微才，躬逢盛事。挥毫月地，难形月馆之清虚；掞藻天边，莫悉天垣之玮丽。较虞喜安天之论，多愧前贤；仿陆倕刻漏之铭，殊惭曩烈。其辞曰：

时惟季春，律中姑洗。天子方建翠葆于兰宫，肃霓旌于蕙版。命羲和以司晨，令保章而戒旦。瑶枝抽蓂荚之茎，玉漏滴莲花之箭。金徒则翼卫以逶迤，铜史则骖靠而漫衍。既乃出日华之邃殿，升测景之崇台，顾见浑仪，陈于阼阶。爰俟宫僚骏奔走，召邹阳，延枚叟，临轩而命之曰：此即璇玑玉衡。

有虞氏之所以齐七政也，尔诸臣其赋之，余一人将前席以听焉。小臣固陋，不揣懵昧，鞠跽蠕坳，摛词以对。夫何般总总醪辖以兮，道则或赤而或黄也；鸿琳琳焉幂幂兮，环则或单而或双也。日月既出没于躔度兮，数则或弱而或强也；四游复包络以三辰兮，仪则或阴而或阳也。尔其剖异贝于鲛宫兮，采奇姿于大秦；弋明月于泉客兮，输夜光于海民。聚之则璘㻞而璀璨兮，散之则皎烁而晶荧。溥溥若新荷之擎晓露兮，累累若清歌之动微尘。爰征巧历，缀为斯器，上应五行，旁罗四气。贯天经于圆轴，以联黄赤之交；界天脊与地乎，以厘子午之次。飞轮下垫，扶鳌极以常安；激水生风，像蚁盘之不滞。尔乃细细缊缊，经缕纵横，南北有秩，东西有程。赫乎若鲉房琲甲篩绶缨也，磊落崎釜，峥嵘窈冥，窅者成窊，凸者成陵。块乎若畦分罫布限觚棱也，蟠堆绮岫，绣叠丹崖，灼同霜旭，驳若晴霞。袤延织女，横带匏瓜，摄提置闰，娵訾验差。烜乎若金塘玉沼苖鲜葩也，况复用若转圜，形如欹案，虽刓方以为圆，亦居卑而测远。陈于廷陛之侧，可以手摘星辰；列于彝鼎之旁，足以仰扪霄汉。

然而苍苍太始，芒芒两仪，理穷象罔，事涉熹微。往来赢缩，或一行、守敬之所不能算；晦明弦望，或霍融、姚信之所不能知。纵靡恣夫，圭撮独惧，失乎毫厘，黟璇玑之既设，藉玉衡以窥之。维彼玉兮冰雪之精，维彼衡兮准量之平。质本无瑕，形则同于箫笛，美何妨椭价倍。重于璜珩衡贯玑中。听低昂于南北，辅居环内；验朓朒于亏盈，有玉于斯。睨而视之，星则玉绳匝布，天则翠幙低垂。直视则珠颗斑斓，缀铜丸之历历；遥挹则银河清浅，点檀脣之离离。七曜分行，错杂撒枰间之子；五奎聚井，零星嵌轸畔之徽。罗以为胸，昌谷囊中之句；织之成样，若兰锦上之诗。

我皇于是法古制，律天时，恢八纮，奠四维，翔渴乌于画栋，踆玉兔于文。浮动如球璐，阤颓曜灵之景；轻圆比弹琼，窗横若木之枝。纥卿云兮赓复旦，游化日兮洽重熙。置之灵台，与大贝球刀而并重；藏之宗庙，共赤文绿字而俱垂。猗欤休哉！其绵亿万年之景运，而巩八百载之丕基也哉！湛露浓兮朱颜酡，缅瑶瑟兮弹云和。曲终拜手，为《璇玑玉衡》之歌。歌曰：

我皇撰德，备高浃兮。不贵异物，远技淫兮。浑仪肇始，宁自今兮。上天垂象，圣则钦兮。赫赫圆穹，高难谌兮。鲸钟龙簴，敝则瘖兮。夏鼎商杅，邈难寻兮。维形与器，不可以久任兮。辟王事天，单厥心兮。讵藉冬官，饰璆琳兮。小臣矢音，献司箴兮。《陈迦陵俪体文集》卷一，《四部丛刊》本。

御试省耕诗二十韵
严绳孙

圣治崇邦本，皇情洽豫游。臣邻歌旧德，草野服先畴。青鸟司开早，苍龙应律周。蛾眉看柳细，兔目上槐柔。绣错黄图远，烟绵紫禁幽。农祥先事戒，民瘼降心求。八政书无逸，三推典旧修。悠悠移晓跸，宛宛动宸旒。菖叶长交渚，桃花短照沟。雨师清远道，风伯引行驺。俗喜吹豳节，人同击壤讴。公私瞻驻辇，亚旅拜垂旒。垅有依媒雉，墙多唤妇鸠。傍烟分社火，融雪种来牟。俛勉耰锄力，殷勤饷馌谋。碧山生色峙，白水载恩流。祫服沾红雨，鸣筝下绿洲。六龙方戒旦，九鸠已占秋。烽燧消淳化，缣缃入冥搜。虞琴一奏罢，禹迹按图收。《秋水集》卷六，《四库禁毁书丛刊》集部第133册，第578页。

乾隆丙辰博学鸿儒科试题

儒者之学，莫尚于穷经。经籍浩繁，毋烦胪举。今试撮其大纲，凡通儒所宜共晓者，为多士询焉。经之名，昉于何时？五经、六经、七经、九经、十一经、十三经之名，分于何代？秦焰虽烈，而不能掩其光者，藏于何人？所藏何书？其后出于何地？献于何朝？颁于何世？各经授受源流，何所依据？章句、注疏、传解、笺诂之属，有何异同？其施诸学宫，用以取士者，何所因革？又如古有三《易》，夏何以称《连山》，殷何以称《归藏》，周何以称《周易》？且《连山》不始于夏，《归藏》不始于殷，《周易》不始于周，其说可得闻欤？传《周易》者有四家，其兴废可得考欤？《书》何以有古、文今文之别？《诗》何以有齐、鲁、韩、毛之殊？《春秋》左氏、公、谷而外，又何以有邹氏、夹氏、铎氏、虞氏之类？诸家分门别派，其说可悉数欤？《礼》始于高堂生，显于后苍，其转相传述者谁欤？二戴何删？马氏何补？《冬官》何缺？《仪礼》何逸？群儒议论纷纭，其说可详陈欤？《论语》何以有鲁论、齐论？《大学》、《孝经》何以有古本、今本？《尔雅》或曰周公作，或曰子夏作，其说何居？《孟子》何以或删、或疑、或翼、或尊，何其识之相远欤？惟《中庸》无异说，而《学》、《庸》二篇，原皆载于《戴记》，其别为诠说，而列于四书者，自何而始欤？凡此经传源委，其能条分缕析，阐其微言，抉其奥义，而铢黍之不爽欤？汉唐以经学取士，或专通，或兼通，或帖十通五，皆得与选举之格。多士果能博学该通，条对精详，断制明决者，固膺上第。即或就所已知，各抒所见，而言有条理，词归雅驯，亦足以备采择。其悉言无隐，朕将亲览焉。

制曰：儒术，学术之要，先经次史，凡具渊通之学，必擅著作之材。然非熟于掌故，周知上下数千载之事理，而剖决其是非者，不足以语此。则史学尚矣。今之称正史者,皆曰廿一史,岂廿一史之外,别无正史欤?又岂正史之外,别无他史欤?考之汉、唐、宋《艺文志》及隋《经籍志》所载诸史,其名类甚多,而称史学者,惟以班、马诸人为宗,何欤?《史记》、《汉书》成于迁、固,不自迁、固始也,开之者谁?补之者谁?批注之者又谁也?范史一书,与马、班并称三史,而袁宏、荀悦之作,独不可媲美欤?陈寿之志,帝魏退蜀,正统已紊,孰称其是?孰正其非?可与三史并传欤?即三史之书,又果无遗憾欤?《晋书》创于何人?共有几家?唐太宗命房乔等再加撰次,其称房乔者,何人也?其称房乔等者,又共几人也?观其文多骈丽,史体固应然欤?《南》、《北史》皆成于李延寿,而考之南朝、北朝,各有专史,乃延寿复为合之。合者可取,则专者宜删;专者既行,则合者可废。而八书、二史,皆得并行,辞多重复,后之作者,独不可汇而修之欤?六朝之后,《隋书》颇善,其所撰诸志,综核尤工。近世儒者专称《五代史》,而不及《隋书》,又何说也?《唐书》新、旧二编,各有短长,自《新书》出而《旧书》流布无多,不得并载十七史中,其故何欤?梁、唐、晋、汉、周皆有史,薛居正尝修之。欧阳氏之本诚善矣,而薛氏之本犹可得见欤?宋、辽、金三史已不及前代,而《元史》成于仓猝,舛谬尤多,乃后儒罕能删定,以成佳史。岂古今人果不相及欤?且史之体有二:曰编年,曰纪传。纪传之善,自司马迁《史记》始;而编年之善,则自司马光《通鉴》始。《通鉴》本《春秋》之法,至朱子则纲仿《春秋》,目仿《左氏》,而前编、续编之作,亦皆得其遗意。此外体例甚繁,沿革互异,作史者奚啻数百家。多士有能悉数其姓氏,详其名目,以证其是非者欤?将备举作者之优劣,以考正诸史之得失,则一代著作之任,殊有厚望焉。毋剿说,毋雷同,毋苟且以干名,毋徇人以自误。有志进取者,尚慎旃哉!其各矢乃心,独抒所见,以毋负朕延访之至意。

《五六天地之中合赋》(以"敬授民时圣人所先"为韵)。

《赋得山鸡舞镜诗》(七言排律十二韵得"山"字)。

《黄钟为万事根本论》。李富孙《鹤征后录》,《四库未收书辑刊》贰辑,第23册,第647~648页。

五六天地之中合赋 以"敬授民时圣人所先"为韵,有序

刘纶

皇帝御极之元年,闰泽湎濡,庥征浵洽,珠囊既启,玉烛方调。披东序之图,不数元包洞极;布南台之策,何知《宣夜》、《周髀》。猗欤!其所谓上参天,下贰地,登五位,御六乘,颢气所涵,及物物解,太和所鼓,被人人怡者已。臣逖稽《汉志》,兼采《唐书》,知阴阳之数定自二中,历象之原通于一合。是以术同窥管,还随豹尾以抽毫;技逊挈壶,猥进螭头而受简。赋曰:

系一元之推嬗,维三才之有正,超鸿蒙以开天,首犹榛而立命。巡河拜洛,剖万象以成苞;迎日占星,揽四时而为柄。粤倭句之视范,玄王叙之以惟钦;伊旋毛之负文,宓帝受之而式敬。于是胚胎既分,经纬斯究。地天叶配乎朔南,火水欣合乎左右,衍母

衍子列其方，大余小余揆其候。彼一三二四之在前，与七九八十之在后，固奇偶之缪轇，亦生成之辐辏。惟兹五六之元枢，是为中合之妙构。或著之揲也，属太卜之攸司；即觚之握焉，系保章之所授。

尔乃履端于子，得统于寅，北陆成岁，东嵎纪春。《离》谢《兑》乘，见朱鸟之夕指；《坎》交《艮》代，觇元枵之夜陈。以及长至短至之纠乎四游，蹠天根而探月窟；与夫日中宵中之辖乎二表，占兔腹而验乌踆。盖五挈阳枢，阳之纯者因而资物；六维阴纽，阴之老也乃以成民。

若夫次五奠，型方之轨；次六衷，驭世之宜。势则或内以，或外形，则有正而有衺。虽五并居中，亦中央之冲气；六皆在北，亦北极之纲维。乃罗之五行而异宅，即隶诸四仲以殊司。昔在九峰知洛数之不传于禹越，惟邵子识图象之独辟于羲赢，乏乘除遂尔综两间之策，元会运世于焉厘万禩之时。以故宣圣惟天，宪天惟圣，制作契乎铜仪，燊理符乎金镜。仰观俯察，单厥心旋乾转坤根乎性，倍其五而天干成，重其六而地支竟。孼萌肇赅闳之首，五子按部以分功，陈揲统出甲之藏，六甲循环而布令。

夫固悬正坐正，不足输其奇；抑且天球天环，无以擅其盛。犹复区理数，别天人，酌三统而书夏，斟四序以绘豳。谓洛下以律吕为衡，不少尘毫之忒；即守敬以晷影为度，难言分寸之均。独一行之所定，惟大衍之是遵。二始开而刚柔旋判，二终纪而闰位可循。日会于天气，盈以五日而绌；月会于日朔，虚以六日而伸。是其手即化工，非假乎縠首奥区之揣测；心维太极；奚烦夫归奇挂扐之纷纶。用能使八政修，九功叙，周乾规，折坤矩，转一气之洪钧，厘百工而时序。

我皇于是辟天府以罗观象之儒，登灵台而集稽天之侣，致土景于秉圭，齐钟管于累黍。兹盖法天五之得位，实五极其建之时；规地六之成方，洵六位时乘之所也。斯时也，神鳌扶柱，羲驭鸣鞭，蕢以迎穤抽荄，葭因送暖吹烟。以准律元，则凤仪兽舞；以通历本，则璧合珠连。五六分而天地之中见，十一合而天地之道全。夫岂非圣天子之明时以革，行健惟乾，陶甄百族，镕铸亿年，乃以发机缄于无始之始，而宗法象于先天之先者哉！《皇清文颖》卷四十九，《四库全书》第1450册，第343～345页。

赋得山鸡舞镜 七言排律十二韵得"山"字

刘 纶

山禽自是饶珍致，舞入银华意更闲。乍启雕笼惊的烁，旋开宝匣讶璘㻞。空明仿佛寒潭上，来往依稀夕照间。顾影未须怜刷羽，窥窊何计忆栖山。风翻锦翼才飘袂，日映花冠却整鬟。赴节婆娑矜独立，回身绰约喜双攀。空花蹴处檐枝亚，虚翠交时砌藓斑。似拟投林齐戢戢，可能对语便关关。云回雉尾还呈态，月转螭头尚照颜。如许揽辉依凤阙，定教接翅起鹓班。山梁纵说栖迟好，画槛宁辞饮啄悭。冰鉴倘容长耀采，微翎虽倦岂知还。《皇清文颖》卷九十五，《四库全书》第1450册，第850页。

黄钟为万事根本论

刘　纶

古圣人擅显庸创制之才，彰物曲人官之用，其所以经纬万端者，虽事极乎至纤且悉，莫不与以宰摄之大原，岂事事而为之所哉？亦以理必汇其元，数必宗其朔，即天壤之大，古今之遥，皆将范围不过而曲成不遗也。请得详黄钟万事根本之论。

今夫黄钟者，在气为中气，在声为中声，其得乎理者全也。均其长得九寸，径其围得九分，积其实得八百一十分，其赅乎数者备也。故《史记》曰："王者制事立法，物度轨则，壹禀于六律。"而六律之中，物不得过事，民不得过臣，自有黄钟以为之君。而按序递生，即十二曲六十调，不过错综以写其蕴，太和所以鼓荡于两间也，气化所以节宣于万类也，天时人事所以纲维枢纽于终古也。由是以之通历，而缇灰有消长焉；以之嘉量，而参黍有亏盈焉；以之准度，而圭撮有赢缩焉；以之平衡，而铢两有空积焉。鬼神至辽渺也，一吹息以格之矣；鸟兽至蠢愚也，一听触以召之矣。岂非其旁皇周浃，厥用四达，而不悖者欤？然窃意前之圣人，声律身度，正黄钟以推万事，则一本散为万殊；后之君子，凭器考声，执万事以求黄钟，则大用乖乎全体。彼嶰谷之竹，亦天籁自发耳；凤凰之鸣，亦物性自通耳：而元音即有以纪之。何者？其神融故其迹洽也。

至于汉京房之用准，晋荀勖之用笛，梁武帝之用通，北齐信都芳之用轮扇，皆不惜殚思沉虑，庶几吻合夫黄钟。而沿袭既差，施用殊绝，不亦舛乎？善夫元定律吕，《新书》之言曰：欲求声气之中，莫若就黄钟。而多设之管，每分递减，更迭以吹，律元可得。兹固根本之论也。

若夫圣作明述，宿悟神解，潜运在希声之始，而理无不精，数无不贯。休明鼓吹，乐纬而礼经之，俾天下皆受治焉。所谓万事万化宰乎心，其又当求诸根本之先也已。

《皇清文颖》卷九，《四库全书》第1449册，第549~550页。

史论

刘　纶

读诸史而不以正史为考信，则见必岐；读正史而不以诸史为参稽，则识必固。司马迁续父谈为《史记》，褚少孙补以《景》、《武纪》等书，裴骃解之，而苏子由作《古史》以纠之。班固续父彪为《前汉》，章帝又命曹大家补《八表》、《天文》等书，颜师古注之，而刘知几作《史通》以纠之。蔚宗沿晋人轻俊之风，似逊孟坚一格，而思精体大，与班并驱。或曰：《前汉》失之同，《后汉》失之诞，则荀、袁二《纪》可并采已。陈寿《三国志》帝魏而退蜀，虽文中子、司马公诸人俱訾之，而大统实紊，习凿齿所以有《汉晋春秋》之作，而萧常亦正以《续后汉书》也。

夫古人史出一手，至《晋书》乃共参著述，其始创于何法盛等十八家，其后修于房玄龄等十三人。房乔者即玄龄也，文多骈丽，无亦兼采《世说》诸书之过欤？李延寿之为《南北史》也，综八代于二书，以成父志。而沈约、魏收、子显、思廉、百药、德棻之史瞠乎后焉，然其复也可芟，其遗也可检，汇而修之，是固有待。且《南北史》不作本志，则如魏征《隋书》所编颜、孔诸人之志，尤属赅贯可佳。而论史者专及五代，何哉？《旧唐书》权舆于韦述，斟酌于刘昫，仁宗时加删，改《新唐书》，则梅尧臣为《方镇》、《百官表》，刘羲叟为《律历》、《五行志》，宋子京为《列传》，而欧公综《纪》、《志》之成，进表有云："其事则增于前，其文则省于旧。"当矣！乃刘元城正以此为《新书》之病，又岂无说耶？至于欧公《新五代史》，盖重修薛氏旧本者，自朝廷取付史馆，而居正之史不行，良由烦猥失实耳！宋、金、辽之史，不及前代，如揭傒斯、欧阳玄所修，尤属不知正闰。其庶几者，陈桱之《通鉴续编》，他若李焘《长编》，陈仲微《二王本纪》，亦不足多矣。《元史》作于胡粹中，洪武间命宋濂纂修，尤多舛谬，欲其追媲前史之流风余韵，盖亦难之。岂古今人本不相及欤，抑虽有史才而未尽协其用欤？

夫以司马、班、范、陈寿诸人，其才与学与识，固超出于诸史万万也；以子由、知几、凿齿、萧常诸人，其才与学与识，未必不大逊于正史也。然而正史之缺失，亦有时不能不藉诸史以救之，何者？正史厘为国宪，有其醇必有其疵，诸史列于各家，有偏见亦有特见。今诚以正史为一成之案，而以诸史为互证之佐，亦读史者之又一见也。矧二十一史皆法《尚书》，为纪传体。至编年之例，诸家不同，而莫善于司马涑水之《通鉴》。胡文定作《举要补遗》，所以正其失也；刘恕复作《通鉴外纪》，所以备其阙也。紫阳《纲目》，规仿《春秋》，至严且明，不在永叔《五代史》下，金履祥《通鉴前编》得其意焉。秉笔者，宜于何取法已。

方今圣天子，盛德休烈，光于青简，遴记言记动之司，分系日系年之典，而又纂修实录，以扬扢我祖宗累世之丕绪，一时册府芸香，銮坡凤掖。盖皆有左黼右黻，蔚为国华，用能垂万年之宪，勒千古之书者矣。臣其敢不拜手稽首，以为当宁献。《皇清文颖》卷九，《四库全书》第1449册，第556～557页。

经解

刘　纶

臣闻述经于汉以上者，以宣圣之表章为断；穷经于汉以下者，以考亭之订正为归。按经之名经，不见于经，大约秦焰之余，为诸儒叙列，各家所系。或云《庄周·天运篇》已有治经之目，要未可为确佐也。昔者孔子删定赞修六经，始著其称。五经者，以周末《乐》亡故。至分二礼于《戴记》为七经，则汉文翁遣相如东受七经者是。增《孝经》、《论语》为九经，则后唐镂九经本于国子监者是。他如五经、五纬为十经，六经、六纬为十二经，而十一经有孝孙之问对，其分十三经者，盖亦自唐始。此历代相传之大略也。

藏经之家则有孔氏、颜氏诸人，上经之家则有共王、献王诸人，注经之家则有安国、康成诸人，疏经之家则有颖达、公彦诸人。此又诸经显晦之大凡也。

《易》以卜筮，不废于秦矣。而神农《连山》以首《艮》得名，夏用之；黄帝《归藏》以首《坤》得名，殷用之。若周人之《易》，虽主宓牺小成，而太卜所掌二《易》，盖并列焉。汉世施、孟、梁邱、京之学，始焉或分或合，继焉或盛或微。要以论《易》于四家之前，则文王《卦词》，周公《爻词》，至孔子而大备；论《易》于四家之后，则周子《太极》，邵子《皇极》，至朱子而兼赅也。

伏生授《尚书》三十三篇，晁错写以汉隶，是为今文，欧阳、大小夏侯传之。安国得孔壁古文，多伏氏二十五篇，皆科斗字，传之者梁柳、臧曹，而梅赜上之。今天宝定本，则卫衡所合定，而朱子命蔡沈为传者也。

辕固《齐诗》亡于魏矣，申培《鲁诗》亡于晋矣，韩婴《韩诗》仅存外传矣。就三家而论，虽《鲁诗》较优；合《毛传》而言，惟《郑笺》为当。朱子驳《序》，后世亦有疑之者，然其考衷，固不可易也。

《春秋三传》，汉儒好尚不一，惟范宁去其所滞，择善而从之，说至为无弊。他若邹氏则无师，夹氏则未有书，铎氏、虞氏则离合互异。其得麟经遗意者，非朱子《纲目》弗善也。

后仓说《礼》于曲台殿，凡一百八十篇。大戴删为八十五，小戴删为四十六，先儒谓大戴旨趣短浅，不及小戴。此说良然。至汉末，马融则补以《明堂》、《月令》、《乐记》，而为四十九篇矣。《考工》一记，陈氏以为不足补《冬官》之缺，而俞廷椿、王次点则又剜取《地官》数职以补之，岂不悖哉？若夫《古礼经》五十六篇，献王得之鲁淹中矣，而二戴黜之，遂至亡逸，今独存高堂生《士礼》十七篇，亦复未称完善。朱子所以有请修《通解》之奏也。

传《齐论》者曰王阳，传《鲁论》者曰张禹，自孔氏为传，郑氏为注，而《齐论》亡。自何晏集之，邢昺疏之，而《鲁论》显，然非朱子则无与集其成也。

《大学》古本，通体本自衔贯，自朱子章分节解之，而今本一变。《孝经》，上于颜贞，凡十八章，名曰今本。隋王劭于京市得古文，则又多《闺门》一章，而庶人分为二，《曾子敢问》分为三，共二十二章。至玄宗采辑旧注，仍以十八章为定，从司马正议也。

张揖以《尔雅》为周公作矣，今按本文有"《瑟偭》美卫武，《猗嗟》刺鲁庄"之句，先后失伦，似非周公之制。杨子云曰：孔门子夏之徒所记，以训诂六艺者。不为无见也。冯休删《孟》，温公疑《孟》，固近不经，而陆筠翼之，虞允文尊之，其说亦未甚备也。至《学》、《庸》二篇，《礼记》中独为精粹，其列诸四子，则又自程朱诠释经传始也。

我国家列圣相承，崇经学以广教化，服古之士，蒸蒸喁喁，盖百年于斯矣。而皇上复申命开馆，纂辑群书，折衷万世，所以阐尼山之奥窔，扬徽国之清芬者，曷以加兹！臣恭读圣训，孜孜下询，无任战慄陨越之至，谨摅管窥之见以对。《皇清文颖》卷十二，

《四库全书》第1449册，第605~606页。

五六天地之中合赋 以"敬授民时，圣人所先"为韵
于 振

道原于天，性本于命，理足而数不能违，道存而器莫能竟。是以羲呈龙马，荣光起而上浮；姒畀龟书，休气辉而四映。一为奇，而二为偶，盖由于理势之自然；五为生，而六为成，总归于性情之各正。此皆造化之苞符，有待于圣人之主敬。

原夫数之所始也，太极之先，自无而有，俄动静之攸分，倏阴阳之渐剖。图行而左，书转而右。数极于十，章终于九。一生二，二生三，三生万物，非巧历之所稽；仪生象，象生卦，卦统群爻，岂恒情之可究？惟圣人道洽于清宁，故妙悟无烦于指授。于是理穷其秘，蕴析其精，扣天心而探月窟，阐乾符而握坤珍。五为天之中，而地来比之，惟其两也故能化；六为地之中，而天亦应之，惟其一也故能神。阳之发微而不可见者，所以藏诸用；阴之充周而不可穷者，所以显诸仁。盖不徒以绿字朱文演畴而观象，殆将以龙官凫正利用而前民。尔其往来相错，经纬互施。一与二、三与四、五与六、七与八、九与十，若琴瑟焉，而无虞专壹；一与六、二与七、三与八、四与九、五与十，犹臭味也，而何敢差池？盖分而言之，则天以参，地以两，天地之撰，固昭然其不紊；而合而言之，则奇之积，偶之积，天地之中，乃居然其可知。以数而言，则参伍错综，适符乎道之则；以理而言，则刚柔健顺，更协乎圣之时。

是以玉烛常调，金绳永正。鸟火虚昴，四序吻合于《尚书》；咸苦辛酸，五味不忒于《月令》。用之蓍策，则道济三才；窥以璇玑，则功存七政。自群言之日淆，执师说而互竞。或以谶纬而乖先哲之经，或以清谈而酿浮华之病。猗理学之昌明，必折衷于至圣。圣人在上，抚于五辰，太和保合，万物皆春。天生之地，成之圣人，与之相参，皆一中之运用。天至易，地至简，圣人与之相似，显大化之弥纶。所以鼓腹之民，就日希光，奏松云于檐栋；垂裳之世，编珠毓贶，迎景福于神人。

若乃萤室竖儒，粗知章句。虞喜安天之论，未涉其藩；邵雍经世之书，鲜穷其绪。幸长夜之悬黎，比众星之向，所究之性率乎命，命本乎天。植鳌维而永奠，法亭毒而不愆。合羲文周孔为一人，道何分于上下；汇河洛龟龙为一理，图何别于后先？允矣哉，元圭锡麟符启，炳吾道于亿万斯年！《皇清文颖》卷四十九，《四库全书》第1450册，第345~346页。

赋得山鸡舞镜 七言排律十二韵得"山"字
于 振

明眸翠羽出荆山，影入菱花借好颜。似逐惊鸿来复去，却疑翔燕往仍还。娉婷回雪诚多态，绰约凌云本凤娴。璧月正圆增皎洁，锦衣乍展更斒斓。光分汉殿如垂手，照比

秦庭欲拥鬞。黄鸟隔林徒睍睆，青禽拂树自绵蛮。能言鹦鹉容为伴，息翼鹪鹩未许攀。倘为酬恩聊顾卬，若缘报德愿衔环。微躯敢侧鸳凰队，陋质羞随鸾凤班。不爱稻粱谋既拙，止依枳棘分宁悭。心怀故里思空切，拟沐新容意亦闲。圣世露浓沾庶类，来仪犹得觐天关。《皇清文颖》卷九十五，《四库全书》第1450册，第850页。

黄钟为万事根本论

于 振

天地之化，必待于物为之区、事为之制，则不胜其劳，而化育之理将有时而穷；圣人之制，必待于事为之处、物为之给，则不胜其赜，而制作之妙将有时而绌。然而天下之事，固非圣人不能区画尽善也，则圣人之处万事，必有其本矣！

今夫律，吾知其高者高而下者下也，清者清而浊者浊也。今夫度，吾知其尺有所长寸有所短也。今夫量，吾知其斗之大于龠也，庾之异于釜钟也。今夫衡，吾知其千钧之重，不以铢两而移也。是数者，万事之所待理，而百姓之所日用而不知者也。然使圣人必斤斤焉，今日治律，明日治度，又明日而为之量与衡。在圣人前，民利用固有所不辞，然而圣人有所不必者。何也？圣人固知本者也。

昔者黄帝使伶伦截嶰谷之竹，断两节而吹之，制十二笛以象凤凰之鸣，雄声六，雌声六，律吕之生盖始于此。顾六律六吕，播为五音，而益一以上生焉，损一以下生焉。四时和，八风平，功德以是而昭，符贶由是而集。熙乎盛哉！何由而致此？盖有本焉，则黄钟者是。黄钟者，子月之律也。候律之法，为室三重，闭户涂衅，密布缇幔，以河内之葭灰抑律两端。冬至日一阳初复，其灰自然飞动，而黄钟应焉。此固天地之气剥而必复，圣人制器以迎之，造物无心也，圣人亦无心也。由是而律吕正焉，宫商协焉，而百兽舞，凤凰仪，无怪矣！由是而九十分黄钟之长，一为一分，各自其十以登于引，则度之长短视此矣。由是取黄钟之管容子谷秬黍中者，一千二百为一龠焉，又十其龠而为合焉，而斗斛以上类然矣。由是而一龠之重，则十有二铢焉，又倍其铢而为两焉，而钧石以往，莫能外矣！推而至于谋衣食，兴学校，礼以节性，乐以防淫，凡所谓用天之时，因地之利，以导民之和者，胥不外是，故曰本也。

夫巨木之初，生萌荄焉，已耳土膏之所滋息，雨露之所浸润，以达其枝，以茂其叶，高或百尺，广荫千亩者。无他，其根之所蟠者。大而因之者，有其本也。黄钟之为万事根本也，亦若是则已矣！盖尝论之，后世之人，物物而为之所，事事而为之制，宜其施之无不当矣。而上下之间弊弊焉，察察焉，日不暇给者，古之圣人执其简以御其繁，握其中而图其要，万事无能遁焉。此黄帝、尧、舜所以垂衣裳而治，成周之世所由致宇宙太和之盛也欤！《皇清文颖》卷九，《四库全书》第1449册，第550~551页。

史论

于 振

昔我圣祖仁皇帝，以《朱子纲目》一书，有神于治道，有益于人心，特于敕几清暇，丹黄甲乙，著为成书，刊刻颁赐，俾天下溯流穷源，以知《春秋》笔削之精义。又以《明史》未竟，特命开馆，简选儒臣，搜罗旧闻，以彰美备。世宗宪皇帝监于先典，复加考定。伏遇我皇上，乾德龙飞，生知天纵，懋学日新，群臣之拟述，一衷于圣明之裁定。于是乎有明之史炳乎，足以奄有二十一代之简编矣！

顾臣窃惟史之难有三：非具渊通之学则无本也；非有著作之才则非体也；非娴于掌故则古今不具悉，前后不相蒙。古人云：文章如面，史才最难，职此故也。廿一史之名，亦以其代言之耳。正史之外，如汉之袁宏、荀悦，晋之孙盛、习凿齿及王隐、臧荣绪，逮后刘知几辈皆有述作，蔚然可观，亦曷可少焉！虽然，千古之史才，司马子长其首也。其文宕逸，善叙事，有牢笼万有之概。始于谈，成于迁，补于褚少孙，尚矣！而班固乃逌然笑之，谓其崇黄老，进奸雄耳。夷考固之为书，自高至武，尽窃迁之旧，六世之后，资于贾逵、刘歆。其卒也，曹大家为之竟其业，则固之所自为，盖无几耳！然其文笔醇古朴茂，又非后之所及。范晔倜傥小才，人无足取，独其书体大思精，所以与班、马并称三史也。三国之统，自当以蜀为正，陈寿无足责，而涑水亦复仍之，至紫阳作《纲目》，而正统始定，其为功于名教大矣！《晋书》始于何法盛等十八家，贞观中以法盛等所撰未允，诏房乔与褚遂良、许敬宗等再加撰次。房乔者，玄龄也。乔以《宣》、《武》诸传论，上所自为，故曰"制旨"，而称"御撰"焉。古者修书多出一家之言，其成于众手而归之御撰，盖始于此。前此则有沈约之《宋书》，萧子显之《齐书》，姚思廉之《梁》、《陈书》，魏收之《魏书》，李百药之《齐书》，令狐德棻之《周书》，之数子者，非不各竭其心思才力，欲与班、马争席，顾有纪传而无志书，识者憾焉，非有《隋书》为之补其缺略，何以信今而传后耶？《隋书》者，亦修于贞观，与《晋书》并称良史者也。盖由太宗因才器使，以颜师古、孔颖达博通古今，故授以纪传，于志宁、李淳风明于天文、地理、图籍之学，故授以志书，总核详明，自沈约以来，所未有也。其时李延寿预修《晋》、《隋》二书，究悉旧事，因效马迁体，总序八代为《南北史》，学者称之，而沈约、魏收诸家益微矣。《唐书》始于吴兢，刘昫因之，繁略不均，是非失实。宋祁、欧阳修被命为《新书》，事增于前，文省于旧。刘元城以为事增文省，正《新书》之失云。旧例修书止著官高一人，欧以宋为前辈，并著姓名，宋感其退逊。或谓子京用字奇涩，欧公殆不满之，故为此以表异耳。今观《五代史》之作，条例严而体裁正，史、迁之后，此为嗣响，视《新唐书》如出两手，固非子京所及也，何况薛居正、卢多逊、李昉、李穆等之繁猥无稽者乎？宋有三朝、两朝、四朝等国史，元初立国史院，命史臣通修辽、金、宋三史，为都总裁者托克托也，为总裁者特穆尔达，实及揭傒斯诸人也。明洪武中，命宋濂等修《元史》，未期而成。自辽以下,史笔芜秽,无足观者。古今人才力之不相及,信不诬也!

要之,作史之体,虽有编年、纪事之分,后代以来,亦有起居、时政之录,然编年者当以《春秋》为法,纪传者当以司马为宗。至涑水创《通鉴》于前,不过《春秋》纪事之成法;朱子成《纲目》于后,乃得圣人笔削之微权。而遂昌尹氏、永新刘氏,或为之发明,或表其书法,皆所以尊史于经,煌煌焉甚巨典也!臣橐笔无能,簪毫有愧,惟有励刘向燃藜之志,怀子云给札之思,引领彤庭,庶几藉文章以报国云尔。《皇清文颖》卷九,《四库全书》第1449册,第558~559页。

经解

于 振

自书契肇兴而文明日启,三坟五典,八索九丘,楚之良史犹能传之。说者曰:坟,大也,三皇之书也;典,常也,五帝之书也;八索,求其义也;九丘,九州之志也。此载籍之最古者。然圣人删书,断自唐虞,岂非以其荒远而不可稽欤?《连山》首《艮》,《归藏》首《坤》,《周易》首《乾》,不相袭也。乃古《三坟》一书所云,山坟、气坟、形坟,亦有八卦之说,盖出于伪作而夹潦信之,陋矣。当秦之燔籍也,《易》以卜筮独全,《诗》亡其六篇,或以为《笙诗》未尝亡也。《春秋》间有阙文,然三家传录已多龃龉,非秦之咎。惟《书》百篇,殆失其半。至《礼记》成于曲台,多后儒所为,秦焰之所未及也。然则圣人之经,如日月丽天,江河行地,虽经焚爇而其光辉炳耀,千古不磨。至医药、卜筮诸书,虽秦所特留,而传于后者曾有几耶?

经也者,常也,圣人之典也。五经分而《乐经》亡,或加以《周礼》、《仪礼》,或益以《论语》、《孝经》、《孟子》、《尔雅》,或析一经而为三,或合两经而为一,自汉至唐,代有增损。要期于昌明经学,非有所轩轾也。

汉兴,悬金以购图籍,而河间献王所得,独多善本,以献诸朝。鲁共王坏孔子宅,闻金石丝竹之音,得古文焉。两京四百年间,醇儒辈出,如董仲舒、刘向、刘歆、贾逵、郑兴、郑众、马融、郑玄之属,及唐之贾公彦、孔颖达等,皆有传道解惑之任、训注笺疏之功。至于宣帝令诸儒讲五经同异于石渠阁,增置"梁邱《易》"、"夏侯《尚书》"、"谷梁《春秋》"博士,一时以为荣。然梁邱乃谶纬之学,以符应得幸图形麒麟阁,则汉之失也。《易》始于商瞿子木,传桥庇子庸,再传骭臂子弓,三传周丑子家,四传孙虞子乘,以至田何子装,是谓"田何之易"。何授丁宽,宽授田王孙,以授施雠、孟喜、梁邱贺,由是有施、孟、梁邱之学。又焦赣长于灾变,分六十四卦,更值日用事,而京房习之,非圣人之指。费直之易,取《文言》大小象分入诸卦中,王肃、王弼等注之,由是大行。费氏行而诸家遂熄,然《易》有圣人之道四焉,而辅嗣等崇尚清言,矜名理而遗象数,则偏而不全,非程朱后出,何以正其失乎?

《书》之今文,传自伏生,古文得自孔壁。然伏生口授女子,而其书反多艰涩;孔安国隶古定本之蝌蚪,而其文反多平易,殆不可晓。欧阳、大小夏侯传今文,梅赜、姚方兴等传古文，朱子属之九峰蔡氏，而古今合辙矣。

《齐诗》始于辕固，而翼奉、匡衡等传之；《鲁诗》始于申培，而韦贤暨子玄成习之；韩婴之《诗》，则王、食、长孙承其流；毛苌之《诗》则马融、郑玄大其绪。然《毛诗》出，而三家并微，非以其传自子夏，故源远而流长欤？

夫公、谷《春秋》亦传之子夏者也，《左氏》最晚出而有三长，然不得立。贾逵言，非《左氏》无足证图谶、明刘氏为尧后者，乃卒立焉。立《左氏》是也，所以立者非其道矣。《公》有严、颜，《谷》有范宁，而杜预为左氏功臣。康成之《发墨守》、《针膏肓》、《起废疾》，犹未免书生之习。邹、夹琐琐，又何足云？

《周礼》亦晚出，五家之儒皆不得见，至刘歆而始显。《冬官》残缺，河间献王以《考工记》补之，虽不类，然唐太宗知其为圣人之作，程子以为有《关雎》、《麟趾》之意，朱子谓周公运用天理烂熟之书。虽其间不无可疑，何至如何休、苏辙辈所诟耶？俞庭椿乃取五官之属近于《冬官》者，辑为一卷，截鹄添凫，削足适履。是向之《周礼》虽缺，而五官尚存；俞之《冬官》虽具，而五官并缺矣。郑氏曰："《周礼》为本，圣人体之；《仪礼》为末，圣人履之。"贾公彦又曰："《周礼》为末，《仪礼》为本，本则难明，末则易晓。"之二说者，宜焉从也。朱子以《仪礼》为本经，《礼记》为义疏，乃作《经传通解》，以《仪礼》为纲，而附《礼记》于后，其说最当。至于后仓所授，庆普所传，小戴所删，则大戴之书耳。

若夫《齐论》、《鲁论》，本非径庭，而传之者张禹为优。《大学》即《戴记》之篇，时有错简，朱子正之。《孝经》古文出于孔壁，今文传自颜芝。《尔雅》创于周公，成于子夏，昔人以为九流之奥旨。孟子之圣，亚于颜渊，又岂冯休之所能删，而又何待于虞允文之尊之也哉？

汉唐以来，虽尚经学，而其取士时有醇疵。我朝以四子书试士，而又昌明经籍。洪惟圣祖仁皇帝御纂四经，以为千秋鸿宝；至世宗宪皇帝继志述事，时赐近臣。我皇上道叶羲图，心涵奎璧，绍闻衣德，稽古右文，分颁各直省学宫，俾得敬谨摹刻，以便编摩，又纂三礼以纳天下斯民于轨物。从此四海九州，家弦户诵，以澡其身，以浴其德，以一道而同风，莫不由此。是我国家经学之盛，千古未有也。臣等依日月而觐龙光，敢不勉陈固陋，以副对飏之盛典乎？《皇清文颖》卷十二，《四库全书》第1449册，第607~609页。

山鸡舞镜 七言排律十二韵得"山"字

周长发

玑星化雉耀人寰，轩镜初悬舞独闲。养翮深林多介性，刷翎华鉴映清颜。越裳献处来何远，商鼎升时复莫攀。夜启一轮明月里，文成五色彩云间。玉荣乍朗翘金距，银带斜萦侧翠鬟。作态羞随鸂鶒队，彰身高出鹧鸪斑。春翚振羽蹲蹲转，秋水涵光拍拍还。壁上菱生摇的晠，匣中波动对潺湲。红襟璀璨齐丹鸟，绣臆褵褷胜白鹇。表里回翔真熠耀，影形盘互更斒斓。窥从锡粉神相浃，比似霓裳度最娴。盛世幸依仁寿殿，愿随梧凤叶岐山。《赐书堂诗钞》卷二，《四库全书存目丛书》集部第274册，第716页。

五六天地之中合赋 以"敬授民时，圣人所先"为韵
周长发

　　皇上握乾符基鼎，命抚三辰，齐七政，日月并其升恒，星云昭其景庆。河洛溯太极之原，象纬运四时之柄。天自一以至九，而五执其枢；地自二以至十，而六顺其性。惟橐籥之昭宣，知气机之协应。理推其朔，本阴阳奇偶之相乘；数积于微，累百千万亿而皆定。占验有待乎明通，而分命必原于主敬。

　　懿夫健顺攸分，细缊初姤。体动静之互根，察声音之迭奏。始牙物于黄钟，旋纽阳于太簇。或积气于凤琯克谐，或宣幽而鲸钟可扣。天以五施种，五声适上夫宫；地以六孳萌，六气皆循其候。由居中而悉协清宁，斯会合而转旋左右。既叶律于音官，亦占时于刻漏。此伶伦有嶰竹之吹，而唐帝重玑衡之授。盖以龙师纪令，凤鸟司晨，大挠始定，洛下初陈，六甲运日，五子分辰，知十一之胥会，悟参两之相因。五五则二十有五衍其数，六六则三百有六纪其旬。推章中统，中之悉备；识元法通，法之皆真。总转环而起子，当宾饯而惟寅。窥端倪于两大，勤率作于兆民。

　　尔乃仰观天象，俯察地维，验诸盈缩，考厥疾迟。按木火金水之节，定东西南朔之司；立一闰再闰之法，准三年五年之期。会甲子于一元，非《宣夜》、《周髀》所能测；建斗柄于三正，讵霍融、姚信所能知？居明堂而颁朔，统薄海以明时。于是我皇参赞两仪，临御万姓，手挈珠囊，胸罗金镜，河海宴清，星躔辉映。五为奇，而五德之运不穷；六为偶，而六合之周无竟。原对待以相衡，亦流行而不竞。苞符之蕴毕宣，主宰之精皆孕。惟一中之吻合无分，斯万物之权舆自正。理通邃穆以显微，睿澈神明而作圣。

　　原夫一元真宰，万汇化醇。三才之并立无间，一气之摩荡皆春。列五纬于五方，而宿离不忒；运六虚于六幕，而化驰若神。始穷理以窥朕兆，继倚数以测弥纶。以五启六，生成罔替；以六承五，流衍日新。此所以开窾奥于千禩，而仰作睹于一人也。是以蕴自胚胎，积自累黍，五六适得其中，天地遂顺其序，温肃协乎春秋，雨旸调夫寒暑。履端则五事契于五行，审音则六律生乎六吕。数计而灿若列眉，烛照而洞如观炬。五位时行，六阶敦叙，泰运聿新，宏纲具举，为能效不息于健行，而凛无逸以作所。乃知示简惟地，示易惟天，宅中立体，环合无偏。仰苍昊而覆帱自广，披黄舆而持载克坚。揲神蓍于牺易，占灵荚于尧年。验初阳于黍谷，探精义于瑶编。与银瓮金车而并出，偕赤文绿字以俱传。当执中以敛福，见禽合以乘乾。无不颂万年有道之祜，而直溯乎一画演卦之先。《皇清文颖》卷四十九，《四库全书》第1150册，第355～356页。

黄钟为万事根本论

周长发

天下之事，万有不齐，而莫不根本于黄钟，以为起数之原。大数协于十，长于百，大于千，衍于万。此其事几疑为繁赜之数，而不可纪极以穷其蕴者矣，不知肇始。黄钟纪于一而三之，三三积之，历十二辰之数，十有七万七千一百四十七，而五数备矣。此其说有可得而申者焉。

昔者黄帝命伶伦自大夏之西、昆仑之阴，取嶰谷之竹其窍厚均者，断两节间而吹之，以为黄钟之宫。制十二笛以听凤鸣，而雌雄各六，是谓律本。自黄钟以至蕤宾，六律为阳；自林钟以至应钟，六吕为阴。参分损益，隔八相生，皆还相为宫以起数，此所谓律娶妻而吕生子也。夫律以起历，此又三统三正所由兆焉。黄钟当半子初开之候，一阳来复之时，施种黄泉，孳萌万物，天统天正定于此也。由是林钟在丑，则为地统地正；太簇在寅，则为人统人正。玉衡杓建，天之纲也；日月初躔，星之纪也。推之而小周大周，小成大成，月会岁会，闰法元法，备基于黄钟之黍，参而天下之能事毕矣！

《书》曰"同律度量衡"，盖以齐远近，立民信也。因律而考之。度本起于黄钟之长，一黍之广，度为九十分，十分为寸，十寸为尺，十尺为丈，十丈为引，而五度审矣，廷尉掌之。量本起于黄钟之龠，合龠为合，十合为升，十升为斗，十斗为斛，而五量嘉矣，职在太仓、大司农掌之。衡本起于黄钟之重，一龠容千二百黍，重十二铢，两之为两，十六两为斤，三十斤为钧，四钧为石，而五权谨矣。权与物钧而生衡，衡运生规，规圜生矩，矩方生绳，绳直生准，是谓五则，职在大行、鸿胪掌之。若此者，其以黄钟为根本焉明甚！

然黄钟起数，又不特度长短者不失毫厘，量多少者不失圭撮，权重轻者不失铢黍而已也。在人心，亦自具黄钟焉。秉阳刚之气，验来复之机，喜怒协乎温肃，哀乐符乎惨舒，而由否而泰，由屯而亨，由剥而复，天人理欲，判于几微，其亦天开于子之精义乎！所以按之五行，而土属中央；验之五事，而思以作睿；体之五常，而信以统终；察之五音，而君以作始。即以万事之本为万理之根，无不合也，是可探河洛之数而起悟矣！《皇清文颖》卷九，《四库全书》第1449册，第552~553页。

史论

周长发

作史者有三长：曰才，曰学，曰识。非才无以笼罩百代，非学无以穿猎千古，非识无以辨贤奸邪正、是非得失之所在。善乎！刘知几之言，为万世不可易之准也。圣朝辟天禄迩英之阁，启金匮石室之藏，列圣实录，敬谨撰修，国史起居，备加注录，纂修《明史》，详加裁检，彬彬乎多良史才焉！我皇上登极初元，慎选侍从，以备著作之选。

小臣躬际昌期，敢因明诏所及，而敬摅管窥焉。

《史记》作于司马谈，其子迁嗣为太史令，起而成之。上自黄帝，迄于炎汉，作十二本纪、十表、八书、三十世家、七十列传。杨子云称其书，辨而不华，质而不俚，其文直，其事核，不虚美，不隐恶，诚实录矣！然论大道则先黄老而后六经，叙游侠则退处士而进奸雄，述货殖则崇势利而羞贫贱，诚有如孟坚所议者，又无惑乎司马贞《索隐》、王若虚《辨惑》所由起而摘其瑕也。

《汉书》始于扶风班彪，后其子固续成父业，为十二纪、八表、十志、六十九传，未竟表、志。和帝诏固妹大家，就东观踵成之。今观其书，不激诡，不抑抗，赡而不秽，详而有体，蔚宗称之，非过也；又制作之工，英荃咸韶，音节超诣，洪迈许之，非诬也。然傅玄讥其论国体则饰主阙而折臣忠，叙世教则贵取容而贱直节，述时务则谨词章而略事实，又何以说焉？赖颜师古寻波讨源，始称善本，而蔡谟总二十四家，以集其解，游秦辨一十二卷，以决其疑，皆有功于是书。而应、孟、苏、文之注，又无论矣。

《后汉书》作于范晔，凡十帝纪、八十列传，意欲矫袁、张之偏驳，正薛、谢之陋疏，自谓体大思精，实天下之奇作宜。唐高宗时，令章怀太子贤与刘讷言等同为注释也。然采王乔凫履、左慈羊鸣事，已属不经，而于窦武、何进之诛宦官，目为违天理，张骞、班勇之使西域，以为遗佛书，抑董宣于《酷吏》，升蔡琰于《列女》，殆任私意为进退乎？夫前称马、班，后称班、范，义包微婉，媲美素臣。乃王充甲班而乙马，张辅劣固而优迁，张衡摘史、班之舛滥，傅玄讥《后汉》之尤烦，掩其鸿裁而摭其疵病，倘亦《春秋》责贤以备之义欤！陈寿撰《三国志》，虽王通称其高简有法，范頵表其有益风化，裴松之注言铨叙可观，然负求米之论，致修怨之言，奉当途之正朔，既异于凿齿《春秋》，编昭烈为世家，不如梁武《通史》。是当参阅《山阳载记》、司马彪《九州春秋》、鱼豢《典略》、张勃《孙吴之录》，而后知张枢刊修之当，谢升改作之由也。

《晋》自陆机作《三帝纪》，而后有干宝、何承天、何法盛、王隐、臧荣绪等一十八家，而檀、王为劣。贞观之际，君臣有事纂修，于是言晋书者，皆废旧本，竞从新撰。然而远弃史、班，近宗徐、庾，亦以合房玄龄、褚遂良、敬播众人之手，再加撰次，而终无解于冗丛之消焉。

南北诸史，沈约《宋书》因何、孙、山、苏之旧补缀所遗，制成杂史，然兼载魏晋，失于断限，其创符瑞不经，王劭谓其喜造异说，以诬前代。萧子显《南齐书》，天文但记灾祥，州郡不列户口，祥瑞多载谶纬，南丰谓其才本率下，虽刻雕藻绘，不能掩其更改破析之迹焉。姚思廉撰《梁》、《陈书》，历三世传父子，更数十年而后成，而《梁》用何之元、刘璠，《陈》用顾野王、傅绰，推其自作，盖亦无多也。《后魏书》始于邓彦海，而终于魏收。收感杨遵彦之助，许作佳传；受尔朱文畅之金，灭其父恶。腾讥秽史，众口同声。《北齐书》作于李德林，而成于其子百药。"武定臣佐降在成朝"，"河清事迹擢居襄代"，邢邵《辟雍》一表窜取《李文》，孝昭寝疾手书有乖《颜训》，条其蹉落，非仅数端。《后周》一书，大统有柳虬之执简，开皇用牛弘以立言，令狐德棻斐然继作，然其书文而不实，雅而无检，褒贬失中，迄无定论。夫自典午过江而后，叔宝未丧师以前，王业偏安，群雄割据。邱悦著《典略》，分陈、齐、周为三国，长孙无忌监《隋史》，兼梁、陈、周、齐为五代，正朔之称，千古未定。李延寿乃起而调停之，南凭四史，北用三书，删芜秽之词，化偏党之见，宜涑水之叹为嘉史也。盖三五毕纪，肇自《周南》，一姓代兴，例当专史。子长叙十代之兴亡，延寿列八朝之治乱，援古证今，庶几可比。志经籍者，列之为通史；叙正统者，别之为霸朝。论世至此，非史家一大统会也哉！

继《南》、《北》而号为良史者，则有《隋书》，魏征总其事，而师古、颖达授之纪传，淳风、志宁授之书志，《南》续萧、沈，《北》继魏收，本末兼明，厘然具举。同时虽有责备之言，学者当为折中之论也。有唐史官，远轶前代。贞观以后则有柳芳、吴兢、韦述，开元以后则有于休烈、令狐峘，大历、元和以后则有崔龟从、韦澳，或作矣而不传，或传矣而不永。

晋革唐命，丞相刘昫监修国史，总辑成编，所谓《旧唐书》也。宋庆历中，更诏儒臣刊修。于时，宋景文、欧阳永叔皆称大手笔，书成奏御，以为事增于前，文减于旧，所谓《新唐书》也。《旧书》帝纪，自宪宗以上详略得宜，自文宗以下多所缺漏，非纪注之失职，即实录之不存。《新书》整齐详赡，而于四表不复，因仍旧册，固自卓然成家。顾遗德宗兴元之诏，列韩愈淮西之碑，诋讳辨为纰缪，录贞符之希恩，此王氏辨其惑，吴缜纠其缪，刘元城病其僻涩，别有成书，不暇备述也。至欧阳修因扈蒙薛居正之旧史，合五代而秉笔，改恩幸为伶官、宦者，变外戚为家人、义儿。褒贬义例，仰师《春秋》，况上下五十余年，贯穿八姓十国，笔力驰骋，不在子长下。然韩通无传，致刘氏之疑；钱氏有嫌，滋马荩臣之辨。虽复陶岳补录，徐无党解，间可发明，未能救失。

宋、辽、金三史，皆总裁于元丞相托克托，而《辽史》最先创稿，统和以后，灿然大备。中州文献，鼎成完颜。张柔归《金史》于其先。王鹗辑金事于其后，十帝之实录未亡，四朝之圣训犹在。《壬辰杂编》，亭名"野史"，浑源掌录，志号《归潜》，矧乃釜水焕其遗文，黄华耀其碑版，削繁刊累，美不胜收，一代章程宜其备也。宋享祚三百年，九朝国史，六陵遗迹，隆平之集，朱墨之本，尊尧之录，东都之略，治迹统类，大事讲义，裂帛无期，杀青难竟，乃一再期而即告成，合五百卷而仍脱漏，参是非而去取，则犹是空言也。权丰约以损益，则尚多过举也。在明中叶，祥符王惟俭、临川汤显祖、莆阳柯惟骐迭有修明，只知刊落。甚矣，作史之难也！《元史》为宋濂、王祎所裁，甫六月而告竣，为时既迫，重复颇多，此朱右补遗，陈济节要，解缙正舛，正不能为二人讳也。

二十一史之异同如此。

夫史体有二，曰纪传，曰编年。纪传本于《尚书》，编年本于《春秋》。纪传自龙门《史记》始，而编年则自司马光《通鉴》始。上起战国，下终五代，年经国纬，以备检阅，别为目录，参考异同。光自谓精力尽于此，神宗御制序以冠其首，且以为贤于荀悦云。微显前人，规切当世，居然《春秋》义例。然帝曹魏而寇蜀汉，帝朱梁而寇河东，纪武后之年，黜中宗之号，皆不能为温公解免也。朱子之作《纲目》也，表岁以首年，因年以著统，大书以提要，分注以备言。纲仿《春秋》，兼采众史之长；目仿《左氏》，稽合诸儒之说。褒贬予夺，严于衮钺，千万世所奉，为素王之功臣者，朱子一人而已。

要之，作史者上任夫人，贵行乎四事，则重委任，假岁月，专职业，访遗书也；下之任职，贵稽乎五志，则达道义，彰法戒，通古今，著功勋，表贤能也。此荀悦之论也。而且参之以三科，则叙沿革，明罪恶，辨邪正也。此刘知几之论也。果其才足以证今，学足以考古，识足以持衡，百代于以黼黻升平，润色鸿业，一本《通鉴纲目》以为准，作史其庶几乎！《皇清文颖》卷十，《四库全书》第1449册，第567~571页。

经解
周长发

圣贤觉世牖民之道，备载于经，灿乎如日月之丽天，沛乎如江河之行地，千百世奉为典训，其源流同异，盖可考而知也。我皇上天亶聪明，逊志时敏，绍千圣之心传，遵百王之法守，此真经学昌明之会也。臣仰承清问，用敢敬献其说焉。

经之名于何昉乎？自《家语》有《孝经》之目，《曲台》列《经解》之篇，而后儒遂尊为著蔡。汉武帝初设五经博士，自时厥后，益以《周礼》，则名六经；《乐经》散佚，益以《仪礼》、《礼记》则名七经；益以《孝经》、《论语》则名九经；分《春秋》为三传，则名十一经；加以《孟子》、《尔雅》则名十三经。

古有三《易》，谓之《三坟》，郑夹漈曰：伏羲本山坟，曰《连山》；神农本气坟，曰《归藏》；黄帝本形坟，曰《坤乾》。其书汉魏不传，至宋元丰中，始出于唐州北阳民家，或以为张商英伪撰也。夏有《连山》，其卦首《艮》；商有《归藏》，其卦首《坤》；《周易》首《乾》，文王为《彖辞》，周公为《爻辞》，孔子为《十翼》。汉初言《易》者，一则始于田何，以授丁宽，再传而得沛人施雠、东海孟喜、琅琊梁邱贺；二则始于焦延寿，而东郡京房受之；三则始于费直，而郑玄、王弼等皆传之。至唐孔颖达作《正义》，独取王弼之学；李鼎祚之《集解》则取郑而舍王；陆德明之释文，则宗京而尚数；及程朱出，而后理与象两明焉。

《尚书》遭秦火后，百篇亡缺，幸得济南伏生口授二十九篇，谓之《今文》，而传之者欧阳、大小夏侯也。其后孔安国得孔壁所传蝌蚪文字，定为五十八篇，谓之《古文》。而奏立学官者，梅赜、姚方兴也。当时为之传注者，在汉则有倪宽、刘向之辈，在隋则有费甝、刘焯之徒，至朱子所取宋注，约有四家。然王安石伤于凿，苏轼伤于略，吕祖谦伤于巧，林之奇伤于烦，乃以属九峰蔡氏，而《书》传得所归矣。

《诗》之传也，分为四家：《鲁诗》始于申培，而盛于韦贤；《齐诗》始于辕固，而盛于匡衡。《韩诗》始于韩婴，而盛于王吉；《毛诗》始于毛公，而显于郑元嗣。后疏之者何胤、全缓辈，而惟刘焯兄弟为殊绝。宋欧阳氏、苏氏诸家皆有训释，至朱传出,而其说始定焉。

《春秋三传》而外,有邹、夹、铎、虞诸氏。邹氏无师,夹氏未有成书,铎、虞两家亦未传于世。三传之作,党同伐异。初,齐人胡母子都传《公羊春秋》,后授嬴公,再传而有孟卿、眭孟、严彭祖、颜安乐诸家,厥后何休又作解说。传《谷梁》者,自孙卿、申公至于江翁,凡五传,汉、宣好之,遂盛行于世。自汉、魏以来,注解有尹更始、唐固、孔寅、江熙等十数家,至晋范宁《集解》出,而诸说浸衰。《左氏》出于张苍家,本无传者,梁太傅贾谊为训诂,授赵人贯公,贾逵、服虔并为训解,晋杜预又为《经传集解》,后人目为"左氏忠臣",而预亦自谓有传癖也。自后论之,左艳而富,其失也诬;《公羊》辨而裁,其失也俗;《谷梁》清而婉,其失也短宜。何休有《墨守》、《膏肓》、《痼疾》之作也,而郑玄则以《针》与《起》、《发》三书以排之。至后啖助、赵匡之解疑,每援经以击传;希声、长微之通例,每合异以为同。迨程氏之传作,而圣人作经之旨,于斯可见矣!

礼之为经有三:《周礼》一书,固为礼之纲领,至其仪文度数,则《仪礼》乃其本经,而《礼记》其义疏也。《周官经》六篇,亡其《冬官》,以《考工记》足之。郑玄以为周公致太平之迹,故其学遂行于世。玄之传出于扶风马融,而参取杜子春、郑大夫、郑司农之说。此文中子、唐太宗皆叹为圣人所作也。彼何休以为六国阴谋之书,林孝存以为渎乱不经之说,欧阳氏疑其设官太多,陈氏疑其与《周官》不合,苏颖滨有三不可信之评,胡五峰有无一官完善之论,则皆未窥圣人之精意也。《仪礼》出于孔壁,其先仅十七篇,汉兴,高堂生得之以授瑕邱萧奋,奋授孟卿,卿授后仓,仓授戴德、戴圣,是谓《今文》。后鲁恭王坏孔子宅,得古经五十六篇,藏在秘府,是谓《古文》。为之注者郑玄,为之疏者贾逵也。韩子苦其难读,朱子喜其绪甚善,后儒徒以推《士礼》而达之天子,以为残缺不可考之书,过矣!《礼记》为七十子共撰。《古经》得于淹中,河间献王收集余烬,始获全书,高堂生、后仓最明其业,乃为《曲台记》,而梁人戴氏、沛人庆普,于是大戴、小戴氏三家并立。其河间所献者一百三十一篇,至刘向考校经籍,检而叙之,又得《明堂位》、《阴阳记》三十三篇,《孔子三朝记》七篇,《王氏史氏记》二十一篇,《乐记》二十三篇。大戴删其繁重为八十五篇,小戴又删为四十六篇。马融传小戴之学,又足《月令》、《明堂位》、《乐记》,合四十九篇。今所用者,陈澔之《集说》也,朱子为《通解》、《集说》,勉斋成《丧》、《祭》二礼,则其义备矣。然三礼之学,其所以诡异者,约有四端:有出于前人所行而后人更之者,"墨始于晋,輴于鲁庙","有二主始于齐桓","朝服以缟始于季康",以至"古麻冕而今用纯,古缩缝而今衡缝"之类是也;有出于圣门而传之各异者,"曾子袭裘而吊,子游裼裘而吊","小敛而奠,曾子曰西方,子游曰东方","异父之服,子游曰为之大功,曾子曰为之齐衰"之类是也;有后世诸儒损益前代,自为一朝之典者,吕不韦为《月令》祭祀官名不纯于周,汉博士欲为汉制,封爵不纯于古之类是也;有专门之学各自名家,而以臆见为先代之制者,如"以霍山为南岳","以太尉为尧官","以商之诸侯为千八百国","以周之封域为千里者四十九"之类是也。此不可不辨也。

《大学》、《孝经》出于孔壁者,为《古文孝经》,《今文》倡于河间颜芝,注之者凡百家。孔安国尚古文,而刘炫宗之;郑玄主今文,而陆澄讥之。朱子刊误一出,而始有所准矣。

　　《论语》有《齐》、《鲁》之分,《齐论》多《问王》、《知道》二篇,张禹兼通《鲁论》,而包氏、周氏《章句》出焉。郑玄益以《齐》古,而王肃、何晏之徒宗焉。至朱子《集注》行,而诸家尽废。

　　《孟子》之注,赵岐分为四十四篇,陆善经合为七篇,其音释张氏、丁公著两家而已。若冯休删《孟》,荀卿非《孟》,王充刺《孟》,司马光疑《孟》,苏轼辨《孟》,均未窥其指归。而虞允文尊《孟》,则得所宗而不惑矣。

　　《尔雅》一书,或以为周公所作,或以为子夏所传,自得终军豹鼠之辩,其说始行。郭璞究心十八载,而草木、虫鱼、训诂、名物昭然具析,考古之学其彬彬焉。

　　十三经之源流同异,班班可考也。

　　国家典学右文,崇尚经术。圣祖仁皇帝继天明道,荟萃心源,纂修《周易》、《书》、《诗》、《春秋》四经。世宗宪皇帝特命颁发学校,砥砺群伦。皇上丕显丕承,善继善述,天德王道,一以贯之,探《河》、《洛》以启苞符,考文章以颁制度,特命儒臣纂修《三礼》,汇为一书,颁示天下。经学休明,实千载一时之盛也。学者志在穷经,惟尽采汉儒之注疏,以辨其典章;精研宋儒之训解,以析其义理。而且判其醇驳,定其从违,则内外胥融,体用一致,而圣人觉世牖民之意,庶几历万世而常昭也哉!

《皇清文颖》卷十三,《四库全书》第1449册,第618~621页。

五六 天地之中合赋 以"敬授民时,圣人所先"为韵
杭世骏

　　原夫子建天元,丑为地柄,试推策于二篇,实肇基于三正。帝出《震》而成《艮》,一元之运,皆本中德以流形;星伏戌而见辰,四序之行,必于合神而布令。析之是名九星,统之乃云七政。数得主而有常,道无为而不竞。抚辰惟勤,授时在敬。奇全偶半,积五位以相乘;兼两函三,合六爻而互应。尔其积寸该分,课虚责有,生成备而变化行,神鬼交而刚柔剖。五则一三七九相后先,六则二四八十居左右。探天根者,必以为圆盖之心;溯地极者,必以为方舆之纽。马拳毛而图浮,龟坼文而书授。大衍置闰以归奇,皇极居尊而用九。求天产则音以出,清声唱而浊声酬;求地产则管以成,阳律终而阴律奏。验空积于忽微,穷岁差于章蔀。是故自焉逢以至上章,随乾道而错行;由星纪以讫元枵,叶坤维而比寿。三才鼓荡,一气陶钧。天枢之行,五五二十五,数而俱合;地轴之奠,六六三十六,宫而皆春。元功不宰,大化转淳。天之五合于地,而六气为之磅礴;地之六合于天,而五味为之氤氲。穹苍于焉发散,沉砀于焉列陈。海结为错,山融为珍。

　　彼夫阴阳风雨晦明之殊状者,顺施逆受,无非穆清之元化;酸咸辛苦甘之效精者,

递生互克,壹皆富媪之元神。丕成大运,绥兹烝民。气结为味,六情所以无拂;味禀于气,五性所以克驯。用以叹会通之妙,极交错之文,特是财成有道,辅相有宜。五德之当王者,尊则利道,而节宣者有序;六物之成功者,退则和齐,而斟酌者有机。功先截竹,令戒愆期,绳方应矩,径员象规。卦剖分以应候,圭测景以成仪。音有君而有臣,律一雄以一雌。六管各有同而参以二变,则七始兼夫八十四调;五子厥惟倍而虚其中央,则四维周夫二十四时。和声、缪声之不忒,大余、小余之毕齐。于以见声音之道,直与天彻;而历象之志,罔与律违。暨夫玉烛调,璇玑定,懋对之功以成,愆伏之虞毕罄。惟交泰者大同,亦有感者必应。天运则春生夏长,秋敛冬藏,罔乖夫九纪之宜;民生则水润火炎,木滋金克,备兼夫群产之胜。百神是以有明德,而渎扰不闻;兆民是以有孚诚,而慆淫俱靖。

夫律居阴而治阳,原准乎五部之盈虚;历居阳而治阴,实关夫六府之歉盛。天五下降则生数,即以开成数之端;地六上行则成数,即以为生数之竟。羲和占日,常仪占月,臾区占星,善言天者,所以验于人;伶伦作律,大挠作甲,隶首作算,穷其理者,所以至于命。则夫苞符之运,固日著于天壤,而参两之功,能不归之睿圣?洪惟国家之锡福,实承三后之作君,鸿业超于古昔,学统彻夫天人。辨律而发径一围三之误,则房范之争尽息;调历而通圆田勾股之邮,则中西之惑俱泯。羲仲春而和,仲秋作讹,成昜之咸叙,南正木而北正火,神祇物类之惟寅。五方顺布,六宇同欣。物有菀枯,以元气而消其夭札;时分消息,即方寸而施以陶甄。是以百福之祥在宥,三王之世如春。

皇上秉祇肃之纯心,伟神明之接武,以中正者调钧,以合同者握矩。六官修而五行之气无愆,五福兼而六祲之宜以序。泰阶之星流符,北辰之枢居所,飨飧牢醴,养贤及民,历象玑衡,敬天笃祜。于是上探五辰之秘,迤综六术之传,理参乎大《易》之大,数演乎先天之先。或前疾,或后留,大中者默运夫阴消阳息;或东盈,或西缩,有合者潜协于右转左旋。愧管窥之末学,探三统之遗编,洵高深之莫赞,敢玩索以穷年。杭世骏《道古堂文集》卷一,《续修四库全书》第 1426 册,第 207~208 页;《皇清文颖》卷四十九,《四库全书》第 1450 册,第 347~348 页。

黄钟为万事根本论

杭世骏

太史公曰:"六律为万事根本。"盖律也者,所以备数和声,审度量权衡,而归之于一者也,而六律又本于黄钟。黄钟之宫,或损或益,以定商、角、徵、羽,九六相生,而六律皆出焉。六律正,而万物皆原于此矣。

自《吕览》有三寸九分之说,论者以为八寸一分,管固莫有长于此者也。同位娶妻,隔八生子,递减而至应钟,其管四寸二分,管莫有短于此者也。而黄钟之八寸一分,尚余三寸九分,以为含少之宫,盖此三寸九分者,即所以为消息增损之枢,而大吕以下之所从生。此其说虽巧合,而非确诂也。

夫天体员，故函三而为一子之数，一参之于丑得三，参之于寅得九，三者一之积也，九者三之积也。今以含少之宫求之，则三者其寸，九者其分，适与三统之数相符，而八十一寸之管得矣。且夫管有空积，即不能无忽微，有忽微则其数奇，零而不整。而独黄钟为宫，则太簇之商，姑洗之角，林钟之徵，南宫徵羽，皆以正声应之，而无有忽微，斯同心一统之意，不复与他律为役也。非黄钟而他律，则虽当其月自为宫者，其和应之律，必有忽微，斯黄钟之所以为至尊也。盖变宫、变徵，在《礼运》不入于旋宫，则黄钟之宫无忽微矣。以十二辟卦言之，律吕之配，自大吕以至应钟，各居其位而已。黄钟之位居子，天一所生之水也，而其宫属土，故月令季夏，又中黄钟之宫。水于五行为最先，土于五行为分王，而黄钟兼之，斯其所以成始而成终也。

然则度量衡无不原于律，而黄钟又为律本。故五度以度长短，而由分而寸而尺而丈而引。掌于廷尉者，皆本黄钟之微而成著也。五量以量多少，而由龠而合而升而斗而斛，掌于司农者，皆本黄钟之实而生物也；五权以权轻重，而由铢而两而斤而钧而石，掌于鸿胪者，皆本于黄钟之重而为衡也。夫《汉志》所云，廷尉即古秋官之属也，则以之正天下之法而罔愆；《汉志》所云，司农即古地官之属也，则以之司天下之养而罔乖；《汉志》所云鸿胪即古春官之属也，则以之均平天下之事而罔失。

至若太史公作《史记》，不列兵书，而于律书见之，正以古人行师，吹律听声，牧野之师，自鹑至驷为七列，自子至午为七同，而下宫、上宫于以布宪施舍。迨至春秋以还，犹能歌《南风》而知其不竞，则包罗者广矣！盖在天为十二辰，在地为十二野，在人为十二律，所以包举万象，而黄钟出焉。乾之初九，复于甲子。岁功之出，起于冬至之夜半；七政之行，复于牵牛之初。古之帝王顺天地，序四时，应人伦，本阴阳，原情性，贞天下于一同。海内之政者，胥此道也夫！杭世骏《道古堂文集》卷一，《续修四库全书》第1426册，第209~210页；

赋得山鸡舞镜 七言排律十二韵得"山"字
杭世骏

谁将翠羽出花关，朗对青铜意态闲。宝匣旧含辉皎洁，雕笼新照翅回环。锦衣未必输文绶，金爪何劳冒玉环。阆苑不栖春晏树，苍苔犹印雨余斑。乍窥宛转霓裳拂，作对蹁跹紫燕翻。翘尾影疑宫扇合，举头光讶翠裘弯。晴舒绣臆空中见，风刷疏翎望里还。啼处只怜交颈好，看场谁惜折腰艰。剧知意惬关生动，直爱身轻似转圜。饮啄久甘依麦陇，飞翔何幸近蓬山。已归朗曜初呈技，岂假清溪始照颜。紫禁若容聆雅奏，九苞随仗愿跻攀。杭世骏《道古堂文集》卷一，《续修四库全书》第1426册，第210页；《皇清文颖》卷九十五，《四库全书》第1450册，第1450页。

史论

杭世骏

史之有正史也，自正闰之统标之也。班氏承刘歆《七略》，以《世本》、《战国策》、《汉事》、《楚汉春秋》等篇，列于《春秋》之后，而不列史名。自齐王俭撰《七志》，梁阮孝绪《七录》，部分其类，而《隋书·经籍志》仍之，有霸史，有伪史，有通史，有实录，有起居注，有日历，有时政记。自唐迄宋，莫之能改，必以班、马诸人为宗。何也？谈、迁、彪、固世领著作，一则文直而事核，一则文赡而事详。补之者褚少孙，宣布之者杨恽，相次撰续者刘向、刘歆、冯商、卫衡、杨雄、史岑、梁审、肆仁、晋冯、段肃、金丹、冯衍、韦融、萧奋、刘恂等，校叙之者固女弟曹大家，从大家授读者马融等，作《八表》及《天文志》者马续，解之者徐广、裴骃、司马贞、张守节之外，又有司马彪、邹诞生、徐邈之音，而《史》无疑义矣。服虔、刘德、伏俨、应劭、郑灼、李斐、李奇、邓展、文颖、张揖、苏林、张晏、如淳、孟康、项昭、韦昭、刘宝、臣瓒之外，又有包恺、萧该之音，晋灼之集注，蔡道谟之集解，大颜、小颜之决疑、集注，而《汉》无隐滞矣。

汉自中兴以后，为编年者四族，创纪传者五家，晋室迁徙，三惟一存，范蔚宗删七家之《汉书》及《东观记》，自以为笔势雄放，体大思精，然《表》、《志》阙如，皇后称纪，《方术》滥及神仙，《列女》表章蔡琰，识者有遗议焉。献帝以固书文繁难省，诏荀悦依左氏传体以为《汉纪》，立典有五志焉，曰达道义，章法式，通古今，著功勋，表贤能。范史以为文约事详，论辨多美。唐贞观中，尝以是赐交州都督李大亮，下书曰：此书叙致既明，论议深博，极为治之体，尽君臣之义。而科举试士亦以悦《纪》与《史》、《汉》为一科。晋末袁宏以东京史籍不伦，惟张璠《汉南纪》差详，因参摭记传，以损益之，比诸家号为精密。刘氏《史通》云："世言汉中兴史者，惟袁、范二家而已。"

陈寿《三志》，魏氏称纪，蜀主称书。厥后孙盛为《魏春秋》，于武帝亦称本纪。（《唐书·艺文志》有《魏武本纪》四卷。）习凿齿始正其误，著论云："若以魏有代王之德则不足，有靖乱之功则孙、刘鼎立共王，秦政犹不见叙，况暂制数州之众哉？"（见《世说》注。）梁武帝集诸臣编通史，吴、蜀二主皆入世家，刘知几独谓曹逆刘顺，而以帝王之少康、光武，侯伯之秦缪、楚庄，比方昭烈。欧阳修论正统而不黜魏，其宾客章望之著《朝统论》非之；司马光修《通鉴》而不帝蜀，朱子作《纲目》正之。张栻撰《经世纪年》，献帝之后即系昭烈年号，书曰"蜀、汉逮后主亡国，而始系魏"，是即《汉晋春秋》谓汉亡仅一二年，则已为晋之旨也。南丰吕南公、吴兴郑知几、永康陈亮，尝有更定寿书而皆不就；庐陵萧常元、陵川郝经、明晋陵谢升，相次编削，进蜀以帝制，退魏于载记，三国之正统乃定。大抵三史有得有失，三志有短有长。浅陋而不学，疏略而轻信，此迁之失也，苏子由讥之；见识有限，体致局弱，此晔之失也，叶水心讥之。郑夹漈论固，谓全无学术，专事剽窃，不无过激，然《古今人表》断自虑、羲、神农，《货殖列传》及于白圭、子贡，是其史例已紊矣。陈寿叙事质直，较迁、固或不如，比蔚宗则有过，况董、袁、刘、吕诸传，为范史开先乎？

晋氏修史，从贾谧之议，以泰始为限断。厥后公私互有著述，迄于齐代，数其可征者，陆机撰三祖《纪》，干宝撰宣讫愍七帝《纪》，束皙撰《帝纪》、《十志》，邓粲撰《元明纪》，曹嘉之、刘谦之、徐广、郭季产皆撰《晋纪》，王绍之撰《安帝阳秋》，讫义熙九年之事。习凿齿、孙盛、檀道鸾皆撰《阳秋》，杜延业撰《春秋略》，司马彪、王隐、谢沈、虞预、朱凤、谢灵运、臧荣绪、萧子云、沈约、郑忠皆撰《晋书》，何法盛撰《中兴书》，庾铣撰《东晋新书》，荀绰撰《后书》，张缅为《史抄》，萧子显为《史草》，何劭为荀粲、王弼传，荀伯子为桓玄等传，陆机肇始而未备，王劭续末而不终。（见《文心雕龙》。）干宝著论，近乎王化根源，（语本唐李华《萧颖士集序》谓，《文选》中《晋纪总论》。）其书简略，直而能婉，（语本《晋书本传》。）犹时载浮讹，罔尽机要。（语本《史通》。）虞预生长东南，不知中朝事，多窃写王隐之书。谢沈才学在虞预之右，习凿齿裁正，桓玄之觊觎非望，以晋继汉，明天心不可以势力强，其词甚正。（皆《晋书本传》。）孙盛梁益旧事，访诸故老，其书词直而理正，而刘知几以为"论王业则党悖逆而诬忠义，叙国家则抑正顺而褒篡夺，述风俗则矜夷狄而陋华夏"。邓粲湘州曲学，有心典谟。（《文心雕龙》。）萧子云弱冠便留心传著，（《梁书本传》。）臧荣绪虽无逸才，亦足弥纶一代。（《南齐书本传》褚渊启太祖云。）法盛《中兴》，荒拙少气；王隐、徐广，沦溺罕华。（刘祥撰《宋书序录》，历说诸《晋史》云云。）沈约故造奇说，谢灵运虚张高论，道鸾不揆浅才，好出奇语，大凡为晋学者，王、檀尤劣。（皆本《史通》。）唐贞观中，以前后史十有八家未能尽善，诏房乔以中书侍郎，褚遂良再加撰次，乃据臧荣绪书增损之。乔奏取太子左庶子许敬宗、中书舍人来济、著作郎陆元仕、刘子翼、前雍州刺史令狐德棻、太子舍人李义府、薛元超、起居郎上官仪等八人分功撰录，著作佐郎敬播等四人考正义例，太史令李淳风深明星历，所修天文、律历、五行、三志，最可观采。以《宣》、《武纪》、《陆机王羲之传论》，上所自为，故曰"制旨"，总题"御撰"。自是言晋史者，皆弃旧本，竞从新撰者焉。《旧唐书》云"房乔，字符龄"，《新唐书》云"房玄龄，字乔"，《宰相世系表》又讹作"房乔松"，此史文之不同也。然史官多是文咏之士，好采短部小书，诡谬碎事，如曹、干二氏《纪》，孙、檀二《阳秋》，皆不之取其中美事，遗略甚多。又所评论远弃史、班，近宗徐、庾，竞为绮艳，不求笃实。《史通》所谓"饰彼轻薄之句，编为史传之文，无异加粉黛于壮夫，服绮纨于高士"矣！自南北分疆，而史官各矜所习，岛夷索虏，互相诋刺，是非不衷于一。李延寿预修六代之史，馆中坠稿仍存，于《宋》见徐爰、裴子野本，于《齐》见沈约、吴均本，于《梁》见何之元、刘璠本，于《陈》见顾野王、傅绎、陆琼本，于《魏》见魏澹本，于《后齐》见王劭、李德林本，于《周》见柳虬、牛弘本，于《隋》见王劭本，故其所采多于本书，刭八书自《梁》、《陈》、《周》、《隋》而外，多阙略不全。宋《到彦之》、齐《桂阳王铄传》，魏《孝静纪》、《皇后》及《神元平文昭成诸帝子孙》、《明元六王》、《太武五王》、《景穆十二王》诸传，后齐《文襄纪》、《茹茹公主》、《彭乐》等传，若非两史，于何得其行事？然好述妖异谣谶、诙嘲小事，不无繁猥，又叙事过简，刊落本书，语反割裂。至若天文、五行之变异，州郡之建置，礼乐之损益，职官舆服之因革，经籍之存亡，散在《宋》、《齐》、《魏》、《隋》诸志者，宜总为一，而乃仅成纪传，不求典故实迹，是所短也。故喜之者或叹为佳史，（温公。）而非之者竟诋为小说，（朱子。）实当并存，不可偏废。如以十史重复，别思有以更定之，夹漈《通志》，荆川《左编》，可谓简而该矣，究不得判然别为一史。温公修《通鉴》，六朝之事一以委之刘道原，叙致既简，征引尤博，事多十史所未备，（如陈文帝鸭羹饷军，彭乐芒山之战之类。）惜其限于编年，不可析为纪传。兴化李清尝以八书分注两史之下，江左盛称其书，而学士家终不得见，苟能取是数者之长，以益李氏之所短，别为纠缪数卷，则庶无遗憾矣！

《隋书》之志，不以隋为限断，何也？贞观初，有诏遣令狐德棻、岑文本撰《周史》，孔颖达、许敬宗撰《隋史》，姚思廉撰《梁》、《陈史》，李百药撰《后齐史》，至十年，尚书左仆射房玄龄、侍中魏征上梁、陈、齐、周、隋五代史、纪、传并《目录》，凡二百五十二卷，诏藏秘阁，惟有《十志》断为三十卷，寻拟续奏，未有其文。又诏左仆射于志宁、太史令李淳风、著作郎韦安仁、符玺郎李延寿同撰，其先撰史人惟令狐德棻重预其事，南补梁、陈，北补齐、周，最为该备。至高宗永徽九年，太尉长孙无忌进奏，俗呼为《五代史志》，其编第虽编入《隋书》，其实别行故也。

以《旧唐书》为短者，林駉、晁公武也；以《新唐书》为短者，刘器之、唐庚也。旧书不出一手，或一事而两见，（淮安王神通论功，《房玄龄》与《神通》传两见；贾明观事，《魏少游》、《路嗣恭》传两见；山棚事，《李师道》、《吕元膺》传两见。）或一文而两载，（宇文歆《谏猎表》，《巢王元吉》、《李纲》传两载；刘子元《太子从臣乘马著衣冠议》、杨炯《冕服议》，本传及《舆服志》两载；张茂宗尚义章公主，与《蒋乂传》奏疏两载。）或一人而两传，（杨朝晟。）或一言而前后错出，（《朱敬则传》"与三从兄同居，财产无异"句，一传复见；《李光弼传》前云"临阵擒其大将徐璜玉、李秦授、周挚"，又云"生擒安太清、周挚、杨希文等，送于阙下"；《李正己》传："希逸母，即怀玉姑也。"又云："节度使侯希逸，即其外兄也。"或两人而彼此回护，（裴泊、李吉甫、牛僧孺、李德裕等传。）以阳城之直谏而入《隐逸》，以张易之、昌宗之佞幸而附《张行成》，以薛怀义之淫乱而入《外戚》，以孔颖达、司马才章、王恭、马嘉运之说经而不入《儒林》，刘敦儒宜入《孝友》而在《忠义传》，庾敬休请于归州置巡院，勾当收管诸色钱物送省，竟得列于《忠义》。大凡顺宗以前其事较详，宣宗以后其事多略。宋嘉祐重修，欧阳修为《纪》、《志》，宋祁为《列传》，范镇、王畴、宋敏求、吕夏卿、刘羲叟皆著作之才，同预编纂，废旧传六十有一，增三百三十有一，《志》三《表》四，文省事增。然欧公学《春秋》，每务褒贬，子京尚小学，刻意文章，用事僻涩，文彩太过。谯孝宁评其失，韩子中辨其惑，吴镇纠其缪，有以哉！亭林顾氏尝谓："当兼二书刻之，为《二十二史》。如宋、魏诸国既各有书，而复有《南史》、《北史》，是其例也。"宋开宝中，宰相薛居正监修梁、唐、晋、汉、周五代之史，多至一百五十卷，欧阳修以其繁猥失实，重加修定，有因旧史所改者，（梁尝更"戊"曰"武"，旧史悉复为"戊"；张文礼为王镕养子，号王德明，《旧史》书"张文礼"。）有仍旧史所阙者，（梁主友贞改名瑱，刘鄩讨张守进，唐庄宗立高祖以下四庙，及奉册母曹氏为皇太后，愍帝之奏谥、上册，皆失其月日。）有补旧史所无者。（唐李嗣源克潞州，晋岁时遣使契丹，周世宗下三关，瓦桥、益津以建州及见，淤口关上置寨，《旧史》皆不书。）褒贬义例，仰师《春秋》，国史称其以继班固、刘向，而人不以为过。乃其著论是非，往往不公。梁为唐之篡臣，王彦章实济其恶，而列于忠义；元行钦不屈于唐明宗，乌震不降于张文礼，而独冒不趋之名；至其书皇伯敬儒以正晋出帝，即位之非是，犹沿濮议之误也。惜乎《新史》行而《旧史》久废，官私所藏，无从收拾。在官者散见于《永乐大典》一书，在私者海内更无副本，惟姚江黄氏有之而已，荡为煨烬矣！

《宋史》过繁，约之则其事不完；（昆山归有光、祥符王惟俭、揭阳王洙、莆田柯维骐、临川汤显祖、新建徐世溥皆事编削，迄无善本。）《辽史》过略，征之则其文不足。（《契丹国志》、《松漠纪闻》数书而外，文献不足。）金源世凡三变，天会、皇统之间一变，大定、明昌之间一变，南迁而后又一变，前多凭于实录，后乃质之野史。论世者欲定其优劣，难矣！《元史》，其史之最下者乎？闾巷之所述编之乎？史册而不更，（《董抟霄传》自名"董老爷"。）案牍之所陈，措之于文章而不易。（《日知录》云：《河渠志》言"耿参政"、"阿里尚书"，《祭祀志》言"田司徒"、"郝参政"，皆案牍中之称谓也。）重见错出，繁芜特甚，虽有解缙之正误，许浩之弼违，胡粹中之续编，莫能救也。岂非迫于速就之故哉？

编年之法，肇始《竹书》，左氏其粹也。荀、袁《纪》，东、西《汉》之始终，吴曾类南北朝之征伐，而司马氏之《通鉴》功最为大，集众手而成，历十九年之久。观大目录，知年经国纬之昭晰；观修书帖，知抉摘校计之精详；观考异，知旧史小说之同异。公自谓平生精力萃于此书，殆非诬也。朱子因温公《举要》，胡文定公《举要》，历补遗两书，别为《纲目》。"表岁以首年，而因年以著统；大书以提要，而分著以备言"，凡例既定，付门人讷斋赵氏接续成之。讷斋属笔尚欠详谨，间有脱误，失其本意，朱子盖欲更定而未暇也。其后遂昌尹起莘作发明，祁门汪克宽作考异，望江王幼学作集说，上虞徐昭文作考证，武进陈济作集说正误，建安冯智舒作质实，永新刘友益作书法，皆不免于迂陋，洵乎纪载之难也！补温公之阙者，金履祥、王宗沐、薛应旗也；拾朱子之遗者，陈桱、商辂、南轩也。以云通知其意则可，若以论著作之大则瞠乎后矣！

统而论之，《隋志》正史六十七部，《唐志》正史、杂史七十五家，《宋志》亦不下八十余人，或纪一朝，或兼前代，工拙既分，是非互异。梁武《通史》，事备而例疏；王通《元经》，义严而词短；苏辙《古史》，掘腐迁之旧科；李焘《长编》，烦史馆之编审。事如积薪，理同悬鉴，非能明于得失，孰能平爱憎以评其优劣乎？我皇上兢业承天，稽古出治，延揽著作之才，以备承明之选。臣胸无一得，才乏三长，承制下问，敬以夙所研习者，为我皇上觊缕一陈焉。杭世骏《道古堂文集》卷一，《续修四库全书》第1426册，第216~220页；《皇清文颖》卷十，《四库全书》第1449册，第561~567页。

经解

杭世骏

自汉以前，有六学、六艺之目，而不立经名。唐陆龟蒙谓：《经解》之篇句，名出于戴圣；王辅嗣因之，以《易》为经；杜元凯因之，以《春秋》为经。孔子曰，"学《诗》乎，学《礼》乎"，"《易》之为书也，原始要终"，"知我以《春秋》，罪我以《春秋》"，未尝称经，称经非圣人旨。不知"志在《春秋》，行在《孝经》"，孔子尝自称经矣。"六经陈迹"之语，见于《庄子·天运篇》；"泽于四经"之语，见于《管子·戒篇》。（房玄龄注"四经"，谓《诗》、《书》、《礼》、《乐》。）"始乎诵经，终乎读礼"之语，见于《荀子·劝学篇》。（杨倞注"经"，谓《诗》、《书》。）是纂修删定以后，已立经之名矣。六经始于《经解》，《易》、《诗》、《书》、《礼》、《乐》、《春秋》是也。汉兴，制氏善为乐，世世掌太乐官，但能纪其铿锵鼓舞，而不能言其义，故立博士，只于五经。至蜀文翁使相如东受七经，（见《蜀志·秦宓传》。《华阳国志》云："遣俊士张叔等十八人东诣博士受七经。"）盖斯时孔壁之《论语》、《孝经》已出故也。唐初，号谷那律为九经库，似九经之名至唐始定。而沈约志《宋书》之百官，则云《周易》、《尚书》、《毛诗》、《礼记》、《周官》、《仪礼》、《春秋左氏传》、《公羊》、《谷梁》各为一经，《论语》、《孝经》为一经，合为十经。洎唐刘孝孙作为问对，而十一经之名定矣。陆德明撰《经典序录》，只称九经，而亦为《孝经》、《论语》、《孟子》、《尔雅》撰音，是十三经已萌芽于此，但其末附以老、庄二子，则经之名反隐。故开成刻石，长兴镂板，亦只有九经。斯时《孝经》以石台别行，《尔雅》为书学专习，故不兼及耳。孟蜀广政毋昭裔等渐次刊布，逮宋淳化始得毕功。然《孟子》尚阙，宣和间席旦刻于成都学官而后备，李至判国子监，五经之外请修七经之疏，以备刊刻，仍未及于《孟子》也。明嘉靖、万历间，南北两雍前后并刻，而十三经之名遂遍海宇矣。此诸经分合之大略也。

秦政焚书，《易》以卜筮独存，《书》、《礼》晚出，最为残缺。孔惠藏古文《尚书》于屋壁，至孙临淮太守安国为之传，遭巫蛊事未献，东晋豫章内史梅赜得而上之，齐建武四年有姚方兴者，又得《舜典》二十八字合之，河内李氏所献《泰誓》，《书》之古、今文备矣！《礼》出淹中，刘向父子所校，有《明堂》、《阴阳》、《王史氏》，惟《士礼》以后仓，《周官》以河间献王传。平帝时，又有献《逸礼》、《毛诗》、《左氏春秋》者，而诸经毕出矣。

经之有章句者，《诗》则齐之杜抚、赵之毛苌，《礼记》则马融、卢植，《春秋》则服虔，《论语》则包氏、周氏，《孟子》则赵岐是也。其以注称者，郑玄、王弼、韩康伯之于《易》，郑玄之于《三礼》，郑兴、郑众之于《周官》，犍为文学、刘歆、樊光、李巡、孙炎、郭璞之于《尔雅》，唐明皇之于《孝经》是也。其以疏称者，孔颖达之于《五经》，杨士勋之于《谷梁》，徐彦之于《公羊》，贾公彦之于《周礼》，李孟悊之于《仪礼》，元行冲之于《孝经》，皇侃之于《论语》，孙奭之于《孟子》，邢昺之于

《尔雅》是也。其以传称者，孔安国之于《书》，毛苌之于《诗》是也。其以解称者，杜预之于《左氏》，范宁之于《谷梁》，何晏之于《论语》是也。惟郑康成解《诗》称笺，鲁申培、赵毛公说《诗》称诂。张华云："圣人制作谓之经，贤者著述谓之传。"刘勰云"传者，转也，转受经旨，以授于后"，又云"传者转师，注者主解"，"宅情曰章，位言曰句"。刘知几云："传者，转也，转授于无穷；注者，流也，流通而靡绝。"孔颖达云："诂者，古也，古今异言，通之使人知也。"吕忱《字林》曰："笺者，表也，识也。郑以毛学审备，遵畅厥旨，所以表明毛意，记识其事，故特称笺。"《六经奥论》云："笺之为言，魏晋间所以致辞于皇太子诸王者也。郑尝以君师之礼待毛公而不擅改，圣人之经明矣。"邢昺云："章句者，训解科段之名。"惟疏定于唐初，其名无所诠解，或以为后儒解释之书名曰"正义"，今通谓之疏也。（说本亭林顾氏。）

论其列于学官者，汉初《书》惟有欧阳，《礼》惟有后仓，《易》杨何，《春秋》公羊而已。至孝、宣复立大、小夏侯《尚书》，大、小戴《礼》，施孟、梁邱《易》，谷梁《春秋》。元帝时复立京氏《易》。平帝时又立《左氏春秋》、《毛诗》、《逸礼》、《古文尚书》，旋罢不用。东汉建元时，增至十四博士，而罢《谷梁》，立李封为左氏博士。魏黄初中，设五经课试之法，又为《谷梁》立博士。典午受命，增十九人。至江左复减为九，因荀崧之议，增至十二，曰《周易》郑氏、王氏，《尚书》郑氏，《古文尚书》孔氏，《毛诗》郑氏，《周官》、《仪礼》、《礼记》郑氏，《春秋左传》杜氏、服氏，《论语》、《孝经》郑氏，以《谷梁》浅俗不足置，会王敦之难，不行。宋又增至十六人，不复分掌五经，而谓之太学博士。齐置郑、王《易》，杜、服《春秋》，何氏《公羊》，麋氏《谷梁》，郑注《孝经》。沿及魏、梁，皆置五经博士。唐开元间，归崇敬请以《礼记》、《左传》为大经，《周礼》、《毛诗》为中经，《尚书》、《周易》为小经，各置博士一员，其《公羊》、《谷梁》文疏少，请共准一中经，通置博士一员。开成元年，判国子祭酒宰臣郑覃奏，太学新置五经博士各一人。宋有九经、五经、三礼、三传诸科，元祐时以《诗》、《礼记》、《周礼》、《左氏春秋》为大经，《周易》、《公羊》、《谷梁》、《仪礼》为中经，绍圣元年复立《春秋》博士，崇宁又罢之。元皇庆中始制经问，《大学》、《论语》、《孟子》、《中庸》内出题设问，并用朱子章句集注，《诗》以朱子为主，《尚书》以蔡氏为主，《周易》以程朱为主，兼用古注疏，《春秋》用三传及胡氏，《礼记》用古注疏。明仍其制，而注疏少衰矣。

三易掌于周官太卜，《连山》，宓戏；《归藏》，黄帝。《山海经》云："伏羲氏得河图，夏后因之曰《连山》；黄帝氏得河图，商人因之曰《归藏》；列山氏得河图，周人因之曰《周易》。"吴姚信曰："连山氏得河图，夏人因之；归藏氏得河图，商人因之；伏羲氏得河图，周人因之。"三者之说皆合，第信以夏《易》为出于神农，周《易》为出于伏羲，与《山海经》不同。皇甫谧《帝王世纪》云："夏人因炎帝曰连山，殷人因黄帝曰归藏。"与信说同。郑康成注《周礼》，"《连山》似山出内气也"，"《归藏》者，万物莫不归而藏于其中"。贾公彦疏云："《连山易》，其卦以纯艮为首，艮为山，山上山下，是名《连山》。"孔颖达作《易》正义，引郑云："夏曰《连山》，象山之出云，连连不绝。"郑锷解《周礼》则云："连山，言如山之相连。"或以为云，或以为山，说者未尝衷一，而《归藏》则无异。《周易正义》解《周易》云："言易道周普，无所不备。"贾公彦云："以义名易，则周非地号。《周易》以纯乾为首，乾为天，天能周布于四方，故名易为周也。"郑锷则兼疏二义："言如天覆无不周而变易无穷，是周之义。"与孔、贾合，而以变易言易，脱康成易简不易之义。《正义》又按《世谱》等书，神农一曰连山氏，黄帝一曰归藏氏，并是代号，《周易》以文王所衍，故谓之"周易"，犹《周书》、《周礼》题周，以别余代。沙随程氏、晦庵朱氏本其说，遂有周为代名之解。三易称名不同如此。《易》自商瞿五传而至田何，何授王同、周王孙、丁宽、服生四人，王同授淄川杨何、齐即墨成、广川孟但、鲁周霸、莒衡胡、临淄主父偃，皆以《易》至大官。要言，《易》者，本之田何，丁宽复从周王孙授《周氏古义》，传授同郡田王孙，王孙授施雠、孟喜、梁邱贺，由是《易》有施孟、梁邱之学。张禹、彭宣之学本于施，而施氏之学多言阴阳灾变之说，梁邱之学又本于京房，迨后费直又合《文言》、《十翼》，于是遂有费氏之学。

　　《今文尚书》者，出于伏生，口授以隶书写之故也；《古文尚书》者，出于孔壁，以竹简写蝌蚪文，朱子疑其较今文易读，又晚出而独无讹损故。吴棫、罗璧、陈振孙、王柏、吴澄、归有光、罗喻义等纷然皆著辨焉。

　　《诗》分四家，于鲁则申培公，于齐则辕固生，燕、赵间言诗者，本之韩婴，颇与《齐》、《鲁》间殊，要之一也。鲁国毛亨、赵国毛苌皆为《诗》作训诂传，毛氏行而《鲁诗》亡于西晋，《齐诗》亡于魏；《韩诗》虽存，无传之者，郑樵以为亡于五代也。

　　《春秋》，汉初有四家之学，邹氏无师，夹氏有录无书，铎椒、虞卿之微，见于刘歆《七略》，盖为左氏而作。汉兴，不立博士，故不果传。

　　《礼》有五传，高堂生授萧奋，奋授孟卿，卿授后仓，仓说礼数万言，号《后氏曲台记》，授沛闻人通汉、梁戴德、戴圣、沛庆普。《曲台记》凡二百一十四篇，戴德删之为八十五篇，戴圣删之为四十六篇。《明堂位》、《乐记》、《月令》三篇，则马融所益也。《礼记正义》云："孝文时求得《周官》，不见《冬官》一篇，乃使博士作《考工记》补之。"马融云："孝武开献书之路，《周官》出于山岩屋壁，《汉书》谓河间献王得之，非孝文时也。"宋王安石、黄度皆不之信，阙而不解。俞廷椿、王与之、邱葵、陈友仁、舒芬等五家皆谓：《周礼》得于秦火之后，官宜少不宜羡。今《天官》及《春》、《夏》二官之羡者九，《地官》之羡者十有六，《秋官》之羡者五，从其羡而求之，《冬官》皆不亡，于是割五官以补之，而《周官》复裂而不完矣。《仪礼》，孔壁古文多三十九篇，存者十七篇，外有《天子巡狩礼》、《朝贡礼》、《王居明堂礼》、《烝尝礼》、《朝事仪》见《三礼注》，《学礼》见贾谊《新书》，《古大明堂之礼》见蔡邕论，元吴澄尝取《二戴礼》为《礼经补逸》，其实与古所逸之《礼》渺不相合。

　　汉初《论语》三家：鲁人所传曰《鲁论语》，常山都尉龚奋、长信少府夏侯胜、丞相韦贤父子、鲁扶卿太子太傅夏侯建、前将军萧望之并传之名家。齐人所传曰《齐论语》,视《鲁》多《问王》、《知道》二篇,其二十篇中章句颇多于《鲁》。少府朱畸、琅琊王卿、御史大夫贡禹、尚书令五鹿充宗、胶东庸生并传之,惟壬吉名家;又鲁共王坏孔子宅,于壁中得古文《论语》,凡二十一篇,有两《子张》,篇次不与《齐》、《鲁》同,博士孔安国为传,后汉南郡太守马融注之。安昌侯张禹受《鲁论》于夏侯建,又从庸生、王吉受《齐论》,择善而从,号《张侯论》,最后行,为世所贵。

《大学》在《小戴礼》第四十二篇,原无经、传之分,二程子始以己意更之,而朱子为之章句。董槐、叶梦鼎、王柏则谓"致知格物"章未尝亡,欲还"知止"、"物有本末"于"听讼"之上,王守仁尊信其说,为《旁释》一卷以发明之。其实,注疏之本字句脱简,石经之本又出讹撰,不若朱子所分节次,为易晓而可习也。

《今文孝经》献于颜贞,《古文孝经》出于孔壁。而《古文》有二:有长孙氏所传,有郑氏所注。颜本十八章,长孙氏多《闺门》一章,又衍出三章,凡二十二章。郑氏得于王劭,定于刘炫,分《庶人章》为二,《曾子敢问章》为三,亦多《闺门》一章。而先儒所记,传闻互异。孔安国为之传者,长孙氏之本也,以为亡于梁乱矣,(《隋书·经籍志》。)至唐刘知几曷为有"行孔废郑"之说,宋司马光曷为有《指解》之书?元行冲为之疏者,刘炫所校之本也,曷为历五代及宋,待日本僧进献而始著,自晦庵刊误出,而古今文之不同者定矣!

茂陵郭威以《尔雅》为周公所制,然"《猗嗟》刺鲁庄,《淇澳》美卫武",皆在周公之后。扬雄以为孔子门徒游夏之俦所记,以解释六艺者。刘向以为张仲孝友之文,后人所足。张揖以《释诂》为周公所作,《释言》以下,或言仲尼所增,或言子夏所益,或言叔孙通所补,或言沛郡梁文所考。邢昺疏云:"皆解家所说,先师所传,疑莫能明也。"

冯休删《孟》,司马光疑《孟》,继荀卿之非,王充之刺而加甚者也。陆筠《翼孟》,虞允文尊《孟》,仍刘轲之旧,辟李觏、郑原、苏轼之论而辨之者也。

《中庸》自汉儒已有为之说者,《艺文志》所列二卷是也。梁武帝又作制旨《中庸讲义》,故其理较《大学》独著。宋天圣八年,始以《大学》赐新进士王拱辰,元丰中程子抽出列于《四书》,为之章句、《或问》者朱子,为之发明章旨者辅广、饶鲁。以暨元明,诸儒析文约理,何啻百家。我皇上接道统于唐虞,阐微言于洙泗,由修齐以致治平,西山真德秀、琼台邱浚两家之正论,其必有所取也夫。杭世骏《道古堂文集》卷一,《续修四库全书》第1426册,第211～215页;《皇清文颖》卷十二,《四库全书》第1449册,第609～614页。

五六天地之中合赋 以"敬授民时圣人所先"为韵,有序

刘　藻

臣闻两仪浩博,待哲后以财成;三统乘除,归元功之调燮。太昊图呈龙马,聿先象数之苞符;夏王书启神龟,再发乾坤之橐钥。一奇一偶,厥位惟均;五生五成,其机迭嬗。起消息以正闰,法始容

成；立章蔀而得天，策归黄帝。五家怫异，宜溯太初之元；四序循环，共信一行之确。顾太初起冬至于牵牛，未精考验；一行附节气于蓍策，亦属纠纷。谨按《汉志》曰，"天之中数五，地之中数六，二者为合"；又曰，"天六地五，数之常也"，"五六天地之中合，民所受以生"。则知函三为一，统六虚而周流；法九实三，行十日而运用。

我皇上参天两地，静阴动阳。得《虞书》钦若之原，履端举正；合《周易》明时之义，凝绩抚辰。左右方圆，大衍厘于指顾；错综参伍，畴范就其经纶。斯固羲、和之所不能窥，班、范之所无从识者也。臣心同庸见，难读精蕴之书；技止管窥，谬诵商高之对。自天授简，伏地悚惶，惧无当于敷陈，殊有惭夫丽则。

缅鸿蒙之初开，奠高卑而各正；伟不宰之神功，秩形象而定命。主极者，理鼓元气以流行；效动者，才分全数而纵横。健也顺也，奇偶以管，摄夫阴阳；经之纬之，易简实神，明于圣敬。

懿夫天数有五，本一以陈；地数有五，惟二之因。由一至九，三三所积；自二而十二，五斯均顾。一为阳之始生，其气初复；二为阴之甫判，其机未申。三四者，方圆之径围，求全而未得其半；七八者，阴阳之少位，渐老而日趋于新。逮九而阳已极，至十而数终旬。调钟律而或失，讵能被于生民？盖天地之数止得其一偏，而未底于中正，故天地之情虽不无所合，而未彰其化醇也。

乃若全图之位，五实内守，六奠其下，象卦之姤，一仰而承，一俯而就。一与十为之营，二与七冠其首，三八翼于东，四九辅其右，惟渊居以冲然，罗四表而在宥。天起一而终廿五，皆本五而积分；地起二而终三十，实由六而推究。或乘为八百一十，律叶黄钟；或乘为六百四十，声符太簇。

至如终则有始，往而必复，天以六妙其显藏，地以五通其营腠。辨六气之降生，滋五味而殷富。妙无过不及之用，孰察其所由然；大专直翕辟之能，难名其所自授。

尔乃动静相感，变合乘时，天降其气，地受其施。六为虚而五为声，周遍兮历十二辰而无或遗也；六为甲而五为子，参错兮符六十日而不可移也。二始以位刚柔，二终以纪闰余，总会于中而律吕夫妇，纯固兮琴瑟之两相宜也；五以降为五行生数，六以往为五行成规，置数于中而表里胙朒，和同兮元气之放而弥也。岁功以起，元纪以推，歷兮珠联璧合之，无或差池也；作讹不爽，分至以厘，氤氲兮缇室葭灰之，以息相吹也。

然而觉世为师，时宪惟圣，必握符以察玑，乃序辰而齐政。圣主乘乾正位，凝命协理；气之自然验存，存于成性。保章守典，证宿离之弗违；太史陈书，调风雨而从令。惟中是准，宁用挂扐归奇之文；有余以归，直溯斠元陈枢之盛。其存之也惟诚，其行之也惟敬。不偏不倚，帝则潜孚于无言；无思无为，王心常守其至正。于是考三正，励群臣，肃百度，惠兆民，统万物而咸若，与四时以皆春。中则常贞，敷锡弥于两大；合则不贰，敛福备于一人。其引伸也最微，其成功也至巨。定晷影于毫芒，较中星于累黍。上律者不爽其候，来备者各以其叙。美归德而不留，任一寒而一暑。淑风转处，感大造之无私；斗柄回时，凛深宫之作所。固知德无弗至，有开必先，不知天地之本始，莫得授时之大全。

伟矣！五六之数，灿于卦爻之篇，惟大圣人为能用易，直探夫一神两化之前，故举一事而顺五行之序，纯一念而绍万古之传欤！敬为颂曰：在天成象，在地成形，惟形惟象，有数以通。惟五惟六，天地之中，是曰合之，以肇岁功。

我皇御极，上下合同，宥密缉熙，会元统宗，四正四隅，以生以成，幽赞羲策，气动尧黉，理数同得，万世之型。又歌曰：皇德无私，天地配兮；四气不忒，泽汪濊兮。建中表正，七政义兮；惟数精微，事不悖兮。三角八线，息众喙兮；弦矢割切，待进退兮。万物熙熙，共茂对兮；返于上元，亿万代兮。《皇清文颖》卷四十九，《四库全书》第1450册，第349～351页。

经解

刘藻

经者，常也，万世不易之常道也。圣人以觉世牖民之心，阐日用彝伦之理，皆不得已而有言，故六经并圣人之所作。而当圣人之世不名经，《戴记·经解》及"行在《孝经》"之言，乃后人之附会，则经之名，实承学者见其理之不易也而崇奉之词。考其时，盖在孔子之后，纬书之前也。《易》、《诗》、《书》、《礼》、《乐》、《春秋》为六经，周秦之际已有此称。后《乐经》失传，而汉武帝置五经博士，宣帝讲五经同异，遂有五经之目。五经之内，分《周礼》、《仪礼》为七经，汉初文翁遣相如东受七经，还教吏民，其时尚无《周礼》、《仪礼》之名也。七经之外，益以《孝经》、《论语》，为九经，唐所校以刻于太学者是也。九经之内，去《春秋》入三传中，成三经，合之为十一经，又益以《尔雅》、《孟子》为十三经，盖始于唐，衍于宋，而终于明之世云。

《易》在秦以卜筮得存；《诗》以讽诵不独在竹帛，故亦不废；《孟子》之犹留者，以在诸子中也；《春秋》以口说尚存，学士往往能道之。至《尚书》、《礼经》、《论语》、《孝经》皆得之孔壁，实孔鲋所藏。其《孝经》之出自颜贞者，则颜芝所藏也；《礼古经》出淹中；《周礼》上自河间献王；《左氏》出张苍家。盖自武帝除挟书之律，开献书之路，而经籍前后继出，终汉之世，简编尽复其旧矣！

《易》之传，自孔门商瞿始，五传至田何，汉施雠、孟喜、梁邱贺之徒皆宗何，此《古易》也。焦赣《易》，第述阴阳灾异之言，京房传之，其术尤精。费直《易》以《彖》、《象》、《文言》分入诸卦，郑康成传其学，王弼为之注。而田氏、焦氏《易》遂废。大卜掌三《易》：《连山》首《艮》，象山之出云，连连不绝也；《归藏》首《坤》，即坤以藏之之谓也；《周易》首《乾》，所谓"易"者取交易、变易之义，而郑氏又有易简不易之说。是三《易》，历夏、殷、周而异其名，乃《古三坟》。天皇有《连山易》，人皇有《归藏易》，地皇有《乾坤易》，虽出伪造，然亦可征。《连山》不始于夏，《归藏》不始于殷，《周易》不始于周矣。

《书》有欧阳氏学，乃欧阳生得之伏生以授倪宽者。又有夏侯都尉从济南张生受《尚书》，以传族子始昌，始昌传胜，为大夏侯氏学。夏侯建师事胜，又事欧阳高，间从五经诸儒问与《尚书》相出入者，牵引以次章句，为小夏侯氏学。汉始立欧阳《尚书》，宣帝复立大小夏侯博士。永嘉之后，诸学并亡，而孔传始兴，置博士，郑氏亦立博士一人。《今文》先出伏生，口授晁错之二十九篇是也。武帝末得诸孔壁者，为《古文》，孔安国以校伏生所诵，为隶古写之，增多二十五篇，又伏生误合五篇，凡五十九篇。文者，字也，汉所谓古文者科斗书，今文者隶书也，唐所谓古文者隶书，今文者世所通用之俗字也。

《诗》传于子夏，卫宏宗之，本以作序，马融、郑众各有发明，郑康成为之笺，其学大行汉初。说诗者四家：《齐诗》始于辕固，而盛于匡氏；《鲁诗》始于申公，而盛于韦贤；韩婴之诗曰《韩诗》，王吉传之；毛公之诗曰《毛诗》，则马、郑所祖述者也。魏晋之代，《齐》、《鲁》并亡，至隋而《韩诗内传》亦亡，《毛》遂专行至今矣。

汉初，立《春秋公羊》博士，宣帝乃立《谷梁》学，贾谊作《左氏训故》，传至尹更始，而左氏始盛。刘歆校秘书得而大好之，欲立学官，不果行。和帝元兴中，郑兴、郑众奏上，始立左氏学。贾逵作《左氏条例》二十一篇，杜预为之注，而《左氏》益明。《公羊》之传，自其玄孙寿授胡母生，生与董仲舒并以《公羊》显，何休作《解诂》覃思十七年，而引谶为多。《谷梁》之传，自荀卿历申公、江公以至翟方进，其学渐微，晋范宁为作《集解》，徐邈因之为注，多可观采者。然三家之学，纷然聚讼，治《公羊》者谓高亲受之子夏，治《谷梁》者谓赤鲁学、高齐学、宜兴鲁学。光武时《公羊》之徒诋《左氏》益力，此邹氏、夹氏所以与铎椒、虞卿各不相下也。

《周礼》在孝、成时，刘歆始表章之，《冬官》失传，歆补以《考工记》。王莽时，置《周官》博士。董仲舒谓《冬官》未尝阙，阴居大冬，积于空虚不用之地，故曰司空。俞氏亦谓，《冬官》错列五官之内，无待于补其言。似皆未允。通《周礼》者，有河南杜子春，郑众、贾逵往受业焉。郑康成作《周礼注》，多引杜子春、郑大夫司农之义。后贾公彦又撰《周礼疏》五十卷，更为详备。《礼》传自高堂生，文武周公之典则粗具于是，此《礼》之本经也。至后苍而其学益显，戴德、戴圣、庆普等转相传述。所谓《士礼》即今《仪礼》也。《仪礼古经》五十六篇，与今十七篇文相似，及《明堂》、《王史氏记》多天子诸侯卿大夫之制，仓传十七篇，失去三十九篇。夫所称《士礼》者，特略举篇首以明之，若燕、射、朝聘，则非士之所得行也。《礼记》则七十子各撰所闻，二戴得后仓之传，并以博士论石渠。大戴取先贤礼书二百四篇，删为八十五篇，曰《大戴礼》，今存者始三十九，终八十一，仅四十三篇耳。圣又删德之书，存四十六篇，曰《小戴礼》。《士礼》、《戴礼》，孝、宣世已立学官，马氏又取《小戴礼》，补以《月令》、《乐记》、《明堂位》，为四十九篇，列于学官，而大戴不行。《仪礼》、《周礼》，并郑注、贾公彦疏。朱子尝谓郑康成注《三礼》，考究典章，大为有功，然则有志于考古者，不可不究心也。

汉初有《齐》、《鲁论》之说，以齐人、鲁人所肄篇章不同而异其名。张禹本治《鲁论》，晚谙《齐论》，遂合而考之，删《齐论》"问王"、"知道"二篇，以二十篇为定，号"张侯论"。包氏、何氏为之章句，马融为之训诂，郑康成注之，陈群、王肃皆为义说，何晏又为集解。陈、梁之间，郑、何并立国学，至隋因之，而郑氏大盛于人间。

《孝经》为孔门弟子所录，在汉长孙氏、江翁、后苍、翼奉、张禹皆名其学，孔安国为之传，马融、郑康成辈各有注解。唐明皇采缉六家，自为之注，颁于天下，元行冲因而疏之。古文凡二十二章，今文十八章，则刘向所校定，及唐人所标题者也。

《尔雅》或以为出于周公，然就其中"如切如磋""道学"之类观之，则非周公作无疑，或子夏之门人为之耳。汉叔孙通订之，文帝为立博士，自终军豹鼠之辨，其学始行。为之注者有刘、樊、孙、李数家，犹未详尽；郭璞注解，学者宗为善本；逮邢昺疏之，而草木、虫鱼、山川、名物益昭然矣。

《孟子》自后汉赵岐始发明之，因而为注，析作十四篇。唐陆善经合为七篇，为之疏者孙奭，为之释者张镒也。然而后之学者议论烦兴，冯休删之，司马氏疑之，独刘轲翼于前，陆筠翼于后，而虞允文又作《尊孟》五卷。信乎读书者，贵有知人穷理之识也！

《学》、《庸》二篇，皆载于《戴记》。《大学》古本通为一篇，又与今文先后之次不合，一经十传乃今本也。宋以前戴颙有《中庸传》二卷，梁武帝亦作《中庸讲疏》一卷，宋之世司马光亦有《中庸大学广义》之书，又张无垢有《中庸说》六卷，《大学说》二卷，但力为表章，以与《论语》、《孟子》列为四书，则自程朱始。

以上十三经授受源流，注疏同异之大略。虽见解岐出，醇疵参半，要不可不参互考订，以究其所以然之故。至宋儒出，而诸经之学粹然一出于正矣！我皇上圣学天纵，其于经传之旨趣，固无不兼综条贯而范围。进退之臣，乡曲末学，何敢仰测高深于万一！但敬承清问，用循次敷陈，以备茅茨之一得焉。《皇清文颖》卷十三，《四库全书》第1449册，第615~618页。

赋得山鸡舞镜 七言排律十二韵得"山"字
沈廷芳

文禽振羽出名山，喜对菱花妙舞娴。皓魄乍开光熠耀，绮霞初映色斑斓。标奇蓬集兼云绕，动影风来复雨还。火齐承冠分角睐，锦帷张翼斗花鬟。婷姿长焕文明会，逸态横生意象间。五采彰施呈瑞质，双翘璪耀启朱颜。妍超灵鹊乘圆月，捷异驯鸥傍碧湾。漫忆林泉矜耿介，自知毛羽最鲜殷。鸾台渐近休回步，鹭序非遥欲就班。得接清辉明炯炯，讵偕凡鸟啭关关。越裳翡翠应相并，衮服山龙拟共攀。见说彤廷时饮啄，更看仪凤遍瀛寰。沈廷芳《隐拙斋集》卷六，《四库全书存目补遗》第10册，第226页；《皇清文颖》卷九十五，《四库全书》第1450册，第851页。

黄钟为万事根本论
沈廷芳

帝王中天下而立，所以利兆民、同四海者，其事万端，而为之典法惟在数、声、度、量、权衡五者。数谓一、十、百、千、万，声谓宫、商、角、徵、羽，度谓分、寸、尺、丈、引，量谓龠、合、升、斗、斛，权谓铢、两、斤、钧、石。是五者，又各有五焉。五五二十五，而其根本惟在一黄钟而已。臣请论之。

黄钟之数，函三为一者也，始于一而三之，三三积之，历十二辰之数，得十有七万七千一百四十七，而五数备矣。黄钟之声，宫声也，而含商、角、徵、羽。其管九寸，三分损一，下生林钟；三分林钟益一，上生太簇；三分太簇损一，下生南宫；三分南宫益一，上生姑洗；三分姑洗损一，下生应钟；三分应钟益一，上生蕤宾；三分蕤宾损一，下生大吕；三分大吕益一，上生夷则；三分夷则损一，下生夹钟；三分夹钟益一，上生亡射；三分亡射损一，下生仲吕：是为十二律。十二律所以正五声者也，十二律定而五声和矣。黄钟之长九寸，以子谷秬黍中者，一黍之广度之，九十分黄钟之长，一为一分，十分为寸，十寸为尺，十尺为丈，十丈为引，而五度审矣。黄钟之容一龠，以子谷秬黍中者千有二百实，其管为龠，合龠为合，十合为升，十升为斗，十斗为斛，而五量嘉矣。黄钟之重十二铢，盖一龠容千二百黍，其重十二铢，两之而二十四铢为两，十六两为斤，三十斤为钧，四钧为石，而五权谨矣。权与物钧而生衡，衡运生规，规圜生矩，矩方生绳，绳直生准，准正则平衡，而钧权矣，是为五则。备其五数，所以算数事物，顺性命之理也；和其五声，所以作乐，谐八音，荡涤人之邪意，全其性命，移风易俗也。审其五度，所以度长短也；嘉其五量，所以量多少也。谨其五权，立其五则，所以揆轻重、圜方、平直也。

夫天下之事万端不越乎六礼、七教、八政，而六礼、七教、八政不越乎性命、音乐、风俗之正。长短、多少、轻重、圜方、平直之宜，乃性命、音乐、风俗之正。长短、多少、轻重、圜方、平直之宜，又必由于五数之备、五声之和、五度之审、五量之嘉与夫五权之谨。五则之立而数之备，五声之和，五度之审，五量之嘉，与夫五权之谨，五则之立，又莫非黄钟之所起，故曰："黄钟为万事根本"。而自古帝王之利兆民，同四海，皆兢兢以此为务也。其说详于汉之《律历志》，臣尝诵习之，故谨撮其要略以为兹论云。《隐拙斋集》卷三十四，《四库全书存目补遗》第10册，第460页。

史论
沈廷芳

臣闻史之为书，体宏义密，事核辞该，采之务其博，而择之务其精。盖史者，人君之动作威仪，朝常之是非得失，悉著于篇，以为昭鉴，不特备历代之典故而已。

世所谓正史者，廿一史也。昔司马迁世为太史令，本其父谈之书，以成《史记》，起黄帝迄获麟之岁，上下三千年事，瞭如指掌，洵为纪传之首。其中《景》、《武纪》、《礼》、《乐》、《律》、《书》等十篇，元、成间褚少孙补之，《河渠》等书，司马贞补之，作音义者徐广，作集解者裴骃也。后汉兰台令班固亦承父彪家学，仿迁史为《汉书》，其女弟昭就东观，给札辑校，内《八表》、《天文志》皆其所补也。其书发凡起例，华缛整赡，卓乎一代之史。裁注之者二十四家，颜师古为最。范史虽与班、马号三史，然文繁于质，视二史非其伦矣。窃尝以班之讥迁，范之讥固，而叹作史之难。盖蔚宗之所采，又皆琐碎之书，且赞辞佻巧，于史体为何如哉？陈寿《三国志》嫌其太略，裴松之为注，事颇明悉。寿之帝魏退蜀，正统已紊，其识见可知矣！《晋书》为臧荣绪本，贞观中以何法盛十八家晋史不善，诏房乔等再加撰次，当时同撰次者褚遂良、李淳风、李延寿、敬播诸人，而凡例多出于播，天文、律历淳风专之，乔以《宣武纪》等传论，太宗自为，故总题"御撰"。惜史论杂以骈俪，多沿六朝余习，究非正体也。《南北史》成于李延寿，删繁补阙，过八书本史远甚。《隋书》魏征等撰，征自为序论，天文、五行、律历三志，淳风独作，又诏于志宁等修五代史志，编入《隋书》，先儒称其极有伦理，本末兼明，梁、陈、齐、周之事备矣。刘昫因韦述之书成《唐书》，烦略不均。若《新唐书》，则欧阳修撰纪、志，惟务褒贬，宋祁作列传，刻意才章，是以一书而体制各异，其登诸十七史者，即其表中自称"事增于前，文省于旧"故也。《五代史》本薛居正书，欧阳修编成新史，文法《史记》，考核独详，较诸史为优，欧本出而薛本遂废。史之卷帙富者莫如《宋》，略者莫如《辽》。《金史》得元好问稿本，差胜《宋》、《辽》二史，然总不及前代。《元史》八阅月而成，后以顺帝无实录可征，复遣使采，凡涉史事者，令郡国上之，重开局，半年乃讫功，虽以宋濂总其事，而舛谬特甚，后人每欲删定，而当时国史传者盖寡，无从正其是非也。

若夫史有二体，曰编年，曰纪传。编年本《春秋》之法，司马光用其例，以修《通鉴》。而朱子《纲目》一书，则纲仿《春秋》，目仿《左氏》，洵可谓金鉴。《前编》陈桱所辑，《续编》商辂所辑，皆效朱子体例为之，文颇繁赜而遗意犹存。他如荀悦之《汉纪》，袁宏之《后汉纪》诸书，虽得失详略不同，皆可备正史之所未及。至于史之传信后世，实非易易。观刘知几三长之论，袁松五难之说，则一代之书必成于巨手，而后作者之精神炯炯，长在简册，乃为良史。小臣草茅末学，见闻祷昧，仰承明诏，谨据管见以对，无任战慄陨越之至。《隐拙斋集》卷三十四，《四库全书存目补遗》第10册，第463~465页。《皇清文颖》卷十，《四库全书》第1449册，第571~572页。

经解

沈廷芳

臣闻古之载籍极博，六经崇焉，如日月之经于天，江河之行于地，炳炳烺烺，光昭宇宙，复乎尚哉！盖经也者，径也，典常也，如径道无所不通，可常用也。故刘勰曰：

"三极彝训，其书曰经。"此恒久之至道，不刊之鸿教也。上古虽有坟典、丘索，无经之名，《戴记》始有《经解》之篇，孔子尝谓老聃曰："丘治《诗》、《书》、《礼》、《乐》《易》、《春秋》六经以为文。"是可证也。

经之名数各殊。五经始汉武帝，七经始汉文翁，九经始唐郑覃，十一经始唐刘孝孙，十三经始蜀毋昭裔、孙逢吉诸人，至宋淳化而始定。自秦燔后，汉兴始除挟书之禁，文帝、武帝表章于前，宣帝、肃宗讲论于后，其为功甚巨。唐命孔颖达等纂义疏，至宋而有濂、洛、关、闽之学，其于经义，多所发明，可谓集传注之大成矣！若其颁立学官，或先或后，各有源流。今请胪其大略焉。

自宓牺画《卦》，文王作《彖辞》，周公作《爻辞》，孔子作《十翼》，而《易》道大备。《周礼》："太卜掌三《易》之法，一曰《连山》，二曰《归藏》，三曰《周易》。"郑玄《易赞》及《易论》曰："夏曰《连山》，殷曰《归藏》，周曰《周易》。"释云："'周'者，言易道周普，无所不备。"今按《世谱》等书曰：神农一曰连山氏，黄帝一曰归藏氏，既并是代号，则周易之称乃文王当殷时作，《易》名周以别殷也。秦时《易》以卜筮得存，汉有田何传《易》，施雠、孟喜、梁邱贺实传之，又有京房受《易》于焦赣，施、孟、梁邱、京氏四家并立，号为最盛。费直之《易》，独为一家，名《古文易》，马融、郑玄为之传注，又荀爽别作传，魏王弼注之。《古易》分上、下经，暨《十翼》为两本，王弼始以《彖》、《象》、《文言》归各爻之下，实非古也。

上世帝王之书，凡三千余篇，孔子删为百篇，孔腾当秦时藏于屋壁，汉文求能治书者，济南伏生胜曾为秦博士，后以二十九篇教授齐东，帝使晁错往受文，是为《今文尚书》。厥后鲁恭王得孔子旧宅蝌蚪书，是为《古文尚书》，孔安国作传，欲上之秘府，遭巫蛊事，未立于学官。东晋梅赜始奏于朝，而《舜典》"稽古帝舜"二十八字，则齐姚方兴得于大航头者。隋刘炫列诸篇第，而《书》始全。然考高堂隆所称，有曰"若稽古，帝舜曰重华，建皇授政改朔"，则魏时已传有其文矣。

司马迁称古《诗》三千余首，孔子删存三百十一篇。汉有齐、鲁、韩、毛四家。《齐诗》起于辕固，《鲁诗》起于申培，《韩诗》、《毛诗》则燕人韩婴、赵人毛苌为传，四家并故训之学。《毛诗》因河间献王而盛行，《齐诗》亡于魏，《鲁诗》亡于晋，《韩诗》唯存《外传》，然其义颇与《诗》旨殊，如《关雎》"美后妃之德"，而《韩》以为"刺"，他可知矣。

《春秋传》凡七家，在丘明造膝亲受，撰所闻为传，故事实该洽。公羊高，谷梁赤，皆受经于子夏者也。《公》、《谷》行最早，《左氏》晚出，而传注独盛。三传之外，《铎氏》微，《虞氏春秋》则《左氏》之支流也。汉初《邹》、《夹》与《公》、《谷》并行，迨西汉末，二氏失传，惟三传列为三经。

《礼》始于高堂生，后仓明其业，作《曲台记》百八十篇，戴德删之，及德从子圣存四十六篇，为《小戴记》，马融又足《月令》、《明堂位》、《乐记》三篇，郑玄传其学。河间献王得《周礼》，阙《冬官》一篇，购之不得，乃以《考工记》补之。先儒谓《冬官》有百工而本无官职；有谓《记》虽非六典之旧，然亦秦以前文字；有谓

《冬官》杂在五官之中。俞廷椿作《考古编》，邱葵因之作《周礼定本》，以五官中之类于《冬官》者，荟成一篇，六典适各得六十，属究无定论。《仪礼》存十七篇，《士礼》居多，朱子尝以《周礼》、《仪礼》为经，《戴记》为传作通解、集说，惜其书尚未完备。

《论语》至汉而有《齐》、《鲁》之分。传《齐论》者王阳名家，传《鲁论》者张禹最显。禹又删《齐论》"问王"、"知道"二篇，以订《鲁论》，名"张侯论"。更有《古论语》与《鲁论》同，第分《子张》为二篇尔。

《学》、《庸》俱出《戴记》，朱子谓《大学》曾子所传，为补正其阙略。《中庸》最为纯粹，诸儒皆无异说。

《孝经》为颜芝所藏，其子贞出之。又有《古文孝经》多《闺门》一章，刘向定为十八章，司马光重古本为《指解》，朱子作刊误，以今文六章、古文七章前为经，后为传，遂成定本。

《尔雅》，《汉志》不著撰人名氏，陆氏以《释诂》为周公作，今所传二篇，云自孔子所增，或云子夏所益。其书虽笺释虫鱼而博综浩汗，必圣贤所制。或疑叔孙通作，则妄矣。

《孟子》七篇，《汉志》入儒家类，诸家之论不同。疑之者司马光，删之者冯休，翼之者则有陆筠，尊之者又有虞允文。自元丰中，程子尊为《四书》，后朱子著《集注》，而始无遗议焉。

总之，群经林列，笺注纷罗。昔人云："经犹四渎，《四书》犹四海也。由渎而入于海，始得其指归，惟圣贤之是尊，乃折中于至当。"我国家治化休明，太和翔洽，圣天子绍闻衣德，稽古典学。八纮六合，悉成渐仁摩义之区；出日无雷，尽为诵读弦歌之国。彬彬乎与唐虞三代同风，奚翅超汉唐而轶两宋之盛哉！《隐拙斋集》卷三十四，《四库全书存目补遗》第10册，第460~463页；《皇清文颖》卷十三，《四库全书》第1449册，第622~624页。

御试五六天地之中合赋 以"敬授民时圣人所先"为韵

沈廷芳

原夫黄牙初判，绿字斯陈。理以教行，妙化醇于万物；象因图显，昭经纬于三辰。系乾坤之包络，本中气为弥纶。亶神灵而首出，乃创制以前民。尔其握乾符，开泰运，验卦位，干六虚，齐天行，于七政，既布策以当期，亦归余而象闰，推大衍以定历元。

惟至人之克敬，苞符载启，点画昭垂，炳图书之成象，实历律之肇基。天数生于一，爰川奇而可述；地数生于二，亦主偶而堪窥。在天以九数为极，在地以十数为规。惟五六之居中，启合德之萌蘖。任事物之纷绩，不出乎二数之推移。日别柔刚，重其五而在天成干；位分次舍，两其六而在地为支。天合乎地，得六甲而余干可准；地合乎天，具五子而余支可知。此造化之枢纽，缘钦若以明时。是故三百六十五度，法天之行；三百六十五日，系岁之候。启闭循夫日时，分至按具星宿。鸟火虚昂之不忒，以此而宣；晦朔弦望之有常，由兹而剖。立章蔀纪以步元，建子丑寅而辨斗，尹举正之惟中，见欣合之相守。悟消息于坎离，验盈虚于复姤，辨春作与秋成，命羲和而敬授。

且夫律吕正声，有上宫上黄之序；寒暑命节，协寅宾寅饯之旬。五位六画，理权舆于邃古；五典六则，经著效于臣邻。六气值日辰，则风雨晦明无爽；五味随月令，则咸酸甘苦维均。惟中也，故品汇悉原乎造化；惟合也，故翕辟适洽乎经纶。是开天明道之事，藉仰观俯察之人。所以八风和，五辰顺，珠斗辉澄，玉枢朗润，参两大以同流，履三阶而居正。妙合而凝，咸中有庆。理非鲜于之所能度，算非洛下之所能定，术非信都之所能测，数非一行之所能竟。廓六合以为家，运四时而为柄。洵宇宙之太和，本我皇之克圣。

洪惟圣皇纂光，继序六位，时乘九功。惟叙得天合之蕴，滋数赜涵；秉执中之传，纲维具举。以玄德为璇衡，以保合为龠黍。专一气于鸿钧，俾万物之得所，则有龙马告瑞，奎壁同躔。五德用征，适洽毕雨箕风之好；三光合契，重睹景星庆云之天。调太平之玉烛，曾何计乎岁年？乃知天地之大纪，信有开其必先。沈廷芳《隐拙斋集》卷一，《四库全书存目补编》第10册，第187～188页。

五六天地之中合赋 以"敬授民时，圣人所先"为韵

汪士锽

伊睿哲之抚临，端开天以敷政。符元化于大钧，契两仪之中正。观万汇所由生，聿钦若而祇敬。探奥赜于阴阳，测端倪于动静。橐钥旋枢，权衡运柄，奇偶攸分，生成交并。综章蔀纪元之无方，会物象滋数之靡竟。固致远以钩深，由厚生以定命。时乘以御，鸿蒙示兆而体元；悬象为章，凤职编年而守令。

原夫律历相通，风气应候。三正递传，五纪协懋，孕育冥昭，包罗宇宙。创自容成，命于轩后。彼参伍而错综，羌成数之可究。自一而至九者，天以垂施；由二而终十者，地以承覆。五与六其居中，乃妙合而相遘。象虽判乎刚柔，理不隔乎先后。位既得而益彰，气以交而弥厚。五合六而干支之运周，六合五而气味之生茂。推温肃于木金，稽永短于宵昼。验冲盈于三旬之中，审次舍于廿八之宿。必羲步之不差，庶厎日以相授。

尔乃孟陬贞位，摄提司辰，南正北正，有秩有伦。青阳始而朱明续，西颢行而玄冥因。参天之数，判生长收藏以迭用；两地之数，交子复午姤而更新。五五相承，布为七十二候；六六递嬗，浃乎三百六旬。乘除而分至，启闭之按节；加减而晦朔，弦望之适均。履端乃不违其序，举正斯无惑乎民。归奇零于盈缩，置闰余以引伸；絜周流而变动，爰往来以弥纶。挈乾坤之纲维，感翕辟之潜移。孳萌以逮，赜阏大明，终始出甲，而迄陈揆，不爽毫厘。溯权舆于嶰谷，断两节以吹之。度既均夫厚薄，鸣遂协夫雄雌。长九寸而笛十二，同心一统；律娶妻而吕生子，损益成规。五声莫尚于宫，函阳气而施

种；六律以黄为色，象君服之昭垂。十一而道已毕，五六而物咸资。纷负阴而抱阳，受中各得其宜。中无偏而无陂，合不杂而不漓。五行以协而群生遂，六府以修而百昌滋。成乎变化，贯乎云为，术不违天，政不失时。乘乾出治，而百官轨仪；厘工亮采，而庶绩用熙。

乃知河献图以锡瑞，洛出书而启圣。图则五正位，而六之奠于坤者以宁；书则五处中，而六之贞于乾者自靖。陈畴建极，雨旸寒燠以征休；推策知来，璧合珠联而互映。合三统于一元，调八风而谐咏。宿离不忒，恒炳耀于璇枢；始和以布，弥朗澈于金镜。以明六礼之修，以复五常之性。天神格而地示享，兆民赖而一人庆。仰苍苍之正色，睇堪舆以无垠。越流行而各正，类金冶与泥钧。区秀顽于五体，洽离涣于六亲。戴高未解夫蚁旋之次，履厚谁测乎鳌极之轮？匪中枢之执要，孰保合夫贞纯？刓文明之炳蔚，沛渥泽于斯人。正亨衢兮绥泰运，握乾符兮阐坤珍。六合为家，摄纷驰于同轨；一中允执，肃环共于钩陈。

懿夫盛治泙升，圣明当宁，百度贞，九功叙，五纬叶，六符举，占星辰，调寒暑，和风应，甘露湑，迹接梯航，畴盈禾黍，协气旁流，芸生得所。刚健以运天行，照临而开遐阻。五教敷于胶庠，六乐谐于律吕。立均出度，大挠、隶首之俦；齐政明时，典区、常仪之侣。玑环簫仰，合万寓以同风；轮映阶平，照三光于秉炬。夫然则盈虚合轨，正朔靡愆，隆规迈古，成宪鉴先。务周详以缜密，亦广运乎自然。出《震》见《离》，文章标于云汉；《巽》申《兑》说，恩膏浃乎渊泉。贞七曜以有常，从毕雨箕风而适愿；抚五辰以熙载，赫帝车御宿而高悬。故合夫四海九州之众，无不共戴乎崇效卑法之全。《皇清文颖》卷四十九，《四库全书》第1450册，第351~353页。

赋得山鸡舞镜七言排律十二韵得"山"字

汪士锽

焜煌文羽泽深山，照映高堂明镜间。五色翠光摇碧槛，双飞彩翅出仙寰。菱花开处霞章丽，鸾架张来绣绂环。溪上谁为图锦绮，台前自爱好容颜。扬翘赴节高随下，舒翼周规往复还。日映盘龙依绛帻，风回舞凤妥青纶。形分一水盈盈隔，队忆层冈渺渺湾。整暇原同鹓鹭序，翱翔不共鹤鸥闲。云移宫扇临丹地，华绘天衣射紫关。振迅芳崖曾照耀，葳蕤雕砌更编斓。空中藻并登场艳，象外文腾满目班。物色总归宸鉴远，九苞骞采愿追攀。《皇清文颖》卷九十五，《四库全书》第1450册，第850~851页。

黄钟为万事根本论

汪士锽

天下之事不可胜举，而必有其原；天下之理不可胜穷，而必有其要。推其所从生，而递以相嬗于无尽。此继天立极之圣人，创为法制，垂诸后世，而事以理起，举无有能外焉者也。

昔者黄帝使伶伦取嶰谷之竹，吹之以为黄钟之宫，制十二笛以听凤鸣，雌雄并六，比黄钟之宫，而皆可以生之，是为律本。刘歆著其说，曰：一备数，二和声，三审度，四嘉量，五权衡。稽之于古今，效之于气物，和之于心耳，考之于经传，咸得其实，靡不协同。数始于一，至于十、百、千、万，所以算数事物，本起于黄钟也。一而三之，三三积之，历十二辰之数，十有七万七千一百四十七，而五数以备。声者，宫、商、角、徵、羽也。五声之本，生于黄钟之律。九寸为宫，或损或益，以定商、角、徵、羽。九六相生，阴阳之应也。律有十二，阳六为律，阴六为吕，合乐用焉，歌奏用焉。而五声以和度者，分寸、尺、丈、引也，本起黄钟之长。以子谷秬黍中者，一黍之广，度之九十分黄钟之长，一为一分，积十为寸，自寸至引，递以十升。而五度以审量者，龠、合、升、斗、斛也，起于黄钟之龠。用度数审其容，以子谷秬黍中者千有二百实其龠，以井水准其概。合龠为合，自合而至于斛，皆以十递加焉。而五量以嘉衡权者，衡所以任权而均物平轻重也。其道如底，以见准之正，绳之直。左旋见规，右旋见矩也。权有铢、两、斤、钧、石之差焉，起于黄钟之重。一龠容千二百黍，重十二铢，两之为两，十六两为斤，三十斤为钧，四钧为石，而五权以制。权与物均而生衡，衡运生规，规圆生矩，矩方生绳，绳直生准，准正则平衡而均权，是之谓五则也。故《书》曰"同律度量衡"，所以同天下，齐风俗也。

陶唐命官授时以闰月，定四时成岁，允厘百工。盖自伏羲画八卦由数起，至黄帝、尧、舜而大备。以天地之风气正十二律，定黄钟，起于子而终于亥，终而复始，天地之大纪该焉。历代以来，讲求愈密，而溯其始，皆起于律。《史记》曰："王者制，事立法，物度轨，则壹禀于六律。"六律为万事根本，而黄钟者又六律之根本也。夫作者之谓圣，述者之谓明，行而不著，习焉不察，斯莫识所由来耳。如其因端竟委，穷流溯源，则起化有自，时措咸宜，引而伸之，触类而长之，天下之能事毕矣。然则圣人之所以为法于天下，可传于后世者，其故可思也。若夫纵黍、横黍之辨，汉斛、魏尺之殊，群论纷纭，莫所折衷，非荀、阮之神解，李通之心契，讵易测其渊微也哉？《皇清文颖》卷九，《四库全书》第1449册，第553～554页。

史论

汪士锽

古者天子置史官以纪言行，言则左史书之，行则右史书之。《周礼》所称太史、小史、内史、外史、御史，凡有五焉。诸侯各有国史，分掌其职，若晋太史、齐太史，见于《春秋传》者是也。《春秋》孔子所修，虽史也而尊为经矣。武帝置太史令，司马谈父子世居其官，探采前代，断自轩皇，逮于孝武，成《史记》一百三十篇。虽史官之旧，而体制独创，后世作史者咸宗之。补之者褚少孙，集注者裴骃也。班固《汉书》继父彪而作，《八表》及《天文志》未竟，和帝诏其女弟昭，就东观藏书踵成之，颜师古注解,世称"班史忠臣"。范史自言体大思精,矜诩太过,然类次整齐,格律精深,所以继班、马而并称也。若荀悦之《汉纪》,辞约事该;袁宏之《后汉纪》,损益精严,皆号佳史。陈寿《三国志》初成,人称其善叙事,帝魏者以承晋之所承耳,未可以厚非也。《晋书》一百三十卷,唐房乔等撰。贞观中以何法盛等十八家晋史未善,诏房玄龄与褚遂良、许敬宗再加撰次,乃据臧荣绪书增损之,又命李淳风、李义府、李延寿等十三人分掌著述,敬播等四人考正类例,其书成于众手,有丛冗之讥焉。若沈约之《宋书》、萧子显之《南齐书》、姚思廉之《梁书》、《陈书》、魏收之《后魏书》、李百药之《北齐书》、令狐德棻之《周书》,备数以纪一朝而已。自李延寿《南北史》出,删繁补阙,论者谓其过本史远甚,故八书虽不废,而延寿之作巍然杰出矣。《隋书》惟《志》最善,本末兼明,极有伦理,由善用志宁、淳风等之才也。《旧唐书》,多所阙略,故宋仁宗诏修之,欧阳《纪》、《志》,宋祁《列传》,书成称"事增文省,宜胜于旧",而非出一手,未为全善。《列传》字多奇涩,识者訾之。《旧书》不得列于十七史,以崇新而不敢收旧故也。《梁》、《唐》、《晋》、《汉》、《周书》,开宝中诏修之,薛居正监其事,后欧阳修以其书繁猥失实,重加修定,殁后始闻于朝,取以刊行,人称能继马、史,故薛氏之书寖微矣。《宋》、《辽》、《金史》,比于自郐以下。《元史》义例多缺,实以成于仓猝,后人欲为删定,非网罗遗轶、胸具别裁者,未能从容濡翰也。

夫正史莫著于二十一史者,以皆纪传之体也。若编年之体,则沿起于左氏,继之者为《汉纪》,至宋而《通鉴》成于涑水,《纲目》正于紫阳,编年者无能出其范围矣。金仁山之《前编》,商辂等之《续编》,式遵前轨,亦自可观。

世谓作史三长,其论发于知几,诚无以易。《史通》一书,诋诃古人,鲜能免者,而刘所自运,未有以表厥长。知之非艰,行之惟艰,不其然欤? 读史者诚留意于因革损益之宜,兵农食贷之制,举千百年之典故,了如指掌,洞悉胸中,将不徒擅长于兰台石室,而所以润色皇猷以襄朝廷之隆理者,固有在矣。《皇清文颖》卷十,《四库全书》第1449册,第573~574页。

经解

汪士锽

臣闻经者,常也,万世不易之常道也。古圣人继天立极,作君作师,事编于简,言书于册,诏示来世,永为法则。历代承之,罔敢失坠,尊之为经,群儒修明,讲习久远,传守而不废。周时《诗》、《书》、《礼》、《乐》称曰"四术",东迁以后,王道不著,孔子删《诗》、《书》,定《礼》、《乐》,赞《周易》,修《春秋》。遭秦燔书,惟存《易》卜。汉惠始除挟书之律,文帝时始有《尚书》,武帝时邹、鲁、梁、赵间颇有《诗》、《礼》、《春秋》,于是五经略具。宣帝时石渠阁讲五经同异,章帝时考详于白虎观,熹平间正定五经,刊于石碑,树之学门。《七略》称"六艺"者,六经也,兼《乐记》而言也。七经之名,则《尚书》、《毛诗》、《三礼》、《春秋》、《左氏》、《论语》

也，九经则兼《周易》、《孝经》，十一经则增《公》、《谷》，十三经则益以《尔雅》、《孟子》也。

昔者伏羲始画八卦，重之为六十四。及乎三代，夏曰《连山》，以首《艮》而言；殷曰《归藏》，以首《坤》而言；周曰《周易》，以别夏、殷而言。杜子春云："《连山》伏羲，《归藏》黄帝。"康成释"连山"曰："象山之出云，连连不绝。"释"归藏"曰："万物莫不归藏其中。"释"周易"曰："周普无所不备。"然其说，实无明据也。《周易》，文王作《卦辞》，周公作《爻辞》，孔子作《十翼》，秦火后失《说卦》三篇，河内女子得之，自鲁商瞿子木五传而授田何，何授丁宽，宽授田王孙，王孙授施雠、孟喜、梁邱贺，由是有施、孟、梁邱之学。又有京房、费直、高相三家。至后汉高氏已微，晋永嘉时，梁邱之易亡，孟、京、费氏人无传者，惟郑康成、王弼二注行世。暨宋而邵、程继起，朱子集成理数，兼该其义远矣！

《尚书》自汉文帝时，伏生传二十九篇，其后为大、小夏侯之学。《古文》者，武帝时出于孔壁，凡五十九篇，孔安国作传，王肃尝为注解。至晋元帝时，孔传始出，而亡《舜典》一篇，齐建武中吴姚方兴得其书奏上，《舜典》始全。注疏而后推蔡传为最。

《诗》自子夏传后，汉兴分而为四：鲁申公曰《鲁诗》，齐辕固生曰《齐诗》，燕韩婴曰《韩诗》，皆列博士；《毛诗》者出于河间人，大毛公为之故训，以授小毛公，为献王博士，郑康成作《笺》，三家之《诗》遂废。

《春秋》，《公羊》兴于景帝时，《谷梁》盛于宣帝时，又有邹氏、夹氏为四家，而《左氏》终西汉不显。迄于东汉，邹氏无师，夹氏无书，而《铎氏微》、《虞卿微》二书皆失传。至章帝时，《左氏》大兴，《公》、《谷》寝微，然俱立于国学焉。

高堂生传《士礼》十七篇，今之《仪礼》是也。《古礼经》五十六篇出于淹中，后仓传十七篇，曰《曲台记》，所余三十九篇名为《逸礼》。仓授戴德及德从兄子圣、沛人庆普，于是有大小戴、庆氏三家。戴德始删《古礼》二百四篇为八十四篇，戴圣又删为四十六篇，马融益以《月令》、《明堂位》、《乐记》为四十九篇，郑康成受业于融，为之注。李氏得《周官》上于河间献王，阙《冬官》一篇，购以千金不得，遂取《考工记》补之，至新莽时始置博士，以行于世。自刘歆及安石行之，一再阶乱，后儒疑之。然治法俱存，朱子叹其广大精密，诚笃论也。

《论语》三家：《鲁论》者鲁人所传，凡二十篇；《齐论》者齐人所传，凡二十二篇；《古论语》者出自孔壁，分《子张》为二篇，故有二十一篇。张禹初授《鲁论》，晚讲《齐论》，合而考之，去《问王》、《知道》二篇，从《鲁论》为定。

《孝经》古文二十二章，出屋壁中。河间人颜芝得《孝经》藏之，以献河间王，今所传十八章是也。唐明皇取王肃等六家之说，参仿孔、郑旧义，行于太学。至宋司马君实宗古文为《指解》，朱子又为刊误，传于世。

《大学》、《中庸》，本载《戴记》，程子特表之，以配《论》、《孟》，朱子取之，故古本《大学》改为今本，特补《格致》一传。

《孟子》七篇，又有《外书》四篇，后汉赵岐注而删之，惟存七篇。宋冯休著书十七篇，论《孟子》书中有门人附益者，宜删去之。司马光著《疑孟》一卷，盖论性不尽以孟子之言为然也。陆筠著《翼孟音解》九十一条，周平园称其笃志。虞允文以司马疑孟及李觏等非孟，故辨之，为五卷，又二卷则攻刺《孟》者及议论与《孟子》异者，可谓孟氏之功臣也。

《尔雅》，陆氏《释文》谓《释诂》为周公作，今世所传，或言孔子所增，或言子夏所益，或言叔孙通所补，或言梁文所考，皆解家所说；先师口传，疑莫能明也。

要之，经以垂训于后，汉儒收拾于灰烬之余，功为最巨，至唐而诂解益密，历宋而更参夫性命之微，穷经者可无遗憾焉。夫以经籍大备之余，遭逢盛治，正学昌明，惟博观以广其识，研究以择其要，阐发以明其蕴，则穷经之道得而经世，亦岂外乎是哉！

《皇清文颖》卷十三，《四库全书》第1449册，第624～626页。

五六天地之中合赋 以"敬授民时，圣人所先"为韵

齐召南

寻图书之秘奥，知律历之相因。有生成之中数，为阴阳之适均。阳为奇兮，自一而递于九；阴为偶兮，自二以浃乎旬。奇则三与七俱同列以进，偶则四与八亦联翩以陈。惟中数之得位，见作合之相亲。天以五兮，分一阴一阳于十日；地以六兮，布一刚一柔于十二辰。干支合而成岁纪，气味合而普化神。溯降衷于上帝，遍受中于兆民。图则五连六，于坤而奠于北；书则五友六，于乾而趋乎寅。揭中宫之土德，开子半之阳春。虽自然之法象，待推衍于圣人。步始大挠，算由隶首。验摄提于丑未，纪困敦于甲戌。测弦望于羲娥，察缩盈于星宿。有中法之可稽，参五六以考究。六以当期岁之寒暄，五以辨月行之宵昼。爻以六纪，周流三十六宫；日以五迁，顺布七十二候。积八百一分，即得章数之元；历二十四位，仍起牵牛之旧。浑仪则赤交黄会，东角西娄；土圭则夏短冬长，子复午姤。五加六，则十一握终始之根；六除五，则太一包行生之富。五其六，可符共毂之旋；六其五，亦合一舍之守。现端倪于穹壤，推开辟于宇宙。虽三统之循环，总一元之相授。得中而举正靡差，有合而对时始茂。

若夫量盈虚于辟卦，别清浊于神弦。声维五兮，象夫五行之生克；律维六兮，助以六间而具全。即有变徵变宫，二少原无殊号；虽列编钟编磬，堵肆第曰在悬。五生六，则十二之笛以制；六正五，则六十之律以传。凤鸟喈喈，而雌雄叶应；华鲸鞈鞈，而宫羽昭宣。然而五声上宫，惟宫居天五之中位；六律尚黄，惟黄为地六之中权。拱至尊于含少，肇滋育于幽泉。在木角金商之上，开未林寅太之先。中处之数，积阳为九九八十一；合德之数，至亥实十七万七千。任方田与粟米，极勾股以测弦。乘除于河图而有准，加减于洛书而靡愆。于黄钟之宫也，见天地之合焉。

原夫唱始施生，无细无巨。五参天以为规，六两地以执矩。日负阴而抱阳，聿成男而成女。俱太极之孳萌，共无妄之物与。臧府具而汤液宣，性情凝而彝伦叙。信为本，

而仁义礼智不虚；思作睿，而视听貌言咸举。悟妙合之有原，识致中之居所。天地交矣，大君则之，黄实冠乎五色，土兼旺于四时。臣民事物，同心以为役；前后左右，普照以无私。盖天数至五，而生之功已就；地数至六，而成之量方滋。合生成于裁成辅相，参易简于覆载高卑。

维圣宪天，维天启圣，握珠囊，朗金镜。乐如天以同和，礼法地以合敬。执厥中而六府修，建皇极而五福并。敷五典而帝载熙，驭六辔而官方正。握六符于泰阶，抚五辰于斗柄。调玉烛于辰居，考葭灰于月令。启苞符以焕八荒，在玑衡以齐七政。赫文明于离照，溥恩膏于巽命。信合撰于清宁，与勋华而比盛。方亿万以斯年，赓一人之有庆。齐召南《宝纶堂文钞》卷一，《续修四库全书》第1428册，第477~478页；《皇清文颖》卷四十九，《四库全书》第1450册，第353页。

赋得山鸡舞镜 七言排律十二韵得"山"字
齐召南

虞罗远致珍禽集，羁客难窥舞态娴。明镜巧悬光照灼，丽容惊睹锦斑斓。似临曲涧澄空翠，却忘雕笼认故山。文耀彩鸾欢并鹭，冷嫌独鹤兴偏悭。凝眸顾步轩仍轾，妒貌舒衿往复还。节应桑林呈合变，工同榆曲度悠闲。铜台晓日翔觚爵，洛浦凌波响佩环。啸侣命俦猜孰是，分躯共景绘应艰。闺人袨服休垂手，座客华裾笑解颜。共讶回风生羽翮，早传奇采动江关。形图月殿清虚界，影入银河碧落间。好趁宾鸿来圣代，高攀仪凤出尘寰。《皇清文颖》卷九十五，《四库全书》第1450册，第851页。

黄钟为万事根本论
齐召南

言道者必溯太极，言数者必溯黄钟，此非有精粗神迹之判也。太极者，黄钟之至理；黄钟者，太极之元气。始生万物，位居中央，于声为宫，于行为土，于辰为子，于卦为复，于统为天，于时为日南至，气之母而声之君也。是以举天下千变万化之器与数，莫不由之以生，即谓万事之太极也。可旨哉！黄钟为万事根本之说也。试论之。

黄帝制律以象凤鸣，首曰黄钟。其长九寸，其数九九，从而递相损益，以极于应钟而十二律备。黄钟正则十二律皆正，而天下之声无不正。大乐所以同和天地，感格幽明，类致百物，移易天下之风俗，而鼓舞至神者，黄钟之为也。然则谓十二律为乐之根本，而黄钟为十一律之根本，此亦善于言黄钟者矣！虽然，乌足以尽黄钟哉！

今夫天下事之大端有五：备数、审度、嘉量、权衡与和声并重者也。而是四者，则无一不本于黄钟。数之纪于一，协于十，长于百，大于千，衍于万也，本起于黄钟积三之数。度之别于分，忖于寸，蔓于尺，张于丈，信于引也，本起于黄钟积黍之长。量之跃于龠，合于合，登于升，聚于斗，角于斛也，本起于黄钟积黍之龠。权之始于铢，两于两,明于斤,均于钧,终于石也,本起于黄钟积黍之重。《书》曰"同律度量衡",冠律于度量衡之上,凡以是也。至于布蓍而挂扐,卦爻应焉;尚象而规矩,准绳应焉。演为历算,而春夏秋冬之节气,章蔀纪元之积分应焉。推而族姓,始于吹律,军声辨于执籥,星土准于旋宫,天下无有一事不本于黄钟也者,又奚啻括羲和、廷尉、鸿胪、司农之所掌已哉?以其为施种之初也,故曰钟;以其为五色之尊也,故曰黄。阴阳合德,气钟于子,以化生万物。故由孳萌而纽牙,而引达,而冒茆,而振美,而已盛者,生气之通;自《乾》初九以至上九也,其由咢布而昧薆,而申坚,而留孰,而毕入,而该阂者,生气之复;自《坤》初六以至上六也,变化不穷,以黄钟为枢纽,如木之始于根而布于叶,以畅于枝,如水之始于本而流为川,以放于海。班《志》所谓"究极中和,为万物元",又谓"太极、元气,函三为一",洵善于言黄钟者欤!

抑又有说有天地之黄钟,有人心之黄钟。天地之黄钟,月令是也,故孔子赞《易》曰"天地之大德曰生",而于《复》则曰"见天地之心也"。人心之黄钟,喜怒哀乐之未发是也。故中庸以中为天下之大本也,处两大之中者为人,宰四海之中者为君。君之所以理万机而康万国者,岂有他哉,心而已;君所以宅心者,岂有他哉,中而已!致中以致和,而天地协应,兆民阜成,百昌茂遂,将所谓黄钟者,不在区区之器数,而在道法矣!《书》曰"皇建其有极",此即万事根本之说也欤!《宝纶堂文钞》卷一,《续修四库全书》第1428册,第478~479页;《皇清文颖》卷九,《四库全书》第1449册,第555~556页。

史论

齐召南

自《尚书》、《春秋》准左史、右史之法,各为一体,而汉以后之史体,亦分为二,司马迁效《尚书》创为纪传,班固因之以成《汉书》,后世为史者勿能易,今所称二十一史是也。夫以一代之史,作者多至数十家,其后乃推一史为正,累代皆然。然求史才如迁、固,不可得也;求迁、固不可得,况求驾迁、固而上之乎?

彼迁史不始迁也,父谈开其先,而又褚少孙补也;固史不始固也,父彪开其先,而又女弟昭踵成也。迁史有裴、徐、邹、许、刘之音解,而唐司马贞之索隐为最。固史有服、应、孟、晋、崔、孔、诸葛、夏侯、包、萧诸家之音注,而唐颜师古为最。二史尚矣!蔚宗《后书》自称体大思精,毋亦班固、刘珍之纪载,崔实、边韶、延笃、朱穆、卢植、马日䃅、蔡邕、杨彪之述作,本自详赡;谢承、华峤、谢沈、袁山松之后书,各有可观,萃众长者易为力乎!然以较二史,则有间矣!荀悦《汉纪》三十篇,词约事详,袁宏《后汉纪》三十卷,号为精密,特以世方,目纪传为正史,故以编年为旁书也。陈寿负良史才致,张华称善,夏侯辍笔,范頵赞其词多劝戒,固亦不诬。而纪魏传蜀,终乖大统,后儒讥之。然足与三史颉颃,此书而已。《晋史》自陆机、王隐、干宝、何法盛、臧荣绪而下,作者十八家,唐太宗谓其才非良史,书亏实录,乃诏房玄龄、褚遂良、许敬宗、来济、陆元仕、刘翼、李淳风、李义府、薛元超、上官仪、崔行功、辛元驭、刘允之、杨仁卿、令狐德棻、李延寿、张文恭、李安仪、李怀严等二十一人，或分掌著述，或考正义类，而《凡例》出敬播者为多。然广采《世说》、《搜神》，赞论俱尚骈丽，非史体也。沈约《宋书》、萧子显《齐书》、姚思廉《梁书》《陈书》、魏收《魏书》、李百药《北齐书》、令狐德棻《北周书》，皆为一代专史，而南北分土，彼此相訾，词皆失实。李延寿继成父志，乃括宋至陈为《南史》，括后魏至隋为《北史》，唐书称其远过本书，然好记稗官小说；而于《志》阙如，又不若《宋》、《齐》、《后魏》三书，于典章制度为该备也。魏征等撰《隋书》，其《志》三十卷，用于志宁、李淳风诸人之所长，历久始就，故《晋》、《隋》之善在乎《志》，而《隋志》尤足上继班书。唐自令狐德棻、吴兢、韦述、柳芳、于休烈等赓续撰述，事迹稍备，石晋宰相刘昫为纪二十、志五十、列传一百五十，说者谓其繁简不均，多所阙漏。宋嘉祐中欧阳修、宋祁《新书》成，表称"文省于前，事加于旧"，虽子京语尚僻涩，取讥当时，然其于《旧书》也，废旧传六十，增新传三百三十一，又增志三、表四，刊正补缀之功，斯亦勤矣！必谓新不如旧，岂通论哉？薛居正《五代旧史》，胡旦以为褒贬失实，欧阳辑之，如《家人》、《五代之臣》、《死节》、《死事》、《一行》、《杂传》，皆自创义例，有关纲常，文章之美几与迁、固同风，而实事或阙，是以后人艳其才而亦不免或思旧史也。宋、辽、金三史俱出元臣托托等，《辽史》疏略其无足怪，《宋史》繁冗特甚，寻常之事功亦有专传，数见之奏疏敷衍成篇，卷几五百而轶事仍多，盖《新唐》之弊在节省，《宋史》之弊在铺张，过犹不及，其失均耳。《金史》于三史中最称明简，以"野史之亭"、"归潜之志"具有可征故也。史之讹舛，至《元》而极，或一事互书，或一人两传，皆未暇审定。夫以宋濂、王祎与汪克宽、胡翰、陶凯、陈基、赵汸、高启、徐一夔等三十人，俱耆儒宿学，观其凡例，纪准《两汉》，志准《宋史》，表准《辽》、《金》，传参酌于累代，亦云善矣！而其书则并《宋》与《金》之不若，何哉？限期太迫，以十三月而成一代之书，虽迁、固不能工也。

　　史之善莫如世其家，次则莫如专其人，又次则宽其岁月。迁、固世其家者也，李德林、百药、姚察、思廉、李大师、延寿，亦世其家者也。陈寿、范蔚宗、沈约、萧子显、魏收及欧阳修于《五代》，则专其人者也。至开局分任众臣，自唐修《晋》、《隋》二书始，而《唐书》、《宋》、《辽》、《金》、《元》之史如之，然修《元史》之岁月促矣。是二十一书，有史官之史，有文人之史，有小人之史。迁、固其史官之史乎！陈寿简质，独为近之。李延寿琐碎，则史而流于稗矣。蔚宗小人也，其书文人之史也。欧阳修君子也，其书亦文人之史也。《北齐》、《北周》、《梁》、《陈》皆然，而《陈》、《周》为优，《南齐》最下，此固曾巩之论，所谓才不可强者耶！《晋》、《隋》、《唐》、《宋》以至《元史》，皆杂出于文人，而《晋》、《隋》之志则史官之史矣！宋、魏二《书》以小人而为小人之史，何足道哉！

　　若夫编年之书，《汉纪》之后，代多作者，亦与正史埒。宋司马光奉诏撰《通鉴》，得刘攽、刘恕、范祖禹以分其任修之，十九年而书成，起周威烈王至后周显德，治道得失，如指诸掌。朱子因而纲效《春秋》，目仿《左传》，天道明而人事备，笔削谨严，能正《通鉴》之失而芟其繁，麟经而后，未有若此书者也。

总之，史才最难，非刘知几所云兼三长者，未足当之。而其人非有圣贤之道、公正之心，虽具三长，犹未尽善，史岂易言乎！史如迁、固至矣。迁失而固讥之，固失而蔚宗讥之，王通且谓史之失自迁、固始。编年如《通鉴》至矣，而帝魏寇蜀，不能引习凿齿、萧常之书；武后、中宗，不能援沈既济、孙樵之议，其余差谬，得《纲目》而大义始明，又况外此之纷纷撰记者哉？正史之外，旁史、野史、杂史每经书《艺文》、《经籍志》，其篇目浩如烟海，其可佐正史而备缺略，如古文《汉纪》、《后汉纪》、《玄经》、《唐鉴》、《南唐书》、《东都事略》、《隆平集》、《名臣事略》、《诸略》参考互订，岂无待于博学之士欤？臣浅陋，不足以应明诏之问。臣谨对。《宝纶堂文钞》卷一，《续修四库全书》第1428册，第483～485页；《皇清文颖》卷十，《四库全书》第1449册，第574～576页。

经解
齐召南

臣闻两间不易之常道曰经，在天为日月星辰，在地为江河海岳，在人为仁义礼智信之德，为君臣、父子、夫妇、兄弟、朋友之伦。而其在典籍则为圣人之言，所以载两间常道，更万世而不可易者也。称《易》、《诗》、《书》、《礼》、《乐》、《春秋》为经，自《经解》始；而称五经，自汉武立五经博士始。然秦宓言，文翁遣相如东受七经，是武帝以前称经不止于五。而宋李至之言七经，则五经外请校《二传》、《二礼》、《孝经》、《论语》、《尔雅》也。刘敞《七经小传》又举《诗》、《书》、《春秋》、《三礼》、《论语》焉。唐陆德明《释文序录》合《孝经》、《论语》为九经，开成中刊定九经于太学，始及《尔雅》。宋设国子助教十人，掌十一经，其《易》、《书》、《诗》，《三礼》、《三传》皆分，而《孝经》与《论语》，合称为十经，又与《孟子》、《尔雅》称十三经，此其大略也。

遭秦灭学，《周易》、《孟子》不在焚中，而《尚书》、《古礼》、《论语》、《孝经》赖孔氏后人藏于屋壁，其老师宿儒田何、伏胜、浮邱伯、申培、高堂生、颜芝辈，汉初犹在。若楚王之受《诗》，张苍之传《左氏》，高帝时经学渐已萌芽。文帝诏晁错受《尚书》，立《孝经》、《孟子》于博士，贾谊之《传训故》，徐生之善为容，韩生之《内外传》，经学浸广。洎孝、武，听仲舒对策，表章六经，建藏书之策，置写书之官，孔壁淹中科斗竹简或上秘府，或进河间，自开献书之路，凡数十年而后，篇什稍备。上有雄才之英主，下有好学之贤王，故宜儒术蔚然复兴也。

经文雠正始于河平，刻石始于熹平，镂板始于长兴，至开宝、端拱，相继校刊颁布，遍山陬海澨矣！汉儒授受，确有源流，博士之试以家法，弟子之学以经师，专门者氏而不名著录者，编而为牒，是以前后儒林之传，授受同异，一展卷而了然。

即其解经、章句，如《易》有施孟、梁邱，《书》有欧阳、大小夏侯，《韩诗》有薛汉，《春秋》有公、谷，《论语》有张禹、包咸。注，如《书大传》、《周官》、《仪礼》、《礼记》有康成，《孟子》有赵岐。传，如《易》有周氏，《书》有孔安国，《诗》有后孙、申、韩、毛公，《周官》有马融。解，如《书》有大小夏侯，《诗》有伏湛、景鸾，《左传》有服虔。笺，如《毛诗》有康成。诂，如《周官》有贾逵，《三礼》有卢植，《左传》有陈元。诸家不同之大致，亦皆班班可考。自唐作正义，每经专用一家之说，孔颖达于《易》用王弼、韩康伯注，于《书》用孔安国传，于诗用《毛传》、《郑笺》，于《礼记》用郑注，于《春秋左传》用杜预集解。贾公彦于《仪礼》、《周官》用郑注，而徐彦疏《公羊》用何休学，杨士勋疏《谷梁》用范宁集解。宋邢昺疏《孝经》用唐明皇注，疏《论语》用何晏集解，疏《尔雅》用郭璞注，孙奭疏《孟子》用赵岐注，而百家之学废矣！

汉取人必曰经中博士，盖各守其师承，唐则以正义为明经之式，为途已隘。然以注疏字数多寡，分别为大、小、中，《三礼》《三传》分而习之，未尝废一。自宋熙宁变法，而《春秋》且废矣！自元延祐用八比取士，有明因之，于是《诗》、《书》五经之外，《礼》与《春秋》俱存一而废二矣！然则崇重经学，固莫如汉世乎哉！

《三易》掌于太卜，《周礼》明有可征。夏建寅而《连山》首《艮》，殷建丑而《归藏》首《坤》。说者谓神农、黄帝已先名之，而周之名《易》，则程朱之言当矣！汉传《易》者，施雠、孟喜、梁邱贺并出田何，京房本于焦赣，四家皆立学官。费直与高氏《易》，第行民间，后汉费易盛行，四家渐废。《尚书今文》，伏生所传汉博士三家是也；《古文》出于孔壁，未列学官，至东晋梅赜始奏行之。《诗》则齐始辕固，鲁始申公，韩始韩婴，皆立博士，毛氏后出而后世独行。《春秋》则《公羊》先著，《谷梁》次之，《左氏》至东京始立博士。汉初有邹、夹二家并三传为五，然邹氏无师，夹氏无书，至建武中皆绝。若铎椒之《铎氏微》、虞卿之《虞氏春秋》，其皆《左传》之羽翼欤？《礼》自高堂生传萧奋、孟卿、后仓，以至二戴所传者《仪礼》也。后仓之《曲台记》，《仪礼》之注解也。二戴所删，亦《仪礼》之注解也。若夫以《礼记》为小戴之书，其误始于《隋志》，然《汉志》本自判然，盖即所谓记百三十篇，七十子后学所记者，刘向尝校定之，至东汉盛行，马融又补以《月令》、《明堂位》、《乐记》，今《礼记》四十九篇是也。李氏献《周官》于献王，《冬官》独缺，献王遍购不得，因以《考工记》补之，后人谓补自刘歆，亦非也。《士礼》十七篇，高堂生所传者耳，淹中《古经》五十六卷，及《阴阳明堂》、《王史氏记》多天子、诸侯、卿、大夫之制，是《仪礼》之逸者多矣！今所传如觐、聘、大射、燕礼不为士设，则十七篇疑亦非高堂之旧，不然《汉志》何以有古经，及记"犹愈仓等推士礼而致于天子之说"乎？《论语》，《齐》二十二篇，《鲁》二十篇，《齐论》名家则有王阳，鲁论名家最推张禹，今所传《鲁论》也。《大学》古本，据《礼记》、《孝经》古文，出孔壁，朱子则分为经传焉。《尔雅》十九篇，疏谓《释诂》，周公所作，《释言》以下或谓孔子所增，子夏所足，叔孙通所益，梁文所补，讫无定论。《孟子》于孝、文时即立博士，东京赵邠卿后，注解见《唐志》有六家，昌黎论《孟子》功不在禹下，至论也。冯休删《孟》，原无足道。以司马光之贤而作《疑孟》，识见顾出陆筠、虞允文下，何哉？《大学》、《中庸》原在《礼记》，而《中庸》别行。自汉世即有《中庸》说矣，至程朱以配《论》、《孟》，四书之名始立。

五经者，群籍之渊海；四书者，又五经之轮辕也。两间不易之常道，于斯焉载，是犹象纬之昭回，山川之奠定矣！我皇上治法唐虞，道遡洙泗，纬地经天，观人文以化成，天下经学昌明，炳炳烺烺，振古未有伦比，又何汉、唐、宋之足云！《宝纶堂文钞》卷一，《续修四库全书》第1428册，第479~482页；《皇清文颖》卷十三，《四库全书》第1449册，第627~629页。

赋得良玉比君子 七言排律十二韵得"来"字

张 汉

昆仑县圃积崔嵬，抱璞人看出草莱。比玉原知君子贵，执圭喜觐帝廷来。精神共指山川见，追琢还需匠石裁。要使光辉常照耀，能消瑕玷未嫌猜。不贪有道归吾宝，欲贾无端耻自媒。信与琼璜征瑞应，洁同冰雪净尘埃。价高本是丰年物，品重旋登圣世才。赤检封泥供玺印，黄流煮鬯注蠡杯。德成温润兼能栗，质许坚贞定不回。青琐佩摇苍水动，白虹影贯碧天开。衡齐星象资璇饰，乐止金声作磬材。席上有珍尝待聘，赐环感荷遂趋陪。《皇清文颖》卷九十五，《四库全书》第1450册，第852~853页。

五六天地中和赋

周大枢

懿天苞之丕曜，矞河图之粲陈，表精微于造化，通轨则于生民。稽奇偶之文，五十有五而纵横星布；推挂扐之策，四十有九而变化环循。枢中旋转，交合氤氲，俟效法于天纵，妙经纶而日新。律吕则调于司乐，干支则算于畴人。

原夫青浊初分，端倪攸正，仰冲气之不息，俯柔仪之至静。羲和分命，而宾饯有常；章亥计步，而经纬斯定。彼造物之至神，历曩哲而攸敬。观其数以理生，阳以阴应，一三七九而五处中权，二四八十而六推合并。于以辟万化之门，于以播五行之令。

尔乃纍羊头之秬黍，听凤鸣之雄雌。起音小素之首，采竹大夏之西。盎牛木雉之声，叶六律而正变互出；圜钟太簇之管，含五音而和缪旋吹。以倍实而四实，或损之而益之，奏《箫韶》与《象箾》，歌立本与扶持。缇室飞灰而应候，音官吹律而告时。

于是五纬如珠，两曜似镜。隶首攸司，大挠是命。懿兹正朔之颁，首在干支之正。重其五者，六甲序而适合于符；尔其六者，五子均而不愆其柄。所以见天地之心，所以尽人物之性。同钦若于中天，允茂对于上圣。皇帝乃握符乾，阐坤珍，齐七政，抚三辰，应紫极之有曜，秉黄中之至纯，恢发生之大德，布欣合之深仁。勋业则咸五登三，胥归陶铸；文章则袭六为七，聿洞几神。惠风翔洽于九垓，熙熙咸若；协气旁流于四隩，盎盎皆春。范围者及于千世万世，财成者暨于亿人兆人。綮太虚之寥廓，固元气之无阻；綮太极之浑沌，宛中央而居。所仰帝德之精微，合天道之扬诩，符平泰阶之六，福敛皇极之五。执中而运，贯三极以应无穷；交泰其同，统万事而符厥序。元音无假于宫商，大乐非关于律吕。

若夫测南北之晷景，考经纬之星躔。参笠盖于周髀，窥鸡丸于浑天。抚五辰其以序，调六气而无愆。定经制，则五量、五权、五度之各正；兴教化，则六德、六行、六艺之胥全。积策归奇，四时以闰月而定；子挈丑纽，三统以建寅为先。盖合五六之德者，能和玉烛而常耀；综五六之数者，必察璇玑之永旋。此造化之宿离，所以不贷；而圣主之昭事，所以惟虔也。小臣蠡量海广，管测天圆，比于九九之技，何能一一而宣！谨拜手稽首，而作颂曰：

圣皇肇造，自天授兮；转以鸿钧，物在宥兮。赤文绿字，河图觏兮；中五枢旋，六辐辏兮。参天两地，平复姤兮；柄之叙之，对峙茂兮。凤鸟司正，四灵畜兮；旸谷昧谷，恬宵昼兮。万象烝烝，云出岫兮；大乐无声，太和奏兮。福禄来同，申宝佑兮；遥追八九，亿万寿兮。杭世骏《词科余话》卷五，《四库未收书辑刊》壹辑，第709~710页。

赋得山鸡舞镜

周大枢

由来文彩人间重，亦有微禽照好颜。舞似前溪临水上，镜如皎月出云间。妍媸尽向空明现，形影深知态度娴。五色襕褛花烂烂，十光滉漾锦斑斑。春风广宇飘长褎，丽旭高楼斗晓鬟。咸若共欣逢圣世，群飞乍喜离尘寰。谁眠翠岫连芳草，那展红翎傍碧湾，便化南鹏移北海，何殊越雉款重关。性情各自矜毛羽，表里双看弄往还。宛转拟将朱鹤并，萦回堪与紫鸾班。轩辕铸历千秋炯，仁寿光涵万象闲。正是归昌仪帝德，翱翔长愿近歧山。杭世骏《词科余话》卷五，《四库未收书辑刊》壹辑，第710页。

黄钟为万事根本论

周大枢

圣主所以顺阴阳之气，宣时序之和，调性情之适，协纲纪之宜者，莫大于律。律者，万事之所从出也，而黄钟又为律之本。黄钟定，而十二律胥正矣；律正，而万事万物胥理矣。

黄钟之管九寸，九九八十一数。三分损一，而下生林钟；三分林钟益一，则上生太簇矣；三分太簇损一，则下生南吕矣。自此以往，损益递生，穷于仲吕，而旋相为宫。此声气之元，律吕之序也。管子、淮南、司马、班氏之说，皆如是。同位则娶妻，隔八则生子。十为之体，九为之用。文之以五声，播之以八音。济之以变宫变徵，通之以子声演之。以六十调，八十四调，清浊高下，各得其宜，而嘉乐成矣。

自《吕览》有含少之说，而李文利据之为《律吕元声》。以黄钟居子，其律三寸九分，极短而为阳始；蕤宾居午，其律九寸，最长而为阳极。二律纵为经，十律横为纬。是则不明乎吕氏之意，而臆为之说者也。吕氏所谓三寸九分者，数之积也。天含三为一，而子之数一，参之丑而得三分者，积九九则八十一焉，言其分也，此正黄钟九寸八十一数之说也。

　　且夫黄钟为宫，则太簇、姑洗、林钟、南吕皆以正声应，无有忽微，非黄钟而他律，虽当其月自宫也，其和应之律有空积忽微。是则黄钟之至尊，无与并也，为阳之首，为律之君。彼十一律者，不过发黄钟之蕴者而已矣。备数和声，审度嘉量，权衡皆于是乎出。以其长为之度，则别分忖于寸，蒦于尺，张于丈，信于引，度长短者，不失毫厘矣。以其容为之量，则龠于龠，合于合，登于升，聚于斗，角于斛，量多少者不失圭撮矣；以其重为之权，则始于铢，两于两，明于斤，均于钧，终于石，权轻重者，不失黍矣。若夫纪于一，协于十，长于百，大于千，衍于万，所以算数事物，顺性命之理，又何莫非起于黄钟之数者乎？

　　且夫权与物均而生衡，衡运生规，规圜生矩，矩方生绳，绳直生准，准正则平衡而钧权矣。权衡合德，百工由焉以定法式，圣人所以制器尚象者，莫不由此。而其于兵械尤所重。《易》曰"师出以律"，传记所称断可见矣。盖其为物也，或铜或竹，不过一气之微，而阳气之踵黄泉而出者，候之而得，吹之而应，可以验天行之消长，考人事之盛衰，以和神祇，以洽上下，则信乎其为万事之元，而根本之攸系也。

　　昔之人或求之于丝竹矣，京房之准，荀勖之逐是也；或求之于度量矣，周鬴、汉斛、魏尺之类是也；或求之于黍矣，李照以纵黍，胡瑗以横黍，而房庶则欲以千二百黍，乱实之管中，迄无定说也。至于兼灰缇縠候气之法，皆所以求黄钟而为律本，必有宿悟神解之士出，若轩辕之有冷伦，尧之有夔，然后考中声以量制嘉乐，仁以养之，义以行之，握其根本，而事物各得其理矣。杭世骏《词科余话》卷五，《四库未收书辑刊》壹辑，第 19 册，第 710~711 页。

山鸡舞镜诗

王祖庚

　　霜染枫林采色殷，名翚刷羽不秋山。尧阶独立依华衮，轩鉴高悬对御颜。绣翼共看藻翰好，翠翘正照玉台闲。霞光乍敷纷如绮。日影初旋合似环。一片烟笼花隐隐，七襄云叠锦斑斑。翩翩若解相酬对，动荡应怜递往还。岂学回风身不定，常随晓月影堪攀。光仪绰约生来整，逸兴遄飞望裹娴。欲拟丹凤巢阁上，敢夸孔雀列屏间。文明自合星云彩，进退偏驯鸂鹭班。五色未妨频照耀，寸心不独爱瀰斓。恰逢圣代敷文治，披得光华彻九寰。杭世骏《词科余话》卷五，《四库未收书辑刊》壹辑，第 19 册，第 711~712 页。

山鸡舞镜诗
厉鹗

菱铜挂壁光无翳,全距开笼貌不闲。顾影忽疑临月里,长鸣共讶出林间。分行宛转蹲蹲立,按节低昂拍拍还。大冶自陈金范铸,微禽如系羽衣斑。九苞敢拟随丹凤,五色犹期胜白鹇。望去空明翻绣臆,窥来只似隔花关。态依仁寿铭文动,翅逐宜官宝带环。幸伴贡琛归上苑,冀同率舞仰天颜。几年啄粒栖香谷,今日传芭自远山。散彩缤纷过锦市,回风绰约俯银湾。玉虚作鉴中皆澈,小物呈材技未娴。愿荷恩波沐咸若,雉驯宁羡越裳蛮。杭世骏《词科余话》卷五,《四库未收书辑刊》壹辑,第19册,第711页。

山鸡舞镜诗
桑调元

珍禽刷羽锦斓斑,却在菱花掩映间。五彩相辉才顾影,一时起舞并开颜。陆离炳耀来岩曲,缥缈窥临误火湾。有态翾翾成丽景,无心点缀下尘寰。当空宝镜光原朗,到眼奇毛色最殷。饮啄忽经移翠苑,飞鸣何似掠松关。轩昂势欲随丹凤,璀璨容堪俯白鹇。尾散珠玑纷旳皪,冠迎云日倍璘㻞。品流应得依三岛,翡翠何须贡八蛮。文囿从容排鹭序,尧阶欢忭杂鸳班。书成金鉴还当对,薮纪苞符未用删。黼藻庚飏叨圣鉴,文明万象照蓬山。杭世骏《词科余话》卷五,《四库未收书辑刊》壹辑,第19册,第712页。

山鸡舞镜诗
凌之调

朱明设色睒璘斓,蓄自园亭饮啄闲。锦翼终期腾汉表,翰音早欲度天关。清修映雪难争鹤,素节鸣秋亦让鹏。独有文章惊众目,却怜毛羽艳名山。菱花一照神为耸,翟采双开泽欲斑。顾影自疑还自骇,回头相近不相攀。低飞仿佛萦尘舞,曲绕依稀绛树班。首尾回环光错落,取来想象兴阑珊。未随鸥鹭纷难载,若逐鸾凰转自圜。驯食阶除无此态,呼春岩谷有斯颜。珊瑚架静轻支遁,玳瑁梁深抹小蛮。得地方知翎翩异,全身已在玉壶间。杭世骏《词科余话》卷五,《四库未收书辑刊》壹辑,第19册,第712页。

良玉比君子诗
查祥

天生粹质非雕琢,几向诗书蕴蓄来。廊庙定知增宝贵,山川亦久盛栽培。圆中彩映工方剖,褒裹辉腾璞始开。温润自宜陈几席,光华先遣拂尘埃。藏修敢信真怀宝,进献何须托有媒。忠信可能夸特达，晶英终不让玫瑰。品加缜密人争赏，学费磨砻世共推。贮作珪璋崇气象，升之俎豆蔚云雷。凤音喈喈谐韶琯，铿韵泠泠发磬材。坐上朱曾披什袭，斗间早已见昭回。轩腾直欲凌三素，名品方知重八垓。深荷明庭延访切，欲昭纯白愧无才。杭世骏《词科余话》卷五，《四库未收书辑刊》壹辑，第19册，第712页。

山鸡舞镜诗
曹庭枢

蹁跹自爱羽毛鲜，映彻空明玉一弯。久为幽栖托岩谷，愿将文彩耀瀛寰。璃云乍散菱花朗，宝月遥开翠尾斑。初见昂头矜独立，渐看张翼舞双还。照中一片褵褷影，望裹千盘锦色殷。恍动龙蟠启宝匣，似纷宫扇引朝斑。琉璃屏上光常合，翡翠窗前势并扳。相顾临凰惊滉漾，还如映水转翩斓。腾回麕斧疑垂手，侧落朱冠是堕髻。旭日瞳眬低隐树，晴霞斓漫远依山。丹厓彩凤应堪侣，瑶岛青鸾定可攀。好与渐鸿向天路，搏风直击九霄间。杭世骏《词科余话》卷五，《四库未收书辑刊》壹辑，第19册，第712页。

山鸡舞镜诗
沈德潜

乍启镜奁光闪烁，何来野鸟锦翩斓。乾离并象非朱雀，纂组多文异白鹇。顾影自矜姿婉丽，引吭差别语鷞蛮。回旋矩步徐兼疾，进退规形往复还。五色连轩翔跃裹，双看晃漾有无间。明星影耀纷妍态，秋水光涵散绮颜。巾拂有容同绰约，剑九合节共回环。虹流欲息神疑静，云举初停意自闲。翅半敛余垂似手，足单翅处屹如山。相将舞鹤琴三叠，共对盘龙月满弯。渡海未邀鸾作伴，立阶或与鹄为班。微禽倘入来仪对，韵和箫韶傍九关。杭世骏《词科余话》卷五，《四库未收书辑刊》壹辑，第19册，第712～713页。

丙辰博学鸿儒科钦命补试题

制曰：士不通经，不适于用。治经之学，于民生本务，先王体国经野之宜，尤所当考详而切究者。《周礼》九职，首列三农。所谓三农者，以地别耶？以人别耶？其各见于注疏者，同异若何？《禹贡》之三壤，《周礼》之再易，《尔雅》亦曰三田，又何所称指也？上农夫食九人，下至五人，又何差别之殊也？夫通劳逸而人力可均，画井疆而地利先辨。井田五义，见于何书？条目若何？五地、九土、九地、九田、九等、十二土，分见于何书？其条目若何？多士剖析言之，无泛无隐，朕将亲览焉。

制曰：稽古硕儒名臣，嘉猷谠论，彪炳方策，略举数端，聊用咨询。夫六籍之微言，无论已三本、六务、三具、四齐，其说维何？贤良三策，晁、董不同者焉在？言世务书,严、徐所见者孰优?仲长统之称政论,《申鉴》之详政体,其言可采者,皆得而敷陈欤?嗣是而后,莫切于十思之疏、五规之论,至以十事陈说,唐宋诸臣,不一而足。何人何事?孰为得失?可得而论述胪列欤?伊川言先务,紫阳言大本,纯儒之学,异于管、荀诸人者,又何在也?多士数其辞,陈其义,能条对者,朕嘉与之。

《指佞草赋》以"生于尧阶有佞必指"为韵。

《赋得良玉比君子诗》七言排律十二韵得"来"字。

《复见天心论》。李富孙《鹤征后录》,《四库未收书辑刊》贰辑,第23册,第648页。

复见天心论

万松龄

尝思《易》之为书,广大悉备,而八卦始于《乾》、《坤》。《乾》之《彖传》曰:"大哉乾元,万物资始。"《坤》之《彖传》曰:"至哉坤元,万物资生。"元者何?仁也;仁者何?天心也。《乾》、《坤》不外于一元,即不外于一仁。乾能统天,坤之资生,又不外于乾之资始。是《易》之所包者至周,而《易》之所敛者至密。夫亦以天心统之,而八卦之义备,即六十四卦之义亦无不备。然则,"复见天心"之一言,诚善于言《易》者也。试论之。

夫《复》者,阳之始生也。有象之先,阴含阳,故《河图》之数常用偶,剥之尽而为坤,阳气已生于下,积之一月,而一阳之体始成,故称复焉。有象之后,阳先阴,故《洛书》之数常用奇,《坤》变而为《震》,阳动于下而以顺上行,自是而为《临》为《泰》,则天地交而上下通矣。《复》之为象,外坤而内震,震非乾也,而《象》曰:"复见天地之心。"此其义何居乎?盖阴极而阳生,刚德方长,而有日进之势,故《震》之初爻,即乾之初爻也。一阳生五阴之下,而圣人贵之,以为此天地之心之所在。诚以一者,万物之所从始也,仁也。仁统四德而常存,春贯四时而常在。亨者元之畅遂,利者元之敛藏,贞者元之坚固,四时不能离春以成,四德不能离元以立也,亦明矣!

夫阳有方长之机,阴即有日退之势,万物莫不胚胎于此焉,故曰"所从始也"。邵子有曰:"乾遇巽时为月窟,地逢雷处见天根。天根月窟闲来往,三十六宫都是春。"地逢雷,即《复》之象也。一阳乘令而众阴退,而听命焉,故不独阳卦为阳,即阴卦亦无非阳也。举三十六宫而八卦尽于此矣,则《复》之初爻为八卦之所从生,亦较然可睹矣!故以象而言之则谓之根,合理与气而言之则谓之心,天根即天心也。且复之为卦,于律也为黄钟,于月也为冬至。邵子又曰:"冬至子之半,天心无改移。"言天而地该乎其中矣。雷方出地,乾乃统天,万物未生,机则已著。然则《复》之初爻,即谓六十四卦、三百八十四爻之始可也。体仁之君子,惟能明乎资生资始之义,知八卦不外乎乾,知乾不外于初爻。由是而尽仁,由是而尽义与礼、智,则天德全而王道备矣。

《皇清文颖》卷十,第1449册,第577~578页。

指佞草赋 以"生于尧阶，有佞必指"为韵
万松龄

繄圣人之首出，见瑞草之舒英。质葱茏而秉直，性茌苒而含贞。怀触邪以挺干，用树德而抽茎。郁郁承阳以焕采，亭亭对仗以输诚。蠋岔难齐，矫若熏莸器异；迎凉莫屈，居然台阁风生。尔其毓秀赤墀，腾辉丹牖，经霜霰而不惊，培雨露之独厚。愿葵藿之同倾，鄙荄蒁之非偶。蒚蒲摇而不止兮，兹无浮动之心；萐莢落而复生兮，兹有神明之守。羌既抱此内美，自许无私，乃肇锡以嘉名，从来希有。原夫真灵，独尚精气，相于得乎天者独也正。迁其地而弗能居，不受沟浍之润泽，无取尘土之吹嘘。玉砌初萌，已思攀槛；金铺乍拂，早切引裾。特立本无俦，未假蓬麻之助密；孤根还可用，不妨槐棘之交疏。于时庭燎初昕，更筹未罄。临轩之藻黼荧煌，诣阙之簪缨绵亘。官师岳牧，分猷以告成功；水火工虞，竭志以邀清听。惟兹群后，一德相孚，讵有孔壬偏长，克胜此草，当门煜如照乘，无微不烛，如响斯应。若车之南向，视其针而方隅以分类；斗之北居，准其杓而次舍有定。不闻当路而妨贤，乃见无言而指佞。盖道莫高于古帝，勋莫盛于唐尧，感中天之正气，长拔地之灵苗，断不从风而靡，迥殊厥草。维天夹陛浓铺，俨青蒲之自伏；凌空直上，同白笔之高标。宜其发华滋而独茂，敷正色而不凋。顾惟人本难知草为弱，质诚则能明，名宜附实，一茎虽切于效忠，百卉无从而致诘。为贤为佞，安知所指之是非；若曳若摇，孰辨斯人之得失？是知秉心则哲，乃昭瑞应于伊耆；属物有神，兼识灵根于屈轶。谓小草之足观，惟真鉴之可必。

我皇上德隆九有，业朗三阶，任贤惟当，熙绩允谐。菲菲不遗，而群情自献；茹茅尽拔，而大道与偕。瑞木华平，川岳之珍毕至；九茎三脊，海山之贡无涯。所以擢秀满岩廊，抡材皆杞梓，栋梁竞构其宏材，柱石特隆于金仉。滋兰树蕙，悉吹艺苑之芳；椒佩蓉裳，共志文林之美。宸衷以睿知有临，百尔以忠诚受祉。是以群材悉励，咸知匪懈于当官；即使瑞草重荣，不将无佞之可指也哉！《皇清文颖》卷四十九，第1450册，第357~358页。

赋得良玉比君子 七言排律十二韵得"来"字
万松龄

圣代欣逢人瑞出，远方仍贡物华来。昆冈灵质千年蕴，瀚海荣光万里开。炯炯冰心偏皎洁，熊熊虹气更昭回。怀中璞已经雕琢，席上珍方待鉴裁。自信圭璋宜特达，争传珊琏是良材。晶荧瑜采潜生暖，的皪琼姿回辟埃。清庙声堪谐磬管，斋房食可佐盐梅。秦风比德思君子，陆圃储文属俊才。忆钓周璜从渭水，宁藏燕石在梧台。帝廷琮璧朝群后，王会共球辑九垓。地涌璇源通太液，天滋琪树绕蓬莱。锵鸣凤阙冠裳集，百道祥光护上台。《皇清文颖》卷九十五，第1450册，第852页。

指佞草赋 以"生于尧阶，有佞必指"为韵
朱 荃

遡中天之盛治，肇瑞草之嘉名。傍赤墀而竞苗，依阿阁而丛生。抽直干之亭亭，居然白笔；布芳蕤之缅缅，不数华缨。既通灵而献瑞，亦禀性以怀贞。方竹箭之凌云，弥彰劲节；比葵心之向日，转益丹诚。尔其敷英列陛，布叶重阶，初萌碧颖，渐挺丹荄。茅三脊兮难与共，花四照兮非其侪。独有廉泉堪资灌濯，但逢介石合与差排。不藉吹嘘，自仰涵濡于帝泽；长征弼直，爰昭瑞应于天街。当夫兽闱初开，龙楼乍启，九棘连行，三槐对峙，瞻肃肃之衣冠，集煌煌之剑履。被紫怀金之辈，并诣云闱；垂绅搢笏之伦，同趋璐陀。乃斯草之效灵，睹金壬而必指。琼苗偃处，纷矣如林；碧竿翻时，直哉如矢。灵根有觉，初不谬于毫厘；小草无心，亦何私于彼此。故宜名登瑞牒，兆叶球图，与蓂蒲而并出，偕萁叶以相于。不事蔓延，羞同葛藟；依然特立，绝少葭莩。经疾风而逾劲，零严霜而不枯。如将盆盎盛来，便疑丹甑；倘遇封章伏处，即是青蒲。既正直而不挠，亦纵横而罔失；苟回邪之稍萌，将指斥其可必。贤士遇之而赏心，佞臣遇之而增悚。澄仕路以肃清，代天家而品骘。惟兹上瑞，实昭格于放勋；乃播嘉声，永流传夫屈轶。是知祥为德感，气以神调。草昧既开，独尊古帝；钦明作照，首颂唐尧。哲以知人，本在天心之曲鉴；静能观物，用孚灵草之清标。冠百卉以当阶，远辞蓜菜；承千官之委佩，如绀兰椒。用能叙班联之济济，随器使以昭昭。

今天子懋德升贤，并观兼听，仰藻鉴之精莹，运神明之淡定。当几之哲，既彻微而洞幽；先事之防，惟去谗而远佞。故臣工悉化其偏私，而物类亦昭其瑞应。爰有朱草生庭，嘉禾被亩。连跗之木，擢秀于华池；百茎之蓍，扬蕤于郊薮。惟大化之覃敷，致群情于醇厚。贤良之彦，咸效命而争先；便佞之夫，亦格心而恐后。纵屈轶之罗生，指清班而何有！《皇清文颖》卷四十九，《四库全书》第1450册，第358～359页。

赋得良玉比君子 七言排律十二韵得"来"字
朱 荃

美质由来羞自衒，荆山良璞为谁开。湮埋讵屑同珉石，剖琢何妨出草莱。只有纯儒堪比德，但须巧匠与呈材。磨砻不遣留余颣，拂拭从教绝点埃。性禀坚贞凌水碧，姿含温润胜琼瑰。加功每得他山助，待价时凭贾客猜。将命登朝先束帛，荐馨告庙并樽罍。年深楮叶雕初就，品重连城换未来。藏处定应函韫匣，赐时元合在金台。如虹气早萦霄汉，照夜光看烛上台。自信持身同拱璧，也知考器似抡才。玉工若向明廷献，愿作南山万寿杯。《皇清文颖》卷九十五，《四库全书》第1450册，第852页。

癸卯经济特科首场试题

第一道：《大戴礼》"保，保其身体，傅，傅之德义，师，导之教训"，与近世各国学校体育、德育、教育同义论。

第二道：汉武帝造白金为币，分为三品，当钱多少，各有定直，其后白金渐贱，制亦屡更，竟未通行，宜用何术整齐之策。

李熙答卷

一

尝读贾谊《陈政事疏》，其言教太子之法，綦详引《大戴礼》以释保、傅之义，曰"保，保其身体；傅，傅之德义；师，导之教训"，则知教学之制，至于汉时而湮者已多矣。近世各国并争，知兵战商战之不足恃，相与立学校、讲教育，以为立国之本。其法大都本英儒陆克之分体育、德育、智育三事，各为课程，以教学童。骤闻其说，若与我古今教学之制甚相远。然平心察之，所谓体育，"保其身体"之义也；德育，"傅之德义"之义；智育，"导之教训"之义也。《大戴礼》为周室之遗书，古之余制，犹有存者，其同于西人学制者如此，意其亡而未尽著者，尚比比然欤！

夫自古治乱之源，在乎学术之升降；学术所至，国人之心力趋焉。古之教者，知国之积弱由于民力之不振也，风俗之衰薄由于民德之不厚也，政术之空陋由于民智之关塞也，乃为之养身体，敷德义，施教训，而民之精神于以固，气质于以纯，知识于以扩。此之时，教行于上而学成于下，国之强也宜哉！自战国学术纷歧，学校之制日以败坏，迄后世以科举取士，为士者但骛于词章之末技，而一切习力制心养才之事，概弃弗讲，而三育之制日坠，天下亦从此病矣。至此而言西人学校有合古法，必尚有游豫而未敢遽信者，不知古未尝有体育、德育、智育之名，而有三者之实，微独《大戴礼》所记然也。古人以六艺为教，礼乐德育之事也，射御体育之事，书数智育之事也。又进而求之，圣门讲学，其大端不外智、仁、勇三事，固已括三育之理，于其中以愚求明，以弱求强，由一身而推之天下，其效略可知矣。夫以周室之成规，圣门之常训，必欲推远离绝，奉其名为外人所独有，视为淫已而深恶之，与视为创见而惊艳之，不两失哉！

虽然，谓西人学校有合古法，则诚然矣。然谓其卫生、体操之为体育，格致、化理之为智育，则而效之，尚无不可，而其德育则未善也。非唯未善，且有悖焉。德育者，东人所谓精神。教育之事也，其大原在哲学与伦理，自卢梭、斯宾塞之书出，其说将遍染大地而后已，其学自彼人创之，而彼人学之，其流弊未露，固亦无足深究者。然吾徒少预其学，则浸假而言自由矣，浸假而言平等矣，浸假而言民权矣。试思先王制礼，定为君臣父子夫妇之伦，岂好为等差以为缚人之具？特以生人之初，强弱争命，非是无以止淫杀之祸，而存生人之类耳。今人不察，必欲一切荡弃之，以为非是不足以保种，其亦知人类不存种于何有哉！故德育之在今日，尤其切不可缓者矣。贾谊引《大戴礼》之文，以言教太子之法，犹必归本礼教，以为正天下之本，其殆识周制之义，得孔氏之传，为万世之善教者欤！

二

自古钱币无一成之制，亦无至善不可变之法。战国时金多，公卿馈问，商贾居积，皆用金，故秦时造黄金为上币。至汉时金犹多，赐大臣动数千金，孝武乃废不用，造白金为币，分为三，仿安息银钱之制，杂锡为之，其文有龙、有马、有龟，各有定直。其后银日以贱，钱日以贵。至新莽时，更用朱提，银亦流行未绝，而铜币独行，岂金银未合于为币之制欤？是大不然，抑亦其道有未得也？古人处一统之天下，以粟帛为本，以财币为末，计学之理未甚深究，故造币无一定之制，亦无至善之法，随时变通，罔所不可。今则为战之天下，列国以金权银，以银权铜，矜矜于币价涨落之差，汲汲于单复本位之制，各为消息，以持人国之短长，以操世界之财柄，居今之世而犹任币制无等，不为定制以整齐之，亦自穷之势哉！

然整齐之术，固亦有难者。将用银欤？人方以金，我始以银，涨落之权不操自我，适以供其垄断而已，其难一。将用金欤？矿产未辟，现金有限，定为本位，势处必穷，其难二。其必将从人之制欤？舍我权量，合人规制，匪唯经制出入，数多未合，以曰独立之制，势亦未宜，其难三。将以从己之制欤？而商埠不行，腹地立滞，是欲自整而适为外币之招也，其难四。综四难而折中焉，欲为整齐之法，亦惟行合本位制，而乃自适其权量之数而已。

方今海禁大开，漏卮未塞，朝廷运谋独断，特降明诏于户部，设立银元厂，而整齐天下权量之数以为之先。此诚强国之本，理财之要道矣。由此而开矿产，禁金饰，徐铸金币以补银币之不足，以防列国之垄断，增定为令曰：货殖逾几十不得用铜币，又逾几十不得用银币。国人信之，异国用之，三品之制流行，安见国之富强不驾欧美而上哉！虽然，其义犹有进哉！列国财政，总于银行。银行者，理财之枢纽也。今造制币，必为银行以总持之，有银行则纸币行，则是货币之数而为用之数三矣！无形之富又具见于此，此非庙谟之所夙及者欤？

胡玉缙答卷

一

《大戴礼》一书，宋时曾列十四经中，见史绳祖《学斋佔毕》，不知何时退于十三经之外？其微言大义，学者往往忽之，遂使希腊之教育传能得崖略，沿及各国，而递经改良，递臻美备。维新者徒震惊其学术之善，而不知实本于我中国之旧制，则痛乎经训之就湮。而《大戴》一书仍当编为十四经也。

《保傅篇》云："保，保其身体；傅，傅之德义；师，道之教训。"此言三公教太子之事，似无与于国民。不知太子生而见正事，闻正言，行正道，左右前后皆正人，则其长也，必能振厉一代之学制，而鼓舞一代之人心。故本篇又有"帝入东学"、"上亲贵仁"诸文，与《易传·太初篇》可以互证，即《诗》之"自西自东，自南自北，无思不服"也，亦即所谓五学既成于上，则百姓黎民化辑于下也。近世各国学校，其教约分三级：一曰体育，二曰智育，三曰德育。凡上自主，下逮庶民，无一不范之以学，即无一能外是三者以为学。其体育即"保其身体"也，其德育即"傅以德义"也，其智育即"导之教训"也。

昔成王在襁褓之中，召公为太保，周公为太傅，太公为太师，体育、德育、智育分任之三公。今各国则学校如林，规模日扩，定之为教科，分之为等级，体育、德育、智育即分任之教习。故周时则自上化下，于以见教之可尊；各国则由潜及深，于以见教之可亲。中国政治，一切以暴秦为古今之界，即以学校而论，自秦从前所行者皆师氏、保氏之法，自秦以后所行者皆非师氏、保氏之法。而不意转得诸各国，而各国要皆本于希腊之斯巴达。希腊开化，当中国成周之末造，岂即在此时，由东而西乎？西人器数之学，本名东来法，凡所谓格致者，特翻译家以意义之相近取而文饰之耳。然则体育、德育、智育，亦何不可称为东来法乎？独是斯巴达之教育，初非一蹴至是也，经各国递经改良而乃递臻美备者也。是故小儿初产，必请检验，苟非强壮，即无生理。七岁后则有严酷之训练，十二岁则有窃盗之奖励，此种体育不特有违《戴记》，亦且涉于野蛮也。长老言语，小子论难，藉习国事以助知识，但求实物之经验，并无精微之研究。此种德育，倘谓悉符《戴记》，亦非信谳也。惟顺亲笃故，敬劳存长，以饮酒为破廉耻，以情欲为必裁，抑德育一事，差为近之；而以捐躯致命相尚，虽曰强忍，未免轻生，则亦不可不明辨也。

嗟乎！教育之难也。《大戴记》所载成周之法，幸而传之斯巴达，而犹为来库古所乱，其后或废或兴，若存若亡，倏昧倏明，迄今日而各国始达于文明之极。日本维新时，亦颇偏体育而略德育，后始悔改，有学校之责者，其亦采西学之条例，而毋鳖成周之宗教哉！

二

汉武帝造白金为币，分为三等：曰天用莫如龙文，龙直三千；曰地用莫如马文，马直五百；曰人用莫如龟文，龟直三百。厥后官铸赤仄，白金积贱，民弗宝用，终废不行。窃尝盱衡时事，以为古今有不易之道，无不弊之法，弊之不相谋而适相类者，殆莫银币。若则不得不思有术以整齐之也，何言之？

中国自道光中叶以后，银价渐贵，驯至咸丰三四年而极，每两直二千以上，嗣是递贱，以讫今只一千一二百。议者曰：前之银贵者，自通商五口，出入各货略相抵，惟鸦片价皆以现银出洋，计每年漏银二三千万两，故银贵；咸丰五六年，西国大水，桑尽仆，中国丝市骤盛，一年中贸丝至六七千万两，各货及鸦片不足抵，则运银偿之，银遂骤贱。是说也殆未尽然。彼意中国之银贵由于出洋，然则今值极贱之时矣，银当充溢国中，何以公私交困如是？且售价赔款皆以吾现银易彼金镑，每偿款之期，银价必愈贱，近各国议于九年内将偿款暂行收银，而银价稍涨。是银贵固由于出洋，银贱亦由于出洋，情随势变，未能执一，而要皆操纵于金镑，则欲整齐之者，莫如仿铸金镑，而又广铸铜元、银元以为之辅。每铜元若干，银元若干，合镑若干，将来金有涨落，铜与银即随之为转移，乃可剂其平而持于久。

何则？金镑之制始于英，其只有银铜二品，银曰喜林，铜曰本士，逮后并行金钱，而国中贸易遂皆以金钱为率。虽有银铜二品第，取一时之便，并不视为合法之钱，故交易付钱各有限制。金钱有二种：一名索物令，即一镑；一名半索勿令，即一镑之半。二者无论多寡，概行收用。外此各国，其有用英钱而不自造钱，与造钱而悉仿英钱者，始弗深论。即或别立规制与英制不同，而轻重定例，亦必合此三品。英钱始可明其价值，此虽由英之圜法为最善，而商务为地球第一，未始不有以震慑之也。各国财币既必合其三品之钱，我苟仿英国自铸金钱，庶足折外国金镑之腾跃；再由各行省广铸银钱，如广东、湖北等银元，庶足收墨倭内侵之利权。更多开金矿，精究化学，使所铸金银元成色、分两斠若画一，则奸侩不得强抑价值。且多铸对开、四开小洋，并小铜元以利用，又依广东、湖北旧章，精铸制钱以杜私铸私销之弊。如此外溢之利源，讵不可挽回？而有金镑以为之主持，中外风气从同，银价既不致递贱。而向者以银易镑之暗耗，从此则不复受其累，在国家尤有利赖也。所以然者，银重值钱，不利行远；金值贵，转运省费。故泰西各国皆用金钱，彼此相制，虽英为真金位国，余皆不得为金位国，而大势既共趋于金镑。则我欲整齐之，舍仿铸金镑，别无他术也。特是西人好利而守信，又有化学师监造，故所铸金银，成色一律；华人嗜利而寡信，并无化学师监造，即铸铜钱已流弊百端。然则整齐之先，尤有整齐，倘俟格于通行而始追咎承办之人，不太晚乎？

刘体仁答卷

一

从来天下之所以治，在乎人才；人才之所以兴，在乎学术。古代家有塾，党有庠，州有序，国有学。比年入学，中年考校。一年视离经辨志，三年视敬业乐群，五年视博习亲师，七年视论学取友，谓之小成；九年知类通达，强立而不反，谓之大成。论者谓古之家塾，即外国之小学；古之党庠，即外国之中学；中之州序，即外国之高等学；古之国学，即外国之大学。其言善矣！

虽然，外国学校之制，以体育、德育、智育三者相辅而行，中国古制久湮，三代制度不传于今，不知其所教者何事，所分者几科？及读《大戴礼》"保，保其身体；傅，傅之德义；师，导之教训"，然后知外国学校之善，皆本于三代，固非彼所能独创也。夫各国学校之制度，大略相同，而德国尤为明备，男女自五岁皆须入学，不学者罪其父母，小学之中以修身、文字、史志、方舆、算术、体操、绘事、讴歌为常课，中学之中以修身、文字、外国语、史志、方舆、算术、物理、化学、动植物之学、法律、会计、体操、绘事、讴歌为常课，高等学之中以修身、文字、史志、性理、算术、物理、化学、地质、矿务、法律、会计、体操、绘事、讴歌为常课。夫体操、绘事、讴歌者体育也，修身者德育也，文字、史志、方舆、算术、性理、物理、化学、地质、矿务、法律、会计者智育也。外国体育、德育、智育之法，与《大戴礼》"保，保其身体；傅，傅之德义；师，道之教训"，亦何以异？三代以下，小学既废，太学徒有虚文，富民各延师以课其子弟，穷民之无力者荒嬉颓废，目不识丁，竟罔知天下古今为何物，学之不讲也久矣！

今者诏书屡下，仿行西法，设大学堂于京师，高等学堂于各省，中学堂于各州府，小学堂于州县，而乡市城镇则又设蒙学，此仍中国古时家塾、党庠之法。然必远师三代，近法外洋：以体育保其身体，毋使之伤于游惰；以德育傅之德义，毋使之惑于浮言；以智育导之教训，毋使拘于闻见。中国十八省，土地之广，四百兆人民之众，学校既兴，人才日盛，数十年后，明智之士安知不驾西人而上之哉！

二

古者钱币之制，因民间畅行之物，酌定为制，所以通商贾，安黎庶，而裕国用。故三代钱币通行于天下，朝廷不虞困乏，而闾阎之间亦家给人足，未有民不乐用而强行之者也。若汉武帝之更钱币，其更也非便民也，因征伐四夷，国用空竭，乃更其制以渔利，造银锡白金三品，"以为天用莫如龙，地用莫如马，人用莫如龟"，是为三品。"其一曰重八两，圜之，其文龙，名曰白撰，直三千；二曰其重差小，方之，其文马，直五百；三曰复小，椭之，其文龟，直三百"。晋灼以半斤之重差为三品，则次品重六两，下品重四两，民弗宝用，岁余卒废不行，盖金钱之不能行于中国也久矣！

虽然，金银之钱行于古则为害，行于今则为利。古之时，与兄弟甥舅处，惟恐罔其利；今之时与非我族类处，又惟恐不能罔其利。我不能罔彼之利，彼且将罔我之利。自海禁大开之后，轮舶往来，络绎不绝，遇有交涉，辄以彼国金银为准而折成中国银价。当折价之时，各国本通同一气，必将金价抬高，我孤立无辅，不能与争，故每百两之中亏折者不下十三四两。而洋货运入中国海关，洋税又将金价作抵，名为值百抽五，实不能及于此数。西班牙、墨西哥等国且将彼国银元输入中国，由西国来者俗呼为"本洋"，由墨国来者俗呼为"鹰洋"，以彼九成之质，易我十足之银，圜法轻重，一操之于彼，可慨也已。今若改用金币，则金多运外洋，所存无几；仍用铜币，则铜钱日以短少，困乏时形。

皇上不以臣等为不肖，问以整齐之策。臣愚以为为今之计，惟有多设银元局，先铸银元。银元之质所用之银，不过十分之九，而杂以他质，即居十分之一，制出愈多，则获利愈厚，盈余之款且将为入款之一宗。至于他国钱币流入中国，则银行不纳，钱肆不收，商贾不存，庶民不用，官吏之征田赋，关隘之收榷税，非本国之钱亦多方禁抑，以遏其来。迨及数年，金银矿大开之后，再改用金钱，尚未为晚。诚能如是，则利源既无外溢，而火号称余之折耗，贪官污吏之侵蚀，亦无自而生焉，岂不善哉！

熊元锷答卷

一

今夫吏职之颓隳而举，武备之废驰而不修；敌国之侵陵而靖，财用之匮乏而不足，有国者之公患也。窃谓是皆不足患，惟其民体力茶苶，品德凉薄，智识卑闇，乃大足忧。何则国之所与立者，惟夫三者是赖？且其事养之数十百年以前，而收效于数十百年以后，非若吏职、武备、外忧、财用得能者为之，可旋至而立效也。是故为治者，他务未遑，必先兢兢于此而不敢苟？

《大戴礼》曰："保，保其身体；傅，傅之德义；师，导之教训。"何其与近世各国学校最重要、最究切之体育、德育、智育，若合符节也！是知理无中西，道无古今，义见其极，斯不可摇，岂不然哉！夫立国于大地之上，经纬万端，所宜为者亦众矣，而必以体育为莫大之要务，此自常识之士观之，鲜不以为迂远而不切事情矣。无论君子小人，凡所为劳心劳力之事，均非体质强实不为功。历考中西史传，以迄今世，五洲万国，其贫弱富强之异，关系于此者至巨！泰西学人察此，盖审吾先王知之，故于庠序校塾，不忘武事，射御之教，壶勺之仪，凡以为练筋骸，鼓血气者，无微不至。非夫先觉，孰与于斯？此体育之说也。人必尊君亲上，而后其国本不摇；又必爱国利群，而后其国基始固。不如此，则所以为维系者不存，其国必臬兀而多故，虽其慧黠材力有以殊于人，而人适为蠧群之蟊贼而已，曷足贵乎？乃若当异说朋兴之世，值嫌疑未泯之秋，尤不可不思患预防，有以课其微而杜其渐，名教纲常之所关风俗人心之所系，非细故也。程子曰：有《关雎》、《麟趾》之风，而后可与行周礼。旨哉！言乎可以鉴矣，此德育之说也。民智者，富强之原，此悬诸日月不刊之论也。推其所自，莫不悉本于科学。是故象数诸学所以教致思穷理之术，力质诸学所以察观物洞变之方、天方地质之奥殚、舟车兵戎之繁密，农业所以相养，医药通乎治功，无一无富强之实效，亦无一非科学之所赅，且其益不止此。学者之心虑，方沉潜浸渍于实测实验之事，其持论必无不根之说，而嚣陵之习，狂悖之行，亦将不禁而自绝，此国之所以骏发而又乂安也。此智育之说也。

英儒斯宾塞曰：“徒政不足治也，相其宜，动其机，培其根本，卫其成长。”民之体、德、智俱优，将无适而不可。盖政如草木焉，置其地而发生，滋大者必其地之肥瘠、燥暑与之最宜者也，否则萎悴而已，黄槁而已。是可谓知言也矣。自海禁大开以来，中土之民始与西人相遇，以事实之不可逃，殆无往而不屈。其负则谓彼所能者制器尚象之末，格致制造之巧而已；稍进则曰彼以商富国，以兵强国已耳。顾是数者，诚谋国者所不可不图，乃既一一仪袭而取之矣，而淮橘为枳，收效者至为寥寥。近世世变日亟，履而益艰，愈恍然人已之不相若，由于人材之不预储；而人材之预储，由于教育之不普及。乃者明诏叠下，广厉学官，继自今凡可以强吾民之体，厚吾民之德，瀹吾民之智者，胥于是赖之。猗欤盛哉！安见三代郅治之隆，泰西富强之效，不可见今日也！

二

自泉币制兴，民之易中，不腐而易挟，由是而货食楙通，生事愈周，至良之法也。古者三品并行，黄金为上，白金次之，赤金为下。秦并天下，币为二等。汉武嗣兴，乃造锡银白金，文龙者直三千，文马者直五百，文龟者直三百，凡三品。乃以白金渐贱，钱制屡更之故，民勿宝用，不久遂废。盖自是厥后，黄白二金从无范以为圜法者，以至于今虽欲裁损古制，变通以适于今日之用，而不以生金生银贻笑于外人也，不可得已。

泰西计学有言，欲富其国，而圜法不谨者，无异欲肥之日饮瘠药也。此其为害，厥有二端：持金入市，出入必衡，既已废时失事矣，而又有平色之同异，参差扣算之阴亏暗蚀，坐使罔利市侩丛弊其间，分之无几，合之则多，通一国而计之，则财之耗于无形而不可复者，可胜数哉！此其害一也；衡金之器，验金之药不可时有，而搀和作伪，一切奸欺以起，奸欺既起，用者愈疑利用，前民之意浸假将以微灭而无余，其害二。

今欲筹补救之道，宜由国家设铸币局，于水陆交通之区，制为圜法，自一两至数钱，重几何，精几分，皆为著文明白。今各省生银各送局铸，毋许歧出，致有参差。所铸之币，按其轻重搀铸黄铜一二成，取裁足炉费而止。盖私毁盗铸之利，皆存于国币名实不同之间，名过实则盗铸，不及实则私毁。欲盗铸私毁之皆绝，必如是而后可抑。今之策国者，恒以为中国宜铸金币为本位，如东西各国之所为者，其措词曰"漏卮当塞"，曰"受制外人"，或且曰"洋债受累，尤非与之同制不可"。岂知中国漏卮乃在商务之相悬太远，受制外人乃由愚智之不相若，皆与币制无涉。至洋债受累，乃由环球各国屡改金币，需金日多，出金日少，两不相济，以致金日贵而银日贱。若中国亦铸金钱，金当益贵，洋债能保不再受累乎？夫西人用金，中人用银，金贵银贱，实有损于西国商务，而有益于中国商务，因西国货置本亦金，中国货置本以银。近年金倍贵，银倍贱，则西货运至中国，前售二两者，今当倍之，而中国则反是。故曰：中国利用银为本位，而铸金之议，为明一而暗二，而不可行也。

袁嘉穀答卷

一

骤观于西国之人，伟而长，事实而强教；明而详，鲜不震而惊，大而张。夫震惊张大于他人，于己奚益？反而求之，斯得之矣；既已得之，斯行之矣。即令自我作古，创一育人之良术，夫岂非万世之师哉！顾西人之学，以后来居上为宗，中人之学，以望古遥集为贵。今欲以征而使信，则戴德之所谓保、傅、师者，夫非各国之所暗合，而今日之所宜急行者耶？

今之礼天秩天，叙之自然而成风俗，赖以纯人心，赖以正交际，赖以固我孔子之所以教万世，岂仅在于《记》哉！今夫《记》，七十二子后学衍其宗，高堂生传其绪，后苍明其业，戴德始定为八十五篇。朱子曰："《大戴记》好处，已被小戴采择为《礼记》。"然而小戴之所未采择有如《保傅篇》之精粹，达者何可忽也？古人之言学者三：曰勤其业，固筋力；曰化其性，德坚定；曰浚其知，开神奇。《大戴记》之保、傅、师，取义于"保身体"、"傅德义"、"导教训"，吁尽之矣！为学不出于三者之外，即立国岂不在三者之中乎？在古也，固范于三者之中，岂今世反可弃于三者之外乎？

览近百年之史，最称纯粹者惟美，美小学校七万余，而私立者尚千九百五十七所；最称明达者，莫如日本，日本小学校二万五千余，而私立者尚四百五十四所。我中人游学之士，前开于美，今盛于日。问之入于其学校者，皆谓："各国学校，以哲学为大端，而体操亦无人不习，无日不习，而惟德义之功，盖稍缺焉。"彼专以学华盛顿之生平无讹，遂尽立学之根基，敬上帝之一心，遂谪此生之主宰。证之以中学，若司马光之教，自不妄语而始；程朱之教，以主敬为指归。虽同迹异心，未可遽斥为失教，然后潜矣。

德义者,生平无一日可懈之功,而他人亦爱莫能助之事,而又必多识前言往行,乃可以畜其德,放之于天下国家,而后其德乃大。盖古今之中学如此,而岂如今日各国学校之易哉!夫体育之功,智育之功,今固当采其所长,以扩学务。闻之东人之言曰:"日本自维新以来,智识日进,与西人角,有不可一日遏止之势。"至于人心风俗,反不如明治以前。然而各国学校,其体育、智育洵为卓卓,与《戴记》之师、保同义,而德育则不能同于《戴记》之傅,虽在彼亦有公论矣。

虽然,我岂可以古人善教自矜之,以压人哉?我岂可自矜以压人,而于切己之学,反泛骛之于外哉?古之人有善通礼意者,贾谊亦其选也,其著《新书》,于《保傅篇》之责重教育,隐相吻合。谊之生在大戴前,而大戴之书则又采诸谊之前,故陈振孙《书录解题》云,《大戴记》之言保、傅,世以为贾谊书所从出也。惟谊也深明此义,遂上治安之策,以辅导太子,勤之汉廷,而四维之张,尤竞美于管子。使今日而有谊之才力,追古昔大兴学校,古人之所已明者,以西学注之而益先;古人之所未全者,以西学补之而益备;古人之所已佚者,以西学还之而益通。则今日各国之体育、德育、智育,必有不容不取者,且取之而又必有不容不亟亟者!而惜乎告人以师人之长,则反唇而讥"以变夏计",不得已又引之师古之长,则六经在学官,且鲜通而实行者,矧《大戴记》之久无成诵者也!朱右曾之补注,人称为大戴功臣,然考校精矣,大义未明,训诂赘矣,新机更昧。保也,傅也,师也,更谁顾名而知义耶?

夫经者,圣人所以统天地之新,通人道之正,匡衡且言之矣,而岂至今日尚可以空言诵习,遂为通经之业哉!王安石曰:"经术正所以经世务也。"安石且有知矣,而况在通儒尚不知世之务之本哉!考之《周礼》,师氏掌国中得失之事,以教国子弟,凡国之贵游子弟学焉;保氏掌谏王恶,而养国子以道。师保之任,在上尤重甚矣!何其义之宏大而贯古今,包中外也?夫立言而至于贯古今,包中外,斯亦伟矣!乃古人既往,古训空存,遂使我中国之人躯干日以衰,而有种弱之虑;智识日以锢,而有民愚之忧。况在德性尤未之闻,以疲散为谨饬,以腐暗为笃愿,较各国反若不敌,岂真不足敌人耶,抑古教之失致之也?夫古教一失而今之谈教育者,遂专取孟的斯鸠、克孙比伦、拉吾孙、鲁敏吾之著作,家户共谕,而必强人以难行;风化不通,而强齐人于一致,岂不诬乎?

居恒谓:"今日行政大纲有三:一法祖制,二酌古治,三参西法。"《大戴记》之保、傅、师,即古治之可行而不违于祖制者,而西法亦即在其中矣。徒张大而震惊于各国,盍思其体育、智育之善,尚有德育之未尽善乎?是以君子之学愈降心以师人,愈守经以持己。

二

臣闻世儒之读《平准书》者,斤斤太息于汉武帝之括财,铜之窟、监之坑挖求殆尽，以为此非善政也。而以臣之愚思之，则有不敢信为定论者。

夫民财诚不可以括，而财政则不容不理。武帝之计及铜监未必为失，失在取之于民，不闻其还而为民用之耳。其铸白金，计有三品。夫夏禹三品，金、银、铜也。周亦三品，则珠玉为上币，黄金为中币，刀布为下币。汉之三品，皆以白金为之，非复夏周之旧也。《平准书》曰："金三品，其一曰重八两，圜之，其文龙。"夫文必以龙者，何也？曰，史迁上文明言之云"天用莫如龙"是也。上品必重八两者，何也？曰，史迁上文明言云"钱益多而轻"，救轻之弊，不得不定上品之重直也。上品之直定，则中品、下品之直亦定，上品、中品、下品之直定，则国用民用之素无一定者，与之俱定。自古抚民之主，未有不加意于币制者，币制之所系，顾不重哉！

然而天下无百年不弊之法，天下有日日救弊之人。孟子曰："徒法不能以自行。"荀子曰："有治人，无治法。"当白金之日贱，遂银品之难通，有固然者。然可见我中国之用银铸币，币且龙文，其来久矣，而岂曰"通商之后，中国始知铸银哉"？特天下事之有大惑而不可救者，一铸银也。昔与今不同，南与北不同，出之一省者有一炉一范之不同，出之一手者有今日明日之不同。中国之铸银久矣，而何以反不如西人之易行耶？曰，惟不整齐之。故《货殖传》云："善者因之，其次利导之，其次教诲之，其次整齐之。"夫以史迁之此言思之，则整齐以理财，不过又其次之一策耳。然而论未兴之利，则整齐洵为次策，论已兴之利，则整齐已易见功，于天下之言，不可以胶柱一解者又如此。

臣以为生逢盛时，以今之人理今之财，纵未可遂开财源，使百物遂生，则整齐今日之银币，似亦必不容缓之事矣。我皇上爱民如子，凡在赤子，受恩已深，若铜币宜民，则铸铜极广。自铜直之日贵，不肖者或毁官钱，皇上诏令各省疆臣，多兴铸币。臣见各省之银币非不若西币之工也。然而此一省之币，往往不通行于彼一省，彼一省之币往往不通行于此一省，推其所以通行者，反不如西币之入。茫茫漏卮，久为我国家之患！昔之不知者，既知之，而仍不塞；昔之不塞者，既塞之，而仍不坚。计不获已，惟有明请谕旨：由京畿开一铸局，将各省欲铸之银，悉准一式，其已铸者不之问；抑或择水陆适中之区如上海，如汉阳者，将已设铸局之各省机器，合为一局，其未设者不之问。如附局以铸者，局中必善为理之，专其责，定式，其各省之异号，而不至彼疆此界以至分歧。通其轮廓之花纹，而又加某年某月，以便察考。倘有一元之低色，则加以重刑；倘有一纹之未精，则不妨改铸。抑视任事之人，何如耳？果得其人，则币制不过财政之端，朝廷之一事，岂有不能整齐之者乎？如曰一银币之事，而且不闻有整齐之效，又何论乎百端纷来之政也。

试观夫史迁之《大宛列传》言，安息以银为钱，钱如其王面。夫安息即今波斯，近于大秦。今之西人尚沿其故，特西人多务其实，故自汉至今，银币日行而日广。中国则奉行不力，故自汉至今，银币又滞而日歧，是何为者耶？抑在人为之耳！抑臣平日之私心自揣者。又有《后汉书》之《大秦传》，大秦者，今之西人之祖国也，其传言大秦用金钱，金钱一可抵银钱十，是知西人之金币亦在汉时而已然。然何以异域之族人，本其实事求是之心，遂成后来居上之业，彼独何长而我讵甘让之也？臣以史迁之言，理财以固为上，而不仅在于整齐。臣窃证以孔子之言曰："因民之所利而利之，斯不亦惠而不费乎？"愿我皇上，以整齐者，示理财之急务；以善因者，追理财之本图。盖自我皇上诏采西法之后，银币之局添铸者已非一二，而民生既便，故一整齐其银币遂足与铜币相辅而行。至于本图，则在兴农学以劝力农，则地面之利可兴；兴矿学以矿产，则地腹之利可兴。地面之利兴，则人人自给，虽西银之入，必不似往日之多；地腹之利兴，则金币并成，虽西金之贵，亦夺于我国之盛。臣所兢兢而及之也，独是币制之大。

今更以钞票为灵。臣稽之史迁《平准书》，有曰："武帝以白鹿皮方尺，缘以藻缋为皮币，直四十万。"古之人取轻而不取繁，尚贵而不尚贱，盖亦久矣。今之钞票，似亦有必宜整齐之势，将仿汉之皮币，皮币或失之于拙等，而上之宜莫周，如《诗》云："抱布贸丝"，郑康成笺云："周人以布广二寸，长二尺，凭官司印书其上，以为民间贸易之币。"此亦臣所谓古治之可法者，整齐银币可以并钞而整齐之也。三代之政，亘古常新，但追古法已合新政，区区汉事，盖鲜足称。我皇上惠洽九垓，又三代之所不及民也，原生利用，必将习俗俱化，如《平准书》云"先行义而后绌耻辱"，虽西人之富，且仰给于我国。岂不盛哉！臣谨对。

单镇答卷

一

人之生也，必有群，群其力以为力，群其情以为情，群其识以为识，而后群与群觏而群独强。而始必藉夫长其群者之团其力，萃其情，交通其识，而庶几握强群之效甚矣！教育之明晦，为国势进退之枢，民俗消长之原，无古今，无中外，其理一焉。

论者曰：睹泰西政术之美，国运之强，民族之团结，反本究原，而注意于教育一端，争译其体育、德育、智育诸科，规模形似，以为采西益中之计。而不知三古以上于教育固有专科，特后世放失焉，而不加察耳。迄今读《大戴记》所云，教胄之法而可得大凡矣，其保、傅也，以为太保、太傅、太师三公。"保，保其身体"，起居必节，饮食必慎，凡以贞固其官骸也，今西体育一科近是；"傅，傅之德义"，端其视听，正其轨范，凡以静壹其心志也，今西国德育一科近是；"师，道之教训"，润之以诗书，文之以礼乐，凡以牖启其聪明也，今西国智育一科近是也。古籍简略，不详其谊例，揆其大义，相为损益，安见不可复行于近代也耶？间考西国之以教育名于世者，于古则有斯巴达、雅典，于今则有日本、德意志、英吉林。教科之书，列日竞进，月异而岁不同，而原其标准所在，则经以三科，纬以五国，大略毕具于是矣。

请援古证今，损西益中，而备陈其义焉。斯巴达为专政政体，其臣来喀瓦士所定教育法，以尚武为主义，举国为军，毅然有敢死之气，其殆偏重体育一科。雅典为市府之国，其教育宗旨以陶成市民品格为主，其科学该博，西国哲学诸儒如柏拉图、梭格拉底、阿里士多德辈，悉崛生于其际焉，盖其于德育一科，有特重者。泰西古国，厥分二派。近时日本，注意尚武，取法斯巴达，以尊王爱国为教科，文明日进，体育为主，智育为辅，宜其国势之勃兴焉。德为联邦立宪之国，以民族帝国主义鼓动其国民，上下一心，力图进步，如赖碧氏、华尔富氏之实在论派，敷海忒氏、欧改鲁氏、塞鲁黎翁氏之唯心论派，皆从哲学中以达于政治，德育之效，于是乎大著。英之教育尚精神，不尚形似，其学校教科，德育为主，智育、体育为辅，而格物派之倍根、天演派之达尔文、乐利派之边沁、生计学派之斯密亚丹，率以其说风厉一世，而政治之修明，农工商诸学之瑰丽，声光化电、制造测算诸科之条分而缕析，均粲然为全球之冠，其教育之科驾雅典、斯巴达、日本、德意志诸国而上之，兼体育、德育、智育三者以为教科，与我中华古学校之规则相吻合。《中庸》之言三达德，曰知、仁、勇；《周官》之言三物，宾兴万民，曰六德、六行、六艺，殆其达例也。

夫而或疑《大戴》所记系周时教胄之法，非如西国之编定普通科，颁行各校，以为全国教育之宗旨也。不知古王齿胄子于学，上贤贵德，上齿贵信，上亲贵仁，上贵尊爵，抑然与齐民伍，而未尝殊异之也。国学有然，通国诸学校亦莫不有然。古谊日衰，忘失本初，而独于西国学制群焉异之，何哉？中华自三代以后，学校升造之规，日就湮废。两汉为辟召，魏晋为中正，唐宋以来为科目，停年积选，习与用违，而于立学之初旨相悖，教育之科寥焉莫述，仅存一二杂家之说，以与西制相印证，大可慨已！

议者为急则治标之计，取法日本，采其教科诸书，以流布于各学校，奉为前事之师，意亦良是。特是日本偏重体育，近虽略涉智育诸科，而粗犷野悍，于德育未有闻也，彼国耆宿如伊藤博文辈类自言之。今宜取长舍短，采英德二国教育家言，以与我中华古圣之训参酌而勒为定本，而于奥梅特涅俄皮里加辣陀之说尤与焉，则庶乎三科兼权，以德育为主，而智育、体育以次递。及士习日端，人材日盛，学校之中彬然成章，而嚣张之气、浮薄之习自不得，而中之三代学校之宏规，可复于一旦。夫是之谓能群其群。

二

汉司马子长惧商学之失坠，而理财之政之凌杂而无纪，述《货殖传》以鸣于世，曰："善者因，其次利导之，其次整齐之。"夫至不整齐者，千古莫圜法，若泉之布，如刀之利，徒虚诞耳，不得其术则不至，公私匮竭，上下交困不止。

武帝敝中国以事外夷，于元狩四年，更定圜法，造三品之币，大者直三千，次者直五百，小直三百，以白金为之，文以龙、马、龟，以为之差。自赤仄通行，白金渐贱，终废不行。其后五铢、四铢，轻重不一，于唐而有钱谷交易之制，于宋而有交子、会子互相引用之制。盖自汉以后，上下通行之货，一皆以钱，而未尝别以银币，权其轻重焉。明洪武十九年，始立金银折色之制，间一用之，未尝别铸白币为币焉。国初承明之旧，悉皆以银权钱，而铜为本位，各省开炉鼓铸，颛若画一。列圣改元，每一举行而未尝议及银币，于是以银权铜，而有折色、耗色、申色之差，有京平、漕平、湘平、松平之别，而国中圜法于是至不齐矣。自互市以来，各国咸以金为本位矣，而以其银洋进口，以为我中国之主币，以权我钱价，银价之低昂，其辱我孰甚？既以其银洋为我中国之主币矣，而又镑价上下，以银洋之进口易黄金之出口，以归为其国之主币，以权货物，税则盈亏，其耗我又孰甚？今者各直省亦几遍铸银圆，藉相抵制，而皖、鄂、闽、粤成色不一，各省既未通行，外夷又复阻抑，将整齐之义云何？

嗟乎！贵能御贱，重能御轻，实务务中一定不易之理，当群用金之天下，而一国用银，岁耗时折，其何以支？今筹整齐之策，一在铸金币，仿英镑先令之例，轻重相值，大小相权，而银币、铜币以次递之，银积而用金，铜积而用银，内外一律，不许折扣，庶有以见信外人而无阻遏之虞。一在行券币，券币之行始于唐之飞钱、宋之交子，是与金银三品以虚实相权者也。今者既设银行行钞票矣，而内地各省未能畅行，今宜广为行使，出入款项，一切搭放搭收，存成本于银行，以昭大信，收放相抵，币项自裕。一在定镑价，自新旧案，洋债赔款，本利递加，国力几将不支，而外夷狡诈，将镑价故为低昂，以取赢余，历年增长，未有已时。今与妥定中价，或竟赶铸金币，以镑抵镑，其俄法诸国之币品不同者，统以英镑计算之。三者各为今日救时之要策，而整齐圜法之大凡，亦不外乎此。

自嘉庆二十一年，英首先创立金币本位制，未几，德效之，法效之，俄、奥、日、意、比群起而效之，而亚洲之日本亦于光绪二十三年颁定圜法，专用金币本位，至是而用银之国几绝迹矣。我即通行银币，而商务往来以银易金，暗中之亏耗不赀银贱，而金与铜交贵，而未有已时。金贵则外亏，铜贵则内亏，内外交损，即铸银币而圜法不能整齐者如故。其必广铸金币以立其本，而以行券币，定镑价，以辅其所不足焉，居今日而为亡羊补牢之计，求易行而无流弊者，以今仿古，或亦昔人所谓中制者非耶？

胡均答卷

一

教育者，百政之根源也。教育不兴，则全国人民之身体必萎懦，道义必缺乏，智巧必窒塞，而人才将乏于无形。人才消乏，而国势鲜有能振者。斯固无古今，无中外，而为谋国者所共信也。

中国教育之盛，首推成周。夷考其时，曰保、曰傅、曰师，由宫廷以表率群伦者，其设官为至密，保以保身体，傅以傅之德义，师以导之教训，由孩提以辅之成人者，防闲为至密。然而斯义也,非古时之陈言也,曷征诸近;非中国之私言也,曷征诸各国?盖各国教育之竟爽于近世者,其大要不外体育、智育、德育三者。体育者所以葆其精神,壮其身体,而与保保其身同义也。智育者,所以启其知识,益其智巧,而与师导之教训同义也。德育者,所以导其德行,范其步趋,而与傅傅之德义同义也。

夫三代学校之制,屡经变更,而其散见于简编者,犹有可考,今就与各国体育、智育、德育之义合而论之。如太傅在前,少傅在后,入则有保,出则有师,出入前后,罔非正人,所以教喻而德成。各国以家庭教育辅学校教育,德育、智育之所不及,以教员率生徒运动、游泳、旅行等,为体育之枢纽,此其用意固相同也。时太公为太师,周公为太傅,召公为太保,此其职之最尊者。周官大司徒之属,有师氏、保氏、师氏,以中大夫为之,其府史胥徒百数十人;保氏以下,大夫为之,其府史胥徒七十余人。诚以自天子至于庶人,皆必师以成其德业,不可不多其数,以大其成;太宰职师,以贤得民,儒以道得民,亦此意。各国教育一门,皆有专职,自文部大臣以下,以文部官派为各学校校长兼理体育、智育、德育者,修身科教员则专理德育者,其余各科教员则专理智育、体育者,若舍监等则专理德育而兼体育之卫生者,则立法又同也。师氏以媺诏王,教以三德、三行;保氏掌谏王恶,而养国子以道,教之六艺、六仪。各国以修身、伦理学科为教育专科,以史学、舆地、理化为智育专科,以体操、卫生为体育专科,而其立学又义于周时同者也。周时政教修明,学校大备,人材辈出,数百年而不绝,驯至圣道昌明,诸子竟起,为吾中国学术最光最盛之时,斯非师、保、傅诸职之明效大验哉!各国之研究教育学也,必使全国人民之身体强健而后武备振,必使全国人民智巧出而后学术实业乃日上,必使全国人民皆以道义为重而后邪说诐行之弊绝,其收效之捷之久,又无不与吾周时同者。

然而周时之成法,犹在不久而即淹,各国之实验已出,愈研而愈出精,斯何故哉?盖中国师、保、傅之职,专详于上,故治人者有学,治于人者无学,不若各国之详于斯民,无地不普其德育、智育、体育,而与国学并重也。中国师、保、傅之职,徒为官职之尊称,而不顾名思义,实验于学,不若各国之分职愈细,实学愈兴,官不旷职,以日精也。方今圣朝,百度维新,首重兴学,师成周之遗意,即以采成各国之成法,有不教成政美者,岂理也哉!

二

汉武帝时,县官大空,黎民重困,与公卿议,更造钱币。于是造银锡白金之币,分为三品:其一曰重八两,直钱三千;二曰直钱五百,三曰直钱三百。当其钱多少,各有定直。当是时,又造白鹿皮,方尺之皮币直四十万,旋复铸官赤仄钱,一当五,其钱币之制,似为完备,垂诸久远,使之通行。及未几而白金渐贱,民不宝贵,岁余竟废不行,其故何哉?盖其弊有三:一曰重率不合,有轻重不相当之弊。其时所造白金,以为龙文、马文、龟文之币,以继皮币,而用者非有一定重率之比例,以为相当之直也,故未几而民盗铸之，而白金以贱。二曰，方铸之令已行，国家不能操价直之弊。自文帝时除盗铸之令，民间已习于私铸，苟有小利，即伺隙以为奸，故白金之币，竟能以私铸而抑其价。三曰，白金以上无贵价之钱，有等差过少之弊。白金之质为杂银锡以铸者，以上止鹿皮而已，若黄金贵品，其时甚多，赐臣下者辄数百斤，而不知铸为钱，以济圜法之穷。坐是数弊，而其制虽若完美，已有必不可行之势矣。

至欲求其整齐之策，则惟有以去第一弊者，正其本；以去第二弊者，壹其权；以去第三弊者，宏其用。案，汉时白金三品，已开后世银钱之意，但使定其轻重之率，如近世各国几升之制，则不必变其文，异其形，而其用自广。观当时于三铢、五铢、半两，数数改易，是其轻重不准，已不止于白金，况造皮币时以直四十万者，抵苍璧数千，尤为本末不相称哉！故必如后世银贱，大小轻重，其直钱皆有定率，则私铸逐利之弊始除，私铸之弊除则其直与金必不至有涨落，而可以通行无碍矣！铸钱造币，本国家特有之权，至此权旁落而吴邓之钱满天下，民间亦得操其奇赢，钱重则毁之，钱轻则铸之，而圜法之病有不可胜言。当时知其弊，悉禁郡国铸钱，专令上林三官铸钱，令天下非三官钱不得行，于是民间计其费不能相当，而私铸之钱以少，诚能即是一而整顿之，则畸轻畸重之重，知其免矣。近今理财之言曰："凡圜法须定一本位，本位之直贵者，其制愈可恃。"今国家定黄金为本位是也。盖既定黄金为本位，由是而银而铜悉视此为定率，诚无参差错落于其间。汉时铜银直价皆低，而铸钱恒苦其少，黄金最多，而不以之为币，亦可怪矣！如以黄金铸钱，而整齐白金铜钱之术，不可得乎？

吴廷锡答卷

一

尝谓礼之足以教天下也，夫固通古今中外，极万有不齐之气质，穷万有不齐之伦类，集万有不齐之聪明，而范围不过，曲成不遗者也。而或者曰："圣人之教天下，以明峻德谓本，而于天下之具气质聪明者，有以内外递及之，而不必其并治也。"而或者曰："圣人之教天下也，以养大体为主，而于天下之成伦类聪明者，有以操习之，而不必其兼善之也。"而或者曰："圣人之教天下也，以好学近智为先，而于天下之托气质伦类者，有以先后扩充之，而不必交修而互举之也。"而不知圣人将以礼修天下人身，则治天下之一人，其修之之教，固不可无专职以督成之也；圣人将以礼明天下人伦，则治天下之一人，其明之之教，固不可无专官以诱迪之也；圣人将以礼开天下人之智慧心思，则治天下之一人，其开之之教，又不可无专任以启牖也。夫古今中外治天下之要，初不一端，而欲举万有不齐之人类，取九州八极而尽有以整齐画一之，则非教成于微渺，学造于精深，不足恢一人首出之宏图，而开万世太平之基绪。

夫果何道致之哉？夫亦曰：以礼立教，即以礼制学而已矣。且礼本三代治天下精微至极之学，而汉儒之邃于经术者，未克操所业，以教天下，而独能明先王礼制。俾古今中外之开明学术者，尚可知本知要，而有以立天下化育之规。此曲台之学，《大戴》尤优，而其言遂为古今中外讲求学制者所莫能外，不亦伟哉！夫保身体之义，谓安之也，孩提动静起居皆中孚少仪之节，童幼而出入言论咸习乎内则之文，身体安而天赋之精神与天生之知识，悉有以优游泮奂矣。西学所谓修炼儿童自治之精神，保全儿童自制之学识，体育之制即是义耳。此中西言学而制之以礼之可证者一也。夫傅德礼之义，谓辅之也，亲疏长幼之序不诬，即所以明伦而察物，恭敬退让之情勿失，即所以制外而养中，德义辅而孝父母为行之先，别男女为戒之始，悉有以宰制纲维矣。西学所谓"十戒"，先父母孝敬之文，"七等"重男女交际之始，德育之制即是义耳。此中西言学而制之以礼之可证者二也。夫导教训之，谓示之以道路也，无幽明内外之不知，甘盘重终始典学，无商农工贾之不习，《周官》兴圣义中和，教训导而万端之功力无不彰，百为之品性无不达，悉有以疏通而证明之矣。西学所谓政治、法律之有其空理，声光化电之有其实功，智之制即是义耳。此中西言学而制之以礼之，尤可证者又其一也。

说者谓圣人治天下之道不一端，顾以法教天下，而群天下之才力、心思，群习乎法以相玩，则法有时而穷；以术教天下，而群天下之才力、心思，群习乎术以相凌，则术亦有时而绌。夫惟明礼以教天下，而萃天下万有不齐之气质、伦类、聪明，胥得以范围曲成焉，是天下之教成于学而实成于礼也。昔之君子尝举天下之政治法则，萃为一书，以通考古今，而意欲以施诸天下，万世达人而在上也，知必有能通其义。以礼制天下万世之学，即以礼成天下万世之教也，岂不盛哉，岂不盛哉！

二

窃谓考古史钱币者，贵通其兴废之故；究今世钱币者，贵悉其来塞之由。昔汉武帝时，造银锡白金之币，以为天用莫如龙，地用莫如马，人用莫如龟，故曰白金三品："其一曰重八两，圜之，其文龙，名白撰，直三千；二曰重差小，方之，其文马，直五百；三曰，复小，椭之，其文龟，直三百。"夫其分品之有区别，定直之有轻重，宜乎推行尽利矣。乃造之未久，而盗铸私销之弊日起于大圜，不可禁止。于是钱直亦戬，而钱法之弊盖不待两晋六朝，而新莽时已坏乱无纪矣。自是厥后，唐宋则有券钞交会之制，元明则有钱票银钞之方，利之天下者甚巨，即弊之在天下者亦随与俱深。持方寸纸币而欲俾九州万国之远，信而勿疑，此千古言钱币者所以不能有得而无失也。比自泰西通市以来，银既日泄，钱亦日耗，是故私钱之弊不除，而闾阎交易亏折弥多，则百姓病洋元之制不扩；而山海险僻低潮争较，则百工病极之，举债日巨；而泰西诸国复以其镑价之涨落扰我中华，则去路日广，来源日微，银根有枯竭之虞，而其患遂并中于国家天下。

今欲求整齐之术，其说有三。龙图之制，江海奥区已无不设厂构造矣，顾仅行之近而未行之远，行之中而未行之外，行之轮舟铁轨之要域，而未行之乎穷乡僻壤之微区。今使平色之一适均，平粮税之悉任收纳，法制一定于以宏（疑误），抵制外域之规，此以银制银，而藉作整齐之一说也。环宇钱荒之弊，日积月累，不可终穷，小民竭勤苦之气力而徒执空楮为储，百商费计划之心思，而仅凭虚票为本，一朝失事，万业俱隳，今者南服各行省胥有铸铜元之议，轻重相协则廛市物价平，制造求精则奸邪盗铸废，此以深恢（疑误）铜产之运用即稍留银冶之精华，此以铜权银，而藉作整齐之一说也。且尤可虑者，近来西人之交我中邦，不以兵力夺而以商战扰，不以公法之是非凌而以镑价之涨落困，今诚能取材日远，金山右域，滇海南疆，漠河东西，葱岭上下，凡有五金之域，无不开采。而特于赤金之品，考炼求详，立厂集工，制为金元，以流通天下，用镑抵镑，既鲜赔补，益妙权衡，金币造而银币之制获转移焉，此以金佐银，而整齐之又得一说者也。今日者明诏聿颁，特简重臣详议圜法，将见权量悉当中外交通，宏利用之宏模，创前民之妙制，钱币其事有驾百代而上之者，而汉武之制银又曷足云尔哉！

陈问咸答卷

一

古者自天子以至于庶人，壹是皆以修身为本，此大学之要义也。虽然，身何由而后修？以育其体，斯精力充而身修；以育其德，斯心意正而身修；以育其智，斯知识富而身修。体育、德育、智育三者，乃修身之极则，亦教育之原理也。

昔在成周，师、保之任，各有专责，德行、道艺，不容偏废，教育之方亦云备已。近时各国学校力行普及教育，自天子以至庶人，皆从教育而来。其教育之宗旨，在使一人之身凡分所应尽之事，其学皆足以应其用，至人人各修其身而当其用，即国家得收教育之功。其曰体育，即周时"保，保其身体"也；其曰德育，即周时"傅，傅之德义"也；其曰智育，即周时"师，导之教训"也。准之古义，不深相符合哉！

然此各国论教育之理如是尔。至稽其沿革，则偏于体育者，是为尚武主义；偏于德育者，是为尚文主义；偏于智育者，是为实业主义。立国之风尚不同，即教育之宗旨各别。思所以救弊补偏，则惟三者并重，实普及教育之要义，而近今各国教育家所公许者也。孔子修文武周公之道，阐明教育之理，其弟子身通六艺者七十二人，盖六艺中之礼乐则德育也，射御则体育也，书数则智育也。当成周之时，凡里、党、州、遂之学，皆学以六艺，可知当时教育亦有德育、智育、体育三者并重。但礼乐以陶淑性灵，固主德育，而智育、体育亦在其中；射御以练习筋力，固主体育，而德育亦在其中；书数以精美心意，固主智育，而德育亦在其中。是三者之分，德育为多，而智育、体育皆为德育之德，此成周教育所以独有千古，而为后世学术所不能外也。即近征于各国学校，其伦理设科德育也,而凡规则严切皆德育也;其兵式设操体育也,而凡卫生事宜皆体育也;其理化分子智育也,而凡农工实业皆智育也。且励智育以富国,尚体育以强国,其效易见。至竭心力以求国内之风俗休美,德育无亏,其效究为难见。盖中国当成周之世,其时文物美备,风化纯厚,至所谓文武合一,道艺合一,智育、体育自在德育之中,故于德育为多。近时各国皆汲汲以富强为谋,其于智育、体育自所不懈,而德育遂为分途。此非扬中抑外之言也,其国势民风,征诸历史,察之地理,亦何可诬乎?但教育原理,则无古今中外,自相同也。

二

货币之制,宜画一而不宜分淆,宜精良而不宜粗恶,宜轻重适当而不宜过轻过重,此币制之通法也。然三者之中,其分淆而不画一之弊,尤为最甚。

汉武帝之时,造白金为币,分为三品:"一曰重八两,其文龙,名曰白撰,直三千;二曰以重差,小方之,其文马,直五百;三曰复小,椭之,其文龟,直三百。"其铸造之进于精良,轻重之著有定直,亦可谓善矣。然自赤仄专行,白金遂贱,铜钱之数不能与金币相挹注,遂使市价阻滞,莫由见整齐划一之规。倘其时有明于交通贸易之理者,多铸铜钱,以充其用,则货币之盈虚消息、自形利便,何有阻碍之患哉!

大抵计臣谋国,多为制限以取利,不知因利以施用。何为取利?不顾商情,不恤民隐,专思攘利以益上,大信一失,遂失民间,互相欺压,互相消伪,而货币之用反自失其本直,而上下乃交受其困。何谓因利?货币之轻重大小,于工商各业大有关系,惟依商情以潜为转移,斯有变更,而人不应有禁驰,而人不害其所筹于户籍之比合,商务之盛衰盖已审矣。

今者欲救货币之弊,非先求画一不可,而于极不画一之时,遽求画一,亦不易言。是在先取其可画一者,从而画一,如铸造银元,各省须一律通行,此可著为定制者也。其不易画一者,如各地之本银,各地之铜钱,价值离奇,平色欺隐,不可枚举。是必多造银元,使银元得主其正位;多铸铜钱,使铜钱足以资周转。则有文之币,渐得以有权;无文之币,日退处于无权。虽有极不画一者,亦终归于整齐之中矣。

顾祖彭答卷

一

臣闻德前相毕司马克之言曰:"德之所以胜法,非师武臣力之功,小学堂教师之功也。"论者韪之矣,而未知三代之圣贤所以弼君德而正蒙养者,胥在于此,则德之前相毕司马克之言，犹未足以观三代小学之古谊也。

夫古之人自家以至于天子之国，皆有学，自幼至于长，未尝去于学之中。《大戴》"保傅篇"，召公为太保，周公为太傅，太公为太师，周代蒙学之师范也。保身体，傅德义，导教训，是即泰西体育、德育、智育之要旨，信乎学校之制，中西有合一之源，而小学、蒙学尤为教育之最急者矣。成王秉上圣之德，在襁褓之中，其时深宫之姆教，不必后于欧西幼稚之园也。三公以懿亲有大功于王室，而各分任、保、傅之职者，则如学堂科学之制而各有所宜也。且夫体育、德育、智育三者相为用，正其本于小学，而中学、大学胥以此为之正鹄。谨案《仪礼》十七篇，言射者二，体育之证；《曲礼》，德育之书；《考工》，智育之教。先圣教育之事，次第秩然，所以成周之盛，其士大夫未有放僻邪侈，干犯名教者，则教科之善为之。今以西国学校相证，各国学派不同，惟德国教育重在小学、中学，德人鲍尔生著书能明其旨，日本大学教授高桥作卫述之，谓宜禁学徒刻苦勉学，消其锐气，是以体育为重，合文武于一途，而君臣上下举国能军也。中国方以小学为务，而国本治体，尤为与德国相近，故学堂宜以中小为始，而审之于几先，盖必先启发国民之忠义，化成国民之善良，乃能造成程度，能及大学之通材。

迩来海上浮士掇拾西人学校之唾余，谓中国文法太深，《四书朱注》无用于中学，有塞源拔本之祸，于西学无入门发轫之功。体育适以资斗狠，德育不合于公德，智育适成为小慧，君子之所恶也。宋臣曾巩熟精《三礼》，其记宜黄县学曰："学有《诗》、《书》六艺，俯仰之容，升降之节，以习其心体、耳目、手足之举措，又有祭祀、乡社、养老之礼，以习其恭让；出兵授捷之法，以习其从事。"于《大戴》"保其身体，傅之德义，导之教训"之义暗合，即泰西体育、德育、智育之用，亦无不赅焉。斯为得学校之精义，无古今中外，一次贯之矣！日本贝原益轩以和汉相交之文法，著教育书，其言德育曰："毋令多逸而恶劳，毋令专好而成癖。"益轩课程及教授法，合于今时智育之理，《颐生辑要·养生训》深明体育之旨，在彼中为教育名家，惜未进以先圣之礼教也。若夫中国学堂办法，小学为急而大学从缓，师范为急而推广需时，根本既端，成效可俟，则泰西学术之来导我先路，而三代之成规可复矣。

二

武帝雄才大略，元狩四年，造银锡为白金三品。计臣桑、孔析及秋毫，又定制，非三官钱不行，用法亦善于维持矣。然其后遂废。自儒家言之，鲜不以为武帝之过。举今日环球而居者，以百国铸币之法，未必异于汉世，而通行无滞，其甚者铸黄金，驾白金而上之，此何说也？

臣愚以为币制者，天下之大命，铸币者，今日之要政。中外币制，金银铜三项并用。东西各国以金为本位，而银与铜为之辅；中国以银为本位，而金与铜辅之。伏读本年三月二十五日上谕："明定划一银式，于京师设立铸造银钱总厂，俟新式银钱铸成，足敷颁行后，所有完纳钱粮关税釐捐一切公款，均专用此项银钱，等因，钦此。"顾未议及铸金者，朝廷慎重之心也。盖中国金矿，漠河以外尚未大开，滇铜久无起色，日本之铜倒灌甚巨，是故铸金、铸铜皆得失参半之举，不若铸银之有利而无害。虽然，铸银之制，贵有整齐之方。资本也，章程也，无术以持之，则将沿汉世铸币之习，诚如上谕所谓："惟当力任劳怨，坚定不移，务令圜法整齐，推行尽利者也。"臣谨综其要略，而以体用赅之。

所谓铸币之体者何？股份之票，息借之款，钞币之制也。所谓铸币之用者何？自主之权利，保护之政策，土货、洋货出人之关系是也。查铸币资本甚巨，部库岁入九千余万，随时发放，偿款又去其半，故不得不集股份。查股份之事，由于光绪初年风气初开，沪商招股，类同局诈，此人之弊，非法之弊。臣闻前湖北抚臣胡林翼以军兴开办釐金，谓取民瞻军，即所以教忠而敌忾，昭示宗旨，商民踊跃。今仿其意以集股，内地则山陕汇号，外洋则闽粤巨商，必有急公好义之士闻风兴起，是在官绅之劝导。而息借之法，甲午之役，江苏、江西皆行之有效，论者不察，视为秕政，不知泰西各国皆有公债，多者至数千镑，其民乐于取息，不愿收回成本，无他，以公债之息为可久可恃也。中国官民隔阂张驰无定，故甘借外债，出重息，而不肯累民，是仍未考求东西各国公司之制也。

钞法肇于"抱布贸丝"，郑司农释之，汉武帝、唐宪宗、宋仁宗、元世祖、明太祖皆用之。顺治八年，世祖章皇帝亦行钞贯之制。近者欧美发行纸币，库藏皆准所发纸币之数，而存实银以资应；日本改用金钱之始，先存一万万之金元。中国幅员广大，人民众多，故非预为之计不可。体立则用有以行，请言铸币之用。近来各省自铸之银元，闽粤所造不行于江浙，北洋所造不行于南洋，而外人之银侵灌于各省者甚多，无他，由彼中搀铜有定数，无毫发之或逾也。今者一切公款皆自铸之币，无任如外省之参差，则外人之银元渐以退听矣。此自主之权利也。且夫银与铜互为消息，故一律用银，则铜币宜有限制。案日本五银元以上，不得用铜，英二镑以下，不得用喜林，是为明证。此所以救铜荒而力行保护之政策也。至于出口进口之值，以镑价而受亏，诚与彼国政府订通用银币之约章，则商战之规不外乎此。今下采欧美之政要，而远鉴汉武之烦苛，物竞天择之相循，徐进用金之程度矣。

赵录绩答卷

一

中国至暴秦之世，申、韩之毒发，焚夷划削，灭去三代之藉，以威劫士庶。于是先王学校之制，教导之官培才养士之精意，荡然无复留遗，其意在摧锄天下之性质，抑远刚健好名、聪明智慧，而奖用柔懦谨畏、粗知奉法之人。其一时儒生，感有述旧闻、陈经义者，则罹饰古害今、辨言乱政之禁，于是教士之法中绝。汉兴，承秦之弊，其时去三代未远，其势可以复古，而大臣不通经术，乃杂用黄老为治，至贾谊、董仲舒之徒发愤条天下之利害，始掇拾遗文旧典，思欲更立法度，而《时事》一疏，《天人》三策，于学校言焉不详。于是君师之教不识其权，天下之士遂益空疏舀陋而无当于用。其后日湛没于词章声韵、浮诞无补之业，而销耗钝萎，日以不振。陵夷至宋中叶，王安石惩其弊，始以三代学校长养教育之法为言，而改法不善，其困敝人材日甚，至末流之弊，乃令天下因噎废食，谓古法必不可行。而说经之士因而附会，且有诬《礼经》为汉儒所辑，其述三代制度皆陵杂无稽，用之必病天下者。于是天下之士，日惟疲精敝神，穷日继夜，以从事于揣摩剽袭、浮华无用之空文。及其出而为世用也，贤者斤斤自好而已，试之于事，每迂执而难通；其长厚者授之，律令不晓句读，握算不知纵横，惟胥吏所颠倒；而不肖者则贪鄙阘冗，且举其所侥幸苟且于科名者，而推之政事之间。于是人才大弊，收效致不如古，于是天下聪颖秀杰之才，咸睊睊焉，早日夜以求治，早日夜以待改法，以待师儒之设官而责有功。盖实痛四千年来学校榛芜，教化不明，非惟不能成人之才，又从而败其质，乱其性，塞其聪，窒其灵，使其精华果锐之气呜然而无所用，中摇摇而无所宗，行冥冥而不知所适从。同一质性，同此灵明，而摧抑销阻，以日益腐庸为可痛也。

又见数十年来，西海诸国郁勃奋发，其人材之盛，蜂起泉涌，其效由于学堂。其教育之法大要有三：曰体育，曰德育，曰智育，于以养其精力，振刷其志气，端其志向，作其忠爱，浚发其智灵。故其庠序多才士，巷多才民，市多才商，而其富强之几骎骎发达，亦遂不可遏制。因而愈病中土四千年来，不惟不能成人之才，又从而困苦毁坏之，穿蠹而破碎之也。于是群然而议改法，而议采西法，其维新支离之少年，不知三代典章，辄震惊其学制，诧为奇闻创获，岌岌乎将有鄙夷宗邦之心。

然则暴秦之燔灭经传，使经义晦塞，学校破坏者数千百年，而人才适受其弊，可忍言耶？《大戴礼》"保，保其身体"，非彼所谓体育者耶？"傅，傅之德义"，非彼所谓德育耶？"师，导之教训"，非彼所谓智育者耶？非西人之袭我三代耶？而西人善谋其国，其制法乃能与三代合，而彼固人材众多，国势日张耶？而中国一改法，往往嚣万夫之口，倾骇天下之耳目，其弊乃日集而无成效者，何也？不知经术，不知教育之次第，曰皇皇焉开智慧、谈格致，而不讲伦理、引纲维，以约束其浮骛旁趋之习，则灭国维裂名教，其弊又焉有极耶？

二

臣闻禹以历山之金铸币，以救人困；汤以庄山之金，赎人之无馆卖子者；周官圜法有九府之名，于是钱之用始博，自太府至职事凡九，太公用以致富者也。又闻先王之爱民也，饥而谋之食，寒而谋之衣，而犹虑衣食之具不足，农桑不周于民用也，乃作货币以权之。凡帝王所以泽万民，操纵天下，皆以是为权。管子所谓以守财用，以卸人事，而平天下者也。汉兴至孝武皇帝，穷朔方之兵，求神仙，召方士，海内萧然，而县官大空，乃与公卿大臣集议，更钱币，稍易其制，以赡国用。于是造白金为币，别以三品：天用为龙，直三千；地用为马，直五百；人用为龟，直三十。以行郡国。后乃更铸赤仄，于是白金稍稍贱矣，民以不适用，银币遂废，卒不能畅行。而数千年来议钱法者，亦不复钱币。

每读史至此，未尝不三太息，惜武帝于计利疏也。夫货易壅也，其在天地之间蓄积含孕，而不能自发泄也，然而未易细也，未易毁也。是惟人主会两间之大势，而操纵流布之。所以博货之原，则山川效之；畜货之流，则官司龠之；重货之权，则刑赏随之；其货之流行，则朝野上下，万姓便之。而一时制其盈虚消长，而不失其平，不失其情，则虽豪强并兼，无所施其侵渔攘夺，而博祸去、七福致矣。武帝制银币之后，若采之万物之情，而制其轻重之准平，其浮不足之争，而不杂以赤仄，何居乎不能畅行耶？大抵钱轻则贱，重则贵，太贵则亦壅，制圜法即此为权衡，而大要得吏民皆便。武帝不得其术，而卜式诸臣，算舟车盐铁之心计，终不能开大利，所以旋行旋废，卒不能无复阻碍，永永销布，亦言财政者之所惜也。然而天子不能压制其民，强平万物之情，而制其贵贱之等，亦保天下者所不便也。

欲银币通行，在精其模范，选其金质，使天下奸民其势不得以作伪售欺，而银价涨落乃不至大失其平，天下吏民自不敢干犯法令，嚣然而相阻扰矣。近年制造银元，而广东、湖北两省所铸，行销最速，其故不外是，其效固彰明较著者也。

尹彦铱答卷

一

自强之枢纽曰人才，人才之消长系学校，学校之本原在蒙养，此其义见之于《易》，而实备于《礼》。信乎中国教育之学，内之莫大乎《易》，外之莫要于《礼》也。案《大戴礼》"保傅篇"云："昔成王幼在襁褓之中，召公为太保，周官为太傅，太公为太师。保，保其身体；傅，傅之德义；师，导之教训。此三公之职也。"今各国之立学也，往往与我古法通，有寻常高等之阶级，有普通专门之分程，人第见其规则之善、艺术之精，而不知其中更有精义焉。

考各国教育之学，多祖述于希腊之苏格拉底，迄今二千余年，变通损益，于是有教育全备之说焉。计分三端：一曰体育，凡校舍建筑之宜，饮食起居之适，分光换气之法，课诵息游之节，以及小学科之寻常体操，中学科之兵式体操，大学科之精神学，皆是也。一曰德育，应分两类，一则小学校之修身科是也，一则大学校文科中之心理诸哲学是也。一曰智育，则凡史鉴、舆地、理化、农医诸科皆是也。盖血气强而后智勇生，智勇生而后节义显,是体育、德育、智育三者,固曾累而进也;抑必有格致之精而后有卫生之术,有卫生之术而后有心灵之学,是体育、德育、智育三者又交相为用也。考其等差,辨其节目,而后知体育、德育、智育三者之说,洵乎与"保其身体"、"傅之德义"、"导之教训"三者之义不相悖也。

慨自比年学校流弊之滋也,民权、自由之说,渐渍于沿海诸省,及于京师学堂,凡青年子弟中学根柢未固者,咸乐道之。考民权之说,倡于法卢梭之民约论;自由之说,倡于孟的斯鸠之三权分立论。若辈之祖述其说也,意气张甚,虽以圣贤纲常之道折之,仍格格不入。夫民权、自由之说,彼固矜为得自西人者也,抑知西人固不尽守此说也乎?故欲折其焰,莫若仍取西人之说攻之,所谓以子之矛刺子之盾,盖以权道济其间耳。考之西国政治家,如意人玛嵌薇鲁所著之《君主论》、英人霍普司所著之《巨人论》、法人磅索所著之《主权论》,皆力辟民权、自由之说,而与卢梭及孟的斯鸠二家作反对者也。窃谓宜采此类之书,编诸学校教科之列,祛流弊之渐,即以备德育之基焉。

总之,今日为学校筹善法,以德育为尤急,盖本根不立,则虽智勇兼资,亦何用哉!斯则因今日之时势而推论及之者也。

二

尝考《周官》,外府掌邦布之出入,泉府掌市之征布,而知成周之于币法,盖殷殷三致意焉。厥后汉武帝元狩四年,造白金为币:"其一曰重一两,圜之其文龙,名白撰,直三千;其二曰以重差,小方之,其文马,直五百;其三曰复小,椭之,其文龟,直三百。"故曰金三品。

夷考其制,盖类于今之银元云。泰西列邦之制币也,或金本位,或金银双本位,更铸铜元以辅之,谓之补助币,颟若画一,不得纷错。美国近年至分主金、主银两党,诚以币制者,握财政之枢纽,操商务之本原者也。中国向以银为本位,铸铜泉或铁泉以辅之,自西班牙银元流入内地,墨西哥鹰饼踵之,遂为中国一大漏卮。近年自铸银元,渐谋补救,所惜库帑不充,难于推广,又弊端丛生,亟须改章整齐之者,有数事焉。

一则造法宜讲也。造法应分三端:一曰局厂。欧美列邦均有造币局,设专官以主之,大率立于都城者多。日本明治四年,筑造币局于大阪。今中国不设于京师,而分建于各行省,以致纷乱杂糅,互相歧异,模式则浙皖不通,分量则南北各判,流行不畅,是自域之也。今参酌形势,宜于京师设立总局,再于武昌、上海两地各设分局,其天津、安徽、浙江、福建诸省机炉,一律解送三处,所有经费一并解往,俟财用渐裕,再由户部添筹巨款以扩充之,此局厂之说也。二曰分量。中国欲铸银币,全境流通,似宜仍留两钱,分釐名目,以顺民情,可分四类:曰一两,曰五钱,曰二钱五分,曰一钱。此分量之说也。三曰成色。各国之铸银币也,大率纯银八百分,参和铜二百分之谱,过此则成色弱,而流通不广矣,此成色之说也。

一则验法宜讲也。无论中外古今，金币银币，罔不精镠莹净，货肆流通。近来，以委任官胥之故，不免侵蚀，多杂铜铅，则成色弱矣；亏短铢两，则重质差矣。故年来所铸龙圆，惟江南、湖北者通行，其天津、安徽所铸，各省不甚流行，良有以也。宜定核验科罚之律，造成后，分批解验，选廉干之员诣验，如有以上诸弊，将所司严惩罚锾偿补，赴验不实，一并科治。

一则行法宜讲也。英之镑，法之佛郎，意大利而奥之福禄林，皆通行于本国，不得行他国之币。中国则铸造既少，成色又殊，以致龙图终不敌鹰圆之利用，良可慨也。

今欲整齐币法，挽救利权，似宜尽销宝银，专铸龙图，俟财力渐充，略分数成铸造金币，变为金银双本位法。其行之也，亦从三者始：一为内外之放俸饷，二为州县之收漕赋，三为关榷之征税课。凡是三端，均非自铸龙图不收。官府振于上，商民行于下，庶可抵制鹰圆于无形也。余如铸铜圆，以为金银二币之补助，行钞票以权金银铜三币之消息，均今日理财之急务也。

王季烈答卷

一

古者家有塾，党有庠，州有序，国有学，自王子以逮庶人，由圣哲以及庸愚，无一不入学，即无一人不受教。是以人才蔚起，经正民兴。自嬴秦焚书，意在愚民，于是教替于上，学废于下，古先王之良法美意，日以渐忘，以致幅员虽广，生齿虽繁，而其民则古强而今弱，其士则古智而今愚，其俗则古厚而今薄。此无他，教育之事废，则体育、德育、智育之道三者皆失，而民力、民德、民智遂不得不衰矣。

礼失求野，道在四夷。欧美列邦，祖希腊之文化，师罗马之遗规，而复经苏格腊底、陆克、培客根、孟德斯鸠、斯宾塞等诸人先后讨论教育宗旨，使无偏尚之弊，遂使觇国势者游其学校，觇其人物莫不震而惊之曰：美哉！欧美各国之考究教育也，殆非吾中国所能及矣。呜呼！操是说者，何其重视他人而忘己之国粹欤？请得而断言之。曰：教育之道，皆备于中国；教育之法，不出六经。西邦教育之要道，曰体育强肌肤也，曰德育权人格也，曰智育阐新理也。所以处乎生存竞争之时代而不虞其或败者，赖乎此；所以寄乎合群日广之社会而不虑其或涣者，赖夫此；所以值乎民智增进之世界而不虑其或退者，赖夫此。然此三者，皆中国之所固有，而非各国之所创获也；中国古时之旧说，而非各国今日之新理也。

《大戴礼》"保傅篇"曰："昔者周成王幼哉襁褓之中，召公为太保，周公为太傅，太公为太师。保，保其身体；傅，傅之德义；师，导之教训。此三公之责也。"夫人必有身体而后能治学问，则体育最为要图，保之义同于体育者此也；所贵乎人者，为其能明公德，知义务，则德育尤为急务，傅之义同于德育者此也；人类为万物之长，以其脑体独巨，襞积独多，而聪明特胜耳，是非有以培养之不可，则智育亦尚焉，师之义同于智育者。此可见体育、德育、智育，中国古说传之已久，西人之论或者即本之于吾耳。

何以言之？就《天演通例》而论，则万事之进化，莫不有一定之阶级，而不能一蹴骤臻美备。吾观西国教育史，当其纪元前五百余年，其士习于战争而不知文化，其民迷于宗教而不知学术，其于教育之原理，学校之规模，皆懵然绝无所睹。然自苏格腊底出，而百年之间，小学设游戏之园，中学置运动之场，则体育兴焉；知人民为国家之分子，有担负租税，充兵卒之义务，通国之人咸能尊君亲尚，深知伦理，则德育进焉；加倭里、脱尔切里二人考知真空升水之理，以破万有无穷之谬说，而宗教家愚民之论，遂尽为物理学、化学家所破，因之惟神论一派，势不敌惟物论，则智育盛焉。此其勃然兴起之故，西国史家归功于苏格腊底，以为其具神圣之姿，故能唤醒众愚，骤然进化也。然吾考苏氏之生，其时则中国嬴秦之初也，其地则帕米尔高原左近也，当时中国坑儒之祸，方烈士类之远窜异域以全其身者，必有其人，而况西亚之地无洋海之阻隔，周末学人避地至此，更属至易之事乎！彼苏氏或幸而与之相遇，遂窃其绪论，攘为己有，而使中国之文化广被于欧东，洵事理之常，而非附会之说。否则，何以此百年间，欧洲进化之速，前无其伦，而后无其匹欤？又何以中西教育宗旨，至此若合符节，而不稍参差欤？

虽然，各国教育家，其德育、体育、智育之说，固本之吾中国之古经矣，然而政体不同，定判斯异。今日各国之学章，容或有所偏重，而不尽宜于中国者。盖伯伦知理之宗旨以尚武为主，则不免偏重体育；斯宾塞之议论以科学为要，则未免专重智育。伯氏之宗旨行于德国，斯氏之议论行于英国，然二者俱未能尽绝流弊，则以其德育少缺也。犹幸其政令严密，法纪整肃，不致有莠言惑世之害。若中国而悉持欧化主义，则窃恐有所未可者矣。是宜探本古义，首重德育，以伦理一科为入学之要图；次重体育，则设体操之科，而于建筑校舍宜重疏通空气，宣泄污秽，以无背学校卫生之理；次重智育，则理科一门应为中学以上所必不可缺，凡万有史学中之动物学、植物学、矿物学、生理学，万有理学中之重学、声学、光学、热学、静电学、动电学、有机化学、无机化学，皆分年讲授，中学以授普通之理论，大学以习专门之实业。于此德育、体育、智育三者，有专重无偏废，庶几《戴礼》之古谊参列邦之良法，德育明而忠爱之忱举国一致，体育修而文武合一士尽知兵，智育兴而工业日精，农务尽启，行见渤海之湾雄伟过于三岛，江流之域富庶过于尼罗矣！是在学校加之意焉耳。

二

古者日中为市，交易而退。所谓交易者，盖以物易物耳，至后世而觉其有所未便，于是思以一定之物为各物之代，则币制行焉。夫古今中外所用之币，虽至不一，然要皆由简而繁，由贱而贵，由粗而精，由复位而变为单位。何谓由简而繁？古人所用之币，初只铜之一种，其后则或用银焉，或用金焉，由一种而改为二种、三种矣。何谓由贱而贵也？用银之世在乎用铜之后，用金之世在乎用银之后。何谓由粗而精也？古时化学不精，则成色无一定；物理学粗，则权衡不能甚密；机器未兴，范土以为型，则鼓铸不能工。何谓由复位而变为单位也？古时之用金、用银、用铜，其直仍按原物而随时涨落，至后世则不然，或银一以权铜十，或金一以权铜十，其制既定，则其位永无更易，如今日东西各国所行之制是也。而论币制之大别则又有二种：一曰称量币制，一曰计数币制。称量币制者，称其物质之轻重，以为多寡，每行于币制不美备之世；计数币制者，计其数之多寡而不须复权其轻重，此为最便利之币制。

中国圜法始自太公之铸九府泉，实为东西各国币制之先导。所惜者用铜则系计数币制，而用银犹沿称量币制之旧，未尝更易耳。然汉武帝元狩四年，造皮币，又造银锡白金，分为金三品："一曰重八两，圜之，其文龙，名曰白撰，直三千；二曰以重差，小方之，其文马，直五百；三曰复小，椭之，其文龟，直三百。"此其意盖即欲将称量币制之旧习尽改之，而一归于计数币制，法至善也，意至善也。惜乎后因白金价贱，竟未通行耳。夫当闭关之世，成独立之国，则币式不整齐，币制不划一，以一国之银铜流通于一国之内，其弊犹不甚著。若当环球互市，万国复通，而无整齐圜法之方，划一价直之制，则他国之操奇计赢者，将为我圜法之大害矣。是不可不急求整齐之策，其策维何？

一曰：添金位。人事愈繁，制造愈精，则低价之货币，势将不给于用，而不得不有高价之货币以代之，由铜而用银，由银而用金，皆由此理所致也。近百年来，各国之改用金币者，英君其首，法次之，德次之，美次之，日本又次之，暹罗更次之；近则各国属地如英之印度、香港，法之安南，皆有改用金之议矣。以致金之用处日广，而产额不见多；银元用处日少，而产额犹日增。钱贱金贵，其势且靡所底止，四百余兆之赔款，虽允九年以内收取银数，然此后之事，尚难逆料，实逼处此中国早用金一日则一日受其福，缓用金一日则一日蒙其害矣。

二曰：议定价。用金之国，非纯用金币而废银铜于不用也。盖所谓金本位者，铜币、银币亦未尝不用，惟以金为主币，而银铜则为补助币耳。然既补助币，则其价必与主币有一定之直，而不致随银铜之生货以为贵贱。盖币者计功授禄之筹码，通有易无之记数珠耳，本为取民信于民之器，而不必断断于本质之轻重贵贱。是以信立则低钞可以通行，信失则金玉犹遭疑贰。英之先令，重不及二钱，而与生银四钱之值相若者，惟其有信故也；德之马克，重仅二钱略强，而与生银四钱八分之直相若者，惟其能信故也。今中国整齐圜法，则必先立三种币之定值，且比示信于民，使知此制既定而后永无更易，则民信从而易于推行矣。宜设金币二种：一值二十圆，一值十圆；银币五种：一值一圆，即一千钱，一值半元，即五百钱，一值二百钱，一值一百钱，一值五十钱；铜币二种：一值十钱，用紫铜造之，中无孔，一值一钱，用黄铜造之，中凿方孔，略如现用之式，而分量宜轻，花纹宜精，使之私毁无利可获，而私铸难于仿照，庶乎其无弊矣。

三曰定币之轻重成色。近时论者多主铸重库平一两一银币，以为易于推行，而拟抬高钱价,一两易千钱。此策虽便于租税一切,然窃恐其在商民之间,难以通行,即国家亦受其损。何以言之?凡劳动之人恒挟有最低位之钱币,而一切农产之物,亦以最低位之钱币为定直,决不能因铜钱之价贵,而贬抑农产物之直与劳力人之工价也。中国商务不振,公司难立,若能贬抑钱价,则用银之人受其利,而用钱之人不受其亏,通商慧工莫善于此。今如反其道而行之,则商与农工交受其损矣,其弊一也。中国官俸素薄,论者每谓不足以养廉,而操增俸之议。今若以一两当千钱,则百官所入银俸更多所亏折,将何以兴廉而励能乎?若因此而增俸,则每岁国家于此又虚废数十万矣,其弊二也。墨西哥银之通用于中国者五十余年矣,民间狃于故常七钱二分之银元,犹易依附其势,而得通行。若易铸一两银元,窃恐徒抬墨银之价值,而彼之七钱二分竟与吾之一两并用,此中亏损何可限量!虽曰此事须与各国之使臣议定,然后开铸。然西国商权最重商会,所不允,虽其政府不能强迫,使臣之应允,又安足恃乎?其弊三也。

要之,为今之计,银元之轻重不宜更张,惟宜统归户部铸造,以归划一。金币之值二十元者,其重与半圆之银币相等,值十元者半之。夫日之银元,美之他拉,其重皆与墨银相等,此可见七钱二分之重,通行东西久矣,中国不能独违也。

张通谟答卷

一

从来国势之强弱视乎人才,而人才之盛衰关乎教育,故凡帝王之治天下,所以维世翼教,化民成俗,莫不兢兢于建学亲师,三致意焉。此固亘古今,通中外,而莫能或易也。然吾中国伊古以来,其教成于上而学兴于下者,惟唐虞三代之隆而已,后虽汉唐未之能逮,彼曷尝不广立学官,修明教法哉!而治不若古者,则以其任教之人特出于循资按格,而未尝真知立教之本原,其所以教者,不过为故事具文,而不务考求育才之实际。是所以教者既未尽其道,而教之亦未得其人。夫不得其人则有师与无师同,不尽其道则有教与无教同,故虽以学舍栉比,师儒林立,而卒不免于人才消乏,国势亦因之不振也。

今中国之患,乏才孔亟矣,不惟远不逮古昔,且不能与近世各国相颉颃。窃尝考各国学校之数最多,其规模最完善,其科学最详备,而要其大旨,不外体育、德育、智育之三者近是。体育以使其身体长成均齐而健康也。德育以使举友爱、仁慈、信实、礼敬、义勇、恭俭之德而实践之,尤务养爱国之志气和尽对于国家之责务也。智育以使备人生所必须之知识技能,而进之以专门名家之业也。盖其国几于无人不学,即学焉而无不必成,成焉而无不可用,人才日盛而国势日强,岂不宜哉!中国卫生之学不明,射御之艺久废,固不知所谓体育。自取士一出于科举,人人以侥获科名为心而奔竞夤缘,且相习成风而不知耻；人人惟帖括之是，习于经史且未能读，于内地之情形、国朝之掌故且未能知，遑论其他？所谓德育、智育者，亦均失之。故一时之士，大之不足以用天下国家，小之亦不足为天下国家用，以此而立国于列强竞争之地，吁其难矣！

今欲救斯弊者，莫不曰宜仿用西法。訾之者则曰：先王自有制度焉，何用夷变更为也？其持议固未尝不正，而不知各国立教之意，实于中国经传古义相合者。如《戴记》"保傅篇"，所谓"保，保其身体；傅，傅之德义；师，导其教训"，是即体育、德育、智育之义也。虽古之保、傅与师，专属于教太子，而近世之体育、德育、智育则普及于国民，然古者自王子以至于庶人之子，无不入学，则其受保、傅之教者当无不从同。然则体育、德育、智育之义，中国古制固然，特后世浸失其意，而其理不可易，以故泰西之与我悬隔，乃亦若合符节。则夫今日而变更学校之制，以期真收育才之效，而立强国之基，不必曰仿西法也，即曰复古制可矣！惟臣之至愚，窃以为宜以中学为体，以西学为用，智育所以期于达用也，德育则所立其体。

伏惟我皇上励精图治，日昃不遑，而尤以兴学育才为当务之急。迩者《大学堂章程》已蒙钦定颁发，复特命大臣会商学务，以期推行尽利，从此规划尽善，人才之盛，国势之强可立而待也。第广译东西各国新出之书，备编普通专门诸学、教科之本，固足以牖民智而宏学业，而要必以经传所载二帝三王，群圣人之道，以植其根柢，其趋响导之于诚意正心之路，动之以忠君爱国之忱，庶几士习可端，风俗可厚矣！至体育以体操为要，而士大夫或目笑存之，不知各国之强多由于此，盖不徒躯干以强，即精神意气亦以之而奋也，况当战争剧烈之世，非人人有尚武之思，不足以立国乎？彼窃窃然议之者，曷亦一观于《戴记》之义哉！

二

货币权舆皇古，而圜法实始于太公。自是钱与币恒相辅而行，而轻重子母，因时制宜，以操赢朒之柄。顾三代七国，古币虽多，要皆铜铸，未尝以金银为之也。汉武帝元狩四年，始造白金为币，分为三品：大者圜之，其文龙，直三千；次者方之，其文马，直五百；又次椭之，其文龟，直三百。嗣以官铸赤仄，白金稍贱，民弗宝用，而其钱制或半两，或三铢，或五铢，亦时有变更。盖钱重则多私销，钱轻则多私铸，利之所在，人争趋之，虽严法峻刑，犹不能禁也。

惟汉武帝虽以银为币，而尚非圜法，自二千余年以来，沿袭旧法，所行者止铜钱而已。而西国钱币，则金银铜三品咸备。国朝乾隆中平西藏，曾铸无孔银钱，然不通行于内地；嘉庆间墨西哥钱盛行于海疆各省；至同治以后，吕宋、日本钱续至，咸以九成之银圆易我十成之生银，而利权日以外溢。至于售价偿款，必以吾银易彼金镑，彼则故昂其价以取盈焉，而我之亏折乃益不可数计。近年，南北洋及粤鄂闽皖各省均铸银钱，而为数不多，不足以抵制外洋之输入，加之有司暗减成色，以饱私囊，市侩强抑价直，以图自利。于是此省所铸，不能通行于他省；官局所铸，不能通行于本国之汽船、铁路等公司。夫欧美各国皆有自定圜法，通行本国，他国之来贸易者，必从主人。今中国银行乃至境内且多窒碍，反不如墨倭之钱之远近信用，则主权亦几几暗失矣。至于铜钱，则京城所铸，当十大钱，仅行都内，各省制钱日少，私铸滋多，而银价钱价之低昂，惟奸商之上下其手，官若吏不得操其权，有乖政体，莫此为甚！

欲求所以整齐之，似宜令各省概行停铸，而于京师设局铸造银钱，大小各种，其成色、分两悉有定式，化验必精，监察必严。俾匠役不得乘间以售其奸欺，商贾无所藉口以肆其贬抑。大小每圆直钱几何，各勒为定价，不与生银相衡。又辅之以当十铜元，以利民用，质轻而制精，私铸私销，举无所施其技。圜法既修，则国用亦自裕矣！至于与各国交涉，受洋价金镑之亏折，子息积累，几逾倍蓰，尤宜急仿西国自铸金钱，以抑各国金镑之腾踊。各省产金之地甚多，特皆封禁未开；又或开之，未得其法耳。集巨资，备机器而采之，将有不可胜用者矣！此不惟可收抵制之益，亦且以消觊觎之萌也。若夫我国之钱欲他国之许以通用，与欲使他国之来购货纳税者必用我国之钱，而他国之钱不得以输入，则又视乎国势之强，而非徒兢兢于圜法之所能及也。

邵启贤答卷

一

自秦汉以降，儒与吏异趋，政与教殊途，于是有治民之官曰郡守、县令是也，有教民之官曰博士、文学掾是也。二者截然各不相谋，遂使千百年来，沉沉冥冥，不复睹先王政教同原之治。迨海禁既开，审时之士进求夫欧美各国所以富强之原，实系于学；而其学制之修明，实由体用必备，本末兼赅。于是言教育者，万口一谈，心醉西法，甚且昧己徇人，诧为创见，谓驾我三代而上之，不知我三代哲王之制，固尽有之也。何以征之？请言周制。

《大戴礼》"保傅篇"云，"昔成王幼在襁褓之中，召公为太保，周公为太傅，太公为太师"，而推原其建官之意，则曰"保，保其身；傅，傅之德义；师，导之教训"。以视欧美各国所谓体育、德育、智育者，何异？顾或谓《戴记》之说，仅就人君言之，而欧美之制则举全国言之，得毋稍有不同者。不知此不足疑也。秦火既燔，经籍缺略，儒者掇拾搜寻于煨烬之余，举一二单词剩义，以考见当时古制之梗概，至其节目之细，固有不能尽存者。善论古者，以一经推之群经而无不通，即以一事推之他事而无不合。夫三公既已坐而论道，启沃于庙堂之上，孜孜焉以是三者交修而并重，则其时举国教育之法，当必有不越此范围者，奚必不欧美若也！

窃尝考之《周官》，党正各掌其党之政令、教治，孟月属民而读法，祭祀则以礼属民，是党正即党之师也；州长掌其州之教治、政令，考其德行、道艺，纠其过恶而勤戒之，是州长即州之师也；以至乡遂大夫、比长、闾胥莫不有治民之责，即莫不有教民之务。今日欧美学校虽隆，尚未跻夫官师合一之治，然则谓我中国今不如古则有之，而妄谓欧美学制皆我古昔所未闻，不亦厚诬圣人之甚耶？而况欧洲昔日如斯巴达之偏重体育，则民俗流于强凌，雅典之偏重智育，则民俗寖以文弱，宗旨偶有偏倚，则流弊遂因之潜滋。今日教育改良家若斯宾塞尔之伦，虽力为发明，以求完备，而环观全球各国，英之教育近于斯巴达，美之教育近于雅典，而于德育俱未能无遗憾焉。至若日本维新之始，锐行欧化主义，当时兴学专重智育，迄今三十年，虽日进文明，而有德之士殊鲜，彼固名宿如松方幸次郎恒以为言，此又前车之失不可不取鉴者也。我国伦理之学，如日月之经天，江河之行地，修明废坠，无待外求，谓宜守此以植其本，而后采各国体育、智育之规，以补我所不足，折衷以定之，分别以求之，奋迅以图之，审慎以出之，尚何虑三代美备之治，不复见今日哉！

二

贾山有言："钱者，无用器也，而可以易富贵。"富贵者，人主之操柄也。故知古先哲王所以经理天下之财而操盈虚之消息者，系乎所定之法。而所谓币者，特借以为行法之具而已。其或轻或重，或行或废，举视乎法之所趋向以为从违，而币无权焉。故伊古以来，凡珠玉、黄金、刀布，无不可为币，要在人君因时适变，定圜法以驭之而已矣。

汉元狩四年，武帝始造白金为币，分为三品：其文龙，直三千；其文马，直五百；其文龟，直三百。使武帝当日能颁此定直于民间，著为成法，期在必行，则白金贵贱之权，帝实操之，何虑其不通行耶？惟其法制屡更，魁柄消失，于是金之贵贱，视民间之盈耗以为衡，而一代之圜法乃穷。是则汉时之失，不在币之不善，而在法之不行，此尤往事之彰彰较著者也。

自前明迄今，地丁课税概用纹银，然折算畸零，权衡高下，吏胥因之弄法，市侩藉以操夺。议者推原其弊，辄谓比岁以来，各省既皆仿照龙图以作银币，而通行之银锭银条仍未一律废用，宜乎？人便其私，莫能齐壹，斯固然矣。然窃谓弊犹不尽于是也。夫钱币为国家理财之大柄，威令所寄，权宜上操，乃能昭示画一。今各省所铸，自载省名于上，先启此疆尔界之端，兼以成色不齐，花样互异，奸商伺隙，牟利其间，遂多阻窒，此一弊也。且币之为用，但当恃法为信，不得复问其质能直几何，如唐之飞券、抄引，宋之交子、会子，近时各省之官钱票皆以纸为币，往往方寸之纸所值万千，用之不疑，何独于银元而必较量其重轻，使其价值赢缩不常，遂予市估以垄断之利？此又一弊也。

为今之计，应请朝廷颁发明诏，示天下以一定不易之圜法，必使其直不随时而涨跌，而后银币之本位定。本位既定，民皆恍然于朝廷用币之意，于是设局京师鼓铸，颁行各省，昔年所造概令缴销，民间银锭银条不得复用，凡一切收发各款统用银币。一转移间而积弊自去，何虑国计之不裕哉！

连文澂答卷

一

夫自声华之学起，而尚武之风靡；科第之学兴，而进道之基隳。中国秦汉以来二千余年，自天下以至庶人，授受薪传，习以虚声相尚，几忘其五射、五驭、五礼、六乐之诏诫矣。《大戴礼》独载成王年十三之时，召公、周公、太公尝为三公，各能尽其保、傅、师之要义。古人之用心，岂非有虑于后世讲教育者，昧其本原而习于末流之学耶？不意二千年后，西国之讲教育学者，竟与之暗合也。

夫国君无学则难与图存，国人无学则难与共立，天下原同，此学固无分乎古今中外也。天下断无学之国而能争存于大地者，亦无不强其躯干、运其心思，而可拼力于学者。盖学也者，非一人一隅所得而囿，原与天下万世、古今中外所从同也，愈演愈上，愈推愈进。保、傅、师之引导，约略为之型范而已，而全恃乎为学者精用其心力，神明其教化，毕其身以为微显阐幽之资，然后学以富，身以立，而国以强。三代来断未有不先事于体育，而可超越乎德育、智育之教者。虽然强武不屈，易起战争，天下亟亟不从此化为蛮俗乎？而先王又有以诏之矣，加以熏陶之功，涵濡之学，销弭其强悍之气而归之中正和平，仍本于《大戴》所谓傅之、导之之义，长保其身体一意云尔。西国初创体操之时，希腊名之曰"计模奈斯杞苦斯"，译言即角力竞争之意。而后西儒达尔文辈详体验，知体操之学虽有大益于民生，而惧后世之君长好穷兵黩武也，乃进之以道义之学，以隐祛其恣睢暴戾之风。彼亦不知我中国召公、周公、太公之意，亦与之相近也。于是彼之格致、天算、舆地、语言、文字之学日以精，而其性理、伦理、心理、物理之学日以显，即其国之权力，日以扩大。

窃尝考其学校所以学有进步，可与中国相同者：如西国七、八岁入童蒙、小学，至十五岁入高等学校，则与我中国八岁入小学，十五岁入太学相同者一；西国自乡而城而都，各有次第，学不躐等，而教习皆为之，学校中老师宿儒领有高等文凭者，则与中国二十五家为闾，闾有塾，五百家为党，党有庠，二千五百家为州，州有序，各萃其子弟而教之，俾仕焉归老而有道者为之师相同者二；西国学校，其人始入学时，任人各专一学，如入音乐队者不得入测绘队，入海军队者不得入陆军队，则与我中国"春夏学干戈，秋冬学习籥"相同者三；西国学校，律例有科，政治有科，史鉴有科，种植有科，则与我中国"小乐学干，大胥赞之；籥师学戈，籥丞赞之。胥鼓《南》。春诵夏弦，太师诏之。瞽宗秋学礼执，礼者诏之；冬读书典，书者诏之"相同者四。此要皆不谋而合，而非中外有所强同也。

猗欤盛哉！前此四者，讵非中外之为学大纲领乎？天下万世，古今中外，若出一途，亦知世之强国无不自学中来矣。俄之大彼得也，且躬入邻国之学校，以求其学，归而变其风俗，卒强大其国，至以茧手示臣下之劳，其保其身体，为何如也？美之举大总统也，非由纽约大学校中曾著其功绩者不能也。方今圣上在上，则古称先，通中博外，首立大学，以示天下，《钦定章程》中，尤殷殷于体操一门。诚以体育者，为德育、智育之初基乎。行且文武修明，四裔宾服矣。《书》曰"元首明哉，肱股良哉"，智育、德育之学已于体育学发其端矣，三公之教，何难重见今日乎！

二

汉武帝始造三铢钱，继又铸半两钱，最后又造银、锡、白金三品为币："一名白撰，重八两，圆范，龙文，直三千；二曰以重差小，方范，马文，直五百；三曰复小，椭范，龟文，直三百。"屡令天下销毁，更铸三铢钱，圜法屡改，民几无所适从，岂非以民用不便，以致重烦武帝哉！虽然，武帝未得其当也。

汉兴以来，不曾以秦钱过重，更令民铸荚钱乎？不曾荚钱过多，又改铸四铢钱乎？天下事惟利之所在，则皆不避刀斧，而趋之若鹜。武帝初铸三币，即收天下吏民奸猾者，置之重典，又岂非以刑赏威天下，而欲天下就我范围乎？然而行之未久，盗铸者比比天下，后世亦惟咎当日立法不善，而未尝为之逐一计算。当时盈庭之士夫，亦未有计其物产之贵贱盈绌，而预为之地者。于是朝令夕更，忽而行五铢，忽而行三品币，上之行此也固已烦愈，而下之行也亦屡忧疑。虽则曰银贱为之，毋亦立法之初未及从长计议乎！天下之物，惟出产多者，最便于作伪，亦惟世所宝贵者，易滋其作伪。白金、银、锡三者，当武帝之世，承平日久，物阜民康，致以贱称。武帝既用此三者为币，民又藏此三品为较易，适居文帝许民自铸荚钱之后，民岂有不铸数钱重三品之币，以求其直于五百、三百、三千者乎？武帝果有鉴于此也，翻然改变，或举一世间极稀贵者，如金镑之行于今日，以铸三品币者铸黄金钱，若今日各国之全本位者。然则，天下方以金为计算矣，民间当时藏黄金者少，盗铸亦不易，白金、银、锡三者长此伏首，而受黄金之驱策，何至流毒至今，而竟受西国之抑勒哉！又何至当受铸钱之害，而日杀奸猾吏民也！

夫中国圜法之坏也，固不自今日始矣。自铸钱以来，既以铜为本位，偶有如武帝之铸三品币，白金之声价仍不若铜钱取直之重。铜钱之取值也贱，则百物亦因之以贱；铜钱之取也重，则百物亦因之以重。自汉至今二千年，生民出入之大计，几皆铜所操持。唐宋以后，愈趋愈下，降至今日几至无挽回之策。海禁未开，犹得曰中国自为计，中国失之，中国得之。而今则重门洞开，中外一家，岂又得谓之铜钱计算之国，而可与金银计算之国竞争大利乎？夫铜与银之较重已相去悬远矣，铜与黄金几不可以数计，而犹可无一补救之策乎？武帝铸造三品币，已无持久之法，而谓金镑今日流溢之世，可以三品之币挽其狂澜乎？则今日整齐之术，宜莫先于金镑也。虽然，金镑亦岂易言也。中国今日凡可收藏黄金者，多半有力之家，国家既拟行金镑，则不得不出重价以储黄金。既出重价以储黄金，则世之愚夫愚妇，又以其值之重也而秘黄金。黄金不出，鼓铸不畅；鼓铸不畅，则中外之交涉仍如今日有畸轻畸重之弊。中国不益受外人排挤之害乎？医者曰，"急者治其标"。今日惟有力请举行金镑、钞票，首辟国家之利源以为先声，再请广开金矿，用为铸镑之实本，以求通行。夫然后下一令于国中，曰：以后制金器者有捐，藏金块者有罚，务使天下之利权毕注于金镑，而整齐之策或不失于此欤！或不失于此欤！

刘邦骥答卷

一

古之圣人知教育之道与国家长治久安之理，息息相通，故自天下以至于庶人，莫不有学，即莫不有教。《大戴记》曰：成王之时，召公为太保，以保其身体；太公为太傅，以傅之德义；周公为太师，以导之教训。未尝以天亶聪明之圣，而遂怠其教育之方。然则周之历年久远，享世绵长者，未始不基于此也。汉魏以后，有师、保、傅之名，而无师、保、傅之实，而俗儒浅学又往往创为异说，以为帝王之学与儒生异。于是师、保、傅之责扫地以尽，几不知其义所当务矣，殊不知古者礼失而求诸野，今则教失而求诸夷。观之近世各国教育家，以体育、智育、德育三者定教育之大旨，自天子以至于庶人，亦不能舍是而别有他术，而知古人师、保、傅之名义，通中外，互古今，合圣凡，统朝野，而不能有所差池也。

尝考《周官》，保氏掌谏王恶而养国子以道；师氏掌以媺诏王以三德教国子；惟傅氏不详。先儒有谓保、傅为兼官者，非也。文王世子曰，师也者，教之以事而喻诸德者也；保也者，慎其身以翼辅之而归诸道者也；太傅、少傅欲其知父子君臣之道。然则揆之外用，所谓体育以炼其身体，德育以陶其德性，智育以增其智识者，有异理哉？独是可同者中外之理；而不能强同者中外之法。是故保氏之法以五礼、五乐、五射、五驭、六书、九数，以及祭祀、宾客、朝廷、丧纪、军旅、车马之容教之；而体育之法则示之以卫生、体操、兵操诸法，保虽不同，而保其身体则一也。太傅审父子臣君之道以示之，少傅奉世子以观太傅之德行而审喻之；而智育之法则示之忠君之本，爱国之方，受人侵削之可危，被人奴隶之可惧，为士者必求保有其国粹，为商者必宜收回其利权，农工必求辟其利源，军旅必求张其国威，傅虽不同，而傅之德义则一也。师氏之法曰：至德以道本，敏德以行本，孝德以知逆恶，孝行以亲父母，友行以尊贤良，顺行以事师长；而德育之法曰：尊皇室，报国恩，近君子，远小人，而自小学以至大学，日日必授以伦理，自幼稚以至成人，人人必通。夫国际师虽不同，而导之教训则一也。可知，中国师、保、傅之职，与外国体育、智育、德育无殊理、无二致也。

所愿世之谈教育，主持中国教育之法则必复古者，专官之制而循名以责实，尤必采外国实事教育之法，量能授职之例，分其年限，多其阶级，广其程度，优其礼貌，隆其名誉，无躐等，无偏重，禁邪说之横行，防莠言之乱政，有出乎国家、法律制度之外者，必辞而攻之，则中国之教育界庶乎日有起色也乎？

二

"汉武帝造白金为币，合为三品，当钱多少，各有定直，其后白金渐贱，制亦屡更"者，何哉？则以盗铸之风炽，而国家未能权其轻重之准也。夫权钱法轻重之道，首当取多种之金，多其等级，权其轻重，一其价值以定之；而后取同种之金，多其等级，权其轻重，一其价值以通之，乃能绝私铸之踪，弭私销之患，而钱法乃可久而不弊。

尝考孝武三品之制：其一重八两，直三千；其二以重差，直五百；其三直三百。夫重八两者，直三千，则直五百、三百者，以四率比例求之，可以知其重矣，乃当时之制则曰"以重差"。夫所谓以重差者，岂舍其所直之数而任意差之乎？及考颜师古注，则以为半斤之重，差为六两与四两，在当时或别有所据，亦未可知。然其本文既曰直五百，直三百，则其重量要当与五百、三百之价值相当，而后可信。今传后若果如颜师古之说，则是其第二品者，以六两之白金，仅得直五百；其第三品者，以四两之白金，仅得三百；而其一品金，仅仅八两之白金，反得直三千。无乃所差甚多，而生盗贼之心也。夫直三千者，与直五百、直三百者为比例，则以八两为率，即可得各品之重差。是故以三千为一率，以八两为二率，以五百为三率，求得四率，一两三钱三为第二品之重量；又以三千为一率，以八两为二率，以三百为三率，求得四率，八钱为第三品。金之重量，假令如颜师古所解六两、四两之数，则是第二、三品之金，皆金重而直轻也。二、三品之金金重而轻，则第一品之金金轻而直重。金轻直重，则盗铸八两白金可以取赢直；金重直轻，则盗铸铜钱可以赢多金。病国病民，而盗铸者则无往而不利，此当日之所以白金渐贱，制亦不得不屡更而卒之不能通行者，职是故也。

为当时计，假令取多种之金，复古者珠玉为上币，黄金为中币，白金为下币之法，多其等级，权其轻重，一其价值，则多藏者无狼戾之忧，行远者有轻赍之便，岂不善哉！难者将曰：珠玉易于破碎，不便。则请变通其法，以黄金为上币，以白金为中币，以铜钱为下币，计无不便者也。万不得已，取同种之金以为一时权宜之计，亦必多其等级，权其轻重，一其价值，不使有畸轻畸重之币，而生盗铸者之心，亦救时之法也。后世金币、银币久无其制，而金银之价不准铜质之价，而但准铜钱之数以为价，于是乎私销者多；而铜钱之价又不准铜质之重以为价，而但准铜钱之数以为价，于是乎私铸者众。非钱法之蠹哉！

王镛答卷

一

欲求治道，先植人才；欲植人才，先端教法：此不易之论也。夫天下惟此四民，而四民之中，以士为首，诚使教得其法，则所谓四民者不过从其后而分言之。若当其初，则固将尽人望其为士也。尽人望其为士而不得，于是农者、工者、商者、执干戈以卫社稷者，亦能得士之大略。然后各就其性之所以近以教之，此东西各国之所以强也。虽然，是岂东西各国之教法哉？考诸《大戴礼》云："昔周成王尚在襁褓之中，召公为太保，周公为太傅，太公为太师。保，保其身体；傅，傅其德义；师，导之教训。"与近世各国学校体育、智育、德育之义，大旨相同。

今试就最著之国而举以证之。德国学校之制最为完备，有乡塾、郡学、实学、大学数等。乡塾者为贫家子弟而设，自髫龄即训，以《幼学问答》、《本国地理说略》、《数学要略》等书，以养其性天，以启其知识，复导以嬉戏、跳舞等事，以调其筋骨。至郡学院、实学院、大学院，其规模法制如拾级然，递相上之。彼此谓经学者，不过教中之事，为中儒所不屑道，然自彼国视之，亦德育之类也。若夫考论古今之异同，通商之条例，制造之精粗，种植之丰歉，医药之有关性命，体操之有益身躯，为智育、体育之显而易见。近世相传，德以陆军称雄宇内，不知即言陆军一事，若无体育、德育、智育为之基础，亦不能使之有勇知方也。英国官学义塾，共分三类：曰大学院，曰学堂，曰书塾。凡男女幼童初入书塾，继入学堂，必肄业有成，乃入大学院。其间分习各学，除他国文字外，如医学、药性学、卫生学等，则体育之类也；教训学、理教学、术理学等，则德育之类也；天文学、地理学、格物学等，则智育之类也。美国开基之始，大都本是英人，惟分地设学之法与英差异。法国人才出于太学，其来已久，巴黎之博物院、招贤馆，相传始自唐贞元时，故其国之测算家、格致家著名者最多，今更竭力振兴，而撮其要归，盖难越夫三者之外。俄国当四十余年前，教化颇未兴起，今则文学由文教部掌理，总计通国书馆、院塾，有二万三千一百余处，而其国之筮仕者，均由大书院出身，于是彬彬可观矣。日本崛起东隅，当时最近，稽其学校之制，盖兼采诸各国而略加以变通，大纲分为三科，每科又分数目，三种中均先以伦理教育者，德育之义也，下此者亦教之实业，以为食力之谋，知生人材质不同而必有一长之足，取智育之义也。若夫教孩提之幼稚园，稍长者之各种体操，体育之义也。外人有言教化之盛，欧开其先，而亚继之，讵知其本乎中国也哉！

二

上古之世，珠玉为上币，黄金为中币，刀布为下币。然珠玉为世间不恒有之物，至若权轻重、通贫富而可以流行不滞者，惟金而已。昔汉武帝造白金为币，分为三品：其一直三千，圜之，其文龙；次直五百，小方之，其文马；又次直三百，小椭之，其文龟。盖取义于天用莫如龙，地用莫如马，人用莫如龟也。厥后白金渐贱，钱制亦屡更。自改为五铢而后，约言其弊，不外两端：若后蜀之直百，吴之当千，晋之比轮，陈之六铢，均失之太重者也；魏之水浮风飘鹅眼，宋之缝缏莱子荇叶，隋之裁皮糊纸，均失之太轻者也。

然而古之用钱少，其权又操于一人，其弊也在上者，盈虚消息之则祛其弊也易。今之用钱多，其权分操于各国，非亟思塞彼漏卮，扩我出产，则其弊未易救也。塞漏卮者何？自西人辟地至美洲，觅得银矿，西班牙用以铸币，所谓吕宋银圆也。嗣是美人继之，改铸鹰洋，又其后日人继之，改铸本洋，中国人乐其便也，于是沿江滨海诸行省，罔不通行，其金银之流出者，固不可以亿兆计矣！今虽各省大都设局自铸，而奸商贱贾往往伸西抑中，虽以此所铸之银元行之此省，其值尚逊于鹰洋，若行之他省，更无论矣。

查外国之通例，凡彼国银元运至此国，均受此国之抑制，今纵不能抑制，又任其加昂焉，漏卮将何日始塞乎？外人不可以势禁，中国之商贾独不可以势禁乎？且大一统之天下，而此省之银元行之彼省，听小民任意轩轾之，商旅之不便犹末也，其如外人窃笑，曷言扩出产？中国币法之难，言说者多归咎于不铸金镑，此知其一而未知其二者也。试思果铸金镑矣，商人与彼交易，率论镑价，我之一镑能抵彼之镑乎？又有低昂于其间，将何以禁之，即能禁之，使无低昂，亦在中国惟然耳，能行诸外国乎？不能行诸外国，则凡外人之与中国通商者，必不愿捆载我之金镑而去矣。即使不必虑此，中国矿产未开，货弃于地，民间流转之金今已有限，纵使外人不再收买，究之取易竭而用易穷。若使增铸金镑，而不先开金矿，铸镑之金将来势必仰给他人。夫至仰给于他人，而彼不顿增什佰之价者，未之有也。

然则如之何，而后可宜？先与各国公使修明约章，晓之曰：外国通商之场，以中国为最大，即铸币流通之数，在中国为独多，如使金币一律通行，不相抑制，彼此均为有益，倘依外国通例，并非如此。此实慎顾邦交，和平公允，苟使约章既定，然后铸镑开矿，兼举并行，庶几无弊矣。

许岳钟答卷

一

　　一王之兴，必定一代之礼。礼也者，所以协乎天理之宜，顺乎人情之至也。经数圣人之创制显庸而规模备，待儒者讲明切究而精意存，盖舍教育无由也。国无论中西，时无论今古，有教则安，无教则危，教而有育，尤为文明之的，为人类进化之原。

　　间尝读《大戴礼》，知三王教世子，固自有道矣。太傅在前，少傅在后，入则有保，出则有师，其教喻而德成，有非汉唐后一切苟且补苴之法所能明者。贾生于《治安策》三致意焉，孙叔通不知古礼，草定朝仪，高祖于太上皇崇奉之礼，尚属阙如，而何论于教世子之典乎？又何以通其义于教士民乎？戴氏忧之，为之参订《礼经》，曰"保，保其身体"，辅翼之而归诸道，有维持调护之功焉，此即体育之义也。夫身既安舒而讲道行义，傅之责也，此又德育之义也。为之师者，由此而导之教训，则德日进而学益明，此又智育之义也。定之以科级，而有循序渐进之功；滋之以长养，而过化存神之妙。斯《礼》也，非范围古今而不过，曲成中外而不违者乎！

　　今者泰西各国，骎骎乎有亭毒全球之势，论者咸惊其通商惠工，整军经武，或鄙其尚功利，喜夸诈，失鲁秉周礼之遗意，而不知其教育之善，适有符乎三代盛时者。其教体育也，以小儿为国之财产，尝欲使身体完固，时习体操，不合格者罪其父母，虽以王子之贵，必事兵间，则居深宫之中，不离阿保之手之风免矣，倘所谓保其身体者欤？其教德育也，凡少年必令裁抑其情欲，平居崇退让之风，而事变之来则临难不避，其在国中则顺亲笃故，敬老存长，虽气象有近于侠士之为，而究不失忠爱之旨，三代下世子如蜀汉北地庶几近之，倘所谓傅之德义者欤？其教智育也，当泰西古代文明未达，知此义者极鲜，其后英法列强乃于公同会食之所，令少年因长者之言而责难之，以此涉习国事，资其知识，此即成周国学之遗意也，倘所谓导之教训者欤？

　　迄今读教育改良家，如毛塔耶尼廓、美纽司、陆克、卢索、斯宾塞尔、佛罗卜尔等书，其宗旨颇近驳杂不纯，而为国省一无业之人，即为国家增一富强之象，是之谓学业。夫人人有学，人人有业，学士、学农、学工、学商皆业也，学不虚名，有业则名，盖自人人有业则家给人足，而国家有不富强者乎？虽然，是安可不教哉！各国之教育，皆昔先生自有之教育也，其不能不合者，天理之宜，人情之安，世变愈久而始觉势则然也。《大戴礼》不专为教世子作，而教育可类推也，而猥云礼失求乎朝野哉！

二

钱币之弊，至今日极矣！各处钱荒，由于制钱之制缺乏；制钱之缺乏，由于洋钱之通行。夫洋钱以银为钱，较钞票之弊，相去万万。然以他邦低色之银，易中国足色之银，暗折不少，于是乎有自行鼓铸之策。鼓铸诚是矣！而行价不一本质，重七钱二分者，特加以七钱四五分，涨落随市侩之把持，兑换有各省之轻重，其不变通，孰甚？未尝不叹价无定直，即以白金之贵铸币通行，有时而不适用，无怪汉武帝以雄才大略，又得计臣经营，即钱制一端亦屡更而属可议矣。

溯自秦制半两，汉初行八铢、五分，文帝改用四铢。武帝初行三铢后，以钱轻易作奸宄，更铸五铢，民颇适用，又造白金为币，分作三品：一曰重八两，直三千，圜之，其文龙；二曰重差小，方之，直五百，其文马；三曰复小椭之，直三百，其文龟。定之以天用、地用、人用之名，辅之以为上、为中、为下之币。在武帝之意，岂不欲推行尽利，垂百王不易之经。无如吏民之坐盗铸金铁死者数十万人，而法犹不禁，令犹不止，虽有徐偃等分行郡国，孔、桑之利析毫末，曾何补于万一。由是钱质日轻，钱贩日多，白金不能补，变为赤笺者，势也。且夫势之所趋，民之所便也；利之所在，民之所贪也。既贪且便，其流弊伊胡底乎？

古之人知其然也，于是悉禁郡国无铸盐铁，且令上林三官独铸，而天下非三官之钱不得行诸郡国，亦可谓操之自上，握之在官，几与常平均输相提并论也。元帝时，罢珠玉金银铸铁之官，除贩卖租铢之律，亦可谓知本末轻重之务者，无如上之防患也。常居于不及之势而下之作奸也，每出于意料之外，白金为币，至贵之品，民日习焉，尚有弊而不可持久，又何怪乎交子、会子纷纷者之以楮为钱，更无善策也。且夫贾生之陈治安，规乎汉令；太公之创九府，将以殷贫人，此各有所寄也。

今欲整齐而利导之，莫若立一定之价，使商民不能上下其手抬价居奇，而又大开鼓铸，以收利权，严禁融化，以挽风气。无论以银为钱，小民自知贵重，即不得已而行钞票，亦比物此志也。但使朝廷得一分利，民间已享十分之利，此上下相维之道，而其要则一言以蔽之曰：不视乎其法而视乎其人。

华世芳答卷

一

近世东西各国言教育者，莫不曰体育、德育、智育矣，孰知我中国二千年前，圣经贤传早已发其理，创其制，如《大戴礼》保、傅、师三义，不诚立千古学制准则，而为东西各国所莫能外者哉！诚体育、德育、智育引申义而发明之。

保之言"保其身体"者何？盖近世体育之说也。体育为教育法中所最重，譬诸农业，身体如田亩，老农虽有善良种子，苟不为之辟其草莱，加以灌溉，终难望其丰收。教育之操练身体，实与耕田无异。学校虽良，教师虽善，苟不得身体之健，西人有言"身体弱则心灵亦弱"，所谓忠于国、孝于亲者，皆逶之于心有余而力不足，故聘义之行礼，必贵勇敢强有力者，盖为此也。

傅之言"傅之德义"者何？亦即近世德育之说也。日本学校取法欧美，略称完备，然观其《师范讲义》、《国民教育》等书，于德育尤兢兢注意，盖导人使为善良，比之导人使多智识更为切近而有益，故凡为教师者，莫不首先讲求道德教育。而当时之著名教育家，以为欲养人之德，不可不凭藉汉学，而法亦无更。便于此者，乃于小学教则之中加读汉文一科，而时时奖励之。观乎日本之奖励德育而注重汉文若此，则我国之新设各学堂，读经一科，顾可视为不急之务，而置诸缓图哉！

师之言"导之教训"者何？又近世智育之说也。古之讲职业者，不过父传子受，世习其业，别无所谓教育。今则不然。各国大势趋重于无形之竞争，则农工商各种实业之智识，要皆为人生所不可缺。至于物理、化学、算学诸术，方日新月异，昔奈端因苹果坠地而悟吸引力，瓦特因煮水气沸而制汽机，有志之士覃精实验，正不当让西人专美于前耳。

要之体育贵夫运动，与卫生相为表里；德育重在躬行，与风俗人心相为感召；智育练其脑力，为学术工业之机关。近人千百语言之而不能尽者，古人以一二语括之，而无不赅允矣。

二

古者金有三等，黄金为上，白金为中，赤金为下。汉制钱法有半两、四铢、三铢之别，其后奸民或盗摩其铹，钱益轻薄而物亦贵。武帝乃造银锡为白金，以为天用莫如龙，地用莫如马，人用莫如龟，故白金三品：一曰重八两，圜之，其文龙，名曰白撰，直三千；二曰重差，小方之，其文马，直五百；三曰复小，椭之，其文龟，直三百。而吏民之盗铸金者，不可胜数。然自汉代迄今，如三铢、半两等钱，常见于世，而所谓白金三品，历来谱录家、收藏家率未一见，盖当时制钱屡更，竟未通行故也。然即此足为汉时已有大小银之一证。今中国银币甫行制造，外之不能通行于各国，内之则南方所铸用之于北方，而已十耗其一，反不如墨西哥银圆之流通，利权之外溢，可胜叹哉！

今欲求整齐之术，则莫如仿古者三等之法，以黄金为本位，而以白金、赤金为补助品。考诸往古，则与上中下三等之制既属相符；参诸近今，则与英吉利、日本诸国亦复相合。整齐之策，莫逾于此！西史于中土春秋时，波斯、希腊、罗马并以金银为钱，《汉书·西域传》亦有安息、大秦用银钱文，如王面之说。近代欧、美、澳三洲矿产日辟，金银日出不穷，故多铸金银，以与银铜相权，若英吉利所铸金名之曰镑，每一镑直小银钱名先令者二十一,先令直铜钱偏士十二,此其大略也。以后美、法、德、俄、奥、日、意、比、日本各国踵而行之,咸铸金钱,而金钱遂握环球货币轻重之柄。盖古时圜法,止以大小相权,而今世中西通商则又以金银铜相权,其事虽异,而其因时制宜则一也。故今日之计,诚能于京师设立中央银行,放铸金钱,以抵金镑之亏蚀,更多铸银钱、铜钱以相为补助。外则与各国订货币通行之约,内则部库丁漕一律收用,圜法既通,国用自裕。

唐陆贽有言,"钱币,国贽利权,守之在官,不以任下谅哉"。是言果能守之,庶几圜法积弊,一扫而空,复何至轻重通窒之权,倒持于商人,见奇于外洋也哉!

张一麐答卷

一

今之觇国势者,必推本于民力、民德、民智之进退,以为强弱之差。而求三者之日进无疆,则必由教育始。体育以强民力,德育以劭民德,智育以浚民智。此东西各国教育家之公言也,何其与吾圣人之言,若合符节乎?

中庸之达德曰智、曰仁、曰勇。智育者,知之事也;德育者,仁之事也;体育者,勇之事也。悬三达德以为鹄,而令一国之民尽纳于其中,一道德,同风俗,父兄之所诏勉,师长之所命提,胥于是兢兢焉。无中外,无古今,未有不以教育为重者也。大者自王子以下入学与齐民齿,故虽东宫之官有保、傅、师,以尊谕教之职,其为学程则无殊。《大戴礼》"保傅篇"曰:"保,保之身体;傅,傅之德义;师,道之教训。"其分职任事,隐与体育、德育、智育之义类相同。至善所归,归于一轨,事不必相师,而其理固然无可易也。即如《周官》六艺之纲,以今例之,射御纯乎体育,礼乐纯乎德育,书数纯乎智育。自国学、乡学以逮家塾、党庠,先普通以植其本,后专门以致其精,计当时必有编定之书,条分而缕析者,其大略虽见于二戴之《记》,而其详不可得闻。

自周之衰,学官失职,不独民力、民德、民智之日退,即保、傅、师之辅导君上者,亦不能举其官。汉唐以后,科目取人,歧学校、贡举而二之,士大夫溺于声律对偶之学累千余年。其弊也,卫生之不讲,体既赢矣;公理之不明,德日偷矣;科学之不讲,智亦窒矣。苟不采各国学校之长,以复三代盛时之意,何以自立于万国间哉!普之胜法也,其相归功于小学校之教师;日本蕞尔小邦,自讲求学制三十年,遂抗衡泰西诸国。是故兴国之事万端,而学校为之钤辖;教育之事不一,而三者为其精神。

国家殚心学事,不厌求详,而州郡偏隅,犹未能普及。即有之,而于体育、德育二门或阙焉不讲,即其所谓智育者,无以弃旧染而获新知。窃闻日本明治之初,专设师范学校,以造就小学教员,后令每一学区必设一小学校。因体育之缺也,文部省设体操传习所；因德育之衰也，颁发小学教员须知，使明忠孝信义；其余关于智育之事，如格致、化学等，无不重实验而思改良。彼固上下一心，要亦无科举以扰其中，故收效甚易耳。窃为今日学校计，当仿日本之意，分省为若干区，区设若干学，学必设师范一科，专其途，重其事。以尚武为主，则人人有胜兵之材；以善俗为先，则人人有爱国之志。而又讲求名数、质力诸学，以恢实业而息呓言。凡足以阻害其学务者无不去焉，凡足以奖励学业者无不为焉，则学校其蒸蒸日上也夫。

二

钱币之说，言人人殊，往往挟万乘之尊，加雷霆之威，而不能操其轻重。及其弊也，设法以救之，而弊且益滋，此岂徒民之不信已哉！盖亦有公例存焉。

汉武帝以国用匮乏而少府多银锡，造白金三品：其一重八两，而龙文者，直三千；其二差小，而马文者，直五百；其后复小，而龟文者，直三百。其后白金渐贱，而三铢、五铢钱法屡更而徒纷扰。白金民弗宝用，终废不行。虽以令禁之，无益夫三品之币，其所耗银锡与炉炭之资，必不能如其所直，固也。然使武帝定币之时，少府金钱果如所出之币之数，则虽方寸之楮，民且信之，而况其为白金乎哉！惟其本无母财而为币，以笼天下之利，币即降值，而与之为比抑。银之为币，唐始行于交广之间，终汉之世，银不为币。以金银之本位之说例之。两无所居直，铜本位已耳。银既不为币，则三品白金仅后世铜钞之比，铜为主而三品为宾，钱法既淆乱矣，三品复何所附丽乎？宋孝宗以内币易楮币，藏于内库，一时楮币贵于黄金。金、元行宝钞，明亦用之，其弊也，挟千万之钞而仅直一二钱。故钞币之与金银，以虚实相权，乃可通行无滞。苟不相当，必窒碍而难行，此计学家之定例也。诚欲整齐之所出之币，县官按其钱直，随时收还，而纳税输租与现钱同价，则虽欲民之贱之，而不可得矣。或曰：武帝因贫故而造币。今偿以现钱则无救于贫，不知千万之财，以千万之币辅之，则千万即得二千万之用。如武帝所为，则千万者可降而为什伯，夫果孰为利而孰为害者？窃闻日本明治十余年，大藏省仅存纸币，金银正货绝迹市场，自松方正义为大藏卿，奖励出口，创办银行，八年之间纸币渐销，金银倍积，生产日进，利息降低，然后知理财之道，消息至微，非桑、孔朘削之徒所能见及也。

皇上特派重臣考求财政，臣以为今所尤急者，在统一银币之制，令各省不得私自重轻，宜由户部颁定章程。民藏生银者，许其报官更铸，予以利益。定银币为若干等，子母相权，普铸铜圆，期于各行省画一而后已。复立国家银行于京师，凡各省银行皆隶焉，凡殷实之钱商则皆验其资本，以为国立银行焉。然后视资本之多少，配以纸币，资本十而纸币五之，则周流不滞，大信咸昭。颁预算决算之表，以防滥费之源；检入口出口之数，以察盛衰之故。推广生利之路，减少分利之人，庶几转贫弱而为富强也。至于仿行金镑，则须蓄积生金，当今之时，尚无此力。此臣所未敢率陈者已。张一麐《心太平室集》卷六，《中国近代史料丛刊》第一辑第八册，第361～366页。

癸卯特科次场试题

第一道：《周礼》农工商诸政各有专官论。

第二道：桓宽言"外国之物内流而利不外泄，则国用饶，民用给"，今欲异物内流而利不外泄，其道何由策。

张一麐答卷

一

三代以上，君师之权合一，教之以学，而官之以材。是以庶司之职，各有专门，或世其官，或氏其业，诚以治天下至纤至悉也。分功愈详，则有以致精而无旁骛，其学之有成者则官之，学尤邃者则官尤崇焉，故官与司异名而同实。观夫孔子云"天子失官，学在四夷"，而汉班固之述九流，尚谓某家者流出于某官，是可以知其故矣。

古之官制，莫详于《周礼》一书，往往所属之官，即责以教民之事。大司徒之辨土宜，司稼之辨谷种，遂人、遂大夫之简稼器，草人之掌土化，稻人之修水利，非深于农学者，而能之乎？《考工记》谓："百工之事皆圣人之作。"金木诸工以兴制造，梓匠诸职以司工程，倨句之形必明夫弧算，湅染之用实肇夫化学。至于一官之掌文字，别其名词，一器之微，分析及于毫忽，非深于工学者而能之乎？司市掌市之治教，政刑量度禁令，民货不售则敛买之，民无货则赊贳之，而又禁其伪饰，平其刑罚，凡夫量度质剂凌杂委琐者，无不治焉，非深于商学者而能之乎？惟有专官，乃有专学。管仲治齐，令农工商各谓一乡，其言曰："少而习焉，其心安焉，不见异物而迁焉。"其得周官之遗意者欤！

虽然，周之时封建之世也，王畿不过千里，而诸侯又分治其疆，辖境小，故察属也周，分职繁，故举事也易。自汉代以后，司农将作水衡诸职，只为天子之备员，即谊辟代兴，不过加意于力田一事，至通商惠工之政，几以为微末而不足观，其亦戾于《周官》之意矣。今夫天之所生，地之所长，农出之，工成之，商通之，古今之通理也。政之要，在理财；财之原，在生利。而非重其事，专其官，则不足以更新而去旧。夫今之户、工二部，固农工所隶也，顾以文牍过繁，又无专官以分其责，遂不暇及于民事。谓宜于户、工二部，多设专司，略如日本农科、工科之目，又别设商部以保利权。即就各部之中，设专门之学，派大臣监督之选农工学成者教习之，又于各行省遍设实业学校，俾就专科，数年之后，农产日多，工业日精，商联日起，虽富甲五洲可也。孟子曰："无政事则财用不足，安有政事既修而犹贫之足患哉！"

二

《易》言："神农为市，聚天下之民，致天下之货，交易而退，各得其所。"凡善言商者，举无以易之。西人言，"两国通商，有两利而无独利"，非所谓各得其所者耶？然则闭关绝市之说，不行于文明之世也久矣。汉桓宽《盐铁论》"力耕篇"言："外国之物内流而利不外泄，则国用饶，民用给。"大意以匈奴与汉互市，用汉一端之缦易匈奴累金之物为词，盖匈奴贪汉缯帛而汉亦得其骆驼、骏马之用，是亦所谓交易而退，各得其所者矣。盖一国之中，因其地力人功所限，势不得尽物而备之，如英之曼支斯忒专业纺纱织布，法之来恩专造丝货，德之波希米专造五色玻璃，瑞士之专造金练表，苟易其俗则不能，良交相为市，厥利维均。自夫公理不明，以通商为大蠹，虽贤智者或不免焉。彼以为异物内流，则利必外泄，不知国与国相市，彼以其物来，亦必以我物往，然后赢厚而转移速，商贾之道类然。海通数十年而关税入款，遂为度支大宗，岂非其明效哉！

英儒斯密·亚丹谓：通商之利有二，一曰出有余，一曰补不足。夫一国之地力人功之所产，而至于有余者，物虽供而莫之求也，故有余而无利，通商者致有余之产于方求之国，而鬻其最贵也；物有其不足者，有求而莫之供也，故不足则生郁而事或不周，通商者致他所易供之货，以济吾土所不足，而买其最廉也。今以桓宽者言例之。凡异物内流必吾所不足，而买其最廉者耳；则彼之携我物以外出者，必吾所有余耳，鬻其最贵者耳。夫如是，又何忧利之外泄乎？虽然一国贫富之差，即视其入口、出口之较率，出浮于入者富，入浮于出者贫，出入相抵者为平。欲增出口之货，惟有奖农业，劝工艺，保商业，以开其源，仿造洋货，抵制外物，以节其流。以吾华之地大物博，而出口者有生货而无熟货，则民智不开为之也。尝以户口之率计之，其游惰不事事者，殆不啻百兆，苟能开其智，尽其力，假一日之中人加十钱之人，则一日而赢钱千兆矣。积日成岁，其为利岂有涯涘？况以机器代人力，所得犹不止此哉！若夫洋货固我之所求，而彼之所供也；我之求之者，既以仿造而日稀；彼之供我者，亦以滞销而自退。日本区区三岛，尚以工商进步，欧人至谓为东方之英国。我国有四百余兆之人民，拥廿六万种之物产，苟能用之，何不饶不给之有哉！《心太平室集》卷六，《中国近代史料丛刊》第一辑第八册，第366～370页。

登科

康熙己未博学鸿儒科题名录（题拟）
李　集、李富孙

一等二十人：

彭孙遹，字骏孙，号羡门，浙江海盐人。明御史宗孟孙。顺治己亥进士，候选主事。由礼部尚书吴正治荐举，授编修，官至吏部侍郎。乞归，著有《松桂堂》、《南泩》、《香奁》、《唱和》等集。

倪灿，字暗公，号雁园，江南上元人。康熙丁巳举人。由吏部尚书郝惟讷、吏部侍郎张士甄荐举，授检讨，卒于官。

张烈，字武承，号庄持，直隶大兴人。康熙庚戌进士，授内阁中书。由礼部侍郎杨正中、刑部侍郎任克溥荐举，授编修，官至赞善。

汪霦，字朝采，号东川，浙江钱塘人。康熙丙辰进士，授行人司行人。由詹事府詹事沈荃荐举，授编修，官至户部侍郎。著有《东川日记》《西泠倡和》等集。

乔莱，字子静，号石林，江南宝应人。明御史可聘子。康熙丁未进士，考授内阁中书，由礼部主事赵随荐举，授编修，官至翰林侍读。著有《易俟》、《宝应志》、《使粤诗文》等集。

王顼龄，字颛士，号瑁湖，江南华亭人。御史广心子。康熙丙辰进士，授太常寺博士。由吏部尚书郝惟讷、吏部左侍郎张士甄荐举，授编修，官至大学士，谥文恭。著有《画舫斋集》。

李因笃，字天生，更字孔德，又字子德，陕西富平籍，山西洪洞人。布衣，由内阁学士项景襄、李天馥，大理寺少卿张云翼荐举，授检讨。著有《汉诗评》、《寿祺堂集》。

秦松龄，字留仙，号对岩，江南无锡人。顺治己未进士，选庶吉士，授国史院检讨，罢归。由内阁学士项景襄、李天馥、湖广总督蔡毓荣荐举，授检讨，官至谕德。著有《苍岘山人集》。

周清原，字浣初，一字雅楳，号且朴，江南武进人。国子监生。由左春坊、左中允董讷荐举，授检讨，官至工部侍郎。著有《雁荡山游记》。

陈维崧，字其年，号迦陵，江南宜兴人。明左都御史于廷孙，副贡贞慧子。县学生。由都御史宋德宜荐举，授检讨。著有《湖海楼全集》。

徐嘉炎，初名焉，字胜力，号华隐，浙江秀水人。明兵部尚书必达曾孙。国子监生。由户部侍郎于可托荐举，授检讨，官至内阁学士。著有《抱经斋集》。

陆葇，原名世枋，字次友，号义山，又号雅坪，浙江平湖人。康熙丁未进士，除内阁典籍。由兵部侍郎孙光祀荐举，授编修，官至内阁学士，乞归。著有《雅坪文集》。

冯勖，字方寅，号勉曾，又号莳莳东逸史，江南长州人。布衣。由庶吉士杨左祯荐举，授检讨，罢归。

钱中谐，字宫声，号庸亭，顺天唱平籍，江南吴县人。顺治戊戌进士。由庶吉士彭会淇荐举，授编修。

汪楫，字舟次，号悔斋，江南仪征籍，徽州休宁人。岁贡生，赣榆县教谕。由江宁巡抚慕天颜荐举，授检讨，官至福建布政使。著有《悔斋诗闻正续集》、《观海集》。

袁佑，字杜少，号霁轩，直隶东明人。康熙壬子拔贡生，授内阁中书舍人。由詹事府詹事沈荃、监察御史鞠珣举荐，授编修，官至中允。

朱彝尊，字锡鬯，号竹垞，晚号小长芦钓鱼师，又号金风亭长，浙江秀水人。明太傅国祚曾孙。布衣。由总督仓场侍郎严沆、吏科给事中李宗孔荐举，授检讨，罢归。著有《经义考》、《日下旧闻》、《咸笑志》、《明诗综》、《词综》、《曝书亭集》。

汤斌，字孔伯，号荆岘，一号潜庵，河南睢州人。顺治己丑进士，授宏文院庶吉士，历升江西岭北道参政，告家回籍。由户部侍郎魏象枢、左都御史金铉荐举。授侍讲，官至工部尚书，补谥文正。著有《洛学篇》、《潜庵集》。

汪琬，字苕文，号钝翁，初号玉遮山樵，江南长州人。顺治乙未进士，授户部主事，降兵马司指挥，升主事，病家回籍。由左都御史宋德宜、翰林学士陈廷敬荐举，授编修，乞归。著有《钝翁前后类稿》、《尧峰文钞》。

邱象随，字季贞，号西轩，江南淮安卫籍，湖广宜城人。顺治甲午拔贡生。由监察御史罗秉伦荐举，授检讨，官至洗马。著有《西山纪年表》。李集等《鹤征录》卷一，《四库未收书辑刊》贰辑，第23册，第566~578页。

二等三十人：

李来泰，字仲章，号石苔，江西临川人。顺治壬辰进士。兵部观政，授工部主事，出督江南学政，补江南苏常道参议，裁缺候补。由监察御史鞠珣荐举，授侍讲，著有《莲龛集》。

潘耒，字次耕，号稼堂，江南吴江人。布衣。由左春坊谕德卢琦、刑部主事谢重辉荐举，授检讨，以母忧归。著有《类音》、《遂初堂集》。

沈珩，字昭子，号耿岩，又号稼邨，浙江海宁人。康熙甲辰进士。由大学士李霨、杜立德、冯溥荐举，授编修，乞归。著有《耿岩集》。

施闰章，字尚白，一字屹云，号愚山，晚号矩斋，江南宣城人。顺治己丑进士，刑部观政，授本部主事，升江西湖西道参议，裁缺候补。由大学士李霨、杜立德、冯溥荐举，授侍讲，官至侍读。著有《愚山集》。

米汉雯，字紫来，号秀岩，直隶宛平人。明太仆万钟孙。顺治辛丑进士，授江西赣州府推官，改补建昌知县，丁忧起复，补长葛知县，行取考选主事。由大学士李霨、杜立德、冯溥荐举，授编修，官至侍讲。著有《始存集》。

黄与坚，字庭表，号忍庵，江南太仓人。顺治己亥进士。由江宁巡抚慕天颜荐举，授编修，官至赞善。著有《忍庵文集》。

李铠，字公凯，号惺庵，江南山阳人。顺治辛丑进士，吏部观政，补奉天盖平知县。由户部主事邵延龄、内阁中书王谷振荐举，授编修，官至阁学，兼礼部侍郎，告归。著有《史断》、《读史杂述》等书。

徐釚，字电发，号拙存，又号虹亭，晚号枫江渔父，江南吴江人。监生。由户部尚书梁清标荐举，授检讨，寻乞归。著有《南州草堂集》、《菊庄词》。

沈筠，字开平，号晴岩，浙江仁和人。康熙己未进士，改庶吉士。由户部主事黄云企荐举，授编修，未久卒。著有《斗虹集》。

周庆曾，字燕孙，号屺瞻，江南常熟人。顺治戊戌进士，兵部观政，考授内阁中书，升补主事。由刑部主事俞陈琛荐举，授编修。著有《砚山遗稿》。

尤侗，字展成，别字悔庵，又号艮斋，晚号西堂老人，江南长州人。顺治戊子拔贡生，直隶永平府推官，以事降调。由兵部尚书王熙、工部尚书敥永荐举，授检讨，告归。著有《西堂杂俎》、《艮斋杂记》、《西堂全集》、《鹤栖堂稿》。

范必英，原名云威，字秀实，号秋涛，江南长州籍，吴县人。云南提学参议允临子。顺治丁酉举人。由庶吉士彭会淇等荐举，授检讨，谢病归。

崔如岳，字宗五，号雪峰，直隶获鹿人。明巡抚应麒曾孙。康熙乙卯举人。由监察御史鞠珣等荐举，授检讨。

张鸿烈，字毅闻，号泾原，江南山阳人。吏部新标子。廪监生。由兵马司指挥刘振基荐举，授检讨，降级除国子监助教，迁大理寺副，以忧归。

方象瑛，字渭仁，号霞庄，浙江遂安人。少傅年孙。康熙丁未进士，候选中行评博。由总督仓场侍郎严沆荐举，授编修，请归。有《健松斋集》。

李澄中，字渭清，号雷田，山东诸城人。康熙壬子拔贡生。由监察御史鞠珣等荐举，授检讨，官至侍读。著有《滇程日纪》、《艮斋文稿》、《卧象山诗》《滇南渔邨》等集。

吴元龙，字长仁，号卧山，江南华亭人。康熙甲辰进士，授宏文院清书吉士，历任工部郎中。由督抚张永祺荐举，授侍讲。著有《问月堂集》。

庞垲，字霁公，号雪厓，直隶任邱人。康熙乙卯举人。由刑部主事李模、内阁中书张星耀荐举，授检讨，改工部主事，出为建宁知府。著有《丛碧山房集》。

毛奇龄，原名甡，字大可，一字于，又字齐于，别号河右，又号西河，又有僧弥、僧开、初晴、秋晴、晚晴、春庄、春迟诸号，浙江萧山人。廪监生。由浙江巡抚陈秉直荐举，授检讨，告归。著有《西河全集》。

钱金甫，字越江，江南上海籍，华亭人。康熙己未进士，授庶吉士。由户部主事邵延龄荐举，授编修，官至侍讲学士。著有《保素堂集》。

吴任臣，字志伊，一字尔器，初字征鸣，号托园，浙江仁和人。廪生。由内阁中书王谷振等荐举，授检讨。著有《周礼大义》、《礼通》、《十国春秋》、《山海经广注》、《字汇补》。

陈鸿绩，字子逊，浙江鄞县人，顺治丁酉举人。原任江南睢宁知县，罣误。由监察御史鞠珣等荐举，授检讨。

曹宜溥，字子仁，号凤冈，湖广黄冈籍，江西东乡人。荫生。由湖广巡抚张朝珍荐举，授检讨，乞归。

毛升芳，字允大，号乳雪，浙江遂官人，康熙壬子拔贡生。由户部主事方元启荐举，授检讨。著有《古狄斋骈体竹枝词》。

曹禾，字颂嘉，号峨嵋，江南江阴人。康熙甲辰进士，考授内阁中书。由大学士李霨、杜立德、冯溥荐举，授编修，官至国子监祭酒。著有《峨嵋集》。

黎骞，初字子鸿，号潇僧，江西清江人。顺治甲午恩拔贡生。由监察御史鞠珣等荐举，授检讨。

高咏，字阮怀，号遗山，江南宣城人。岁贡生，候选知县。由监察御史鞠珣等荐举，授检讨。著《遗山堂》、《若岩堂》等集。

龙燮，字理侯，号石楼，又号雷岸，江南望江人。廪监生。由内阁中书王谷振荐举，授检讨，官至中允。

邵吴远，字吕璜，号戒三，浙江仁和人。康熙甲辰进士，选庶吉士，历升光禄寺少卿。由江西巡抚佟国桢荐举，官至侍讲学士。著有《史学辨误》、《戒三文存》、《河工见闻录》、《京邸》、《粤行》等集。

严绳孙，字荪友，号藕塘渔人，江南无锡人。明刑部侍郎一鹏孙。布衣。由刑部主事俞陈琛荐举，授检讨，官至中允，请假归。著有《秋水集》。李集等《鹤征录》卷二，《四库未收书辑刊》贰辑，第 23 册，第 578～590 页。

同博学鸿词科二人：

高士奇，字淡人，号江邨，浙江钱塘人。监生。以御试钟王书法，授内直中书，直南书房，赐同博学鸿词考试，庚申授侍讲，官詹事府詹事。

励杜讷，字近公，直隶近海人，以御试钟王书法，直南书房，赐同博学鸿词考试。庚申授编修，官吏部左侍郎。

内阁中书七人：

王方谷，字金粟，直隶新城人。岁贡生。授中书衔。

朱钟仁，本姓邱，字近夫，江南昆山人。生员。授中书衔。

申维翰，字周伯，江南江都人。廪监生。授中书衔。

王嗣槐，字仲昭，号桂山，浙江仁和人。生员。授中书衔。著有《桂山堂偶存》、《啸石斋词》。

邓汉仪，字孝威，江南泰州人。布衣。授中书衔。著有《过岭集》。

王昊，字维夏，号硕园，江南太仓人。布衣。授中书衔。著有《硕园集》。

孙枝蔚，字豹人，陕西三原人。布衣。授中书衔。著有《溉堂前后续集》。

未与试授内阁中书二人：

傅山，字青主，初字青竹，别字公之宅，亦曰石道人，又字啬庐，陕西太原人。布衣。授中书衔。著有《霜红龛集》。

杜越，字若异，号紫峰，直隶定兴人。生员。授中书衔。著有《紫峰集》。

未试丁忧十四人：

曹溶，字洁躬，又字秋岳，号倦圃，浙江秀水人。崇祯丁丑进士，仕至御史。顺治初，历副都御史、户部侍郎，出为广东布政使，左迁山西阳和道，裁缺补用，保举签发四川军前候用，旋丁母忧，不复出。著有《静惕堂集》。

戴王纶，字芨极，又字经碧，号一斋，直隶沧洲人。户部尚书明说子。顺治己未榜眼，授编修，升补江西粮储道，革职。

汪懋麟，字季用，号蛟门，江南江都人。康熙丁未进士。授内阁中书舍人，荐举，以未终制辞，补刑部主事，罢归。著有《百尺梧桐阁集》、《锦瑟词》。

王谷韦，字鄂叔，浙江会稽人。福建参政以宁孙。康熙庚戌进士，授内阁中书，历官淮安知府，致仕归。

陆陇其，字稼书，浙江平湖人。康熙庚戌进士，授江南嘉定知县，官至监察御史，雍正间从祀文庙，乾隆初追赠阁学，兼礼部侍郎，谥清献。著有《三鱼堂集》、《松阳讲义》、《日钞》、《困勉录》等书。

惠周惕，原名恕，字元龙，号砚溪，江南长州人。康熙辛未进士，由翰林改授直隶密云知县。著有《诗说》、《砚溪诗集》。

钱芳标，字保汾，号宝汾，江南华亭人。明刑部侍郎士贵子。康熙丙午顺天举人，授内阁中书舍人。著有《金门稿》、《汀瑟词》。

陈学夔，子解庵，福建候官人。康熙己酉举人，授山东宁阳知县，升兵部主事，假归。著有《性理全注》、《杜诗注》、《解倦庵录》、《榕城景物略》等书。

张贞，字起元，号杞园，山东安邱人。康熙壬子拔贡生，候补翰林院待诏。著有《杞田》、《半部》、《潜州》、《娱老》等集。

柯崇朴，字寓匏，浙江嘉善人。给谏耸子。副贡生，官中书舍人。著有《振雅堂集》。

柯维桢，字翰周，一字缄三，浙江嘉善人。康熙乙卯举人。著有《幻游草》、《澄烟阁诗》。

黄虞稷，字俞邰，一字楮园，福建晋江籍，江南上元人。生员。

彭桂，原名椅，字上馨，一字爱琴，江南溧阳人。监生。著有《泊庵诗词》。

林以畏，浙江钱塘人，布衣。

未试病故三人：

叶舒崇，字元礼，浙江平湖籍，江南吴江人。康熙丙辰进士，选内阁中书舍人。著有《谢斋诗词》。

郁植，字大本，号东堂，江南太仓人。著有《东堂集草》。

陈九胜，江南人。

未试致仕一人：

祝宏坊，字子礼，浙江山阴人。康熙庚戌进士，选授陕西会宁知县。李集等《鹤征录》卷三，《四库未收书辑刊》贰辑，第23册，第590~600页。

患病行催不到十三人：

应㧑谦，字嗣寅，号潜斋，浙江仁和人。诸生。著有《六经解》、《礼学汇编》、《性理大中》、《教养全书》、《潜斋文集》。

嵇宗孟，字淑子，号子震，江南山阴人。崇祯丙子举人，授浙江知县，历守杭州，乞归。著有《立命堂集》。

黄宗羲，字太冲，号梨洲，浙江余姚人。明御史忠端公尊素子。少补仁和诸生。著有《易学象数论》、《授书随笔》、《春秋日食历》、《孟子师说》、《明史案》、《明夷待访录》、《历书》、《思旧录》、《明儒学案》、《明文海》、《南雷文案》、《文定》等书。

李颙，字中孚，自号二曲、土室病夫，陕西盩厔人。材官可从子。布衣。著有《十三经、二十一史纠谬》、《二曲集》。

魏禧，字冰叔，号叔子，江西宁都人。布衣。著有《叔子诗文集》、《左传经世》等书。

张九征，字公选，号湘晓，江南丹徒人。顺治己酉解元，丁亥进士，授吏部主事，官至河南提学道。

张新标，字鞠存，江南山阳人。明户部主事世才孙。顺治己丑进士，授吏部主事，降补陕西苑马寺监正。

顾豹文，字季蔚，号且庵，浙江钱塘人。顺治乙未进士，授河南真阳知县，官至监察御史。著有《三楚奏议》、《六书古韵》、《原圃日记》、《世美堂集》。

王追骐，字雪洲，湖北黄冈人。顺治己亥进士，改庶吉士，升礼科给事中，补山东武德道佥事，革职，议复候补佥事。著有《雪洲诗钞》。

范鄗鼎，字彪西，陕西洪洞人。顺治辛丑进士。著有《理学备考》、《三晋诗选》、《续垂棘集》。

陆舜，字元升，号吴州，江苏泰州人。康熙甲辰进士，由刑部郎中历浙江提学道。著有《双虹堂集》。

顾景星，字赤方，号黄公，湖北蕲州人。贡生，著有《白茅堂集》。

蔡方炳，字九霞，号息关，江南昆山人。忠襄公懋德子。生员。李集等《鹤征录》卷四，《四库未收书辑刊》贰辑，第23册，第601~607页。

与试未用九十七人：

赵进美，字嶷叔，一字韫退，号清止，山东益都人。明布政使参议振业子。崇祯庚辰进士，永历给事中，出为广东参政，擢福建按察使。著有《清止阁集》。

毕振姬，字亮四，号王孙，又号颉云，山西高平人。崇祯壬午解元，顺治丙戌进士，授平阳府学教授，官至湖广布政使。著有《尚书注》、《西河遗教》、《四州文献》、《三川别志》等书。

王岱，字山长，号九青，湖南湘潭人。崇祯己卯举人，授安乡县教谕。著有《可庵集》。

孙榮，字曙东，号青门，浙江嘉善人。崇祯己卯举人，官直隶开州知州，擢吏部郎中。

上官鉴，字金之，山西翼城人。崇祯己卯举人，顺治丙戌进士，官翰林，历升江南布政使。著有《黄山诗留》。

法若真，字汉儒，号黄石，山东胶州人。顺治丙戌进士，官翰林，历升浙江粮储道。著有《知呎堂诗集》

王紫绶，字金章，号蓼航，河南祥符人。顺治丙戌进士，官翰林，出为浙江粮储道。著有《知（如）呎堂诗集》。

杨毓兰，字东始，河南新乡人。顺治丁亥进士，官至提学道。

张能麟，字玉甲，又字西山，直隶宛平人。顺治丁亥进士，除浙江仁和知县，官至川南道副使。著有《儒家理要》。

王孙蔚，字茂衍，陕西临潼人。顺治壬辰进士，官四川参政。

潘飏言，字陈伏，山东章邱人。顺治壬辰进士，授吏部主事，降调保举湖广军前候用。

张瑞征，字华平，山东莱阳人。顺治壬辰进士，选庶常，历宫允，出为河南汝南道副使，革职归。

张含辉，字韫璘，山东掖县人。顺治壬辰进士，官吏部郎中，迁四川督道。著有《东山吟蜀草》。

王廷璧，字昆良，河南祥符人。孙子壬辰进士，授刑部主事，官至陕西副史。著有《珠树堂》、《聚远楼》等集。

田雯，字纶霞，一字子纶，号漪亭，又号山薑，晚号蒙斋。山东德州人，顺治乙未进士，官至户部侍郎，致仕归。著有《长河集》、《山薑集》。

冯云骧，字讷生，山西代州人，方伯如京子。顺治乙未进士，就大同教授，迁国子监博士，官至四川提学佥事。

傅宸，字兰生，一字彤臣，号丽农，山东新城人。顺治乙未进士，官至江西道监察御史。著有《奏疏》、《读书随笔》、《砚田漫笔》、《姓谱补》、《增订尧山堂外纪》、《新城轶事》、《诗文》等集。

嵇永福，字尔遐，号漪园，江南无锡人。顺治乙未进士，授严州府推官，左迁历城县丞。著有《漪园遗稿》。

章贞，字舍可，浙江会稽人。顺治乙未进士，授寿光知县，以科场讹误，降荥阳丞，升枣阳令。著有《东铭解》等书。

程必升，字东旭，陕西韩城人。顺治乙未进士，原任山东栖霞知县。

李念慈，字屺瞻，号劬庵，陕西泾阳人。顺治戊戌进士，官湖广竟陵知县。著有《过岭吟》、《谷口山房集》。

候七乘，字仲辂，山西汾西人。顺治戊戌进士，授福建闽县知县，历江西广信府同知。

毛际可，字会侯，号鹤舫，浙江遂安人。顺治戊戌进士，授彰德府推官，历知城固、祥符二县。著有《安叙堂诗文钞》、《浣雪词钞》、《黔游日记》。

徐之凯，字子强，号若谷，浙江西安人。顺治戊戌进士，授四川临安县推官，历湖南桂阳、陕西安化、真宁、茂州知县。著有《初学》、《北思》、《汶山》、《流憩》等集。

徐孺芳，字兰泉，浙江仁和人。顺治己亥进士，授山西平遥知县，官至福建提学。

叶封，字井叔，号慕庐，湖北黄冈人，浙江嘉兴籍。顺治己亥进士，除延平府推官，升工部主事。著有《嵩山志》、《嵩山石刻记》、《嵩游草》。

王钺，字仲威，号任庵，山东诸城人。顺治己亥进士，授广东西宁知县。著有《水西纪略》、《粤游日记》、《读书丛残》、《暑窗臆说》、《世德堂集》。

林尧英，字蜚伯，号澹亭，福建莆田人。顺治辛丑进士，选授江西饶阳知县，官至河南学政。著有《澹亭诗略》。

赵廷锡，字玉谱，山西肤施人。顺治辛丑进士，授浙江天台知县。

陈宏，字乾庵，直隶大兴人。顺治辛丑进士，候补主事。李集等《鹤征录》卷五，《四库未收书辑刊》贰辑，第23册，第600~615页。

刘瑞远，字□□，直隶三河人。顺治乙酉举人，官沧州知州。

魏学渠，字子存，号青城，浙江嘉善人。顺治戊子举人，授成都推官，擢至江西湖西道。

顾鼎铨，榜姓张，字□□，浙江仁和人。顺治甲午顺天举人，授山西蒲城知县。

田茂遇，字楳公，号霨渊，江南青浦人。顺治丁酉举人，授山东新城知县，不赴。著有《水西草堂集》。

宋实颖，字既庭，号湘尹，江南长洲人。顺治庚子举人，试罢，官兴化县教谕。著有《读书堂》、《老易轩》、《玉磬山房》等集。

董俞，字苍水，号樗亭，别号莼乡钓客，江南金山卫人。少宰遂初孙。顺治庚子举人。著有《樗亭》、《浮湘》、《度岭》等稿。

江闿，榜姓越，字辰六，贵州桂阳籍，江南歙人。康熙癸卯顺天举人，授湖广益阳知县，历解州知州。著有《河汾集》。

徐懋昭，字仲协，浙江鄞县人。康熙甲辰进士，授河南沛县知县，荐举后升河南南河同知。

李开泰，字子如，直隶大兴人。康熙丙午解元。

李芳广，字蓼墅，河南柘城人。康熙丙辰进士，原任山东寿光知县，候补内阁中书舍人。

陈玉璂，字赓明，号椒峰，江南武进人。康熙丁未进士，授内阁中书舍人。著有《学文堂集》。

任辰旦，榜姓韩，字千之，号待庵，浙江萧山人。康熙丁未进士，授江南上海知县，官至大理寺丞。著有《介和堂集》。

储方庆，字广期，一字雪持，号遯庵，江南宜兴人。康熙丁未进士，授山西清源县知县。著有《遯庵文集》。

王祚兴，字遇于，山西永宁人。康熙丁未进士，户部郎中，官湖广提学佥事。

高向台，字泰阶，山西翼城人。康熙丁未进士，内阁办事中书舍人。

赵骊渊，字积生，一字溥之，浙江仁和籍，上虞人。康熙己酉举人，试罢，任东阳县教谕。

马骏，字图求，江南山阳人，康熙己酉举人。

白梦鼐，字仲调，号孟新，又号蝶庵，江南江宁人。康熙庚戌进士，官大理寺评事。著有《天山堂集》。

许孙荃，字荪友，一字生洲，江南合肥人。康熙庚戌进士，官至翰林院侍讲，陕西学使。著有《慎墨堂诗集》。

许自俊，字子位，江南嘉定人。康熙庚戌进士，试罢，授陕西闻喜知县。著有《左氏提纲》、《历游山水记》、《三通要录》、《司计全书》、《了公》、《宗旨》、《潜壶》、《韫斋》等集。

张英，字仲张，浙江海盐籍，海宁人。康熙癸丑进士，候选中书，官至广东提学道。著有《一经堂集》。

程大吕，字□□，湖北孝感人。康熙癸丑进士。

高层云，字二鲍，号谡苑，别号菰邨，江南华亭人。明检讨承祚孙。康熙丙辰进士，授大理寺评事，官至太常寺少卿。著有《改虫斋集》。

李端征，字□□，直隶容城人。康熙丙辰进士。

王舍真，字朴斋，号寅若，陕西猗氏人。康熙丙辰进士。

金居敬，字谷似，江南长洲人。康熙乙丑进士，授陕西灵邱知县。

陶元淳，字子师，一字紫司，江南常熟人。康熙戊辰进士，授广东昌化知县。著有《南厓集》。

李大春，字□□，陕西西安人。举人。

叶灼棠，字函公，江南江宁人。贡生，官福建兴泉道。

谭吉璁，字舟石，浙江嘉兴人。明太仆卿昌言孙。监生，试补宏文院撰文中书，迁延安府同知，升登州知府。著有《延绥志》、《肃松录》、《尔雅广义》、《嘉树堂集》。

施清，字伯仁，浙江钱塘人。拔贡生，考授布政司经，历补永州通判。著有《十三经异同解》、《揽云》、《怀新》等集。

陆次云，字云士，浙江钱塘人。监生，考定州判，试罢，出知河南邓县，丁父艰，起复知江阴县。著有《八纮绎史》、《绎史纪余》、《荒史》、《峒溪志志余》、《清诗选》、《湖壖杂记》、《北墅绪言》、《澄江集》、《玉山词》。

潘藩大，字□□，江南□□人。监生，考选江西宜春知县。

张霍，字一衡，福建侯官人。副榜，授光泽县教谕。

赵廷飏，字□□，陕西□□人。拔贡生，原授巩昌府文县教谕，候补国学员缺。

宋维藩，字□□，浙江建德人。贡生，候补州同。著有《白云阁诗集》。

朱培，字□□，浙江□□人。岁贡生，考定训导。李集等《鹤征录》卷六，《四库未收书辑刊》贰辑，第 23 册，第 615~623 页。

陆元辅，字翼王，号菊隐，江南嘉定人。布衣。著有《十三经注疏》、《菊隐集》。

吴雯，字天章，号莲洋，山西蒲州人。生员。著有《莲洋集》。

李良年，字武曾，初名法远，又名兆潢，号秋锦，浙江嘉兴人。生员。著有《秋锦山房集》。

徐林鸿，字大文，一字宝名，浙江海宁人。生员。著有《两间草堂集》。

陈荚，字尧夫，浙江秀水人。生员。著有《东溪诗稿》。

吴农祥，字庆百，号星叟，浙江钱塘人。明公允太冲长子。生员。著有《舆图隶史汇考补录》、《文献通考》、《啸苔读史》、《绿窗读史》、《梧园杂志》、《宣斋》、《南归》、《雪鸿》、《流铅》、《啸苔》等集。

叶奕苞，字九来，江南昆山人。监生。

阎若璩，字百诗，号潜邱，陕西太原籍，江南山阳人。生员。著有《古文尚书疏证》、《四书释地》、《潜邱札记》等书。

郎戴瑁，浙江钱塘人。生员。

冯行贤，字补之，一字圃芝，江南常熟人。布衣。著有《余事集》。

邓林梓，一名琳梓，字肯堂，号玉山，江南常熟人。布衣。

王弘撰，字无异，号山史，陕西华阴人。监生。著有《易图像述》、《筮述》、《砥斋集》。

杨还吉，字六谦，山东即墨人。贡生。著有《味道楼集》。

罗坤，字宏载，浙江会稽人。监生。著有《萝村诗词集》。

朱士曾，浙江山阴人。布衣。

徐咸清，字仲山，浙江上虞人。明兵部尚书人龙子。荫监生。著有《资治文字》。

夏驷，字文茵，一字宛来，浙江乌程人。岁贡生。著有《烂溪堂集》。

陈僖，字蔼公，直隶清苑人。拔贡生。著有《燕山草堂集》。

宋涵，字叔遂，江南溧阳人。监生。著有《兰楚堂集》。

叶方蔼，江南昆山人。生员。

成其愿，山东乐安人。生员。

纪炅，字仲斋，号朏庵，直隶文安人。生员。

程易，字兼三，江南休宁人。廪监生。

戴茂隆，号萝轩，浙江平湖人。监生。

许先甲，字彝千，浙江杭州人。廪监生。

周起莘，字次修，浙江萧山人。廪监生。

黄始，字静御，别号东吴庑客，江南吴县人。生员。

陈怀贞，山东曲阜人。岁贡生。

宋昰，字惧闻，浙江山阴人。布衣。

邵允彝，江南人。监生。李集等《鹤征录》卷七，《四库未收书辑刊》贰辑，第23册，第623～633页。

丙辰博学鸿儒科征士题名录

李富孙

一等五人：

刘纶，字眘涵，号绳庵，江南武进人。廪生。由礼部侍郎、江苏学政张延璐荐举，授编修，累官至文渊阁大学士，加赠太子太傅，谥文定，入祀贤良祠。著有《绳庵内外集》。

潘安礼，字立夫，号东山，江西南城人。雍正丁未进士，原任刑部员外郎，降补太常寺典簿。由大学士朱轼荐举，授编修，官至左谕德。著有《东山草堂集》。

诸锦，字襄七，号草庐，浙江秀水人。雍正甲辰进士，改庶吉士，散馆，以知县用，改就教职，选金华府教授。由户部侍郎赵殿最荐举，授编修，官至左春坊左赞善。著有《毛诗说》、《飧礼补亡》、《夏小正诂》、《绛跗阁集》。

于振，字鹤泉，号秋田，江南金坛人。雍正癸卯一甲第一名进士，授翰林院修撰，降补行人司司副。由户部尚书史贻直荐举，授编修，官至侍读学士。

杭世骏，字大宗，号堇浦，浙江仁和人。雍正甲辰进士。由浙江总督程元章荐举，授编修，改监察御史。著有《续礼记集说》、《金史补》、《史汉北齐疏证》、《前后汉书蒙拾》、《文选课虚》、《续方言》、《词科掌录》、《榕城》、《桂堂》等诗话、《道古堂诗文集》。

二等十人：

杨度汪，字若千，号劢斋，江南无锡人。拔贡生。由礼部尚书任兰枝荐举，除庶吉士，散馆，出知江西德兴县，寻丁外艰，解职归。著有《云逗楼诗集》。

陈兆仑，字星斋，号句山，浙江钱塘人。雍正庚戌进士，分发福建学习。由福建巡抚赵国麟荐举，授检讨，官至通政使。著有《紫竹山房诗文集》。

刘玉麟，后名藻，字麟兆，号素存，山东菏泽人。雍正丙午举人，观城县教谕。由山东巡抚岳濬荐举，授检讨，官至湖北巡抚。

沈廷芳，字畹叔，一字萩林，号茮园，浙江仁和人。监生，由兵部侍郎杨汝谷荐举，除庶吉士，散馆一等，授编修，官至河南按察使。著有《十三经注疏正字》、《隐拙斋诗文集》。

夏之蓉，字芙裳，号醴谷，江南高邮人。雍正癸丑进士，淮安府监城教谕。由工部尚书涂天相荐举，授检讨。著有《读史提要录》、《半舫斋偶辑》、《半舫斋诗文集》。

汪士锽，字君宣，号筠川，江南休宁人。副贡生。由兵部尚书、直隶总督李卫荐举，出庶吉士，散馆一等，授编修。

陈士璠，字鲁章，号鲁斋，晚号泉亭，浙江钱塘人。生员。由浙江总督程元章荐举，除庶吉士，散馆，改授户部主事，历转员外郎中，出知江西瑞州府。著有《使蜀集》、《梦碧轩诗文钞》。

齐召南，字次风，号琼台，晚号息园，浙江天台人。雍正己酉副贡生。由浙江总督程元章荐举，除庶吉士，散馆二等，授检讨，官至礼部右侍郎，乞养归。著有《水道提纲》、《历代帝王表》、《后汉公卿表》、《赐砚堂诗》、《宝纶堂文集》。

周长发，字兰坡，号石帆，浙江会稽人。雍正甲辰进士，原任翰林院庶吉士，改乐清县教谕。浙江总督程元章荐举，授检讨，迁侍读学士，降补侍讲。著有《赐书堂集》。

程恂，字慄也，江南休宁人。雍正甲辰进士，原任北运河同知。由兵部尚书直隶总督李卫荐举，授检讨，升中允。李富孙《鹤征后录》卷一，《四库未收书辑刊》贰辑，第23册，第649~659页。

补试一等一人：

万松龄，字星钟，号葆青，江南宜兴人。雍正己酉举人，内阁中书。由兵部侍郎杨汝谷荐举，授检讨。

二等三人：

朱荃，字子年，号香南，浙江桐乡人。生员。由大学士管浙江总督嵇曾筠荐举，除庶吉士，散馆一等，授编修。著有《香南诗钞》。

洪世泽，字叔时，福建南安人。廪生。由福建巡抚卢焯荐举，除庶吉士，散馆二等，授检讨。

张汉，字月槎，云南石屏州人。康熙癸巳进士，原任河南府知府。由署兵部侍郎王士俊荐举，授检讨，改监察御史，乞归。著有《月槎集》。

已入词馆不与试四人：

叶方蔼，江南昆山人。生员。

成其愿，山东乐安人。生员。

纪炅，字仲斋，号朏庵，直隶文安人。生员。

程易，字兼三，江南休宁人。廪监生。

戴茂隆，号萝轩，浙江平湖人。监生。

许先甲，字彝千，浙江杭州人。廪监生。

周起莘，字次修，浙江萧山人。廪监生。

黄始，字静御，别号东吴庑客，江南吴县人。生员。

陈怀贞，山东曲阜人。岁贡生。

宋昰，字惧闻，浙江山阴人。布衣。

邵允彝，江南人。监生。李集等《鹤征录》卷七，《四库未收书辑刊》贰辑，第23册，第623~633页。

丙辰博学鸿儒科征士题名录

李富孙

一等五人：

刘纶，字眘涵，号绳庵，江南武进人。廪生。由礼部侍郎、江苏学政张延璐荐举，授编修，累官至文渊阁大学士，加赠太子太傅，谥文定，入祀贤良祠。著有《绳庵内外集》。

潘安礼，字立夫，号东山，江西南城人。雍正丁未进士，原任刑部员外郎，降补太常寺典簿。由大学士朱轼荐举，授编修，官至左谕德。著有《东山草堂集》。

诸锦，字襄七，号草庐，浙江秀水人。雍正甲辰进士，改庶吉士，散馆，以知县用，改就教职，选金华府教授。由户部侍郎赵殿最荐举，授编修，官至左春坊左赞善。著有《毛诗说》、《飨礼补亡》、《夏小正诂》、《绛跗阁集》。

于振，字鹤泉，号秋田，江南金坛人。雍正癸卯一甲第一名进士，授翰林院修撰，降补行人司司副。由户部尚书史贻直荐举，授编修，官至侍读学士。

杭世骏，字大宗，号堇浦，浙江仁和人。雍正甲辰进士。由浙江总督程元章荐举，授编修，改监察御史。著有《续礼记集说》、《金史补》、《史汉北齐疏证》、《前后汉书蒙拾》、《文选课虚》、《续方言》、《词科掌录》、《榕城》、《桂堂》等诗话、《道古堂诗文集》。

二等十人：

杨度汪，字若千，号勗斋，江南无锡人。拔贡生。由礼部尚书任兰枝荐举，除庶吉士，散馆，出知江西德兴县，寻丁外艰，解职归。著有《云逗楼诗集》。

陈兆仑，字星斋，号句山，浙江钱塘人。雍正庚戌进士，分发福建学习。由福建巡抚赵国麟荐举，授检讨，官至通政使。著有《紫竹山房诗文集》。

刘玉麟，后名藻，字麟兆，号素存，山东菏泽人。雍正丙午举人，观城县教谕。由山东巡抚岳濬荐举，授检讨，官至湖北巡抚。

沈廷芳，字畹叔，一字萩林，号萘园，浙江仁和人。监生，由兵部侍郎杨汝谷荐举，除庶吉士，散馆一等，授编修，官至河南按察使。著有《十三经注疏正字》、《隐拙斋诗文集》。

夏之蓉，字芙裳，号醴谷，江南高邮人。雍正癸丑进士，淮安府监城教谕。由工部尚书涂天相荐举，授检讨。著有《读史提要录》、《半舫斋偶辑》、《半舫斋诗文集》。

汪士锽，字君宣，号筠川，江南休宁人。副贡生。由兵部尚书、直隶总督李卫荐举，出庶吉士，散馆一等，授编修。

陈士璠，字鲁章，号鲁斋，晚号泉亭，浙江钱塘人。生员。由浙江总督程元章荐举，除庶吉士，散馆，改授户部主事，历转员外郎中，出知江西瑞州府。著有《使蜀集》、《梦碧轩诗文钞》。

齐召南，字次风，号琼台，晚号息园，浙江天台人。雍正己酉副贡生。由浙江总督程元章荐举，除庶吉士，散馆二等，授检讨，官至礼部右侍郎，乞养归。著有《水道提纲》、《历代帝王表》、《后汉公卿表》、《赐砚堂诗》、《宝纶堂文集》。

周长发，字兰坡，号石帆，浙江会稽人。雍正甲辰进士，原任翰林院庶吉士，改乐清县教谕。浙江总督程元章荐举，授检讨，迁侍读学士，降补侍讲。著有《赐书堂集》。

程恂，字慄也，江南休宁人。雍正甲辰进士，原任北运河同知。由兵部尚书直隶总督李卫荐举，授检讨，升中允。李富孙《鹤征后录》卷一，《四库未收书辑刊》贰辑，第23册，第649~659页。

补试一等一人：

万松龄，字星钟，号葆青，江南宜兴人。雍正己酉举人，内阁中书。由兵部侍郎杨汝谷荐举，授检讨。

二等三人：

朱荃，字子年，号香南，浙江桐乡人。生员。由大学士管浙江总督嵇曾筠荐举，除庶吉士，散馆一等，授编修。著有《香南诗钞》。

洪世泽，字叔时，福建南安人。廪生。由福建巡抚卢焯荐举，除庶吉士，散馆二等，授检讨。

张汉，字月槎，云南石屏州人。康熙癸巳进士，原任河南府知府。由署兵部侍郎王士俊荐举，授检讨，改监察御史，乞归。著有《月槎集》。

已入词馆不与试四人：

金德瑛，字汝白，号桧门，浙江仁和人。雍正丙午举人，内阁中书。由太仆寺卿蒋涟荐举，乾隆丙辰一甲第一名进士，授编修，官至都察院左都御史。著有《桧门诗存》。

曹秀先，字冰持，号地山，江西新建人。雍正壬子举人，内阁中书。由户部侍郎李绂荐举，乾隆丙辰进士，改庶吉士，官至吏部尚书，谥文恪。

金门诏，字易东，号东山，江南江都人。康熙丁酉举人，由顺天府府尹陈守创荐举，乾隆丙辰进士，改庶吉士。

全祖望，字绍衣，号谢山，浙江鄞县人。雍正壬子举人。由户部侍郎赵殿最荐举，乾隆丙辰进士，改庶吉士，散馆，以外补假归。著有《经史答问》、《鲒埼亭诗文集》。

未试丁忧四人：

金虞，字长孺，号小树，浙江钱塘人。康熙庚子举人，湖北孝感知县。由工部尚书涂天相荐举。著有《小树轩集》。

严遂成，字崧瞻，号海珊，浙江乌程人。雍正甲辰进士，原任陕西临县知县。由浙江总督程元章荐举，后补直隶阜城知县，升云南嵩明知府。著有《海珊诗钞》。

符曾，字幼鲁，号药林，浙江钱塘人。监生，户部学习行走。由刑部侍郎励宗万荐举，后官户部郎中。著有《春凫小稿》、《半春倡和诗》、《赏雨》、《茅屋》、《雪泥》、《纪游》等稿。

杨煜曾，字吾三，江南武进人。监生。由兵部侍郎镇国将军宗室德沛、通政司使赵之垣交荐举。李富孙《鹤征后录》卷二，《四库未收书辑刊》贰辑，第23册，第660~667页。

未试病故七人：

杜诏，字紫纶，号雪川，江南无锡人。康熙壬辰进士，原任翰林院庶吉士。由大学士嵇曾筠荐举。著有《云川阁集》、《浣花》、《凤髓》、《蓉湖》、《渔笛谱》等词稿。

柯煜，字南郊，号实庵，浙江嘉善人。康熙辛丑进士，衢州府教授。由内阁学士方苞荐举，著有《石庵樵唱》、《月中萧谱词》。

孙天寅，字云含，江南常熟人。雍正甲辰举人。由兵部尚书江苏巡抚高其倬荐举。

魏枢，字又弼，号慎斋，奉天承德人。雍正庚戌进士，直隶永平府教授。由奉天府府尹宋筠荐举。著有《东易问》、《春秋管见》。

朱厚章，字以载，号药亭，江南长州人（一作昆山人）。廪生。由兵部尚书江苏巡抚高其倬荐举。著有《多师集》。

黄涛楫，字逢源，江南江宁人。廪生。由署兵部侍郎王士俊荐举。

叶藭凤，字□□，江南荆溪人。监生。由山西巡抚觉罗石麟荐举。

部驳不与试十四人：

许遂，字杨云，广东番禺人。康熙丙子举人，原任江南清河知县。由广东巡抚杨永斌荐举。

万经，字授一，号九沙，浙江鄞县人。康熙癸未进士，原任翰林院编修。由户部侍郎赵殿最荐举。著有《增补礼记集解续纂》、《春秋随笔》、《明史举要》、《列代纪年分隶偶存》。

方粲如，字文辀，号朴山，浙江淳安人。康熙丙戌进士，原任顺天丰润知县。由署兵部侍郎王士俊荐举。著有《郑注始沈》、《集虚斋学古文》。

张宏敏，字讷夫，号红洲，江南丹徒人。康熙甲午举人，原任湖北孝感知县。由兵部侍郎王士俊荐举。著有《红洲诗集》。

傅王露，字良木，号玉笥，又号阆林，浙江会稽人。康熙乙未进士，原任翰林院编修。由太仆寺卿蒋涟荐举，后晋中允。著有《玉笥山房集》。

叶长扬，字尔祥，号定湖，江南吴县人。康熙戊戌进士，原任翰林院编修。由内阁学士伊尔敦荐举。

宋照，字谨涵，号喜墨，江南长洲人。康熙戊戌进士，原任翰林院庶吉士。由内阁学士吴家骐荐举。著有《礼经汇解》、《史闲》、《息轩杂文》等书。

胡浚，字希张，号竹岩，浙江山阴人。康熙庚子举人，原任河南洧川知县。由刑部侍郎王纮荐举。著有《绿萝山庄诗文集》。

宋士宗，字司秩，号昆圃，江西星子人。雍正丙午举人，原任南丰县教谕。由光禄寺卿那尔泰荐举。著有《史学正藏学统存》。

于梓，字□□，江南金坛人。原任广东东莞知县。由兵部侍郎吴应棻荐举。

胡期颐，字永叔，湖广武陵人。贡生，原任兴化知县。由兵部侍郎杨汝谷荐举。著有《春晖楼集》。

汪芳藻，字蓉洲，江南休宁人。贡生，原任兴化知县，由兵部侍郎杨汝谷荐举。著有《春晖楼集》。

祝维诰，字宣臣，号豫堂，浙江秀水人。增监生。由奉天府府丞管学政事王河荐举，乾隆戊午举人，官内阁中书，升典籍。著有《绿溪诗稿》。

邵岷，字百峰，江南元和人。武生。由太仆寺卿蒋涟荐举。李富孙《鹤征后录》卷三，《四库未收书辑刊》贰辑，第 23 册，第 667~676 页。

不就试二十五人：

夏策谦，字□□，湖北孝感人。康熙己卯举人，湖南宝庆府教授。由工部尚书涂天相荐举。

顾陈垿，字玉停，江南镇洋人。康熙乙酉举人，原任行人司行人。由詹事府詹事王奕清荐举。著有《钟律陈数八矢注》、《字图说》、《洗桐轩》、《抱桐轩》等集。

褚菊书，字荣九，浙江嘉兴人。康熙辛卯举人，江南上海知县。由内阁学士伊尔敦荐举，后升滁州知州。著有《易经象数臆解》、《读杜臆说》、《投笔斋集》。

华希闵，字豫原，号剑光，江南无锡人。康熙庚子举人，江南泾县教谕。由兵部侍郎吴应棻荐举。著有《广事类赋》。

王照，字晋三，浙江仁和人。康熙庚子举人。由内阁学士姚三辰荐举。著有《论古堂集》。

瞿骏，字云墀，江南常熟人。康熙庚子副贡生。由詹事府詹事刘统勋荐举。

靖道谟，字□□，湖北汉阳人。康熙辛丑进士，原任云南姚州知州，告病在籍。由兵部侍郎王士俊荐举，后升江西饶州知府。

万承苓，字□□，江西南昌人。雍正癸卯进士，直隶庐龙知县。由通政司赵之垣荐举。

闻元晟，字□□，号茗厓，浙江嘉善人。雍正癸卯举人。由内阁学士吴家骐荐举。著有《竹洲诗钞》。

奚源，字□□，江南当涂人。雍正丁未进士，刑部员外郎，由工部尚书涂天相荐举。

黄世成，字培山，号平庵，江西信丰人。雍正壬子举人。由兵部尚书甘汝来荐举，乾隆丙辰进士，授礼部仪制司额外主事。著有《平庵诗集》。

黄永年，字静山，号崧甫，江西广昌人。雍正乙卯举人。由江西巡抚常安荐举，乾隆丙辰进士，授刑部福建司额外主事，出知江南常州府。著有《希贤编》、《春秋四传异同辨》、《静山诗文钞》。

方观承，字遐谷，号问亭，又号宜田，江南桐城人。内阁中书。由詹事府詹事王奕清荐举，官至直隶总督，加太子太保，谥恪敏。著有《河渠考》、《宜田汇橐》。

马曰璐，字佩兮，号半槎，江南江都人。监生，候选知州。由通政司使赵之垣荐举。著有《南斋集》。

周京，字西穆，一字少穆，号穆门，晚号东双桥居士，浙江钱塘人。廪生。由内阁学士姚三辰荐举，后考授州同知。著有《无悔斋集》。

周振采，字白民，江南山阳人。拔贡生。由兵部侍郎署江苏巡抚顾琮荐举。

佘华瑞，字西麓，江南歙县人。贡生。由内阁学士方苞荐举。

龚缨，字孝水，江南江宁籍，江西南昌人。贡生。由内阁学士方苞荐举。

苏珥，字端一，广东顺德人。廪生。由刑部侍郎杨超曾荐举。

方贞观，字履安，号南堂，江南桐城人。生员。由都察院左都御史孙嘉淦荐举。著有《南堂诗钞》。

蔡寅斗，字芳三，号九宾，江南江阴人。监生，由翰林院侍讲、福建学政周学健荐举，乾隆丁卯举人，授国子监学录，升助教。

翁照，字朗夫，号霁堂，初名玉行，字子静，江南江阴人。监生，由南河总督嵇曾筠荐举。著有《赐书堂诗文集》。

陆荣柤，字锡三，号香林，江南华亭人。监生。由都察院左副都御史陈世倌荐举。著有《香林诗文集》。

陈撰，字楞山，号玉几，浙江鄞县人。布衣。由通政司赵之垣荐举。著有《玉几山房吟卷》、《绣铗集》。

屈复，字见心，号悔翁，陕西蒲城人。布衣。由刑部侍郎杨超曾荐举。著有《楚词新注》、《李义山诗意》、《江东瑞草集》。李富孙《鹤征后录》卷四，《四库未收书辑刊》贰辑，第23册，第676~689页。

与试未用一百九十四人：

王霖，字雨丰，一字雨枫，号弇山，浙江山阴人。康熙乙酉举人。由内阁学士吴家骐荐举，后官直隶南宫知县。著有《西山游草》、《弇山诗钞》。

吴麟，姓吴查拉氏，字子瑞，号晚亭，镶黄旗满洲人。康熙戊子举人，原任内阁中书。由礼部侍郎徐元梦荐举。著有《黍谷山房集》。

吴锐，字颖长，江南当涂人。康熙辛卯举人，江都县教谕。由内阁学士方苞荐举。

陈以刚，字烛门，江南天长人。康熙壬辰进士，池州府教授。由安徽巡抚王纮荐举。著有《烛门诗》。

刘自洁，字□□，直隶武强人。康熙癸巳进士，原任翰林院编修。由兵部尚书直隶总督李卫荐举。

孙见龙，字叶飞，号潜村，晚号春斋，浙江归安人。康熙癸巳进士，原任翰林院庶吉士，改补知县。由兵部尚书江苏巡抚高其倬荐举，后官山西洪洞知县。著有《五华纂订四书大全》、《潜村诗稿》。

丁凝，字琴山，号静者，浙江长兴人。康熙癸巳举人，国子监学正。由詹事府詹事觉罗吴拜荐举。著有《静者诗集》。

于栻，字□□，江南金坛人。康熙甲午举人，通州学正。由内阁学士伊尔敦荐举。

沈虹，字卫梁，一字渭梁，江南长洲人。雍正丙午举人，句容县教谕。由兵部尚书江苏巡抚高其倬荐举。著有《蓬庄诗钞》。

李清藻，字□□，福建安溪人。康熙丁酉举人。由刑部侍郎王纮荐举。

李春耀，字东谷，湖北孝感人。康熙丁酉举人，由工部尚书涂天相荐举。

查祥，字星南，号谷斋，浙江海宁人。康熙戊戌进士，原任翰林院编修。由刑部尚书徐本荐举，后充律例馆纂修官。著有《云在楼诗》、《咸斋文钞》。

厉鹗，字太鸿，号樊榭，浙江钱塘人。康熙庚子举人。由浙江总督程元章荐举。著有《辽史拾遗》、《东城杂记》、《湖船录》、《宋诗纪事》、《南宋书院录》、《樊榭山房集》。

汪援甲，字鳞先，号沤停，浙江钱塘人。康熙庚子举人。由都察院左副御史孙国玺荐举，官山西绛县知县。著有《夕秀斋诗钞》。

俞鸿德，字□□，浙江海盐人。康熙庚子举人。由内阁学士伊尔敦荐举。

万邦荣，字西田，河南襄城人。康熙庚子举人。由河南总督王士俊荐举，后官山东莘县知县。著有《红厓草堂诗集》。

徐本仙，字□□，湖北蕲水人。康熙庚子举人，云南云龙州知州。由署兵部侍郎王士俊荐举。

刘世澎,字□□,湖南善化人。康熙庚子举人。由总督仓场户部侍郎吕耀曾荐举。

车腾芳,字□□,广东番禺人。康熙庚子举人。由广东巡抚杨永斌荐举。

汪祚,字□□,江南江都人。康熙庚子副贡生。由都察院左副都御史陈世倌荐举。

黄之隽,字石牧,号瘖堂,江南华亭人。康熙辛丑进士,原任左春坊左中允。由刑部尚书徐本荐举。著有《香屑》、《瘖堂》等诗集。

顾栋高,字复初,一字震沧,又自号左畬,江南无锡人。康熙辛丑进士。由兵部侍郎署江苏巡抚顾琮荐举,乾隆辛未以经学征,官国子监司业,晋祭酒。著有《尚书质疑》、《春秋大事表》、《毛诗类释》、《震沧集》。

梁机,字仙来,江西泰和人。康熙辛丑进士,原任翰林院庶吉士,改补知县,又改教授,未补。由大学士朱轼荐举。著有《北游草》、《赵游日记》、《三华集》。

梅牧,字功升,号慕堂,江西南城人。康熙辛丑进士,河南仪封知县。由河东总督王士俊荐举,后升山东泰安知府。

邓牧,字乃梦,江西南丰人。康熙辛丑进士,抚州府教授。由江西巡抚常安荐举。

吴王坦,字衷平,榜姓王,江南华亭人。雍正癸卯进士,广西永福知县。由广西巡抚金纮荐举,后升平乐府同知。

何梦篆,字□□,江南江宁人。雍正癸卯进士,广东新安知县。由广东巡抚杨永斌荐举。

张振义,字□□,江西龙泉人。雍正癸卯进士,直隶赵州宁晋知县。由大学士朱轼荐举。

徐文靖,字容尊,号位山,江南当涂人。雍正癸卯举人,由兵部尚书甘汝来、都察院左都副御史孙嘉淦交荐举,乾隆壬申特授检讨。著有《山河两界考》、《禹贡会笺》、《皇极经世考》、《管城硕记》。

魏允迪,字功夏,号懋堂,江西广昌人。雍正癸卯举人,由兵部尚书甘汝来荐举,后官内阁侍读。

饶一辛,字冶人,江西广昌人(一作南城人)。雍正癸卯举人,新建县教谕。由顺天府府尹陈守创荐举。著有《经义管见》。

郑长庆,字□□,江西贵溪人。雍正癸卯举人。由户部侍郎李绂荐举。

曹廷枢,字古谦,号六艻,浙江嘉善人。雍正癸卯副贡生。由内阁学士吴家骐荐举。著有《谦斋诗集》。

曹滨,字□□,广东保昌人。雍正癸卯副贡生。由刑部侍郎杨超曾荐举。李富孙《鹤征后录》卷五,《四库未收书辑刊》贰辑,第23册,第689~698页。

李纮,字巨州,江西临川人。雍正甲辰进士。由大学士朱轼荐举。著有《南园稿》。

王文清,字廷鉴,号九溪,湖南宁乡人。雍正甲辰进士,原任岳州府教授。由湖南巡抚钟保荐举,后升宗人府主事。著有《周礼会要》、《考古略》、《考古原始》、《锄经余草》。

周钦，字□□，江南宜兴人。雍正甲辰进士。由户部尚书史贻直荐举。

刘始兴，字□□，江南金坛人。雍正甲辰举人，兴化县教谕。由都察院左都御史孙嘉淦检举，后官霍邱县教谕。

姚焜，字鸾伯，江南桐城人。雍正甲辰举人，兴化县教谕。由兵部尚书江苏巡抚高其倬荐举。

刘斯组，字斗田，江西新建人。雍正甲辰举人。由都察院左都御史孙嘉淦、光禄寺卿刘吴龙交荐举，后官广东西宁知县。著有《周易拨》、《易堂解》、《太元别训》。

韩曾，字续古，江南长洲人。雍正丙午举人。由户部侍郎陈树萱荐举，后官安徽泗州学正。

王延年，字介眉，浙江钱塘人。雍正丙午举人。由太仆寺卿蒋涟荐举，后官国子监学正，升司业，赐翰林院侍读。著有《补通鉴纪事本末》。

甘禾，字周书，号爱庐，江西奉新人。雍正丁未进士。由顺天府尹陈守创荐举，著有《爱庐诗钞》。

王祖庚，字孙同，号砺斋，江南华亭人。雍正丁未进士，山西兴县知县。由山西巡抚觉罗石麟荐举，捐升主事，出知隰州，历安徽宁国知府。

王系，字□□，山西榆次人。雍正丁未进士，大同府教授。由山西巡抚觉罗石麟荐举。

史凤辉，字南如，江南宜兴人。雍正己酉举人，内阁中书。由兵部侍郎杨汝谷荐举。

胡天游，一名骙，字稚威，号云持，浙江山阴人。雍正己酉副贡生。由礼部尚书任兰枝荐举。著有《石笥山房集》。

西成，姓□□氏，字有年，号樗园，镶黄旗满洲人。雍正庚戌进士。由兵部侍郎镇国将军宗室德沛荐举，后官礼部主事，升太常寺卿。著有《玉汝堂集》。

徐廷槐，字立三，一字笠山，号墨汀，浙江会稽人。雍正庚戌进士，候补教授。由礼部尚书任兰枝荐举。著有《南华简钞》、《墨汀诗草》。

刘昕泽，字芳久，湖南长沙人。雍正庚戌进士，四川宜宾知县。由四川巡抚杨馝荐举。

张叙，字冰璜，一字宾王，又字凤冈，江南镇洋人（一作太昌人）。雍正壬子举人。由湖南巡抚钟保荐举。著有《易贯》、《诗贯》、《孝经精义后录》、《或问余论》。

金鉴，字□□，江南江阴人。雍正壬子举人。由礼部侍郎徐元梦荐举。

马荣祖，字力木，号石莲，江南江都人。雍正壬子举人。由兵部尚书江苏巡抚高其倬荐举，后官河南阌乡知县。著有《亭云堂》、《石莲堂》等稿。

马朴臣，字相如，江南桐城人。雍正壬子举人，内阁中书。由工部侍郎张廷璩荐举。著有《春迟诗稿》。

戴永植，字于庭，号农南，浙江归安人。雍正壬子举人。由刑部侍郎王纮荐举，后官湖南龙阳知县，改余姚县教谕。著有《汀风阁集》。

夏之翰，字知畏，江西新建人。雍正壬子举人。由光禄寺刘吴龙荐举，后官湖南布政司库大使，乞归。著有《檀园诗稿》。

逯云龙，字赓若，号耕石，江南吴江人。雍正壬子顺天副贡生。由兵部侍郎署湖北巡抚吴应棻荐举。著有《汗漫吟》。

张凤孙，字少仪，江南华亭人。雍正壬子副贡生。由兵部尚书江苏巡抚高其倬荐举，后官贵州贡定知县，历升陕西□□道，告归。

刘大櫆，字畊南，号才父，又号海峰，江南桐城人。雍正壬子副贡生。由内阁学士方苞荐举，后官教谕。著有《海峰》、《小称》等集。

王士让，字尚卿，福建安溪人。雍正壬子副贡生。由福建巡抚卢倬荐举，后官湖北蕲州知州。李富孙《鹤征后录》卷六，《四库未收书辑刊》贰辑，第23册，第699～709页。

阎介年，字葆和，直隶蔚州人。雍正癸丑进士。由兵部尚书、直隶总督李卫荐举。

张延槐，字□□，江南江阴人。雍正癸丑进士。由兵部尚书江苏巡抚高其倬荐举。

桑调元，字伊佐，一字弢甫，浙江钱塘人。雍正癸丑进士，工部主事。由都察院左副都御史陈世倌荐举。著有《论语说》、《躬行实践录》、《弢甫》初续等集。

沈澜，字维涓，号泊村，又号法华山人，浙江乌程人。雍正癸丑进士。由兵部侍郎署湖北巡抚吴应棻荐举，后官江西瑞州知府。著有《双清草堂诗》。

杨廷英，字□□，江西新建人。雍正癸丑进士。由光禄寺卿刘吴龙荐举。

李光型，字仪卿，福建安溪人。雍正癸丑进士，署河南彰德府管河同知。由户部侍郎赵殿最荐举。著有《易通》、《正洪范解》、《诗六义说》、《文王世子解》、《天问解》。

牛运震，字解平，号真谷，山东滋阳人。雍正癸丑进士。由山东巡抚岳濬荐举，后官陕西秦安知县，历知平番县。著有《空山易解》、《空山堂春秋传》、《允吾草》、《归田吟》、《空山堂集》。

王世枢，字斗初，号切斋，江南宝山人。雍正乙卯举人。由刑部侍郎励宗万荐举，后官昆山县教谕。

冯云溥，江南金坛人。雍正乙卯举人。由内阁学士育山荐举。

金焜，字以宁，号赤泉，浙江钱塘人。雍正乙卯举人。由工部侍郎王钧荐举，后官国子监典簿。著有《蠡测录》、《妙明书屋诗》、《浓兰词》。

张懋建，字介石，号石痴，浙江镇海人。雍正乙卯举人。由浙江总督程元章荐举，后官福建长泰知县。著有《易学》、《五经韵纂》、《读书乐》、《续越书》、《肯綮录学》、《校祀典考》、《蛟川耆旧诗》、《庭学草》、《介石初集》。

姚世铼，字念慈，后名汝金，字改之，号贞庵，浙江归安人。雍正乙卯副贡生。由兵部侍郎吴应棻荐举，后选湖南长沙县丞，以艰归。著有《孤笑集》、《五台山游草》。

秦懋绅，字□□，江南武进人。雍正□□举人。由工部侍郎王钧荐举。

潘遇莘，字□□，江南宝应人。乾隆□□举人。由兵部侍郎署江苏巡抚顾琮荐举。

吴龙见，字徇士，江南武进人。增生。由兵部尚书江苏巡抚高其倬荐举，乾隆丙辰进士，授户部主事，累官陕西布政使。著有《薜帷文钞》。

凌之调，字广心，号惕园，江西新建人。雍正丙午举人。由通政司赵之垣荐举，乾隆丙辰进士，授工部额外主事。著有《易论》、《丹麓山居前后稿》。

李宗潮，字坤四，号蕉窗，浙江嘉兴人。雍正甲辰副贡生。由浙江总督程元章荐举，乾隆丙辰顺天举人，选授广西灌阳知县。著有《二守斋诗钞》。

万光泰，字循初，号柘坡，浙江秀水人。生员。由浙江总督程元章荐举，乾隆丙辰顺天举人。著有《转注绪言》、《汉音存正》、《遂初堂类音辨》、《柘坡居士集》。

王会汾，字荪服，号晋川，江南无锡人，雍正乙卯举人。由兵部尚书江苏巡抚高其倬荐举，乾隆丁巳进士，改庶吉士，累官礼部侍郎，左迁大理寺卿。著有《梁溪诗钞》。

周玉章，字琡大，号药阑，浙江仁和人。生员。由浙江总督程元章荐举，乾隆丁巳进士，改庶吉士，散馆编修职，升侍讲学士。

钟狮，字作韶，广东番禺人。雍正壬子举人。由广东巡抚杨永斌荐举，乾隆丁巳进士。

倪承茂，字稼咸，号颐塘，江南吴县人。监生。由兵部尚书江苏巡抚高其倬荐举。著有《颐塘诗稿》。《鹤征后录》卷七，《四库未收书辑刊》贰辑，第23册，第710~717页。

沈德潜，字确士，号归愚，江南长洲人。廪生。由兵部尚书江苏巡抚高其倬荐举，乾隆己未进士，改庶吉士，累官礼部侍郎，予告归，加尚书衔，赠太子太师，谥文悫。著有《竹啸轩诗钞》、《归愚集》。

赵永孝，字汉忠，一字谨凡，江南常熟人。雍正甲辰举人。由詹事府詹事王奕清荐举，乾隆己未进士，后官教授。

叶酉，字书山，号花南，江南桐城人。监生。由太常寺卿王洰荐举，乾隆己未进士，改庶吉士，累迁左春坊左庶子，降补编修。著有《诗经拾遗》、《春秋究遗》、《日下诗钞》。

金文淳，字质甫，号金门，浙江钱塘人。廪生。由大学士管浙江总督稽曾筠荐举，乾隆己未进士，改庶吉士，后出知直隶顺德府。著有《蛾子录》、《读史卮言》。

袁枚，字子才，号简斋，又号随园，浙江仁和人。廪生。由广西巡抚金𬭎荐举，乾隆己未进士，改庶吉士，散馆，以外用补江南江宁知县。著有《随园诗话》、《随园随笔》、《小仓山房集》。

裘曰修，字叔度，一字漫士，号诺皋，江西新建人。廪生。由顺天府尹陈守创荐举，乾隆己未进士，改庶吉士，累官工部尚书，加太子少傅，谥文达，入贤良祠。著有《叔度》、《灌亭》等诗钞。

申甫，字及甫，号笏山，浙江西安人。布衣。由大学士管浙江总督嵇曾筠荐举，乾隆辛酉举人，授内阁中书，累迁左副都御史。著有《笏山诗钞》。

张雄图，字□□，号励山，河南洛阳人。廪生。由河东总督王士俊荐举，乾隆辛酉举人。

杨述曾，字二思，号企山，江南武进人。雍正乙卯举人。由户部侍郎陈树萱荐举，乾隆壬戌一甲第二名进士，授编修，升侍读，赠侍讲学士。著有《南圃文稿》。

许伯政，字惠堂，湖南巴陵人。雍正己酉拔贡生。由湖南巡抚钟保荐举，乾隆壬戌进士，累迁山东道监察御史。著有《易深》、《诗深》、《春秋深》、《全史日至源流》。

沈树德，字申培，号畏堂，浙江归安人。廪生。由大学士管浙江总督嵇曾筠荐举，乾隆辛酉拔贡，甲子举人。

吴檠，字青然，江南全椒人。增生。由安徽巡抚王纮荐举，乾隆乙丑进士，官刑部主事。著有《咫尺闻斋诗钞》、《阳局词钞》。

张甄陶，字希周，号惕庵，福建闽县人。廪生。由福建巡抚卢焯荐举，乾隆乙丑进士，改庶吉士，散馆出知广东高要县。著有《读书翼注》。

张星景，字行之，江西奉新人。廪生。由兵部尚书甘汝来荐举，乾隆乙丑进士。

余腾蛟，字非睡，号曛庵，江西武宁人。拔贡生。由兵部尚书甘汝来荐举，乾隆乙丑进士。

耿贤举，字□□，山东馆陶人。雍正癸卯举人。由山东巡抚岳濬荐举，乾隆乙丑进士。著有《泉山堂剩稿》。《鹤征后录》卷八，《四库未收书辑刊》贰辑，第23册，第718~726页。

王腾蛟，字步元，浙江钱塘人。贡生。由兵部尚书江苏巡抚高其倬荐举，乾隆丁卯顺天举人。

潘思光，字亚卿，福建安溪人。廪生。由福建巡抚卢焯荐举，乾隆戊辰进士。

陈长镇，字宗五，湖南武陵人。贡生。由户部侍郎陈树萱、刑部侍郎杨超曾交荐举，乾隆戊辰进士，改庶吉士。

钱载，字坤一，号萚石，浙江秀水人。雍正壬子副贡生。由浙江总督程元章荐举，乾隆壬申进士，改庶吉士，累官礼部侍郎。著有《萚石斋诗集》。

周大枢，字元木，一字元牧，又字爱穆，更字园牧，号存吾，浙江山阴人。生员。由浙江总督程元章荐举，乾隆壬申举人，官平湖县教谕。著有《周易井观》、《居俟堂集》、《存吾春轩诗钞》、《调香词》。

龚元玠，字鸣玉，一字瑑山，号畏斋，江西南昌人。廪生。由光禄寺刘吴龙荐举，乾隆甲戌进士，官贵州铜仁知县。著有《十三经客难》。

尚廷枫，字岳师，号茶洋，江西新建人。荫生，户部主事。由都察院左副都御史孙国玺荐举。

峻德，姓纳兰氏，字克明，号慎斋，正白旗满洲人。岁贡生，户部笔帖式。由都察院左副都御史孙国玺荐举。著有《使秦集》。

李锴，字铁君，一字眉山，号庼青主人，又号焦明子，正黄旗汉军人。原任官库笔帖式，由宗人府左宗正多罗慎郡王、兵部侍郎镇国将军宗室德沛荐举。著有《尚史睫巢集》、《后集》。

长住，姓王氏，字松侪，号兰谷，正白旗包衣汉军人。监生，景陵八品茶上人。由宗人府左宗正多罗慎郡王荐举，后升内务府郎中。

陈景忠，字又方，号橘洲，镶红旗汉军，海城人。监生。由兵部侍郎镇国将军宗室德沛荐举，后官同知。

许佩璜，字渭符，江南江都人。监生，河南卫辉府管河通判。由河东总督王士俊荐举，后升知州。

施念曾，字得仍，一字得斋，又号檗斋，江南宣城人。拔贡生，广东兴宁知县。由广东巡抚杨永斌荐举，后升河南禹州知州，未赴卒。著有《檗心集》。

王作人，字育才，浙江钱塘人。生员，议叙原任贵州黔阳知县。由太平寺卿蒋涟荐举。

王起鹏，字翱如，浙江归安人。拔贡生，官陕西清涧知县。由陕西巡抚硕色荐举。

劳孝舆，字巨峰，一字阮斋，广东南海人。拔贡生。由广东巡抚杨永斌荐举，后官贵州镇远知县。著有《春秋诗话》。

易宗瀛，字公仙，湖南湘乡人。贡生，试用浙江曹娥场监场大使。由宗人府宗正多罗慎郡王荐举。

王藻，字载扬，号梅泮，江南吴江人。监生。由都察院左副都御史孙国玺荐举，后官国子监学正。著有《莺脰湖庄集》。

朱稻孙，字稼翁，一字芋陂，晚号娱邨，浙江秀水人。贡生，考授州判。由詹事府詹事王奕清荐举。著有《六峰阁稿》。

程川，字鄘渠，号春昊，浙江钱塘人。拔贡生。由浙江总督程元章荐举，后官县丞。著有《朱子五经语类》、《运木集》。

易宗涒，字公申，湖南湘乡人。监生，候选县丞。由湖南巡抚钟保荐举。

邓士锦，字太初，江西南城人。廪生，保举广东琼州府额外教授。由兵部尚书甘汝来荐举。著有《来园集》。

黄天策，字一峰，号香山，江西信丰人。生员。由江西巡抚常安荐举，乾隆庚申拔贡生，官教谕。

阎式矿，河南祥符人。孟津县教谕。由河东总督王士俊荐举。

朱超，河南祥符人。滑县教谕。由河东总督王士俊荐举。

江其龙，字若度，江南桐城人。生员。由安徽巡抚赵国麟荐举，后选江宁府训导。

李灏，字柱文，江南南丰人。生员。由江西巡抚常安荐举，后官永宁县训导。著有《易范同宗录》、《问茝堂集》。

沈彤，字冠云，号果堂，江南吴江人。廪生。由内阁学士吴家骐荐举，后议叙九品官。著有《周官禄田考》、《群经小疏》、《果堂杂著》、《气穴攻略》、《内经本论》、《果堂集》。《鹤征后录》卷九，《四库未收书辑刊》贰辑，第23册，第726~739页。

陆祖锡，字念劭，浙江平湖人。雍正己酉拔贡生。由兵部尚书直隶总督李卫、内阁学士陕西学政王兰生交荐举。著有《松麟集》。

龚正，字□□，江西南昌人。雍正己酉拔贡生。由光禄寺卿刘吴龙荐举。

颜懋伦，字□□，山东曲阜人。雍正己酉拔贡生。由山东巡抚岳濬荐举。

边连宝，字赵珍，一字肇畛，直隶任邱人。雍正乙卯拔贡生。由兵部尚书直隶总督李卫荐举。著有《随园诗集》。

邵昂霄，字丽寰，一字子政，号昴甫，浙江余姚人。雍正乙卯拔贡生。由浙江总督程元章荐举。著有《万青楼图编》、《万青楼稿》。

饶允坡，字右苏，号介冈，江西进贤人。雍正乙卯拔贡生。由福建学政周学健荐举。著有《近诗代钞》。

刘五教，字□□，山西临县人。雍正乙卯拔贡生。由都察院左都御史孙嘉淦荐举。

毛一骢，字□□，湖北东湖人。雍正乙卯拔贡生。由兵部侍郎署湖北巡抚吴应棻荐举。

李光国，字定斋，江南兴化人。拔贡生。由詹事詹事觉罗吴拜荐举。

车文，字彬若，河南太康人。拔贡生。由都察院左都御史孙嘉淦荐举。

陈世龙，字□□，湖南祁阳人。拔贡生。由湖南巡抚钟保荐举。

张廷奏，字□□，陕西榆次人。拔贡生。由山西巡抚觉罗石麟荐举。

黑噶，姓叶赫觉罗氏，字石夫，正红旗满洲人。岁贡生。由礼部侍郎徐元梦荐举。

陆桂馨，字元萼，号馥园，江南震泽人。岁贡生。由江苏学政张延璐荐举，后官丹阳县训导。

陈一策，字尔忱，福建晋江人。岁贡生。由福建巡抚卢焯荐举。著有《香学斋集》。

吴张元，字万长，江南吴江人。优贡生。由兵部侍郎两江总督赵宏恩荐举。

邱迥，字尔求，江南山阳人。贡生。由兵部侍郎署江苏巡抚顾琮荐举。著有《杂录笔记》、《翼堂诗稿》。

赵昱，字功千，原名殿昂，号谷林，浙江仁和人。贡生。由户部侍郎李绂荐举。著有《爱日堂集》。

沈炳震，字寅驭，号东甫，浙江归安人。贡生。由詹事府詹事王奕清荐举。著有《九经辨字》、《渎蒙》、《廿一史四谱》、《井鱼听编》、《新旧唐书合钞》、《增默斋集》。

沈炳谦，字幼牧，号劳山，浙江归安人。贡生。由浙江总督程元章荐举。

刘世基，字崧岳，江西赣县人（一作会昌人）。贡生。由顺天府府尹陈守创荐举。

陈黄中，字和叔，号介岩，又号东庄，江南长州人。生员。由兵部尚书江苏巡抚高其倬荐举。著有《宋史稿》、《东庄遗集》。

陆枚，字实君，江南吴县人。生员。由詹事府詹事王奕清荐举。

胡鸣玉，字延佩，号吟鸥，江南清浦人。廪生。由兵部尚书江苏巡抚高其倬荐举。著有《订伪杂录》。

叶荣梓，字孝常，号容斋，江南青浦人。廪生。由兵部尚书江苏巡抚高其倬荐举。著有《纪年稿》、《容斋诗稿》。

刘鸣鹤，字皋闻，江南阳湖人。廪生。由礼部侍郎江苏学政张延璐荐举。

程光祚，原名默，字启生，号绵庄，又号青溪，江南上元人。廪生。由安徽巡抚王纮荐举。著有《大易择言》、《易通》、《读易管见》、《易说辨正》、《春秋识小录》、《岫云阁诗钞》。

许铿，字□□，江南上元人。生员。由兵部侍郎署江苏巡抚顾琮荐举。

郭束，字元城，江南宝应人。廪生。由兵部侍郎署江苏巡抚顾琮荐举。

胡二乐，字□□，江南歙县人。廪生。由都察院左副都御史陈世倌荐举。

方辛元，字□□，江南桐城人。生员。由总督仓场侍郎吕耀曾荐举。

李希稷，字贻年，江南宣城人。生员。由安徽巡抚赵国麟荐举。

梅兆颐，字恕漪，江南选成人。生员。由安徽巡抚赵国麟荐举。《鹤征后录》卷十，《四库未收书辑刊》贰辑，第23册，第740~747页。

汪台，字抱朴，一字复园，浙江仁和人。廪生。由内阁学士姚三辰荐举。

盛存心，原名琨，字敬甫，号玉岩，浙江钱塘人。廪生。由都察院左副都御史陈世倌荐举。著有《白云诗集》。

汪沆，字师李，一字西颢，号槐塘，浙江钱塘人。生员。由浙江总督程元章荐举。著有《小眠斋稿》、《盘西纪游集》、《沽上题襟集》、《槐塘诗文集》。

孙诒年，字谷仁，号寿门，浙江归安人。生员。由浙江总督程元章荐举。

沈冰壶，字心玉，号梅史，浙江山阴人。廪生。由太仆寺卿蒋涟荐举。著有《古调自弹》、《抗言在昔》等集。

周炎，字西序，号青瑶，浙江萧山人。生员。由浙江总督程元章荐举。著有《幽思草》、《可耕堂集》。

陈绳，字□□，福建闽县人。廪生。由福建巡抚卢焯荐举。

陈继善，字敬堂，福建闽县人。生员。由福建巡抚卢焯荐举。

方鹤鸣，字□□，福建晋江人。廪生。由福建巡抚卢焯荐举。

王元芳，字□□，福建晋江人。生员。由福建巡抚卢焯荐举。

陈大炎，字□□，福建龙岩人。廪生。由福建巡抚卢焯荐举。

傅涵，字圣涯，江西临川人。廪生。由户部侍郎李绂荐举。著有《新桥集》。

张锦傅，字与辉，江西临川人。生员。由江西巡抚常安荐举。

廖理，字□□，江西南城人。生员。由江西巡抚常安荐举。

陈洪淡，字□□，江西高安人。廪生。由刑部侍郎王纮荐举。

盛乐，字水宾，号剑山，江西武宁人。生员。由刑部侍郎王纮荐举。著有《剑山集》。

邓献璋，字方侯，湖南祁阳人。廪生。由湖南巡抚钟保荐举。

陈世贤，字□□，湖南祁阳人。生员。由湖南巡抚钟保荐举。

解含章，字□□，陕西韩城人。廪生。由陕西巡抚硕色荐举。

田荃，字荃生，陕西富平人。廪生。由户部尚书总理陕西巡抚史贻直荐举。

秦泾，字幼湜，陕西郃阳人。生员。由陕西巡抚硕色荐举。

周汝舟，字道夫，江南吴江人。监生。由内阁学士吴家骐荐举。著有《悦汀诗稿》。

张范，字□□，江南华亭人。监生。由衍圣公荐举。

叶承点，字子异，江南奉贤人。监生。由刑部侍郎励宗万荐举。

钱斌，字□□，江南太仓人。监生。由湖南巡抚钟保荐举。

吴溶，字□□，江南阳湖人。监生。由工部侍郎王钧荐举。

刘师翱，字□□，江南宝应人。监生。由兵部侍郎署江苏巡抚顾琮荐举。

任瑷，字恕庵，号东涧，江南山阳人。监生。由兵部尚书两江总督赵宏恩荐举。著有《纂注朱子文类》、《论语中庸困知录》、《易学象数传心录》、《太极图说析疑》、《通书测》、《读经管见》、《小泉笔记》、《困学恐闻》、《正经说》、《传习录辨》、《知言札记》、《读史衡说》、《史记论文》、《史记笔谭》、《六溪山房文稿》、《小泉集》、《六有轩存稿》、《诗漫钞》。

赵信，字意林，浙江仁和人。监生。由通政司使赵之垣荐举。著有《醯略》、《秀砚斋吟稿》。

段梧生，字□□，湖南长宁人。监生。由湖南巡抚钟保荐举。

王元，字□□，湖南华容人。监生。由湖南巡抚钟保荐举。

南昌龄，字念贻，湖北蕲水人。监生。由兵部侍郎署湖北巡抚吴应棻荐举。

许儒龙，字士元，四川郫县人。廪生。由四川巡抚杨馝荐举。

张庚，字浦山，号瓜田逸史，晚又号弥伽居士，浙江秀水人。布衣。由翰林院检讨湖北学政蒋蔚荐举。著有《五经臆》、《通鉴纲目》、《释地纠谬补注》、《书征录》、《续录》、《蜀南纪行略》、《短檠琐记》、《强恕斋诗文集》、《瓜田词》。

赵宁静，字方白，号黎村，江南南丰人。布衣。由兵部侍郎镇国将军宗室德沛荐举。李富孙《鹤征后录》卷十一，《四库未收书辑刊》贰辑，第23册，第747~754页。

钦定经济特科考取人员名单 光绪二十九年闰五月

慈　禧

光绪二十九年闰五月二十一日，内阁奉上谕考试经济特科取列一等之梁士诒等四十八名，二等之桂坫等七十九名，着于本月二十七日在保和殿覆试，钦此。名单如下：

一等四十八名：

梁士诒　杨度　李熙　张一麐　宋育仁　陈曾寿　陆懋勋　李筠寿　张通谟　秦树声　王季烈　冯巽占　尹彦铢　魏家骅　熊元谔　赵录绩　连文澂　孙儆　刘邦骥　杨道霖　胡玉缙　华世芳　吴烈　陈问咸　吴廷锡　罗惇曧　陈骧　顾祖彭　杨毓辉　许宝蘅　俞陛云　方燕庚　何实睿　徐沅　陶炯照　成本璞　丁昌燕　罗良鉴　张祖廉　蔡镇藩　许岳钟　邓邦述　张钰　张孝谦　单镇　王镛　赵宽　陈宗彝

二等七十九名：

桂坫　端绪　刘炳堃　沈瑞琳　饶叔光　胡钧　袁嘉毂　朱孙荋　钱麟书　曾文玉　李钟豫　刘珊　刘憼谨　陈兆奎　萧应椿　饶宝书　蔡宝善　张佑贤　邵启贤　梁焕奎　麦鸿钧　田应璜　桑宣　张士瀛　祝廷华　秦锡镇　江峰青　陈于夏　陆长俊　成沂　王清穆　赵长鉴　李振鹏　刘钟琳　丁禧瀚　吴曾祺　陈君耀　蔡端年　冯善徵　周学渊　姚炳奎　张百城　杨模　陆蕖　李廷栋　胡其敬　方履中　刘映藜　欧阳中鹄　邓承鼎　施世杰　周蕴良　刘体蕃　黎经诰　林炳华　王宗基　郑重　刘体智　丁保树　吴钟善　黄运藩　聂其昌　武曾任　毛昌杰　彭谷孙　姚廷炘　吴庚　程先甲　钱镠　李金羧　贾酉山　朱士焕　蒋宝诚　袁励准　唐文治　易抱一　顾锡爵　杨体仁　崔朝庆

交礼部、军机大臣面奉谕旨：礼部奏遵议经济特科考试事宜各折片，正场题目着阅卷大臣恭拟进呈，余依议。钦此。相应传知贵部钦遵，可也。此交。闰五月初六日。

光绪二十九六月初二日，内阁奉上谕，此次经济特科覆试取道一等之袁嘉毂、张一麐、方履中、陶炯照、徐沅、胡玉缙、秦锡镇、俞陛云、袁励准，二等之冯善征、罗良鉴、秦树声、魏家骅、吴钟善、钱镠、萧应椿、梁焕奎、蔡宝善、张孝谦、端绪、麦鸿钧、许岳钟、张通谟、杨道霖、张祖庚、吴烈、陈曾寿，着谕本月初十日带领引见。钦此。

艺文

送孙豹人归扬州序
施闰章

　　关中孙豹人先生召试博学宏词，被放将归，复有内阁中书舍人之命。同荐诸人，奇其遇，高其志。行，属施子为赠序。施子曰：士不充诎于富贵，不陨获于贫贱，虽有蒲轮之征，不改悬车之素，可谓皭然无忝处士者也。豹人北首入都，初迫于有司，居既久，诸待试阙下者多务研练为词赋，豹人独泛览他书，间语客曰："吾侨居广陵，数十口饔飧待我，使我官京师，不令举家饿死乎？"已入，试不中，良喜，遂束书南归。圣天子诏视诸布衣处士，有文学素著、老不任职事者，其授京衔，以宠其行。于是及格者七人，豹人与焉。初拟司经局正字，天子薄其官，遂与杜君越、傅君山等同授内阁中书舍人。是时杜年八十四，傅七十三，皆未与试先归矣。部议官不及而中旨特授，盖诚异数也，时论以放还。处士膺舍人清秩，恩礼甚厚，而豹人芒屩踽踽自若，其将以年授官也。吏部集验于庭，独卧不往，旋被敦促，乃徐入逡巡。主爵者望见其须眉皆白，引之使前，曰："若老矣。"豹人直对曰："未也。我年四十时即若此，且我前以老求免试，公必以为壮；今我不欲以老得官，公又以为老，何也？"众皆目笑其愚。然卒以老官之，盖非崇儒敬齿，无以昭示朝廷之恩；非引分守穷，无以见岩穴之志。今处不隐不仕之间，身贫贱而拜官于朝，名富贵而遁迹于野，岂不称稽古有余荣哉！豹人今年亦已六十矣，而掉头抗辞，视今人又何如也？其诗操秦声，出入杜、韩、苏、陆诸家，不务雕饰，吏部赵公玉峰既为刻其书，余独叙其语以送之。后之称是官者，其知所由重矣。施闰章《学余堂文集》卷八，《四库全书》第1313册，第98～99页。

应召入都留别亲旧
施闰章

一

　　林壑君恩重，栖迟鹤发新。心将同木石，名敢玷丝纶。黄阁怜知己，青山解笑人。匡时计疏阔，多恐负枫宸。

二

　　辟门真圣主，禁苑富群贤。半豹吾何有，雕虫世偶传。生涯余药饵，懒卧信江天。

旧侣应相忆，东风夜月圆。

三

休沐非归隐，山田薄且耕。时艰须管葛，祖德旧周程。衰谢看才尽，关河触暑行。不知宣室召，何策对升平。（先大父允升公暨先大人世笃理学。）

三

烽烟犹未息，山泽忍安居。白发千行泪，轻装数卷书。圣朝容老拙，野性称樵渔。却笑从前事，无端赋子虚。（章少孤依叔父，今年垂八十，临别吞声。）《学余堂诗集》卷三十二，《四库全书》第1313册，第675~676页。

送邓孝威
施闰章

不捧毛生檄，将归却拜官。谁知簪笔客，仍美钓鱼竿。诗卷余编暇，江乡晚计宽。莱衣今赤绂，白发笑相看。施闰章《学余堂诗集》卷三十二，《四库全书》第1313册，第680页。

己未京邸守岁同耦长用欢字
施闰章

一

此夕长安好，东风送腊寒。衰宁胜柏酒，颂已懒椒盘。家累缘官剧，乡心遇旧欢。陶陶拼永夜，犹作壮年看。

二

爆竹频年禁，谁知岁节过。事从为客减，债比住家多。史馆虚分席，岩疆愿止戈。早朝聊假寐，中夜有鸣珂。施闰章《学余堂诗集》卷三十三，《四库全书》第1313册，第683页。

午门谢颁月廪
施闰章

凤城鱼钥启朝晖,紫陌清霜拜琐闱。廿载老臣还诣阙,九重仙禁想垂衣。弓旌特举贤良尽,雨露先颁礼遇稀。闻道金鸡方下诏,天门冉冉五云飞。施闰章《学余堂诗集》卷四十,《四库全书》第1313册,第761页。

诏赐被荐诸臣月廪恭纪
施闰章

未到鹓班宠泽垂,招贤特典荷皇慈。赐沾雨雪无衣日,恩重宫廷减膳时。不待卖文从取酒,漫劳索米好吟诗。微臣窃禄今衰晚,只合衡门赋乐饥。施闰章《学余堂诗集》卷四十,《四库全书》第1313册,第760页。

己未二月朔同被征诸臣集试体仁阁上赐食且宣谕曰馆选廷试例不给馔嘉尔等学行名儒优以旷典是日治南馔张椅坐盖前所未有也恭赋纪恩
施闰章

减膳深知念万方,大官珍赐喜初尝。天浆捧出金茎远,宫馔分来玉粒香。葵藿腐儒沾醉饱,丝纶温语重辉光。华筵异数承恩渥,载笔还歌湛露章。施闰章《学余堂诗集》卷四十,《四库全书》第1313册,第763页。

三月一日入直史馆见玉河水色次韵陈其年
施闰章

草色江南已绿茵,春流初见玉沟新。软沙气暖喧花鸭,太液冰开动锦鳞。才尽直庐长载笔,官驱华发未闲身。移樽修禊家园梦,倘许朝衣当酒缗。《学余堂诗集》卷四十一,《四库全书》第1313册,第767页。

应诏入都呈司农公二首
徐釚

烟雨常思笠泽滩,征书忽枉到渔竿。破琴欲击嗟桐爨,短策曾羞笑箨冠。上驷谁能过郭隗,寸心只欲拟任安。从今自合雕笼住,且向车茵一醉弹。

芦中灶下感恩私,岂有才名圣主知。荐达已惭司马赋,饥驱犹诵杜陵诗。绛纱入座晴云回，红豆当歌昼漏迟。欲向上林夸羽猎，鹓鹑敢借万年枝。徐钪《南州草堂集》卷六，《续修四库全书》第1415册，第273页。

赴召言怀四首
尤侗

天子求贤下制书，群臣荐表满公车。自多冠带填金马，何意弓旌贲草庐。对策岂能追贾董，上言曷敢比严徐。入山未远长安近，不许休官赋遂初。

解组归田二十年，烟霞痼疾久高眠。从无妖梦乘车盖，偶有虚名挂简编。瓦砾误收铁网内，渔樵重拜玉阶前。萧萧白发登程去，回首青山意惘然。

武帝珠襦杳不闻，上林曾赏气凌云。惭无犬马酬今日，每望园陵忆旧君。当轴尚承南海诏，旁观休诵北山文。此身已作烟波叟，应召惟堪献野芹。（世祖幸南海，亲召徐状元文问侗履历。）

出门心事总茫茫，襥被谁人与办装。彭泽田园将废弃，杜陵妻子独悲凉。孤舟偃仰方三伏，千里携持只十行。社栎终非廊庙用，应怜衰野放还乡。《于京集》卷一，《续修四库全书》第1407册，第2页。

同举诸公公宴
尤侗

芙蓉阙下集簪裾，四海朋来慰索居。乌有客方偕子墨，扬雄文或似相如。解衣共醉新丰酒，倾盖相逢下泽车。寄语灵台南太史，德星可纪汉京书。《于京集》卷一，《续修四库全书》第1407册，第5页。

三月朔日太和殿御试赐饭体仁阁恭纪二律
尤侗

圣主垂衣雅好文，征书早染御炉熏。九天龙凤飞千尺，万国鹓鸾集几群。彩笔拟从前席献，铏羹先向大庖分。自怜风雨蓬茅下，白首重瞻五色云。

玉辂朝来出紫宸，亲题宝墨十行新。上林正听鸣黄鸟，内殿同看对白麟。春草即今招隐士，野苹自昔燕嘉宾。此身愿得如龙马，躬负图书献圣人。《于京集》卷二，《续修四库全书》第1407册，第11页。

阅邸报见群公荐表滥及野老姓名将修辞启先成二首
孙枝蔚

浪得声名悔已迟，如今檄恐北山移。自经乱后无恒产，误喜朝中有故知。魏野方思看舞鹤,庄周只愿作生龟。忽蒙匠石频相顾,栎社神应替我悲。

百岁风狂实可惊,眼昏头白骨峥嵘。纵曾在位冠须挂,岂合辞山网更撄。文举何劳称一鹗,许繇长使忆三生。(白乐天诗"世说三生如不谬,共疑巢许是前身"。)鲁郊金奏虽堪说,谁识当时海岛情。《溉堂续集》卷六,《续修四库全书》第1407册,第590页。

见征入京后作
孙枝蔚

百八十人何济济,都矜博学且弘词。钓鳌客亦来龙伯,卖屦翁初别剑池。(池在丰城,杜诗"贫穷老叟家卖屦",谓王季友也。)高士儒林难共传,柴车骏足敢同驰。布衣老死甘云壑,岂料遭逢类荔枝。(杜诗"云壑布衣鲐背死,劳人害马翠眉须",盖谓布衣终然永屈,曾不如荔枝远人长安,供翠眉之一笑也。余诗特反其意。)《溉堂续集》卷六,《续修四库全书》第1407册,第590页。

出京
孙枝蔚

一

跳出红尘十丈,凭教白发三千。昨畏九关虎豹,今称地上神仙。

二

自笑身如老牛,黄金岂可笼头。肯为三人缓带,(古语"一人乘车,三人缓带"。)全忘五月披裘。

三

三拜先生伯仲,四休居士吾家。(孙景初号四休居士,黄山谷有诗。)往日名衔不恶,今成添足之蛇。《溉堂后集》卷二,《续修四库全书》第1407册,第416~417页。

吏部奉旨议授布衣六人正字职衔枝蔚与焉因纪此
孙枝蔚

一官惭远志,四海本浮鸥。善赋曾非晏,(晏元献公殊因诗赋曾除此官)童年况异刘。

（刘、晏以神童授秘书省正字）山人今返驾，小妇免登楼。临水看蝌蚪，惟添错字愁。（岑嘉州《送王伯伦应制授正字归》诗"蝌蚪皆成字，无令错古文"。）《溉堂后集》卷一，《续修四库全书》第 1407 册，第 411 页。

奉酬王贻上侍读见贺授正字职衔放归故山次来韵
孙枝蔚

岂有朋难正，得蒙天许闲。黄鸡日催晓，倦鸟久知还。拜手辞仙伯，回头望泰山。骊驹歌未了，不觉动愁颜。《溉堂后集》卷一，《续修四库全书》第 1407 册，第 411 页。

附王侍读诗

领取头衔贵，名高身更闲。虽蒙秘书拜，只似白衣还。诗即杜陵叟，官如陈后山。须眉无恙在，归去卧商颜。《溉堂后集》卷一，《续修四库全书》第 1407 册，第 411 页。

部议初授布衣及生员贡监生年老者六人为司经局正字疏上上特命进内阁中书舍人复增未与试者二人同授是官再纪二诗（六人为王方谷、丘钟仁、申维翰、邓汉仪、王嗣槐及枝蔚，二人为傅山、杜越。）
孙枝蔚

一

文学曾何有，君恩亦太宽。（上谕傅山等八人文学素著，念其年迈，可授中书舍人职衔，以示恩荣。）发如毛颖秃，病似紫薇残。拜谢须朝服，□惭对钓竿。惟应骄贾客，不是买来官。（入赀求官者有新例。）

二

无望何劳贺，傥来真可惊。曾非鸡肋比，虚有凤池名。问耻如愿宪，观爻慕向平。他时戒吾子，不必上铭旌。《溉堂后集》卷一，《续修四库全书》第 1407 册，第 411 页。

和黄山谷拟省题二首有引
孙枝蔚

御试有期，同来应召诸君子皆闭户研练诗赋，枝蔚如野道士，本无意于蓬莱间一幡及经卷，送日而已。箧中偶携《黄山谷集》，见有拟省题四首，试和其二，聊资游戏。此外二题，非志所存，亦赖及焉。

岁寒知松柏

苍然松与柏，荣悴耻随时。地僻长相伴，天寒始见知。衰怜蒲柳脆，劲耐雪风吹。鹤记尧年牖，龙存汉代祠。陶潜夸独树，杜甫爱皮。但得高人赏，何劳匠石窥。

被褐怀珠玉

孟子无惭璞，邹阳亦比珠。求贤非古帝，被褐一愚夫。骊颔诗能探，璜溪钓有徒。不贪真是宝，（子罕曰："子以玉为宝，吾以不贪为宝。"）无耻自相趋。（孔融《与盛孝章书》："珠玉无耻，而走四方者以其有名也。"）掌上身曾贺，怀中罪可虞。谁能同贾客，贩货向京都。《溉堂后集》卷一，《续修四库全书》第1407册，第413页。

处士三人被召不至美之以诗各一绝
孙枝蔚

魏凝叔

高卧金精（山名）三十年，曾无足迹到长安。伯原能作救荒策，（凝叔亦有《救荒策》，故以杜伯原比之。）只不能为修史官。

李中孚

平生未识李中孚，只道相逢在帝都。不上征车拼饿死，闻风愧煞懦顽夫。

应嗣寅

高士谁求史笔传，此心惟不愧林泉。浙中今并淮南美，四皓何如一老贤。（应曜，淮南人，汉初与四皓同被征，不至，时人为之语曰："商山四皓不如淮南一老"，太史公退处士，乃略而不书。）《溉堂后集》卷二，《续修四库全书》第1407册，第417页。

李容斋学士招饮是夕闻荐举之令
方象瑛

春城月落拥芳尊，学士风流喜尚存。我自论诗惊太白，君真折节重龙门。谈清渐对瓶花发，夜久重看火树繁。闻道圣朝方侧席，知谁词赋答殊恩。方象瑛《健松斋集》卷十八《展台诗钞》上，《四库全书存目丛书》第241册，第284页。

上谕荐举博学鸿辞恭纪和李学士韵
方象瑛

同文盛世志偏虚，汉策贤良总不如。圣学自探千载秘，侍臣原贯五车书。乍传沈宋承恩日，恰喜班扬献赋初。干羽两阶文教远，炎荒万里罢犀渠。

其二

丝纶五色下诸司，诏许同升各异辞。拜疏先求天下士，感恩肯效市人为。应知学古能经世，谁道雄文只入赀。旷典初颁春正始，鲲鹏早已到天池。

其三

海内争弹贡禹冠，遭逢谁道会偏难。山中猿鹤征书下，陌上轮蹄诏语宽。（定限八月到部。）缥缈五云来国士，扶携八月满长安。遥知奏对甘泉日，万里风云集简端。

其四

年来寂寞帝京游，喜值鸾书侧席求。载笔自应咨董贾，还山且莫羡巢由。人文千里风云合，天语三春雨露收。自愧巴吟真忝窃，敢夸名姓动公侯。方象瑛《健松斋集》卷十八《展台诗钞》上，《四库全书存目丛书》第241册，第284~285页。

初入翰林呈同馆诸君
方象瑛

十年对策尚萍居，旧业瀛洲梦已虚。执戟未能同曼倩，凌云何幸荐相如。西清召试晨趋陛，东观传宣夜著书。从古三长知不易，无才真自愧簪裾。（时奉命纂修《明史》。）方象瑛《健松斋集》卷十八《展台诗钞》上，《四库全书存目丛书》第241册，第291页。

送李天生奉旨归养
方象瑛

偶辞猿鹤诣征车，缥缈终南忆旧庐。未许陈情闲令伯，谁云奏赋重相如。还山赐秩恩偏厚，捧檄归田志未虚。愧我无才同恋窃，送君南望独踟蹰。方象瑛《健松斋集》卷十八《展台诗钞》上，《四库全书存目丛书》第241册，第291页。

北征马上作
严绳孙

一

藤鞯席帽走踆踆，物换星移倍损神。朱果何心垂驿路，青蝇抵死傍车尘。云迷齐鲁亡来国，雨打江湖倦后身。为送蒲轮趋诏客，一时衮衮上云津。

二

断虹低处暂亭鞭，缀石编荆土俗便。千树浓荫输井税，一犁新雨种山田。岱宗昔别计不返，京国重游心惘然。亦有茅斋容跂脚，桃笙抛断绿窗前。

三

炎风吹雨白杨枝，裩襨冲泥去较迟。野麦作糜供压酒，山桑成茧趣缲丝。他乡且喜差安日，此路曾无暂息时。江雁同归黄叶下，玉堂铃索寄相思。

四

几经循发走天涯，贪看烟岚路不赊。马过清溪流正急，蝉鸣深树日难斜。宿瘤村媪工吹饼，槁项山僧苦施茶。忽忆柳塘归櫂晚，绿瓷新水载荷花。

五

絮衣蒙暑笑浮生，敢为长途事倒行。芳草斜阳俱困懒，白云青壁太分明。身乖进退名何有，心计知交迹始轻。却望皇州虽信美，五噫歌罢不胜情。《秋水集》卷五，《四库禁毁书丛刊》集部第 133 册，第 573 页。

送李天生同年侍养归秦中
严绳孙

九衢无归辙，冠盖若云烟。相逢不相知，磬折疲周旋。侧闻戒骊驹，祖帐青门前。恻恻离别悲，乃在心赏间。李子抱明义，出处何轩然。既览千古迹，肯遗寸心愆。气贯阊阖风，哀哀将母篇。疾呼正惊俗，诏书褒其贤。高霞自卷舒，劲翮起孤骞。行事岂必同，要之今鲁连。余交苦不早，执义乃随肩。顾我无一长，弥悲已徂年。招提树尊酒，中心难尽宣。愧尔既非一，敢念平生言。君行安可留，解组已我先。金台折杨柳，秋风岂重妍。恨恨念前期，酒尽长河悬。明发河梁别，挥手不能还。《秋水集》卷六，《四库禁毁书丛刊》集部第 133 册，第 578 页。

秋日赐翰林詹事官太液池藕
严绳孙

宸游采藕上林中，赐出西清拜舞同。过阙凉沾金掌露，归鞍香散玉堂风。渴怜华井沉水拜，老忆江潭坠粉红。俱是恩波亲洗沐，梦魂长绕日华东。《秋水集》卷六，《四库禁毁书丛刊》集部第 133 册，第 579 页。

诏添日讲起居注官引见乾清门
严绳孙

讲帷清选侍缣缃，紫禁青春引鹭行。金掌露晞随故笔，玉阶风过见垂裳。道心更闻千秋蕴，文德新收万里疆。自顾轻庭何所益，芰衣惭负惹炉香。《秋水集》卷六，《四库禁毁书丛刊》集部第 133 册，第 579 页。

后六日再引见
严绳孙

又传名字下彤庭，置有文章照汗青。心托上林同社燕，身承清问傍阶蓂。三年漫续龙门史，一日难儗虎观经。羽翼幸多鸾鹄在，倘容衰拙付沉冥。《秋水集》卷六，《四库禁毁书丛刊》集部第 133 册，第 579 页。

拜命后作
严绳孙

久为迁疏忆薜观，职司清切更如何。百家同异源流远，一德都俞记载多。憪学岂堪参作述，承恩始自悔蹉跎。筋驽肉缓平生事，愁问花观日影过。《秋水集》卷六，《四库禁毁书丛刊》集部第133册，第579~780页。

和其年清明日游万柳堂忆故园风景
彭孙遹

雨织烟搓绿满条，似回青眼向人邀。兰辰藉草春相命，竹溜穿花晚自浇。地有平泉疏草木，心同南郭听竽箫。荆溪不少佳风物，桂树山幽未可招。

萍波一曲柳千条，寒食风光坐可邀。槐火轻烟吹梦泠，梨花春雨带愁浇。孤栖幸舍仍长铗，诸道铙歌又短箫。平世定容初服遂，故山松桂早相招。彭孙遹《松桂堂全集》卷十八，《四库全书》第1317册，第172页。

戊午应召入都留别里中亲友 二首
汤 斌

萧然萝薜绝双鱼，云外忽传有鹤书。学道原因息駉早，出山翻悔避名疏。幽花谷口遥相映，野鹭溪边回自如。龙尾班行真济济，拙庸应许归茅庐。

簇簇郊关拥画轮，临河握手话酸辛。艺花选石多同调，待漏鸣珂少故人。倦鸟宁能历远岫，归云何意覆通津。入朝倘得辞簪绂，春水还期理钓纶。汤斌《汤子遗书》卷十，《四库全书》第1312册，第618页。

康熙十八年二月蒙恩转侍读学士恭纪二章
张 英

其一

门开宣政日曈昽，温室花繁淑景融。载笔趋来宫漏里，除书闻自禁闱中。身依香案恩常渥，名愧冰衔岁不同。广厦细旃时赐对，惭无一得报宸衷。

其二

艺苑词曹比凤池,鸡栖敢傍最高枝。丹梯目慑云霄近,碧草心衔雨露滋。东观崇阶容屡陟,西清秘笥许频窥。承恩便诏当筵谢,不待鹓班晓漏时。张英《文端集》卷三,《四库全书》第1319册,第309～310页。

送李天生检讨还秦中 四首
张 英

当宁旁求切,张罗得凤麟。同朝传盛事,空谷起斯人。壮志经纶阔,高怀器业醇。爱君风味好,不改旧松筠。

鸿编须巨手,何意独抽簪。芸阁他年事,兰陔此日心。上书臣愿切,优诏主恩深。珍重承欢去,非关恋碧岑。(时方纂修明史。)

仲蔚蓬蒿径,曾闻客款扉。频教清梦接,飙遣素心违。翦烛期同话,吟诗却送归。蓟门秋色早,河柳正依依。

报国儒臣事,君归岂漫然。地维连蜀道,天险扼秦川,塞北多鸣镝,河西有控弦。圣朝恩泽厚,藉与远人传。张英《文端集》卷十九,《四库全书》第1319册,第466～467页。

送邓孝威授正字归海陵再示豹人
王士禛

当年绮里季,曾友夏黄公。共咏紫芝曲,俱栖岩穴中。鬒眉惊汉帝,羽翼缅高风。一出还归隐,白云商洛东。《渔阳精华录》卷八,《四库全书》第1315册,第152页。

送姜西溟归慈溪
王士禛

春风滋百卉,不荣孤柏根。白日回阴崖,霜雪惨不温。丈夫重知己,烈士轻感恩。姜生起句余,水击南溟鲲。商歌一亩宫。名动万乘尊,孤高取众忌。当路谁攀援,季布揖曹丘。感激由片言,何况贫贱士,风飙阻重阍。枚朔善俳骸,庄徐擅高论。连尻结股脚,词赋若云屯。君独衔恤归,秋风刘丛萱。虎鼠竟何常,挥手声暗吞。《渔阳精华录》卷三,《四库全书》第1315册,第58页。

钱学士诗序
朱彝尊

华亭之为县,旧隶秀州,其后虽析为江浙,然相去仅百里。士大夫仕于朝者,每合二姓之好,先王母徐安人为太师文贞公孙,先母唐孺人为礼部尚书文恪公孙,故予家内外兄弟甥舅多华亭士族。予童时,先母归宁,辄随行者累月,比还,所操皆其土音,恒为伯叔母姑姊妹所笑。迨先王母、先母既逝,文贞、文恪之后遭乱式微,予亦贫不自振,闻问阔绝,思为儿女结婚姻于母氏之党,以仍通往还,顾未能果也。

钱君金甫,字越江,与予同被荐,同官翰林。君由编修累迁至侍讲学士,然敝裘羸马,与乡党故人数为文酒之会,词山曲海,鱼经蟹志,靡所不谈。坐有语及官资迁擢者,君辄恚。后会其人不速至,竟引避之,独对予欢治无间,申之以婚姻。余既罢官将归,君日载酒款曲,兼旬然后别。盖君虽贫,能急人之忧。君之师有卒于官者,君尽以奉钱治丧纪。俄而,其邻人失火,延及师舍,君率力士负棺出,火燎其须,不顾也。又有被遣者,三日当出关,君亟称贷拮据,两昼夜追及其车,恸哭而返。客或暴卒于都亭外,君犯暑疾,驰抵卢沟视其敛。其笃于师友若是,故其为诗缠绵悱恻,不失温柔敦厚之遗,其为文条达,无规仿凌驾之迹。自其少日,为王光承玠右、吴骐日千两高士所称道,而君之叔父芳标、葆龄亦乐与酬和焉。予既旋里,是夏,君以疾殒京师。冬,孤子长涵扶丧归。逾年,予始哭君于黄浦之东高桥里,荒沟古水,莫有田父可问途者。叩其门,有鸡犬,无僮仆。见其孤,问其所有,仅木棉花地一顷,不足输井税,为凄然久之。寻出君《保素堂集》若干卷,请予序,因述君行概,俾后之论世者知君之为人。朱彝尊《曝书亭集》卷三十七,《四库全书》第1318册,第76~77页。

丛碧山房诗序
朱彝尊

翰林院检讨任丘庞君,善古今诗。岁在戊午,天子思得文学之士,摛辞备顾问,俾廷臣各举所知。次年春,试诗赋于体仁阁下,君用是得受官。又六年,复试诗赋于保和殿,君所作违式例,当改调。于是君闲居,集平生诗为《丛碧山房稿》,凡若干卷。诵其诗,雅而醇,奇而不肆,合乎唐开元、天宝之风格。北地之言诗者,未能或之先也。任丘在畿南九十九,淀之水汇于县境,陂塘远近,菱荷葭苇,蒲柳之利,比于吴越,舟樯之往来,鱼鸟之出没,山房领其要焉。君归乎,吾将访君于是,渔榔钓车,相与赋诗酬和,附兹集之末,后世或有好之者。文章之传,不系乎名位之通显也。朱彝尊《曝书亭集》卷三十七,《四库全书》第1318册,第77页。

戊午九月予谬以入荐赴都奉谒李学士蒙赐晋接兼屡有请召陪侍燕集谨赋长律一十六韵志谢

毛奇龄

东堂学士爱才贤，蟠木何曾有物先。时接竖儒鳌禁外，晚开高阁帝城边。买臣无复将车兴，曼倩刚逢待诏年。失学偶膺三府辟，空群竟遇九方歅。虚疑白璧终投楚，不道黄金尚在燕。暗解䙅褖归幸舍，惊看苣鼎列长筵。和成春芍芬于术，摘得秋花小似钱。幕后徐呼宾从出，楣间高见御书悬。近栏竹石皆仙署，满架缣箱有赐签。坐觐趋庭回玉树，行逢撒烛散金莲。春坊诗本徐摘授，左相经从韦孟传。（时大令新登贤书中席惠见）高语任倾千叶漏，醉归难控五花鞯。感深嘉意增留恋，剩有微情荷采甄。几度谬陪瑶海晏，平时况诵《柏梁》篇。彤云远覆珠幢下，淑气遥吹香案前。但使圣恩能泛被，从君乞放五湖船。《西河集》卷一八四，《四库全书》第1321册，第887~888页。

万柳堂赋有序

毛奇龄

西河征车赴京，时益都相公大开阁请，召诸门下士共集于城东之万柳堂，即席为赋。时作者三十人，益都以是篇压卷。次日侍读乔君为传写一通，谬为己作，以示曹峨嵋司成。峨嵋曰："此非君作也，然则谁作？"曰："此非西河不能也。"一时竞传之，以为佳话。其后益都致政去，西河致书有云："昨以修禊复过万柳，虽风物犹昔，而追游非故，攀援柳枝，不觉泪下。"

万柳堂者，益都相公冯公之别业也。其地在京师崇文门外，原隰数顷，污莱广广，中有积水，渟濇流潦，既鲜园廛，而又不宜于粱稻。于是用饔钱买为坻场，垣之壆之，又偃而潴之，而封其所出之土以为之山。岩陏块曲，被以杂卉，构堂五楹，文阶碧砌，芃兰蘼苔，菽蔓于地。其外则长林弥望，皆种杨柳，重行叠列，不止万树，因名之曰万柳堂。岁时假沐于其中，自王公卿士，下逮编户、马医、佣隶，并得游燕居处，不禁不拒，一若义堂之公人者。昔都城门外多群公所置别业，如樊川金涧、谢墩韦谷以及富郑公园田、游岩宅之类，并有山亭水榭，鱼鸟花竹之胜。然数传以后，或存或毁，未必当时为世通也。今以公所营而较之，于昔不无朴啬。然而旷澹之怀，与物同之。且去此数里，穿池放鱼，豢畜乳妇，而鬻无主之婴儿，其于游观自得之外，更有会焉。故其街曰太平，其坊曰兴隆，而其途之榜则曰教养，盖取东南近藉教侯之养之义。至若元时丰台有万柳堂，与此异地，虽其名同，非以袭其事也。因为之赋。【略】《西河集》卷一二七，《四库全书》第1321册，第364~367页。

赠傅青主征君二首

冯溥

一

僧庐高卧稳，令节客情孤。祝噎迟鸠杖，乞言尚帝都。寝兴惟子问，汤药倩人扶。惭愧平津阁，留宾事有无。

二

大隐乐林泉，鹤鸣彻九天。上庠虞氏典，稽古汉庭贤。孤洁留高义，凄凉动世怜。衰运吾未去，惆怅咏斯篇。《佳山堂诗集》卷四，《四库全书存目丛书》集部第215册，第74页。

戊午春正月捧诵求贤上谕恭纪

冯溥

一

圣武方扬文命敷，典谟干羽毖皇图。翻经丙夜旁求切，视草金门待诏殊。一代词源宗睿藻，千秋岳降应真儒。伫看春泽销兵甲，彩笔从容赋两都。

二

云汉昭天仰化工，菁莪棫朴万方同。已惊俊乂承恩渥，旋沐弓旌降典隆。濂洛谁传真姓字，文章始信有穷通。大观在上宾王利，渐陆何忧隔遁鸿。《佳山堂诗集》卷六，《四库全书存目丛书》集部第215册，第116~117页。

次湘北学士韵纪盛
冯溥

一

求贤侧席意常虚，雅掺猗兰迥不如。南诏尚忧三窟狡，东封谁上万年书。（时初封长白山）简编搜讨传心久，辟召申重吁俊初。奋武揆文关睿虑，愿将皋座起横渠。

二

诏出征车遍所司，休移猿鹤北山辞。少微已映台星动，白云无忧下里为。岂有陈琳工檄草，翻来卜式助军赀。普天文德招携远，翰墨春云濯凤池。

三

词坛特达重弹冠，旷典能无报称难。市骏恒虞酬骨贱，拔茅尤爱汇征宽。一人追琢思纲纪，六宇光华见治安。豹变霞蒸应次第，为占紫气五云端。

四

思如陶谢愿同游，霄汉尤烦瘄寐求。鲁国儒生词自诎，桐江钓客櫂何由。校书乙夜尊刘向，作史三长笑魏收。润色太平真盛事，纵教宾客厌诸侯。《佳山堂诗集》卷六，《四库全书存目丛书》集部第215册，第117页。

同诸老荐举文学次韵
冯溥

奏对书思午夜携，流莺初绕建章啼。喜传骐骥群空叱，应见琅玕笑向西。天上春云吹凤曲，苑边晴云试霜蹄。几逢盛典光华满，市骏先将姓字题。《佳山堂诗集》卷六，《四库全书存目丛书》集部第215册，第118页。

再叠前韵

其一

宵衣余暇倚清虚，焕发天章锦不如。文苑弘开通凤沼，王言珍重进贤书。山中草木敷荣外，海畔蛟龙奋蛰初。曾是弓旌来异数，诸公何以答勤渠。

其二

□□分符各有司，十行细读绎征辞。高才岂合蹉跎暮，公望于今应有为。殷室庶明犹吁俊，汉庭郎署恨多赀。衮龙黼黻真儒赖，会见鸿篇出液池。

其三

赓扬每愧进贤冠，尽网珊瑚势倍难。待诏徒传金马盛，谈经今见石渠宽。雄文相似三都丽，沈律惟求五字安。明试几时同入奏，须教词赋压朝端。

其四

曾从扈跸赋来游，梧凤歌成识应求。退舍妖星风不兢，高楼严客势无由。璠玙旧是千秋赏，骐骥新经一顾收。橐笔从容尊显在，何烦汗马列通侯。《佳山堂诗集》卷六，《四库全书存目丛书》集部第215册，第118～119页。

傅青主征君二首

冯　溥

其一

函谷青牛得綮无，徒瞻紫气满皇都。雍中篲业迟更老，殿上夔龙问楷模。谁识承匡仍绛县，多应金粟待文殊。于今好倩丹青笔，为写渊明粟里图。

其二

病缘岂藉世情医,高咏谁堪继五噫。岁俭欲留香积供,文成不让漆园奇。星能犯座还□客,云可怡人自有诗。驴背春风归去稳,外臣箕颖拜恩时。《佳山堂诗集》卷六,《四库全书存目丛书》集部第215册,第119页。

赠别己未诸子
冯溥

诸子何济济,蔚矣廊庙材。菁华不易得,麟凤非凡胎。建树宜远到,吾年惜衰颓。握手一言别,顿令心怀摧。仁人赠以言,坦衷勿疑猜。丈夫挺志操,矫焉离尘埃。舍弘归德量,狭庆众所媒。修己期贤圣,惧为中道隳。松柏标劲姿,萧艾讵可偕。相励以坚贞,见异迁乃垂。立朝贵正色,匪曰著风裁。流俗理易污,智者亦徘徊。衣钵岂足传,但愿珍怀来。《佳山堂诗集二集》卷一,《四库全书存目丛书》集部第215册,第160页。

告求举博学鸿儒者(时新任台省者俱补牍续荐)
郑梁

其一

博学鸿儒本是名,寄声词客莫营营。比周休得尤台省,门第还须怨父兄。(内多势要子弟。)

其二

补牍因何亦动心,纷纷求荐竟如林!纵然博学虚名色,袖里应持廿四金。(闻鸿儒一名价值廿四两。)《寒村五丁诗稿》卷一,见卞僧慧《吕留良年谱长编》卷十,中华书局2003年,第256页。

《汤子遗书》提要
纪昀

国朝汤斌撰。斌有《洛学编》,已著录。斌在国初,与陆陇其俱号醇儒。陇其之学,笃守程朱,其攻击陆王,不遗余力。斌之学源出容城孙奇逢,其根柢在姚江,而能持新安、金溪之平，大旨主于刻励实行，以讲求实用，无王学杳冥放荡之弊，故二人异趣而同归。今集中所载《语录》，可以见其所得力。又斌虽平生讲学，而康熙己未召试，实以词科入翰林，故集中诗赋杂文，亦皆彬彬典雅，无村塾鄙俚之气。至其《奏议》诸篇，规画周密，条析详明，尤昭昭在人耳目者矣！盖其著述之富，虽不及陆陇其，而有体有用，则斌尤通达治体云。《四库全书总目》卷一七三，中华书局1995年，第1520页。

《尧峰文钞》提要

纪　昀

国朝汪琬撰。琬字苕文，号钝翁，晚居尧峰，因以自号，长洲人。顺治乙未进士，由户部主事升刑部郎中，降补北城兵马司指挥，再升户部主事。康熙己未，召试博学鸿词，授翰林院编修。初，琬自裒其文为《钝翁类稿》六十二卷，《续稿》五十六卷，晚年又手自删汰，定为此编，其门人侯官林佶为手写而刊之。古文一脉，自明代肤滥于七子，纤佻于三袁，至启祯而极弊。国初风气还淳，一时学者始复讲唐宋以来之矩矱。而琬与宁都魏禧、商丘侯方域称为最工，宋荦尝合刻其文以行世。然禧才气纵横，未归于纯粹，方域体兼华藻，稍涉浮夸，惟琬学术既深，轨辙复正。其言大抵原本六经，与二家迥别。其气体浩瀚，疏通畅达，颇近于南宋诸家，蹊径亦略不同。庐陵、南丰固未易言，要之，接迹唐、归，无愧色也。琬性狷急，动见人过，交游罕善其终者；又好诋诃，见文章必摘其瑕颣，故恒不满人，亦恒不满于人。与王士禛为同年，后举博学鸿词时，乃与士禛相忤。其诗有"区区誓墓心，岂为一杯祖"句，以王述比士禛，士禛载之于《居易录》中。又与阎若璩议礼相诟，若璩载之《潜邱札记》中，皆为世口实。然从来势相轧者，必其力相敌，不相敌则弱者不敢，强者不屑，不至于互相排击。否则，必有先败者，亦不能久相支拄。士禛词章名一世，不与他人角，而所与角者惟赵执信及琬。若璩博洽亦名一世，不与他人角，而所与角者惟顾炎武及琬。则琬之文章学问，可略见矣。《四库全书总目》卷一七三，第1522页。

《松桂堂全集》提要

纪　昀

《松桂堂全集》三十七卷，《延露词》三卷，《南往集》三卷，国朝彭孙遹撰。孙遹字骏孙，自号羡门生，海盐人。顺治己亥进士，官中书舍人。康熙己未，举博学鸿词，召试擢第一，授编修，历官吏部侍郎，兼翰林院学士。洪惟我圣祖仁皇帝，武功肇定，六幕大同，黼黻升平，右文稽古，旁求俊义，肇举制科。于时景运方隆，人文蔚起，怀才抱艺之士，云蒸鳞集，咸诣金门。司校阅者虽有李霨、杜臻、叶方蔼、冯溥四人，而甲乙次第，皆禀睿裁。如王士禛《池北偶谈》所记，施闰章《省耕诗》中误书

"旗"字为"旂"字,诏降置次等一事。仰见睿鉴精详,不遗纤芥,故得人之盛,今古罕俦。而孙遹遭际昌期,实冠是选,文章声价,纸贵一时。今观是集,才学富赡,词采清华,馆阁诸作,尤瑰玮绝特。知其独邀甄拔,领袖群才,不偶然也。孙遹所著《南泩集》、《香奁倡和集》、《金粟词》、《延露词》,俱先有刊本,惟《全集》未刊。孙遹没后五十年,至乾隆癸亥,其孙景曾始为开雕,并以旧刊《南泩集》、《延露词》附录于后云。《四库全书总目》卷一七三,第1523页。

《曝书亭集》提要

纪　昀

　　《曝书亭集》八十卷,附录一卷。国朝朱彝尊撰。彝尊有《日下旧闻》,已著录。此集凡赋一卷,诗二十二卷,皆编年为次,始于顺治乙酉,迄于康熙己丑,凡六十五年之作。其纪年皆用《尔雅》岁阳岁阴之名,从古例也。词七卷,曰《江湖载酒集》,曰《茶烟阁体物集》,曰《蕃锦集》,杂文五十卷,分二十六体,附录《叶儿乐府》一卷,则所作小令也。彝尊未人翰林时,尝编其行稿,为《竹垞文类》。王士禛为作序,极称其永嘉诗中《南亭》、《西射堂》、《孤屿》、《瞿溪》诸篇,然是时仅规摹王、孟,未尽所长。至其中岁以还,则学问愈博,风骨愈壮,长篇险韵,出奇无穷。赵执信《谈龙录》论国朝之诗,以彝尊及王士禛为大家,谓"王之才高,而学足以副之;朱之学博,而才足以运之"。及论共失则曰"朱贪多,王爱好",亦公论也。惟暮年老笔纵横,天真烂漫,惟意所造,颇乏翦裁。然晚境颓唐,杜陵不免,亦不能苛论彝尊矣。至所作古文,率皆渊雅,良由茹涵既富,故根柢盘深。其题跋诸作,订讹辨异,本本原原,实跨黄伯思、楼钥之上。盖以诗而论,与王士禛分途各骛,未定孰先;以文而论,则渔洋文略固不免瞠乎后耳。惟原本有《风怀二百韵诗》及《静志居琴趣》长短句,皆流宕艳冶,不止陶潜之赋闲情。夫绮语难除,词人常态。然韩偓《香奁集》别为篇帙,不入《内翰集》中,良以文章各有体裁,编录亦各有义例,溷而一之,则自秽其书。今并刊除,庶不乖风雅之正焉。《四库全书总目》卷一七三,第1523页。

《世恩堂集》提要

纪　昀

　　国朝王顼龄撰。顼龄号瑁湖,华亭人。康熙丙辰进士,己未召试博学鸿词,授编修,官至大学士,谥文恭。是编凡《诗集》三十卷,《经进集》三卷,《诗余》二卷。顼龄值文治昌明之日,奏太平黼黻之音,故一时台阁文章,迥异乎郊寒岛瘦。即早年未达时,作亦无衰飒哀怨之意,足以见其襟抱矣。《四库全书总目》卷一八三,第1659页。

《己未词科录》序
吴骞

制科之兴，肇于汉贤良方正、文学异等诸科，而名目之繁，莫过于唐。以《新》、《旧史》及《太平御览》、《文献通考》等考之，不下七十余目，若《云麓漫钞》所列则多至一百有余，中惟开元十九年博学宏词科，号为得人。迄乎宋代，虽间亦用制科、鸿词等取士，大要与科举无大相远，且名分五等，而所取惟列下三等，上一二等仍虚其位，故士亦不甚以为重。元明以来，此科遂废。我朝列圣相承，文教宣敷，明扬侧陋。圣祖仁皇帝以康熙己未年，特开博学鸿词科，以收罗天下贤俊。奇才异能之士，虽布衣韦带，岩穴幽隐，莫不征求辟荐。上亲临轩制策，擢取一二等，并宠以清秩，纂修《明史》。良缘上用诚求，下以实应，于是经儒硕彦，名臣杰士，一时景集。盖自设科取士，立贤无方，风云际会之盛，从古罕观。至于今虽去之百数十载，使人思慕不衰。

吁戏！此少司寇小岘秦先生所以有《己未词科录》之辑也！先生于宫谕对严先生实本生高祖，家世清门，天挺殊异，于书无所不窥，习闻掌故。其为是书，上自制诏，下及奏疏，旁采家传、碑志，集录记载，纲举目张，有体有要，非特词科巨观，洵足备升平之佳话者矣。或谓：先生自高、曾以降，累世科第，领袖缙绅，而先生又以诗赋起家，稔于先世旧闻，藉以发挥前业，鼓吹休明。此犹浅之乎窥先生者也！

从来有天下者，必资贤佐。唐虞之际，岳牧咸荐。故皋、夔、元、凯，布列在位，然后成郅隆之治。三代而还，惟汉最为得人。文、景、武、宣世，名臣辈出，若晁错、董仲舒、公孙弘、朱云、何武、辕固、黄霸、朱邑之伦，并以特制科为天子拔取。凡所对策，忠言谠论，史不胜书。降及东京，贤良节义之士，亦多出自此科。我圣祖仁皇帝，睿谟渊断，度越古今，虑专尚制义，不足尽收天下英奇，特举千百年之旷典。高祖纯皇帝，敬天法祖，以乾隆丙辰年复诏开博学鸿词科，得士亦并一时俊杰，继继绳绳，后先辉映。迄今流风余韵，犹有存者。先生被两朝知遇之隆扬，历中外垂数十年，盖深有慕于圣主贤臣，盛德鸿业，千载同揆。暇日辑为是书，以道扬休美，俾承学之士，咸知读圣贤书而乐尧舜之道，通经博学，以无负盛世作人之化，此则先生之素志。故窃以谓：若徒以摭遗闻，传轶事，如昔人衣冠盛事，桐阴旧话之所为，犹浅之乎窥先生者也！

骞山泽耑蒙，辱先生命，俾之一言，谨摅其蠢管云尔。嘉庆十二年岁次疆圉单阏九月重阳日海宁吴骞。秦瀛《己未词科录》卷首，《续修四库全书》第537册，第109~110页。

《己未词科录》凡例
秦瀛

余始见嘉兴李氏所藏《鹤征录》云："系朱氏曝书亭本，竹垞所欲辑而未成者。"

又尝见全谢山《词科摭言》止载一等五十人，及同试之高士奇、励杜讷二人，加中书衔王方谷等七人，特赐中书衔杜越、傅山二人，其余同征诸公俱缺。是编据《鹤征录》而益广之，间有考证，附以按语。今《鹤征录》已刊刻，是编征引较富，或不妨并行欤？

王阮亭《池北偶谈》云："己未词科，由外荐到者共一百八十六人。"方渭仁《松窗笔乘》云："是时大臣科道题荐八十三人，各衙门揭送吏部七十二人，督抚外荐三十一人，共一百八十六人。"二公所记，名数相符。至《愚山年谱》云："同试者一百七十五人。"《竹垞年谱》云："同征一百九十余人。"则又互异。至吴星叟以嵇宗孟为到京与试，王阮亭以王钺为辞荐不赴，俱为《鹤征录》不合。他如章贞、董俞、夏茵、宋显等俱未与试，入之与试之列；黄宗羲、魏禧并未膺荐，入之患病行催不到之列，《鹤征录》皆误。今虽照原目并附按语辨之。

是编辞不就者十二人，后期未试者二人，举不及期者一人，补遗二人，皆《鹤征录》所无，从他本采入。而李清实未荐举词科，故列其名，而仍附按语辨之。

是编每人志传墓铭有可考者，悉行载入。其所著书有采入《四库全书提要》者，载于志传墓铭之前，其它遗文轶事，靡不搜录。既已纂成十卷，续有掇拾，复成《丛话》四卷，以补未备。阅者幸勿病其体例之杂也。或谓：诸公诗文宜采入，余以百数十人内，其有全集者，难以摘取，其诗文零落者又无从搜访，故概遗而不录。

《鹤征录》与试未用者九十七人，是编以纪昀、王弘撰另入之称疾不于试之列，与试未用者止九十五人，合之仍九十七人也。未用诸人名次，前后随手编入，是以与《鹤征录》不符。高士奇、杜讷励二人，据《词科摭言》增入；未试病故者，增郁植一人。秦瀛《己未词科录》卷首，《续修四库全书》第537册，第109~110页。

再送畲西麓南归序

方　苞

雍正八年，议开博学鸿辞科，诏阁部院司府寺三品以上，暨直省督抚学臣，举学与行兼者，诸公多叩余以所举，余应之曰：称此者实难，而辨所应举则易。夫行必有迹，学与辞，尤艺之外襮，而与众共之者，非若德蕴于心，或深潜而不易识也。然必乡国莫不知，天下莫不闻，然后举者无怍，在人不疑，是则匪易耳。因自计执友之存者，惟南昌龚缨孝水，歙县畲华瑞西麓；游好之久者，则嘉善柯煜南陔、淳安方粲如文辀。乃以四人者，泛询于群公，皆曰是诚无怍矣。或曰：其学与行信称矣，而举者则非宜。文辀前挂吏议，例不得与于斯，其三人皆就耄矣，征之不能至，至矣，能入试哉？余曰：虽然使士知实至而名必附，无求而志自通于风教，亦小补焉。及檄下，则南陔疾已亟矣，唶然曰：方君此举，使海内穷士闻之，一呜咽耳。孝水亦病不能行，而西麓以乾隆元年孟秋至。余曰："子尚能即事邪？"曰："吾腕不胜书数年矣，固以请，而有地治者难之，戚友致道斋，念明天子方兴圣治，吾扶杖天衢，以观德教，且得与衰残执友讲问，逾时而归，此行岂虚也哉！"众试毕，余诒二相国，将举君为太学六馆师，兼纂《一统志》。二相国以为宜，而西麓决意治行，曰："吾始愿已毕矣，子视吾年力尚能有立邪？将以为名乎，抑有所利之也？"西麓孝友、文学，为乡国所众信久矣。兹行也，又以见君臣朋友之义，进退辞受之衡，故详叙之，以赠其行。《方望溪先生文集》卷七，《续修四库全书》第1420册，第382~383页。

家讱斋广文举孝廉方正科赋赠
周长发

天子崇儒术，先生冠汉廷。未妨官独冷，乍见发初星。晏坐耽图史，人师在典型。幸同风月裔，长惜草青青。《赐书堂诗钞》卷二，《四库全书存目丛书》集部第274册，第712页。

春雪诗乙卯浙江考试博学鸿词
周长发

令转青阳万象辉，履端瑞雪喜霏霏。放鸠韶景花皆出，剪燕芳辰絮欲飞。鸲鹆观前琼乍合，凤凰池上碧成围。彤墀晓色连青嶂，紫极清光满翠微。鸟历司权飘话辇，龙精戒旦上青旗。瑶枝琪树均沾渥，玉节蜺幢任指挥。赋罢苑中堪对酒，朝回天上更侵衣。池冰初解寒渐积，园柳将舒嫩叶肥。蝶粉匀时窥月榭，鹤翎刷处辟云扉。绿甍画栋风相送，入户穿帘日未晞。绣甸平畴闻野祝，神皋盈尺应春祈。堆从梨蕊消难辨，迸入梅花认亦稀。北阙禁烟融霁景，南荣宫树转朝辉。传柑簪得银旙退，拾荔携将珠颗归。璐玭十重陈贝赕，瑶枢一串散鲛玑。仍思染翰蓬池上，披拂阳和进紫薇。《赐书堂诗钞》卷二，《四库全书存目丛书》集部第274册，第714页。

北征录别
周长发

圣代稽古制，大科罗俊麾。浙江节钺臣，贡举搜蓬蒿。不才谬推折，征辟来干旄。固辞不获已，寸心转郁陶。汲古力未深，孤诣神徒劳。上难溯经史，次莫穷风骚。大廷欲献赋，自愧声嘈嘈。摒弃固所宜，臣罪将焉逃。末由报明圣，忧心长忉忉。春暮桠叶青，夏初水田绿。游子揽征裾，忧劳乱心曲。白发两高堂，伊谁奉饘粥。牵衣那忍离，不为穷途哭。剑铓割我肠，车轮转我腹。出处两踟蹰，归期安可卜。乡县父母邦，行行远别离。高堂既睽违，予季仍参差。负米各有志，行役无归期。闺中卧病妇，药饵鲜余资。眼前小儿女，髧彼两髦垂。贫家苦失学，何计延经师。当此远行役，把袂增嗟咨。今夕一酒尊，诘旦成天涯。《赐书堂诗钞》卷二，《四库全书存目丛书》集部第274册，第714页。

与吴阁学书

刘大櫆

  櫆再拜,奉书内阁学士吴公阁下。伏惟明公卓荦天授之资,抉摘今古,探其奥窔,发为文章,珠璀玉灿,泖泖乎长离之鸣、钟镛之响。而位势近于台辅,德泽加于兆庶,闽海荒徼,闻公之名,无不束手敛衽,瞻顾而不敢前。

  櫆方孩穉,即知慕望,窃愿裹粮负笈,徒跣相从。而自顾卑贱,巨公贵人,无可通之路。又僻处江乡,数千里外,欲翘首跂足,望见君子之光仪,既不可得向风。奉尺素之书,号呼请托于门,则惧不见纳。是以杜门自守,遥望堂阶,茫如梯天,蹙缩不敢遽进。近者客舍萧条之际,忽闻从骑驰入,曰:明公且至。夫生平爱慕愿望之人,十年不见,而猝然羁旅相值,喜出意外,安能默默不以自明。然犹以尊卑阔绝,草茅之夫,拜跪趋承,自惭鄙陋,惟恐获戾于左右,而自取不敏之诛。明公不哂笑以为狂惑,而悯其穷屈,施之赏叹,慨然以乐育天下之材自任,恳欵周详,意思高厚,实非櫆之初念所敢企及。语云"伯乐一顾,价增三倍。"明公于櫆非有平昔过从之素,一旦橐其文,大其声,疾呼于俦人会聚之中,以吹埃咳唾矢口之力,拔擢闾阎孤处之儒生,出之泥途之污,而措之几席之上,其为全活之恩、长养之德,不知将何以报之?

  且夫负异怀奇之士,非无丝粟之能可采取者,莫不攘臂慷慨,咸思自致于青云。而櫆居闲处约,困不自聊,日月无穷,岁复一岁。欲往京师应举求官,念无扳联之亲、投契之旧,朝夕薪刍,食物之资,无所取给,诚恐一日失所,饥寒并迫,惶惶焉无可告诉。今则翻然矣,勃然矣,荷明公以为知己,既有推引之力,又有哀怜之意。窃用私心,自喜以为获所依归。夫负贩之辈,苟急所图,奋身以往,犹不可遏,况当路而施仁有明公者,以为之主也哉!《海峰文集》卷二,《续修四库全书》第1427册,第325页。

再与吴阁学书

刘大櫆

  十二月二十一日,櫆再拜,谨奉书内阁学士吴公阁下。向上书后,待命凡四月有余,不见还示,乃复敢毕其说,伏惟明公鉴其愚。

  櫆闻之人有失足九仞之井者,乌获持长绠千寻,方欲拔而起之,而井中之号呼不止,何者?幸生之期愈近,望救之心愈迫也。櫆不肖,朴骏粗鄙,才能无可采,而名声不闻于里巷,为世俗之所共弃久矣。明公不知其愚,卒然于道途之间、羁旅之际,一见而以为可取,归于中朝,执缙绅大夫之裾,而告之曰:桐城刘生者,今之昌黎也。自东汉文坏,旷数百年,以至于唐。唐兴百有余年,而韩愈氏出而振之,至今未有伦比。以櫆之不肖,一旦而得以肩随其际,明公之知櫆者至矣,其所以待櫆者厚矣。而櫆复有所云云,则九仞号呼之说也。

自古布衣以大臣之荐闻蒙显擢者，史传中不乏其人，况今天子新即位，勤于政理，求贤如有所不及！明公方荷眷注之隆，立便殿，朝夕与天子相吁俞，四方之士，争得明公之一言以为重。明公不言也。明公而有言，九仞之坠，宜无不起者。夫明公之于槐，固不惜一施手之劳也。设使以槐之见知于明公，而槐之溺卒不可拯，则命也。虽有知槐者千百人，非所敢望矣。抑又闻之韩愈氏四举于礼部而不遇，皇皇乎饥不得食，寒不得衣，乃卒至宰相之门，上书自请。槐之穷，何足道！然独悲古之为韩愈氏者之穷至此也。《海峰文集》卷二，《续修四库全书》第1427册，第326页。

与高督盐书

刘大櫆

左君书至，知明公欲以槐充博学宏词之选，将荐之天子，而未知槐之任受否也。

夫槐素非山林逸遗之士、不求闻达以为高者。客游京师，八九年矣，皇皇焉求升斗之禄而不可得，智穷力屈，乃一为省觐而归。归未数月，又将负箧担囊，驾言远涉，持货贿日游于市，岂其辞沽直者？譬如山木，榱栋是资，其惮为工师取乎，夫何不任受之有？

虽然，博学美数也，宏词高名也，入而在位，以朝夕备天子之顾问，重任也。空空而为博，戈戈而为宏，槐兹愧焉；无所挟持，不量粗鄙，而肩荷天下之重任，槐兹惧焉。抑槐闻之：姬公为相，一沐而捉发者三，为迫于见贤也。明公虽欲比德于姬公，如槐之非贤者何？且明公荷眷注之隆，王事勋劳，不遑息偃，其于草野之后进，昧昧一无识知，宜非所记忆。虽记忆之，亦将有不暇。然明公卒辱收之，以至于此。此非区区感激之私，所可言尽。

槐既归之一月，即欲求船东下，则闻太守尹公已迁为运使。将及凉秋，稽首明公之庭阶，以亲聆训诲，则又不幸有采薪之忧，于今三月余矣。虽获小愈，而气血肢体，未能和畅，是明公之爱育人才出于中心之诚恳，而槐终不克享德于明公也。谨遣仆人奉书左右以闻，无任惭恐。《海峰文集》卷二，《续修四库全书》第1427册，第328页。

吴青然诗集序

刘大櫆

雍正十一年，天子有意久道人文之化，肇开博学鸿词之科，命王公巨卿暨督抚诸路州县群有司，悉心延访，萃九州之众。积四年之久，内外臣工，共所推荐，得二百人。而余与吴君青然，幸与其选。青然世家滁之全椒，少即工诗，而居室人伦之间，独遭其变，其有无聊不适，悲愁愤叹，一托于诗。然哀而不伤，怨而不怒，中声清越，犁然其钧，当于人之心而逌然，其独惬于己之志。以是进而列于天子之乐官，固宜。虽然，士固有终身草茅陋巷之中而不悔者，其习苦旧矣，彼其拔之于云霞之上，与其不幸而复坠于涂炭之中，岂于其人有加损哉！

独忆青然与余同被征召，于京师相识也。既而同罹放黜，相怜因相善也。邸舍相近，旦暮相过从，每相与饮酒，留连愁思，至夜分不寐。青然曰："我生平精力，单敝于诗，非子无以知我，子其为我序之。"余应之唯唯。一日，余与含山王君令楏、同里叶君书山、姚君南青，同饮酒于合肥张君苍崖之寓，青然偶不在。中夜酒酣，相与语青然家庭之变，有人之所难为者，余为感愤，至泣涕交横，不自禁已。各以事散去。青然与王君同入督学顺天刘公之幕，张君、姚君以计偕留京师，独余与书山同舟南返。去年，书山决策甲科，为翰林。刘公复督学江南，余偶过其署，则青然已归全椒，独王君犹在幕中。余与王君共处一月之间，未尝不言及青然，而相为叹气者久之。既归家，家兄奉之自京师以书来曰："青然趣为其诗序甚亟。"夫青然之诗，人皆共知其必传于后，何待余言。余于是盖有感也。古者太史氏采诗献之天子，天子受之，藏于法宫，青然之名氏既达于天子矣，而终以不遇而返，岂非命邪？然青然亦第为其可采者而已。《海峰文集》卷四，《续修四库全书》第 1427 册，第 383 页。

诏征博学鸿词赴都道中述怀
刘大櫆

曰余本单绪，缪尔植孤根。丘坟谢幼学，陇亩实躬亲。西畴出操耒，北山行负薪。致主既无术，趋荣宁有津。白日照幽室，清江起穷鳞。闻命只益愧，捧檄仍多欣。踽踽赴周道，仓皇辞近邻。远村时见树，大车日扬尘。前瞻稍踊跃，返顾逾逡巡。岂闻荷担客，而侬冠佩伦。昨宵梦故里，已觉归念殷。《海峰诗集》卷二，《续修四库全书》第 1427 册，第 580 页。

送赵意林归浙江序 节录
李绂

雍正十有一年，世宗皇帝特诏开博学鸿词科，令在京三品以上大臣，在外总督、巡抚，会同学臣，荐举人品端正、学问优赡之士，以应御试。盖自康熙己未召试，距兹岁垂六十年矣。事严典旷，中外相顾，莫敢先发。逾年，河东督臣举一人，直隶督臣举二人，他莫有举者，特旨切责诸臣观望。又逾年，大学士高安朱公举四人，而封疆大吏所举，犹趑趄不前。今上登极，再诏督促。余方蒙恩，以久废起官户部，与仁和赵公同为侍郎。其从弟意林来谒，【略】其学可谓博，而词亦可谓鸿矣。亟欲举意林应诏，意林辞让，谓公诚有意，愿举吾兄。【略】因举谷林以成意林之意，而意林旋亦被荐。明年，天下所举士集阙下者百八十余人，天子临轩亲试之。读卷者犹持严重之意，仅以十五卷上，于是二赵子俱报罢。盖中额隘，视己未四之一耳。己未三取一人，今十不能得一也。未几，意林来告归，欲得赠言。余谓博学鸿辞以实不以名，有其实，虽不中犹中也。李绂《穆堂初稿》卷三十五,《四库未收书辑刊》壹辑,第19册,第685页。

五月朔日随应制科诸臣谢恩颁月给餐钱恭纪

沈廷芳

运启文明昼,茅茹尽汇征。圣朝隆盛典,多士荷殊荣。既禀时还给,匪颁月有程。端居充腹笥,饱食抱经籯。未仕先叨禄,知书足代畊。依栖双阙下,感激众欢并。仙仗初晨列,彤庭旭日明。门闻金马旧,阁纪石渠名。拜舞随鹓序。(是日引见新进士。)嘲喈效凤鸣。瀛洲原路近,玉署羡官清。点笔谁枚叟,高文属尝卿。群公本才彦,儒服媿鲰生。忆在先皇日,曾随老丈行。(圣庙时,先臣蒙□□殿纂修,屡荷恩赉。)殿庭珍膳撤,罗葛赐衣轻。(杜诗"香罗叠雪轻。")世受便繁泽,难舒报称情。三年佐书局,(廷芳曾为《一统志》,馆□□。)重道滞琼京。被荐原滋愧,承恩转自惊。匪材真过分,献赋负虚声。远道遗慈母,□题报两兄。寸忱多奋□,壮气益峥嵘。忠孝心长切,涓埃志独萌。谢恩泽念旧,感涕出丹诚。《隐拙斋集》卷六,《四库全书存目补遗》第10册,第226页。

十月五日养心殿引见授翰林院庶吉士赐圣制日知荟说全帙恭纪二十韵

沈廷芳

我后贞文治,临轩屡改元。诏科承旷典,继志见温纶。礼乐时方盛,诗书义益敦。堂廉闻雪后,(试时以薄雪严寒,诏词科诸臣列坐保和殿。)麋骏比云屯。两试仍唐制,五题得汉源。天书标甲乙,山璞发瑶琨。爰启蓬莱仗,群趋金马门。铜盘垂晓露,碧瓦焕朝暾。丹篆何清切,琼林自苯尊。圣颜多喜豫,缃帙锡便繁。宓册辞同奥,尧天道并尊。日知崇大业,古训析嘉言。佩实资民政,衔华耀阜坤。辉煌珍宝笥,诵读蕴灵根。上国观光士,中怀负日暄。鹤头征袒祸,鳌禁仰充闾。识愧初蒙滞,荣逾春木苞。持蠡窥学海,珥笔赴词垣。拜手夔龙后,倾心葵藿存。此身今许国,永矢在酬恩。《隐拙斋集》卷六,《四库全书存目补遗》第10册,第228页。

散馆后引见特授编修感恩恭纪一首

沈廷芳

凤池半载沐恩波,常愧闲鸥上玉玻。广厦端居兼教养,纶书旋下振銮珂。欣同束晳除西观,远胜匡衡中丙科。特予一阶真异数,两人幸较八人多。(乾隆元年考取同科诸臣,甲等五人俱授编修,乙等十人内五人以科甲由出身授检讨,计五人以诸生改庶吉士,上谕年散馆御试,时臣士锽、臣廷芳皆拔置甲等,奉旨授编修,实异数也。)笑骑官马人登瀛,(翰林旧例,庶吉士于二门外下马,授职后乃骑马入登瀛门。)册府应仍署上清。章服尚须同吉士,朝班今始列承明。层霄地总依双阙，中秘书长拥百城。报国文章惭小技，感深何以答殊荣。《隐拙斋集》卷六，《四库全书存目补遗》第 10 册，第 228 页。

挽族兄东甫征君 并序
沈廷芳

征君学者也，著作甚富，《二十一史》、《四谱》、《新》、《旧唐书》合钞□最著者，老而不遇。乾隆元年召试宏词，既仍被放归，不两年而殁。余奉教最深，戊午秋闻讣，思为诔以哀滞，中心伤悲，握笔辄不忍下。顷阅吾友厉太鸿征士《樊榭山房集》中有挽章，读之，泪涔涔下也。爰次其韵，以当楚些之词云：

燕京淮浦夙同居，远叶情亲得所于。襄敏来孙皆挺拔，吴兴逸老近凋疏。明廷枉献长杨赋，遗集曾无封禅书。结社岁寒空有约，为君笺注罢虫鱼。《隐拙斋集》卷十，《四库全书存目补遗》第 10 册，第 255 页。

词科同年录后序
沈廷芳

制举之行，昉于汉，而以名其科则昉于唐，《唐书·选举志》称天子自诏者曰制举，所以待非常人才，是也。顾唐时制举，其名随时更易，所谓博学鸿词者，开元中尝举之，与贤良方正直言极谏、博通坟典、词藻宏丽、才识兼茂诸目，俱称制科。宋世犹沿其法，而专以博学鸿词名科，则自绍兴中始。得人之盛，前史亦班班可稽。我朝文教昌明，超越往古，康熙己未岁，圣祖仁皇帝特开是科，擢五十人入翰林，时称极盛。又五十余年，世宗宪皇帝复诏中外大臣，悉心搜访，荐于朝廷。今天子御极，多士云集阙下，乃以乾隆丙辰九月试于保和殿，拔十五人。明年秋续试其后至者，拔四人，俱置词馆，盖旷世之典，非唐宋时间岁一举，士子先期投牒，有司临时奏名者，可同日而语也。

廷芳学殖弇陋，幸获厕名，尝考前代有《讳行录》、《同岁名》诸书，即今春秋二试所编《齿录》也，略仿其例，首登诏旨，次录试题及甲乙等第，后列同籍诸君之姓氏里居、世系举止而详书之，合为一集名曰《词科同年录》。夫科名之重，重以人也。汉自晁、董以还，其可并者，曾不数人。唐宋中制科者尤众，至今赫赫在人耳目。国朝己未科，有汤文正之正己化物，李天生之孝谊纯备，乔石林之正言去国，施愚山之才藻炳焕，之数公者，史堪追配古人，故足重也，预是科者，可不思共勉以答知遇哉！沈廷芳《隐拙斋文钞》卷三十七，《四库全书存目补遗》第 10 册，第 486～487 页；《鹤征后录》卷十二。

制科齿录后序（代）
齐召南

　　制举之行，始于汉，亦莫重于汉。而以名其科，则始于唐，《选举志》称"天子自诏者曰制举，所以待非常之才"是也。顾唐时制举，其名随时更易，所谓博学鸿词者，开元中常举之，特与贤良方正、直言敢谏、博通坟典、词藻宏丽、才识兼茂诸目，俱称制科。宋世，犹沿其法，而专以博学宏词名科，则自绍兴中始，得人之盛，前史班班可稽。我朝文教昌明，超越前古，康熙己未岁，圣祖仁皇帝特开是科，擢五十人入翰林，时称极盛。又五十余，世宗宪皇帝复诏中外大臣，悉心搜访，荐于朝廷。及我皇上御极，多士云集阙下，乃以乾隆丙辰试于保和殿中，拔十五人，明年续试其后至者，又拔四人。盖旷世之盛典，非复唐宋时间岁一举，士子先期投牒，有司临时奏名者，可同日而语也。

　　某学殖荦陋，幸获厕名。尝考前代有《科名记》、《讳行录》、《同岁名》诸书，即今春、秋二试所集齿录也，略仿其例，首登诏旨，次录试题及甲乙等第，后列同籍诸君之姓氏、里居、世系、举主，而详书之，合为一集，名曰《制科同年齿录》。

　　夫科目之重，重以人也。汉自晁、董对策以还，贤良多矣，其可并晁、董者，曾不过数人。唐宋中制科者，尤不可胜数，惟张九龄、韩休、杨绾、颜真卿、陆贽、杜黄裳、裴度、李绛、白居易、柳公绰、富弼、张方平、苏轼、苏辙、吕祖谦、周必大、王应麟等，至今赫赫在人耳目。即己未一科，有睢州之品性端醇（汤斌），毛、朱之学问淹洽（毛奇龄、朱彝尊），陈、潘诸公之才藻炳焕（陈维崧、潘耒），实堪追配古人，故足重也。预是科者，其知遇乎哉！录成敬识数言于后。齐召南《宝纶堂文钞》卷三，《续修四库全书》第1428册，第507~508页。

胡稚威集序
齐召南

　　曩者词科之役，海内征士二百余人毕集京师，才学各有专长，而言诗文工且敏，磊落擅奇气，下笔惊人，矫挺纵横，不屑屑蹈常袭故，雄深瑰伟，足与古作者角力，必首推山阴胡子稚威。及召试，疾发，即囊笔出，士论惜之。又十余岁，诏举经学，公卿以稚威荐，在廷共羡得人，及奏名九列，中有忌者力沮之，以是稚威终不遇。又数岁，客死太原。

　　呜呼！稚威乡人动谓，稚威才遇，与前明徐文长适合。余独不然，文长值王、李执耳词坛，负才不羁，名初不出于越，身后得袁中郎表扬之，名始著。其困也，生非其时也。稚威生太平极盛、道一风同之世，圣天子稽古右文，求贤若渴，士有片善足录，靡不搜罗。而稚威操行清严，不但以词章显。初入都，与余共馆座主任宗伯邸第，晨夕商榷读书，未尝挟一刺干公卿。公卿素慕其名，思一见亦不可得。其为诗文，多在友朋聚会时，即席挥毫，甫脱草，人辄持去，无所惜。久之，遂传颂遍人口。余与杭堇浦尝力劝其订存，含笑唯唯，讫无成编。大学士史公、尚书阿公之荐经学也，天语询胡天游似姓方，今已改乎？因稚威两中副榜，榜姓方也。夫以未释褐诸生名姓至动九重记忆，其所遇，不有超于代人作表、虚言鉴赏之万万乎哉！以稚威之才，遇时而又不获尽其才，此则稚威之命为之也。

今年夏，得其子云琢去冬书言，方刻遗集，乞为序。余虽病谢笔墨，谊安可辞？太史公曰："古者富贵而名磨灭，不可胜记，唯俶傥非常之人称焉。"此论人也。即以论诗文，如稚威，讵非俶傥非常之才，必不可磨灭者欤？第余知其生平，随手散佚既多，则未知今日校刻，果能萃其菁华否也？犹忆予告病还里，时稚威送至潞河舟次，执手唏嘘，谓何时复得相见。呜呼，孱躯犹在，良友已矣！墓有宿草，而后知为位以哭悲。夫即书以寄其子。《宝纶堂文钞》卷五，《续修四库全书》第1428册，第527页。

赴召集序

张 熷

国家承先朝余教，以文学唱天下，下诏敦劝，招延海内宏通博达之士，于时新进旧耆，后先相踵，振采儒林，天下烝然发动。秀水朱太史竹垞以鸿钜之才，辨音正始，斥远浮空，盖风雅之道，郁郁由此盛矣。当时上下怡安，民物给足，士不迫寒饿，豪家右族，或开馆饬具，以接英贤。公卿不以章服先韦布礼敬馈进，幸其一到以为荣，而故臣耆旧多往，时名人胥与导扬遗绪，为后生磁引。盖吾叹风教之留遗者远也。事更百年，世经两嬗，其他尽从迁变，而独文学之士流韵余思，足鼓荡人心，遍一世为习尚，盖未有以是为无益而舍去之者。自诸公相接沦没，后进不见前贤，风旨沉塞于世俗之文，锁闭坚牢，不复可启。若是而欲进与语古，譬犹奏丝竹于聋者之前，倾耳而莫之闻也，而况夫深博之学，性命之诣欤？则亦有桀黠自好者，矫而更之，强其外空，其中不根而植，自诡可到前人，哆然尊己卑物，睥睨笃古之士，搜瑕索瘢，崎龁抵触，恐不速败。呜呼！古学之不昌，其有不由此欤？

吾友杭君堇浦，少蕴清才，其于古若以水入冰，浃而莫睹其迹也。其于学一日千里，而犹慊慊也，怵不能至也。故其为诗，根本积册，峻整有制度。且其为之也，警以敏，居常哦咏不辍。昔云间诸子每宴集，多击博为笑乐，陈人中独刻烛赋诗，尝云人之英华，乘于壮岁，过此衰落，将安及乎？盖其勤如此。今之堇浦，则亦犹斯志也。悲夫，自朱公之死，吾乡风雅衰竭二十余年矣。物莫孤于其绝，事当勖乎其难，异时老去，堇浦犹能忆吾言否也？仁和张熷。杭世骏《道古堂诗集》卷首，《续修四库全书》第1427册，第3页。

《词科余话》载鸿博酬答诗（节录二十六则）
杭世骏

癸丑春，余以礼闱被放，尚客京邸。既奉明诏，贻书赵氏昆弟及谷林令子诚夫，促其努力，清时润色鸿业。三赵皆有诗寄余："怜君刺促未还辕，病起缄书报弟昆。抱玉刖来余涕泪，移文勒后重邨樊。无媒自昔人皆弃，待贾从今道益尊。惭愧才名乖第五，只应散带住衡门。""林鹊朝喧破寂居，故人京国报音书。贡名敢许轻承诏，劝驾何来滥及余。博学方将推一鹗，岫材今得卜连茹。自惭菲薄难充荐，不逐秋风挽使车。""早立修名动帝畿，年来身命岂相违？久虚盛事殊三等，再举名科式九闱。羡说摛文供珥笔，会期省括释虞机。独惭陋质蓬窗底，引首秋风望客归。"《词科余话》卷一，《四库未收书丛刊》壹辑，第19册，第652页。

华亭王祖庚有《应诏述怀诗》。渠先祖文恭公以己未词科试，改官翰林，故首篇第六句及之："吁俊丝纶旧典型，滥叨汲引近明廷。栽花未敢夸怀令，乞米何当认岁星。荣遇两朝惭接武，感怀三世说遗经。巨钟万石凭谁撞，何意搜罗及寸莛。""自分风尘老此身，登车揽辔一逡巡。三年薄宦情何极，十载清华梦未真。宋代词科推伯厚，汉廷儒术重平津。骚坛盟主今谁健，万柳东风何处春。"《词科余话》卷一，《四库未收书丛刊》壹辑，第19册，第652页。

太仓王时翔抱翼，不知何人所举，有《丙辰北行示二三同志》诗三首："明廷重推毂，储材选杞梓。猥以蘖后櫾，谬登山公启。缥帛再临门，驵驹当折箠。窃禄素所惭，弹冠讵云喜。涉波识浅深，就途权行止。皎皎丝易染，庸庸粟多秕。抚躬伤薄劣，曷以酬知己。忧心剧钦钦，惟用告予美。""翩然野鹤下，烟海归路辽。长鸣敛雪羽，独立矜风标。寒松散凉阴，孤月流清宵。素琴慰幽客，三弄追云韶。此曲古时有，欸尔逢虞姚。君子慎进退，壮往咎所招。短褐聊可被，长足匪易影。秉礼而度义，黾勉脂征轺。""行行黄金台，燕昭那足述。卿云旦复旦，照耀重华室。下有夔龙佐，昌言许违弼。矧乃辟门广，兼之罗俊密。尽为圆凯登，并乏巢由逸。田间虮蝨臣，敢以不才匿。拜手颂万年，海宇永宁谧。"《词科余话》卷一，《四库未收书丛刊》壹辑，第19册，第652页。

甲寅冬余与太鸿既同征，星斋以进士学习闽省，亦列荐牍，濡滞未至。时鄞县全绍衣祖望尚留京师，除夕，梦余及太鸿两人抵京，欢然道故，有诗纪其事："故人联袂应征书，拟共春云赴石渠。旧雨几年萦客思，清宵一梦度吾庐。斯文精气原相召，天下膏粱定不虚。爆竹声中杯酒散，对床颜色尚蘧蘧。""先正伊谁表大科，萧山秀水两嵯峨。军容别整新荼火，阵法还修旧鹳鹅。五十年来嘉话在，六千队里俊人多。平生此意相期久，梦里犹能共切磨。""会稽自昔擅雄封，东冶章安我附庸。画野虽然分岭峤，借才依旧属吴侬。浙江秋浪争趋海，剑浦寒芒共化龙。目断南云劳瘴疠，起呼沧酒试春酴。""此夕惊心马齿增，新知培养亦何曾。索居兀自思同调，有庆终应在得朋。长柳书中频刻日，青枫林下几挑灯。贾胡更笑陈无几，三宿桑间懒尚仍。"《词科余话》卷一，

《四库未收书丛刊》壹辑，第 19 册，第 656 页。

天台齐次风读书之室生竹一茎，两歧枝节相对。是年甲寅，次风适应大科之征，山阴胡天游为赋《瑞竹诗》："雏龙脱甲便梢云，十丈瑶胎两仪分。幽槛乍惊新送瑞，列仙原识旧同群。正须作谱添佳事，谁解传神为此君。寄语好栽双玉管，赤城吹彻海霞文。""一枝横出抱匀员，削掠翔鸾对影翻。莫取明砂盛九节，总宜春粉映芳樽。骈鲜有种如依母，并上参天不待孙。月护烟笼三径里，几人曾见依云根。""楚山寒破火前春，已拔青瑶十万簪。难觅缃苞双属玉，剧于笙苑半丛金。秀歧竟似渔阳麦，练实终邀日户禽。会得到门看不厌，满空清翠扑衣襟。""修修久忆凌寒竹，两到今逢绝世才。共羡一鸣临凤沼，犹期他日聚兰台。风流人说东头醉，生翠还欣北垞开。若问同年旧相识，故山应乞一枝栽。"《词科余话》卷一，《四库未收书丛刊》壹辑，第 19 册，第 656 页。

仁和王麟征曾祥以古文雄于里中，与余及太鸿投粉最密，乙卯冬，尝为序送余行："国家旷世之典，未行于前数十年，怀珍抱异之士，早有修其事，储其道者。顾其事或迂，其道匪易至，贾时之念迫，则拔俗之韵艰。故宏奖小才，用招茂器，风厉之权也；下不愧名，上不失实，自然之理也。吾友厉鹗、杭世骏博览精核，于学无不贯，所为文辞高旨深，若观涛重溟，莫得畔岸。顾自壮盛，仅充政赋，志用不达，连屈于春卿。世之人合二君之遇，观其所为功，几疑学广闻多，匪所以适用。盖古制不讲，于兹六十年矣！自圣祖仁皇帝御极之十七年，顿纮举纲，特开大科，一时苞纯禀精之彦，应运麇至，扬辉宣烈，炳炳煌煌，炤灼复古。迨其后良遇弗再，决科发策，仅寻常选，末师后进，靡所倾风。上者分文析字，合度稽程，自矜巧历；下者袭俳谐于旧胠，贡闪揄于陈言。骚雅之囿，纪载之薮，疲老幽冥，莫测原本。二君方屑去浅俗，容与翱翔，枕经眂书，含英发藻，独知而寡谐，供己而殚力，故学古之获，二君独深。疾驱方轮，人之疑二君滋甚。兹天下嗣晖隆绪，侧席幽潜，兴继旧典，如圣祖十七年故事。浙省郡邑博学鸿词荐者，前后合六十人，呈试大宪，掇什之二三。二君以瑰丽卓越，炳乎十八人之列。其在昔日，畴咨熙载，群士响臻，阐扬文令，春葩粲若，以旁求之殷。十一郡之广，旌简所及，仅止数人。衡厥无方，得无少谥。然而上严虚授，下显良具，拔尤升萃，乃获二君。合造作为程，考四海称隽，昕晔鸿藻，等竞畴曩。传诸遐年，慨想胜业，见少之意，其亦可以不作矣。二君奏赋宰庭，行操衡量，末学黯潜，毋为鄙夷，磨错后来，俾成闳达，宏异日招拔之路，所不可知古制晦明，系乎宗主。是则二君宜急为图者，于其行致其殷殷。以此。"《词科余话》卷一，《四库未收书丛刊》壹辑，第 19 册，第 657 页。

予将北行，峙公为赋《松吹书堂》赠予行："松顶苍涛海风靡，飞泉丁当答空谷。半桥龙影香濛濛，夕蔼横林开画幅。伊人卜筑临清回，曲曲斜斜花绕屋。茶烟一簇卷湘帘，滴露研硃抱经读。书巢枕籍等身富，唫社歌呼叉手速。室延佳士五千卷，座折诸儒三万轴。有时含毫心万仞，车马敲门若睡熟。有时金石出音声，孤村风雨摇窗竹。有时隶事新且多，彩笔满堂釂赏独。有时夜话寻山僧。天眼已作台司目，径路无媒掩两扉。文章有神传九牧，三浴三薰倾钜公。一谈一咏惊尊宿。气凌细草压千槐，只共苍宫数寒燠。文思天子要宏辞，天网乾罗匝地施。诏下大臣公听采，为天启齿本所知。士不求公公求士，萧然松下方哦诗。孝廉闻一竟知十，出手一试先探骊。朱衣引上谈墨榜，鹤名鸡叫离茅茨。真学士宜宣室召，行秘书合甘泉随。水北水南人尽去，草堂一麾三清路。松盖蟠为征士祥，栋云飞作人闲澍。蕙帐空兮莫漫嘲，竹筒喘者徒劳妒。谁家趺坐佛随成，几个吹箫仙更度。雪天萤席三十年，容易抽毫邀对御。人言捷径在终南，不见匪是山读书处。"《词科余话》卷一，《四库未收书丛刊》壹辑，第19册，第660页。

岁丙辰，余与意林在京师，屡为峙公劝驾，复有启谢意林："一旬小别，王子情劳，千里相思，秸生驾整。况修门寝远，合璧不停，即芳草以喻王孙，唵秋兰而思公子。小山丛桂，往往闻香曲沼；垂杨时峙，挂梦似天边之鹭。岭风起斯，飞如壁上之龙身；云来欲去，忽瑶华之送响。怳玉树之临风，读罢伸眉，慰同促膝。自春徂夏，藏怀褒而不磨；劫疾蠋愁，代萱苏而更效。虽投桃报李，曷日无怀？而卖药纬萧，当书自懒。不藉弹冠之庆，莫辞慢命之愆。先生肴馔百家，佃渔六学，王中郎江东独步，虞茂世海内共推。凡托通流，思闻嘉响。地崇大老，枉车骑而题门；道重名公，望衣绦而倒屣。穿杨固已擅场，折桂当无失手。朱衣不助，黄绢徒工。阻云翩之高骞，讶霜蹄之暂蹶。未免有情，谁能作达？恭遇右文之代，索偶搜逑，并邀稽古之荣，争光粥彩。词人风举，佳士鸿翻，君以卿云作赋之才，当轼辙决科之盛。松门交目，槐采倾心，荐墨朝腾，温伦夕可。洪容斋之雁序，大抵闲班；杜正伦之鹡原，无非高第。则且兼二子于金马，熟万卷于黄车。蝇头之直既叨，雁门之踦可复。其为庆蹈，曷既铺菜？弟地寒根浅，绠短汲深，耻一物之不知，悔十年之未读。当时游故，凋零宿草之间；迩日空疏，摒落荒榛之下。顾欲驱装逐骥，饰蚓陪龙，为尔重言，蹙然流汗。今即沦误墙东，韬沉灶北，悼余生之有几，博一饱之无时。蹴属京华，藏名于佣保；吹箫燕市，匿作于泥途。而贱客何尝才士，人奴安望封侯？树借一枝，无此功名之梦；云兴四岳，空诸幻妄之心。其或珂马趋班，失声音于道左；锦袍归院，揖荒荟于人中。执手寒暄，盱衡赠处，所不图也，非敢忘也。方今长安叶落，太液风秋，有客下车（樊榭），出新诗之满箧，伯兄解带，喜夜雨之联床。二林暇而问竹评花，双杰来而分题受策（樊榭、堇浦）。鹤宵戒露，蚤夜唵寒，仰愿珍宜待酬奖，目比当相见。此不具陈。"《词科余话》卷一，《四库未收书丛刊》壹辑，第19册，第660页。

仁和汪台抱朴征车未至，秀水祝维诰寄以诗云："萧萧蓟门道，秋气忽已穷。霜高落群木，天净闻孤鸿。客子早畏寒，敝裘理西风。经旬不出巷，笑语靡所同。烟波渺钱塘，远梦何由通？静念作赋者，早晚应荐雄。迟君话离索，樽酒明微衷。"《词科余话》卷一，《四库未收书丛刊》壹辑，第19册，第663页。

闵華廉风，江都名士，余与太鸿应诏北上，濡滞邗沟，廉风有诗赠行："大科试鸿儒，厥初自唐代。韩柳方见收，玉溪犹弗逮。历两宋元明，中间几兴废。我朝右文学，所举一以再。忆昔岁己未，得人江浙最。西河与竹垞，矫矫众人内。尧峰藕渔侪，才力应可配。其数等列宿，江浙共二十八人。名字天壤在。于今亦多士人，荐士仅一解。岂予蓬蒿人，闻见失之隘。独知二君子，当此始不愧。圣籍既穷源，词华乃余派。绳纠上下古,逸响振聋聩。平生手著书,捆载牛腰大。匪特继毛朱,兼过宋洪迈。二君吾故人,北道阻江介。是时天雨霜,落叶积门外。翩然入敝庐,其共铛脚对。食以脱粟饭,佐之冬菹菜。索我录别诗,颇似搔痒疥。工拙那复论,欲吐且一快。此行如登仙,曷用感离会。惟伏在下风,嘉誉俟君辈。"《词科余话》卷一,《四库未收书丛刊》壹辑,第19册,第664页。

予自乙卯除夕辞家,以丙辰正月晦抵都,时被征之士麕集京师,故人吴江连云龙、钱塘桑调云符曾喜予至,皆有次韵诗:"海内知名士,神交第一流。异书多破冢,豪气独登楼。一面即相别,三年谁与游。盼君频数日,预拟豁烦忧。江乡眇良觌,日下接名流。姓氏贫惊坐,朋曹半选楼。""卢鸿应新诏,紫燕及春游。万柳须修禊,凭销契阔忧。君抱宏通识,宁居第二流?自能倾一座,底用感登楼。风雨思前日,莺花指后游。离怀今始慰,消尽别来忧。"《词科余话》卷一,《四库未收书丛刊》壹辑,第19册,第664~665页。

与余同荐者凡十人,星斋自闽亦至,公宴于汪西颢小眠斋,征歌选胜,极一时之盛,兰坡有诗纪事:"上元灯后届传柑,香雪霏微喜盍簪。相马人称鸣骥骃,罗材予愧列梗楠。乍膺明诏联同谱,其赴征车驾晓骖。高会城南冠佩集,淋漓药玉酒初酣。""词坛万丈建旌旃,孑孑干旌赋在郊,绣虎才华宁论斗,射雕身手欲鸣髇,枕经胙史惭儒术,琱雪镂冰得素交。衮衮诸公齐振翮,好从阿阁觅新巢。""明湖水涨碧留犁,柑酒还随一听鹂。盘落清歌珠大小,人逢旧雨浙东西。雪消檐角梅初笑,烟幂山腰柳渐梯,刻羽引商清吹满,莫辞豪饮各如泥。""翘翘车乘赴征书,策献天人上玉除。大雅如君真董贾,不才似我愧严徐。颂芝赋雪联吟后,舞扇歌裙夜宴余。知向承明同给札,紫烟缥缈拂衣裾。"《词科余话》卷一,《四库未收书丛刊》壹辑,第19册,第665页。

会稽周长发兰坡以庶常出外,甲寅浙督上蔡程公荐于朝,山阴胡天游有送其北上诗:"昆陵标气色,碣石渺波澜。云彩从今丽,风流擅古难。祥禽留鹭鹭,仙树本琅玕。宿藻麋江左,新声吐建安。曾将移宝月,犹觉秀春峦。荔浦迷香尉,刀州妒锦官。千芝萦凤髓,九乳动螭栾。绣褕几投宽,贱波字抱鸾。篸花邀内史,纷舞对邯郸。别绾铜池柳,宜含画省兰。芙蓉员阙曙,鹡鹈玉绳寒。尺诏前微朔,柬京贵姓桓。薰猊笼楯楶,宫雉敞阑于。豹待平陵客,麟迎博士冠。参军镌逸竹,詹事脱轻丸。驮殿分缥札,鸿都架碧珊。斗擎双白璧,未磬一珠盘。岂有骑鹏背,应知猎角䚡。橐簪尧刻玉,镂管汉祠坛。袍影怜芳草,珂鸣度镂鞍。隔朝西埭远,唯是酒痕残。"《词科余话》卷二,《四库未收书丛刊》壹辑,第19册,第666页。

仁和卢存心玉严应诏北上,桑伊佐调元用"喜予至京"韵迎寄云:"脉望仙难得,骏鸟景似流。愁唫青玉案,史稿绛云楼。隐锻犹清兴,将车且远游。已传青草作,珠桂未须忧。"《词科余话》卷二,《四库未收书丛刊》壹辑,第19册,第666页。

桐城方贞观,总宪孙锡公先生举士也。丙辰三月征书至,老不能赴,有《言怀志感上孙公》诗四首:"忽传征召到茅茨,泥首云天喜更悲。旷典竟逢千载盛,余生真得一人知。寻巢甫觉惊魂定,有子才教右手持,身事支离双鬓白,可怜遭际十年迟。"

"兔园一册久抛荒,敢厕清华侍从行。若举力田差可许,强名博学究何尝?鸢肩纵与诸贤并,马齿先悲去日长。报称无时归又晚,不知曳尾负明良。""我心匪石岂无情,友义君恩旷古荣。未必文章能报国,由来草莽曾沾名,壮怀可奈衰无梦,跬步须凭杖乃行。雕琢不堪惭朽栎,空劳推择向承明。""𬨎车北上去匆匆,奋翼乘时个个同。天下邹枚原不乏,山中猿鹤可全空。先生具眼骊黄外,贱子甘心袯襫终,无礼常嫌嵇叔夜,绝交何至怼山公。"部牒复至,备见敦迫,终不能赴,再寄孙公:"纁币与安车,吾闻其语矣。书传半真伪,窃恐未必尔。今者符檄来,汹汹吏如鬼。幸不见执缚,几谓敦迫死。家无应门童,我病杖乃起。老妇惊逾垣,问祸来所以。敢希稽古荣,奚至捕盗比。寄言谢故人,铭心佩知己。世不乏应刘,樗栎何足齿。偃蹇负旌,免蹈虚声耻。"《词科余话》卷二,《四库未收书丛刊》壹辑,第19册,第666页。

临川李纮巨州养母不仕,以座主高安公之荐出山,有《郡城登舟》及《会城别侄子元长》诗,皆就征所作也。又有《北征和少陵韵》诗,仲兄穆堂侍郎及万孺卢编修暨从孙友棠皆有和章,文多不录。友棠少年有美才,曾就本省试,未荐。"桥度文昌遂放舟,春明旧梦十年游。出山小草人应笑,破浪长风我亦愁。回首云根羊角石,惊心城阙虎头洲。稻粱久谢平生志,鸿雁天边羽翼秋。""扬氏龙文气最醇,殷勤相送向章门。昨来劝饮多宾从,此去相看老弟昆。白发丹心惟我识,青云紫陌共谁论。傍人误指征书急,子舍依依恋故园。"《词科余话》卷二,《四库未收书丛刊》壹辑,第19册,第666~667页。

归安沈炳谦有《应诏入都述怀留别诗》:"劳动啨朋饯路岐,此行检点只心知。当筵自笑氉氀鹤,垂老烦书混沌眉。东壁光虽容借映,北山文且莫轻移。药栏鸡栅藤花架,牢嘱园丁好护持。""两朝恩诏访殊才,惶恐征书下草莱。病马何堪充骏骨,爨桐岂必尽琴材。年华冉冉频搔首,径路萧萧久绝媒。不见韩公兴八代,县斋犹自叹低摧。(昌黎于贞元十年屡试博学宏词不中,县斋有怀诗,所谓"何能一战霸",及"蹉跎颜遂低,摧折气愈下"等句,皆指此也。)""青箱旧业叹飘零,端拜何能诵六经。月下可怜春药兔,案头长负读书萤。邹枚有客夸梁苑,贾董何人重汉庭。倚杖从容占斗象,天街不少少微星。""衡门两版旧耕桑,春月秋花媚草堂。夺酒柱烦蛇著足,登仙莫笑鼠拖肠,麻鞵何意朝天阙,席帽依然入帝乡。惭愧公车无长物,三千奏牍让东方。"《词科余话》卷二,《四库未收书丛刊》壹辑,第19册,第667页。

元牧与穉威在江东诗社中,最称杰出,均列征书,会稽商编修盘寄四律示喜云:"秋柳萧疏有和章,十年踪迹各苍茫。金城涕泪桓宣武,瑶圃音尘郭密香。琥珀乍倾燕市酒,芙蓉初脱楚人裳。定知海日生残夜,警句争题政事堂。""驷潭寒碧绕精庐,迢递征书到荻芦。宋代登科洪景伯,汉廷射策董江都。易居有索长腰米,俊味空抛巨口鲈。七载承明谁念我,一生赢得是清癯。""君家髯客旧清班,谓朗庵太史。况有嵚崟老念山。庶常宿号念山。风雅一门传赋咏,凤鸾三岛称疏顽。才超金箭东南外,诗到韩苏伯仲间。惭愧六钧弓在手,病夫无力未能关。""小劫华严话旧时,含情郑重问云持。穉威别字。晚菘早韭山中味,西崦南湖世外期。九陌已残千芍药,一麾须却万熊罴。丰城双剑应同至,唯有张华望气知。"元牧次韵:"珍重清风有赠章,转令往事思茫茫。十年我种陶潜柳,三日人传荀令香。燕市相逢还皂帽,越溪未嫁几红裳。自惭鸿笔非扬马,只合林泉住草堂。""苍茫烟水爱吾庐,强脱蓑衣出岸芦。岂有高才齐二陆,还凭作序重三都,名山纵拟同骑鹿,秋思何当便忆鲈。莫羡他家肥似瓠,由来仙客半清癯。""玉堂词客列仙班,不数淮南大小山。飞出柘丸君句好,转余礐石我心顽。声名敢说杨卢后,位置何堪逊朗闲。砧作更愁臂力软,大弨似月可能关。(予时亦病疟。)越绝才名盛一时,胡威杰出更谁持。难邀彦道呼卢兴,未省平原入洛期。(时胡云持以持服尚未入都。)振鬣长鸣瘖万马,深丛兀坐见孤羆。剧怜潦倒生平甚,古货年来喜共知。"稺威亦有《谢商编修启》,其略云:"日者黄星焕景,纬露垂文,天子开鸿都,辟虎殿,将欲辨三正于终始,究六典之异同。是以公孙、晁、贾并集锋车,东、马、严、徐咸随鹤版,莫不人腾凤藻,士仡鹓翔,争献繁露之奇,思颂广成之丽,更得翰林主人,以英绝为之领袖。方见褒都典引,无俟兰台,元和美诗,犹推吏部。至如仆者,鹿床偃仰,马磨沉浮,梦鸟无征,屠龙漫技。阮公闭户,空怀经世之心;许掾他年,但有山林之志。加以茂陵秋雨,公干漳滨,乖子夏之琴歌,怆皋鱼之风木。益用蒿蓬不剪,惟思泥水自藏,何期游论所加?乃以鄙人为宝,假其片言,遽成岑鼎,遂令布鼓,轻响雷门。至于司徒识君孝之名,太尉记翘材之籍,斯则爱忘其陋,改□蔑于旧文。所谓导之使前器,轮囷于万乘者耶?独以燕石徒雕,终惭比玉;楚犟虽拂,实异栖桐。无由议析祥禽,不足辨酬文豹。且欲流连谷口,容与邗中,乃属宏阁,殷勤绛帷,郑重未敢。青蒲晓削,偕叔夜而题书,嬴服宵行,与伯淮而遁迹也。方当少留日月,行李戒途,京洛秋风,欢期约手,辄凭驿使,便托报章。书不尽言,伏增驰溯。《词科余话》卷二,《四库未收书丛刊》壹辑,第19册,第673~674页。

归安姚世铼有《丙辰冬日书怀》诗十首,其末章云:"收拾青衫旧泪痕,居然挟策待金门。珠声玉价空花样,摘艳薰香凤世根。凤阁高寒留夹袋,鹤书迢递下孤村。长卿渴甚难成赋,免后犹能话主恩。"《词科余话》卷二,《四库未收书丛刊》壹辑,第19册,第674页。

南城潘安礼立夫户部员外降太常寺典簿,高安相国所荐士也,有《乙卯岁暮遣兴》四首:"客省寒光冰雪时,傍檐冻雀故相窥。鸿蒙隐几真忘象,虚白交肩任守雌。词簿漫言同赤斧,风尘差喜隔元规。逼除岁叙喧喧暮,饯腊梅花酹一卮。""三阶星象泰初爻,鹤有清阴凤有巢。振旅张旃征粤竿,升中缩鬯撷江茅。官因置散亲书帙,客为探奇载酒肴。懒性自来耽寂寞,清时底用叹悬瓠。""倦指为郎近十年,当关纸尾浩如烟。流光青镜惊霜鬓,素业缁尘委石田。只合巢书消二六,敢夸奏牍漫三千。山公题目增颜甲,策钝新添劝学篇。""薄笨羸车白练裙,三间老屋傍斜曛。送穷窃笑韩公句,谪宦长惭贾傅文。金虎潜移霏素雪,玉虹初转覆黄云。容台拟上中和颂,剩有闲情对鹭群。"《词科余话》卷二,《四库未收书丛刊》壹辑,第19册,第673~674页。

钱塘汪沆征车北上,客止扬州梵觉寺,有《述怀》三首:"轺车促驾太匆匆,抛却西湖旧钓筒。柳外已疏凉鹭雨,桥边空忆水花风,头黄尾非吾意,越角吴根有梦通。圣世渊云人不少,独惭名玷荐闲中。""蓟门北望路漫漫,逭暑聊营方丈宽。绕鬓飞蝂常搅寐,隔垣清越许分堪,无求那畜三年艾,偶出非缘十段官。自笑比来能作达,也随茶饭到蒲团。""几树残蝉咽绿扬,重来极目感旧凉,二分明月真无赖,十里珠帘枉断肠。夜而谁家歌水调,秋风废苑吊雷塘,题襟载酒适前事,第一难忘濡学堂。"(濡学堂,余丈苗村读书地,予曾假馆一载。)《词科余话》卷二,《四库未收书丛刊》壹辑,第19册,第674页。

新建尚廷辊茶洋官户部主事,有逸才,临川李侍郎亟言与副宪孙公国玺,遂列荐牍,茶洋有上副宪诗四首,今录其二:"汉帝立名渠,唐宗阁丽正。制作得鸿通,典章显明圣。后代忽稽古,岩扉断车乘。群攻帖诵业,莫析邺坟蕴。谁司推毂责,公忠仰当柄。匠石需豫章,乐师审球磬。清浊慎厥分,良楉从所镜。有令侧席心,只供弹冠庆。粤予负不羁,少宵游艺林。沉酣忘岁月,十载同书蝉。通籍从任子,内顾违宿心。簿领非所习,朗署聊浮沉。大贤邀顾盼,拂拭还砭针。遭逢右文主,窃慕卷阿音。""讵意青云士,器我逾南金。姓名列荐牍,良觌犹侵寻。相赏未相识,此风空古今。作歌颂知己,海岱同高深。"《词科余话》卷二,《四库未收书丛刊》壹辑,第19册,第674页。

长洲沈德潜有应诏入都述怀诗:"鹤衔丹昭下曾霄,旷典应同车乘招。黼黻特须词藻手,搜罗两遇圣明朝。敬与已见开前道,梦得还闻接后镳。不使深山有高卧,并看物色到渔樵。""老骥空怀千里程,三条烛下梦魂惊。南辕北辙终何济,西抹东涂浪得名。匹马漫思随李广。悲歌无意和荆卿。衰年也受交章荐,惭愧吴公识贾生。""买山已过鱼山西,蕙带荷衣制欲齐。月夜灌花呼稚子,风林拾橡并经妻。出门遥指天双阙,故里空闲雨一犁。为语云岩猿鹤伴,终教与尔共幽栖。""折柳歌闻尊酒余,故人于此送征车。联唫北郭怀中岁,(余年四十余,结北郭诗社。)分手河梁及夏初。畏我友朋宜养拙,生逢尧舜敢逃虚。他时凭眺燕台上,目断南鸿尺一书。"《词科余话》卷二,《四库未收书丛刊》壹辑,第19册,第675页。

全椒吴擎有《应召赴阙言怀八章》:"圣主治垂裳薄海,弓招帝网张七曜。同躔辉御座六星,近斗粲文昌。群英鼓舞风云际,多士纷趋日月旁,惭愧不材尘荐牍,抽毫何以奏明光。""秋风岁岁逐星槎,白蜡明经枉集嗟,刻楮只应成弃物,怀铅岂合诩名家。泥途共笑鱼颙□,髦髦频催马齿加,不是至尊亲下诏,穷庐无梦到金华。""国恩上第世蝉联,累叶胪传晓日边。柳箧东台留谏草,宓琴南峤剩清弦,前徽难继金为膀,旧业空荒砚作田。岂意翘车膺异数,涓埃未报仰尧天。""半世孤儿母教殷,相依为命恨中分,魂归马鬣三年杳,恩负熊丸五夜勤。不获升轩娱白发,何心捧檄上青云。有司敦迫柴车发,回首松楸泪雨纷。""萤乾蠹简久心灰,涉猎徒夸锦绣堆,敢聘雄谈非白马,讵称博物辨黄能。赋推张佐休轻拟,诗羡曹刘未易裁,天咫不知终懵学。螭坳难厕埳天才。""见恶行年已二毛,此身自分老蓬蒿,愁中欲艺君苗砚,梦里都海郭璞毫,讵料途丹收社栎。何常攻玉借铅刀。虚声谬采惭知己,感泣群公属望劳。""乡间偃蹇独行身,路鬼揶揄谢主臣,甘蓼微虫原习苦,蟠泥屈护敢求伸,那知土室穷唫士,也作金门待诏人。盛代孤生同朽柿,倘蒸芝菌献丹宸。""旷典恩叨浪窃名,给札不还缝掖贱,螭辞得傍衮衣荣,驽骀未敢思千里,苇瀹终难奏六茎,谢劣知非华郭选,愿归击壤诵升平。"《词科余话》卷二,《四库未收书丛刊》壹辑,第19册,第675~676页。

仁和赵信喜五兄昱荐举制科，赋诗报闻："半生风雨合埙篪，有用文章正及时。未有贡身居下士，已教折简动农师。雁行定自推先让，才薄应无擢后思。第一好音早寄托，北堂萱草报春知。"后意林亦为通政，宁夏赵公荐其族兄也，复用前韵寄五兄："迢递山河埙应篪，东风消息及春时。十年丽泽金兰友（谓符曾），一日公门花萼师。适聘敢忘千里志，久疏常作对床思。青灯自返惭无学，益信何求莫己知。"《词科余话》卷二，《四库未收书丛刊》壹辑，第19册，第677~678页。

仁和周玉章《乙卯除夜四律》："春暮辞家已腊终，萧条四壁旅栖穷。瓦盆注水降煤气，布幔当门抵朔风。草草杯盘叨地主，依依形影铝家僮。遥知守岁娇儿女，客舍加餐祝乃翁。""清溪莫漱素衣尘，镜里霜华又一新。蜡炬作花如有喜，屠苏次饮更无人。终宵静听钟街漏，明日欣看帝里春。独坐虚斋寒不寐，早朝车马过辚辚。""朔雪阶前冻未融，梅梢蓓蕾腊犹封。消残永夜三条烛，怅触离思一杵钟。衰户添丁应作庆，他乡逢节也为容。上林计日听莺语，斗酒双柑兴正浓。""此身不分老江湖，捧檄长驱上帝都。改岁光阴惊石火，傍人门户笑桃符。尚方给札知难得，东阁延宾亦懒趋。穷达一时犹未判，预愁季子愧妻孥。"《词科余话》卷二，《四库未收书辑刊》壹辑，第19册，第679页。

绳庵内外集序
钱文端

今上御极之元年，遵奉世宗前诏，复开制科，武进绳庵相公以诸生应试，钦定第一。识者谓制科不数举，与斯选者较春、秋得俊之榜为难，而冠伦魁能习为选首，则又儒生不世之殊遇也。公既以诗赋通籍不数年，由坊局跻列卿，趋走禁御，益矢勤慎眷注有加，遂参揆席履，柄文衡士之游其门者，咸以为斯交之嫡系在焉。

予曩佐秋官，每直次，连茵接席，欸语移时，暇猎考评所诣，因得叩其底蕴，则渊泓澄深，未易窥测大要，求其原于经，畅其支，于诸史百家搜罗繇富，归于雅醇。予得谢归田二十余年，曾邮寄所刊诗文就正，客岁入京，公出内外集若干卷，请予序，既卒读，益叹前此心赏之不虚也。间尝与公论为文大略，极言乡曲俗学罕识经训本旨，读公集亦可以知所趋向矣。李富孙《鹤征后录》，《四库未收书辑刊》贰辑，第23册，第649页。

鹤征前录序
李集

向者竹翁晚年欲为《鹤征录》而未就，盖因己未同举之一时名贤，毋论遇不遇，厓略其人之人品学问而传之天下后世，诚后死者之责也。集少时见曾大父藏书阁中有一箱，启视，则前辈诗文、还往书札皆属焉。中一卷，专记己未召试京师人数事实，今搜之不得复得，怅怅于心。放废余生，年且大耋，思续成之。而表弟徐斐然惠予以钞本目录，孙婿汪奏云从吴淞王氏得《齿录》，以畀予孙，而得其人数大略。

呜呼！士之遇不遇，天也。而其品诣之孤峻，学殖之蟠深，所谓精气光怪，不可得而磨灭者，非其人不足以传也。尝综古今之人才而论之：三代以后，惟汉初为最盛，盖当坑儒之后，实综两朝之才而有之，经生之学，动辄千百人。绵延至郑氏，九经皆有著述，直继孔门。嗣是而唐之太宗得人最多，盖亦隋之颓败而适会其盛，房、杜之政绩，十八学士之词章，孔氏之正义，为郑氏后一人。至宋儒空谭道学而人才衰，明专以经义取士，而人才愈衰，中叶有王文成出，以不世之勋而为命世大儒，其后唐应德熙甫沿流而溯其源，维持不败，至明季而通经师古之士日起。吾朝隆兴，际其盛，而收人才之成，试此百八十余人之学术，上而天道，下而舆地，中而人事，才施之无所不有，意惟汉、唐初年能及之。

呜呼，盛矣！小子集谨守先公之藏书，录中诸前辈，大率先公交好：其遇者协赞休明，为国家黼黻；不遇者穷经皓首，亦踪郑、孔。其所著半涉家藏，坠闻轶事，则得之老辈流传，趋庭训示。所谓文献者，亦备于是焉。是录所述，意在表扬遗行，散华落叶，点笔纷披，以志一时之盛。若诸公出处大节，则有传志、墓铭，匪兹录所能概云。乾隆甲寅八月朔日李集序。李集等《鹤征录》卷首，《四库未收书辑刊》贰辑，第23册，第558页。

鹤征录续辑序

李富孙

昔天子自诏者曰制科，所以待非常之才。汉时上尝称制诏，道其所欲问而视亲策亲览之。若博学宏词一科，仿于唐之中叶开元间，吏部选未满者，试赋、诗、论三篇，中者即授官。名相如陆、裴，文人如刘、柳，皆由此选。以昌黎之学识，三试吏部，一既得之，又黜于中书。自陆忠宣而下，仅六七人而止。然此特以试选人，非所称词学大科也。宋绍圣初，始立宏词科，许进士及第者，诣礼部请试，每取不得过五人。大观中，改词学兼茂科。绍兴三年，复立博学宏词，嗣后所取，或三人，或二人，或一人，多有至卿相者。绍熙庚戌，则阙而不取，盖与选之难若此。

惟我圣祖仁皇帝，崇儒重道，法古制科取士，特开博学宏词科，内外臣工共荐举一百八十有六人，其才皆不可一世。中选者有五十人，同入翰苑，纂修《明史》，得人之盛，诚前古所未有也。吾里朱竹垞先生尝谓，同时被荐百八十六人，皆著作之才，不可以无传，思成《鹤征录》一书，未及属稿。先从祖敬堂先生晚年归田，欲仿竹翁之意为此书，仅辑四十余人，即于是年捐馆舍，残墨模糊，几不可读。富孙从先生游十余年，聆先生之绪言最悉，乃谨与从弟遇孙续为纂辑，而是百八十余人之出处事迹，厓略具备。试一瞻仰焉，如星辰之并丽于天也，如江河之并汇于海也，如钟镛琴瑟之并奏于庭，球琳琅玕、鼎彝珍宝之并灿陈于室也。猗欤盛矣！顾见闻浅陋，未能旁搜博采，仅就耳目所及，缀述遗佚。不第以承两先生之志，且见我朝开国人材，非汉、唐、宋所能及其万一耳。嘉庆二年岁在丁巳六月既望富孙谨叙。李集等《鹤征录》卷首，《四库未收书

鹤征前录跋
沈懋德

圣祖仁皇帝御极之十七年，特开博学鸿儒科，凡荐举者一百八十六人，中选者五十人。一时人才之盛，卓绝千古。《鹤征录》始于朱竹垞，嘉兴李氏足成之。采摭稍繁，而不载所试之题，殊为阙典，高士奇、励杜讷亦在同试之例，见全谢山《词科摭言》。郁植未及与试，见沈归愚《国朝诗别裁》注。今为删其繁而补其阙。又秦小岘《己未词科录》谓《鹤征录》所谓，从他书采入者：顾炎武、王揆、徐夜、闻性道、万斯同、王曾武、李清、仲治、胡问鼎、冯京、崔华、费密、夏駰、方象瑛、姜宸英、周容、钱肃润十七人。然李清并未荐举，夏駰则《鹤征录》已载之。至谓嵇宗孟到京与试，王钺辞荐不赴，章贞、董俞、宋显俱未与试，黄宗羲、魏禧俱未膺荐，各据所闻可也。辛丑冬日，吴江沈懋德识。

鹤征录叙
冯集梧

《鹤征录》者，嘉兴李君既方与其从弟庆伯所辑，康熙己未博学鸿词科所征士一百八十六人之名俱在也。盖自圣祖仁皇帝乂安区宇，削平诸叛乱，天子之民，亦既出水火而登诸衽席，于是明诏天下，劝学修礼，崇化厉贤，特开制举之科，以网罗海内耆硕、魁奇闳达之士。夫大乐之成，非取乎一音；嘉馔之和，非取乎一味；圣人之德，非取乎一道。今观所登用者，亦既跻玉堂，参紫宸上之论，思密务，佐圣天子开太平之治，次亦作汉二史，成唐一经，炳炳烁烁，垂不朽之盛业。即其罢遣不叙者，亦多高文著述，足自表见后世，能言之士未能或之先也。

呜呼盛哉！窃尝论之文章之运，与国运相为盛衰。故世道郅隆，必有奇才绩学、非常之人出而昭耀一世，斯固相得而益彰也。然当兴朝启运，则所谓黼黻升平者，不必皆从龙之彦，而每多胜国所留遗则当其生之，固已知天意之有在也。夫以彼其初当道丧文弊之时，□惧兵革、盗贼、寒饿、疾疫之虞，几几乎不自保矣。而乃推□隐□，□然兴起，应圣世弓旌之盛典，抑何幸也！盖君子之学，非为通也，为穷而志不困，忧而意不衰也。然其遭罹不幸，不获觐兴王之运，而遂以湮没不章者，则又不知其几也，乃益以□见于录者之为大幸也。

录具诸人，名位里贯，亦稍详其本末，其不可考者阙之。昔周公于补衣之士，所执贽而师者十二人，穷巷白屋所先见者四十九人，时进善者百人，教士千人，而召康公之告成王曰："蔼蔼王多吉士，维君子使，媚于天子。"不必有姓名可稽也。况诸人姓名具在，当时称之，后世传之，即以视登用诸贤，称国朝大科之选者何愧焉！

既方兄弟为征士秋锦先生之来孙，此录盖经三年成之。余故乐为之叙，使后之人得有所考云。嘉庆二年冯集梧。李集等《鹤征录》卷首，《四库未收书辑刊》贰辑，第23册，第557页。

鹤征录凡例
李富孙

《己未鹤征录》前后编次，本照朱竹垞检讨《曝书亭》目及先征士公所记，兹录分列标目，亦悉仿前例，惟略有互异，则因为增易之。

是科内外荐举共二百六十七人，惟元年与试，《李穆堂类稿》云一百八十余人，《道古堂文集》云一百八十四人，《藤阴杂记》云一百九十三人，先从祖《敬堂随笔》云一百七十六人，数各不同。即袁随园亲与召试，而《小仓山房集》云一百九十三人，《诗话》云一百八十人，不能符合。良由临场尚有不入试，兹录并以见前人著述为据。

《词科掌录》于荐举人数，以举主为分列，不能知其中选不中选，即有为部所驳及有病不就试，亦未详尽。兹仿前录，悉重为次第，并各分以科目先后，其无科目者，仍编于后。

《词科掌录》只据荐举时出身，未及详后日之科目、官爵以及著作。兹录悉为补入，其不知者，则仍阙如，以俟增辑。

吾朝两开大科，得人最盛，己未诸征士，检查各郡邑志，多有阙漏，或并不详其姓氏，是科亦然。兹特探访同时人著录及老辈传闻，亦可备将来志乘所采。

前后两制科所录荐举人数，俱以具题到部为据。己未科欲举而未题部者甚多，概不综录。兹科如《越风》以余姚邬希文，《湖海诗传》以钱塘陈章、江都马曰琯，《江西诗征》以临川李茹旻、南昌戈溥，《两浙輶轩录》以钱塘唐枢、归安沈荣俊、乌程董煟、山阴何晫，《碧溪诗话》以钱塘丁敬，皆为荐举鸿词，以不具录。

《前录》意在表扬遗行，于家传志铭不备采录。富孙尝欲搜辑，另为一编，迄未成帙。兹录于诸征士志乘，间采一二，以见梗概。

前后两举词科，吾家均得膺荐辟，前为先征七秋锦公，后为先族祖蕉窗公，虽未与选，亦为艺林佳话。但先征士公欲选《文纬》一书，当时同荐诸公，投赠诗文集颇多，蕉窗公为张司寇文敏公家赘婿，旋徙居吴淞，书籍散亡，未得见具，一时酬唱之什，故搜采较少。

乾隆己巳岁奉诏荐举经明行修之士，迄庚午辛未内外臣公保举四十九人，诸征士为当事交章论荐，复膺是举者二十人，兹并著录，亦见一时人才之盛。

己未鸿词诸公著作梓布海内者居多，又有当时巨公藻鉴人伦，操牍记载。是科距今七十余年，诸公所有杂著、别集，未尽刊刻流传。《词科掌录》外，仅有全谢山《公车征士录》，又未成书，蒐罗转难，且交游落落，浅见罕闻，尚有未能悉其出处大略者，统冀博雅君子，或系桑梓，或属后贤，倘有家传及诗文遗集，钞录惠示，载为补辑，幸甚。李富孙《鹤征后录》卷首，《四库未收书辑刊》贰辑，第23册，第642页。

鹤征后录序
法式善

余五六岁时，先太淑人教识字，每举古人乡里、官爵、表字相问难，后渐知著述，遂喜笔及细琐，所谓不贤者识其小者也。又屡司书局，河间纪文敏公尝以顺治初年缙绅书付校阅，曾为之跋。南昌彭文勤公尝以《明代贡举考》俾综核，遂有所述。自有制举以来，凡科名掌故之书，虽残纸废缣，无甚关系，余必收之，遗闻佚事，往往而在。李子既汸明经，秋锦征君来孙也，承其家学，博雅好古，于百余年来文献尤留心咨访，先有《鹤征录》之刻，兹复著乾隆丙辰词科为《鹤征后录》，以余同嗜好，千里邮书乞序。

窃念仪征阮芸台巡抚有《康熙己未词科摭录》之辑，无锡秦小岘侍郎有《己未词科录》之辑，详备无遗，余尝校而序之。今观前所编录，简核有体，要依竹垞《鹤书》手稿及家乘综括而成之者，言必有据，事必有征，厘然巾然，实与二书相发明。盖阮书以渊博胜，秦书以辨晰胜，而此书以矜贵胜，皆足以敷陈朝廷之圣典矣。若杭大宗之《词科掌录》，几于自述其事，而世或憾漏略之未免焉。既汸出其记诵绪余，为增损而续之，旁搜博采，纪事迹备，故实视《词科掌录》为尤详，不可不与前录并重也哉！嘉庆十四季十二月梧门法式善拜序。李富孙《鹤征后录》卷首，《四库未收书辑刊》贰辑，第23册，第640页。

鹤征后录序
李富孙

词学一科，始于唐上元、垂拱间，自元明以来，专用制艺取士，而词科久废。至我朝重熙累洽，稽古崇儒，特两开大科，以网罗海内博洽之彦。其膺荐辟者，名臣循吏，儒林文苑，俱出其中，得人之盛，远轶前代。康熙己未荐举一百八十六人，出处大略，既具著于《鹤征录》。迨乾隆丙辰鸿词，仅有杭堇浦先生《词科掌录》一书，复略而不详。其选入词馆，与放还田里，既不分晓，且取者十数人，未取者八十余人，行事撰著，均不见于录，览者不无遗憾，此殆未成之书欤？

曩潘德园侍御索阅《鹤征后录》稿本，复书云："昔堇浦先生为《词科掌录》，同时所征，犹多阙漏。君能于百年后广为搜辑，厥功不浅。"伏念世宗皇帝圣德相承，光照隆轨，叠下明诏，令举博学鸿词之士。高宗纯皇帝登极，复申前旨，侧席旁求，史策罕观。于是中外共荐二百六十七人，皆一时瑰奇伟丽之才。自丙辰御试于保和殿后，次年丁巳补试，无论用与不用，其文章学问有不可得而磨灭者。宋司马温公尝欲乞朝廷设十科举士，有经术精通可备讲读科、学问该博可备顾问科、文章典丽可备著述科，有官无官人，皆可保举，此即唐词学之遗意。而后代仿行之，诚以拘于一格，不足展其所长。惟制科之举，非通经师古、洽闻殚见者，不能与荐。故登于廊庙，足以赞文治，润鸿猷。即或沉滞山林，亦得羽翼经传，发抒华藻，入著作之林，炳今烁古。遭际之隆，诚有非偶然也。

爰复取丙辰词科，仿前录之例，分列次第，缀辑遗闻轶事，并杂采诸家所著，汇而录之。虽其间亦未能尽悉，而传之后世，庶几征文献，考掌故，仰见两朝盛典，实为旷代所希遇。而其时耆儒宿学，淹贯闳通之士，继起奋兴，洵足后先媲美也已。嘉庆十有二季岁在强圉单阏易月十日，李富孙书于婺州郡斋。李富孙《鹤征后录》卷首，《四库未收书辑刊》贰辑，第23册，第640~641页。

鹤征后录跋
李超孙

曩者《鹤征录》成，予曾著杂缀一卷附末梓行，仲弟既汸又辑乾隆丙辰科为《后录》，予于卷中亦间列数条。今年春弟□□既竣，旋赴金华，郡馆属予覆阅付梓，其有续得事迹者，复补一二。窃惟我朝两开大科，人才辈出，其间勋业赫奕，照耀史册，至文章足以辅国，著述足以传后，更不知几。两大科虽相距六十年，而酝酿郁积，其才之干古凌今，先后一辙，顾《后录》之辑，较《前录》更难，盖《前录》以续前辈未曾之□，《后录》网罗散佚，非一时易竟之业，弟以积□蒐采，两阅寒暑，成是录，不独雍容揄扬，其所以征文考献，实可与《前录》并时传播，有足备艺林之掌故者。爰开雕之始，识数语于简末。嘉庆十有五年春二月，兄超孙跋。李富孙《鹤征后录》卷首，《四库未收书辑刊》贰辑，第23册，第759页。

鹤征后录跋
沈懋德

自康熙己未遍征鸿博，越五十年，为乾隆丙辰，高宗纯皇帝再开制科，所以绳圣祖仁皇帝之武，而继世宗宪皇帝之志也。人才蔚起，媲美于前，荐举至二百六十七人之多。于时沈苹园有《词科同年录》，载其世系举止；而杭堇浦《词科掌录》，略而不备。槜李李富鑫先生病之，复为《鹤征后录》，以续前书。顾其所采摭，诗词多而事实少。且于西成、樗园，不知其姓；于闻元晟、李清藻、俞鸿德诸人，不知其字；于朱厚掌药亭，不知其在长洲，在昆山。余故芟其繁芜，而就所见者补缀一二。夫士之得夫斯荐者，大抵皆具经纬非常之略，抱沉博绝丽之才。其在中选十五人，既彪炳士林矣，其他散处江湖，偃蹇以殁，亦未尝不翼声施后世。是编成于嘉庆丁卯，去乾隆丙辰仅七十一年耳，而姓氏里居，已有不可复识者，又况数百年以后。苟无斯录，谁复忆其仿佛邪。

辛丑冬日，吴江沈懋德识。李富孙、李遇孙《鹤征后录》卷末。

清代征士记序
秦光玉

有清一代，于例行科举外，曾开特科三次，一为康熙己未博学鸿词科，一为乾隆丙辰博学鸿词科，一为光绪癸卯经济特科。所征召者皆博学多闻，奇才异能之士，此诚为一代之旷典，抑亦千古之美谈也。嘉兴李集及其从孙富孙、遇孙纂《鹤征录》八卷，后录十二卷，凡康乾两科征士，皆记载其履贯著述，博雅详瞻，足资考证。而近代经济特科征士，尚无纪录，殊为遗憾。且《鹤征录》中亦有缺而不备，百密难免一疏者，此石屏袁君亚耕所以有《清代征士记》之辑欤？亚耕之为树五提学冢子。余在浙江时，亚耕昆仲曾执经问难定香亭畔，讲解切磋，回忆往事，有如梦幻。近以此记属余序，余观其上卷记康熙己未征士，次卷记乾隆丙辰征士，三卷记光绪癸卯征士，博稽详列，条理秩然，可以补《鹤征录》阙遗，可以考清代取士掌故，可以备《清史·选举志》资料，披阅再四，殊令人欣赏不置已。树五提学，著述宏富，考证精详，久为海内人士共仰，今观此记，家学渊源，略见一斑。而令兄笙陔书以付印，亦足见花萼相辉之雅云。民国第一甲戌呈贡秦光玉序于昆华图书馆。袁丕元《清代征士记》卷首。

清代征士记叙
袁丕元

唐太宗有言"天下英雄，尽入吾彀中矣"，此言制科之宗旨，实足以包括天下，卑者使之仰而企，高者使之俯而就，名曰培植人才，究与消磨人才，何以异哉！第考之正史《选举志》及《文献通考》、《续通考》，则历朝取士之科，尚不止于一类，惟元明清三代专重经义，宗法考亭，术益工，途益隘，于是天下之士病窳病陋，积习近千年。虽中国之弱不必专系于此，而此亦其一因也。

余不敏，勉勉读书，上考百诗（阎若璩）、西河（毛奇龄）之博学，下逮仲容（孙诒让）、艺风（缪荃孙）之名著，散文如苕文（汪琬）之醇，骈体如其年（陈维崧）之雅，宋学如平湖（陆陇其）之正，诗才如秀水（朱彝尊）之隽，画品如青主（傅山）之高，史学如季野兄弟（万斯同、斯大）之大，词学如樊榭（厉鹗）之懿，仰天津严范孙先生（修）之斗山，承吾家之弓冶，（家君嘉谷举经济特科，此记中亦直书名。尝闻之庭训曰："周人讳名，非亿万年之公理，盖中国字仅四万余，而可以取名之字不及万，若以三十年一世计之，即不二名，亦不过三十，万年而即穷也。故教丕元等敬长有道，不必以避名为敬云。考之近人著书，遇家长之名，虽属自写而必假托他人填讳，无非作伪而已，今不取也。"）无不出于康熙、乾隆、光绪三特科。特科者，所以别于寻常例之制科，盖稍稍不隘一途矣。康乾之时，名曰博学鸿词科（词或作辞）。光绪之时，名曰经济特科。征考制度，皆取一致，不得谓非，清朝之盛事也。《鹤征录》、《续录》、《词林典故》、《词科掌录》诸书记康乾两科之人，尚有舛错，光绪一科纪载尤少。南海伍太史叔葆年伯有志订《鹤征三录》，未闻成书，乃举素所考见者，合成此编，聊备掌故，故名曰《清代征士记》。即以三科分为三卷，旁征远访，改正再四，而惴惴乎尚惧其疏失也。宣统之初，南皮张之洞当国，尚有博学鸿词之议，以保荐尚未有人，而政体已改天下为公，不当入于此记。世之君子，幸有以教之云。民国八年春石屏袁丕元叙。袁丕元《清代征士记》卷首。

杂录

词科杂录

毛奇龄

康熙十七年，吏部奉上谕，特开制科，以天下才学官人，文词卓越、才藻瑰丽者，召试擢用，备顾问著作之选，名为博学鸿词科。敕内外大臣，各荐举来京。先是二年间，上厌薄八比，已谕内三院九卿，于甲辰、丁未两科改换策论，著以经时务取士。廷臣皆言古学不可猝办，仍暂用八比，以俟徐复。因特开是科，振起其事。

按：制科始于两汉，皆朝廷亲试，不涉有司，历汉魏、六朝、唐宋不改。惟唐试科不一，遂分制科与进士及明经诸科为二，然惟亲试者得称制科，又谓之大科，余皆非是也。自元明专用进士一科，不用制科，即有荐举擢用如贤良方正等，皆不经召试，有荐举而无科目，因误以进士科为制科。且以八比文为制举文，而典制与名称俱失之矣。至是，始开科，实别于八比，而世仍未之晓也。是时相传为博学鸿词科。按，博学鸿词为前代科名，此并非是。但世不深考，不晓鸿儒所自出，遂以鸿词当之。即同试与同籍诸公，亦尚有自署其衔为鸿词者，不知鸿儒二字，出自董仲舒《繁露》，有云："能通一经者曰儒生，博览群书者号曰洪儒。"故其后作《陋室铭》者曰："谈笑有鸿儒。"鸿即洪也，犹古洪水称鸿水也。

是年十一月初一日，大学士索额图、明珠奉旨，各大臣官员题举才学官人，俟全到之日考试。其中恐有贫寒难支者，交与户部酌量给与衣食，用以副朕求贤重文之意。户部议帖给俸廪并柴炭银两，按月稽领，真旷典也。十八年己未正月晦日，上谕荐举人员，著二月初三日亲试。高阳李师奏，时日迫促，不能预备试卷、桌子等项。遂谕十六日启奏。时幸温泉回，益都冯师又简人会阄，作文主官，未启奏，间十七日传谕：着该部同翰林院确定试日，并应用事宜具奏。因定三月初一日。至是日平明，齐集太和门，以鱼贯入，诣太和殿前，鸿胪唱行九叩头礼毕。是日，上御殿祭堂子回，命诸荐举人员赴东体仁阁下。太宰、掌院学士捧题出，用黄纸十张，上写题二道，放黄帷桌上。跪领题讫，用矮桌列墀下，坐地作文。及已牌，太宰掌院学士复宣旨云："汝等俱系荐举人员，有才学的，原不必考试。但是考试，愈显你们才学，所以皇上十分敬重，特赐汝宴。凡是会试、殿试、馆试状元、庶吉士，俱没有的。汝等要晓皇上德意。"宣讫，命起，赴体仁阁，设高桌五十张，每张设四高椅，光禄寺设馔十二色，皆大盘高攒，相传给直四百金。先赐茶二通，时果四色，后用馒首卷子，红绫饼，粉汤各二套，白米饭各一大盂，又赐茶。讫，复就试。时陪宴者，太宰满汉二员，掌院学士二员，皆南北向坐，谓之主席以宾席皆东西向也。余官提调者，皆不与焉。其夕，晚出者十余人，皆给烛竣事，然后弥封诸试卷，作四封，当夜呈进。

先试一日，上命内阁诸学士及翰林院掌院拟题，皆一文赋、一诗。高阳李师拟

《璇玑玉衡赋》、《赋得雨中春树万人家》,宝坻杜师拟《王者以天下为一家论》、《省耕诗》,益都冯师拟《十三经同异考》、《耕籍篇》,内阁学士项公拟《士先器识而后文艺论》、《赋得春殿晴薰赤羽旗》,阁学李师拟《岣嵝碑赞》、《远人向华歌》,掌院学士叶师拟《珪璋特达赋》、《三江九江考》、《赋得龙池柳色雨中深》。上用高阳师赋题,宝坻师诗题。

试之次日,上携卷至霸州观鱼,贮以黄绢箱。至初十日,大风,帐房内亲看,抽四卷,出其一,即予卷,且夹以纸签于卷中,御书"女娲事"三字,以予赋词有云"日升于东,匪弯弓所能;天倾于北,岂炼石之可补",疑"炼石"句不经,将以询诸大臣也。时以大风起,不终阅,仍入箱,讫。十四日还宫,十五日发卷,出中堂三相公暨掌院学士参阅。十六日阅讫,十七日启奏呈缴。照前代制科等第,进士科分甲乙,例判作四等。曰上上,曰上,曰中,曰下。时阅卷者见予卷纸签,不知所谓,且疑上不善其词。三相公欲置之上卷之首,而掌院踟蹰曰:"第至上卷末,俟皇上意旨何如耳。"会二十日殿试。二十二日,中堂掌院俱作读卷官,上谕前所试上上卷、上卷著入史馆,纂修《明史》,余俱遣回,其年老者,量加虚衔,未到者,不再试,亦不必令来,遂问:"有不完卷的,何以列在卷中?"众答曰:"以其胜词可取也。"又问:"上上卷内,有'验于天者,不必验于人',语无碍否?"(彭孙遹文)众答曰:"虽意图语滞,然故无碍也。"又问:"有或问于予曰及唯唯否否语,岂以或指朕,予自指耶?"(汪琬文)众答曰:"赋体本有子虚、亡是之称,大抵皆寓言,似不必有实指也。"问:"有女娲补天事,信否?"益都师曰:"在《列子》诸书有之,似乎可信。"上曰:"朕记《楚词》亦有之,但恐燕齐物怪之词,不宜入正赋否?"益都师曰:"赋体本浮夸,与铭颂稍异,似可假借作铺张者。"上曰:"如此,则其文颇佳,今在何等?"答曰:"已置之上卷末。"上命稍移在上卷中。嗟乎!予实不才,且是日腕胀,全不尽生平所长,不知何以猥蒙圣誉如此!及拆卷,上又曰:"诗赋韵,亦学问中要事,何以都不检点?赋韵且不论,即诗韵在取中中者,亦多出入。有以'冬韵'出'宫'字者(潘耒卷);有以'东'韵出'逢'、'浓'字者(李来泰卷);有以'支'韵之'旗'误出'微'韵之'祈'字者(施闰章卷)。此何说也?"众答曰:"此缘功令久废,诗赋非家弦户颂,所以有此。然亦大醇之一疵也。今但取其大焉者耳。"上是之。遂定为五十卷。上上卷二十,作一等;上卷三十,作二等;余中卷、下卷,分作三等、四等者,总命为下第,不填榜内。至拆卷毕,因于上卷中斥去一卷,上命择一有名者补之。时中堂、掌院,各有所荐,皆不允。最后益都师以徐咸清荐。上曰:"有著作乎?"曰:"有资治文字若干卷。"上曰:"资治文字,何书也?"曰:"字书也。"旁以学士曰:"字书,小学耳。"遂至不问。后上自取严绳孙卷补之。

二十四日,上谕吏、礼二部:这取中人员,该授何职?着确议具覆。时二部不谙旧制科例,但拟已仕者照见,任品级,或升或加级;其去任在籍者,后宜起用,或宜在籍加衔。一应未仕者,俱授翰林院,待诏具覆。

上命阁臣取前代制科旧例来阅,查得两汉授无常职,晋上第,授尚书郎;唐制策高者，特授以尊官，其次等出身，因之有及第出身之分。宋制分五等，其第一、第二等，皆不次之，擢第三等，始为上等，恩数比廷试第一人，第四等为中等，比廷试第三人，皆赐制科出身，第五等为下等，赐进士出身。上乃降旨：这荐举取中人员，俱授翰林官，应给职衔，着再议具奏；其杜越、傅山、王方谷等，文学素著，念其年迈，从优加衔，以示恩荣。于是已仕者，俱照品级，授讲读、宫坊、编修等；未仕者，概授检讨，总充史馆，纂修《明史》。其杜越等，俱授内阁中书，听其回籍。依议，乃择四月二十日到任，各朝服顶带于钦天监火神庙斋到，衙门行礼毕。次日，遂赴史馆。后同籍五十人，集于众春园仿题名故事，各赋一首，施愚山为之序。秦瀛《己未词科录》卷二，《续修四库全书》第 537 册，第 118~121 页；毛奇龄《制科杂录》，《四库全书存目丛书》史部第 271 册，第 643~649 页。

史馆兴辍录（题拟）
毛奇龄

上开制科，以予辈五十人充明史馆官。其到任日，监修、总裁与诸史官只一揖，监修、总裁负北牖南面铺簟，登土炕坐，诸史官以次登炕，接总裁南面，东西环坐，东环者转而西面，至门止，西环者转而东面，又转而北面，亦至门止，全无比肩抗颜之嫌。其收掌司录皆中书主事，并不上堂参揖。而监修系满汉中堂，凡侍立者皆内阁中书，多进士出身，与诸史官亦并不一肃手。即供事者点茶数巡，自监修、总裁诸史官外亦并不一及，甚至查检史书，则侍立中书执钥启金龙大柜，取书列长筵翻阅。其一时相形如此。是以当是重举纂修，主事并纂修监生以渻其局，而主事监生亦仍居廊房，未尝上堂，乃复荐诸旧同馆官若干人，并充纂修，则一体升降，有何分别？然其题已阄分，不得另阄，而万历以来题未经分者，或以忌讳，阴相推诿，应俟五十人中有出馆者则接受其题。而数年之间即有告归者，有死者，有充试差者，有出使外国者，有作督学院使者，且有破格内升京堂并外转藩臬及州府者，自康熙己未至辛未在馆者不过一二人，余或升侍郎，或转阁学，或改通政使，不复与史事矣。李集等《鹤征录》卷八，《四库未收书辑刊》贰辑，第 23 册，第 637~638 页。

鸿博史馆论诗（题拟）
毛奇龄

益都师相尝率同馆官集万柳堂，大言宋诗之弊，谓："开国全盛，自有气象顿弩，此佻凉鄙夸之习，无论诗格有升降，即国运盛衰于此系之，不可不饬也。"因庄颂皇上《元旦》并《远望西山积雪》二诗以示法。《元旦》诗曰："广庭扬九奏，玉帛丽朝光。恭已临四表，垂衣驭八荒。"《望雪》诗曰："积雪西山秀，仙峰玉树林。冻云添曙色，寒日澹遥岑。"时侍讲施闰章、春坊徐乾学、检讨陈维崧辈皆俯首听命，且曰："进来风气日正，渐鲜时弊。"今归田有年，距向宴集时已逾十稔，而里中后进反有起而袭其弊者，何也？试颂御制诗，崇闳博大，何许气象，即其中对仗高警，一起衰鄙，此真前辟千古，后开万禩者。生今之世，不以是为法而奚法矣？又其时座中有言，方盋山论诗以近人绝句全无对仗为非。是时同馆某曰："何必对仗？"予举御制诗示之，默然。【略】《西河诗话》，《丛书集成续编》第200册，第378页。

己未博学鸿儒科（题拟）

王应奎

　　康熙戊午年正月二十三日，上有荐举博学鸿儒之诏，于是在京三品以上及翰铨科道官，在外督抚藩臬，各举所知以应。计北直与荐者十有一人，江南与荐者五十有八人，浙江与荐者四十有七人，山东与荐者十有二人，山西与荐者十有一人，河南与荐者四人，湖广与荐者六人，陕西与荐者十人，江西与荐者四人，福建与荐者二人，贵州与荐者一人。

　　次年三月初一日，上御体仁阁，临轩命题，学士捧黄纸唱给，首题《璇玑玉衡赋》，有序，用四六；次题《省耕诗》，五言二十韵。散讫，命就坐，撤护军，俾吟咏自适。日中，鸿胪引出，跪听上谕云："诸士皆读书博古，当世贤人，朕眷重有加，宿命光禄授餐，使知敬礼至意。"引上阁设席赐椅，四人一席，绣衣捧茶陈馈，十二簋加四饭，丰腆苾芬，缉御恭肃，诏二品三人陪宴。既毕，叩头谢恩，从容握管，文完者先出，未完者命加烛，至漏二下始罢。吏部收卷，翰林院总封，进呈御览。读卷者相国李蔚、杜立德、冯溥，掌院学士叶方蔼。取中一等二十名，二等三十名，皆授翰林职，令入馆纂修《明史》。其有举到在京老病不能入试，及入试而不与选者，年近七十以上，加中书、正字等衔以宠之。此一代抡才盛典，故备记之如右。王应奎著，王彬、严英俊点校《柳南随笔、续笔》卷四，中华书局1997年，第64页；秦瀛《己未词科录》卷二。

隐逸之士应词科（题拟）

王应奎

　　康熙丁巳、戊午间，入赀得官者甚众。继复荐举博学鸿儒，于是隐逸之士亦争趋辇毂，惟恐不与。四明姜西溟（宸英）有诗云："北阙已成输粟尉，西山犹贡采薇人。"时以为实录。又吾邑吴苍符（龙锡）《偶成》二首云："终南山下草连天，种放犹惭古史笺。到底不曾书鸰板，江南惟有顾书年。"（谓顾宁人）又云："荐雄征牍挂衡门，钦召金牌插短辕。京兆酒钱分赐后，大家携醵众春园。"王应奎著，王彬、严英俊点校《柳南随笔、续笔》卷四，中华书局1997年，第68页。

施闰章改置二等（题拟）
王应奎

康熙己未御试博学鸿词，施愚山卷，阁拟一等进。上阅之，以诗中"旗"字押韵误书为"旂"，改置二等。按"旗"字人支韵，《周礼》："司常所掌，熊虎为旗。"【略】王应奎著，王彬、严英俊点校《柳南随笔、续笔》卷五，中华书局1997年，第89页。

己未博学鸿词之盛典（题拟）
刘廷玑

本朝己未召试博学鸿词，最为盛典，其中人材、德业、理学、政治、文章、辞翰、品行、事功，无不悉备，洵足表彰廊庙，矜式后儒，可以无惭鸿博，不负圣朝之鉴拔，诚一代伟观也。无如好憎之口，不揣曲直，或多夙怨，或挟私心，或自愧材学之不及而生嫉妒，或因己之未与荐而肆蜚谗，一时呼为野检林，且以诗讥之。李集等《鹤征录》卷八，《四库未收书辑刊》贰辑，第23册，第637页。

己未词科未取之名士（题拟）
戴璐

康熙己未保荐鸿博，朱竹垞谓皆擅著作才，撰《鹤征录》，未成。其时应考者一百三十三人，未取名士如法若真，丙戌进士；布政使赵进美，前庚辰进士；河北道田雯，甲辰进士；郎中叶封，己亥进士；高层云，丙辰进士；常博谭吉璁，例监；同知许孙荃，庚戌进士；刑部郎中戴王纶，乙未榜眼；江南粮道陆陇其，庚戌进士；革职知县阎若璩，监生；李良年，生员；汪懋麟，进士，以丁忧未试，保举奏疏于吏科库见之。

（秦瀛按：李良年，浙江秀水县生员。《钦定四库全书提要》云"初冒姓虞，名兆潢，故当时荐牍无良年名"。朱彝尊所作《墓志》，仅载其原名，而未载其冒姓，亦偶疏也。《汇征录》、顾张思《己未词科题名记》皆有虞兆潢而无李良年，李集《鹤征录纂辑》有李良年，而无虞兆潢，惟疏脱冒姓一节耳。《吏牍存钞》于"已经行催尚未报有启程日期者十七员"下载："虞兆潢，嘉兴人，生员"；又于"丁忧病故未试九员"下载："李良年，浙江嘉兴人，生员"，是分一人而为二矣。且李良年试而未取，列之"丁忧病故未试九员"中，更误。《吏牍存钞》之讹舛处，如江闿，康熙癸卯顺天举人，误作己酉；施清，浙江钱塘贡生，误作江南吴县监生；范鄗鼎，顺治辛丑进士，误作丁未；邵允彝，误作邵允宜，其它籍贯亦间有讹错，意亦随笔所记，非尽钞于吏牍者。）戴璐《藤阴杂志》，见秦瀛《己未词科录》卷一，《续修四库全书》第537册，第130~131页。

己未博学鸿词科（题拟）

金 农

康熙十七年诏举博学鸿词。十一月初一日奉旨："各大臣、官员题举才学诸人，俟全到之日考试。其中恐有贫寒难支者，交与户部酌量给与衣食，用副朕求贤重文之意。钦此。"户部议酌给俸廪并柴炭、银两，真旷典也。次年三月初一日平明，荐举人员齐集太和殿，以鱼贯入。上御太和殿，鸿胪唱行三跪九叩首，礼毕，命赴体仁阁下。大学士捧题出，题二道：《璇玑玉衡赋》、《省耕诗》，俱坐地作文。己刻，大学士传旨赐宴，凡会试、殿试、馆试状元、庶吉士俱不赐宴，此乃皇上十分隆重之意。宣讫，命赴体仁阁，设高桌五十张，每张四高椅，光禄寺设馔十二色，皆大盘高攒，赐茶二通、时果四色，后用馒首卷子红绫饼粉汤各二套，白米各一大盘，又赐茶。讫，复就试。陪宴者，大学士、掌院学士满、汉各二员，皆南北向坐，谓之主席，以宾席皆东西向也。余官皆不与。钦取彭孙遹等二十人为一等，李来泰等三十人为二等，已仕者照品级授讲读、宫坊、编修等官；未仕者，概授检讨，总充《明史》馆纂修。金农《熙朝新语》卷二，上海古籍书店1983年影印道光4年刻本。

平湖陆葇（题拟）

金 农

平湖陆阁学葇，九岁时值鼎革，其父为马将军所获，葇伏草中跃出，求代父死。将军爱其文秀，以扇示之曰："儿能读扇上诗，即赦汝父。"葇朗诵曰，"'收兵四解降王缚，教子三登上将台'。此宋人赠曹武惠王诗也。将军不杀人，即今子武惠王矣。"将军大喜，释其父，乞为己子。葇哭别其父而去。已而将军物故，得脱归。康熙己未，举鸿博入词林。圣祖爱其才，一日七迁，官至内阁学士。金农《熙朝新语》卷二，上海古籍书店1983年影印道光4年刻本。

姜宸英（题拟）

金 农

姜西溟宸英，工古文。布衣时，圣祖即知其名，屡试不售，荐入史馆纂修《明史》，分撰《一统志》，月给俸钱，衣儒生衣，杂坐公卿之次。丁卯顺天乡试，已拟第二，因二场有点窜《尧典》、《舜典》一语，为监场御史所贴。后以丁丑会试中式，殿试进呈卷在二甲第四。上问："有浙江姜宸英乎？"内阁学士韩菼对曰："宸英在史馆，识其字迹，第七卷当是。"上曰："老名士也，积学能文，至老犹笃，可拔置一甲三名，为天下读书人劝。"金农《熙朝新语》卷二，上海古籍书店1983年影印道光4年刻本。

严绳孙难进易退
小横香室主

康熙大科四布衣之一严绳孙，方被荐，初贻书京师诸公曰："闻荐举，滥及贱名。某虽愚，自幼不希无妄之福，今行老矣，无论试而见黜，为不知者所讪笑，即不尔去就，当何从哉！窃谓尧舜在上，而欲全草泽之身以没余齿，讵有不得，惟幸加保护。"时有司奉诏敦趣，引疾，不许。既抵京，赴吏部自陈疾不能应试状，至再四，终不允。御试之日，发题赋诗各一首，中允仅赋《省耕诗》一首而出，冀被放也。圣主素念其姓字，谕阁臣曰："史局不可无此人。"仍用翰林。在职五年，尝侍宴保和殿，和圣制《升平嘉宴诗》称旨，特命撤御前金盘枣脯以赐，又从容语左右："严某好人，中外皆知。"时论谓旦夕当大用，而中允拂袖遽归。难进易退，若中允真不改布衣面目矣。《清朝野史大观》第三册《清人逸事》卷五，上海书店1981年，第64~65页。

营谋荐鸿博科
小横香室主

康熙丁巳、戊午间，人赀得官者甚众，继复荐举博学鸿儒，于是隐逸之士，争趋辇毂，惟恐不与。西溟先生有句云："北阙已除输粟尉，西山犹贡采薇人。"时人以为实录。康熙己未试鸿博科时，有进三不如说，以毁百四十三征士。（按《施愚山年谱》作一百七十五人，《竹垞年谱》作一百九十余人，王氏《池北偶谈》方渭仁《松窗笔乘》及《鹤征录》引李武曾所记均作一百八十六人，此则张石洲《阎百诗年谱》，仍其原文。）上意寝衰，一时哗然，以为与李林甫表贺野无遗贤无异。见阎百诗《与陆翼王书》。（或曰进不如说者，高江村也。）《清朝野史大观》第二册《清朝史料》卷五，第110页。

鸿博科征聘不至
小横香室主

康熙己未博学鸿词之征，内外荐剡百八十余人，不至者四人，浙江应㧑谦嗣寅、江西魏禧冰叔、山西范鄗鼎彪西、陕西李颙中孚。范登顺治辛丑进士，阐明绛州辛复元全先生之学，与应、李以理学著于南北。唯魏以古文擅名，其兄际瑞、弟礼，皆有诗名，时号宁都三魏。《清朝野史大观》第二册《清朝史料》卷五，第110页。

傅征君不应鸿儒之试
小横香室主

傅征君山，字青主，陕西人。擅皇甫元晏之重名，秉司马子微之高节，兼以笔精墨妙，为世所珍。康熙己未诏求博学鸿儒，当事竟为推荐，青主以老病辞，强之再三，乃令其子执鞭，乘一驴车，至崇文门外，称疾荒寺。八旗自王侯以下，及汉大臣之在朝者，履满其门，坚卧不起。朝廷遂听其还乡。是年应试中选者，俱授翰林院检讨，然其人各以文学自负，又复落拓不羁，与科第进者前后相轧，疑谤旋生，多不能久于其位。数年以后，鸿儒扫迹于木天矣。天下莫不叹征君贞志迈俗，而有先见之明也。《清朝野史大观》第二册《清朝史料》卷五，第110~111页。

孙豹人对于吏部集验之措词
小横香室主

前鸿博科关中孙豹人先生（枝蔚）迫于有司，舆疾入都。诸待试阙下者，多务研练为词赋，先生独泛览他书。客询之，则曰："吾侨居广陵，数十口饔飧待我，使我官京师，不令举家饿死乎！"已入试不中，良喜。会圣祖诏诸布衣、处士有文学素著老不任职者，俱授京衔，以宠其行。于是及格者数人，而先生与焉。其将以年授官也，吏部集验于庭，主爵者望见先生须发皆白，引之使前，曰："若老矣！"先生直对曰："未也！我年四十即若此，且我前以老求免试，公必以为壮；今我不欲以老得官，公又以为老，何也？"众皆目笑。时施愚山《送先生归扬州序》有云："非崇儒敬老，无以示朝廷之恩；非引分守穷，无以见岩穴之志。"众亦以为得体。案，先生以老求免数语，与冯唐文帝爱老、武帝爱少之言，可云千古绝对。愚山赞语，则又从范文正公《严先生祠堂记》末段脱胎也，而先生愈不可及矣。《清朝野史大观》第二册《清朝史料》卷五，第111页。

荐举优异
王士禛

康熙戊午荐举文学，洪洞进士范鄗鼎以病辞，巡抚疏参，温旨令遵前谕来京，以副求贤至意。比诸人至京，又谕户部月给银米。其不与五十人之选，择高年者授以官。部议皆授司经局正字，特旨改内阁中书舍人。初，太原傅山、定兴杜越年皆七八十，以老病请于吏部不与御试，故部议不及，特旨："傅山、杜越等，文行素著，俱著授内阁中书。"右文之盛，古未有也。王士禛撰，勒斯仁点校《池北偶谈》卷二，中华书局1972年，第32~33页。

四布衣
王士禛

上尝问内阁及内直诸臣以布衣四人名字，即富平李因笃、慈溪姜宸英、无锡严绳孙、秀水朱彝尊也。后公卿荐举，独宸英不得与。绳孙目疾，是日应制，仅为八韵诗。

阁中阅卷已不录，上特令与因笃、彝尊二人同授翰林。是时宸英方在京师，不免向隅，信遇合有定命也。阅卷四人：大学士高阳李公、宝坻杜公、临朐冯公、掌院学士昆山叶公。《池北偶谈》卷二，第33页。

上赐
王士禛

上优礼儒臣，癸丑赐宴瀛台，翰林官皆与。戊午，士禛同陈、叶二学士内直。时四、五月间，日颁赐樱桃、苹果及樱桃浆、奶酪茶、六安茶等物。其茶以黄罗缄封，上有六安州红印。四月二十二日赐天花，特颁御笔上谕云："朕召卿等编纂，适五台山贡到天花，鲜馨罕有，可称佳味，特赐卿等，使知名山风土也。"用乌丝栏书。又赐御书，人二幅，士禛得"存诚"二字、唐人张继《枫桥诗》，廷敬得"龙飞凤舞"四个大字、唐诗一首（曲江垂柳一条条），方蔼得"存诚"二字、唐人崔国辅诗（遗却珊瑚鞭）。别赐士禛石刻二幅，一"清慎勤"三大字，一"格物"二字。谕云："去冬曾以石刻赐经筵诸臣，时尔士禛未与，故特颁赐。"八月入直，又同陈、叶、张三学士和御制《赐辅国将军俄启诗》，仍命次日携名字印章入内，各书一幅，即发养心殿装潢，随御笔同赐之，皆异数也。《池北偶谈》卷二，第33～34页。

明史开局
王士禛

康熙十七年，内阁奉上谕，求海内博学宏词之儒，以备顾问著作。时阁部以下，内外荐举者一百八十六人。十八年三月朔，御试体仁阁下（《璇玑玉衡赋》、《省耕二十韵诗》），中选者彭孙遹等五十人，有旨俱以翰林用，开局编修《明史》。候补少卿一人邵吴远改侍读；监司汤斌、李来泰、施闰章三人，郎中吴元龙一人改侍讲。进士彭孙遹、中书舍人袁佑等授编修，贡、举、监生、生员、布衣倪粲等授检讨。以原任翰林院掌院学士徐元文为监修官，翰林院掌院学士叶方蔼、右春坊庶子兼侍讲张玉书为总裁官，开局内东华门外。《池北偶谈》卷二，第35页；秦瀛《己未词科录》卷二"纪事"。

征聘不至
王士禛

康熙己未博学宏词之征，内外荐剡百八十余人，不至者四人：浙江应㧑谦嗣寅、江西魏禧冰叔、山西范鄗鼎彪西、山西李颙中孚。范登顺治辛丑进士，阐明绛州辛复元（全）先生之学，与应、李以理学著于南北。唯魏以古文擅名，其兄际瑞、弟礼，皆有诗名，时号"宁都三魏"。《池北偶谈》卷四，第82～83页。

荐隐逸

王士禛

康熙十年,浙抚范中丞荐山林隐逸鄞县葛世振,明崇祯庚辰第二人,翰林编修也,既以老疾辞不赴。复奉温旨敦迫,再以疾辞,遂允其请。又荐布衣董汉策,以科道试用,寻为御史劾罢,至下诸法司。而秦督鄂善荐盩厔布衣李颙,辞不至。颙起田畯,尝一就科举,遂隐居读书,修明横渠、蓝田之学。富平李天生因笃,昔尝为予言之。《池北偶谈》卷五,第107页。

傅山父子

王士禛

傅山,字青主,一字公之他,太原人。母梦老比丘而生,生复不啼,一瞽僧至门云:"既来,何必不啼?"乃啼。六岁食黄精,不乐谷食,强之乃复食。读十三经诸子史,如宿通者。崇祯中,袁临侯(继咸)督学山西,为巡按御史张孙振诬劾,被逮。山橐馕左右,伏阙上书,白其冤。马君常(世奇)作《义士传》,比之裴瑜、魏劭。乱后,梦天帝赐以黄冠衲衣,遂为道士装。医术入神,有司以医见则见,不然不见也。康熙己未,征聘至京师,以老病辞,与范阳杜越君异俱授中书舍人,归。山工分隶及金石、篆刻,画入逸品。子眉,字寿毛,亦工画,作古赋数十篇。常粥药四方,儿子共挽一车,暮抵逆旅,辄篝灯课读经史骚选诸书,诘旦成诵,乃行;否即予杖。《池北偶谈》卷八,第172页。

应、徐二高士

王士禛

杭州应嗣寅征士,名㧑谦,性至孝,母病数年,㧑谦侍疾,昼夜不懈。母怜之,强为娶妇,终不入私室。母卒,逾祥禫,始行合卺礼。坐卧不下楼,人罕梯接。以经学教授里中,生徒甚盛,所著有《周易应氏集解》、《易学图说》、《书经蔡注拾遗》、《诗传翼》、《礼学汇编》、《春秋集解》、《古乐书》、《今文孝经辩定编注》、《古本大学中庸本义》、《语孟朱注大全拾遗》、《较定文公家礼》诸书。康熙己未诏征,不至,卒于家。自撰《无闷先生传》,略云:学不适时,不好禅,不喜王陆家言,为文章不诡合,自怡悦而已。密友多穷交,经年不见与日见无异。足迹不出百里,而泰华溟渤皆于书册见之。生不及古人,而羲、农、尧、舜若接声响也。著书若干万言,人来观者亦不吝。云云。

同郡徐介,字孝先,陆圻景宣之甥也。食贫隐居,三十妻死不更娶。一麻布头巾,数十年不易,尝集陶、杜诗各一卷。《池北偶谈》卷十,第228~229页。

汉印
王士祯

同年子蒲州吴雯,字天章,以博学宏词荐,在京师偶得汉铜印,文曰"河声岳色"。雯家蒲州中条山南永乐镇,临大河,对岸即华岳三峰也。雯有诗云:"门前九曲昆仑水,万点桃花尺半鱼。"《池北偶谈》卷十三,第298~299页;《己未词科录》卷十一节录。

特达
王士祯

康熙己未春,御试博学宏词诸儒,阁臣拟进题,有《圭璋特达赋》,或未达其义。按礼,行人合六币:圭以马,璋以皮,璧以帛,琮以锦,琥以绣,璜以黼。圭,东方也。马,动物也。璋,南方也。皮,文物也。皮马不上堂,故圭璋特达于上,然则璧、琮、琥、璜,皆非特达矣。《池北偶谈》卷十三,第302页。

梅异
王士祯

宣城自本朝来,科甲久不振。康熙己未,施侍讲愚山(闰章)、高检讨阮怀(咏)以辟荐,孙编修予立(卓)、茆编修楚畹(荐馨)以鼎甲,四人同时入翰林。时施园有梅,三月复开四花,其方位恰应四人所居,人以为异。梅孝廉渊公(清)绘为图。壬戌,阮吉士(尔询)亦入翰林,或谓宣城有文昌阁久颓废,甫新之,五君遂相次入翰林云。(壬戌,茆卒。癸亥,施、孙相继卒。乙丑,高卒。又不知何说也。)《池北偶谈》卷二十二,第528页。

日者
王士祯

宜兴陈其年(维崧),年四十余,尚为诸生。一日过京口,有日者谓之曰:"君年过五十,必入翰林。"宣城梅杓司(磊)因赠以诗曰:"朝来日者桥边过,为许功名似马周。"至己未,果以诸生应博学宏词荐,授翰林院检讨,时五十六。又有范骕者,字文园,善相人,谓武进周清原、吴江徐釚皆当不由科甲入翰林,己未皆授简讨,其言良验。范,海宁人,骧字文白之弟也。《池北偶谈》卷二十四,第587页;秦瀛《己未词科录》卷九。

钱葆酚
王士禛

松江钱少司寇艰于嗣，与夫人往天童祈子，大师为集众僧，问谁愿随钱居士往？众皆不答。一饭头，老矣，自言愿往。已而钱果得子，名鼎瑞，字宝汾，后易名芳标，字葆酚。词华丽藻，有名东南，中康熙丙午顺天乡试，官中书舍人。既而假归。戊午，以博学宏词荐，值丁内艰，不赴。一日，方与客坐斋中，有僧至门，持一椷书，云自天童来。舍人启视之，殊不骇讶，但云，仓卒奈何？明日晨起，遍召亲故与诀，索笔书一偈云："来从白云来，去从白云去，笑指天童山，是我旧游处。"微笑而逝。《池北偶谈》卷二十五，第601~602页。

吴雯诗
王士禛

三月初九日，天章自天津来，赠所刻《寒山子诗》。诗家每称其"鹦鹉花间弄，琵琶月下弹。长歌三月响，短舞万人看"，谓有唐调。其诗有工语，有率语，有庄语，有谐语，至云"不烦郑氏笺，岂待毛公解"，又似儒生语，大抵佛语，菩萨语也。天章诗情高逸，当世无辈，素耽二氏之书，有出世之志。予曾序其《莲洋诗》，又常诵其句于故友叶文敏讱庵云"泉绕汉祠外，雪明秦树根"、"浓云湿西岭，春泥沾条桑"、"至今尧峰上，犹上尧时日"，凡数联。讱庵赞叹，一日讲筵罢，先往访之。康熙己未，以博学宏词征赴京师，独不扫门。时相所居在中条山南永乐镇，即春秋魏毕万所封古河中府河东县也。唐相李石、李福、李程兄弟及吕仙岩故里有玉溪，即李商隐所居。王士禛《居易录》卷三，《四库全书》第869册，第345页；《己未词科录》卷十一节录。

王士禛、魏象枢举汤斌（题拟）
王士禛

康熙戊午春，诏三品以上大臣荐博学鸿词，以备顾问著作之选。户部侍郎环溪魏公（象枢）过予邸舍，问今人才谁可举者。予答曰："公荐人与诸公稍不同，诸公荐人文词足矣，公荐人即非文行兼者不可。某交游颇众，挂一则漏万，无已，宁举一素不相识者，以副下问之谊，可乎？闻睢州汤潜庵斌者，昔由翰林检讨外迁潼关道副使之任，以一骡载幞被，在官数年，疏水自甘，去官之日，幞被之外无增益。自岭北罢归，从苏门孙先生讲学，躬行实践，教授生徒布衣，徒步梁宋间，学者师之，斯其人欤？"言未竟，魏改容曰："得之矣，吾亦知此人，圣贤之徒也。"明日，遂疏荐之御试，授翰林侍讲，驯至大用。王士禛《居易录》卷五，《四库全书》第869册，第361页；《己未词科录》卷二。

《己未词科录》丛话 节录四十七则
秦 瀛

康熙十八年诏举博学鸿词，海内之士应诏集阙下者百余人，上亲试之，得五十人，悉命官翰林，纂修《明史》，异数也。与余雅故者施愚山闰章、汪钝翁琬、秦对岩松龄、钱宫声中谐、曹峨嵋禾、乔石林莱、李子德因笃、陈其年维崧、毛大可奇龄、朱竹垞彝尊、汪舟次楫、严荪友绳孙、徐胜力嘉炎、潘次耕耒、李渭清澄中、方渭仁象瑛、周雅辑清原。暨家戒三达平赋赠五十韵诗云："泰华因培塿，涓流赴溟渤。凤翔仪高岗，麟游以时出。圣朝栋梁具，峨峨皋与夔。更闻辟门典，搜剔遍岩穴。博学鸿词士，有诏征旨阙。奏赋太和殿，金石殷摩戛。清越谐璆琳，镳镂讵蝶蛞。三相验讨论，天子亲甲乙。拔尤五十人，一一枚马列。维时月在皋，既望越二日。喧喧下明诏，并命登禁闼。冢宰持故事，圣恩特超越。鸣珮翔凤池，排风羡毛质。我方客京华，枯兀类株櫱。庑下新僦居，畏热脱巾袜。当食闻除书，惊喜失噢咿。同时诸君子，与我半胶膝。故欢谐缟纻，提携愧先达。新交纫兰茝，推挽比蛮蹩。亦有吾宗贤，飞謩偶时晢。群公既汇征，吾贱亦序豁。此举良旷典，盛事久雍阏。科名束缚人，如骥就衔镳。奇士苦拘挛，平流得津筏。嘉祐制科举，得士惟轼辙。三等占久虚，何况二与一。浩荡蒙殊恩，公等宜惕怵。比闻启史局，行绋金锁镏。兹事诚大难，煌煌钜著述。余子何足云，晔晔颇排评。龙门扶风后，庐陵庶颉颃。发凡及起例，郑重非琐屑。前明三百年，大事凡六七。文皇靖难师，忠臣惨刺剟。逊国诸名贤，姓氏半磨灭。兴献议大礼，杖戍坌肉血。三案益纷拏，贤奸慎剖别。呜呼镇抚狱，清流罹罗尉。阉寺内灶炀，盗贼外溃决。民穷赋敛繁，遂令国步蹷。思陵死社稷，中外多杖节。褒忠自圣朝，阐幽待特笔。此皆关治乱，件系宜缕悉。微辞或隐显，义例严揃截。我学愧雕虫，我生类蠓蠛。讵能生羽毛，行当返蓬荜。东涧躬桔橰，南岨茹薇蕨。茅簷日偃仰，简编事翻阅。庶人岂敢议，草野有公骘。努力期诸公，千秋光史帙。"邵长蘅《青门旅稿》。

康熙己未上元夜，予尚依内阁学士李夫子宅。夫子方出阁，招予至东华门旧弘文院夜饭观灯。归第，夫子当夕制《上元观灯曲》，予依韵和之。次日，舍人汪蛟门录予词诣梁尚书请观，值尚书作胜会，设席于猪市，对门王光禄宅有内务府供奉太仓王生、无锡陆生、陈生携笙笛在座。其时，荐举来京者惟施愚山大参、陈其年、高阮怀两文学赴召，请到门，尚书立命具小舆招予。酒再巡，二生递歌，王生把笛，演旧清曲毕。尚书命二生歌予词，使王生以笛倚之，倜傥嘹亮，一坐皆竦听。尚书大悦，因问："笙笛必有谱，此无谱而能倚曲，何耶？"王生曰："善歌者以曲为主，歌出而谱随以成。不善歌而学歌者，欲窃其歌声，则以谱为主，谱立而歌因以定。"尚书曰："有是耶？然则今所歌者其歌声已歇矣，君尚能依其声立一谱乎？"曰："何不可？"次日，王生就昨所歌者竟定一笛色谱，尚书命他僮就笛按声，与昨歌无异，因叹息谢去。尚书者，真定相公梁夫子也，时为司农有年矣。后予临入馆，执贽门下。特是词仓卒凑趋，极不惬意，不知夫子何以见赏如此。益信李白《清平调》词，白乐天《桂华曲》，原不必佳也。毛奇龄《西河诗话》。

京师万柳堂在崇文门外，平畴曼衍，布以万柳，类土坡疏沼，锸隒濦洿，此本益都夫子创置之，为朝士游憩地。每岁逢上巳，夫子必率门下士，修禊其中，饮酒赋试，竟日而散。壬戌上巳，陪侍者三十二人，夫子唱二诗，其首章第六句曰"水萍风约故沿留"，似有所寄。及阅和诗，每遇是韵，辄沉吟良久。如徐春坊健庵"尽日行吟步屧留"，施侍讲尚白"回溪时有断云留"，陆编修义山"落花香积蝶须留"，方编修渭仁"烟宿寒山翠欲留"，徐检讨华隐"小雨泥看屐印留"，高检讨阮怀"羽觞汛汛去还留"，主事蛟门"轻阴时为落花留"，林中书玉岩"槛拂垂杨叫栗留"，最后至潘检讨稼堂"东山身为草堂留"，夫子拍案而起，称为第一。盖是年七月，夫子将致政，故先以"留"字探意，及得是语，遍犁然有当也。益都论诗，最尚六义，故即唱和间，其为比为赋，皆有归着，非苟然者。毛奇龄《西河诗话》。

己未词科，内自京卿，外自藩臬以下之在籍者，以及布衣韦带、名儒宿学，悉应文明之运，飙合云兴，蔚为盛矣！其向官翰林重入史馆者，睢州汤潜庵先生暨吾乡对岩秦公；而吴卧山、邵戒庵则尝为庶常改部；沈晴岩、钱越江又皆新科中式进士；而四布衣则吾乡严秋水亦居其一焉。当时前代遗民，多应征辟，是以献嘲者有"无数夷齐下首阳"之语。然亦有赴有不赴，于国家旁求之典，诸公高尚之节，皆足千古矣。浦起龙《不是斋笔记》。

李湘北为阁学时，尝举李因笃、赵进美、秦松龄，皆词翰之雄；在吏部举陆陇其、邵嗣尧、彭鹏，皆有清介之操，一时物望归之。《茶余客话》。

冯益都文毅溥携诸名士雪中游善果寺，晚归，取陈检讨其年诗，令毛西河一人倡韵，一人给写，随唱随咏，信口占叶，不许停刻，亦绝技也。同时如龚芝麓司寇、高念东少宰皆以捷敏见称。毛西河奇龄自言，为文每日可一万字，为诗每日可一千句。陈其年言腹中尚有骈体文千余篇，恨手不及写耳，视宋仇万顷未达时，挈牌卖诗，每首三十文，停笔磨墨，罚钱十五文，不足数矣。赵松雪自言一日写一万字，夔子山自言一日能写三万字，以检讨之才，得平章之手，斯两美合矣。《茶余客话》。

国朝修《明史》自顺治二年，以内三院大学士为总裁，率编、检等官纂修。康熙十八年三月，举博学鸿词科，得彭孙遹等五十人，授翰林，入馆纂修。天子平滇、平蜀，诸臣并撰进诗册，叨与升平嘉燕，赏赉优渥。上幸太液池，特颁池藕以赐，尤异数也。十九年，复征前科臣李清、耆儒黄宗羲、候补主事汪懋麟、原任副使道曹溶、贡生万言、监生姜宸英、布衣黄虞稷入馆分修。李清、黄宗羲、汪懋麟、曹溶、黄虞稷皆尝膺博学之荐，以事未赴，而姜宸英则未及荐举者也，李清、黄宗羲、曹溶卒不就。二十一年，增设总裁，汤斌以侍读奉旨特充。雍正元年，鸿博中惟大学士王顼龄尚在，特命为监修官。赵菱飏《闻见录》。

吾邑陈树屏典簿于蕃藏银爵五传，为仁和沈开平太史故物。太史名筠，康熙己未以庶常举鸿博，除编修。值其父蘧翁生日，同年共制银爵以介寿，每爵各镂四人姓名：施闰章、尤侗、彭孙遹、袁佑为一爵；秦松龄、汪楫、朱彝尊、沈珩为一爵；李来泰、毛奇龄、钱中谐、黎骞为一爵；方象瑛、龙燮、周庆曾、庞垲为一爵；曹禾、李澄中、乔莱、曹宜溥为一爵。凡二十人，未及其半也。周苍兮大令春尝命工缋图而歌咏之，骞与陈微贞莱孝、俞秉渊思谦、沈吕黄开勋、陈仲鱼鳣、俞云章宝华及树屏皆有诗，颇为好事所传，谓之"词科余韵"云。吴骞《尖阳丛笔》。

对岩先生于军中闻辟召之命，尝赋《荆南春日感怀》诗，有"上林春色应如旧，憔悴当年献赋人"之句。又应诏北行，有《途次和苏友》诗云："军府元瑜羞笔札，公车曼倩倦风尘。"《恩颁荐举人月廪恭纪诗》云："上林未给尚书札，客舍先分少府金。"皆实录也。徐流方《沙村偶笔》。

周清原以监生赴京时，祈梦于忠肃公祠，梦忠肃盛衣冠，降阶款迎，揖就坐，庄容相对，默默无语，有童子立户侧，朗吟"一片冰心在玉衡"者三，窃讶之，不敢问。顷辞出，忠肃送及阶，握手言曰："余事在尔，尔事在余，其谨识之。"觉后不解所谓。及入都，谒董侍讲讷，一见如素，馆于其家。先夕，董梦忠肃投刺拜访，意若有所属，未及咨而寤。清晨，阍人报周至，故异而优礼之。康熙己未开博学鸿词科，遂荐于朝，赋题乃《璇玑玉衡》也。乃悟前梦，文思沛然，若有凤构，遂中一等第九名，授检讨，纂修《明史》。适周分得《于忠肃传》，同官有以易储事议之者，周立辨其诬，论始定。《秋灯丛话》。

昔人云：一人知己，可以不憾。乃亦有偃蹇于生前，而振耀于身后者。故友阳羡陈其年诸生时，老于场屋，厥后小试，亦多不利。己未博学鸿词之举，以诗赋入翰林，为检讨，不数年病卒京师。及没，而其乡人蒋京少（景祁）刻其遗集，无只字佚失。皖人程松才（师恭）又注释其四六文字，以行于世。此世人不能得之于子孙者，而其年得之，一以桑梓后进，一以生平未尝觌面之人，而收拾护惜其文章如此，亦奇矣哉！《古夫于亭杂录》。

己未鸿博之举，先是魏果敏尝问王文简，文简举文正以对，果为本朝第一流人。文正抚吴时，屏车骑，访徐昭法于灵岩土室，访文与也于慧庆寺，询为政之要，二人不报谢入，两高之。尝讲学吾邑东林书院，适有前明翰林某至，释明哲保身之义。公曰："原来老先生只晓得此四字"。俞樾《潜绿斋丛话》。

康熙初，士人挟诗文游京师，必谒某公，次即谒长洲汪苕文琬、颍川刘公㦤体仁及予三人。阳羡陈绛云维岳，其年维崧之弟也。初入都，手写行卷三通，置案上，友人问所诣，曰："吏部刘公、户部汪公、礼部王公也。"友人曰："吾为子预卜之。汪得卷必摘其瑕疵而驳之，王得卷必取其警策而扬之，刘则一览辄掷去，无所可否。"已而果然。予闻之，笑谓公㦤曰："吾二人或驳之，或扬之，皆寻常耳。惟兄此一掷，最不易到。"公㦤亦为绝倒。《渔阳诗话》。

予昔与梁侍御曰缉、刘吏部公㦤、汪太史苕辈以同年同官，曹郎好为谑语，以资嗢噱。康熙己未，诏征博学鸿儒，苕文与焉。既至京师，予喜其来，置酒邀之戏，先之以诗云："名山书未就，赋已满通都。天子询年齿，群公爱腐儒。抛残青箬笠，染却白髭须。冻煞常彝甫，来倾酒百壶。"茗文答诗有"老乏染髭方"之句，不怒也。既而与同年薛给事大武相谑，有"山人高价买青山"之句。予因戏束四绝句云"颍水箕山傲昔贤，金庭玉柱隔风烟。逃名却被山英笑，两字尧峰世已传。"（茗文居尧峰）"谈经人比郑公乡，丝竹门生列后堂。为奉侏儒一囊粟，山中闲煞束修羊。"（茗文授生徒于尧峰）"横山山外好烟波，可惜柴门掩绿萝。莫怪山人高价卖，此中佳处本来多。""吴中高士谢山灵，共指文星傍帝庭，今夜尧峰高处望，不知何处少微星。"茗文见之，答以四诗，有"车服倘缘稽古力，便应飞札报诸生。""太史错占天上象，岁星原异少微星。""从此不称前进士，故人亲授隐君衔"云云。又有诗云："区区誓墓心，岂因一怀祖。"为予发也。予刻续稿，久删前诗，适见《钝翁续集》具载见答诸作，忆前事乃录而存之，以识予过，且示子孙以戏谑为戒云。《居易录》。

戊午、己未荐举，时集京师，冯圃芝摘其"蝇戏翩翩排闼过"，呼此蝇为蝇中樊哙。余举"寂寂精蓝昼又开，隔帘飞蝇镇徘徊"，谓此蝇谓君家之健仔。圃芝问故，余曰："合兄所摘句观之，此蝇不如汉书所云'熊之上殿何其勇，今何怯也'乎？圃芝鼓掌，一时喧传，以为口实。回忆已二十一年，圃芝、钝翁俱已下世，独余在耳，追理绪言，不觉惘然。《潜邱札记》。

己未鸿词之征，御试于体仁阁，首题《璇玑玉衡赋》，前苏松粮储道参议李仲章来泰冠场，虽彭羡门少宰压卷，亦当逊之，李改翰林院侍讲，一典湖广乡试，未几卒。《居易录》。

李石台参议来泰，督漕吾吴，有惠政，以漕折不中额免官，人咸惜之。康熙己未应博学鸿词之征，授翰林侍讲。辛酉，典湖广试，复命，卒于京邸。《莲龛集》文穷极雕镂，诗甚平顺，而格律高澹。中山贡使入朝，石台有纪事诗，颈联云："已闻圣主方焚玉，何用鲛人更泣珠。"出语庄重，立言有体。《兰村笔乘》。

吴江潘耒次耕，兄柽章以湖州庄氏案牵累，次耕时年十八，孑身走燕都，介顾亭林之仆，往见山阳王起田略，起田慨然曰："宁人之友之弟，犹吾弟也。"迎而舍之，妻以女。岁己未，诏举鸿博之士，公卿荐论，御试于体仁阁下，擢高等者五十人，同日入史馆，次耕以布衣与焉。次耕多文为富，其诗古文辞，浩气空行，不可一世。《兰村笔乘》。

李惺庵侍郎为邱季贞洗马之甥，乔石林侍讲为洗马妹婿。康熙己未同膺荐辟，入史馆，一时羡其荣遇。侍郎于书无不窥，至老愈勤，富于著述，所著史断，具有特识。《箸舟诗话》。

吴江徐虹亭检讨，受业于计甫草先生，康熙己未诏征鸿博，先生已没，海内都为太息。虹亭以年少得之，工诗善书，填词尤擅长。叶文敏公方蔼题其词云："往余同菊庄客燕台，一时同人，文酒流连，殆无虚日。剪烛分题，必拈小词记胜，每推菊庄独步。"盖菊庄词绵丽幽深，耐人寻味，而又能落笔敏妙，宜其为诸同人叹服也。《听竹山房诗话》。吴骞按：虹亭检讨往吴江之垂虹亭，因以自号。朱竹垞检讨赠词有"甫里先生何处是，家近垂虹亭子"之句。善六法,尤工画蟹,王文简题其扇云:"仄行与外骨,并入《考工记》。何如纨扇上,善写招潮势。草泥拥郭索,两钳亦何利。便欲左手持,未劳门下议。"

杨秉初曰:"斗虹为先司马雍建己未典试所得士,是科人才最盛,如赵秋谷宫赞、李丹壑编修皆出门下,而斗虹尤以孝行著,为当时所重。馆选后,旋召试鸿博,授编修职,惜不久遽卒,未克展其用。"《两浙輶轩录补遗》

俞宝华曰:"康熙己未鸿博甲第者五十人,吾浙与者竹垞、昭子诸先生俱有传集,惟鄞中陈鸿绩及斗虹集失传。然陈诗遍搜不可得,斗虹犹存是诗,亟登之。"《两浙輶轩录补遗》。

望江龙石楼燮以上舍生应征入词馆,分修《明史》自洪永至崇祯事迹,精详考核,州次部居,人谓其得读书稽古之力。少受业于王阮亭,诗笔清峭,尤工词曲。《绿汀诗话》。

严绳孙,字荪友,自号句吴严,四举鸿词科,以布衣授翰林院检讨,迁春坊,善书法,工绘事,山水人物、花木虫鱼,靡所不能,尤好画凤。归田后,号藕荡渔人,杜门不出,有堂曰"雨青草堂",亭曰"佚亭",布以窠石、小梅、方竹,逍遥宴坐,以为常。所著有《秋水集》。子泓曾,字人泓,世其学。《画征录》。

严藕渔中允,以布衣入词馆,年六十一,投牒将归,敕录所撰词以进,盖异数也。尝侍宴乾清宫,依汉元封柏梁台故事,上亲赋《生平嘉宴诗》,首倡"丽日和风被万方"之句。中允同九十人继和,御制序文,勒诸石。其侍直瀛台作七言绝句二十首,流传都下,记其一首云:"自拥青绫梦五湖,不知此景在黄图。金氏屋角芦花雨,添个烟蓑稳称无。折本崇朝费睿裁,乍宜清簟荫宫槐。殿西一缕凉飔动,又允词臣进讲来。"《兰村笔乘》。

秦瀛按:先生与先宫谕同日拜讲官之命,同属常熟杨晋作直讲图,龙楼凤阁,绢素增辉,犹想见翱翔,禁近侍从,雍容气象。又尝见其家藏合家欢图,苍颜皓首,执杖而作者,司寇公一鹏,侍侧者为先生之父绍宗,白皙垂髫者先生也。

贾柗按:藕鱼中允廷试鸿博时,仅成《省耕诗》一首,不得进呈。帝亲阅卷,亟命取进,曰:"史局不可无此人。诸臣独不闻唐祖咏'南山阴岭秀'二十字入选乎?"故其纪恩词调《南乡子》云"烟月满渔村,一道飞书下九阍。圣主临轩初试日,逡巡。白发轻衫拜至尊,隐矣又焉闻,归去空留土木身。何意?片词亲检,自枫宸九死,从今总负恩。"

孙豹人,本三原人,主广陵学,贾三致千金,顿自悔曰"丈夫处世不能舞,稍取金印如斗大,则当读数十万卷书耳,何齷齪学富家儿?"乃蹴居董相祠旁,名其居曰"溉堂"。举词科时,昆山大司寇徐公为一时龙门,四方之士鳞集仰流,豹人独不事干谒,入试,不终幅而出。上雅闻其名,命赐衔,以宠其行。阮元《广陵诗事》。

先是鸿词之征,政府首推先生(曹溶),以书坚辞,云:"溶为东家妇,焉能复理装,效西家颦乎?吾禾有朱彝尊、李良年、徐嘉炎,皆渊雅闳通,深达国体,其材施之,无所不可。"先生推毂士类如此。逾年,三人就征,竹垞胜力,并入史馆。胡虔《环山偶笔》。

秦瀛按:先生入蜀时,先宫谕方在湖广戎幕,以诗寄忆云:"共承新诏赋从征,远道君过白帝城。

剑阁寒云歧路梦,金闺残月别时情。孤生敢作三秋怨,老辈犹为万里行。匹马乱山无定处,相逢谁识旧公卿。"既而先生自蜀归,不复出,旋没。竹垞先生挽以长律六十四韵,中有云:"军兴还转饷,战胜屡登辕。未睹勋书策,翻令祝代庖。清时卧安石,奇计老居郿。种树邻初地,为国乐近郊。"正指入蜀及归禾事也。

于清端寿蔡忠襄公夫人八十诗序云:"中丞蔡公,以明末甲申二月太原城陷,自缢于三立祠,今越四十载,余以西河后进谬叨两江节制来莅金陵,适公子方炳应纂修《通志》之聘,获与周旋。询公家世,清白门户,零落之状,为之太息。方炳言其母顾太夫人年八十,因赋诗四章以赠之。"诗不备录。方忠襄殉难后,藁葬晋阳城外。顺治戊子,先生始偕弟方炘往负柩归。戊午征聘不出,旧传召试日,因不能奏对,增广生扶出,此好事者之言也。《也轩笔记》。

余闻二曲先生之孝也,关中人人颂之,骆使君执弟子礼敬事之,辛亥延至吴中,春仲至止吾锡,不拜一客,不接一宾,讲道于明伦堂、秦氏淮海宗祠。与予若有夙契。每于空庭露坐,谈及他人之事亲,辄仰天大呼,泪落不已,清夜晨兴,时闻哭泣。余亦不敢问先生为何事,犹强以朱夫子"山川出云,闲身空谷"之句为宽慰,掩泪言别。别去经年,而始知先生之志在襄城也。本于至性之精诚,发而为无可奈何之极思。先生至襄,而襄之茂宰东峰张公、邑绅孝翁刘公群起而治大冢,成义林,以修祭享,缉志乘,以垂永久,若奔命之不遑,感于义也。高世泰《襄诚记异书后》。

山史先生工书法,博学能古文,酷嗜金石。王阮翁称为博物君子,所著《十七帖述并注》极隽而核,又刻华州郭宗昌《金石史》,家藏汉唐以来金石文字甚富,古文辞亦娴雅。己未征至京师,居城西昊天寺,不谒贵游,遂以老病辞,不入试,罢归关中。所居华山下有读易庐,洁朴无纤尘。阮翁典试滇南,尝访之。山居联额皆孙钟元、郑谷口、李天生诸名士书。其独鹤亭在华北,与三峰相向,岳影满窗,阴翠可爱。《易图象述》等书,即读易庐中所著。《鹤征录续补》。

秦瀛按:先生戊午应荐到京,己未不与试,遽归。王新城尚书送之诗云:"华山丹顶鹤,清唳向西峰。不羡三株树,常栖千岁松。林峦有佳气,暝起日高春。石上流泉好,菖蒲方紫茸。"

己未博学鸿词之举,田纶霞以工部郎中与焉,已而被落,《题〈温飞卿集〉后》云:"一代才名乾馔子,八叉吟手亦徒然。不教词赋陪雕辇,空读南华第二篇。"然不十年,官至巡抚,江南佥都御史。《渔阳诗话》。

田公尝举博学鸿词,一时名士率皆怀刺跨马,日夜诣司枋者之门,公独屏居萧寺中,不见一大人长者。今之来江南也,舁以肩舆,从两驴载衣裘一箱,五经子史两方底,苍头奴两人,踽踽行道上,戒有司勿置邮传给供张。节录惠周惕《送学使田公序》。

吴天章初至京师,未知名。余亟赏其诗,谓为仙才。一旦待漏朝房,颂其句于叶文敏讱庵云:"泉绕汉祠外,雪明秦树根。浓云湿西岭,春泥霑条桑。"大惊异,下直即命驾往访之。吴诗名大噪都下。《渔阳诗话》。

本朝山左诗人赵清止、宋荔裳、王西樵阮亭诸公名满海内,杨六谦与田子纶、曹升六、李渔村、王仲威后先并起。施愚山云:"山左旧游举进士能诗者,既有田子纶、曹升六、王仲威诸子，李渔村与即墨杨六谦又同召至都下，不为不遇。吾尝校其文跋最多，士数来论诗，诗日有闻，吾喜诸子之足张吾军也。"读味道楼诗，能自立一帜，不肯扶同依傍者。《听竹山房诗话》。

叶井叔家樊上举鸿词，不遇，渔阳以诗送之云："秋尽华阳馆，千峰送马蹄。梦回山馆里，落月汝南鸡。旧业在寒溪，门前五株柳。游子到家时，日上樊山口。"官指挥时，竹垞序其诗，以为清而婉，丽而不靡，成削而无刻划之迹。至于友朋山水之好，流连唱叹而不已，庶几发乎情，止乎礼义，可以化下而风上者。严绳孙《藕渔杂记》。

黄州叶井叔封，顺治己亥进士，仕为延平府推官，改登封令，迁兵马司指挥。初以诗介其宗人讱庵。质余，余曰："君之诗未也，唯《嵩山诗》足传耳。"为序其《嵩阳集》。刻之后，以博学鸿词荐，不见收，自楚屡寄新诗求余删定。其《邺中怀古》二十首，殆无一字不佳。铨授工部，主事未上而卒。《渔阳诗话》。

侍御傅彤臣，余同邑同年也。顺治辛丑，请急归。康熙戊午，应博学鸿词之征，明年报罢。往来沧州道中，感秋柳赋诗二十首，多可诵。身后著述散佚，聊录数章于此，以见一斑云。"灞桥桥畔美人居，性慧能为倒薤书。一睹靓容频问讯，十眉新样近何如？""绝代容华照眼明，几年声价重金城。谁言青鬓垂垂老，一到临风百媚生。""零露萧晨半未干，日高犹自怯轻寒。连钱骢马骄嘶过，青眼楼头带笑看。""残照芙蓉溢额红，珊瑚骨节玉珑璁。几番暝起娇无力，披拂偏宜少女风。""垂金小篆不曾讹，叶叶纷披撒与波。截柳编蒲无用处，只传新样似元和。""灵和前殿见丰姿，成辟耽情写艳词。九月受风秋色里，冶游心醉曲尘丝。""拂堤又复映征帆，折赠还宜女手掺。薄暮一番微雨后，江州司马湿青衫。"《古夫于亭杂录》。

苍水丁巳年入都，与渔阳山人倡和，颇有知己之感。其《北游草》云："余所寓萧寺，与阮亭先生寓斋相望，晨夕过从，四方风雅名流至，辄邀余晤对，诚快事也。"《红豆山庄文集》。

云间董苍水负才名，试鸿博，罢归，渔阳以诗送之云："昔作瓯闽客，漳泉正合围。江瑶惊旅食，山鸟怪儒衣。边徼逢人少，诸侯好士希。长篇犹在箧，感激涕交挥。"《一峰诗话》。

余昔与章丘潘吏部同赴楚军，有《武昌城下送吏部先赴江陵》诗，云："与君久向山中卧，何意重歌行路难。被诏且容称散吏，逢人莫道旧朝官。沉沉落月江城闭，去去扁舟楚泽寒。早晚荆南同作客，班荆便似故交看。"既而余又与吏部同膺荐举，吏部罢归，不通讯问久矣，雪泥鸿爪，为之悯然。吏部名飓言，字陈伏。《微云堂杂录》。

李天生评许生洲《华岳集》云："处处言情，却处处是景。建安而后，惟杜少陵耳。公诗乃能之。"则其推挹之者至矣。生洲督学秦中，得诗最富，所刻《华岳集》是也，李天生所选订。天生与生洲同膺鸿博之荐举，气谊尤笃，故说诗最合云。《诗龛杂志》。

叶方蔚为讱庵先生之弟，与其从兄奕包并膺荐举。先生适为阅卷官，时尚无回避之例，二叶不中选，或遂以此归咎先生。且谓先生忌奕包名出己上，又与方蔚素不合，平时数凌其弟,于阅卷时故抑之。此甚不然。试思当时朝廷虽甚宽大,阅卷官焉敢显以胞弟、从弟并至高等。吴农祥言:"上尝询诸大臣,此外岂无遗漏。先生以奕包对,且操土音曰:'臣若不举臣弟,当唧恨次骨。'"先生必无是言,农祥亦因见遗而发愤懑之词耳。或又谓嘉兴李武曾亦在选中,因与奕包交契,并匿其试卷,先生长者不应有是。此谤者之言也。钝翁志武曾墓,谓被忌者所抑,不知何指。《二矶山人笔记》。

王任庵先生知西宁八年,讼庭阒寂。甲寅孙延龄反,陷梧州,西宁距梧八十里,梧镇帅班际盛欲移师避寇,先生与际盛书,极言不可。相距二十余日,贼果退梧州。初陷,先生缮治城守具,贼引军寇西宁,先使谍持伪札至,知有备,乃遁去。于是以治最膺荐行取,尚可喜忽具疏请留行取官。先生度可喜子之信必反,遂移疾归。戊午荐举后,遂不出,家居三十余年。《鹤征录续补》。

今士之能诗文者,莫不待诏阙下,新安程君兼三游京师,褒然举首,余从江君辰六得观其所谓文。一日,介朱君缵庵以其诗,属余为之叙。君负才不偶,所为诗未尝轻示人,顾乃抑然善下,就拙工而问绳尺。然则君虚怀,诚不可及也。《方渭仁文集》《程兼三诗序》。

万季野至京师,东海徐公欲援例予以七品俸,称翰林院纂修官。季野以死辞,遂以布衣参史局,自王公以下皆呼为万先生。而季野自署只曰"布衣万斯同"。明季督师之姻人方居要津,祈史馆于督师稍为宽假,季野历数督师罪以验之,其介然不阿如是。《也轩笔记》。

夏宛来被荐时,浙江学使程某试湖州,为一戚舞弄,以箠楚不敕见劾,词连宛来。宛来上书于总宪魏公环极,自陈其诬,然事未得白,竟不获与试。宛来负才磊落,而穷于遇,可惜也。袁钧《陶轩偶录》。以上见《己未词科录》卷九~卷十二,第243~308页。

汤斌行略

汤溥

【略】己卯,上谕举贤才赴军前,大学士熊公赐履询之魏公象枢曰:"吾曩见某文久,欲荐之,然未谋面。"魏公曰:"此山中学道人也,举之诚当。顾其家贫甚,不能治装,奈何遂止。"戊午,诏举博学鸿儒,于是魏公、金公交章共荐,郡县迫之行,乃驾牛车入都,止僧舍中,日杜门危坐,未尝轻谒显达。既试,上亲第为甲等,部议以原官修《明史》,上命补翰林,得侍讲编纂,日无暇晷,为《明太祖本纪》四卷,《列传》十余卷。辛酉,充日讲起居注官,寻转侍读,典浙江试,所得皆孤寒士,虽下第者皆啧啧称道。事竣,即行抚军,李公本晟留之,终不可。壬戌,充《明史》总裁。癸亥五月,始日值讲筵,纂修《两朝圣训》。【略】汤斌《汤子遗书》附录,《四库全书》第1312册,第626页。

自为墓志铭

毛奇龄

【略】康熙十七年,(是年与张杉客上海,任明府署未回。)上特开制科,(天子亲试者谓之制科。俗以进士科为制科,误。《通考》特分制科、进士科两门,制科如汉武策试董仲舒、公孙弘类是也。或曰:进士殿试,亦天子策试,故亦可名制科。则殿试起于唐仪凤间,然唐自仪凤以后,直至宋朝,仍别开制科,未闻称进士科为制科也。)敕吏部遍咨京朝官,自大学士、九卿、科道以下及外督抚、司道、郡县,各荐举才学官人可以膺著作备顾问者,入应制试,名为博学鸿儒科。时福建布政使吴公兴祚已揭荐首予,会巡抚杨君病故,不果行,而分巡宁绍。台道许公弘勋力荐予于两浙,抚军陈公暨布政使李公凡十一郡所荐,合得数百人,仅遴取六人入告,谬及予。(六人:顾侍御已辞免,惟魏副使、徐林鸿、咸清、吴农祥五人赴试。)予三辞不获,(有三辞揭子,见本集。)是年戊午举乡试,抚军将监临回避,而虑予不行,乃以覆部咨文当驿入者,故令本人亲赍之,遣官吏持咨到家,从门中投入,竟去。不得已就道。相国冯公知予至,预饰厨、传辟馆相待,而内阁学士合肥李公设榻邀予主其家。时四方应召者,堵长安市,即王公邸里、幸舍皆满。城东万柳园,冯公休沐地也,择日开宴,遍请诸应召者,来令赋诗,予为作《万柳园赋》,时同赋者十余人,独以予赋与宜兴陈生文并称之。(生名维崧)内史乔君莱,工赋者也,然恶事与同舍曹君禾好臧否人物,乔君佯写予赋,作已赋以示禾何如?曰:"此非君作也。""然则谁作此?"曰:"必江东毛生者也。"值试前数日,右臂忽疡发,腕胀如瓠,五指不可诎,特诣冢宰暨掌院学士验病,求免试,冢宰执不可。选郎杨君,淮人也,朗言曰:"是人免试,则此举为不光矣。"又曰:"此必药误之耳,洗其药,则指必可诎。"盖疑为伪也。及试日,挂臂至午门,请弗入。学士曰:"第入脱,果不可为,已之未晚也,有何难焉?"遂诣太和殿受试,晌午,司膳者强予把金筯指小诎,(时赐宴故云。是日,得陈太士医,骤愈,故以为伪。)完卷。上幸霸州,携诸卷以从,亲坐帐殿,阅至十余卷,风起遽止,予卷在阅中,且夹一纸签。翌日,尽付三相公暨掌院学士讫阅,及呈入,以予列上卷。上忽问曰:"娲皇补天事,信乎?"盖以予卷中有"匪炼石之可补"一语故也。(试题为《璇玑玉衡赋》)众未对间,冯公进曰:"《淮南子》有之。"上曰:"徒记事耶?则《楚词·天问》早及之,何止《淮南》,第未知传信何如耳?"众相顾骇,伏叩头退。乃仿前代制科例,上卷比进士一甲并授馆职。因授予翰林院检讨,充史馆纂修官,而以胜国之史未修,开《明史》馆,给笔札,令纂修《明史》,阄题得弘正两朝纪传及诸杂传,先后起草,得二百余篇。先是制试时,上精于韵学,兼以韵押定甲乙,凡旂旗逢蠭,剖析极严,予因于修史之暇,据臆所见,稍加以考识,著《韵书》十二卷,名《古今通韵》,进之御前。【略】《西河集》卷一〇一,《四库全书》第1321册,第130~131页。

朱竹垞家书之一（题拟）

朱彝尊

我于三月初一日在太和殿前试。是日赐宴体仁阁下，上遣侍卫苏大取我草稿进看，看讫发出。上次鄚州，束卷亲阅，将我卷及汪苕文卷折角记认，注意甚专。不期冯中堂怪我不往认门生，杜中堂极贬我诗，李中堂因而置我及汪于一等末，又对上言说我卷不好。上谓一日短长，亦不足定人生平。三中堂及掌院所取，皆意中私人，文又极不堪者，诗有出韵重韵者，皆在我前。上心不甚悦，遂有一等二等皆修《明史》之局。吏部极其可恨，循资限格，仅拟授我等布衣为孔目。明中堂不平，乃改议授待诏。把局而顿改，真出意外。我草一呈辞，吏部不见。李天生上疏，又不见。大约再辞不脱，只得在此受苦，须得二年工夫，史乃可完。在京百无一有，力难支，吾已不必说，家中十余口如何是好。冀或者天无绝人之路，别有机会，也忧不得许多。【略】江南主人见我官冷落，此后未必照管。我虽勤勤托之，家中切不可时遣周二往取厌。至于我在京窘迫不可言，家中乃会银与陈凝远，叫我何处生法还他。此后便谅我，勿逼杀我也。倘有的当便人从水路进京，家中凡书内有关明史者，得寄数种来，多多益善也。文恪公有册立仪注，乃孝宗本纪文集刻板，简出印一本寄来，千万千万。舟石守登州，乃属善地，是以我极力荐青士。闻青士意兴不甚鼓舞，此机会不可失，宜乞又持劝之就登州为是。我在史局甚苦，断不可为一亲戚地，有要来京者务阻之。【略】上意尚眷我与严荪友两人，或有恩遇，未可定也。【略】四月初九日也。于翠玲《朱彝尊〈词综〉研究》附录三，中华书局2005年，第236页。

承德郎日讲官起居注右春坊右中允兼翰林院编修严君墓志铭

朱彝尊

康熙十有七年春，天子法古制科取士，诏在廷诸臣暨外督抚大吏各举博学之彦，毋论已仕未仕征诣阙，月给太仓禄米。明年三月朔，召试太和殿廷，发题赋、序、诗各一首。学士院散官纸，光禄布席，赐宴体仁阁下。于是无锡严君成《省耕》一诗而退，赋、序置不作也。天子擢五十人纂修《明史》，部议分资格，进士出身者以馆职用，余给待诏衔，俟史成日授官。诏下，五十人齐入翰苑。布衣与选者四人除检讨：富平李君因笃、吴江潘君耒其二，予及君也。君文未盈卷，特为天子所简，尤异数云。未几，李君疏请归田养母，得旨去。三布衣者，骑驴入史局，卯入申出，监修、总裁交引相助。越二年，上命添设日讲官知起居注八员，则三布衣悉与焉。是秋，予奉命典江南乡试，君亦主考山西。比还，岁更始。正月几望，天子以逆藩悉定，置酒乾清宫饮宴近臣，赐坐。殿上乐作，群臣以次奉觞上寿，依汉元封柏梁台故事，上亲赋《升平嘉宴诗》，首倡"丽日和风被万方"之句，君与潘君同九十人继和，御制序文，勒诸石。二月，潘君分校礼闱卷，三布衣先后均有得士之目，而馆阁应奉文字，院长不轻假人，恒属三布衣起草。未几，予与潘君俱罢归，而君寻迁右春坊右中允，兼翰林院编修，敕授承德郎，时二十三年秋七月也。冬，典顺天武闱乡试。事竣，君乃请假，天子许焉。当君未仕，爱县西洋溪丘壑竹树之胜，思买墓田丙舍终老。溪有桥曰渼荡，因自号渼荡渔人。时山阴吴公廷祚方知县事，许助草堂之资，会应召，不果。既出都，遂浮舟度岭，访吴公于肇庆，采砚而还。自是杜门不出，筑堂曰"雨青草堂"，亭曰"佚亭"，布以窠石、小梅、方竹，宴坐一室，以为常。君为文无定格，不屑蹈袭前人，适如其意而止。诗篇冲融恬易，鲜矫激之言。慢词、小令，雅而不艳，所著《秋水集》、杂文七卷，诗八卷，词二卷，尝属予序之。少工书法，入晋唐人之室，兼善绘事，山水、人物、花木、虫鱼靡不曲肖，尤精画凤，翔舞竦峙，五光射目，观者叹息，以为古画手所无。晚岁曾一修县志，叙族谱，有以诗文图画请者，概不应暇，辄扫地焚香而已。君年六十有一返里居，以康熙四十一年正月卒，享年八十。先世自余姚迁无锡之严埭，曾祖朔，赠通议大夫、南京通政司通政；祖考一鹏，万历丁丑进士，累官刑部左侍郎，赠尚书；考绍宗县学生，以君贵赠如君官。君讳绳孙，字荪友，娶王氏，中宪大夫知福州府事（阙）之女，封安人。子三：沆曾殇，弘曾、溶曾。孙六人，曾孙五人。其卜兆也，在县西萧家湾。铭曰：君之通籍也，天语谆谆，谓史局不可无此人。君之请假也，行将发轫，敕录所撰词以进，盖受主知者深矣。渼荡之桥，洋溪之浔。秋水时至，比于君心。陆羽王绂，庶嗣其音。朱彝尊《曝书亭集》卷七十六，《四库全书》第1318册，第498~499页。秦瀛《己未词科录》卷二纪事有节略。并按云：康熙辛酉，添设日讲官、起居注八员，鸿博科与者六人，先宫谕与严中允与焉。是秋各省乡试主考多用鸿博科诸公，先宫谕主江西，中允主山西。甲子，先宫谕遂首典顺天乡试。

《朱竹垞先生年谱》纪朱彝尊应征事（题拟）

杨 谦

康熙十七年戊午，五十岁。

时圣祖仁皇帝法古制科取士，诏在廷诸臣暨督抚大吏各举博学之彦，毋论已仕未仕征旨。阙下总督仓场户部侍郎严公（沆）、吏科给事中李公（宗孔）等交荐先生。

夏，自江宁应召入都，舍于三里河桥之南泉寺，与李征士（良年）同寓。

十一月一日，奉上谕，各大臣题荐才学官人，除现任员外，着户部帖给俸廪并薪炭银两，按月稽领。《蓄锦集》成，柯（维桢）序，刊行之。《词综》成，汪（森）增订付梓。

十八年己未，五十一岁。

三月朔，召试太和殿廷，发题《璇玑玉衡赋》并四六序、《省耕诗》排律二十韵。学士院散官纸，光禄布席，赐宴体仁阁下。中使传旨："向来殿试进士定例，立而对策，今以尔等积学博闻，特赐坐赐食。"金谢恩毕，既纳卷，阁臣以八十卷进呈。次日天子行大蒐礼，次郾州，束卷，授大学士高阳李公（霨）、宝坻杜公（立德）、益都冯公（溥）、掌院学士叶公（方蔼）定其高下。益都读先生卷，叹为奇绝。天子亲拔置一等，得除翰林院检讨，充《明史》纂修官。

四月二十日到任。各朝服顶带于钦天监火神庙斋，到衙门行礼毕，次日遂赴史馆。同籍五十人集于众春园，仿题名故事，各赋诗一首，施（闰章）为之序。

五月，开局内东华门外，先生分纂《文皇帝纪》。家起原任翰林院掌院学士徐公（元文）为监修官，翰林院掌院学士叶公（方蔼）、右春坊庶子兼侍讲张公（玉书）为总裁官。

七月移寓虎坊桥，与徐检讨（釚）僦舍同居。送李检讨（因笃）终养。天生入史馆，亟上书陈情，请归养其母。先生饯之慈仁寺，挥涕而别。杨谦《朱竹垞先生年谱》，《北京图书馆古籍珍本丛刊》第79册，第516～519页。

《李因笃年谱》纪博学鸿儒科事（题拟）

康熙十七年戊午，四十八岁。

春，在里门。邑令郭九芝传芳迎顾宁人自晋至。（宁人《与潘次耕书》："频阳令郭公既迎中孚，而侨居其邑，今复遣人千里来迎，可称重道之风。而天生遂欲为我买田、结婚之计，虽未可必，然中心愿之矣。"）

闰三月，先生遣家人至曲周，迓宁人嗣子衍生之师李既足霖，至期会于军砦李中孚先生家。时诏举博学鸿儒、文行兼优之士，内阁学士项景襄、李天馥、大理少卿张云翼，咸以先生名上，以母老病辞，不许。（《圣祖实录》："康熙十七年七月庚申，吏部题各省题荐人员，原令其作速起程。今陕西李因笃以母老辞相应，咨催赴京。得旨。因笃等既经诸臣以学问渊通、文藻瑰丽荐举，该督抚作速起送来京，以副朕求贤至意。"顾宁人《与李星来书》云："今春荐剡，几遍词坛，关中三友：山史辞病，不获其行；天生母病，涕泣言别；中孚至以死自誓而后得免，视老夫天际之冥鸿也。"）

九月，九芝为先生具装，偕茹紫庭明府北上。（本集《陈情赋》、《云中曲》、《呈郭明府》诗注："余诣京，公为束装。行后公私诸费，皆出公赐。"又《儿渭之平阳会葬因寄紫庭司马》诗"仍烦越大河"注："北征附骥尾"。）九月抵都。（《留别吴侍讲卧山》诗有"征轮瞻孔急"及"秋杪抵神京"句。）仍主张又南，数陈情于部及吁通政司，弗纳，总宪魏环溪象枢先生夙交，悯其困厄，密疏代陈，亦不报。（《朱状》："抵都，具呈具疏，部司皆弗纳，总宪魏公环溪悯其诚，代为题请，亦不报。"）在京度岁。【略】

康熙十八年己未，四十九岁。

春三月丙申朔，诏试博学鸿儒于体仁殿，并赐宴。试题《璇玑玉衡赋》、《省耕诗》五言排律二十韵。（《圣祖实录》："三月丙申朔，试内外诸臣荐举博学鸿儒一百四十三人，于体仁殿赐宴。"）甲子（是月二十九日）揭晓，先生名列一等第七。命纂《明史》。【略】

夏五月庚戌，（《实录》是月甲午朔，庚戌为十七日。）诏授检讨，旋乞养，具呈吏部及通政司，皆不纳，不得已，冒封事上之。（本集《赵母田硕人八秩序》有云："予独何人，能忘定省，冒禁陈情？皇上怜之，许还。"）帝鉴其诚，许之，不以违制罪也。（《觚剩》云："本朝两大文章，叶方伯映榴《绝命疏》与因笃《陈情表》也。"顾宁人《与李湘北书》："关中布衣李君因笃顷承大疏荐扬，既征好士之忱，尤羡拔尤之鉴。但此君母老且病，独子无依，一奉鹤书，相看哽咽，虽趋朝之义已迫于戴星，而问寝之私倍悬于爱日。况年逾七十，久困扶床，路隔三千，难通啮指，一旦祷北辰而不验，回西景以无期，则缸罍之耻奚偿，风木之悲何及！昔者令伯奏其愚诚，晋朝听许；元直指其方寸，汉主遣行。求贤虽有国之经，教孝实人伦之本。是用溯风即路，沥血叩阍。伏维执事宏锡类之仁，悯向隅之泣，俯赐吹嘘，仰缴俞允，俾得归供菽水，入侍刀圭，则自此一日之斑衣，即终身之结草矣。若炎武者，黄冠蒯履，久从方外之踪，齿豁目盲，已在废人之数，而以生平昆弟之交，理难坐视，辄敢通书辇下，布以区区。"按此书乃作于应入都之时，词意多与乞养疏同，岂书为先生代拟耶？又宁人《答先生书》："老弟虽上令伯之章，以我度之，未必见听。昔朱子谓陆放翁能太高，迹太近，恐为有力者所牵挽，不得全其志节，正老弟今日之谓矣。但与时消息，自今以往，别有机权，公事之余，尤望学《易》。吾弟行年四十有九矣，何必待之明岁哉？更希余光下被，俾暮年迂叟得自遂于天空海阔之间，尤为知己之爱也。"《山志》："己未，余将出都，时叶讱庵掌翰林院事，李天生方授检讨，告终养，来余寓曰：'老母老矣，今不得归，兄竟忍舍弟而去乎？'余曰：'我即不去，亦无益于君。'天生曰：'此事掌院可以为力，兄肯为言，可济。且言出于兄，掌院当益信弟之真情耳。'诘朝，余诣讱庵，讱庵已入朝矣。余念次日当行，不可负诺。乃过阮亭处，托其转告。阮亭曰：'兄可作一札，弟为面致。'便谆言之余，即作一札付之。次日，余遂行。天生来送，弹泪而别。余归无几，天生自具疏以通政司，难之，遂冒不应封而封之禁，朝廷以其情词恳挚，特予终养，不罪也。"又《与叶讱庵太史书》："友弟李天生有老母在堂，而年已五旬，尚无子息，前之陈情，诚有迫于中者，既不获允，谓必应诏，后乃可，告归。天生自谓不中选，则遂初志耳。不意复在拔取之列。弟方束装，特来小寓，言及泪下，貌苦神伤，至致憾于弟之遄归，弟虽为心恻，莫能力助于友谊，殊愧！天生在关西，洵为无双之士，朝廷以孝治天下，廊庙之上，岂少此一人？古云忧能伤人，此子当不永年，是可念也。先生有斯道之任，而又蒙圣眷特隆，讵能恝然置之膜外乎？曲成一佳士，亦大臣之义也。唯先生图之。"）

秋初出都，（按曹秋岳《寄怀》有"伏日东门脂辙早"，出都应在初秋。）龚芝麓宗伯《遥题草堂》以"西京文章领袖"六字赠行。（本集诗注：龚宗伯《遥题草堂》以"西京文章领袖"六字赠行，归途失于水。）朱竹垞检讨祖饯于慈仁寺。（《曝书亭集·王崇安诗序》：子德独兄事余，及同人史馆，陈情归养，余饯之慈仁寺，挥泪而别。）过汾州，省顾宁人于天宁寺。《天生先生年谱》，《北京图书馆古籍珍本丛刊》第81册，第110~118页。

《稼书先生年谱》纪陆陇其应征事（题拟）

陆宸徵、李 铉

十七年戊午，是岁先生年四十九岁。

常熟席文夏延训其子永恂。前年春诏举博学宏词，主事吴公源起（号准庵，秀水人）上书论荐，中有"理学深醇，久入程朱之室；文章闳博，复登韩柳之堂"等语。时魏公环极亦欲荐，以先生未必工诗而止。

三月荐举命下，四月入都，叶公切庵（名方蔼，昆山人）来会公，言汤潜庵（名斌）、施愚山（名闰章）品行之高，及张干亭（名贞生）之苦节。先生因假《干亭文集》阅之，其集总名《庸书》，内有一书言儒语，略前序后跋，议论参差。先生谓："所服于干亭者，正在于此。使象山有此心，则必无无极、大极之争；使阳明有此心，则必无晚年论定之书。今人挟一偏之说，耻屈于正论，多方以求胜，孰知干亭所以不可及者，乃在于能屈耶？"干亭始为姚江之学，后读罗整庵《困知记》，遂尽改其所学，归于程朱。故先生云。然先生又云："先达中能诚心下志如叶公，亦仅见也。"

魏公环极素重先生，询于陆公祚蕃，陆对以避嫌，不敢见。公曰："然则吾当先往一见，如旧相识。言及丙辰冬事，尚义形于色，先生但自引咎而已。"因率两子来见，一名学诚，一名学谧，训之曰："我向拟陆先生必端方正直之士，今见之果然。汝辈不可不奉为典型。"又索观嘉邑盗案，明日即上疏白其冤。作《太极论》、《理气论》、《学术辨》，俱载文集中。

夏，魏公环极上《吏治渐坏公道宜彰疏》，内言"陆某廉介之官，清操饮冰，爱民如子，正当为群僚作楷模，为百姓作慈母，是宜举而不宜黜"等语。一时以为笃论。

访邵武峰，讲历法，详日记中。高邮王亮士（名德明）著有《淮海水利略》，先生喜其条晰明白，至是特往访之，问答详载日记中。

十一月朔，闻封公讣。封公殁于九月二十一日，至是讣至，先生徒跣出京。二十九日抵家，日夕丧次哭泣，尽哀茹素，不入内寝，席地而卧。期年后，乃以土坯置垫四隅，而寝其上。所制服悉准家礼，大约三月之内，衰绖不去于体；三月之后始易麻帽，以麻缕为纬，服麻袍；小祥后，始用白布帽，以棉纱线为纬，服粗白布袍；大祥后，以月白线为纬，始用浅色布套子，加于素袍之上。一举而法古，从时两得之。尝谓友人周好生曰："礼自有节也。"十月仲弟尚桓卒，以宸徵为之后，所遗女，先生抚育之，不异己女。（后适秀邑庠生张金城。）

十八年己未。是岁先生年五十，居丧杜门，与子定徵讲读《仪礼》及《丧记》《服制》等篇，因著《读礼随笔》。夏，上谕廷臣各举廉吏，魏公环极特疏荐举十人，先生其一也，有俞旨服满补官。陆宸徵、李铉《稼书先生年谱》，《北京图书馆古籍珍本丛刊》第79册，第582~586页。

《傅青主年谱》纪傅山应征事（题拟）

丁宝铨

十七年戊午，七十二岁。

开博学宏词科，给事中李宗孔、刘沛先以先生荐，先生辞不就。（《傅先生事略》。《广陵诗事》卷一："李宗孔，字书云，官给事中，在台垣先后疏四十余上，皆关吏治民生，每同九卿奏事，侃侃直言，于同列不少阿附，后请假归。御书《香山洛社》额，以宠异之。"又卷二《同郡李书云挽蔡女萝》诗,是李为扬州人。振玉案:《魏果敏公年谱》:"庚申三月,因会推江西按察司员缺,举出之人,各怀私意,因参差游移,大乖体统,遂会同满汉都察院科道各官公疏,题参副都御史李仙根,吏科给事中李宗孔规避不画题,宗孔反参余为'吹毛索瘢,打成一片,一呼百应,无敢执异者,不知其何心'等语,奉旨着魏象枢明白回奏。余将前后情节明白回奏,奉旨下部,一并察议,象枢免议,宗孔降五级,云云。"《广陵诗事》所谓于同列不少阿附,殆指此事。刘沛先,《郭铉撰先生传》作"刘佩先"。)

三月,有书神宗御书后。

六月,病甚,有《病极待死》、《人凉暂尔醒》、《快不如》三诗。

十八年己未,七十三岁。

先生辞大科不就,当事必欲致之,橄邑长踵门促上道。(刘绍攽《傅先生传》。案,是时阳曲令为戴梦熊。《阳曲志》:"梦熊,字汝兆,浙江浦江人,康熙十五年任在官六载,二十二年去任。"先生集中有《与某令君诗》云:"知属仁人不自由,病躯岂敢少淹留。"又云:"此行若得生还里,汾水西岩老首丘。"此诗集中不记年月,殆作于是时。某令君,殆谓梦熊也。)先生称疾,有司令役夫舁其床以行,(全祖望撰《先生事实》)二孙侍。(《阳曲志·傅寿毛先生传》作"以木板载征君,两孙舁之,先生披以行"。《觚剩》作"令其子执鞭,乘一驴以行"。戴梦熊撰《征君传》作"余具篮舆、欸段,力为劝驾,先生黾勉就道"。均与全氏不合。)既至京师三十里,以死拒不入城。(《傅寿毛先生传》作"至平子门,偃息僧寺"。又《储方庆我诗集序》:"羁京师,不阅月,一无所事,风雨霜雪,闭门拥炉,晴日则走平子门,与寿毛论十洲三岛事,以遣消时日。"《觚剩》亦云:"至崇文门外,称疾荒寺。")于是益都冯相国(溥)首过之,(毛奇龄《冯公年谱》:"公字孔博,别字易斋,青州益都人,顺治丙戌会试中式,丁亥进士,仕至文华殿大学士,兼吏部尚书,康熙三十年卒,年八十三,谥文毅。")公卿毕至,先生卧床不起。(《傅寿毛先生传》:"是时海内名士云集,高征君名,进谒者骈填户外,征君卧床蓐不起,先生出应客,遍以情告。又稽曾筠撰《先生传》:"山但敧倚榻上,言衰老不可为礼,诸贵人益以此重山,弗之怪也。"蔚州魏公象枢徐乾学《刑部尚书谥果敏魏公神道碑》:"公讳象枢,字环溪,又号庸斋。丙戌开科,公中进士,官至都察院左都御史、刑部尚书,致仕后四年丁卯七月晦卒于家,寿七十一。")乃以其老病上闻,诏免试放还山。时征士中报罢,而年老者恩赐以官,益都密请以先生与杜征君紫峰。(《文献征存录》:"杜越字君异,家贫,教授生徒,束修一无所受,康熙中征博学鸿词,以筋骨衰,弗就试,有《紫峰集》十四卷。")虽皆未豫试,然人望也。于是亦特加中书舍人,以宠之。(刘绍攽撰《先生传》:"不与试,例不授官,然秩部拟正字。上薄之,特以内阁中书以归。")益都强先生入谢,先生不可,益都令其宾客百辈说之,遂称疾笃,乃使人舁以入,望见午门,泪涔涔下,益都强掖之使谢,则仆于地,蔚州进曰:"止,止,是即谢矣。"次日遽归。大学士以下皆出城送之,先生叹曰:"自今以还,其脱然无累哉!"既而又曰:"使后世或妄以刘因辈贤我,且死不瞑目矣!"闻者咋舌。(全氏撰《傅先生事略》。)【略】

丁宝铨编,缪荃孙等校订《傅青主年谱》,《北京图书馆古籍珍本丛刊》第69册,第84~87页。

《悔庵年谱》自纪应征事(题拟)

尤 侗

康熙十七年戊午,年六十一岁。

诏征博学鸿儒,命内外诸臣各举所知。兵部尚书王公(熙)、工部尚书陈公(敱永)并以予名荐。(先是陈上疏时,王遇之朝堂,问所举为谁,陈首以予对,次则汪主事懋麟也。王讶云:"吾疏已草,名正相同,若君疏先入,不可复矣。"固止之,俟明日同上。盖陈即王门人也。)檄下,固辞,有司执不可趣之,乃勉办装。六月遂行,珍儿将赴公车,从焉。

七月入都,时同征者未集。上命待诏阙下,月给米三斗,银三两,同人因举公宴,会者百余人。先是妇曹氏常患箭风症,时发时止,予濒行,尚无恙也。行七日,病大作,医祷罔效,至九月十九日逝矣。讣至今,予惊痛欲绝,珍儿号恸哀毁,几不欲生。予诣部请急,不许,乃遣珍星夜奔丧。归,滴泪和墨,草文致祭,并撰《行述》一篇,《悼亡诗》若干首,辇下诸公见而哀之,皆赋挽章唁予,今刻入《哀弦集》。彭访濂殿撰,故儿女姻家,移予同寓,彭骏孙主事亦应召来,与共晨夕,相劳苦。因请前文昌右局杜真人降乩,而局中群仙联翩迭至,诗文倡和甚多。真人悯予情至,令日拜青华宝诰,为亡妇资冥福。已而太乙天尊遣使传语云:"曹氏已给金牒,送往天妃宫中薰修净业。"予闻之不胜感激,而继以泣也。时王阮亭侍读梦予以亡妇小照属题,披视,乃瞿昙像也。觉,与令兄子侧(士祜)中翰言之,深为叹异,合而观之,皆为亡妇生天公案矣,亡何?真人奉元皇命,同右局大夫黄真人(道周)到坛,即漳州石斋先生也。其所训告,大约崇理学,励名节,而于人情物理处置周当,每承督责,如对严师。间以余暇拈题限韵,令作诗赋杂文,予与二彭口不停吟,怡然忘倦矣。先生号予曰"敦艮子",著说以赠,其守坛仙吏,即吾乡徐勿斋(汧)先生云。

康熙十八年己未,年六十二岁。

先是玄皇帝颁敕一道,令各自陈誓词,春朝复亲降坛教戒备,至二月三日圣诞,予作《桂香殿赋》以献,右局深激赏之。廿二日,杜、黄二真官合词保奏:"尤侗道心精进,保无退转,应召还本职,使其安享余年,再闻大道。"玄皇准令。局中咨查城隍等司,于廿七日回咨申奏,上帝施行。予且感且愧,永矢不忘,故略述本末,若此览者,讶其志怪也。

三月朔日,太和殿御试《璇玑玉衡赋》并四六序、《省耕诗》排律二十韵,赐饭体仁阁下,钦取五十人,予列二等。当上阅卷时,询予履历,相国冯公(溥)启奏世祖赏识前事。上为动容久之,特授翰林院检讨,纂修《明史》。予虽二十年栖遁,归志浩然,而感恩深切,不敢告辞,遂勉出供职。移寓斜街,为久留计,但臣朔之饥,恐不免耳。真人命予作《酒歌》、《蔬食歌》、《独宿歌》,以励志焉。

是春,王师平湖南。七月,地忽大震,发屋拔木,压倒人畜无算,越三月始定。家中或传予震死者,予为一笑,作诗云:"寄谢世人皆欲杀,于陵仲子皆无恙。"因忆丙戌年事,戏语人曰:"这秀才恰两遭也。"是冬,史局开,总裁为掌院叶讱庵(方蔼)先生,掌坊张素存(玉书)先生,而徐立斋学士即家起为监修官,予列第五班,分纂《弘正诸臣列传》。坊人刻予《杂俎三集》。尤侗《悔庵年谱》,《北京图书馆古籍珍本丛刊》第172册,第55~60页。

《愚山先生年谱》纪施闰章应征事（题拟）

施念曾

康熙十七年戊午，先生年六十一岁。

归里门。夏，诏开博学鸿词科，先生应征入都。

【略】天子诏征天下之才士，开博学鸿词科，三相国首上公名，公复以情告之江南诸大吏，持不可，敦迫至京。（按：三相国为李霨、杜立德、冯溥。）《先叔父砥园府君行状》云："岁戊午，上征博学鸿词之臣，闰章名玷荐牍，辞至再，不许，公倚杖命之曰：'圣天子旷恩也，即汝父在，不能汝留，汝行矣。'及拜别，相持泣，宾御亲从见者皆泣。逾七月而公卒。"

六月，冒暑北行。有《应召入都留别亲旧》四首，有《卖屋行》，有《书秦淮水亭》、《北征口号》、《觅寓舍》、《中秋对月》、《京邸对雪》、《借书》、《京邸立春》、《梦叔父》、《京邸述病呈诸公》、《得家书知大儿失妇》、《召赐被荐诸臣月廪恭纪》，又《午门谢颁月廪是日上未御朝恭述》。又有《大驾重幸直北校猎恭纪》、《闻王阮亭农部擢补侍读》、《魏环极侍郎见过》，《官军连收岳阳长沙诸郡恭纪》、《除夕同雪怀》，又有《上内阁言被荐人才试期》一书。

又《十月十六日示子》云："初到京，一诗不肯送人，人相诧，以为简傲作老名士狂态，因勉作一二酬答，近且积疲成疾矣。夫以诗文当竿牍，代羔雁，已属陋习，今动则连篇百韵，望尘献谀，炫玉求售，百端可厌，子云以为雕虫，汉武畜以优俳，非过论也。"又云："御试杳无定期，他人恨官迟，我独恨归迟耳。此间更无乐事，亦如昌黎所云'命坐磨蝎宫'，合受此苦，无所躲避，平生最嗜霜螯，顷来病窭，都不复朵颐。此物北地颇多，但味乏肥甘，止堪为南螯作婢，省得老饕馋梜，亦非细事。"

康熙十八年己未，先生六十二岁。

被征在都。三月，御试太和殿，题为《璇玑玉衡赋》一首、《省耕诗》五言排律一首，同试者一百七十五人，钦定取中彭孙遹等五十人，公名在二等四名。初，部议公以参议道原衔食俸修史，告成后议叙。奉旨着授为翰林官，旋议授为翰林院侍讲，入史馆，纂修《明史》。有《元旦试笔》、《上元前一日入游御苑》、《登洗妆台》、《早春廿二日微雪》、《二月二日雪》、《都下岁首见盆桃作花》，又有《往西山暂出国门》、《潭柘寺分得"柘"字》、《返自柘潭道中》，有《怀王侍读阮亭》，又有《戒坛三松歌》。又《己未三月朔，同被征诸臣集试体仁阁，上赐食，且宣谕曰："馆选廷试，例不给馔，嘉尔等学行名儒，优以旷典。"是日治南馔，张椅坐，盖前所未有也。恭赋纪恩》，又有《颁俸纪恩诗》。

《示子札》云："试卷传出都下，纷纷讹言，皆推我为第一名，久之半月后，方阅卷，我绝不送卷舆，内阁诸公初亦暗取在上上卷，列三五名中，后因诗结句有'清彝'二字，嫌触忌讳，竟不敢录。得高阳相国争之云：'有卷如此，何忍以二字弃置，此不过言太平耳。倘奉查诘，吾当独任之。'于是姑留在上上卷第十五。又推敲停阁半月，则移在上卷第四，借此二字作祟也。今上传案出，又改上上为一等，上卷为二等矣。我平日下笔颇慎，独此二字不及觉，岂非天哉！初取一等廿六名，二等五十一名，今重经钦定，两共止五十名，又甚珍惜。爱我者，多以我名次为怏怏，非知我者也。高才博士远出吾上，而见放者甚众，吾既犯嫌而复收之亚等，过望矣。所恨衰老空疏，不任笔札，徒为他人笑柄耳。"又云"御试卷，事不俄顷，多不能佳。昔韩文公两应博学鸿词科不中，其文亦不载集中，其不得意可知，即其中甲科，所为"不迁怒不贰过"一篇，载集中亦无甚佳。足知风檐寸晷之难，与汉杨班诸人，尚书给笔札、精思研练者不同矣。"

又有《己未夏家园老梅作四花，余适同孙予立、茅楚畹、高阮怀并官翰林，里中梅渊公诸故人作〈瑞梅图歌〉，索和漫题其后》，又有《己未京邸守岁同耦长欢字》，又作《平湖湘颂》。又，是年先生叔砥园先生卒于家，先生闻讣京邸，欲奔丧，不得，有《祭文》二首。又《顾宁人关中书至》一首。

高公《行状》云："御试授翰林院侍讲，充《明史》纂修官，而砥园公已先期殁，公恸哭成疾，精力遂惫。"汤潜庵《墓志铭》云："又十年诏举博学鸿词之士，三相国荐其才，召试授翰林院侍讲，纂修《明史》。公素以文学饬吏治，至是始得当著作之任，益自发抒，考核同异，辨析疑伪，是非可否，无所回互。而朝士大夫习其姓名，求碑版诗歌，趾错于户，四方名士，负笈问业无虚日，公一一应之，不少倦。"施念曾编《愚山先生年谱》，《北京图书馆古籍珍本丛刊》第74册，第403～409页。

故明中宪大夫太常寺少卿兵科给事中来君（集之）墓碑铭
毛奇龄

君讳集之，字元成，曾祖日升以嘉靖甲午举人官云南师宗州知府，有文名，而君继之。早岁通经，稍长即能以诗、古文、词争雄艺林，而陑于童试。【略】康熙十七年，上开博学鸿儒科，召天下才学官人，可备著作顾问之选者。抚军以君应，君辞之，且曰："吾年七十余，已妪矣，尚能为成君作衣补耶？"【略】。《西河集》卷八十五，《四库全书》第1321册，第9～11页。

吴征君德配傅孺人墓志铭
毛奇龄

【略】康熙十七年，上开博学鸿儒科，司空荐征君于廷，巡抚复奉吏部咨以征。君应，而孺人难之，脱左手指环约征君指，曰："以君之才，宜何所不得，顾有大不宜于时者。妾有三言，规愿君回环而熟念之。一有酒过，一言直，一不谨于结纳。"征君以为然。既而三相公重君名，取君词业观之，皆曰可，日饮之酒。暨试，取上上卷，而既而斥之，不知故。相公再献之，不得。归而大病，孺人具慰之，病不已。【略】。《西河集》卷一〇二，《四库全书》第1321册，第139页。

文华殿大学士太子太傅兼刑部尚书易斋冯公（溥）年谱
毛奇龄

七十一岁己未。会试主考，得马教思等一百五十人。时两广平，朝廷征天下文学之士，仿古制科例，名博学鸿儒，先后诣阙御试，赐酒馔优礼，选取五十人，皆授以翰林官，余高年者，间授中书职衔，遣回籍。辟门之典，于此为最。但是时，上亲阅卷讫，糊名付阁下覆阅，先生审慎甲乙，所取尽名士，一时伏先生冰鉴。是年五月，先生婴热疾，乞疏益切，上遣翰林满学士喇萨里就家问病，且传谕调理。稍痊，即出供职，不必求去。及小愈，先生复入阁，面奏请乞。上亲留先生，仍遣还宅调理，俟强健入阁。《西河集》卷一一五，《四库全书》第1321册，第264页。

万文贞先生传
全祖望

贞文先生万斯同，字季野，学者称为石园先生，鄞人也，户部郎泰第八子。少不驯，弗肯帖帖，随诸兄所过，多残灭，诸兄亦忽之。户部思寄之僧舍，已而以其顽，闭之空室中。先生窃视架上有明史料数十册，读之甚喜，数日而毕。又见有经学诸书，皆尽之。既出，因时时随诸兄后，听其议论。一日，伯兄斯年家课先生，欲豫焉。伯兄笑曰："汝何知先生？"答曰："观诸兄所造亦易与耳！"伯兄骤闻而骇之曰："然则吾将试汝。"因杂出经义目试之，汗漫千言，俄顷而就。伯兄大惊，持之而泣，以告户部，曰："几失吾弟。"户部亦愕然曰："几失吾子。"是日，始为先生新衣履，送入塾读书，逾年遣请业于梨洲先生，则置之绛帐中高坐。

先生读书，五行并下，如决海堤。然尝守先儒之戒，以为无益之书不必观，无益之文不必为也，故于书无所不读而识其大者。康熙戊午，诏征博学鸿儒，浙江巡道许鸿勋以先生荐，力辞，得免。明年，开局修《明史》，昆山徐学士元文延先生往。时史局中征士许以七品俸，称翰林院纂修官，学士欲援其例以授之，先生请以布衣参史局，不署衔，不受俸。总裁许之。【略】。全祖望《鲒埼亭集》卷二十八，《续修四库全书》第1429册，第218页。

吏牍钞存（题拟）
戴璐

康熙十七年，荐举博学鸿词一百八十六员，赴部验到一百三十一员：法若真，山东高密人，顺治丙戌进士，原江南布政使，今候补；施闰章，江南宣城人，己丑进士，原江西湖西道参议，今候补；曹禾，江南江阴人，康熙甲辰进士，原内阁办事中书，今候补；陈玉璂，江南宜兴人，丁未进士，见任中书科中书；米汉雯，直隶安化人，辛丑进士，原江南长葛县知县行取，今候补主事；沈珩，浙江海盐人，甲辰进士，候选内阁中书；汪琬，江南长洲人，乙未进士，原户部山西司主事，告病回籍；陈维崧，江南宜兴人，生员；赵进美，山东益都人，前庚辰进士，见任河南河北道参政；秦松龄，江南无锡人，乙未进士，原翰林院检讨，革职，保举湖广军前候用；尤侗，江南长洲人，拔贡生，原直隶永平府推官，降调；吴农祥，浙江仁和人，生员；王顼龄，江南华亭人，丙辰进士，见任太常寺博士；李开泰，顺天大兴人，丙午举人；倪灿，江南上元人，丁巳举人；田雯，山东德州人，甲辰进士，原任工部营缮司郎中，今候补；陆莱，浙江平湖人，丁未进士，原内秘书院典籍，今候补；方象瑛，浙江遂安人，丁未进士，候选中行评博；朱彝尊，浙江秀水人，布衣；汤斌，河南睢州人，壬辰进士，原江西岭北道参政，降调休致；叶封，湖广黄冈人，己亥进士，原西城正指挥，今候补主事；王岱，湖广湘潭人，举人，见任京职，武学教授；傅山，山西太原人，布衣；冯行贤，江南常熟人，布衣；林尧英，福建莆田人，辛丑进士，见任户部江西司主事；陈僖，直隶清苑任，拔贡；徐釚，江南吴江人，监生；罗坤，浙江会稽人，监生；彭孙遹，浙江海盐人，己亥进士，候选主事；陆元辅，江南嘉定人，布衣；毕振姬，山西高平人，丙戌进士，原湖广布政使，休致；冯云骧，山西代州人，乙未进士，见任四川司郎中；白梦鼐，江西江宁人，庚戌进士，见任大理寺左评事；王紫绶，河南祥符人，丙戌进士，原浙江粮道参政，休致；张烈，顺天大兴人，庚戌进士，候选内阁中书；杜越，直隶南宫人，贡生；纪炅，直隶文安人，生员；李来泰，江西临川人，壬辰进士，原江南苏松道参议，今候补；袁佑，直隶东明人，拔贡，见任内阁办事中书；高层云，江南华亭人，丙辰进士，候选中行评博；谭吉璁，浙江秀水人，例监，原陕西延安府同知，今升山东登州府知府；孙棨，浙江嘉善人，举人，现任直隶开州知州；陈鸿绩，浙江鄞县人，原江南睢宁县知县，革职；江闿，贵州贵阳人，己酉举人，候选知县；王钺，山东诸城人，己亥进士，原广东西宁县知县，休致；赵廷锡，陕西肤施人，进士，原顺天府良乡县知县，今候补内阁中书；李念慈，陕西泾阳人，戊戌进士，见任湖广景陵县知县；徐懋昭，浙江鄞县人，甲辰进士，见任河南沛县知县；高咏，江南宣城人，贡生；李澄中，山东诸城人，拔贡；陈怀真，山东兖州人，贡生；黎骞，江西临川人，贡生；王嗣槐，浙江钱塘人，生员；许孙荃，江南合肥人，庚戌进士，见任刑部四川司郎中；徐嘉炎，浙江秀水人，监生；王孙蔚，陕西临潼人，壬辰进士，原湖北粮道参议，今候补；张瑞徵，山东莱阳人，壬辰进士，原河南汝南道副使，今候补；戴王纶，直隶沧州人，乙未榜眼，原江西粮道参议，今候补；汪霦，浙江仁和人，丙辰进士，见任行人司行人；王含真，山西猗氏人，丙辰进士；侯七乘，山西汾西人，戊戌进士，原江西广信府同知，休致；夏驷，浙江乌程人，监生；乔莱，江南保应人，丁未进士，原内阁办事中书，今候补；刘瑞远，顺天三河人，举人，原江南海州知州，革职；吴任臣，浙江仁和人,生员;郎戴瓒,浙江钱塘人,生员;龙燮,江南望江人,贡生;李铠,江南山阳人,辛丑进士,见任顺天府盖平县知县;赵骊渊,浙江上虞人,举人;陆次云,浙江钱塘人,例监考定州判;朱培,浙江□□人,岁贡考定训导;顾鼎铨,浙江仁和人,顺天举人,见任山西蒲县知县;毛升芳,浙江遂宁人,拔贡;徐之凯,浙江江山人,戊戌进士,见任陕西真宁县知县;毛际可,浙江遂安人,戊戌进士,见任河南祥符县知县;张英,浙江海宁人,癸丑进士,候选内阁中书;邱象随,江南山阳人,拔贡;黄虞稷,江南江宁人,廪生;许自俊,江南嘉定人,庚戌进士,候选知县;李芳广,河南柘城人,甲辰进士,原山东寿光县知县,今候补内阁中书;宋实颖,江南长洲人,辛卯举人;杨还吉,山东即墨人,生员;黄始,江南吴江人,生员;施清,江南吴县人,例监,见任陕西布政司经历;宋维藩,建德人,准贡生,候选州同;陆陇其,浙江平湖人,庚戌进士,原江南嘉定县知县,革职;申维翰,江南江都人,廪监;柯崇朴,浙江嘉善人,副榜贡生,候选内阁中书;沈筠,浙江仁和人,生员;程易,江南休宁人,例监;程大昌,湖广孝感人,癸丑进士;严绳孙,江南无锡人,布衣;许先甲,浙江仁和人,廪监;戴茂隆,浙江平湖人,例监;钱金甫,江南上海人,廪监,今中式举人;钱中谐,江南吴县人,戊戌进士;庞垲,直隶任邱人,举人;周起莘,浙江萧山人,廪监;张鸿烈,江南山阳人,廪监;周清原,江南武进人,监生;储方庆,江南宜兴人,丁未进士,见任山西清源县知县;上官鉴,山西翼城人,丙戌进士,原河南盐道参议,今候补;吴雯,山西蒲城人,生员;程必昇,陕西韩城人,乙未进士,原山东栖霞县知县,革职;宋涵,江南溧阳人,例监;王方谷,直隶新城人,贡生;冯勖,江南长洲人,布衣;赵廷飏,陕西肤施人,拔贡,原巩昌府文县教谕,今候补国子监学正;徐孺芳,浙江仁和人,己亥进士,见任陕西神木县知县;叶灼棠,江南江宁人,贡生,原福建兴泉道佥事,革职;王柞兴,山西永宁人,丁未进士,候选知县;任辰旦,浙江萧山人,丁未进士,见任江南上海县知县;王楫,江南休宁人,岁贡,见任赣榆县教谕;田茂遇,江南青浦人,举人,除授山东新城县知县,革职;黄与坚,江南华亭人,己亥进士;叶奕苞,江南上海人,监生;金居敬,江南吴县人,监生;邓林梓,江南常熟人,布衣;王廷璧,河南祥符人,壬辰进士,原浙江宁绍道参议,今候补;张能鳞,顺天大兴人,丁亥进士,见任山东道参议;傅宸,山东新城人,乙未进士,原山西道监察御史,终养;张含辉,山东掖县人,壬辰进士,原四川提学道佥事,今候补参议;魏学渠,浙江嘉善人,举人,原湖广提学道佥事,今候补;陈宏,顺天大兴人,辛丑进士,候补主事;柯维祯,浙江嘉善人,举人;徐林鸿,浙江仁和人,廪生;毛奇龄,浙江萧山人,廪监;徐咸清,浙江会稽人,布衣;高向台,山西翼城人,丁未进士,原内阁办事中书,今候补;阎若璩,山西太原人,监生;沈允宜,江南□□人,贡生。已投文赴部。

而未验到者三员:崔如岳,直隶获鹿人,举人;李瑞徵,直隶容城人,丙辰进士;杨毓兰,河南新乡人,丁亥进士,见任湖广衡永道参议。

因称患病、已经行催、尚未报有启程日期者十七员:应㧑谦,浙江仁和人,布衣;张九徵,江南丹徒人,丁亥进士,原河南提学道佥事,今候补参议;魏禧,江西宁都人，布衣；李颙，陕西盩厔人，布衣；顾景星，湖广蕲州人，贡生；范鄗鼎，山西洪洞人，丁未进士；嵇宗孟，江南山阳人，举人，原浙江杭州府知府，休致；张新标，江南山阳人，己丑进士，原吏部考功司郎中，降补陕西苑马寺监正，休致；吴元龙，江南华亭人，甲辰进士，原工部都水司郎中，终养；陆舜，江南泰州人，甲辰进士，原浙江提学道佥事，休致；潘耒，江南吴江人，布衣；周庆曾，江南常熟人，辛丑进士，原内阁办事中书，今候补主事；范必英，江南长洲人，举人；蔡方炳，江南长洲人，布衣；彭桂，江南溧阳人，监生；王追骐，湖广黄冈人，己亥进士，原礼科给事中，外转补授山东武德道佥事，革职，辩复还职，候补佥事；顾豹文，浙江仁和人，乙未进士，原河南道监察御史，告病回籍。

已报起程而未赴部投文者十二员：李因笃，陕西富平人，布衣；王宏撰，陕西华阴人，监生；李大春，陕西西安人，举人；成其愿，山东乐安人，生员；虞兆潢，浙江嘉兴人，生员；朱士曾，浙江山阴人，布衣，叶芳蔚，江南昆山人，生员；陈荚，浙江秀水人，生员；朱钟仁，江南昆山人，生员；嵇永福，江南无锡人，乙未进士，原浙江严州府推官，降补山东历城县县丞，保举湖广军前候用；曹宜溥，湖广黄冈人，恩荫监生；潘飓言，山东章邱人，壬辰进士，原吏部文选司主事，降调保举湖广军前候用。

未报启程，因地方不符事故未结见在行催者七员：章贞，浙江会稽人，乙未进士，见任湖广枣阳县知县；孙枝蔚，陕西三原人，布衣；宋昱，浙江山阴人，布衣；张霍，福建侯官人，副榜，教习知县；陶元淳，江南常熟人，监生；邵远平，浙江仁和人，甲辰进士，见任江西提学道佥事；马骏，顺天人，举人。

从未将事由报部者四员：邓汉仪，江南泰州人，布衣；王昊，江南太仓人，布衣；董俞，江南华亭人，举人；潘藩大，江南□□人，例监，见任江西宜春县知县。

丁忧病故未试九员：李良年，浙江嘉兴人，生员；林以畏，浙江钱塘人，布衣；张贞，山东安邱人，拔贡，候选孔目；惠周惕，江南吴县人，副榜；曹溶，浙江秀水人，前丁丑进士，户部侍郎外转阳和道；叶舒崇，江南吴县人，丙辰进士；汪懋麟，江南江都人，丁未进士，中书；陈学夔，福建侯官人，举人；祝宏坊，浙江山阴人，庚戌进士。秦瀛《己未词科录》卷一，《续修四库全书》第537册，第127~130页。

李二曲隐居读书

徐珂

李二曲名颙，起自田畯，尝一就科举，遂隐居读书，以理学倡导关中，修明横渠、蓝田之教。当时与孙夏峰、黄梨洲为三大儒，远近皆重其学行，称二曲先生。父信吾，从明监纪孙兆禄死贼难。家甚贫，母子相依，或一日不再食，或连日不举火。有踵门求见者，力辞不得，则一见之，终不报谒；再至，并不复见。有馈遗者，虽十反亦不受。母卒三年后，徒步之襄城，遍觅父遗蜕，不得，昼夜哭不绝。知县张允中闻之，为立信吾祠，且造冢于故战场以慰其心。乃负其冢土归，告于母墓，更持服，如初丧。陕督鄂善以隐逸荐，自称废疾，长卧不起。康熙戊午，部臣以海内真儒荐，继之词科征，独得昌明绝学之目，必欲致之，固称疾笃。舁其床，至行省，遂绝粒，水浆不入口者六日。大吏犹欲强之，拔刀自刺，乃得予假治疾。自谓不幸有此名，乃学道不醇，洗心不密，不能自晦所致。其后荆筐反锁，不复与人接。已而圣祖西巡，欲见之，令陕督传旨，辞以废疾不至，特赐"关中大儒"四字宠之。徐珂《清稗类钞》第三册，中华书局1984年，第1456页。

应潜斋却征

徐　珂

仁和应潜斋，名㧑谦，既入国朝，遂弃诸生服。庚熙戊午，阁学李天馥、项景襄以博学鸿儒荐，潜斋舆床以告有司曰："某非敢却聘，实病不能行耳。"或举泰山孙明复尝从石介请以成丞相之贤，谓不必果于却荐。潜斋曰："我不能以我之不可，学明复之可。"乃免征。范承谟抚浙，又欲荐之，遂称废疾。海宁州牧许酉山请主讲席，造庐者再，不见，既而曰："是非君子中庸之道也。"扁舟报谒。酉山大喜曰："应先生其许我乎？"潜斋逡巡曰："使君学道，但从事于爱人足矣，彼口说者适足以长客气耳。"酉山默然不怡。既出，潜斋解维疾行，曰："使君好事，必有束帛之将，拒之且益其愠，受之则非所安也。"杭州太守嵇宗孟数式庐，欲有所赠，嗫嚅未果，及见所作《无闷先生传》，乃不敢言。后以志局请，辞之，则请下榻郡斋数日以请益，然但一报谒而已。

同里姜御史图南视盐返，于故旧皆有馈，尝再致潜斋，不受。偶遇诸途，方盛暑，则衣木棉衣，憔悴踯躅。图南归，贻越葛二端，曰："雅知先生不受人丝粟，然是戋戋者，非自盗泉来也。"辄又谢曰："笥尚有绨绤，昨偶感寒，欲其汗耳。"竟还之。平日坐卧小楼，一几一榻，书册外无长物。弟子甚多，乃以楼上楼下为差，如马融例。里中一少年使酒，忽叩门，求听讲，许之，居三日，不胜其苦，去使酒如故。偶醉，持刀欲击人，汹汹莫能阻。忽有人曰："应先生来！"少年顿失魄，投刀垂手，汗浃背。潜斋抚之曰："一朝之忿，何至此？盍归乎！"乃俯首谢过去。徐珂《清稗类钞》第三册，中华书局1984年，第1457页。

彭羡门为康熙制科第一

徐　珂

彭孙遹为康熙己未宏博第一人，才富学赡，王阮亭、朱竹垞皆自叹不如。其《延露词》三卷，清绮缠绵，多神妙语。然当时有黠者，摘其书中秽词，谓："如此淫狎，何以独冠多士，况宏博乃逸世大典，不将遗笑后世乎？"有司乃以其词进呈乙览，圣祖大怒，欲劈其书板，降其名次，后以某转圜，乃寝。彭，字羡门，海盐人。徐珂《清稗类钞》第二册，中华书局1984年，第708～709页。

康熙制科有佳山堂六子
徐 珂

康熙己未开制科，四方之士，率为二三耆臣礼罗而延致之。其客冯文毅公邸第者，世称为九等上上之选，呼曰佳山堂六子。其实亦不尽然。六子为钱塘吴农祥、王嗣槐，海宁徐林鸿，仁和吴任臣，萧山毛奇龄，宜兴陈维崧也。时文毅奉派读卷，卷不弥封，人谓六子者且并录及。命下，奇龄、维崧入史馆，而四子皆见遗，惟嗣槐因年老赏内阁中书，人乃叹文毅之无私也。徐珂《清稗类钞》第二册，中华书局1984年，第709页。

杜傅得制科美授
徐 珂

康熙宏博科之年老试不入格者，吏部为裁量注官。惟容城杜越、太原傅山，圣祖命赏内阁中书，时人叹为美授。徐珂《清稗类钞》第二册，中华书局1984年，第709页。

魏文毅羡康熙制科
徐 珂

康熙宏博，与荐者一百八十六人。时柏乡魏文毅公裔介罢相家居，恒谓人曰："吾不羡东阁辅臣，而羡公车征士。"柏乡县令闻之，称于直督，以疏荐为请。直督曰："焉有元老而赴制科者乎？"徐珂《清稗类钞》第二册，中华书局1984年，第709页。

姜西溟不获举制科
徐 珂

康熙制科，昆山叶讱庵侍郎方霭与长洲韩文懿公菼相约连名上疏，以姜西溟太史宸英荐，叶适以宣召入禁中，浃月既出，则无及矣。王文简公叹曰："其命也夫。"或曰：以厄于高江村詹事士奇，不获举。徐珂《清稗类钞》第二册，中华书局1984年，第710页。

预各项特科之难
徐 珂

康熙己未以宏博科入词苑者，江南二十六人，浙江十三人，顺天直隶六人，江西二人，山东、河南、陕西各一人。乾隆丙辰再举是科，浙江七人，江南六人，山东、江西各一人。丁巳补试，江南、浙江、福建、云南各一人。辛未保举经学授官者，江南三人，山西一人。前后三举特科，湖南、湖北、广东、广西、四川、贵州、甘肃及蒙古，皆无一人受殊恩者。徐珂《清稗类钞》第二册，中华书局1984年，第705页。

圣祖诏开博学宏儒科
徐　珂

康熙己未正月，诏开博学宏儒科，谕曰："自古一代之兴，必有博学宏儒，振起文运，阐发经史，润色词章，以备顾问著作之选。朕万几时暇，游心文翰，思得博洽之士，用资典学。我朝定鼎以来，崇儒重道，培养人材，四海之广，岂无奇才硕彦，学问渊通，文藻瑰丽，可以追踪前哲者？凡有学行兼优文词卓越之人，无论已未出仕，着在京三品以上及科道官员，在外督抚布按，各举所知，朕将亲试录用。其余内外各官，果有真知灼见，在内开送吏部，在外开报于该督抚，代为题荐，务令虚公延访，期得真才，以副朕求贤右文之意。"徐珂《清稗类钞》第二册，中华书局1984年，第705～706页。

圣祖优礼宏博举子
徐　珂

圣祖厌薄八股，曾谕内三院九卿于康熙甲辰丁未两科，改换策论，著以经济时务取士。而廷臣狃于故习，皆言古学不可猝办，仍暂用八股以俟徐复，因特开宏博科，振厉其事。三月初一日平明，齐集太和门，以鱼贯入，诣太和殿前，鸿胪唱行九叩头礼毕。是日，上御殿祭堂子回，命诸荐举人员赴东体仁阁下，太宰掌院学士捧题出，用黄纸十张，写题二道，置黄帏桌上，跪领题讫，用矮桌列墀下，使坐地作文，题为《璇玑玉衡赋》，以《天下为一家诗》。及巳刻，太宰掌院学士复宣旨云："汝等俱系荐举人员，有才学，原不必考试。但是考试愈显才学，所以皇上十分敬重，特赐宴，为会试、殿试、馆试、状元、庶吉士所无，汝等须知皇上德意。"宣讫，命起，赴体仁阁，设高桌五十张，每张设四高椅，光禄寺设馔十二色，皆大碗高攒，相传给直四百金。先赐茶二通，时果四色，后用馒首卷子红绫饼粉汤各二套，白米饭各一大盂，又赐茶讫，复就试。时陪宴者太宰掌院学士各满、汉二员，皆南北向坐，谓之主席，以宾席皆东西向也，余官提调皆不与焉。其夕，晚出者十余人，皆给烛竣事，然后弥封，诸试卷作四封，当夜呈进。

此次无论已仕未仕，一体保荐。其应举者，除京城现任官员外，官人布衣，各给月俸银三两，米三斗，旋取列一等彭孙遹等二十名，二等李来泰等三十名，悉令分修《明史》。中有以布衣超授清秩者，而应举至京者，凡一百八十六人，江浙为最多。以疆吏敦促上道，至有垂老患病不能舆马，舁以篮筥，驰赴国门者。施愚山久于仕宦，应征而至，坐卧惟一羊裘。既抵京，且称贷以营寒具。其他贫士，或就食畿辅，或寄宿僧庐，北地苦寒，狼狈万状。

是科取中者五十人，俱授翰林院官。侍讲一：邵远平，侍读四：汤斌、李来泰、施闰章、吴元龙。编修十八：彭孙遹、张烈、汪霦、乔莱、王顼龄、陆棻、钱中谐、袁佑、汪琬、沈珩、米汉雯、黄与坚、李铠、沈筠、周庆曾、方象瑛、钱金甫、曹禾。检讨二十七：倪灿、李因笃、秦松龄、周清源、陈维崧、徐嘉炎、冯勖、汪楫、朱彝尊、邱象随、潘耒、徐釚、尤侗、范必英、崔如岳、张鸿烈、李澄中、庞垲、毛奇龄、吴任臣、陈鸿绩、曹宜溥、毛升芳、黎骞、高咏、龙燮、严绳孙。或谓是时臣民尚有不忘明代者，圣祖特开制科，冀以嘉惠士林，消弭反侧，征以"以天下为一家"之诗题，其或然欤？徐珂《清稗类钞》第二册，中华书局1984年，第706~707页。

康熙朝试宏博之宽
徐　珂

康熙特科读卷诸臣，依前代制科分等第，进士科分甲乙例，判作四等。拆卷日，圣祖问："有不完卷者，何以列在中卷？"盖严绳孙仅作一诗也。众对曰："以其文词可取也。"上又问："上二卷内有'验于天者不必验于人'语，无碍否？"盖彭孙遹卷也。众对曰："虽语滞，意圆无碍。"又问："赋首有'或问于予曰中有唯唯否否'语，岂以或指朕予自指耶？"盖汪琬卷也。众对曰："赋体本有子虚亡是之称，大抵皆寓言，似不必有所指也。"又问："诗中有云'杏花红似火，菖叶小于钗'，菖叶安得似钗？"盖朱彝尊卷也。众对曰："此句不甚佳。"上曰："斯人固老名士，姑略之。"上曰："诗赋韵亦学问中要事，赋韵且不论，即诗韵，在取中卷者亦多出入，有以冬韵出宫韵者（潘耒卷），有以东韵出逢浓字者（李来泰卷），有以支韵之旗误作微韵之旂者（施闰章卷），此何说也？"众曰："此缘功令久废，诗赋非家弦户诵，所以有此，然亦大醇之一疵也，今但取其大焉者耳。"上是之。

圣祖于召试宏博之次日，方幸霸州，携诸卷亲览。翼日，下三相国公阅。圣祖忽问："娲皇补天事信乎？"盖毛西河检讨卷中有此语也。益都冯文毅公溥奏《淮南子》有之，上曰："徒记事邪？则《楚辞》、《列子》早及之，何止《淮南》？第未知传信何如耳。"文毅曰："赋主铺张，古籍宜可用。"于是西河列上卷，此可见当时试例之宽。
徐珂《清稗类钞》第二册，中华书局1984年，第707~708页。

丙辰词科四布衣（题拟）
杭世骏

前己未时，四布衣名动天子，今时所举亦有布衣四人：南丰赵宁静，余未知其人；秀水张庚，西安申甫，诗皆清古可味；蒲城屈复则年近七十，尚事涂抹，如三五少年时，去古远矣。布衣之名为不耕而食者，所易托一介之士，操觚率尔，辄动圣主之旁求，其不得恕律之审矣。吾乡有三布衣，以其所诣律之于古，诚可以不愧，而皆辞荣却聘，守贞抱白，其品尤可尚也。《词科余话》卷七，《四库未收书辑刊》壹辑，第722页。

秦松龄因逋粮案拔官
小横香室主

  苍砚山人无锡秦谕德松龄，康熙己未词科人物也。先于顺治乙未入翰林，以逋粮案罢归。然其文集载《上座主胡山阴书》（按：胡名兆龙，乙未总裁。）中有"某久在京师，素知功令，薄田五顷，输赋独先。本籍欠粮之册，绝无贱名，只以同族孀姑，远在邻邑，平日不相闻，不知何人所使，诡将彼户，滥注卑衔，逋赋三分，致干国宪，直俟檄提之日，方知受罪之由"云云。按，江南逋粮之狱，缙绅连染极多。叶文敏公方蔼仅欠丝毫，亦遭削夺，故时有探花不值一文钱之谣。合观此事，想见清初宪典之严。《清朝野史大观》第二册《清朝史料》卷五，第111页。

《鹤征后录》杂缀（题拟）
李富孙

  《方望溪文集》云："雍正八年议开博学鸿辞科，诏阁部、院、司、府、寺三品以上暨直省都抚学臣举学与行兼者，诸公多叩余以所举，余应之曰：'称此者实难，而辨所应举者易。夫行必有迹，学与辞尤艺之外襮，而与众共之者，非若德蕴于心或深潜而不易识也。然必乡国莫不知，天下莫不闻，然后奉举者无怍，在人不疑，是则匪易耳。'"

  《词科掌录》云："明诏既下，首讫凡四年，合内外所举凡二百六十七人，重荐者六人。"

  《钱箨石诗集》注云：乾隆丙辰诏举博学鸿词，先后举者二百六十七人，满洲五，汉军二，直隶三，奉天一，江苏七十八，安徽十九，浙江六十八，江西三十六，湖北六，湖南十三，福建十二，河南五，山东四，山西三，广东六，陕西四，四川一，云南一。"

  《词科余话》云："甲寅九月，总督上蔡程公合试全浙之士，题有《河清海宴颂》，仁和处士吴颖芳拟作极工，归安沈炳谦以后到，补试题有《九法五政论》，盖《初学记》偶俪牵合之辞，榜后试帖盛行。仁和孙之骤子骏向任庆元教谕，家居著述，其《松源经说》中亦有一论，似攻击沈君而作者，然风檐应试之作，未可与暇日獭祭者同论也。"又云："丙辰夏，大学时无锡嵇公署浙江总督复试多士，于院署有《春秋三转异同说》，余小友仁和赵一清诚夫最为详尽，竟遭斥落。"

  《沈文悫公年谱》云："雍正十三年，诏举博学鸿词，县令沈讳光曾以札币来聘，予以学术浅陋辞，文宗召往，坚命应诏。五月上谕，《颂时雨赋》、《一实万分论》、《三才万象共端倪》长律十二韵，与试三十一人，取六人，予名第三，第一孙见龙癸巳会元,第二孙天寅举人,第四倪承茂,第五吴龙见,第六朱厚章,期明年具题赴京。十三年四月,予偕同郡倪稼咸、武进吴恂士入都,定寓后日课古学,四方名流时会合,不荒正业也。八月荐举诸生,许应北闱试,予循例入场,不遇。十二月,移寓彭芝庭宫允家,苿园名廷芳来受业。乾隆元年仍日课古学,八月应北闱试,不遇。九月御试保和殿,《五六天地之中合赋》、《山鸡舞镜诗七言长律十二韵》、《黄钟万事根本论》,二场《经解》一、《史论》一。阅卷者鄂文端尔泰、张文和廷玉二相公、少宰邵基,取一等五人,二等十人,苿园侄中二等。予失写题中字,以不合格不遇,同稼咸归到家。虽失意归,歌吟啸呼,无戚戚容也。"

王砺斋《十四日儿年谱》云:"雍正乙卯,诏征博学鸿词,循康熙己未科故事也。外则直省都抚得举荐,晋抚石公以余名应。先是方伯温公观风通省,余拟卷呈送,蒙奖赏词科之荐。以此,四月离兴县任,入京候试。前己未文恭被征入选,时祖孙先后得与制科者,余与朱稻孙两人,朱则竹垞先生孙也。乾隆丙辰元年九月御试诸征士于保和殿,第一场赋诗、论各一,第二场经、史论各一,命大学时鄂、张两相国、少宰邵公基阅卷,取十五卷进呈,不得与。旧例外吏不入选,仍回原任。予以加捐主事,当在部候选。十一月归张溪。康熙己未文恭公以太常寺博士征试,列一等六名。阅六十一年,祖庚复与是科之荐,虽未入选,而得偕海内诸名宿奏艺阙廷,何其幸也!"

《刘海峰文集》云:"雍正十一年,天子有意久道人文之化,肇开博学鸿词之科,命王公巨卿暨都抚诸路州县群有司,悉心延访,萃九州之众,积四年之久,内外臣公共所推荐得二百余人,而余幸与其选。"

《词科余话》云:"前己未时四布衣名动天子,今时所举亦有布衣四人:南丰赵宁静,余未知其人,秀水张庚,西安申甫,诗皆清古可味。蒲城屈复则年近七十,尚事涂抹,如三五少年时,去古远矣。布衣之名为不耕而食者,所易托一介之士,操觚率尔,辄动圣主之旁求,其不得恕律之审矣。"

袁简斋《小仓山房集》云:"丙辰一百九十三年,试博学鸿词于保和殿下,时班中无弱冠者,诸王公都来疑年,口号以对'襕衫青入九重天,岳牧科惭员半千。末座竟陪烧尾宴,迟来犹领大官钱。时鸿博未试者俱恩给月俸。书完黄纸三钱牍,身到红尘二十年。家是南朝旧临汝,敢将才语向人传。'"

《李穆堂类稿》云:"雍正十有一年,世宗皇帝特诏开博学鸿词之科,令在京三品以上大臣,在外总督巡抚会同学臣,荐举人品端纯,学问优瞻者应试,盖自康熙己未召试距今垂六十年矣。事严典旷,中外相顾,莫敢先发。逾年,河东督臣举一人,直隶举二人,他犹莫有举者。特旨切责,诸臣观望。又逾年,大学士高安朱公举四人,而封疆大吏所举犹趑趄不前。今上登极,再诏督促。明年,上下所举士集阙下者百八十余人,天子临轩亲试之。执事者犹持严重之意,仅以十五卷上御览,盖取数既隘,视己未四之一耳,己未三取一人,而今十不能得一也。"

《随园诗话》云:"乾隆丙辰召试博学鸿词,海内荐者二百余人,至九月而试内殿者一百八十人。《山鸡舞镜诗》,刘文定公有句云'可能对语便关关',上深嘉奖,亲拔为第一，遂以编修致身宰相。二百人中年最高者万九沙先生讳经，最少者为枚。全谢山庶常作《公车征士录》以先生居首，枚署尾。己亥，枚还杭州，先生少子名福者，持先生小像索诗，余题一律，有'当年丹诏召耆英，驴尾龙头记得清'之句，诗载集中。"

《尘定轩谭粹》云："己未词科，仁和沈问平筠、上海钱越江、金甫既同中己未进士，三月召试授编修，五月复选庶吉士，是时以为荣。是科相国某特奏，凡经保举而已成进士入词林者，下□再与鸿博之试，桧门□山诸先生皆不复入试，故是举无两膺词林之选者。"

先从祖《敬堂随笔》云："乾隆元年荐举诸公到京已百余人，诏许每人月给银四两。御史吴元安奏准分二场考试：首场经、史发难，觇其抱负；越日次场诗、赋、论应制，观其辞藻，并准给烛。九月廿六日保和殿考试一百七十六员，廿八日二场。阅卷为鄂、张两相国、邵少宰基。十月初三日，奏名钦取一等五人，授编修；二等十人，由科甲出身授检讨；未中举人者，庶吉士。初五日引见，初六日授职。二年七月十一日续考方天游等二十六人，阅卷者张文和廷玉、孙文定嘉淦。中元日奏名钦取一等一名，二等三名，本日授职，诏不必引见。次年散馆，杨度汪改知县，程恂改知州，陈士璠改部主事，齐召南汉字二等十名授检讨，沈廷芳一等十名授编修，汪士锽汉字一等九名授编修，四年散馆，洪世泽二等□名授检讨，朱荃一等十一名授编修。"

戴菔塘《藤阴杂记》云："乾隆丙辰考试鸿博一百九十三人，年长万经癸未进士，年少袁枚廪生，取入翰林十五人，亦见《馆选录》。不取而后登显仕者：沈尚书德潜、王少司马会汾、裘大司空曰修、钱少宗伯载、叶庶子酉、杨学士述曾、金宗宪德瑛。曹大宗伯秀先以春榜已入翰林，不与试，全祖望撰《公车征士小录》不录，袁随园存。"

《鹤征后录》卷十二，《四库未收书辑刊》贰辑，第23册，第755~758页。

《沈归愚自订年谱》纪应征事（题拟）

沈德潜

（雍正）十二年甲寅，年六十二。三月，幼妹归罗氏。时诏举博学鸿辞，县令沈讳光曾以札币来聘，予以学术潜陋辞，文宗召往，坚命应诏。【略】。

（雍正）十三年乙卯，年六十三。【略】。八月，荐举诸生许应北闱试，予循例入场，不遇。【略】。十二月，移寓彭芝庭宫允家，松儿课其二子绍谦、绍观家。茉园名廷芳来受业。

乾隆元年丙辰，年六十四。仍日课古学。暇日，同霁堂之程子尊江寓楼阅蔡君谟书札、黄山谷书《蔺相如列传》、司马端衡、米虎儿合作山水、黄大痴《富春山居图》、梅道人《夏山欲雨图》，皆希世珍，从安氏三房借得者，所嫌主非其人，殊为可惜。八月，应北闱试，不遇。九月，御试保和殿，《五六天地之中合赋》、《山鸡舞镜诗七言长律十二韵》、《黄钟万事根本论》，二场《经解》一、《史论》一。阅卷者鄂文端尔泰、张文和廷玉二相公、少宰邵基,取一等五人,二等十人,茶园侄中二等,予失写题中字,以不合格不遇,予与稼咸归。《沈归愚自订年谱》,《北京图书馆古籍珍本丛刊》第91册,第170~174页。

刘纶应鸿词科（题拟）

汤纬堂

大学士刘文定公,武进学廪,年二十六举鸿词科,擢第一。廷试《五六天地之中合赋》,诸征士不解所出,多瞠目缩手,公独挥翰如飞。桐城张文和公故睨公卷,对众朗吟,始共得解题。诗题《山鸡舞镜》有句云:"似拟投林方戢戢,可能对语便关关。"一时传诵。时吴郡沈归愚宗伯亦以诸生赴召试,未第,俯首曰:"吾辈头颅如许,乃不如一白望后生,得不愧死。"《炙砚琐谈》,见《鹤征后录》卷一,《四库未收书辑刊》贰辑,第649页。

祖孙同应制科

徐 珂

乾隆制科之征,有祖父以康熙己未宏博起家而其孙应荐辟者三人。朱竹垞之孙曰稻华,王文恭之孙曰祖庚,施愚山之孙曰念曾。徐珂《清稗类钞》,第二册,中华书局1984年,第711页。

刘海峰制科不第

徐 珂

桐城刘海峰副贡大櫆,尝应乾隆丙辰博学宏词科。鄂文端公尔泰拟以为首选,张文和公廷玉恶其才,曰:"此吾乡之浮荡者。"因易武进刘文定公纶,海峰遂落拓终身,居京邸。其弟馆于明珠家,海峰素恶权贵,乃避居朱都统沧瀚宅,破壁颓垣,泊如也。徐珂《清稗类钞》,第二册,中华书局1984年,第712页。

刘文定为乾隆制科首选

徐 珂

刘文定以受知于尹文端公继善,首荐博学宏词。张文和喜其文颖锐,读其诗至"可能相对语关关"句,曰:"真奇才也。"擢第一,位至宰相。乾隆以前汉阁臣不以进士进者,惟文定一人。徐珂《清稗类钞》,第二册,中华书局1984年,第712~713页。

胡天游试制科不第
徐 珂

乾隆制科，礼部尚书任兰枝以胡天游荐，首相鄂文端公尔泰欲见之，不可，强聘焉。胡痘瘢著其颊，目眴转双矘，长不胜外府之裘。入，雅踞相对，问两戒形势、九乾躔度、八十一家文墨，口汨汨如倾海，鄂大惊，扬于朝曰："必用胡某，以荣馆阁。"未几，试殿上。诸人捧黄纸，加墨，而胡鼻鼽嚏不止，血涔涔下，污其卷几满。徐珂《清稗类钞》，第二册，中华书局1984年，第713页。

厉樊榭试制科不第
徐 珂

乾隆制科，浙闽总督程元章尝荐钱塘厉樊榭孝廉鹗应博学宏词科。试日，误写论在诗前，遂报罢，而年亦老矣。徐珂《清稗类钞》，第二册，中华书局1984年，第713页。

汪后来以武人被荐制科
徐 珂

乾隆丙辰制科，有以武人被荐者，为番禺汪鹿冈千戎后来。托病不出，时年逾六十矣。初，清远龙门有草寇，鹿冈尝于黑夜领步卒抵寇穴，焚烧九十九冈，诸砦悉平之，旋以母老归养。其诗学韩、孟，画兼子久仲珪之长，尝有句云："夜半诗成携稿入，营门惊道羽书来。"徐珂《清稗类钞》，第二册，中华书局1984年，第713页。

高宗优礼宏博举子
徐 珂

乾隆丙辰九月，试制科，高宗命分为二场考试，盖慎重将事之意也。二十六日为首场，试以经史二策。二十八日为次场，试以赋、排律、论三种。赋题为《五六天地之中合》，七言排律十二韵，题为《山鸡舞镜得"山"字》，论题为《黄钟为万事根本》。皆试于保和殿，并准给烛，取列之人，十月引见，授职有差，并赐《日知荟说》各一帙。丁巳七月十一日，续到补试者二十六人，亦分二场。首场亦经史二策，次场亦赋、排律、论三种，赋题为《指佞草》，七言排律为《良玉比君子得"来"字》，论题为《复见天心》，旋取列四人。

是科也，明诏既下，起讫凡四年，合内外所举，除重荐者六人外，尚有二百六十七人，亦以江浙为最多，而满洲有五，汉军有二，为康熙朝所无。

是科两次所取共十九人，亦俱授翰林院官。编修五：刘纶、潘安礼、诸锦、于振、杭世骏；检讨五：陈兆仑、刘藻、夏之蓉、周长发、程恂；庶吉士五：杨度汪、沈廷芳、汪士锽、陈士璠、齐召南。次年补试者，检讨二：万松龄、张汉；庶吉士二：朱荃、洪世泽。徐珂《清稗类钞》，第二册，中华书局1984年，第710~711页。

乾隆制科给银两
徐 珂

雍正癸丑四月，世宗诏举博学宏儒。寻崩，至乾隆丙辰，高宗举行之。二月，奉上谕："内外臣工所举博学宏词，闻已有一百余人，只因到京未齐，不便即行考试。其赴京先至者，未免旅食艰难，着从三月为始，每人月给银四两，资其膏火。在户部按名给发，考试后停止，若有现任在京食俸者，即不必支给。并行文外省，令未到之人，俱于九月以前到京。若该省无续举之人，亦即报部知之，免致久待。"徐珂《清稗类钞》，第二册，中华书局1984年，第710页。

乾隆制科试五题
徐 珂

乾隆制科试题之例，吏部议覆御史吴元安奏言："荐举博学宏词，原期得湛深经术敦崇实学之儒，始足副淹雅之称，膺著作之选。盖诗赋虽取兼长，而经史尤为根柢，若徒骈缀俪偶，推敲声律，纵有文藻可观，终觉名实未称。应如该御史所请考试博学宏词，定为两场：首场试以经解一篇，史论一篇；二场照例试以诗、赋、论三题。皆许自辰至酉，夜则准其继烛以尽其长。"疏上，如议行。徐珂《清稗类钞》，第二册，中华书局1984年，第711~712页。

陈兆仑三次通籍
徐 珂

乾隆制科，有以进士举宏博者，两次通籍，已为奇遇。钱塘陈太仆兆仑释褐，用福建知县，嗣保奏宏博，入都候试，适内阁中书阙员，试士东阁。新例：凡征士中科甲出身者，亦得与试。太仆蒙钦取一等一名，授内阁撰文中书，旋入军机处行走。明年，复入宏博之选，改官翰林，是三次通籍也。徐珂《清稗类钞》，第二册，中华书局1984年，第712页。

世宗诏举孝廉方正

徐　珂

雍正癸卯，诏举孝廉方正。先是，康熙壬寅，诏各直省每府州县卫各举孝廉方正，暂赐六品顶戴，以备召用。至是，奉旨："国家敦励风俗，首重贤良。前所颁恩诏，内有举孝廉方正一条，距今数月，未有疏闻。岂通都大邑之中，海澨山陬之远，遂无潜修砥操，克称俊乂，可应诏旨者欤？诚恐有司怠于采访，虽有端方之品，无由上达，殊负朕殷殷延揽之至意。着各直省督抚速遵前诏，确访举奏。"徐珂《清稗类钞》，第二册，中华书局1984年，第715页。

论设特科为国家自强之本

阙　名

时事多艰，强邻四逼，堂堂中国受制于海外诸邦豪杰，有志之徒未尝不引以为耻。而今之好谈当世务者辄曰："泰西诸国之所以强，由乎人材之盛；中国之所以弱，由乎人材之衰。"夫国家之强弱，视乎人材，其说诚是矣。然以我中国四万万众，而竟谓无一魁伟英杰、奇材异能之士，足以御外侮、成自强之业者，则亦过抑之语，未足以谓当也。

盖造物生人，中外一体，未必厚于外而薄于中。中与外既材力心志之无所区分，则岂西人独具巧思，而中国之人竟一无智慧哉！特在上者无以求之，斯在下者亦终淹没于岩壑耳。或谓：国家沿前明旧制，文则以制艺取士，武则以刀石弓矢为能，故聪慧之士类皆束缚于八股五言小楷之中，而不知有他学；疆场之上又不能张弓挟矢以摧敌人，而所取武士遂不足以备将帅之选。是二者所学非所用，所用非所学。二百数十年来，积习既牢不可破，而士之所学亦不能一旦骤更，恐朝廷虽有旁求俊乂之心，而无人足以应其选。

顾念近世士夫颇多留心时务，讲求实学之彦，国家苟有破格非常之举，则人材必有应运而兴者。且知上之所求，在此不在彼，则所谓文士者将尽弃其八股五言小楷之学，而从事于经济专门；所谓武士者，将尽弃其刀石弓矢之能，而留心于韬钤兵制。宽以岁月，广为搜罗，安见无志略之士，足以振兴中国而弱欧墨诸邦者？所虑衮衮诸公胶持成见，仍守其旧日之法而不知当今通变之方，则中国终无转弱为强之一日。

今贵州学政严范孙太史奏请设立专科，以收实用，经总理各国事务衙门会同礼部妥议奏覆，奉皇上俞允，降旨遵行，而兵部尚书荣大司马、兵科掌印给事中高给谏亦均有议设武备特科之奏，皇上已命军机大臣会同兵部议奏，刻尚未见奏覆，未知如何。然其造就人才，欲国之臻于自强，与严太史所奏之心一也。

太史原奏之折与荣大司马奏请参酌中外兵制设武备特科之折，均未见□钞，而总署议覆严太史之奏及高给谏议设武备特科之奏，则均由本馆驻京访事人抄寄原稿，先后录登报章，海内阅报诸君想皆寓目。查总署覆奏，分岁举、特科为二。特科则有六事：一曰内政，二曰外交，三曰理财，四曰经武，五曰格物，六曰考工。命内外大员各举所知荐送考试，以凭擢用。岁举则三岁一举，由各省学臣调取各书院、各学堂升学艺学生咨送乡试，初场试专门题，次场试时务题，三场仍试四书文，另为一榜，名曰经济正科，其礼部考试如之。而高给谏所奏请设武备特科，有"悬五事以为的"之语：一娴韬略，兼贯中法西法；二熟舆地，工测绘；三练身体，善击刺；四习洋枪洋炮及中国擅长火器，此四者缺一不可；五精制造，创新械，此则于四者之外，别为一格，或专事也。给谏所奏武科中有"娴韬略"、"熟方舆"二条，则非文不可，特武科虽悬五事，而皆系于武，非若经济特科有内政以下六事之繁，然亦非兼收兼蓄，欲人尽通六事，不过举其专长，以为录用耳。

愚尝谓爱博不专，本古人所戒，而文武两途则实不可区别。古人如关壮缪、狄武襄、岳忠武诸公皆以武名，而壮缪、武襄通《春秋》，忠武《满江红》一阙尤脍炙人口。名儒名将，稽之史策中，若小范老子之腹中有数万甲兵者，指不胜屈，彼王铁枪之仅以勇鸷称者，固未足多也。降及今日，文士皆以军旅未学为藉口，而武夫皆蠢然顽然，不能识一丁字，尚安望其能整军经武乎？自特科之设，文武兼贯，网罗海内人材，国家自强之本，其立于此乎？《申报》1898年2月12日。

恭读四月十七日上谕谨注

阙　名

经济特科之议，发端于戊戌五月。其实皇上允贵州学政严修之奏，饬总理衙门王大臣会同礼部详细核议，特予准行。其章程约以六事：一曰内政，凡考求方舆险要、邦国利病、民情风俗者隶之；二曰外交，凡考求各国政事、条约、公法、律例、章程者隶之；三曰理财，凡考求税则、矿产、农功、商务者隶之；四曰经武，凡考求行军、布阵、管驾、测量者隶之；五曰格物，凡考求中西算学、声光、化电者隶之；六曰考工，凡考求名物、象数、制造、工程者隶之。由三品以上京堂及外省督抚学政各举所知，无论已仕未仕，注明其人何所专长，出具切实考语，咨议到京，俟所保人员汇齐至百人以上，即可奏请定期考试。

朝廷破格求才，洵足超前今而式万世，一时海内望治之士咸谓：此举实足鼓舞薄海之人心，耸动外人之观听，富强之业不难由此而兴。讵意事未举行，而康梁之乱遽作，八月以前诸政令一律更张，而特科亦作为罢论。因噎废食，闻者惜之。今者皇太后、皇上慨外患之日深，内忧之日迫，因之整饬百度，咸予维新，如删例案，裁书吏，汰差役，数百年弊窦既已扫除廓清。而又以庶政之典，首在得人而理，于是特降纶旨，照博学鸿词科例，开经济特科，于本届会试前举行。其有志虑忠纯、规模宏远、学问渊通、洞达中外时事者，着各部院堂官及各省督抚学政出具考语，即行保荐，并着政务处大臣拟定考试章程，请旨办理。

圣天子孜孜求治，宇内人才幸遇圣明，宜如何各献所长，以备朝廷之采择？然尝考之博学鸿词之制，国家康熙、乾隆年间，尝两次举行，得人称盛，盖因其时海内承平日久，朝廷稽古右文，意在网罗遗逸，备承明著作之选，故荐送者无论布衣及在朝官外吏，果使文优长，皆得名登荐剡，而所试仍系诗赋诸艺，盖藉以雍容□□，润色鸿业也。今时局日艰，非康熙、乾隆之比，所谓照博学鸿词科例者，不过取专设特科之意，断不至仍从事于词章末技，以汩没夫人才，故现在章程虽未议成，大约仍不出戊午年所拟六事之外。惟当时所定考试之法，俟各省保荐人员足数，然后由总署会同礼部奏请，在保和殿试以策论，简派阅卷大臣严定去留，详拟等第，覆试后带领引见，听候擢用。

窃谓欲取真才，诚不能不由于考试，然一日之短长，实不能定毕生之才智，故愚意内外臣工之保荐经济人员者，必平日著有切实有用之书，与夫新奇合用之器，可以辅国之富强、启民之智慧者，始得保送于朝，俟廷试之时，详加考核，分别录用。若徒抄袭欧美肤浅之言，沾染康、梁嚣张之习，俨然自命为通达时务，藉以欺世而盗名，内外臣工之无识者，亦遂谬采虚声，登之荐牍，甚或怀挟私意，汲引私人，则是以朝廷求贤若渴之盛心，为若辈窃位沽名之捷径，非特于国计民生毫无裨益，且恐浮伪虚嚣之徒接踵而起，益将为乱于天下也。杜其微而防其渐，去其伪而归于真，衮衮诸公，其何以毋负圣恩，徐图为国收得人之效哉！草莽下士，窃不禁翘鹍□之矣！《申报》1901年6月7日。

恭读正月初六日上谕再谨注

阙　名

自来人才之消长，系乎国运；而国势之强弱，视乎人才。人才者，禀乎天地清淑之气，无代无之，无时无之，所谓十室之邑，必有忠信。世之叹无人才者，非真无人才也。在上者委之弃之，屈之抑之，斯人才皆遗于草野，而国遂无人才矣；在上者培之养之，选之拔之，斯人才皆置于朝庙而举国皆人才矣。

自古时设为庠序以教，教成而行乡选里举之法，言扬行举之规，而人才称极盛焉。降及后世，行制科之法，而人才皆出于文字之中。有明以八股取士，所谓人才者，更□□八股中求之。我朝沿明旧制，自小试以迄乡会，皆不外乎时文、试帖，虽有别作而终不若时文为重，惟殿试专试策问，而又以字为重，对策虽有千言，而限于程式体制，有才之士既不敢畅所欲言，而枵腹者亦只须按腔合拍，不嫌敷衍了事。于是文风日降，人才日衰。通商以来，西学日行于中国，华人无不以西学为精，中国人才之不如西人，几不可以同日而语，同年而语。

夫中国人才，岂真西人之不若哉！大抵中国文既以时文、试帖、楷书取士，武既以弓刀、箭石进身，则人才自趋于时文、试帖、楷书之中，专于弓刀、箭石之技。若以时文、试帖、楷书而论，则时文、试帖、楷书之中，不可谓无人才也；以弓刀、箭石而论，则弓刀、箭石之中以不可谓无人才也。若使至今闭关自守，文可经邦，武可定国，亦谁得谓时文、试帖、楷书之无用，弓刀、箭石之无用哉！乃自交涉以来，西人着着争先，中国步步落后，人皆以为中国人才之无济，吾以为时文、试帖、楷书之无益，弓刀、箭石之不敌，非真人才之不若也。使以时文、试帖、楷书之揣摩而用之于声光化电等学，以弓刀、箭石之精力而用之测量管驾之学，安见不驾西人而上？从而可知时文、试帖、楷书之误人才，非人才之误国也。

惟时文、试帖行之数百年，已有积重难返之势。然其于方舆险要、郡国利病、民情风俗所谓内政者，虽士人以试帖、时文为专长，其中非无博览群书之辈，膺选者不患无才；而考求各国政事、条约、公法、律例、章程，士人虽非素习，而现在译书渐多，致力者亦不乏人。惟理财中之矿产、农功，经武中之管驾、测量，格物中之声光、化电，考工中之象数、制造、工程，西人分门别类，皆出于学校之中，故无事不精，无事不备。中国人才虽秀而欲专精一事，亦非十年不可。特科以十年一举，或二十年一举，为时尚宽，士人尚无须临渴而掘井，然授受既必须西人，而课功又必须学校。现在官设者，虽有国文馆、方言馆、电报、水师、陆师、储才、师范、武备等学堂，而学生既不能过多，所谓矿产、农功、声光、化电、名物、象数、制造、工程尚无专门学校，士人恐无从课功，无从取法。若仅恃一知半解而自以为专门名家，国家何以得真才乎？

窃意圣谕皇皇，既布昭天下，京外各大员宜筹办各等学堂，奏请设立招考学生专课一事。惟官学堂在省会之区，势难遍及，所赖风气一开，各处私设者接踵而起，则风气可以渐推，而人才可以渐广。官学堂经费筹之于官，自易办理；而各处私设者每苦于经费之不支，或半途而止，或因艰于经费不能延请各教习，诸事因之苟且，人才何以奋兴？上谕各该督抚学政务将新增算学、艺学，各书院学堂切实经理，随时督饬，院长教习认真训迪，精益求精，足见宸虑周详，各疆臣自当竭力整顿，以副朝廷旁求俊乂之至意。惟各处私设之塾，恐非疆吏学政耳目所及。窃意亦宜一律整顿，其有经费不足者助之，学规废弛者变之革之，私塾之设所以补官学堂之不及，若仅恃官设之塾，亦安能家喻而户晓耶？芻荛之意，不禁于当轴□三致意焉。《申报》1898年2月3日。

论再开经济特科事

阙　名

或曰：经济特科，曷为而再开乎？曰：朝廷慨时局之阽危，知非得学问淹通、洞达中外时事之彦，不足以图自强，故为此以求济士奇杰也。然则经济特科果足以延揽人才，为强国之本，曷为戊戌之春，皇上已下诏举行，旋又罢之，岂尔时朝廷竟不欲国之日臻强盛乎？曰：尔时以康、梁之乱，皇太后恶其心术不端，谋为不轨，借言变法，煲惑圣聪，故将皇上所行新法一律罢之也。或又曰：皇上之初令开经济特科也，允贵族学政严修之奏，非出自康、梁所请，何以恶康、梁而并恶严修，致将极善极美之政，亦废弃不行乎？曰：是时，皇上力图自强，变法太骤，皇太后又惑于谬妄庸臣之说，以致宫廷之内意见参商，故于训政而后取，皇上所行新政，一变而仍归于旧，此所谓惩羹吹齑，因噎废食，必谓皇太后独恶新政。平心而论，恐不如是，惟是中于奸佞之谗言，而又出之以意气，此则千载而下终不能为慈闱讳者也。今者懿旨又开经济特科，且明言母子一心，以见宫闱中，洩洩融融，非复如前之各挟一见，乘气召戾。和气致祥，家国之间，理原一辙。自此以后，将见深宫之慈孝两全，内外之纪纲悉举，和衷共济，咸与维新，又何患其不实见诸施行，而致有如戊戌之事哉！

虽然破格以求贤才者，朝廷望治之深心也；而储才以佐治理者，又豪杰救时之素愿也。乃今之所谓人才者，何如乎？或则擅长训诂，雅善词章，经籍非不湛深，才华非不富有，问以廿四史而口若澜翻，叩以十三经而旁通注疏；甚至偶作一启，则诘屈聱牙，阅者不能句读；偶为一书，则连篇古体，见者瞠目不知，日抱兔园之册，自称旧学甘盘。又或略窥翻译诸书，摭拾时务中语，发为论说，编纂成书，自命为淹贯中西，当今俊杰，甚至设笔即"起点"、"摄力"诸语，以为是即格致之通才，满纸"民权"、"自主"狂谈，以为是即西政之要术，大言诋骂，实际毫无。纵观海内俊髦，云蒸霞蔚，然要不外此二等。

此二等者，又力事倾轧，互相诋排，非特两不能容，必致交相为害，岂朝廷侧席求贤之意，竟欲假手于若辈，以期宏济艰难乎？抑将舍后一说，以存老成之典型；舍前一说，以示趋时之习尚乎？夫由前之说，则所谓人才者，胶柱鼓瑟，迂执鲜通，固至愚极陋之蠢人也，乌足以为人才；由后之说，则叫嚣戾张，盗名欺世，固无赖阴险之小人也，又乌足以为人才？然则懿旨谓"天下之广，何患无才"；愚则谓，天下虽广，正患无才，不知济济群彦，果有何真才实学，足以拨乱而反之正，挽弱而使之强，副国家孜孜求治之意？而内外臣工又将何所采择，登之荐剡，以自免于负恩失职，而为国收得人之效耶？《申报》1902年6月12日。

论经济

经济非可以言见者也，内而修明政事，绥和民人，外而辑睦邦交，销弭边患，从容坐理，措国家于磐石泰山之安，不幸时际艰危，疆场多故，亦必能辅艰定险，以人力而挽天心。其为学也，宗旨既极纯正，而又济以高远之识见，恢张之瞻略，镇静之心思，故能或经或权，可常可变，呜呼！以是而言经济，岂纸上空谈者所能袭取哉！

伊古以来，如文苑，如儒林，史家记载皆能采取其人一二撰述，别为传，以表著之，独于经世安民之略，旋乾转坤之才，则不能特标一题，谓某也可当此选，诚以经济二字与勋业相表见。唐虞之皋陶、稷契，汉之萧、曹、魏、邴，唐之姚、宋、房、杜，宋之韩、范、富、欧，其功之彪炳旂常，名之昭垂竹帛者，无一不由经济二来。即其余之宰一郡，治一邑，亦必抱有匡时之略，始能安氓庶而臻治平。

然则经济非勋业不能见，勋业非经济不能成，此其间固有难以强分者。今者朝廷以经济之才不易得，为之开设特科，各省大吏既已各举所知登之荐牍矣，又恐未能核实，爰为征集京师，命题考试，计取一等四十八人，二等七十九人，其如何录用之法，刻虽未知，大率必甚优异。夫以十八行省之大，四百余兆人之众，其能握管作论策者，诚不知其何限，而乃合已仕未仕得膺保荐者，只此三百余人，其保而未与试，试而未得取者，又不止去其大半，幸得列于一二等者，不过此一百二十七人，诚哉景星庆云，旷世而始获一见矣！虽然，果能名副其实否耶？谓若辈皆徒盗虚声，将来断不能见长于经世，仆固断不敢为此苛言，惟以经济之名之重而谓，即此一论一策已足以见真才，则无论唐虞之皋陶、稷契，汉之萧、曹、魏、邴，唐之姚、宋、房、杜，宋之韩、范、富、欧，与今日之特科人才，果奚若？即近来中兴名臣如曾、胡诸公，使其于风檐寸晷中握笔为文，未知究能胜于托空言以炫世者否？

嗟乎！经济、文章固难偏废，然有经济而文章始足重，非必能文章而经济即是称。若今之特设专科，按图索骥，且曰某也为一等之经济，某也为二等之经济，吾不解阅卷诸公果操何神术，而能于寥寥两艺中定人经济之优劣哉！或曰：经济特科之设，即仿从前之博学鸿词科，鸿博科于本朝康熙、乾隆两次举行，得人称极盛，此次国家因人才消乏，踵而行之，焉见不能与曩时媲美？不知原设鸿博科之意，只取文章尔雅、经术湛深者，藉以润色鸿业，黼黻升平，故即以文字第其等差，已足见国家稽古右文之意。若兹之特科所重在经济耳，事虽相同而意则迥别，安可与之相提并论哉！

嗟乎！经济非可以言见者也。经济而可以言见，宜乎《经济文府》《经济策论》《经济文三万选》《经济文十万选》之类，充塞于都市之中，与试者不惜重资相率购为枕中之秘也。名实不符，贤者所耻。吾愿今之应经济特科者，顾名以思焉；吾尤愿今之由经济科而进身者，循名以核焉。《申报》1903年7月24日。

条陈特科

阙　名

某御史顷拟条陈，论经济特科事：因现在在京各大臣所保人员，多系部曹京官而举，贡生监以及布衣寥寥无几，折中略请特科之设，原为求取真才，实为拔遗才也。如有平时潜心古今政事，留心中外时务，或久困场屋，或家道寒苦，欲展经济而未得路者，朝廷特取之以为应事计，非为专考京官也。况既已服官，无论何署，均自有可见经济之处，岂必俟一考哉！拟请将所有列保之京官，照翰、詹大考之例，其优等者予以不次超擢，其不取者，不仅处分原保大臣，即将该员严议，其学贡等不在此例。为是严定章程，庶可有裨实用云。《新民丛报》第26号。

详记考试特科事

阙　名

此次经济特科，太后本徇张之洞之请，概许从宽取录，俾多士欢忻鼓舞，以收得人之数,比至覆试阅卷之日。《新民丛报》第26号。

《大公报》记特科事（录四十三则）

阙 名

一

探闻徐东甫大司马近日保荐经济特科共六人,除李郎中、钟豫业已登报外,尚有桂太史坫、张郎中瑞荫、唐郎中浩镇、成主事沂、张主事百城。

传闻各部院堂官均拟于司员中选择数员以保荐经济特科云。《大公报》1903年1月16日"时事要闻"。

二

十一月某邸于召见时面陈特科滥保一事,略谓：国家当时局阽危之际,需才孔殷,特仿博学鸿词之例,开经济特科破格求才,以期力挽颓局,诚谓法良美意。乃近日京外大员所保人员,虽不无一二可用之才,然多半皆不免夤缘而来,甚如某某因纳贿而亦列入荐牍。日前又有某员拟将中国华字报馆主事人等亦保荐特科,似此滥报不但不能得人才,反足为小人倖进之阶。拟请旨收回成命,仍由京外各大学堂选其优等者,由该学堂大臣咨送来京朝考,倘才堪重任者,立即擢用,如一无所长者,其原保入坐,以滥保欺君之规条。一可以节国帑,二可以杜小人倖进。上意尚在尔,可大约俟荣相销假后再议行止也。

探闻陆风石总宪保举经济特科数人,以前贵州学政傅雨农、太史增淯为首,乔茂萱、比部树枏次之,又户部主事蔡镇藩、内阁中书马谡年,亦经某大臣保奏特科。1903年1月13日"时事要闻"。

三

四川奎师前于九月保荐经济特科四川酉阳县举人王大章一名,王现已到京,寓城南保安寺,即补登。1903年1月22日"时事要闻"。

四

经济特科除实缺道员外,余均可以保送考试。现在实缺外官之列保者,颇不乏人,此项人员若请咨应试,即须开去底缺,以杜取巧之弊。1903年2月4日"时事要闻"。

五

探录署两江总督张香涛保奏保经济特科三十员名单：编修缪荃荪，修撰张謇，户部郎中刘奉璋，候选郎中李维格，内阁中书曹元忠，内阁中书徐振清，山西宁远厅通判吴廷燮，候选同知张纶焕，候选通判王季烈，江浦训导陈庆年，拔贡华世芳，理问职衔贾文治，江苏候补道蒯光典，编修刘廷深，编修沈曾桐，庶吉士陈骧，刑部主事孙诒让，刑部主事李希圣，刑部主事华学涑，光禄寺署正罗振玉，候选道魏翁，安徽通判职衔罗照沧，通判知县汤金铸。

又录孙燮臣相国奏保经济特科十一员名单：江西候补道江峰青，江西石城县王宾基，翰林院编修曹福元、夏孙桐、李传元、李家驹、吴荫培，内阁中书方燕庚，户部郎中王宗基，国子监监丞刘德馨，分省直隶州刘体仁。

又闻兵部左侍郎李昭炜奏保经济特科人员：江西候补道江峰青，安徽知县方永畇，其余未详。1903年2月17日"时事要闻"。

六

经济特科尚无期考试，已纷纷有在刻字铺刻匾者，上书"经济特科"字样，闻系仿照昔日博学鸿词之例，虽不取，亦可悬匾额云。1903年4月24日"时事要闻"。

七

各省以经济特科被荐到京者，已百数十人，而考期至今尚未奏定。闻某大军机一人从中阻拦，谓此举实开倖进之门，政府之意已决计停考，将来拟酌量给奖，以被荐之多寡为优劣云。1903年5月21日"事实要闻"。

八

探闻政务处云，此次特科在颐和园考试，然尚未定期，报到者有一百六十人。1903年5月27日"事实要闻"。

九

探闻政务处知照礼部云，现在东方多事，所有来京应特科者，均可暂缓云云。1903年5月28日"事实要闻"。

十

探闻经济特科现至政务处投到者将及百员，惟各部曹及词林诸公俱观望不前，日内政府拟一通融办理之法。凡已保各员不必定俟原保大臣咨文，就近取各同乡□印结，直可投考。并闻取一等者，奖饬典礼，尤为优渥云。1903年5月21日"事实要闻"。

十一

传闻政府诸公近与张香帅商议经济特科考试时究竟如何取法。据香帅云，于殿上试策、论二篇，大约凡与考者人人优为之，欲凭此而见其经济，亦大难事。不如取定后，令其自以一门，以派为大学堂分教习，数月之后，自可见其实际，然后定其高下，优予出身，此敷奏以言、明试以功之意也。闻政府诸公皆韪其论，拟再加商酌，即请旨照此办理云。1903年6月7日"事实要闻"。

十二

此次经济特科，闻皇太后决意命张香帅留京阅卷云。《大公报》1903年6月19日"事实要闻"。

十三

北京官场传言，日前有人向政务处某员探问特科试事。据云，此次特科当三月间时，本有罢而不举之意。嗣因既奉明诏举行，若竟罢废，又非政体，惟以人数太多，将来无从位置。近日政府之意拟考取后赏给编、检、中书各衔，庶不至开躁进之风，亦不至有乖朝廷求才之本意。日下保荐各员无甚好处，故多不愿应考者，此投到者不踊跃之原因也。至考期则俟殿试一切考试完毕后，即当请旨云。1903年6月20日"事实要闻"。

十四

官场传言，此次刑部人员所保送经济特科者，以王君步衡最称无负所学。王君日前特谕本司书吏毋庸备问咨送，经戚友多方怂恿，坚不肯应考，可谓高尚其志云。

又闻特科考期临迩，与考诸公均寻觅静室，勤习楷法，闻尤以某中丞幕府某君为最专，每日必写五千字以上，相识皆以科元相期。中国经济人才，即此可见一斑。1903年6月23日"事实要闻"。

十五

本月十六日在保和殿考试经济特科,已志本报。兹悉是日黎民在中左门听候点名。现在吏部定于本月初日投纳试卷,限至十三日截止。《大公报》1903年6月30日"事实要闻"。

十六

传闻经济特科现经政府议定,取额极窄,刻下已经投到人员,皆有不愿应考者矣,至词林部曹各员,则大半皆不应试,盖因政府于此举甚不重视云。1903年7月2日"事实要闻"。

十七

此次特科考官虽曾保荐,有人亦可简派。
闻京师大学堂内所有被保荐经济特科人员,除魏蕃士及某君外,余皆不应考。1903年7月4日"事实要闻"。

十八

传闻有某大员面奏,此次所保经济特科人员,其中可取者固属有人,然大率以夤缘得保者多,其以虚声而列保者亦不少,甚至有蝇营苟苟、素不为人所齿者,亦得名列荐剡,究竟经济何在,其弊较之科举为尤甚!故束身自好及志趣稍高者,多不愿应考,请于考试时严加甄别,以塞倖进之路云云。皇太后闻之,颇以为然云。1903年7月5日"事实要闻"。

十九

此次所保之经济特科三百余名,到京者不下二百名,赴政务处、吏部报到者仅一百三十名,将来录取四十名,授职考试时,优加赏赐点心等,已谕房备办矣。1903年7月7日"事实要闻"。

二十

探闻大学堂曾列保特科之教习、总办、提调等,均于日内呈请病假,不肯赴考,其高尚之志亦可见矣。1903年7月7日"中外近事"之"纷纷请假"。

二一

《礼部奏举行经济特科酌拟考试事宜折》。礼部谨奏：为举行经济特科，酌拟考试事宜，恭折仰祈圣鉴事。五月二十日奉上谕，经济特科保荐人员着于闰五月十六日在保和殿考试，钦此。并据政务处抄录两次原奏，先后知照到部。查考试经济特科，本系国家旷典，既经政务处奏，交臣部办理，臣等详绎原奏各条，已属提纲揭要，惟查照殿廷考试之例，一切事宜尚有应行参酌办理者，谨分拟条款，缮具清单，恭请钦定。伏候命下，臣部敬谨遵办。谨奏，请旨。

再查殿试旧章，由读卷大臣密拟策问，进呈钦定，今考试经济特科，经政务处奏明，论策各题均请钦命，所以正场题目是否照寻常殿试考试，由监试王大臣届期宣示，抑或照贡士殿试例，先期由阅卷大臣密拟进呈，钦定之后谨附片请旨。

谨将考试经济特科条款，缮具清单，恭呈御览。

一、殿试读卷大臣向例先期奏派，于文华殿住宿，阅卷两日。今经济特科与寻常考试不同，所有阅卷大臣拟请亦在文华殿住宿，俾得从容校阅，亦昭详慎。

二、殿试旧章向派监试御史四员受卷目，弥封六员，收掌四员。今考试经济特科卷数较少，除监试御史仍照例奏派外，所有受卷、弥封、收掌等官拟请各减二员，以归简易。

三、殿试读卷向由进士出身之大学士以下、副都御史以上开单奏派。又道光十五年奉旨阅卷、读卷大臣，除本身例应回避者，仍照例回避外，其本科正副总裁知贡举均着一体开列，钦此。今考试经济特科各部院由进士出身例派阅卷者，均多保荐人员，若概令回避，诚恐不敷奏派，拟请遵照道光十五年谕旨，一体咨取开列。

四、考试经济特科试卷，前经奏准，照乡、会试覆试，卷式酌增页数。查乡、会试覆试卷纸实过于薄脆，今拟用白折纸，刷印横真红格，酌定十六页，每页十二行，每行二十字，卷页加增，卷纸亦厚，俾不致屈抑长才，其卷首应留空白页，以便弥封。

五、经济特科正场既经奉旨于本月十六日考试，臣等酌度阅卷进呈、拆封期限，拟将正场录取人员于本月二十五日以前恭请钦定。一日覆试，其覆试场奏派阅卷大臣暨阅卷处所，均拟照乡、会试覆试之例办理。

六、殿试旧章，读卷、执事等官每日供给，由光禄寺预备。今考试经济特科，既拟请在文华殿阅卷，所有供给自应援照办理。1903年7月8日"要折照录"。

二二

此次考试特科，外间传闻某某十五人已定在必取之列，并闻此次定额约取二十名。一等人数甚少，仅二三人而已。

探闻某侍御条陈考试特科，所有原保大臣例应回避，其试卷亦应照考试章程一律弥封，以杜流弊而拔真才。闻皇太后并不以此事为重，所条陈者作为罢论，留中未发云。又闻上意今有不举行之意，因张香帅办请并面奏云"此事中外注目，若半途辄止，贻笑外人，不过录取以严，授职不必甚优"云云。1903年7月9日"事实要闻"。

二三

探闻政务处奏定经济特科授职章程云：取列一等者授实官，二等者优予出身，三等者照原班推选，如无实官，仅给职衔云云。

又闻政务处奏此次特科并不发榜，取者按名传训，斟酌录用，未知如何奉旨耳。1903年7月10日"事实要闻"。

二四

闻保荐经济特科李君某于日前在扬州馆内悬挂经济特科匾额。当此未考之时，似已有操券而得之势，一时皆目为创举云。1903年7月10日"中外近事"之"未考悬匾"。

二五

礼部奏请经济特科阅卷大臣，派出张之洞、徐会沣、张英麟、熙英、戴鸿慈、李昭炜、张仁辅。1903年7月11日"官门邸报"。

二七

日前政务处数次会拟特科授职单，以便进呈，请旨办理。乃所议均不能妥洽，闻刻仅将出身一条拟定，其候补道及实缺人员之升阶，尚未议定云。

十五考试经济特科已志本报，兹将是日题目照录如下：《〈大戴礼〉"保保其身体，傅傅之德义，师导之教训"，与近世各国学校德育、体育、教育同义论》、《汉武帝造白金为币，分为三品，当钱多少，各有定直，其后白金渐贱，制亦屡更，竟未通行，宜用何术整齐之策》。1903年7月13日"事实要闻"。

二八

传闻管学大臣此次请假，系不愿阅看经济特科卷，一为避嫌，一为恐招物议云。1903年7月13日"时事要闻"。

自庚子乱后，无论何项考试均明目张胆，冒名枪替，至于考差亦有代书试卷者，司谏者并不加劲。其尤可异者，日前考试经济特科亦竟有入殿枪替者，至三四人之多，其视王章之无足重轻，有言责之人尚仍默而不言乎？1903年7月13日"中外近事"之"枪手何多"。

二九

日前考试特科有某某二君不明题目体育、智育、德育为何义，遍询同考诸公，始敷衍完篇。

又，是日黎明齐集于左门伺候听点六钟，点八钟出题。

又，与考者共一百九十三人，将来录取后由政务处知照礼部，传到演礼，定期引见。考试科目之日，天气极热，与试者在殿上多有将大衣脱去，仅余汗褂者，且翻阅书籍，监试者亦不过问。

十六日凡曾经保特科而与考者，是日多在城外各处请客，俾众知其高尚云。1903年7月14日"中外近事"之"特科条闻"。

三〇

此次考试经济特科，本为初创，所有阅卷大臣每人仅分二十本，至十八日晚间始订甲乙，十九午后四钟始由政务处交礼部探悉，共分两等，一等取四十五名，两艺皆作满卷，二等七十余名，稍逊之。一等第一名为梁士诒编修，广东三水县人，为徐颂阁尚书所保，其余名次容访明登补。1903年7月15日"中外近事"。

三一

此次开列经济特科阅卷大臣名单时，应派各员均纷纷请假，故单上仅有八人进呈，后钦命将胡云楣侍郎撤去，添派张香帅。

又闻张香帅派充阅卷大臣，庆邸谓之曰"香翁学问为中外所钦佩，此次务必格外分心"云云，盖将弃取之权，归重于香帅也。

经济特科取列一二等者，于二十五日覆试。1903年7月16日"事实要闻"。

三二

闰五月二十一日奉上谕，考试经济特科取列一等之梁士诒等四十八名，二等之桂坫等七十九名，着于本月二十七日在保和殿覆试。钦此。1903年7月17日"上谕恭录"。

三三

北京官场传言,此次特科取列一等者均授实官。又闻取列二等者无优奖,仅赏虚衔。又闻此次特科考试因某卿史之条奏,仍弥封试卷。又覆试等第尚有更动。1903年7月18日"事实要闻"。

三四

传闻此次进呈经济特科卷子,皇太后并亲自抽阅十余本,召见张香帅时,甚赞所取之卷皆好,当赐阅卷诸大臣在内筵宴云。

此次特科阅卷第一日,由各总裁当堂分阅,次日将所有诸卷全送至张香帅处一人总校,并定名次,至下午二点钟始毕。

又闻此次特科阅卷,工部并未预备桌椅,裕尚书大怒后,由礼部向他处代借,始行免参云。

又闻备列之五十余卷,本拟列榜,因政府曰既不覆试,似可不必,故只发一二等之榜云。

又闻特科覆试,尚欲大加淘汰,拟分为三等,列一等者,从优录用云。

特科原拟秦君树声第一,张香帅因其为骈体文字,故稍降数名。

取入备列之某君,闻曾邀某阅卷大臣取列一等,张香帅因其卷中有"卢梭"二字,黜之,批中有"奈何"字样。出榜后,某君自吟曰:"博得南皮唤奈何,不该考试用'卢梭'"云云,盖香帅以卢梭主张民权,故深忌之。1903年7月19日"事实要闻"。

三五

探闻此次特科覆试毕,须由原保大臣再行出具切实考语奏保,然后详细查其平素有无与报馆及会党通消息,始能授职云。1903年7月22日"事实要闻"。

三六

经济特科覆试,其论题为《〈周礼〉农工商诸政各有专官》,论策题甚长,系言各项租税事。1903年7月23日"事实要闻"。

三七

闻经济特科此次覆试,其名次无甚更动。1903年7月24"时事要闻"。

三八

策题补录：经济特科覆试论题已登昨报，兹将策题补录如下："桓宽言外国之物内流而利不外泄，则国用民给，今欲异物内流而利不外泄，其道何由策？" 1903年7月24日"中外近事"。

三九

传闻经济特科所取一等第一之梁士诒，皇太后曾问军机处云："此人姓梁，又系广东人，不知是否梁启超一族之人？"军机因皇太有此问，故拟将特科所取人员详细考察，是否有会党中人云。

又闻经济特科覆试出榜后，先行带领引见，然后降旨，分别录用。1903年7月25日"时事要闻"。

四十

闰五月二十九日，所有考取特科人员，取具同乡京官印结呈进履历于礼部衙门。闻此次印结，视为甚重云。

特科覆试一等仅取十名，二等二十名，以昭慎重云。

特科覆试阅卷大臣闰五月二十八日晚间即将各卷阅毕，因送军机处覆阅，故揭晓稍迟时日。闻于初一日揭晓。1903年7月26日"时事要闻"。

四一

六月初二日，奉上谕，此次经济特科覆试取列一等之袁嘉谷、张一麐、方履中、陶炯照、徐沅、胡玉缙、秦锡镇、俞陛云、袁励准，二等之张善征、罗良鉴、秦树声、魏家骅、吴钟善、钱镕、萧应椿、梁焕奎、蔡宝善、张孝谦、端绪、麦鸿钧、许岳钟、张通谟、杨道霖、张祖廉、吴烈、陈曾寿，着于本月初十日带领引见，钦此。1903年7月27日"上谕恭录"。

四二

昨报纪特科覆试，一等只取十人，二等只取二十人，乃实则一等仅取九人，二等仅取十八人，所取备人名已见上谕，不复赘登。1903年7月27日"中外近事"。

四三

日前，某大臣面奏此次特科一等第一人之梁士诒系广东人，杨度系湖南人，其他或在扬子江一带，难保其不与会党通气。故此次覆试，经皇太后亲自阅卷，广东仅取一名，两湖仅取五名，江苏仅取四名，浙江仅取三名。1903年7月28日"时事要闻"。

特科纪事
吕佩芬

光绪癸卯年闰五月十日，翰林院传单，以明日廷试经济特科诸人，仿殿试之例，奏派收掌、受卷、弥封等官，奉硃笔圈出李士鉁、吕佩芬为收掌官，明日午后即须入内将事云。

十六日晨起，检理行李什物。午初饭毕，将往约李嗣香同年（士鉁，丁丑、庚辰，现官侍讲）偕行入内。未登车，而嗣香忽至，少坐遂行，入东华门，西行入一小门，过传心殿，前又入一门，至文华殿，绕殿廊而北，至主敬殿，则监试御史四（王振声、梁文粲、联豫奇、成额）已先在焉。监试居殿陛之东，余等居其西殿，内空诸所有，但就殿试之上布席设坐。已而有人来支板为床，去地一尺，又取小几以为食案而已。王劭农（振声）以明晨召见，辞赴颐和园。余以长昼无事，就榻卧息。及觉，则光禄寺已备晚餐，而至六盘、六簋，虽非盛美，聊可充饥。毕，因与嗣香出外散步，至中左门，则应试者尚未尽场，然时已日下，而出者亦络绎不绝矣。受卷官二人（宝熙、王荣商）、弥封官四人（于齐庆、管廷鹗、陈伯陶、洪汝源）均集中左门与之立谈，片刻遂返。行至文华殿前，适遇阅卷大臣八人（张之洞、裕德、徐会沣、张英麟、戴鸿慈、李昭炜、张仁黼、熙瑛）同在庭中，将欲晚膳。余咸揖之，因与香涛、劭予、菊彭略谈数语，即辞而归。

亥初，礼吏来言，试卷弥封已毕，请余等二人至中左门验收。余与嗣香衣冠而往（监试者不往），弥封官将试卷排列案上，余等一一点数，由礼吏收入卷箱，共一百八十六卷，卷凡十五开。据安甫云，满卷者有五、六人，余等亦无暇详阅，悉纳入箱加锁，取匙而行，礼吏二人舁箱随之。还至主敬殿，置卷箱于卧侧。余欲启视，以热甚不耐烦而止，因与嗣香、梁质生（文粲，山东甲午翰林）剪烛间话，丑刻始息。

质生尝馆于崇文山尚书（绮）家中，言崇公家法甚严，其子效先嗣公（葆初）有过辄罚，令长跪而数责之，或令自批其颊，虽效先年逾四十，不敢违也。崇公尤痛恶西法，外洋器物，不许入门。质生尝于友人处取卷烟纸匣一枚置之案上，逾日失去。已而座师长萃使人召之，及往，长责其喜用洋货，质生力辩其无，长乃出烟匣诘之，曰："何得吸此？"质生曰："特取空匣以贮钞票，非吸其烟也。"诘之再三，质生至指天自誓，乃已。盖崇公为长萃座师，质生为长萃所荐者，崇公特取烟匣畀长萃，是诘之也。

十七日卯初即起，礼吏来，舁卷箱至文华殿中，余等与监试三人随之而往。已而阅卷八人咸集殿上，乃于殿陛之东列几案，凡八分，前后两行，皆西向，以次序坐。余等乃启卷箱取卷，分为八行，依次递加，周而复始，加至卷尽而止。首二座各分卷廿四，余皆廿三。分卷既毕，命礼吏依序送往阅卷者案上，余等遂退。

特科之题，论、策各一道：《〈大戴礼〉"保，保其身体；傅，傅之德义；师，导之教训"，与近世各国学校德育、体育、教育同义论》；《汉武帝造白金为币，分为三品，当钱多少，各有定直，其后白金渐贱，制亦屡更，竟未通行，宜用何术整齐之策》。论策皆用香涛所拟者。闻此次阅卷，满汉皆不愿列名，多有请假者，故礼部奏派阅卷大臣，仅得八人之数。八人中，尚有胡云楣侍郎（燏棻），而香涛以外，职不与焉。上乃舍云楣而用香涛，且居首座。众以香涛为特简之人而闻望素隆，科分最早，遂遇事退让，莫敢先之。而香涛自任不疑，竟无一毫谦逊之色。如拟题之事，向由八人分拟，而香涛自出拟题十道，众皆称善，择取八道进呈，而香涛亦不复问众之所拟者为何题，众亦遂隐之而不出以相示也。

及至酉正，阅卷毕，菊彭过谈，言众人所阅之卷，略分三等，未敢擅定弃取，悉请香涛覆阅，总而裁之。众以其意语香涛，香涛领之，殊无逊词。菊彭语毕，颇有不平之色焉。礼吏来请收卷，余等仍与监试偕往，阅卷者各将其卷，用纸封固，识以画押。举毕，余等纳入卷箱，加锁舁还，于是遂散。今晨分卷，以制科大典咸服朴珠，及晚收卷则免褂矣。梁质生今患腹泻，困卧竟日，及夜稍愈，仍与余等谈至丑刻，然后就寝。早晚两餐，均由光禄寺供给如昨。

十八日卯正，移卷箱上殿，分送诸大臣覆阅，余等遂退。诸大臣自香涛外，各将取列一等之卷，略加评骘，以小纸书之，以便香涛覆勘，盖俨然视香涛为总裁官，而自居于房考之列也。巳初，香涛始覆勘七人之卷，绝不徇同官之情，于其原定等第，时有升降，惟裕寿田尝宣言于众，自谓其弃取悉当断无可易者。而香涛于其落卷之中拔取一卷，至之前列，寿田犹以"某句未适"、"某字有疵"言之，香涛笑曰："此卷极佳，小疵何足掩其大醇哉！"既拔之，寿田大惭。（闻之劭予所言）菊彭独言："世皆訾謷，满人不通文字，吾为满人而齿，位又最后，今得覆勘而定之，则无论其当否，吾幸无责焉。"酉初，香涛覆勘始毕，拟定一等四十八名，二等七十九名，备取五十九名，首二名皆满卷，悉出劭予之手。惟李理臣之首卷乃列之一等十七名，其意甚鞅鞅而又不敢争也。余等闻名第既定，复上殿监视，礼吏用黄纸包封试卷，分作六束，又用油纸裹之，加以夹板。既毕，寿田命召礼部司员存厚至，将试卷六封及折片一盒，一一点交清讫，余等乃辞诸大臣而出，已夕阳西下矣。

劭予言，奉命之日，有旨分别弃取，而又未明定章程，但由阅卷者自行酌夺，众咸难之，因是商榷数四，始议定一等、二等备取诸名目。一等、二等听上施恩录用，备取者若系官员则加一级，举员则送大学堂肄业，生监则送国子监肄业，既可慰远来赴试者之心，又可全原保大臣之颜面云云。余闻其说，甚不谓然。夫文章、经济，截然两途，凭文取士已不足以得人，况取至百二十余人之众，其冒滥又已甚矣，而犹虑备取之招怨人也，复欲加小惠以安之，岂为国抡才之道哉！

主敬殿在文华殿后，有甬道相接，不过数武，殿后为文渊阁，碧瓦玲珑，青松茂密，有门通之，惜加扃镝，不许擅开，但隔墙一瞻仰而已。文华殿之前有两配殿，东曰本仁，西曰集义，皆深闭不得入。文华殿凡三楹，为列圣御经筵之所，正中有一联云："逊修学懋敦时敏，庄敬功深裕日强。"御座后倚丹屏，屏中正中镌诗一章，两旁镌一联云："讵求饰其貌，还因尊所闻。"皆纯庙御笔也。又有直幅六，横幅二（原有三幅，失去其一），各题七律一首，皆成庙御经筵时之御笔也。余等寝息其中三日两夜，早晚两餐均由光禄寺供之，如须他物，或取之家中，或购之市上，均可随时自便，非若棘闱之有关防也，茶水有人预备，临行，但赏钱四千而已。《湘韶日记》，民国二十六年北平北江旧庐铅印本。

《陈石遗先生年谱》纪特科事

陈声暨等

玄默摄提格，四十七岁，在武昌。

【略】十月，广雅在两江任，奏保经济特科人才，饬知及咨文至家君，考语有"学富，长于中外古今政治利病，皆能持之有故，言之成理"云云。漕督陈夔龙亦奏保家君特科人才。【略】

昭阳单阏，四十八岁，在武昌，洎游淮北，入都，归里。

【略】闰五月，至都谒广雅。旧例见举主皆用门生帖子，家君以为论辈行、品学，广雅均可为师，惟因荐举而称门生则鄙矣，遂不用门生帖子。广雅始亦不乐，后释然。某日到部投咨文，填写履历，家君本应写议叙知县，因闻知县当以道府用，不愿为外官，只是举人。某日廷试于保殿，特派广雅及某某尚侍六人为阅卷大臣，入直华殿，专命广雅命题。后闻某尚书说，广雅意中以当时急务莫如财政、教育，研究财政者莫如家君，研究学务者莫如黄陂陈毅，故首题论"《大戴礼》师、保、傅之职与今日德育、智育、体育异同若何"；次题略问"汉武帝用金三品铸币，与今日各国货币制度利病异同如何"。特命诸大臣阅卷，定去取高下，后归广雅总其成。前清朝殿阅卷大臣照宪纲为次第，则广雅外官应居末座，此次孝钦太后特重广雅学问、辈行，使居首座。广雅以自取第一卷抑置第三，拔他人所取梁士诒卷置第一，杨度卷至第二。于是相传梁字似家君，第二篇对策冠场，杨字似陈毅，第一篇论冠场，故特为移动。通场共取八十名。岂知试日家君论顶格写违式，卷束不阅也。（旧格式，论顶格写，自乡、会试首场改八股为论，新式低二格写，与策同，家君久不试礼部，不知也。是日，同试者见之，皆不以告，惟陈绎如丈寿彭言之，家君尚与争论，已写两叶矣。）揭晓日，拆弥封，广雅见无家君名，大骇，询诸陈玉苍尚书，陈告以违式卷不送阅事。广雅嚄唶曰："经济人才而用考试，已不合矣，尚要论格式乎？鄙人殿试即以不合旧格式置第三，今尚将卷束起乎？可叹，可叹！"初，广雅甚重视此科，奏陈东朝优者当破格用，继有进谗言以取悦者，谓此辈皆小有才而心存叵测，宜严格淘汰，最优者予以一级升迁。于是广雅滋不悦，覆试将已取者痛行黜落，八十名仅留二十七名，于是第一名袁嘉谷（嘉谷，字树五，云南人，后入学部，官至浙江提学使），本庶吉士，仅免散馆，授编修，举人仅予知县矣。家君归，告家人云："吾平生所遭每同塞翁失马，即如此次应征，以徇广雅之期望，勉强就试，试而不取，不可谓非辱，幸违式不阅，非战之罪矣。设不幸而取，又用知县，则吾所固有而不为者也，岂不冤哉！"【略】。陈声暨编，王真续编，叶长青订《侯官陈石遗先生年谱》，1933年刊本。

《朱征君年谱》纪特科事

周　云

光绪二十八年壬寅，三十五岁，随寓历城。

【略】是年，诏开经济特科，太傅陆文端公（名润庠，元和状元，官至太傅、大学士，及清逊位，仍为师傅，卒谥文端。）、太保张公（名英麟，历城进士，官至总宪，官太保）胪其学行、著述、文章论荐，由郡丞应马周阳城之召焉。（按，陆公奏曰："朱某才识兼裕，熟于掌故，讲求实际，著述甚宏，且存心忠爱，励学渊通，为臣所素知，足备制科之选。"张公奏曰："朱某颖悟性成，敦品力学，心术端正，有本有文，堪备登进之用。"）

作《风帆北上图》（按邓调甫题词曰："岳岳重臣陆与张，荐章交上启君王。"又作《勾践商鞅论孝文》、《论五伯》、《考中西教派异同》）

光绪二十九年癸卯，三十六岁。

春三月，东抚先愁慎公承旨微赴阙，复给咨遗材官，趣就公车北上。

夏五月望日，御试保和殿。（钦命题曰：《〈大戴礼〉"保，保其身体；傅，傅之德义；师，导之教训"，与近世各国学校德育、体育、教育同义论》《汉武帝造白金为币，分为三品，当钱多少，各有定直，其后白金渐贱，钱制亦屡更，竟未通行，宜用何术整齐之策》）阅卷大臣为太傅张文襄公（名之洞，南皮探花，官湖广总督，德宗崩，以定策功，授大学士军机大臣，卒谥文襄）、太保张公、尚书裕公（名德，长白进士）、徐公（名会沣，诸城进士）、侍郎戴公（名鸿慈，南海进士）、熙公（名瑛，蒙古进士）、李公（名昭炜，婺源进士）、副宪张公（名仁黼，开封进士）。是科廷对者共取一等十八人，二等七十九人。征君蒙钦定二等，张文襄阅其卷，首以端君德懋圣学对决为国士，张太保亦谓为严、徐之俦。因枢臣引"梁头康尾"之谣，（按，特元谓梁士诒，"梁头"言其姓，"康尾"言其名云）谓与选者内有新党，坐是用未优，仍以原官发往山东。（方伯公勉以诗曰："读书岂谓科名计，继武争传年榜同。金马玉堂何敢望，好研儒术嗣家风。"榜发谒陆文端公，赠以《困学纪闻》，且勉："制科典型在此。"）

郡中以征君与宗舜年（浙江知府）、程先甲（同邑孝廉）、魏家骅（同邑进士）、吴廷锡（山西知州）、吴廷燮（山西知府）、邓邦述（同邑进士）、王镛（同邑贡生）、顾祖彭（同邑进士）、顾瑗（同邑进士）诸征士号"江东十子"，黄慎之学士（名思永，同邑状元）题名郡馆，以志大科得人之盛。【略】。朱云《朱征君年谱》，江宁朱氏1928年铅印本。

《三水梁燕孙先生年谱》纪特科事

凤冈及门弟子

光绪二十九年癸卯（1903），先生三十五岁。

正月初六日，先生在京寓，遥祝保三封翁暨潘太夫人六十双寿。翰林院先后辈二百余人，每题诗一首，制为双寿百福图。先生集同乡京官之双亲具庆者得八人，其居翰林者只先生一人而已。其署联云："花甲问年逢二首，桃筵举案庆齐眉。"【略】。

先生应考经济特科。先生应考，为徐颂阁尚书（郙）、戴少怀侍郎（鸿慈）所保。其考语有云："识智明远，朴实不浮，于中西地理，水师兵学，频年讲习，寒暑不渝。"

清廷之开经济特科也，其用意本在涂饰耳目，初无侧席求贤之真意，故光绪二十七年四月上谕有"朝廷振兴百度，母子一心"语，同年六月上谕即有限制奏保之表示，至是复有如下之话柄焉。

本届被征诸人，既先后到京，乃于闰五月十五日在保和殿皇帝亲临御试，凡一百九十一人，临场不到者五人。第一场首题，《〈大戴礼〉"保，保其身体；傅，傅之德义；师，导之教训"，与近世各国学校德育、体育、教育同义论》；次题《汉武帝造白金为币，分为三品，当钱多少，各有定直，其后白金渐贱，钱制亦屡更，竟未通行，宜用何术整齐之策》，阅卷大臣裕德、张英麟、徐会沣、张之洞、张仁黼、戴鸿慈、熙瑛、李昭炜，阅先生对策，洞彻古今；对于币制之整理，尤多阐明。且每项均多引历朝祖训，以免顽固者藉口，用心甚苦。乃公拟为首选，是役共取录一等四十八人，二等七十九人，先生为一等第一，桂坫为二等第一，皆粤人，亦巧合也。

榜既发，未覆试，顽腐官僚竞作飞语，谓其中多革命党人。军机大臣某尤恶特科，于召见时，太后询之曰："外间言特科品流庞杂，心术不端，有所闻否？"对曰："一等第一名梁士诒，系广东人，为梁启超之弟，其名末字又与康祖诒相同，梁头康尾，其人可知。"太后益不悦。第二场覆试，易阅卷大臣四人，草草了事，仅取一等袁嘉谷等九人，二等冯善征等十八人，汰者百人，用俱不优。较戊午、丙辰两特科，相去天壤。

当首场后，诽语沸腾。亲友恐先生遭不测之威，纷劝先生离京。先生夷然曰："事之真伪，不久自白。我籍贯三水而非新会，我名士诒而非祖诒，何去为？第以不才侥幸而冠多士，吾决不覆试，不欲以吾一人之故而累及多士也，更不愿以吾一人被疑，而累及朝廷知人之明也。故吾决不离京，亦决不覆试。"

群疑逊渐释，张文襄之洞，亦颇悔不能坚持正义，乃为特科纪恩诗，中一首云："国势须凭杰士扶，大科非比选鸿儒。阮文兆武吾何敢，忠孝专求郑毅夫。"其意可见矣。【略】。《三水梁燕孙先生年谱》，《民国丛书》第二编，第85册，第41~43页。

《冒鹤亭先生年谱》纪特科事

冒苏怀

1903年（清光绪二十九年　癸卯）　三十一岁

【略】。秋，先生回京师，应经济特科试，初考中商部第四名，举主为钱塘吴绚斋，以先生疏荐，列为一等。覆试中因在策论中引用法国哲人卢梭之《民权论》，首席读卷大臣张之洞阅后，批云："论称引卢梭，奈何？"遂被摈弃。特科有二百余卷，唯有先生试卷为张之洞所批。时人有"万人空巷看卢梭"打油诗句，传颂一时，成为佳话。数年后，先生撰写《癸卯大科记》一文，刻入《冒氏丛书》第二十七册，记叙此次经济特科应试之经过以及开列保荐者与应试人员之名字，甚为详细。兹不录。【略】。

各报罢，先生是日约程子大、陈士可（名毅）、易由甫，暨陈石遗、曾重伯（名广钧）、王伯谅（名鎏）饮集酒楼，皆头场被放者。魏蕃室（名允恭）后至，诧曰："此举吾亦下第耶？"先生作《蓬门》七律二首，诗云："蓬门两度逮征车，早岁声华幼帝除。家国频烦金市骏，功名蹭蹬木求鱼。""参军蛮语公毋怒，令仆人才我不如。从此玄亭甘寂寞，料无人读子云书。"程子大作五古诗，纪其事，后为先生题《水绘盦填词图》，遂别去。易由甫即席和先生韵，有"艰难身世都无补，新旧文章两不如。"时林琴南在座，见之为叹赏不已。曾重伯复为长歌纪事，旋各别去。

先生作《制科报罢呈李侍郎》，诗云："梦觉觚棱一惘然，蓬莱风好忽回船。笼中病鹤何能舞，枥下疲驽竟不前。三策贤良虚问世，九州荒诞误谈天。张华便说知神物，不及周家柱史贤。"李侍郎名昭炜，字蠡莼，生平不详。【略】。冒苏怀《冒鹤亭先生年谱》，学林出版社1998年，第134～136页。

《严修日记》纪特科事

严修

光绪二十三年（1897年）九月二十四日（10月19日）

"是日拜发条陈设科折，附请假修墓片，交抚辕桂巡捕，附寄二十八号京信一包"。（据《日记》）

发《奏请设经济专科折》，奏云：【略】。

《蝉香馆别记》有称此奏折："光绪乙未，公奏开经济特科，实戊戌变政先声。"【略】

光绪二十四年戊戌（1898年）

正月初六日（1月27日）

先生于去岁上《奏请开设经济特科折》后，今日有"上谕"：【略】。

辑注者按：梁启超《戊戌政变记》中《上谕恭跋》：今年正月上谕举行经济特科之

外，更举经济常试，试时务策论及政治、法律、财政、外交、物理各专门之学，实为非常之举，以开民智而救八股愚民之害者也。【略】。

五月十四日（7月2日）

在津。"午后崧生来，曰果如子所料，策论归并经济科，本届岁试，一律废八股矣。宋（宋伯鲁）侍御之奏也。"（据《日记》）

辑注者按：先生请举经济特科奏，遭守旧大臣阻扰，迁延观望，不肯荐人。御史宋伯鲁上书言之，皇帝乃再下诏催迫。据六月一日张之洞，陈宝箴奏称，"宜合科举经济学堂为一事"，即并未一律废八股。梁启超在《戊戌政变记》中评论此事认为，盖使数百万之老举人、老秀才，一旦尽失其登进之路，恐未免伤于激，……故此数年中借策论科举为引渡，此亦不得已之办法也。

又《南海先生自编年谱》有"先是二十九日芝栋（宋伯鲁）折上，上即令枢臣拟旨。是日京师哗然，传废八股，喜色动人，连数日寂然。闻上的芝栋折，即令降旨。刚毅请下部议，上曰：'若下部议，彼登必驳我矣。'刚又曰：'此事重大，行之数百年，不可遂废，请上细思。'上厉声曰：'汝欲阻扰我耶？'刚乃不敢言。及将散，刚毅又曰：'此事重大，愿皇上请懿旨。'上乃不作声。既而曰：'可请旨'，故待初二日诣颐和园请太后懿旨，而至初五日乃降旨也。百事皆如此。上扼于西后，下扼于顽臣，变法之难如此！乃命下之日，欢声雷动。去千年之弊，非皇上之圣武，岂能若此之刚断乎？"

五月二十五日（7月13日）

为开经济特科，诏下数月，而大臣迁延观望，不肯荐人，意图阻扰。于是，有侍读学士兼礼部侍郎徐致靖上疏请废八股，改试策论。山东道监察御史宋伯鲁上书，力请废八股，改试策论，开经济特科，以网罗通才，而致维新。至是再下诏。【略】。

辑注者按：梁启超《戊戌政变记·上谕恭跋》有："常科以八股楷法取士，但使能作八股，能作工楷，虽一书不读，亦可入翰林，登显秩，积资以致公卿督抚，下之亦为道府试差，退之亦为山长贵绅，故天下咸趋鹜焉。相率于不读书、不讲时务，人才愚陋，实由于此。自康熙、乾隆两次举行特科，得人为盛。咸丰元年张庚请举之，同治元年薛福成请举之，皆不行。自胶州之变，枢臣翁同龢抚膺太息，谓当此时变，不能不破格求才。贵州学政严修，适抗疏请举特科，得旨允行。当时八股未废，得此亦足稍新耳目，盖实新政最初之起点也。乃诏下数月，而大臣迁延观望，不肯荐人，盖意欲阻扰也。至是学士徐致靖、御史宋伯鲁尚书言之，再下诏催迫，而湖广总督张之洞，仓场侍郎李端棻首举数十人，自是举者纷起，才智之士渐起矣。"

六月十二日（7月30日）

催开经济特科诏下后，张之洞、李端棻首举数十人。于是举者纷起，旬日内达数百人。至是有恐滥保者，为此下谕。"又谕：御史郑思赞奏，特科大典，请严定滥保处分一摺。经济特科之设，朝廷原期拔取真材以备贤良之选，非为倖进之徒，开营谋之路。中外臣工，例得保送特科者，务当屏去私心，汲引善类。于所保之人，学问才具，灼见真知，始可登诸荐牍；不得瞻徇情面，滥保私人。如有言行不符，及干求、奔竞等情，一经查出，定将原保大臣从严惩处。"

八月二十四日（10月9日）

经济特科因慈禧下谕停罢。

"钦奉慈禧……皇太后懿旨，国家以《四书》文取士，原本先儒传注，阐发圣贤精义，二百年来，得人为盛。近来文风日陋，各省士子，往往抄袭雷同，毫无根底，此非时文之弊，乃典试诸臣，不能厘正文体之弊。乃论者不揣其本，辄以所学非所用，归咎于立法之未善。殊不知试场献艺，不过为士子进身之阶。苟其人怀奇抱伟，虽用唐宋旧制，试以诗赋，亦未尝不可得人。设论说徒工，心术不正，虽日策以时务，亦适足长嚣竞之风。用特明白宣示，嗣后乡试、会试及岁考、科考等，悉仿旧制，仍以《四书》文、试帖、经文、策问等项，分别考试。经济特科，易滋流弊，并着即行停罢。朝廷于抡才大典，斟酌至再，实求细详；嗣后典试诸臣，及应试士子，务当屏斥浮华，力崇正学，毋负朝廷作育人才之至意。"

光绪二十九年癸卯（1903）

闰五月十六日（7月10日）

经济特科试于保和殿。先生于光绪二十四年贵州学政任内之奏请，见诸实行。

辑注者按：张一麐《心太平室集》中对此记述颇详，摘录于下："经济特科之试，发端于光绪二十四年贵州学政严修一折。……后至二十七年行在内阁奉旨照博学鸿词例于本届会试前举行。二十八年又谕，改于明年会试后举行。二十九年五月二十四日上谕，经济特科保荐人员着于闰五月十六日在保和殿考试，盖距戊戌严范孙学政奏请之期已阅六稔。始以政变搁置，中以联军入京，两宫西狩，痛定思痛，旧事重提。是时刑部方有杖毙富有票党人沈荩一案，其与权要素通声气或夙列清班者，往往已经保荐，不愿考试；谏垣交章论列，皆为党人混入京僚，主张严格。余以甲午而后，三次回避，无路进身，揭债入都，姑妄一试。……闰五月十六日，特科首场题：《〈大戴礼〉"保，保其身体；傅，傅之德义；师，导之教训"，与近世各国学校德育、体育、教育同义论》、《汉武帝造白金为币，分为三品，当钱多少各有定直，其后白金渐贱，钱制亦屡更，竟未通行。宜用何术整齐之策》。二十七日覆试题：《〈周礼〉农工商诸政各有专官论》、《桓宽言外国之物内流而利不外泄，则国用饶、民用给，今欲异物内流而利不外泄，其道何由策》。特科两场俱张文襄总校，首场取一等梁士诒等四十八名，二等取桂坫等七十九名，共百二十七人。复考只取一等袁嘉谷等九名，二等冯善征等十八名，共二十七人。传闻张文襄初定仍取百余人，庆亲王奕劻传旨，不得过三十人。盖内廷畏革命党混入京僚，预备散诸各省。余卷本列第一，拆封见一江苏举人，以煌煌大典之特科，而首列本无官阶，过于减色，乃以原定第十名之袁君易之。袁为云贵总督王文韶所保，又系新科庶吉士，授职编修，免其散馆，余以第二名发往直隶以知县补用。引见后谒见各阅卷大臣。文襄时以湖广总督留京定学制，接见各门生，开口即云，你们阔极了，康熙、乾隆鸿博数百人，现只二十七人，名贵之极。谓余曰，你愿从余往湖北乎？余曰，书生不谙吏事，湖北人才所萃，从师学习公牍，固所愿也。退后见邓孝先君谈及此事，孝先云，香师门生四川夏某，入幕十余年，以咯血终，子精神，不能随老师，余为君不取。然已诺之，不能背之。乃文襄奏定学堂章程，久未脱稿，延至月余，余资斧将尽，幸文襄幕府汪荃文世丈言诣文襄，许先往直隶。直隶总督袁世凯先已白文襄电调长芦运司汪瑞高，为余先容，袁督一见，即令入幕下，不三日而委札下矣。"严修自订，高凌雯补，严仁曾增补，王承礼辑注，张平宇参校《严修日记》，齐鲁书社1990年版，第101~146页。

《荣庆日记》纪特科事
荣　庆

光绪二十九癸卯

闰五月二十日，卯到园，派阅特科覆试卷，香翁以出特派，领衔同陈瑶圃、张振卿、戴小怀、郭春榆、李蠡纯各取数本，由香翁订弃取，奉庆邸诸位传旨，一等十名，二等二十九名，不拆封，十一钟阅毕，四钟香翁始定毕。是日蒙赏膳并茶果点心，七钟归。谢兴尧整理、点校、注释《荣庆日记》，西北大学出版社1986年，第63页。

德宗御书经济特科题
徐　珂

考试经济特科之日，暑热特甚，时德宗方从孝钦后驻跸颐和园。正场之题，辰刻始至，拆封，则朱书灼然，盖德宗御笔也。徐珂《清稗类钞》第二册，中华书局1984年，第716页。

张文襄阅经济特科卷
徐　珂

考试经济特科，阅卷大臣凡八人，以张文襄居首。命下，庆王奕劻揖文襄而言曰："香翁，诸事费心。"文襄所录取者一百二十余人，诸大臣大恚，盖不能位置私人也。及覆试，即由原派大臣校阅试卷，于是仅取一二等二十余人，余皆不录。正场前五名固不入选，而凡文襄所保者，亦已去之务尽，惟与端忠愍公方会保之陈某，得列二等之第十八名，殿军也。

某本列一等，以卷中用卢梭语，降列三等，批语有奈何二字。某自题诗，有"博得南皮唤奈何？不该试卷用卢梭"句。或曰即如皋冒鹤亭郎中广生也。徐珂《清稗类钞》第二册，中华书局1984年，第717页。

王文勤恶经济特科

徐 珂

经济特科人员，孝钦后原拟依康、乾宏博制科成例，赏以翰林中书，军机大臣亦皆诺。惟王文勤公文韶起而抗议曰："若辈皆讲求新学，屡以废科举为言，何必再以科甲与之？但求皇太后赏以饭碗，可也。"于是遂多以知县用，且由附生出身者，仅得州判。不列之于主簿、从九、典史之类，已万幸矣。徐珂《清稗类钞》第二册，中华书局1984年，第717页。

周树模劾经济特科

徐 珂

光绪戊戌，鄂人周树模方官御史，谓经济特科被荐者之中多冒滥也，特疏上劾梁士诒、杨度、宋育仁等十余人，词连康有为、梁启超，且及于富有票哥老会。孝钦后疑之，及覆试卷进呈，遂命尽拆弥封，将被劾诸人之卷，一律沙汰，再发阅卷大臣校阅。周，字少朴，后官黑龙江巡抚。徐珂《清稗类钞》第二册，中华书局1984年，第718页。

宋恕未应经济特科

徐 珂

朱古微侍郎祖谋尝疏荐平阳宋燕生明经恕，以居忧，未应征。朱尝语人曰："吾知燕生久，绩学在野，抱道俟时，不为危言畸行，可谓平实矣。"徐珂《清稗类钞》第二册，中华书局1984年，第718页。

停经济特科

徐 珂

光绪戊戌八月，孝钦后命停经济特科。徐珂《清稗类钞》第二册，中华书局1984年，第718页。

复经济特科

徐 珂

光绪辛丑三月，复开经济特科。徐珂《清稗类钞》第二册，中华书局1984年，第718页。

德宗诏开经济特科

徐 珂

光绪戊戌，德宗诏开经济特科。先是，贵州学政严修请设专科，德宗特命总理衙门会同礼部妥议具奏。寻奏："臣等查该编修原奏所陈各节，共同商议，拟略宗宋臣司马光十科、朱子七科之例，以六事合为一科。一曰内政，凡考求方舆险要、郡国利病、民情风俗诸学者隶之。二曰外交，凡考求各国政治条约、公法律例章程诸学者隶之。三曰理财，凡考求税则、矿产、农工商务诸学者隶之。四曰经武，凡考求行军布阵、驾驶测量诸学者隶之。五曰格物，凡考求中西算术、声、光、化、电诸学者隶之。六曰考工，凡考求名物象数、制造工程诸学者隶之。其保送，应请如该编修所奏。饬下京官三品以上外官督抚学政，各举所知，毋限疆域，无论人数，悉填姓名籍贯已仕未仕，并其人何所专长，咨送总理衙门，定期考试。由臣衙门会同礼部奏请试期，钦命题目，简派阅卷大臣，在保和殿试以策论，差次优劣，分别去留。录取者再请殿廷覆试一场，另请简派阅卷大臣详定等第，以昭郑重。试后，由臣衙门会同礼部带领引见，应如何量材擢用，或悉照宏博成案，略与变通鼓舞，出自圣裁，非臣等所敢擅拟，应临时由军机大臣请旨办理。此为特科，或十年一举，或二十年一举，统俟特旨，不为常例。"此特科议办之大略也。岁举，则每届乡试年分，由各省学政调取新增算学、艺学各书院学堂高等生监，录送乡试。初场试专门题，次场试时务题，三场仍试《四书》文。中式者名曰"经济科举人"，与文闱举人同场覆试，会试中试经济科贡士者，亦一体覆试，殿试朝考。徐珂《清稗类钞》第二册，中华书局1984年，第715~716页。

经济特科覆试题

徐 珂

经济特科覆试题，为"周礼农工商各有专官论"，又"桓宽言外国之物内流而利不外泄，则国用饶民用给，今欲异物内流而利不外泄，其道何由策"。有正场考列高等之某太史，竟不知桓宽为何朝人，在殿廷，历询之于同试者。徐珂《清稗类钞》第二册，中华书局1984年，第716页。

词科

张廷玉

圣祖康熙十七年正月，谕吏部："自古一代之兴，必有博学鸿儒，振起文运，阐发经史，润色词章，以备顾问著作之选。朕万几余暇，游心文翰，思得博学之士，用资典学。我朝定鼎以来，崇儒重道，培养人材，四海之广，岂无奇才硕彦、学问渊通、文藻瑰丽、可以追踪前哲者？凡有学行兼优文词卓越之人，不论已仕未仕，令在京三品以上及科道官员，在外督抚布按，各举所知，朕将亲试录用，其余内外各官果有真知灼见，在内开送吏部，在外开报督抚，代为题荐，务令虚公延访，期得真才，以副朕求贤右文之意。"于是，大学士李霨等荐原任副使道曹溶等七十七人，上命俟各员赴部齐集之日请旨，其在外现任者不必开缺。是年十一月，大学士承旨令户部酌议，贴给俸廪并薪炭、银两，按月稽领。

十八年三月初一日，御试博学鸿儒一百四十三人于体仁阁。赐宴时，陪宴者吏部尚书二员，掌院学士二员，钦命题《璇玑玉衡赋》、《省耕诗五言排律二十韵》，既纳卷，命大学士李霨、杜立德、冯溥，掌院学士叶方蔼阅卷进呈，御定一等彭孙遹等二十人，二等李来泰等三十人，俱令纂修《明史》。其作何分别授职，及未取人员内有年老者作何量给职衔，俱下部议。寻议上，上命阁臣取前代制科旧例来阅，阅毕，上乃降旨，荐举取中人员俱授为翰林院官，应给职衔者，再议具奏；其杜越、傅山、王方谷等文学素著，念其年迈，从优加衔，以示恩荣。于是吏部复议已仕者，俱照品级授讲读、宫坊、编修等，未仕者概授检讨，纂修《明史》，杜越等俱授内阁中书，听其回籍。从之。其各员中选名第先后及擢授官阶等差，详著题名卷中。

世宗雍正十一年四月谕内阁："国家声教覃敷，人文蔚起，加恩科目，乐育群才，彬彬乎盛矣！惟博学鸿词之科，所以待卓越淹通之士。俾之黼黻皇猷，润色鸿业，膺著作之任，备顾问之选。圣祖仁皇帝康熙十七年特诏内外大臣荐举博学鸿词，召试授职，一时名儒硕彦，多预其选，得人号为极盛。迄今数十年来，馆阁词林，储才虽广，而宏通博雅、淹贯古今者，未尝广为搜罗，以示鼓励。自古文教修明之日，必有瑰奇大雅之才。况蒙圣祖仁皇帝六十余年寿考，作人之盛，涵濡教泽，薄海从风。朕延揽维殷，辟门吁俊，敦崇实学，谕旨屡颁，宜有品行端醇、文才优赡、枕经胙史、殚见洽闻、足称博学鸿词之选者。所当特修旷典，嘉与旁求，除现任翰、詹官员，无庸再膺荐举外，其他已仕未仕之人，在京着满汉三品以上各举所知，汇送内阁；在外着督抚会同该学政，悉心体访，遴选考验，保题送部，转交内阁。务期虚公详慎，搜拔真才。朕将临轩亲试，优加录用，广示兴贤之典，茂昭稽古之荣。应行事宜，着大学士九卿会议具奏。"

十三年二月，以直省奏荐人员尚少，复敕内外大臣广行遴选。十三年十一月，皇上谕内阁：国家久道化成，人文蔚起，皇考乐育人材，特降谕旨，令直省督抚及在朝大臣各保举博学宏词，以备制作之选。乃直省奉诏已及二年，而所举人数寥寥。朕思天下之大，人材之众，岂无足膺是举者？一则各怀慎重、观望之心；一则鉴衡之明，视乎在己之学问，或已实空疏，难以物色流品，此所以迟回而不能决也。然际此盛典，安可久稽？朕用再为申谕，凡在内大臣及各省督抚，务宜悉心延访，速行保举，定于一年之内，齐集京师，候旨廷试，倘直省中，实无可举，亦即具本题覆。"

乾隆元年二月谕内阁："内外臣工所举博学宏词闻已有一百余人，只因到京未齐，不便即行考试，其赴考先至者，未免旅食艰难，着从三月为始，每人月给银四两，资其膏火，在户部按名给发，考试后停止。若有现任在京食俸者，即不必支给，并行文外省,令未到之人俱于九月以前到京,若该省无续举之人,亦即报部知之,免致久待。"寻大学士等奏:"保举博学宏词一百七十六人,应照康熙十八年例行,至期赴太和殿前考试。"上谕:"天气渐寒,着于保和殿内考试。"九月二十六、二十八二日,御试保和殿,赐宴钦命第一场题:《五六天地之中合赋》,以"敬授民时圣人所先"为韵;赋得《山鸡舞镜》诗七言排律十二韵,得山字;黄钟为万事根本论。钦命第二场题:制曰:儒者之学,莫尚于穷经。经籍浩繁,毋烦胪举。今试撮其大纲,凡通儒所宜共晓者,为多士询焉。经之名,昉于何时?五经、六经、七经、九经、十一经、十三经之名,分于何代?秦焰虽烈,而不能掩其光者,藏于何人?所藏何书?其后出于何地?献于何朝?颁于何世?各经授受源流,何所依据?章句、注疏、传解、笺诂之属,有何异同?其施诸学官,用以取士者,何所因革?又如古有三《易》,夏何以称《连山》,殷何以称《归藏》,周何以称《周易》?且《连山》不始于夏,《归藏》不始于殷,《周易》不始于周,其说可得闻欤?传《周易》者有四家,其兴废可得考欤?《书》何以有古、文今文之别?《诗》何以有齐、鲁、韩、毛之殊?《春秋》左氏、公、谷而外,又何以有邹氏、夹氏、铎氏、虞氏之类?诸家分门别派,其说可悉数欤?《礼》始于高堂生,显于后苍,其转相传述者谁欤?二戴何删?马氏何补?《冬官》何缺?《仪礼》何逸?群儒议论纷纭,其说可详陈欤?《论语》何以有鲁论、齐论?《大学》、《孝经》何以有古本、今本?《尔雅》或曰周公作,或曰子夏作,其说何居?《孟子》何以或删、或疑、或翼、或尊,何其识之相远欤?惟《中庸》无异说,而《学》、《庸》二篇,原皆载于《戴记》,其别为诠说,而列于四书者,自何而始欤?凡此经传源委,其能条分缕析,阐其微言,抉其奥义,而铢黍之不爽欤?汉唐以经学取士,或专通,或兼通,或帖十通五,皆得与选举之格。多士果能博学该通,条对精详,断制明决者,固膺上第。即或就所已知,各抒所见,而言有条理,词归雅驯,亦足以备采择。其悉言无隐,朕将亲览焉。"制曰:"儒术,学术之要,先经次史,凡具渊通之学,必擅著作之材。然非熟于掌故,周知上下数千载之事理,而剖决其是非者,不足以语此。则史学尚矣。今之称正史者,皆曰廿一史,岂廿一史之外,别无正史欤?又岂正史之外,别无他史欤?考之汉、唐、宋《艺文志》及隋《经籍志》所载诸史,其名类甚多,而称史学者,惟以班、马诸人为宗,何欤?《史记》、《汉书》成于迁、固,不自迁、固始也,开之者谁?补之者谁?注解之者又谁也?范史一书,与马、班并称三史,而袁宏、荀悦之作,独不可媲美欤?陈寿之志,帝魏退蜀,正统已紊,孰称其是?孰正其非?可与三史并传欤?即三史之书,又果无遗憾欤?《晋书》创于何人?共有几家?唐太宗命房乔等再加撰次,其称房乔者,何人也?其称房乔等者,又共几人也?观其文多骈丽,史体固应然欤?《南》、《北史》皆成于李延寿,而考之南朝、北朝,各有专史,乃延寿复为合之。合者可取,则专者宜删;专者既行,则合者可废。而八书、二史,皆得并行,辞多重复,后之作者,独不可汇而修之欤?六朝之后,《隋书》颇善,其所撰诸志,综核尤工。近世儒者专称《五代史》,而不及《隋书》,又何说也?《唐书》新、旧二编,各有短长,自《新书》出而《旧书》流布无多,不得并载十七史中,其故何欤?梁、唐、晋、汉、周皆有史,薛居正尝修之。欧阳氏之本诚善矣,而薛氏之本犹可得见欤?宋、辽、金三史已不及前代,而《元史》成于仓猝,舛谬尤多,乃后儒罕能删定,以成佳史。岂古今人果不相及欤?且史之体有二:曰编年,曰纪传。纪传之善,自司马迁《史记》始;而编年之善,则自司马光《通鉴》始。《通鉴》本《春秋》之法,至朱子则纲仿《春秋》,目仿《左氏》,而前编、续编之作,亦皆得其遗意。此外体例甚繁,沿革互异,作史者奚啻数百家。多士有能悉数其姓氏,详其名目,以证其是非者欤?将备举作者之优劣,以考正诸史之得失,则一代著作之任,殊有厚望焉。毋剿说,毋雷同,毋苟且以干名,毋徇人以自误。有志进取者,尚慎旃哉!其各矢乃心,独抒所见,以毋负朕延访之至意。"

越日,命大学士鄂尔泰、张廷玉,吏部侍郎邵基阅卷,拟取一等五人,二等十人,上亲加裁定,令分别授职。于是大学士等察例以闻,一等刘纶等五人,均授翰林院编修;二等杨度汪等十人,内由科甲出身者,授翰林院检讨,余授翰林院庶吉士。

十月初五日,引见养心殿,赐御制《日知荟说》,人各一部。

二年七月十一、十三二日,御试被荐续到博学宏词,于体仁阁赐宴,钦命第一场题,制曰:"士不通经,不适于用。治经之学,于民生本务,先王体国经野之宜,尤所当考详而切究者。《周礼》九职,首列三农。所谓三农者,以地别耶?以人别耶?其各见于注疏者,同异若何?《禹贡》之三壤,《周礼》之再易,《尔雅》亦曰三田,又何所称指也?上农夫食九人,下至五人,又何差别之殊也?夫通劳逸而人力可均,画井疆而地利先辨。井田五义,见于何书?条目若何?五地、九土、九地、九田、九等、十二土,分见于何书?其条目若何?多士剖析言之,无泛无隐,朕将亲览焉。"制曰:"稽古硕儒名臣,嘉猷谠论,彪炳方策,略举数端,聊用咨询。夫六籍之微言,无论已三本、六务、三具、四齐,其说维何?贤良三策,晁、董不同者焉在?言世务书,严、徐所见者孰优?仲长统之称政论,《申鉴》之详政体,其言可采者,皆得而敷陈欤?嗣是而后,莫切于十思之疏、五规之论,至以十事陈说,唐宋诸臣,不一而足。何人何事?孰为得失?可得而论述胪列欤?伊川言先务,紫阳言大本,纯儒之学,异于管、荀诸人者,又何在也?多士数其辞,陈其义,能条对者,朕嘉与之。"钦命第二场题,《指佞草赋》,以"生于尧阶有佞必指"为韵;《赋得良玉比君子诗》七言排律十二韵,得来字,《复见天心论》。命大学士张廷玉、尚书孙嘉淦阅卷,御定一等万松龄一人,授检讨,二等朱荃等三人,各授检讨、庶吉士,如元年例,并详题名卷中。

谨按:《唐书·选举志》云:"天子自召者曰制举。凡选未满而试文三篇,谓之宏词,中者即授官。"又按《宋史》云:"绍圣初,置宏词科,岁许进士及第者请试,如见守官则受代,乃请试,章、表、露布、檄、书,用骈俪体;颂、箴、铭、诫、谕、序、记,用古体,或骈俪。凡试二日四题,取毋过五人。大观四年,改置词学兼茂科,取毋过三人。政和增为五人,不试檄、书,增制、诰,以历代史事借拟为之,中格则授馆职。绍兴三年,改博学宏词科,凡十二题,制、诰、诏、表、露布、檄、箴、铭、记、赞、颂、序内杂出六题,分三场,每场一古一今,拔其尤者,定为三等:上一等转一官，选人改秩，无出身人赐进士及第，除馆职；中等减三年磨勘与堂除，无出身人赐进士出身；下等减二年磨勘，无出身人赐同进士出身，并许召试馆职。嘉熙三年，臣僚请从旧三岁一试，惟取合格，不必拘额，去"宏博"二字，止称词学科。我朝作人之化，旷古为昭，陶淑百年，再逢盛事，傋书典制用志。《词林典故》卷四，《四库全书》第599册，第524～530页。

康熙十八年己未博学宏词科：

一等：

彭孙遹（编修，浙江海盐人，进士，主事。）

倪灿（检讨，江南上元人，举人。）

张烈（编修，顺天大兴人，进士，中书舍人。）

汪霦（编修，江南宝应人，进士，中书舍人。）

乔莱（编修，浙江钱塘人，进士，行人司行人。）

王顼龄（编修，江南华亭人，进士，太常寺博士。）

李因笃（检讨，陕西富平人，布衣。）

秦松龄（检讨，江南无锡人，进士，原任检讨。）

周清原（检讨，江南武进人，监生。）

陈维崧（检讨，江南宜兴人，生员。）

徐嘉炎（检讨，浙江秀水人，监生。）

陆葇（编修，浙江平湖人，进士，内阁典籍。）

冯勖（检讨，江南长洲人，布衣。）

钱中谐（编修，顺天昌平人，进士，泸溪知县。）

汪楫（检讨，江南休宁人，教谕。）

袁佑（编修，直隶东明人，拔贡生中书，舍人。）

朱彝尊（检讨，浙江秀水人，布衣。）

汤斌（侍讲，河南睢州人，进士，参政道。）

汪琬（编修，江南长洲人，进士，主事。）

邱象随（检讨，江南山阳籍，湖广宣城人，拔贡生。）

二等：

李来泰（侍讲，江西临川人，进士，参议道。）

潘耒（检讨，江南吴县人，布衣。）

沈珩（编修，浙江海宁人，进士，中书舍人。）

施闰章（侍讲，江南宣城人，进士，参议道。）

米汉雯（编修，直隶安化人，进士，行取主事。）

黄与坚（编修，江南太仓人，进士，知县。）

李铠（编修，江南山阳人，进士，知县。）

徐釚（检讨，江南吴江人，监生。）

沈筠（编修，浙江仁和人，进士。）
周庆曾（编修，江南常熟人，进士，候补主事。）
尤侗（检讨，江南长洲人，拔贡生，推官。）
范必英（检讨，江南长洲人，举人。）
崔如岳（检讨，直隶获鹿人，举人。）
张鸿烈（检讨，江南山阳人，廪监生。）
方象瑛（编修，浙江遂安人，进士，候选中行评博。）
李澄中（检讨，山东诸城人，拔贡生。）
吴元龙（侍讲，江南华亭人，进士，郎中。）
庞垲（检讨，直隶任邱人，举人，检讨。）
毛奇龄（浙江萧山人，廪监生。）
钱金甫（检讨，江南上海人，举人。）
吴任臣（检讨，浙江仁和人，生员。）
陈鸿绩（检讨，浙江鄞县人，举人，知县。）
曹宜溥（检讨，湖广黄冈籍，江西东乡人，荫生。）
毛升芳（检讨，浙江遂安人，拔贡生。）
曹禾（编修，江南江阴人，进士，中书舍人。）
黎骞（检讨，江西清江人，贡生。）
高咏（检讨，江南宣城人，贡生。）
龙燮（检讨，江南望江人，监生。）
邵远平（侍读，浙江仁和人，进士，光禄寺少卿。）
严绳孙（检讨，江南无锡人，布衣。）

乾隆元年丙辰博学宏词科：
一等：
刘纶（编修，江南武进人，廪生。）
潘安礼（编修，江西南城人，进士，员外郎。）
诸锦（编修，浙江秀水人，庶吉士，改教授。）
于振（编修，江南金坛人，修撰，改行人。）
杭世骏（编修，浙江仁和人，举人。）
二等：
杨度汪（庶吉士，江南无锡人，拔贡生。）
陈兆仑（检讨，浙江钱塘人，进士中书舍人，改名藻。）
刘玉麟（检讨，山东菏泽人，举人，教谕。）
沈廷芳（庶吉士，浙江仁和人，监生。）
夏之蓉（检讨，江南高邮人，进士，教谕。）
汪士锽（庶吉士，江南休宁人，副贡生。）

陈士璠（庶吉士，浙江钱塘人，增生。）

齐召南（庶吉士，浙江天台人，副贡生。）

周长发（检讨，浙江会稽人，庶吉士，改教谕。）

程恂（检讨，江南休宁人，庶吉士，改员外郎。）

乾隆二年丁巳博学宏词科：

一等：

万松龄（检讨，江南宜兴人，举人，中书舍人。）

二等：

朱荃（庶吉士，浙江桐乡人，附生。）

洪世泽（庶吉士，福建南安人，附生。）

张汉（检讨，云南石屏人，检讨，改知府。）张廷玉《词林典故》卷八，《四库全书》第599册，第639~640页。

纪制科特举

王庆云

科目之外，特诏举贤，古谓之制举。本朝取士，专以科目。其不常举者曰博学鸿词科，曰孝廉方正科。若经学，若直言及山林隐逸、老子老农，虽明诏特举，而未立专科。今附见焉。

康熙十七年诏曰："自古一代之兴，必有博学鸿词，备顾问著作之选。朕机瑕留心文翰，思得博洽之士，用资典学。有学行兼优、文词卓越之人，不论已仕未仕，京外各举所知，朕将亲试录用。"于是次第举送，至京月给廪饩。十八年体仁阁集试诗赋，亲选彭孙遹等五十人，命阁臣稽前代制科授官故事议上，汉授官无常职；晋上第授尚书郎；唐制策高等，特授尊官，次第出身，因有及第、出身之目；宋分五等，一二等皆不次用，三等为上等，恩数比廷试第一人，四等为中等，比第三人，皆赐制科出身，五等为下等，赐进士出身。有诏俱授翰林官。时授侍讲一人，邵吴远；授侍读四人，汤斌、李来泰、施闰章、吴元龙；授编修十八人，彭孙遹、张烈、汪霦、乔莱、王顼龄、陆葇、钱中谐、袁佑、汪琬、沈珩、米汉雯、黄与坚、李铠、沈筠、周庆曾、方象瑛、钱金甫、曹禾；授检讨二十七人：倪灿、李因笃、秦松龄、周清原、陈维崧、徐嘉炎、冯勗、汪楫、朱彝尊、邱象随、潘耒、徐釚、尤侗、范必英、崔如岳、张鸿烈、李澄中、庞垲、毛奇龄、吴任臣、陈鸿绩、曹宜溥、毛升芳、黎骞、高咏、龙燮、严绳孙，而杜越、傅山、王方谷以老，赐中书放归。

雍正十一年再举是科。乾隆元年以御史吴元安言，增首场以经解、史论，次场诗、赋、论。考试一等，授编修五人，刘纶、潘安礼、诸锦、于振、杭世骏；二等授检讨五人，陈兆仑、刘藻、夏之蓉、周长发、程恂；庶吉士五人：杨度汪、沈廷芳、汪士锽、陈士璠、齐召南。次年补试，万松龄、张汉授检讨，朱荃、洪世泽庶吉士。此词科之略也。

世宗登极，恩召采古贤良方正与孝廉之称，特举孝廉方正，赐六品章服，以备召用。寻引见，用为知州、（五十五岁以上者）知县官。后列圣嗣基，并沿为恩例，兴廉举孝，旷世一行，盖其慎也。

经学之举，始乾隆元年。尚书杨名时疏荐进士庄亨阳，举人潘永年、蔡德峻、秦蕙田、吴拔，贡生官献瑶，监生夏宗澜七人，诏以为国子监官。十四年诏曰："崇尚经术，有关世道人心。若故侍郎蔡闻之，宗人府府丞任启运，研究经术；近侍郎沈德潜学有本源。今四海升平，研究本业，宗仰儒先者，当不乏人，奈何令终老牖下而词苑少经术也。大学士、九卿、督抚其公举潜心经术学者，务择纯朴淹通之士，称朕意焉。"再诏核实保举，得陈祖范、吴鼎、梁锡玙、顾栋高四人，命将著述呈览，授鼎、锡玙司业，祖范、栋高年老，不能来京，给司业衔。先是，七年诏曰："古者谏无专官，故进言之路广。三代而下，始设官而责之以言，然如马周、阳城之起布衣为御史，其事犹可风也。大学士、九卿择素所深知其人有骨鲠之气，直朴之风，而复明通内外政治者，不拘资格，列名封奏，量加录用。督抚于属员中深知灼见可备纠绳之任者，亦准奏闻。时虽不显立直言极谏之科，而导之使言，以决天下之壅蔽。"训词至为深厚。案，开国时诏举山林隐逸，见于顺治二年制书及科臣朱徽、梁铉奏疏。（顺治二年诏举秦中山林隐逸，并故明文武进士、举人。十二年徽奏请饬督抚，无论前代遗绅与山林隐逸，果有才堪理民，学足辅世者，奏闻擢用。十三年铉疏略曰：皇上痌瘝英才，诏举山林隐逸，应聘之士，自不乏人。然采访未确，有负盛举。如江南举吕阳授监司，未几以赃败；山东举王运熙授科员，未有建白，以计典去。此辈岂真抱匡济之才？不过为梯荣之藉耳。夫山林者何谓？其远于朝市也；隐逸者何谓？其异于趋竞也。举逸大典，必得其人，乃当其位。祈饬细加采访，若品行迈伦，或博洽经史，或淹通礼乐，或晓阴阳星纬，或熟山川要害，或智可筹兵，才堪足国，各就所长开送，皇上临轩亲试，量能授职云云。乾隆二年又诏举品行优长山林隐逸之士。）十五年，宪臣魏裔介奏请举孝子授官，厚屡诏察举孝行。雍正二年诏曰："四民以士为首，农次之。今士子读书砥行，学成用世，国家荣以爵禄，而农民勤劳作苦，以供租税，虽宠荣非其所慕，而奖赏要当有加，其令州县有司，择老农身无过举者，岁举一人，给八品顶戴，此即孝悌力田之遗意也。"今老农犹存其制，而礼官之请旌四方孝行者，无旷岁焉。王庆云《石渠余记》卷一，北京古籍出版社1985年点校本，第42~44页。

词科摭言

全祖望

康熙十七年正月二十二日奉上谕："四海之广，岂无奇才硕彦，学问渊通，文藻瑰丽，可以追踪前哲者？凡有学行兼优，文词卓越之人，不论已仕未仕，著在京三品以上及科道等官员，在外督抚布按，各举所知。"于是内外荐举，几及二百人。十八年正月晦日，传上谕，欲于二月初三日亲试。大学士李蔚以时日迫促，一切事宜未及预备，遂定以三月初一日亲试。命大学士、内阁学士、掌院学士拟题，上用高阳赋题，宝坻诗题。命于体仁阁下特赐宴。吏部尚书郝惟讷、掌院学士叶方蔼传谕，云："汝等俱有才学，原可不必考试。但考试正以显其才学，所以皇上敬重，特赐宴，为向来殿试所无。汝等须悉皇上德意。"宣讫，各赴宴。吏部尚书、掌院学士主席，诸征士席东西向，主席南北向。是日，给烛竣事，弥封诸试卷，当夜呈进。次日，上至霸州，携卷以行。十四日还宫。十五日，命大学士、掌院学士阅卷。十七日进呈，分为四等，曰上上，曰上，曰中，曰下。二十二日，拆卷取定上上卷彭孙遹等二十人，上卷李来泰等三十人。上上卷作为一等，上卷作为二等，俱授为翰林官。外官自道以上，内官自郎中以上，授讲读，进士以上授编修，余俱授检讨。杜越、傅山、王方谷等九人，以年老加恩，授以内阁中书衔；又特赐高士奇、励杜讷二人同博学鸿词科。乃择四月二十日，命五十人到任。次日，到史馆纂修《明史》。全祖望《词科摭言》，见秦瀛《己未词科录》卷二，《续修四库全书》第537册，第125~126页。

词科缘起

全祖望

唐人所云博学宏词，盖特以试选人耳，非大科也。其大科之以词学举者，盖岁易其制而不一其名，如所云藻思清萃、文艺优长、博学通议之流皆是。而选人所试，反不与焉。但其名虽多，而大率不离词章。至宪宗始定为四科，其一则曰博通坟典达于教化，盖稍足以语古人有体有用之学，故北宋大儒所议十科取焉。绍圣以后，章惇改制，始复专取词章，而以唐之试选人者名之，不知者遂谓宋制即唐制，非也。（《词学指南》序文亦云："皆失于考证"。）呜呼！唐人重词章，而晚年尚知于词章之中贯坟典而通教化。荆公重实学，而语绍述者反驱口之于词章，可谓相背而驰矣！故南宋以后，词科以取功名最易，而醇儒或不屑应此科，诚有慨也。金人亦举词科，而见于《中州集》者，寥寥而已。乃取唐人词学一科，其见于《册府元龟》及《唐书》者录之，使与浚仪王氏《辞学指南》相接，而因以见陆、裴、柳、刘诸公所举者，非宋人之科也。浚仪由词学起，尚考之不甚详，予故著之：

上元二年辞殚文律科（崔融），垂拱四年辞标文苑科（房晋、皇甫琼、王亘），永昌元年蓄文藻之思科（彭景直）、抱儒素之业科（李文愿），通天元年文艺优长科（韩琬），景云二年文以经国科（袁晖、韩朝宗），先天二年文经邦国科（韩休）、藻思清萃科（赵冬曦）、手笔俊拔超越流辈科（杜昱、张子渐、贾登、赵居正、张秀明、邢巨、常无名），开元二年文儒异等科（崔侃、褚廷海）、文史兼优科（李升期、康子元、达奚珣），开元六年博学通议科（郑少微、萧成），开元七年文辞雅丽科（邢巨、苗晋卿、褚思光、赵良器），天宝元年文辞秀逸科（崔明允、颜真卿），天宝六年风雅古调科（薛据），天宝十三年辞藻宏丽科（杨绾），建中元年文辞清丽科（奚陟、梁肃、刘公亮、郑辕、沈封、吴通元）、经学优深科（孙毖、黎逢、白季随），贞元元年博通坟典达于教化科（熊执易、刘简甫），贞元十年博通坟典达于教化科（朱颖），元和三年博通坟典达于教化科（冯道、陆亘），长庆元年博通坟典达于教化科（李思仁）。全祖望《鲒埼亭集》卷三十五，《续修四库全书》第1429册，第303～304页。

博学鸿词科

吴振棫

　　康熙十七年，诏内外大臣荐举博学鸿词。十八年，试于体仁阁下，取列高等授职者五十人，一时名儒秀彦多与其选。雍正十一年，复命内外诸臣荐举。十三年，高宗御极，下诏敦迫。元年，试于体仁阁，授职者十五人。丁巳补试，授职者四人。八十年中，两开大科，侧席旁求，恩礼优渥，极旷古未有之盛。其规制、除授、贯履文字，详见《鹤征录》、《己未词科录》、《词科掌故》、《词科摭言》诸书。（与试人数，据《皇朝词林典故》所载，与他书颇异。）

　　按：己未词科，王阮亭《池北偶谈》、方渭仁《松窗笔乘》，皆云荐者一百八十六人。《吏垣牍略》云：荐举一百八十六员，赴部验到一百三十一员。《愚山年谱》云：同试者一百七十五人。《藤阴杂记》：应考者一百三十三人。《竹垞年谱》云：同征一百九十余人。《柳南随笔》：与荐者一百七十四人。据《己未词科录》所考证，除取用一等二十人、二等三十人、姓名俱载馆选录外，特赐同博学鸿儒科二人：高士奇、励杜讷（在南书房赋诗一首）。特授内阁中书年老者七人：邱钟仁、王方谷、申维翰、王嗣槐、邓汉仪、王昊、孙枝蔚。特授内阁中书，临试告病者二人：傅山、杜越。丁忧未与试者十四人：曹溶、汪懋麟、黄虞稷、王谷韦、陈学夔、戴王纶、林以畏、陆陇其、惠周惕、张贞、钱芳标、彭桂、柯崇朴、柯维桢。未试病故者三人：叶舒崇、郁植、陈九胜。未试致仕者一人：祝宏坊。患病行催不到者十四人：应撝谦、张新标、范鄗鼎、王追骐、嵇宗孟、蔡方炳、陆舜、李容、黄宗羲、张九徵、魏禧、顾景星、顾豹文、章贞（中途苦病不与）。到京称疾不与试者二人：纪炅、王弘撰。与试未用者九十五人：阎若璩、田雯、嵇永福、吴雯、杨还吉、冯云骧、毕振姬、顾鼎铨、叶封、陈玉璂、陈僖、孙榮、李念慈、吴农祥、张瑞徵、许先甲、赵进美、陆元辅、王念真、任辰旦、陆次云、许自俊、魏学渠、储方庆、周之道、邓林梓、李良年、江闿、白梦鼐、林尧英、叶灼棠、叶奕苞、田茂遇、冯行贤、王柞兴、徐林鸿、罗坤、杨毓兰、黄始、宋维蕃、金居敬、王岱、施清、高曾云、张英、宋实颖、谭吉璁、王孙蔚、毛际可、王紫绶、上官鑑、法若真、王廷璧、李大春、徐咸清、傅辰、侯七乘、张霍、成其愿、宋昱、徐懋昭、陶元淳、王钺、董俞、李方广、潘颿言、徐之凯、徐孺芳、赵廷锡、潘藩大、张含辉、郎载瓒、李瑞徵、陈荚、叶方蔚、许苏荃、程大昌、程必昇、赵骊渊、陈宏、陈怀真、高向台、宋涵、马骏、朱培、程易、朱士曾、刘瑞远、戴茂隆、李开泰、邵允彝、林鹏、张能麟、周起莘、赵廷飏。辞不就者十二人：顾炎武、王揆、徐夜、闻性道、万斯同、王曾武、李清、仲治、胡周鼎、冯京、崔华、费密。后期未试者二人：夏騆、方象瑛。举不及期者一人，姜宸英。补遗二人（辞荐不就）：周容、钱肃润。

丙辰词科共举荐二百七十六人，取列一等五人，二等十人，姓名俱载《馆选录外》。与试未用者二百二人：易宗瀛、李锴、长住、张振义、梁机、李紘、杜诏、胡期颐、查祥、黄之隽、周钦、徐廷槐、胡天游、徐文靖、邓士锦、魏允迪、黄世成、余腾蛟、张星景、夏之蓉、李春耀、刘始兴、刘斯组、刘五教、车文河、韩曾、杨述曾、陈长镇、郑长庆、傅涵江、赵昱、李光型、刘世澍、方辛元、吴麟、黑噶、金鉴、西成、陈景忠、赵宁静、史凤辉、姚世铼、方楘如、胡浚、李清藻、戴永植、陈洪淡、盛乐、叶承点、王世枢、曹宾、秦懋绅、金焜、吴溶、马朴臣、于栻、俞鸿德、冯元溥、吴锐、刘大櫆、王霖、曹廷枢、周汝舟、沈彤、周京、汪台、尚廷枫、峻德、汪援甲、王藻、桑调元、汪祚、陆荣柜、卢存心、胡二乐、凌之调、赵信、丁凝、李光国、顾陈垿、赵永孝、朱稻孙、沈炳震、陆枚、叶酉、杨廷英、夏之翰、龚正、龚元玠、王作人、王延年、沈冰壶、甘禾、饶一辛、刘世基、裘曰修、张范、刘自洁、阎介年、汪士鐄、陆祖锡、边连宝、孙见龙、沈德潜、倪承茂、吴见龙、胡鸣玉、马荣祖、叶荣梓、汪腾蛟、张凤孙、姚焜、沈虹、汪会汾、陈黄中、张廷槐、邱迥、许锵、顾栋高、潘遇莘、郭束、刘斯翱、刘鸣鹤、陆桂馨、吴张元、任瑗、陈光祚、吴檠、李希稷、梅兆颐、江其龙、厉鹗、周玉章、沈炳谦、张懋建、汪沆、周琰、周大枢、万光泰、陈士璠、邵昂霄、程川、孙贻年、李宗潮、钱载、余文淳、沈树德、申甫、邓牧、黄永年、廖理、张锦传、李灏、黄天策、王士骧、方鹤鸣、潘思光、张甄陶、王元芳、陈绳福、陈一策、陈大琰、陈继善、饶允坡、易宗涒、邓献章、陈世贤、王文清、张叙、段梧生、钱斌、陈世龙、许伯政、王元、张庚、牛运震、耿贤举、颜懋伦、阎式矿、朱超、万邦荣、张荣图、王祖庚、王系、张廷奏、王起鹏、解含章、秦泾、刘暐、许儒龙、何梦篆、施念曾、钟狮、劳孝舆、车腾芳、袁枚、吴王坦、田荃、沈澜、毛一骢、南昌龄、迮云龙。不就试二十五人：奚源、夏策谦、方贞观、曹秀先、万经、全祖望、华希闵、靖道谟、苏珥、屈复、褚菊书、龚缨、佘华瑞、闻元晟、王照、万承苍、马曰璐、陈撰、瞿骏、方观承、金德瑛、金门诏、周振采、翁照、蔡寅斗。丁忧不与试四人：金虞、杨煜曾、符曾、严遂成。部驳不与试十人：汪芳藻、于梓、张宏敏、叶长扬、宋照、宋士宗、傅王露、邵岷、祝维诰、许遂。已故六人：黄涛、柯煜、魏枢、孙天寅、朱厚章、叶蔫凤、先试四人，陈以刚、梅枚、许佩璜、徐本仙。实共二百七十人。其六人，则复荐者也。《藤阴杂记》云丙辰鸿博一百九十三人，误。吴振棫《养吉斋丛录》卷十，北京古籍出版社1983年，第101～104页。

博学鸿词科考

沈德潜

博学鸿词科，始于唐开元十九年。先是开元二年，有文儒异等科。六年，有博学通议科。七年，有文辞藻丽科等，第者为郑昉、陶翰。天宝元年，开文词秀异科。六年，又开风雅古调科。十三年，又开辞藻宏丽科。后建中元年，又开文辞清丽科。贞元元年以后，屡开博通坟典达于教化科，而博学鸿词科为特重。《新》、《旧唐书》以开元以后，虽不载某宗某年举行，然如陆贽、杜黄裳，如柳宗元、刘禹锡、王涯之徒，俱中博学鸿词科。而韩愈《与崔斯立书》云："二试于吏部，一既得之，而又黜于中书。"则韩子一身，已经二次举行矣。

宋仁宗时，以十科取士，而博通坟典次于贤良方正之下。哲宗绍圣时罢制科目，二年，乃置鸿词，以继贤良之科。徽宗大观四年，改为词学兼茂科。高宗南渡后，仍立博学鸿词科，而其制少异，题凡制、诰、诏、表、露布、檄、箴、铭、赞、颂、序，于内杂出六题，分为三场。天子临轩亲策，得人最盛，如周必大、周茂政诸人外，洪遵、洪适、洪迈先后俱中是选。上以为洪皓之子，忠孝报也。后宁宗时，真德秀、留元刚应选，有司书德秀卷曰"鸿而不博"，元刚卷曰"博而不鸿"，上命俱置异等。则宝祐以前，宋代常行是科者矣。

元明以来，废而不举。我朝康熙十七年，圣祖患时文之弊，因特开博学鸿词之科，网罗天下英异之士，亲试体仁阁下，得彭孙遹以下五十人，理学儒林，名臣硕辅，皆出其中。人文之盛，为本朝设科之冠，拟之唐宋，盖远过云。沈德潜《归愚文钞》卷三，《沈归愚诗文全集》七十卷，乾隆教忠堂刊本。

秦瀛案云："制科始于两汉，皆朝廷亲策，不涉有司，历唐宋不改，故为制科，又谓之大科。自元明专用进士，虽有荐举，不经召试，因误以进士科为制科，则制科之称，惟贤良方正与博学鸿词始克称焉，典如此其巨也！而宋时叶适则又已为鸿词，其人已自绝于道德性命之本统，而若以天下之所能者浸于区区曲艺中矣。夫适之所讥，以当时投牒求试，而所试之文，只求工于四六对偶，故极其流弊，不免鹜华而忘实也。若其人本无干进之心，而内外大臣交章荐辟，已不同于投牒求试者矣。而天子临轩问以经史有用之实学，文章体制务期朴茂醇雅、鸿大简直，而辞华风采，其余事焉。安见有体有用之人，不得与贤良方正者并出于科目中邪？予案前古而得其大略如此，后之人取而考焉，可以知制科之实也。"秦瀛《己未词科录》卷二，《续修四库全书》第537册，第126~127页。

特科得人之盛
小横香室主人

清朝特科得人最盛。康熙戊午举博学鸿词，得彭少宰孙遹等五十人；乾隆丙辰再试鸿博，得刘文定纶等十九人；乾隆己巳诏举经学，得吴司业鼎等四人。又康熙朝两次南巡江浙，召试诸生，得吴文恪士玉等七十三人；乾隆六巡江浙，得王司寇昶等八十五人，三巡山东，得初尚书彭龄等十七人，四巡天津，得姚文僖文田等十六人，巡幸五台，得龙殿撰汝言等九人。他若蓝太守鼎元，雍正初以特荐召试；严方伯如煜，嘉庆初以孝廉方正召试，并称旨授知县，皆为名臣。而乾隆十七年桐城黄太守良栋以国子监生肄业期满奏留，亦奉特旨亲试，立授赤城令，尤为奇遇，后亦以循吏称。设国家自康、雍以来，拘守秋乡、春会三年一试之成例，彼特科等进诸贤，恐槁项黄馘，老死衡蓬，埋姓名于狐貉之口久矣！噫！小横香室主人编《清朝野史大观》，第二册《清朝史料》卷二，第133页。

制科

柯劭忞

制科者，天子亲诏以待异等之才。唐、宋设科最多，视为优选。清代科目取士，垂为定制。其特诏举行者，曰博学鸿词科、经济特科、孝廉方正科。若经学，若巡幸召试，虽未设科，可附见也。圣祖敦崇实学，康熙甲辰、丁未两科，改试策论。既廷臣以古学不可猝办，请仍旧制。

十七年，诏曰："自古一代之兴，必有博学鸿儒，备顾问著作之选。我朝定鼎以来，崇儒重道，培养人才。四海之广，岂无奇才硕彦、学问渊通、文藻瑰丽、追踪前哲者？凡有学行兼优、文词卓越之人，不论已仕未仕，在京三品以上及科、道官，在外督、抚、布、按，各举所知，朕亲试录用。其内、外各官，果有真知灼见，在内开送吏部，在外开报督、抚，代为题荐。"嗣膺荐人员至京，诏户部月给廪饩。明年三月，召试体仁阁。凡百四十三人，赐宴，试赋一、诗一，帝亲览试卷，取一等彭孙遹、倪灿、张烈、汪霦、乔莱、王顼龄、李因笃、秦松龄、周清原、陈维崧、徐嘉炎、陆棻、冯勖、钱中谐、汪楫、袁佑、朱彝尊、汤斌、汪琬、邱象随等二十人。二等李来泰、潘耒、沈珩、施闰章、米汉雯、黄与坚、李铠、徐釚、沈筠、周庆曾、尤侗、范必英、崔如岳、张鸿烈、方象瑛、李澄中、吴元龙、庞垲、毛奇龄、钱金甫、吴任臣、陈鸿绩、曹宜溥、毛升芳、曹禾、黎骞、高咏、龙燮、邵吴远、严绳孙等三十人。三、四等俱报罢。命阁臣取前代制科旧事，查议授职。寻议："两汉授无常职。晋上第授尚书郎。唐制策高等特授尊官，次等予出身，因有及第、出身之目。宋分五等：一、二等皆不次擢用；三等为上等，恩数视廷试第一人；四等为中等，视廷试第三人；皆赐制科出身。五等为下等，赐进士出身。"得旨，俱授为翰林官。以光禄少卿邵吴远为侍读。道员、郎中汤斌等四人为侍讲。进士出身之主事，中、行、评、博，内阁典籍，知县及未仕之进士彭孙遹等十八人为编修。举、贡出身之推、知，教职，革职之检讨、知县及未仕之举、贡、荫、监、布衣倪灿等二十七人为检讨。俱入史馆，纂修《明史》。时富平李因笃、长洲冯勖、秀水朱彝尊、吴江潘耒、无锡严绳孙，皆以布衣入选，海内荣之。其年老未与试之杜越、傅山、王方谷等，文学素著，俱授内阁中书，许回籍。

雍正十一年，诏曰："博学鸿词之科，所以待卓越淹通之士。康熙十七年，特诏荐举，召试授职，得人极盛。数十年来，未尝广为搜罗。朕延揽维殷，宜有枕经葄史、殚见洽闻、足称鸿博之选者，当特修旷典，嘉予旁求。在京满、汉三品以上，在外督、抚、学政，悉心体访，保题送部。朕临轩亲试，优加录用。"诏书初下，中外大吏，以事关旷典，相顾迟回。逾年，仅河东督臣举一人，直隶督臣举二人，他省未有应者。诏责诸臣观望。高宗即位，再诏督促。期以一年内齐集阙下，先至者月给廪饩。

乾隆元年，御史吴元安言："荐举博学鸿词，原期得湛深经术、敦崇实学之儒，诗赋虽取兼长，经史尤为根柢。若徒骈缀俪偶，推敲声律，纵有文藻可观，终觉名实未称。"下吏部议,定为两场,赋、诗外增试论、策。九月,召试百七十六人于保和殿,赐燕如例。试题首场赋、诗、论各一,二场制策二。取一等五人,刘纶、潘安礼、诸锦、于振、杭世骏等,授编修。二等十人,陈兆仑、刘藻、夏之蓉、周长发、程恂等,授检讨;杨度汪、沈廷芳、汪士锽、陈士璠、齐召南等,授庶吉士。二年,补试体仁阁,首场制策二,二场赋、诗、论各一。取一等万松龄,授检讨。二等张汉,授检讨;朱荃、洪世泽,授庶吉士。

自康、乾两朝,再举词科,与其选者,山林隐逸之数,多于缙绅,右文之盛,前古罕闻。时承平累叶,海内士夫多致力根柢之学,天子又振拔淹滞,以示风励,爰有保荐经学之制。乾隆十四年,诏曰:"崇尚经术,有关世道人心。今海宇升平,学士大夫精研本业,穷年矻矻,宗仰儒先者,当不乏人。大学士、九卿、督、抚,其公举所知,不限进士、举人、诸生及退休、闲废人员,能潜心经学者,慎选毋滥。寻中外疏荐者四十余人。帝为防倖进,下廷臣覆核,得陈祖范、吴鼎、梁锡玙、顾栋高四人。命呈览著述,派翰林、中书官在武英殿各缮一部。寻授鼎、锡玙国子监司业,召对勤政殿。祖范、栋高以年老不能供职,俱授司业衔。后不复举行。

至属车临幸,宏奖士林,康熙四十二年、四十四年,圣祖巡幸江、浙,召试士子,中选者赐白金,赴京录用有差。高宗六幸江浙,三幸山东,四幸天津,凡士子进献诗赋者,召试行在。优等予出身,授内阁中书;次者赐束帛。仁宗东巡津、淀,西幸五台,召试之典,亦如前例。道光以后,科举偏重时文。沿习既久,庸滥浮伪,浸失精意。三十年,候补京堂张锡庚请复开博学鸿词科,以储人才。礼部议以非当务之急,遂止。

洎光绪中叶,外侮孔棘,海内皇皇,昌言变法。二十四年,贵州学政严修请设经济特科,下总理各国事务衙门会礼部核议。八月,慈禧皇太后临朝训政,以经济特科易滋流弊,罢之。庚子,京师构乱,乘舆播迁。两宫怵于时局阽危,亟思破格求才,以资治理。

二十七年,皇太后诏举经济特科,命各部、院堂官及各省督、抚、学政保荐,有志虑忠纯、规模闳远、学问淹通、洞达中外时务者,悉心延揽。并下政务大臣拟定考试事宜。御史陈秉崧奏请力除夤缘积习,诏饬诸臣务矢至公。既三品以下京卿纷纷保送,帝觉其冗滥,适太仆少卿隆恩荐疏,上竟报寝,并命撤销太常少卿李擢英前保诸人。二十九年,政务处议定考试之制,如廷试例,于保和殿天子亲策之。凡试二日,首场入选者,始许应覆试,均试论一、策一。简大臣考校,取一等袁家穀、张一麐、方履中、陶炯照、徐沅、胡玉缙、秦锡镇、俞陛云、袁励准等九人,二等冯善徵、罗良鉴、秦树声、魏家骅、吴锺善、钱锵、萧应椿、梁焕奎、蔡宝善、张孝谦、端绪、麦鸿钧、许岳锺、张通谟、杨道霖、张祖廉、吴烈、陈曾寿等十八人。迨授官命下,京职、外任,仅就原阶略予升叙,举、贡用知县、州佐,以视康、乾时词科恩遇,寖不如矣。

三十四年,御史俾寿请特开制科,政务处大臣议以"孝廉方正、直言极谏两科,皆无实际,惟博学鸿词科,康熙、乾隆间两次举行,得人称盛。际兹文学渐微,保存国粹,实为今日急务。应下学部筹议"。时方诏各省徵召耆儒硕彦。湖南举人王闿运被荐，授翰林检讨。两江、安徽相继荐举王耕心、孙葆田、程朝仪、吴传绮、姚永朴、姚永概、冯澂等。部议以诸人覃研经史，合于词科之选，俟章程议定，陈请举行。未几，德宗崩，遂寝。《清史稿》卷一○九《选举四》，中华书局1977年，第3175~3180页。

特科
徐　珂

特科二字，乡、会优拔之外，皆可称之。博学宏儒也，诏举经学也，巡幸召试也，经明行修也，孝廉方正也，经济特科也，皆是也。然亦有以专属之博学宏儒者。徐珂《清稗类钞》第二册，中华书局1984年，第704页。

各项特科之得人
徐　珂

特科得人最盛，康熙戊午举博学宏儒，得彭少宰孙遹等五十人。乾隆丙辰再试宏博，得刘文定公纶等十九人。乾隆己巳诏举经学，得吴司业鼎等四人。又康熙朝六巡江浙，召试诸生，得吴文恪士玉等七十三人。乾隆六巡江浙，得王司寇昶等八十五人；三巡山东，得初尚书彭龄等十七人；四巡天津，得姚文僖、文田等十六人；巡幸五台，得龙殿撰汝言等九人。他若蓝太守鼎元，雍正初以特荐召试；严方伯如煜，嘉庆初以孝廉方正召试：并称旨，授知县，皆为名臣。而乾隆壬申，桐城黄太守良栋以国子监生肄业期满奏留，亦奉特旨亲试，立授赤城令，尤为奇遇，后亦以循吏称。徐珂《清稗类钞》第二册，中华书局1984年，第704~705页。

大科词科
徐　珂

博学宏儒科为特科之一，亦有称之为大科或词科者。徐珂《清稗类钞》第二册，中华书局1984年，第705页。

【附编 两汉魏晋南北朝卷】

西汉

求贤诏 十一年二月
汉高祖

盖闻王者莫高于周文，伯者莫高于齐桓，皆待贤人而成名。今天下贤者智能岂特古之人乎？患在人主不交故也，士奚由进！今吾以天之灵，贤士大夫定有天下，以为一家，欲其长久，世世奉宗庙亡绝也。贤人已与我共平之矣，而不与我共安利之，可乎？贤士大夫有肯从我游者，吾能尊显之。布告天下，使明知朕意。御史大夫昌下相国，相国酂侯下诸侯王，御史中执法下郡守，其有意称明德者，必身劝，为之驾，遣诣相国府，署行、义、年。有而弗言，觉，免。年老癃病，勿遣。班固《汉书》卷一《高帝纪下》，中华书局 1975 年，第 71 页；《两汉诏令》卷一。

举贤良方正能直言极谏者诏 二年十一月
汉文帝

十一月癸卯晦，日有食之。诏曰："朕闻之，天生民，为之置君以养治之。人主不德，布政不均，则天示之灾以戒不治。乃十一月晦，日有食之，适见于天，灾孰大焉！朕获保宗庙，以微眇之身托于士民君王之上，天下治乱，在予一人，唯二三执政犹吾股肱也。朕下不能治育群生，上以累三光之明，其不德大矣。令至，其悉思朕之过失，及知见之所不及，匄以启告朕。及举贤良方正能直言极谏者，以匡朕之不逮。因各敕以职任，务省繇费以便民。朕既不能远德，故憪然念外人之有非，是以设备未息。今纵不能罢边屯戍，又饬兵厚卫，其罢卫将军军。太仆见马遗财足，余皆以给传置。《汉书》卷四《文帝纪》，第 116 页；《史记》卷十《孝文本纪》；《两汉诏令》卷四，《西汉会要》卷四十四。

至言
贾 山

臣闻为人臣者，尽忠竭愚，以直谏主，不避死亡之诛者，臣山是也。臣不敢以久远谕，愿借秦以为谕，唯陛下少加意焉。

夫布衣韦带之士，修身于内，成名于外，而使后世不绝息。至秦则不然。贵为天子，富有天下，赋敛重数，百姓任罢，赭衣半道，群盗满山，使天下之人戴目而视，倾耳而听。一夫大呼，天下响应者，陈胜是也。秦非徒如此也，起咸阳而西至雍，离宫三百，钟鼓帷帐，不移而具。又为阿房之殿，殿高数十仞，东西五里，南北千步，从车罗骑，四马骛驰，旌旗不桡。为宫室之丽至于此，使其后世曾不得聚庐而托处焉。为驰道于天下，东穷燕齐，南极吴楚，江湖之上，濒海之观毕至。道广五十步，三丈而树，厚筑其外，隐以金椎，树以青松。为驰道之丽至于此，使其后世曾不得邪径而托足焉。死葬乎骊山，吏徒数十万人，旷日十年。下彻三泉合采金石，冶铜锢其内，漆涂其外，被以珠玉，饰以翡翠，中成观游，上成山林，为葬薶之侈至于此，使其后世曾不得蓬颗蔽冢而托葬焉。秦以熊罴之力，虎狼之心，蚕食诸侯，并吞海内，而不笃礼义，故天殃已加矣。臣昧死以闻，愿陛下少留意而详择其中。

臣闻忠臣之事君也，言切直则不用而身危，不切直则不可以明道，故切直之言，明主所欲急闻，忠臣之所以蒙死而竭知也。地之硗者，虽有善种，不能生焉；江皋河濒，虽有恶种，无不猥大。昔者夏商之季世，虽关龙逢、箕子、比干之贤，身死亡而道不用。文王之时，豪俊之士皆得竭其智，刍荛采薪之人皆得尽其力，此周之所以兴也。故地之美者善养禾，君之仁者善养士。雷霆之所击，无不摧折者；万钧之所压，无不糜灭者。今人主之威，非特雷霆也；势重，非特万钧也。开道而求谏，和颜色而受之，用其言而显其身，士犹恐惧而不敢自尽，又乃况于纵欲恣行暴虐，恶闻其过乎！震之以威，压之以重，则虽有尧舜之智，孟贲之勇，岂有不摧折者哉？如此，则人主不得闻其过失矣；弗闻，则社稷危矣。古者圣王之制，史在前书过失，工诵箴谏，瞽诵诗谏，公卿比谏，士传言谏，庶人谤于道，商旅议于市，然后君得闻其过失也。闻其过失而改之，见义而从之，所以永有天下也。天子之尊，四海之内，其义莫不为臣。然而养三老于大学，亲执酱而馈，执爵而酳，祝鲠在前，祝鲠在后，公卿奉杖，大夫进履，举贤以自辅弼，求修正之士使直谏。故以天子之尊，尊养三老，视孝也；立辅弼之臣者，恐骄也；置直谏之士者，恐不得闻其过也；学问至于刍荛者，求善无餍也；商人庶人诽谤已而改之，从善无不听也。

昔者，秦政力并万国，富有天下，破六国以为郡县，筑长城以为关塞。秦地之固，大小之势，轻重之权，其与一家之富，一夫之强，胡可胜计也！然而兵破于陈涉，地夺于刘氏者，何也？秦王贪狼暴虐，残贼天下，穷困万民，以适其欲也。昔者，周盖千八百国，以九州之民养千八百国之君，用民之力不过岁三日，什一而籍，君有余财，民有余力，而颂声作。秦皇帝以千八百国之民自养，力罢不能胜其役，财尽不能胜其求。一君之身耳，所以自养者驰骋弋猎之娱，天下弗能供也。劳罢者不得休息，饥寒者不得衣食，亡罪而死刑者无所告诉，人与之为怨，家与之为仇，故天下坏也。秦皇帝身在之时，天下已坏矣，而弗自知也。秦皇帝东巡狩，至会稽、琅邪，刻石著其功，自以为过尧舜统；县石铸钟虡，篩土筑阿房之宫，自以为万世有天下也。古者圣王作谥，三四十世耳，虽尧舜禹汤文武，累世广德以为子孙基业，无过二三十世者也。秦皇帝曰死而以谥法，是父子名号有时相袭也，以一至万，则世世不相复也，故死而号曰始皇帝，其次曰二世皇帝者，欲以一至万也。秦皇帝计其功德，度其后嗣，世世无穷，然身死才数月耳，天下四面而攻之，宗庙灭绝矣。

秦皇帝居灭绝之中而不自知者何也？天下莫敢告也。其所以莫敢告者何也？亡养老之义，亡辅弼之臣，亡进谏之士，纵恣行诛，退诽谤之人，杀直谏之士，是以道谀偷合苟容，比其德则贤于尧舜，课其功则贤于汤武，天下已溃而莫之告也。诗曰："匪言不能，胡此畏忌，听言则对，谮言则退。"此之谓也。又曰："济济多士，文王以宁。"天下未尝亡士也，然而文王独言以宁者何也？文王好仁则仁兴，得士而敬之则士用，用之有礼义。故不致其爱敬，则不能尽其心；不能尽其心，则不能尽其力；不能尽其力，则不能成其功。

故古之贤君于其臣也，尊其爵禄而亲之；疾则临视之亡数，死则往吊哭之，临其小敛大敛，已棺涂而后为之服锡衰麻绖，而三临其丧；未敛不饮酒食肉，未葬不举乐，当宗庙之祭而死，为之废乐。故古之君人者于其臣也，可谓尽礼矣；服法服，端容貌，正颜色，然后见之。故臣下莫敢不竭力尽死以报其上，功德立于后世，而令闻不忘也。

今陛下念思祖考，术追厥功，图所以昭光洪业休德，使天下举贤良方正之士，天下皆䜣䜣焉，曰将兴尧舜之道，三王之功矣。天下之士莫不精白以承休德。今方正之士皆在朝廷矣，又选其贤者使为常侍诸吏，与之驰驱射猎，一日再三出。臣恐朝廷之解驰，百官之堕于事也，诸侯闻之，又必怠于政矣。

陛下即位，亲自勉以厚天下，损食膳，不听乐，减外徭卫卒，止岁贡；省厩马以赋县传，去诸苑以赋农夫，出帛十万余匹以振贫民；礼高年，九十者一子不事，八十者二算不事；赐天下男子爵，大臣皆至公卿；发御府金赐大臣宗族，亡不被泽者；赦罪人，怜其亡发，赐之巾，怜其衣赭书其背，父子兄弟相见也而赐之衣。平狱缓刑，天下莫不说喜。是以元年膏雨降，五谷登，此天之所以相陛下也。刑轻于它时而犯法者寡，衣食多于前年而盗贼少，此天下之所以顺陛下也。臣闻山东吏布诏令，民虽老羸癃疾，扶杖而往听之，愿少须臾毋死，思见德化之成也。今功业方就，名闻方昭，四方乡风，今从豪俊之臣，方正之士，直与之日日猎射，击兔伐狐，以伤大业，绝天下之望，臣窃悼之。诗曰："靡不有初，鲜克有终。"臣不胜大愿，愿少衰射猎，以夏岁二月，定明堂，造太学，修先王之道。风行俗成，万世之基定，然后唯陛下所幸耳。古者大臣不媟，故君子不常见其齐严之色，肃敬之容。大臣不得与宴游，方正修洁之士不得从射猎，使皆务其方以高其节，则群臣莫敢不正身修行，尽心以称大礼。如此，则陛下之道尊敬，功业施于四海，垂于万世子孙矣。诚不如此，则行日坏而荣日灭矣。夫士修之于家，而坏之于天子之廷，臣窃愍之。陛下与众臣宴游，与大臣方正朝廷论议。夫游不失乐，朝不失礼，议不失计，轨事之大者也。《汉书》卷五十一《贾山传》，第2327~2336页。

马端临《文献通考》卷三十三节录此文，并按云：山之言，固善矣。然古者内外庭不分人主，出人起居，皆与贤士大夫游。故文帝视朝而受郎官止辇之言，驰坂而受爰盎揽辔之谏，盖使其日侍左右，得以随事纳规，则未为无补，乃盛世事也。至武帝时，侍中分掌乘舆、服物，下至亵器、虎子之属。孔安国以儒者为侍中，特听掌御唾壶，则其媟慢已甚。然有臣如汲长孺，则帝虽雄暴，而所以礼遇之者，特出丞相大将军之上。盖所以取重者，存乎其人，固不因亲近而遂至于玩狎也。后世此意不存，人主亲士大夫之时少，亲宦官、宫妾之时多，虽辅弼股肱之臣，亦不过质明趋朝，鞠躬屏息，搢笏奏事，卑卑而前，数语即退。而所与游处亲密者，皆嬖倖近习之流耳。况贤良方正之士，脱迹草莱而观光上国，其视黄屋之后尘、重瞳之晬表，远在云霄之上，势分隔而情意日疏，等威严而震怖易起，所谓临轩详延之事，特具文耳，安得如汉世之日近清光，而得以时效忠说乎？然则山所言，愿少弛击狐伐兔之事，而讲求立经陈纪之计，诚为至当之论；至谓必使大臣不得预宴游，方正修洁之士不得从射猎，然后可以建功业，则非古义也。又曰"夫士修之于家，而坏之于天子之廷"。夫所谓贤良方正者，取其能直言极谏，以剸切上躬耳。今反为人主宴游、射猎所盩而坏之，则何以谓之贤良方正乎？汲黯、魏征之流，岂以日侍游猎之故，而遂不能正其身，高其节乎？《文献通考》卷三十三《选举考六·贤良方正》，第309页。

举贤良方正能直言极谏者诏 十五年九月

汉文帝

九月，诏诸侯王、公卿、郡守举贤良能直言极谏者，上亲策之，傅纳以言。① 《汉书》卷四《文帝纪》，第127页；《西汉会要》卷四十四。

汉文帝十五年九月"贤良"科制策

策问

汉文帝

昔者大禹勤求贤士，施及方外，四极之内，舟车所至，人迹所及，靡不闻命，以辅其不逮；近者献其明，远者通厥聪，比善戮力，以翼天子。是以大禹能亡失德，夏以长楙。高皇帝亲除大害，去乱从，并建豪英，以为官师，为谏争，辅天子之阙，而翼戴汉宗也。赖天之灵，宗庙之福，方内以安，泽及四夷。今朕获执天子之正，以承宗庙之祀，朕既不德，又不敏，明弗能烛，而智不能治，此大夫之所著闻也。故诏有司、诸侯王、三公、九卿及主郡吏，各帅其志，以选贤良明于国家之大体，通于人事之终始，及能直言极谏者，各有人数，将以匡朕之不逮。二三大夫之行当此三道，朕甚嘉之，故登大夫于朝，亲谕朕志。大夫其上三道之要，及永惟朕之不德，吏之不平，政之不宣，民之不宁，四者之阙，悉陈其志，毋有所隐。上以荐先帝之宗庙，下以兴愚民之休利，著之于篇，朕亲览焉，观大夫所以佐朕，至与不至。书之，周之密之，重之闭之。兴自朕躬，大夫其正论，毋枉执事，乌乎，戒之！二三大夫其帅志毋怠！"《汉书》卷四十九《晁错传》，第2290页；《两汉诏令》卷四。

对策

晁　错

平阳侯臣窋、汝阴侯臣竈、颍阴侯臣何、廷尉臣宜昌、陇西太守臣昆邪，所选贤良

---

① 秦蕙田《五礼通考》卷一百七十三案：此天子亲策之士之始。

太子家令臣晁错，昧死再拜言：

　　臣窃闻古之贤主莫不求贤以为辅翼，故黄帝得力牧而为五帝先，大禹得咎繇而为三王祖，齐桓得管子而为五伯长。今陛下讲于大禹及高皇帝之建豪英也，退托于不明，以求贤良，让之至也。臣窃观上世之传，若高皇帝之建功业，陛下之德厚而得贤佐，皆有司之所览，刻于玉版，藏于金匮，历之春秋，纪之后世，为帝者祖宗，与天地相终。今臣窑等乃以臣错充赋，甚不称明诏求贤之意。臣错草茅臣，亡识知，昧死上愚对，曰：

　　诏策曰"明于国家大体"，愚臣窃以古之五帝明之。臣闻五帝神圣，其臣莫能及，故自亲事，处于法宫之中，明堂之上；动静上配天，下顺地，中得人。故众生之类亡不覆也，根著之徒亡不载也；烛以光明，亡偏异也；德上及飞鸟，下至水虫草木诸产，皆被其泽。然后阴阳调，四时节，日月光，风雨时，膏露降，五谷熟，妖孽灭，贼气息，民不疾疫，河出图，洛出书，神龙至，凤鸟翔，德泽满天下，灵光施四海。此谓配天地，治国大体之功也。

　　诏策曰"通于人事终始"，愚臣窃以古之三王明之。臣闻三王臣主俱贤，故合谋相辅，计安天下，莫不本于人情。人情莫不欲寿，三王生而不伤也；人情莫不欲富，三王厚而不困也；人情莫不欲安，三王扶而不危也；人情莫不欲逸，三王节其力而不尽也。其为法令也，合于人情而后行之；其动众使民也，本于人事然后为之。取人以已，内恕及人。情之所恶，不以强人；情之所欲，不以禁民。是以天下乐其政，归其德，望之若父母，从之若流水，百姓和亲，国家安宁，名位不失，施及后世。此明于人情终始之功也。

　　诏策曰"直言极谏"，愚臣窃以五伯之臣明之。臣闻五伯不及其臣，故属之以国，任之以事。五伯之佐之为人臣也，察身而不敢诬，奉法令不容私，尽心力不敢矜，遭患难不避死，见贤不居其上，受禄不过其量，不以亡能居尊显之位。自行若此，可谓方正之士矣。其立法也，非以苦民伤众而为之机陷也，以之兴利除害，尊主安民而救暴乱也。其行赏也，非虚取民财妄予人也，以劝天下之忠孝而明其功也。故功多者赏厚，功少者赏薄。如此，敛民财以顾其功，而民不恨者，知与而安已也。其行罚也，非以忿怒妄诛而从暴心也，以禁天下不忠不孝而害国者也。故辠大者罚重，辠小者罚轻。如此，民虽伏罪至死而不怨者，知罪罚之至，自取之也。立法若此，可谓平正之吏矣。法之逆者，请而更之，不以伤民；主行之暴者，逆而复之，不以伤国。救主之失，补主之过，扬主之美，明主之功，使主内亡邪辟之行，外无骞污之名。事君若此，可谓直言极谏之士矣。此五伯之所以德匡天下，威正诸侯，功业甚美，名声章明。举天下之贤主，五伯与焉，此身不及其臣而使得直言极谏补其不逮之功也。今陛下人民之众，威武之重，德惠之厚，令行禁止之势，万万于五伯，而赐愚臣策曰"匡朕之不逮"，愚臣何足以识陛下之高明而奉承之！

　　诏策曰："吏之不平，政之不宣，民之不宁"，愚臣窃以秦事明之。臣闻秦始并天下之时，其主不及三王，而臣不及其佐。然功力不迟者，何也？地形便，山川利，财用足，民利战。其所与并者六国，六国者，臣主皆不肖，谋不辑，民不用，故当此之时，秦最富强。夫国富强而邻国乱者，帝王之资也，故秦能兼六国，立为天子。当此之时，三王之功不能进焉。及其末途之衰也，任不肖而信谗贼；宫室过度，嗜欲亡极，民力罢尽，赋敛不节，矜奋自贤，群臣恐谀，骄溢纵恣，不顾患祸；妄赏以随喜意，妄诛以快怒心，法令烦憯，刑罚暴酷，轻绝人命，身自射杀，天下寒心，莫安其处。奸邪之吏，乘其乱法，以成其威，狱官主断，生杀自恣。上下瓦解，各自为制。秦始乱之时，吏之所先侵者，贫人贱民也；至其中节，所侵者富人吏家也；及其末途，所侵者宗室大臣也。是故亲疏皆危，外内咸怨，离散逋逃，人有走心。陈胜先倡，天下大溃，绝祀亡世，为异姓福。此吏不平，政不宣，民不宁之祸也。今陛下配天象地，覆露万民，绝秦之迹，除其乱法；躬亲本事，废去淫末；除苛解娆，宽大爱人；肉刑不用，罪人亡帑；非谤不治，铸钱者除；通关去塞，不孽诸侯；宾礼长老，爱恤少孤；皋人有期，后宫出嫁；尊赐孝悌，农民不租；明诏军师，爱士大夫；求进方正，废退奸邪；除去阴刑，害民者诛；忧劳百姓，列侯就都；亲耕节用，视民不奢。所为天下兴利除害，变法易故，以安海内者，大功数十，皆上世之所难及，陛下行之，道纯德厚，元元之民幸矣。

诏策曰"永惟朕之不德"，愚臣不足以当之。

诏策曰"悉陈其志，毋有所隐"，愚臣窃以五帝之贤臣明之。臣闻五帝其臣莫能及，则自亲之；三王臣主俱贤，则共忧之；五伯不及其臣，则任使之。此所以神明不遗，而圣贤不废也，故各当其世而立功德焉。《传》曰："往者不可及，来者犹可待，能明其世者谓之天子"，此之谓也。窃闻战不胜者易其地，民贫穷者变其业。今以陛下神明德厚，资财不下五帝，临制天下，至今十有六年，民不益富，盗贼不衰，边境未安，其所以然，意者陛下未之躬亲，而待群臣也。今执事之臣皆天下之选已，然莫能望陛下清光，譬之犹五帝之佐也。陛下不自躬亲，而待不望清光之臣，臣窃恐神明之遗也。日损一日，岁亡一岁，日月益暮，盛德不及究于天下，以传万世，愚臣不自度量，窃为陛下惜之。昧死上狂惑草茅之愚。臣言唯陛下裁择。《汉书》卷四十九《晁错传》，第2291～2299页。

马端临按曰：《晁错传》言：文帝时，诏有司举贤良文学士，错在选中。对策者百余人，惟错为高第，迁中大夫。错未举贤良时，已为太子家令，上书言事，帝赐玺书宠答曰："皇帝问太子家令：上书言兵体三章，闻之。书言：'狂夫之言，而明主择焉。'今则不然。言者不狂，而择者不明，国之大患，故在于此。使夫不明择于不狂，是以万听而万不当也。"则帝于言事之微臣，所以尊崇之者至矣，未尝有媟慢之意，如山所言也。制策略谓："朕之不德，吏之不平，政之不宣，民之不宁，四者之阙，悉陈其志，毋有所隐。上以荐先帝之宗庙，下以兴愚民之休利，著之于篇，朕亲览焉。观大夫所以佐朕，至与不至，书之，周之密之，重之闭之，兴自朕躬，大夫其正论，毋枉执事。呜呼，戒之！二三大夫其帅志毋怠！"则其所以虚心诏访者，尤为恳恻。然观错所对，言"五帝神圣，其臣莫及，陛下神明德厚，不下五帝，执事之臣莫能望清光，陛下不自躬亲，而待不望清光之臣，臣窃恐神明之遗也。"大概皆导谀纳诏之言，殊辜帝孜孜访求之本意，反不如为太子家令时所言劝农、备边之策为确实也。错在高第而所对如此，则其余百余人者可知。然则贤良方正负文帝，帝未尝负贤良方正也。《文献通考》卷三十三《选举考六·贤良方正》，第309页。

举贤良方正直言极谏者诏 建元元年十月

汉武帝

建元元年冬十月,诏丞相、御史、列侯、中二千石、二千石、诸侯相举贤良方正直言极谏之士。丞相绾奏:"所举贤良,或治申、商、韩非、苏秦、张仪之言,乱国政,请皆罢。"奏可。《汉书》卷六《武帝纪》,第155~156页;《西汉会要》卷四十四。

马端临按曰:帝即位,举贤良文学之士,前后百数,而董仲舒以贤良对策仲舒,孝景时为博士。天子览其对而异焉,乃复策之,对毕,复策之,遂以为江都相。辕固,帝初即位时,以贤良徵,诸儒嫉毁,言固老,罢归之。

帝初即位,诏天下举方正贤良文学材力之士,待以不次之位。四方士多上事,言得失,自炫鬻者以千数,其不足采者,辄报闻罢。

丞相绾奏:"所举贤良,或治申、商、韩非、苏秦、张仪之言,乱国政,请皆罢。"奏可。

先公曰:"此行仲舒之言也,卫绾特使之书奏耳。建白大义,岂绾所能辨哉!武帝年未二十,而奋然知所决择如此,可谓英主矣。然辕固以老而见弃,庄助以容悦见录,仲舒虽殷勤三策,而不能引以自近也。以举贤良一事考之,帝终身之得失皆可推矣。"《文献通考》卷三十三《选举考六·贤良方正》,第309~310页。

东方朔自荐贤良方正(题拟)

班 固

东方朔字曼倩,平原厌次人也。武帝初即位,征天下举方正贤良文学材力之士,待以不次之位,四方士多上书言得失,自炫鬻者以千数,其不足采者辄报闻罢。朔初来,上书曰:"臣朔少失父母,长养兄嫂。年十三学书,三冬文史足用。十五学击剑。十六学《诗》《书》,诵二十二万言。十九学孙吴兵法,战阵之具,钲鼓之教,亦诵二十二万言。凡臣朔固已诵四十四万言。又常服子路之言。臣朔年二十二,长九尺三寸,目若悬珠,齿若编贝,勇若孟贲,捷若庆忌,廉若鲍叔,信若尾生。若此,可以为天子大臣矣。臣朔昧死,再拜以闻。"朔文辞不逊,高自称誉,上伟之,令待诏公车,奉禄薄,未得省见。《汉书》卷六十五《东方朔传》,第2841页。

举贤良诏 元光元年五月

汉武帝

五月,诏贤良曰:"朕闻昔在唐虞,画象而民不犯,日月所烛,莫不率俾。周之成、康,刑错不用,德及鸟兽,教通四海。海外肃眘,北发渠搜,氐羌徕服。星辰不孛,日月不蚀,山陵不崩,川谷不塞。麟凤在郊薮,河洛出图书。呜呼,何施而臻此与!今朕获奉宗庙,夙兴以求,夜寐以思,若涉渊水,未知所济。猗与伟与!何行而可以章先帝之洪业休德,上参尧舜,下配三王!朕之不敏,不能远德,此子大夫之所睹闻也。贤良明于古今王事之体,受策察问,咸以书对,著之于篇,朕亲览焉。"《汉书》卷六《武帝纪》,第 160~161 页;《两汉诏令》卷六;《西汉会要》卷四十四。

元光元年五月"贤良"科制策

第一策策问
汉武帝

朕获承至尊休德,传之亡穷,而施之罔极,任大而守重,是以夙夜不遑康宁,永惟万事之统,犹惧有阙。故广延四方之豪隽,郡国诸侯公选贤良修洁博习之士,欲闻大道之要,至论之极。今子大夫褎然为举首,朕甚嘉之。子大夫其精心致思,朕垂听而问焉。

盖闻五帝三王之道,改制作乐而天下洽和,百王同之。当虞氏之乐莫盛于《韶》,于周莫盛于《勺》。圣王已没,钟鼓管弦之声未衰,而大道微缺,陵夷至乎桀、纣之行,王道大坏矣。夫五百年之间,守文之君,当途之士,欲则先王之法以戴翼其世者甚众,然犹不能反,日以仆灭,至后王而后止,岂其所持操或悖缪而失其统欤?固天降命不可复反,必推之于大衰而后息欤?呜呼!凡所为屑屑,夙兴夜寐,务法上古者,又将无补欤?三代受命,其符安在?灾异之变,何缘而起?性命之情,或夭或寿,或仁或鄙,习闻其号,未烛厥理。伊欲风流而令行,刑轻而奸改,百姓和乐,政事宣昭,何修何饬而膏露降,百谷登,德润四海,泽臻草木,三光全,寒暑平,受天之祜,享鬼神之灵,德泽洋溢,施乎方外,延及群生?

子大夫明先圣之业,习俗化之变,终始之序,讲闻高谊之日久矣,其明以谕朕。科别其条,勿猥勿并,取之于术,慎其所出。乃其不正不直,不忠不极,枉于执事,书之不泄,兴于朕躬,毋悼后害。子大夫其尽心,靡有所隐,朕将亲览焉。《汉书》卷五十六《董仲舒传》,第 2495~2498 页。

对策
董仲舒

陛下发德音,下明诏,求天命与情性,皆非愚臣之所能及也。臣谨案《春秋》之中,视前世已行之事,以观天人相与之际,甚可畏也。国家将有失道之败,而天乃先出灾害以谴告之,不知自省,又出怪异以警惧之,尚不知变,而伤败乃至。以此见天心之仁爱人君而欲止其乱也。自非大亡道之世者,天尽欲扶持而全安之,事在强勉而已矣。

强勉学问，则闻见博而知益明；强勉行道，则德日起而大有功：此皆可使还至而立有效者也。《诗》曰"夙夜匪懈"，《书》云"茂哉茂哉"，皆强勉之谓也。

道者，所由适于治之路也，仁义礼乐皆其具也。故圣王已没，而子孙长久安宁数百岁，此皆礼乐教化之功也。王者未作乐之时，乃用先王之乐宜于世者，而以深入教化于民。教化之情不得，雅颂之乐不成，故王者功成作乐，乐其德也。乐者，所以变民风，化民俗也；其变民也易，其化人也著。故声发于和而本于情，接于肌肤，藏于骨髓。故王道虽微缺，而筦弦之声未衰也。夫虞氏之不为政久矣，然而乐颂遗风犹有存者，是以孔子在齐而闻《韶》也。夫人君莫不欲安存而恶危亡，然而政乱国危者甚众，所任者非其人，而所由者非其道，是以政日以仆灭也。夫周道衰于幽、厉，非道亡也，幽、厉不由也。至于宣王，思昔先王之德，兴滞补弊，明文武之功业，周道粲然复兴，诗人美之而作，上天祐之，为生贤佐，后世称诵，至今不绝。此夙夜不懈行善之所致也。孔子曰"人能弘道，非道弘人"也。故治乱废兴在于己，非天降命不可得反，其所操持誖缪失其统也。

臣闻天之所大奉使之王者，必有非人力所能致而自至者，此受命之符也。天下之人同心归之，若归父母，故天瑞应诚而至。《书》曰"白鱼入于王舟，有火复于王屋，流为乌"，此盖受命之符也。周公曰"复哉复哉"，孔子曰"德不孤，必有邻"，皆积善累德之效也。及至后世，淫佚衰微，不能统理群生，诸侯背畔，残贼良民以争壤土，废德教而任刑罚。刑罚不中，则生邪气；邪气积于下，怨恶畜于上。上下不和，则阴阳缪盭而妖孽生矣。此灾异所缘而起也。

臣闻命者天之令也，性者生之质也，情者人之欲也。或夭或寿，或仁或鄙，陶冶而成之，不能粹美，有治乱之所生，故不齐也。孔子曰："君子之德风，小人之德草，草上之风必偃。"故尧、舜行德则民仁寿，桀、纣行暴则民鄙夭。夫上之化下，下之从上，犹泥之在钧，唯甄者之所为；犹金之在镕，唯冶者之所铸。"绥之斯来，动之斯和"，此之谓也。

臣谨案《春秋》之文，求王道之端，得之于正。正次王，王次春。春者，天之所为也；正者，王之所为也。其意曰：上承天之所为，而下以正其所为，正王道之端云尔。然则王者欲有所为，宜求其端于天。天道之大者在阴阳。阳为德，阴为刑；刑主杀而德主生。是故阳常居大夏，而以生育养长为事；阴常居大冬，而积于空虚不用之处。以此见天之任德不任刑也。天使阳出布施于上而主岁功，使阴入伏于下而时出佐阳；阳不得阴之助，亦不能独成岁。终阳以成岁为名，此天意也。王者承天意以从事，故任德教而不任刑。刑者不可任以治世，犹阴之不可任以成岁也。为政而任刑，不顺于天，故先王莫之肯为也。今废先王德教之官，而独任执法之吏治民，毋乃任刑之意欤！孔子曰："不教而诛谓之虐。"虐政用于下，而欲德教之被四海，故难成也。

臣谨案《春秋》谓一元之意，一者万物之所从始也，元者辞之所谓大也。谓一为元者，视大始而欲正本也。《春秋》深探其本，而反自贵者始。故为人君者，正心以正朝廷，正朝廷以正百官，正百官以正万民，正万民以正四方。四方正，远近莫敢不一于正，而亡有邪气奸其间者。是以阴阳调而风雨时，群生和而万民殖，五谷熟而草木茂，天地之间被润泽而大丰美，四海之内闻盛德而皆徕臣，诸福之物，可致之祥，莫不毕至，而王道终矣。

孔子曰："凤鸟不至，河不出图，吾已矣夫！"自悲可致此物，而身卑贱不得致也。今陛下贵为天子，富有四海，居得致之位，操可致之势，又有能致之资，行高而恩厚，知明而意美，爱民而好士，可谓谊主矣。然而天地未应而美祥莫至者，何也？凡以教化不立而万民不正也。夫万民之从利也，如水之走下，不以教化堤防之，不能止也。是故教化立而奸邪皆止者，其堤防完也；教化废而奸邪并出，刑罚不能胜者，其堤防坏也。古之王者明于此，是故南面而治天下，莫不以教化为大务。立大学以教于国，设庠序以化于邑，渐民以仁，摩民以谊，节民以礼，故其刑罚甚轻而禁不犯者，教化行而习俗美也。

圣王之继乱世也，扫除其迹而悉去之，复修教化而崇起之。教化已明，习俗已成，子孙循之，行五六百岁尚未败也。至周之末世，大为亡道，以失天下。秦继其后，独不能改，又益甚之，重禁文学，不得挟书，弃捐礼谊而恶闻之，其心欲尽灭先王之道，而颛为自恣苟简之治，故立为天子十四岁而国破亡矣。自古以来，未尝有以乱济乱，大败天下之民如秦者也。其遗毒余烈，至今未灭，使习俗薄恶，人民嚚顽，抵冒殊扞，孰烂如此之甚者也！孔子曰："腐朽之木不可雕也，粪土之墙不可圬也。"今汉继秦之后，如朽木、粪墙矣，虽欲善治之，亡可奈何。法出而奸生，令下而诈起，如以汤止沸，抱薪救火，愈甚亡益也。窃譬之琴瑟不调，甚者必解而更张之，乃可鼓也；为政而不行，甚者必变而更化之，乃可理也。当更张而不更张，虽有良工不能善调也；当更化而不更化，虽有大贤不能善治也。故汉得天下以来，常欲善治而至今不可善治者，失之于当更化而不更化也。古人有言曰："临渊羡鱼，不如退而结网。"今临政而愿治七十余岁矣，不如退而更化；更化则可善治，善治则灾害日去，福禄日来。《诗》云："宜民宜人，受禄于天。"为政而宜于民者，固当受禄于天。夫仁谊礼智信五常之道，王者所当修饬也。五者修饬，故受天之佑，而享鬼神之灵，德施于方外，延及群生也。《汉书》卷五十六《董仲舒传》，第 2498～2505 页。

第二策策问

汉武帝

盖闻虞舜之时，游于岩廊之上，垂拱无为，而天下太平。周文王至于日昃不暇食，而宇内亦治。夫帝王之道，岂不同条共贯欤？何逸劳之殊也？盖俭者不造玄黄旌旗之饰。及至周室，设两观，乘大路，朱干玉戚，八佾陈于庭，而颂声兴。夫帝王之道岂异指哉？或曰"良玉不琢"，又曰"非文无以辅德"，二端异焉。

殷人执五刑以督奸，伤肌肤以惩恶。成、康不式，四十余年天下不犯，囹圄空虚。秦国用之，死者甚众，刑者相望，耗矣哀哉！

呜呼！朕夙寤晨兴，惟前帝王之宪，永思所以奉至尊，章洪业，皆在力本任贤。今朕亲耕藉田以为农先，劝孝弟，崇有德，使者冠盖相望，问勤劳，恤孤独，尽思极神，功烈休德未始云获也。今阴阳错缪，氛气充塞，群生寡遂，黎民未济，廉耻贸乱，贤不肖浑淆，未得其真，故详延特起之士，意庶几乎！今子大夫待诏百有余人，或道世务而未济，稽诸上古之不同，考之于今而难行，毋乃牵于文系而不得骋欤？将所由异术，所闻殊方欤？各悉对，著于篇，毋讳有司。明其指略，切磋究之，以称朕意。《汉书》卷五十六《董仲舒传》，第2506~2507页。

对策
董仲舒

臣闻尧受命，以天下为忧，而未以位为乐也，故诛逐乱臣，务求贤圣，是以得舜、禹、稷、卨、咎繇。众圣辅德，贤能佐职，教化大行，天下和洽，万民皆安仁乐谊，各得其宜，动作应礼，从容中道。故孔子曰"如有王者，必世而后仁"，此之谓也。尧在位七十载，乃逊于位以禅虞舜。尧崩，天下不归尧子丹朱而归舜。舜知不可辟，乃即天子之位，以禹为相，因尧之辅佐，继其统业，是以垂拱无为而天下治。孔子曰"《韶》尽美矣，又尽善矣"，此之谓也。至于殷纣，逆天暴物，杀戮贤知，残贼百姓。伯夷、太公皆当世贤者，隐处而不为臣。守职之人皆奔走逃亡，入于河海。天下耗乱，万民不安，故天下去殷而从周。文王顺天理物，师用贤圣，是以闳夭、大颠、散宜生等亦聚于朝廷。爱施兆民，天下归之，故太公起海滨而即三公也。当此之时，纣尚在上，尊卑昏乱，百姓散亡，故文王悼痛而欲安之，是以日昃而不暇食也。孔子作《春秋》，先正王而系万事，见素王之文焉。由此观之，帝王之条贯同，然而劳逸异者，所遇之时异也。孔子曰"《武》尽美矣，未尽善也"，此之谓也。

臣闻制度文采玄黄之饰，所以明尊卑，异贵贱，而劝有德也。故《春秋》受命所先制者，改正朔，易服色，所以应天也。然则宫室旌旗之制，有法而然者也。故孔子曰："奢则不逊，俭则固。"俭非圣人之中制也。臣闻良玉不琢，资质润美，不待刻琢，此亡异于达巷党人不学而自知也。然则常玉不琢，不成文章；君子不学，不成其德。

臣闻圣王之治天下也，少则习之学，长则材诸位，爵禄以养其德，刑罚以威其恶，故民晓于礼谊而耻犯其上。武王行大谊，平残贼，周公作礼乐以文之，至于成、康之隆，囹圄空虚四十余年，此亦教化之渐而仁谊之流，非独伤肌肤之效也。至秦则不然。师申商之法，行韩非之说，憎帝王之道，以贪狼为俗，非有文德以教训于天下也。诛名而不察实，为善者不必免，而犯恶者未必刑也。是以百官皆饰空言虚辞而不顾实，外有事君之礼，内有背上之心，造伪饰诈，趋利无耻；又好用憯酷之吏，赋敛亡度，竭民财力，百姓散亡，不得从耕织之业，群盗并起。是以刑者甚众，死者相望，而奸不息，俗化使然也。故孔子曰"导之以政，齐之以刑，民免而无耻"，此之谓也。

今陛下并有天下，海内莫不率服，广览兼听，极群下之知，尽天下之美，至德昭然,施于方外。夜郎、康居,殊方万里,说德归谊,此太平之致也。然而功不加于百姓者,殆王心未加焉。曾子曰:"尊其所闻,则高明矣;行其所知,则光大矣。高明光大,不在于它,在乎加之意而已。"愿陛下因用所闻,设诚于内而致行之,则三王何异哉!

陛下亲耕藉田以为农先,夙寤晨兴,忧劳万民,思惟往古,而务以求贤,此亦尧、舜之用心也。然而未云获者,士素不厉也。夫不素养士而欲求贤,譬犹不琢玉而求文采也。故养士之大者,莫大乎太学。太学者,贤士之所关也,教化之本原也。今以一郡一国之众,对亡应书者,是王道往往而绝也。臣愿陛下兴太学,置明师,以养天下之士,数考问以尽其材,则英俊宜可得矣。今之郡守、县令,民之师帅,所使承流而宣化也,故师帅不贤,则主德不宣,恩泽不流。今吏既亡教训于下,或不承用主上之法,暴虐百姓,与奸为市,贫穷孤弱,冤苦失职,甚不称陛下之意。是以阴阳错缪,氛气充塞,群生寡遂,黎民未济,皆长吏不明,使至于此也。

夫长吏多出于郎中、中郎、吏二千石子弟选郎吏,又以富訾,未必贤也。且古所谓功者,以任官称职为差,非所谓积日累久也。故小材虽累日,不离于小官;贤材虽未久,不害为辅佐。是以有司竭力尽知,务治其业而以赴功。今则不然。累日以取贵,积久以致官,是以廉耻贸乱,贤不肖浑殽,未得其真。臣愚以为使诸列侯、郡守、二千石各择其吏民之贤者,岁贡各二人以给宿卫,且以观大臣之能;所贡贤者有赏,所贡不肖者有罚。夫如是,诸侯、吏二千石皆尽心于求贤,天下之士可得而官使也。遍得天下之贤人,则三王之盛易为,而尧舜之名可及也。毋以日月为功,实试贤能为上,量材而授官,录德而定位,则廉耻殊路,贤不肖异处矣。陛下加惠,宽臣之罪,令勿牵制于文,使得切磋究之,臣敢不尽愚!《汉书》卷五十六《董仲舒传》,第 2508~2513 页。

第三策策问
汉武帝

盖闻"善言天者必有征于人,善言古者必有验于今"。故朕垂问乎天人之应,上嘉唐虞,下悼桀纣,浸微浸灭浸明浸昌之道,虚心以改。今子大夫明于阴阳所以造化,习于先圣之道业,然而文采未极,岂惑乎当世之务哉?条贯靡竟,统纪未终,意朕之不明欤?听若眩欤?夫三王之教所祖不同,而皆有失,或谓久而不易者道也,意岂异哉?今子大夫既已著大道之极,陈治乱之端矣,其悉之究之,孰之复之。《诗》不云乎,"嗟尔君子,毋常安息。神之听之,介尔景福。"朕将亲览焉,子大夫其茂明之。《汉书》卷五十六《董仲舒传》,第 2513~2514 页。

对策
董仲舒

臣闻《论语》曰:"有始有卒者,其惟圣人乎!"今陛下幸加惠,留听于承学之臣,复下明册,以切其意,而究尽圣德,非愚臣之所能具也。前所上对,条贯靡竟,统纪不终,辞不别白,指不分明,此臣浅陋之罪也。

策曰:"善言天者必有征于人,善言古者必有验于今。"臣闻天者群物之祖也。故遍覆包函而无所殊,建日月风雨以和之,经阴阳寒暑以成之。故圣人法天而立道,亦溥爱而亡私,布德施仁以厚之,设谊立礼以导之。春者天之所以生也,仁者君之所以爱也;夏者天之所以长也,德者君之所以养也;霜者天之所以杀也,刑者君之所以罚也。由此言之,天人之征,古今之道也。孔子作《春秋》,上揆之天道,下质诸人情,参之于古,考之于今。故《春秋》之所讥,灾害之所加也;《春秋》之所恶,怪异之所施也。书邦家之过,兼灾异之变,以此见人之所为,其美恶之极,乃与天地流通而往来相应,此亦言天之一端也。古者修教训之官,务以德善化民,民已大化之后,天下常亡一人之狱矣。今世废而不修,亡以化民,民以故弃行谊而死财利,是以犯法而罪多,一岁之狱以万千数。以此见古之不可不用也,故《春秋》变古则讥之。天令之谓命,命非圣人不行;质朴之谓性,性非教化不成;人欲之谓情,情非度制不节。是故王者上谨于承天意,以顺命也;下务明教化民,以成性也;正法度之宜,别上下之序,以防欲也:修此三者,而大本举矣。人受命于天,固超然异于群生,人有父子兄弟之亲,出有君臣上下之谊,会聚相遇,则有耆老长幼之施;粲然有文以相接,欢然有恩以相爱,此人之所以贵也。生五谷以食之,桑麻以衣之,六畜以养之,服牛乘马,圈豹槛虎,是其得天之灵,贵于物也。故孔子曰"天地之性人为贵。"明于天性,知自贵于物;知自贵于物,然后知仁谊;知仁谊,然后重礼节;重礼节,然后安处善;安处善,然后乐循理;乐循理,然后谓之君子。故孔子曰"不知命,亡以为君子",此之谓也。

策曰:"上嘉唐、虞,下悼桀、纣,浸微浸灭浸明浸昌之道,虚心以改。"臣闻众少成多,积小致巨,故圣人莫不以暗致明,以微致显。是以尧发于诸侯,舜兴乎深山,非一日而显也,盖有渐以致之矣。言出于己,不可塞也;行发于身,不可掩也。言行,治之大者,君子之所以动天地也。故尽小者大,慎微者著。《诗》云:"惟此文王,小心翼翼。"故尧兢兢日行其道,而舜业业日致其孝,善积而名显,德章而身尊,此其寖明寖昌之道也。积善在身,犹长日加益,而人不知也;积恶在身,犹火之销膏,而人不见也。非明乎情性察乎流俗者,孰能知之?此唐虞之所以得令名,而桀纣之可为悼惧者也。夫善恶之相从,如影响之应形声也。故桀、纣暴谩,谗贼并进,贤知隐伏,恶日显,国日乱,晏然自以如日在天,终陵夷而大坏。夫暴逆不仁者,非一日而亡也,亦以渐至,故桀、纣虽亡道,然犹享国十余年,此其寖微寖灭之道也。

策曰:"三王之教所祖不同,而皆有失,或谓久而不易者道也,意岂异哉?"臣闻夫乐而不乱复而不厌者谓之道;道者万世亡弊,弊者道之失也。先王之道必有偏而不起之处,故政有眊而不行,举其偏者以补其弊而已矣。三王之道所祖不同,非其相反,将以救溢扶衰,所遭之变然也。故孔子曰:"亡为而治者,其舜乎!"改正朔,易服色,以顺天命而已,其余尽循尧道,何更为哉!故王者有改制之名,亡变道之实。然夏上忠,殷上敬,周上文者,所继之救,当用此也。孔子曰:"殷因于夏礼,所损益可知也；周因于殷礼，所损益可知也。其或继周者，虽百世可知也。"此言百王之用，以此三者矣。夏因于虞，而独不言所损益者，其道如一而所上同也。道之大原出于天，天不变，道亦不变，是以禹继舜，舜继尧，三圣相受而守一道，亡救弊之政也，故不言其所损益也。由是观之，继治世者其道同，继乱世者其道变。今汉继大乱之后，若宜少损周之文致，用夏之忠者。

陛下有明德嘉道，愍世俗之靡薄，悼王道之不昭，故举贤良方正之士，论议考问，将欲兴仁谊之休德，明帝王之法制，建太平之道也。臣愚不肖，述所闻，诵所学，道师之言，仅能勿失耳。若乃论政事之得失，察天下之息耗，此大臣辅佐之职，三公九卿之任，非臣仲舒所能及也。然而臣窃有怪者。夫古之天下亦今之天下，今之天下亦古之天下，共是天下，古以大治，上下和睦，习俗美盛，不令而行，不禁而止，吏亡奸邪，民亡盗贼，囹圄空虚，德润草木，泽被四海，凤凰来集，麒麟来游，以古准今，一何不相逮之远也！安所缪盭而陵夷若是？意者有所失于古之道欤？有所诡于天之理欤？试迹之于古，反之于天，党可得见乎？

夫天亦有所分予，予之齿者去其角，傅其翼者两其足，是所受大者不得取小也。古之所予禄者，不食于力，不动于末，是亦受大者不得取小，与天同意者也。夫已受大，又取小，天不能足，而况人乎！此民之所以嚣嚣苦不足也。身宠而载高位，家温而食厚禄，因乘富贵之资力，以与民争利于下，民安能如之哉！是故众其奴婢，多其牛羊，广其田宅，博其产业，畜其积委，务此而亡已，以迫蹴民，民日削月朘，浸以大穷。富者奢侈羡溢，贫者穷急愁苦；穷急愁苦而上不救，则民不乐生；民不乐生，尚不避死，安能避罪！此刑罚之所以蕃而奸邪不可胜者也。故受禄之家，食禄而已，不与民争业，然后利可均布，而民可家足。此上天之理，而亦太古之道，天子之所宜法以为制，大夫之所当循以为行也。故公仪子相鲁，之其家见织帛，怒而出其妻，食于舍而茹葵，愠而拔其葵，曰："吾已食禄，又夺园夫红女利乎！"古之贤人君子在列位者皆如是，是故下高其行而从其教，民化其廉而不贪鄙。及至周室之衰，其卿大夫缓于谊而急于利，亡推让之风而有争田之讼。故诗人疾而刺之，曰："节彼南山，惟石岩岩，赫赫师尹，民具尔瞻。"尔好谊，则民向仁而俗善；尔好利，则民好邪而俗败。由是观之，天子大夫者，下民之所视效，远方之所四面而内望也。近者视而放之，远者望而效之，岂可以居贤人之位而为庶人行哉！夫皇皇求财利常恐乏匮者，庶人之意也；皇皇求仁义常恐不能化民者，大夫之意也。《易》曰："负且乘，致寇至。"乘车者君子之位也，负担者小人之事也，此言居君子之位而为庶人之行者，其患祸必至也。若居君子之位，当君子之行，则舍公仪休之相鲁，亡可为者矣。

《春秋》大一统者，天地之常经，古今之通谊也。今师异道，人异论，百家殊方，指意不同，是以上亡以持一统；法制数变，下不知所守。臣愚以为诸不在六艺之科孔子之术者，皆绝其道，勿使并进。邪辟之说灭息，然后统纪可一而法度可明，民知所从矣。《汉书》卷五十六《董仲舒传》，第2514～2523页。

元光五年五月"贤良文学"科制策

策问
汉武帝

盖闻上古至治,画衣冠,异章服,而民不犯;阴阳和,五谷登,六畜繁,甘露降,风雨时,嘉禾兴,朱草生,山不童,泽不涸;麟凤在郊薮,龟龙游于沼,河洛出图书;父不丧子,兄不哭弟;北发渠搜,南抚交趾,舟车所至,人迹所及,跂行喙息,咸得其宜。朕甚嘉之,今何道而臻乎此?子大夫修先圣之术,明君臣之义,讲论洽闻,有声乎当世,敢问子大夫:天人之道,何所本始?吉凶之效,安所期焉?禹、汤水旱,厥咎何由?仁义礼智四者之宜,当安设施?属统垂业,物鬼变化,天命之符,废兴何如?天文、地理、人事之纪,子大夫习焉。其悉意正议,详具其对,著之于篇,朕将亲览焉,靡有所隐。《汉书》卷五十八《公孙弘传》,第2613~2614页。

对策
公孙弘

臣闻上古尧、舜之时,不贵爵赏而民劝善,不重刑罚而民不犯,躬率以正而遇民信也;末世贵爵厚赏而民不劝,深刑重罚而奸不止,其上不正,遇民不信也。夫厚赏重刑未足以劝善而禁非,必信而已矣。是故因能任官,则分职治;去无用之言,则事情得;不作无用之器,则赋敛省;不夺民时,不妨民力,则百姓富;有德者进,无德者退,则朝廷尊;有功者上,无功者下,则群臣逡;罚当罪,则奸邪止;赏当贤,则臣下劝:凡此八者,治民之本也。故民者,业之即不争,理得则不怨,有礼则不暴,爱之则亲上,此有天下之急者也。故法不远义,则民服而不离;和不远礼,则民亲而不暴。故法之所罚,义之所去也;和之所赏,礼之所取也。礼义者,民之所服也,而赏罚顺之,则民不犯禁矣。故画衣冠,异章服,而民不犯者,此道素行也。

臣闻之,气同则从,声比则应。今人主和德于上,百姓和合于下,故心和则气和,气和则形和,形和则声和,声和则天地之和应矣。故阴阳和,风雨时,甘露降,五谷登,六畜蕃,嘉禾兴,朱草生,山不童,泽不涸,此和之至也。故形和则无疾,无疾则不夭,故父不丧子,兄不哭弟。德配天地,明并日月,则麟凤至,龟龙在郊,河出图,洛出书,远方之君莫不说义,奉币而来朝,此和之极也。

臣闻之,仁者爱也,义者宜也,礼者所履也,智者术之原也。致利除害,兼爱无私,谓之仁;明是非,立可否,谓之义;进退有度,尊卑有分,谓之礼;擅杀生之柄,通壅塞之途，权轻重之数，论得失之道，使远近情伪必见于上，谓之术：凡此四者，治之本，道之用也，皆当设施，不可废也。得其要，则天下安乐，法设而不用；不得其术，则主蔽于上，官乱于下。此事之情，属统垂业之本也。

臣闻尧遭洪水，使禹治之，未闻禹之有水也。若汤之旱，则桀之余烈也。桀、纣行恶，受天之罚；禹、汤积德，以王天下。因此观之，天德无私亲，顺之和起，逆之害生，此天文、地理、人事之纪。臣弘愚戇，不足以奉大对。《汉书》卷五十八《公孙弘传》，第 2613～2617 页。

马端临按：《武帝本纪》言元光元年策贤良，所载制策与《公孙弘传》所载文小异。弘对策在元光五年，而《本纪》又于制策之末称董仲舒、公孙弘出焉。按：仲舒对策在建元元年，俱不在元光元年，《本纪》误。

弘初以贤良征为博士，后罢归，再以贤良征，方对策。然则贤良之未对策者，亦可以为博士欤？董仲舒、辕固亦皆先为博士，后举贤良。

又按：西都贤良策之载于史者，晁、董、公孙、杜钦、谷永、杜邺而已。仲舒最醇正，又值武帝即位之始，初心清明，故异其对，而复再三询叩，得以罄其所学。弘素曲学，又值不称旨，罢免之余，宜其姑为平缓无忤之说以取容，自不足责。晁错知治体，善议论，非弘之比，又遇谦恭好问之主如文帝，且已尝受知，辱眷于太子家令，言事之时，又非如仲舒泛泛下僚，猝奉大对之比，乃谆复乎五帝神圣之说，赞颂不容口而略无建明，惜哉！钦、永阿王氏，论益卑矣。邺指陈外戚，讥切丁、傅，稍不负方正之名。王吉、贡禹之正大，朱云、何武之刚方，必有嘉论，惜史逸其传云。《文献通考》卷三十三《选举考六·贤良方正》，第 310 页。

察茂材异等诏_{元封五年四月}
汉武帝

盖有非常之功，必待非常之人，故马或奔踶而致千里，士或有负俗之累而立功名。夫泛驾之马，跅弛之士，亦在御之而已。其令州郡察吏民有茂材异等，可为将相及使绝国者。《汉书》卷六《武帝纪》，第 197 页；《两汉诏令》卷六。

举贤良诏_{始元元年九月}
汉昭帝

闰月，遣故廷尉王平等五人持节行郡国，举贤良，问民间疾苦、冤、失职者。《汉书》卷七《昭帝纪》，第 220 页。

举贤良文学诏_{始元五年六月}
汉昭帝

朕以眇身获保宗庙，战战栗栗，夙兴夜寐，修古帝王之事，通保傅，传《孝经》、

《论语》、《尚书》，未云有明。其令三辅、太常举贤良各二人，郡国文学高第各一人。赐中二千石以下至吏民爵各有差。《汉书》卷七《昭帝纪》，第223页；《两汉诏令》卷七；《西汉会要》卷四十四。

令有司问郡国所举贤良文学诏始元六年二月
汉昭帝

二月，诏有司问郡国所举贤良文学，民所疾苦。《汉书》卷七《昭帝纪》，第223页；

马端临按：有司者，丞相车千秋、御史大夫桑弘羊也；贤良、文学者，茂陵唐生、鲁国万生、中山刘子、九江祝生与其徒六十余人也。其建议之首曰："有诏书，使丞相、御史与所举贤良、文学语，问民间所疾苦。"文学对曰："窃闻治人之道，防淫泆之原，广道德之端，抑末利而开仁义，毋示以利，而后教化可兴，风俗可移也。今郡国有盐铁酒榷均输，与民争利，散敦厚之朴，成贪鄙之化，是以百姓就本者寡，趋末者众，愿悉罢之。"御史大夫桑弘羊难之，以为此国家大业，所以制四夷、安边足用之本，罢之不便。

又按：自孝文策晁错之后，贤良方正皆承亲策，上亲览而第其优劣。至孝昭，年幼未即政，故无亲策之事，乃诏有司问以民所疾苦。然所问者盐铁、均输、榷酤，皆当时大事，令建议之臣与之反覆诘难，讲究罢行之宜，卒从其说，为之罢榷酤。然则虽未尝亲奉大对，而其视上下姑相应以义理之浮文者，反为胜之。国家以科目取士，士以科目进身者，必如此然后为有益于人国耳。《文献通考》卷三十三《选举考六·贤良方正》，第310页。

举文学诏本始元年四月
汉宣帝

夏四月庚午，地震。诏内郡国举文学高等各一人。《汉书》卷八《宣帝纪》，第241页。

地震诏本始四年四月
汉宣帝

夏四月壬寅，郡国四十九地震，或山崩水出。诏曰："盖灾异者，天地之戒也。朕承洪业，奉宗庙，托于士民之上，未能和群生。乃者地震北海、琅邪，坏祖宗庙，朕甚惧焉。丞相、御史其与列侯、中二千石博问经学之士，有以应变，辅朕之不逮，毋有所讳。令三辅、太常、内郡国举贤良方正各一人。律令有可蠲除以安百姓，条奏。被地震坏败甚者，勿收租赋。"《汉书》卷八《宣帝纪》，第245页；《西汉会要》卷四十四。

赐鳏寡举贤良诏地节三年三月
汉宣帝

三年春三月，诏曰："盖闻有功不赏，有罪不诛，虽唐虞犹不能以化天下。今胶东相成劳来不息,流民自占八万余口,治有异等。其秩成中二千石,赐爵关内侯。"

又曰:"鳏寡孤独高年贫困之民,朕所怜也。前下诏假公田,贷种、食,其加赐鳏寡孤独高年帛。二千石严教吏谨视遇,毋令失职。"

令内郡国举贤良方正可亲民者。《汉书》卷八《宣帝纪》,第248~249页;《两汉诏令》卷八;《西汉会要》卷四十四。

贤良进言诏 地节三年十月
汉宣帝

冬十月,诏曰:"乃者九月壬申地震,朕甚惧焉。有能箴朕过失,及贤良方正直言极谏之士以匡朕之不逮,毋讳有司。朕既不德,不能附远,是以边境屯戍未息。今复饬兵重屯,久劳百姓,非所以绥天下也。其罢车骑将军,右将军屯兵。"《汉书》卷八《宣帝纪》,第249页;《两汉诏令》卷八;《西汉会要》卷四十四。

举孝悌等诏 地节三年十一月
汉宣帝

十一月,诏曰:"朕既不逮,导民不明,反侧晨兴,念虑万方,不忘元元。唯恐羞先帝圣德,故并举贤良方正以亲万姓,历载臻兹,然而俗化阙焉。《传》曰:'孝弟也者,其为仁之本与!'其令郡国举悌弟有行义闻于乡里者各一人。"《汉书》卷八《宣帝纪》,第250页;《两汉诏令》卷八。

博举吏民诏 元康元年八月
汉宣帝

秋八月,诏曰:"朕不明六艺,郁于大道,是以阴阳风雨未时。其博举吏民,厥身修正,通文学,明于先王之术,宣究其意者,各二人,中二千石各一人。"《汉书》卷八《宣帝纪》,第255页;《两汉诏令》卷八。

赦天下诏 初元二年三月
汉元帝

盖闻圣贤在位,阴阳和,风雨时,日月光,星辰静,黎庶康宁,考终厥命。今朕恭承天地,托于公侯之上,明不能烛,德不能绥,灾异并臻,连年不息。乃二月戊午,地震于陇西郡,毁落太上皇庙殿壁木饰,坏败豲道县城郭官寺及民室屋,压杀人众。山崩地裂,水泉涌出。天惟降灾,震惊朕师。治有大亏,咎至于斯。夙夜兢兢,不通大变,深惟郁悼，未知其序。间者岁数不登，元元困乏，不胜饥寒，以陷刑辟，朕甚悯之。郡国被地动灾甚者无出租赋。赦天下。有可蠲除减省以便万姓者，条奏，毋有所讳。丞相、御史、中二千石举茂材异等直言极谏之士，朕将亲览焉。《汉书》卷九《元帝纪》，第281~282页；《两汉诏令》卷九；《西汉会要》卷四十四。

日食举茂材贤良诏 永光二年三月

汉元帝

三月壬戌朔，日有蚀之，诏曰："朕战战栗栗，夙夜思过失，不敢荒宁。惟阴阳不调，未烛其咎。屡敕公卿，日望有效。至今有司执政，未得其中，施与禁切，未合民心。暴猛之俗弥长，和睦之道日衰，百姓愁苦，靡所错躬。是以氛邪岁增，侵犯太阳，正气湛掩，日久夺光。乃壬戌，日有蚀之，天见大异，以戒朕躬，朕甚悼焉。其令内郡国举茂材异等贤良直言之士各一人。《汉书》卷九《元帝纪》，第289页；《两汉诏令》卷九；《西汉会要》卷四十四。

求直言诏 永光四年六月

汉元帝

戊寅晦，日有蚀之。诏曰："盖闻明王在上，忠贤布职，则群生和乐，方外蒙泽。今朕晻于王道，夙夜忧劳，不通其理，靡瞻不眩，靡听不惑，是以政令多还，民心未得，邪说空进，事亡成功。此天下所著闻也。公卿大夫好恶不同，或缘奸作邪，侵削细民，元元安所归命哉！乃六月晦，日有蚀之，《诗》不云乎？'今此下民，亦孔之哀！'自今以来，公卿大夫其勉思天戒，慎身修永，以辅朕之不逮。直言尽意，无有所讳。"《汉书》卷九《元帝纪》，第291页；《两汉诏令》卷九；《西汉会要》卷四十四。

举贤良方正诏 建始二年二月

汉成帝

诏三辅内郡举贤良方正各一人。《汉书》卷十《成帝纪》，第305页；《西汉会要》卷四十四。

举贤良方正诏 建始三年十二月

汉成帝

冬十二月戊申朔，日有蚀之。夜，地震未央宫殿中。诏曰："盖闻天生众民，不能相治，为之立君以统理之。君道得，则草木昆虫咸得其所；人君不德，谪见天地，灾异屡发，以告不治。朕涉道日寡，举措不中，乃戊申日蚀地震，朕甚惧焉。公卿其各思朕过失，明白陈之。'女无面从，退有后言'。丞相、御史与将军、列侯、中二千石及内郡国举贤良方正能直言极谏之士，诣公车，朕将览焉。"《汉书》卷十《成帝纪》第307页；《两汉诏令》卷十；《西汉会要》卷四十四。

贤良方正制策[①] 建始三年

对策

谷 永

陛下秉至圣之纯德，惧天地之戒异，饬身修政，纳问公卿，又下明诏，帅举直言，燕见紬绎，以求咎愆，使臣等得造明朝，承圣问。臣材朽学浅，不通政事。窃闻明王即位，正五事，建大中，以承天心，则庶征序于下，日月理于上；如人君淫溺后宫，般乐游田，五事失于躬，大中之道不立，则咎征降而六极至。凡灾异之发，各象过失，以类告人。乃十二月朔戊申，日食婺女之分，地震萧墙之内，二者同日俱发，以丁宁陛下，厥咎不远，宜厚求诸身。意岂陛下志在闺门，未恤政事，不慎举错，屡失中与？内宠大盛，女不遵道，嫉妒专上，妨继嗣与？古之王者废五事之中，失夫妇之纪，妻妾得意，谒行于内，势行于外，至覆倾国家，或乱阴阳。昔褒姒用国，宗周以丧；阎妻骄扇，日以不臧。此其效也。经曰："皇极，皇建其有极。"传曰："皇之不极，是谓不建，时则有日月乱行。"

陛下践至尊之祚为天下主，奉帝王之职以统群生，方内之治乱，在陛下所执。诚留意于正身，勉强于力行，损燕私之闲以劳天下，放去淫溺之乐，罢归倡优之笑，绝却不享之义，慎节游田之虞，起居有常，循礼而动，躬亲政事，致行无倦，安服若性。经曰："继自今嗣王，其毋淫于酒，毋逸于游田，惟正之共。"未有身治正而臣下邪者也。

夫妻之际，王事纲纪，安危之机，圣王所致慎也。昔舜饬正二女，以崇至德；楚庄忍绝丹姬，以成伯功；幽王惑于褒姒，周德降亡；鲁桓胁于齐女，社稷以倾。诚修后宫之政，明尊卑之序，贵者不得嫉妒专宠，以绝骄嫚之端，抑褒、阎之乱，贱者咸得秩进，各得厥职，以广继嗣之统，息《白华》之怨，后宫亲属，饶之以财，勿与政事，以远皇父之类，损妻党之权，未有闺门治而天下乱者也。

治远自近始，习善在左右。昔龙管纳言，而帝命惟允；四辅既备，成王靡有过事。诚敕正左右齐栗之臣，戴金貂之饰、执常伯之职者，皆使学先王之道，知君臣之义，济济谨孚，无敖戏骄恣之过，则左右肃艾，群僚仰法，化流四方。经曰："亦惟先正克左右。"未有左右正而百官枉者也。

治天下者尊贤考功则治，简贤违功则乱。诚审思治人之术，欢乐得贤之福，论材选

[①] 按，此策问阙。

士，必试于职，明度量以程能，考功实以定德，无用比周之虚誉，毋听浸润之谮愬，则抱功修职之吏无蔽伤之忧，比周邪伪之徒不得即工，小人日销，俊艾日隆。经曰："三载考绩，三考黜陟幽明。"又曰："九德咸事，俊艾在官。"未有功赏得于前众贤布于官而不治者也。

尧遭洪水之灾，天下分绝为十二州，制远之道微而无乖畔之难者，德厚恩深，无怨于下也。秦居平土，一夫大呼而海内崩析者，刑罚深酷，吏行残贼也。夫违天害德，为上取怨于下，莫甚乎残贼之吏。诚放退残贼酷暴之吏锢废勿用，益选温良上德之士以亲万姓，平刑释冤以理民命，务省徭役，毋夺民时，薄收赋税，毋殚民财，使天下黎元咸安家乐业，不苦逾时之役，不患苛暴之政，不疾酷烈之吏，虽有唐尧之大灾，民无离上之心。经曰："怀保小人，惠于鳏寡。"未有德厚吏良而民畔者也。

臣闻灾异，皇天所以谴告人君过失，犹严父之明诫。畏惧敬改，则祸销福降；忽然简易，则咎罚不除。《经》曰："飨用五福，畏用六极。"《传》曰："六沴作见，若不共御，六罚既侵，六极其下。"今三年之间，灾异锋起，小大毕具，所行不享上帝，上帝不豫，炳然甚著。不求之身，无所改正，疏举广谋，又不用其言，是循不享之迹，无谢过之实也，天责愈深。此五者，王事之纲纪，南面之急务，唯陛下留神。《汉书》卷八十五《谷永传》，第3443～3450页。

对策①

杜　钦

陛下畏天命，悼变异，延见公卿，举直言之士，将以求天心，迹得失也。臣钦愚憨，经术浅薄，不足以奉大对。臣闻日蚀、地震，阳微阴盛也。臣者，君之阴也；子者，父之阴也；妻者，夫之阴也；夷狄者，中国之阴也。《春秋》日蚀三十六，地震五，或夷狄侵中国，或政权在臣下，或妇乘夫，或臣子背君父，事虽不同，其类一也。臣窃观人事以考变异，则本朝大臣无不自安之人，外戚亲属无乖刺之心，关东诸侯无强大之国，三垂蛮夷无逆理之节；殆为后宫。何以言之？日以戊申蚀，时加未。戊未，土也。土者，中宫之部也。其夜地震未央宫殿中，此必适妾将有争宠相害而为患者，唯陛下深戒之。变感以类相应，人事失于下，变象见于上。能应之以德，则异咎消亡；不能应之以善，则祸败至。高宗遭雊雉之戒，饬己正事，享百年之寿，殷道复兴，要在所以应之。应之非诚不立，非信不行。宋景公小国之诸侯耳，有不忍移祸之诚，出人君之言三，荧惑为之退舍。以陛下圣明，内推至诚，深思天变，何应而不感？何摇而不动？孔子曰：'仁远乎哉！'唯陛下正后妾，抑女宠，防奢泰，去佚游，躬节俭，亲万事，数御安车，由辇道，亲二宫之饔膳，致晨昏之定省。如此，即尧、舜不足与比隆，咎异何

---

① 按《汉书·杜钦传》："后有日蚀、地震之变，诏举贤良方正能直言士，合阳侯梁放举钦。钦上对曰"云云。兹事当在白虎观对策之前，然未详明年月，姑系于此。

足消灭！如不留听于庶事，不论材而授位，殚天下之财以奉淫侈，匮万姓之力以从耳目，近谄谀之人而远公方，信谗贼之臣以诛忠良，贤俊失在岩穴，大臣怨于不以，虽无变异，社稷之忧也。天下至大，万事至众，祖业至重，诚不可以佚豫为，不可以奢泰持也。唯陛下忍无益之欲，以全众庶之命。臣钦愚憨，言不足采。《汉书》卷六十《杜钦传》，第 2671~2672 页。

河平四年白虎殿"贤良"科制策

策问

汉成帝

天地之道何贵？王者之法何如？《六经》之义何上？人之行何先？取人之术何以？当世之治何务？各以经对。《汉书》卷六十《杜钦传》，第 2673 页；《两汉诏令》卷十。

对策

杜 钦

臣闻天道贵信，地道贵贞，不信不贞，万物不生。生，天地之所贵也，王者承天地之所生，理而成之，昆虫草木靡不得其所。王者法天地，非仁无以广施，非义无以正身；克己就义，恕以及人，六经之所上也。不孝，则事君不忠，莅官不敬，战陈无勇，朋友不信。孔子曰："孝无终始，而患不及者，未之有也。"孝，人行之所先也。观本行于乡党，考功能于官职，达观其所举，富观其所予，穷观其所不为，乏观其所不取，近观其所为，远观其所主。孔子曰："视其所以，观其所由，察其所安，人焉廋哉？"取人之术也。殷因于夏尚质，周因于殷尚文，今汉家承周秦之敝，宜抑文尚质，废奢长俭，表实去伪。孔子曰"恶紫之夺朱"，当世治之所务也。臣窃有所忧，言之则拂心逆指，不言则渐日长，为祸不细。然小臣不敢废道而求从，违忠而耦意。臣闻玩色无厌，必生好憎之心；好憎之心生，则爱宠偏于一人；爱宠偏于一人，则继嗣之路不广，而嫉妒之心兴矣。如此，则匹妇之说，不可胜也。惟陛下纯德普施，无欲是从，此则众庶咸说，继嗣日广，而海内长安，万事之是非何足备言！《汉书》卷六十《杜钦传》，第 2674 页。

令举可充博士者诏 阳朔二年九月

汉成帝

古之立太学，将以传先王之业，流化于天下也。儒林之官，四海渊源，宜皆明于古今，温故知新，通达国体，故谓之博士。否则学者无述焉，为天下所轻，非所以尊道德也。"工欲善其事，必先利其器"。丞相、御史其与中二千石、二千石杂举可充博士位者，使卓然可观。《汉书》卷十《成帝纪》，第313页；《两汉诏令》卷十。

令举敦厚有行义能直言诏鸿嘉二年三月

汉成帝

古之选贤，敷纳以言，明试以功，故官无废事，下无逸民，教化流行，风雨和时，百谷用成，众庶乐业，咸以康宁。朕承鸿业十有余年，数遭水旱疾疫之灾，黎民屡困于饥寒，而望礼义之兴，岂不难哉！朕既无以率道，帝王之道日以陵夷，意乃招贤选士之路郁滞而不通与，将举者未得其人也？其举敦厚有行义能直言者，冀闻切言嘉谋，匡朕之不逮。《汉书》卷十《成帝纪》，第317页；《两汉诏令》卷十。

日蚀赦天下诏元寿元年正月

汉哀帝

元寿元年春正月辛丑朔，日有蚀之。诏曰："朕获保宗庙，不明不敏，宿夜忧劳，未惶宁息。惟阴阳不调，元元不赡，未睹厥咎。屡敕公卿，庶几有望。至今有司执法，未得其中，或上暴虐，假势获名，温良宽柔，陷于亡灭。是故残贼弥长，和睦日衰，百姓愁怨，靡所错躬。乃正月朔，日有蚀之，厥咎不远，在余一人。公卿大夫其各悉心勉帅百寮，敦任仁人，黜远残贼，期于安民。陈朕之过失，无有所讳。其与将军、列侯、中二千石举贤良方正能直言者各一人。大赦天下。"《汉书》卷十一《哀帝纪》，第343页；《两汉诏令》卷十一；《西汉会要》卷四十四。

对策①

杜邺

臣闻禽息忧国，碎首不恨；卞和献宝，刖足愿之。臣幸得奉直言之诏，无二者之危，敢不极陈！臣闻阳尊阴卑，卑者随尊，尊者兼卑，天之道也。是以男虽贱，各为其家阳；女虽贵，犹为其国阴。故礼明三从之义，虽有文母之德，必系于子。《春秋》不书纪侯之母，阴义杀也。昔郑伯随姜氏之欲，终有叔段篡国之祸；周襄王内迫惠后之难，而遭居郑之危。汉兴，吕太后权私亲属，又以外孙为孝惠后，是时继嗣不明，凡事多暗，昼昏冬雷之变，不可胜载。窃见陛下行不偏之政，每事约俭，非礼不动，诚欲正身与天下更始也。然嘉瑞未应，而日食、地震，民讹言行筹，传相惊恐。案《春秋》

---

① 是年策问失载，据《汉书·杜邺传》，邺应贤良在元寿元年正月，故系于此。

灾异，以指象为言语，故在于得一类而达之也。日食，明阳为阴所临，《坤卦》乘《离》，《明夷》之象也。《坤》以法地，为土为母，以安静为德。震，不阴之效也。占象甚明，臣敢不直言其事！

昔曾子问从令之义，孔子曰："是何言与！"善闵子骞守礼不苟，从亲所行，无非理者，故无可间也。前大司马新都侯莽退伏弟家，以诏策决，复遣就国。高昌侯宏去蕃自绝，犹受封土。制书侍中驸马都尉迁不忠巧佞，免归故郡，间未旬月，则有诏还，大臣奏正其罚，卒不得遣，而反兼官奉使，显宠过故。及阳信侯业，皆缘私君国，非功义所止。诸外家昆弟无贤不肖，并侍帷幄，布在列位，或典兵卫，或将军屯，宠意并于一家，积贵之势，世所稀见所稀闻也。至乃并置大司马将军之官。皇甫虽盛，三桓虽隆，鲁为作三军，无以甚此。当拜之日，暗然日食。不在前后，临事而发者，明陛下谦逊无专，承指非一，所言辄听，所欲辄随，有罪恶者不坐辜罚，无功能者毕受官爵，流渐积猥，正尤在是，欲令昭昭以觉圣朝。昔诗人所刺，《春秋》所讥，指象如此，殆不在它。由后视前，忿邑非之，逮身所行，不自镜见，则以为可，计之过者。疏贱独偏见，疑内亦有此类。天变不空，保右世主如此之至，奈何不应！

臣闻野鸡著怪，高宗深动；大风暴过，成王怛然。愿陛下加致精诚，思承始初，事稽诸古，以厌下心，则黎庶群生无不说喜，上帝百神收还威怒，祯祥福禄何嫌不报！
《汉书》卷八十五《杜邺传》，第3475~3478页。

元始元年贤良对策①

申屠刚

臣闻王事失则神祇怨怒，奸邪乱正，故阴阳谬错。此天所以谴告王者，欲令失道之君旷然觉悟，怀邪之臣惧然自刻者也。今朝廷不考功校德，而虚纳毁誉，数下诏书，张设重法，抑断诽谤，禁割论议，罪之重者，乃至腰斩。伤忠臣之情，挫直士之锐，殆乖建进善之旌，悬敢谏之鼓，辟四门之路，明四目之义也。

臣闻成王幼少，周公摄政，听言下贤，均权布宠，无旧无新，唯仁是亲，动顺天地，举措不失。然近则召公不悦，远则四国流言。夫子母之性，天道至亲。今圣主幼少，始免襁褓，即位以来，至亲分离，外戚杜隔，恩不得通。且汉家之制，虽任英贤，犹援姻戚。亲疏相错，杜塞间隙，诚所以安宗庙，重社稷也。今冯、卫无罪，久废不录，或处穷僻，不若民庶，诚非慈爱忠孝承上之意。夫为人后者，自有正义，至尊至卑，其势不嫌，是以人无贤愚，莫不为怨，奸臣贼子，以之为便，不讳之变，诚难其虑。今之保傅，非古之周公。周公至圣，犹尚有累，何况事失其衷，不合天心者哉！昔

---

① 《西汉纪年》卷三十考云："按《后汉书·申屠刚传》云：平帝时，举贤良方正，因对策云云。而《汉书·平帝纪》初无举贤良方正之文。惟元始元年，公卿、将军、中二千石举敦厚能直言者各一人，意刚以此时对策。"按，申屠刚传虽入《后汉书》，然其举贤良在西汉，故系于此。

周公先遣伯禽守封于鲁，以义割恩，宠不加后，故配天郊祀，三十余世。霍光秉政，辅翼少主，修善进士，名为忠直，而尊其宗党，摧抑外戚，结贵据权，至坚至固，终没之后，受祸灭门。方今师溥皆以伊、周之位，据贤保之任，以此思化，则功何不至？不思其危，则祸何不到？损益之际，孔父攸叹；持满之戒，老氏所慎。盖功冠天下者不安，威振人主者不全。今承衰乱之后，继重敝之世，公家屈竭，赋敛重数，苛吏夺其时，贪夫侵其财，百姓困乏，疾疫夭命。盗贼群辈，且以万数，军行众止，窃号自立，攻犯京师，燔烧县邑，至乃讹言积弩入宫，宿卫惊惧。自汉兴以来，诚未有也。国家微弱，奸谋不禁，六极之效，危于累卵。王者承天顺地，典爵主刑，不敢以天官私其宗，不敢以天罚轻其亲。陛下宜遂圣明之德，昭然觉悟，远述帝王之迹，近遵孝文之业，差五品之属，纳至亲之序，亟遣使者征中山太后，置之别宫，令时朝见。又召冯、卫二族，裁与冗职，使得执戟，亲奉宿卫，以防未然之符，以抑患祸之端。上安社稷，下全保傅，内和亲戚，外绝邪谋。《后汉书》卷二十九《申屠刚传》，第1011~1013页；《西汉年纪》卷三十；《历代名臣奏议》卷二八八。

西汉举贤良文学

马端临

晁错以太子家令举迁授中大夫；董仲舒以博士举迁授江都相；公孙弘以博士举迁授博士待诏；杜钦以武库令举迁授议郎；严助郡举擢授中大夫；朱云以博士举迁授槐里令；王吉以云阳令举迁授昌邑中尉；贡禹以博士举迁授河南令；魏相郡卒史举迁授茂陵令；盖宽饶以郎举迁谏大夫；孔光以议郎举迁授谏大夫；谷永以太常丞举待诏公车；杜邺以凉州刺史举不及拜官卒；何武以太守卒史举迁授谏大夫；辕固以清河王太傅举寻罢归里；黄霸以丞相长史举迁扬州刺史；朱邑以太守卒史举迁大司农丞。《文献通考》卷三十三，第311页。

西汉贤良方正登科

汉文帝十五年

贤良文学：晁错。《汉书》卷四十九《晁错传》："晁错，颍川人也。学申、商刑名于轵张恢生所，与雒宋孟及刘带同师。以文学为太常掌故。错为人峭直刻深。孝文时，天下亡治《尚书》者，独闻齐有伏生，故秦博士，治《尚书》，年九十余，老不可征。乃诏太常，使人受之。太常遣错受《尚书》伏生所，还，因上书称说。诏以为太子舍人、门大夫，迁博士。【略】。后诏有司举贤良文学士，错在选中。上亲策诏之。【略】。时贾谊已死，对策者百余人，唯错为高第，由是迁中大夫。"

武帝建元元年

贤良：严助。《汉书》卷六十四《严助传》："严助，会稽吴人，严夫子子也，或言族家子也。郡举贤良，对策百余人，武帝善助对，由是独擢助为中大夫。后得朱买臣、吾丘寿王、司马相如、主父偃、徐乐、严安、东方朔、枚皋、胶仓、终军、严葱奇等，并在左右。是时征伐四夷，开置边郡，军旅数发，内改制度，朝廷多事，屡举贤良文学之士。公孙弘起徒步，数年至丞相，开东阁，延贤人与谋议，朝觐奏事，因言国家便宜。"

武帝元光元年

贤良文学：公孙弘，《汉书》卷五十八《公孙弘传》："公孙弘，菑川薛人也。少时为狱吏，有罪，免。家贫，牧豕海上。年四十余，乃学《春秋》杂说。武帝初即位，招贤良文学士，是时弘年六十，以贤良征为博士。使匈奴，还报，不合意，上怒，以为不能，弘乃移病免归。元光五年，复征贤良文学，菑川国复推上弘。弘谢曰："前已尝西，用不能罢，愿更选。"国人固推弘，弘至太常。上策诏诸儒：【略】。时对者百余人，太常奏弘第居下。策奏，天子擢弘对为第一。召入见，容貌甚丽，拜为博士，待诏金马门。

董仲舒。《汉书》卷五十六："董仲舒，广川人也。少治《春秋》，孝景时为博士。下帷讲诵，弟子传以久次相授业，或莫见其面。盖三年不窥园，其精如此。进退容止，非礼不行，学士皆师尊之。武帝即位，举贤良文学之士前后百数，而仲舒以贤良对策焉。【略】。对既毕，天子以仲舒为江都相，事易王。"

成帝建始三年

贤良方正：杜钦，《汉书》卷六十《杜钦传》："钦字子夏，少好经书，家富而目偏盲，故不好为吏。茂陵杜邺与钦同姓字，俱以材能称京师，故衣冠谓钦为"盲杜子夏"以相别。【略】。后有日蚀、地震之变，诏举贤良方正能直言士，合阳侯梁放举钦。钦上对曰：【略】。其夏，上尽召直言之士诣白虎殿对策，【略】。钦以前事病，赐帛罢，后为议郎，复以病免。"

谷永。《汉书》卷八十五《谷永传》："谷永字子云，长安人也。【略】。永少为长安小史，后博学经书。建昭中，御史大夫繁延寿闻其有茂材，除补属，举为太常丞，数上疏言得失。建始三年冬，日食、地震同日俱发，诏举方正直言极谏之士，太常阳城侯刘庆忌举永待诏公车。对曰：【略】。对奏，天子异焉，特召见永。其夏，皆令诸方正对策，语在《杜钦传》。永对毕，因曰："臣前幸得条对灾异之效，祸乱所极，言关于圣聪。书陈于前，陛下委弃不纳，而更使方正对策，背可惧之大异，问不急之常论，废承天之至言，角无用之虚文，欲末杀灾异，满谰诬天，是故皇天勃然发怒，甲己之间暴风三溱，拔树折木，此天至明不可欺之效也。"上特复问永，永对曰："日食、地震，皇后贵妾专宠所致。"

哀帝元寿元年正月

方正：杜邺。《汉书》卷八十五《杜邺传》："杜邺字子夏，本魏郡繁阳人也。【略】。元寿元年正月朔，上以皇后父孔乡侯傅晏为大司马卫将军，而帝舅阳安侯丁明为大司马票骑将军。临拜，日食，诏举方正直言。扶阳侯韦育举邺方正，邺对曰：【略】。邺未拜，病卒。"

贤良：周护、宋崇。《汉书》卷九十九《王莽传》："元寿元年，日食，贤良周护、宋崇等对策深讼莽功德，上于是征莽，始莽就国。"

平帝元始元年

敦厚能直言：申屠刚。《后汉书》卷二十九："申屠刚字巨卿，扶风茂陵人也。七世祖嘉，文帝时为丞相。刚质性方直，常慕史䲡、汲黯之为人。仕郡功曹。平帝时，王莽专政，朝多猜忌，遂隔绝帝外家冯、卫二族，不得交宦，刚常疾之。及举贤良方正，因对策曰：【略】。书奏，莽令元后下诏曰：'刚听言僻经妄说，违背大义。其罢归田里。'"《西汉纪年》卷三十考云："按《后汉书·申屠刚传》云：平帝时，举贤良方正，因对策云云。而《汉书·平帝纪》：初无举贤良方正之文。惟元始元年，公卿、将军、中二千石举敦厚能直言者各一人，意刚以此时对策。"（按，申屠刚传入《后汉书》，然其举贤良在西汉，故系于此。）

方正：朱云。《汉书》卷六十七《朱云传》："朱云字游，鲁人也，徙平陵。少时通轻侠，借客报仇。长八尺余，容貌甚壮，以勇力闻。年四十，乃变节从博士白子友受《易》，又事前将军萧望之受《论语》，皆能传其业。好倜傥大节，当世以是高之。【略】。迁杜陵令，坐故纵亡命，会赦，举方正，为槐里令。"

贤良：王吉。《汉书》卷七十二《王吉传》："王吉字子阳，琅邪皋虞人也。少好学明经，以郡吏举孝廉为郎，补若卢右丞，迁云阳令，举贤良为昌邑中尉。"

贤良：贡禹。《汉书》卷七十二《贡禹传》："贡禹字少翁，琅邪人也。以明经洁行著闻，征为博士，凉州刺史，病去官。复举贤良为河南令。岁余，以职事为府官所责，免冠谢。禹曰：'冠一免，安复可冠也？'遂去官。"

贤良：魏相。《汉书》卷七十四《魏相传》："魏相字弱翁，济阴定陶人也，徙平陵。少学《易》，为郡卒史，举贤良，以对策高第，为茂陵令。"

方正：盖宽饶。《汉书》卷七十七《盖宽饶传》："盖宽饶字次公，魏郡人也。明经为郡文学，以孝廉为郎。举方正，对策高第，迁谏大夫，行郎中户将事。劾奏卫将军张安世子侍中阳都侯彭祖不下殿门，并连及安世居位无补。彭祖时实下门，宽饶坐举奏大臣非是，左迁为卫司马。"

贤良：孔光。《汉书》卷八十一《孔光传》："孔光字子夏，孔子十四世之孙也。【略】经学尤明，年未二十，举为议郎。光禄勋匡衡举光方正，为谏大夫。坐议有不合，左迁虹长，自免归教授。成帝初即位，举为博士，数使录冤狱，行风俗，振赡流民，奉使称旨，由是知名。是时，博士选三科，高为尚书，次为刺史，其不通政事，以久次补诸侯太傅。光以高第为尚书，观故事品式，数岁明习汉制及法令。上甚信任之，转为仆射，尚书令。【略】会元寿元年正月朔日有蚀之，后十余日傅太后崩。是月征光诣公车，问日蚀事。光对曰：【略】书奏，上说，赐光束帛，拜为光禄大夫，秩中二千石，给事中，位次丞相。"

贤良方正：何武。《汉书》卷八十六《何武传》："何武，字君公，蜀郡郫县人也。宣帝时，天下和平，四夷宾服，神爵五凤之间，屡蒙瑞应。而益州刺史王襄使辩士王褒颂汉德，作《中和》、《乐职》、《宣布》诗三篇。武年十四五，与成都杨覆众等共习歌之。是时，宣帝循武帝故事，求通达茂异士，召见武等于宣室。上曰："此盛德之事，吾何足以当之哉？"以褒为待诏，武等赐帛罢。武诣博士受业，治《易》。以射策甲科为郎，与翟方进交志相友。光禄勋举四行，迁为鄠令，坐法免归。【略】久之，太仆王音举武贤良方正，征对策，拜为谏大夫，迁扬州刺史。所举奏二千石长吏必先露章，服罪者为亏除，免之而已；不服，极法奏之，抵罪或至死。"

贤良：黄霸。《汉书》卷八十九《黄霸传》："黄霸字次公，淮阳阳夏人也。以豪桀役使徙云陵。霸少学律令，喜为吏，武帝末以待诏入钱赏官，补侍郎谒者，坐同产有罪劾免。后复入谷沈黎郡，补左冯翊二百石卒史。冯翊以霸入财为官，不署右职，使领郡钱谷计。簿书正，以廉称，察补河东均输长，复察廉为河南太守丞。霸为人明察内敏，又习文法，然温良有让，足知，善御众。为丞，处议当于法，合人心，太守甚任之，吏民爱敬焉。【略】（夏侯）胜出，复为谏大夫，令左冯翊宋畸举霸贤良。胜又口荐霸于上，上擢霸为扬州刺史。三岁，宣帝下诏曰：'制诏御史：其以贤良高第扬州刺史霸为颍川太守，秩比二千石，居官赐车盖，特高一丈，别驾主簿车，缇油屏泥于轼前，以章有德。'"

贤良：朱邑。《汉书》卷八十九《朱邑传》："朱邑字仲卿，庐江舒人也。少时为舒桐乡啬夫，廉平不苛，以爱利为行，未尝笞辱人，存问耆老孤寡，遇之有恩，所部吏民爱敬焉。迁补太守卒史，举贤良为大司农丞，迁北海太守，以治行第一入为大司农。为人淳厚，笃于故旧，然性公正，不可交以私。天子器之，朝廷敬焉。"

贤良：冯遂。《汉书》卷五十《冯唐传》："武帝即位，求贤良，举唐。唐时年九十余，不能为官，乃以子遂为郎。遂，字王孙，亦奇士，魏尚，槐里人也。"

贤良：疏受。《汉书》卷七十一《疏广传》："疏广字仲翁，东海兰陵人也。少好学，明《春秋》，家居教授，学者自远方至。征为博士太中大夫。地节三年，立皇太子，选丙吉为太傅，广为少傅。数月，吉迁御史大夫，广徙为太傅，广兄子受字公子，亦以贤良举为太子家令。受好礼恭谨，敏而有辞。"

贤良：萧由。《汉书》卷七十八《萧由传》："由字子骄，为丞相西曹卫将军掾，迁谒者，使匈奴副校尉。后举贤良，为定陶令，迁太原都尉，安定太守。治郡有声，多称荐者。初，哀帝为定陶王时,由为定陶令,失王指,顷之,制书免由为庶人。哀帝崩,为复土校尉、京辅左辅都尉,迁江夏太守。平江贼成重等有功,增秩为陈留太守。元始中,作明堂辟雍,大朝诸侯,征由为大鸿胪,会病,不及宾赞,还归故官,病免。复为中散大夫,终官。家至吏二千石者六七人。"

东汉

因日食下诏 建武六年十月
光武帝

吾德薄不明，寇贼为害，强弱相陵，元元失所。诗云："日月告凶，不用其行。"永念厥咎，内疚于心。其敕公卿举贤良方正各一人；百僚并上封事，无有隐讳；有司修职，务遵法度。《后汉书》卷一《光武帝纪下》，第50页；《东汉会要》卷二十六；《两汉诏令》卷十三。

举贤良方正诏 建武七年四月
光武帝

夏四月壬午，诏曰："比阴阳错谬，日月薄食。百姓有过，在予一人，大赦天下。公、卿、司隶、州牧举贤良方正各一人，遣诣公车，朕将览试焉。"《后汉书》卷一《光武帝纪下》，第52页；《东汉会要》卷二十六；《两汉诏令》卷十三。

四科取士诏①
光武帝

方今选举，贤佞朱紫错用。丞相故事，四科取士：一曰德行高妙，志节清白；二曰学通行修，经中博士；三曰明达法令，足以决疑，能案章覆问，文中御史；四曰刚毅多略，遭事不惑，明足以决，才任三辅令，皆有孝悌廉公之行。自今以后，审四科辟召，及刺史、二千石察茂才尤异孝廉之吏，务尽实核，选择英俊贤行、廉洁平端于县邑，务授试以职。有非其人，不习官事，书疏不端正，不如诏书，有司奏罪名。并正举者。《东汉会要》卷二十六。

日食求言诏 永平三年八月
汉明帝

壬申晦，日有蚀之，诏曰："朕奉承祖业，无有善政，日月薄蚀，彗孛见天，水旱不节，稼穑不成，人无宿储，下生愁垫。虽夙夜勤思，而智能不逮。昔楚庄无灾，以致戒惧；鲁哀祸大，天不降谴。今之动变，傥尚可救，有司勉思厥职，以匡无德。古者卿

---

① 《东汉会要》卷二十六云："和纪永元五年，又作建初八年诏，未知孰是。"

士献诗，百工箴谏，其言事者，靡有所讳。"《后汉书》卷二《明帝纪》，第106页；《两汉诏令》卷十四。

日食诏 永平八年十月
汉明帝

壬寅晦，日有食之，既。诏曰："朕以无德，奉承大业，而下贻人怨，上动三光。日食之变，其灾尤大。《春秋》图谶，所为至谴。永思厥咎，在予一人。群司勉修职事，极言无讳。"《后汉书》卷二《明帝纪》，第111页；《两汉诏令》卷十四。

地震举贤良方正诏 建初元年三月
汉章帝

三月甲寅，山阳、东平地震。己巳，诏曰："朕以无德，奉承大业，夙夜栗栗，不敢荒宁。而灾异仍见，与政相应。朕既不明，涉道日寡；又选举乖实，俗吏伤人，官职秏乱，刑罚不中，可不忧与！昔仲弓季氏之家臣，子游武城之小宰，孔子犹诲以贤才，问以得人。明政无大小，以得人为本。夫乡举里选，必累功劳。今刺史、守相不明真伪，茂才、孝廉岁以百数，既非能显，而当授之政事，甚无谓也。每寻前世举人贡士，或起甽畎，不系阀阅。敷奏以言，则文章可采；明试以功，则政有异迹。文质彬彬，朕甚嘉之。其令太傅、三公、中二千石、二千石、郡国守相举贤良方正能直言极谏之士各一人。"《后汉书》卷三《章帝纪》，第133页；《东汉会要》卷二十六；《两汉诏令》卷十五。

日食举直言极谏诏 建初五年二月
汉章帝

五年春二月庚辰朔，日有食之。诏曰："朕新离供养，愆咎众著，上天降异，大变随之。《诗》不云乎：'亦孔之丑。'又久旱伤麦，忧心惨切。公卿已下，其举直言极谏、能指朕过失者各一人，遣诣公车，将亲览问焉。其以岩穴为先，勿取浮华。"《后汉书》卷三《章帝纪》，第139页；《东汉会要》卷二十六；《两汉诏令》卷十五。

求贤诏 建初五年五月
汉章帝

夏五月辛亥，诏曰："朕思迟直士，侧席异闻。其先至者，各以发愤吐懑，略闻子大夫之志矣，皆欲置于左右，顾问省纳。建武诏书又曰，尧试臣以职，不直以言语笔札。今外官多旷，并可以补任。"《后汉书》卷三《章帝纪》，第140页；《两汉诏令》卷十五。

选举诏 永元五年三月
汉和帝

三月戊子，诏曰："选举良才，为政之本。科别行能，必由乡曲。而郡国举吏，不加简择，故先帝明敕在所，令试之以职，乃得充选。又德行尤异，不须经职者，别署状上。而宣布以来，出入九年，二千石曾不承奉，恣心从好，司隶、刺史讫无纠察。今新蒙赦令，且复申敕，后有犯者，显明其罚。在位不以选举为忧，督察不以发觉为负，非独州郡也。是以庶官多非其人。下民被奸邪之伤，由法不行故也。"《后汉书》卷四《和帝纪》，第176页；《两汉诏令》卷十六。

举贤良诏 永元六年三月
汉和帝

丙寅，诏曰："朕以眇末，奉承鸿烈。阴阳不和，水旱违度，济河之域，凶馑流亡，而未获忠言至谋，所以匡救之策。瘝瘝永叹，用思孔疚。惟官人不得于上，黎民不安于下，有司不念宽和，而竞为苛刻，覆案不急，以妨民事，甚非所以上当天心，下济元元也。思得忠良之士，以辅朕之不逮。其令三公、中二千石、二千石、内郡守相举贤良方正能直言极谏之士各一人。昭岩穴，披幽隐，遣诣公车，朕将悉听焉。"《后汉书》卷四《和帝纪》第178页；《东汉会要》卷二十六；《两汉诏令》卷十六。

永元六年"贤良方正"科制策① (阙文)
养奋

策问阴阳不和，或水或旱，方正郁林布衣养奋对曰："天有阴阳，阴阳有四时，四时有政令。春夏则子惠，布施宽仁；秋冬则刚猛，盛威行刑。赏罚杀生，各应其时，则阴阳和，四时调，风雨时，五谷升。今则不然，长吏多不奉行时令，为政举事，干逆天气，上不恤下，下不忠上，百姓困乏，而不恤哀，众怨郁积，故阴阳不和，风雨不时，灾害缘类。水者阴盛，小人居位，依公营私，谗言诵上，雨漫溢者，五谷有不升，而赋税不为减，百姓虚竭，家有愁心也。

佞邪以不正食禄飨所致。(《续汉·五行志三》注补引养奋对策。)

当温而寒，刑罚惨也。(《续汉·五行志三》注补引袁山松《书》。)《全后汉文》卷四十九，第742页；《历代名臣奏议》卷二九六。

---

① 按是年策问阙，养奋对亦为阙文，《全后汉文》据《续汉·五行志三》注文辑补。

因日食举士诏 永初元年三月

汉安帝

三月癸酉，日有食之。诏公卿内外众官、郡国守相，举贤良方正、有道术之士、明政术、达古今、能直言极谏者，各一人。《后汉书》卷五《安帝纪》，第206页；《东汉会要》卷二十六；《两汉诏令》卷十六。

举明习阴阳灾异者 永初二年七月

汉安帝

秋七月戊辰，诏曰："昔在帝王，承天理民，莫不据璇玑玉衡，以齐七政。朕以不德，遵奉大业，而阴阳差越，变异并见，万民饥流，羌貊叛戾。夙夜克己，忧心京京。间令公卿郡国举贤良方正，远求博选，开不讳之路，冀得至谋，以鉴不逮，而所对皆循尚浮言，无卓尔异闻。其百僚及郡国吏人，有道术明习灾异阴阳之度璇玑之数者，各使指变以闻。二千石长吏明以诏书，博衍幽隐，朕将亲览，待以不次，冀获嘉谋，以承天诫。"《后汉书》卷五《安帝纪》，第210页；《两汉诏令》卷十八。

永初三年"贤良方正"科制策①

鲁丕

政莫先于从民之所欲，除民之所恶，先教后刑，先近后远。君为阳，臣为阴；君子为阳，小人为阴；京师为阳，诸夏为阴；男为阳，女为阴；乐和为阳，忧苦为阴。各得其所则和调，精诚之所发，无不感浃。吏多不良，在于贱德，而贵功欲速，莫能修长久之道。古者贡士，得其人者有庆，不得其人者有让，是以举者务力行。选举不实，咎在刺史二千石。《书》曰："天工人其代之。"观人之道，幼则观其孝顺而好学，长则观其慈爱而能教。设难以观其谋，烦事以观其治，穷则观其所守，达则观其所施，此所以核之也。民多贫困者急，急则致寒，寒则万物多不成。去本就末，奢所致也。制度明，则民用足；刑罚不中，则于名不正。正名之道，所以明上下之称，班爵号之制，定卿大夫之位也。狱讼不息，在争夺之心不绝。法者，民之仪表也，法正则民悫。吏民凋弊，所从久矣。不求其本，浸以益甚。吏政多欲速，又州官秩卑而任重，竞为小功，以求进取，生凋弊之俗。救弊莫若忠，故孔子曰："孝慈则忠。"治奸诡之道，必明慎刑罚，孔子曰："导之以礼乐，而民和睦，说以犯难，民忘其死。"死且忘之，况使为礼义乎？《全后汉文》卷三十三，第654页；《后汉纪》卷十六。

---

① 按，是年策问阙。

举有道术达于政化之士诏 永初五年闰三月
汉安帝

戊戌，诏曰："朕以不德，奉郊庙，承大业，不能兴和降善，为人祈福。灾异蜂起，寇贼纵横，夷狄猾夏，戎事不息，百姓匮乏，疲于征发。重以蝗虫滋生，害及成麦，秋稼方收，甚可悼也。朕以不明，统理失中，亦未获忠良以毗阙政。传曰：'颠而不扶，危而不持，则将焉用彼相矣。'公卿大夫将何以匡救，济斯艰戹，承天诫哉？盖为政之本，莫若得人。褒贤显善，圣制所先。'济济多士，文王以宁'。思得忠良正直之臣，以辅不逮。其令三公、特进、侯、中二千石、二千石、郡守、诸侯相举贤良方正、有道术、达于政化、能直言极谏之士各一人，及至孝与众卓异者，并遣诣公车，朕将亲览焉。"《后汉书》卷五《安帝纪》，第217页；《两汉诏令》卷十八；《东汉会要》卷二十六。

举敦厚质直者诏 元初元年四月
汉安帝

夏四月丁酉，大赦天下。京师及郡国五旱、蝗。诏三公、特进、列侯、中二千石、二千石、郡守举敦厚质直者，各一人。《后汉书》卷五《安帝纪》，第221页。

举有道之士诏 建光元年四月
汉安帝

己巳，令公、卿、特进、侯、中二千石、二千石、郡国守相，举有道之士各一人。赐鳏、寡、孤、独，贫不能自存者谷，人三斛。《后汉书》卷五《安帝纪》，第233页。

举贤良方正能直言极谏诏 延光四年十一月
汉顺帝

京师大疫。辛亥诏："公卿、郡守、国相，举贤良方正能直言极谏各一人。"《后汉书》卷六《顺帝纪》，第251页；《东汉会要》卷二六。

举敦朴士对策 阳嘉元年十月
李 固

《京房易传》曰："君将无道，害将及人，去之深山全身，厥灾狼食人。"陛下觉寤，比求隐滞，故狼灾息。（《续汉五行志一》："阳嘉元年十月中，望都蒲阴狼杀童儿九十七人，时李固对策引京房云云。")《全后汉文》卷四十八，第733页。

地震求直言诏 阳嘉二年五月

汉顺帝

己亥，京师地震，五月庚子，诏曰："朕以不德，统奉鸿业，无以奉顺乾坤，协序阴阳，灾眚屡见，咎征仍臻。地动之异，发自京师，矜矜祗畏，不知所裁。群公卿士将何以匡辅不逮，奉答戒异？异不空设，必有所应，其各悉心直言厥咎，靡有所讳。"《后汉书》卷六《顺帝纪》，第262页；《两汉诏令》卷十九。

对策

李 固

臣闻王者父天母地，宝有山川，王道得则阴阳和穆，政化乖则崩震为灾，斯皆关之天心，效于成事者也。夫化以职成，官由能理。古之进者，有德有命；今之进者，唯财与力。伏闻诏书务求宽博，疾恶严暴。而今长吏多杀伐致声名者，必加迁赏；其存宽和无党援者，辄见斥逐。是以淳厚之风不宣，浇薄之俗未革。虽繁刑重禁，何能有益？前孝安皇帝变乱旧典，封爵阿母，因造妖孽女，使樊丰之徒乘权放恣，侵夺主威，改乱嫡嗣，至今圣躬狼狈，亲遇其艰。既拔自困殆，龙兴即位，天下喁喁，属望风政。积敝之后，易致中兴，诚当沛然思惟善道；而论者犹云，方今之事，复同于前。臣伏从山草，痛心伤臆。实以汉兴以来，三百余年，贤圣相继，十有八主。岂无阿乳之恩？岂忘贵爵之宠？然上畏天威，俯案经典，知义不可，故不封也。今宋阿母虽有大功勤谨之德，但加赏赐，足以酬其劳苦；至于裂土开国，实乖旧典。闻阿母体性谦虚，必有逊让，陛下宜许其辞国之高，使成万安之福。

夫妃后之家所以少完全者，岂天性当然？但以爵位尊显，专总权柄，天道恶盈，不知自损，故至颠仆。先帝宠遇阎氏，位号太疾，故其受祸，曾不旋时。《老子》曰："其进锐，其退速也。"今梁氏戚为椒房，礼所不臣，尊以高爵，尚可然也。而子弟群从，荣显兼加，永平、建初故事，殆不如此。宜令步兵校尉冀及诸侍中还居黄门之官，使权去外戚，政归国家，岂不休乎！

又诏书所以禁侍中尚书中臣子弟不得为吏察孝廉者，以其秉威权，容请托故也。而中常侍在日月之侧，声势振天下，子弟禄仕，曾无限极。虽外托谦默，不干州郡，而谄伪之徒，望风振举。今可为设常禁，同之中臣。

昔馆陶公主为子求郎，明帝不许，赐钱千万。所以轻厚赐、重薄位者，为官人失才，害及百姓也。窃闻长水司马武宣、开阳城门侯羊迪等，无它功德，初拜便真。此虽小失，而渐坏旧章。先圣法度，所宜坚守，政教一跌，百年不复。《诗》云："上帝板板，下民卒瘅。"刺周王变祖法度，故使下民将尽病也。

今陛下之有尚书，犹天之有北斗也。斗为天喉舌，尚书亦为陛下喉舌。斗斟酌元气，运平四时。尚书出纳王命，赋政四海，权尊势重，责之所归。若不平心，灾眚必至。诚宜审择其人，以毗圣政。今与陛下共理天下者，外则公卿、尚书，内则常侍、黄门，譬犹一门之内，一家之事，安则共其福庆，危则通其祸败。刺史、二千石，外统职事，内受法则。夫表曲者景必邪，源清者流必洁，犹叩树本，百枝皆动也。《周颂》曰："薄言振之，莫不震迭。"此言动之于内，应之于外者也。由此言之，本朝号令，岂可蹉跌？间隙一开，则邪人动心；利竞暂启，则仁义道塞。刑罚不能复禁，化导以之寝坏。此天下之纪纲，当今之急务。陛下宜开石室，陈图书，招会群儒，引问失得，指摘变象，以求天意。其言有中理，即时施行，显拔其人，以表能者。则圣听日有所闻，忠臣尽其所知。又宜罢退宦官，去其权重，裁置常侍二人，方直有德者，省事左右；小黄门五人，才智闲雅者，给事殿中。如此，则论者厌塞，升平可致也。臣所以敢陈愚瞽，冒昧自闻者，倪或皇天欲令微臣觉悟陛下。陛下宜熟察臣言，怜赦臣死。《后汉书》卷六十三《李固传》，第2074～2077页；《历代名臣奏议》卷二九六；《全后汉文》卷四十八。

举贤良方正、能探赜索隐者诏_{汉安元年二月}

汉顺帝

二月丙辰，诏大将军、公卿，举贤良方正、能探赜索隐者各一人。《后汉书》卷六《顺帝纪》，第272页；《东汉会要》卷二十六。

举贤良方正对策_{建康元年}

皇甫规

陛下圣德钦明，闻灾责躬，咨詹群僚，招延敢谏。臣得践天庭，承大问，此诚臣写愤毕命之期也。臣伏惟孝顺皇帝初勤王政，纲纪四方，天下欣然，几以获治。自后遭奸伪，威分近习，中常侍、小黄门凡数十人，同气相求，如市贾焉。竞思作变，导上以非，畜货聚马，戏谑是闻。又因缘嬖幸，受赂卖爵，轻使宾客，交错其间，分赃解罪，以攘天威。公卿以下，至于佐吏，交私其门，终无纪极。顽凶子弟，布列州郡，并为豺狼，暴虐群生。天下扰扰，从乱如归。至令风败俗坏，招灾致寇。故每有征战，鲜不挫伤，官民并竭，上下穷虚。臣在关西，窃听风声，未闻国家，有所先后，而威福之来，咸归权幸。陛下体兼乾坤，聪哲纯茂。摄政之初，拔用忠贞，其余维纲，多所改正。远近翕然，望见太平。而地震之后，雾气白浊，日月不光，旱魃为虐，大贼纵横，血流川野，庶品不安，遣诚累至，殆以奸臣权重之所致也。今宜庭问百寮，常侍以下尤无状者，亟便绌遣，与众共之，披埽凶党，收入财贿，以塞痛怨，以答天诫。《大雅》曰："敬天之怒，无敢戏豫。"此之谓也。今大将军梁冀、河南尹不疑，处周、邵之任，为社稷之镇，加与王室世为姻族，今日立号虽尊可也。而天下区区，愿其霈然增修谦节，省去游娱不急之费,割减庐第无益之饰,□近儒术,考论经书,辅佐日月,宜有至效。夫君者,舟也;民者,水也。朝之群臣,乘舟者也;大将军兄弟,操楫者也。虽曰众也,在所欲之。苟能卒志毕力,守遵常轨,以度元元,所谓福也。或乃怠弛中流,而捐楫放棹,将沦波涛,归咎受怨,可不慎乎!夫德不称禄,犹凿墉之趾,以益其高,岂量力审功安固之道哉!凡诸宿猾、酒徒、戏客,皆耳纳邪声,口出谄言,甘心逸游,唱造不义,亦宜贬斥,以惩不轨。令冀等深思得贤之福,失人之累。又在位素餐,尚书怠职,有司依违,莫肯纠察,故使陛下专受谄谀之言,不闻户牖之外。臣诚知阿谀有福,深言近祸,岂敢隐心,以避诛责乎!臣生长边远,希涉紫庭,怵惕失守,言不尽心。(袁宏《后汉纪》十九,《后汉书·皇甫规传》,各有删节,合录成篇。)《全后汉文》六十一,第806页;《历代名臣奏议》卷二九〇;《文选补遗》卷二十。

严选举诏 本初元年七月

汉桓帝

丙戌,诏曰:"孝廉、廉吏皆当典城牧民,禁奸举善,兴化之本,恒必由之。诏书连下,分明恳恻。而在所玩习,遂至怠慢,选举乖错,害及元元。顷虽颇绳正,犹未惩改。方今淮夷未殄,军师屡出,百姓疲悴,困于征发。庶望群吏,惠我劳民,蠲涤贪秽,以祈休祥。其令秩满百石,十岁以上,有殊才异行,乃得参选。臧吏子孙,不得察举。杜绝邪伪请托之原,令廉白守道者得信其操。各明守所司,将观厥后。"《后汉书》卷七《桓帝纪》,第288页;《两汉诏令》卷二一;《东汉会要》卷二十六;《全后汉文》卷九。

因地震举贤良方正诏 建和元年四月

汉桓帝

夏四月庚寅,京师地震。诏大将军、公卿、校尉举贤良方正能直言极谏者,各一人。《后汉书》卷七《桓帝纪》,第289页;《东汉会要》卷二十六。

举贤良方正诏 建和三年六月

汉桓帝

六月庚子,诏大将军、三公、特进、侯,其与卿、校尉举贤良方正能直言极谏之士各一人。《后汉书》卷七《桓帝纪》,第294页;《东汉会要》卷二十六。

因地震举贤良方正诏 永兴二年

汉桓帝

癸卯,京师地震。诏公、卿、校尉举贤良方正能直言极谏者,各一人。诏曰:"比者星辰谬越，坤灵震动，灾异之降，必不空发。敕已修政，庶望有补。其舆服制度有踰侈长饰者，皆宜损省。郡县务存俭约，申明旧令，如永平故事。"《后汉书》卷七《桓帝纪》，第299页；《东汉会要》卷二十六。

举贤良方正诏 延熹八年正月

汉桓帝

延熹八年正月，日有食之，诏公卿、校尉举贤良方正。《东汉会要》卷二十六，第280页。

日蚀举贤良方正对策 延熹八年

刘淑

臣闻"立天之道，曰阴与阳；立人之道，曰仁与义"。故夫妇正则父子亲，父子亲则君臣通，君臣通则仁义立，仁义立则阴阳和，而风雨时矣。夫吉凶在人，水旱由政。故势在臣下，则地震坤裂；下情不通，则日月失明；百姓怨恨，则水旱暴兴；主上骄盈，则泽不下流。由此观之，君其纲也，臣其纪也。纲纪整则万目张，君臣正则万国理。故能父慈子孝，夫信妇贞，兄爱弟顺。如此则阴阳和，风雨时，万物得所矣。《后汉纪》卷二十二；《东汉文纪》卷十六。

举贤良方正上书陈事 延熹八年

刘瑜

臣瑜自念东国鄙陋，得以丰沛枝胤，被蒙复除，不给卒伍。故太尉杨秉知臣窃窥典籍，猥见显举，诚冀臣愚直，有补万一。而秉忠谟不遂，命先朝露。臣在下土，听闻歌谣，骄臣虐政之事，远近呼嗟之音，窃为辛楚，泣血涟如。幸得引录，备答圣问，泄写至情，不敢庸回。诚愿陛下且以须臾之虑，览今往之事，人何为咨嗟，天曷为动变？盖诸侯之位，上法四七，垂文炳耀，关之盛衰者也。今中官邪孽，比肩裂土，皆竞立胤嗣，继体传爵，或乞子疏属，或卖儿市道，殆乖开国承家之义。

古者天子一娶九女，娣侄有序，《河图》授嗣，正在九房。今女壁令色，充积闱帷，皆当盛其玩饰，冗食空宫，劳散精神，生长六疾。此国之费也，生之伤也。且天地之性，阴阳正纪，隔绝其道，则水旱为并。《诗》云："五日为期，六日不詹。"怨旷作歌，仲尼所录。况从幼至长，幽藏殁身；又常侍、黄门，亦广妻娶。怨毒之气，结成妖眚。行路之言，官发略人女，取而复置，转相惊惧。孰不悉然，无缘空生此谤。邹衍匹夫，杞氏匹妇，尚有城崩霜陨之异；况乃群辈咨怨，能无感乎？

昔秦作阿房，国多刑人。今第舍增多，穷极奇巧，掘山攻石，不避时令。促以严刑，威以正法。民无罪而覆人之，民有田而覆夺之。州郡官府，各自考事，奸情赇赂，皆为吏饵。民愁郁结，起入贼党，官辄兴兵，诛讨其罪。贫困之民，或有卖其首级以要酬赏，父兄相代残身，妻孥相视分裂。穷之如彼，伐之如此，岂不痛哉！

又陛下以北辰之尊，神器之宝，而微行近习之家，私幸宦官之舍，宾客市买，熏灼道路，因此暴纵，无所不容。今三公在位，皆博达道艺，而各正诸己，莫或匡益者，非不智也，畏死罚也。惟陛下设置七臣，以广谏道，及开东序金縢史官之书，从尧舜禹汤文武致兴之道，远佞邪之人，放郑、卫之声，则政致和平，德感祥风矣。臣悾悾推情，言不足采，惧以触忤，征营慴悸。《后汉书》卷五十七《刘瑜传》，第1855～1875页；《东汉文纪》卷十七题为"上桓帝陈事疏"；《文选补遗》卷十五题为"宦官女宠书"。

延熹九年举至孝对策①

荀　淑

臣闻之于师曰："汉为火德，火生于木，木盛于火，故其德为孝，其象在《周易》之《离》。"夫在地为火，在天为日。在天者用其精，在地者用其形。夏则火王，其精在天，温暖之气，养生百木，是其孝也。冬时则废，其形在地，酷烈之气，焚烧山林，是其不孝也。故汉制使天下诵《孝经》，选吏举孝廉。夫丧亲自尽，孝之终也。今之公卿及二千石，三年之丧，不得即去，殆非所以增崇孝道而克称火德者也。往者孝文劳谦，行过乎俭，故有遗诏以日易月。此当时之宜，不可贯之万世。古今之制虽有损益，而谅暗之礼未尝改移，以示天下莫遗其亲。今公卿群僚皆政教所瞻，而父母之丧不得奔赴。夫仁义之行，自上而始；敦厚之俗，以应乎下。《传》曰："丧祭之礼阙，则人臣之恩薄，背死忘生者众矣。"曾子曰："人未有自致者，必也亲丧乎。"《春秋传》曰："上之所为，民之归也。"夫上所不为而民或为之，故加刑罚；若上之所为，民亦为之，又何诛焉？昔丞相翟方进，以自备宰相，而不敢逾制。至遭母忧，三十六日而除。夫失礼之源，自上而始。古者大丧，三年不呼其门，所以崇国厚俗笃化之道也。事失宜正，过勿惮改。天下通丧，可如旧礼。

臣闻有夫妇然后有父子，有父子然后有君臣，有君臣然后有上下，有上下然后有礼义。礼义备，则人知所厝矣。夫妇人伦之始，王化之端，故文王作《易》，上经首《乾》、《坤》，下经首《咸》、《恒》。孔子曰："天尊地卑，乾坤定矣。"夫妇之道，所谓顺也。《尧典》曰："厘降二女于妫汭，嫔于虞。"降者下也，嫔者妇也。言虽帝尧之女，下嫁于虞，犹屈体降下，勤修妇道。《易》曰："帝乙归妹，以祉元吉。"妇人谓嫁曰归，言汤以娶礼归其妹于诸侯也。《春秋》之义，王姬嫁齐，使鲁主之，不以天子之尊加于诸侯也。今汉承秦法，设尚主之仪，以妻制夫，以卑临尊，违乾坤之道，失阳唱之义。孔子曰："昔圣人之作《易》也，仰则观象于天，俯则察法于地，睹鸟兽之文与

---

① 按，策问阙。

地之宜。近取诸身,远取诸物,以通神明之德,以类万物之情。"今观法于天,则北极至尊,四星妃后;察法于地,则昆山象夫,卑泽象妻。睹鸟兽之文,鸟则雄者鸣雌,雌能顺服;兽则牡为唱导,牝乃相从。近取诸身,则乾为人首,坤为人腹;远取诸物,则木实属天,根荄属地。阳尊阴卑,盖乃天性。且《诗》初篇实首《关雎》,《礼》始《冠》《婚》,先正夫妇。天地六经,其旨一揆。宜改尚主之制,以称乾坤之性。遵法尧、汤,式是周、孔。合之天地而不谬,质之鬼神而不疑。人事如此,则嘉瑞降天,吉符出地,五韪咸备,各以其叙矣。

昔者圣人建天地之中而谓之礼。礼者,所以兴福祥之本,而止祸乱之源也。人能枉欲从礼者,则福归之;顺情废礼者,则祸归之。推祸福之所应,知兴废之所由来也。众礼之中,婚礼为首。故天子娶十二,天之数也;诸侯以下各有等差,事之降也。阳性纯而能施,阴体顺而能化,以礼济乐,节宣其气,故能丰子孙之祥,致老寿之福。及三代之季,淫而无节。瑶台、倾宫,陈妾数百。阳竭于上,阴隔于下。故周公之戒曰:"不知稼穑之艰难,不闻小人之劳,惟耽乐之从,时亦罔或克寿。"是其明戒。后世之人,好福不务其本,恶祸不易其轨。《传》曰:"截趾适屦,孰云其愚?何与斯人,追欲丧躯?"诚可痛也。臣窃闻后宫采女五六千人,从官侍使复在其外。冬夏衣服,朝夕禀粮,耗费缣帛,空竭府藏,征调增倍,十而税一,空赋不辜之民,以供无用之女,百姓穷困于外,阴阳隔塞于内。故感动和气,灾异屡臻。臣愚以为诸非礼聘未曾幸御者,一皆遣出,使成妃合。一曰通怨旷,和阴阳;二曰省财用,实府库;三曰修礼制,绥眉寿;四曰配阳施,祈螽斯;五曰宽役赋,安黎民。此诚国家之弘利,天人之大福也。

夫寒热晦明,所以为岁;尊卑奢俭,所以为礼:故以晦明寒暑之气,尊卑侈约之礼为其节也。《易》曰:"天地节而四时成。"《春秋传》曰:"唯器与名不可以假人。"《孝经》曰:"安上治民,莫善于礼。"礼者,尊卑之差,上下之制也。昔季氏八佾舞于庭,非有伤害困于人物,而孔子犹曰:"是可忍也,孰不可忍。"《洪范》曰:"惟辟作威,惟辟作福,惟辟玉食。"凡此三者,君所独行而臣不得同也。今臣僭君服,下食上珍,所谓害于而家,凶于而国者也。宜略依古礼尊卑之差,及董仲舒制度之别,严督有司,必行其命。此则禁乱善俗足用之要。《后汉书》卷六十二《荀淑传》,第2051~2056页;《东汉文纪》卷十六。

阳嘉二年举敦朴对策

马融

臣闻立天之道,曰阴与阳;立地之道,曰柔与刚。夫阴阳刚柔,天地所以立也。取仁于阳,资义于阴,柔以施德,刚以行刑,各顺时月,以厚群生。帝王之法,天地设位,四时代序。王者奉顺,则风雨时至,嘉禾毓植;天失其度,则咎征并至,饥馑荐臻。今科条品制禁令,所以承天顺民者,备矣悉矣,不可加矣。然而不平之效,犹有咨嗟之怨者,百姓屡闻恩泽之声,而未见惠和之实也。今从政者变忽法度,以杀戮威刑为能贤。问其国守相及令长何如，其称之也曰太急，其毁之也曰太缓。夫急致寒，缓致燠，二者罪同。而论者许急，此阴阳所以不和也。复之之道，审察缓急之谤誉，钧同寒燠之罪罚，以崇王政，则阴阳和也。好恶既明，则宰官之吏，知所避就。又正身以先之，严以莅之，不变则刑罚之。夫知为善之必利，为恶之必害，孰能不化？则官良矣。臣闻《洪范》八政，以食为首；《周礼》九职，以农为本。民失耕桑，饥寒并至，盗贼之原所由起也。古之足民，仰足以养父母，俯足以畜妻子，然后敦五教，宣三德，则休嘉之化可致也。夫足者，非能家给而人足，量其材用，为其制度。故嫁娶之礼俭，则婚姻以时矣；丧制之礼约，则终者掩藏矣；不夺其时，则农夫不失矣。夫妻子以累其心，产业以重其志。舍此而为非者，虽有必不多矣。今则不然，此盗贼所以不息。诚使制度必行，禁令必止，则仕者不溢法式之外，百工不作无用之器，商贾不通难得之货，农夫不失三时之务，各安所业，则盗贼消除灾害不起矣。《全后汉文》卷十八，第567页。

永康元年举贤良方正对诏①

皇甫规

天之于王者，如君之于臣，父之于子也。诚以灾妖，使从福祥。陛下八年之中，三断大狱，一除内嬖，再诛外臣。而灾异犹见，人情未安者，殆贤愚进退，威刑所加，有非其理也。前太尉陈蕃、刘矩，忠谋高世，废在里巷；刘祐、冯绲、赵典、尹勋，正直多怨，流放家门；李膺、王畅、孔翊，洁身守礼，终无宰相之阶。至于钩党之衅，事起无端，虐贤伤善，哀及无辜。今兴改善政，易于覆手，而群臣杜口，鉴畏前害，互相瞻顾，莫肯正言。伏愿陛下暂留圣明，容受謇直，则前责可弭，后福必降。《后汉书》卷六五《皇甫规传》，第2136页；《全后汉文》卷六十一。

东汉举贤良文学

马端临

鲁丕（郡功曹举迁议郎）、申屠刚、苏章、李法、爰延、崔骃、周燮（不就）、刘瑜、荀淑、皇甫规、张奂、刘淑、刘焉。《文献通考》卷三十三，第311页。

章帝建初元年

贤良方正：鲁丕。《后汉书》卷二十五《鲁丕传》："丕字叔陵，性沉深好学，孳孳不倦，遂杜绝交游，不答候问之礼。士友常以此短之，而丕欣然自得。遂兼通《五经》，以《鲁诗》、《尚书》教授，为当世名儒。后归郡，为督邮、功曹，所事之将，无不师友待之。建初元年，肃宗诏举贤良方

---

① 按，策问阙。

正，大司农刘宽举丕。时对策者百有余人，唯丕在高第，除为议郎，迁新野令。"

和帝永元六年

方正：养奋。《续汉·五行志三》注补引袁山松《书》："和帝时，策问阴阳不和，或水或旱，方正郁林养奋对曰：'天有阴阳，阴阳有四时，四时有政令。春夏则予惠，布施宽仁；秋冬则刚猛，盛威行刑。赏罚杀生，各应其时，则阴阳和，四时调，风雨时，五谷升。今则不然，长吏多不奉行时令，为政举事，干逆天气，上不恤下，下不忠上，百姓困乏而不恤哀，众怨郁积，故阴阳不和，风雨不时，灾害缘类。水者阴盛，小人居位，依公营私，谗言诵上，雨漫溢者，五谷有不升，而赋税不为减，百姓虚竭，家有愁心也。'"

和帝永元九年

贤良方正：李法。《后汉书》卷四十八《李法传》："李法字伯度，汉中南郑人也。博通群书，性刚而有节。和帝永元九年，应贤良方正对策。除博士，迁侍中、光禄大夫。"

桓帝永兴二年

贤良方正：刘淑。《后汉书》卷六十七《刘淑传》："刘淑字仲承，河间乐成人也。祖父称，司隶校尉。淑少学明《五经》，遂隐居，立精舍讲授，诸生常数百人。州郡礼请，五府连辟，并不就。永兴二年，司徒种暠举淑贤良方正，辞以疾。桓帝闻淑高名，切责州郡，使舆病诣京师。淑不得已而赴洛阳，对策为天下第一，拜议郎。又陈时政得失，灾异之占，事皆效验。"

桓帝延熹八年

贤良方正：刘瑜。《后汉书》卷五十七《刘瑜传》："刘瑜字季节，广陵人也。高祖父广陵靖王。父辩，清河太守。瑜少好经学，尤善图谶、天文、历算之术。州郡礼请不就。延熹八年，太尉杨秉举贤良方正，及到京师，上书陈事曰：【略】于是特诏召瑜问灾咎之征，指事案经谶以对。执政者欲令瑜依违其辞，而更策以它事。瑜复悉心以对，八千余言，有切于前，帝竟不能用。拜为议郎。"

桓帝延熹九年

贤良方正：荀淑。《后汉书》卷六十二《荀淑传》："荀淑字季和，颍川颍阴人，荀卿十一世孙也。少有高行，博学而不好章句，多为俗儒所非，而州里称其知人。安帝时，征拜郎中，后再迁当涂长。去职还乡里。当世名贤李固、李膺等皆师宗之。及梁太后临朝，有日食地震之变，诏公卿举贤良方正，光禄勋杜乔、少府房植举淑对策，讥刺贵倖，为大将军梁冀所忌，出补朗陵侯相。莅事明理，称为神君。"

桓帝永康元年

贤良方正：皇甫规。《后汉书》卷六十五《皇甫规传》："皇甫规字威明，安定朝那人也。【略】冲、质之间，梁太后临朝，规举贤良方正。对策曰：【略】。梁冀忿其刺己，以规为下第，拜郎中。托疾免归，州郡承冀旨，几陷死者再三。遂以《诗》、《易》教授，门徒三百余人，积十四年。后梁冀被诛，旬月之间，礼命五至，皆不就。【略】永康元年，征为尚书。其夏日食，诏公卿举贤良方正，下问得失。规对曰：【略】。对奏，不省。"

贤良方正：苏章。《后汉书》卷三十一《苏章传》："苏章字孺文，扶风平陵人也。八世祖建，武帝时为右将军。祖父纯，字桓公，有高名，性强切而持毁誉，士友咸惮之，至乃相谓曰："见苏桓公，患其教责人，不见，又思之。"三辅号为"大人"。永平中，为奉车都尉窦固军，出击北匈奴、车师有功，封中陵乡侯，官至南阳太守。章少博学，能属文。安帝时，举贤良方正，对策高第，为议郎。数陈得失，其言甚直。"

贤良方正：爰延。《后汉书》卷四十八《爰延传》："爰延字季平，陈留外黄人也。清苦好学，能通经教授。性质悫，少言辞。县令陇西牛述好士知人，乃礼请延为廷掾，范丹为功曹，濮阳潜为主簿，常共言谈而已。后令史昭以为乡啬夫，仁化大行，人但闻啬夫，不知郡县。在事二年，州府礼请，不就。桓帝时征博士，太尉杨秉等举贤良方正，再迁为侍中。"

贤良方正：周燮。《后汉书》卷五十三《周燮传》："周燮字彦祖，汝南安城人，决曹掾燕之后也。燮生而钦颐折安如颏，丑状骇人。其母欲弃之，其父不听，曰："吾闻贤圣多有异貌，兴我宗者，乃此儿也。"于是养之。始在髫鬌，而知廉让，十岁就学，能通《诗》、《论》，及长，专精《礼》、《易》，不读非圣之书，不修贺问之好。有先人草庐结于冈畔，下有陂田，常肆勤以自给。非身所耕渔，则不食也。乡党宗族希得见者。举孝廉、贤良方正，特征，皆以疾辞。"

贤良：张奂。《后汉书》卷六十五《张奂传》："张奂字然明，敦煌渊泉人也。父惇，为汉阳太守。奂少游三辅，师事太尉朱宠，学《欧阳尚书》。初，《牟氏章句》浮辞繁多，有四十五万余言，奂减为九万言。后辟大将军梁冀府，乃上书桓帝，奏其《章句》，诏下东观。以疾去官，复举贤良，对策第一，擢拜议郎。"

贤良方正：刘焉。《后汉书》卷七十五《刘焉传》："刘焉字君郎，江夏竟陵人也，鲁恭王后也。肃宗时，徙竟陵。焉少任州郡，以宗室拜郎中。去官居阳城山，精学教授。举贤良方正，稍迁南阳太守、宗正、太常。"

贤良方正：戴封。《后汉书》卷八十一《戴封传》："戴封字平仲，济北刚人也。年十五，诣太学，师事鄅令东海申君。申君卒，送丧到东海，道当经其家。父母以封当还，豫为娶妻，封暂过拜亲，不宿而去。还京师卒业。【略】后举孝廉，光禄主事。遭伯父丧去官。诏书求贤良方正直言之士，有至行能消灾伏异者,公卿郡守各举一人。郡及大司农俱举封,公车征,陛见,对策第一,擢拜议郎,迁西华令。"

贤良方正:刘矩。《后汉书》卷七十六《刘矩传》:"刘矩字叔方,沛国萧人也。叔父光,顺帝时为司徒。矩少有高节,以父叔辽未得仕进,遂绝州郡之命。太尉朱宠、太傅桓焉嘉其志义,故叔辽以此为诸公所辟,拜议郎,矩乃举孝廉。【略】后太尉胡广举矩贤良方正,四迁为尚书令。"

三国

求贤令 建安十五年
魏武帝

十五年春,下令曰:"自古受命及中兴之君,曷尝不得贤人君子与之共治天下者乎!及其得贤也,曾不出闾巷,岂幸相遇哉?上之人不求之耳。今天下尚未定,此特求贤之急时也。'孟公绰为赵、魏老则优,不可以为滕、薛大夫'。若必廉士而后可用,则齐桓其何以霸世!今天下得无有被褐怀玉而钓于渭滨者乎?又得无盗嫂受金而未遇无知者乎?二三子其佐我明扬仄陋,唯才是举,吾得而用之。"《三国志·魏书》卷一《武帝纪》,第32页。

求贤令 建安十九年十二月
魏武帝

乙未,令曰:"夫有行之士未必能进取,进取之士未必能有行也。陈平岂笃行,苏秦岂守信邪?而陈平定汉业,苏秦济弱燕。由此言之,士有偏短,庸可废乎!有司明思此义,则士无遗滞,官无废业也。"《三国志·魏书》卷一《武帝纪》,第44页。

卫尉官各举所知诏(题拟) 建安二十二年十月
魏武帝

《魏书》曰:初置卫尉官。秋八月,令曰:"昔伊挚、傅说出于贱人,管仲,桓公贼也,皆用之以兴。萧何、曹参,县吏也,韩、陈平负污辱之名,有见笑之耻,卒能成就王业,声著千载。吴起贪将,杀妻自信,散金求官,母死不归,然在魏,秦人不敢东向,在楚则三晋不敢南谋。今天下得无有至德之人放在民间,及果勇不顾,临敌力战;若文俗之吏,高才异质,或堪为将守;负污辱之名,见笑之行,或不仁不孝而有治国用兵之术:其各举所知,勿有所遗。"《三国志·魏书》卷一《武帝纪》注[一],第49~50页。

取士不必限年诏(题拟) 黄初三年正月
魏文帝

三年春正月丙寅朔,日有蚀之。庚午,行幸许昌宫。诏曰:"今之计孝,古之贡士也;十室之邑,必有忠信,若限年然后取士,是吕尚、周晋不显于前世也。其令郡国所选,勿拘老幼;儒通经术,吏达文法,到皆试用。有司纠故不以实者。"《三国志·魏书》

卷二《文帝纪》，第 79 页。

举天下俊德茂才诏（题拟）黄初四年五月

魏文帝

夏五月，有鹈鹕鸟集灵芝池，诏曰："此诗人所谓污泽也。曹诗'刺恭公远君子而近小人'，今岂有贤智之士处于下位乎？否则斯鸟何为而至？其博举天下俊德茂才，独行君子，以答曹人之刺。"《三国志·魏书》卷二《文帝纪》，第 83 页。

公卿近臣举良将（题拟）太和二年十月

魏明帝

冬十月，诏公卿近臣举良将各一人。《三国志·魏书》卷三《明帝纪》，第 94 页。

公卿举贤良诏（题拟）太和四年十二月

魏明帝

丙寅，诏公卿举贤良。《三国志·魏书》卷三《明帝纪》，第 97 页。

公卿举贤良笃行之士诏（题拟）青龙元年三月

魏明帝

三月甲子，诏公卿举贤良笃行之士各一人。《三国志·魏书》卷三《明帝纪》，第 99 页。

两晋

举贤良方正直言之士诏（题拟）泰始四年十二月
晋武帝

十月，【略】己未，诏王公卿尹及郡国守相，举贤良方正直言之士人。《晋书》卷三《武帝纪》，第58页。

诏诸贤良方正直言会东堂 泰始四年①
晋武帝

省诸贤良对策，虽所言殊途，皆明于王义，有益政道。欲详览其对，究观贤士大夫用心。《晋书》卷五十一《挚虞传》，第1423页；《全晋文》卷三。

东堂策问贤良方正直言夏侯湛等十七人 泰始四年
晋武帝

顷日食正阳，水旱为灾，将何所修，以变大眚？及法令有不宜于今，为公私所患苦者，皆何事？凡平世在于得才，得才者亦借耳目以听察。若有文武器能有益于时务而未见申叙者，各举其人。及有负俗谤议，宜先洗濯者，亦各言之。《晋书》卷五十一《挚虞传》，第1423页；《全晋文》卷六、卷七十六；《历代名臣奏议》卷二九七；《西晋文纪》卷十三。

对策②
挚 虞

臣闻古之圣明，原始以要终，体本以正末。故忧法度之不当，而不忧人物之失所；忧人物之失所，而不忧灾害之流行。诚以法得于此，则物理于彼；人和于下，则灾消于上。其有日月之眚，水旱之灾，则反听内视，求其所由，远观诸物，近验诸身。耳目听察，岂或有蔽其聪明者乎？动心出令，岂或有倾其常正者乎？大官大职，岂或有授非其人者乎？赏罚黜陟，岂或有不得其所者乎？河滨山岩，岂或有怀道钓筑而未感于梦兆者乎？方外遐裔，岂或有命世杰出而未蒙膏泽者乎？推此类也，以求其故，询事考言，以尽其实，则天人之情可得而见，咎征之至可得而救也。若推之于物则无忤，求之于身则

---

① 《全晋文》卷六作"泰始中"，卷七十六《挚虞传》作"泰始四年"。
② 《晋书》卷五十一《挚虞传》："举贤良，与夏侯湛等十七人策为下第。"

无尤,万物理顺,内外咸宜,祝史正辞,言不负诚,而日月错行,夭疠不戒,此则阴阳之事,非吉凶所在也。期运度数,自然之分,固非人事所能供御,其亦振廪散滞,贬食省用而已矣。是故诚遇期运,则虽陶唐、殷汤有所不变;苟非期运,则宋卫之君,诸侯之相,犹能有感。唯陛下审其所由,以尽其理,则天下幸甚。臣生长革门,不逮异物,虽有贤才,所未接识,不敢瞽言妄举,无以畴答圣问。《晋书》卷五十一《挚虞传》,第1423~1424页;《全晋文》卷七十六;《历代名臣奏议》卷二九七;《西晋文纪》卷十三。

策问贤良郤诜 泰始七年①

晋武帝

盖太上以德抚时,易简无文。至于三代,礼乐大备,制度弥繁。文质之变,其理何由?虞夏之际,圣明系踵,而损益不同。周道既衰,仲尼犹曰从周。因革之宜,又何殊也?圣王既没,遗制犹存,霸者迭兴而翼辅之,王道之缺,其无补乎?何陵迟之不反也?岂霸德之浅欤?期运不可致欤?且夷吾之智,而功止于霸,何哉?夫昔人之为政,革乱亡之弊,建不刊之统,移风易俗,刑措不用,岂非化之盛欤?何修而向兹?朕获承祖宗之休烈,于兹七载,而人未服训,政道罔述。以古况今,何不相逮之远也?虽明之弗及,犹思与群贤虑之,将何以辨所闻之疑昧,获至论于谠言乎?加自顷戎狄内侵,灾害屡作,边甿流离,征夫苦役,岂政刑之谬,将有司非其任欤?各悉乃心,究而论之。上明古制,下切当今。朕之失德,所宜振补。其正议无隐,将敬听之。《晋书》卷五十二《郤诜传》,第1439~1440页;《全晋文》卷六;《历代名臣奏议》卷二十五;《西晋文纪》卷一十二。

对策

郤诜

伏惟陛下以圣德君临,犹垂意于博采,故招贤正之士,而臣等薄陋,不足以降大问也。是以窃有自疑之心,虽致身于阙庭,亦俛俛矣。伏读圣策,乃知下问之旨笃焉。

臣闻上古推贤让位,教同德一,故易简而人化;三代世及,季末相承,故文繁而后整。虞、夏之相因,而损益不同,非帝王之道异,救弊之路殊也。周当二代之流,承凋伪之极,尽礼乐之致,穷制度之理,其文详备,仲尼因时宜而曰从周,非殊论也。臣闻圣王之化先礼乐,五霸之兴勤政刑。礼乐之化深,政刑之用浅。勤之则可以小安,堕之则遂陵迟。所由之路本近,故所补之功不侔也。而齐桓失之葵丘,夷吾沦于小器,功止于霸,不亦宜乎!

策曰:"建不刊之统,移风易俗,使天下洽和,何修而向兹?"臣以为莫大于择人而官之也。今之典刑,匪无一统,宰牧之才,优劣异绩,或以之兴,或以之替,此盖人

---

① 《全晋文》卷六作"泰始中",卷七十八作"泰始七年"。

能弘政，非政弘人也。舍人务政，虽勤何益？臣窃观乎古今，而考其美恶：古人相与求贤，今人相与求爵。古之官人，君责之于上，臣举之于下，得其人有赏，失其人有罚，安得不求贤乎！今之官者，父兄营之，亲戚助之，有人事则通，无人事则塞，安得不求爵乎！贤苟求达，达在修道，穷在失义，故静以待之也。爵苟可求，得在进取，失在后时，故动以要之也。动则争竞，争竞则朋党，朋党则诬调，诬调则臧否失实，真伪相冒，主听用惑，奸之所会也。静则贞固，贞固则正直，正直则信让，信让则推贤，推贤不伐，相下无厌，主听用察，德之所趣也。故能使之静，虽曰高枕而人自正；不能禁动，虽复凤夜，俗不一也。且人无愚智，咸慕名宦，莫不饰正于外，藏邪于内，故邪正之人难得而知也。任得其正，则众正益至；若得其邪，则众邪亦集。物繁其类，谁能止之！故亡国失世者，未尝不为众邪所积也。方其初作，必始于微，微而不绝，其终乃著。天地不能顿为寒暑，人主亦不能顿为隆替，故寒暑渐于春秋，隆替起于得失。当今之世，宦者无关梁，邪门启矣；朝廷不责贤，正路塞矣。得失之源，何以甚此！所谓责贤，使之相举也；所谓关梁，使之相保也。贤不举则有咎，保不信则有罚。故古者诸侯必贡士，不贡者削，贡而不适亦削。夫士者，难知也；不适者，薄过也。不得不责，强其所不知也；罚其所不适，深其薄过，非恕也。且天子于诸侯，有不纯臣之义，斯责之矣。施行之道，宁纵不滥之矣。今皆反是，何也？夫贤者天地之纪，品物之宗，其急之也，故宁滥以得之，无纵以失之也。今则不然，世之悠悠者，各自取辨耳。故其材行并不可必，于公则政事纷乱，于私则污秽狼籍。自顷长吏特多此累，有亡命而被购悬者矣，有缚束而绞戮者矣。贪鄙窃位，不知谁升之者？兽咒出槛，不知谁可咎者？漏网吞舟，何以过此！人之于利，如蹈水火焉。前人虽败，后人复起，如彼此无已，谁止之者？风流日竞，谁忧之者？虽今圣思劳于凤夜，所使为政，恒得此属，欲圣世化美俗乎，亦俟河之清耳。若欲善之，宜创举贤之典，峻关梁之防。其制既立，则人慎其举而不苟，则贤者可知。知贤而试，则官得其人矣。官得其人，则事得其序；事得其序，则物得其宜；物得其宜，则生生丰植，人用资给，和乐兴焉。是故寡过而远刑，知耻以近礼，此所以建不刊之统，移风易俗，刑措而不用也。

策曰："自顷夷狄内侵，灾眚屡降，将所任非其人乎？何由而至此？"此臣闻蛮夷猾夏，则皋陶作士，此欲善其末，则先其本也。夫任贤则政惠，使能则刑恕。政惠则下仰其施，刑恕则人怀其勇。施以殖其财，勇以结其心。故人居则资赡而知方，动则亲上而志勇。苟思其利而除其害，以生道利之者，虽死不贰；以逸道劳之者，虽勤不怨。故其命可授，其力可竭，以战则克，以攻则拔。是以善者慕德而安服，恶者畏惧而削迹。止戈而武，义实在文，唯任贤然后无患耳。若夫水旱之灾，自然理也。故古者三十年耕必有十年之储，尧、汤遭之而人不困，有备故也。自顷风雨虽颇不时，考之万国，或境土相接，而丰约不同；或顷亩相连，而成败异流，固非天之必害于人，人实不能均其劳苦。失之于人，而求之于天，则有司惰职而不劝，百姓怠业而咎时，非所以定人志，致丰年也。宜勤人事而已。

臣诚愚鄙不足以奉对圣朝，犹进之于廷者，将使取诸其怀而献之乎，臣惧不足也。

若收不知言以致知言,臣则可矣,是以辞鄙不隐也。《晋书》卷五十二《郤诜传》,第1440~1443页;《全晋文》卷七十八;《历代名臣奏议》卷二十五;《西晋文纪》卷十二。

策问贤良阮种等 泰始七年①
晋武帝

在昔哲王,承天之序,光宅宇宙,咸用规矩乾坤,惠康品类,休风流衍,弥于千载。朕应践洪运统位,七载于今矣。惟德弗嗣,不明于政,宵兴惕厉,未烛厥猷。子大夫韫棱道术,俨然而进,朕甚嘉焉。其各悉乃心,以阐喻朕志,深陈王道之本,勿有所隐,朕虚心以览焉。《晋书》卷五十二《阮种传》,第1444页;《全晋文》卷七十八。

对策
阮 种

夫天地设位,圣人成能,王道至深,所以行化至远。故能开物成务,而功业不匮,近无不听,远无不服,德逮群生,泽被区宇,声施无穷,而典垂百代。故《经》曰:"圣人久于其道,而天下化成。"宜师踪往代,袭迹三五,矫世更俗,以从人望。令率土迁义,下知所适,播醇美之化,杜邪枉之路,斯诚群黎之所欣想盛德而幸望休风也。

又问政刑不宣,礼乐不立。对曰:"政刑之宣,故由乎礼乐之用。昔之明王,唯此之务,所以防遏暴慢,感动心术,制节生灵,而陶化万姓也。礼以体德,乐以咏功。乐本于和,而礼师于敬矣。"

又问戎蛮猾夏。对曰:"戎蛮猾夏,侵败王略,虽古盛世,犹有此虞。故《诗》称'狁孔炽',《书》叹'蛮夷帅服'。自魏氏以来,夷虏内附,鲜有桀悍侵渔之患。由是边守遂息,鄣塞不设。而令丑虏内居,与百姓杂处,边吏扰习,人又忘战。受方任者,又非其材,或以狙诈,侵侮边夷;或干赏啗利,妄加讨戮。夫以微羁而御悍马,又乃操以烦策,其不制者,固其理也。是以群丑荡骇,缘间而动。虽三州覆败,牧守不反,此非胡虏之甚劲,盖用之者过也。臣闻王者之伐,有征无战,怀远以德,不闻以兵。夫兵凶器,而战危事也。兵兴则伤农,众集则费积;农伤则人匮,积费则国虚。昔汉武之世,承文帝之业,资海内之富,役其材臣,以甘心匈奴,竞战胜之功,贪攻取之利,良将劲卒,屈于沙漠,胜败相若,克不过当,夭百姓之命,填饿狼之口。及其以众制寡,令匈奴远迹,收功祁连,饮马瀚海,天下之耗,已过大半矣。夫虚中国以事夷狄,诚非计之得者也。是以盗贼蜂起,山东不振。暨宣、元之时,赵充国征西零,冯奉世征南羌,皆兵不血刃,摧抑强暴,擒其首恶。此则折冲厌难,胜败相辨,中世之明效也。"

---

① 《全晋文》卷六作"泰始中",卷七十八作"泰始七年"。

又问咎征作见。对曰:"阴阳否泰,六沴之灾,则人主修政以御之,思患而防之,建皇极之首,详庶征之用。《诗》曰'敬之敬之,天惟显思',天聪明自我聪明。是以人主祖承天命,日慎一日也。故能应受多福而永世克祚,此先王之所以退灾消眚也。

又问经化之务。对曰:"夫王道之本,经国之务,必先之以礼义,而致人于廉耻。礼义立,则君子轨道而让于善;廉耻立,则小人谨行而不淫于制度。赏以劝其能,威以惩其废。此先王所以保乂定功,化洽黎元,而勋业长世也。故上有克让之风,则下有不争之俗;朝有矜节之士,则野无贪冒之人。夫廉耻之于政,犹树艺之有丰壤,良岁之有膏泽,其生物必油然茂矣。若廉耻不存,而惟刑是御,则风俗凋弊,人失其性,锥刀之末,皆有争心,虽峻刑严辟,犹不胜矣。其于政也,如农者之殖硗野,旱年之望丰穑,必不几矣。此三代所以享德长久,风醇俗美,皆数百年保天之禄。而秦二世而弊者,盖其所由之途殊也。"

又问:"将使武成七德,文济九功,何路而臻于兹?凡厥庶事,曷后曷先?"对曰:"夫文武经德,所以成功丕业,咸熙庶绩者,莫先于选建明哲,授方任能。令才当其官而功称其职,则万机咸理,庶寮不旷。《书》曰:'天工人其代之。'然则继天理物,宁国安家,非贤无以成也。夫贤才之蓄于国,由良工之须利器,巧匠之待绳墨也。器用利,则斲削易而材不病;绳墨设,则曲直正而众形得矣。是以人主必勤求贤,而佚以任之也。贤臣之于主,进则忠国爱人,退则砥节洁志,营职不干私义,出心必由公途,明度量以呈其能,审经制以效其功。此昔之圣王所以恭己南面而化于陶钧之上者,以其所任之贤与所贤之信也。方今海内之士皆倾望休光,希心紫极,唯明主之所趣舍。若开四聪之听,广畴咨之求,抽群英,延俊乂,考工授职,呈能制官,朝无素餐之士,如此化流罔极,树功不朽矣。《晋书》卷五十二《阮种传》,第1444~1447页;《历代名臣奏议》卷二十五;《西晋文纪》卷十二;《全晋文》卷七十八。

武帝庭诏①

晋武帝

前者对策,各指答所问,未尽子大夫所欲言,故复延见,其具陈所怀。又比年连有水旱灾眚,虽战战兢兢,未能究天人之理,当何修以应其变?人遇水旱饥馑者,何以救之?中间多事,未得宁静,思以省息烦务,令百姓不失其所。若人有所患苦者,有宜损益,使公私两济者,委曲陈之。又政在得人,而知之至难,唯有因人视听耳。若有文武隐逸之士,各举所知,虽幽贱负俗,勿有所限。故虚心思闻事实,勿务华辞,莫有所讳也。《晋书》卷五十二《阮种传》,第1447页;《全晋文》卷七十八。

---

① 《西晋文纪》卷十二此篇题注曰:"时种与郗诜俱居上第,除尚书郎。或言对者因缘假托,帝更延群士庭问。种策奏,帝亲览,擢为第一转中书郎。"

对策
阮 种

伏惟陛下以圣哲玄览,降恤黎蒸,将济元元,同之三代,旁求俊乂,以辅至化,此诚尧舜之用心也。臣猥以顽鲁之质,应清明之举,前者对策,不足以畴塞圣诏,所陈不究,臣诚蒙昧,所以为罪。臣闻天生蒸庶,树君以司牧之,人君道洽,则彝伦攸序,五福来备。若政有愆失,刑理颇僻,则庶征不应,而淫亢为灾。此则天人之理,而兴废之由也。昔之圣王,政道备而制先具,轨人以务,致之于本。是以虽有水旱之眚,而无饥馑之患也。自顷阴阳隔并,水旱为灾,亦犹期运之致。不然,则亦有司之不帅,不能宣承圣德,以赞扬大化,故和气未降而人事未叙也。方今百姓凋弊,公私无储,诚在于休役静人,劝啬务分,此其救也。人之所患,由于役烦网密而信道未孚也。役烦则百姓失业,网密则下背其诚,信道未孚则人无固志。此则损益之至务,安危之大端也。《传》曰:"始与善,善进,则不善蔑由至。"孔子曰:"视其所以,观其所由,人焉廋哉!"若夫文武隐逸之士,幽贱负俗之才,故非愚臣之所能识,谨竭愚以对。《晋书》卷五十二《阮种传》,第1447页;《全晋文》卷七十八;《历代名臣奏议》卷二十五;《西晋文纪》卷一十二。

举贤良直言之士诏咸和六年三月癸未
晋成帝

三月壬戌朔,日有蚀之。癸未,诏举贤良直言之士。《晋书》卷七《成帝纪》,第176页。

举贺循为贤良、杜夷为方正疏
王 敦

臣闻有唐畴咨,元凯时登;汉武钦贤,俊彦响应。故能允协时雍,敷崇盛化。伏见太孙舍人会稽贺循、处士庐江杜夷履道弥高,清操绝俗,思学融通,才经王务。循宰二县,皆有名绩,备僚东宫,忠恪允著。夷清虚冲淡,与俗异轨,考槃空谷,肥遁匿迹,盖经国之良宝,聘命之所急。若得待诏公车,承对册问,必有忠谠良谟,弘益政道矣。《晋书》卷九十一《杜夷传》,第2353页;《历代名臣奏议》卷一三〇;《全晋文》卷十八。

举贤
傅 玄

贤者,圣人所与共治天下者也。故先王以举贤为急,举贤之本,莫大正身而一其听。身不正，听不一，则贤者不至，虽至不为之用矣。古之明君，简天下之良材，举天下之贤人，岂家至而户阅之乎？开至公之路，秉至平之心，执大象而致之，亦云诚而已矣。夫任诚，天地可感，而况于人乎？傅说，岩下之筑夫也，高宗引而相之；吕尚，屠钓之贱老也，文、武尊而宗之；陈平，项氏之亡臣也，高祖以为腹心。四君不以小疵忘大德，三臣不以疏贱而自疑，其建帝王之业，不亦宜乎！文王内举周公旦，天下不以为私其子；外举太公望，天下称其公。周公诛弟而典刑立，桓公任仇而齐国治。苟其无私，他人之于骨肉，其于诛赏，岂二法哉？惟至公然后可以举贤也。夏禹有言："知人则哲，惟帝其难之。"因斯以谈，君莫贤于高祖，臣莫奇于韩信。高祖在巴汉，困矣；韩信去楚而亡，穷矣。夫以高祖之明，困而思士，信之奇才，穷而愿进，其相遭也，宜万里响应，不移景而相可取矣。然信归汉，历时而不见知，非徒不见知而已，又将案法而诛之。向不遇滕公，则身不免于戮死，不值萧何，则终不离于亡命。幸而得存，固水滨之饿夫，市中之怯子，又安得市人可驱而立半天下之功也哉？萧何一言，而不世之交合，定倾之功立，岂萧何知人之明绝于高祖，而韩信求进之意曲于萧何乎？尊卑之势异，而高下之处殊也。高祖势尊而处高，故思进者难；萧何势卑而处下，故自纳者易。然则居尊高之位者，其接人之道固难；而在卑下之地者，其相知之道固易矣。昔人知居上取士之难，故虚心而下听；知在下相接之易，故因人以致人。舜之举咎陶难，得皋陶致天下之士易；汤之举伊尹难，得伊尹致天下之士易。故举一人而听之者，王道也；举二人而听之者，霸道也；举三人而听之者，仅存之道也。听一人何以王也？任明而致信也。听二人何以霸也？任术而设疑也。听三人何以仅存也？从二人而求一也。明主任人之道专，致人之道博。任人之道专，故邪不得间；致人之道博，故下无所壅。任人之道不专，则谗说起而异心生；致人之道不博，则殊途塞而良材屈。使舜未得咎陶，汤未得伊尹，而不求贤，则上下不交，而大业废矣。既得咎陶，既得伊尹，而又人人自用，是代大匠斲也。君臣易位，劳神之道也。今之人或抵掌而言，称古多贤忠，患世无人，退不自三省，而坐诬一世，岂不甚耶？夫圣人者，不世而出者也。贤能之士，何世无之？何以知其然？舜兴而五臣显，武王兴而九贤进。齐桓之霸，管仲为之谋；秦孝之强，商君佐之以法。欲王则王佐至，欲霸则霸臣出，欲富国强兵则富国强兵之人往。求无不得，唱无不和，是以知天下之不乏贤也，顾求与不求耳，何忧天下之无人乎？《全晋文》卷四十七，第1727~1728页。

奏霍原应举寒素①

李 重

案如《癸酉诏书》，廉让宜崇，浮竞宜黜。其有履谦寒素靖恭求己者，应有以先

---

① 《晋书·李重传》：时燕国中正刘沈举霍原为寒素，司徒府不从，沈又抗诣中书奏原，而中书复下司徒参论。司徒左长史荀组以为不应举，重奏……云云。

之。如诏书之旨，以二品系资，或失廉退之士，故开寒素以明尚德之举。司徒总御人伦，实掌邦教，当务峻准评，以一风流。然古之厉行高尚之士，或栖身岩穴，或隐迹丘园，或克己复礼，或耄期称道，出处默语，唯义所在。未可以少长异操，疑其所守之美，而远同终始之责，非所谓拟人必于其伦之义也。诚当考之于邦党之伦，审之于任举之主。沈为中正，亲执铨衡，陈原隐居求志，笃古好学，学不为利，行不要名，绝迹穷山，韫韣道艺，外无希世之容，内全遁逸之节，行成名立，搢绅慕之，委质受业者千里而应，有孙、孟之风，严、郑之操。始举原，先咨侍中、领中书监华。前州大中正、后将军婴，河南尹轶。去三年，诸州还朝，幽州刺史许猛特以原名闻，拟之西河，求加征聘。如沈所列，州党之议既举，又刺史班诏表荐，如此而犹谓草野之誉未洽，德礼无闻，舍所征检之实，而无明理正辞，以夺沈所执。且应二品，非所求备。但原定志穷山，修述儒道，义在可嘉。若遂抑替，将负幽邦之望，伤敦德之教。如诏书所求之旨，应为二品。《晋书》卷四十六《李重传》，第1311～1312页；《历代名臣奏议》卷一六三；《西晋文纪》卷九；《全晋文》卷五十三。

录吴名臣后诏 太宁三年八月

晋明帝

昔周武克殷，封比干之墓；汉高过赵，录乐毅之后，追显既往，以劝将来也。吴时将相名贤之胄，有能纂修家训，又忠孝仁义，静己守真，不闻于时者，州郡中正亟以名闻，勿有所遗。《晋书》卷六《明帝纪》，第164页；《全晋文》卷九。

举贤良直言之士诏（题拟）咸和六年三月

晋成帝

三月壬戌朔，日有蚀之。癸未，诏举贤良直言之士。《晋书》卷七《成帝纪》，第176页。

举贤良诏（题拟）咸和七年十月

晋成帝

冬十一月壬子朔，进太尉陶侃为大将军。诏举贤良。《晋书》卷七《成帝纪》，第177页。

诏百官 咸安二年三月

简文帝

三月丁酉，诏曰："朕居阿衡三世，不能济彼时雍，乃至海西失德，殆倾皇祚。赖祖宗灵祇之德，皇太后淑体应期，藩辅忠贤，百官戮力，用能荡氛雾于昊苍，耀晨辉于宇宙。遂以眇身，托于王公之上，思赖群贤，以弼其阙。夫敦本息末，抑绝华竞，使清浊异流，能否殊贯，官无秕政，士无谤讟，不有惩劝，则德礼焉施？且强寇未殄，劳役未息，自非军国戎祀之要，其华饰烦费之用皆省之。夫肥遁穷谷之贤，滑泥扬波之士，虽抗志玄霄，潜默幽岫，贪屈高尚之道，以隆协赞之美，孰与自足山水，栖迟丘壑，徇匹夫之洁，而忘兼济之大邪？古人不借贤于曩代，朕所以虚想于今日。内外百官，各勤所司，使善无不达，恶无不闻，令诗人无素餐之刺，而吾获虚心之求焉。"《晋书》卷九《简文帝纪》，第222页；《全晋文》卷十一。

两晋贤良登科录

泰始四年

贤良方正：夏侯湛，《晋书》卷五十五《夏侯湛传》："夏侯湛字孝若，谯国谯人也。【略】。少为太尉掾。泰始中，举贤良，对策中第，拜郎中，累年不调，乃作《抵疑》以自广。"

挚虞。《晋书》卷五十一《挚虞传》："挚虞字仲洽，京兆长安人也。【略】。举贤良，与夏侯湛等十七人策为下第，拜中郎。"

泰始七年

贤良直言：郄诜，《晋书》卷五十二《郄诜传》："郄诜字广基，济阴单父人也。【略】。泰始中，诏天下举贤良直言之士，太守文立举诜应选。【略】。以对策上第，拜议郎。母忧去职。"【略】。累迁雍州刺史。武帝于东堂会送，问诜曰："卿自以为何如？"诜对曰："臣举贤良对策，为天下第一，犹桂林之一枝，昆山之片玉。"帝笑。侍中奏免诜官，帝曰："吾与之戏耳，不足怪也。"诜在任威严明断，甚得四方声誉。卒于官。"

阮种。《晋书》卷五十二《阮种传》："阮种字德猷，陈留尉氏人，汉侍中胥卿八世孙也。弱冠有殊操，为嵇康所重。康著《养生论》，所称阮生，即种也。察孝廉，为公府掾。是时西虏内侵，灾眚屡见，百姓饥馑，诏三公、卿尹、常伯、牧守各举贤良方正直言之士。于是太保何曾举种贤良。【略】。时种与郄诜及东平王康俱居上第，即除尚书郎。然毁誉之徒，或言对者因缘假托，帝乃更延群士，庭以问之。【略】。策奏，帝亲览焉，又擢为第一。转中书郎。"又廷试阮种策文中有"朕应践洪运统位，七载于今矣"云云，故种应举当在本年。

贤良方正：索靖。《晋书》卷六十《索靖传》："索靖字幼安，敦煌人也。累世官族，父湛，北地太守。靖少有逸群之量，与乡人泛衷、张甝、索紾、索永俱诣太学，驰名海内，号称"敦煌五龙"。四人并早亡，唯靖该博经史，兼通内纬。州辟别驾，郡举贤良方正，对策高第。"

贤良：贺循；方正：杜夷。《晋书》卷九十一《杜夷传》："杜夷字行齐，庐江灊人也。世以儒学称，为郡著姓。夷少而恬泊，操尚贞素，居甚贫窘，不营产业，博览经籍百家之书，算历图纬靡不毕究。寓居汝颍之间，十载足不出门。年四十余，始还乡里，闭门教授，生徒千人。惠帝时三察孝廉，州命别驾，永嘉初，公车征拜博士，太傅、东海王越辟，并不就。怀帝诏王公举贤良方正，刺史王敦以贺循为贤良，夷为方正。"

梁朝

南郊诏 天监十四年正月
梁武帝

辛亥，舆驾亲祠南郊。诏曰："朕恭祗明祀，昭事上灵，临竹宫而登泰坛，服裘冕而奉苍璧，柴望既升，诚敬克展，思所以对越乾元，弘宣德教；而缺于治道，政法多昧，实伫群才，用康庶绩。可班下远近，博采英异。若有确然乡党，独行州闾，肥遁丘园，不求闻达，藏器待时，未加收采；或贤良、方正，孝悌、力田，并即腾奏，具以名上。当擢彼周行，试以邦邑，庶百司咸事，兆民无隐。又世轻世重，随时约法，前以劓墨，用代重辟，犹念改悔，其路已壅，并可省除。"《梁书》卷二《武帝中》，第54～55页。

举贤良方正直言之士诏（题拟）普通三年五月
梁武帝

五月壬辰朔，日有蚀之，既。癸巳，赦天下，并班下四方，民所疾苦，咸即以闻，公卿百僚各上封事，连率郡国举贤良、方正、直言之士。《梁书》卷三《武帝下》，第66页。

北魏

举人诏（题拟）永兴五年二月
魏太宗

（永兴五年二月）庚午，诏分遣使者训求俊逸，其豪门强族为州闾所推者，及有文武才干、临疑能决，或有先贤世胄、德行清美、学优义博、可为人师者，各令诣京师，当随才叙用，以赞庶政。《魏书》卷三《太宗纪》，第52页。

征卢玄崔绰等诏 神嘉四年九月
魏武帝

壬申，诏曰："顷逆命纵逸，方夏未宁，戎车屡驾，不遑休息。今二寇摧珍，士马无为，方将偃武修文，遵太平之化，理废职，举逸民，拔起幽穷，延登俊义，昧旦思求，想遇师辅，虽殷宗之梦板筑，罔以加也。访诸有司，咸称范阳卢玄、博陵崔绰、赵郡李灵、河间邢颖、渤海高允、广平游雅、太原张伟等，皆贤俊之胄，冠冕州邦，有羽仪之用。《诗》不云乎，'鹤鸣九皋，声闻于天'，庶得其人，任之政事，共臻邕熙之美。《易》曰：'我有好爵，吾与尔縻之。'如玄之比，隐迹衡门、不耀名誉者，尽敕州郡以礼发遣。"《魏书》卷四《世祖纪上》，第79页。

禁州郡逼遣贤良诏 延和元年十二月
魏武帝

先是，辟诏贤良，而州郡多逼迫之。诏曰："朕除伪平暴，征讨累年，思得英贤，缉熙治道，故诏州郡搜扬隐逸，进举贤俊。古之君子，养志衡门，德成业就，才为世使。或雍容雅步，三命而后至；或栖栖遑遑，负鼎而自达。虽徇尚不同，济时一也。诸召人皆当以礼申谕，任其进退，何逼遣之有也！此刺史、守宰宣扬失旨，岂复光益，乃所以彰朕不德。自今以后，各令乡闾推举，守宰但宣朕虚心求贤之意。既至，当待以不次之举，随才文武，任之政事。其明宣敕，咸使闻知。"《魏书》卷四《世祖纪》，第81~82页。

举才堪专对者诏（题拟）延兴二年七月
魏献帝

（延兴二年七月）壬寅，诏州郡县各遣二人才堪专对者，赴九月讲武，当亲问风俗。《魏书》卷七《高祖纪上》，第137页。

举力田孝悌等人诏（题拟）延兴三年十一月
魏献帝

（延兴三年）十有一月戊寅，诏以河南七州牧守多不奉法，致新邦之民莫能上达，遣使者观风察狱，黜陟幽明。其有鳏寡孤独贫不自存者，复其杂徭；年八十以上，一子不从役；力田孝悌，才器有益于时，信义著于乡闾者，具以名闻。《魏书》卷七《高祖纪上》，第139页。

举孝悌廉义文武应求者诏（题拟）太和十七年九月
魏献帝

戊辰，济河。诏洛、怀、并、肆所过四州之民：百年以上假县令，九十以上赐爵三级，八十以上赐爵二级，七十以上赐爵一级；恤鳏寡孤独不能自存者，粟人五斛，帛二匹；孝悌廉义、文武应求者，皆以名闻。《魏书》卷七《高祖纪下》，第172~173页。

举孝悌廉义文武应求者诏（题拟）太和十八年十一月
魏献帝

十有一月辛未朔，诏冀、定二州民：百年以上假以县令，九十以上赐爵三级，八十以上赐爵二级，七十以上赐爵一级；鳏寡孤独不能自存者，赐以谷帛；孝义廉贞、文武应求者，具以名闻。《魏书》卷七《高祖纪下》，第175页。

举孝悌廉义文武应求者诏（题拟）太和十八年十二月
魏献帝

丁卯，诏邺豫二州之民：百龄以上假县令，九十以上赐爵三级，八十以上赐爵二级，七十以上赐爵一级；孤寡鳏老不能自存者，赐以谷帛；缘路之民复田租一岁；孝悌廉义、文武应求，具以名闻。《魏书》卷七《高祖纪下》，第176页。

久旱得雨诏 太和二十年七月
魏献帝

丁亥，诏曰："炎阳爽节，秋零卷澍，在予之责，实深悚栗，故辍膳三晨，以命上诉。灵鉴诚款，曲流云液。虽休勿休，宁敢怠息。将有贤人湛德，高士凝栖，虽加铨采,未能招致。其精访幽谷,举兹贤彦,直言极谏,匡予不及。又邪佞毁朝,固唯治蠹;贪夫窃位,大政以亏。主者弹劾不肖,明黜盗禄。又法为治要,民命尤重,在京之囚,悉命条奏,朕将亲案,以时议决。又疾苦六极,人神所矜,宜时访恤,以拯穷废。鳏寡困乏、不能自存者,明加矜恤,令得存济。又轻徭薄赋,君人常理,岁中恒役,具以状闻。又夫妇之道,生民所先,仲春奔会,礼有达式,男女失时者以礼会之。又京民始业,农桑为本,田稼多少,课督以不,具以状言。"《魏书》卷七《高祖纪下》,第179~180页。

令一品至五品各举所知诏 孝昌元年三月

魏明帝

甲戌,诏曰:"选众而举,其来自昔。朕缵承大业,综理万几,求贤致治,心焉若渴。知人则哲,振古所难,宜博访公卿,采兹声实。可令第一品以下五品以上,人各荐其所知,不限素身居职。必使精辩器艺,具注所能,然后依牒简擢,随才收叙,庶济济之美,无替往时,謇謇之直,有申兹岁。"《魏书》卷九《肃宗纪》,第239~240页。

求德行文艺政事强直者诏(题拟)建义元年五月

魏庄帝

壬午,诏求德行、文艺、政事强直者,县令、太守、刺史皆叙其志业,具以表闻。得三人以上,县令、太守、刺史赏一阶;举非其人,亦黜一阶。又以旧叙军勋不过征虏,自今以后宜依前式以上,余阶积而为品。其从舆驾北来之徒,不在此例。悉不听破品受阶,破阶请帛。《魏书》卷十《孝庄纪》,第258页。

北周

二十四军举贤良诏（题拟）闵帝元年八月
周武帝

甲午，诏曰："帝王之治天下，罔弗博求众才，以乂厥民。今二十四军宜举贤良堪治民者，军各九人。被举之人，于后不称厥任者，所举官司，皆治其罪。"《周书》卷三《武帝纪上》，第49页。

三公以下各举所知（题拟）天和元年二月
周武帝

戊辰，诏三公以下各举所知。《周书》卷五《武帝上》，第72页。

公卿以下各举所知诏（题拟）建德元年四月
周武帝

己卯，诏公卿以下各举所知。《周书》卷五《武帝上》，第80页。

令六府各举贤良清正之人诏（题拟）建德三年二月
周武帝

丙午，令六府各举贤良清正之人。《周书》卷五《武帝上》，第84页。

诏诸畿郡各举贤良（题拟）建德四年闰十月
周武帝

闰月，诏诸畿郡各举贤良。《周书》卷五《武帝下》，第94页。

令山东诸州各举人诏（题拟）建德六年三月
周武帝

壬午，诏山东诸州，各举明经干治者二人。若奇才异术，卓尔不群者，弗拘多少。《周书》卷五《武帝下》，第102页。

举人诏（题拟）大定元年正月

周静帝

丙戌，诏曰："帝王设官，惟才是务。人臣报国，荐贤为重。去岁以来，屡有妖寇，宰臣英算，咸得清荡。逆乱之后，兵车始戢。遐迩劳役，生民未康。居官之徒，致治者寡。斯故上失其道，以至于兹，亦由下有幽人，未展其力。今四海宁一，八表无尘，元辅执钧，垂风扬化。若使天下英杰，尽升于朝，铨衡陟降，量才而处，垂拱无为，庶几可至。"于是遣戎秩上开府以上，职事下大夫以上，外官刺史以上，各举清平勤干者三人。被举之人，居官三年有功过者，所举之人，随加赏罚。《周书》卷八《静帝纪》，第135～136页。

北齐

举贤良诏 武定六年三月

文襄帝

三月辛亥,【略】,又令朝臣、牧宰各举贤良及骁武胆略堪守边城,务得其才,不拘职业。《北齐书》卷三《文襄纪》,第37页。

搜访贤良诏 皇建元年八月

孝昭帝

壬辰,诏分遣大使巡省四方,观察风俗,问人疾苦,考求得失,搜访贤良。《北齐书》卷六《孝昭纪》,第82页。

大使巡行天下诏 大宁元年冬十一月

武成帝

庚申,诏大使巡行天下,求政善恶,问人疾苦,擢进贤良。《北齐书》卷七《武成纪》,第90页。

征引书目

司马迁《史记》，中华书局 1975 年。
班固《汉书》，中华书局 1975 年。
范晔《后汉书》，中华书局 1982 年。
陈寿《三国志》，中华书局 1959 年。
房玄龄《晋书》，中华书局 1974 年。
姚思廉《梁书》，中华书局 2003 年。
魏收《魏书》，中华书局 1974 年。
李百药《北齐书》，中华书局 1983 年。
令狐德棻《周书》，中华书局 2003 年。
魏征、令狐德棻《隋书》，中华书局 1973 年。
林虑、楼昉《两汉诏令》，《文渊阁四库全书》本。
王益之《西汉年纪》，《文渊阁四库全书》本。
徐天麟《西汉会要》，中华书局 1998 年。
徐天麟《东汉会要》，中华书局 1998 年。
马端临《文献通考》，中华书局 1986 年。
梅鼎祚《东汉文纪》，《文渊阁四库全书》本。
梅鼎祚《西晋文纪》，《文渊阁四库全书》本。
严可钧《全上古三代秦汉三国六朝文》，中华书局 1995 年。

吴相湘主编《历代名臣奏议》，台湾学生书局 1985 年。
梅鼎祚《隋文纪》，《文渊阁四库全书》本。
杜佑《通典》，中华书局 1984 年。
王钦若等编纂《册府元龟》，中华书局 1985 年影印本。
刘昫《旧唐书》，中华书局 1975 年。
李昉等编纂《文苑英华》，中华书局 1982 年影印本。
欧阳修《新唐书》，中华书局 1975 年。

薛居正《旧五代史》，中华书局1976年。
王溥《唐会要》，中华书局1955年。
王溥《五代会要》，上海古籍出版社1978年。
宋敏求编，洪丕谟、张伯元、沈敖大点校《唐大诏令集》，学林出版社1992年。
王谠撰，周勋初校《唐语林校证》，中华书局1997年。
钱易撰，万寿成校《南部新书》，中华书局2002年。
范摅《云溪友议》，《文渊阁四库全书》本。
封演《封氏闻见记》；中华书局1997年。
王定宝《唐摭言》，《文渊阁四库全书》本。
刘肃撰，许德楠、李鼎霞点校《大唐新语》，中华书局1997年。
李肇《唐国史补》，《文渊阁四库全书》本。
姚玄《唐文粹》，《文渊阁四库全书》本。
王建《王司马集》，《文渊阁四库全书》本。
刘禹锡《刘宾客文集》，《文渊阁四库全书》本。
元结著，孙望校《次山集》，中华书局1960年。
皇甫冉《二皇甫集》，《文渊阁四库全书》本。
钱起《钱仲文集》，《文渊阁四库全书》本。
王应麟《玉海》，《文渊阁四库全书》本。
王应麟《困学纪闻》，《文渊阁四库全书》本。
洪迈《容斋续笔》，《文渊阁四库全书》本。
陆深《俨山外集》，《文渊阁四库全书》本。
李日华《六研斋笔记》，《文渊阁四库全书》本。
顾炎武《日知录》，《文渊阁四库全书》本。
秦蕙田《五礼通考》，《文渊阁四库全书》本。
徐松《登科记考》，《续修四库全书》本。
岑参撰，廖立笺注《岑嘉州诗笺注》，中华书局2004年。
李白撰，王琦注《李太白全集》，中华书局1977年。
刘长卿《刘随州集》，《文渊阁四库全书》本。
柳宗元《柳宗元集》，中华书局1979年。
沈亚之《沈下贤集》，《文渊阁四库全书》本。
彭定求《全唐诗》，中华书局1979年。
董诰《全唐文》，中华书局1983年。
陈尚君辑校《全唐文补编》，中华书局2005年。

杨亿《武夷新集》，《文渊阁四库全书》本。

石介撰，陈植谔点校《徂徕石先生文集》，中华书局1984年。
宋祁《景文集》，《文渊阁四库全书》本。
范仲淹著，李勇先、王蓉贵校点《范仲淹全集》，四川大学出版社2007年。
苏舜钦撰，沈文倬点校《苏舜钦集》，上海古籍出版社1981年。
欧阳修《欧阳修全集》，中国书店1986年。
宋庠《元宪集》，《文渊阁四库全书》本。
蔡襄《端明集》，《文渊阁四库全书》本。
曾巩撰，陈杏珍、晁继周点校《曾巩集》，中华书局1984年。
苏轼撰，孔凡礼校点《苏轼文集》，中华书局1986年。
苏辙撰，曾枣庄、马德富校点《栾城后集》，上海古籍出版社1987年。
张耒《柯山集》，《文渊阁四库全书》本。
范祖禹《范太史集》，《文渊阁四库全书》本。
田锡《咸平集》，《文渊阁四库全书》本。
刘安世《尽言集》，《文渊阁四库全书》本。
张方平《乐全集》，《文渊阁四库全书》本。
夏竦《文庄集》，《文渊阁四库全书》本。
刘敞《公是集》，《文渊阁四库全书》本。
刘挚撰，陈晓平、裴汝诚点校《忠肃集》，中华书局2002年。
文彦博《潞公文集》，《文渊阁四库全书》本。
张方平《乐全集》，《文渊阁四库全书》本。
吕陶《净德集》，《文渊阁四库全书》本。
李纲《梁溪集》，《文渊阁四库全书》本。
陆九渊《象山外集》，《文渊阁四库全书》本。
杨万里著，王琦珍整理《杨万里诗文集》，江西人民出版社2006年。
王珪《华阳集》，《文渊阁四库全书》本。
孔文仲《清江三孔集》，《文渊阁四库全书》本。
胡宿《文恭集》，《文渊阁四库全书》本。
陈亮《龙川集》，《文渊阁四库全书》本。
郑獬《郧溪集》，《文渊阁四库全书》本。
华镇《云溪居士集》，《文渊阁四库全书》本。
李新《跨鳌集》，《文渊阁四库全书》本。
阙名《国朝二百家名贤文粹》，《续修四库全书》本。
杨慎《升庵集》，《文渊阁四库全书》本。
李觏《旴江外集》，《文渊阁四库全书》本。
蔡戡《定斋集》，《文渊阁四库全书》本。
许翰《襄陵文集》，《文渊阁四库全书》本。

叶适《水心集》，《文渊阁四库全书》本。
俞文豹《吹剑录外集》，《文渊阁四库全书》本。
王十朋《梅溪集》，《文渊阁四库全书》本。
王开祖《儒志编》，《文渊阁四库全书》本。
高晦叟《珍席放谈》，《文渊阁四库全书》本。
魏泰撰，李裕民点校《东轩笔录》，中华书局1997年。
司马光撰，邓广铭、张希清校点《涑水记闻》，中华书局1997年。
吴处厚著，李裕民点校《青箱杂记》，中华书局1997年。
吴曾《能改斋漫录》，《文渊阁四库全书》本。
欧阳修撰，李伟国点校《归田录》，中华书局1997年。
邵博《闻见后录》，《文渊阁四库全书》本。
王辟之撰，吕友仁点校《渑水燕谈录》，中华书局1997年。
叶梦得著，宇文绍奕考异、何忠义点校《石林燕语》，中华书局1984年。
叶梦得《避暑录话》，《文渊阁四库全书》本。
徐度《却扫编》，《文渊阁四库全书》本。
叶绍翁撰，沈锡麟、冯惠民点校《四朝闻见录》，中华书局1997年。
潘永因撰，刘卓英点校《宋稗类钞》，书目文献出版社1985年。
何良俊《语林》，《文渊阁四库全书》本。
岳珂著，吴企明点校《桯史》，中华书局1997年。
曾敏行《独醒杂志》，《文渊阁四库全书》本。
李心传《建炎杂记甲集》，《文渊阁四库全书》本。
岳珂《愧郯录》，《文渊阁四库全书》本。
脱脱等《宋史》，中华书局1977年。
脱脱等《金史》，中华书局1975年。
李焘撰，上海师范学院、上海师范大学古籍整理研究室整理《续资治通鉴长编》，中华书局1979年。
毕沅《续资治通鉴长编》，中华书局1995年。
徐松《宋会要辑稿》，中华书局1986年。
赵汝愚编，北京大学中国中古史研究中心整理点校《宋朝诸臣奏议》，上海古籍出版社1999年。
彭百川《太平治迹统类》，《文渊阁四库全书》本。
魏齐贤、叶棻同编《五百家播芳大全文粹》，《文渊阁四库全书》本。
王安石撰，唐武标校《王文公文集》，上海人民出版社1974年。
扈仲荣、程遇荣等编《成都文类》，《文渊阁四库全书》本。
陈均《九朝编年备要》，《文渊阁四库全书》本。
祝穆《方舆胜览》，《文渊阁四库全书》本。

乾隆《大清一统志》,《文渊阁四库全书》本。
阙名《宋史全文》,《文渊阁四库全书》本。
曾巩《隆平集》,《文渊阁四库全书》本。
陈骙《南宗馆阁录》,《文渊阁四库全书》本。
曾枣庄、刘琳主编《全宋文》,上海辞书出版社、安徽教育出版社等2006年。

施闰章《学余堂诗集》,《文渊阁四库全书》本。
施闰章《学余堂文集》,《文渊阁四库全书》本。
徐嘉炎《抱经斋诗集》、《文集》,《四库全书存目丛书》本。
韩菼《有怀堂诗集》,《四库全书存目丛书》本。
范鄗鼎《五经堂文集》,《四库全书存目丛书》本。
王鸿绪《横云山人集》,《续修四库全书》本。
尤侗《于京集》,《续修四库全书》本。
朱彝尊《曝书亭集》,《文渊阁四库全书》本。
彭孙遹《松桂堂全集》,《文渊阁四库全书》本。
张英《文端集》,《文渊阁四库全书》本。
汤斌《汤子遗书》,《文渊阁四库全书》本。
张玉书《张文贞集》,《文渊阁四库全书》本。
潘耒《遂初堂集》,《四库全书存目丛书》本。
徐釚《南州草堂集》,《续修四库全书》本。
陈维崧《陈迦陵俪体文集》,《四部丛刊》本。
顾炎武著,华忱之点校《亭林诗文集》,中华书局1983年。
汪懋麟《百尺梧桐阁集》,《四库全书存目丛书》本。
李颙《二曲集》,《续修四库全书》本。
冯溥《佳山堂诗集》,《四库全书存目丛书》本。
孙枝蔚《溉堂前集》《后集》《续集》,《续修四库全书》本。
方象瑛《健松斋集》,《四库全书存目丛书》本。
毛奇龄《西河集》,《文渊阁四库全书》本。
黄宗羲《南雷集》,《四部丛刊》本。
郑梁《寒村五丁诗稿》,清刻本。
全祖望《鲒埼亭集》,《续修四库全书》本。
方苞《方望溪先生文集》,《续修四库全书》本。
刘大櫆《海峰文集》,《续修四库全书》本。
齐召南《宝纶堂文钞》,《续修四库全书》本。
沈廷芳《隐拙斋文钞》,《四库全书存目补遗》本。

刘大櫆《海峰文集》《诗集》，《续修四库全书》本。
杭世骏《道古堂文集》，《续修四库全书》本。
周长发《赐书堂诗钞》，《四库全书存目丛书》本。
陈廷敬《皇清文颖》，《文渊阁四库全书》本。
杨谦《朱竹垞先生年谱》，清刻本。
陆宸徵、李铉《稼书先生年谱》，同治十三年刻本。
丁宝铨编，缪荃孙等校订《傅青主年谱》，宣统三年刻本。
尤侗《悔庵年谱》，康熙间刻本。
施念曾编《愚山先生年谱》，清末活字本。
卞僧慧《吕留良年谱》，中华书局2003年。
沈德潜《沈归愚自订年谱》，乾隆二十九年刻本。
吕佩芬《湘韬日记》，民国26年北平北江旧庐铅印本。
张一麐《心太平室集》，《中国近代史料丛刊》本。
《三水梁燕孙先生年谱》，《民国丛书》本。
冒苏怀《冒鹤亭先生年谱》，学林出版社1998年。
严修自订，高凌雯补，严仁曾增补，王承札辑注，张平宇参校《严修年谱》，齐鲁书社1990年。
谢兴尧整理、点校、注释《荣庆日记》，西北大学出版社1986年。
陈声暨编，王真续编，叶长青订《侯官陈石遗先生年谱》，1933年刊本。
周云《朱征君年谱》，江宁朱氏1928年铅印本。
康熙《圣祖仁皇帝御制文集》，《文渊阁四库全书》本。
柯劭忞《清史稿》，中华书局1977年。
雍正《宪皇帝圣训》，《文渊阁四库全书》本。
雍正《世宗宪皇帝上谕内阁》，《文渊阁四库全书》本。
中国历史第一档案馆编《光绪朝硃批奏折》，中华书局1996年。
《清实录》，中华书局1985年。
中国史学会主编中国近代史资料丛刊《戊戌变法资料》，上海人民出版社、上海书店2000年。
王士禛《池北偶谈》，中华书局1972年。
王士禛《居易录》，《文渊阁四库全书》本。
毛奇龄《西河诗话》，《丛书集成续编》本。
张廷玉编《词林典故》，《文渊阁四库全书》本。
永瑢《四库全书总目》，中华书局1995年。
钮琇撰，南炳文等校点《觚賸》，上海古籍出版社1986年。
秦瀛《己未词科录》，《续修四库全书》本。
杭世骏《词科掌录》，《四库未收书辑刊》本。

杭世骏《词科余话》,《四库未收书辑刊》本。
李集辑,李富孙等续集《鹤征录》,《四库未收书辑刊》本。
李富孙辑《鹤征后录》,《四库未收书辑刊》本。
吴振棫《养吉斋丛录》,北京古籍出版社1983年。
王庆云《石渠余记》,北京古籍出版社1985年。
王应奎著,王彬、严英俊点校《柳南随笔、续笔》,中华书局1997年。
金农《熙朝新语》,上海古籍书店1983年影印道光4年刻本。
小横香室主人编《清朝野史大观》,上海书店1981年影印本。
徐珂《清稗类钞》,中华书局1984年。
袁丕元《清代征士记》,昆明1934年石印本。
《大公报》1903年,国家图书馆藏。
《申报》1903年,国家图书馆藏。
《新民丛报》1903年,国家图书馆藏。
中国第一历史档案馆1903年经济特科考试卷,卷宗号12~15。

刘大櫆《海峰文集》《诗集》,《续修四库全书》本。
杭世骏《道古堂文集》,《续修四库全书》本。
周长发《赐书堂诗钞》,《四库全书存目丛书》本。
陈廷敬《皇清文颖》,《文渊阁四库全书》本。
杨谦《朱竹垞先生年谱》,清刻本。
陆宸徵、李铉《稼书先生年谱》,同治十三年刻本。
丁宝铨编,缪荃孙等校订《傅青主年谱》,宣统三年刻本。
尤侗《悔庵年谱》,康熙间刻本。
施念曾编《愚山先生年谱》,清末活字本。
卞僧慧《吕留良年谱》,中华书局2003年。
沈德潜《沈归愚自订年谱》,乾隆二十九年刻本。
吕佩芬《湘轺日记》,民国26年北平北江旧庐铅印本。
张一麐《心太平室集》,《中国近代史料丛刊》本。
《三水梁燕孙先生年谱》,《民国丛书》本。
冒苏怀《冒鹤亭先生年谱》,学林出版社1998年。
严修自订,高凌雯补,严仁曾增补,王承札辑注,张平宇参校《严修年谱》,齐鲁书社1990年。
谢兴尧整理、点校、注释《荣庆日记》,西北大学出版社1986年。
陈声暨编,王真续编,叶长青订《侯官陈石遗先生年谱》,1933年刊本。
周云《朱征君年谱》,江宁朱氏1928年铅印本。
康熙《圣祖仁皇帝御制文集》,《文渊阁四库全书》本。
柯劭忞《清史稿》,中华书局1977年。
雍正《宪皇帝圣训》,《文渊阁四库全书》本。
雍正《世宗宪皇帝上谕内阁》,《文渊阁四库全书》本。
中国历史第一档案馆编《光绪朝硃批奏折》,中华书局1996年。
《清实录》,中华书局1985年。
中国史学会主编中国近代史资料丛刊《戊戌变法资料》,上海人民出版社、上海书店2000年。
王士祯《池北偶谈》,中华书局1972年。
王士祯《居易录》,《文渊阁四库全书》本。
毛奇龄《西河诗话》,《丛书集成续编》本。
张廷玉编《词林典故》,《文渊阁四库全书》本。
永瑢《四库全书总目》,中华书局1995年。
钮琇撰,南炳文等校点《觚賸》,上海古籍出版社1986年。
秦瀛《己未词科录》,《续修四库全书》本。
杭世骏《词科掌录》,《四库未收书辑刊》本。

杭世骏《词科余话》,《四库未收书辑刊》本。

李集辑,李富孙等续集《鹤征录》,《四库未收书辑刊》本。

李富孙辑《鹤征后录》,《四库未收书辑刊》本。

吴振棫《养吉斋丛录》,北京古籍出版社1983年。

王庆云《石渠余记》,北京古籍出版社1985年。

王应奎著,王彬、严英俊点校《柳南随笔、续笔》,中华书局1997年。

金农《熙朝新语》,上海古籍书店1983年影印道光4年刻本。

小横香室主人编《清朝野史大观》,上海书店1981年影印本。

徐珂《清稗类钞》,中华书局1984年。

袁丕元《清代征士记》,昆明1934年石印本。

《大公报》1903年,国家图书馆藏。

《申报》1903年,国家图书馆藏。

《新民丛报》1903年,国家图书馆藏。

中国第一历史档案馆1903年经济特科考试卷,卷宗号12~15。

附录

20 世纪以来制举研究论著、论文索引

冒广生《癸卯大科记》，收入《如皋冒氏丛书》，民国 6 年刊本。
袁丕元《清代征士记》，昆明石印 1934 年。
商衍鎏《清代科举考试书录》，生活·读书·新知三联书店 1958 年。
王德昭《清代科举制度研究》，中华书局 1984 年。
傅璇琮《唐代科举与文学》，陕西人民出版社 1986 年。
刘海峰《唐代教育与选举制度综论》，台北文津出版社，1991 年 7 月。
何忠礼《〈宋史·选举志〉补正》，浙江古籍出版社 1992 年。
吴宗国《唐代科举制度研究》，辽宁大学出版社 1997 年。
陈飞《唐代试策考述》，中华书局 2002 年。
刘海峰《科举制与"科举学"》，贵州教育出版社，2004 年 9 月。
刘海峰《科举学导论》，华中师范大学出版社 2005 年。
何忠礼《科举与宋代社会》，商务印书馆 2006 年。
林岩《宋代科举考试与文学》，上海古籍出版社 2006 年。
田叟《所谓"博学鸿词"科》，载《越风》1937 年第 2 期第 1 卷。
岑仲勉《登科记考订补》，载《历史语言研究所集刊》第 11 本，1941 年。
罗继祖《登科记考补》，载日本《东方学报》京都第 13 册第 1 分，昭和十七年（1942）六月。
《明清史论著集刊》，中华书局 1959 年。
孟森《己未词科录外录》，原载《张菊引先生七十生日纪年论文集》，上海商务印书馆 1937 年，后收入其《明清史论著集刊》，中华书局 1959 年。余嘉锡《跋施愚山试鸿博后家书》，收入其《余嘉锡论学杂著》，中华书局 1963 年。
聂崇歧《宋代制举考略》，原载《燕京学报》第二五期，后收录其《宋史丛考》，中华书局 1980 年。
何泽翰《吴敬梓未参加博学鸿词科考试问题之我见》，载《艺谭》1981 年第 3 期。

张渤《经济特科考》,载《云南省历史研究所研究集刊》1983年第2期。
王道成《清代的制科》,载《文史知识》1984年第6期。
张宪文《清康熙博学鸿词科述论》,载《浙江学刊》1985年第4期。
刘海峰《唐代的博学鸿词科》,载《文史知识》1990年第2期。
刘海峰《唐代的博学宏辞科》,载《文史知识》1990年第2期。
王澈《乾隆元年荐举博学鸿词科史料》(上、下),分载《历史档案》1990年第3、4期。
康大寿、潘家德《清末经济特科述论》,载《社会科学研究》1990年第2期。
李俊《戊戌"经济科"的历史命运》,载《文史知识》1991年第7期。
陈尚君《登科记补证》,载《唐代文学研究》第4辑,广西师范大学出版社1993年。
赵刚《康熙博学鸿词科与清初政治变迁》,载《故宫博物院院刊》1993年第1期。
肖宁《制科与人才的选拔和使用》,载《江苏社会科学》1994年第5期。
朱玉麟《〈登科记〉补遗订正》,载《文献》1994年第3期。
尹彤云《康熙十七年"博学鸿词"科略论》,载《宁夏社会科学》1995年第6期。
周京南《"博学鸿词"科试:清代特殊的选拔考试》,载《历史学习》1995年第6期。
杨海英《康熙博学鸿词科考》,载《历史档案》1996年第1期。
陈冠明《〈登科记〉补名摭遗》,载《文献》1997年第4期。
谢谦《吴敬梓"不赴廷试"辨析》,载《四川大学学报》1997年第2期。
赵文润《略论唐代的制举与殿试》,载《唐都学刊》1997年第1期。
胡可先《〈登科记考〉匡补》、《〈登科记考〉匡补续编》,载《文献》1998年第1、2期。
吴敏娜《广东籍制科状元莫宣卿》,载《岭南文史》1999年第2期。
华德柱《文木先生的一次心理冲突及其解决——吴敬梓未赴鸿博廷试问题新探》,载《长沙电力学院学报》1999年第2期。
王英志《袁枚京城应试考试》,载《盐城师范学院学报》2000年第2期。
朱刚《论奏观贤良进卷》,载《新宋学》第一辑,上海辞书出版社2001年。
邓小泉《宋代制举衰微的历史流变》,载《南通师范学院学报》2002年第4期。
朱刚《论李清臣贤良进卷》,《第二届宋代文学国际研讨会论文集》2002年。
俞钢《唐代制举的形成及其特点》,载《上海师范大学学报》2003年第3期。
胡可先《唐大和二年制科及其相关问题研究》,载《社会科学战线》2003年第4期。
张亚权《康熙博学鸿儒科研究》,南京大学2003年博学学位论文,张宏生教授指导。
段润秀《康熙朝"博学鸿儒科"述论》,云南师范大学2004年硕士论文,朱端强教授指导。
何玲《清末经济特科研究》,北京师范大学2004年博士论文,龚书铎教授指导。
何玲《清末经济特科探析》,载《历史档案》2004年第1期。
何玲《张之洞与清末经济特科》,载《中州学刊》2004年第2期。

于翠玲《康熙"文治"与词学走向》，载《民族文学研究》2004年第1期。
于翠玲《朱彝尊家书与康熙"己未词科"史料——启功先生〈朱竹垞家书卷跋〉详说》，载《北京师范大学学报》2004年第4期。
赖玉芹《博学鸿儒与清初学术转变》，华中师范大学2005年博士论文，吴琦教授指导。
陈飞《唐代试策的形式体制——以制举策文为例》，载《文学遗产》2006年第6期。
祝尚书《宋代制科制度考论》，原载《文史》2002年第1期，后收入其《宋代科举与文学》，大象出版社2006年。
龚延明《〈宋大诏令集〉卷一七〇〈制科〉上之辑补点校》，原载《文献》2004年第2期，后收入其《中国古代职官科举研究》，中华书局2006年。
龚延明《〈宋大诏令集〉卷一七一〈制科〉上之辑补点校》，原载《漆侠先生纪念文集》，河北大学出版社2002年版，后收入其《中国古代职官科举研究》，中华书局2006年。
龚延明《〈宋会要辑稿〉证误》，原载《文献》1986年第4期，后收入其《中国古代职官科举研究》，中华书局2006年。
赖玉芹《论博学鸿儒〈明史〉之独特价值》，载《湖北大学学报》2006年第4期。
赖玉芹《论博学鸿儒纂修〈明史〉》，载《光明日报》2006年4月25日。
孔定芳《"博学鸿儒科"与晚年顾炎武》，载《学海》2006年第3期。
孔定芳《论清圣祖的遗民策略——以"博学鸿儒科"为考察中心》，载《江苏社会科学》2006年第1期。
孔定芳《论康熙"博学鸿儒科"之旨在笼络明遗民》，载《唐都学刊》2006年第3期。
孔定芳《明遗民与"博学鸿儒科"》，载《浙江学刊》2006年第2期。
张亚权《"博学鸿词"研究的回顾与展望》，载《江苏社会科学》2006年第5期。
何求斌《天朝女试：李汝珍的理想科举》载《湖北师范学院学报》2006年第4期。

《中国科举文化通志》书目

历代制举史料汇编

历代律赋校注

七史选举志校注

唐代试律试策校注

八股文总论八种

游戏八股文集成

翰林掌故五种

贡举志五种(上)

贡举志五种(下)

明代科举与文学编年(上)

明代科举与文学编年(中)

明代科举与文学编年(下)

明代状元史料汇编(上)

明代状元史料汇编(下)

四书大全校注(上)

四书大全校注(下)

钦定四书文校注

《游艺塾文规》正续编

钦定学政全书校注

《清实录》科举史料汇编

梁章钜科举文献二种校注

二十世纪科举研究论文选编

《礼部韵略》与宋代科举

科举废止前后的晚清社会与文学

《儒林外史》的现代误读

游戏八股文研究

元明科举与文学考论

明代八股文选家考论

唐代科举与试赋